आधुनिक भारत
1885-1947

आधुनिक भारत

1885-1947

सुमित सरकार

हिन्दी अनुवाद

सुशीला डोभाल

राजकमल प्रकाशन

ISBN : 978-81-267-0517-7

मूल्य : ₹ 1495

पहला संस्करण : 1992
बीसवाँ संस्करण : 2025

प्रकाशक : राजकमल प्रकाशन प्रा.लि.
1-बी, नेताजी सुभाष मार्ग, दरियागंज
नई दिल्ली-110 002
शाखाएँ : अशोक राजपथ, साइंस कॉलेज के सामने, पटना-800 006
पहली मंजिल, दरबारी बिल्डिंग, महात्मा गांधी मार्ग, प्रयागराज-211 001
1, अनमोल सोराबजी सन्तुक लेन, धोबी तलाव, मरीन लाइंस, मुम्बई-400 002
वेबसाइट : www.rajkamalprakashan.com
ई-मेल : info@rajkamalprakashan.com

मुद्रक : बी.के. ऑफसेट
नवीन शाहदरा, दिल्ली-110 032

AADHUNIK BHARAT
Modern India by Prof. Sumit Sarkar

आमुख

कुछ समय पूर्व भारत के इतिहास को छः खंडों में लिखने के लिए एक संयुक्त योजना बनी थी। *आधुनिक भारत : 1885-1947* उसी के एक अंग के रूप में लिखी जानी थी। अब स्वतंत्र ग्रंथ के रूप में इसके प्रकाशन के कारण इसके प्रस्थान-बिंदु के बारे में एक संक्षिप्त स्पष्टीकरण आवश्यक हो गया है। वैसे तो 1885 का वर्ष मुख्यतः सुविधा की दृष्टि से चुना गया है, किंतु यह भी कहा जाना चाहिए कि जिसे स्पष्ट रूप से आधुनिक भारत माना जा सकता है उसका आरंभ मुगलों के विघटन या प्लासी के युद्ध से न होकर उन्नीसवीं शती के मध्य में हुआ। इन्हीं दशकों में औपनिवेशिक राजनीतिक एवं आर्थिक आधिपत्य ने भारत में पूर्ण एवं स्पष्टतः स्थिर स्वरूप ग्रहण किया। साथ ही, स्वायत्त जन-आंदोलनों एवं 'मध्य वर्ग' या बुद्धिजीवी वर्ग पर आधारित अखिल भारतीय राष्ट्रवाद के रूप में उसकी विरोधी शक्तियां भी इसी काल में विकसित हुईं। जिस काल का विवेचन मैंने किया है, उसका संबंध इसी के परिणामस्वरूप विकसित होनेवाले अंतर्विरोधों से है जिनकी परिणति स्वतंत्रता-प्राप्ति में हुई।

इस कृति के दो लक्ष्य हैं। हाल के वर्षों में सामाजिक, राजनीतिक एवं आर्थिक इतिहास की विशिष्ट समस्याओं पर विनिबंधों की बाढ़-सी आई हुई है। इस पुस्तक में इन अध्ययनों द्वारा प्रस्तुत विपुल सामग्री का संश्लेषण करने का प्रयास किया गया है। साथ ही, मेरी अपनी शोध संबंधी रुचि के नाते इनमें 'इतिहास को नीचे से देखने' की संभावनाओं को भी खोजा गया है। यह दृष्टि भारतीय राष्ट्रवाद के इतिहास-लेखन की उस आम प्रवृत्ति से भिन्न है, जिसमें नेताओं की गतिविधियों, आदर्शों अथवा गुटबंदी के जोड़-तोड़ पर ही बल दिया जाता रहा है।

हाल के वर्षों में आधुनिक भारत के इतिहास पर जो विपुल शोध-सामग्री उपलब्ध हुई है, उसके बिना इस पुस्तक की कल्पना भी असंभव थी। पुस्तक की रूपरेखा में इस बात की गुंजाइश नहीं थी कि पादटिप्पणियों में आभार प्रकट किया जा सके। ऐसा केवल सीधे उद्धरणों के लिए ही संभव हो सका है। किंतु पुस्तक के अंत में प्रत्येक अध्याय से संबंधित अध्ययन की सूची देकर मैंने अपना आभार व्यक्त करने का प्रयास किया है।

मैं आधुनिक भारतीय इतिहास के अपने विद्यार्थियों के प्रति भी आभार व्यक्त करना चाहूंगा। यहां प्रस्तुत विचारों को मैंने वर्षों इन विद्यार्थियों पर आज़माया है। मेरी धारणाओं को सुस्पष्ट करने में उनकी जिज्ञासाओं एवं समालोचनाओं की भूमिका अपरिहार्य रही है।

वरुण डे, अशोक सेन, अमिय बागची एवं ज्ञान पांडे का भी मैं कृतज्ञ हूं, जिन्होंने इस पुस्तक की पांडुलिपि को समग्र या अंशतः पढ़कर और अपने उपयोगी सुझाव एवं समालोचनाएं देकर मेरी सहायता की। मैं श्री रणजीत गुहा का विशेष रूप से कृतज्ञ हूं जिनके साथ 1977 में ब्राइटन में रात-भर हुई चर्चा को मैं अब भी याद करता हूं। उस समय मैं इस पुस्तक के लिए सामग्री एकत्र कर रहा था, और इस चर्चा ने मेरी अनेक धारणाओं को प्रभावित किया। दुर्भाग्य से जब उनकी *सबआल्टर्न स्टडीज़* नामक शृंखला मुझे मिली, तब तक यह पुस्तक प्रेस में जा चुकी थी।

मेरे पिता इस पुस्तक के लेखन में गहरी रुचि लेते रहे थे, और मुझे सदैव इस बात का दुःख रहेगा कि मैं उन्हें यह पुस्तक दिखा नहीं सका। तनिका सदा की तरह मेरे लिए निर्मम आलोचना एवं शक्ति का स्रोत रही है। आदित्य की चंचलता ने मन को प्रसन्न बनाए रखा।

मैं अपने प्रकाशकों को धन्यवाद देना चाहता हूं जिन्होंने मुझ-जैसे आलसी लेखक से भी यह पांडुलिपि पूर्ण करवा ली। पांडुलिपि के टंकण एवं संपादकीय सहयोग के लिए भी मैं उनका आभारी हूं।

पुस्तक के दोषों के लिए मैं ही पूर्णरूपेण उत्तरदायी हूं।

दिल्ली विश्वविद्यालय
अक्तूबर 1982

सुमित सरकार

विषय-सूची

अध्याय 1
विषय-प्रवेश

अध्याय 2
1885-1905 : राजनीतिक एवं आर्थिक संरचना

अध्याय 3

1885-1905 : सामाजिक एवं राजनीतिक आंदोलन

अध्याय 4

1905-1917 : राजनीतिक एवं सामाजिक आंदोलन

अध्याय 5

1917-1927 : जन-राष्ट्रवाद : उद्‌भव और समस्याएं

अध्याय 7

राजनीतिक आंदोलन और युद्ध : 1937-1945

अध्याय 8
1945-1947 : स्वतंत्रता और देश का विभाजन

संक्षिप्तियां

आई.ओ.एल.	इंडिया ऑफिस लायब्रेरी, लंदन
एन.ए.आई.	नेशनल आर्काइव्ज ऑफ इंडिया, नई दिल्ली
एन.एम.एम.एल.	नेहरू मेमोरियल म्यूजियम एंड लायब्रेरी, नई दिल्ली
डब्ल्यू.बी.एस.ए.	वेस्ट बंगाल स्टेट आर्काइव्ज
होम पब्लिक एफ.एन. होम पॉलिटिकल एफ.एन.	गवर्नमेंट ऑफ इंडिया होम पब्लिक/ होम पोलिटिकल फाइल्स (एन.ए.आई.)
ए.आई.सी.सी.एफ.एन.	आल इंडिया कांग्रेस कमेटी फाइल्स (एन.एम.एम.एल.)
ई.पी.डब्ल्यू.	इकोनॉमिक एंड पोलिटिकल वीकली
आई.ई.एस.एच.आर.	इंडियन इकोनॉमिक एंड सोशल हिस्ट्री रिव्यू
आई.एच.आर.	इंडियन हिस्टॉरिकल रिव्यू
एम.ए.एस.	मॉडर्न एशियन स्टडीज

अध्याय 1

विषय-प्रवेश

परिवर्तन और निरंतरता

1885 में भारतीय राष्ट्रीय कांग्रेस की स्थापना और अगस्त 1947 में स्वतंत्रता-प्राप्ति के बीच के लगभग साठ वर्षों का कालखंड हमारे देश के लंबे इतिहास में शायद सबसे बड़े परिवर्तन का समय है। फिर भी, यह परिवर्तन अनेक अर्थों में दुखद रूप में अपूर्ण रहा, और हमें इसी केंद्रीय अस्पष्टता से अपना सर्वेक्षण आरंभ करना सबसे सुविधाजनक प्रतीत होता है।

1885 का वर्ष वह समय था जब अंग्रेज इस गुमान में थे कि भारत में उनका राज चिरस्थायी है। आठ वर्ष पूर्व देश में अकाल की विभीषिका के बीच एक शानदार दरबार लगा था जिसमें भारत के ब्रिटिश साम्राज्य का अंग होने की घोषणा की गई थी। पितृवत् कल्याणकारी राज्य की विचारधाराएं और साथ में कभी-कभी ट्रस्टीशिप की और स्वायत्त शासन के प्रशिक्षण की बातें पूर्णरूपेण श्वेत और निरंकुश राज्य की वास्तविकताओं पर शायद ही पर्दा डाल सकने में समर्थ रही हों। राजनीतिक निर्णय के कार्य पर और उच्च स्तरों पर प्रशासन के कार्य पर पूर्णरूपेण यूरोपीयों का विशेषाधिकार था। 1880 के दशक में भारतीय सिविल सेवा के लगभग नौ सौ पदों में से सोलह को छोड़कर शेष सभी पर यूरोपीय विराजमान थे। 1861 में जब मुट्ठी-भर 'नेटिवों' को प्रादेशिक एवं सुप्रीम काउंसिलों में नामजद किया गया तो इन काउंसिलों की शक्तियों को घटा भी दिया गया। यहां तक कि जिस स्थानीय स्वायत्त शासन को लॉर्ड रिपन ने बड़े धूमधाम से लागू किया था, वह भी वित्तीय विकेंद्रीकरण का एक अनिवार्य कदम मात्र था। इस संबंध में वित्तमंत्री एवलिन बेयरिंग की टिप्पणी ध्यान देने योग्य है : "हम बंगाली बाबू के हाथ में उसके अपने विद्यालयों एवं नालियों का उत्तरदायित्व सौंपें तो ब्रिटिश साम्राज्य का विघटन नहीं होगा।" सैन्य-व्यवस्था जैसे महत्वपूर्ण मामलों में तो भारतीयों के हाथ में नाममात्र उत्तरदायित्व भी नहीं सौंपा जाता था। 1947

तक कोई भी भारतीय सेना में ब्रिगेडियर से अधिक नहीं हो सकता था।

स्पष्ट है कि इतने बड़े देश का रोजमर्रा का संचालन भारतीयों के सहयोग के बिना संभव न था। अंग्रेजों का आत्मविश्वास इस बात से और दृढ़ होता था कि ऐसे पिट्ठू उन्हें सरलता से मिल जाते थे। 1857 के बाद राजाओं, जमींदारों एवं ग्रामीण और शहरी अभिजात वर्ग के साथ नए सिरे से अंग्रेजों के संबंध बने और सुदृढ़ हुए थे। भारत के 662 देसी राजा तो अंत तक ब्रिटिश सरकार की विश्वस्ततम रक्षापंक्ति बने रहे। यह सच है कि शिक्षित हिंदुस्तानी बुद्धिजीवी वर्ग की एक ऐसी नस्ल, जो रंग में काली किंतु विचारों और रुचियों में अंग्रेज होती, तैयार करने का मैकाले का स्वप्न 1880 के दशक तक टूटने लगा था। फिर भी, मध्य वर्ग की उच्चाकांक्षाएं, जिनके फलस्वरूप कलकत्ता, बंबई, मद्रास और पूना में प्रांतीय समितियां बनीं और जिनकी चरम परिणति कांग्रेस की स्थापना में हुई, ब्रिटिश सरकार के लिए अधिक चिंता का विषय नहीं थीं। ह्यूम ने सलाह दी थी कि कांग्रेस को सरकारी प्रश्रय दिया जाए ताकि वह 'सुरक्षा वाल्व' का काम करे तथा एक और गदर को रोका जा सके। मगर ह्यूम की सलाह को डफरिन ने आभिजात्यपूर्ण तिरस्कार के साथ यह कहकर अस्वीकार कर दिया कि "वे (ह्यूम) चतुर और सज्जन हैं, किंतु लगता है उनका दिमाग कुछ चल गया है" (रे को डफरिन का पत्र, 17 मई 1885)।

1888 में वायसरॉय ने घोषणा की कि कांग्रेस एक अत्यंत अल्पसंख्यक वर्ग की प्रतिनिधि से अधिक कुछ नहीं है। सर जॉन स्ट्रेची ने कैंब्रिज में अपने विद्यार्थियों को विश्वास दिलाया कि "भारत देश जैसी कोई चीज न तो है और न कभी थी . . . न तो कोई भारतीय राष्ट्र है और न ही 'भारत के लोग' हैं जिनके बारे में हम इतना सुनते हैं . . . यह असंभव है कि पंजाब, बंगाल, मद्रास और पश्चिमोत्तर प्रांतों के लोग अपने को एक महान भारतीय राष्ट्र के अंग मानें।" (*इंडिया,* लंदन, 1888)। इसमें प्रचार और मन-बहलाव तो स्पष्ट है ही, किंतु 1880 के दशक में ऐसी धारणाएं एवं भविष्यवाणियां बहुत गलत भी नहीं थीं। अखिल-भारतीय स्तर पर जनता के संबंध अभी तक समाज के अंग्रेजी शिक्षा-प्राप्त उच्च वर्गों एवं व्यावसायिक समूहों तक ही सीमित थे। शांत और गंभीर वार्षिक अधिवेशनों में की जानेवाली कांग्रेस की सौजन्यपूर्ण मांगों में अभी भी राजभक्ति का विशेष पुट रहता था, और इनमें अभी तक भारत के लाखों किसानों की आवाज सुनाई नहीं पड़ती थी। पूंजीवादी विकास का एक स्पष्ट, स्वतंत्र परिप्रेक्ष्य विकसित हो जाने पर भी (जो हमारे राष्ट्रवाद में नरमपंथी बुद्धिजीवियों का सबसे बड़ा योगदान है), उभरता हुआ भारतीय बुर्जुवा वर्ग कांग्रेस की गतिविधियों में बहुत कम रुचि दिखला रहा था। एक ऐसे देश में जो उन्नीसवीं सदी तक विश्व के निर्धनतम देशों में एक बन चुका था, निम्न वर्गों के असंतोष का व्यापक बनना अपरिहार्य था, और 1885 से लगभग

दस वर्ष पहले पूर्वी बंगाल में जमींदारों की ज्यादतियों के खिलाफ सशक्त कृषक आंदोलन, दकन-महाराष्ट्र में साहूकार-विरोधी दंगे, और आंध्र प्रदेश के 'राम्पा' क्षेत्र में सशक्त आदिवासी विद्रोह हो चुके थे। किंतु इन सभी आंदोलनों का आक्रामक रुख सामने मौजूद अत्याचारी की ओर अधिक और दूरस्थ ब्रिटिश आकाओं की ओर कम रहता था। मिसाल के लिए, 1873 में पबना के किसान केवल 'महारानी विक्टोरिया' की ही रैयत बनना चाहते थे। 'फूट डालो और राज करो' की नीति के लिए यहां पर्याप्त वस्तुगत आधार मौजूद थे। कारण कि सांप्रदायिक विभाजनों के साथ वर्गीय तनाव भी गुंथे हुए थे। जैसे पूर्वी बंगाल में मुसलमान किसान और हिंदू जमींदार थे, मलाबार में मोपला मुसलमान किसान और नंबूदरी अथवा नायर सवर्ण हिंदू जमींदार थे, संयुक्त प्रांत के कुछ हिस्सों में मुसलमान ताल्लुकेदार और हिंदू काश्तकार थे, या पंजाब में हिंदू साहूकार तथा व्यापारी और मुसलमान या सिख किसान थे।

फिर भी, राष्ट्रीय आंदोलन अंततः अपनी मूल अभिजात तथा बुद्धिजीवी वर्गीय सीमाओं को पार कर गया। 1936 तक कांग्रेस के अध्यक्ष यह उचित रूप से दावा कर सकते थे कि कांग्रेस अब "आम जनता का सबसे बड़ा संगठन बन गई है और इसके सदस्य अधिकांशतः ग्रामीण क्षेत्रों के हैं जिनमें लाखों किसान और काश्तकार हैं और थोड़े-बहुत औद्योगिक एवं खेत मजदूर भी।" कांग्रेस का आंदोलन भौगोलिक एवं सामाजिक, दोनों ही दृष्टियों से फैला और लहर-लहर आगे बढ़ा जिसके स्पष्ट उच्च बिंदु 1905-1908, 1919-1922, 1928-1934, 1942 और 1945-1946 थे। उग्रवाद के चरण में इसका केंद्र अगर बंगाल, महाराष्ट्र और पंजाब था तो गांधीवादी चरण में यह हटकर गुजरात, बिहार, संयुक्त प्रांत, मध्य प्रांत एवं आंध्र जैसे नए प्रदेशों में पहुंच गया। यह आंदोलन शहरी बुद्धिजीवियों से आरंभ होकर छोटे शहरों के निम्न-मध्य वर्गों, किसान वर्ग के बड़े भागों एवं प्रभावशाली बुर्जुवा समूहों तक पहुंचा। साथ ही आंदोलन के नए-नए रूप भी उभरे—स्वदेशी, बहिष्कार और सविनय अवज्ञा आंदोलन, गांधीवादी सत्याग्रह और रचनात्मक ग्रामोत्थान कार्य; साथ ही वे तरीके जिन पर अनेक नेता नाक-भौं सिकोड़ते थे, किंतु जो कभी-कभी बड़े महत्वपूर्ण हो जाते थे, जैसे क्रांतिकारी आतंकवाद, हड़तालें, नगरों, गांवों और आदिवासी क्षेत्रों में हिंसा का भड़क उठना। चौथे दशक तक देश के अनेक भागों में किसान सभाएं एवं ट्रेड यूनियनें एक ताकत बनती जा रही थीं, और अनेक रजवाड़ों में भी जन-आंदोलन उभरने लगे थे। सारे धक्कों, सीमाओं और अंतर्विरोधों के बावजूद उपरोक्त बातों ने एक अकाट्य ऐतिहासिक तथ्य को जन्म दिया था, और वह था जनसामान्य का सक्रिय राजनीतिक जीवन में प्रवेश। एक बदली हुई अंतर्राष्ट्रीय स्थिति एवं जनता के दबाव ने मिलकर 1947 में अंग्रेजों की वापसी को संभव बनाया जबकि अभी पांच वर्ष भी नहीं हुए

थे कि ब्रिटिश प्रधानमंत्री चर्चिल ने घोषणा की थी कि उन्होंने यह उच्च पद इसलिए नहीं ग्रहण किया था कि वे ब्रिटिश साम्राज्य के विघटन की प्रक्रिया की अध्यक्षता करें। इसके पश्चात् शीघ्र ही रजवाड़ों के विलय, जमींदारी प्रथा की समाप्ति और भारतीय प्रायद्वीप के अधिकांश भाग में सार्वत्रिक वयस्क मताधिकार पर आधारित संसदीय जनतंत्र की स्थापना की प्रक्रिया आरंभ हो गई। पर्याप्त आधारभूत सामाजिक परिवर्तन भी हुए जिनमें प्रमुख थे अनेक धनी कृषक समूहों का उदय और एक ऐसे बुर्जुवा वर्ग का सुदृढ़ होना जो बाकायदा पूंजीवादी विकास की दृष्टि से भले ही दुर्बल एवं डांवांडोल रहा हो किंतु तीसरी दुनिया के अधिकांश देशों की तुलना में पर्याप्त सुदृढ़ एवं परिपक्व था।

किंतु कुल मिलाकर स्थिति विरोधाभासपूर्ण थी, जिसमें निरंतरता के साथ ही परिवर्तन भी लक्षित होता था। कांग्रेस की लड़ाई राज के खिलाफ रही थी। किंतु अब स्वयं कांग्रेस ही धीरे-धीरे राज बनती जा रही थी। बिना किसी बड़े परिवर्तन के ब्रिटिश राज की संपूर्ण नौकरशाही एवं सैन्य व्यवस्था, 'स्वर्गिक' सिविल सेवा और अन्य सबकुछ को ज्यों का त्यों स्वीकार कर लिया गया था; केवल गोरों का स्थान अब काले साहबों ने ले लिया था। स्वाधीनता दिवस अंतर्विरोधों से भरा था : जहां जनता के उत्साह के अविस्मरणीय दृश्य देखने को मिले, और जहां साम्राज्यवादी शानो-शौकत के बीच माउंटबेटन 1930 के दशक में उग्र-परिवर्तनवादी माने जानेवाले जवाहरलाल को भारत के प्रधानमंत्री की शपथ दिला रहे थे, वहीं ऐसे 'राष्ट्रपिता' भी थे जिनका कहना था कि उनके पास देने के लिए कोई संदेश नहीं रह गया था और जिन्हें अपने जीवन के अंतिम कुछ महीनों में सांप्रदायिकता के विरुद्ध अकेले एक नैराश्यपूर्ण लड़ाई लड़नी पड़ी थी। सांप्रदायिक दंगे और देश का विभाजन राष्ट्रीय आंदोलन के आदर्शों की दृष्टि से सबसे बड़ी विफलताएं थे। कदाचित् इससे भी अधिक आधारभूत तथ्य यह था कि राष्ट्रीय आंदोलन के दौरान जो आकांक्षाएं उभरी थीं वे अपूर्ण ही रहीं : किसानों को शक्तिशाली बनाकर रामराज्य स्थापित करने के बारे में गांधीजी के स्वप्न भी उतने ही अपूर्ण रहे जितने कि सामाजिक क्रांति के वामपंथी आदर्श। और जैसाकि भारत, पाकिस्तान (और बांग्लादेश) का इतिहास बारंबार दर्शाता रहा है, संपूर्ण बुर्जुवा रूपांतरण एवं सफल पूंजीवादी विकास की समस्याएं भी 1947 के सत्ता-हस्तांतरण द्वारा नहीं सुलझाई जा सकीं।

इस अत्यंत संदिग्ध एवं अंतर्विरोधपूर्ण स्थिति के मूल की खोज ही अनिवार्यतः हमारा प्रमुख विषय होगा, और इसका केंद्रबिंदु होगा भारत में चलनेवाले साम्राज्यवाद-विरोधी आंदोलनों का जटिल एवं संघर्षपूर्ण इतिहास। फिर भी, भूमिका के रूप में, हमारे इस विषय पर वर्तमान में उपलब्ध इतिहास-लेखन पर संक्षिप्त दृष्टिपात करना उचित होगा।

पुराने और नए दृष्टिकोण

भारत में ब्रिटिश राज के अंतिम साठ वर्षों का सामान्य इतिहास लिखने का विचार विशेष रूप से राष्ट्रीय आंदोलन पर हाल में हुए विस्तृत अध्ययनों की भरमार को देखते हुए पहले से अधिक उत्तेजक है और अधिक कठिन भी।[1] अभी एक दशक पूर्व तक इस क्षेत्र में जो अध्ययन उपलब्ध थे, वे थे कुछ वायसरॉयों के अध्ययन, कतिपय भारतीय नेताओं की जीवनियां, इन नेताओं का अपना लेखन और राष्ट्रीयता के विकास से संबंधित कुछेक सामान्य अखिल-भारतीय सर्वेक्षण। इस लेखन में से अधिकांश का आधार प्रकाशित गौण स्रोत थे क्योंकि सरकारी अभिलेख केवल हाल ही के काल तक सीमित थे और निजी अभिलेखों को प्राप्त करने का कोई व्यवस्थित प्रयास नहीं किया गया था। दृष्टिकोणों में स्पष्ट अंतर होने के बावजूद शिरॉल, सीतारामय्या, ताराचंद अथवा आर. सी. मजुमदार (यहां कुछेक प्रमुख लेखकों का ही उल्लेख किया जा रहा है) के बीच मोटे तौर पर एक प्रकार की सहमति दिखाई पड़ती है। इस लेखन का मूल ढर्रा एक ऐसे अंग्रेजी शिक्षा-प्राप्त 'मध्य वर्ग' का ढर्रा था जिसका पोषक था ब्रिटिश शासन, और जो नवजागरण की विभिन्न गतिविधियों में लगा हुआ था, लेकिन जो कुंठित स्वार्थी महत्वाकांक्षाओं, पश्चिमी संस्कृति से सीखे हुए देशभक्ति एवं जनतंत्र के आदर्शों, अथवा विदेशी शासन के विरुद्ध स्वाभाविक घृणा के कारण अंततः अपने स्वामियों के विरुद्ध हो गया और इस प्रकार आधुनिक राष्ट्रवाद का जन्म हुआ। अलग-अलग मामले में यह आरोपण इस बात पर निर्भर था कि लेखक का दृष्टिकोण क्या है। साम्राज्यावादी प्रवृत्ति के लेखक भारतीय समाज के भीतर जारी विभाजन, गांधीवादी कांग्रेस के सीमित एवं तेजी से घटते-बढ़ते प्रभाव, मुसलमानों के अलग होने एवं देश के विभाजन पर अधिक बल देते थे। दूसरी ओर, राष्ट्रवादी इतिहासकारों की दृष्टि में राष्ट्रीय आंदोलन में जनता की भागीदारी बहुत प्रभावपूर्ण एवं स्वाभाविक थी, क्योंकि मूलतः सभी भारतीयों के हित सदैव विदेशी सत्ता के विरोधी ही थे; केवल एक चमत्कारी नेता की कमी थी। यह कहना आवश्यक है कि इतिहास-लेखन की एक प्रवृत्ति के रूप में स्वतंत्रता आंदोलन पर राष्ट्रवादी लेखन कुल मिलाकर अपर्याप्त ही रहा है। 1950 के दशक तक इतिहासकारों की प्रवृत्ति ऐसे विषयों से कतराने की रही है (वे मुगलों के विरुद्ध राजपूतों या मराठों के तथाकथित राष्ट्रीय आंदोलनों के सुरक्षित माध्यमों से अपनी देशभक्ति प्रकट करना अधिक अच्छा समझते थे), और कभी-कभी तो आंचलिक एवं सांप्रदायिक विकृतियां स्पष्ट दिखाई पड़ती हैं। उदाहरण के लिए, स्वाधीनता आंदोलन पर आर. सी. मजुमदार के विख्यात ग्रंथों में सुशिक्षित बंगाली हिंदू धारणा के साथ ही दो राष्ट्रों की धारणा की

1. पुस्तकसूची संबंधी विस्तृत जानकारी पुस्तक के अंत में दी गई है।

स्पष्ट स्वीकृति भी मिलती है। मध्यकालीन भारत संबंधी कुछ इतिहास-ग्रंथों में हिंदुओं और मुसलमानों को सदैव स्वाभाविक रूप से एक-दूसरे की विपरीत, समांग इकाइयों के रूप में दर्शाया गया है जो इस बात का स्पष्ट दृष्टांत है कि किस प्रकार आज के सांप्रदायिक पूर्वाग्रहों को अतीत में उपस्थित देखने का प्रयास किया जाता है। किंतु जो अधिक सच्चा राष्ट्रवादी इतिहास-लेखन है उसमें भी जन अथवा राष्ट्र की धारणा कुछेक महान नेताओं के मूलतः अभिजातवादी और कभी-कभी एकदम अनालोचनात्मक महिमामंडन के अमूर्त संप्रदाय से पीछा नहीं छुड़ा सकी है। जहां तक राष्ट्रीय आंदोलन के सामाजिक-आर्थिक मूलों एवं पहलुओं का संबंध है, साम्राज्यादी इतिहासकारों का तो ऐसे प्रश्नों से कतराना स्वाभाविक है, किंतु राष्ट्रवादी कहे जानेवाले इतिहासकारों ने भी, कुछ अपवादों को छोड़कर, इस ओर अधिक ध्यान नहीं दिया है। इन इतिहासकारों ने भी नौरोजी और दत्त की पीढ़ी के राष्ट्रवादी अर्थशास्त्रियों के विचारों को आधुनिक भारतीय इतिहास की अपनी व्याख्या में सम्मिलित करने का प्रयास शायद ही किया हो। अभिजातवाद और औपनिवेशिक ढांचे की अवहेलना का आरोप निश्चय ही आरंभ के थोड़े-से गंभीर मार्क्सवादी इतिहासकारों पर नहीं लगाया जा सकता, जिनमें सर्वोपरि हैं रजनी पाम दत्त और साथ ही एम. एन. राय, ए. आर. देसाई एवं कुछ सोवियत लेखक। किंतु कुल मिलाकर ये लेखक भी एक संतोषप्रद विकल्प प्रदान करने में असफल रहे, क्योंकि आम तौर पर इनका लेखन अति-सामान्य होता था और कभी-कभी तो उनका वर्ग-विश्लेषण कुछ अधिक ही यांत्रिक हो उठता था।

आज हमारा विषय अगर कुछ नया-सा प्रतीत होता है (यद्यपि ऐसा प्रतीत ही होता है, सारतः है नहीं, क्योंकि आगे हम देखेंगे कि पुरानी मान्यताएं अभी तक चिपकी हुई हैं), तो इसका कारण कुछ तो यह है कि अब अभिलेखात्मक सामग्री एवं निजी पत्रों के साथ ही स्थानीय स्रोतों का प्रयोग भी अधिक किया जाने लगा है। स्थानीय स्रोत फील्ड अध्ययनों के माध्यम से प्रकाश में आए हैं। अब संपूर्ण औपनिवेशिक काल से संबंधित सामग्री की जानकारी प्राप्त करने के लिए लेखकों को सरकारी अभिलेखागार उपलब्ध हैं। साथ ही निजी दस्तावेजों के समृद्ध संकलन भी नई दिल्ली के नेहरू स्मारक संग्रहालय एवं पुस्तकालय जैसी जगहों में उपलब्ध हैं। इसके अतिरिक्त इतिहासकार भी फील्ड अध्ययनों एवं साक्षात्कारों के महत्व के प्रति अधिकाधिक जागरूक होते जा रहे हैं। किंतु इन सबसे अधिक महत्वपूर्ण भूमिका है नई परिकल्पनाओं की जो सदा विवादास्पद रही हैं और कभी-कभी तो निश्चित रूप से संदिग्ध, किंतु फिर भी अत्यंत प्रेरणादायक रही हैं। इस क्षेत्र में तथाकथित कैंब्रिज संप्रदाय विशेष रूप से समृद्ध रहा है। भारतीय राष्ट्रवाद पर अनिल सील, बंगाल पर अमरीकी इतिहासकार ब्रूमफील्ड एवं कुछ सीमा तक गांधी के उदय पर ज्यूडिथ ब्राउन के लेखन ने एक ऐसा चलन चलाया

जिसमें राष्ट्रवाद की व्याख्या असमान विकास एवं सामान्यतः जाति पर आधारित, प्रांतीय अभिजात समूहों की प्रतियोगिता के परिप्रेक्ष्य में की जाती है। ये अभिजात समूह थे बंगाली भद्रलोक, चितपावन ब्राह्मण और हिंदीभाषी अथवा आंध्र के क्षेत्र में 'उप-अभिजात समूह'। यह मान्यता कि राष्ट्रवाद रोजगार संबंधी कुंठा जैसी अत्यंत संकीर्ण एवं स्वार्थी भौतिक अभिप्रेरणाओं के औचित्य-स्थापन से अधिक कुछ भी नहीं था, एक ऐसा चित्र सामने रखती है जो ब्रिटिश राज के अनेक प्रवक्ताओं और वैलेन्टाइन शिरॉल जैसे साम्राज्यवाद के निर्लज्ज पक्षधरों द्वारा प्रस्तुत चित्र से वस्तुतः भिन्न नहीं है। फिर भी, 1973 में कैंब्रिज संप्रदाय की ओर से जोर-शोर से घोषणा की गई कि अभिजातवादी दृष्टिकोण इतिहास-लेखन के चोर-दरवाजे से निकल गया है और अब प्रांत एवं अभिजात समूहों के स्थान पर मुकाम एवं गुट के संदर्भ में विचार करना चाहिए (गैलहर, जॉनसन, सील, संपादक, *लोकेलिटी, प्रॉविंस एंड नेशन*)। चूंकि नया भार लादने के साथ ही अंग्रेजी शासन संवैधानिक सुधारों के माध्यम से नए सहयोगी भी पाना चाहता था, अतः प्रशासनिक दबावों एवं अवसरों का एक संयोग बना, और यह तथ्य प्रांतीय या राष्ट्रीय मंचों पर भी स्थानीय संरक्षक-संरक्षित समूहों के बीच यदाकदा होनेवाले मेल की कथित रूप से व्याख्या करता है। इस दृष्टिकोण को प्रमुख रूप से वाशब्रुक एवं बेकर ने दक्षिण भारत, बेयली ने इलाहाबाद, गॉर्डन जॉनसन ने बंबई के नरमपंथियों और गरमपंथियों तथा रॉबिंसन ने संयुक्त प्रांत के मुसलमानों के अध्ययन में प्रयुक्त किया है। नई आधार-सामग्री के संदर्भ में यह दृष्टिकोण पर्याप्त फलप्रद सिद्ध हुआ है।

किंतु कैंब्रिज संप्रदाय के आरंभिक एवं परिष्कृत दृष्टिकोणों के बीच कुछेक बातों में निरंतरता बनी रही है। एक बेयली के अपवाद के अतिरिक्त, सामान्य प्रवृत्ति आज भी विचारधारा एवं देशभक्ति की अभिप्रेरणा की भूमिका को गौण दर्शाने की ही है। ऐसी सनक कभी-कभी राष्ट्रवादी इतिहास-लेखन की अतिशय नायक-पूजा की प्रवृत्ति को संतुलित करने में सहायक सिद्ध होती है। फिर भी विचारों एवं ऐसी स्वार्थी अभिप्रेरणाओं के बीच तार्किक भेद किया जाना चाहिए जिनसे प्रेरित होकर कुछ लोगों ने इन विचारों को प्रतिपादित अथवा स्वीकार किया हो। बंकिमचंद्र के देशभक्तिपूर्ण उपन्यासों के मूल में रोजगार की कुंठा रही हो या न रही हो, उनका संपूर्ण प्रभाव एक महत्वपूर्ण ऐतिहासिक तथ्य अवश्य है। अधिक महत्व की बात यह है कि औपनिवेशिक स्थिति के आर्थिक एवं नस्लवादी आयामों को अनदेखा किया गया है। दक्षिण भारत का 'स्थानीय ग्रामीण स्वामी वर्ग', जिसका विश्लेषण वाशब्रुक ने किया है, निश्चित रूप से औपनिवेशिक अर्थव्यवस्था एवं राजनीति की उपज था। "मद्रास का गवर्नर और उसके पिट्ठू राजनीतिक व्याख्या की खुरचन को आपस में बांटकर खा रहे थे", इस कथन की तुलना इस तथ्य से करना बड़ा विचित्र प्रतीत होता है कि बीसवीं सदी के आरंभ में वायसरॉय के सात सौ नौकर थे

और उसका वेतन ब्रिटिश प्रधानमंत्री के वेतन से दुगुना था। 1930 के दशक में भी, जैसाकि गांधीजी ने दांडी मार्च की पूर्व-संध्या पर इर्विन को याद दिलाया था, वायसरॉय का वेतन आम भारतीय के वेतन की तुलना में पांच हजार गुना अधिक था, और बंगाल का एक जूनियर जेल-गवर्नर हिजली में राजनीतिक कैदियों को गोली मारने के पश्चात् छुट्टियां बिताने के लिए विश्व-भ्रमण पर जा सकता था (*बेकर पेपर्स*, कैंब्रिज, साउथ एशिया स्टडी सेंटर)। इलाहाबाद के टंडन व्यापारिक घराने के साथ मालवीय के संबंधों एवं पूर्वी बंगाल में हिंदू जमींदारों और मुसलमान किसानों के संबंधों का निरूपण करने के लिए संरक्षक-संरक्षित के मॉडल को आवश्यकता से अधिक ही खींच दिया गया है। राजनीति एवं गुटवाद का समीकरण बिठाने के लिए कैंब्रिज इतिहासकार अठारहवीं सदी के इंग्लैंड के बारे में नैमियर के अध्ययन को अपना आदर्श बनाते हैं। यह दृष्टिकोण जहां अल्पतंत्रात्मक राजनीति के लिए उपयुक्त है, वहीं विशाल जनसमुदायों से संबंधित बड़े संघर्षों का विश्लेषण करने के लिए उतना उपयुक्त नहीं रह जाता। वस्तुतः नैमियरवाद की प्रवृत्ति बड़े आंदोलनों से कतराकर निकल जाने की रही है। उदाहरण के लिए, बेयली का इलाहाबाद संबंधी अध्ययन यूं तो महत्वपूर्ण है, किंतु 1920 पर आकर अचानक ही समाप्त हो जाता है। सबसे महत्वपूर्ण बात तो यह है कि स्थानीयता का दृष्टिकोण अपनाए जाने पर भी अभिजात जरूरी नहीं कि समाप्त हो जाए: "आंदोलन के नेताओं का, अर्थात् उन लोगों का जिन्होंने उसे जन्म दिया है, सावधानीपूर्वक विश्लेषण किया जाना चाहिए क्योंकि उनकी महत्वाकांक्षाओं में ही इसके कारण निहित हैं" (वाशबुक, *इमरजैंस ऑफ प्राविंशियल पॉलिटिक्स*, पृ. 79)। फिर भी, हाल ही में बेयली, वाशबुक एवं बेकर जैसे इतिहासकार संरक्षकों और गुटों का अध्ययन त्यागकर सीधे-सीधे आर्थिक इतिहास के अध्ययन की ओर उन्मुख हुए हैं, और यह इतिहास पर्याप्त महत्व का है।

यदि 'कैंब्रिज संप्रदाय' की कभी-कभी कुख्याति की सीमा छूनेवाली प्रसिद्धि के चलते उस महत्वपूर्ण कार्य पर ध्यान दिया जाए जो पिछले दशक में अनेक भारतीय एवं विदेशी इतिहासकारों ने किया है तो इसे दुर्भाग्य ही कहा जाएगा। डी. ए. लो से संबद्ध ससेक्स एवं कैनबरा के इतिहासकारों का लेखन परिकल्पनाओं की दृष्टि से कदाचित् उतना विस्तृत एवं व्यवस्थित नहीं है, किंतु उनके विचारों में कहीं अधिक खुलापन मिलता है। रौलट सत्याग्रह से संबंधित संग्रह और अभी हाल का *कांग्रेस एंड द राज* जन-आंदोलनों के अध्ययन के बारे में कुंठामुक्त हैं जो बहुत सुखद है। इसके विपरीत, किसान आंदोलनों को प्रायः गौरवपूर्ण स्थान दिया जाता रहा है, यद्यपि इसमें प्रभुत्वशाली ग्रामीण समूहों अथवा धनी किसानों की भूमिका के निरूपण से संभव है पूर्णतः सहमत नहीं हुआ जा सके। आजकल साम्राज्यवादी नीति-निर्धारण पर विचार करने का विशेष चलन नहीं है, किंतु यहां कुछ कृतियों का उल्लेख करना आवश्यक है। ये हैं साम्राज्यवाद के प्रति ब्रिटिश लेबर पार्टी के दृष्टिकोण पर

पी. एस. गुप्ता, संघ के प्रयोग पर आर. जे. मूर और दोहरे शासन के गठन पर पीटर रॉब की रचनाएं। अमरीकी योगदान के अंतर्गत आते हैं पंजाब में आर्यसमाज एवं राष्ट्रवाद, दक्षिण भारत में जातिगत राजनीति, बिहार के किसान आंदोलनों के अध्ययन, एवं हाल ही में जे. आर. मैकलेन द्वारा आरंभिक कांग्रेस का एक उत्तम अध्ययन। मुसलमानों की सामाजिक एवं राजनीतिक प्रवृत्तियों पर जो अनेक ग्रंथ रचे गए, उनमें प्रमुख हैं इस्लामी आधुनिकतावाद पर अज़ीज अहमद और देवबंद पर ज़ियाउल-हसन फारूकी की रचनाएं, पीटर हार्डी का उपयोगी सामान्य विश्लेषण, और रफीउद्दीन अहमद, मुशीरुल हसन एवं गेल मिनॉल्ट की हाल ही में प्रकाशित रचनाएं। यदाकदा मार्क्सवादी इतिहासकारों ने साम्राज्यवाद-विरोधी आंदोलनों के प्रति कैंब्रिज संप्रदाय के निंदात्मक रवैए के विरुद्ध प्रतिक्रिया प्रकट की है। इस संबंध में उनका दृष्टकोण ऐसा रहा है कि उसे पारंपरिक राष्ट्रवाद से भिन्न करके देखना कठिन है। राष्ट्रीय नेतृत्व का 'संकीर्ण' और अनावश्यक रूप से नकारात्मक आकलन अगर आर. पी. दत्त एवं कतिपय आरंभिक सोवियत इतिहासकारों का दृष्टिकोण रहा है, तो उसके प्रत्युत्तर में कभी-कभी तिलक, गांधी, नेहरू जैसे नेताओं के संबंध में नायक-पूजा की प्रवृत्ति देखी गई है। आकलन की इस दुर्भाग्यपूर्ण अस्थिरता में एक अतिवादी दृष्टिकोण दूसरे अतिवादी दृष्टिकोण का कारण बनता रहा है। किंतु मार्क्सवादियों ने वामपंथी आंदोलनों के साथ ही नरमपंथी आर्थिक विचारधारा एवं बंगाल और असम में चलनेवाले राजनीतिक आंदोलनों के विस्तृत अध्ययन भी प्रस्तुत किए हैं। और मार्क्सवादी एवं गैर-मार्क्सवादी, दोनों ही प्रकार के इतिहासकार आधारभूत अध्ययनों की ओर अधिकाधिक उन्मुख हुए हैं जिनकी बुनियाद ग्राम स्तर की आधार-सामग्री है। इनमें उल्लेखनीय हैं डेविड हार्डीमन, माजिद सिद्दीकी, कपिलकुमार, ज्ञान पांडे, स्टीफन हेनिंघम और हितेश सान्याल जिन्होंने गुजरात के पाटीदारों, उत्तर प्रदेश के किसानों, बिहार के कृषकों और बंगाल के कुछ भागों में चलनेवाले ग्रामीण गांधीवादी आंदोलनों की गवेषणा की है। इन अध्ययनों से जो बात सामने आई है वह है 'नीचे से इतिहास' को देखने की दृष्टि पर एक नया जोर जो इतिहास के प्रति समस्त अभिजातवादी दृष्टिकोणों से भिन्न है।

ऐसे फील्ड अध्ययनों का एक लाभ यह भी है कि ये इतिहासकारों को समाजशास्त्र एवं सामाजिक मानवविज्ञान के अधिक निकट लाते हैं, और आशा की जा सकती है कि इससे एक ऐसे वैचारिक आदान-प्रदान का श्रीगणेश होगा जो अब तक हमारे देश में अज्ञात रहा है। एक लंबे समय तक भारतीय मानवविज्ञान को आदिवासी जीवन का अलग-थलग रहकर किया गया अध्ययन माना जाता रहा है। फिर 1950 के दशक से एक नया चलन हुआ जिसके अंतर्गत जातीय संरचनाओं, आंदोलनों एवं संगठनों का अध्ययन होता था। आधुनिक भारत के इतिहासकार ऐसे अनुसंधानों के माध्यम से एकत्रित की गई मूल्यवान आधार-सामग्री की अवहेलना नहीं कर सकते, किंतु साथ ही उन्हें

आंद्रे बेते की इस चेतावनी को भी याद रखना चाहिए कि जाति की गतिशीलता संभव है कि विशिष्ट लोगों के छोटे समूहों के उत्थान तक सीमित हो। रूडोल्फ और रूडोल्फ के महत्वपूर्ण ग्रंथ *मॉडर्निटी ऑफ ट्रेडिशन* की समीक्षा (*इंडियन इकोनॉमिक एंड सोशल हिस्ट्री रिव्यू*, सितंबर 1970) में करते हुए बेते ने कहा था, "किसी समाजशास्त्री को निश्चय ही इस बात पर आश्चर्य हो सकता है कि जाति-समुदायों पर क्यों इतने अधिक और किसान संगठनों पर क्यों इतने कम विस्तृत अध्ययन हुए हैं।"

दुर्भाग्य से सामाजिक इतिहास भारत में आज भी अवहेलना का पात्र बना हुआ है, और इसे प्रायः सामाजिक सुधार आंदोलनों के समकक्ष माना जाता है। वर्गों की संरचना एवं वर्ग-चेतना पर कार्य अभी आरंभ ही हो रहा है। देसी भाषाओं के साहित्य का विकास स्पष्टतः आधुनिक भारतीय इतिहास का एक अत्यंत महत्वपूर्ण तत्व है, किंतु अभी तक इसके संकेत नहीं हैं कि ये बातें वैज्ञानिक, ऐतिहासिक अथवा समाजशास्त्रीय गवेषणा का विषय बनी हों। फिर भी, अधिकांशतः निरक्षर लोगों के देश में लिखित साहित्य देश के केवल एक अल्पसंख्यक भाग के विचारों एवं मूल्यों का ही सूचक हो सकता है। हाल ही में एक फ्रांसीसी इतिहासकार ने इस बात की आवश्यकता पर बल दिया है कि "ग्रामीण लोगों के गीतों, नृत्यों, कहावतों, कथाओं एवं चित्रों का भी अध्ययन किया जाए ताकि कृषकों के मन को समझा जा सके" (यूजीन वेनर, *पीजेंट्स इनटु फ्रेंचमेन*)। भारत में ऐसी पद्धतियां अभी तक प्रयुक्त नहीं की गई हैं। अंत में, यह भी आवश्यक है कि आधुनिक भारत के इतिहासकारों को अर्थशास्त्रियों का सहारा मिले, यद्यपि इसमें एक समस्या है। कारण कि अधिक रूपवादी एवं गणितीय प्रवृत्तिवाले समकालीन अर्थशास्त्री आर्थिक इतिहास के प्रति तिरस्कार का भाव रखते हैं और वे इसे छिपाते भी नहीं। यही कारण है कि आज भी औपनिवेशिक अर्थव्यवस्था को समग्र रूप से समझने के लिए हमें प्रायः इस सदी के आरंभ में हुए राष्ट्रवादी इतिहासकारों का सहारा लेना पड़ता है। उनके कार्य में कुछ वृद्धि 1930 के दशक में बुखानन एवं डी. आर. गाडगिल ने एवं 1940 के दशक में आर. पी. दत्त ने की थी। इन इतिहासकारों का कार्य अपने समय के लिए भले ही नया रहा हो, किंतु आज पुराना पड़ गया है और अपरिष्कृत प्रतीत होता है। इतिहासकारों ने अपनी ओर से अठारहवीं एवं उन्नीसवीं सदी के वाणिज्य, वित्त, राजस्व संबंधी नीतियों एवं कृषि-संबंधों पर पर्याप्त कार्य किया है, किंतु 1900 के पश्चात् के कालखंड पर अपेक्षाकृत कम कार्य हुआ है, जबकि अर्थशास्त्र के क्षेत्र में बढ़ती जटिलताओं और जमा होते सांख्यिकीय आंकड़ों को देखते हुए इस विषय का कुछ तकनीकी प्रशिक्षण अधिकाधिक उपयोगी बनता गया है। इस दिशा में अर्थशास्त्रियों का योगदान कितना महत्वपूर्ण हो सकता है, यह बात थार्नर परिवार के निबंधों, कृषि उत्पादकता संबंधी जॉर्ज ब्लिन के अध्ययन, एवं अमिय बागची द्वारा प्रस्तुत भारत में देशी पूंजी-निवेश पर औपनिवेशिक

सीमाओं के विश्लेषण, और *इकोनॉमिक एंड पोलिटिकल वीकली* एवं *इंडियन इकोनॉमिक एंड सोशल हिस्ट्री रिव्यू* में छपनेवाले अनेकानेक शोधपत्रों से प्रकट है।

पिछले एक दशक में आधुनिक भारत संबंधी शोध में जो अचानक विस्तार हुआ है उससे वर्तमान पाठ्यपुस्तकें एवं सामान्य अध्ययन पुराने पड़ गए हैं। यह आवश्यक हो गया है कि इस नई सामग्री का समन्वय किया जाए, भले ही वह कितनी ही कामचलाऊ और अपूर्ण क्यों न हो। और यही इस ग्रंथ का मुख्य लक्ष्य है। मैंने मुख्यतः प्रकाशित पुस्तकों एवं शोधपत्रों में उपलब्ध सामग्री को ही अपने अध्ययन का आधार बनाया है। फिर भी, जहां कहीं आवश्यकता हुई है, तथ्यों या पद्धतियों के अंतराल को भरने के लि· स्वतंत्र शोध का सहारा भी लिया गया है। कोई भी इतिहासकार पूर्वाग्रहों स मुक्त नहीं होता, और अनकहा एवं अनायास आ जानेवाला पूर्वाग्रह तो सबसे खतरनाक होता है। अतः उचित यही होगा कि मैं खुलकर अपनी पूर्वमान्यताओं को यहीं स्पष्ट कर दूं। पहली बात, भारतीय इतिहास के जिस कालखंड को मैंने अध्ययन के लिए चुना है, उसके केंद्रीय तत्व मेरी दृष्टि में औपनिवेशिक शोषण एवं उसके विरुद्ध किया जानेवाला संघर्ष हैं। साथ ही, मेरी यह भी धारणा है कि तत्कालीन भारतीय समाज में जो अनेक आंतरिक तनाव विद्यमान थे उनकी अनदेखी करना अनुचित और भ्रामक होगा, जैसाकि राष्ट्रवादी इतिहास-लेखन में प्रायः दिखाई देता है। तीसरे, जहां गुटबंदी के झगड़ों का हमारी कथा में एक स्थान है, वहीं अंत में प्रच्छन्न वर्ग-तनाव ही अधिक निर्णायक सिद्ध हुए हैं। फिर भी, वर्ग एवं वर्ग-चेतना ऐसे विश्लेषणात्मक उपकरण हैं जिनका प्रयोग अभी तक के दृष्टांतों की अपेक्षा अधिक सावधानी एवं लचीलेपन से किया जाना चाहिए। अंत में, और यह सर्वाधिक महत्वपूर्ण है कि पारंपरिक राष्ट्रवादी, संप्रदायवादी, कैंब्रिज, बल्कि यहां तक कि कुछ मार्क्सवादी इतिहासकारों के विरुद्ध भी मेरी मूल आपत्ति यह है कि स्पष्टतः एक-दूसरे के विरोधी होने पर भी इन सबमें एक प्रवृत्ति सामान्य है—ये सब एक सामान्य अभिजातवादी दृष्टिकोण अपनाते हैं। किंतु मेरा विचार है कि हमारे देश में साम्राज्यवाद का विरोध एक सापेक्षतः अभिजातवादी और साथ ही कुछ अधिक लोकवादी (पापुलिस्ट), दोनों ही स्तरों पर हुआ है और किसी भी इतिहासकार को इसके लोकवादी पहलू की केवल इसी कारण उपेक्षा नहीं करनी चाहिए कि अभिजातवादी पहलू का अध्ययन अधिक आसान है। इन दोनों स्तरों की जटिल अंतःक्रिया के माध्यम से ही अंततः परिवर्तन के सातत्य का प्रतिमान उभरकर सामने आया जिसे मैं इस कालखंड का एक प्रमुख तत्व मानता हूं।

1890 में जब नरमदलीय कांग्रेस की 'भिखमंगी' राजनीति ही राष्ट्रवाद का एकमात्र रूप थी अथवा हो सकती थी, तब बंबई के एक गवर्नर ने वायसरॉय को लिखा : "वन नीति, आबकारी नीति, नमक कर, संशोधन बंदोबस्तों

के माध्यम से भू-राजस्व की वृद्धि, ये सब बातें हमें बदनाम करती हैं। . . . हम यह बात अच्छी तरह जानते हैं कि इस देश के शिक्षित लोग क्या चाहते हैं, किंतु मैं स्वीकार करता हूं कि अशिक्षित लोगों की भावना से मैं अनभिज्ञ हूं" (लैंसडाउन के नाम रे का पत्र, 20 फरवरी 1890)। इससे स्पष्ट है कि भीतर ही भीतर सुलगती आग के प्रति अंग्रेज सरकार लापरवाह नहीं थी, और चालीस वर्ष पश्चात् महात्मा गांधी ने एक अखिल-भारतीय आंदोलन की बुनियाद रखी तो उसके मुद्दे भू-राजस्व, नमक कर, आबकारी और वनों संबंधी अधिकार ही बने। इस परिस्थिति में ऐसी गहराइयां एवं निरंतरताएं हैं जिनका अन्वेषण किया जाना अभी बाकी है।

अध्याय 2

1885-1905 : राजनीतिक एवं आर्थिक संरचना

साम्राज्यवादी संरचना एवं नीतियां

बीसवीं सदी में काफी बाद तक भारत में ब्रिटिश सरकार का स्वरूप मूलतः निरंकुशवादी था। इसकी व्यवस्था सोपान-रूप में व्यवस्थित अधिकारियों के हाथ में थी जिनके प्रमुख थे वायसरॉय एवं भारत-सचिव। इस व्यवस्था पर संसद का नियंत्रण अनियमित एवं काफी कुछ सैद्धांतिक ही था। वस्तुतः 1858 के बाद जो बातें सामने आईं उनके परिणामस्वरूप वायसरॉय एवं भारत-सचिव की व्यक्तिगत भूमिकाएं अधिक महत्वपूर्ण हो गईं। साथ ही, संचार-व्यवस्था में क्रांति के फलस्वरूप दोनों के बीच निकट संबंध भी स्थापित हो सका जिसके प्रतीक जलगर्भीय तार-व्यवस्था एवं स्वेज नहर (1865-69) थे। ईस्ट इंडिया कंपनी के मामले इंग्लैंड में राजनीतिक एवं आर्थिक बहस के मुद्दे रहे थे, और चार्टर अधिनियमों को पुनः लाए जाने पर संसद में तीव्र वाद-विवाद उठते रहे थे। 1858 के बाद तो स्थिति यह हो गई थी कि भारतीय वित्तीय वक्तव्यों एवं 'नैतिक और भौतिक प्रगति की रिपोर्टों' को पढ़े जाने के समय संसद का हाउस ऑफ कॉमंस खाली हो जाया करता था। अपने संरक्षण संबंधी प्रकार्यों के कारण कोर्ट ऑफ डायरेक्टर्स अभी भी महत्वपूर्ण बना हुआ था। किंतु लॉर्ड स्टेनली के अधिनियम द्वारा स्थापित 'काउंसिल ऑफ इंडिया', जिसका गठन भारत-सचिव पर नियंत्रण रखने के लिए किया गया था, कभी अधिक महत्व प्राप्त नहीं कर सकी। इसका कारण यह था कि अधिकांश मामलों में काउंसिल के फैसले रद्द कर दिए जाते थे और वायसरॉय को 'अति महत्वपूर्ण संदेश' एवं 'गुप्त आज्ञाएं' देकर उसकी अवहेलना कर दी जाती थी। भारत में भी रेल और तार के आगमन से स्थानीय शासनतंत्र कलकत्ता से अधिक निकट संपर्क स्थापित कर सकते थे जबकि कूपलैंड का कहना है

कि 1919 के पूर्व "संघ के विचार का कोई संकेत नहीं मिलता" (*कांस्टीट्यूशनल प्रॉब्लम*)। 1861 के 'दि इंडियन काउंसिल एक्ट' ने भी कार्यकारिणी परिषद पर वायसरॉय की सत्ता को और अधिक सुदृढ़ किया और एक निगमित कार्यप्रणाली की जगह संपूर्ण विभाग की प्रणाली लागू की। उसी विधेयक द्वारा इंपीरियल एवं स्थानीय विधायक समितियों का विस्तार अथवा गठन हुआ जिनमें कुछेक गैर-सरकारी भारतीयों को भी सम्मिलित किया गया था। किंतु ये समितियां मूलतः शोभा के लिए थीं। पूर्णतः मनोनीत संस्थाएं होने के कारण, 1892 में होनेवाले सुधारों से पहले तक, इन समितियों को कानूनी रूप से यह अधिकार भी नहीं था कि बजटों पर चर्चा कर सकें या प्रश्न उठा सकें। अतः राजनीतिक संरचना ऐसी थी कि वायसरॉय एवं भारत-सचिव के हाथों में अधिकारों का केंद्रीकरण हो गया था। अतः उनके व्यक्तिगत दृष्टिकोण एवं राजनीतिक गठजोड़ों पर थोड़ा-बहुत विचार आवश्यक है, भले ही भारत के ब्रिटिशकालीन इतिहास को सीधे-सीधे विभिन्न वायसरॉयों के कालों में विभाजित करने की प्रथा समाप्त हो गई हो।

वायसरॉयों के दृष्टिकोण

1885 तक राजनीतिक रूप से जागरूक भारतीय इस बात को निश्चित रूप से समझ चुके थे कि सभी वायसरॉय एक जैसे नहीं होते, और लिटन एवं रिपन के बीच वे जमीन-आसमान का अंतर मानते थे। इस अंतर को वे सीधे-सीधे ब्रिटिश राजनीति में टोरियों एवं लिबरलों के संघर्ष से जोड़कर देखते थे। 1915 में *इंडियन नेशनल इवॉल्यूशन* का इतिहास लिखते समय नरमदलीय कांग्रेस के एक नेता अंबिकाचरण मजुमदार लिटन के शासनकाल में 'घिरते हुए बादलों' की एवं रिपन और डफरिन के शासनकाल में 'बादलों के छंट जाने' एवं 'उषा का प्रकाश फैल जाने' की बात करते हैं। हाल ही के एक अधिक परिष्कृत इतिहासकार ने भी 1869-80 के 'कंजर्वेटिव दुस्साहस' की तुलना 1880-88 के 'लिबरल प्रयोग' से की है (एस. गोपाल, *ब्रिटिश पॉलिसी इन इंडिया*)।

आलंकारिकता को छोड़ दें तो जो महत्वपूर्ण परिवर्तन दिखाई देता है वह है 1880 के दशक के आरंभ में किया गया एक छोटा-सा प्रयास जो टिकाऊ सिद्ध नहीं हुआ। यह प्रयास था भारतीय सहयोगियों के दायरे को राजाओं और जमींदारों से बढ़ाकर इसमें अंग्रेजी शिक्षा-प्राप्त 'मध्यवर्गीय समूहों' को सम्मिलित करना। इस मध्य वर्ग को लिटन ने यह कहकर खारिज कर दिया था कि ये "बाबू हैं जिन्हें हमीं ने शिक्षित किया है ताकि वे देसी अखबारों में अर्ध-राजद्रोहपूर्ण लेख लिख सकें।" इसके विपरीत रिपन का कहना था : "इस बात की आवश्यकता प्रतिपल बढ़ती जा रही है कि हम पढ़े-लिखे नेटिवों को अपने शासन का मित्र बनाएं, शत्रु नहीं" (अनिल सील, *इमरजेंस ऑफ इंडियन नेशनलिज्म*, पृ. 134, 149)। 1883 में इल्बर्ट विधेयक

के प्रति एंग्लो-इंडियनों की अप्रत्याशित तीव्र प्रतिक्रिया के कारण यह प्रयोग शीघ्र ही समाप्त हो गया। इसने रिपन को शिक्षित भारतीयों की दृष्टि में एक जगमग शहीद ही बनाया हालांकि इस धारणा का कोई विशेष औचित्य नहीं था। डफरिन (1884-88), लैंसडाउन (1888-93), एवं एल्गिन (1893-98) के कार्यकालों में भारत के प्रति टोरी एवं लिबरल दृष्टिकोणों का अंतर निरंतर धुंधलाता गया। डफरिन प्रभावहीन ढंग से सबको प्रसन्न करने का प्रयास करता रहा जो उसके लिए सुकर नहीं था। श्वेतों के वाणिज्यिक दबाव में आकर उसने ऊपरी बर्मा का अधिग्रहण किया, बंगाल और अवध के काश्तकारी अधिनियमों में भू-स्वामियों को लाभ पहुंचानेवाले सुधार किए, थोड़े समय के लिए ह्यूम से मित्रता भी की, किंतु फिर जाने के ठीक पूर्व सेंट एंड्रयूज के भोज में कांग्रेस की तीव्र आलोचना करते हुए भाषण भी दिया। अंत में वह किसी को भी प्रसन्न नहीं कर पाया, जैसाकि दिनशा वाचा ने दादाभाई नौरोजी को लिखे एक निजी पत्र में कहा था। दिसंबर 1888 में दिनशा ने तो यहां तक कह दिया कि वे किसी लिटन को बर्दाश्त कर सकते हैं, मगर किसी डफरिन को नहीं (आर. पी. पटवर्धन, सं., *दादाभाई नौरोजी करेस्पांडेंस,* खंड 2, पृ. 137)। भारतीय संदर्भ में ब्रिटेन के दलीय विभाजन कितने अप्रासंगिक हो गए थे, यह इसी से स्पष्ट है कि सैलिसबरी के टोरी मंत्रिमंडल द्वारा नियुक्त लैंसडाउन ने बड़ी तत्परता से डफरिन की इस निजी प्रार्थना को स्वीकार किया कि प्रादेशिक काउंसिलों में चुनाव के लिए भी थोड़ा स्थान रखा जाए। दोनों ने लगभग एक ही प्रकार से यह तर्क दिया कि इससे "कांग्रेस के पास लड़ने के लिए कोई मुद्दा ही नहीं बचेगा।" ग्लैडस्टोन के अंतिम प्रशासन द्वारा नियुक्त वायसरॉय एल्गिन ने भारतीय सूती कपड़ों पर बराबर की आबकारी लगाकर लंकाशायर को अतिरिक्त सुविधाएं दीं, और स्वयं दादाभाई नौरोजी ने 1892 में लार्ड क्रास बिल में एक संशोधन का समर्थन करने से इनकार करके अपने भारतीय प्रशंसकों को बुरी तरह हतोत्साहित किया। इस बिल में स्पष्ट रूप से चुनाव आरंभ करवाने की बात कही गई थी। 1893 में इसकी पुनरावृत्ति तब हुई जब उन्होंने किम्बरली एवं लैंसडाउन को आई. सी. एस. की परीक्षाएं साथ-साथ कराने संबंधी हाउस ऑफ कॉमंस के प्रस्ताव की अवहेलना करने दी।

दलीय विभाजनों की अप्रासंगिकता का कुछ संबंध 1880 के दशक के उत्तरार्ध में इंग्लैंड में व्याप्त राजनीतिक अस्पष्टता से भी हो सकता है। इस समय ग्लैडस्टोन के आयरिश होमरूल को लेकर लिबरल विभाजित हो गए थे। बात जो भी रही हो, लिबरल परंपरा सदैव अस्पष्ट रही। इसमें अभिजातवादी नेतृत्व के ह्विग प्रशंसक थे, बृहत्तर जनतंत्र के उग्र पक्षधर थे, लिबरल-साम्राज्यवादी थे जिन्हें उनकी विदेश नीति के कारण कंजर्वेटिवों से अलग करके देखना कठिन था, और साथ ही इसमें 'लिटिल इंग्लैंडर्स' थे जो सच्चे दिल से सैन्य-विस्तार के विरोधी थे (यद्यपि स्वतंत्र व्यापार से होनेवाले पर्याप्त लाभों

से उनका कोई विरोध नहीं था)। फिर भी, राजनीतिक विचारधाराओं से अधिक महत्वपूर्ण थे संपूर्ण औपनिवेशिक स्थिति से उत्पन्न कुछ परिणाम, और अब इन्हीं दीर्घकालीन प्रवृत्तियों पर हम विचार करेंगे।

विदेश नीति

ब्रिटिश-भारतीय विदेश नीति में जहां कर्जन के पूर्व लिटन के मुखर साम्राज्यवाद का स्वर नहीं सुनाई पड़ता, वहीं 1860 के दशक में 'अप्रतिम निष्क्रियता' के दिनों की अपेक्षा कुल मिलाकर अधिक आक्रामक दृष्टिकोण ही देखे जाते रहे। यह बात तब अधिक समझ में आती है जब इसे अफगानिस्तान की ओर बढ़ते हुए रूस, हिन्दचीन पर पर्शिया और फ्रांस के बढ़ते हुए प्रभाव, एवं तीव्र होती साम्राज्यवादी प्रतिद्वंद्विता के संदर्भ में देखा जाए। विरोध पक्ष के लिबरलों ने लिटन के अफगानी दुस्साहस की कड़ी निंदा की थी, किंतु रिपन की नीति भी अंततः इससे नितांत भिन्न नहीं थी। अफगानिस्तान के विभाजन की योजना त्याग दी गई थी; साथ ही काबुल में एक ब्रिटिश एजेंट को रखने पर भी अब जोर नहीं दिया जा रहा था। किंतु अब्दुर्रहमान (जिसे अंततः लिटन ने चुना) को अमीर बना रहने दिया गया था, और एक रकम लेकर विदेश नीति पर उसका नियंत्रण कायम रहने दिया गया था जबकि ब्रिटिश सरकार ने पिशिन एवं सिबी के क्षेत्र अपने पास ही रखे और 1887 में उन्हें ब्रिटिश बलूचिस्तान बना दिया।

डफरिन के समय में रूस ने अफगानिस्तान की सीमावर्ती पंजदह चौकी पर कब्जा कर लिया (मार्च 1885) जिससे अत्यंत तनावपूर्ण स्थिति उत्पन्न हो गई, किन्तु अंत में इस मामले को डेनमार्क के राजा के पास मध्यस्थता के लिए ले जाया गया। जुलाई 1887 में अफगान सीमा से संबंधित एक समझौता हुआ। फिर भी, 1887 से लेकर 1892 की अवधि में जब सैन्यवादी लॉर्ड रॉबर्ट्स कमांडर-इन-चीफ था, उत्तर-पश्चिमी सीमा के संबंध में एक अग्रगामी नीति अपनाई गई। इसके फलस्वरूप कबायलियों के विरुद्ध अनेक खर्चीले अभियान किए गए, महत्वपूर्ण स्थानों पर रेलमार्गों का निर्माण कराया गया, 1893 में ड्यूरेंड समझौता लागू किया गया जिसके अनुसार भारत-अफगानिस्तान के बीच एक सीमा-रेखा खींची गई, और (लिबरलों के नैतिक संशय के बावजूद) चितराल का अधिग्रहण कर लिया गया हालांकि चितराल को अंततः ब्रिटिश शासन में ही रखा गया।

डफरिन के प्रशासनिक काल की एक महत्वपूर्ण बात यह है कि इसी काल में ब्रिटिश-भारतीय क्षेत्र का अंतिम बड़ा विस्तार हुआ। यह था जनवरी 1886 में ऊपरी बर्मा का ब्रिटिश भारत में विलय। कुछेक राजनीतिक एवं वाणिज्यिक कारणों से नवंबर 1885 में ब्रिटिश सैन्य टुकड़ियों को बर्मा भेजने का निर्णय किया गया। अंग्रेजों को इस बात की आशंका थी कि पड़ोसी हिंदचीन से फ्रांसीसी अपना प्रभाव बर्मा तक फैला सकते थे। यह

आशंका विशेष रूप से उस समय बढ़ी जब जनवरी 1885 में राजा थिबो ने एक व्यापार-संधि पर हस्ताक्षर किए और जुलाई में एक फ्रांसीसी कंपनी के साथ रेल-समझौता किया। रंगून में स्थित ब्रिटिश चैंबर ऑफ कॉमर्स भी इस अधिग्रहण के लिए उत्सुक था, विशेषतः तब से जबकि राजा थिबो ने अगस्त 1885 में इमारती लकड़ी का व्यापार करनेवाली एक ब्रिटिश कंपनी को धोखाधड़ी के लिए भारी जुर्माना भरने का दंड दिया। रैंडोल्फ चर्चिल ने डफरिन को आश्वस्त किया था कि इंग्लैंड के 'बड़े व्यापारिक हित', विशेषतः मैनचेस्टर भी, इस 'अधिग्रहण का हार्दिक' समर्थन करेंगे। ऊपरी बर्मा अपने-आपमें लुभावना तो था ही, इसका महत्व इस कारण और भी बढ़ गया था कि यह युन्नान और दक्षिण-पश्चिमी चीन का संभावित प्रवेशद्वार भी था। सैलिसबरी मंत्रिमंडल ने बड़े उत्साहपूर्वक डफरिन का समर्थन किया था। ग्लैडस्टोन मंत्रिमंडल, जिसके काल में इस अधिग्रहण को औपचारिक रूप दिया गया, थोड़े नैतिक संशय में पड़ा था, किंतु फिर बड़ी अनिच्छा से इसके लिए सहमत हो गया। यही वह अंतर था जो इस काल में टोरियों और लिबरलों के अंतर को दर्शाता था। शक्तिहीन मांडले सरकार तो लगभग बिना कोई प्रतिरोध किए धराशायी हो गई, किंतु लोकवादी छापामार प्रतिरोध का शमन करने में ब्रिटिश सरकार को पांच साल और 40,000 सैनिक लगाने पड़े।

सेना

इस प्रकार के अभियानों का अर्थ था सेना पर अधिक व्यय। इसमें देश के बाहर भारतीय सेनाओं की नियुक्ति भी जोड़ी जानी चाहिए जिसका भार मुख्य रूप से भारत के राजकोष को ही उठाना पड़ता था। रिपन के विरोध के बावजूद ग्लैडस्टोन ने 1882 में मिस्र में, 1885-86 में मेहदी आंदोलन के विरुद्ध सूडान और 1990 में चीन में बॉक्सरों के विरुद्ध भारतीय सेना को तैनात किया। पंजदह युद्ध का हौवा दिखाकर भारतीय सेना में 30,000 सैनिकों की वृद्धि की गई। 1881-82 में भारत सरकार के बजट का 41.9 प्रतिशत सैन्य व्यवस्था पर खर्च हुआ था; दस वर्ष पश्चात् यह रकम बढ़कर बजट का 45.4 प्रतिशत हो गई। 1904-05 तक, कर्जन के समय में, यह बढ़कर 51.9 प्रतिशत हो गई। वस्तुतः ब्रिटिश सरकार की सैन्य नीति औपनिवेशिक शासन के वास्तविक स्वरूप को समझने के लिए महत्वपूर्ण अंतर्दृष्टि प्रदान करती है। अंग्रेजों के मन से 1857 की क्रांति की याद अभी मिटी नहीं थी। दिसंबर 1888 में डफरिन ने कहा था कि अंग्रेजों को "वह पाठ सदैव याद रखना चाहिए जो उन्होंने तीस साल पहले बड़े भयावह अनुभवों से सीखा था।" 1859 और 1879 के आयोगों ने इस बात पर बल दिया कि सेना में एक-तिहाई गोरे हों (1857 के पूर्व इनकी संख्या 14 प्रतिशत थी), और तोपखाने पर कड़ाई के साथ केवल यूरोपीयों

का एकाधिकार रहे। (1900 तक भारतीयों को दी जानेवाली रायफलें भी घटिया दर्जे की होती थीं।) ऐसी नीति, जिसे सर जॉन स्ट्रेची पूर्ण अलगाव की नीति कहते थे, अपनाई जाए ताकि जाति, धर्म, वर्ण अथवा स्थानीय सहानुभूति के आधार पर किसी भी प्रकार की सामुदायिक भावना की खतरनाक अस्मिता को पनपने से रोका जा सके (*इंडिया*, पृ. 63)। वास्तव में वुड ने 1862 में 'फूट डालो और राज करो' के सिद्धांत का वर्णन बड़े स्पष्ट शब्दों में किया था : 'मैं विभिन्न रेजीमेंटों में भिन्नता एवं प्रतिस्पर्धा की भावना विकसित करना चाहता हूं ताकि आवश्यकता पड़ने पर सिख हिंदुओं पर और गोरखा सिखों और हिंदुओं, दोनों पर ही बिना झिझक गोली चला सकें।" 1879 के सैन्य आयोग ने इस बात को पुनः दोहराया: "एक पर्याप्त यूरोपीय सेना के शानदार संतुलन के बाद आता है देसी के विरुद्ध देसी का संतुलन" (हीरालाल सिंह, *प्रॉब्लम्स एंड पॉलिटिक्स ऑफ दि ब्रिटिश इन इंडिया, 1885-1889*, पृ. 140, 142 से उद्धृत)। लॉर्ड रॉबर्ट्स ने 1880 के दशक के अंतिम वर्षों में 'लड़ाकू जातियों' की विचारधारा को बल दिया जिसके अनुसार कतिपय विशिष्ट जातियां ही अच्छे सिपाही पैदा कर सकती हैं। इसका प्रयोग सेना में मुख्यतः सिखों एवं गोरखों की भरती का औचित्य सिद्ध करने के लिए किया गया। सिख और गोरखा अपेक्षाकृत सीमांत धार्मिक एवं प्रजातीय समूहों के अंतर्गत आते थे, और उन पर राष्ट्रवाद का प्रभाव पड़ने की कम आशंका थी। कमान की प्रजातीय समता अथवा उसके भारतीयकरण का तो कोई प्रश्न ही नहीं था। 1895 में वेतन में थोड़ी वृद्धि होने के पश्चात् भी भारतीय सेना का पैदल सिपाही नौ रुपए महीना वेतन पाता था, जबकि अंग्रेज सिपाही को चौबीस रुपए महीना वेतन के साथ अनेक प्रकार के भत्ते भी मिलते थे। कहीं 1926 में जाकर ही सैंडहर्स्ट समिति ने 1952 में 50 प्रतिशत अधिकारी-श्रेणी के भारतीयकरण की बात सोची।

वित्तीय एवं प्रशासनिक दबाव

विदेशों में किए जानेवाले अभियानों एवं सैन्य विस्तार का निश्चित अर्थ था वित्तीय बोझ। 1873 के बाद से सोने की तुलना में चांदी के रुपए के अवमूल्यन से भारतीय वित्त-व्यवस्था पर बोझ बहुत बढ़ गया। भारतीय व्यय के बहुत बड़े भाग का भुगतान पाउंड मुद्रा में करना पड़ता था (जैसे ब्रिटिश सैन्य एवं असैन्य अधिकारियों की पेंशनें, भारत-सचिव के प्रतिष्ठान की सारी लागत, भारतीय ऋण पर ब्याज एवं वे सभी अन्य मदें जो तथाकथित घरेलू मदों के अंतर्गत आती थीं।) रुपया, जिसका मूल्य 1872 में 2 शिलिंग था, 1893-94 तक 1 शिलिंग 2 डाइम से थोड़ा ही अधिक का रह गया था। हाल ही में ब्रिटिश 'राज के वित्तीय आधारों' की विस्तृत गवेषणा सव्यसाची भट्टाचार्य ने की है और कैंब्रिज इतिहासकारों ने ऐसी

वित्तीय समस्याओं, सत्ता के हस्तांतरण सहित प्रशासनिक दबावों एवं राष्ट्रीय आंदोलनों के बीच के संबंधों को स्पष्ट करने की दिशा में महत्वपूर्ण योगदान किया है। अनिल सील के शब्दों में, "स्थानीय मामलों में राज के और भारी हस्तक्षेप द्वारा प्रशासनिक व्यवस्था को अधिक दृढ़तापूर्वक दबाना आवश्यक था" (*लोकेलिटी, प्रॉविंस एंड नेशन*, पृ. 10)। स्पष्ट शब्दों में कहें तो इसका तात्पर्य था कराधान के पुराने रूपों को और फैलाना और नए रूपों की खोज करना—एक ऐसी प्रक्रिया जो अपने-आपमें अनेक कठिनाइयों से भरी थी क्योंकि सरकार पर विभिन्न दिशाओं से दबाव पड़ रहे थे।

भू-राजस्व अब भी सरकारी आय का अकेला सबसे बड़ा स्रोत था। स्थायी बंदोबस्त को बढ़ाए जाने की बात, जोकि 'गदर' के तुरंत बाद के वर्षों में आम थी जब वफादार आश्रित भूस्वामियों की खोज की जा रही थी, अब भुला दी गई थी। 1881-82 में भू-राजस्व से होनेवाली आय 19.67 करोड़ रुपए थी जो 1901-02 तक बढ़कर 23.99 करोड़ हो गई थी। राजस्व में यह वृद्धि भयंकर अकाल के बावजूद हुई थी और इसने, जैसाकि हम आगे देखेंगे, राष्ट्रवादियों को शिकायत का एक स्थायी और बड़ा कारण प्रदान किया। फिर भी यह अधिकाधिक अनुभव किया जाने लगा था कि भू-कर में अत्यधिक वृद्धि राजनीतिक दृष्टि से खतरनाक है, एवं आर्थिक दृष्टि से भी बुद्धिमत्तापूर्ण नहीं है क्योंकि अंग्रेज कपास, चीनी, पटसन, गेहूं और अन्य कृषि-उत्पादों का निर्यात बढ़ाने के लिए भी उत्सुक थे। वस्तुतः सरकार की कुल आय और भू-राजस्व का अनुपात घटा था (उपरोक्त वर्षों में मात्र राजस्व क्रमशः 46.86 करोड़ एवं 60.79 करोड़ रुपए था)। आयात कर लगाने से बजट बनाना काफी सरल हो जाता और राजनीतिक रूप से जागरूक भारतीय भी इससे प्रसन्न हो जाते किंतु, जैसाकि सर्वविदित है, यहां लंकाशायर के निहित स्वार्थ बारंबार आड़े आते रहे। 1870 के मध्य-दशक से सैलिसबरी द्वारा समर्थित मैनचेस्टर गुट कपास पर लगाए जानेवाले करों का यह कहकर बराबर कड़ा विरोध करता रहा कि बंबई के उद्योग को संरक्षण दिया जा रहा है। लिटन ने 1878-79 में अफगान युद्ध के बावजूद इन करों में कटौती की, और रिपन ने 1882 में तो इन्हें समाप्त ही कर दिया। 1890 के दशक में जब अत्यधिक घाटे के कारण इन करों को पुनः लगाना अपरिहार्य हो गया तो 1894 और 1896 में इनके साथ ही भारतीय कपड़े पर भी कुख्यात उत्पादन शुल्क लगा दिया गया। 1860 में जेम्स विल्सन के काल से ही वायसरॉय की काउंसिल के ब्रिटिश-भारतीय वित्त-सदस्य आयकर लगाने के बारे में विचार कर रहे थे यद्यपि गोरों और प्रभावशाली भारतीयों ने समान रूप से इसका विरोध किया था। पंजदह और बर्मा के अभियानों के बाद 1886 में डफरिन ने इस विचार को एक व्यवस्थित एवं स्थायी रूप प्रदान कर दिया। दो वर्ष पश्चात् अत्यंत अवरोही बिक्रीकर में तीव्र दृद्धि कर दी गई।

बेयली के इलाहाबाद एवं वाशब्रुक के दक्षिण भारत संबंधी अध्ययनों में 1880 के दशक के मध्य में कराधान में होनेवाली इस आकस्मिक वृद्धि की भूमिका पर विशेष बल दिया गया है। इसके कारण कांग्रेस को उसके मद्रास (1887) एवं इलाहाबाद (1888) अधिवेशनों में अप्रत्याशित रूप से व्यापक समर्थन मिला। वाशब्रुक प्रांतीय स्तर पर दीर्घकालीन प्रवृत्तियों से संबंधित कुछ रोचक तथ्य भी प्रस्तुत करते हैं। 1880 में मद्रास में कुल राजस्व का 75 प्रतिशत भू-राजस्व से प्राप्त होता था जबकि 1920 में यह घटकर 28 प्रतिशत रह गया था। इसके विपरीत शराब से प्राप्त होनेवाला उत्पादन शुल्क 1882-83 में मिलनेवाले 60 लाख रुपए से बढ़कर 1920 में 5.4 करोड़ रुपए हो गया था। वनों से होनेवाली आय में भी वृद्धि हुई थी। इशका तात्पर्य था आदिवासियों एवं गरीब किसानों के चराई एवं ईंधन बटोरने संबंधी परंपरागत अधिकारों में कटौती। कभी-कभार इससे अधिक समृद्ध ग्रामीण हितों पर भी विपरीत प्रभाव पड़ता था। मद्रास में 1880 के दशक में और असम में 1890 के दशक में प्रांतीय संगठन पहले ही वन-कानूनों एवं चराई पर नियंत्रण लगाए जाने का विरोध कर चुके थे और, जैसाकि हम आगे देखेंगे, कांग्रेस के आरंभिक अधिवेशनों में बार-बार इस मुद्दे को उठाया गया।

उन्नीसवीं सदी में गुंटुर में लोक-प्रशासन से संबंधित एक अध्ययन (*गुंटुर डिस्ट्रिक्ट, 1788 टु 1848,* ऑक्सफोर्ड, 1965) में फ्राइकेनबर्ग ने दर्शाया है कि किस प्रकार कंपनी के अपेक्षाकृत ढीले-ढाले प्रशासन में मातहत भारतीय कर्मचारी पर्याप्त स्वतंत्र थे और स्थानीय बड़े लोगों से संपर्क बनाए रखने पर उन्हें आर्थिक लाभ भी प्राप्त होते थे। 1858 के पश्चात् वित्तीय दबावों के चलते जो स्थितियां बनीं उनके फलस्वरूप इस स्वायत्तता में स्वाभाविक रूप से कमी आई। मद्रास के संदर्भ में इस प्रक्रिया का विस्तृत विश्लेषण वाशब्रुक ने किया है। किंतु रोचक बात यह है कि इसको पूर्वी बंगाल के सिलहट क्षेत्र के संदर्भ में बिपिन पाल ने प्रमाणित किया है। पाल ने दर्शाया है कि किस प्रकार इन इलाकों में केंद्रीकृत प्रशासन के अधिकाधिक पैठने के साथ ही जमींदार रूपी 'स्वाभाविक नेताओं' पर नियंत्रण क्रमशः बढ़ता गया (*मेमरीज़ ऑफ माई लाइफ एंड टाइम्स,* पृ. 11-16)।

स्थानीय स्वायत्त शासन एवं काउंसिल सुधार

वित्तीय दबाव एवं प्रशासनिक कसाव राजनीतिक रूप से खतरनाक न हों, इसके लिए आवश्यक था कि इनके साथ-साथ अधिक भारतीय सहयोगियों की तलाश की जाती। जैसाकि अनिल सील का कहना है, "नामांकन की व्यवस्था, प्रतिनिधित्व और चुनाव, ये सब भारतीयों को साम्राज्यवादी लक्ष्यों की पूर्ति की दिशा में जुटाने के साधन थे" *(लोकेलिटी, प्रॉविंस एंड नेशन,* पृ. 10)। स्थानीय स्वायत्त शासन के विकास में वित्तीय एवं राजनीतिक पक्षों को बड़ी सफाई से गूंथा गया था। वस्तुतः यह प्रक्रिया कंजर्वेटिव मेयो के काल में

आरंभ हुई थी, लिबरल रिपन के काल में नहीं। इसका मुख्य लक्ष्य था—स्थानीय आवश्यकताओं की स्थानीय करों द्वारा पूर्ति करके वित्तीय कठिनाइयों को सुलझाना। किंतु मेयो ने भी अनुभव किया था कि "हमें इस देश के शासन में अपने-आपसे धीरे-धीरे देसी तत्वों को अधिकाधिक जोड़ना चाहिए।" दूसरा राजनीतिक पेंच रिपन के मई 1882 के प्रसिद्ध प्रस्ताव में स्पष्टतः उभरकर सामने आया जिसमें स्थानीय निकायों में चुनाव द्वारा बहुमत प्राप्त करने एवं अध्यक्ष चुनने का अधिकार देने का वादा किया गया था। यह ऐसा वादा था जो धीरे-धीरे और अपूर्ण रूप से ही व्यवहार में आ सका क्योंकि अधिकांश प्रांतीय नौकरशाहों ने इसका प्रतिरोध किया। उत्तरदायित्व के हस्तांतरण की इस समस्त प्रक्रिया में वित्तीय पक्ष कितना महत्वपूर्ण रहा था, यह एक बहुत बाद के दृष्टांत से स्पष्ट होता है : 1919-20 में बंगाल में यूनियन बोर्डों की स्थापना के साथ ही चौकीदारी कर में 50 प्रतिशत की वृद्धि कर दी गई। इसके प्रतिक्रियास्वरूप मिदनापुर में एक भारी और सफल राष्ट्रीय प्रतिरोध आंदोलन उठ खड़ा हुआ।

1880 के दशक के अंतिम वर्षों के पश्चात् कांग्रेस के उत्थान का तात्पर्य यह था कि उच्च स्तरों पर सहयोग मुख्यतः लेजिस्लेटिव काउंसिल सुधारों की क्रमिक किस्तों के माध्यम से ही प्राप्त किया जा सकता था। उदाहरण के लिए, 1892 के लॉर्ड क्रॉस के इंडियन काउंसिल एक्ट ने गैर-सरकारी सदस्यों में वृद्धि की थी (16 सदस्यों की इंपीरियल काउंसिल में अब 10 गैर-सरकारी सदस्य होते थे)। यद्यपि इसमें चुनावों की बात स्पष्ट रूप से स्वीकार नहीं की गई थी, लेकिन भारतीय अधिकारी-वर्ग को यह अधिकार दिया गया था कि वे सदस्यों का नामांकन करने में स्थानीय निकायों, विश्वविद्यालयों की सिनेटों, चैंबर्स ऑफ कॉमर्स एवं भू-स्वामियों के संगठनों की राय ले सकें। काउंसिल के सदस्यों ने बजट पर चर्चा करने और प्रश्न करने का अधिकार प्राप्त कर लिया था, यद्यपि उन्हें संशोधन प्रस्तुत करने, बजट पर वोट देने अथवा पूरक मांगें रखने का अधिकार नहीं था।

तथाकथित 'संवैधानिक सुधार' की प्रक्रिया सरकारी नीति के दो अन्य तत्वों से संबद्ध रही : समय-समय पर 'नरमपंथियों को साथ लाना' (यह सूत्र मिंटो का था किंतु इसका प्रयास बहुत पहले आरंभ हो चुका था), एवं 'फूट डालो और राज करो' के उपायों को चतुराईपूर्वक प्रयुक्त करना। रिपन की बड़ी आशाओं के बावजूद स्थानीय स्वायत्त शासन इनमें से पहले लक्ष्य को प्राप्त करने में विशेष सफल नहीं रहा क्योंकि नगरपालिकाओं और जिला परिषदों को दी गई वास्तविक शक्ति अथवा वित्तीय संसाधन नहीं के बराबर थे। राष्ट्रवादी इन निकायों में सम्मलित हुए, कुछ सीमा तक उनकी संरक्षणात्मक संभावनाओं का प्रयोग किया, किंतु सामान्यतः वे अपनी ऊर्जा को नालियों में सुधार करने तक ही सीमित रखने को तैयार न थे। संभवतः 1892 के सुधारों ने कुछ वर्षों के लिए कांग्रेस के आंदोलन की गति धीमी की क्योंकि अनेक

प्रमुख नेता प्रांतीय एवं इंपीरियल काउंसिलों में सम्मिलित हो गए थे (उदाहरण के लिए, बंगाल में लालमोहन घोष, डब्ल्यू. सी. बनर्जी और सुरेंद्रनाथ, बंबई में फीरोजशाह मेहता, गोखले, यहां तक कि थोड़े समय के लिए तिलक भी; मेहता के पीछे-पीछे गोखले भी इंपीरियल काउंसिल के सदस्य बने)। 1894 और 1900 के बीच कांग्रेस अधिवेशनों में काउंसिल सुधारों की आम मांग कांग्रेस के कार्यक्रम का मुख्य मुद्दा नहीं रही। किंतु यह स्थिति थोड़े समय ही रही और इन्हीं वर्षों में उग्रवाद के आरंभिक उभार देखे गए। 1904 तक कांग्रेस एकजुट होकर वैधानिक सुधारों की एक और बड़ी किस्त की मांग करने लगी थी।

फूट डालो और राज करो

अंततः कहीं अधिक महत्वपूर्ण बात यह थी कि भारतीय अभिजात समूहों के भीतर विभाजनों को प्रोत्साहित किया जा रहा था। इसका मुख्य आधार धार्मिक था, किंतु कभी-कभी यह जातिगत और प्रांतीय भी होता था। इन विभाजनों की जड़ें प्रायः बहुत गहरी होती थीं, और इसमें संदेह नहीं कि इसके लिए अंग्रेजों को प्रत्यक्ष रूप से और सायास उत्तरदायी ठहराने की राष्ट्रवादियों की प्रवृत्ति अतिशयोक्तिपूर्ण थी। किंतु, जैसाकि हम आगे देखेंगे, सरकारी नीतियों की बात जाने भी दें तो शिक्षा, प्रशासनिक पदों एवं बाद में राजनीतिक लूट के लिए मौजूद थोड़े-से संसाधनों को लेकर होनेवाले टकरावों का कारण औपनिवेशिक अल्पविकास ही था। राजनीतिक सुधारों ने ऐसी प्रतिद्वंद्विता को बराबर बढ़ाया और तेज किया, और वह हमारे अध्ययन के काल में बराबर बनी रही। हंटर की रचना *इंडियन मुसलमांस* ने बड़ी तेजी से सरकारी क्षेत्रों में यह कहने और सोचने का चलन कर दिया कि मुसलमान एक समांग 'पिछड़ा हुआ' समुदाय हैं। 1888 में डफरिन ने मुसलमानों को 'पांच करोड़ लोगों' का एक राष्ट्र बताया जो एक ही धर्म और समान रीति-रिवाजों को मानते थे और जो "उन दिनों की एक साझी स्मृति अपने दिलों में संजोए हुए थे जब वे दिल्ली में गद्दीनशीन थे और हिमालय से लेकर कन्याकुमारी तक उन्हीं की हुकूमत चलती थी" (क्रॉस के नाम डफरिन का पत्र, 11 नवंबर 1888)। ऐसी एक नहीं, अनेक धारणाएं थीं जो ऐतिहासिक रूप से मिथ्या थीं, किंतु हमारे विदेशी शासकों के लिए राजनीतिक रूप से उपयोगी थीं। फ्रांसिस रॉबिंसन द्वारा संयुक्त प्रांत के एवं एन. जी. बैरियर द्वारा पंजाब से संबंधित हालिया अध्ययन स्पष्ट दर्शाते हैं कि किस प्रकार म्युनिसपल चुनावों के लागू होते ही इन दोनों प्रांतों में हिंदू-मुसलमान तनाव तीव्र हो गया। 1886 में तो स्थिति यहां तक पहुंच गई कि पंजाब में लायल की सरकार होशियारपुर, लाहौर और मुलतान शहरों में अलग-अलग चुनाव कराने लगी। इसके मूल में, जैसाकि बैरियर कहते हैं, हो सकता है कि पहले से विद्यमान संघर्ष को कम करने की बात रही हो, फिर भी इस तथ्य से इनकार नहीं किया जा सकता

कि अलग-अलग निर्वाचकमंडलों के होने से विभाजित करनेवाली रेखाएं दृढ़ ही हुईं, क्योंकि इससे अलग-अलग संप्रदाय के नेता केवल अपने ही धर्म के लोगों के पास जाने के लिए प्रोत्साहित ही नहीं, अपितु बाध्य भी हुए। काउंसिल सुधारों के स्तर पर भी मार्च 1893 में लैंसडाउन इस बात पर बल दे रहे थे कि प्रतिनिधित्व का आधार 'संख्या अथवा क्षेत्र न होकर श्रेणी अथवा वर्ग' होना चाहिए। अलग-अलग निर्वाचकमंडलों की मांग की स्वीकृति भी बहुत बाद की बात न थी। इसमें संदेह नहीं कि एक सीमा के बाहर सांप्रदायिक तनाव भी कानून एवं व्यवस्था की गंभीर समस्या उत्पन्न करता था। तथापि 7 मई 1897 को भारत-सचिव हैमिल्टन द्वारा एल्गिन को लिखा गया पत्र कदाचित् इस विषय में अंग्रेजों की आम धारणा का उदाहरण है : "उत्तर-पश्चिम के क्षेत्रों एवं पंजाब में हिंदू-मुसलमानों के बीच बढ़ते हुए संघर्ष की बात सुनकर मुझे दुःख हुआ। समझ में नहीं आता कि क्या करें। विचारों और कर्म की एकता राजनीतिक रूप से खतरनाक है और विचारों की भिन्नता एवं संघर्ष प्रशासनिक रूप से कष्टकर हैं। इन दोनों में से दूसरा विकल्प ही कम खतरनाक है यद्यपि इसमें उत्तरदायित्व और चिंता उन्हीं लोगों के सिर पड़ती है जो संघर्ष के स्थान पर उपस्थित रहते हैं।"

अब तक हम ब्रिटिश भारत के राजनीतिक तंत्र पर विचार करते रहे हैं और कैंब्रिज संप्रदाय ने इसी क्षेत्र में सर्वोत्तम कार्य किया है। किंतु यह उनकी अदूरदर्शिता ही है कि वे प्रशासन अथवा राजनीति को अपने-आपमें एक लक्ष्य मानते हैं और प्रसन्नतापूर्वक दावा करते हैं, जैसाकि सील ने 1973 के अपने लेख में किया हैं कि "इस बात से हमारा कोई सरोकार नहीं है कि भारत में विदेशियों के शासन ने देशवासियों को अपने विरुद्ध संगठित होने के लिए उकसाया" (*लोकेलिटी, प्रॉविंस एंड नेशन,* पृ. 5-6)। दो और आयाम भी कैंब्रिज इतिहासकारों के अधिकांश विश्लेषण में छूट गए हैं जबकि ये राष्ट्रीय आंदोलन एवं आधुनिक भारत के इतिहास, दोनों को समझने के लिए अत्यंत महत्वपूर्ण हैं। ब्रिटिश राज का एक पहलू घोर नस्लवादी था और इसका लक्ष्य अंततः औपनिवेशिक शोषण को बनाए रखना था।

श्वेत नस्लवाद

भारत में अंग्रेज स्वामी जाति के होने के प्रति बहुत ही सचेत रहते थे। इस बात को समाज का बड़े से बड़ा व्यक्ति भी अपने ही अनुभव से तब जान जाता था जब वह भूल से श्वेतों के लिए आरक्षित रेल के डिब्बे अथवा जहाज में चढ़ता था, या उसे नौकरी या व्यवसाय में काले होने के कारण प्रोन्नति के समय भेदभाव का शिकार होना पड़ता था। इल्बर्ट बिल से उत्पन्न बवंडर श्वेत नस्लवाद की चरम अभिव्यक्ति भले ही रहा हो, किंतु अकेला उदाहरण नहीं था। मिसाल के लिए, 1878 में मद्रास में मुत्तुस्वामी अय्यर को जब उच्च न्यायालय का न्यायाधीश नियुक्त किया गया तो *मद्रास मेल* (जो

श्वेत व्यापारियों का अखबार था) ने यह कहकर इसका विरोध किया कि "देसी अधिकारियों को समान परिस्थितियों में यूरोपीय अधिकारियों के बराबर वेतन नहीं मिलना चाहिए" (आर. सुंदरलिंगम्, *पॉलिटिक्स एंड नेशनल अवेकनिंग इन साउथ इंडिया, 1852-91*, पृ. 151-52)। इससे उत्पन्न होनेवाले हंगामे के फलस्वरूप राष्ट्रवादी समाचारपत्र *हिंदू* की स्थापना हुई। कम भाग्यशाली भारतीयों को लातों और घूंसों के रूप में नस्लवाद की अधिक फूहड़ किस्मों का सामना करना पड़ता था। 'साहब' लोग अपने पंखा-कुलियों को तमीज सिखाते, और शिकार के समय प्रायः गोली चलने की 'दुर्घटनाएं' हो जाया करती थीं जिसका शिकार काला आदमी ही होता था। 1880 और 1900 के बीच गोली चलने की ऐसी कम से कम 81 'दुर्घटनाएं' दर्ज की गईं। श्वेतों के आधिपत्य वाले न्यायालय ऐसी घटनाओं के मामले में हास्यापद रूप से हल्के दंड देते थे। तत्कालीन भारतीय पत्र-पत्रिकाओं एवं निजी पत्रों को देखने से ज्ञात होता है कि राष्ट्रवाद के उद्भव में इन बातों ने कितनी महत्वपूर्ण भूमिका निभाई। ऐसी ही घटनाओं की शिकायत करते हुए वाचा ने 30 अक्तूबर 1891 को दादाभाई नौरोजी को लिखा था कि "यूरोपीयों द्वारा देसी लोगों की हत्या की घटनाएं बढ़ती ही जा रही हैं। यह पाशविक कार्य मुख्यतः सैनिक ही करते हैं। . . . (उन्हें) सदा किसी न किसी बहाने छोड़ दिया जाता है" (आर. पी. पटवर्धन, पृ. 265)। असम के चायबागानों में कुलियों के साथ किया जानेवाला दुर्व्यवहार 1880 के दशक के अंतिम वर्षों में इंडियन एसोसिएशन की गतिविधियों में प्रमुख रूप से उभरा। निस्संदेह भेदभाव और पाशविकता ऐसे मुद्दे थे जिन पर बड़े से बड़ा देसी व्यक्ति भी छोटे से छोटे देसी व्यक्ति के साथ एकजुट हो सकता था क्योंकि दोनों ही समान रूप से वंचना एवं अन्याय के शिकार थे।

भारत में जो अंग्रेज राजनीतिज्ञ अधिक मानवीय और दूरदर्शी थे वे कभी-कभी नस्लवाद की घोर फूहड़ता को सीमित करने का प्रयास भी करते थे, और इसी कारण न केवल रिपन, अपितु कर्जन को भी अपने अंग्रेज बंधुओं की नाराजगी उठानी पड़ी थी। कर्जन ने दो कुख्यात मामलों में अंग्रेज सिपाहियों के विरुद्ध अनुशासनात्मक कार्रवाई की। इनमें से एक मामला तो एक बर्मी स्त्री के साथ सामूहिक बलात्कार का था, और दूसरे मामले में एक रसोइए की हत्या कर दी गई थी क्योंकि उसने स्त्रियों की दलाली का कार्य करना अस्वीकार कर दिया था। प्रसंगवश, जो रेजीमेंट इस दूसरे मामले से जुड़ी हुई थी उसे 1903 के दिल्ली दरबार में वीरों-जैसा सम्मान दिया गया। किंतु इस बात पर भी बल दिया जाना चाहिए कि अत्याचारों की बात छोड़ दें तो औपनिवेशिक भारत की आर्थिक एवं राजनीतिक संरचना में एक सीमा तक श्वेत नस्लवाद के तत्व की एक प्रकार्यात्मक एवं आवश्यक भूमिका थी। अंग्रेजों की दृष्टि से सेना एवं प्रशासन के उच्च एवं वरिष्ठ पदों पर भारतीयों को न रखना तर्कसम्मत ही था। अतः आई. सी. एस. की परीक्षाओं को साथ-साथ भारत और इंग्लैंड

में करने की मामूली दिखाई देनेवाली मांग का भी पचास वर्षों तक कड़ा विरोध होता रहा। रोजबेरी को लिखे गए पत्र में जुलाई 1895 में एल्गिन ने कहा था कि "हम तभी शासन कर सकते हैं जब यह मानकर चलें कि हम राज करनेवाली जाति के हैं। सेनाओं में भारतीयों को प्रोत्साहित अवश्य किया जाना चाहिए, किंतु यदि हमें अपना अस्तित्व कायम रखना है तो एक बिंदु ऐसा अवश्य है जहां नियंत्रण हमें अपने ही हाथ में रखना चाहिए।"

अमिय बागची ने हाल ही में दर्शाया है कि नस्लवाद के आर्थिक आयाम तो और भी अधिक निर्णायक थे। किसी भी संभावित भारतीय प्रतिस्पर्धा के विरुद्ध भारत में अंग्रेज व्यापारियों के बीच एकता बनाए रखने में रंग ने महत्वपूर्ण भूमिका निभाई थी। श्वेतों के विभिन्न चैंबर्स ऑफ कॉमर्स, व्यापार समितियों एवं संगठनों की कार्यपद्धित से ज्ञात होता है कि "दूसरों के साथ प्रतिस्पर्धा करते हुए भी यूरोपीय व्यापारी आपस में उचित समझौते एवं पारस्परिक सहयोग करने में बड़ा विश्वास रखते थे" (बागची, *प्राइवेट इनवेस्टमेंट इन इंडिया*, पृ. 170)। थोड़े-बहुत झगड़ों एवं व्यापार के प्रति कुछ सरकारी अधिकारियों द्वारा तिरस्कार दर्शाए जाने के बावजूद श्वेत व्यापारियों एवं श्वेत अधिकारियों के बीच निजी एवं क्लब-जीवन के असंख्य संबंध होते थे। 1903 में बाराकर में अंग्रेज खदान-मालिकों के समक्ष भाषण करते हुए कर्जन ने सरकार और व्यापारियों के संबंधों का बड़ा सुंदर सार प्रस्तुत किया था : "मेरा काम है प्रशासन करना, और आपका दोहन करना; किंतु दोनों एक ही प्रश्न और एक ही कर्तव्य के दो पहलू हैं" (*इंडियन नेशनलिज्म एंड अर्ली कांग्रेस*, पृ. 37 में जे. आर. मैकलेन द्वारा उद्धृत)। बहुत बाद में, अर्थात् 1944 में भारतीय उत्पादकों के एक संघ ने "देश के शासकों के साथ सजातीय घनिष्ठता के रहस्यात्मक संबंध की मौन सहानुभूति के कारण उन्हें (यूरोपीय व्यापारियों को) अपने देशी प्रतिद्वंद्वियों से स्पर्धा में मिलनेवाले अदृश्य किंतु प्रभावकारी लाभों" के बारे में शिकायत की थी (बागची, पृ. 166)।

इस प्रकार नस्लवाद उस बात को सुदृढ़ करने में सहायक हुआ जिसे बागची यूरोपीय व्यापारियों का 'सामूहिक एकाधिकार' कहते हैं और जो विशेष रूप से भारत के पूर्वी क्षेत्र के औद्योगिक एवं व्यापारिक जीवन की खास विशेषता रहा है। अब हम इस आर्थिक शिकंजे के बदलते रूपों एवं परिणामों के अध्ययन की ओर उन्मुख होते हैं।

औपनिवेशिक अर्थव्यवस्था

आर. पी. दत्त की रचना *इंडिया टुडे*, अपने प्रकाशन के चालीस वर्ष बाद भी, अनेक अर्थों में भारत में औपनिवेशिक अर्थव्यवस्था का श्रेष्ठतम सर्वांगीण विश्लेषण है। इसमें मार्क्स की कतिपय अंतर्दृष्टियों एवं छिटपुट टिप्पणियों से एक सिद्धांत विकसित किया गया है जो अंग्रेजों द्वारा हमारे देश के शोषण को तीन चरणों में निरूपित करता है। प्रथम, 'वाणिज्यिक' चरण का, जिसका

समय 1757 से 1813 तक था, प्रमुख लक्षण था खुली लूट और व्यापार पर ईस्ट इंडिया कंपनी का एकाधिकार। इसकी कार्य करने की पद्धति यह थी कि यह अतिरिक्त राजस्व से तैयार भारतीय माल (विशेषतः बंगाल के माल) को मनमाने रूप से कम कीमत पर खरीदकर इंग्लैंड एवं यूरोप भेज देती थी। लेकिन इंग्लैंड की औद्योगिक क्रांति ने बड़े नाटकीय ढंग से व्यापार का नक्शा ही बदल दिया। 1813 से 1858 की अवधि मुक्त व्यापार कें औद्योगिक एवं पूंजीवादी शोषण का युग रही जिसने बड़ी तेजी से भारत को मैनचेस्टर के कपड़ों के बाजार एवं कच्चे माल के स्रोत के रूप में परिवर्तित कर दिया और इस देश की पारंपरिक हस्तकलाओं को उखाड़ फेंका। यह वह समय था जब "सूती कपड़ों के घर में सूती कपड़ों की भरमार कर दी गई थी" (मार्क्स)। उन्नीसवीं शती के उत्तरार्ध से वित्तीय साम्राज्यवाद भारत में अपनी जड़ें जमाने लगा था। इसके साधन थे—थोड़ी-बहुत पूंजी का निर्यात, और अंग्रेजों द्वारा नियंत्रित बैंकों की सुदृढ़ शृंखला, आयात-निर्यात फर्में एवं प्रबंध घराने।

जैसाकि स्वयं आर. पी. दत्त कभी-कभी संकेत करते हैं, इस पुस्तक में कालखंडों का विभाजन कुछ सीमा तक मनमाना और मात्र खाका-स्वरूप है। वस्तुतः अधिक व्यावहारिक एवं सुगम तो यह है कि कालों का कठोर विभाजन न करके विभिन्न चरणों को एक-दूसरे में गुंथा हुआ माना जाए जिसमें शोषण के पुराने रूप पूर्णरूपेण समाप्त नहीं होते अपितु नए रूपों में एकाकार होते रहते हैं। यह उस बात से स्पष्ट हो जाता है जो 1870 के दशक के बाद से राष्ट्रवादियों की शिकायत का मुख्य एवं स्थायी विषय बन गया था, अर्थात् धनसंपत्ति का दोहन।

धनसंपत्ति का दोहन

1757 तक यूरोपीय व्यापारियों को अपने देश में कड़े विरोध के बावजूद भारत में धात्विक मुद्रा लानी पड़ती थी क्योंकि पश्चिमी देशों में तो भारत के सूती एवं रेशमी कपड़ों का फलता-फूलता व्यापार था लेकिन भारत में पश्चिमी उत्पादों (जैसेकि इंग्लैंड के ऊनी कपड़ों) की मांग आम तौर पर नगण्य होती थी। इस समस्या को प्लासी के युद्ध ने बड़े नाटकीय ढंग से सुलझा दिया। अब बंगाल से लूटा हुआ धन, देश के भीतर किए जानेवाले करमुक्त व्यापार का लाभ, और दीवानी राजस्व की रोकड़बाकी—इन सबको ही कंपनी इशारतन अपना 'पूंजी-निवेश' कहने लगी। वास्तविकता यह थी कि यह सब खुलेआम भारतीय संपत्ति के दोहन की प्रक्रिया थी क्योंकि बंगाल में सैन्य-विजय से प्राप्त लाभांश को बंगाल से ही माल खरीदकर निर्यात करने के लिए इस्तेमाल किया जा रहा था। मैनचेस्टर की प्रतिस्पर्धा के कारण भारतीय रेशमी और सूती कपड़ों के निर्यात में गिरावट आ गई तो कंपनी, उसके कर्मचारियों एवं निजी व्यापारियों को समान रूप से धन इंग्लैंड भेजने की गंभीर समस्या का सामना करना पड़ा। आरंभ में इस समस्या का सामना करने के लिए नील

की खेती का विकास एवं चीन को चाय के बदले अफीम का निर्यात किया गया। फिर 1850 के दशक के बाद से भारत में नए प्रकार की वस्तुओं का निर्यात करके इस समस्या का अधिक सफलतापूर्वक सामना किया गया। ये नई निर्यात वस्तुएं थीं—पश्चिमी भारत की कपास, पंजाब का गेहूं, बंगाल का पटसन, असम की चाय, दक्षिण भारत के तिलहन, चमड़ा और खालें इत्यादि। ब्रिटेन को धनराशि का एकतरफा हस्तांतरण स्थायी तथ्य था और वस्तुतः समय के साथ इसमें बढ़ोतरी ही हुई। 1858 के बाद ईस्ट इंडिया कंपनी के लंदन प्रतिष्ठान एवं हिस्सेदारों के लाभांशों की जगह भारत-सचिव के इंडिया ऑफिस के व्यय ने ले ली, जबकि कंपनी के सैन्य अभियानों के कारण एवं गदर को दबाने में हुए व्यय के कारण इंग्लैंड में भारतीय ऋण पहले ही बहुत बढ़ गया था, और 1858 में इसमें अत्यधिक वृद्धि हुई क्योंकि कंपनी के हिस्सेदारों को दिए गए मुआवजे का भार भी इसी खाते में डाल दिया गया था। ब्रिटिश-भारतीय अधिकारियों एवं सैन्य अधिकारियों की पेंशनें, इंग्लैंड में खरीदी जानेवाली सैन्य एवं अन्य सामग्रियां, सैन्य प्रशिक्षण, परिवहन एवं भारत के बाहर होनेवाले अभियानों का व्यय जो भारत के ही वित्त से किया जाता था, और रेलमार्गों का प्रत्याभूत ब्याज—ये सभी व्यय घरेलू मदों में सम्मिलित थे। उदाहरण के लिए, 1901-02 में घरेलू मदों की कुल राशि थी 173 लाख पाउंड जिसकी मुख्य मदें रेलमार्गों का ब्याज (64 लाख पाउंड), भारत ऋण पर ब्याज (30 लाख पाउंड), सैन्य व्यय (43 लाख पाउंड), भंडार-सामग्री की खरीद (19 लाख पाउंड), और पेंशनें (13 लाख पाउंड) थीं। सरकारी हिसाब में वह राशि भी जोड़ी जानी चाहिए जो भारत में रहनेवाले अंग्रेज अधिकारी इंग्लैंड भेजते थे, और भारत में निजी ब्रिटिश पूंजी-निवेश के लाभांश का स्थानांतरण भी। घरेलू मदों एवं भेजे जानेवाले निजी धन का वास्तविक भार 1870 के दशक से तेजी से बढ़ गया, क्योंकि स्वर्ण-मान (पाउंड स्टर्लिंग) की तुलना में चांदी के रुपए का अवमूल्यन हो गया था।

अपने 1888 के व्याख्यानों में सर जॉन स्ट्रेची ने बड़ी स्पष्टता एवं साफगोई से धन के दोहन की प्रक्रिया की व्याख्या की है। "भारत-सचिव भारत में सरकारी कोष के नाम बिल देता है। इनका भुगतान भारत में सार्वजनिक राजस्व की राशि से किया जाता है। इन्हीं बिलों के माध्यम से भारत में व्यापारी को, और इंग्लैंड में भारत-सचिव को अपनी-अपनी आवश्यकतानुसार धन प्राप्त होता है" (*इंडिया*, पृ. 115)। दूसरे शब्दों में, भारतीय निर्यात के भावी खरीदार भारत-सचिव से काउंसिल बिल खरीदते थे जिसके बदले पाउंड दिया जाता था (जिसका प्रयोग घरेलू मदों की पूर्ति के लिए होता था)। फिर इन बिलों को भारत सरकार के राजस्व की राशि से रुपए में बदल दिया जाता था, और यह रुपया निर्यात के लिए भारतीय माल खरीदने के काम आता था। इस प्रकार भारत में रहनेवाले अंग्रेज अधिकारी और व्यापारी रुपयों में मिलनेवाले अपने लाभांशों के बदले पाउंड बिल खरीदते

थे। यह कारोबार अंग्रेजों के स्वामित्व वाले विनिमय बैंकों द्वारा किया जाता था। इन बैंकों की लंदन स्थित शाखाएं इन बिलों का भुगतान भारतीय निर्यात से मिलनेवाले धन से करती थीं, और निर्यात के लिए यह सामान उन्हीं रुपयों से खरीदा जाता था जो स्टर्लिंग बिलों की बिक्री से प्राप्त होते थे। नीचे दिया गया रेखाचित्र इस बात को समझने में सहायक होगा।

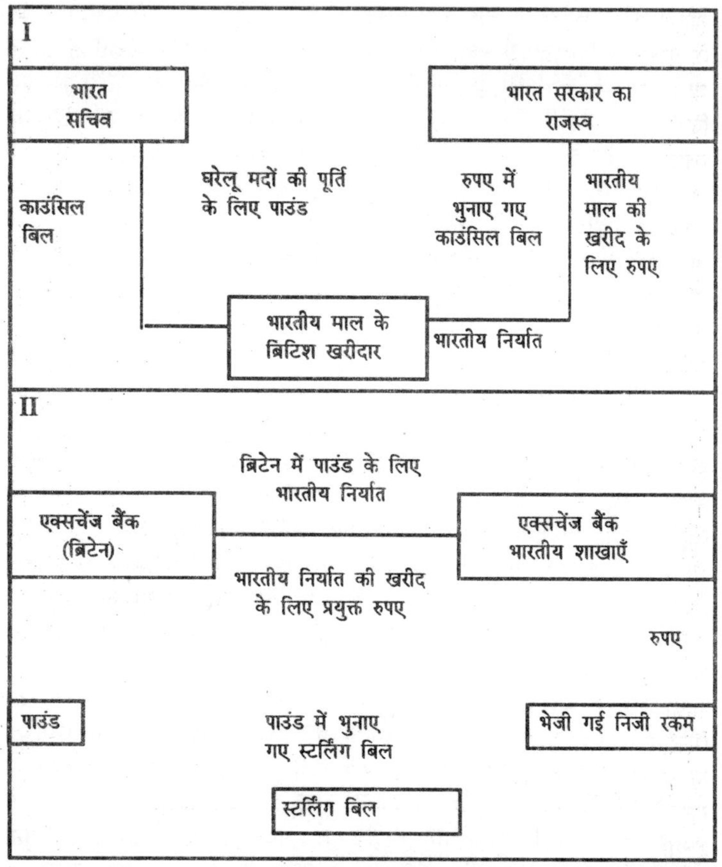

इस प्रकार घरेलू मदों एवं भेजने के लिए निजी धन, दोनों की व्यवस्था भारतीय निर्यात के द्वारा होती थी, और धनसंपत्ति का दोहन होता था। इस बात की ओर नौरोजी और उनके बाद के राष्ट्रवादी बराबर ध्यान आकृष्ट करते रहे। इस दोहन की स्पष्ट अभिव्यक्ति भारतीय निर्यात की बढ़ती हुई रोकड़बाकी में दिखाई देती थी। इस प्रकार जिस दोहन का स्वरूप मूलतः वाणिज्यिक था, वह अब होनेवाले शोषण की प्रक्रियाओं एवं ब्रिटिश-भारतीय वित्तीय पूंजीवाद,

दोनों से घनिष्ठ रूप से जुड़ गया था।

उन्नीसवीं सदी के अंत तक भारत के निर्यात की रोकड़बाकी इंग्लैंड के भुगतान-संतुलन की पूरी जटिल प्रणाली के लिए अत्यंत महत्वपूर्ण हो चुकी थी। पश्चिमी यूरोप एवं अमरीका की अन्य विकासशील पूंजीवादी अर्थव्यवस्थाओं द्वारा चुंगी की बाधाएं खडी कर दिए जाने के कारण ब्रिटेन घाटे की स्थिति में जा रहा था, क्योंकि उसे अभी भी कृषि-उत्पादों के भारी आयात की आवश्यकता पड़ती थी जबकि उसके उत्पादकों को अधिकाधिक बढ़ते संरक्षणवाद के कारण बाजार मिलने कठिन हो रहे थे। भारत दो दृष्टियों से अत्यंत महत्वपूर्ण था। एक तो भारत में बलपूर्वक मुक्त व्यापार को बनाए रखा जा रहा था जिसे स्ट्रेची "किसी भी अन्य देश की तुलना में व्यापार की लगभग पूर्ण स्वतंत्रता" की स्थिति कहते हैं (वही, पृ. 101)। व्यवहार में इसका तात्पर्य था लंकाशायर के कपड़ा उद्योग के लिए एक सुरक्षित बाजार। दूसरे, इंग्लैंड के अतिरिक्त अन्य देशों के साथ भारत के निर्यात की रोकड़बाकी इंग्लैंड को अन्य स्थानों पर होनेवाले घाटे को पूरा करती थी। यह रोकड़बाकी कृषि-उत्पादों एवं अन्य कच्चे माल की बहुतायत के माध्यम से प्राप्त होती थी। कुल मिलाकर भारतीय साम्राज्य से ब्रिटेन को सैन्य एवं अन्य महत्वपूर्ण लाभों के अतिरिक्त ये ठोस लाभ प्राप्त होते थे।

दोहन के इस सिद्धांत की आरंभ से ही कटु आलोचना हुई। निस्संदेह इस संबंध में राष्ट्रवादियों के कुछेक विचार आज फूहड़ एवं अतिरंजित प्रतीत होते हैं। कहा गया है कि दोहन की बात को राष्ट्रवादियों ने बढ़ा-चढ़ाकर प्रस्तुत किया है क्योंकि विदेश व्यापार एवं निर्यात की रोकड़बाकी भारत की राष्ट्रीय आय का एक छोटा-सा हिस्सा ही थे। किंतु नौरोजी के इस तर्क में भी बल है (जो उन्होंने 1895 में वेल्बी आयोग के समक्ष प्रस्तुत किया था) कि जिस धन का दोहन किया जा रहा था वह संभाव्य रोकड़बाकी का प्रतिनिधित्व करता था जिसका यदि देश के भीतर ही समुचित निवेश किया जाता तो भारतीय आय को पर्याप्त बढ़ाया जा सकता था। इस तर्क का मानक साम्राज्यवादी उत्तर स्ट्रेची के यहां मिलता है : "इंग्लैंड को भारत से कुछ नहीं मिलता, सिवाय उसके जो अंग्रेजों की सेवाओं एवं खर्च की हुई उनकी पूंजी के बदले में मिलता है" (वही, पृ. 115)। इस तर्क के पहले भाग में स्पष्ट रूप से अंग्रेजों द्वारा भारत में स्थापित तथाकथित सुशासन, कानून एवं व्यवस्था इत्यादि से मिलनेवाले लाभों का संकेत है, जिस पर चर्चा करने की आवश्यकता नहीं है। दोहन के अधिक 'आर्थिक' पक्षों की हिमायत इस आधार पर की गई है कि भंडार-सामग्री की खरीद इंग्लैंड में की जा रही थी और लंदन के मुद्रा-बाजार में जिस कदर कम ब्याज-दर पर ऋण जुटाया जा रहा था वैसा उन्नीसवीं सदी के भारत में संभव नहीं था। फिर भी कहा जा सकता है, जैसाकि राष्ट्रवादी अर्थशास्त्रियों ने कहा भी, कि (यदि ऋण व्यवस्था एवं खरीद भारत में ही की जाती तो) ऊंची दरों पर किया गया भुगतान भी देश के

भीतर ही रहता। फिर भी महत्वपूर्ण बात स्ट्रेची के इस वाक्यांश में निहित है: "अंग्रेजों की खर्च की हुई पूंजी।" रेलों, बागानों, खानों एवं मिलों में निवेशित ब्रिटिश पूंजी से मिलनेवाले लाभांशों को इंग्लैंड भेजना इस आधार पर उचित ठहराया जाता है कि अंततः यह सब भारत को 'विकसित करने' एवं 'आधुनिक बनाने' के लिए ही किया जा रहा था। यहां मूल मुद्दा यह है कि विकास का ठीक-ठीक स्वरूप क्या था। यह मान्यता कभी आम थी कि अंग्रेजी राज धीमी गति से, पूंजीवादी पद्धति से, भारत में वही सच्चा आधुनिकीकरण ला रहा था जो मोटे तौर पर पश्चिम में हो रहे आधुनिकीकरण के समान था। हाल के वर्षों में इस मान्यता की अधिकाधिक आलोचना हुई है।

विऔद्योगीकरण

ब्रिटिश अधिकारियों एवं प्रचारकों की प्रवृत्ति यह मानने की रही है कि पारंपरिक भारतीय हस्तकौशल का पतन एक दुःखद किंतु अपरिहार्य तथ्य है। भारत में भी मशीन के सामने हस्तकौशलों को वैसे ही जाना पड़ेगा जैसेकि पश्चिमी देशों में जाना पड़ा था। यह तो आधुनिकीकरण की कीमत का एक हिस्सा था। फिर भी, इंग्लैंड में तो हस्तकौशलों के पतन से उत्पन्न कष्ट की क्षतिपूर्ति शीघ्र ही बड़ी सीमा तक कारखानों वाले उद्योगों से उत्पन्न रोजगार एवं आय के साधनों से हो गई थी। भारत के कारीगरों को तो ऐसी औद्योगिक प्रगति की कीमत चुकानी पड़ रही थी जो भारत से छः हजार मील की दूरी पर हो रही थी क्योंकि 1850 एवं 1860 के दशकों तक भारत में कारखानों का अस्तित्व था ही नहीं, और उसके बाद भी विकास की प्रगति दुःखद रूप से धीमी रही थी। फिर भी, यह बात हाल ही में एक अमरीकी विद्वान मॉरिस डी. मॉरिस ने कही है कि विऔद्योगीकरण की बात ही एक मिथक है। जनगणना के पूर्व एवं इसके बाद की अवधि में भी हस्तकौशलों के क्षय का सांख्यिकीय प्रमाण जुटाना कठिन है, क्योंकि 1881-1931 की जनगणनाओं को, जिनको राष्ट्रवादी प्रायः उद्‌धृत करते हैं, डेनियल थार्नर ने श्रेणियों की अस्पष्टता पर आधारित दर्शाया है। निष्कर्ष यह है कि इन्हें उद्योग पर आश्रित जनसंख्या के अनुपात में कमी का स्पष्ट सूचक नहीं माना जा सकता। राष्ट्रवादी मुख्य रूप से बाह्य व्यापार से संबंधित आंकड़ों का सहारा लेते हैं, जो पारंपरिक भारतीय कपड़ों के निर्यात में गिरावट एवं लंकाशायर के कपड़ों के आयात में तीव्र वृद्धि दर्शाते हैं। किंतु यह इस बात का निश्चित प्रमाण नहीं है कि देश के कुल उत्पादन में गिरावट आई थी। न ही हस्तकौशलों में गिरावट का आना कोई अकेली, एकरूप और प्रलयंकारी प्रक्रिया थी जैसाकि लोकवादी (पापुलिस्ट) राष्ट्रवादी लेखन में दर्शाया गया है। हस्तकौशल के विभिन्न प्रकारों, क्षेत्रों एवं भिन्न समयावधियों के बीच अंतर किया जाना चाहिए। शहरी विलास की वस्तुओं, जैसे उच्च कोटि के रेशमी कपड़ों एवं ढाका या मुर्शिदाबाद

के बढ़िया सूती कपड़ों का उत्पादन सबसे पहले प्रभावित हुआ होगा। कारण यह कि देशी राजवाड़ों में, और बाहर के बाजारों में इनकी मांगें, जिस पर ये मुख्य रूप से आश्रित थे, एक साथ ही गिर गईं। दूर-दराज के देहातों में और विशेषकर उन क्षेत्रों में जो पूर्वी भारत में नहीं थे, जहां अंग्रेज सबसे पहले आए थे और उनका प्रभाव बहुत गहरा था, शायद हस्तकौशल दीर्घ काल तक बचे रहे। इन पर प्रहार तभी हुआ जब रेलमार्गों के प्रसार के कारण ये क्षेत्र सुगम हो गए। जजमानी की प्रथा (जिसके अनुसार कारीगर अपने उत्पादन का एक निश्चित भाग गांव में किसान परिवारों को देते और बदले में फसल का कुछ हिस्सा लेते थे) अब भी पर्याप्त रूप से विद्यमान थी। यहां तक कि 1930 के दशक में वाइसर एवं बाइडलमान जैसे समाजशास्त्रियों ने इस विषय को शोध के योग्य समझा। ताराशंकर बंद्योपाध्याय के उपन्यास *गणदेवता* में 1920 और 1930 के दशकों में पश्चिमी बंगाल के एक दूर-दराज के जिले में स्थित गांव के जीवन का चित्रण है। इसमें जजमानी प्रथा के पतन को अपेक्षाकृत नई बात दर्शाया गया है।

तथापि विऔद्योगीकरण के सिद्धांत का खंडन करने के लिए मॉरिस जिन तर्कों का सहारा लेते हैं वे राष्ट्रवादियों के तर्कों से अधिक अनुमानात्मक एवं संदिग्ध हैं। मॉरिस का कहना है कि लंकाशायर से भारी आयात के बावजूद देसी कपड़ा उद्योग ज्यों का त्यों बना रह सकता था, यहां तक कि इसमें वृद्धि भी हो सकती थी क्योंकि भारत में कपड़े की मांग इतनी बढ़ गई थी कि देशी और विदेशी, दोनों प्रकार के कपड़ों की खपत हो सकती थी। किंतु मांग की इस वृद्धि के प्रमाण रूप में आंकड़े प्रस्तुत नहीं किए गए हैं। यह कहना कि आयातित धागे की कम कीमत के कारण देसी बुनकरों को लाभ हुआ, दो बातों की अनदेखी करना है—एक तो यह कि इससे यहां के सूत कातनेवालों का धंधा ठप्प हो गया, और दूसरे, बुने हुए वस्त्र की कीमत में गिरावट के कारण बुनकरों को हानि हुई क्योंकि प्रौद्योगिक विकास से भारत में इंग्लैंड की भांति उत्पादन की लागत में कमी नहीं आई थी। लंकाशायर के उत्पादकों को तो कताई और बुनाई, दोनों की लागत में कमी होने से लाभ हुआ था। सस्ते आयातित धागों का लाभ भारतीय बुनकरों को अवश्य मिला, किंतु बुनाई की लागत में कमी नहीं हुई थी, और फिर भी उन्हें मुकाबला करना पड़ता था सस्ते दामों वाले आयातित कपड़ों से। अतः जैसाकि तोरु मात्सुई ने मॉरिस को दिए गए अपने अत्यंत प्रभावपूर्ण प्रत्युत्तर में दर्शाया है, भारतीय बुनकरों की स्थिति में सुधार होने का तो प्रश्न ही नहीं था (*इंडियन इकोनॉमिक एंड सोशल हिस्ट्री रिव्यू*, 1968)।

विऔद्योगीकरण को एक तथ्य माना जाता रहा है और इस संबंध में बहुत-सी सामग्री बिखरे हुए रूप में प्रस्तुत की गई है। ये आंकड़े जनगणना और अकाल संबंधी रिपोर्टों एवं प्रादेशिक औद्योगिक सर्वेक्षणों जैसे संदेहातीत सरकारी स्रोतों में उपलब्ध थे। यहां 1890 में कॉलिन एवं 1908 में कमिंग्स

द्वारा बंगाल के उत्पादनों के सर्वेक्षणों का उदाहरण दिया जा सकता है। कमिंग्स के सर्वेक्षण में तो यह रोचक बात भी कही गई है कि 1905 का स्वदेशी आंदोलन अनेक देसी हस्तकलाओं के लिए वरदान बनकर आया क्योंकि देशभक्ति के आधार पर इनकी मांग में अचानक वृद्धि हो गई थी। हाल ही में अमिय बागची ने उन्नीसवीं सदी के आरंभ में बिहार के अनेक जिलों के बुखानन-हैमिल्टन सर्वेक्षण एवं 1901 की जनगणना के आंकड़ों की सावधानीपूर्वक तुलना करने का प्रयास किया है। उनका विश्लेषण दर्शाता है कि उद्योग पर आश्रित जनसंख्या 18 प्रतिशत से घटकर 8 प्रतिशत रह गई थी और सूत कातने एवं बुननेवालों की संख्या में भारी कमी हुई थी। अंततः राष्ट्रवादी अर्थशास्त्री इतने गलत तो नहीं थे ('डिइंडस्ट्रीयलाइजेशन इन गंजेटिक बिहार, 1809-1901', *एस्सेज इन ऑनर ऑफ एस. सी. सरकार*)। हमारे विचाराधीन काल में होनेवाले अनेक आंदोलनों को समझने के लिए कारीगरों के दुःखों को एक महत्वपूर्ण घटक के रूप में स्मरण रखना चाहिए—चाहे वे विऔद्योगीकरण के फलस्वरूप नरमपंथी, गरमपंथी और गांधीवादी युगों के बुद्धिजीवियों में एकसमान जाग्रत होनेवाली देशभक्ति की भावनाओं के रूप में हों या कभी-कभार शहरी एवं ग्रामीण क्षेत्रों में अधिक प्रत्यक्ष रूप में भड़क उठनेवाले विभिन्न प्रकार के आंदोलनों के रूप में हों।

कृषि का वाणिज्यीकरण

रेलमार्गों के निर्माण (जो 1859 में केवल 432 मील थे, मगर दस वर्षों के बाद 5,000 मील और सदी के अंत तक 25,000 मील हो गए थे), बढ़ते हुए आयात (जो 1860 के दशक में कपास-उत्पादन की वृद्धि में खास तौर पर लक्षित होता था जब अमरीका के गृहयुद्ध के कारण लंकाशायर कुछ वर्षों के लिए दकन की कपास की ओर उन्मुख हुआ था, और पुनः 1880 के दशक में और 1890 के दशक के शुरुआती वर्षों में) एवं कृषि के वाणिज्यीकरण की अंतःसंबंधित प्रक्रियाओं को कभी-कभी 'आधुनिकीकरण' का चिह्न भी बताया जाता है। परंपरावादी अर्थशास्त्रियों की प्रवृत्ति कृषि के वाणिज्यीकरण को अतिरिक्त कृषि-उत्पादों एवं ग्रामीण समृद्धि से जोड़कर देखने की रही है। किसानों के बीच विभेदीकरण के माध्यम से पूंजीवादी कृषि की प्रवृत्तियां भी देखी जा सकती हैं जो निश्चित रूप से गरीब तबकों के लिए कष्ट का कारण रही होंगी किंतु जो उत्पादकता को बढ़ाने में सहायक हुईं। किंतु अन्य स्थानों की भांति यहां भी उपनिवेशवाद की अपनी ही विकृत तर्कप्रणाली थी क्योंकि विश्लेषण करने पर कृषि का यह वाणिज्यीकरण प्रायः एक कृत्रिम एवं थोपी गई प्रक्रिया ही दिखाई देता है जिसने किसी वास्तविक समृद्धि के बिना ही विभेदीकरण को जन्म दिया।

वाणिज्यीकरण का सही-सही प्रतिमान प्रत्येक फसल के लिए भिन्न होता था। इस प्रकार चाय की खेती के लिए जिसका आविष्कार कम

जनसंख्या वाले क्षेत्र में हुआ था, श्वेतों के प्रत्यक्ष प्रबंध वाले बागानों की आवश्यकता थी। इसमें श्रमिकों की भरती दूर-दराज के क्षेत्रों से अनुबंधपत्रों की पद्धति द्वारा की जाती थी जो लगभग दासता जैसी ही थी। मध्य बंगाल में नील की खेती मुख्यतः किसान स्वयं करते थे किंतु अनिच्छापूर्वक, क्योंकि गोरे साहब उन्हें जबरन पेशगी रुपया देकर नील की खेती करने को बाध्य करते थे। इस अनिच्छा का कारण यह था कि इस खेती से उन्हें कम लाभ मिलता था जो अनिश्चित भी होता था, और फसलचक्र भी गड़बड़ा जाता था। लेकिन पूर्वी बंगाल में पटसन की खेती करवाने के लिए प्रत्यक्ष दबाव डालने की आवश्यकता नहीं थी क्योंकि पटसन की खेती धान की खेती से अधिक लाभदायक थी। किंतु इन विषमताओं के बावजूद कुछेक सामान्य बातें भी देखी जा सकती हैं।

उन्नीसवीं सदी के उत्तरार्ध तक देश के विदेश व्यापार, जहाजरानी एवं बीमे के कारोबार पर वस्तुतः ब्रिटिश व्यापारिक प्रतिष्ठानों का पूर्ण नियंत्रण हो चुका था। अतः बढ़ते निर्यात से मिलनेवाले लाभांश का बड़ा हिस्सा विदेशी फर्में हड़प लेती थीं और वह 'विदेशी रिसावों' के रूप में देश से बाहर चला जाता था। इसका एक गौण किंतु फिर भी अच्छा-खासा भाग भारतीय व्यापारियों एवं महाजनों को जाता था। ये वे दलाल थे जो किसानों को आवश्यक अग्रिम राशि देकर उत्पादन पर अपना नियंत्रण स्थापित कर लेते थे। ऐसी पेशगियों की आवश्यकता भी लगान के बोझ से जुड़ी हुई थी, और इस प्रकार, जैसाकि हाल ही में गोरखपुर जिले के गन्ना-उत्पादन के बारे में व्यष्टिस्तरीय अध्ययन से ज्ञात होता है, वहां पूंजीवादी पैठ पहले से स्थापित भू-स्वामी एवं साहूकार के शोषण की संरचना को सुदृढ़ करने में सहायक हुई (चीनी मिलें स्थानीय जमींदारों एवं महाजनों को किसानों से गन्ना एकत्र करने के लिए ठेकेदारों के रूप में नियुक्त करती थीं)। कुछ क्षेत्रों में धनी कृषकों के एक छोटे-से उच्च वर्ग का भी उदय हो रहा था, जैसेकि दक्षिण के कपास क्षेत्र में, आंध्र और तमिलनाडु में गोदावरी-कृष्णा एवं कावेरी के मुहाना क्षेत्रों में, और पंजाब में जहां उस सदी के अंत तक सिंचाई की बड़ी योजनाओं के फलस्वरूप समृद्ध कृषि हो रही थी। किंतु मुख्य बात संपूर्ण व्यवस्था की वह अंतर्निर्मित प्रवृत्ति थी जो उत्पादक प्रौद्योगिकी एवं संगठन में महत्वपूर्ण प्रगति के विरुद्ध थी। कृषक को एक अत्यंत दूरस्थ एवं अपरिचित विदेशी बाजार पर आश्रित बना दिया गया था जिसके साथ उसका एकमात्र संबंध बिचौलियों की एक सशक्त शृंखला के माध्यम से ही था। उसे मूल्यों में अप्रत्याशित उतार-चढ़ाव का भार भी वहन करना पड़ता था। 1860 के दशक में होनेवाली कपास की गरमबाजारी उतने ही नाटकीय ढंग से गायब हो गई जितने नाटकीय ढंग से यह प्रकट हुई थी (बंबई में एक पाउंड कच्ची कपास का मूल्य 1859 में दो आने 7 पैसे था, 1864 में 11 आने 5 पैसे था और 1866

में यह केवल 6 आने 2 पैसे रह गया था)। परिणामस्वरूप 1860 के दशक में दक्षिण के कपास क्षेत्र में आनेवाली समृद्धि 1870 के दशक के मध्य में भारी ऋणग्रस्तता, अकाल एवं खेतिहर दंगों में परिवर्तित हो गई। 1870 और 1890 के दशकों के बीच संसार-भर में कृषि-उत्पादों के मूल्यों में गिरावट आई (जिसका कारण अमरीका, अर्जेन्टीना एवं आस्ट्रेलिया से आपूर्ति का बेहद बढ़ जाना था), और इसने भारतीय गेहूं एवं कपास के मूल्यों को भी प्रभावित किया। जैसाकि हम आगे देखेंगे, बीसवीं सदी में रुपए और स्टर्लिंग के कृत्रिम रूप से ऊंचे अनुपात के प्रतिकूल प्रभावों के बाद 1930 के दशक में मंदी का बड़ा संकट आनेवाला था।

निर्यात करनेवाली बड़ी फर्में एवं चतुर भारतीय व्यापारी और साहूकार तो घटे हुए मूल्यों से भी उसी प्रकार लाभ उठा सकते थे जिस प्रकार बढ़े मूल्यों से, किंतु उत्पादक पूंजी-निवेश अथवा नए व्यापार में बहुत खतरा था। किसी भी किसान के पास जब थोड़ा धन जमा हो जाता था तो वह व्यापार, साहूकारी अथवा अपनी जमीन को बंटाई पर देने की ओर रुख करता था, और इस प्रकार स्वयं वास्तविक पूंजीवादी कृषि न करके उत्पादन का समस्त खतरा परजीवी रूप से दूसरों पर डाल देता था। जहां तक बहुसंख्यक निर्धन किसानों का प्रश्न था, वे बाध्य होकर वाणिज्यीकरण की प्रक्रिया में पड़ते थे क्योंकि राजस्व एवं भूमि का भाड़ा चुकाने के लिए नकद रुपयों की आवश्यकता होती थी। कोयंबटूर के किसानों ने एक बार एक अंग्रेज जिलाधीश से कहा था कि वे कपास की खेती केवल इस कारण कर रहे हैं कि वे कपास को खा नहीं सकते। यदि वे अन्न उगाते तो उसे खा डालते और फिर लगान भरने को पैसा कहां से आता! अब वे आधे पेट रहते हैं, किंतु लगान तो चुका सकते हैं। राजस्व एवं लगान के दबाव के कारण खेती का रुख गरीबों के खाद्यान्नों जैसे ज्वार, बाजरा या दालों से हटकर नकदी एवं गेहूं जैसी अधिक मूल्य दिलानेवाली फसलों की ओर हो गया जिसके कारण प्रायः अकाल के समय संकट उत्पन्न हो जाया करता था। एक अन्य अपरिहार्य परिणाम था साहूकार पर बढ़ती हुई निर्भरता, क्योंकि नकद फसलों की खेती में अधिक लागत आती थी, और इसलिए अग्रिम राशि भी अधिक लेनी पड़ती थी। इस प्रकार कृषि के वाणिज्यीकरण ने कृषकों में विभेदीकरण तो उत्पन्न किया किंतु (कुछ क्षेत्रों को छोड़कर) वास्तविक संवृद्धि में शायद ही यह सहायक हुआ हो। यहां औपनिवेशिक भारत के लिए क्लिफोर्ड गीर्ट्ज़ की वह टिप्पणी दोहराने का लोभ संवरण करना कठिन है जो उन्होंने डच-शासित जावा में 'खेतिहर उलझाव' के संबंध में की थी : बात यह नहीं है कि इतने किसानों ने कष्ट भुगता (पूंजीवादी आधुनिकीकरण में भी उन्हें कष्ट भोगना ही पड़ता), अपितु यह कि उनका कष्ट उठाना अकारथ गया।

भूमि-संबंध

वाणिज्यीकरण के विशिष्ट परिणाम स्पष्टतः भूमि-संबंधों की उस संरचना से जुड़े हुए थे जिसे राजस्व और लगान संबंधी ब्रिटिश नीतियों ने स्थापित अथवा सुदृढ़ किया था। जमींदारी एवं रैयतवारी की प्रथाओं का विकास हमारे वर्तमान अध्ययन के क्षेत्र में नहीं आता। यहां हम कुछ दीर्घकालीन प्रवृत्तियों की ही चर्चा करेंगे। ब्रिटिश सरकार की कृषि नीतियों का आधार मुख्यतः दो बातों का मेल था (इनका अनुपात बदलता रहता था और कभी-कभी तो ये आपस में टकराती भी थीं)। ये थीं—अधिक राजस्व का लोभ (जिसके फलस्वरूप अति-आकलन की प्रवृत्तियां उत्पन्न होती थीं), और निर्यात के लिए विशेष प्रकार के कृषि-उत्पादों को प्रोत्साहित करने की इच्छा। कभी-कभी राजनीतिक मित्रताएं बनाए रखने अथवा नए सिरे से बनाने की आवश्यकता, प्रशासनिक सुविधा, और बदलती हुई विचारधारात्मक मान्यताएं भी विशिष्ट भूमिकाएं निभाती थीं। इरादों को बार-बार बदलते रहने की प्रवृत्ति स्पष्ट दिखाई देती है। जिन लोगों ने स्थायी बंदोबस्त की व्यवस्था की थी उनका यह विश्वास कि "संपत्ति का जादुई स्पर्श ... एक विशिष्ट उत्पादक सिद्धांत को लागू करेगा," कभी साकार नहीं हो सका, क्योंकि बंगाल के जमींदार अठारहवीं सदी के ब्रिटिश भू-स्वामियों की भांति उन्नतिशील सिद्ध नहीं हुए। उन्हें मनमाना लगान वसूल करने की छूट थी जबकि राजस्व की दर वही बनी रही (अतः अति-आकलन के कारण, कुछेक आरंभिक समस्याओं के बावजूद, राजस्व का बोझ उनके लिए दिनोदिन कम होता गया); अतः स्वाभाविक था कि पूंजीवादी कृषि में जोखिम भरे पूंजी-निवेश के स्थान पर वे सामंतवादी और महाजनी शोषण को ही अधिक अच्छा समझते थे। लगान बढ़ाना सरल था क्योंकि 1770 के अकाल के बाद जनसंख्या फिर बढ़ गई थी—और 1815 में तो मोयरा 'खेतिहर वर्ग की व्यर्थता' की बातें तक करने लगे थे। स्थायी बंदोबस्त के परिणामस्वरूप जो व्यवस्था विकसित हुई वह स्वयं द्वारा प्रबंधित विशाल भू-संपत्तियां नहीं थीं, अपितु बार-बार बंटी हुई और टुकड़े-टुकड़े जमींदारियां थीं (उन्नीसवीं सदी के अंत तक बंगाल और बिहार में स्थायी बंदोबस्त वाली 1,10,456 भू-संपत्तियों के 88.5 प्रतिशत का आकार 500 एकड़ से भी कम था।) उनके बाद काश्तकारों का एक बहुत बड़ा वर्ग था और बंगाली भद्रलोक का मुख्य आर्थिक आधार था। छोटे जमींदार और काश्तकार विशेष धनी नहीं थे। सदी के अंत तक वे बढ़ती हुई कीमतों, सरकारी नौकरी के घटते हुए अवसरों और लगान पर लगनेवाले कुछ प्रतिबंधों के शिकार हो रहे थे। किंतु भू-संपत्ति से होनेवाली उनकी आय का स्वरूप परजीवी ही रहा। इसके कारण उग्र-परिवर्तनवाद एवं सामाजिक संकोचों का एक ऐसा विचित्र सम्मिश्रण तैयार हुआ जो हम देखेंगे कि बंगाल में राष्ट्रवाद को समझने के लिए महत्वपूर्ण है।

जहां तक स्थायी बंदोबस्त वाले क्षेत्रों के किसानों का प्रश्न है, 1850

के दशक के बाद ब्रिटिश नीतियों ने कभी-कभी इंग्लैंड के भूमिधर किसानों के अनुरूप उद्यमी रैयतों का एक वर्ग खड़ा करने का प्रयास किया। किंतु औपनिवेशिक स्थिति के कारण इसका परिणाम भी विरोधाभासी ही रहा। वे सौभाग्यशाली अल्पसंख्य 'मौरुसी रैयत' जिन्हें 1859 और 1885 में मनमानी बेदखलियों या लगान-वृद्धियों के विरुद्ध कानूनी संरक्षण मिल गया था, शायद ही स्वयं खेती करते रहे हों। जोखिम का बोझ अपने से नीचेवाले समूहों पर डालने की प्रवृत्ति यहां भी सक्रिय थी। वे भी आगे शिकमी काश्तकारों को अथवा बंटाईदारों को जमीन खेती करने के लिए देने लगे। इस प्रकार जो लोग स्वयं उत्पादन करते थे, वे इतने हैरान-परेशान रहते थे कि कृषि में सुधार की बात सोच भी नहीं सकते थे। उनके ऊपर भू-स्वामियों की जो श्रेणी बनी हुई थी उन्हें जोखिम उठाने की कोई आवश्यकता नहीं थी। परिणामस्वरूप, कृषि में किसी प्रकार की प्रगति अथवा नए विकास के लिए कोई स्थान ही नहीं रह गया था।

रैयतवारीवाले क्षेत्रों में अंततः जो स्थिति उभरकर समाने आई वह भी अधिक भिन्न नहीं थी। काश्तकारों के साथ सीधे बंदोबस्त के सिद्धांत के बावजूद मद्रास में, जैसाकि धर्मकुमार का कथन है, रैयत भी वस्तुतः भूस्वामी ही बन जाता था और अपनी भूमि लगान पर देता था। 1850 के दशक के पश्चात् यह प्रवृत्ति विशेष रूप से बढ़ी क्योंकि अति-आकलन का बोझ (जिसके कारण राजस्व अधिकारी कभी-कभी यंत्रणा देनेवाले उपायों का ही सहारा लेने लगते थे) क्रमशः थोड़ा घटने लगा था (*लैंड एंड कास्ट इन साउथ इंडिया*, पृ. 85)। रैयतवारी कास्तकारों की एक अलग ही श्रेणी बनती जा रही थी जिनके दुःख इस बात से और बढ़ गए थे कि कानून को उनके संबंध में कोई जानकारी नहीं थी, और इसलिए वे कानून के संरक्षण से भी वंचित थे। हाल ही में हुए विस्तृत अध्ययनों से इस संबंध में महत्वपूर्ण क्षेत्रीय भिन्नताएँ सामने आई हैं : तंजौर में खेत-मजदूरों को काम पर लगानेवाले शक्तिशाली रैयतवारी भू-स्वामी थे; तमिलनाडु एवं रायलसीमा के आंतरिक सूखे क्षेत्र में धनी किसानों का एक अभिजात वर्ग था जो संख्या में कम और अधिक बिखरा हुआ था, और ये लोग साहूकारी एवं व्यापार के माध्यम से बहुसंख्यक काश्तकारों पर अपना प्रभुत्व बनाए रखते थे; आंध्र के मुहाना क्षेत्रों में मंझोले 'कृषक' का विकास महत्वपूर्ण रूप से भिन्न था। इस प्रकार भूमि एवं जल-आपूर्ति की परिस्थितियों की भिन्नता ने कृषक-विभेदीकरण के सिलसिले में महत्वपूर्ण भिन्नताओं को जन्म दिया था। एक अन्य उदाहरण बंगाल का ले सकते हैं जहां एक ओर सदियों से नदियों का बहाव पूर्व की ओर सरकता रहा है। वहां पश्चिमी जनपदों—'मरणासन्न मुहाने'—एवं पूर्वी बंगाल के जनपदों—'जीवंत मुहाने'—में भिन्नताएं रही हैं। पश्चिमी क्षेत्रों में किसान धनी कृषकों (जोतदारों) एवं बंटाईदारों में विभाजित होते गए, जबकि पूर्वी बंगाल में अनुकूल पर्यावरण और पटसन से मिलनेवाले लाभांश ने बड़ी संख्या में छोटे और मंझोले कृषक

काश्तकारों के अस्तित्व की रक्षा की। इन भेदों से आगे जाकर महत्वपूर्ण राजनीतिक परिणाम उत्पन्न हुए।

जोतदार काश्तकारों एवं असामियों के स्तर के नीचे बड़ी संख्या में खेत-मजदूर थे जो प्रायः आदिवासी क्षेत्रों अथवा निम्नतम जातियों के होते थे। 1901 में उनकी अनुमानित संख्या (उनके आश्रितों सहित) 52.4 लाख अर्थात् कुल जनसंख्या का लगभग पांचवां भाग थी। ताजा शोधों से ज्ञात होता है कि भूमिहीन खेत-मजदूर भारत में उपनिवेशवाद की देन नहीं थे, जैसाकि कुछ राष्ट्रवादी दर्शाते रहे हैं। ये राष्ट्रवादी एक समतामूलक ग्राम समुदाय का एक ऐसा आदर्श चित्र प्रस्तुत करते हैं जो विऔद्योगीकरण एवं उसके परिणामस्वरूप भूमि पर अत्यधिक दबाव पड़ने के कारण बिखर गया। फिर भी, यह संभव है कि उपनिवेशवाद से संबद्ध प्रक्रियाओं ने ग्रामीण सर्वहारा की संख्या में वृद्धि की हो और स्थिति को अधिक शोचनीय बना दिया हो। ब्रिटिश उपनिवेशवाद के पूर्व भी दक्षिण भारत में अनेक परिवार ऐसे थे जिनके पास आवश्यकता से अधिक जमीन होती थी जिसे जोतने के लिए केवल परिवार के सदस्य पर्याप्त नहीं होते थे। साथ ही उच्च वर्गों में स्वयं हल जोतने अथवा कृषि-कार्य करने का निषेध भी था। इस बात के भी पर्याप्त प्रमाण मिलते हैं कि चाकरी करनेवाली अछूत जातियां भी होती थीं, जैसेकि मलाबार में चेरूमन और तमिलनाडु में परैयन जो खेत-मजदूरों का कार्य करते थे (धर्मकुमार, *लैंड एंड कास्ट*, अध्याय 3 और 11)। यहां जाति-प्रथा की भूमिका महत्वपूर्ण रही है। इसके कारण भूमि की अधिकतावाले क्षेत्रों में भी कुछ विशेष समूह भूमि प्राप्त करने से वंचित रहे और उच्च वर्ग के कृषक विभिन्न प्रकार के अर्धदासों अथवा 'बंधुआ' मजदूरों पर अपना नियंत्रण बनाए रख सके, विशेषतः उस समय जब श्रमिकों की कमी पड़ती थी, जैसे कटाई इत्यादि के समय। इस नियंत्रण को स्थापित करने में सामाजिक दबाव एवं साहूकारी उनके सहायक होते थे। जान ब्रेमन ने अपने एक फील्ड अध्ययन में दर्शाया है कि सूरत में अनाविल ब्राह्मणों के दुबला हालियों (ऋण-भूदासों) की प्रथा में शोषण का स्वरूप "जटिल था और संरक्षण संबंधों के कारण उसका प्रभाव कुछ कम भी हो जाता था", क्योंकि ये दुबला हाली अपने स्वामियों को 'धनियामो' अर्थात् संपत्ति और संरक्षण प्रदान करनेवाला समझते थे। औपनिवेशिक (और औपनिवेशिक-पश्चात्) आधुनिकीकरण ने संरक्षण के तत्व को कम करके और स्वामी-दास संबंध को 'ऋण की शर्त पर आधारित श्रम समझौते' का रूप देकर शोषण को अधिक स्पष्ट बना दिया है (जान ब्रेमन, *पैट्रोनेज एंड एक्सप्लॉयटेशन*, पृ. 21, 189)।

डेनियल थॉर्नर का कहना है कि "भारतीय इतिहास के किसी अन्य युग में धनी जोतदारों का इतना विशाल, सुस्थापित एवं सुरक्षित समूह देखने को नहीं मिलता जितना कि 1790 और 1940 के दशकों में भारत में पनपा और फला-फूला" (*लैंड एंड लेबर इन इंडिया*, पृ. 109)। जमींदार और धनी किसान

प्रायः वाणिज्यीकरण की प्रक्रियाओं से भी संबद्ध हो जाया करते थे, किंतु जिस बात की कमी थी वह यह थी कि प्रत्यक्ष कृषि उत्पादन में पूंजी-निवेश करने की कोई संरचनात्मक आवश्यकता नहीं थी। भूमि को पुनः लगान पर देना, साहूकारी और व्यापार सीधे पूंजीवादी कृषि में निवेश करने से कहीं अधिक लाभदायक थे। जहां बड़े किसान खेत-मजदूरों को काम पर रखते थे वहां भी नवीन तकनीकी प्रक्रियाओं के लिए कोई अभिप्रेरणा नहीं होती थी। क्योंकि एक विशाल ग्रामीण सर्वहारा वर्ग जातिगत दबावों एवं कर्जदारी के कारण इन बड़े किसानों पर पूर्णतः निर्भर था। इस प्रकार हमारी कृषि व्यवस्था पर उपनिवेशवाद का प्रभाव आधुनिकता नहीं रहा है, बल्कि इससे अर्ध-सामंतवादी संबंधों को मजबूती मिली है।

कृषि-उत्पादन

दीर्घ काल तक सरकार की ओर से कृषि को सुधारने की दिशा में कोई प्रयत्न नहीं किए गए। हां, कहीं थोड़े-बहुत प्रायोगिक खेत अवश्य थे, और 1870 के दशकके बाद से थोड़-बहुत मामूली तकावी कर्जे भी दिए जाने लगे थे। इसका एक बड़ा अपवाद पंजाब, संयुक्त प्रांत और मद्रास के कुछ भागों में बड़े स्तर पर नहरों द्वारा सिंचाई की व्यवस्था था। मजे की बात यह है कि स्थायी बंदोबस्तवाले पूर्वी भारत के क्षेत्रों में सिंचाई में पूंजी-निवेश का अभाव था। इसका कारण निस्संदेह यही था कि वहां कृषि में सुधार करके सरकार को विशेष लाभ नहीं होनेवाला था। सिंचाई व्यवस्था को राष्ट्रवादी इतिहासकारों ने भी सीमित किंतु वास्तविक लाभ स्वीकार किया था। किंतु संयुक्त प्रांत पर एलिजाबेथ ह्विटकोंब की हाल की रचना में ब्रिटिश राज के इस पक्ष को पर्याप्त रूप से संदिग्ध बताया गया है। अंग्रेजों की बनाई हुई नहरें प्रायः कच्चे कुओं की तुलना में स्थानीय परिस्थितियों के कम अनुकूल होती थीं, और कभी-कभी तो उनसे दलदल एवं अत्यधिक खारेपन की समस्याएं भी उत्पन्न हो जाती थीं। इसके अतिरिक्त, नहरों से केवल समृद्ध किसान ही लाभ उठा सकते थे क्योंकि सिंचाई शुल्क बहुत अधिक था। साथ ही सिंचाई से गन्ना, कपास गेहूं जैसी फसलों को ही प्रोत्साहन मिलने के कारण गरीब आदमी के भोजन, अर्थात् ज्वार-बाजरे, दालों, इत्यादि का उत्पादन घट गया था। किंतु इसके साथ ही पंजाब जैसे क्षेत्रों में कुछ ठोस लाभ भी हुए थे जहां अंग्रेजों द्वारा बनाई गई नहरों से अब तक खाली पड़ी भूमि भी कृषि योग्य बन गई थी।

कुल मिलाकर औपनिवेशिक ढांचा ऐसा था कि, डेनियल थॉर्नर के शब्दों में, वह भारतीय कृषि की अर्थव्यवस्था के लिए एक अंतर्निर्मित बाधक का काम करता था। इसका सबसे स्पष्ट संकेत 1870 और फिर 1890 के दशकों में पड़नेवाले विनाशकारी अकालों की शृंखला में मिलता है। 1890 के दशक के अकाल के साथ तो ताऊन का तांडव भी था, जबकि बीस वर्षों बाद इन्फ्लुएंजा ने भी लाखों लोगों की जान ले ली थी। 1921 तक जनसंख्या

में बहुत कम वृद्धि हुई या कोई वृद्धि ही नहीं हुई (1891 में 28.2 करोड़, 1901 में 28.5 करोड़, 1911 में 30.3 करोड़, 1921 में 30.6 करोड़)। भारत की गरीबी के और जो भी कारण रहे हों, अधिक जनसंख्या तो कदापि नहीं थी, हालांकि कुछ लेखक यह तर्क दे भी चुके हैं।

अधिक दीर्घकालीन स्तर पर देखें तो 1893 से 1946 तक जॉर्ज ब्लिन द्वारा प्रस्तुत कृषि से संबंधित आंकड़े तो ठहराव, यहां तक कि पतन का चकरा देनेवाला चित्र प्रस्तुत करते हैं। 1893-96 को आधार-अवधि मानने पर 1936-46 के बीच फसलों के उत्पादन का दसवर्षीय औसत इस प्रकार था : खाद्यान्नों के लिए 93, वाणिज्यिक फसलों के लिए 185, और कुल कृषि उत्पादन के लिए 110। 1921 के पश्चात् जनसंख्या में परिवर्तन के साथ तो प्रति व्यक्ति उत्पादन की दर वस्तुतः गिरने लगी। 1936-46 तक उत्पादन की यह दर सभी फसलों के लिए 80 और खाद्यान्न फसलों के लिए 68 रह गई। अमिय बागची की पूरक गणनाएं 1900-05 से 1935-40 तक की अवधि में प्रति एकड़ उत्पादन का वही नमूना दर्शाती हैं। नकद फसलों का प्रति एकड़ मूल्य 36.7 रुपयों से मामूली-सा बढ़कर 37.9 रुपए हो गया था, जबकि खाद्यान्न फसलों का मूल्य 25.4 रुपयों से घटकर 22.7 रुपए, और सभी फसलों का मूल्य 27.6 रुपयों से घटकर 26.3 रुपए ही रह गया (ए. के. बागची, *प्राइवेट इनवेस्टमेंट इन इंडिया*, पृ. 95)। इतना ही महत्वपूर्ण वह अंतर है जो ब्लिन के 'बृहत्तर बंगाल' के क्षेत्र में होनेवाली तीव्र गिरावट एवं पंजाब और मद्रास में होनेवाली थोड़ी-बहुत प्रगति के बीच दिखाई देता था। पूर्वी भारत का आंचलिक पिछाड़पन, जो आज भी एक मुख्य समस्या बना हुआ है, अंग्रेजी राज के अंतिम दशकों में एक सुपरिचित तथ्य बन चुका था।

विदेशी पूंजी

यह दावा कि ब्रिटिश राज भारत में आधुनिकीकरण का माध्यम था, कुछेक तथ्यों पर आधारित है। ये तथ्य हैं—ब्रिटिश पूंजी से रेलमार्गों का निर्माण, बागानों, खदानों एवं कारखानों का विकास, और श्वेतों द्वारा भारत में पूंजीवादी उत्पादन संबंधों की तथा बैंकिंग एवं औद्योगिक प्रबंध की आधुनिक पद्धतियों की स्थापना। इसमें कोई संदेह नहीं कि अंग्रेजों ने भारत में रेलमार्गों का विस्तृत जाल बिछाया (1900 तक भारतीय रेलमार्ग संसार के पांचवें सबसे बड़े रेलमार्ग थे)। किंतु भारत में रेल के संपूर्ण प्रभाव का आकलन करते हुए 1881 में मार्क्स ने एक पत्र में लिखा था कि रेलें हिंदुओं के लिए बेकार हैं, हालांकि मार्क्स ने ही 1853 में, जब पहला रेलमार्ग बिछाया जा रहा था, यह भविष्यवाणी की थी कि "रेल व्यवस्था आधुनिक उद्योगों का अग्रदूत" बनेगी। यहां मार्क्स के पहले कथन को ही स्मरण रखने की अधिक आवश्यकता है। यद्यपि रेल भारत में ब्रिटिश पूंजी-निवेश का अकेला सबसे बड़ा उद्योग था, तथापि इसका अधिकांश भार प्रत्याभूत ब्याज द्वारा भारतीय करदाताओं पर ही

डाल दिया गया था। प्रत्याभूत ब्याज का तात्पर्य यह था कि रेलों से लाभ न मिलने पर भी सरकार हिस्सेदारों को न्यूनतम लाभांश देने के लिए बाध्य थी। इस कारण 1900 तक 5 करोड़ पाउंड की अदायगी करनी पड़ी थी। 'सार्वजनिक जोखिम पर निजी पूंजी-निवेश' की इस विचित्र व्यवस्था का अपरिहार्य अर्थ था खर्चीला निर्माण एवं गतिविधियां। यही राष्ट्रवादियों की शिकायत थी और उचित ही थी। रेलमार्गों का निर्माण ब्रिटिश वाणिज्यिक एवं सामरिक आवश्यकताओं को ध्यान में रखकर किया गया था और भारतीय व्यापारी प्रायः रेल-भाड़े में भेदभाव की शिकायत करते थे। सबसे बढ़कर यह कि रेलवे में निवेश के 'बहुगुणक' प्रभाव भारत में विशेष लक्षित नहीं होते थे। रेलवे के साज-सामान का बहुत बड़ा भाग इंग्लैंड से आयात किया जाता था। परिणामस्वरूप भारत में सहायक अभियांत्रिकीय उद्योगों का विकास अत्यंत अपर्याप्त रहा। उदाहरण के लिए, स्वाधीनता से पूर्व देश में कुल मिलाकर भाप के 700 रेल इंजन ही बनाए जा सके थे। 1921 तक रेलवे के केवल 10 प्रतिशत उच्च पद ही भारतीयों के पास थे, अतः नए हुनरों का प्रसार सीमित रहा जबकि रेलवे में पूंजी-निवेश से होनेवाली आय का अधिकांश भाग देश के बाहर चला जाता था।

बागान और खदानें, पटसन के कारखाने, बैंक व्यवस्था, बीमा, जहाजरानी एवं आयात-निर्यात प्रतिष्ठान परस्पर-संबद्ध ऐसी प्रबंधक फर्मों के कारण फलते-फूलते थे जिनमें प्रायः वित्तीय, वाणिज्यिक एवं औद्योगिक गतिविधियां समन्वित रहती थीं, और इन सबमें निस्संदेह महत्वपूर्ण नवीन प्रक्रियाएं निहित थीं। यह एक नितांत भिन्न प्रश्न है कि इन सबने भारत की प्रगति में कितना योगदान किया, क्योंकि इनकी प्रवृत्ति विदेशी नियंत्रणवाले पूंजीवादी घेरे बनाने की रहती थी जिन्होंने वस्तुतः देश की शेष अर्थव्यवस्था को कुंठित ही किया। भारतीय संदर्भ में 'पूंजी का निर्यात' तब एक विशिष्ट अर्थ ग्रहण कर लेता है जब हम, उदाहरण के लिए, यह याद करते हैं कि 1870 के दशक में देश के बाहर ब्याज की अदायगी पूंजी की वार्षिक आवक से हमेशा ही अधिक होती थी। सबसे महत्वपूर्ण बात तो यह है, जैसाकि कुछ ताजा अध्ययनों से ज्ञात हुआ है, कि अर्थव्यवस्था के निर्णायक क्षेत्रों में ब्रिटिश नियंत्रण ने देशी पूंजीवाद के विकास को इस संपूर्ण अवधि में दबाए रखा।

भारत में पूंजीवाद का विकास

बंबई और गुजरात में पूंजीवाद के विकास एवं बंगाल में इसके लगभग अभाव के बीच स्पष्ट लक्षित होनेवाली विषमता का कारण यह बताया जाता रहा है कि बंगाली भद्रलोक में व्यापार और उद्योग के प्रति सहज अरुचि थी और यह भी कि स्थायी बंदोबस्त के कारण बंगाल में देशी पूंजी का आकर्षण भूमि की ओर ही अधिक रहता था। किंतु 1840 के दशक तक उच्च वर्ग के बंगाली पर्याप्त संख्या में व्यापार से जुड़ गए थे, जबकि पूरी उन्नीसवीं सदी

के दौरान बंगाली पत्र-पत्रिकाएं बारंबार अपने पाठकों को स्वतंत्र उद्यम के लाभ बताती रही थीं। यह भी कहा जाता है कि व्यापार में पारसियों की सफलता का रहस्य उनमें ऐसी किसी विशेषता का होना था जो 'प्रोटेस्टेंट नैतिकता' के काफी निकट है; किंतु व्यापार में पारसियों जितने या उनसे भी अधिक सफल गुजराती और मारवाड़ी बनियों में आधुनिकतावादी सांस्कृतिक मूल्य शायद ही पाए जाते हों, जबकि आर्थिक उद्यम के क्षेत्र में बंगाली ब्रह्मसमाजियों के लिए आधुनिकता सहायक सिद्ध नहीं हुई। जहां तक भूमि-संबंधों का प्रश्न है, हम पहले ही देख चुके हैं कि जमींदारी एवं रैयतवारी पद्धतियों का प्रभाव अंततः बहुत भिन्न नहीं था। भूमि के बाजार से संबंधित हालिया शोध इस पारंपरिक धारणा को संदिग्ध ठहराते हैं कि स्थायी बंदोबस्त ने तुरंत ही शहरी पूंजी को भूमि की ओर खींचना आरंभ कर दिया था। कुल मिलाकर, जैसाकि अमिय बागची का कथन है, इसकी सरल व्याख्या यही हो सकती है कि अर्थव्यवस्था पर विदेशी साम्राज्यवादी प्रभुत्व अलग-अलग मात्राओं में स्थापित था।

अंग्रेजों ने बंबई के उद्योगों के प्रति न केवल चुंगी एवं आबकारी की घोर भेदभावपूर्ण नीतियां अपनाकर, बल्कि अनेक संरचनात्मक बाधाएं लगाकर भी देशी पूंजीवाद के विकास को कुंठित किया। श्वेत व्यापारियों एवं श्वेत अधिकारियों के बीच बहुमुखी संबंधों का उल्लेख पहले ही किया जा चुका है। अहस्तक्षेप की नीति के बहाने सरकारी नीतियां सक्रिय रूप से यूरोपीय उद्यम को बढ़ावा देती थीं (प्रत्याभूति पद्धति के अंतर्गत रेलवे में होनेवाले निवेश, एवं असम में श्वेतों को नगण्य मूल्यों पर चाय बागानों के लिए विस्तृत भूखंड देना इसके दो स्पष्ट उदाहरण हैं) और भारतीयों के विरुद्ध भेदभाव करती थीं। रेलमार्गों का जाल एवं माल-भाड़े ऐसे थे कि वे देश के अंदरूनी भागों में स्थित व्यापारिक केंद्रों के बीच होनेवाले यातायात की तुलना में बंदरगाहों तक होनेवाले यातायात को अधिक प्रोत्साहित करते थे। संगठित मुद्रा-बाजार पर अधिकांशतः श्वेतों का नियंत्रण था। 1914 से पूर्व केवल दो बड़े भारतीय बैंकों का अस्तित्व था—बैंक ऑफ इंडिया और पंजाब नेशनल बैंक। कदाचित् सबसे महत्वपूर्ण तथ्य यह है कि उन्नीसवीं सदी में भारत की आर्थिक प्रगति मुख्यतः निर्यात की आवश्यकताओं से जुड़ी हुई थी, और विनिमय बैंकों, आयात-निर्यात फर्मों एवं जहाजरानी प्रतिष्ठानों के माध्यम से मुख्यतः अंग्रेजों का ही बाह्य व्यापार पर नियंत्रण था।

श्वेतों का 'सामूहिक एकाधिकार' सर्वप्रथम पूर्वी भारत में आया और वहीं यह सर्वाधिक स्पष्ट भी रहा। इसके विपरीत पश्चिमी भारत में भारतीय व्यापारियों (विशेषतः न कि पूर्णरूपेण पारसियों) ने चीन और अन्य देशों से होनेवाले समुद्रपारीय व्यापार में अपने पैर जमाए रखा। इसका मुख्य कारण यह था कि अंग्रेजों का राजनीतिक नियंत्रण वहां बहुत बाद में पहुंचा (और इस कारण अंग्रेजों को वहां भारतीय सहयोगियों की आवश्यकता अधिक पड़ी), और उसका प्रभाव थोड़ा कम रहा। 1818 में मराठों के पतन तक पश्चिमी

भारत में देशी राजनीतिक शक्ति पर्याप्त सुदृढ़ थी। इसके बाद भी देशी राज्यों का जो गंठजोड़ बना वह बंगाल के मानचित्र से एकदम अलग था। रेलमार्गों के निर्माण के पूर्व बंबई के पृष्ठक्षेत्र में प्रवेश करना सरल नहीं था और वहां नील, चाय एवं कोयला जैसी अंग्रेजों को आकृष्ट करनेवाली वस्तुएं नहीं थीं।

पारंपरिक भारतीय व्यापारिक समुदायों का अस्तित्व बना रहा और वे फले-फूले भी, किंतु मुख्यतः साहूकारों के रूप में जो व्यापारिक कृषि के विकास की बदौलत समृद्ध हो रहे थे, अथवा आश्रित व्यापारियों के रूप में जो देश के भीतरी भागों में ब्रिटिश आयात-निर्यात फर्मों के एजेंट के रूप में कार्य करते थे। वस्तुतः उन्नीसवीं सदी के उत्तरार्ध का मुख्य लक्षण ही यह तथ्य था कि देश के उत्तरी, पूर्वी और मध्य भागों में मारवाड़ी व्यापारी फैल गए थे। साथ ही, दक्षिणी भारत के चेट्टियार व्यापारी और साहूकार बर्मा और दक्षिण-पूर्वी एशिया में अंग्रेजों के अधीनस्थ सहयोगियों के रूप में फैल गए थे। टिम्बर्ग के हाल के अध्ययन में इस बात के प्रमाण मिलते हैं कि प्रथम विश्वयुद्ध तक व्यापारिक मारवाड़ी घरानों की भूमिका अनिवार्यतः आश्रित की थीं। इस प्रकार ताराचंद घनश्यामदास की 'विशाल फर्म', जिसका उन्होंने विस्तृत अध्ययन किया है, शा वैलेस के बनियों के रूप में कार्य करती थी। ऐसे ही आश्रित सहयोग के संबंध गोयनका और रल्ली बंधुओं, झुनझुनवाला और ग्राहम परिवार, जेटिया और एंड्र्यू यूल के बीच भी थे।

केवल पश्चिमी भारत में ही, पहले बंबई और कुछ आगे चलकर अहमदाबाद में, व्यापारिक दलाली (बंबई में मुख्यतः चीन के साथ व्यापार में दलाली) के माध्यम से संचित पूंजी को सचमुच के पूंजीवादी, देशी कपड़ा उद्योग में अभिव्यक्ति मिली। दक्षिण भारत से कपास सरलता से उपलब्ध थी क्योंकि 1860 के दशक में जब थोड़े समय के लिए कपास का बाजार गर्म हुआ था तब वहां रेलमार्गों का निर्माण हो चुका था, और अंग्रेजों को ऐसे कपड़ा उद्योग में कोई रुचि नहीं थी जिसे मैनचेस्टर के साथ प्रतिस्पर्धा करनी पड़ती।

1870 के दशक के मध्य तक बंबई के उदय से लंकाशायर में हलचल मच गई थी, और इंग्लैंड के दबाव में समय-समय पर चुंगी और आबकारी की अनुचित नीतियों को लागू किया गया। यही भारतीय बुद्धिजीवी वर्ग की एक प्रमुख प्रेरणा बना और उनकी देशप्रेम की चेतना तीव्र हुई। फिर भी, बंबई और लंकाशायर के बीच कभी सरल या पूर्ण संघर्ष के संबंध नहीं रहे। वित्त, व्यापार और उद्योग का जो पारस्परिक संबंध प्रबंध-अभिकरण पद्धति का लक्षण था, उसका अर्थ यह था कि आयातित धागे एवं (कपड़े के) थानों के व्यापार से कपड़े की अनेक फर्में जुड़ी हुई थीं। बंबई की कपड़ा-मिलें यूरोपीय तकनीकी जानकारी पर बहुत हद तक और आयातित मशीनरी पर पूर्णरूपेण निर्भर थीं। सबसे महत्वपूर्ण बात तो यह है कि बीसवीं सदी के आरंभिक दशकों से पूर्व, अनेक तकनीकी कारणों से, बंबई एवं मैनचेस्टर के बीच आम

तौर पर सीधा संघर्ष नहीं होता था। 1890 के दशक तक बंबई की मिलें (कपड़े के) थानों की अपेक्षा सूत की लच्छियों एवं धागों पर ही अधिक ध्यान देती थीं। इस सूत-लच्छी का अधिकांश भाग सुदूर पूर्व के देशों को निर्यात किया जाता था अथवा भारतीय हथकरघा उद्योग में काम आता था। इसके अतिरिक्त, भारतीय मिलों का धागा 24 काउंट से नीचे का होता था, जबकि 1893-94 में बंबई में आयात किए जानेवाले धागे का केवल 18 प्रतिशत ही इस श्रेणी में आता था। देशी बाजार में थानों की प्रतिद्वंद्विता केवल 'मोटे और मंझोले' श्रेणी के कपड़ों तक ही सीमित थी। उच्च श्रेणी के कपड़ों में भारतीय मिलों की प्रतिस्पर्धा 1905 के बाद तक प्रभावहीन रही। सदी के अंत तक चीन में युद्ध एवं बंबई में महामारी के फलस्वरूप सुदूर पूर्व के देशों को सूत-लच्छी और धागे के निर्यात में तेजी से गिरावट आई और जापानी प्रतिस्पर्धा ने इस गिरावट में निरंतर वृद्धि ही की। इसके परिणामस्वरूप कताई से बुनाई की ओर होनेवाला परिवर्तन अहमदाबाद की मिलों में सबसे अधिक दिखाई देता है। अहमदाबाद की मिलों का उत्पादन बंबई की तुलना में देशी बाजार के लिए अधिक होता था और उनके द्वारा प्रयुक्त धागा भी अधिक काउंटवाला होता था जिसके कारण लंकाशायर से उन्हें अधिक सीधा मुकाबला करना पड़ता था। यही कारण था कि राष्ट्रीय आंदोलन से अहमदाबाद का संबंध अधिक रहा, क्योंकि गांधी के उदय के साथ ही यह स्पष्ट हो गया था कि इस आंदोलन में कुछ कर गुजरने की क्षमता है।

इस प्रकार अहमदाबाद और राष्ट्रीय आंदोलन के संबंध के मूल में आर्थिक तत्व पर्याप्त स्पष्ट दिखाई देते हैं। औद्योगिक बुर्जुवा के साथ ही मजदूर वर्ग भी उन्नीसवीं सदी के उत्तरार्ध में भारतीय स्थिति का एक अन्य नया तत्व था। किंतु इस वर्ग की वृद्धि पर्याप्त धीमी थी। 1911 की 30.3 करोड़ की जनसंख्या में अनुमानतः 21 लाख लोग ही संगठित उद्योगों में लगे थे, और इनमें बागानों के 8 लाख कामगार भी सम्मिलित थे। किंतु जैसाकि अन्य देशों में भी हुआ, बंबई और कलकत्ता जैसे बड़े शहरों में (1920 के दशक के पश्चात्) सर्वहारा के केन्द्रीकरण ने मजदूर वर्ग को इतनी शक्ति प्रदान कर दी कि वह कभी-कभार हड़ताल कर सके और यह शक्ति उसकी संख्या की तुलना में कहीं अधिक थी। ब्रिटिश और भारतीय दोनों प्रकार के उद्यमों में आरंभिक पूंजीवादी औद्योगीकरण के लाक्षणिक भयावनेपन में 'पूंजीवाद-पूर्व' की व्यवस्थाओं के अनेक अवशेष भी सम्मिलित हो गए थे। असम के चाय बागानों के लिए कुलियों की भरती हो या फिजी, मॉरिशस, नटाल और वेस्ट इंडीज भेजे जानेवाले प्रवासी भारतीय मजदूर हों, इनकी भरती अनुबंधपत्र की पद्धति द्वारा की जाती थी जो मजदूरी से अधिक दासता के निकट थी। अन्यत्र की भांति यहां भी साम्राज्यवाद पूंजीवाद-पूर्व के तत्वों को संरक्षण दे रहा था। खदानों, रेलवे और कारखानों में भरती सिद्धांततः तो निःशुल्क थी, किंतु यह भरती ठेकेदारों के माध्यम से होती थी जिनकी बट्टे

की मांग का बोझ भी मजदूरों पर ही पड़ता था। पूर्वी भारत के बागानों एवं खदानों के लिए श्रमिक पूर्वी उत्तर प्रदेश, बिहार और मद्रास प्रेसीडेंसी से आते थे। इस प्रकार कलकत्ता के औद्योगिक क्षेत्र का मजदूर वर्ग मुख्यतः गैर-बंगाली था। इसके विपरीत अहमदाबाद एवं बंबई के कारखाने श्रमिकों की भरती आसपास के क्षेत्रों से ही करते थे—अहमदाबाद के श्रमिक गुजरात से, एवं बंबई के श्रमिक महाराष्ट्र के पृष्ठक्षेत्र (विशेषकर कोंकण के रत्नागिरी जिले) से आते थे। पूर्वी एवं पश्चिमी भारत के औद्योगिक क्षेत्रों का यह अंतर आगे चलकर ट्रेड यूनियन संबंधी एवं राजनीतिक परिणामों को जन्म देनेवाला था।

'आधुनिक' क्षेत्र में संवृद्धि के इन संकेतों के बावजूद औपनिवेशिक भारत की अर्थव्यवस्था का मुख्य तथ्य जनसामान्य की घोर दरिद्रता ही बना रहा। भारत में प्रति व्यक्ति आय के आरंभिक आकलन अधिकांशतः अनुमान ही थे, और बड़ी सीमा तक वे राष्ट्रवादियों एवं ब्रिटिश राज के समर्थकों के बीच चलनेवाली राजनीतिक बहस का हिस्सा भी होते थे। अतः इन अनुमानों में पर्याप्त अंतर पाया जाता है। वर्ष 1899 के लिए भारतप्रेमी डिग्बी की दृष्टि में यह राशि 18 रुपए थी तो 1895 में एटकिंसन ने इसे तत्कालीन दामों पर 39.5 रुपए माना था। किंतु एटकिंसन का आकलन भी 2 पाउंड 13 शिलिंग बैठता है, जबकि 1901 में इंग्लैंड में सामान्यतः स्वीकृत प्रति व्यक्ति आय 52 पाउंड थी। जनसामान्य की यह दरिद्रता आधुनिक भारत के जीवन की सारी सामाजिक, राजनीतिक एवं सांस्कृतिक प्रवृत्तियों के लिए एक स्थायी पृष्ठभूमि बनी रही।

अध्याय 3

1885-1905 : सामाजिक एवं राजनीतिक आंदोलन

'इतिहास को नीचे से देखने' की दिशा में

औपनिवेशिक राजनीतिक एवं आर्थिक आधिपत्य की संरचना का हमारा अब तक का सर्वेक्षण अनेक संघर्षों के मूलों की ओर संकेत करता है। ये हैं साम्राज्यवाद एवं भारतीय समाज के अधिकांश वर्गों के बीच के संघर्ष और साथ ही भारतीय समाज के विभिन्न समूहों एवं वर्गों के आपसी संघर्ष। अब आवश्यकता इसकी पड़ताल किए जाने की है कि किस प्रकार ये संघर्ष हमारी जनता के जीवन, चिंतन एवं कार्यकलाप में प्रकट हुए, और सही अर्थ में सामाजिक इतिहास की वह कमी, जिसका उल्लेख किया जा चुका है, यहीं तत्काल ही एक बड़ी समस्या उत्पन्न कर देती है। पाश्चात्य शिक्षा-प्राप्त बुद्धिजीवी वर्ग के संबंध में तो बहुत-कुछ लिखा जा चुका है। यह वर्ग निस्संदेह अत्यंत महत्वपूर्ण है, किंतु फिर भी संख्या की दृष्टि से अत्यल्प है। विशिष्ट कबीलों, गांवों और जातियों के अध्ययनों के रूप में मानववैज्ञानिक एवं समाजशास्त्रीय साहित्य भी पर्याप्त मात्रा में विद्यमान है। किंतु जहां तक प्रादेशिक स्तर पर भी प्रमुख सामाजिक समूहों के समग्र एवं सामान्य अध्ययन की बात है, बहुत कम लिखा गया है। जमींदारों अथवा किसानों, खेत-मजदूरों अथवा कारीगरों, औद्योगिक मजदूरों अथवा बुर्जुवा तत्वों के विषय में, उनके जीवन की परिस्थितियों एवं उनकी चेतना, दोनों के बदलाव का विश्लेषण करते हुए, कोई वास्तविक इतिहास नहीं रचा गया है। यह महत्वपूर्ण कमी राजनीतिक आंदोलनों, विशेषतः राष्ट्रीय आंदोलन के इतिहास को एक शून्यता का शिकार बना देती है, और इतिहास को अनिवार्यतः ऐसा अध्ययन बनाती है जिसकी दिशा ऊपर से नीचे की ओर होती है। यहां 'नीचे से इतिहास को देखने' का कोई प्रयास, जिसमें संभव है कि बिर्सा मुंडा के आदिवासी विद्रोह

का नरम और गरम दलों के झगड़ों से अधिक महत्व हो, अत्यंत चलताऊ और तदर्थ ही हो सकता है, किंतु इस दिशा में कभी-कभी कोई प्रयास करना अप्रासंगिक न होगा।

पिछले बीस वर्षों में तथाकथित 'नागरिक गड़बड़ियों' पर होनेवाले शोध से ज्ञात होता है कि प्लासी के युद्ध के लगभग एक सदी बाद तक अंग्रेजी शासन द्वारा स्थापित *पैक्स ब्रिटेनिका* बहुत सीमा तक एक मिथक ही रहा है, क्योंकि बारंबार देश के अनेक भागों में परंपरावादी तत्वों के विद्रोह ने इसे तोड़ा है (परंपरावादी तत्वों के अंतर्गत स्थानीय मुखिये, जमींदार अथवा धार्मिक व्यक्ति आते हैं), किंतु इनके सामाजिक गठन में मुख्यतः निम्न वर्ग ही आते थे। मानवविज्ञानी कैथलीन गफ ने हाल ही में संपूर्ण ब्रिटिश राज की अवधि में होनेवाले 77 हिंसक किसान विद्रोहों की एक सूची तैयार की है और उन्हें पांच श्रेणियों में विभाजित किया है—'पुनर्स्थापनात्मक', धार्मिक, सामाजिक लूट, आतंकवादी प्रतिशोध, और सशस्त्र विद्रोह। 1857 को पुराने प्रकार के ब्रिटिश-विरोधी प्रतिरोध की पराकाष्ठा माना जा सकता है जिसका नेतृत्व स्वत्व से वंचित कर दिए गए मुखियों ने किया था और जिसका लक्ष्य पुरानी स्थिति को बहाल करना था। पर उस सदी के अंत तक ऐसे विद्रोहों में अपेक्षाकृत कमी आने की एक सामान्य धारणा बनती है। इसका कारण विद्रोह के बाद के युग में राजाओं और जमींदारों से अंग्रेजों के संबंधों का सुदृढ़ होना, संचार के साधनों का विकास और एक अधिक कुशल सैन्य एवं प्रशासनिक संरचना का विकास तो था ही, शायद 1870 और 1890 के दशक में बारंबार पड़नेवाले अकालों का निढाल कर डालनेवाला प्रभाव भी था। फिर भी जनसामान्य के छिटपुट विद्रोह पूर्णतः समाप्त नहीं हुए, और कभी-कभी उनके स्वरूप में रोचक अंतर भी देखने को मिलते हैं।

आदिवासी आंदोलन

आरंभिक या बाद के कालों में सर्वाधिक हिंसक विद्रोह आदिवासियों के ही रहे हैं जिनके संबंध में हाल ही के एक लेखक का कहना है कि "कृषकों सहित किसी भी अन्य समुदाय की तुलना में ये अधिक विद्रोह करते थे और इनके विद्रोह अधिक हिंसक भी होते थे" (के. सुरेशसिंह)। यहां 'आदिवासी' शब्द का प्रयोग इस प्रकार के सामाजिक संगठनवाले लोगों को 'जाति' से भिन्न बताने के लिए किया गया है और इससे अभिप्राय ऐसे लोगों से नहीं है जो पूर्णतः भारतीय जीवन की मुख्य धारा से कटे हुए हों। वस्तुतः कुछ अलग-थलग एवं सचमुच आदिम भोजन-संग्राहक लोगों को छोड़ दें तो आदिवासी जन समाज के निम्नतम स्तर पर रहनेवाले ऐसे लोग हैं जो पूर्णतः भारतीय समाज का अंग थे और हैं। ये अपना निर्वाह झूम खेती द्वारा, खेत-मजदूरों के रूप में और, अधिकाधिक, दूरदराज के बागानों, खदानों एवं कारखानों में कुली के रूप में करते रहे हैं।

ब्रिटिश राज एवं उससे संबद्ध वाणिज्यीकरण ने पहले से विद्यमान उन प्रवृत्तियों को सुदृढ़ किया जिनके फलस्वरूप बाहरी, मैदानी क्षेत्रों के लोग (साहूकार, व्यपारी, जमीन हथियानेवाले और ठेकेदार) आदिवासी क्षेत्रों में घुसते रहे हैं—यानी 'डिंकू' लोग, जो संथालों की अतिशय घृणा के पात्र रहे हैं। पूर्णतः निजी संपत्ति की ब्रिटिश कानूनी धारणा ने सामूहिक स्वामित्व की परंपराओं को (जैसेकि छोटा नागपुर के खूंटकट्टी क्षेत्र में) ध्वस्त किया और आदिवासी समाज के भीतर के तनावों को तीव्र किया। अनेक आदिवासी क्षेत्रों (विशेष रूप से बिहार एवं असम के क्षेत्रों) में ईसाई मिशनरी सक्रिय थे जिन्होंने वहां शिक्षा का प्रसार किया और सामाजिक सोपान में ऊंचा स्थान पाने की आशा भी उनमें जाग्रत की। किंतु इसकी अनेक रोचक प्रतिक्रियाएं हुईं जिनमें वैरभाव के साथ ही कुछेक ईसाई सिद्धांतों को विदेश-विरोधी रूप में प्रयुक्त करने के प्रयास भी सम्मिलित थे। 1870 और 1880 के दशकों में अधिकाधिक महत्वपूर्ण होनेवाला एक तथ्य था—औपनिवेशिक सरकार द्वारा, राजस्व की दृष्टि से, वन क्षेत्रों पर नियंत्रण कड़ा करना। झूम खेती, जिसके लिए हल चलाने की आवश्यकता नहीं थी, ग्रामीण समाज में गरीब-से-गरीब आदमी के लिए भी जीविका का साधन थी। 1867 से आरक्षित वनों में झूम खेती को प्रतिबंधित या सीमाबद्ध कर दिया गया और इमारती लकड़ी एवं चराई पर रोक लगाकर वन-संपत्ति पर एकाधिकार स्थापित करने के प्रयास किए गए।

इसके विरुद्ध पहले की भांति आदिवासियों की प्रतिक्रिया छिटपुट हिंसक विद्रोहों के रूप में तो प्रकट हुई ही, उनमें आंतरिक धार्मिक एवं सामाजिक-सांस्कृतिक सुधार के आंदोलन भी आरंभ हुए। पुनरुज्जीवन के ये आंदोलन, जिनमें ईसाई अथवा हिंदू धर्म को लेकर एक सुनहरे युग में चमत्कारी प्रवेश का वादा भी होता था, 1860 से 1920 तक की अवधि में अधिकाधिक लाक्षणिक होते गए, और ये प्रायः पारंपरिक मुखियों की अगुआई में होनेवाले विद्रोहों की असफलता के पश्चात् उठ खड़े होते थे। इस प्रकार 1855 के संथाल विद्रोह के पश्चात् 1870 के दशक का खेरवाड़ अथवा सफाहार का आंदोलन उठा जो आरंभ में तो एकेश्वरवाद एवं सामाजिक सुधारों की शिक्षा देता था, किंतु अपने दमन के ठीक पूर्व यह राजस्व-बंदोबस्ती की गतिविधियों के विरुद्ध एक अभियान का रूप भी लेने लगा था। सहस्रवाद (स्वर्ण युग में आस्था) कभी-कभी हिंसक रूप भी धारण कर लेता था। उदाहरण के लिए, 1868 में धर्मराज्य स्थापित करने के प्रयत्न में गुजरात की नायकड़ा वन्य जाति ने पुलिस थाने पर आक्रमण कर दिया था। इसी तरह कछार में 1882 में सांबुदान नामक एक जादूगर के नेतृत्व में कुछ नागाओं ने अंग्रेजों पर आक्रमण कर दिया था। उसका दावा था कि उसने जादू के बल पर अपने अनुयायियों को ऐसा बना दिया था कि गोलियां उनका कुछ नहीं बिगाड़ सकती थीं। पुराने जिला गजेटियरों और मानववैज्ञानिक सर्वेक्षणों में ऐसी अनेक बातों का उल्लेख है, और कभी-कभी इन्हें पढ़कर मन एक विचित्र अनुभूति से द्रवित हो उठता है। उदाहरण के

लिए, 1900 में विशाखापट्टनम एजेंसी में कोरा मल्लया नाम के कोंडा डोरा ने दावा किया कि "उस पर देवता आया है—उसने अपने चारों ओर चार-पांच हजार लोगों को जमा कर लिया और कहा कि वह पांडवों में से किसी एक भाई का अवतार है और उसका अबोध बेटा कृष्ण का अवतार है; यह भी कि वह अंग्रेजों को देश से निकाल बाहर करेगा और स्वयं राज करेगा। ऐसा करने के लिए वह अपने अनुयायियों के हाथों में बांस के डंडे देता और कहता कि वह अपने जादू से बांस के इन डंडों को बंदूकों में और अधिकारियों के शस्त्रों को पानी में बदल देगा।" परिणाम स्पष्ट था : पुलिस ने 11 'दंगाइयों' को गोली मार दी, और 60 पर मुकदमा चला जिनमें दो को फांसी हुई (थर्सटन और रंगाचारी, *कास्ट्स एंड ट्राइब्स ऑफ सदर्न इंडिया,* खंड 3, मद्रास, 1909, पृ. 353)।

इसी के पड़ोस में गोदावरी एजेंसी की पहाड़ियां 1879-80 में एक अन्य और अधिक शक्तिशाली विद्रोह की साक्षी रही हैं। इसका केंद्र था चोडावरम का 'रम्पा' क्षेत्र जिसके कोया और कोंडा डोरा पहाड़ी मुखियों (मुट्टादारों) ने अपने स्वामी (एक मनसबदार घराना जिसने 1813 में अंग्रेजों के साथ एक समझौता किया था) के विरुद्ध 1840, 1845, 1858, 1861 और 1862 में विद्रोह किए थे। मार्च 1879 के मुख्य विद्रोह का कारण यह था कि मनसबदार ने इमारती लकड़ी और चराई पर कर बढ़ाने के प्रयास किए थे। साथ ही इसके कुछ गौण कारण भी थे, जैसे पुलिस की ज्यादतियां, नए आबकारी कानून जिनके अनुसार घर में ताड़ी बनाने पर प्रतिबंध था, मैदानी व्यापारियों एवं साहूकारों द्वारा शोषण, और जंगलों में झूम खेती (पोडु) पर प्रतिबंध। अपने सबसे शक्तिशाली चरण में इस विद्रोह ने कम-से-कम पांच हजार वर्गमील क्षेत्र को प्रभावित किया, और इसका दमन 1880 में मद्रास इनफैंट्री की 6 रेजीमेंट लगाकर ही किया जा सका। उसी क्षेत्र में 1886 में एक अन्य विद्रोह हुआ। ये विद्रोही अपने-आपको रामदंडु (राम की सेना) कहते थे। उनके एक नेता राजन अनंतय्या ने जयपुर के महाराजा से एक विचित्र 'आद्य राष्ट्रवादी' अभ्यर्थना की थी : 'क्या अंग्रेजों का हमारे देश में रहना अच्छा है? ··· हमें ··· अंग्रेजों के विरुद्ध युद्ध छेड़ देना चाहिए। रूसी भी अंग्रेजों को परेशान कर रहे हैं। यदि मुझे सैनिकों और शस्त्रों की सहायता मिले तो मैं राम की भूमिका निभाने को तैयार हूं" (*जर्नल ऑफ पेजेंट स्टडीज,* जनवरी 1879, में डेविड आर्नल्ड का लेख 'डकैती एंड रूरल क्राइम इन मद्रास, 1860-1940')। रामायण की कथा का यह प्रयोग बाद में गांधीजी के 'रामराज्य' की संकल्पना से कितना भिन्न था! लेकिन इस काल के आदिवासी विद्रोहों में सबसे अधिक जाना-माना विद्रोह था बिर्सा मुंडा का 'उल्गूलन' (महान हलचल), जो रांची के दक्षिण के क्षेत्र में 1899-1900 में हुआ था। मानवविज्ञानी एवं इतिहासकार के. सुरेशसिंह ने इस विषय पर हाल ही में एक बहुत सुंदर अध्ययन प्रस्तुत किया है। उन्नीसवीं सदी में मुंडों ने उत्तरी मैदानों से व्यापारियों

एवं साहूकारों के रूप में आनेवाले जागीरदारों एवं ठेकेदारों को अपनी पारंपरिक खूंटकट्टी भू-व्यवस्था को ध्वस्त करते देखा था। (खूंटकट्टी खूंटों अथवा आदिवासी वंशों के सामूहिक भू-स्वामित्व की व्यवस्था थी।) यह क्षेत्र श्रमिकों के ठेकेदारों के लिए भी एक अच्छा शिकारगाह था। बारी-बारी से लुथेरियन, ऐंग्लिकन और कैथोलिक मिशनरी आए और सहायता का वचन दिया, किंतु अंततः वे भी भूमि की मूल समस्या का कोई समाधान नहीं कर पाए। 1890 के दशक के आरंभिक वर्षों में कबीलों के सरदारों ने इन बाहरी भूस्वामियों एवं जबरी बेगारी के विरुद्ध कलकत्ता के एक एंग्लो-इंडियन वकील के माध्यम से न्यायालय में लड़ने का प्रयास किया। किंतु ऐसा प्रतीत होता है कि उस वकील ने सरदारों को ठग लिया। एक मिशनरी के अनुसार, उसने सरदारों को कहते सुना कि "हमने सरकार के सामने अपना दुखड़ा रोया और हमें कुछ नहीं मिला। हम मिशनरियों के पास गए, किंतु उन्होंने भी हमें डाकुओं से नहीं बचाया। अब हमारे पास इसके अतिरिक्त कोई चारा नहीं बचा कि हम अपने ही किसी आदमी से आशा करें"।

यह त्राता आया बिर्सा (लगभग 1874-1900) के रूप में। बिर्सा एक बंटाईदार का बेटा था और उसे मिशनरियों से थोड़ी शिक्षा मिली थी। बाद में वह वैष्णवों के प्रभाव में भी आया। 1893-94 में वह एक आंदोलन में भी भाग ले चुका था जो गांव की ऊसर जमीन को वन विभाग द्वारा अधिगृहीत किए जाने से रोकने के लिए चलाया जा रहा था। कहा जाता है कि 1895 में युवा बिर्सा को परमेश्वर के दर्शन हुए और वह पैगम्बर होने का दावा करने लगा। उसका कहना था कि उसके पास निरोग करने की चमत्कारी शक्ति है। हजारों लोग बिर्सा का 'नया उपदेश' सुनने के लिए चलकेड़ आने लगे। बिर्सा की भविष्यवाणी थी कि निकट भविष्य में प्रलय होनेवाला है। इस मूलतः धार्मिक आंदोलन में सरदार राजनीतिक एवं खेतिहर पुट भी देने लगे। 1895 में षड्यंत्र रचे जाने के भय से अंग्रेजों ने बिर्सा को दो साल के लिए जेल भेज दिया, किंतु वह जेल से और अधिक कट्टर विद्रोही बनकर लौटा। 1898-99 में अनेक रात्रि-सभाएं आयोजित की गईं जिनमें बिर्सा ठेकेदारों, जागीरदारों, राजाओं, हाकिमों और ईसाइयों को मार डालने की बात कहता और यह भी कि (शत्रु की) बंदूकें और गोलियां पानी बन जाएंगी। ब्रिटिश राज के पुतले जलाए जाते और मुंडा लोग बड़े उत्साहपूर्वक, घृणा के इस गीत से आकर्षित होते :

> कटोंग बाबा कटोंग
> साहेब कटोंग कटोंग, रारी कटोंग कटोंग . . .
> (काटो बाबा, काटो ! यूरोपीयों को काटो ! दूसरी जातियों को काटो . . .)

1899 के क्रिसमस की पूर्व-संध्या को बिर्सा के अनुयायियों ने (जो पहले ही बड़ी संख्या में ईसाई बने मुंडों को अपने एक ईश्वर वाले नए धर्म

में दीक्षित कर चुके थे जिसका पैगंबर बिर्सा भगवान था) रांची और सिंहभूम के जिलों में 6 पुलिस थाना क्षेत्रों में तीर चलाए और चर्चों को जलाने के प्रयास किए। जनवरी 1900 में तो मुंडों ने पुलिस को ही अपने तीरों का निशाना बना लिया जिससे रांची में भय की लहर फैल गई। किंतु 9 जनवरी को सैल रकाब पहाड़ी पर विद्रोहियों की पराजय हुई। तीन सप्ताह बाद बिर्सा पकड़ा गया, और जेल में उसकी मृत्यु हो गई। लगभग 350 मुंडों पर मुकदमा चला जिनमें से तीन को फांसी हुई और 44 को आजीवन कारावास मिला। लेकिन 1902-10 के सर्वेक्षण एवं बंदोबस्त की कार्यवाही ने और 1908 के छोटा नागपुर टेनेंसी एक्ट ने, बहुत देर से ही सही, खूंटकट्टी के अधिकारों को मान्यता दी और जबरी बेगार पर प्रतिबंध लगाया। छोटा नागपुर के आदिवासियों ने बिहार के किसानों से पूरी एक पीढ़ी पूर्व अपने भूमि-अधिकारों के लिए कानूनी संरक्षण प्राप्त कर लिया था। हिंसक आंदोलन सदैव असफल ही नहीं होते।

बिर्सा मुंडा आज भी अपनी जनता की याददाश्त में जिंदा है—एक छोटे-से धार्मिक पंथ के पैगम्बर के रूप में, और उससे भी अधिक असाधारण रूप से विचलित कर देनेवाले कुछ लोकगीतों में जिन्हें सुरेशसिंह ने दर्ज किया है। शायद यह आशातीत नहीं कि वह आज भी विभिन्न और कभी-कभी परस्पर-विरोधी कारणों से पूजा जाता है—एक पूर्णरूपेण राष्ट्रवादी पृथक झारखंड आंदोलन के पैगंबर, या अति-वामपंथ के एक नायक के रूप में। बिर्सा को एक चेतन अखिल-भारतीय राष्ट्रवादी मानना स्पष्ट रूप से व्यर्थ है। उसकी दृष्टि सभी बाहरी घुसपैठियों से अपने छोटे-से आदिवासी क्षेत्र की वीरतापूर्वक रक्षा करने से आगे नहीं गई थी। लेकिन इससे यह निष्कर्ष नहीं निकाला जा सकता कि उसके आंदोलन में एक आदिम लेकिन मूलभूत साम्राज्यवाद-विरोधी तत्व की मौजूदगी नहीं मानी जानी चाहिए।

फड़के

महाराष्ट्र (1879) में वासुदेव बलवंत फड़के का उदय एक अनोखी घटना थी जिसने बुद्धिजीवियों के सचेत राष्ट्रवाद और जनसामान्य की जुझारू राष्ट्रीयता के बीच थोड़े समय के लिए सामंजस्य स्थापित किया था। फड़के चितपावन ब्राह्मण थे और सेना के रसद विभाग में बाबू थे। उन्होंने थोड़ी-सी अंग्रेजी शिक्षा भी पाई थी। ऐसा प्रतीत होता है कि राष्ट्र की संपत्ति के दोहन पर रानाडे के व्याख्यानों, 1876-77 में दक्षिण में पड़नेवाले अकाल और पूना के ब्राह्मण बुद्धिजीवियों में बढ़ती हुई हिंदू पुनरुत्थानवादी प्रवृत्ति ने उन पर गहरा प्रभाव डाला था। पुलिस से छिपकर एक मंदिर में शरण लेते समय उन्होंने अपनी आत्मकथा लिखी थी। इसमें वे बताते हैं कि किस प्रकार उनके मन में गुप्त दल बनाकर, डकैतियों के माध्यम से धन जमा करके और संचार-व्यवस्था को अस्त-व्यस्त करके सशस्त्र विद्रोह कराने और पुनः हिंदू राज स्थापित करने

की बात आई थी। "लोगों के मन में बहुत आक्रोश है और इस समय यदि कुछ लोग शुरुआत कर दें तो भूखे लोग उसमें शामिल हो जाएंगे।" इसमें बाद के क्रांतिकारी आतंकवाद का स्पष्ट पूर्वाभास मिलता है। फिर भी इसमें महत्वपूर्ण बात यह है कि फड़के के चालीस सदस्योंवाले दल में थोड़े-से ही ब्राह्मण युवक थे। शेष निम्न जाति के रामोशी और ढांगर थे। इसका परिणाम एक प्रकार की सामाजिक लूटपाट थी जिसमें किसान डाकुओं को अपने घर में शरण देते थे। फड़के के पकड़े जाने और उन्हें आजीवन कारावास दिए जाने के बाद भी दौलता रामोशी के नेतृत्व में एक डाकू दल 1883 तक सक्रिय रहा। एक आदिवासी कोली दल की भी चर्चा रही जिसने कुचले जाने से पहले सात महीनों में 28 डकैतियां डालीं। इस क्षेत्र में कोलियों को उनके पूर्वजों की जमीन से निकाला जा रहा था, जैसाकि उनके भाई-बंधुओं के साथ अन्यत्र भी हो रहा था।

मोपला

मलाबार के मोपलों का हलचल भरा इतिहास भारतीय स्थिति की जटिलताओं का एक और पक्ष दर्शाता है—किस प्रकार धार्मिक 'कट्टरता' भूस्वामियों एवं विदेशियों के विरुद्ध विद्यमान असंतोष को प्रकट करने में सहायक हुई। जब 1498 में पुर्तगालियों ने मलाबार में आकर वहां के मसालों के व्यापार पर अधिकार किया था और बंदूक और तलवार के बल पर लोगों को ईसाई बनाने का सिलसिला आरंभ किया था, उसके बाद वहां के मुसलमानों में श्वेतों के विरुद्ध तीव्र घृणा की भावना भरती आ रही थी। यह भावना 1580 के दशक में जैनुल-दीन के *तुहफतुल-मुजाहिदीन* और *कोटुपलीमाला* जैसे लोकगीतों में प्रतिबिंबित हुई थी। कोटुपलीमाला आज भी लोकप्रिय है और पवित्र युद्ध में शहीद हुए लोगों के सम्मान में गाया जाता है। ब्रिटिश शासन भूस्वामियों के अधिकारों पर बल देता था। अतः उसने मलाबार में उच्च वर्ण के हिंदुओं, नंबूदरी और नायर जेनमियों (जिनमें से अनेक को टीपू सुलतान ने खदेड़ दिया था) की शक्ति को पुनः स्थापित करके अत्यंत बढ़ा दिया था। इससे बहुसंख्यक मुस्लिम बंटाईदारों (कनामदारों) एवं काश्तकारों (वेरूपत्तमदारों) वाले क्षेत्र में स्थिति और बिगड़ी। ये मुसलमान मोपला कहलाते थे। इसका एक तात्कालिक परिणाम तो यह हुआ कि मुसलमानों में सामुदायिक एकजुटता बढ़ी। 1831 में मलाबार में 637 मस्जिदें थीं तो उनकी संख्या 1851 तक 1058 हो गई थी। तिरूरंगडी के निकट माम्बरम के टंगल (सैयद अलावी और उसके बाद उसका बेटा सैयद फज्ल जिसे 1852 में अंग्रेजों ने देशनिकाला दे दिया था) मोपला समाज के धार्मिक-राजनीतिक नेताओं के रूप में अधिकाधिक महत्वपूर्ण होते गए। अछूत चेरुमरों ने भी बड़ी संख्या में इस नए धर्म को अपना लिया जिसमें समानता के व्यवहार और सामाजिक स्थिति में थोड़ी उन्नति की आशा थी। दक्षिण मलाबार के इर्नाड और वल्लुवनाड ताल्लुकों में विद्रोह लगभग

अंतहीन हो गया। 1836 और 1854 के बीच इस क्षेत्र में 22 विद्रोहों का उल्लेख मिलता है। 1882-85 और पुनः 1896 में और भी विद्रोह हुए। इस विद्रोह ने जेनमियों की संपत्ति पर आक्रमण और उनके मंदिरों को भ्रष्ट करने का स्वरूप धारण कर लिया। यह कार्य मोपलों के छोटे-छोटे दल करते थे जो बाद में पुलिस की गोलियों का सामना होने पर एक प्रकार से सामूहिक आत्महत्या कर लेते थे। उनका दृढ़ विश्वास था कि ऐसा करके वे शहीद होंगे और सीधे स्वर्ग जाएंगे। 1836 और 1919 के बीच दर्ज किए गए कुल 28 विद्रोहों में विद्रोहियों की संख्या कम ही थी—केवल 349। इसका कारण यह था कि दक्षिण मलाबार में संचार-साधन बहुत कम थे और घर बिखरे हुए थे। अतः सामूहिक विद्रोह होना कठिन था। इस प्रकार मोपला विद्रोह "ग्रामीण आतंकवाद का एक विशिष्ट प्रकार थे जो शायद उन मोपलों के हित में जेनमियों की बढ़ी हुई शक्ति को सीमित करने का सबसे प्रभावकारी साधन थे जो स्वयं इन विद्रोहों में भाग नहीं लेते थे।" 1919 तक मोपला आक्रमणों के 82 शिकारों में 62 सवर्ण हिंदू (22 नंबूदरी और 34 नायर) थे। जिन अन्य 70 लोगों के वर्ग के संबंध में जानकारी है, उनमें 58 जेनमी और/या साहूकार थे (डेवी और हॉपकिंस द्वारा संपादित, *दि इंपीरियल इम्पैक्ट : स्टडीज इन दि इकोनॉमिक हिस्ट्री ऑफ अफ्रीका एंड इंडिया*, लंदन, 1978 में कोनराड वुड का लेख 'पेजेंट रिवोल्ट : ऐन इंटरप्रेटेशन ऑफ मोपला वॉयलेंस इन द नाइनटींथ एंड ट्वेंटीएथ सेंचुरीज')। अधिकांश मोपला शहीद गरीब किसान अथवा भूमिहीन श्रमिक होते थे, किंतु समृद्ध कनामदारों और छोटे व्यापारियों की सहानुभूति प्रायः उनके साथ होती थी। ऐसी मान्यता की बात भी कही जाती है कि मोपलों की सहायता के लिए युद्ध-सामग्री से लदा जहाज आ रहा है। यह मिथक प्रशांत महासागर में स्थित औपनिवेशिक शासनवाले मेलनेसिया के 'माल-पंथ' (कार्गो-कल्ट) से आश्चर्यजनक रूप से मिलता है जिसका अध्ययन मानवविज्ञानी पीटर वर्सले ने किया है। मोपला असंतोष की जड़ें स्पष्टतः कृषि व्यवस्था में थीं—1862 और 1880 के बीच दक्षिण मलाबार के ताल्लुकों में लगान के मुकदमों में 244 प्रतिशत और कुर्की में 441 प्रतिशत की वृद्धि हुई थी। इसमें हिंदू किसान भी पिसे थे, किंतु उनके प्रतिशोध का स्वरूप भिन्न था। 1860 और 1870 के दशकों में अनेक हिंदू डाकू गिरोहों के सक्रिय होने का उल्लेख मिलता है। इस्लाम जैसी स्वर्ण युग की विचारधारा के अभाव में हिंदू किसानों का असंतोष सामाजिक लूटपाट के स्तर से ऊपर नहीं उठ सका।

दकन के दंगे

अब तक हमने उन विद्रोहों का विवेचन किया है जिनका लक्ष्य एक प्रकार से समग्र परिवर्तन था जिसमें धार्मिक एवं स्वर्ण युग के मिथक की प्रबल ध्वनियां भी थीं (सामाजिक रूपांतरण की किसी आधुनिक और धर्मनिरपेक्ष विचारधारा

के अभाव में ऐसा होना स्वाभाविक भी था), और इनका मूल भारतीय समाज के निम्नतम प्राणियों, अर्थात् आदिवासियों एवं गरीब किसानों में था। किंतु एक अन्य प्रकार के ग्रामीण विरोध की परंपरा भी थी जिसके मूल में विशिष्ट शिकायतें थीं और जिसका लक्ष्य सीमित था। इस विरोध को नेतृत्व एवं समर्थन अपेक्षाकृत समृद्ध कृषक वर्ग से मिलता था। उदाहरण के लिए, महाराष्ट्र दकन में 1860 के दशक में कपास की गरमबाजारी के कारण धनी किसानों का जो विकास हुआ था, वह अगले ही दशक में मूल्यों के अचानक गिर जाने से रुक गया। साथ ही, 1867 के बाद से भू-राजस्व में तीव्र वृद्धि हुई। इसका परिणाम यह हुआ कि बड़ी संख्या में कृषकों को ऋण लेना पड़ा, और प्रवासी मारवाड़ी साहूकार जन-आक्रोश का स्पष्ट लक्ष्य बने। मई-सितंबर 1875 में दक्षिण के साहूकार-विरोधी दंगों ने पूना और अहमदनगर जिलों के 6 ताल्लुकों में 33 स्थानों को प्रभावित किया। क्रुद्ध ग्रामवासियों ने अपने मुखियों (पटेलों) के नेतृत्व में ऋणपत्रों को बलपूर्वक छीन लिया। ध्यान देने योग्य बात यह है कि जहां कहीं साहूकार बाहर के लोग न होकर स्थानीय छोटे भूस्वामी या धनी किसान होते थे (जैसेकि रत्नागिरी के खोट में) वहां ये दंगे नहीं हुए। इसके चार वर्ष पश्चात् 1879 के डेकन एग्रीकल्चरिस्ट्स एक्ट ने समृद्धतर कृषकों को न्यायिक प्रक्रियाओं एवं उपायों के माध्यम से कुछ सीमित संरक्षण प्रदान किया।

पबना

बंगाल में भी (आदिवासी क्षेत्र को छोड़कर) साहूकार-विरोधी दंगे कम होते थे, क्योंकि यहां भी महाजन प्रायः स्थानीय धनी किसान या जोतदार होते थे जिनसे मिलनेवाले कर्ज की उत्पादन में अपरिहार्य भूमिका होती थी। इसके विपरीत, जमींदार की भूमिका उत्पादन में नहीं के बराबर थी और उसकी जमींदाराना ज्यादतियों के विरुद्ध पूर्वी बंगाल में रैयतों के बड़े भाग ने 1870 के दशक में और 1880 के दशक के आरंभिक वर्षों में व्यापक प्रतिरोध किया। इस तूफान का केंद्र था पबना जो एक अपेक्षाकृत समृद्ध जनपद था जिसके कारण वहां होनेवाली दोहरी फसल और पटसन का फलता-फूलता व्यापार थे। यहां 50 प्रतिशत से अधिक काश्तकारों ने 1859 के एक्ट X द्वारा दखली अधिकार प्राप्त कर लिया था। (यह कानून उन्हें बेदखली और लगान-वृद्धि के विरुद्ध कुछ सीमा तक संरक्षण प्रदान करता था।) फिर भी, 1793 से 1872 तक के बीच जमींदारों के लगानों में सात गुना वृद्धि हुई थी, और भूस्वामियों ने अनेक प्रकार के अबवाब (महसूल) लगाकर, पैमाइश के लिए मनमाने तौर पर छोटे मापों का प्रयोग करके (जिससे काश्त का क्षेत्र स्वाभाविक रूप से बढ़ जाता था), और बल-प्रयोग द्वारा 1860 के दशक में और 1870 के दशक के आरंभिक वर्षों में लगान को मनमाना बढ़ाने का अभियान आरंभ कर दिया था। इन सब बातों से रैयत को हाल में प्राप्त पट्टे की सुरक्षा पर आघात होता

था। 1873 में पबना के यूसुफशाही परगना के किसानों ने एक कृषक संघ बनाया जो मुकदमे लड़ने के लिए धनराशि जुटाता था और सभाएं करता था। इन सभाओं की सूचना ग्रामवासियों को सिंगी और ढोल बजाकर तथा रात में एक गांव से दूसरे गांव हांक लगाकर दी जाती थी। कभी-कभी ये संघ लगान की अदायगी रोक भी लेते थे। अगले दशक में पूर्वी बंगाल के अनेक जिलों (ढाका, मैमनसिंह, त्रिपुरा बेकरगंज, फरीदपुर, बोगुरा और राजशाही) में भी ऐसे ही आंदोलनों के होने के समाचार मिले। कलकत्ता के जमींदार हलकों में किसान-विद्रोह एवं हिंसा की घबराहटपूर्ण चर्चा के बावजूद, कुछ छिटपुट वारदातों को छोड़कर पबना में रैयतों का विरोध मुख्यतः कानूनी और शांतिपूर्ण रहा। इस आंदोलन के लक्ष्य भी पर्याप्त सीमित थे, क्योंकि लगान की अदायगी रोकना भी विशिष्ट मांगों को पूरा करवाने का एक साधन ही था। ये मांगें थीं—पैमाइश के माप में परिवर्तन, गैर-कानूनी अबवाबों की समाप्ति और लगान में कमी। न ही पबना आंदोलन सचेत रूप से ब्रिटिश-विरोधी था : वस्तुतः रैयतों की सबसे बड़ी मांग यह थी कि वे 'महामहिम महारानी की और केवल उन्हीं की रैयत' होना चाहते थे। समीपस्थ अत्याचारी के विरुद्ध दूरस्थ स्वामी से की जानेवाली ऐसी अभ्यर्थनाएं किसान आंदोलनों के लिए नई नहीं थीं। वस्तुतः पबना की रैयतों को तो, किसानों का समर्थन करने की सरकारी नीति के अंतर्गत, प्रोत्साहन भी दिया गया था। लेफ्टीनेंट-गवर्नर कैंपबेल की जुलाई 1873 की घोषणा में किसानों की मांगों को जायज़ ठहराया गया था, हालांकि इसमें हिंसक घटनाओं की निंदा की गई थी।

पबना संघ एवं अन्य जिलों में होनेवाले ऐसे ही आंदोलनों ने बंगाली बुद्धिजीवी वर्ग में विभिन्न प्रकार की तीव्र प्रतिक्रियाओं को जन्म दिया। जमींदारों के वर्चस्ववाले ब्रिटिश इंडियन एसोसिएशन ने इसका कड़ा विरोध किया और इसके मुखपत्र *हिंदू पैट्रियट* ने पबना आंदोलन को हिंदू भूस्वामियों के विरुद्ध मुसलमान किसानों के सांप्रदायिक आंदोलन के रूप में चित्रित करने का प्रयास किया। वास्तव में पबना के अधिकांश काश्तकारों के मुसलमान और ज़मीदारों के हिंदू होने पर भी उस समय तक इन आंदोलनों में सांप्रदायिक तत्व का अभाव था। यह स्थिति उस स्थिति के ठीक विपरीत थी जो आगे जाकर बीसवीं सदी में उत्पन्न होनेवाली थी। पबना आंदोलन के तीन नेताओं में दो सवर्ण हिंदू (छोटे भूस्वामी ईशानचंद्र राय और ग्राम-प्रधान शंभुपाल) और एक मुसलमान मुल्ला थे। प्रसंगवश, इस आंदोलन से मुख्य रूप से प्रभावित होनेवाले एक जमींदार द्विजेंद्रनाथ ठाकुर (रवींद्रनाथ के बड़े भाई) थे जिन्होंने जुलाई 1873 में सरकार से व्यवस्था और शांति बहाल करने के लिए कड़े कदम उठाए जाने की मांग की थी। व्यावसायिक समूहों ने, जिनका जमींदारों से इतना संबंध नहीं था, इस स्थिति के प्रति अधिक सहानुभूति का दृष्टिकोण अपनाया, जैसाकि आर. सी. दत्त की रचना *पेजेंट्री ऑफ बंगाल* (1874) से और कुछ समय पश्चात् 1885 के टेनेंसी एक्ट के ठीक पहले

काश्तकारों के अधिकारों के पक्ष में इंडियन एसोसिएशन द्वारा किए गए प्रचार से (जिसमें रैयतों की अनेक मीटिंगें भी की गई) प्रमाणित होता है। इस प्रकार कानून ने दखली अधिकारों को सुरक्षा प्रदान की और उनमें कुछ बढ़ोतरी भी की। इस सबमें ध्यान देने योग्य बात यह है कि पबना आंदोलन हो, बाद में इंडियन एसोसिएशन का आंदोलन हो, या सरकारी कानून हों, किसी में भी दखली अधिकारों से वंचित किसानों, बंटाईदारों या खेत-मजदूरों के लिए किसी भी प्रकार की चिंता नहीं पाई जाती थी। वास्तव में दखली अधिकारवाले रैयत तो अपनी जमीनों को प्रायः कोर्फा रैयतों को भाड़े पर देने लगे जो पूर्णतः अरक्षित थे। दखली अधिकार और वास्तव में खेत जोतने के बीच किसी प्रकार का संबंध स्थापित करने का प्रयास नहीं किया गया था। इस समस्त अवधि में बंगाल में होनेवाले कृषि आंदोलनों एवं मुकदमेबाजी का परिणाम अंततः यही हुआ कि जोतदार समूहों की स्थिति और मजबूत हुई जो जमींदारों जितने ही शोषक और परजीवी सिद्ध हुए और जो क्रमशः उन्हीं जमींदारों का स्थान लेनेवाले थे।

लगान की नाअदायगी का आंदोलन

अस्थायी बंदोबस्तवाले रैयतवारी क्षेत्रों में लगान बढ़ाने के ब्रिटिश सरकार के प्रयासों ने भी कभी-कभी एक अन्य प्रकार के ग्रामीण प्रतिरोध को भड़काया जिसकी विशेषताएं थीं—अत्यधिक मतैक्य, स्थानीय बड़े लोगों का नेतृत्व, और बुद्धिजीवियों का कहीं अधिक स्पष्ट समर्थन। उदाहरण के लिए, असम के कामरूप एवं दरांग जिलों में 1893-94 में एक नया राजस्व बंदोबस्त जारी किया गया जिससे लगान की दर में 50 से 70 प्रतिशत तक वृद्धि हो गई थी। इस स्थिति का सामना करने के लिए रैज मेल या ग्रामवासियों की सभाएं आयोजित की गईं जिनका नेतृत्व किया ग्रामीण अभिजनों (ब्राह्मणों, गोसाइयों और दोलाइयों) ने। इन सभाओं में तय किया गया कि लगान की अदायगी न की जाए। इस निर्णय को व्यापक रूप से मनवाने के लिए सामाजिक बहिष्कार का उपाय काम में लाया गया, अर्थात् जो इस निर्णय के विरुद्ध सरकारी लगान भरता, उसका हुक्का-पानी बंद कर दिया जाता। इस प्रकार जातिगत सत्ता के परंपरागत साधन के प्रयोग को यहां एक दशक पूर्व ही देखा गया था। मध्यवर्गीय राष्ट्रीयता ने 1905 के बाद ही इस साधन का प्रयोग किया था। बाजार लूटने की कुछ घटनाएं भी हुई थीं और जनवरी 1894 में दो स्थानों पर (रंगिया और पथरूघाट में) पुलिस ने गोली चलाई। जोरहाट सार्वजनिक सभा ने लगान घटाए जाने की मांग का समर्थन किया और बंगाल के नरमदलीय कांग्रेसी नेता रासबिहारी घोष ने इस मामले को इंपीरियल लेजिस्लेटिव काउंसिल में भी उठाया। अंततः कुछ रियायतें प्राप्त कर ली गईं। किंतु सामाजिक सोपान के दूसरी ओर जनमानस ने सारूखेतरी के कांसा ढालनेवाले कारीगर

पुष्पराम कांहर जैसे निम्नवर्गीय विद्रोहियों की स्मृति को जीवित रखा।

1896-97 में महाराष्ट्र दकन में अकाल-पीड़ित जनता ने खाद्यान्न की दुकानें लूट लीं और फेमीन कोड के अंतर्गत मालगुजारी की माफी की मांग की जिसे सरकार ने ठुकरा दिया। पूना सार्वजनिक सभा ने, जिसे हाल ही में तिलक ने अपने हाथ में ले लिया था, अक्तूबर 1896 और अप्रैल 1897 के बीच ग्रामीण क्षेत्रों में अपने कार्यकर्त्ता भेजे ताकि वे अकाल की स्थिति में रैयतों के कानूनी अधिकारों के प्रति लोगों में चेतना जगाएं। इस स्थिति से सरकार घबरा गई और कहने लगी कि राष्ट्रवादी आयरिश आंदोलनकारियों के तरीके अपना रहे हैं। वस्तुतः तिलक का आंदोलन मुख्यतः सभाएं करने और परचे बांटने तक ही सीमित था। हां ठाणे, कोलाबा और रत्नागिरी के क्षेत्रों में थोड़े समय के लिए लगान की नाअदायगी का आंदोलन भी चला। यहां भी जनता के दबाव एवं मध्यवर्गीय नेतृत्व ने मिलकर उन तरीकों का आविष्कार कर लिया था जिन्हें आगे चलकर गांधीजी के नेतृत्व में राष्ट्रीय आंदोलन की मुख्य तकनीक बनाया गया। जैसाकि फड़के के आंदोलन में हुआ था, यहां भी राष्ट्रवादियों के आंदोलन वापस ले लेने के पश्चात् भी जन-प्रतिरोध जारी रहा। बंबई प्रेसीडेंसी के केंद्रीय संभाग (पूना के आसपास, महाराष्ट्र का मुख्य क्षेत्र) में लगान की नाअदायगी के कारण चल संपत्ति को ज़ब्त किए जाने के मामले 1892-97 के औसतन 26 से बढ़कर 1897-98 में 194 और 1898-99 में 2,269 हो गए। 1899-1900 के अकाल के बाद सूरत, नासिक, खेड़ा और अहमदनगर जिलों से भी लगान की नाअदायगी के आंदोलनों के समाचार आने लगे। इनका नेतृत्व धनी किसान और साहूकार कर रहे थे, यद्यपि तब तक पूना सार्वजनिक सभा काफी निष्क्रिय हो चुकी थी।

यदि सभी महत्वपूर्ण संघर्ष उसी प्रकार के होते जिनका अध्ययन हम अब तक करते आए हैं, जैसे डिकुओं, साहूकारों, जमींदारों या औपनिवेशिक शासन के शोषण के विरुद्ध सीधे प्रतिरोध के आंदोलन, तो आधुनिक भारत का इतिहास बहुत सरल होता। किंतु भारतीय जनता का बहुत बड़ा भाग जातिगत और धार्मिक इकाइयों के संदर्भ में सोचने का अभ्यस्त था जो वर्ग-वैषम्य की सीमाओं का अतिक्रमण करती थीं या उन्हें धूमिल कर देती थीं। यद्यपि यह दावा किया जाता रहा है कि उपनिवेशवाद से ही भारत में आधुनिकीकरण आया, मगर व्यावहारिक रूप से इसने उपरोक्त पारंपरिक निष्ठाओं को अनेक रूपों में सुदृढ़ ही किया।

जागिगत चेतना

समाजशास्त्र के क्षेत्र में जाति पर होनेवाले हालिया शोधों से ज्ञात होता है कि भारत में जाति की अर्थपूर्ण इकाइयां संस्कृत ग्रंथों में वर्णित अमूर्त वर्ण (सैद्धांतिक अखिल-भारतीय सोपान) न होकर विभिन्न स्थानीय जाति-समूह हैं। इनकी एकता के सूत्र विभिन्न कोटियों की व्यावसायिक पहचानें, सामान्य रीति-रिवाज,

बहिर्विवाह और भोजन संबंधी निषेध हैं। यह पुरानी धारणा भी अब अमान्य हो चुकी है कि जातियों का सोपान अत्यंत कठोर एवं अपरिवर्तनीय होता था। कुछ पुराने और हाल ही के ऐसे अनेक उदाहरण मिलते हैं जिन्हें एम.एन. श्रीनिवास 'संस्कृतीकरण' की प्रवृत्तियां कहते हैं—अर्थात् जातियां अपने से परंपरागत रूप से श्रेष्ठ जातियों के रीति-रिवाज एवं विधि-विशेष अपनाकर स्वयं भी श्रेष्ठता का दावा करती हैं। ब्रिटिश-पूर्व भारत में परिवर्तनशील राजनीतिक व्यवस्था के कारण अतिरिक्त भूमि के सुलभ होने और इस कारण प्रदेशांतरण के आसान होने के कारण जातियों में पर्याप्त गतिशीलता आई थी। उदाहरण के लिए, मध्यकालीन बंगाल के सदगोप मूलतः चरवाहे गोप समुदाय के लोग थे, किंतु धीरे-धीरे वे बंगाल और बिहार की सीमावर्ती खाली पड़ी भूमि पर बसने लगे और बाद में कृषक और व्यापारी बन गए। कभी-कभी तो इन्होंने अपनी स्थानीय हुकूमतें भी कायम कर लीं। अंग्रेजों के काल में जातिगत गतिशीलता के ये अवसर बंद या कम हुए तो अन्य मार्ग खुल भी गए। नए राज्यों का निर्माण असंभव हो गया था और परती भूमि दिनोदिन कम होती जा रही थी। किंतु सुधरे हुए संचार-साधनों ने व्यापक संयोजनों को संभव बनाया। अंग्रेजी शिक्षा छोटे किंतु बढ़ते हुए समुदायों के लिए सामाजिक प्रोन्नति का नया सोपान सिद्ध हुई और, जैसाकि हम देख चुके हैं, उपनिवेशवाद ने विभेदीकरण की एक प्रक्रिया आरंभ की थी जिसमें कुछ समूहों को अन्य समूहों की कीमत पर लाभ मिले। 1901 की जनगणना के पश्चात् तो इसमें ब्रिटिश सरकार का सीधा योगदान भी रहा। प्रत्येक दशक के पश्चात् जातियों को 'देशी जनमत द्वारा मान्यताप्राप्त सामाजिक श्रेष्ठता के आधार पर' श्रेणीबद्ध किया जाता था। इसके परिणामस्वरूप तत्काल ही दावों और जवाबी दावों की बाढ़ आ जाती थी। विभिन्न जातियों के नेता अपनी-अपनी श्रेष्ठता स्थापित करने के लिए लड़ने लगते, जातिगत समितियां संगठित करते और जातियों के पौराणिक इतिहास गढ़ने लगते। कहा जा सकता है कि इस नई परिस्थिति ने कम-से-कम दो प्रकार से जातिगत एकजुटता को प्रोत्साहित किया। किसी भी जाति के सफल नेताओं ने अनुभव किया कि सामाजिक मान्यता, नौकरियां एवं राजनीतिक लाभ प्राप्त करने के लिए उनके संकुचित एवं स्वार्थमय संघर्ष में बिरादरी के भाई-बंधुओं का समर्थन प्राप्त करना बहुत उपयोगी हो सकता है। 1880 के दशक के बाद से चुनावी राजनीति के क्रमशः समावेश के कारण इस प्रक्रिया को बहुत बल मिला। जहां तक किसी जाति के अपेक्षाकृत निर्धन सदस्यों का प्रश्न था, उनके पास अपने अधिक सफल बंधुओं की छत्रच्छाया में जीने के अतिरिक्त कोई अन्य उपाय नहीं था।

इस सबका कुल परिणाम प्रायः सामाजिक-आर्थिक तनावों की अभिव्यक्ति होता था। ये तनाव अभिव्यक्त होते थे जातिगत एकता की झूठी चेतना, जातिगत प्रतिस्पर्धा और संस्कृतीकरण के आंदोलन के माध्यम से। उदाहरण के लिए बरनार्ड कोह्न द्वारा पूर्वी उत्तर प्रदेश के जौनपुर जिले के एक गांव का

अध्ययन दर्शाता है कि किसी प्रकार यहां के चमार (जो अधिकांशतः काश्तकार या भूमिहीन श्रमिक होते थे) शिवनारायण संप्रदाय के उपदेशों से शांति पाते थे और ब्राह्मणों के आचारों (जैसे गोमांस न खाना) का अनुकरण करके अपनी सामाजिक स्थिति को उठाने का प्रयास करते थे। देश के दूसरे छोर पर केरल के अछूत इझवा नानु असन (श्रीनारायण गुरु, लगभग 1854-1928) से प्रेरित होकर बीसवीं सदी के आरंभ से ब्राह्मणों के प्रभुत्व के विरुद्ध संघर्ष कर रहे थे, तथा मंदिरों में प्रवेश करने और अपने कुछेक रिवाजों के 'संस्कृतीकरण' की मांग कर रहे थे। प्रसंगवश, आगे चलकर यही इझवा केरल में कम्युनिस्टों के सबसे प्रबल समर्थक बने। ई. एम. एस. नंबूदरीपाद ने तो यहां तक कहा है कि कभी-कभी जातिगत समितियां ही "सामंतवाद के विरुद्ध किसानों के संघर्ष के आरंभिक रूप होती थीं", हालांकि साथ ही वे यह भी कहते हैं कि "यदि किसानों को एक वर्ग के रूप में संगठित करना है तो इनके जातिगत संगठन की अकड़ को तोड़ना होगा" (*नेशनल क्वैश्चन इन केरला,* बंबई, 1952, पृ. 102)।

दक्षिण तमिलनाडु में नाडारों के बारे में हार्डग्रेव का विस्तृत अध्ययन दर्शाता है कि किस प्रकार अछूत गछवाहों और खेत-मजदूरों ने, जो मूलतः शनान कहलाते थे, व्यापार के माध्यम से धन कमाकर एक उच्च वर्ग का निर्माण कर लिया था, और 1901 की जनगणना में क्षत्रिय श्रेणी के अंतर्गत सम्मिलत किए जाने की मांग करने लगे थे। ये लोग अपने को नाडार भी कहने लगे थे। (नाडार नाम पहले केवल उन्हीं शनानों के लिए प्रयुक्त होता था जिनके पास भूमि थी और जो पामयर वृक्षों की खेती करते थे।) इनकी मंदिरों में प्रवेश के अधिकार की मांग को लेकर 1899 में तिरुनेलवेली में गंभीर दंगे हो गए। इसी प्रकार उत्तरी तमिलनाडु के पल्ली जाति के लोग भी 1871 से क्षत्रियत्व का दावा करने लगे थे, अपने-आपको वन्नियकुल क्षत्रिय कहने लगे थे, और विधवा-पुनर्विवाह पर निषेध जैसे ब्राह्मणों के आचारों का अनुकरण करने लगे थे। उन्नीसवीं सदी के अंत तक महाराष्ट्र के महार जाति के लोगों ने भी, जो आगे चलकर अंबेडकर के आंदोलन का आधार बने, अपने-आपको गोपाल बाबा वलंगकर नाम के एक भूतपूर्व सैनिक के नेतृत्व में संगठित करना आरंभ कर दिया था। 1894 में वलंगकर ने एक याचिका बनाई जिसमें महारों को क्षत्रिय स्वीकार किए जाने और उन्हें सेना में अधिक नौकरियां दिए जाने की मांग की गई थी। अधिकांश महार गांव में चौकीदार, संदेशवाहक या मेहतर का छोटा-मोटा काम करते थे। इनमें से कुछ के पारंपरिक पेशों के लिए ब्रिटिश शासन से खतरा उत्पन्न हो गया था। किंतु एक समय ऐसा भी आया जब इन्हें सेना में सेवा के अवसर प्राप्त हुए। सैनिक भरती में उत्तर भारत की 'लड़ाकू जातियों' पर नए सिरे से बल दिए जाने से महारों के संगठन को तात्कालिक प्रेरणा मिली।

फिर भी, कुल मिलाकर अधिक प्रभावशाली जातिगत आंदोलन वे थे

जिनका संबंध मध्य जातियों, अर्थात् द्विजों एवं अछूतों के बीच की जातियों से था। इनके अंतर्गत प्रायः वे आते थे जिनके पास पर्याप्त भूमि होती थी, जो धनी कृषक थे, और जो शिक्षित शहरी समूह उत्पन्न करने में सक्षम थे। उन्नीसवीं सदी के अंत तक मद्रास और महाराष्ट्र में सेवाओं एवं सामान्य सांस्कृतिक जीवन पर ब्राह्मणों के स्पष्ट प्रभुत्व के विरुद्ध आंदोलन होने लगे थे। ब्राह्मण-विरोधी आंदोलनों का पहला बिगुल महाराष्ट्र में 1870 के दशक में बजा और इसे बजानेवाले थे ज्योतिबा फुले। फुले ने एक पुस्तक लिखी जिसका नाम था *गुलामगीरी* (1872) और उन्होंने सत्यशोधक समाज नाम का एक संगठन भी बनाया (1873) जिसका लक्ष्य था वंचक ब्राह्मणों एवं उनके अवसरवादी शास्त्रों से 'निम्न जातियों' की रक्षा करना। शहर में शिक्षित, माली जाति के एक सदस्य द्वारा आरंभ किए गए इस आंदोलन ने मराठा किसानों के जाति-समूहों में जड़ें जमा लीं। गेल ओम्वेद्त के हाल के महत्वपूर्ण अध्ययन (*कल्चरल रिवोल्ट इन ए कोलोनियल सोसोयटी : दि नॉन-ब्राह्मण मूवमेंट इन वेस्टर्न इंडिया, 1873-1930*) में सत्यशोधक समाज में निहित दोहरी विचारधारा पर बल दिया गया है। इस आंदोलन में "अभिजात समूहों पर आधारित रूढ़िवादी प्रवृत्ति एवं सच्चा जन-आधारित उग्रपरिवर्तनवाद", दोनों ही दिखाई देते हैं। इनमें से पहली प्रवृत्ति थोड़े-बहुत संस्कृतीकरण के मार्ग पर चलती थी और कभी-कभी मराठों के लिए क्षत्रियत्व का दावा करती थी। 1890 के दशक से इसे कोल्हापुर के महाराजा का संरक्षण भी मिलने लगा। यह शाखा स्पष्ट रूप से राजभक्त थी और राजनीतिक रूप से विभाजक, क्योंकि अंग्रेज सरकार कोल्हापुर-नरेश को तिलक के विरुद्ध भड़का रही थी। 1919 के पश्चात् से भास्करराव जाधव का गैर-ब्राह्मण दल कट्टर कांग्रेस-विरोधी हो गया था। किंतु एक अन्य प्रवृत्ति भी सक्रिय थी जो शहरों की अपेक्षा (उन्नीसवीं शदी के अधिकांश समाज-सुधार आंदोलनों के विपरीत) गांवों में कार्य कर रही थी। इसने अंग्रेजी की अपेक्षा मराठी भाषा को अपना माध्यम बनाया। जाति-सोपान में ऊंचे स्थान का दावा करने के बजाय यह प्रवृत्ति जाति-प्रथा का ही विरोध करती थी। इसका दावा था कि यह शेटजी-भटजी (साहूकार और ब्राह्मण) के विरुद्ध बहुजन समाज की प्रवक्ता है। इसने 1919-21 में सतारा में किसान आंदोलनों को प्रेरित किया और बाद में महाराष्ट्र के ग्रामीण क्षेत्रों में गांधीवादी कांग्रेस को पुनरुज्जीवित करने में सहायता की। बाद में जातिगत आंदोलन की ऐसी ही रूपरेखा मद्रास में भी देखी गई। वहां शिक्षा एवं सेवाओं पर ब्राह्मणों के असंदिग्ध आधिपत्य को तमिलनाडु के शिक्षित वल्लाल, तेलुगू रेड्डी और कम्मा एवं मलयाली नायर चुनौती देने लगे थे। (मद्रास प्रेसीडेंसी की कुल जनसंख्या में ब्राह्मण 3.2 प्रतिशत थे किंतु 1870 और 1918 के बीच मद्रास विश्वविद्यालय से निकलनेवाले स्नातकों में 70 प्रतिशत ब्राह्मण होते थे)। इस चुनौती का अधो-अभिजात लक्षण दिसंबर 1916 के गैर-ब्राह्मण घोषणा-पत्र में स्पष्ट रूप से झलकता है जिसमें अधिकांश

करदाताओं के गैर-ब्राह्मण होने की बात कही गई है। इन गैर-ब्राह्मणों में "बहुसंख्य जमींदार, भूस्वामी और कृषक थे · · · ।" इर्शचिक का अध्ययन इस बात का पर्याप्त प्रमाण प्रस्तुत करता है कि अंग्रेज सरकार ने इस प्रवृत्ति का बढ़ावा दिया और यह आगे चलकर एक प्रकार का द्रविड़ अथवा तमिल अलगाववाद बन गई। 1920 और 1930 के दशकों की जस्टिस पार्टी के रूप में यह बात पर्याप्त स्पष्ट है। किंतु 1886 में मद्रास के गवर्नर द्वारा दिए गए दीक्षांत भाषण के कुछ अंश बड़े रोचक हैं : "आप शुद्ध द्रविड़ जाति के हैं। मैं चाहूंगा कि आपमें संस्कृत-पूर्व तत्व और भी अधिक प्रबल हों · · · । संस्कृत से तो आपका संबंध उतना ही नहीं होना चाहिए जितना कि हम अंग्रेजों का है। कुछ बदमाश यूरोपियन कभी-कभी भारत के मूल लोगों को 'हब्शी' कहते सुने गए हैं, किंतु कम-से-कम वे घमंडी संस्कृतभाषियों या लेखकों की भांति दक्षिण के लोगों को वानरसेना तो नहीं कहते।"अनेक अन्य आंतरिक तनावों (चाहे वे तनाव जाति, धर्म, प्रदेश या वर्ग के हों) की भांति यहां भी साम्राज्यवादियों ने संकीर्ण चेतना को उभारने के लिए बड़ी चतुराई से वास्तविक शिकायतों का प्रयोग किया। किंतु इसके साथ ही महाराष्ट्र की भांति तमिलनाडु में भी कुछेक उग्र सामाजिक परिवर्तनवादी संभावनाओं का पूर्ण अभाव नहीं था, जैसाकि 1920 के दशक में जुझारू और अक्सर नास्तिक, आत्मसम्मान आंदोलन के उदय से स्पष्ट है। अतः समस्त 'जातिगत आंदोलनों' पर 'संस्कृतीकरण' का ठप्पा लगा देना उचित नहीं है। इनमें से कुछ तो जाति-व्यवस्था के आधार को चुनौती देते थे।

उत्तरी और पूर्वी भारत में ब्राह्मणों का प्रभुत्व इतना स्पष्ट नहीं था। इसका कारण यह था कि इन क्षेत्रों में अन्य सवर्ण समूह प्रतिरोधक का कार्य करते थे (जैसेकि संयुक्त प्रांत एवं बिहार में राजपूत और कायस्थ, एवं बंगाल गें कायस्थ और वैद्य)। जातियों के आधार पर लामबंदी यहां बाद में आरंभ हुई, यद्यपि आज यह पर्याप्त महत्वपूर्ण है। फिर भी अपने अंतरप्रांतीय व्यावसायिक संबंधों के कारण 1900 तक कायस्थों ने अपनी अखिल-भारतीय समिति बना ली थी और एक अखबार (इलाहाबाद से निकलनेवाला *कायस्थ समाचार)* भी निकालने लगे थे। बंगाल में बीसवीं सदी के पहले दशक से निम्न जाति की समितियां महत्वपूर्ण बनने लगी थीं। कुछेक स्थानीय जमींदारों एवं कलकत्ता के वकीलों के नेतृत्व में मिदनापुर के खाते-पीते कैवर्त अपने-आपको महिष्य कहने लगे थे। उन्होंने 1897 में एक जाति निर्धारिणी सभा स्थापित की, और 1901 की जनगणना के दौरान केंद्रीय महिष्य समिति की स्थापना की। आगे चलकर मिदनापुर के महिष्यों ने राष्ट्रीय आंदोलन में बड़ी महत्वपूर्ण भूमिका निभाई। मगर, फरीदपुर के नामशूद्रों के बीच अंग्रेजों की फूट डालो और राज करो की नीति अधिक सफल रही। 1901 के पश्चात् नामशूद्र पढ़े-लिखे लोगों के एक छोटे-से समूह के आह्वान पर एवं कुछ मिशनरियों के प्रोत्साहन से समितियां गठित करने लगे थे। इस वैषम्य का एक कारण यह

हो सकता है कि मिदनापुर के महिष्य स्थानीय रूप से प्रभुतासंपन्न जाति के थे जिसमें छोटे जमींदारों और मोतबर किसानों के साथ ही गरीब लोग भी आते थे, जबकि नामशूद्र गरीब अछूत किसान थे जो दूरस्थ अंग्रेज आका की अपेक्षा अपना शोषण करनेवाले उच्चवर्गीय भद्रलोक को ही अपना शत्रु समझते थे।

सांप्रदायिक चेतना

एक अन्य महत्वपूर्ण संकीर्ण चेतना थी धार्मिक विभाजन—हिंदू और मुस्लिम 'संप्रदायवाद', जिसे उपनिवेशवाद ने उत्पन्न और अक्सर प्रत्यक्षतः प्रोत्साहित किया। इस जटिल विषय पर स्पष्ट चिंतन के मार्ग में बाधा बनीं वे दो परस्पर-विरोधी रूढ़ धारणाएं, जिनका विकास बीसवीं सदी में हुआ। इनमें से एक तो थी वह सांप्रदायिक धारणा जो हिंदुओं और मुसलमानों को समांगी और अनिवार्यतः परस्पर-विरोधी ऐसी इकाइयां मानती थी जो मध्यकाल से ही दो 'राष्ट्रों' के रूप में बनी रही थीं। इसके ठीक विपरीत थी राष्ट्रवादी धारणा जिसके अनुसार भारत में हिंदू-मुसलमान कभी पूर्ण मैत्री के एक स्वर्ण युग में रहते थे, लेकिन अंग्रेजों ने फूट डालो और राज करो की नीति द्वारा उसे समाप्त कर दिया था। इन दोनों ही धारणाओं में देशव्यापी एकता और एकरूपता की मान्यता निहित है जोकि उन्नीसवीं सदी के उत्तरार्ध में दूरसंचार एवं आर्थिक संबंधों के विकास के पूर्व निश्चित रूप से असंभव थी। वस्तुतः भारत में राष्ट्रवाद और हिंदू-मुसलमान संप्रदायवाद अनिवार्यतः आधुनिक संवृत्तियां हैं। गत शताब्दियों में निश्चय ही हिंदुओं और मुसलमानों के बीच संघर्ष के उदाहरण मिलते हैं, वैसे ही जैसे कि शिया और सुन्नियों के झगड़ों अथवा जाति-संघर्षों के। किंतु 1880 के दशक से पूर्व सांप्रदायिक दंगे कदाचित् ही हुए हों। 1944 में कूपलैंड 1809 की बनारस की एक घटना का दृष्टांत देते हैं (जिसमें हिंदुओं ने 50 मस्जिदों को नष्ट कर दिया था), और इसके पश्चात् सांप्रदायिक वैमनस्य की बड़ी घटना 1871-72 में हुई जिसके बाद आती है 1885 के बाद दंगों की एक शृंखला (आर. कूपलैंड, *कांस्टीट्यूशनल प्रॉब्लम इन इंडिया*, पृ. 29)। कूपलैंड स्पष्टतः साम्राज्यवादी दृष्टिकोणवाले लेखक थे और कोई कारण नहीं था कि वे सांप्रदायिकता के मुद्दे को गौण दर्शाते (उनका तो यहां तक कहना था कि 'भारत में ब्रिटिश शासन के बने रहने का' कारण ही हिंदू-मुसलमान समस्या है)।

यह बात कि सांप्रदायिकता काफी हद तक नौकरियों एवं राजनीतिक लाभों को लेकर अभिजनों के संघर्ष से उत्पन्न हुई है, दीर्घकाल से स्वयंसिद्ध मानी जाती रही है, और लेखकों ने सामान्यतः केवल इसी स्तर पर ध्यान केंद्रित किया है। अतः संयुक्त प्रांत के मुसलमानों के बारे में फ्रांसिस रॉबिंसन ने अपनी विस्तृत रचना (*सेपरेटिज्म अमंग इंडियन मुस्लिम्स*, पृ. 6) में स्पष्टतः सामूहिक दंगों को अपने अध्ययन क्षेत्र से अलग रखा है और समस्त ध्यान

राजनीति में संलग्न अभिजन समूहों पर ही केंद्रित रखा है। अभिजन संप्रदायवाद के मूलों का अध्ययन हम अगले अनुच्छेद में करेंगे जिसमें इसके ऐतिहासिक समकालीन अर्थात् बुद्धिवादी अथवा 'मध्यवर्गीय' राष्ट्रवाद का अध्ययन भी किया जाएगा। किंतु इस दुःखद तथ्य को भी स्वीकार करना पड़ता है कि संप्रदायवाद ने काफी पहले ही सामूहिक आयाम धारण कर लिया था, यद्यपि यह स्पष्ट है कि यह पहलू अभिजन समूहों की गतिविधियों से अछूता नहीं था। यहां विवेचित काल में मोपला अथवा पबना के आंदोलनों में संप्रदायवाद के संभावित पहलू विकसित नहीं हुए। इसका कारण शायद यह था कि तब तक मलाबार या बंगाल में विभाजनवादी बुद्धिजीवी नेतृत्व का अभाव था। संयुक्त प्रांत और पंजाब में, जहां हिंदू और मुसलमान अभिजन समूहों का संतुलन समान था, 1880 के दशक के पश्चात् से सांप्रदायिक दंगे आम हो गए थे। संभव है कि अंततः सामाजिक-आर्थिक तनाव इसके लिए अंशतः उत्तरदायी रहे हों। अवध और अलीगढ़-बुलंदशहर के क्षेत्रों में हिंदू काश्तकारों को मुसलमान ताल्लुकेदारों एवं भूस्वामियों का सामना करना पड़ता था। संयुक्त प्रांत के शहरी क्षेत्रों में मुसलमान प्रायः कारीगर, दुकानदार या छोटे व्यापारी होते थे। पंजाब में हिंदू व्यापारी और साहूकार मुसलमान काश्तकारों के बीच सहज ही अलोकप्रिय हो गए थे। किंतु जिन बातों पर दंगे भड़कते थे उनका सीधा संबंध आर्थिक मुद्दों से नहीं था। हाल ही में एक आंदोलन की गवेषणा आरंभ हुई है, जिसमें गोहत्या को लेकर दंगों में उफान-सा आया और उत्तर भारत के अधिकांश भागों में फैला। 1883 एवं 1891 के बीच गेराल्ड बैरियर पंजाब में ऐसे 15 बड़े दंगों का उल्लेख करते हैं। पूर्वी संयुक्त प्रांत और बिहार में 1888 और 1893 के बीच इन दंगों ने चरम रूप धारण कर लिया था। बलिया, बनारस, आजमगढ़, आरा, सारन, गया और पटना जिले इनसे बुरी तरह प्रभावित हुए। 1893 में बंबई के एक गुजराती मिल-मालिक ने गोरक्षा समाज का गठन किया। तिलक द्वारा सार्वजनिक अथवा सामुदायिक स्तर पर गणपति उत्सवों का आयोजन भी स्थिति को गंभीर करने में सहायक हुआ। गणपति उत्सवों के लिए लिखे जानेवाले गीतों में खुलेआम हिंदुओं से कहा जाता था कि वे मोहर्रम में भाग न लें। हिंदू बड़े खुले दिल से मोहर्रम में भाग लेने आते थे। (सुधारवादी पत्रिका *सुधारक* में तो 1898 में यहां तक क़हा गया कि गणपति उत्सव की तुलना में मोहर्रम कहीं अधिक राष्ट्रवादी त्यौहार रहा था।) इन गीतों में कुछ तो खुलेआम भड़कानेवाले थे : "अल्लाह ने तुम्हें क्या वरदान दिया है/ कि तुम आज मुसलमान हो गए? विदेशी धर्म से मैत्री न करो ···। गाय हमारी माता है, उसे मत भूलो" (आर. कैशमैन, *दि मिथ ऑफ दि लोकमान्य*, पृ. 78)। कलकत्ता के औद्योगिक उपनगरों में पहले दंगे की सूचना मई 1891 में मिलती है। इसके पश्चात् टीटागढ़ और गार्डन रीच में 1896 में बकरीद पर कुछ गड़बड़ी हुई, एवं उत्तरी कलकत्ता में 1897 में बड़े पैमाने पर तल्ला के दंगे हुए।

श्रम

हाल ही में दीपेश चक्रवर्ती ने 1890 के दशक के मध्य में कलकत्ता के पटसन कारखानों में होनेवाले दंगों को प्रवेशबिंदु बनाकर एक ऐसे विषय की गवेषणा की है जो अब तक हमारे देश में लगभग अछूता रहा है। यह विषय है—श्रमिकों में आरंभिक चेतना का उदय। 1890 के दशक तक बंबई की कपड़ा-मिलों और कलकत्ता के पटसन कारखानों के आसपास पर्याप्त संख्या में सर्वहारा का जमाव हो गया था। इनके रहने एवं काम करने की दशा यदि अधिक भयावह न भी रही हो तो उतनी भयानक अवश्य थी जितनी कि संसार के अन्य भागों में औद्योगिक पूंजीवाद के आरंभ में श्रमिकों की रही थी। कारखानों में स्त्रियों एवं बालकों के काम करने पर जो नाममात्र की रोक 1881 एवं 1891 के (मुख्यतः बंबई के कपड़ा उद्योग के प्रतिद्वंद्वी लंकाशायर के बल देने पर बनाए गए) फैक्ट्री अधिनियमों के अंतर्गत लगाई गई थी, उनका भी पालन कदाचित् ही होता था। 15, 16, यहां तक कि 18 घंटे प्रतिदिन काम लेना आम बात थी। बंबई में अधिकतर मजदूर मराठी थे, और उनके लिए वर्गीय सीमाओं के पार जाकर सामाजिक संपर्क विकसित करना संभव हो सका। इसलिए यहां मध्य वर्ग के लोकोपकारी प्रयासों के माध्यम से काम की दशा में कुछ सुधार संभव हुआ। इस दिशा में सुधार के प्रयत्न काफी पहले आरंभ हो गए थे। 1880 में एन. एम. लोखंडे (जोकि फुले के सहयोगी थे) ने *दीनबंधु* नाम की एक पत्रिका आरंभ की, 1884 में श्रम के घंटों में कमी की मांग करने के लिए श्रमिक सभाओं का आयोजन किया गया और यहां तक कि 1890 में बांबे मिल हैंड्स एसोसिएशन भी संगठित की गई। फिर भी यह कोई ट्रेड यूनियन नहीं थी। केवल एक कार्यालय बनाकर लोखंडे उसमें बैठने लगे थे, और अपने पास आनेवाले मजदूरों को निःशुल्क सलाह दिया करते थे। ऐसी ही गतिविधियां शशिपद बनर्जी नाम के एक ब्रह्मसमाजी समाज-सुधारक कलकत्ता के बड़ानगर नामक उपनगर में बंगाली पटसन-मजदूरों के लिए चला रहे थे। शशिपद बनर्जी रात्रि-पाठशालाएं, क्लब, मद्य-निषेध समाज और *भारत श्रमजीवी* (1874) नाम की एक पत्रिका भी चलाते थे। इन सब गतिविधियों का लक्ष्य श्रमिकों में मितव्ययिता, संयम एवं स्वयं-सहायता के विक्टोरिया-युगीन नैतिक गुणों को विकसित करना था। यूरोपीय मिल-प्रबंधकों का कहना था कि जो श्रमिक शशि बाबू की रात्रि-पाठशालाओं में जाते थे, वे अपने कार्य को बड़ी सावधानी एवं श्रमपूर्वक करते थे। बोर्नियो जूट कंपनी के डब्ल्यू. एलेक्जेंडर, जो बड़ानगर जूट मिल्स के प्रबंधक थे, वस्तुतः बनर्जी के प्रमुख संरक्षकों में थे। किंतु 1890 के दशक में कलकत्ता में उपरोक्त मध्यवर्गीय मानवतावादी प्रयास भी समाप्त हो गए। इसका कारण था पूर्वी संयुक्त प्रांत और बिहार से आप्रवासी श्रमिकों का आना जो पटसन कारखानों में बंगाली श्रमिकों का स्थान अधिकाधिक लेते जा रहे थे। बिहार की खानों एवं असम के चाय

बागानों में काम करनेवाले कुली भी आप्रवासी थे जो अपने घरों से सैकड़ों मील दूर, अनुबंधपत्र की पद्धति की तमाम भयावहताओं के बीच अपने नए परिवेश में नितांत एकाकी जीवन जी रहे थे। द्वारकानाथ गांगुली जैसे बंगाली बुद्धिजीवी नेताओं ने 1880 के दशक में चाय बागानों के दास-श्रमिकों जैसी दशाओं के विरुद्ध एक स्मरणीय आंदोलन तो चलाया था, किंतु तब तक किसी ने भी कुलियों को संगठित करने का प्रयास नहीं किया था।

कभी-कभी श्रमिक अपने ही ढंग से संघर्ष करने के प्रयास करते थे। ये प्रयास ओवरसियरों पर आक्रमण, छिटपुट दंगों एवं अनायास संक्षिप्त हड़तालों के रूप में दिखाई पड़ते थे। 1882 और 1890 के बीच बंबई और मद्रास में पच्चीस महत्वपूर्ण हड़तालें दर्ज की गईं, 1892-93 और 1901 के बीच बंबई में अनेक बड़ी हड़तालों का उल्लेख मिलता है, और 1890 के दशक के मध्य तक कलकत्ता के पटसन-मजदूरों में संघर्ष की प्रवृत्ति स्पष्ट दिखाई देने लगी थी, जिसके परिणामस्वरूप 'इंडियन जूट मिल्स एसोसिएशन' को अप्रैल 1895 में बंगाल सरकार से 'अतिरिक्त पुलिस निरीक्षण' की मांग करनी पड़ी थी ताकि मजदूरों के बीच 'दंगाई संगठनों' पर नियंत्रण किया जा सके। किंतु चक्रवर्ती ने जिस महत्वपूर्ण बात पर बल दिया है वह यह है कि किस प्रकार ये अपरिपक्व श्रमिक प्रतिरोध वर्ग की स्पष्ट पहचान के स्थान पर प्रायः एक प्रकार की 'सामुदायिक चेतना' का रूप धारण कर लेते थे। मुसलमान मजदूर ईद या मुहर्रम की छुट्टी की मांग करते थे तो हिंदू रथयात्रा की छुट्टी की। दोनों समुदायों के बीच प्रायः गोहत्या या विवादग्रस्त भूमि पर मंदिर या मस्जिद के निर्माण को लेकर झगड़े होते रहते थे, जैसेकि 1896-97 में कलकत्ता एवं आसपास के क्षेत्रों में हुए दंगों से स्पष्ट है। स्पष्ट है कि यह सब पूर्वी संयुक्त प्रांत और बिहार के क्षेत्रों में प्रचलित दृष्टिकोणों के फलस्वरूप था जहां से श्रमिक आते थे। 1890 के दशक में पटसन कारखानों के मजदूर इन्हीं क्षेत्रों से आते थे और ये क्षेत्र ही गोरक्षा दंगों के प्रमुख केंद्र थे। जैसाकि ई. पी. थाम्पसन ने बड़े सुंदर ढंग से दर्शाया है, इंग्लैंड में मजदूर वर्ग के निर्माण में कारीगरों के उग्र परिवर्तनवाद की समृद्ध परंपरा बड़ी सीमा तक सहायक सिद्ध हुई थी। इस परंपरा ने सत्रहवीं सदी की आंग्ल-बुर्जुवा क्रांति के अधिक जनतांत्रिक पक्षों को सुरक्षित रखा और बढ़ाया था। किंतु भारत में जो दरिद्र हुए किसान अथवा बर्बाद कारीगर कारखानों में समाते जा रहे थे, उनकी प्रवृत्ति अपने क्षेत्र, जाति, रक्त-संबंध अथवा धर्म के संकीर्ण संबंधों का सहारा लेने की होती थी। वस्तुतः नया शहरी परिवेश ऐसी पुरानी आस्थाओं को दृढ़ ही करता था। इसका कारण यह था कि नया आप्रवासी अपने-आपको अतिरिक्त श्रम-बाजार की तीव्र प्रतिद्वंद्विता में घिरा पाता था जहां अकुशल श्रमिकों को नौकरी पाने के लिए एक-दूसरे से संघर्ष करना पड़ता था। नौकरी प्रायः 'सरदारों' के माध्यम से ही मिलती थी और स्वाभाविक था कि ये सरदार अपने समुदायवालों या सगे-संबंधियों का ही अधिक ध्यान रखते थे। साथ

ही, कभी-कभी ये सरदार उन लोगों की विभाजनवादी विचारधारा भी अपने साथ लाते थे जो सामाजिक दृष्टि से उनसे श्रेष्ठ थे। चक्रवर्ती के शोध में दर्शाया गया है कि 1896 तक रिसड़ा के मुसलमान मजदूरों और कलकत्ता के एक प्रमुख मुसलमान व्यापारी हाजी नूर मुहम्मद जकरिया के बीच रिसड़ा के इमाम के माध्यम से संपर्क स्थापित हो चुका था। स्वयं जकरिया अखिल-मुस्लिम आंदोलन में सक्रिय रह चुके थे। एक महत्वपूर्ण बात यह भी है कि कलकत्ता के औद्योगिक क्षेत्र में जिस एक अपेक्षाकृत स्थायी श्रम संगठन का सर्वप्रथम उल्लेख मिलता है वह थी मुहम्मडन एसोसिएशन ऑफ कांकीनारा, जिसकी स्थापना 1895 में हुई थी। यह संस्था मस्जिदों का जीर्णोद्धार करने तथा अपने सदस्यों को खैरात और बीमारी में सहायता करने के लिए धनराशि जुटाती थी।

इस प्रकार 1890 के दशक के मध्य में कलकत्ता के पटसन कारखानों में तीव्र होते आर्थिक तनावों ने मालिकों के विरुद्ध विद्रोहों के साथ ही भ्रातृघाती दंगों को भी जन्म दिया। इन आर्थिक तनावों का कारण था भीतरी भाग से श्रमिकों का एकाएक भारी संख्या में आ जाना, अकाल की स्थिति जैसी महंगाई, और बिजली आ जाने से कार्यदिवस का तुरंत लंबा हो जाना। चक्रवर्ती का कहना है कि मालिकों के विरुद्ध विद्रोहों की तुलना में भ्रातृघाती दंगे ही अधिक हुए थे। इस धारणा पर रणजीत दासगुप्त ने अपने विस्तृत अध्ययन में प्रश्न उठाया है। यह अनिश्चयता बीसवीं सदी के भारत के इतिहास की एक महत्वपूर्ण विशेषता रही जिसमें सांप्रदायिक, वर्गीय और राष्ट्रवादी चेतनाएं एक-दूसरे को भेदती एवं परस्पर-व्याप्त होती रही हैं। खेतिहर गड़बड़ियां प्रायः सांप्रदायिक दंगों में परिणत होती रही हैं, और गोरक्षा अथवा अखिल-इस्लामी आंदोलनकारी किसान अथवा मज़दूर नेताओं की भूमिकाएं भी अपनाते रहे हैं। किंतु अंततः यह विशेषता अपने-आपमें अनोखी या विचित्र नहीं है। जैसाकि जॉर्ज रूड ने औद्योगीकरण-पूर्व की भीड़ के संबंध में कहा था, एक प्रकार का जुझारूपन सहज ही किसी और प्रकार के जुझारूपन में बदल सकता है। इसी तरह इंग्लैंड की औद्योगिक क्रांति के काल के वर्ग-संघर्ष के संबंध में जॉन फोस्टर का अध्ययन दर्शाता है कि 'संकीर्ण चेतना' वर्ग-चेतना को और वर्ग-चेतना 'संकीर्ण चेतना' को जन्म देती थी।

वाणिज्य समूह एवं उच्च वर्ग

अगर नवोदित भारतीय सर्वहारा इस प्रकार निश्चित रूप से किसी 'आधुनिक' विचारधारा का बाहक नहीं था, तो यही बात नवोदित भारतीय पूंजीपति वर्ग के संबंध में अधिक सटीक रूप से कही जा सकती है। प्रमुख वाणिज्यिक समुदायों में केवल बंबई के पारसियों को ही 'पश्चिमीकरण' की ख्याति प्राप्त थी, मगर उनमें भी नेतृत्व एलफिंस्टन कॉलेज के स्नातकों के हाथ में ही अधिक रहता था, बड़े सेठों के हाथ में नहीं। इसके विपरीत गुजराती और मारवाड़ी

बनिये तो सामाजिक एवं आर्थिक, दोनों ही क्षेत्रों में इतने रूढ़िवादी बने रहे कि वे रूढ़िवादिता का पर्याय ही बन गए। कलकत्ता के मारवाड़ियों में समाज-सुधार की चेतना बीसवीं सदी में ही आ सकी, और इस प्रकार वे अपने अन्य बंधुओं से लगभग दो पीढ़ी पीछे रहे। टिम्बर्ग जैसे इतिहासकारों का तो कहना है कि संयुक्त परिवार जैसी पारंपरिक संस्थाएं और घनिष्ठ जातिगत संबंध ही व्यापार में मारवाड़ियों की सफलता का रहस्य हैं। पारिवारिक फर्म ही लाक्षणिक व्यापारिक इकाई बनी रही। मारवाड़ी कहीं भी जाता उसे इस बात की तसल्ली रहती कि उसके जाति-भाइयों द्वारा स्थापित वासों में उसका स्वागत होगा। यह भी ध्यान देने योग्य है कि उन्नीसवीं सदी के अनेक सामाजिक-धार्मिक सुधार आंदोलनों में उभयवृत्तिवाला आर्यसमाज ही एकमात्र ऐसा आंदोलन था जो वाणिज्य समूहों में थोड़ा-बहुत समर्थन जुटा सका था। इतना ही नहीं, एक 'राष्ट्रीय बुर्जुवा' विकास तथा औपनिवेशिक राजनीतिक एवं आर्थिक संरचना के बीच दीर्घकालीन वस्तुगत अंतर्विरोध के बावजूद, जो आज पीछे देखने पर अत्यंत स्पष्ट दिखाई देता है, 1920 के दशक तक भारतीय वाणिज्य समूह अत्यंत राजभक्त रहे—जिसके ठोस आर्थिक कारण थे, जैसाकि हम पहले ही देख चुके हैं।

राजा और जमींदार

देशी राजाओं और जमींदारों से तो सकारात्मक नेतृत्व की आशा और भी कम थी। 1857 के बाद से ब्रिटिश सरकार की नीति सदैव ऐसे 'सामंतवादी' तत्वों से मैत्री रखने की रही। अनेक राजाओं और जमींदारों को कैनिंग ने 1857 के 'गदर' के समय में भी 'आंधी में तरंगरोधक' की संज्ञा दी थी। नई नीति में राज्य-लय (लैप्स) के सिद्धांत को त्याग दिया गया था। पचास वर्ष पश्चात् 1881 में मैसूर हिंदू शासकों को लौटा दिया गया, लिटन के काल में शानो-शौकत के साथ दरबार लगाया गया, डफरिन के काल में 'इंपीरियल सर्विस कोर' की स्थापना की गई, अजमेर के मेयो कॉलेज में राजकुमारों को और लखनऊ के काल्विन कॉलेज में अवध के ताल्लुकेदारों को पब्लिक स्कूलों जैसी शिक्षा देने का प्रबंध किया गया। सिद्धांत रूप में 'ब्रिटिश शासन की सर्वोच्चता' सदैव बनी रही, और आवश्यकता पड़ने पर ब्रिटिश रेजीडेंट के माध्यम से इसे व्यवहारगत लागू भी किया जाता था। किंतु इस समस्त व्यवस्था के अंतर्गत भारत के एक-तिहाई भाग में, जो सिद्धांत रूप में देशी शासन के अंतर्गत था, सामंतवादी तामझाम और निरंकुशता को बढ़ावा दिया जाता रहा। यह इस बात का एक और प्रमाण है कि भारत में सच्चा आधुनिकीकरण लाने में उपनिवेशवादी ब्रिटिश सरकार की रुचि कितनी कम थी। इसमें संदेह नहीं कि कुछ क्षेत्रों में कुछ राज्यों ने अपने प्रशासन का स्तर ब्रिटिश प्रशासन से अच्छा नहीं तो कम-से-कम उसके समकक्ष अवश्य रखा। मैसूर और बड़ौदा की

रियासतें सामाजिक सुधार के कार्यों में अग्रणी रहीं (विवाह संबंधी कानून के क्षेत्र में तो बड़ौदा राज्य स्वाधीनता मिलने तक ब्रिटिश भारत से आगे ही रहा)। त्रावणकोर में साक्षरता की दर अप्रत्याशित रूप से ऊंची थी और बड़ौदा राज्य ने तो समय-समय पर नौरोजी, आर. सी. दत्त और अरविंद घोष जैसे लोगों को नौकरी देकर राष्ट्रवादियों से भी संपर्क बनाए रखा था। राजाओं और जमींदारों के प्रश्रय में भारतीय संस्कृति के कुछेक मूल्यवान पक्षों की धरोहर सुरक्षित रही, उदाहरण के लिए, भारतीय शास्त्रीय संगीत की समृद्ध परंपरा। किंतु रजवाड़े सामाजिक, सांस्कृतिक एवं राजनीतिक रूप से अधिकांशतः पिछड़े रहे। ये छोटे-छोटे निरंकुश तंत्र बने रहे जिन पर उन कानूनों एवं नागरिक अधिकारों का कोई प्रभाव नहीं पड़ा था जिन्हें बड़ी धूमधाम से ब्रिटिश भारत में विकसित किया गया था। 1930 के दशक में आरंभ होनेवाले रजवाड़ों की जनता के आंदोलनों ने ही इन कृत्रिम रूप से अलग-थलग पड़े द्वीपों को भारतीय प्रायद्वीप की मुख्य धारा से जोड़ा। अतः भारत का एकीकरण करने का अंग्रेजों का दावा भी संदेहास्पद ही प्रतीत होता है। जहां तक जमींदारों का प्रश्न है, कलकत्ता की ब्रिटिश इंडियन एसोसिएशन जैसी भूस्वामियों के प्रभुत्ववाली संस्थाएं 1850 के दशक में ही, बाद में नरमदलीय कांग्रेस द्वारा की जानेवाली मांगों में से अनेक को उठा चुकी थीं, किंतु 1870 के दशक से 'मध्यवर्गीय' समितियों के उदय के बाद जमींदारों की संस्थाएं तेजी से अंग्रेजों की पिट्ठू बनने लगीं और बहुत सीमा तक निष्क्रिय मित्रमंडलियां बनकर रह गईं।

1886 के कलकत्ता अधिवेशन में प्रतिनिधियों की सामाजिक संरचना का विश्लेषण करते हुए भारतीय राष्ट्रीय कांग्रेस की रिपोर्ट में कहा गया था कि इसमें 'तथाकथित रूप से जनता का स्वाभाविक नेता माना जानेवाला पुराना अभिजात वर्ग पूर्णतः अनुपस्थित' था। यह भी स्वीकार किया गया था कि "रैयत और काश्तकार वर्गों का प्रतिनिधित्व भी पर्याप्त नहीं था" जबकि छोटे "साहूकारों और दुकानदारों की अनुपस्थिति स्पष्ट रूप से देखी जा सकती थी।" यद्यपि रिपोर्ट में दावा किया गया था कि अधिवेशन में "उच्च वाणिज्य वर्गों, बैंकरों, व्यापारियों आदि का पर्याप्त प्रतिनिधित्व" था और "लगभग 130 प्रतिनिधि ऐसे थे जो किसी-न-किसी प्रकार के भूस्वामी थे।" फिर भी कांग्रेस के आरंभिक अधिवेशनों के नेतृत्व की विशेषता थी—उस वर्ग के साथ इसका स्पष्ट रूप से एकाकार होना जिसे इतिहासकारों ने 'शिक्षित मध्यवर्ग', 'अंग्रेजी शिक्षा-प्राप्त अभिजन,' अथवा 'बुद्धिजीवी' कहा है। 1888 की इलाहाबाद कांग्रेस के लगभग 1,200 प्रतिनिधियों में 455 ने अपने-आपको वकील बताया था, जबकि इसमें अध्यापकों की संख्या 59 और पत्रकारों की 73 थी। अब हम इसी बुद्धिजीवी वर्ग के सामाजिक आधारों, विचारधारा एवं राजनीतिक गतिविधियों का विश्लेषण करेंगे।

'मध्यवर्गीय' चेतना और राजनीति

बुद्धिजीवी वर्ग के सामाजिक आधार

यदि मैट्रिक पास व्यक्तियों की संख्या को एक कामचलाऊ सूचक माना जाए तो **1880** के दशक तक अंग्रेजी शिक्षा-प्राप्त भारतीयों की कुल संख्या 50,000 के लगभग होने ही वाली थी। (तब तक केवल 5,000 व्यक्तियों के पास ही स्नातक उपाधियां थीं)। अंग्रेजी पढ़नेवालों की संख्या जो 1887 में 2,98,000 थी, 1907 तक बढ़कर 5,05,000 हो गई थी, जबकि अंग्रेजी समाचारपत्रों का प्रसार 1885 के 90,000 से बढ़कर 1905 में 2,76,000 हो गया था (जे. आर. मैकलेन, *इंडियन नेशनेलिज्म एंड दि अर्ली कांग्रेस,* पृ. 4)। जैसाकि अंग्रेज कहते नहीं थकते थे, शिक्षित लोगों का यह वर्ग 'अत्यंत अल्पसंख्य' था (1911 में भी साक्षरता के आंकड़े इस प्रकार थे—अंग्रेजी शिक्षा के लिए एक प्रतिशत और देशी भाषा में शिक्षा के लिए छः प्रतिशत)। इस उभरते हुए सामाजिक समूह को जो महत्व प्राप्त था वह इसके आकार की तुलना में बहुत अधिक था। अंग्रेजी शिक्षा-प्राप्त लोगों को एक अनोखी क्षमता प्राप्त होती थी कि वे देशव्यापी स्तर पर संपर्क स्थापित कर सकते थे। अंग्रेजी शिक्षा-प्राप्त सरकारी कर्मचारी, वकील, अध्यापक, पत्रकार और डॉक्टर प्रायः अपने घरों से दूर कार्य करते थे। उदाहरण के लिए, 1870 के दशक में उत्तर भारत के अनेक शहरों में शिक्षित बंगालियों की बस्तियों के कारण सुरेंद्रनाथ बनर्जी के लिए अनेक सफल राजनीतिक दौरे करना संभव हुआ, और इंडियन एसोसिएशन बंगाल के बाहर भी अपनी अनेक शाखाएं स्थापित कर सकी। सबसे बढ़कर यह कि अंग्रेजी शिक्षा अपने साथ विश्वव्यापी विचारधाराओं की चेतना भी लाई जिसके बिना राष्ट्रवाद के सचेत सिद्धांतों का विकास कठिन होता। साथ ही, विदेशी भाषा के माध्यम से दी जानेवाली शिक्षा के अलगावकारी एवं विभाजक परिणाम भी आरंभ से ही स्पष्ट थे जो आज भी दिखाई देते हैं। 1883-84 में बंगाल में कॉलेज में पढ़नेवाले विद्यार्थियों में नौ प्रतिशत ऐसे परिवारों से थे जिनकी वार्षिक आय 200 रुपए से कम थी। और यह स्वाभाविक भी था, क्योंकि 1820 के दशक में भी कलकत्ता के हिंदू कॉलेज में शिक्षण शुल्क 5 रुपए महीना था। तीव्र आंचलिक विषमताएं एक अन्य समस्या थीं जो प्रादेशिक तनावों को जन्म देती थीं, क्योंकि अंग्रेजी शिक्षी ही अच्छी नौकरियां पाने का एकमात्र साधन था। 1886-87 की पब्लिक सर्विस कमीशन की रिपोर्ट में 'शिक्षित नेटिवों' की संख्या इस प्रकार थी—मद्रास में 18,390, बंगाल में 16,639, बंबई में 7,196; किंतु यह संयुक्त प्रांत में केवल 3,200, पंजाब में 1,944 और मध्यप्रांत में 608 तथा असम में 274 ही थी।

अनिल सील और जॉन ब्रूमफील्ड के आरंभिक शोधों के कारण कुछ

समय के लिए ऐसा सोचने का चलन हो गया कि अंग्रेजी शिक्षा-प्राप्त लोग 'अभिजात समूहों' के होते थे। इस धारणा का आधार मूलतः यह था कि इनमें से अधिकांश उच्च वर्ग के होते थे। यह सत्य है कि जिन लोगों के घर में पढ़ने-लिखने की परंपरा थी उन लोगों ने नई शिक्षा को अधिक सरलता से अपनाया, अतः बंगाल में 1883-84 में हिंदू कॉलेज के 84.7 प्रतिशत छात्र भद्रलोक की तीन जातियों—ब्राह्मण, कायस्थ और वैद्य—से संबंधित थे। मद्रास, बंबई और पूना में ब्राह्मण छात्रों का प्रभुत्व था, जबकि संयुक्त प्रांत में कायस्थों का वर्चस्व था। किंतु इस दृष्टिकोण पर आज गंभीर आपत्ति उठाई जा रही है। जैसाकि 1973 में आत्मालोचना के क्षणों में सील ने स्वीकार किया था, 'राज की घिसी-पिटी उक्तियां' इतिहासकारों के लिए परमसत्य बन गई थीं—सरकारी प्रवर्गों पर आवश्यकता से अधिक विश्वास कर लिया जाता था। सभी बंगाली ब्राह्मण 'भद्रलोक' के अंतर्गत तो नहीं ही माने जाते थे (उदाहरण के लिए, ब्राह्मण रसोइए, अथवा पूजा-पाठ करानेवाले पुरोहित), जबकि 1864 में बंबई शहर में तथाकथित 'प्रमुख अभिजन' समूहों अर्थात् चितपावन एवं सारस्वत ब्राह्मणों में 10,000 भिखारी और 1,880 घरेलू नौकर भी थे। इस संदर्भ में 'अभिजन' शब्द का प्रयोग ही संदेहास्पद है क्योंकि औपनिवेशिक भारत में केवल गोरे ही सच्चे अर्थों में अभिजन थे। अंग्रेजी शिक्षा-प्राप्त वर्ग में अपने विशेषाधिकारों की सचेत रूप से रक्षा करने अथवा उन्हें सीमित रखने की विचारधारा कदाचित् ही पाई जाती हो, जोकि सच्चे अभिजन समूहों से अपेक्षित होती है, और जो भारत में रहनेवाले गोरों में पाई जाती थी। इसके विपरीत, अनेक अंग्रेजी शिक्षा-प्राप्त भारतीयों ने सामाजिक सुधार आंदोलनों में सक्रिय भाग लेकर अपने व्यक्तिगत हितों का बलिदान किया क्योंकि कई सुधार प्रत्यक्ष या परोक्ष रूप से उच्च वर्ग के विशेषाधिकारों के विरुद्ध थे। इनमें से अनेक लोगों ने तो अपने गांव या शहर में निजी स्कूल अथवा कॉलेज खोलकर शिक्षा का प्रसार करने का भरसक प्रयास किया। वस्तुतः 1882 में हंटर कमीशन की सिफारिश पर जब उच्च शिक्षा को दी जानेवाली सरकारी सहायता में कटौती कर दी गई तो भारत में शिक्षा के प्रसार का यही प्रमुख साधन रह गया था। 1881-82 और 1901-02 के बीच निजी और सरकारी सहायता से वंचित कॉलेजों की संख्या 11 से बढ़कर 53 हो गई। यह भी याद रखना चाहिए कि प्राथमिक शिक्षा को अनिवार्य (एवं 10 रुपए महीने से कम आयवाले परिवारों के विद्यार्थियों के लिए निःशुल्क) करने का विधेयक सर्वप्रथम जी. के. गोखले ने ही इंपीरियल काउंसिल में रखा था जो सरकारी बहुमत के कारण अस्वीकृत हो गया था। वायसरॉय को लिखे एक पत्र में इसका वास्तविक कारण बताते हुए बंबई के गवर्नर ने लिखा था कि यदि प्रत्येक किसान पढ़ना-लिख़ना सीख जाए तो राष्ट्रवादियों की "असंतोष फैलाने की शक्ति बहुत बढ़ जाएगी" (जी. आर. नंदा, *गोखले*, पृ. 392)।

एक अन्य ढंग से भी बुद्धिजीवी वर्ग का अध्ययन किया जा सकता है

और वह है इसके विचारों एवं सामाजिक-आर्थिक आधारों का साथ-साथ विश्लेषण करना। ऐसा करने से वह वैषम्य एकदम स्पष्ट हो जाता है जो मौटे तौर पर पश्चिम में होनेवाले समकालीन घटनाक्रम के प्रति बढ़ती हुई चेतना से अनुप्राणित बुर्जुवा आदर्शों एवं मुख्यतः गैर-बुर्जुवा सामाजिक आधार के बीच था। यह बैषम्य शायद बंगाल में सर्वाधिक स्पष्ट था। यहां उन्नीसवीं सदी के बुद्धिजीवी वर्ग ने सायास अपने लिए एक 'मध्यवर्गीय' (मध्यवित्त श्रेणी की) छवि बना ली थी जो जमींदारों से नीचे किंतु श्रम करनेवालों से ऊपर था। यह वर्ग अपना आदर्श यूरोपीय 'मध्य वर्ग' में खोजता था। पाश्चात्य शिक्षा के माध्यम से इसने जान लिया था कि पुनर्जागरण, धर्म-सुधार, बौद्धिक जागृति एवं जनतांत्रिक क्रांति अथवा सुधार जैसे आंदोलनों के माध्यम से इसी वर्ग ने मध्य युग को आधुनिक युग में रूपांतरित किया था। लेकिन इस वर्ग के अपने सामाजिक मूल उद्योग अथवा व्यापार में नहीं थे जिस पर ब्रिटिश प्रबंध फर्मों एवं उनके अधीनस्थ मारवाड़ियों का नियंत्रण दिनोदिन बढ़ता जा रहा था, बल्कि इनके मूल सरकारी नौकरियों और कानून, शिक्षा, पत्रकारिता अथवा डॉक्टरी से संबंधित पेशों में थे। ये प्रायः बिचौलियों के रूप में भूमि से जुड़े होते थे, और यह प्रथा तेजी से स्थायी बंदोबस्तवाले बंगाल में फैलती ही जा रही थी। *अमृत बाजार पत्रिका* के 9 दिसंबर 1869 के अंक में इस द्वैत को बड़े स्पष्ट ढंग से दर्शाया गया था : "मध्यवित्त लोग किसी भी समाज में सर्वाधिक उपयोगी समूह माने जाते हैं। हमारे समाज का कल्याण बड़ी सीमा तक इसी वर्ग पर आश्रित है। यदि इस देश में कभी सामाजिक या अन्य कोई क्रांति हुई तो उसे लानेवाला यही मध्य वर्ग होगा। जितनी भी कल्याणकारी संस्थाएं अथवा गतिविधियां आज हमारे देश में दिखाई देती हैं वे सब इसी वर्ग ने आरंभ की हैं . . . । मध्यवित्त लोगों की जीविका का आधार भूमि अथवा नौकरियों से होनेवाली आय है . . . । लोग प्रायः गांतीदार होते हैं।" (यह एक प्रकार की बिचौलियागीरी थी जो जेसोर-नाडिया क्षेत्र में प्रचलित थी, और इसी क्षेत्र से तब *अमृत बाजार पत्रिका* भी निकलती थी)।

यहां यह कहना आवश्यक है कि व्यापार के प्रति बंगाली बुद्धिजीवी वर्ग की उदासीनता का कारण भद्रलोक की व्यापार के प्रति तिरस्कार की भावना नहीं थी क्योंकि पूरी उन्नीसवीं सदी में 'मध्यवर्गीय' पत्रिकाएं अपने पाठकों को स्वतंत्र उद्योग अथवा व्यापार करने के लिए प्रोत्साहित करती रही थीं। अर्ध-सामंतवादी भू-व्यवस्था के साथ उसके संबंध ने बुर्जुवा आकांक्षाओं का मार्ग अवरुद्ध नहीं किया था, किंतु जैसाकि हम बार-बार देखेंगे, इसने निश्चय ही कृषि के क्षेत्र में परिवर्तनवादी विचारों और कार्यों को कुंठित किया। बंगाल में, जहां मुसलमान काश्तकार अधिक संख्या में थे, इसके अत्यंत गंभीर परिणाम होनेवाले थे।

मोटे तौर पर यही ढर्रा अन्य प्रदेशों में भी था, यद्यपि इसमें कुछेक

रोचक आंचलिक भिन्नताएं भी देखी जा सकती थीं। मिसाल के लिए, सुंदरलिंगम मद्रास में एक 'वाणिज्यिक अभिजात वर्ग' के आरंभिक प्रभुत्व की बात करते हैं। इसमें लक्ष्मणरासु चेट्टी जैसे व्यक्ति थे जो 1850 के दशक में 'मद्रास नेटिव एसोसिएशन' में महत्वपूर्ण स्थान रखते थे जिन्होंने धीरे-धीरे अपना स्थान प्रशासनिक एवं व्यावसायिक अभिजात वर्ग को दे दिया। दुर्भाग्य से सुंदरलिंगम इसके कारणों का विश्लेषण करने में असफल रहे। यहां भी अंग्रेजी शिक्षा-प्राप्त समूह प्रायः छोटी जोतों से संबंधित होते थे, यद्यपि वाशब्रुक ने 1880 के दशक में मद्रास महाजन सभा और इसके द्वारा संचालित कांग्रेस की गतिविधियों में मद्रास के चेट्टियों एवं आंध्र के मुहाना क्षेत्र के कोमटी व्यापारिक समूहों एवं जमींदारों से प्राप्त वित्तीय संरक्षण की पर्दे के पीछे चलनेवाली भूमिका पर जोर दिया है।

महाराष्ट्र के पूना में बुद्धिजीवी वर्ग एक ऐसे शहर में स्थित था जिसका वस्तुतः कोई औद्योगिक या व्यापारिक महत्व नहीं था। ऐसी स्थिति में इस वर्ग का व्यापार से, स्वदेशी आकांक्षाओं के अतिरिक्त, किसी अन्य प्रकार का संबंध शायद ही संभव था। लेकिन तिलक की पत्रिका *मराठा* के 6 सितंबर 1891 के अंक में एक महत्वपूर्ण रोचक विरोधाभास का उल्लेख मिलता है जिसमें एक वार्षिक औद्योगिक सम्मेलन आरंभ करने में पूना की पहलकदमी पर टिप्पणी की गई है : 'हम स्वीकार करते हैं कि पूना उत्पादन अथवा वाणिज्य का केंद्र नहीं है। इसकी राजनीतिक परंपराएं . . . समृद्ध हैं . . . । पूना की तुलना में बंबई अधिक समृद्ध है, किंतु बंबई के व्यवसायी लोगों का ध्यान और समय, दोनों ही पूर्णरूपेण अपने कार्यों में लगा रहता है, परिणामस्वरूप वाणिज्य को पुनर्जीवित करने की योजना बनाने का कार्य अन्य लोगों को करना पड़ेगा।" यहां भी भूमि के साथ बुद्धिजीवियों का संबंध देखा जा सकता है जो भू-राजस्व एकत्र करने के मामूली 'खोटी' अधिकारों के रूप में दिखाई देता है, विशेष रूप से रत्नागिरी जिले में जिसने अपने अनुपात से बहुत अधिक संख्या में महाराष्ट्रीय बुद्धिवादी उत्पन्न किए हैं। (तिलक और गोखले, दोनों ही रत्नागिरी जिले के 'खोटी' अधिकार-प्राप्त परिवारों से संबंधित थे।) बंगाल की भांति यहां भी सामाजिक आधार यांत्रिक रूप से विचारधारा का निर्धारक नहीं था, फिर भी यह कोई सीमा तो निश्चित करता ही था। 1901 में बंबई सरकार ने साहूकारों को किसानों की भूमि का हस्तांतरण रोकने का कदम उठाया जिसका तिलक और गोखले, दोनों ने कड़ा विरोध किया। तब उग्रवाद के जनक ने निम्नलिखित चौंका देनेवाली टिप्पणियां तक कर डालीं : "जिस प्रकार सरकार को यह अधिकार नहीं है कि वह साहूकार को लूटकर उसका धन गरीबों में बांट दे, उसी प्रकार सरकार को यह भी अधिकार नहीं है कि यह 'खोट' को उसकी जायज़ आय से वंचित करके उस धन को किसानों में बांट दे। यह प्रश्न अधिकारों का है, मानवता का नहीं" (भागवत और प्रधान कृत *लोकमान्य तिलक* में उद्‌धृत, पृ. 134)।

बंबई शहर में बुर्जुवा संबंध स्वभावतः कुछ अधिक स्पष्ट थे। यद्यपि शेटिया वणिकपुत्रों एवं बंबई के 'युवा बुद्धिजीवियों' के बीच संबंध अनिश्चित से ही थे और कभी-कभी तो वैमनस्यपूर्ण भी हो जाया करते थे, फिर भी 1880 और 1890 के दशकों में बुद्धिजीवी नेतृत्व (जिसके प्रमुख थे फीरोजशाह मेहता, के. टी. तैलंग एवं बदरुद्दीन तैयबजी) एवं मिल-मालिकों के बीच अपेक्षाकृत स्थायी संबंध बने। ये संबंध लंकाशायर के सूती कपड़ों पर से आयात कर की समाप्ति एवं समकक्ष आबकारी लगाने की मांग को लेकर किए जानेवाले आंदोलन से बने थे। दिनशा वाचा की वृत्ति इस संबंध का प्रतीक थी। दिनशा वाचा नौरोजी के प्रमुख संपर्क-सूत्र थे। वे बाम्बे प्रेसीडेंसी एसोसिएशन (1885-1915) के सचिव, कांग्रेस के जनरल सैक्रेटरी (1896-1913), 38 वर्षों तक बाम्बे मिल ओनर्स एसोसिएशन की कार्यकारिणी के सदस्य, और अनेक कपड़ा-मिलों के प्रबंध अभिकर्त्ता रहे। फिर भी नौरोजी को लिखे पत्रों में दिनशा बंबई के व्यापारियों की कंजूसी की ही शिकायत करते थे। उदाहरण के लिए, 1889 में जे. एन. टाटा से कांग्रेस के लिए 500 रुपए की धनराशि निकलवाना भी मुश्किल साबित हुआ था। राष्ट्रवादियों के लिए पूंजीपतियों की थैलियां एक पीढ़ी बाद ही खुल सकीं जब प्रथम विश्वयुद्ध के बाद गांधी का उदय हुआ।

उत्तर भारत में व्यावसायिक समूहों एवं छोटे भूस्वामियों के संबंध बेयली के इलाहाबाद संबंधी व्यष्टिस्तरीय अध्ययन में उजागर होते हैं। लेकिन बेयली मदनमोहन मालवीय जैसे राजनीतिज्ञों एवं बैंक और व्यापार में संलग्न खत्री एवं अग्रवाल परिवारों के संबंध पर ही अधिक बल देते हैं। (ध्यान देने योग्य बात यह है कि ये परिवार भी प्रायः जमींदार होते थे। बेयली ने जिन 24 परिवारों की सूची दी है उनमें से 12 परिवारों के पास जमींदारियां थीं।) इस संबंध को स्थापित करने में प्रमुख रूप से आर्यसमाजी एवं हिंदू पुनरुत्थान आंदोलन की सांस्कृतिक एवं धार्मिक गतिविधियों का हाथ था।

उन्नीसवीं सदी की अंतिम चौथाई में बुद्धिजीवी वर्ग के चिंतन एवं गतिविधियों के ढर्रे के संबंध में सामान्यतः दो टिप्पणियां की जाती हैं। कहा जाता है कि 1870 के दशक तक सामाजिक एवं धार्मिक सुधार के जो आंदोलन इतने जोरदार रहे थे उनको अब पुनरुत्थानवाद की एक नई लहर आप्लावित कर रही थी, और स्वयं यह लहर राष्ट्रवाद के अधिक अतिवादी प्रकारों के उदय से घनिष्ठ रूप से जुड़ी हुई थी। अन्य अनेक सामान्य उक्तियों की भांति इन वक्तव्यों को भी मर्यादित किए जाने की आवश्यकता है।

हिंदू सुधार आंदोलन एवं पुनरुत्थानवाद

1870 के दशक के बाद स्पष्ट हो गया कि बंगाल में सुधार आंदोलनों के उत्कर्ष का समय समाप्त हो चुका था। ब्रह्मसमाज आंतरिक झगड़ों से बिखर गया था और अपना प्रभाव खोता जा रहा था। ईश्वरचंद्र विद्यासागर ने खिन्न

होकर एकांतवास अपना लिया था। पश्चिमी भारत में यह ढर्रा इतना स्पष्ट लक्षित नहीं होता था जहां एम. जी. रानाडे ने 1901 में अपनी मृत्यु तक बुद्धिजीवी जगत पर नेतृत्वकारी प्रभाव बनाए रखा था। रानाडे ने अपने मित्र के. टी. तैलंग (जो प्रार्थनासमाजी और समाज-सुधारक होने के साथ ही आरंभिक कांग्रेस के स्तंभों में थे) के साथ-साथ कम-से-कम प्रतिरोध द्वारा सामाजिक सुधार की सतर्क नीति का अनुसरण किया था। 1890 के दशक के अंतिम वर्षों में आर. जी. भंडारकर एवं एन. सी. चंदावरकर जैसे लोग इस सतर्कता की आलोचना करने लगे थे। दक्षिण में भी एक सुधारवादी समूह उभर चुका था। तेलुगूभाषी इलाके में वीरेशलिंगम ने 1878 में राजामुंद्री सोशल रिफॉर्म एसोसिएशन की स्थापना की जिसका मुख्य लक्ष्य था विधवा-विवाह को बढ़ावा देना। के. एन. नटराजन ने 1890 में प्रभावशाली पत्र *इंडियन सोशल रिफॉर्मर* की शुरुआत की। 1892 में मद्रास में हिंदू सोशल रिफॉर्म एसोसिएशन नाम की एक संस्था की स्थापना हुई। इसके संस्थापक थे 'यंग मद्रास पार्टी' के सदस्य जो इस पत्रिका से संबद्ध थे। 1887 में पहली बार एक अखिल-भारतीय समाज-सुधार आंदोलन जैसी चीज तब सामने आई जब रानाडे ने कांग्रेस के पंडाल में अपनी वार्षिक नेशनल सोशल कांफ्रेंस का आयोजन करना आरंभ कर दिया। यह तब तक चलता रहा जब तक कि 1895 में पूना में तिलक ने इसे जबरन बंद नहीं करा दिया। बाल-विवाह और जबरन वैधव्य के संबंध में बहरामजी मलाबारी के *नोट्स* ने बुद्धिजीवियों के बीच एक देशव्यापी बहस छेड़ दी। यह सच है कि उनके निरंतर आंदोलन का लक्ष्य भारतीयों को प्रभावित करना उतना नहीं था जितना कि इंग्लैंड के जनमत एवं ब्रिटिश अधिकारियों को, मगर उसके दबाव के परिणामस्वरूप सरकार ने 1856 में विधवा-पुनर्विवाह के कानूनी बनाए जाने के बाद पहला समाज-सुधार कानून—1891 का एज ऑफ कंसेंट एक्ट—पारित किया।

एज ऑफ कंसेंट के मुद्दे को लेकर थोड़े समय के लिए एक भारी तूफान उठ खड़ा हुआ। इससे प्रतीत होता है कि 1860 की तुलना में शिक्षित जनमत का रुख कितना बदल गया था। 1860 में जब 10 वर्ष से कम आयु की लड़की के साथ संभोग को बलात्कार घोषित किया गया था तो इसे बिना अधिक विरोध के स्वीकार कर लिया गया था। अब एक अपेक्षाकृत छोटे सुधार द्वारा इस आयु को 10 वर्ष से बढ़ाकर 12 वर्ष कर दिया गया था। मलाबारी के बाल-विवाह विरोधी विस्तृत प्रस्तावों में से अंततः इसे ही सरकार ने स्वीकार किया था, मगर इसका विशेष रूप से बंगाल और महाराष्ट्र में भारी विरोध हुआ। इस मुद्दे पर स्पष्ट रूप से रूढ़िवादी एवं सुधार-विरोधी भावनाएं राष्ट्रवादी तर्कों के साथ मिल गई थीं जिन्हें सबसे बढ़कर तिलक ने प्रस्तुत किया। उनका कहना था कि विदेशी शासकों को धार्मिक एवं सामाजिक रीति-रिवाजों में हस्तक्षेप करने का कोई अधिकार नहीं है। यह तर्क थोड़ा-बहुत आधारहीन ही था क्योंकि उसी काल के रूढ़िवादी हिंदू समूहों को गोहत्या

के विरुद्ध कानून बनाने की मांग करने में कोई संकोच नहीं था। ऐसा कानून बनाना निश्चय ही देश की जनसंख्या के एक बड़े भाग, अर्थात् मुसलमानों के धार्मिक एवं सामाजिक रीति-रिवाजों में हस्तक्षेप करना होता। *बंगवासी* नामक समाचारपत्र (जिसकी पाठक-संख्या सुधार-पूर्व ब्रह्मसमाजी पत्र *संजीवनी* के 4,000 की तुलना में 20,000 थी, और जिसके विरुद्ध राजद्रोह का मुकदमा चलाया गया था) द्वारा आरंभ किए गए बंगाल आंदोलन में एक छोटे स्तर पर कुछेक स्वदेशी रवैयों एवं पद्धतियों का पहले ही प्रयोग किया गया था। इसके अंतर्गत कलकत्ता मैदान में भारी जनसभाएं, कालीघाट पर बड़ी पूजा, यहां तक कि बहिष्कार का आह्वान एवं देसी उद्यम खड़े करने के लिए कुछ प्रयास भी किए गए।

बंगाल में विभिन्न प्रभावों के फलस्वरूप 1870 के दशक से ही बुद्धिजीवियों का रुख बदलने लगा था। हिंदू परंपराओं का पक्षपोषण अधिक सम्मानजनक हो गया था क्योंकि मैक्स म्युलर जैसे विद्वान प्राचीन आर्यों के गौरव को पुनर्जीवित कर रहे थे और पश्चिम में एक लुभावने पूर्व का रूमानी चलन विकसित हो रहा था, जिसके विचित्र एवं कुछ-कुछ संदेहास्पद परिणाम ओल्कॉट एवं ब्लावात्स्की के थियोसोफिकल आंदोलन में दिखाई पड़ते थे। 1880 और 1890 के दशकों में जोगेंद्रचंद्र घोष के नेतृत्व में एक छोटे किंतु प्रभावशाली समूह ने कौंत के प्रत्यक्षवाद के आधार पर उन बुद्धिजीवियों के लिए एक मध्य मार्ग निकालने का प्रयास किया जो अपनी पारंपरिक आस्था खो बैठे थे किंतु सामाजिक अनुकरण भी चाहते थे। परिष्कृत एवं बुद्धिवादी पुनरुत्थानावाद 1880 के दशक में बंकिमचंद्र के लेखन में सर्वोत्तम रूप में दिखाई देता है। इसमें कृष्ण को आदर्श पुरुष, संस्कृति-नायक और राष्ट्र-निर्माता के रूप में प्रस्तुत किया गया है। एक अधिक सुधार-विरोधी स्तर पर पुनरुत्थानवाद का प्रतिनिधित्व करते थे शशधर तर्कचूड़ामणि और कृष्णप्रसन्न सेन, जिनका दावा था कि आधुनिक विज्ञान द्वारा की गई समस्त खोजों का उल्लेख प्राचीन शास्त्रों में मिलता है। किंतु पुनरुत्थानवाद बुद्धि की अपेक्षा भावनाओं को ही अधिक प्रभावित करता था। *अमृत बाजार पत्रिका* का नववैष्णववाद चैतन्य से अधिक प्रेरित था, महाकाव्य में वर्णित कृष्ण से नहीं जिनका आदर्श रूप प्रस्तुत करने का प्रयास बंकिम ने किया था। इन सबसे ऊपर थे रामकृष्ण परमहंस—दक्षिणेश्वर के संत पुजारी जिन्होंने कलकत्ता के परिष्कृत बुद्धिजीवियों पर ठीक अपने सर्वसंग्रहवाद और ग्रामीण-सुलभ सरलता से ही जादू कर रखा था। 1890 के दशक में उनके शिष्य विवेकानंद शिकागो के विश्व धर्म सम्मेलन में भाग लेने के पश्चात् अचानक प्रसिद्ध हो गए थे। विवेकानंद भोंडे अर्थों में सुधार-विरोधी अथवा पुनरुत्थानवादी हरगिज नहीं थे। उनके कार्य का एक महत्वपूर्ण प्रभाव तो यह हुआ कि उन्होंने समाज-सुधार की निंदा करके (जिसका पर्याप्त औचित्य था) इसकी प्रगति को शिथिल किया। उनका आरोप था कि सुधारवादी आंदोलन अभिजातवादी और विदेशी आदर्शों

पर आधारित है। इसके स्थान पर उन्होंने समाज-सेवा का आदर्श प्रस्तुत किया। 1897 में उन्होंने रामकृष्ण मिशन की स्थापना की जो एक सक्षम परोपकारी संस्था सिद्ध हुई हालांकि वह समाज में परिवर्तन लाने का कोई दावा नहीं करती। फिर भी स्वयं विवेकानंद के यहां (विशेषकर पाश्चात्य श्रोताओं के सम्मुख) प्राचीन आर्य गौरव एवं हिंदू धर्म के आवेगपूर्ण आह्वान के साथ-साथ वर्तमान अधोगति पर एक तीव्र प्रहार भी देखा जाता है : "हमारा धर्म तो चौके में है। हमारा ईश्वर है देगची।" एज ऑफ कंसेंट को लेकर जो बावेला मचा था उसके संबंध में उनकी निजी टिप्पणी थी : "गोया कि धर्म बारह-तेरह वर्ष की लड़की को मां बना देने में ही निहित हो।" गोपूजा की परंपरा पर उनका "जैसी मां वैसा बेटा" वाला कथन याद किया जाना चाहिए। उन्होंने एक इहलौकिक धर्म का उपदेश दिया जिसमें आत्म-सहायता एवं पौरुष-शक्ति के निर्माण पर बल दिया गया था : "आज हमारे देश को आवश्यकता है लोहे के स्नायुओं एवं इस्पात की नाड़ियों की।" 'दरिद्रनारायण', अर्थात् अछूतों एवं शूद्रों के प्रति विवेकानंद की चिंता भी ध्यान देने योग्य है। अनेक छिटपुट भविष्यवाणियों में उन्होंने कहा था कि एक दिन ये लोग "प्रत्येक समाज में सर्वोच्च स्थान प्राप्त करेंगे . . . ।" समाजवाद, अराजकतावाद, शून्यवाद और ऐसे ही अन्य संप्रदाय उस सामाजिक क्रांति के अग्रदूत हैं जो आनेवाली है। साथ ही उनकी यह अपील भी स्मरणीय है कि "निम्न वर्गों को मत भूलो, उन्हें मत भूलो जो अज्ञानी, दरिद्र और अनपढ़ हैं—मोची और मेहतर हैं, वे भी तुम्हारे ही रक्त-मांस हैं, तुम्हारे ही बंधु हैं।" किंतु इस शब्दावली के साथ ठोस सामाजिक-आर्थिक कार्यक्रमों की स्पष्ट रूपरेखा, जनसंपर्क के तरीकों या राजनीतिक लक्ष्यों की स्पष्टता का भी अभाव था। किंतु इस सर्वसंग्रहवाद में ही विवेकानंद की अपील की शक्ति थी, और देशप्रेम के साथ अनेक गुणों, अस्पष्ट लोकवाद, और हिंदू धर्म के गौरव का यह मिश्रण ही स्वदेशी के आनेवाले काल में युवकों के लिए एक जबरदस्त नशा साबित हुआ।

महाराष्ट्र में पुनरुत्थानवाद का केंद्र था पूना और यहां इसका बंगाल की तुलना में अधिक संकीर्ण ब्राह्मणवादी चरित्र विकसित हुआ। इसका संबंध मूलतः शास्त्रियों के पतनोन्मुख पंडित वर्ग से था। जब इस वर्ग ने देखा कि अंग्रेजों के शासन में उनकी दान-दक्षिणा का डौल बैठना कठिन होता जा रहा है तो उन्होंने हिंदू, ब्राह्मण और मराठा गौरव की दुहाई देना आरंभ कर दिया। इसमें उन्हें विष्णुकृष्ण चिपलुणकर की *निबंधमाला* (1874-81) के माध्यम से अंग्रेजी शिक्षा-प्राप्त वर्ग का समर्थन मिला। पूना में 1890 के दशक में पुनरुत्थानवादियों के साथ तिलक का गठजोड़ जो एज ऑफ कंसेंट बिल के माध्यम से दृढ़ हुआ था, गणपति उत्सव का आरंभ, और 1895 में रानाडे द्वारा कांग्रेस के पंडाल में नेशनल सोशल कांफ्रेंस का अधिवेशन किए जाने पर तिलक द्वारा रोक—इन सब बातों को पहले से विद्यमान स्थिति का राजनीतिक उपयोग ही कहा जा सकता है, क्योंकि तिलक को वैयक्तिक रूप से सुधार-विरोधी

नहीं कहा जा सकता। तिलक ने कुछ ही समय पहले 1890 में रानाडे के साथ मिलकर एक गश्ती पत्र भी निकाला था जिसमें स्त्रियों की शिक्षा एवं विवाह की न्यूनतम आयु बढ़ाने की हिमायत की गई थी। दक्षिण भारत में, स्थानीय सुधार अथवा पुनरुत्थान आंदोलन शिथिल थे। वहां 1882 में अड्यार में स्थापित थियोसोफिकल सोसायटी ने अंग्रेजी शिक्ष-प्राप्त वर्ग को पर्याप्त प्रभावित किया, विशेष रूप से तब जब 1893 में एनी बेसेंट इसमें सम्मिलित हुईं। श्रीमती बेसेंट ने लगातार सुधारवादियों पर प्रहार किए और पारंपरिक हिंदू धर्म का गुणगान किया, यद्यपि आगे चलकर इस संबंध में एवं अन्य अनेक विषयों पर उनके विचारों में नाटकीय परिवर्तन आए।

एक 'सुधार' आंदोलन था आर्यसमाज जिसने 1880 और 1890 के दशकों में अद्‌भुत प्रगति की, जिसके संस्थापक थे घुमंतू संन्यासी दयानंद सरस्वती (1824-83)। दयानंद काठियावाड़ के थे किंतु उनके आंदोलन का मुख्य आधार उत्तर भारत (पंजाब एवं पश्चिमी संयुक्त प्रांत) में बन रहा था। दयानंद के संदेश की अस्पष्टता ही कदाचित् उसकी सफलता का रहस्य थी क्योंकि इसमें हिंदू धर्म में विद्यमान अनेक रीतियों (मूर्तिपूजा और बहुदेववाद, बाल-विवाह, विधवा-पुनर्विवाह एवं विदेश यात्रा का निषेध, ब्राह्मणों के प्रभुत्व एवं केवल जन्म पर आधारति जातियों की विविधता) की कड़ी आलोचना के साथ ही अन्य सभी धर्मों (ईसाई, इस्लाम या सिख) पर वेदों की अमोघता पर आधारित शुद्ध हिंदू धर्म की श्रेष्ठता का दावा भी था। इस प्रकार समाज-सुधारकों के विशिष्ट लक्ष्य एक प्रभुत्वपूर्ण अखिल-हिंदू पुनरुत्थानवाद की रूपरेखा में समाहित हो गए। उत्तर भारत के शिक्षित एवं सुधारोन्मुखी वृत्ति के युवा ब्रह्मसमाज की तुलना में आर्यसमाज की ओर अधिक आकर्षित हुए क्योंकि इसने एक ऐसा सिद्धांत दिया जो एक साथ ही सुरक्षित, कम अलगाववादी और अधिकाधिक अलोकप्रिय होते उस आप्रवासी बंगाली समुदाय से असंबद्ध था जिसने आरंभ में अंग्रेजी शिक्षा में अपनी अग्रता के कारण अनुपात से अधिक नौकरियां हथिया ली थीं। व्यापारी वर्ग में भी आर्यसमाज ने अपनी गहरी जड़ें जमा ली थीं। आरंभ में पंजाब के सभी प्रमुख नेता—गुरुदत्त, लाला हंसराज, लाला लाजपतराय, एवं लाला मुंशीराम (स्वामी श्रद्धानंद)—खत्री, अरोड़ा अथवा अग्रवाल परिवारों के थे। केनेथ जोंस पंजाब में आर्यसमाज के चार प्रमुख केंद्रों (पेशावर-रावलपिंडी, मुलतान, रोहतक-हिसार, और जालंधर दोआब) को अंशतः स्थानीय व्यापारी वर्ग के समर्थन से जोड़ते हैं। 1900 के पश्चात् आर्यसमाज ने बड़े स्तर पर नीची जातियों (राठियों, ओधों, मेघों और जाटों) के लोगों की शुद्धि का या उनके धर्मांतरण का आंदोलन चलाया। व्यापारिक समूहों की ही भांति इन जातियों के लिए भी आर्यसमाज 'संस्कृतीकरण' की प्रक्रिया का साधन बन गया था। परिणामस्वरूप आर्यसमाज की सदस्यता में असामान्य वृद्धि हुई : 1891 में 40,000, 1901 में 92,000, और 1921 तक यह संख्या बढ़कर पांच लाख हो गई। (इसके विपरीत ब्रह्मसमाजियों की

संख्या जनगणनाओं में कुछेक हजार से अधिक नहीं रही।)

1893 में शाकाहार बनाम मांसाहार के एवं संस्कृत या अंग्रेजी को शिक्षा का आधार बनाए जाने के मुद्दों को लेकर आर्यसमाज बंट गया। हंसराज और लाजपतराय के नेतृत्व में नरमपंथी 'कॉलेज' गुट ने 'दयानंद एंग्लो-वैदिक' कॉलेजों की स्थापना पर ध्यान केंद्रित किया। साथ ही इस गुट ने यदाकदा कांग्रेसी राजनीति में भी रुचि दर्शाई और यह स्वदेशी उद्यम से अधिक स्थायी रूप से जुड़ा रहा। 'गुरुकुल' गुट अधिक स्पष्ट रूप से पुनरुत्थानवादी एवं संघर्षशील था। इसके संस्थापक थे लेखराम और मुंशीराम। उन्होंने 1902 में हरिद्वार में गुरुकुल की स्थापना की। (ये गुरुकुल डी. ए. वी. शिक्षा संस्थाओं की भांति सरकारी शिक्षा व्यवस्था से जुड़े नहीं थे और इनका आधार था ब्रह्मचर्य और वेदों का प्रशिक्षण।) ये भाड़े के उपदेशकों द्वारा धर्मपरिवर्तन करने और शुद्धि पर बल देते थे। फिर भी दोनों समूहों में सामान्य प्रवृत्ति 'आर्यधर्म से हिंदू चेतना की ओर' ही थी (केनेथ जोंस), और यह चेतना प्रायः स्पष्ट रूप से सांप्रदायिक एवं मुसलमान-विरोधी होती थी। मुसलमानों के अहमदिया संप्रदाय के विरुद्ध लेखराम की कटु निंदा का परिणाम यह हुआ कि 1897 में उनकी हत्या कर दी गई, जबकि फरवरी 1909 में लाजपतराय के सहयोगी लाला लालचंद ने पंजाबी में लिखे एक लेख 'राजनीति में आत्मोत्सर्ग' में हिंदू महासभा और राष्ट्रीय स्वयंसेवक संघ की विचारधारा का पूर्वाभास दे दिया था। लालचंद ने हिंदुओं की विशिष्ट समस्याओं एवं मांगों की अवहेलना करने के लिए कांग्रेस की कटु आलोचना की थी। "प्रत्येक हिंदू के मन में यह चेतना जाग्रत होनी चाहिए कि वह हिंदू है, मात्र भारतीय नहीं," और इसलिए आवश्यकता थी "कांग्रेस कमेटियों के स्थान पर हिंदू सभाओं की, कांग्रेसी प्रेस के स्थान पर हिंदू प्रेस की, एक हिंदू रक्षा कोष की स्थापना की जिसका बाकायदा कार्यालय और तंत्र हो ताकि सूचना एकत्र की जा सके और आत्मसहायता द्वारा समस्याओं का समाधान किया जा सके।" इस प्रकार आरंभिक शत्रुता (जिसमें दयानंद की हत्या के षड्यंत्र भी सम्मिलित थे) के बावजूद व्यवहार में आर्यसमाज रूढ़िवादी हिंदू धर्म के पर्याप्त निकट आ रहा था। हिंदू धर्म के रूढ़िवादी भी उन्नीसवीं सदी के उत्तरार्ध तक अपने-आपको हरि सभाओं एवं सनातन धर्म सभाओं, कुंभ मेले के सम्मेलनों के माध्यम से संगठित करने का प्रयास करने लगे थे। 1900 में दिल्ली में आयोजित बड़ा सम्मेलन भी इसी दिशा में एक प्रयास था। इसी सम्मेलन में भारत धर्म महामंडल की स्थापना हुई। इन सब संगठनात्मक प्रयासों की ओर अभी तक इतिहासकारों ने पर्याप्त ध्यान नहीं दिया है।

इस प्रकार 'पुनरुत्थानवाद' स्पष्ट रूप से एक आक्रामक हिंदू अस्मिता को स्थापित करने में सहायक हुआ। किंतु यह कहना भी आवश्यक है कि सुधार आंदोलनों और पुनरुत्थानवाद में मात्रा की ही भिन्नता थी, गुणात्मक भिन्नता नहीं थी। ब्रह्मसमाज और प्रार्थनासमाज जैसी 'आधुनिकतावादी' प्रवृत्तियों

या यंग बंगाल या विद्यासागर के आंदोलन जैसे अधिक धर्मनिरपेक्ष आंदोलनों की संरचना भी न केवल पूर्णरूपेण हिंदू थी, बल्कि कुछ अपवादों को छोड़ दें तो इनके पीछे भी 'मुसलमानों की निरंकुशता' अथवा अंधकारपूर्ण मध्य युग की संकल्पना ही कार्यशील थी। (यह मान्यता राममोहन और देरोजियोवादियों के यहां भी उतनी ही मिलती है जितनी बंकिमचंद्र में)। इस धारणा के अनुसार हमें अंधकारपूर्ण मध्य युग से ब्रिटिश शासन ने ही मुक्ति दिलाई थी क्योंकि इसी के साथ पुनर्जागरण अथवा बौद्धिक उत्थान आया था। यह आशा करना व्यर्थ था कि ऐसा कोई सिद्धांत मुसलमान बुद्धिजीवियों के बीच लोकप्रिय होता। साथ ही हिंदू धर्म को प्रचीन मानदंडों के अनुसार मध्ययुगीन फूहड़ताओं एवं अंधविश्वासों से मुक्त करने एवं एक मध्य वर्गीय प्रतिष्ठा की संहिता प्रस्तुत करने के प्रयास में लोकप्रिय संश्लेषणवादी रीति-रिवाजों, जैसे हिंदू और मुसलमान संतों अथवा पूजास्थलों पर दोनों संप्रदायों के पूजा करने पर भी कभी-कभी प्रहार हो जाते थे। चूंकि लगभग उसी समय भारतीय इस्लाम में भी ऐसे ही आंदोलन विकसित हो रहे थे (उदाहरण के लिए आरंभिक इस्लाम की शुद्धि एवं कट्टरता की दृष्टि से सूफी सर्वसंग्रहवाद पर प्रहार), इसलिए दोनों संप्रदायों में अभिजन के स्तर पर (जहां उत्तर भारत में उर्दू पर आधारित सामान्य संस्कृति का एकताकारी बंधन भारी तनावों का शिकार हो रहा था), और किसान जनता के स्तर पर भी एक-दूसरे से दूर होने की प्रवृत्ति दिखाई देती थी। उदाहरण के लिए, इस सदी के अंत तक बंगाल में जिला गजेटियरों एवं जीवनी-साहित्य में दुर्गापूजा एवं मुहर्रम जैसे त्यौहारों में या अनेक संश्लेषणवादी लोकप्रिय प्रथाओं में दोनों संप्रदायों द्वारा साझे रूप से भाग लेने की बात कही गई है, किंतु साथ ही यह भी कहा गया है कि यह परंपरा धीरे-धीरे लुप्त होती जा रही थी।

भारतीय इस्लाम की प्रवृत्तियां

उन्नीसवीं सदी के उत्तरार्ध में भारतीय इस्लाम में सुधारवाद और पुनरुत्थानवाद का संघर्ष स्पष्ट दिखाई देता है। सुधारवादी आंदोलन की प्रवृत्ति राजभक्ति की ओर थी जबकि पुनरुत्थानवाद ब्रिटिश-विरोधी था। इनमें से पहले के प्रतिनिधि थे सर सैयद अहमद खान जो अलीगढ़ आंदोलन के नेता थे, और दूसरी प्रवृत्ति का प्रतिनिधित्व देवबंद का दारुल-उलूम अथवा मठ करता था जिसकी स्थापना 1867 में गदर के दो सेनानियों मुहम्मद कासिम ननौतवी और रसीद अहमद गंगोही ने की थी। सैयद अहमद ने एक साइंटिफिक सोसायटी (1864), एक आधुनिकतावादी उर्दू पत्रिका *तहज़ीबुल-अखलाक* (1870) और अलीगढ़ एंग्लो-मुहम्मडन ओरिएंटल कॉलेज (1875) की स्थापना करके पश्चिमी संयुक्त प्रांत के उच्चवर्गीय मुसलमानों को अंग्रेजी शिक्षा के गुणों एवं लाभों की ओर आकृष्ट करने का प्रयास किया। उन्होंने इस्लाम को अपने ही ढंग से परिभाषित किया और स्वतंत्र गवेषणा (इज्तिहाद) पर तथा *कुरान* के दिव्य

ज्ञान और आधुनिक विज्ञान द्वारा खोजे गए प्राकृतिक नियमों के बीच तथाकथित समानताओं पर बल दिया। फिर भी अलीगढ़ में धर्मशास्त्र की कक्षाओं का संचालन रूढ़िवादी मुल्ला ही करते थे, और समय बीतने के साथ अलीगढ़ आंदोलन का आधुनिकतावादी तत्व पर्याप्त रूप से शिथिल पड़ता गया, विशेष रूप से मोहसिनुल-मुल्क के समय में। अधिक महत्वपूर्ण बात यह थी कि सर सैयद अहमद ने हमेशा इस बात की आवश्यकता पर बल दिया कि पश्चिमी शिक्षा उच्चवर्गीय मुसलमानों को मुसलमानों के रूप में मिले, और इस प्रकार मुसलमानों में एक प्रकार की सामूहिक एकता की भावना पैदा करे। उनके कार्यक्रम बड़े सुचारु रूप से उस नई ब्रिटिश नीति का अनुसरण करते थे जिसका निर्माण हंटर के *इंडियन मुसलमांस* द्वारा हुआ था जिसे 1871 में मेयो ने नियुक्त किया था : अंग्रेजों को "मुसलमानों की एक ऐसी नई पीढ़ी के विकास में सहायक होना चाहिए . . . जिस पर पश्चिम के ज्ञान का संजीदा और खुशनुमा रंग हो। साथ ही उसे अपनी धार्मिक संहिता का भी पर्याप्त ज्ञान हो ताकि वह अपने समुदाय के लोगों का आदर प्राप्त कर सके।" परिणामस्वरूप अलीगढ़ को ब्रिटिश सरकार का असाधारण संरक्षण मिला जिसमें वायसरॉय लार्ड नार्थब्रुक द्वारा दिया गया 10,000 रुपए का निजी दान भी सम्मिलित था। जैसाकि फ्रांसिस रॉबिंसन का कहना है, सबसे बढ़कर यह ब्रिटिश समर्थन ही था जिसके कारण "एक व्यक्ति जिसके धार्मिक विचार इतने अरूढ़िवादी थे कि उसे उसके अपने सहधर्मियों ने काफिर घोषित कर दिया था, अपने संप्रदाय का हिमायती माना गया" (*सेपरेटिज्म अमंग इंडियन मुसलमांस*, पृ. 131)।

सर सैयद अहमद को सामाजिक आधार प्रदान किया संयुक्त प्रांत के मुसलमान जमींदारों ने (जो अलीगढ़-बुलंदशहर क्षेत्र में बहुतायत में थे और अवध के 272 ताल्लुकेदार परिवारों में से 76 मुसलमान थे), एवं पारंपरिक नौकरीपेशा परिवारों ने जो विशेषाधिकार-प्राप्त किंतु धीरे-धीरे क्षीण पड़ता समूह थे। इस समूह के पास संयुक्त प्रांत में गौण न्यायिक एवं कार्यकारी पदों का प्रतिशत इस प्रकार था—1857 में 63.9 प्रतिशत, 1886-87 में 45.1 प्रतिशत और 1913 में 34.7 प्रतिशत। (1886-87 में पश्चिमोत्तर प्रांत और अवध में मुसलमान कुल जनसंख्या का 13.4 प्रतिशत ही थे।) इस प्रकार हंटर ने बंगाल की विशिष्ट स्थिति के आधार पर (जहां शहरी उच्च वर्ग के मुसलमानों की संख्या अपेक्षाकृत कम थी) जो सामान्यीकरण किया था और जिसे अनेक अंग्रेज अधिकारियों तथा मुसलमान नेताओं ने स्वीकार कर लिया था, उसके विपरीत अलगाववाद का कारण मुसलमानों का 'पिछड़ापन' नहीं था, अपितु यह कि पारंपरिक मुसलमान अभिजात वर्ग को हिंदू व्यापारी, साहूकार और व्यावसायिक समूहों से खतरा उत्पन्न हो गया था जो जमीनें खरीद रहे थे, नगरपालिकाओं पर कब्जा जमा रहे थे और उनकी कीमत पर नौकरियां प्राप्त कर रहे थे। ऐसी ही स्थिति, किंतु उलटे रूप में, पंजाब में भी देखी जा सकती

थी जहां केनेथ जोंस आर्यसमाज के पुनरुत्थानवाद के प्रति बढ़ते आकर्षण का कारण अंशतः उस मुस्लिम चुनौती को मानते हैं जो वे खत्री, अरोड़ा और वाडिया समुदायों के व्यापारिक एवं व्यावसायिक प्रभुत्व को दे रहे थे।

आरंभ में अंग्रेजों द्वारा अलीगढ़ आंदोलन को समर्थन देने का कारण यह नहीं था कि उन्हें कांग्रेस-छाप राष्ट्रवाद को संतुलित करने के लिए एक जवाबी आंदोलन की आवश्यकता थी (कांग्रेस तब तक कोई खतरा नहीं थी), बल्कि सरकार को भारतीय इस्लाम की कुछेक अन्य प्रवृत्तियों से भय था। उसे उस 'कट्टरवाद' और विदेश-विरोधी मानसिकता से भय था जिसे कुछ धार्मिक नेता लोगों में प्रचारित कर रहे थे और अक्सर जिसका स्वागत सहज ही उस वर्ग में होता था जिसे पीटर हार्डी ने "छोटी जोतवाले किसानों, गांव-कस्बे के मुल्लों, अध्यापकों, पुस्तक-विक्रेताओं, छोटे दुकानदारों, छोटे कर्मचारियों और कुशल कारीगरों का औद्योगिक-पूर्व निम्न-मध्यवर्ग" कहा है: "· · · जो लोग अपनी भाषा में लिखना-पढ़ना जानते थे · · · और जिनका धार्मिक जोश बड़ी जल्दी उबाल में आ जाता था" (*मुस्लिम ऑफ ब्रिटिश इंडिया,* पृ. 58)। मोटे तौर पर हिंदुओं के भी ऐसे ही समूह उन्नीसवीं सदी के उत्तरार्ध में पुनरुत्थानवादी एवं अतिवादी राष्ट्रवाद की ओर आकर्षित हो रहे थे। इस स्थिति में 1857 की स्मृतियां, जिसमें मुसलमानों की विशिष्ट भूमिका को थोड़ा अतिरंजित करके दर्शाया गया था, और वह घबराहट और हड़बड़ी आपस में मिल गई थीं जो 'वहाबी' सीमांत युद्धों एवं 1860 के दशक के षड्यंत्रों के कारण उत्पन्न हुई थीं। फिर भी, अगले दशक तक 'वहाबी' तथा और भी सही ढंग से कहें तो तरीक-ए-मुहम्मदिया आंदोलन के अंग्रेज-विरोधी राजनीतिक पक्षों को दबा दिया गया था। शेष बचा था इस्लामीकरण का एक निरंतर चलनेवाला आंदोलन जो विशेष रूप से ग्रामीण बंगाल में सक्रिय था, और जिसके निशाने थे संश्लेषणवादी संप्रदाय, शिर्क और बिद्दत (अनेकेश्वरवाद और पापमय नवीन विचार)। ऐसे शुद्धतावादी आंदोलन विचित्र रूप से दुधारे थे—कभी-कभी शूरता से युक्त अंग्रेज-विरोधी, किंतु जिनका योगदान आंतरिक संघर्षों में भी रहता था। इसका एक लगभग समांतर उदाहरण सिखों के कूका संप्रदाय में मिलता है। 1872 में उन्होंने अंग्रेजों की बंदूकों का सामना किया था, अतः कभी-कभी इन्हें स्वतंत्रता सेनानी भी कहा जाता है, फिर भी उनकी प्रमुख गतिविधियां थीं गोहत्या को लेकर इस्लाम पर तीव्र प्रहार करना जिसकी पराकाष्ठा अमृतसर एवं लुधियाना में कुछ मुसलमान कसाइयों की हत्या में हुई।

एक और भी शांत प्रकृति की अंग्रेज-विरोधी प्रवृत्ति देवबंद के धार्मिक मठ में जीवित रही, जिसकी स्थापना 1867 में हुई थी। वहाबियों के विपरीत ये कट्टर रूढ़िवादी थे और सैयद अहमद के प्रति इस कारण वैमनस्य रखते थे कि उन्होंने धर्मशास्त्र संबंधी नई परिभाषाएं दी थीं और वे राजभक्त थे। देवबंद ने अपेक्षाकृत गरीब विद्यार्थियों को आकर्षित किया जो पश्चिमी शिक्षा

का व्यय नहीं उठा सकते थे। देवबंद ने अपने यहां से निकलनेवाले मदरसों के अध्यापकों के माध्यम से अपना प्रभाव बनाए रखा और बीसवीं सदी में कांग्रेसी राष्ट्रवाद को पर्याप्त समर्थन प्रदान किया। जिसका अंग्रेजों को अधिक भय था वह था अखिल-इस्लामी भावनाओं का यदाक़दा मिलनेवाला प्रमाण। इन भावनाओं को उत्तेजित करने का स्रोत था उस्मानिया सुलतान एवं खलीफा का दूरस्थ व्यक्तित्व। विशेष रूप से 1876-78 के बाल्कन युद्ध एवं 1896-97 के यूनान-तुर्की युद्ध के समय आधुनिक अखिल-इस्लामवाद के संस्थापक जमालुद्दीन अल-अफगानी 1879 और 1882 के बीच भारत में स्वयं उपस्थित थे, और हैदराबाद एवं कलकत्ता में लिखते और व्याख्यान देते थे। यद्यपि जमालुद्दीन ने *ए रिफ्यूटेशन ऑफ दि मैटीरियलिस्ट्स* (1882) में सैयद अहमद पर तीव्र प्रहार किया था, पर वास्तव में उन्हें आपत्ति थी सैयद अहमद के अंग्रेजों का पिट्ठू होने पर। स्वयं अल-अफगानी के धर्मशास्त्र संबंधी विचार सैयद अहमद से कम अपारंपरिक नहीं थे, और उन्होंने कलकत्ता में विद्यार्थियों को दिए गए व्याख्यानों में हिंदू-मुसलमान एकता की मार्मिक हिमायत की थी। इनमें से एक व्याख्यान उन्होंने कॉलेज स्ट्रीट स्थित अल्बर्ट हाल में दिया था जो अब काफी हाउस है। इसका तत्कालिक प्रभाव तो लगता है अधिक नहीं हुआ, किंतु अब एक नई प्रवृत्ति उभर रही थी और यह भी बहुत अधिक अस्पष्ट थी। इस बात के प्रमाण हैं कि 1890 के दशक तक कलकत्ता के मुसलमान पटसन-मजदूरों तक को यह सिखाया जाने लगा था कि सुलतान दूरस्थ ही सही, एक शक्तिशाली संरक्षक है। 1897 के कलकत्ता दंगों में अखिल-इस्लामवाद का भी योगदान रहा; बीस वर्ष पश्चात् यही खिलाफत आंदोलन के माध्यम से एक सशक्त साम्राज्यवाद-विरोधी शक्ति बननेवाला था।

जैसाकि उपरोक्त सर्वेक्षण से स्पष्ट है, उन्नीसवीं सदी में भारतीय समाज के संघर्ष दो बड़े, हिंदू और मुसलमान, धार्मिक समुदायों के बीच के संघर्ष उतना नहीं थे जितना कि इन दोनों संप्रदायों में प्रत्येक के भीतर ही होनेवाले संघर्ष। किंतु 1880 और 1890 के दशकों में संप्रदायवाद भी पहली बार एक अखिल-भारतीय आयाम ग्रहण कर रहा था। इसके दो प्रमुख मुद्दे थे—उर्दू और देवनागरी का विवाद और गोरक्षा। देवनागरी लिपि के प्रयोग की जो मांग सर्वप्रथम 1868 में बनारस के कुछ हिंदुओं ने की थी, उसे 1900 में लेफ्टीनेंट-गवर्नर लॉर्ड मैकडॉनेल ने स्वीकार कर लिया था। यह मांग स्पष्टतः संयुक्त प्रांत के नए और पुराने अभिजनों के बीच के तनाव से जुड़ी थी। मजे की बात यह है कि सैयद अहमद ने मुसलमानों की एक अलग पहचान की बात 1869 में ही की थी और लिपि-विवाद के संदर्भ में इसे स्पष्ट रूप से उठाया था, लेकिन वस्तुतः उनकी साइंटिफिक सोसायटी में मुसलमानों की अपेक्षा हिंदू सदस्य ही अधिक संख्या में थे। लेकिन अंततः गोरक्षा का मुद्दा ही अधिक महत्वपूर्ण सिद्ध हुआ क्योंकि यह अभिजातवर्गीय और लोकव्यापी

संप्रदायवाद के बीच की कड़ी था, जैसाकि मैकलेन ने हाल ही में प्रकाशित एस अध्ययन में दर्शाया है। गोरक्षा के हिमायती हिंदुओं को आशा थी कि इस संबंध में कोई कानून बनेगा, और वे इसके लिए आंदोलन कर रहे थे। संयुक्त प्रांत की कई म्युनिसिपल काउंसिलों ने उपनियम पारित किए थे जो बूचड़खानों एवं कबाब की दुकानों पर 'स्वच्छता' के तथाकथित आधार पर पाबंदी लगाते थे। मुसलमान राजनीतिज्ञों को भय था कि चुनावों के फलस्वरूप जो हिंदू बहुमत आएगा वह उस बात पर और अधिक पाबंदी लगाएगा जिसे अनेक लोग अपने धर्म का एक अनिवार्य अंग समझते थे। दयानंद ने 1881 में *गौ-करुणानिधि* शीर्षक से एक किताबचा प्रकाशित किया था, और 1880 के दशक के बाद उत्तर भारत के अनेक भागों में गौरक्षिणी सभाएं बनने लगी थीं जिनको कुछ वकीलों एवं जमींदारों के संरक्षण के साथ ही कतिपय घुमक्कड़ साधुओं की गतिविधियों से प्रोत्साहन भी मिलता था। गाय न केवल पुरातनकाल से धार्मिक प्रतीक रही थी, यह किसान के लिए भूमि के बाद सबसे महत्वपूर्ण आर्थिक पूंजी थी। दूसरी ओर, पढ़े-लिखे हिंदू इस तर्क को मानते थे कि गोरक्षा से समस्त भारतीयों के स्वास्थ्य एवं समृद्धि में वृद्धि होगी। 1892-93 से गौरक्षिणी सभाएं अधिक जुझारू बनने लगी थीं जो शायद वर्षभर पूर्व एज ऑफ कंसेंट बिल के पारित किए जाने के विरोध में रूढ़िवादी हिंदुओं का रोष दर्शाता था। गायों की बिक्री अथवा वध पर बलपूर्वक हस्तक्षेप की, बल्कि यहां तक कि सभा रूपी न्यायालयों की स्थापना की भी रिपोर्टें मिलती हैं, जो कसाइयों को गायें बेचने पर जुर्माना अथवा सामाजिक बहिष्कार का दंड देती थीं। चूंकि उसी समय इस्लामी पुनरुत्थानवादी प्रवृत्तियां बकरीद पर गोकुशी की अनिवार्यता पर बल दे रही थीं, इसलिए जून-जुलाई 1893 में बड़े स्तर पर होनेवाले दंगों का आधार यहां तैयार था। ये दंगे आरंभ हुए आजमगढ़ के मऊ कस्बे में जहां बड़ी संख्या में मुसलमानों पर गाजीपुर और बलिया जिलों से आई हुई भीड़ ने आक्रमण कर दिया था। बलिया में दंगे सबसे अधिक संगठित थे जहां एक राजपूत जमींदार बहुत सक्रिय था। इनका सबसे अधिक विस्तार (कुल मिलाकर 22) सारन, गया और पटना में था, जहां बड़े-बड़े पशु-मेले लगते थे। इनका सबसे अधिक हिंसक रूप बंबई शहर में देखा गया जहां 80 लोग मारे गए; वहां गड़बड़ी की शुरुआत इस बात को लेकर हुई थी कि हिंदुओं के जुलूस मस्जिदों के आगे बाजे बजाते हुए निकलें या नहीं। दंगों के अन्य दो स्थान थे जूनागढ़ और दूरस्थ रंगून। ऐसे लगभग-देशव्यापी दंगे पहले कभी नहीं हुए थे। यह निश्चय ही आधुनिक राष्ट्रीय आंदोलन के लिए बुरा शगुन था, जो अभी गति पकड़ ही रहा था।

पुनरुत्थानवाद एवं राष्ट्रवाद के अतिवादी स्वरूपों के बीच प्रायः जो संबंध माना जाता है वह थोड़ा संदेहास्पद प्रतीत होता है। पुनरुत्थानवाद की परिणति दंगों के रूप में हुई थी जिनका स्वागत करते हुए भारत-सचिव किम्बरले ने कहा था कि इससे "उस कांग्रेस आंदोलन की जड़ ही कट जाएगी जो

भारतीयों को एकजुट करने के लिए चल रहा था" (लैंसडाउन को किम्बरले का पत्र, 25 अगस्त 1893)। वैसे भी स्मरण रखना चाहिए कि 1905 के पूर्व राष्ट्रवाद में अकेला सबसे बड़ा योगदान दादाभाई नौरोजी, रानाडे, जी. वी. जोशी, और आर. सी. दत्त जैसे लोगों ने संपत्ति के दोहन के सिद्धांत द्वारा अंग्रेजी शासन के आर्थिक पक्षों की विस्तृत समीक्षा के रूप में दिया था। ये सभी मोटे तौर पर आधुनिकतावादी सुधारवादियों से जुड़े थे। न ही समाज-सुधार का बीड़ा उठानेवाले अनिवार्यतः राजनीति के क्षेत्र में खोखले नरमपंथी होते थे। 1876 में ब्रह्मसमाजी नेता शिवनाथ शास्त्री की प्रेरणा ने युवकों के एक समूह को (जिसमें बिपिनचंद्र पाल भी सम्मिलित थे) एक अनोखी शपथ लेने के लिए प्रेरित किया कि वे सरकारी नौकरियों का बहिष्कार करेंगे, और उन्होंने घोषणा की कि "स्वशासन ही ईश्वर द्वारा निर्दिष्ट एकमात्र शासन है।" जी. जी. आगरकर जिन्होंने डेकन एजुकेशन सोसाइटी की स्थापना की थी और तिलक के साथ *केसरी* और *मराठा* निकाला था, किंतु बाद में जिनके साथ उनका झगड़ा हो गया था, सामाजिक और राजनीतिक, दोनों ही मामलों में उग्रपरिवर्तनवादी माने जाते थे। पटवर्धन, जो 1895 में आगरकर की असामयिक मृत्यु के पश्चात् *सुधारक* नामक सुधारवादी पत्रिका के संपादक बने थे, एक निलंबित अध्यापक थे और उनके विरुद्ध 1897 में पूना में प्लेग के समय हुई गड़बड़ी के दौरान राजद्रोह के अभियोग लगे थे। इसके विपरीत रूढ़िवादिता या पुनरुत्थानवाद के सभी पक्षधर राजनीतिक उग्रवादी नहीं थे। 1892 में बनारस में 10,000 रूढ़िवादियों की रैली सनातन धर्म और महारानी विक्टोरिया की जयजयकार पर समाप्त हुई थी। एनी बेसेंट समाज-सुधार आंदोलन में दीक्षित होने के पश्चात् ही राजनीतिक रूप से सक्रिय हुई थीं और लाजपतराय के कॉलेज गुट के विपरीत आर्यसमाज का रूढ़िवादी गुरुकुल गुट राष्ट्रवादी राजनीति से दूर ही रहा। 1913 तक भी स्थिति यह थी कि कि गुरुकुल लेफ्टीनेंट-गवर्नर मेस्टन का शानदार स्वागत करके अपनी राजभक्ति का प्रदर्शन कर रहा था।

लगभग 1870 के दशक के बाद से ही जो कुछ हो रहा था, वह था राष्ट्रवाद के विभिन्न रूपों के प्रति बुद्धिजीवी वर्ग के विचार एवं कर्म की दुनिया में एक धीमा, अपूर्ण, प्रायः असंगत क़िंतु फिर भी अत्यंत महत्वपूर्ण परिवर्तन, एक ऐसा परिवर्तन जिसने अनेक (यद्यपि सबको कदापि नहीं) सुधारकों एवं पुनरुत्थानवादियों को समान रूप से प्रभावित किया। इस संवृत्ति की व्याख्या शिक्षितों के बीच बढ़ती हुई बेरोजगारी के संदर्भ में करना पूर्णतः संतोषजनक नहीं है। यह सच है कि भारतीय समाचारपत्र (साथ ही अनेक सरकारी रिपोर्टें भी) स्नातकों के लिए कम होते अवसरों की शिकायत कर रहे थे। (यह कहना आवश्यक है कि यह स्थिति स्वयं उपनिवेशवाद की उपज थी : उद्योगों की अत्यंत धीमी वृद्धि और मैकाले के अंतर्गत आरंभ से ही अंग्रेजी शिक्षा के प्रति दिखाए जानेवाले मानववादी झुकाव ने मुक्त व्यवसायों

एवं सरकारी नौकरियों में भीड़-भाड़ को अपरिहार्य बना दिया था।) फिर भी यह स्मरण रखना चाहिए कि नौकरियों के लिए स्पर्धा ही सरलता से प्रादेशिक एवं सांप्रदायिक रूपों में संकीर्ण चेतना को जन्म दे सकती थी। हम पहले ही संयुक्त प्रांत में हिंदू-मुसलमान अभिजात वर्गों के संघर्ष एवं अधिकांश उत्तर भारत में बंगालियों की बढ़ती हुई अलोकप्रियता के रूप में इसके दृष्टांत देख चुके हैं। आरंभिक कांग्रेस के नेता और इसमें भाग लेनेवाले अधिकांश लोग बेरोजगार युवक नहीं थे, बल्कि पर्याप्त समृद्ध व्यवसायी थे। अधिक महत्वपूर्ण कारण थे नस्लवाद (इल्बर्ट बिल पर खड़ा होनेवाला तूफान इसकी एक बड़ी अभिव्यक्ति मात्र था), और ब्रिटिश नीतियों एवं देश की घोर दरिद्रता के बीच के संबंध की बढ़ती हुई चेतना (जिसे 1870 और 1890 के दशकों में बारंबार पड़नेवाले अकालों ने और स्पष्ट कर दिया था)। यदि व्यष्टि स्तर पर और अधिक व्याख्या अपेक्षित है तो इस तथ्य की ओर ध्यान आकर्षित किया जा सकता है कि आरंभिक कांग्रेस के नेताओं को, जोकि सफल वकील थे, अपने आरंभिक व्यवसाय में पर्याप्त श्वेत प्रतिरोध का सामना करना पड़ता था। उदाहरण के लिए, 1873 में फीरोजशाह मेहता ने छोटे शहरों और कस्बों में वकालत करने का निश्चय किया था क्योंकि उन्हें शिकायत थी कि बंबई में अनुचित ब्रिटिश स्पर्धा है। 1881 में स्टैंडिंग काउंसिल में नियुक्ति के लिए डब्ल्यू. सी. बनर्जी की अवहेलना की गई, और मद्रास और कलकत्ता में वकीलों को हाईकोर्ट के मूल मुकदमों में बिना बैरिस्टरों के खड़े होने का अधिकार तभी मिला जब उन्होंने गोरों के जूनियरों के रूप में काम करने से इनकार कर दिया। एक अनिवार्यतः अधिक शांत प्रकार की देशभक्ति सिविल सेवाओं में भेदभाव के परिणामस्वरूप भी पनप रही थी। उदाहरण के लिए, ब्रजेंद्रनाथ डे जैसे लोगों को बार-बार इसी कारण प्रोन्नति से वंचित रखा गया कि उन्होंने रानीगंज में गोरे खान-मालिकों के दुर्व्यवहार के विरुद्ध भारतीयों के पक्ष में हस्तक्षेप किया था, और अपने से ऊंचे अधिकारी जॉन बीम्स की इच्छा के विरुद्ध इल्बर्ट बिल का समर्थन करने की 'धृष्टता' की थी। एक अन्य अल्पज्ञात बंगाली अधिकारी, जिला मुंसिफ, ज्ञानचंद्र बनर्जी ने एक अप्रकाशित डायरी छोड़ी है जिसमें सर्वत्र गहन ब्रिटिश-विरोधी भावना लक्षित होती है जिसका कारण नस्ली भेदभाव एवं जनसामान्य की दरिद्रता है।

साहित्य में राष्ट्रवाद

बुद्धिजीवी वर्ग की देशभक्ति की प्रथम एवं सहज अभिव्यक्ति प्रांतीय भाषाओं के साहित्य के माध्यम से हुई। विभिन्न भारतीय भाषाओं का आधुनिक साहित्य (विशेष रूप से गद्य साहित्य जो उन्नीसवीं सदी के पूर्व बहुत हद तक अविकसित था) हर जगह सुधार आंदोलनों के घनिष्ठ संपर्क में विकसित हुआ। (यहां राममोहन राय और विशेष रूप से विद्यासागर स्मरणीय हैं जिन्होंने बंगला गद्य के विकास में महत्वपूर्ण भूमिका निभाई।) तत्पश्चात् इस पर एक नया, देशभक्ति

का रंग चढ़ गया। 1860 और 1870 के दशकों में बंगाल में विपुल काव्य और गीत साहित्य रचा गया जिसमें देश की दुर्दशा और कभी-कभी तो प्रत्यक्षतः हस्तकौशलों के पतन पर विलाप किया गया था। इनमें से अनेक कविताओं और गीतों की रचना हिंदू मेलों के लिए की गई थी जो 1867 के बाद से कुछ वर्षों तक टैगोर परिवार के प्रोत्साहन से नवगोपाल मित्र द्वारा आयोजित किए जाते रहे थे। नया-नया स्थापित हुआ रंगमंच तो और भी अधिक ब्रिटिश-विरोधी था जिसने नील की खेती करनेवालों की दशा का चित्रण करनेवाले दीनबंधु मित्र के नाटक *नीलदर्पण* (1860) से लेकर 1870 के दशक तक अन्य अनेक ऐसे नाटक मंचित किए कि लिटन को 1876 में ड्रामेटिक परफार्मेंसेज एक्ट लाना पड़ा। मगर अकेले सबसे बड़ा प्रभाव किसी का था तो वे थे बंकिमचंद्र जिनके ऐतिहासिक उपन्यासों की पराकाष्ठा था—*आनंदमठ* (1882) जिसमें 'वंदेमातरम्' गीत था। उपन्यासों के साथ ही निबंधों के माध्यम से बकिमचंद्र लोगों में देश के इतिहास के प्रति एक नई रुचि जाग्रत करना चाहते थे। उनके लेखन में मिलनेवाला स्वर शुद्ध रूप से राष्ट्रवाद का विश्वव्यापी स्वर था। फिर भी ध्यान देने योग्य बात यह है कि 1880 और 1890 के दशकों में जब बंगाल में हिंदू पुनरुत्थानवाद अपने सर्वोच्च शिखर पर था, वहां राजनीतिक रुचि में थोड़ी-बहुत कमी दिखाई देने लगी थी। रंगमंच पर अब गिरीशचंद्र घोष के भावुकतापूर्ण पारिवारिक नाटक अथवा पौराणिक कथानकों पर आधारित नाटक छाए हुए थे जिनमें प्रत्यक्ष राजनीतिक तत्व का अभाव होता था। 1903 में बिपिनचंद्र पाल ने कहा था कि इल्बर्ट बिल के समय से ही "अमूर्त धर्म के हित में राजनीति की अवहेलना होती रही है। और इसके परिणामस्वरूप राष्ट्रीय गीतों का स्थान धार्मिक गीतों ने ले लिया है" (*न्यू इंडिया*, 19 मार्च 1903)।

राष्ट्रवाद और प्रादेशिक साहित्य के विकास के बीच के संबंध का यह प्रतिमान देश के अन्य भागों में भी विभिन्न कालों में देखा जा सकता है, और यह मोटे तौर पर उन क्षेत्रों में राष्ट्रवादी गतिविधियों के उदय से संबद्ध था। एम. जी. रानाडे के *नोट ऑन दि ग्रोथ ऑफ मराठी लिटरेचर* (1898) में मराठी भाषा के प्रकाशन में तेजी से होनेवाली वृद्धि की सूची दी गई है : 1818 से 1827 के बीच इनकी संख्या केवल 3 थी, जो 1847-57 के बीच 102, 1865-74 के बीच 1,530, और 1885-96 के बीच 3,824 हो गई थी। रानाडे ने 1840 के दशक के बाद से इस बात पर बल दिया कि मध्यकालीन मराठी भक्त कवियों की रचनाओं के नए संस्करण प्रकाशित किए जाएं। इसके पश्चात् पुराने मराठी इतिवृत्तों (बखारों) का प्रकाशन हुआ, और एक अर्थ में स्वयं रानाडे की ऐतिहासिक रचनाओं एवं लेखों ने शिवाजी का गौरवमंडन आरंभ किया जिसे 1895 में तिलक ने अपना लिया। फिर भी रानाडे ने सत्रहवीं शती के पुनरुत्थान को एक प्रकार के विरोध-आंदोलन के रूप में चित्रित करने का प्रयास किया जिसके प्रणेता थे भक्तिकाल के संत जो जातिगत

विषमताओं के परे जाना चाहते थे। उनकी धारणा थी कि बादवाले पेशवाओं की रूढ़िवादिता आंशिक रूप से मराठों के पतन के लिए उत्तरदायी थी। 1890 के दशक से तिलक, केलकर और रजवाडे ने शिवाजी की एक नितांत भिन्न छवि प्रस्तुत की जिसमें उनके गुरु रामदास को हिंदू संघर्षवृत्ति के धर्मदूत के रूप में चित्रित किया गया था। स्पष्ट है कि दोनों पक्षों की ओर से तत्कालीन मतभेदों को अतीत में प्रक्षेपित करके दिखाने का प्रयास किया जा रहा था। एक तीसरी धारणा भी थी जो शिवाजी को राजा के रूप में दर्शाती थी; यह धारणा ज्योतिबा फुले के गाथा-गीत (1869) में मिलती है। अधिक प्रत्यक्ष रूप से राजनीतिक विषय भी परस्पर-विरोधी दृष्टियों से उठाए गए—'लोकहितवादी' गोपाल हरि देशमुख द्वारा अपनी *शतपत्र* शृंखला (1848-50) में, जिसमें सामाजिक सुधारों और देशी उद्योगों की हिमायत की गई थी किंतु मोटे तौर पर अंग्रेजी शासन का स्वागत भी किया गया था, और एक पीढ़ी पश्चात् विष्णुकृष्ण चिपलुणकर की पत्रिका *निबंधमाला* (1874-81) द्वारा जिसमें नवजागरण एवं ब्रिटिश-विरोध का प्रखर स्वर था।

फिर भी, जैसाकि बंगला और मराठी के दृष्टांतों से स्पष्ट है, विभिन्न भारतीय भाषाओं के राष्ट्रवादी साहित्य में कुछेक अस्पष्टताएं भी दिखाई पड़ती हैं। इसकी वृत्ति राष्टीय, प्रादेशिक एवं सांप्रदायिक चेतना को न्यूनाधिक एक साथ पोषित करने की थी। बंकिमचंद्र का सरोकार मूलतः बंगाल के इतिहास से था। वे बारंबार यही दोहराते रहे कि बंगाल ने अपनी स्वाधीनता बख्तियार खिलजी के कारण खोई थी, प्लासी की लड़ाई में नहीं। उन्होंने मुगलों द्वारा आंचलिक जीवन के केंद्रीकरण के हानिकारक परिणामों पर बल दिया, और अपने बादवाले ऐतिहासिक उपन्यासों में जी भरकर मुसलमानों की निंदा की (विशेष रूप से *आनंदमठ, देवी चौधरानी* और *सीताराम* में)। टॉड ने मुसलमान आक्रमणकारियों के विरुद्ध राजपूती वीरता और शौर्य का जो रूमानी मिथक खड़ा किया था, उसे बड़े स्तर पर बंगला काव्य, नाटक और उपन्यास, यहां तक कि बाल-साहित्य में भी समाविष्ट कर लिया गया। शिवाजी की नायक-पूजा का भी बंगला साहित्य में आयात करने का प्रयास किया गया, यद्यपि मराठा शक्ति के साथ बंगाल का मुख्य ऐतिहासिक संबंध 1740 के दशक में होनेवाले अत्यंत विनाशकारी 'बर्गी' छापों के कारण ही था। इस प्रकार वह स्थिति विकसित हुई जिसे बिपनचंद्र ने सही तौर पर 'स्थानापन्न राष्ट्रवाद' कहा है और कभी-कभी जिसका औचित्य यह कहकर सिद्ध किया जाता है कि खुलेआम अंग्रेजी सत्ता के विरुद्ध लिखना खतरनाक हो सकता था (उदाहरण के लिए, बंकिमचंद्र का सरकारी नौकरी में होना)। किंतु इस प्रकार प्रहार के उद्देश्य से मुसलमानों को अंग्रेजों का स्थानापन्न बनाने के खतरनाक परिणाम ही हो सकते थे। स्वदेशी से संबद्ध हिंदू युवा वर्ग 1905 के बाद से बंकिमचंद्र को देवता मानने लगा था, किंतु बड़ी सीमा तक राष्ट्रवाद से सहानुभूति रखनेवाली *मुसलमान* जैसी मुस्लिम पत्रिकाओं ने भी उन पर बारंबार आक्षेप किए क्योंकि उनकी

अनेक रचनाओं में यवनों की निंदा की गई थी। मगर शीघ्र ही मुसलमान बुद्धिजीवी भी अपना अलग किस्म का स्थानापन्न राष्ट्रवाद विकसित करने लगे जिसमें ठीक उन्हीं व्यक्तियों एवं काल-खंडों को महिमामंडित किया गया था (उदाहरण के लिए, औरंगजेब) जिनकी हिंदू निंदा करते थे। साथ ही, यह इस्लाम के विगत गौरव के प्रति टीस भी उत्पन्न करता था। अल्ताफ हुसैन हाली और शिबली नोमानी जैसे उन्नीसवीं शती के अंत के उर्दू कवियों के यहां यही स्वर मिलता है। बंगाल में इसे अभिव्यक्ति दी मुसलमान कवि कैकोबाद ने।

दो प्रमुख क्षेत्रों में स्थिति और भी अधिक जटिल थी। एक था तमिलनाडु और दूसरा वह जिसे आज 'हिंदी क्षेत्र' कहा जाता है। तमिल इतिहास और प्राचीन तमिल साहित्य का स्मरण, जिसे राबर्ट कॉडवेल और जे. एच. नेलसन जैसे अंग्रेज विद्वानों ने प्रोत्साहित किया था, बीसवीं शती के आरंभ में प्रबल ब्राह्मण-विरोधी स्वर अपना रहा था जो आसानी से उत्तर भारतीय आर्य-विरोधी हो सकता था। इस स्थिति को कभी-कभी अंग्रेज अधिकारियों का प्रोत्साहन भी मिलता था, जैसाकि गवर्नर ग्रांट-डफ से 1886 में मिला था। साहित्यिक हिंदी भी बड़ी सीमा तक एक कृत्रिम रचना थी जो हिंदू पुनरुत्थानवादी आंदोलनों से घनिष्ठ रूप से जुड़ी हुई थी। भारतेंदु हरिश्चंद्र (1850-85), जिन्हें उनके नाटकों, कविताओं और पत्रकारिता के कारण आधुनिक हिंदी का जनक माना जाता है, स्वदेशी वस्तुओं का प्रयोग करने की अभ्यर्थना के साथ ही न्यायालयों में उर्दू के स्थान पर हिंदी लाने एवं गोवध पर रोक लगाने की मांग करते थे। राजनीति में वे मूलतः राजभक्त ही रहे। अठाहरवीं सदी में और उन्नीसवीं सदी के भी बहुत बड़े भाग में उत्तर भारत में उर्दू हिंदुओं और मुसलमानों, दोनों के लिए एक परिष्कृत संस्कृति की भाषा रही थी। 1881-90 तक संयुक्त प्रांत में प्रकाशित होनेवाली उर्दू पुस्तकों की संख्या हिंदी की 2,793 की तुलना में 4,380 थी। इसी तरह उर्दू के 16,256 समाचारपत्र निकलते थे तो हिंदी के 8,002। यहां तक कि प्रेमचंद भी 1915 तक मुख्यतः उर्दू में ही लिखते रहे जब तक कि उन्हें प्रकाशक मिलने कठिन न हो गए। आर्यसमाजियों एवं रूढ़िवादी हिंदुओं द्वारा उठाए गए देवनागरी लिपिवाली हिंदी के आंदोलन की एक विशिष्ट लोकप्रिय अपील थी, क्योंकि फारसी-बहुल उर्दू अभिजात वर्ग की भाषा रही थी। किंतु संस्कृतनिष्ठ हिंदी, जिसका अधिकाधिक प्रचार किया जा रहा था, और कुछ उत्साही प्रचारकों ने जिसे 'राष्ट्रभाषा' का दर्जा दिए जाने की भी मांग की, इस क्षेत्र की विभिन्न लोकप्रिय बोलियों (पंजाबी, हरियाणवी, पहाड़ी, राजस्थानी, अवधी, भोजपुरी, मैथिली, मागधी इत्यादि) से वस्तुतः बहुत भिन्न थी। सबसे भयानक बात तो यह थी कि भाषा और लिपि के मतभेदों को धीरे-धीरे धार्मिक मतभेदों से जोड़ा जाने लगा था जो संप्रदायवाद को जनमानस में कहीं और भी गहरे बिठा रहा था। इस प्रकार उत्तर और दक्षिण भारत में ऐसी समस्याएं उत्पन्न हो रही थीं जो आज तक स्वतंत्र भारत के

लिए चिंता का कारण बनी हुई हैं।

राष्ट्रीय आर्थिक सिद्धांत

राष्ट्रवाद की अभिव्यक्ति के दूसरे महत्वपूर्ण रूप का मर्म कम अस्पष्ट था। यह था—विदेशी शासन की आर्थिक समीक्षा जिसको 'संपत्ति का दोहन' कहना अधिक सुविधाजनक रहेगा। अवधारणा के स्तर पर, यही बात 1870 के पश्चात् की भारतीय बुद्धिजीवियों की पीढ़ी को उनके पूर्ववर्तियों से भिन्न करती है। ध्यान देने योग्य बात यह है कि राममोहन राय ने 1831 में हाउस ऑफ कॉमंस की प्रवर समिति के समक्ष अपनी साक्षी में उस बात को उठाया था जिसे बादवाली पीढ़ी संपत्ति का दोहन कहती। उन्होंने इसकी राशि का अनुमान लगाने का भी प्रयास किया था—केवल यही सुझाने के लिए कि इसका समाधान यूरोपीय उपनिवेशन था, क्योंकि तब श्वेतों द्वारा कमाया जानेवाला लाभांश देश के भीतर ही रहता। लेकिन 1870 के दशक से नौरोजी के साथ राष्ट्रवादी अर्थशास्त्र की परंपरा का विकास आरंभ हुआ जिसकी अभिव्यक्ति पुस्तकों, समाचारपत्रों के लेखों, भाषणों एवं संस्मरणों के रूप में हुई। यह विशद साहित्य ही इस विषय पर बिपनचंद्र की आधिकारिक रचना का आधार है। राष्ट्रवादी समीक्षा भारत की घोर और बढ़ती हुई दरिद्रता का प्रत्यक्ष संबंध अंग्रेज सरकार की कुछेक नीतियों से जोड़ती थी, विशेष रूप से संपत्ति के दोहन से। यह दोहन विभिन्न माध्यमों से हो रहा था—निर्यात की कृत्रिम रोकड़बाकी, हस्तकौशलों का विनाश एवं उसके पश्चात् भारत के आधुनिक उद्योग में रोड़े अटकाना, और अत्यधिक भू-राजस्व का भार। ये तीन विषय आर. सी. दत्त की रचना *इकोनॉमिक हिस्ट्री ऑफ इंडिया* (1901-03) में बारंबार उभरकर सामने आते हैं। इनके लिए जिन उपायों को बार-बार सुझाया जाता रहा, वे थे—इन नीतियों में परिवर्तन और उद्योग के विकास की दिशा में विशुद्ध भारतीय प्रयास। वस्तुतः आरंभिक राष्ट्रवादियों ने पूंजीवादी ढंग पर पर्याप्त स्पष्टता के साथ एक स्वतंत्र विकास का परिप्रेक्ष्य तैयार किया था। 1873 में ही भोलानाथचंद्र ने (विऔद्योगीकरण के एक आरंभिक बंगाली आलोचक जिन्होंने समाधान के रूप में अंग्रेजी माल का उपभोग न करने की बात भी सुझाई थी) देशवासियों से अपील की थी कि वे औद्योगिक उद्यम को अपनी "समस्त विचार-सरिताओं का सागर बनाएं।" बीस वर्ष पश्चात् रानाडे यह आशा व्यक्त कर रहे थे कि औद्योगीकरण "शीघ्र ही सारे देश का मंत्र हो जाएगा और इस पुरातन देश में आधुनिकता की भावना की विजय सुनिश्चित करेगा।" तिलक के *मराठा* में भी वही गूंज सुनाई पड़ती है : "हमें पूंजीवादी और उद्यमी होना चाहिए ··· व्यापारियों, मशीन बनानेवालों और दुकानदारों का राष्ट्र बनना चाहिए" (13 फरवरी 1881)।

हाल ही के अधिक परिष्कृत शोधों का जो सार पिछले अध्याय में प्रस्तुत किया गया है उसकी दृष्टि से राष्ट्रवादी समीक्षा की कुछेक सीमाएं

दृष्टिगत होती हैं। ब्रिटेन की साम्राज्यिक अर्थव्यवस्था में भारत की भूमिका कितनी महत्वपूर्ण थी, इसकी उन्हें समझ नहीं थी, और देश के कष्टों के लिए प्रायः कुछेक इक्का-दुक्का 'गैर-ब्रिटिश' नीतियों को दोषी ठहराया जाता था। नौरोजी जैसे लोग लंबे अर्से तक यही समझते रहे कि विनम्र अभ्यर्थना और दबाव द्वारा इन नीतियों को बदला जा सकता है। समस्त ध्यान सरकारी नीतियों पर ही केंद्रित होने के कारण निजी ब्रिटिश पूंजी की भूमिका की अवहेलना हुई। सबसे बढ़कर यह कि भारतीय समाज के भीतर विद्यमान तनावों को अनदेखा किया गया। अतः, जैसाकि नौरोजी और आर. सी. दत्त ने ठीक ही कहा था, किसानों को जबरन अपनी उपज बेचनी पड़ती थी और इसे विदेशी निर्यात अभिकरणों द्वारा बाहर भेज दिया जाता था ताकि दोहन के लिए आवश्यक रोकड़बाकी का संतुलन बनाए रखा जा सके। और इसका कारण केवल राजस्व की जबरन वसूली ही नहीं था, बल्कि भारतीय जमींदारों और साहूकारों द्वारा शोषण भी था। अनेक भारतीय भी शोषण के गौण माध्यम होते थे और इससे वे लाभान्वित होते थे। इस पक्ष को राष्ट्रवादी प्रायः अनदेखा कर देते थे। राष्ट्रवादी विदेशियों के लिए काम करनेवाले भारतीयों (उदाहरण के लिए, असम में कुलियों) के लिए तो मानवतावादी सरोकार प्रायः ही दिखाते रहते थे, किंतु भारतीय स्वामित्ववाले कारखानों के श्रमिकों की दशा की ओर से आंखें मूंद लेते थे। फैक्ट्री एक्टों से कारखानों में स्त्रियों एवं बच्चों के काम करने पर न्यूनतम और ठीक से लागू न होनेवाली पाबंदियां लगती थीं, और सरकार ने इन्हें मुख्यतः लंकाशायर के आग्रह पर पारित किया था क्योंकि उसे बंबई के उद्योग से स्पर्धा का खतरा दिखाई देने लगा था। अधिकांश राष्ट्रवादी समाचारपत्रों ने इन एक्टों का विरोध किया था। भारत के सूती कपड़ा उद्योग के भविष्य की सर्वोपरि चिंता ही 2 सितंबर 1875 को *अमृत बाजार पत्रिका* में छपनेवाले इस निर्मम वक्तव्य का औचित्य (न कि बहाना) हो सकती है :"यह उभरता हुआ उद्योग नष्ट हो, इससे कहीं अच्छा है कि हमारे मजदूरों की मृत्यु-दर बढ़ जाए।"

तथापि इन सीमाओं के बावजूद, नरमदलीय आर्थिक चिंतन अत्यंत प्रभावपूर्ण था। यही चिंतन बाद में राष्ट्रवाद के समस्त चरणों में विदेशी शासन की भारतीय समीक्षा का सार रहा—भले ही वह चरण उग्रवादी, क्रांतिकारी-आंतकवादी, गांधीवादी, बल्कि समाजवादी भी क्यों न रहा हो। संपत्ति के दोहन के सिद्धांत ने निश्चय ही औपनिवेशिक शोषण में निहित सच्चाइयों का मोटे तौर पर एक सच्चा चित्र प्रस्तुत किया। यह चेतना अभी तक विवेचित उन सभी विभिन्न विचारधाराओं एवं आंदोलनों से कम मिथ्या थी जो समाज-सुधार, पुनरुत्थानवाद, सांप्रदायिक गठजोड़ों अथवा प्रादेशिक निष्ठाओं के माध्यम से देश के दुःख दूर करना चाहते थे। तात्कालिक अर्थ में, संपत्ति के दोहन के सिद्धांत ने आरंभिक नरमदलीय कांग्रेस की मांगों एवं गतिविधियों को एक सैद्धांतिक आधार प्रदान किया।

कांग्रेस की स्थापना

कांग्रेस के नेतृत्व के केंद्र-बिंदु में कलकत्ता और बंबई के वे लोग थे जो 1860 के दशक के अंतिम और 1870 के दशक के आरंभिक वर्षों में आई. सी. एस. के लिए अथवा कानून पढ़ने के सिलसिले में लंदन गए थे और वहां दादाभाई के प्रभाव में आए थे जो तब इंग्लैंड में ही बस चुके थे और व्यापारी एवं प्रचारक का काम कर रहे थे। ये थे—फीरोजशाह मेहता, बदरुद्दीन तैयबजी, डब्ल्यू. सी. बनर्जी, मनमोहन और लालमोहन घोष, सुरेंद्रनाथ बनर्जी, आनंदमोहन बोस और रमेशचंद्र दत्त। इनमें से जो प्रशासनिक सेवा में भरती नहीं हुए (अथवा सुरेंद्रनाथ की तरह जिन्हें इस सेवा से निकाल दिया गया था), उन्होंने कलकत्ता में द्वारकानाथ गांगुली, पूना में जी. वी. जोशी और रानाडे, बंबई में के. टी. तैलंग, और कुछ समय पश्चात् मद्रास में जी. सुब्रमण्य अय्यर, बीरराघवचारी और आनंद चार्लू आदि के नेतृत्ववाले साधारण ब्रह्म समूह के साथ मिलकर अनेक स्थानीय समितियों के गठन की दिशा में कदम उठाया। इन समितियों के गठन में जमींदारों के स्थान पर 'मध्यमवर्गीय' पेशोंवाले तत्व ही अधिक थे। इनमें सर्वाधिक महत्वपूर्ण संगठन थे—पूना सार्वजनिक सभा (1870), इंडियन एसोसिएशन (1876) जिसने प्रशासनिक सेवा और प्रेस एक्ट के मुद्दों को लेकर 1877-78 में सर्वप्रथम अखिल भारतीय आंदोलन किया, मद्रास महाजन सभा (1884), और बाम्बे प्रेसीडेंसी एसोसिएशन (1885)। 1880 के दशक के आरंभ से ही इन संस्थाओं को अखिल-भारतीय स्तर पर साथ लाने के चर्चे और प्रयास होने लगे थे। इंडियन एसोसिएशन ने तो कलकत्ता में 1883 और 1885 में दो राष्ट्रीय सम्मेलनों का आयोजन भी किया था। किंतु अंततः एलन ऑक्टेवियन ह्यूम की पहलकदमी पर किया गया प्रयास ही स्थायी आधार पर सफल हुआ, और दिसंबर 1885 में बहुत सीमा तक स्व-नियुक्त 72 प्रतिनिधि भारतीय राष्ट्रीय कांग्रेस के पहले अधिवेशन के लिए एकत्र हुए।

1898 में डब्ल्यू. सी. बनर्जी के एक वक्तव्य ने इस अनावश्यक विवाद को जन्म दिया कि ह्यूम डफरिन की सीधी सलाह पर यह कार्य कर रहे थे। निस्संदेह, कांग्रेस की स्थापना के संबंध में यह धारणा मूलतः सम्मान प्राप्त करने के साधन के रूप में ही प्रस्तुत की गई थी। लेकिन बाद में इसका अध्ययन ह्यूम की उन अपीलों को ध्यान में रखकर किया जाने लगा जो वे अंग्रेज अधिकारियों से शिक्षित भारतीयों को रियायतें देने के लिए करते थे ताकि सार्वजनिक हिंसा को रोका जा सके। ह्यूम ने बार-बार चेतावनी दी थी कि ऐसी हिंसक परिस्थिति बहुत दूर नहीं है। इसके परिणामस्वरूप यह धारणा बनी, जो बाद में कांग्रेस के उग्रपरिवर्तनवादी आलोचकों को प्रिय लगने लगी, कि ब्रिटिश सरकार ने जान-बूझकर स्वयं एक भूतपूर्व प्रशासनिक अधिकारी के माध्यम से कांग्रेस की स्थापना करवाई थी ताकि यह संस्था जन-असंतोष

के लिए सुरक्षा वाल्व का कार्य कर सके। फिर भी, डफरिन के निजी कागज-पत्रों के सार्वजनिक होने से स्पष्ट हो जाता है कि शासक वर्ग में किसी ने भी निकट भविष्य में स्थित खतरे के संबंध में ह्यूम की कसांद्रा जैसी भविष्यवाणियों को गंभीरता से नहीं लिया था। मई 1885 में ह्यूम ने शिमला में वायसरॉय से भेंट की थी, किंतु इस संबंध में वायसरॉय की तात्कालिक प्रतिक्रिया केवल इतनी थी कि उसने बंबई के गवर्नर को 'प्रतिनिधियों के प्रस्तावित राजनीतिक सम्मेलन' से दूर रहने की सलाह दी थी (रे के नाम डफरिन का पत्र, 17 मई 1885)। बात जो भी रही हो, इसमें ह्यूम की भूमिका को अत्यंत बढ़ा-चढ़ाकर प्रस्तुत किया गया है। एक राष्ट्रीय संगठन बनाए जाने की बात काफी समय से चल रही थी। ह्यूम ने केवल एक तैयारशुदा स्थिति का लाभ उठाया, यद्यपि यह तथ्य भी उनके पक्ष में जाता था कि किसी प्रदेश-विशेष से संबंधित न होने के कारण वे भारतीयों को अधिक मान्य थे। भारतीय शायद यही समझते थे कि सरकारी क्षेत्र में ह्यूम का अत्यधिक प्रभाव है, और ह्यूम ने इस धारणा का विरोध भी नहीं किया।

नरमदलीय कांग्रेस : लक्ष्य एवं पद्धतियां

कांग्रेस के इतिहास के प्रथम बीस वर्षों, अर्थात् इसके नरमदलीय चरण की विवेचना एक खंड के रूप में करने की प्रथा-सी रही है। निश्चय ही इस कालावधि में कांग्रेस के लक्ष्यों एवं गतिविधि की पद्धतियों में मोटे तौर पर एकरूपता देखी जा सकती है। प्रत्येक वर्ष के अंत में कांग्रेस का एक त्रिदिवसीय अधिवेशन होता था जो एक राजनीतिक सभा के साथ ही एक महान सामाजिक अवसर भी होता था। लोग लंबे-लंबे अध्यक्षीय भाषणों और अन्य अनेक भाषणों को सुनते और तालियां बजाते थे। (ये भाषण प्रायः सदैव अंग्रेजी में होते थे।) प्रत्येक अधिवेशन के अंत में प्रायः एक-से ही प्रस्ताव पारित किए जाते थे जिनका संबंध मोटे तौर पर तीन प्रकार की शिकायतों से होता था—राजनीतिक, प्रशासनिक एवं आर्थिक। मुख्य राजनीतिक मांग होती थी सुप्रीम एवं स्थानीय लेजिस्लेटिव काउंसिलों में सुधार की, उन्हें अधिक शक्ति दिए जाने की (उदाहरण के लिए बजट पर बहस करने एवं प्रश्न करने अथवा हस्तक्षेप करने के अधिकार की), और स्थानीय निकायों, चैंबर्स ऑफ कॉमर्स एवं विश्वविद्यालयों द्वारा चुने गए सदस्यों को उनमें सम्मिलित कर उन्हें प्रातिनिधिक बनाने की। इस प्रकार तात्कालिक परिप्रेक्ष्य स्वायत्त शासन अथवा जनतंत्र की कल्पना से भी दूर था। यहां तक कि 1905 में भी गोखले के अध्यक्षीय भाषण में दावा किया गया था कि शिक्षित लोग "जनता के सहज नेता हैं" और यह भी कि राजनीतिक अधिकारों की मांग "जनसामान्य के लिए नहीं की जा रही है, बल्कि उसके केवल उसी भाग के लिए की जा रही है जो शिक्षा द्वारा ऐसी एसोसिएशन का उत्तरदायित्व निभाने योग्य हो गया है।" लेकिन उन्हें यह आशा भी रहती थी कि ब्रिटिश नमूने पर पिछली मिसालों

के आधार पर स्वतंत्रता में धीरे-धीरे वृद्धि होगी जब तक कि भारत उस अपेक्षित किंतु दूरस्थ लक्ष्य को प्राप्त नहीं कर लेता जिसे नौरोजी ने पर्याप्त अस्पष्ट रूप से "स्वायत्त शासन अथवा स्वराज जैसाकि इंग्लैंड अथवा उपनिवेशों में है" कहा था। प्रशासनिक सुधारों की मांग में सर्वोच्च महत्व सेवाओं के भारतीयकरण को दिया गया था, और आई. सी. एस. की परीक्षा इंग्लैंड और भारत में साथ-साथ कराने की मांग की जाती थी। कहा जाता है कि यह मांग अभिजन के छोटे-से समूह को संतुष्ट करने के लिए की गई थी ताकि उन्हें आई.सी.एस. में आने का अवसर मिल सके, किंतु वास्तव में यह मांग कहीं विस्तृत विषयों से जुड़ी थी। भारतीयकरण से नस्लवाद पर प्रहार होता, इससे संपत्ति के दोहन पर भी रोक लगती क्योंकि श्वेत अधिकारियों को दी जानेवाली मोटी तनख्वाहों एवं पेंशनों की रकम इंग्लैंड चली जाती थी, और साथ ही प्रशासन भारतीयों की आवश्यकता के प्रति अधिक संवेदनशील बनता। अन्य प्रशासनिक मांगें थीं—एक स्वतंत्र न्यायपालिका, ज्यूरी द्वारा मुकदमों की सुनवाई, आर्म्स एक्ट का वापस लिया जाना, सेना में भारतीयों के लिए अधिक उच्च पद, और भारतीयों के एक स्वयंसेवक दल का निर्माण। इन सब मांगों में नस्ली समानता के साथ ही नागरिक अधिकारों की चिंता स्पष्ट दिखाई पड़ती है। अधिवेशनों में उठाए जानेवाले समस्त आर्थिक मुद्दे देश की व्यापक गरीबी और संपत्ति के दोहन के विषय से ही जुड़े होते थे। बार-बार पारित किए जानेवाले प्रस्तावों में मांग की जाती थी कि भारत की बढ़ती हुई गरीबी और यहां पड़नेवाले अकालों की जांच की जाए, घरेलू मदों और सैनिक खर्चों में कटौती की जाए, भारतीय उद्योगों को बढ़ावा देने के लिए तकनीकी शिक्षा पर अधिक व्यय हो, और अनुचित चुंगी और आबकारी करों को समाप्त किया जाए। स्थायी बंदोबस्त के विस्तार की मांग भी संपत्ति के दोहन के तर्क से जुड़ी थी क्योंकि अति-आकलन को किसानों की उपज बेचने की बाध्यता के लिए उत्तरदायी माना जाता था जो निर्यात-बेशी का कारण होता था। आरंभिक कांग्रेस की गतिविधियां केवल अंग्रेजी शिक्षा-प्राप्त समूह, जमींदारों और उद्योगपतियों के हितों की चिंता तक ही सीमित नहीं थीं। यह इस बात से स्पष्ट है कि इसके अधिवेशनों में नमक कर, विदेशों में भारतीय कुलियों के साथ किए जानेवाले व्यवहार और वन-प्रशासन द्वारा उत्पन्न कष्टों के संबंध में भी प्रस्ताव पारित किए जाते थे। 1891 से 1895 के बीच प्रत्येक वर्ष वन-कानूनों की निंदा करनेवाले प्रस्ताव पारित किए जाते रहे। इसके अतिरिक्त इंडियन एसोसिएशन ने 1880 के दशक के अंत में असम के चाय बागानों में अनुबंधित श्रमिकों की दुर्दशा को उजागर करने का आंदोलन चलाया। इसके सहायक सचिव द्वारकानाथ गांगुली पर्याप्त खतरा उठाकर असम के बागान क्षेत्र में भी गए ताकि वहां के श्रमिकों की दासों जैसी स्थिति के संबंध में जानकारी ला सकें। फिर भी, कांग्रेस ने इस मुद्दे को उठाने से यह कहकर इनकार कर दिया कि यह स्थानीय मुद्दा है।

नरमदलीय कांग्रेस की अधिकाधिक बढ़ती आलोचना का कारण इसके लक्ष्य उतने नहीं थे जितने कि इसके कार्य करने के ढंग एवं पद्धतियां। नौरोजी का 'गैर-ब्रिटिश शासन' वाला वाक्यांश ध्यान देने योग्य है, और आरंभिक कांग्रेस प्रार्थनाओं, भाषणों और लेखों के माध्यम से अपना समस्त ध्यान एक ऐसा तर्कसंगत मामला बनाने में लगाए हुए थी जिसमें कोई दोष न ढूंढ़ा जा सके, और जिसका उद्देश्य ब्रिटिश भारत के 'धूप में पके' नौकरशाहों को आश्वस्त करना उतना नहीं था जितना कि कॉबडेन, ब्राइट, मिल और ग्लैडस्टोन के देश के उदार जनमत को अपने पक्ष में लाना था। उग्रवादियों के शब्दों में कहें तो यह 'भिखमंगी' राजनीति भी थोड़े-थोड़े अंतराल के बाद ही प्रयुक्त की जाती थी। अधिकांश नरमदलियों के लिए राजनीति अंशकालिक गतिविधि ही रही—कांग्रेस राजनीतिक दल न होकर एक त्रिदिवसीय वार्षिक उत्सव होती थी, जिसमें साथ ही साथ दो-एक सचिव होते थे और कुछ स्थानीय सभाएं होती थीं जिनकी संख्या तो बहुत थी किंतु वास्तव में वे अधिकांशतः वकीलों के छोटे गुटों से अधिक कुछ नहीं थीं। ये वकील कभी-कभी मिलते थे और अपने बीच से कांग्रेस के वार्षिक अधिवेशन के लिए प्रतिनिधि 'चुनते' थे या किसी तात्कालिक शिकायत पर प्रस्ताव पारित करते थे; इसे छोड़ दें तो ये चैन की नींद ही सोते रहते थे।

यह सब सर्वविदित है; प्रश्न यह है कि ऐसा होने का कारण क्या था। कदाचित् इसका उत्तर आरंभिक कांग्रेस के नेताओं एवं सदस्यों की प्रकृति एवं सामाजिक संरचना में निहित है। नरमदलीय नेताओं के निजी जीवन की शैली अंग्रेजी थी और ये लोग अपने व्यवसायों में अत्यंत सफल थे। इस कारण अंग्रेजों के प्रति इनके दृष्टिकोण दोहरे होते थे। ये उनकी कुछेक नीतियों की आलोचना तो करते थे किंतु सामान्यतः अंग्रेजों के प्रशंसक थे, बल्कि ब्रिटिश शासन की 'दैवी' प्रकृति में आस्था भी रखते थे। उनके व्यवसाय में सफल होने का तात्पर्य यह था कि राजनीतिक गतिविधि के लिए उनके पास अधिक समय नहीं रहता था, जैसाकि दिनशा वाचा ने 18 नवंबर 1887 को नौरोजी से शिकायत करते हुए कहा था : "आजकल फीरोजशाह अपने कार्य में अत्यधिक व्यस्त हैं . . .। वे लोग तो पहले ही काफी अमीर हैं . . .। मि. तैलंग भी व्यस्त रहते हैं। यदि सभी पैसे के पीछे दौड़ते रहे तो देश की प्रगति कैसे होगी?" सफतला ने आत्मतुष्टि उत्पन्न कर दी थी, पैदा कर दिया था एक विश्वास कि धीरे-धीरे सब ठीक हो जाएगा; आखिर 1892 के काउंसिल एक्ट जैसी रियायतें तो मिल ही गई हैं। सबसे बढ़कर यह कि अनेक शीर्षस्थ कांग्रेसियों ने अत्यंत आभिजात्य जीवन-शैली अपना ली थी। (मेहता रेल के विशेष डिब्बे में यात्रा करते थे, एक बार गांधीजी ने कहा था कि 1901 के कलकत्ता अधिवेशन में जे. घोषाल ने उनसे अपनी कमीज के बटन बंद करने को कहा था, और रानाडे भी अंग्रेजी सभ्यता के रंग में तो उतने नहीं रंगे थे लेकिन जब 1886 में वे शिमला गए तो अपने साथ 25 नौकरों की फौज ले

गए थे। इसके परिणामस्वरूप उनमें 'निचली श्रेणियों' के प्रति 'तिरस्कार और भय' की मिली-जुली भावना और ब्रिटिश कानून एवं व्यवस्था पर निर्भरता उत्पन्न होती थी जिसमें 1890 के दशक के पुनरुत्थानवादी उन्माद एवं सांप्रदायिक दंगों से वृद्धि ही हुई होगी। अपनी रचना *शेल्स फ्रॉम द सैंड्स आफ बाम्बे* में वाचा ने हमदर्दी की जरा-सी भी अभिव्यक्ति के बिना इसे याद किया है कि किस प्रकार 1857 में अंग्रेजों ने क्रांतिकारियों को तोपों के मुंह से बांधकर उड़ा दिया था। जब 1874 में पारसी-मुसलमान झड़पों के दौरान मेहता एक भीड़ में घिर गए तो उसे उन्होंने "मुसलमानों के भिखमंगे निम्नतम और निकृष्ट भाग" की संज्ञा दी थी। 1887 में शराबबंदी आंदोलन के समय सुरेंद्रनाथ को लगा कि निम्न वर्ग तो उनके लिए नितांत अपरिचित हैं। 1896 में नागपुर में भोजन के लिए दंगा करनेवालों ने एक कांग्रेसी के घर को ही हिंसा का मुख्य लक्ष्य बनाया था। निस्संदेह इसका कारण उस कांग्रेसी का भूस्वामी और साहूकार होना भी था। जैसाकि हमने देखा है, ताजा शोधों से आरंभिक कांग्रेस के पेशों में लगे बुद्धिजीवियों एवं संपत्तिधारी समूहों के संबंधों पर प्रकाश पड़ा है। इन संपत्तिधारी समूहों में बंबई के कुछ उद्योगपति, इलाहाबाद के टंडन परिवार जैसे कुछेक व्यापारिक घराने और लगभग सर्वत्र के भूस्वामी अथवा जोतधारी सम्मिलित होते थे। स्वाभाविक है कि ऐसे समूहों से आमूल परिवर्तनवादी कार्यक्रम देने की अथवा अबाध जन-आंदोलन का समर्थन करने की आशा नहीं की जा सकती थी।

नरमदलीय राजनीति के चरण

अब तक हम एकरूपताओं की बात करते रहे हैं, किंतु सामयिक शोधों ने काल और अंचल के संदर्भ में कुछेक रोचक विविधताओं को भी प्रकाशित किया है। यद्यपि कांग्रेस के प्रस्तावों का स्वरूप न्यूनाधिक वही रहा, किंतु 1892 और 1904 के बीच काउंसिल सुधारों की बात कम ही सुनाई पड़ती है—आखिरकार इसके द्वारा चंद रियायतें प्राप्त हुई थीं और नई स्थानीय एवं इंपीरियल विधायिकाओं में कांग्रेस के नेता चुने जा रहे थे। फिर भी, आर्थिक मामलों पर बार-बार पड़नेवालों अकालों एवं सूती कपड़े पर आबकारी के मुद्दे ने अधिकाधिक ध्यान केंद्रित किया। 1901 में बजट पर भाषण करते हुए गोखले ने पहली बार संपत्ति के दोहन के सिद्धांत को इंपीरियल लेजिस्लेटिव काउंसिल के सामने प्रस्तुत किया। जैसाकि बिपनचंद्र ने कहा है, संपत्ति के दोहन के सिद्धांत ने एक आमूल परिवर्तनकारी शक्ति का कार्य किया क्योंकि इस संकटपूर्ण समय में बात बनने के स्थान पर बिगड़ती ही जा रही थी। नौरोजी बूढ़े हो चुके थे और आयु बढ़ने के साथ ही वे अधिकाधिक उग्रवादी होते जा रहे थे; उन्होंने तो एच. एम. हिंडमैन जैसे ब्रिटिश समाजवादियों से भी संपर्क कायम कर लिया था। 1901 के पंजाब लैंड एलियनेशन एक्ट जैसे कदम उठाकर, जिसके अनुसार 'कृषक जनजातियों' की भूमि को दूसरों द्वारा

प्राप्त किए जाने पर पाबंदी थी, ब्रिटिश सरकार किसानों का दिल जीतना चाहती थी और अपने लिए (कांग्रेस आभिजात्यवाद के विपरीत) 'पितृवत् सरकार' की छवि बनाना चाहती थी। इसने भी कांग्रेस को बाध्य किया कि वह भूमि-संबंधों जैसे कंटीले मुद्दे पर कुछ पुनर्विचार करे। यद्यपि पंजाब कांग्रेस पर हिंदू शहरी व्यापारी वर्ग का प्रभुत्व था जो उपरोक्त एक्ट का प्रबल विरोधी था, लेकिन कांग्रेस के 1900 के लाहौर अधिवेशन में एक बड़ी अर्थपूर्ण रियायत यह की गई कि इस विषय पर प्रस्ताव रखने का विचार ही त्याग दिया गया। जहां स्थायी बंदोबस्त की हिमायत में प्रस्ताव रखनेवाले कमोबेश इसे जमींदारों के साथ किया जानेवाला बंदोबस्त ही मानते थे, वहीं 1890 के दशक में आर. सी. दत्त ने एक अधिक विस्तृत सूत्र प्रस्तुत किया। 1899 के अधिवेशन में, जिसके वे अध्यक्ष थे, एक प्रस्ताव पारित किया गया जिसमें स्पष्ट रूप के मांग की गई थी कि रैयतवारी क्षेत्रों में राजस्व का स्थायी निर्धारण हो और जमींदारों के लगान की सीमा निश्चित की जाए। प्रसंगवश, मैकलेन के विस्तृत अध्ययन में भी यही दर्शाया गया है कि अंग्रेज सरकार का किसान-समर्थक 'न्यायपरायण शब्दाडंबर' मिथक मात्र था। उदाहरण के लिए, 1898 में जब सुरेंद्रनाथ ने 1883 के बंगाल टेनेंसी एक्ट में कुछेक जमींदार-समर्थक परिवर्तनों का विरोध किया तो तुरंत ही नगरपालिकाओं द्वारा निर्वाचित की जानेवाली एक काउंसिल-सीट जमींदारों को दे दी गई।

जहां तक कांग्रेस की गतिविधियों एवं संगठन का प्रश्न है, इसके नरमदलीय युग के मोटे तौर पर तीन चरण देखे जा सकते हैं। 1892 तक कांग्रेस पर अधिकांशतः ह्यूम छाए रहे। वे इसके महासचिव और एकमात्र पूर्णकालिक कार्यकर्त्ता थे। उनका व्यक्तित्व अस्थिर, पितृवत् एवं दबदबेवाला था। कांग्रेस में उनकी उपस्थिति ने उस संगठन को एक गतिशीलता प्रदान की जिसका अभाव बादवाले वर्षों में स्पष्ट दिखाई देता रहा। कांग्रेस के पहले पांच अधिवेशनों में उपस्थिति त्वरित गति से बढ़ी—जहां 1885 में यह संख्या 72 थी, वहीं 1889 में 2,000 हो गई। वाशबुक और बेयली के विस्तृत अध्ययन दर्शाते हैं कि 1887 (मद्रास) और 1888 (इलाहाबाद) के अधिवेशनों का 1890 के दशक में होनेवाले अधिवेशनों की तुलना में असामान्य रूप से विस्तृत आधार था, और इन्होंने लोगों में पर्याप्त रुचि उत्पन्न की थी। उदाहरण के लिए, मद्रास अधिवेशन के लिए चंदे द्वारा धनराशि एकत्र की गई थी—इसमें 5,500 रुपए की धनराशि एक आना से डेढ़ रुपए तक के चंदों द्वारा जमा हुई थी और 8,000 रु. की राशि दो से लेकर 30 रुपए तक के दान द्वारा। सैयद अहमद के नेतृत्व में संयुक्त प्रांत के पुराने अभिजन ने (जिसमें आरंभ में मुसलमानों के साथ ही बनारस के महाराजा जैसे हिंदू भी सम्मिलित थे) चुनी हुई काउंसिलों एवं परीक्षा द्वारा सेवाओं में भरती की कांग्रेस की मांगों का विरोध किया। अतः ह्यूम ने 1887-88 में मुसलमानों का समर्थन प्राप्त करने की दिशा में निश्चित प्रयास किए। इसके लिए उन्होंने बदरुद्दीन तैयबजी

के निजी संपर्कों का प्रयोग किया और (1887 के अधिवेशन में) एक सूत्र बनाया जिसके अनुसार यदि किसी भी समुदाय का बहुमत किसी प्रस्ताव का विरोध करता तो उसे अस्वीकार कर दिया जाता। इससे भी अधिक महत्वपूर्ण और अनोखा प्रयास 1887 में किसानों का समर्थन प्राप्त करने का था और इसके पीछे भी ह्यूम की ही प्रेरणा थी। इसके लिए दो लोकप्रिय परचे निकाले गए जिनका 12 प्रादेशिक भाषाओं में अनुवाद किया गया। स्वयं ह्यूम ने एक काल्पनिक संवाद लिखा जिसमें गांवों के मनमाने प्रशासन का पर्दाफाश किया गया था। साथ ही वीरराघवचारी ने *तमिल प्रश्नोत्तरी* के द्वारा तत्कालीन लेजिस्लेटिव काउंसिलों के ढोंग पर प्रहार किया, और कहा जाता है कि इसकी तीस हजार प्रतियां बिकी थीं। ऐसे प्रयास फिर 1905 तक कभी नहीं हुए।

लेकिन ऐसे प्रयत्न थोड़े समय के लिए ही हुए और उनमें विशेष सफलता भी नहीं मिली। अलीगढ़ के अभिजन अब भी यही सोचते थे कि चुनी हुई काउंसिलों से उन्हें काफी घाटा उठाना पड़ेगा क्योंकि यह निश्चित था कि ऐसी काउंसिलों में हिंदुओं का ही बोलबाला रहता। प्रतिस्पर्धा के माध्यम से नौकरियों में होनेवाली भरती में भी हिंदुओं का ही पलड़ा भारी रहता क्योंकि अंग्रेजी शिक्षा में वे ही आगे थे। 1893 के दंगों ने मुसलमानों के अलगाव को और पुख्ता किया और जहां 1885 और 1892 की अवधि में कांग्रेस के अधिवेशनों में मुसलमान प्रतिनिधि कुल प्रतिनिधियों के 13.5 प्रतिशत हुआ करते थे, वहीं 1893-1905 की अवधि में यह प्रतिशत गिरकर 7.1 रह गया। यह 7.1 प्रतिशत भी कृत्रिम रूप से बढ़ा हुआ था क्योंकि 1899 के लखनऊ अधिवेशन में स्थानीय मुसलमानों ने बड़ी संख्या में भाग लिया था—यह संख्या 313 थी, जबकि 1893 और 1905 के बीच होनेवाले सभी अधिवेशनों में भाग लेनेवाले मुसलमानों की कुल संख्या 761 थी। किंतु कांग्रेस के नेता इससे विशेष चिंतित नहीं थे क्योंकि तब तक मुसलमानों का कोई प्रतिस्पर्धी संगटन नहीं उभरा था। थ्योडोर बेक की मुहम्मडन एंग्लो-ओरिएंटल डिफेंस एसोसिएशन (1893) अल्पजीवी सिद्ध हुई। ऐसा लगता है कि 1887-88 के पश्चात् मुसलमान जनमत को साथ लाने का कोई प्रयत्न नहीं किया गया। ह्यूम की कृषक रणनीति को तो और भी शीघ्रता से, अर्थात् जैसे ही यह ज्ञात हुआ कि इससे सरकारी क्षेत्र में अत्यधिक संदेह और वैमनस्य उत्पन्न हो रहा है, त्याग दिया गया। संयुक्त प्रांत के लेफ्टीनेंट-गवर्नर आकलैंड काल्विन ने कांग्रेस के इलाहाबाद अधिवेशन में बाधा डालने का प्रयास किया और डफरिन ने नवंबर 1888 के एक विख्यात भाषण में कांग्रेस को 'अत्यंत अल्पसंख्य' कहकर उसकी खिल्ली उड़ाई—निस्संदेह ठीक इसी कारण से कि इसके शीघ्र ही उतने अत्यल्प न रह जाने के संकेत मिलने लगे थे। कांग्रेस के नेता बुरी तरह डर गए, उन्होंने अकेले में ह्यूम को आड़े हाथों लिया, और जन-संपर्क का प्रयास त्याग दिया गया।

खिन्न होकर ह्यूम 1892 में इंग्लैंड चले गए और जाते-जाते यह भविष्यवाणी कर गए कि कृषक क्रांति का खतरा सिर पर मंडरा रहा है और इसे टाला नहीं जा सकता (अर्थात् यदि कांग्रेस अधिक सक्रिय न हो, और अंग्रेज उसकी ओर अधिक ध्यान न दें तो)। अधिकारियों ने इस भविष्यवाणी को भड़काऊ कहकर इसकी निंदा की और कांग्रेसियों ने इसका खंडन किया। 1890 के दशक में कांग्रेस निष्क्रियता की अवस्था में पड़ी रही। समस्त निर्णय एक गुट द्वारा लिए जाते थे। इसमें प्रायः सुरेंद्रनाथ, डब्ल्यू.सी. बनर्जी, आनंद चार्लू और फीरोजशाह मेहता होते थे, और रानाडे इनके सलाहकार होते थे जो पर्दे के पीछे से कार्य करते थे। ऐसी स्थिति में कोई प्रभावशाली नेतृत्व नहीं उभरा। अंततः 1899 में मेहता ने कांग्रेस में अधिक सक्रिय रुचि लेने की ठानी और उसमें अपना दबदबा स्थापित कर लिया। ह्यूम को फिर से उनकी अनुपस्थिति में ही कांग्रेस का महासचिव चुन लिया गया क्योंकि किसी अन्य को एक राय से नहीं चुना जा सकता था। यह वह समय था जब भारत में असफल होने पर कांग्रेस का समस्त ध्यान अपनी ब्रिटिश कमेटी के माध्यम से इंग्लैंड में आंदोलन करने में लगा हुआ था। इस कमेटी में प्रमुख थे वेडरबर्न, ह्यूम और नौरोजी जो *इंडिया* नाम से पत्रिका भी निकालते थे। कांग्रेस के छोटे-से कोष का भी अधिकांश भाग इस लंदन स्थित कमेटी को भेज दिया जाता था (लगभग 32,000 रु. वार्षिक)। यद्यपि 1895 से दिनशा वाचा को सहसचिव बना दिया गया था, लेकिन उन्हें आबंटित की जानेवाली धनराशि अत्यल्प होती थी। तथापि, इंग्लैंड में भी 1892 के एक्ट से एवं 1893 में हाउस ऑफ कॉमंस द्वारा भारत और इंग्लैंड में साथ-साथ परीक्षाएं कराने के प्रस्ताव का समर्थन करने से जो आशाएं बनी थीं उन पर शीघ्र ही पानी फिर गया, विशेष रूप से तब जब 1895 के चुनावों में टोरी पुनः सत्ता में आ गए और नौरोजी अपनी सीट हार गए। इस बीच भारत में लोगों की कांग्रेस में रुचि कम होती जा रही थी। यह इस बात से स्पष्ट है कि कांग्रेस के अधिवेशनों में स्थानीय प्रतिनिधियों का अनुपात बढ़ रहा था। स्थानीय प्रतिनिधियों की संख्या जो 1885-93 के बीच 43.5 और 59.5 प्रतिशत के बीच होती थी, 1894-1903 की अवधि में बढ़कर 64.7 और 88.6 प्रतिशत के बीच हो गई थी। 1890 के दशक में इंडियन एसोसिएशन, पूना सार्वजनिक सभा और मद्रास महाजन सभा जैसे स्थानीय अथवा प्रादेशिक संगठनों की गतिविधियों में भी शिथिलता दिखाई देने लगी थी। नरमपंथियों में नवजीवन का संचार किया तो कर्जन की भड़कानेवाली नीतियों ने (जिनका अध्ययन हम अगले अध्याय में करेंगे), साथ ही गोखले के रूप में एक ऐसे नए नेता के उदय ने जो आकर्षक व्यक्तित्व के धनी थे (उनमें फीरोजशाह मेहता जैसा खुरदरापन नहीं था), युवा थे (वे तिलक से दस वर्ष छोटे थे), और जिनमें निःसंदेह आत्मत्याग की भावना और पूर्णकालिक जन-सेवा के प्रति निष्ठा थी।

उग्रवाद के स्रोत

फिर भी, यदि 1900 में कांग्रेस के प्रति कर्जन की यह धारणा थी कि यह लड़खड़ाते हुए अपने पतन की ओर बढ़ रही है (भारत-सचिव हैमिल्टन के नाम कर्जन का पत्र, 18 नवंबर 1900), तो वह शीघ्र ही हास्यास्पद सिद्ध होनेवाली थी। इसका कारण मुख्य रूप से यह था कि नरमदलीय कांग्रेस अधिकाधिक रूप से "राष्ट्रवादी भावना के एक छोटे-से भाग को ही प्रतिबिंबित कर रही थी" (मैकलेन)। लेकिन दूसरी ओर अकालों, महामारियों, जवाबी आबकारी की लड़ाई और कर्जन द्वारा उठाए जानेवाले आक्रामक कदमों के कारण ब्रिटिश सरकार की अलोकप्रियता भी बढ़ती जा रही थी। राजनीतिक गतिविधि का संभावित आधार तेजी से विस्तृत हो रहा था। जहां 1885 में देशी भाषाओं के समाचारपत्रों की बिक्री 2,99,000 थी, वहीं यह 1905 में बढ़कर 8,17,000 हो गई थी। यह बात अर्थपूर्ण है कि कुछेक सर्वाधिक लोकप्रिय पत्रिकाएं वे थीं जो अनेक कारणों से कांग्रेस की आलोचना करती थीं, जैसेकि कलकत्ता की *बंगवासी*, अथवा पूना की *केसरी* और *काल*। अब उग्रवाद के जन्म की परिस्थितियां परिपक्व होने लगी थीं।

हाल ही में कैंब्रिज संप्रदाय के इतिहासकार यह दर्शाने का प्रयास करते रहे हैं कि उग्रवाद के उदय का मूल कारण था कांग्रेस पर नियंत्रण स्थापित करने के लिए कुछेक गुटों, जैसे 'भीतरवालों' एवं 'बाहरवालों' के आपसी झगड़े। यह सत्य है कि 1890 के दशक में कांग्रेस में गुटबंदी का कोई अभाव नहीं था। जब 1875-76 में सुरेंद्रनाथ की इंडियन एसोसिएशन के कारण अल्पजीवी इंडिया लीग को ग्रहण लग गया था, तब से ही सुरेंद्रनाथ और उनकी पत्रिका *बंगाली* का मोतीलाल घोष समूह की *अमृत बाजार पत्रिका* से निरंतर झगड़ा चला आ रहा था। गुटबंदी पंजाब में विशेष रूप से तीखी थी जहां लाहौर के ब्रह्मसमाज में तीन मुख्य गुट बन गए थे, आर्यसमाज में एक बड़ी दरार पड़ गई थी, और लाला हरकिशन लाल और लाला लाजपतराय के बीच टकराव की स्थिति थी। मद्रास की राजनीति को वाशब्रुक ने त्रिकोणीय संघर्ष के संदर्भ में दर्शाने का प्रयास किया है। यह संघर्ष था 'माइलापुर गुट' (1880 के दशक में वी. भाष्यम् आयंगार और एस. सुब्रमण्यम् अय्यर और उनके पश्चात् वी. कृष्णस्वामी अय्यर, अर्थात् वाशब्रुक के अनुसार 'भीतरवाला' समूह), मद्रास नगर में ही स्थित इसके कम सफल प्रतिद्वंद्वी 'इग्मोर' गुट (सी. शंकरन् नायर, कस्तूरी रंगा आयंगार), और तटीय आंध्र के टी. प्रकाशम् और कृष्ण राव अथवा तूतीकोरीन के चिदंबरम् पिल्लई जैसे कस्बाती 'बाहरवालों' के बीच। (1905 के पश्चात् मद्रास के उग्रवाद में 'इग्मोर' गुट के साथ पिल्लई भी सम्मिलित थे।) कहा जाता है कि पूना में भी 1880 के दशक में आगरकर और गोखले के साथ तिलक का झगड़ा डेकन एजुकेशन सोसायटी पर नियंत्रण को लेकर ही हुआ था और राजनीतिक अथवा समाज-सुधार के

मुद्दों से इसका विशेष संबंध नहीं था।

गुटबंदी के विश्लेषण की अपनी विशिष्ट उपयोगिता है, विशेष रूप से उन आरंभिक प्रवृत्तियों के संदर्भ में जो राष्ट्रवाद के आंतरिक संघर्षों को न्यूनाधिक अमूर्त आदर्शों संबंधी बहस के रूप में ही दर्शाती थीं। लेकिन कैंब्रिज इतिहासकार इस बात पर अनावश्यक बल देते हैं। यह समझना कठिन है कि क्यों असंतुष्ट सदस्य कांग्रेस पर कब्जा करना चाहते थे। स्मरण रहे कि कांग्रेस तब तक वास्तविक अर्थ में राजनीतिक दल भी नहीं थी जिसे शक्ति और संरक्षण के अवसर प्राप्त रहे हों। यह तो वर्ष में एक बार आयोजित मंच मात्र थी जिसके पास पर्याप्त कोष भी नहीं था। हां, यह हो सकता है कि इन असंतुष्टों के पास कुछ वैकल्पिक योजनाएं और आदर्श रहे हों जिन्हें वे कांग्रेस के मंच से प्रस्तुत करना चाहते हों। सबसे बढ़कर यह कि ये विद्वान नरमदलीय कांग्रेस की उस अच्छी-खासी व्यवस्थित समालोचना की पूर्ण उपेक्षा करते हैं जो 1890 के दशक में उभरकर सामने आ रही थी, खासकर उग्रवाद के तीन प्रमुख गढ़ों, अर्थात् बंगाल, पंजाब और महाराष्ट्र में।

नरमदलीय कांग्रेस के प्रति नए दृष्टिकोण का आरंभ-बिंदु दोतरफा आलोचना थी—एक तो ब्रिटिश जनमत के आगे दुहाई देने की इसकी 'भिखमंगी' नीति की जो व्यर्थ होने के साथ ही अपमानजनक भी थी; और दूसरे, इसके अंग्रेजी शिक्षा-प्राप्त उस अभिजन वर्ग के आंदोलन से अधिक कुछ नहीं होने की जो आम जनता से कटा हुआ था। अभ्यर्थना और प्रार्थना के स्थान पर आत्मनिर्भरता और रचनात्मक कार्य अब नए नारे हो गए थे—स्वदेशी उद्यमों को आरंभ करना, ऐसी शिक्षा की व्यवस्था करना जिसे बाद में राष्ट्रीय शिक्षा कहा गया, और गांवों में ठोस कार्य किए जाने की आवश्यकता पर बल देना। स्वावलंब, देशी भाषाओं का प्रयोग, गांव के मेले जैसे पारंपरिक एवं लोकप्रिय रिवाजों एवं संस्थाओं का उपयोग करना, और हिंदू पुनरुत्थानवादी भावनाओं को अधिकाधिक उभारना शिक्षित वर्ग एवं जनसामान्य के बीच की खाई को पाटने के सर्वोत्तम साधन माने गए। नरमदलीय 'आंदोलन' की विरोधी प्रतिक्रिया अंत में तीन मुख्य रूपों में उभरी, जो स्पष्ट रूप से 1905 के पश्चात् ही दिखाई पड़े किंतु जिनका अंकुरण 1890 के दशक में भी देखा जा सकता था। ये रूप थे—विदेशी शासन पर प्रहार करने के स्थान पर उसकी उपेक्षा करते हुए रचनात्मक कार्य के द्वारा आत्मविकास की प्रवृत्ति जो कुछ सीमा तक अराजनीतिक थी, सही अर्थ में राजनीतिक उग्रवाद जो कुछेक नई तकनीक द्वारा स्वराज के लिए जनता को अनुप्राणित करने का प्रयास था और जिसे सविनय प्रतिरोध आंदोलन कहा गया, और क्रांतिकारी आतंकवाद जो व्यक्तिगत हिंसा और षड्यंत्रों के माध्यम से स्वाधीनता-प्राप्ति का छोटा मार्ग अपनाना चाहता था।

नरमदलीय राजनीति की सर्वप्रथम व्यवस्थित समीक्षा 1893-94 में आरंभ हुई। अरविंद घोष ने *न्यू लैंप्स फॉर ओल्ड* शीर्षक के अंतर्गत लेखों की एक

शृंखला प्रकाशित की। अरविंद घोष तब बड़ौदा में रहते थे। वे इंग्लैंड से अत्यधिक अंग्रेजी वातावरण में पल-बढ़कर भारत लौटे थे और अंग्रेजी तौर-तरीकों के खिलाफ तीव्र प्रतिक्रिया दर्शाने लगे थे। अरविंद ने प्रगति के धीमे और संवैधानिक ब्रिटिश आदर्श का निषेध किया। नरमदल इसी ब्रिटिश आदर्श का प्रशंसक रहा था, जबकि अरविंद इसे 'महान और भयावह' फ्रांसीसी गणतंत्र के अनुभव की तुलना में बहुत हीन समझते थे। उन्होंने कांग्रेस की 'भिखमंगी' नीति पर प्रहार किया ("ब्रिटिश राज के वरदानों की बात आवश्यकता से कुछ अधिक ही की जाती है"), और एक स्पष्ट वर्गीय चेतना का प्रदर्शन करते हुए, जो निस्संदेह उनके हालिया यूरोपीय अनुभव का परिणाम था, उन्होंने कहा कि सबसे महत्वपूर्ण समस्या थी "मध्य वर्ग," जिसका प्रतिनिधित्व कांग्रेस करती थी, और "सर्वहारा के बीच कड़ी स्थापित करने की · · · । (यही) स्थिति की वास्तविक कुंजी (थी), · · · मध्य वर्ग के लिए उचित और फलप्रद नीति, एकमात्र ऐसी नीति जिसके सफल होने की कोई संभावना है, अपने आंदोलन को सर्वहारा के कुशल प्रबंध पर आधारित करना है।" किंतु 'सर्वहारा' से अरविंद का तात्पर्य सामान्यतः शहर और देहातों में रहनेवाले आम लोगों से ही था, और इसका हृदय जीतने की 'कुंजी', जो वे पहले बंकिमचंद्र के 1894 के निबंधों में प्रतिबिंबित हिंदू पुनरुत्थानवाद में ढूंढ़ रहे थे, आखिरकार उग्रवादियों के हाथ नहीं लगी। उन्नीसवीं सदी के अंत तक अरविंद गुप्त सभाएं संगठित करने के प्रयास करने लगे थे और जतींद्रनाथ बनर्जी एवं बारींद्रकुमार घोष को बंगाल में अपना दूत बनाकर भेजने लगे थे। लेकिन जब बंगाल-विभाजन विरोधी उभार ने एक व्यापकतर आंदोलन की संभावना उत्पन्न की तो वे शांतिपूर्ण जन-प्रतिरोध का विस्तृत कार्यक्रम बनाने लगे। हम देखेंगे कि यह ढुलमुलपन अन्य उग्रवादी नेताओं में भी प्रायः दिखाई देता है।

बंगाल में कांग्रेस के प्रति मोहभंग को अभिव्यक्ति दी अश्विनीकुमार दत्त ने, जिन्होंने 1897 के अमरावती अधिवेशन को 'तीन दिन का तमाशा' कहा। दत्त बारीसाल के एक स्कूल-अध्यापक थे और अपने जिले में अनेक वर्षों तक समाज-सेवा करने के फलस्वरूप उन्हें अद्वितीय जन-समर्थन प्राप्त था। 1905 के दिनों में उनका क्षेत्र स्वदेशी आंदोलन का सबसे शक्तिशाली आधार था। यह बात रवींद्रनाथ टैगोर ने भी स्मरणीय रूप से अभिव्यक्त की है। (रवींद्रनाथ तब तक बंगाल के प्रमुख साहित्यकार के रूप में प्रतिष्ठित हो चुके थे जो वे अगले पचास वर्षों तक बने रहे।) उन्होंने न केवल अपनी शानदार कविताओं और कहानियों में बंगाल के जीवन की सुंदरता का वर्णन करके देशभक्ति की भावना जाग्रत की, बल्कि प्रत्यक्ष रूप से भी कांग्रेस की 'भिखमंगी' नीति की आलोचना करके स्वदेशी उद्यमों और राष्ट्रीय शिक्षा के माध्यम से आत्मशक्ति (स्वावलंबन) का बार-बार आह्वान किया। उन्होंने यह भी सलाह दी कि मेलों एवं यात्राओं के माध्यम से और शिक्षा एवं राजनीतिक गतिविधियों में मातृभाषा का प्रयोग करके जनसामान्य के साथ संपर्क स्थापित

किया जाए। बीसवीं सदी के आरंभ तक विवेकानंद की शिष्या सिस्टर निवेदिता (मार्गरिट नोबल) भी उनके संदेश को और भी प्रत्यक्ष रूप से राजनीतिक रंग देने लगी थीं। सिस्टर निवेदिता को आयरिश एवं अन्य यूरोपीय क्रांतिकारी आंदोलनों का अनुभव था। बंगाली भद्रलोक भी स्वदेशी उद्यमों की ओर उन्मुख हो रहा था। उदाहरण के लिए, वैज्ञानिक प्रफुल्लचंद्र राय ने 1893 में बंगाल केमिकल्स की स्थापना की, और सतीश मुखर्जी ने डॉन सोसायटी एवं रवींद्रनाथ ने शांतिनिकेतन आश्रम की स्थापना करके देशी नियंत्रण में शिक्षा के क्षेत्र में नए प्रयोग किए। स्पष्ट है कि इन सबने सुरेंद्रनाथ और मोतीलाल घोष की तुच्छ गुटबंदी की अपेक्षा बंगाल के उग्रवाद में अधिक योगदान किया।

पंजाब में 1890 के दशक में लाला हरकिशन लाल (जिन्होंने पंजाब नेशनल बैंक की स्थापना की थी) और कॉलेज गुटवाले आर्यसमाजी, दोनों ही स्वदेशी उद्यमों में सक्रिय थे। 1893 में पंजाब के कांग्रेस प्रतिनिधि भी एक बाकायदा संविधान बनाए जाने पर बल देने लगे थे। स्पष्टतः वे चाहते थे कि अनौपचारिक बंबई-बंगाल धुरी की शक्तियां कम हों, जिसने कांग्रेस पर आधिपत्य स्थापित कर रखा था। 1899 में वे एक स्थायी भारतीय कांग्रेस कमेटी की स्थापना कराने में सफल हो गए, किंतु दो वर्ष पश्चात् ही फीरोजशाह गुट ने इसे विफल कर दिया। 1901 में *कायस्थ* समाचार में छपनेवाले अपने दो लेखों में लाजपतराय ने अंग्रेजी शिक्षा-प्राप्त अभिजन के निरर्थक वार्षिक उत्सव (अब कांग्रेस का यही स्वरूप रह गया था) के स्थान पर तकनीकी शिक्षा और औद्योगिक स्वावलंबन की हिमायत की। उन्होंने यह भी कहा कि कांग्रेस को खुलेआम और निडरतापूर्वक अपने-आपको केवल हिंदुओं के आधार पर ही संगठित करना चाहिए क्योंकि मुसलमानों के साथ एकता तो मात्र एक छलावा है। यहां पुनः उग्रवादी विचारों और उनकी सीमाओं की स्पष्ट झलक दिखाई देती है।

किंतु जिस व्यक्ति ने वास्तव में उग्रवाद का मार्ग प्रकाशित किया वे थे महाराष्ट्र के बालगंगाधर तिलक। तिलक अनेक क्षेत्रों में अगुआ रहे थे—धार्मिक रूढ़िवादिता को जनसंपर्क के लिए प्रयुक्त करने में (एज ऑफ कंसेंट के मुद्दे पर सुधारवादियों का विरोध करके और 1894 से गणपति उत्सव का आयोजन करके), राष्ट्रवाद के एक प्रमुख प्रतीक के रूप में देशभक्तिपूर्ण एवं ऐतिहासिक पंथ का विकास करने में (शिवाजी उत्सव जिसका आयोजन उन्होंने 1896 से किया), साथ ही 1896-97 में लगान की नाअदायगी का एक प्रकार का प्रयोग करने में भी। 1896 में सूती कपड़े पर जवाबी आबकारी लागू हुई तो पश्चिमी भारत में उसकी तीव्र प्रतिक्रिया हुई जिस पर तिलक ने बहिष्कार आंदोलन जैसी कोई चीज आजमाने का प्रयास किया। यह एक ऐसी पद्धति की पहली आजमाइश थी जो 1905 से राष्ट्रवादी आंदोलन की मुख्य तकनीक होनेवाली था। तिलक ने स्पष्ट रूप से कहा कि "यदि हम साल में

एक बार मेंढकों की भांति टर्र-टर्रकर चुप होते रहे तो हमें कभी अपने प्रयासों में सफलता नहीं मिलेगी" और 1902 में उन्होंने एक भाषण में घोषणा की : "तुम भले ही दलित और उपेक्षित क्यों न हो, तुम्हें यह मालूम होना चाहिए कि यदि तुम चाहो तो प्रशासन को पंगु कर दो। तुम्हीं तो रेलें और तार की व्यवस्था चलाते हो, तुम्हीं तो हो जो बंदोबस्त करते और राजस्व की वसूली करते हो . . . ।" ऐसा कहते समय मानो वे शांतिपूर्ण जन-प्रतिरोध अथवा सविनय अवज्ञा की तकनीकों का ही मार्ग ढूंढ़ रहे थे।

1905 में जन-आंदोलन की संभावनाओं के उजागर होने से पूर्व (और जैसाकि हम देखेंगे, इसके बाद जब-जब जनता की भागीदारी की संभावनाएं धूमिल पड़ीं तब भी) नरमदलीय राजनीति के तौर-तरीकों की प्रतिक्रिया के रूप में वैयक्तिक हिंसा का आह्वान हुआ। संवैधानिक आंदोलन और आतंकवाद दो विरोधी ध्रुव थे जो अभिजन की कार्रवाई के साझे आधार पर एक होते थे। सच्चे जन-आंदोलन को सफल बनाने की अपेक्षा इनमें से एक से दूसरे की ओर झुकना कहीं अधिक सरल और सामाजिक रूप से कम खतरनाक था। यही कारण था कि जब 1897 में पूना में ताऊन फैलने के समय ब्रिटिश शासन की लापरवाही और निकम्मेपन के प्रति रोष बढ़ा तो वह किसी प्रभावकारी जन-आंदोलन में प्रकट न होकर क्रांतिकारी हिंसा में अभिव्यक्त हुआ—चाफेकर बंधुओं ने रैंड और ऐयर्स्ट की हत्या कर दी। दामोदर चाफेकर की आत्मकथा उसकी उस जटिल मनःस्थिति को दर्शाती है जिसमें देशभक्ति की भावना (घाटों के बीच से रेल से गुजरते हुए उसने बचपन में छापामार युद्ध की कल्पना की थी), ब्राह्मणवादी पुनरुत्थान और समाज-सुधारकों के प्रति घृणा की मिली-जुली भावना मिलती है। समाज-सुधारकों से इस घृणा का कम-से-कम आंशिक कारण तो यह था कि ये लोग सफल व्यक्ति थे जबकि वह स्वयं संघर्षरत निम्न-मध्य वर्ग से संबंधित था। अंग्रेजों ने तिलक पर राजद्रोह का अभियोग लगाया। इसका आधार मुख्य रूप से *केसरी* में प्रकाशित उनका वह लेख था जिसमें उन्होंने शिवाजी द्वारा बीजापुर के सेनापति अफजल खां की हत्या को उचित ठहराया था। उन्हें दो वर्ष की कैद हुई। सारी कांग्रेस ने सार्वजनिक रूप से इसका विरोध किया क्योंकि अनेक लोग भले ही तिलक को नापसंद करते थे, फिर भी वे समझ गए थे कि नागरिक अधिकार और स्वतंत्र प्रेस का प्रश्न ही दांव पर लगा था। महाराष्ट्र की राजनीतिक गतिविधियों में तेजी से उतार आया, किंतु 1905 में सारे भारत की तरह वहां फिर एक उभार आया जब कर्जन ने बंगाल का विभाजन करने की भूल की।

अध्याय 4

1905-1917 : राजनीतिक एवं सामाजिक आंदोलन

कर्जन का वायरॉय-काल

लॉर्ड कर्जन का प्रशासन तीव्र गतिविधियों एवं यथार्थ कार्यकुशलता के लिए विख्यात रहा है, और कुख्यात भी। 1904 के बजट में कर्जन ने घोषणा की थी कि "मेरी दृष्टि में शासित लोगों के संतोष का दूसरा नाम ही प्रशासन की कार्यकुशलता है।" इसका कुल परिणाम था—बंग-भंग विरोधी संघर्ष के साथ भारतीय राष्ट्रवाद के इतिहास में एक नये ही चरण का आरंभ।

बिपिनचंद्र पाल के *न्यू इंडिया* ने कर्जन की नीतियों का निम्नलिखित समकालीन विश्लेषण प्रस्तुत किया था : "लार्ड रिपन का लक्ष्य था भारतीय जनता के लिए क्रमशः स्वायत्तता सुनिश्चित करना। लॉर्ड कर्जन का लक्ष्य है इसे *भारत की सरकार* के लिए सुनिश्चित करना" (20 अगस्त 1903)। दो वर्ष पश्चात् उसी पत्रिका ने "लोगों की सदेच्छा जीतने और उनके (लोगों के) एवं शिक्षित मध्य वर्ग के बीच किसी भी सशक्त संयोजन को रोकने के कर्जन के प्रयासों" का उल्लेख किया (15 जुलाई 1905)। रिपन संबंधी मिथक को छोड़ दें तो इसमें पितृवत् निरंकुशतंत्र का काफी-कुछ सही वर्णन मिलता है, जो टोरी परंपरा के अनुकूल किंतु सामान्य से अधिक आक्रामक है। साथ ही इसमें भारत-सचिव और यहां तक कि मंत्रिमंडल को भी वायसरॉय के इशारों पर नचाने का लाक्षणिक प्रयास कम दिखाई देता है।

विदेश नीति

कर्जन द्वारा भारत में बैठकर नीतियों को निर्देशित करने का सबसे जोरदार प्रयास विदेशी संबंधों में दिखाई देता है, जहां उनके अतिशय 'रूस-भय' के कारण ब्रिटिश सरकारों को अक्सर उलझन की स्थिति का सामना करना पड़ता

था, जो पहले ही उस ओर महत्वाकांक्षी कदम उठा चुकी थीं जिसकी परिणति 1907 में इंग्लैंड, फ्रांस और रूस के बीच त्रिराष्ट्रीय मैत्री-संधि के रूप में होनेवाली थी। वायसरॉय ने बार-बार फारस की खाड़ी और सिएस्तान में एक निश्चित ब्रिटिश प्रभावक्षेत्र स्थापित करने की इच्छा प्रकट की। पर्याप्त सोच-विचार के पशचात् इंग्लैंड की सरकार इस बात के लिए सहमत हुई कि खाड़ी के संबंध में मुनरो सिद्धांत जैसी कोई घोषणा की जाए जिसमें अन्य शक्तियों को चेतावनी दी गई हो (मई 1903), और उसने अनिच्छापूर्वक स्वयं कर्जन को उस क्षेत्र में ध्वजारोहण की अनुमति दे दी। फिर भी, कुवैत एवं बहरीन में ब्रिटिश प्रभाव का प्रसार बीसवीं सदी की तेल की राजनीति में अत्यंत महत्वपूर्ण सिद्ध होनेवाला था। जब नए अफगान अमीर हबीबुल्ला ने ड्यूरेंड सीमा-समझौते पर पुनर्विचार किए बिना पुरानी शस्त्रास्त्र संबंधी रियायतें दिए जाने पर बल दिया तब कर्जन ने कंधार पर चढ़ाई का प्रस्ताव किया। वायसरॉय चाहते थे कि सीमा-समझौते पर फिर से बातचीत हो। जोसेफ चैंबरलेन बहुत घबरा गए और उन्होंने विनती की : "ईश्वर के लिए कर्जन को रोको कि वे हमारे लिए वहां कोई नई मुसीबत न खड़ी कर दें। याद रखो, यही बात डिज्जी (डिजरायली) की सरकार को ले डूबी थी।" अंततः 1904 में लुई डेन का मिशन पुराने समझौतों को ही पक्का करके लौट आया। तिब्बत के मामले में कर्जन अधिक सफल रहे, और उन्होंने ज़ार के साथ तिब्बती दुस्साहसी दोरज़ेफ़ की भेंट को रूसी हौआ खड़ा करने के लिए प्रयोग करने में अपनी पूरी शक्ति लगा दी। मंत्रिमंडल की ओर से बार-बार दी जानेवाली चेतावनियों की अवहेलना करके (1903-04 में) यंगहस्बैंड अभियान ल्हासा तक ही जा पहुंचा। वहां भले ही रूसी उपस्थिति के प्रमाणस्वरूप थोड़ी-सी रायफलें ही मिली हों, लेकिन एक भारी हर्जाना वसूल करने पर बल दिया गया और चुम्बी घाटी का अधिग्रहण कर लिया गया जो आनेवाले 75 वर्षों तक बना रहा। बंदूक की नोक पर एक व्यापार-समझौता किया गया और उसमें ऐसी धाराएं रखी गईं जिनमें किसी अन्य विदेशी शक्ति को दूर रखने की बात कही गई थी। लेकिन मंत्रिमंडल ने हर्जाने की राशि और कब्जे की अवधि कम कर दी।

प्रशासनिक सुधार

प्रशासनिक लालफीताशाही पर अंकुश लगाकर क्षमता बढ़ाने की मुहिम का आरंभ तो बड़ी धूमधाम से हुआ, किंतु लोवेट फ्रेजर ने कर्जन की जीवनी में स्वीकार किया है कि उनके काल में कार्यालयों की लेखन-सामग्री का व्यय भी दूना हो गया था। सरकारी कार्य-विवरणों अथवा निजी पत्रों में अपने अधीनस्थ कर्मचारियों के संबंध में वायसरॉय की तीक्ष्ण टिप्पणियां आज इतिहासकारों को मनोविनोद की अच्छी सामग्री प्रस्तुत करती हैं (उदाहरण के लिए, 'विभागवाद' के विरुद्ध उनकी यह मशहूर झल्लाहट कि "धरती के दैनिक चक्र की भांति फाइल चलती है—शान से, गंभीरता से, निश्चित और मंद गति

से)", किंतु इसका तत्कालीन प्रभाव अनावश्यक तनाव की उत्पत्ति ही रहा होगा। कोई आश्चर्य नहीं कि भारत में कर्जन के आसपास निष्ठावान अधिकारियों का कोई समूह नहीं बन सका (जैसाकि अफ्रीका में मिलनर के आसपास विकसित हो गया था), और अगस्त 1905 में उन्होंने जब त्यागपत्र दिया तो एक बहुत छोटी-सी बात को लेकर—वायसरॉय की कार्यपालिका में मिलिटरी सप्लाई मेंबर की हैसियत और चुनाव को लेकर किचनर से उनकी झड़प हो गई थी। छोटी-छोटी बातों को लेकर उलझ पड़ने की कर्जन की आदत का एक अन्य उदाहरण है उनका इस बात पर बल देना कि भारतीय राजाओं को विदेश जाने के लिए आज्ञा प्राप्त करनी होगी। बड़ौदा के गायकवाड़, जो पहले ही आर. सी. दत्त को अपने यहां नौकरी देकर वायसरॉय को नाराज कर चुके थे, आज्ञा लिए बिना ही विदेश चले गए। अंततः वायसरॉय को ही झुकना पड़ा।

कर्जन का शासनकाल इस अर्थ में भाग्यशाली रहा कि यह अकालों के चक्र की समाप्ति पर आरंभ हुआ। अंतिम अकाल 1899-1900 में पड़ा था (यद्यपि ताऊन का प्रकोप वैसा ही प्रचंड बना रहा और 1904 में ताऊन से मरनेवालों की संख्या दस लाख पार कर गई)। कर्जन के बजट में मुनाफे भी हर साल होते रहे। जमकर सिक्कों की ढलाई के बंद कर दिए जाने और 1890 के दशक से स्वर्ण विनिमय-मान स्वीकार कर लिए जाने से चांदी के रुपए का अवमूल्यन रुक गया था। घरेलू मदों का भार अब वैसा नहीं रहा था जैसाकि रुपए के अवमूल्यन के समय रहता था, और इसलिए करों में भी छूट देना संभव हुआ। 1899-1900 के अकाल के पश्चात् भू-राजस्व माफ कर दिया गया था (यद्यपि कर्जन स्थायी बंदोबस्त के संबंध में कांग्रेस की प्रार्थना को बार-बार अस्वीकार करते रहे; उनका कहना था कि अकालों का कारण करों का आधिक्य नहीं अपितु मौसम है)। नमक-कर घटा दिया गया और 1903-04 में आयकर में छूट की सीमा 500 रुपए सालाना से बढ़ाकर 1,000 रुपए सालाना कर दी गई। रेलमार्गों के निर्माण में भी प्रगति हुई; रेलवे बोर्ड की स्थापना हुई और 6,000 मील लंबी नई रेल लाइनें बिछाई गईं (किसी भी अन्य वायसरॉय के शासनकाल में रेलमार्गों का इतना विस्तार नहीं हुआ था)। साथ ही, 1901-03 के सिंचाई आयोग के माध्यम से सिंचाई की ओर भी अधिक ध्यान दिया जा सका। आर्थिक मामलों में कर्जन की रुचि इस बात से भी प्रकट होती है कि 1905 में वाणिज्य एवं उद्योग का एक विभाग खोला गया और कृषि के क्षेत्र में अनुसंधान करने के लिए पूसा संस्थान की स्थापना की गई। सदा की भांति इन सब विकास-कार्यों का अधिकांश लाभ श्वेतों को मिला, और बहुत हुआ तो गिने-चुने भारतीयों को मिला। उदाहरण के लिए, नए रेलमार्गों का तात्पर्य था इंग्लैंड अथवा भारत में स्थित ब्रिटिश इंजीनियरिंग फर्मों के लिए अधिक ठेके; भारत में आयकर देने की हैसियत रखनेवालों में अंग्रेज ही अधिक थे; यहां तक कि 1899 में

यूरोप की अत्यंत समृद्ध चुकंदरवाली चीनी पर आयात शुल्क के रूप में स्वतंत्र व्यापार की नीतियों से जो विचलन देखा गया था उससे भी मारीशस के गन्ना-उत्पादकों को और कानपुर की बेग सदरलैंड एंड कंपनी जैसी श्वेत स्वामित्ववाली चीनी मिलों को ही लाभ हुआ था। कर्जन के प्रशासन का 'पितृवादी' स्वरूप 1901 के पंजाब लैंड एलियनेशन एक्ट से अधिक प्रकट होता है जिसके अनुसार किसानों की संपत्ति को शहरी साहूकारों के नाम स्थानांतरित करने पर प्रतिबंध था, और 1904 के कानून से भी जो किसानों के बीच सहकारी ऋणदाता संस्थाओं को बढ़ावा देता था। इनमें से पहले कानून ने राष्ट्रवादियों के लिए थोड़ा धर्मसंकट उत्पन्न किया, क्योंकि पंजाब के अधिकांश कांग्रेसी शहरी हिंदू व्यापारी परिवारों से संबद्ध थे, जबकि किसानों का बड़ा वर्ग मुसलमान अथवा सिख था। उपरोक्त दोनों ही कदमों से अंततः धनी किसानों को ही लाभ हुआ क्योंकि ये किसान ही साहूकार बन बैठे थे और सहकारी संस्थाओं पर भी प्रायः इन्हीं का प्रभुत्व रहता था।

भारत के प्राचीन स्मारकों के प्रति कर्जन ने अवश्य सच्ची रुचि दर्शाई और उनके संरक्षण के लिए एक महत्वपूर्ण कानून बनाया। कलकत्ता में विचित्र विक्टोरिया मेमोरियल बनाने की कर्जन की शानदार योजनाएं तो इतनी प्रशंसनीय नहीं थीं, और 1902 में एडवर्ड सप्तम का दरबार 20 लाख से अधिक रुपए का नितांत अपव्यय था। अपने प्रशासन के आरंभिक वर्षों में कर्जन ने कुछेक कार्य ऐसे किए जिससे उन्हें भारतीयों के बीच लोकप्रियता मिली। ये कार्य थे—रंगून में एक स्त्री के साथ सामूहिक बलात्कार के लिए श्वेत सैनिकों को दंड देना (1899), सियालकोट में एक भारतीय रसोइए को पीटकर मार डालने के लिए नाइंथ लांसर्स के विरुद्ध अनुशासनात्मक कार्रवाई करना (1902), और कलकत्ता उच्च न्यायालय को निचले न्यायालयों के फैसले पर पुनर्विचार करने के लिए कहना (असफल रूप से) जिसमें असम के एक चाय बागान के प्रबंधक को एक कुली की हत्या के मामले में केवल 6 माह की सजा हुई थी (बायन का मामला, 1904)। इन बातों ने कुछ समय के लिए एंग्लो-इंडियनों को बहुत नाराज कर दिया था, किंतु कर्जन दूसरे इल्बर्ट बिल आंदोलन का खतरा मोल नहीं लेना चाहते थे, और इसी कारण उन्होंने कभी समस्या के एकमात्र वास्तविक समाधान का—बहुजातीय मामलों में शुद्धतः श्वेत ज्यूरी को समाप्त करने का—प्रयास नहीं किया। कर्जन भी बुनियादी सवालों पर उतने ही नस्लवादी थे जितना कोई अन्य होता, और जब वे बहुत मधुर बोलते तब भी "भारतीयों के लिए ऐसे लहजों में बोलते जो उत्तम रूप से पालतू पशुओं के लिए प्रयुक्त किए जाते हैं" (एस. गोपाल, *ब्रिटिश पॉलिसी इन इंडिया*, पृ. 227)। भारत-सचिव हैमिल्टन के नाम एक पत्र में 23 अप्रैल 1900 को कर्जन ने इस बात पर चिंता व्यक्त की थी कि अधिकाधिक संख्या में उच्च पद, "जो यूरोपीयों के लिए थे और शुद्धतः तथा खासकर उन्हीं के लिए रखे जाने चाहिए थे ... देसी लोगों की श्रेष्ठतर बुद्धि के कारण उन्हीं के हाथों में पहुंचते जा रहे हैं।"

यहां तक कि अपने सार्वजनिक वक्तव्यों में वे कभी-कभी जोरदार शब्दों में और अनावश्यक रूप से अपमानजनक बातें कहने लगते थे : "मेरा विचार है कि अगर मैं सत्य के उच्चतम आदर्श को काफी बड़ी हद तक एक पश्चिमी धारणा कहता हूं तो मैं कोई झूठा या दंभपूर्ण दावा नहीं कर रहा होता हूं" (कलकत्ता विश्वविद्यालय के उपाधि-वितरण समारोह में कर्जन का व्याख्यान, 1905)।

अंततः जिन दो तथ्यों ने कर्जन के शासनकाल को इतना महत्वपूर्ण बनाया वे थे—शिक्षित भारतीयों की आकांक्षाओं के प्रति उनका निरंतर वैमनस्य का भाव (जिनका प्रतिनिधित्व कांग्रेस करती थी), और इसी से संबद्ध दूसरा तथ्य कि वे भारत में ब्रिटिश राज़ के प्रमुख को सुदृढ़ एवं सुचारु रूप से स्थापित करना चाहते थे। आरंभ से ही, कांग्रेस उनके प्रति अपना वैमनस्य दर्शाती, इसके बहुत पहले ही, उन्होंने कांग्रेस को एक 'गंदी वस्तु' मानने और उस पर कभी 'ध्यान न देने' का निर्णय कर लिया था क्योंकि यदि यह "निर्दोष है तो बेकार है, और यदि सरकार के प्रति वैर रखती है या राजद्रोहात्मक है, तो स्वाभाविक रूप से खतरनाक है" (एंप्थिल के नाम कर्जन का पत्र, 15 जून 1903)। कोई आश्चर्य नहीं कि पुलिस में सुधार करना उनकी योजनाओं का महत्वपूर्ण अंग था, साथ ही ऑफिशियल सीक्रेट्स एक्ट (1904) के माध्यम से सुरक्षा व्यवस्था कड़ी करना भी। 1902-03 में एंड्रयू फ्रेजर की अध्यक्षता में एक पुलिस आयोग का गठन किया गया। इसकी सिफारिशों पर पुलिस की संख्या, प्रशिक्षण एवं वेतनों में पर्याप्त सुधार किया गया जिसके परिणामस्वरूप सरकार के खर्च में डेढ़ करोड़ रुपए वार्षिक की वृद्धि हुई। तथाकथित ठगी और डकैती विभाग के स्थान पर राजनीतिक अपराधों से निपटने के लिए अलग से एक आपराधिक गुप्तचर विभाग की स्थापना भी की गई।

कर्जन और राष्ट्रवादी

कर्जन और राष्ट्रवादी बुद्धिजीवी **वर्ग के** बीच वास्तविक संघर्ष तीन क्रमिक कदमों के माध्यम से आरंभ **हुआ**। ये कदम थे : 1899 में कलकत्ता नगर निगम में परिवर्तन, 1904 **का** विश्वविद्यालय अधिनियम, और 1905 में बंग-भंग। नगर निगम में परिवर्तन के फलस्वरूप चुने हुए भारतीय सदस्यों की संख्या कम हो गई; यह एक ऐसा कदम था जिसका सीधा संबंध कलकत्ता के यूरोपीय व्यापारिक समुदाय के हितों से जुड़ा हुआ था। इस समुदाय को प्रायः शिकायत रहती थी कि इसे लाइसेंस एवं अन्य सुविधाएं मिलने में विलंब होता है। यह एक रोचक जानकारी है कि बंगाल के तत्कालीन लेफ्टीनेंट-गवर्नर एलेक्जेंडर मेकेंजी, जो कर्जन के बाद इन परिवर्तनों के लिए मुख्य रूप से उत्तरदायी थे, बर्न कंपनी के एक हिस्सेदार के भाई थे जो बंगाल चैंबर ऑफ कॉमर्स की ओर से लेजिस्लेटिव काउंसिल में प्रतिनिधि भी था। विश्वविद्यालय-सुधार की रूपरेखा शिमला में सितंबर 1901 में एक गुप्त और

विशुद्ध रूप से श्वेतों के सम्मेलन में बनाई गई थी। इसके एकमात्र भारतीय सदस्य गुरुदास बनर्जी ने इसकी सिफारिशों से अपनी प्रबल असहमति प्रकट की थी। कर्जन ने यह ढिंढोरा पीटा कि इससे शिक्षा के स्तर में चहुंमुखी वृद्धि होगी। किंतु वस्तुतः इस अधिनियम से सेनेट में चुने जानेवाले सदस्यों की संख्या में कमी हुई, कॉलेजों को विश्वविद्यालयों से संबद्धता प्रदान करने तथा विद्यालयों को मान्यता प्रदान करने का अंतिम अधिकार सरकारी अधिकारियों को हस्तांतरित कर दिया गया, और कॉलेजों में एक न्यूनतम शुल्क निर्धारित करने का प्रयास किया गया। स्वाभाविक था कि शिक्षित भारतीयों ने इस अधिनियम को अप्रजातांत्रिक एवं सीमित-प्रकृतिवाला कहकर इसका विरोध किया। दावा तो यह किया गया था कि इस अधिनियम का प्रमुख लक्ष्य शिक्षा में सुधार करना है, किंतु इसका इस तथ्य से कोई मेल नहीं था कि शिक्षा पर होनेवाला कुल व्यय 1903-04 में मात्र 2.046 करोड़ रुपए और 1905-06 में 2.449 करोड़ रुपए था। याद रहे कि यह व्यय इसी अवधि में पुलिस के खर्चे में होनेवाली वृद्धि से थोड़ा ही अधिक था, और कुल बजट का एक नगण्य-सा भाग (मात्र 2.5 प्रतिशत) था। विश्वविद्यालयों को मुख्यतः परीक्षा लेनेवाले निकायों के बजाय स्नातकोत्तर शिक्षा का केंद्र बनाने पर बल दिए जाने से कुछ अच्छे परिणाम भी निकले, विशेषकर कलकत्ता में जहां आशुतोष मुखर्जी जैसे दूरदृष्टि-संपन्न कुलपति ने इसे लागू किया। किंतु हमारे वर्तमान संदर्भ में अधिक महत्वपूर्ण है कॉलेजों को संबद्धता दिए जाने पर एवं सहायता-अनुदानों पर लागू किए गए नए सरकारी नियंत्रण। 1905 के बाद से छात्रों के जुझारूपन पर अंकुश लगाने के लिए इन नियंत्रणों का खुलकर प्रयोग किया जाने लगा था। इस प्रकार राष्ट्रवाद के उठते ज्वार से ब्रिटिश राज की सुरक्षा करने के सिलसिले में विश्वविद्यालय अधिनियम भी पुलिस आयोग के समकक्ष ठहरता है।

बंग-भंग

कर्जन द्वारा उठाया जानेवाला सर्वाधिक अलोकप्रिय कदम, अर्थात् बंगाल का विभाजन भी इतिहासकारों के बीच बड़े विवाद का विषय रहा है। तत्कालीन और बाद के राष्ट्रवादी इतिहासकारों का कहना है कि यह कदम जान-बूझकर 'फूट डालो और राज करो' की नीति के अंतर्गत उठाया गया था, जबकि इसके पक्षधरों का तर्क है कि मुख्यतः प्रशासनिक सुविधा को ध्यान में रखते हुए ही बंगाल का विभाजन किया गया था। 1903 तक सरकारी क्षेत्रों में प्रशासनिक सुविधावाली बात निश्चय ही प्रमुख थी। बंगाल प्रेसीडेंसी का विशाल आकार अनेक प्रशासकों के लिए चिंता का कारण रहा था (अतः 1860 के दशक से ही समय-समय पर इसे छोटा करने के छिटपुट सुझाव दिए जाते रहे थे, 1874 में असम और सिलहट को अलग किया गया था, और 1896-97 में असम के चीफ कमिश्नर विलियम वार्ड ने चटगांव डिवीजन, ढाका और मैमनसिंह

को अपने प्रांत में सम्मिलित करने का प्रस्ताव किया था), और असम को एक अधिक व्यावहारिक प्रांत बनाने में रुचि अधिकाधिक बढ़ती जा रही थी। 28 मार्च 1903 की एक टिप्पणी में बंगाल के नए लेफ्टीनेंट-गवर्नर एंड्रयू फ्रेजर ने वार्ड के प्रस्ताव को पुनः उठाया और भारत में भूमि के पुनर्वितरण संबंधी एक योजना में कर्जन ने इसे स्वीकार कर लिया (1 जून 1903)। इसे उचित रूप से जनता के सामने प्रस्तुत करने के लिए संशोधित किया गया, और गृह-सचिव रिजले के 3 दिसंबर 1903 के पत्र में इसे पहली बार घोषित किया गया। रिजले ने इस स्थानांतरण योजना का समर्थन दो आधारों पर किया—एक यह कि बंगाल का बोझ कम होगा, और दूसरे, असम का सुधार होगा। यहां यह कहना आवश्यक है कि 'प्रशासनिक सुविधा' कोई अमूर्त या निष्पक्ष वस्तु नहीं थी, बल्कि अंग्रेज अधिकारियों और अंग्रेज व्यापारियों की सुविधा से इसका घनिष्ठ संबंध था। अतः रिजले का कहना था कि असम का विस्तार आवश्यक था ताकि "यहां के अधिकारियों को कार्य करने के लिए एक अधिक विस्तृत एवं रोचक क्षेत्र मिल सके", और इसे जल-परिवहन की सुविधा मिले ताकि इसके चाय, तेल और कोयला उद्योग का विकास हो सके (और इन सभी उद्योगों पर श्वेतों का प्रभुत्व था)।

दिसंबर 1903 और 19 जुलाई 1905 की औपचारिक घोषणा के बीच एक स्थानांतरण योजना को फ्रेजर, रिजले और कर्जन ने पूर्ण विभाजन में बदल दिया, जिसमें अंततः 'पूर्वी बंगाल और असम' के प्रांत में असम के अतिरिक्त चटगांव, ढाका और राजशाही डिवीजन, हिल टिपरा और माल्दा भी सम्मिलित कर दिए गए। सार्वजनिक रूप के सरकार इसमें राजनीतिक चाल की बात अस्वीकार करती रही, किंतु गुप्त सरकारी विवरण, टिप्पणियां एवं निजी पत्र कुछ और ही दर्शाते हैं, विशेष रूप से इस दूसरे चरण में। जान-बूझकर हिंदू-मुसलमान तनाव को बढ़ावा देने के बारे में तत्कालीन एवं बादवाले राष्ट्रवादियों द्वारा लगाए गए आक्षेपों का कुछ प्रमाण तो कर्जन के उस बहुउद्धृत भाषण में मिलता है जो उन्होंने फरवरी 1904 में ढाका में दिया था। इसमें कहा गया था कि "बंगाली मुसलमानों को एकता का ऐसा अवसर प्रदान किया जा रहा है जो मुसलमान सूबेदारों और बादशाहों के समय से उन्हें नसीब नहीं हुआ था।" किंतु इस समय वस्तुतः महत्वपूर्ण राजनीतिक चाल थी पश्चिमी और पूर्वी बंगाल के मुख्यतः हिंदू राजनीतिज्ञों के बीच दरार डालना। समग्र परिस्थिति का सार गृह-सचिव एच. एच. रिजले ने बड़ी स्पष्टता और साफगोई से 7 फरवरी और 6 दिसंबर 1904 की दो टिप्पणियों में प्रस्तुत किया है। इन टिप्पणियों में वे विभाजन के आलोचकों के तर्कों का विश्लेषण कर रहे थे : "एकजुट बंगाल एक शक्ति है; विभाजित होकर बंगाल विभिन्न दिशाओं में बिखर जाएगा। यह बिलकुल सच है और यही इस योजना की एक विशेषता है। ... एक डाक में पूरी बात का उत्तर देना सरल नहीं है। कारण कि इस संदेश का प्रकाशित होना निश्चित है और पूरे उत्तर के लिए यह तथ्य बताना

आवश्यक है कि इस योजना में, बरार को मध्यप्रांत में मिलाए जाने की ही भांति, हमारा लक्ष्य दरार डालकर ब्रिटिश राज के विरोधियों की एकजुटता को तोड़ना है।" मराठीभाषी बरार को, जो 1902 में निजाम से स्थायी पट्टे पर प्राप्त किया गया था, तब तक बंबई में नहीं मिलाया गया था क्योंकि कर्जन का कहना था कि "शिवाजी के संबंध में वैसे ही बहुत सुनने को मिलता है।" बंगाल में प्रशासन के भार को कम करने की वैकल्पिक योजनाएं ये हो सकती थीं कि या तो एक एक्जीक्यूटिव काउंसिल की स्थापना की जाती या भाषाई रूप से भिन्न बिहार और उड़ीसा को अलग कर दिया जाता (अंततः 1911 का समाधान यही था), लेकिन इन सभी विकल्पों को कर्जन ने राजनीतिक आधारों पर बारंबार अस्वीकार किया। भारत-सचिव बिहार और उड़ीसा को अलग करने की योजना पर विचार कर रहे थे। कर्जन ने तार द्वारा उन्हें बतलाया कि "बंगाल से बाह्य घटकों को अलग करने से तो बंगाली तत्व की स्थिति और सुदृढ़ हो जाएगी और ठीक वही परिस्थिति उत्पन्न होगी जिससे हम बचना चाहते हैं। हमारा प्रस्ताव राजनीतिक रूप से लाभदायक है, इसका निश्चित प्रमाण है कांग्रेस का इसे नापसंद करना।"

बंग-भंग के विरोध को पूर्णरूपेण अभिजनवादी हित-समूहों के संदर्भ में व्याख्यायित करने की आज के कैंब्रिज इतिहासकारों की प्रवृत्ति का रिजले जैसे नौकरशाहों ने पूर्वानुमान कर लिया था। विक्रमपुर के बाबू अपनी क्लर्की की नौकरियों के लिए चिंतित थे, दोनों बंगालों में जायदाद रखनेवाले जमींदारों के लिए समस्या यह थी कि उन्हें दो-दो स्थानों पर एजेंट और वकील रखने पड़ते, कलकत्ता के निकट पटसन और चावल के व्यापार से संबद्ध भाग्यकुल राय परिवार को यह चिंता थी कि अब चटगांव उनका प्रतिस्पर्धी हो जाएगा, और कलकत्ता के वकीलों को भय था कि नए प्रांत का अर्थ नया हाईकोर्ट होगा और इससे अंततः उनकी वृत्ति पर प्रतिकूल प्रभाव पड़ेगा। इसके अतिरिक्त पूर्वी बंगाल के राजनीतिक अभिजन को लगा कि लेजिस्लेटिव काउंसिलों में बैठने का मौका उनके हाथ से निकलता जा रहा है (यह आरंभिक चरण की बात है जब बंगाल के कतिपय भागों को असम के चीफ कमिश्नर के प्रांत में स्थानांतरित करने की बात की जा रही थी जिसमें चुनी हुई विधायिका नहीं होती थी), और कलकत्ता के राजनीतिज्ञों को लगा कि उनका प्रभाव अत्यंत सीमित हो जाएगा। 7 फरवरी 1804 को रिजले ने अपनी टिप्पणी में जितनी भी बातें गिनाई थीं उनमें से एक भी उनकी गढ़ी हुई नहीं थी। वस्तुतः इनमें से सभी इस विषय पर निकलनेवाले आरंभिक परचों में बार-बार छप चुकी थीं, जैसे *ऐन ओपन लेटर टु लॉर्ड कर्जन* (ढाका, अप्रैल 1904), *दि केस अगेंस्ट दि ब्रेक-अप ऑफ बंगाल* और *आल अबाउट पार्टीशन* (कलकत्ता, सितंबर 1905) में। किंतु इस संबंध में नौकरशाही की यह आशा कि विभाजन का विरोध शीघ्र ही ठंडा पड़ जाएगा, और किसी भी स्थिति में सभाओं और प्रार्थनापत्रों की बंधी-बंधाई लीक से नहीं हटेगा, बंगाल एवं कुछ अन्य प्रांतों

में होनेवाली घटनाओं से झूठी सिद्ध हो गई। जुलाई **1905** के पश्चात् यह आंदोलन आश्चर्यजनक तेजी से अपने पारंपरिक आधार से दूर हट गया और इसमें विभिन्न प्रकार की नई एवं हिंसक तकनीकें विकसित हुईं। पहले से अधिक संख्या में लोग इसके प्रति आकर्षित हुए और इसने स्वराज के संघर्ष का विस्तृत रूप धारण कर लिया।

जिस चीज को अंग्रेजों ने स्पष्टतः कम करके आंका था वह थी बंगालियों की एकता की भावना। इस भावना का मूल कुछ तो इसके इतिहास में था। इस प्रांत ने एक लंबे समय तक स्वाधीनता का उपभोग किया था। साथ ही एकता की भावना को पोषित करने में, कम-से-कम शिक्षित बंगालियों के बीच, उन्नीसवीं सदी की सांस्कृतिक गतिविधियों का भी पर्याप्त हाथ रहा था। शिक्षित बंगाली भद्रलोक के लिए कलकत्ता सही अर्थों में एक महानगर बन चुका था। सभी जिलों के विद्यार्थी यहां आते थे, और यहां से अध्यापक, वकील, डॉक्टर और बाबू लोग सारे प्रांत और प्रांत से बाहर भी जाते थे। एक मानक साहित्यिक भाषा का विकास करके इसने आंचलिक लेखन और आंचलिक गर्व को उन्नत रखा। समाचारपत्र और पत्रिकाओं की संख्या बढ़ रही थी और एक ऐसा आधुनिक साहित्य विकसित हो रहा था जो रवींद्रनाथ टैगोर जैसे साहित्यकार के कारण विश्वख्याति की दहलीज पर खड़ा था। इसके साथ ही अन्य, कम महत्वपूर्ण बातों, जैसेकि व्यवसायों, सरकारी नौकरियों एवं राजनीति में अंग्रेजी शिक्षा का लाभ पहले मिलने के कारण बंगालियों की अग्रणी स्थिति ने उनमें एक नया आत्मविश्वास जगाया (यद्यपि यह स्थिति अब धीरे-धीरे समाप्त हो रही थी) और इस आत्मविश्वास में बढ़ते हुए हिंदू पुनरुत्थानवाद ने और अधिक वृद्धि की। इस पुनरुत्थान का सर्वोत्तम उदाहरण विवेकानंद में देखने को मिलता है। अंतर्राष्ट्रीय परिस्थितियों की भी अपनी भूमिका रही—बोअर युद्ध में अंग्रेजों की हारें, 1904-05 में रूस पर जापान की अप्रत्याशित विजय जिससे एशिया में गर्व की लहर दौड़ गई और जिसका बंगाल के अखबारों ने उत्साहपूर्वक स्वागत किया (यहां तक कि बच्चों के नाम जापानी नेताओं के नाम पर टोगो और नोगी रखे जाने लगे), आप्रवासी कानूनों के विरोध में चीन द्वारा अमरीकी माल का बहिष्कार, और रूस में निरंकुशतंत्र के विरुद्ध जन-क्रांति।

ऐसी दृढ़ आंचलिक एकता एवं बदले हुए आत्मविश्वास एवं गर्व के वातावरण में कर्जन के भड़कानेवाले कार्यों को, जिनकी परिणति विभाजन के बारे में लगभग गुपचुप लिए जानेवाले निर्णय में हुई (इसके संबंध में फरवरी 1904 और जुलाई 1905 के बीच सरकार की ओर से सार्वजनिक रूप से बहुत कम बताया गया था), सबसे बढ़कर एक राष्ट्रीय अपमान समझा गया। अपरिहार्यतः यह न केवल उन निराशाओं से जुड़ा जो बीस वर्षों के नरमदलीय आंदोलन की उन नगण्य उपलब्धियों से उत्पन्न हुई थीं जो प्रत्यक्ष रूप से थोड़े-से लोगों को ही प्रभावित करती थीं, बल्कि यह कहीं अधिक बड़े पैमाने

पर महसूस किए जानेवाले उन दुःखों से भी जुड़ गया जो नस्ली भेदभाव एवं श्वेतों के अभिमान से संबंधित थे। ज्ञानचंद्र बनर्जी की डायरी में इसका स्पष्ट चित्रण मिलता है : एक मुंसिफ को 200 रुपए तनख्वाह मिलती थी जबकि गोरे जज को 2000 मिलते थे और दूर से सीटी की आवाज सुनकर उन्हें जहाजों और रेलों में भुगते नस्ली भेदभाव की याद आती थी, और उन्हें 'राष्ट्रीय पुनर्जागरण के चिह्न देखकर', वैज्ञानिक जगदीशचंद्र बसु की उपलब्धियां देखकर और 'विश्व-शक्ति के रूप में जापान का उदय' देखकर शांति मिलती थी।

भारत की बढ़ती हुई गरीबी को लेकर बनर्जी ने (अक्तूबर 1904 में) एक पत्रिका निकालना आरंभ किया। यद्यपि बंगाली भद्रलोक पर अकाल या ताऊन का प्रत्यक्ष प्रभाव शायद ही पड़ा हो, मगर 1890 के दशक में इन दोनों बलाओं ने जो कहर ढाया, उससे भद्रलोक की अंतरात्मा विचलित हुए बिना न रह सकी, और अंग्रेजों के 'भाग्यविधाता' होने की आस्था को बनाए रखना अधिकाधिक कठिन होता गया—विशेष रूप से इस नरमदलीय सिद्धांत के संदर्भ में कि भारत के समस्त दुःखों एवं कष्टों का कारण संपत्ति का दोहन है। इसमें शायद अधिक प्रत्यक्ष आर्थिक शिकायतों की भी एक भूमिका रही। उदार व्यवसायों के क्षेत्र में भीड़ बहुत बढ़ गई थी (1905 में एक स्वदेशी परचे में शिकायत की गई थी कि पूर्वी बंगाल के मात्र एक सबडिवीजन मदारीपुर में ही 80 वकील थे) जिससे भद्रलोक को छोटी जमींदारियों अथवा बिचौलिया काश्त पर अधिक आश्रित रहना पड़ता था, और इनसे होनेवाली आय भी संपत्ति के पारिवारिक बंटवारे के कारण दिनोदिन कम होती जा रही थी। अचानक कीमतों में भी तेजी से वृद्धि होने लगी थी। के. एल. दत्त द्वारा तैयार किए गए अखिल-भारतीय भारमानरहित सूचकांक (1890-94 =100 के आधार पर) 1904 के लिए 106, 1905 के लिए 116, 1906 के लिए 129, और 1908 के लिए 143 थे। यह रेखा 1905 और 1908 के बीच सबसे अधिक ऊंची थी, और सर्वाधिक राजनीतिक अशांति का यही समय था।

पूर्वी बंगाल के ग्रामीण क्षेत्रों में स्वदेशी के गढ़ (बाकरगंज, मदारीपुर, विक्रमपुर, किशोरगंज) हिंदू भद्रलोक-बहुल क्षेत्र थे, जहां बिचौलिया काश्त की बहुतायत थी और अंग्रेजी शिक्षा का पर्याप्त प्रसार था (जिसके परिणामस्वरूप व्यवसायों में भीड़ बढ़ी थी एवं राष्ट्रवादी विचारधारा का प्रसार हुआ था)। ऐसे समूहों एवं क्षेत्रों में बढ़ती हुई कीमतों ने राष्ट्रवाद को अनुप्राणित किया, जबकि मुद्रास्फीति ने औद्योगिक श्रमिकों को भी हड़तालें करने पर बाध्य कर दिया था। ये हड़तालें 1905 के दिनों का एक महत्वपूर्ण पहलू हैं, यद्यपि इस बात को प्रायः भुला दिया जाता है। किन्तु आर्थिक असंतोष समीपस्थ दमनकर्त्ता के विरुद्ध भी प्रकट होता था। पूर्वी बंगाल में ये दमनकर्त्ता (प्रायः हिंदू) भूस्वामी, साहूकार या व्यापारी होते थे। इस प्रकार आर्थिक असंतोष सांप्रदायिक दंगों

का कारण भी होता था। बंगाल में स्वदेशी से संबद्ध बुद्धिजीवी वर्ग ने इन समस्याओं में वृद्धि ही की। वह हिंदू पुनरुत्थानवाद में अधिकाधिक लिप्त होता चला गया और, जैसाकि हम देखेंगे, किसी भी प्रकार का आमूल परिवर्तनवादी कृषि-कार्यक्रम विकसित करने में पूर्णतः असफल रहा। बढ़ती हुई कीमतों एवं नौकरियों की कमी ने उसे अधिक दृढ़ता से, छोटी ही सही, लगान की आय से चिपके रहने पर बाध्य कर दिया था। विक्रमपुर में ज्ञानचंद बनर्जी की थोड़ी-सी ही पुश्तैनी जमीन थी, फिर भी उनकी डायरी में 1885 के टेनेंसी एक्ट की तिरस्कारपूर्ण निंदा की गई है क्योंकि इससे कृषि-संबंधों में कड़वाहट आ गई थी। बंगाल के भूमि-संबंधों पर 1904 में देशी भाषा में एक अत्यंत रोचक परचा निकाला गया जिसमें बिचौलिया काश्त के स्वामियों के 'प्राचीन आर्य' उद्‌गम से संबंधित एक विचित्र सिद्धांत प्रस्तुत किया गया था और जिसे सदा की भांति 'मध्य वर्ग' के रूप में स्वयं परिभाषित किया गया था। इस वर्ग की एक ओर तो यह शिकायत थी कि बड़े जमींदार उसे धीरे-धीरे निकाल बाहर कर रहे थे (जो उनके कथनानुसार मुसलमानों और अंग्रेजों के पैदा किए हुए थे), और दूसरी ओर टेनेंसी कानून से शह पानेवाले 'बदतमीज रैयतों' ने उसका जीना दूभर कर दिया था (अमृतलाल पाल, *बंगेर भूमि राजस्व ओ प्राचीन आर्य ग्राम्य समिति*, कलकत्ता, 1904)। *ओपन लेटर टु कर्जन* (1904) शीर्षकवाले एक अन्य परचे में एडमंड बर्क के हवाले से जनमत को 'निकृष्ट कार्यों पर अनिर्भर' लोगों के विचारों का पर्याय बताया गया था, और बड़े विश्वासपूर्वक दावा किया गया था कि 'शिक्षित वर्ग' जनसामान्य के 'स्वाभाविक नेता' हैं। इस प्रकार किसानों से भद्रलोक के अंतर के पर्याप्त स्पष्ट वर्गीय मूल थे; यह शारीरिक श्रम के प्रति अरुचि मात्र नहीं था।

अगर उग्रवादी बुद्धिजीवी—चाहे बंगाल में हों या अन्य प्रांतों में—राष्ट्रवादी नारों के साथ कृषक वर्ग की तात्कालिक शिकायतों को जोड़ने में असफल रहे (ये बुद्धिजीवी प्रायः जन-संपर्क के लिए धार्मिक बातों की दुहाई देने का छोटा मार्ग अपनाते थे जो मुसलमानों के संदर्भ में घातक सिद्ध होता था), तो वहीं इस बात के प्रमाण भी मिलते हैं कि नीचे से ही दबाव में कमी आने लगी थी। अकाल और ताऊन ने जहां लोगों को पस्त कर दिया होगा, वहीं जनसंख्या में कमी होने से भूमि पर पड़नेवाले दबाव और उसके परिणामस्वरूप खेतिहर तनावों में भी कमी आई होगी। 1870 और 1880 के दशकों में होनेवाले ग्रामीण उपद्रवों के पश्चात् अंग्रेज सरकार ने जो कानूनी उपाय किए थे, जैसे बंगाल में दिए गए दखली अधिकार, तथा बंबई और पंजाब में बाहर के महाजनों को भूमि हस्तांतरित करने पर रोक, उनसे भी कृषक वर्ग के ऊपरी हिस्सों को कुछ समय तक शांत रखने में सहायता मिली होगी, क्योंकि साहूकारों और भूस्वामियों से होनेवाले संघर्षों में यही तत्व सर्वाधिक सक्रिय रहता होगा। मूल्य-वृद्धि का घनिष्ठ संबंध कृषिजन्य कच्चे माल के बेहद बढ़े निर्यात से

था, और वास्तव में प्रतीत यही होता है कि यह निर्यात ही मूल्य-वृद्धि का मुख्य कारण था। मुद्रास्फीति का दूसरा कारण था मुद्रा का विस्तार और स्वयं यह विस्तार निर्यात की रोकड़बाकी के फलस्वरूप आनेवाले सोने और चांदी से संबंधित था। जहां इस गरमबाजारी से लाभ पानेवाले मुख्य रूप से ब्रिटिश निर्यात अभिकरण एवं भारतीय व्यापारी दलाल थे, वहीं कदाचित् कुछ किसानों (उदाहरण के लिए, पूर्वी बंगाल के पटसन पैदा करनवाले धनी किसानों) को भी इससे थोड़ा लाभ हुआ होगा। बीसवीं सदी के प्रथम दशक का लक्षण था प्रतिव्यक्ति राष्ट्रीय आय में थोड़ी वृद्धि। 1938-39 की कीमतों के आधार पर शिवसुब्रमण्यम् के आकलन के अनुसार ये आंकड़े इस प्रकार थे—1900-01 में होनेवाली 49.4 रुपए की आय 1916-17 में 60.4 रुपए हो गई थी (*नेशनल इनकम ऑफ इंडिया 1900-01 टु 1946-47*, दिल्ली यूनिवर्सिटी मीमियोग्राफ, 1965)। ये सब बातें भारतीय राष्ट्रावाद के उग्रवादी चरण में राष्ट्रीय एवं सामाजिक असंतोष की धाराओं को अलग-अलग रखने में सहायक सिद्ध हुईं।

1905-1908 : बंगाल में स्वदेशी आंदोलन

जुलाई 1905 तक विभाजन की योजना का विरोध मुख्य रूप से पारंपरिक नरमदलीय उपायों का गहन प्रयोग करके ही किया जाता रहा—अखबारों में लिखकर, सभाएं करके और प्रार्थनापत्र देकर (विशेष रूप से ढाका एवं मैमनसिंह जिलों में), और मार्च 1904 एवं जनवरी 1905 में कलकत्ता के टाउनहाल में बड़ी सभाएं करके, जिनमें जिला स्तर के अनेक प्रतिनिधियों ने भी भाग लिया था। इन उपायों के स्पष्ट रूप से और पूर्णतः असफल हो जाने पर नए उपायों की खोज की गई—अंग्रेजी वस्तुओं का बहिष्कार (जिसे सर्वप्रथम कृष्णकुमार मित्र की साप्ताहिक पत्रिका *संजीवनी* के 13 जुलाई 1905 के अंक में सुझाया गया था, और 7 अगस्त को कलकत्ता टाउनहाल में होनेवाली बैठक में पर्याप्त संकोच के साथ सुरेंद्रनाथ बनर्जी जैसे सुस्थापित नेताओं ने इसे स्वीकार कर लिया था), और रवींद्रनाथ एवं रमेंद्रसुंदर त्रिवेदी की 'राखीबंधन' एवं 'अरंधन' की कल्पनाशील अभ्यर्थनाएं। विभाजन के दिन (16 अक्तूबर को) भाईचारे के प्रतीक के रूप में रंगबिरंगी राखियों का आदान-प्रदान हुआ और शोक के प्रतीक के रूप में चूल्हा नहीं जलाया गया। धरना देनेवाले विद्यार्थियों को डराने के लिए अंग्रेजी सरकार ने कार्लाइल सर्कुलर (22 अक्तूबर को प्रकाशित) जैसे कदम उठाए। इसमें धमकी दी गई थी कि राष्ट्रवादी शिक्षा संस्थाओं को अनुदानों, छात्रवृत्तियों एवं विश्वविद्यालय की संबद्धता से वंचित कर दिया जाएगा। इसके परिणामस्वरूप सरकारी शिक्षा संस्थाओं के बहिष्कार एवं राष्ट्रीय विद्यालयों की स्थापना का आंदोलन उठ खड़ा हुआ। 9 नवंबर को सुबोध मलिक ने एक लाख रुपए की बड़ी राशि का दान देकर इस आंदोलन को बड़ा प्रोत्साहन दिया। जब सरकार द्वारा दमन के और कदम उठाए गए (जैसे बारीसाल में गोरखों का तैनात किया जाना, अप्रैल 1906 में वहां प्रांतीय

सभा पर लाठियां बरसाना, और धरना देनेवालों के विरुद्ध 'स्वदेशी' के अनेक अभियोग चलाना) तो तनाव बढ़ गया और शीघ्र ही बंगाल में आंदोलन के भीतर आंतरिक मतभेद उत्पन्न होने लगे। कुछ लोग बहिष्कार को नए उपायों की पूरी शृंखला का आरंभिक बिंदु मानने लगे, और विभाजन के निराकरण को एक अत्यंत 'तुच्छ और संकीर्ण राजनीतिक लक्ष्य' (अरविंद घोष, अप्रैल 1907) माना जाने लगा जो स्वराज अथवा पूर्ण स्वाधीनता के संघर्ष की दिशा में जाने का साधन मात्र था। सुरेंद्रनाथ जैसे लोगों के लिए बहिष्कार मैनचेस्टर के कोष को प्रभावित करके विभाजन को रद्द कराने का अंतिम और हताशापूर्ण प्रयास था। सुस्थापित नरमदलीय नेता 16 नवंबर 1905 को शिक्षा संस्थाओं का बहिष्कार समाप्त करवाने में सफल हुए। इस बीच मार्ले वायसरॉय के पद पर नियुक्त हुए और भारत-सचिव के रूप में उनको उदारता की जो ख्याति मिली थी उसका लाभ उठाकर ये नेता पुनः एक बार 'भिखमंगी नीति' के सुरक्षित किनारे खोजने लगे।

स्पष्ट है कि ऐसे आंतरिक मतभेदों का एक गुटबंदीवाला पहलू भी था, जिसमें राष्ट्रीय नेतृत्व से अब तक न्यूनाधिक बाहर रहनेवाले व्यक्ति अथवा समूह (जैसे *अमृत बाजार पत्रिका* वाले मोतीलाल घोष, बिपिनचंद्र पाल, या अरविंद घोष) अब तक बंद एकाधिकार के क्षेत्र में घुसने और 'वकीलों के घेरे' को तोड़ने का प्रयत्न कर रहे थे। पाल को शिकायत थी कि तमाम जिला-केंद्रों में इस घेरे ने राजनीति में अपना एकाधिपत्य जमा रखा था। फिर भी, इस सारी कथा को केवल 'भीतरवालों' और 'बाहरवालों' के बीच संघर्ष के संदर्भ में ही देखना अतिसरलीकरण होगा और बंगाल के स्वदेशी आंदोलन को उसके सच्चे महत्व से वंचित करना होगा।

प्रवृत्तियां

सिद्धांत के स्तर पर सुस्थापित नरमदलीय परंपरा के अतिरिक्त 1905 और 1908 के बीच बंगाल के राजनीतिक जीवन में तीन प्रमुख प्रवृत्तियां स्पष्ट देखी जा सकती हैं। इनमें से पहली को 'रचनात्मक स्वदेशी प्रवृत्ति' कहा जा सकता है जिसके अंतर्गत निरर्थक और अपमानजनक 'भिखमंगी' नीतियों को त्यागकर स्वदेशी उद्योगों, राष्ट्रीय विद्यालयों और ग्राम-सुधार एवं संगठन के माध्यम से स्वावलंबन की बात कही जाती थी। इसकी अभिव्यक्ति हुई प्रफुल्लचंद्र राय अथवा नीलरतन सरकार के व्यापारिक उद्यमों में, सतीशचंद्र मुखर्जी की *डान* पत्रिका एवं उनकी *डान* सोसायटी में जिसने राष्ट्रीय शिक्षा आंदोलन में अत्यंत महत्वपूर्ण भूमिका निभाई थी, और सर्वोपरि रवींद्रनाथ में जिन्होंने अपने *स्वदेशी समाज* वाले भाषण (1904) में पारंपरिक हिंदू 'समाज' अथवा समुदाय के पुनरुत्थान के माध्यम से ग्रामों में रचनात्मक कार्य की रूपरेखा दी थी। बारीसाल (बाकरगंज) में स्थित अश्विनीकुमार दत्त की बांधव समिति ने अपनी प्रथम वार्षिक रिपोर्ट में 89 न्यायिक समितियों के माध्यम से 523 ग्रामीण विवादों

का निपटारा करने का दावा किया था। इस सबमें बाद के गांधीवादी स्वदेशी कार्यक्रम, राष्ट्रीय विद्यालयों एवं रचनात्मक कार्य का स्पष्ट पूर्वाभास मिलता है।

जिसे रवींद्रनाथ आत्मशक्ति कहते थे, उसके ऐसे धीमे एवं प्रदर्शनरहित विकास की योजना बंगाल के उत्साही शिक्षित युवजन को अधिक आकर्षित नहीं कर सकी। राजनीतिक उग्रवाद ने इन्हें अधिक आकर्षित किया। 1906 के पश्चात् बिपिन पाल की *न्यू इंडिया*, अरविंद घोष की *वंदेमातरम्*, ब्रह्मबांधव उपाध्याय की *संध्या* और *युगांतर* (जिसे बारींद्रकुमार घोष से संबद्ध समूह निकालता था) जैसी पत्रिकाएं स्वराज के लिए संघर्ष करने का आह्वान करने लगी थीं। व्यवहार में, जैसाकि बाद की घटनाओं ने दर्शाया, अनेक उग्रवादी नेता काफी कुछ कम लेने पर ही सहमत हो गए थे—उदाहरण के लिए, जनवरी 1907 में तिलक 'सारी न मिलने पर आधी रोटी' लेने पर राजी हो गए थे, यद्यपि उनका इरादा 'समय आने पर सारी पा लेने' का ही था। अतः मूलभूत मतभेद पद्धतियों को लेकर ही था और इस संबंध में प्रामाणिक वक्तव्य दिया अरविंद घोष ने अप्रैल 1907 में *वंदेमातरम्* में छपनेवाले लेखों की एक शृंखला में, जो बाद में *डॉक्ट्रिन ऑफ पैसिव रेसिस्टेंस* शीर्षक से पुनर्मुद्रित हुई। इसमें 'शांतिपूर्ण आश्रमों और स्वदेशीवाद एवं स्वावलंबन' के आदर्श को अपर्याप्त बताकर उसकी खिल्ली उड़ाई गई थी। उन्होंने एक ऐसे कार्यक्रम की परिकल्पना की जिसमें अंग्रेजी वस्तुओं, सरकारी शिक्षा, न्याय एवं कार्यकारी प्रशासन के 'संगठित एवं निर्मम बहिष्कार' की बात कही गई थी (जिसके पीछे स्वदेशी उद्योगों, राष्ट्रीय विद्यालयों एवं मध्यस्थ न्यायालयों का समर्थन होता)। साथ ही, इसमें अन्यायपूर्ण कानूनों की सविनय अवज्ञा करने, राजभक्तों का 'सामाजिक बहिष्कार' करने और अंग्रेजी दमन के सहन-सीमा से आगे बढ़ जाने पर सशस्त्र संघर्ष करने की योजना भी थी। 21 नवंबर 1906 की *संध्या* में भी ऐसी ही योजना की रूपरेखा दी गई थी : "यदि ... चौकीदार, सिपाही, डिप्टी, मुंसिफ और बाबू, सैनिक की तो बात ही क्या, सब अपनी-अपनी नौकरियों से इस्तीफा दे दें तो देश में फिरंगियों का राज क्षण भर में समाप्त हो जाए।" यहां भी हमें लगभग संपूर्ण गांधीवादी कार्यक्रम के दर्शन होते हैं, बस इसमें गांधीवाद की अहिंसा संबंधी हठधर्मिता का और महत्वपूर्ण बात यह है कि करों एवं लगानों की नाअदायगी के आह्वान का अभाव था। करों एवं लगानों की नाअदायगी की बात को अप्रैल 1907 के लेखों में अरविंद ने स्पष्ट रूप से अस्वीकार किया था क्योंकि यह बात बंगाल के जमींदार समुदाय के विरुद्ध जाती जो उनकी दृष्टि में मूलतः देशभक्त था।

व्यवहार में, बंगाल के उग्रवादियों ने शुद्ध शाब्दिक अथवा साहित्यिक हिंसा एवं कांग्रेस संगठन को लेकर आंतरिक झगड़ों में व्यर्थ ही काफी शक्ति गंवाई। हां, इतना अवश्य हुआ कि (अन्य बातों के साथ) इन्होंने जिला स्तर पर संगठनों अथवा समितियों की प्रभावपूर्ण शृंखला बनाने और श्रमिक असंतोष को कुछ नया राजनीतिक नेतृत्व प्रदान करने में योगदान किया। फिर भी,

1907 में ही जन-आंदोलन की योजना को इसके अपने भीतर से चुनौतियां मिलने लगी थीं और विशिष्टजन की आतंकवादी कार्रवाई करने की मांग की जाने लगी थी : "और हरेक जिले में अंग्रेज अधिकारियों की संख्या ही कितनी है? दृढ़ निश्चय कर लो तो अंग्रेजी राज को एक दिन में ही समाप्त किया जा सकता है · · · । यदि हम अकर्मण्य होकर बैठे रहे और उठ खड़े होने में तब तक झिझकते रहे जब तक कि लोग हताश न हो जाएं, तो हम सदा यूं ही बैठे रहेंगे · · · अरे देशभक्तो, क्या बिना रक्तपात के देश जागेगा?' (*युगांतर*, 3 मार्च, 26 अगस्त 1907)

राजनीतिक पद्धतियों एवं लक्ष्यों पर होनेवाली बहस की सीमाओं को भेदते हुए, सांस्कृतिक आदर्शों को लेकर आधुनिकतावादी एवं हिंदू पुनरुत्थानवादी प्रवृत्तियों के बीच भी एक विवाद चल रहा था। स्वदेशी का रुझान सामान्यतः राजनीति को धार्मिक पुनरुत्थानवाद से जोड़ने का रहा था। धार्मिक पुनरुत्थानवाद को बारंबार आंदोलनकारियों का हौसला बढ़ाने के लिए एवं जन-संपर्क के साधन के रूप में प्रयुक्त किया जाता रहा। सुरेंद्रनाथ स्वदेशी प्रतिज्ञाओं की पद्धति को मंदिरों में प्रयोग करनेवाले पहले व्यक्ति थे; राष्ट्रीय शिक्षा की योजनाओं में प्रायः प्रबल पुनरुत्थानवादी तत्व होता था; और बहिष्कार को पारंपरिक जातिगत आज्ञाओं के द्वारा लागू करने का प्रयास किया जाता था। मई 1906 में उग्रवादी नेताओं ने प्रतिमा-पूजा के साथ शिवाजी उत्सव मनाने पर बल दिया था; *वंदेमातरम्*, *संध्या* और *युगांतर* जैसी पत्रिकाओं में आमूल परिवर्तनवादी राजनीति और आक्रामक हिंदुत्व अभिन्न रूप से गुंथे होते थे। तथापि प्रत्येक समूह में बहुमत-विरोधी सदस्य भी होते थे। *संजीवनी* और *प्रवासी* जैसी ब्रह्मसमाजी पत्रिकाएं पोंगापंथ की आलोचना करती थीं और उनकी स्पष्ट घोषणा थी कि "जो देशभक्ति हमारे अतीत को गौरवमंडित करती हो और उसे सुधार की आवश्यकता से परे समझती हो और जो आगे प्रगति करने की आवश्यकता को अस्वीकार करती हो, वह एक व्याधि है" (शिवनाथ शास्त्री, *प्रवासी*, ज्येष्ठ 1313/1906)। कृष्णकुमार मित्र की ऐंटी-सर्कुलर सोसायटी ने अपने 'अनेक मुसलमान कार्यकर्त्ताओं और शुभचिंतकों' की भावनाओं का आदर करते हुए शिवाजी उत्सव का बहिष्कार किया, और हेमचंद्र कानूनगो जैसे क्रांतिकारी आतंकवादियों ने भी बाद में तत्कालीन प्रचलित धार्मिकता की कड़ी आलोचना की। संभवतः सबसे रोचक था रवींद्रनाथ का विकास जो कुछ वर्षों तक पर्याप्त पुनरुत्थानवादी प्रभाव में रहे, किंतु 1907 के मध्य में सांप्रदायिक दंगों का उन पर ऐसा प्रभाव पड़ा कि उन्होंने पुनरुत्थानवाद से अपना नाता ही तोड़ लिया। अपने युग के तनावों एवं अस्पष्टताओं को बड़े सजीव ढंग से उन्होंने अपने दो उपन्यासों *गोरा* (1907-09) और *घरे बाइरे* (1914) में चित्रित किया है।

गांधीवादी रचानात्मक कार्य एवं जन-सत्याग्रह के ये पूर्वाभास क्षणिक सिद्ध हुए और 1908 के अंत तक बंगाल की राजनीति पुनः नरमदलीय

'भिखमंगेपन' एवं वैयक्तिक 'आतंकवाद' के दो विरोधी ध्रुवों में सिमट गई जो परस्पर-असंबद्ध न थे। उस काल से संबद्ध मुख्य ऐतिहासिक समस्या है—ऐसा क्यों हुआ, क्योंकि केवल ब्रिटिश दमन के बाह्य कारक के संदर्भ में ही इसका स्पष्टीकरण पर्याप्त नहीं है। राष्ट्रवादियों ने पुलिस की ज्यादतियों एवं स्वदेशी आंदोलन के शहीदों का बड़ा शोर मचाया, किंतु 1909 तक सार्वजनिक आंदोलन के विरुद्ध चलाए गए मुकदमों की संख्या बंगाल में केवल 10 और नए प्रांत में 105 थी, और अभियुक्तों को दो सप्ताह से लेकर एक वर्ष तक की ही सजाएं दी गई थीं। इस काल में गोली चलाए जाने की केवल दो घटनाएं हुई थीं लेकिन स्वदेशी आंदोलनकारियों पर नहीं—एक में जमालपुर के हड़ताली मजदूरों पर गोलियां चलाई गई थीं (अगस्त 1906), और दूसरी में शेरपुर के मुसलमान दंगाइयों पर (सितंबर 1907)। अतः आवश्यकता इस बात की है कि 1905-08 के आंदोलन के मुख्य घटकों की शक्तियों एवं आंतरिक सीमाओं का सूक्ष्म अध्ययन किया जाए। ये घटक हैं : बहिष्कार और स्वदेशी, राष्ट्रीय शिक्षा, श्रमिक यूनियनें, समितियां और जन-संपर्क के तरीके।

बहिष्कार एवं स्वदेशी

बंगाल में बहिष्कार एवं स्वदेशी का इतिहास एक ऐसे बुद्धिजीवी वर्ग के आंदोलन की सीमाओं को स्पष्ट रूप से दर्शाता है जिसकी आकांक्षाएं मोटे तौर पर बुर्जुवा थीं किंतु जिसे तब तक वास्तविक बुर्जुवा समर्थन प्राप्त नहीं था। बहिष्कार को आरंभ में अवश्य थोड़ी सफलता मिली—अगस्त 1905 की तुलना में सितंबर 1906 में कलकत्ता कस्टम कलक्टर के अनुसार सूती थानों के आयात में 22 प्रतिशत, सूत की लच्छी और सूत में 44 प्रतिशत, नमक में 11 प्रतिशत, सिगरेटों में 55 प्रतिशत, और जूतों एवं बूटों में 48 प्रतिशत की कमी हुई थी। मैनचेस्टर के कपड़े की बिक्री में गिरावट आने का बहुत-कुछ संबंध कलकत्ता के मारवाड़ी व्यापारियों और अंग्रेज उत्पादकों के बीच व्यापार की शर्तों को लेकर हुए विवाद से था। इसके परिणामस्वरूप अगले वर्ष अक्तूबर 1905 के 'लकी डे' ठेकों में अप्रत्याशित गिरावट आई—32,000 गांठों के स्थान पर केवल 2,500 गांठें ही उठीं। लेकिन विवाद के निपट जाने पर मारवाड़ी पुनः विक्रय-अभिकर्त्ताओं का धंधा करने लगे, जबकि अन्य जिलों में साहा समुदाय के व्यापारी बहिष्कार का मुख्य शिकार बने क्योंकि देशभक्ति के पीछे वे अपना नफा छोड़ने को तैयार नहीं थे। बंबई के मिल-मालिकों ने अवसर का लाभ उठाकर कीमतें बढ़ा दीं, हालांकि बंगाल ने ऐसा न करने की अनेक बार अपील की। बंबई में तब तक मैनचेस्टर से आयात होनेवाला महीन सूत और कपड़ा नहीं बनता था, और इसी कारण बंबईवालों में बहिष्कार के प्रति अधिक उत्साह न था। ध्यान देने योग्य बात यह है कि अधिक गिरावट सिगरेट, जूते इत्यादि वस्तुओं

के आयात में ही आई थी जिनकी मांग, कस्टम कलक्टर के अनुसार, अधिकांशतः 'मध्यवर्गीय सज्जनों, जैसे बाबुओं, वकीलों, इत्यादि के बीच ही थी, ...' (*गवर्नमेंट ऑफ इंडिया, होम पब्लिक, बी.* अक्तूबर 1906, टिप्पणी 13)।

स्वदेशी के रुझान ने निश्चय ही हथकरघा, रेशम की बुनाई और कुछ अन्य पारंपरिक दस्तकारियों में नवजीवन का संचार किया। इस बात पर 1908 में किए गए दो सरकारी सर्वेक्षणों में भी बल दिया गया है। इसी से संबद्ध एक लगभग-गांधीवादी, बौद्धिक प्रवृत्ति भी थी जो दस्तकारियों को बड़े उद्योगों से उत्पन्न बुराइयों से बचने के भारतीय या प्राच्य साधन के रूप में गौरवान्वित करती थी। उदाहरण के लिए, 1900 में सतीशचंद्र मुखर्जी ने एंगेल्स के हवाले से सिद्ध करना चाहा कि औद्योगिक क्रांति के परिणाम कितने भयंकर हो सकते हैं। वे चाहते थे कि बड़े उद्योग वहीं लगाए जाएं जहां उनका लगाया जाना अपरिहार्य हो, और जहां भी संभव हो लघु स्तर पर 'व्यक्तिगत परिवार-संगठन' हों जो स्पष्ट रूप से जाति के आधार पर चलाए जाएं। फिर भी नरमदलीय अर्थशास्त्र से ऐसे सैद्धांतिक भेद (जो प्रायः पुनरुत्थानवाद से जुड़े होते थे) आधुनिक उद्योगों को बढ़ावा देने के अनेक प्रयासों को रोक नहीं सके। मार्च 1904 में जोगेंद्रचंद्र घोष ने एक समिति की स्थापना की जिसका लक्ष्य था विद्यार्थियों को तकनीकी प्रशिक्षण हेतु बाहर (प्रायः जापान) भेजने के लिए धनराशि जुटाना। अगस्त 1906 में दि बंगलक्ष्मी कॉटन मिल्स की स्थापना बड़ी धूमधाम से हुई। इसके लिए पहले से वर्तमान श्रीरामपुर संयंत्र से साज-सामान लाया गया था। चीनी मिट्टी के कारखाने (कलकत्ता पॉटरी वर्क्स, 1906), क्रोम टैनिंग, दियासलाई उद्योग एवं सिगरेट बनाने के पर्याप्त सफल उद्यम भी आरंभ हुए। इन उद्योगों के संरक्षक एवं इनमें लगे हुए उद्यमियों में कुछ बड़े जमींदार (जैसे कासिमबाजार के मणींद्र नंदी) भी थे, किंतु मुख्यतः ये व्यवसायी बुद्धिजीवी वर्ग से ही संबद्ध थे। अतः पूंजी की कमी एक बहुत बड़ा अवरोध थी। जैसाकि कलकत्ता के एक अग्रणी व्यापारी ने कहा था, और उसकी बात एक सरकारी रिपोर्ट में उद्धृत है, भारत के स्थापित व्यापारी समुदाय को लगता है कि "औद्योगिक उद्यमों में पूंजी लगाकर धन कमाने की अपेक्षा आयातित वस्तुओं की एजेंसी चलाकर धन कमाना कहीं आसान है।" कालीशंकर सुकुल ने, जो स्वदेशी परचे निकालते थे, 1906 में कहा था कि एक-दो मिलें खोलने से अच्छा है कि पहले एक सुदृढ़ वितरण प्रणाली की स्थापना पर ध्यान दिया जाए और धीरे-धीरे व्यापार के माध्यम से एक नए प्रकार के व्यापारी वर्ग का सृजन किया जाए क्योंकि पुराने व्यापारी वर्ग में तो देशभक्ति की भावना है ही नहीं। किंतु उनके विचारों का कोई कद्रदान नहीं मिला। इस प्रकार स्वदेशी आंदोलन बंगाल की अर्थव्यवस्था के महत्वपूर्ण क्षेत्रों में अंग्रेजों के शिकंजे के लिए गंभीर चुनौती कभी नहीं बन सका।

राष्ट्रीय शिक्षा

अन्य क्षेत्रों के भांति शिक्षा के क्षेत्र में भी बंगाल में स्वदेशी आंदोलन के विभिन्न प्रकार के प्रयास लक्षित होते हैं, जिनमें तकनीकी शिक्षा पर अधिक बल देने और देशी भाषा में शिक्षा देने की योजनाओं (जिनके सबसे प्रबल समर्थक टैगोर थे) से लेकर टैगोर के शांतिनिकेतन एवं सतीश मुखर्जी की कुछ सीमा तक सर्वसंग्रहवादी डान सोसाइटी की योजनाएं सम्मिलित हैं जो पारंपरिक एवं आधुनिक की सम्मिलित योजना द्वारा कुछेक चुने हुए युवकों को 'श्रेष्ठतर संस्कृति' की शिक्षा देने की थीं। किंतु राष्ट्रीय शिक्षा में नौकरियों के अवसर नगण्य थे, अतः यह विद्यार्थी समुदाय को आकर्षित करने में असफल रही। कुछ वर्षों पश्चात् राष्ट्रीय शिक्षा के नाम पर जो बचा वह था बंगाल नेशनल कॉलेज (जिसे आरंभ में मार्च 1906 में स्थापित राष्ट्रीय शिक्षा परिषद के अंतर्गत एक समांतर विश्वविद्यालय बनाने की योजना थी, किंतु यह किसी भी कॉलेज को स्वयं से संबद्ध करने में असफल रहा), एक बंगाल तकनीकी संस्थान जिसे नरमपंथियों के साथ घनिष्ठ संबंधोंवाले एक विद्रोही गुट ने स्थापित किया था, और सबसे महत्वपूर्ण थे—पश्चिमी बंगाल एवं बिहार में एक दर्जन के लगभग और इससे कहीं अधिक संख्या में पूर्वी बंगाल के जिलों के राष्ट्रीय विद्यालय। बाद के घटनाक्रम ने, अर्थात् "इन विद्यालयों का विस्तार गांवों तक करने एवं प्राथमिक शिक्षा पर अधिकार करने के प्रयत्न" ने थोड़े समय के लिए सरकार के कान खड़े कर दिए (*होम पोलिटिकल ए*, मार्च 1909, पृ. 10-11)। इसमें मैमनसिंह, फरीदपुर और बाकरगंज के विद्यालयों को भी सम्मिलित किया जाना था जिनमें बड़ी संख्या में मुसलमान और निम्न जाति के नामशूद्र विद्यार्थी पढ़ते थे। फिर भी, कलकत्ता स्थित राष्ट्रीय परिषद ने ऐसे जिला या ग्राम विद्यालयों की अधिकांशतः अवहेलना ही की (1908 में यह परिषद 1,25,000 रुपए के कुल बजट में से इन विद्यालयों पर केवल 12,000 रुपए ही व्यय कर रही थी), और जन-आधारित आंदोलनों की ही भांति इनका भी पतन हो गया। अंत में, पूर्वी बंगाल में गिने-चुने विद्यालय ही बच रहे, जो वस्तुतः क्रांतिकारियों के भरती-केंद्र थे जिनमें सबसे विख्यात था ढाका के निकट सोनारंग राष्ट्रीय विद्यालय।

श्रमिक असंतोष

1903-08 में एक सरकारी सर्वेक्षण हुआ था जिसका शीर्षक था *एडमिनिस्ट्रेशन ऑफ बंगाल अंडर एंड्रयू फ्रेजर*। इसमें औद्योगिक असंतोष को उन पांच वर्षों की अवधि का 'महत्वपूर्ण लक्षण' बताया गया था, और 'पेशेवर आंदोलनकारियों' की भूमिका को एक नितांत नवीन संवृत्ति कहा गया था। श्वेतों के नियंत्रणवाले उद्यमों में (चूंकि अधिकांश औद्योगिक इकाइयां बंगाल में थीं) कीमतों में वृद्धि के साथ ही प्रायः नस्ली अपमानों के कारण होनेवाली हड़तालों को

राष्ट्रवादियों की ओर से समाचारपत्रों में पर्याप्त सहानुभूति मिलने लगी थी। राष्ट्रवादी कभी-कभी इन्हें वित्तीय सहायता, यहां तक कि ट्रेड यूनियनें स्थापित करने में भी सहायता देते थे। अग्रणी श्रमिक नेताओं के रूप में चार व्यक्तियों के नाम उल्लेखनीय हैं। इनमें से तीन तो बैरिस्टर थे—अश्विनीकुमार बनर्जी, प्रभातकुसुम रायचौधुरी, ऐथेनेसियस अपूर्वकुमार घोष और चौथे थे प्रेमतोष बोस जो उत्तरी कलकत्ता में एक छोटे-से छापाखाने के मालिक थे। सितंबर 1905 में हावड़ा में बर्न कंपनी के 247 बंगाली बाबुओं ने कार्य संबंधी एक नए अधिनियम के विरोध में, जिसे वे अपमानजनक समझते थे, बहिर्गमन किया तो समस्त स्वदेशी-समर्थक जनता ने उनका स्वागत किया। अगले ही महीने कलकत्ता में ट्रामों की हड़ताल हुई जिसका समाधन घोष और बनर्जी के प्रयासों से हुआ। 16 अक्तूबर की रिपोर्टों में 'बंद' जैसी बात दिखाई पड़ती है—अधिकांश दफ्तर बंद थे, सड़कों पर गाड़ियां नहीं थीं, और कुछ पटसन कारखानों एवं रेलवे कार्यशालाओं में हड़ताल थी। शीघ्र ही पहला वास्तविक श्रमिक संघ बना। सरकारी छापाखानों में एक उग्र हड़ताल के बीच 21 अक्तूबर को प्रिंटर्स यूनियन की स्थापना हुई। जुलाई 1906 में ईस्ट इंडियन रेलवे के बाबुओं की हड़ताल के फलस्वरूप रेलवेमेंस यूनियन की स्थापना हुई। आसनसोल, रानीगंज और जमालपुर में सभाओं के माध्यम से कुलियों को भी इसमें सम्मिलित करने के प्रयास किए गए। इन सभाओं को ए. सी. बनर्जी, ए. के. घोष और प्रेमतोष बोस के अतिरिक्त बिपिन पाल, श्यामसुंदर चक्रवर्ती और लियाकत हुसैन जैसे स्वदेशी नेताओं ने भी संबोधित किया। 27 अगस्त को जमालपुर कार्यशाला में मजदूरों ने एक भारी बखेड़ा खड़ा कर दिया जिसके परिणामस्वरूप गोलियां चलीं। किंतु यह हड़ताल विफल रही और इसके साथ ही यूनियन भी समाप्त हो गई। 1905 और 1908 के बीच पटसन कारखानों में प्रायः हड़तालें होती रहीं जिनसे विभिन्न समयों में 37 में से 18 कारखाने प्रभावित हुए। ए. सी. बनर्जी के निजी कागजात से ज्ञात होता है कि वे अगस्त 1906 में बजबज में इंडियन मिलहैंड्स यूनियन की स्थापना करने का प्रयास कर रहे थे। इन कागजात से वह बात भी प्रकट होती है जो आगे चलकर भारतीय श्रमिक आंदोलन में बारंबार आनेवाली समस्या बननेवाली थी—श्रमिकों के साथ संपर्क अपरिहार्य रूप से बाबुओं और 'सरदारों' के माध्यम से ही होता था, हालांकि बजबज जूट मिल्स के 28 श्रमिकों द्वारा हस्ताक्षरित एक ज्ञापन दर्शाता है कि ऐसे लोग टुच्चे शोषक होते थे जो रिश्वत और पूजा-शुल्क वसूल किया करते थे।

अपनी चरम सीमा के दिनों में श्रमिक आंदोलन इतना प्रबल हो गया था कि 27 अगस्त 1906 को एंग्लो-इंडियन समाचारपत्र *पायनियर* ने गर्जना की कि राजनीतिज्ञ "विभाजन के संबंध और इसके विरोध में जी भरकर आंदोलन करें, किंतु अब जबकि वे अज्ञानी श्रमिकों के मन में असंतोष का बीज बोकर पूरे प्रांत के कल्याण के लिए खतरा उत्पन्न करना चाहते हैं . . .

समय आ गया है कि कानून और व्यवस्था स्थापित करनेवाली सरकार अपनी ताकत दिखाए।" कुछेक उग्रवादी अखबारों में आम राजनीतिक हड़ताल की 'रूसी पद्धति' की महान संभावनाओं पर भी विचार किया गया : "आज रूस के मजदूर संसार को सिखा रहे हैं कि दमन के समय प्रभावशाली विरोध करने के तरीके क्या हैं—क्या भारतीय मजदूर उनसे शिक्षा नहीं लेगा?" (पाल की गिरफ्तारी के बाद, *नवशक्ति*, 14 सितंबर 1907)। फिर भी, कई अन्य बातों की भांति यह सब भी एक रोचक पूर्वाभास से अधिक सिद्ध नहीं हुआ। कोई वस्तुतः राजनीतिक हड़ताल नहीं हुई (जैसाकि बंबई में तिलक के मुकदमे के समय 1908 में हुई थी)। बागानों और खदानों के मजदूरों पर कोई असर नहीं हुआ। स्वदेशी आंदोलन का संपर्क मुख्य रूप से बाबुओं और बहुत हुआ तो बंगाली जूटमिल-मजदूरों तक ही था (इसी कारण फोर्ट ग्लोस्टर और बजबज जैसी मिलों का महत्व था जहां अन्य स्थानों की तुलना में बाह्य तत्व कम था)। 1908 की गर्मियों के बाद श्रमिक आंदोलन में राष्ट्रवादियों की रुचि अचनानक कम हुई और फिर पूर्णतः समाप्त हो गई, और यह रुचि 1919-22 के पहले फिर से उत्पन्न नहीं हुई।

समितियां

'समितियों' अथवा 'राष्ट्रीय स्वयंसेवक' आंदोलन का अचानक उदय स्वदेशी युग की बड़ी उपलब्धियों में एक है। पश्चदृष्टि के आधार पर इन संगठनों की तुलना प्रायः आरंभिक आतंकवादी सोसायटियों से की जाती है। वस्तुतः 1908 की ग्रीष्म ऋतु तक अधिकांश समितियां खुले संगठन हुआ करती थीं जो विभिन्न प्रकार की गतिविधियों में लगी रहती थीं, जैसे सदस्यों के शारीरिक एवं नैतिक प्रशिक्षण, अकाल, महामारी या धार्मिक उत्सवों के समय समाज-कार्य करने में, विभिन्न रूपों से स्वदेशी का संदेश फैलाने में, हस्तकलाओं, विद्यालयों, मध्यस्थ कचहरियों एवं ग्रामसभाओं का संगठन करने में, और अहिंसक आंदोलन की तकनीकों को प्रयुक्त करने जैसी गतिविधियों में। 1907 में पुलिस ने कलकत्ता में 19 समितियों के होने की रिपोर्ट दी थी। इनके अतिरिक्त, इस आंदोलन की मुख्य शक्ति पूर्वी बंगाल में स्थित थी। इसके अंतर्गत एक केंद्रीय भूभाग था जिसमें बाकरगंज, फरीदपुर, ढाका और मैमनसिंह जिले आते थे। (यहीं उन पांच प्रमुख समितियों का जन्म हुआ था जिन पर जनवरी 1909 में प्रतिबंध लगाया गया था। ये थीं : स्वदेश बांधव, ब्रती, ढाका अनुशीलन, सुहृद और साधना)। रंगपुर, टिपरा, सिलहट और हुगली नदी के पूर्व में स्थित पुराने प्रांत के कुछ हिस्सों में सशक्त संगठन बने थे, और शिवसागर, गोपालपाड़ा एवं गारो पहाड़ियों को छोड़कर सभी जिलों में समितियां बनी थीं। जून 1907 की एक पुलिस रिपोर्ट में पूर्वी बंगाल में स्वयंसेवकों की अनुमानित संख्या 8,485 बताई गई थी। इस सूची में सर्वोपरि थे बाकरगंज और ढाका, जिनमें से प्रत्येक में 2,600 से अधिक स्वयंसेवक थे। अन्यत्र की भांति, समिति

आंदोलन में भी पर्याप्त विविधता दिखाई देती है। कलकत्ता की ऐंटी-सर्कुलर सोसायटी अपनी धर्मनिरपेक्षता के लिए प्रख्यात थी (यह एकमात्र ऐसी समिति थी जिसमें कई महत्वपूर्ण मुसलमान नेता थे जैसे—लियाकत हुसैन, अबुल हुसैन, दीदार बख्श, और अब्दुल गफूर)। बारीसाल की स्वदेश बांधव समिति ने सचमुच जनाधार जैसी बात पा ली थी—1909 में इसकी 175 ग्राम-शाखाओं के होने की रिपोर्ट मिलती है और (1906 की अकाल जैसी स्थिति में) निरंतर मानव-सेवा के कार्य करके इसके नेता अश्विनीकुमार दत्त ने अपने जिले के हिंदू और मुसलमान किसानों के दिल में समान रूप से स्थान बना लिया था। इसके ठीक विपरीत थी ढाका अनुशीलन समिति जिसकी स्थापना दास ने की थी। आरंभ से इसका बल स्वयंसेवकों को शारीरिक रूप से दृढ़ करके गुप्त प्रशिक्षण देने एवं हिंदू धर्म में दीक्षित करने की प्रतिज्ञाओं के ताम-झाम पर रहा था; स्पष्टतः ये सब बातें स्वदेश बांधव की शिथिल किंतु जनोन्मुख संरचना में अनुपस्थित थीं। फिर भी, 1908 तक अधिकांश समितियों का मुख्य कार्य जन-संपर्क स्थापित करना ही था और इसी दिशा में उनकी गतिविधियां प्रेरित भी होती थीं। कभी-कभी तो ये विविध गतिविधियां बड़े कल्पनाशील रूप धारण कर लेती थीं। अनेक पत्र-पत्रिकाएं एवं परचे तो निकलते ही थे और भाषण भी होते थे (अधिकाधिक रूप से देशी भाषा में), साथ ही देशभक्ति के गीतों और नाटकों की बाढ़-सी आ गई थी जिनमें जात्रा जैसे लोक-माध्यमों का प्रयोग भी किया जाता था (विशेष रूप से बाकरगंज में मुकुंद दास की जात्राएं)। उत्सवों का आयोजन किया जाता था और पारंपरिक धार्मिक मुहावरे को अपनाया जाता था। धीरे-धीरे हिंदू धर्म का प्रयोग जनसामान्य तक पहुंचने के प्रमुख साधन के रूप में किया जाने लगा था जिसमें जनसामान्य की कल्पना-शक्ति को उभारने के साथ-साथ भय का (उदाहरण के लिए, राजभक्तों के सामाजिक बहिष्कार में जाति-प्रथा की मान्यताओं का) सहारा भी लिया जाता था।

फिर भी, 1908-09 की अवधि में दमन के पहले ही चक्र में खुली समितियां या तो समाप्त हो गईं (जैसाकि स्वदेश बांधव के साथ हुआ) या गुप्त आतंकवादी समितियां बन गईं। समितियों के बारीसालवाले नमूने का स्थान ढाकावाले नमूने ने ले लिया। अश्विनीकुमार दत्त का संगठन भी वस्तुतः किसान-सदस्यों को ऐसा नहीं बना पाया था कि वे सभाओं में उपस्थित होकर बात को पूरी तौर पर समझते और भले बाबू के प्रति आदरभाव दर्शाते, और ग्राम समितियों में सदैव गांव के 'भद्रलोक' ही होते थे। ध्यान देने योग्य बात यह है कि सरूपखाती (बाकरगंज जिले) में "लगभग आधे स्वयंसेवक ऐसे व्यक्ति (थे) ··· जिनकी भूमि में जोतधारियोंवाली रुचि थी" (*होम पोलिटिकल डिपॉजिट*, अक्तूबर 1907, टिप्पणी 19)। एक बहुत बड़ी संख्या में स्वदेशी के मामले जमींदारी अधिकारियों एवं मुसलमान दुकानदारों के आपसी विवाद से संबंधित थे। भूस्वामियों द्वारा हाटों को बंद करना बहिष्कार का प्रमुख ढंग

हो गया था, और सामाजिक बहिष्कार प्रायः जोतधारियों अथवा जमींदारों द्वारा काश्तकारों अथवा बंटाईदारों पर दबाव का रूप ले लेता था। बाद में *घरे-बाइरे* में रवींद्रनाथ ने हरीश कुंडू के रूप में दमनकारी जमींदार का स्वदेशी आंदोलन के एक नायक के परिवर्तित रूप में सजीव चित्रण किया। यह उनकी कल्पना मात्र नहीं थी, यह बात नवंबर 1907 में टेंगाइल (मैमनसिंह जिले) में होनेवाली एक घटना में स्पष्ट है जहां एक मुसलमान बंटाईदार ने अपने हिंदू जमींदार पर आरोप लगाया कि जमींदार ने उसका मैनचेस्टर-निर्मित कपड़ा इस कारण जला डाला था कि वह डरकर अपना पट्टा छोड़ दे।

हिंदू-मुसलमान संबंध

इस प्रकार अंग्रेजों के 'फूट डालो और राज करो' के तरीकों के लिए स्थिति लगभग बनी-बनाई थी। अक्तूबर 1907 में उत्तरी कलकत्ता में स्वदेशी से सहानुभूति रखनेवालों को पुलिस ने पीटा और पुलिस को मदद दी शहरी गरीब वर्ग के कुछ तत्वों ने जिन्हें इन उपद्रवों की गैर-सरकारी तहकीकाती रिपोर्ट में बारंबार 'ढंगर, मेहतर जैसे बदमाश और निम्न वर्ग के लोग' कहा गया। किंतु वस्तुतः जो गंभीर स्थिति बन रही थी वह थी मुस्लिम अलगाववाद में तेजी से वृद्धि। सांप्रदायिक एकता के लिए बड़ी मुखर अपीलें की जातीं, भाईचारे के कुछेक स्मरणीय दृश्य भी देखे गए (जैसे 23 सितंबर 1905 को कलकत्ता में 10,000 हिंदू-मुसलमान विद्यार्थियों का संयुक्त जुलूस), और स्वदेशी आंदोलन में मुसलमान आंदोलनकारियों का एक अत्यंत सक्रिय एवं निष्ठावान समूह भी मौजूद था (जिसमें गजनवी, रसूल, दीन मोहम्मद, दीदार बख्श, मुनीरुज्जमां, इस्माइल हुसैन शीराजी, अबुल हुसैन, अब्दुल गफूर और लियाकत हुसैन जैसे लोग सम्मिलित थे जिनमें से कुछ के नाम मई 1907 में राजद्रोह के सर्वप्रथम अभियोग के लिए प्रस्तावित थे)। इस सबके बावजूद अंग्रेजों का यह प्रचार कि नया प्रांत बन जाने से मुसलमानों को नौकरियों के अधिक अवसर मिलेंगे, उच्च एवं मध्यवर्गीय मुसलमानों को स्वदेशी आंदोलन के विरुद्ध बहकाने में पर्याप्त सफल रहा। सलीमुल्ला गुट की अभिजनवादी राजनीति पर एवं मुस्लिम लीग पर (जिसकी स्थापना अक्तूबर 1906 में ढाका में हुई थी) बाद में विचार किया जाएगा। वर्तमान संदर्भ में अधिक प्रासंगिक है पूर्वी बंगाल में सांप्रदायिक दंगों का भड़क उठना—मई 1906 में मैमनसिंह जिले के ईश्वरगंज में, कोमिला (मार्च 1907 में), और जमालपुर, दीवानगंज और बक्शीगंज में अप्रैल-मई 1907 में। ये सब स्थान भी मैमनसिंह जिले में ही आते थे। 'बाजारी निम्न वर्ग के सामान्य मुसलमान' (*होम पब्लिक ए, मई 1907*, नं. 163) कोमिला शहर में होनेवाले दंगों में प्रमुख थे, जबकि मैमनसिंह में होनेवाले उपद्रवों में ग्रामीण तत्व अधिक प्रबल था। दंगाइयों के लक्ष्य थे हिंदू जमींदार और महाजन, जिनमें से कुछ ने हाल ही में हिंदू मूर्तियों के रखरखाव के लिए 'ईश्वरवृत्ति' उगाहना आरंभ किया था। कई स्थानों पर

ऋण-पत्र फाड़ डाले गए और कहीं-कहीं तो दंगों ने 'गरीबों द्वारा अमीरों के माल की आम लूट' का रूप धारण कर लिया था जहां हिंदू काश्तकार भी लूट में सम्मिलित हो गए थे (*होम पोलिटिकल ए, जुलाई 1907*, टिप्पणी 16)। कहा जाता है कि मौलवियों ने अफवाह फैला दी थी कि अंग्रेज ढाका के नवाब सलीमुल्ला को राज सौंपकर जा रहे हैं। *नवाब साहबेर सुविचार* शीर्षकवाले एक सांप्रदायिक परचे में तो सलीमुल्ला को मसीहा तक कहा गया था। ऐसे धार्मिक नेताओं का संबंध प्रायः नवोदित धनी कृषक तत्वों से होता था और *रेड पैम्फलेट* (1907) अथवा *कृषक बंधु* (1910) जैसे मुसलमान प्रचार-साहित्य में जमींदार-महाजन शोषकों को हिंदू का पर्याय बतलाने के साथ ही साथ एक प्रकार के कुलक अर्थात् पूंजीवादी कृषक के विकास की परिकल्पना भी की गई थी।

1907-08 में लिखे गए असाधारण अंतर्दृष्टिपूर्ण लेखों की शृंखला के साथ ही पबना प्रांतीय सम्मेलन (फरवरी 1908) में दिए गए अध्यक्षीय भाषण में रवींद्रनाथ ने कहा था कि दंगों के लिए केवल अंग्रेजों को दोष देना ही पर्याप्त नहीं है। "शैतान तभी भीतर आ सकता है जब उसे आने का मार्ग मिले", और मूल समस्या तो यह थी कि "हम थोड़े-से शिक्षितों और देश के करोड़ों सामान्यजन के बीच एक विशाल खाई मौजूद है।" जब तक इस खाई को नहीं पाटा जाता, कोरी बातों अथवा आतंकवादी कार्यों से सफलता नहीं मिलनेवाली थी। फिर भी, टैगोर द्वारा प्रस्तुत यह विकल्प जुझारू युवा वर्ग को आकर्षित न कर सका कि धैर्यपूर्वक, बिना दिखावे के गांवों में रचनात्मक कार्य किया जाए, जिसमें उन्हें आशा थी कि जमींदार आगे बढ़कर संरक्षण और नेतृत्व देंगे (जैसाकि वे स्वयं करने का प्रयास कर रहे थे)। वैसे भी अंग्रेज सरकार का बढ़ता हुआ दमन युवकों को बराबर भड़का रहा था। यह भी सच है कि टैगोर के पास जनसमुदाय को प्रेरित करने के लिए कोई ठोस सामाजिक अथवा आर्थिक कार्यक्रम नहीं था। अतः उनकी आवाज धीरे-धीरे वीराने में गूंजनेवाली पुकार बनकर रह गई। इस बात को स्वयं टैगोर ने *घरे-बाइरे* में अघोषित रूप से स्वीकार किया था। इस उपन्यास के उदात्त किंतु नितांत प्रभावहीन और एकाकी नायक निखिलेश और उनके पहले के उपन्यास *गोरा* के आशावादी अंत में महत्वपूर्ण वैषम्य दिखाई देता है।

अधिकांश राष्ट्रवादियों की धारणा थी कि मुसलमान दंगाई अंग्रेजों के भाड़े के टट्टुओं से अधिक कुछ भी नहीं थे, जो *वंदेमातरम्* के अनुसार, रूस के प्रतिक्रांतिकारी ब्लैक हंड्रेड्स के समरूप थे। वास्तव में 1907 के दंगों ने स्वयंसेवी संगठनों को अत्यधिक प्रेरित किया और उग्रवादी प्रचार में आक्रामक हिंदूवादी स्वर प्रखर होने लगा जो साथ ही आतंकवाद की दिशा में घूम गया। यह एक ऐसी स्थिति थी जो लगभग अपरिहार्य थी, क्योंकि जहां जनसामान्य उदासीन हो अथवा वैमनस्य का भाव रखता हो, वहां व्यवहार में 'क्रांति' का

अर्थ गिने-चुने लोगों की कार्रवाई ही होता है।

आतंकवाद की ओर झुकाव

सर्वप्रथम क्रांतिकारी समूहों की स्थापना 1902 के आसपास मिदनापुर (ज्ञानेंद्रनाथ वसु द्वारा) और कलकत्ता में (प्रमथ मित्र और बड़ौदा से अरविंद घोष के भेजे प्रतिनिधियों जतींद्रनाथ बनर्जी और बारींद्रनाथ घोष द्वारा स्थापित अनुशीलन समिति) हुई, किंतु आरंभ में इनकी गतिविधियां अपने सदस्यों को शारीरिक एवं नैतिक प्रशिक्षण देने तक ही सीमित थीं, और 1907 अथवा 1908 तक वे विशेष महत्वपूर्ण नहीं थीं। कलकत्ता अनुशीलन के एक भीतरी समूह ने बारींद्रकुमार घोष एवं भूपेंद्रनाथ दत्त के नेतृत्व में (अरविंद की सलाह से) अप्रैल 1906 में *युगांतर* नामक साप्ताहिक निकालना आरंभ किया और उसी वर्ष ग्रीष्म में एक या दो 'एक्शंस' करने के असफल प्रयास भी किए (जैसेकि पूर्वी बंगाल के अत्यंत अलोकप्रिय लेफ्टिनेंट-गवर्नर फुलर की हत्या की योजना जो असफल रही)। तब हेमचंद्र कानूनगो, जो कदाचित् क्रांतिकारियों की इस प्रथम पीढ़ी में सर्वाधिक महत्वपूर्ण व्यक्ति थे, सैन्य (एवं थोड़ा-बहुत राजनीतिक) प्रशिक्षण लेने के लिए विदेश गए जिसे अंततः उन्होंने पेरिस में एक रूसी आप्रवासी से प्राप्त किया। जनवरी 1908 में, कानूनगो के स्वदेश लौट आने के पश्चात् कलकत्ता के उपनगर माणिकतल्ला में एक संयुक्त धार्मिक पाठशाला एवं बम बनाने का कारखाना खोला गया। नेताओं की (विशेष रूप से बारींद्रकुमार घोष की) घोर लापरवाही के कारण पूरा समूह पकड़ा गया जिसमें अरविंद भी सम्मिलित थे। यह गिरफ्तारी खुदीराम बोस एवं प्रफुल्ल चाकी द्वारा कैनेडी महिलाओं की हत्याओं (अप्रैल 1908) के बाद कुछ ही घंटों के भीतर हुई। क्रांतिकारियों का लक्ष्य एक दुष्ट अंग्रेज मजिस्ट्रेट किंग्सफोर्ड को मारना था मगर वह साफ बच निकला था। इस बीच पूर्वी बंगाल में और अधिक सक्षम प्रकार का आंतकवाद पनप रहा था जिसमें पुलिन दास का सुसंगठित ढाका अनुशीलन अग्रणी था। इसका पहला बड़ा अभियान बाड़ा डकैती कांड (2 जून 1908) था।

स्वदेशी आंदोलन को जन्म देनेवाले बंगाल की उपलब्धियों में देशभक्ति के गीतों का भंडार एवं अन्य महत्वपूर्ण सांस्कृतिक उपलब्धियां भी शामिल हैं जिनमें उल्लेखनीय हैं—प्रादेशिक एवं स्थानीय इतिहास, और लोक-परंपराओं में नई रुचि, जे. सी. बोस एवं पी. सी. रॉय की वैज्ञानिक खोजें, और रवींद्रनाथ टैगोर द्वारा स्थापित कलकत्ता कला संप्रदाय। मगर इनके अलावा, क्रांतिकारी आंतकवाद उसकी सबसे महत्वपूर्ण थाती है जिसका जादू उग्र शिक्षित युवाओं के मन-मस्तिष्क पर एक पीढ़ी से भी अधिक समय तक बना रहा। क्रांतिकारी आंदोलन ने विभिन्न रूप धारण किए—दमनकारी अधिकारियों अथवा देशद्रोहियों की हत्या, धन जमा करने के लिए स्वदेशी डकैतियां, या अधिक से अधिक इस आशा से सैन्य षड्यन्त्र कि इसमें उन्हें अंग्रेजों के विदेशी शत्रुओं से

सहायता मिलेगी। कभी-कभार उभरनेवाली वैयक्तिक आकांक्षाओं के बावजूद यह आंदोलन कभी शहरी जन-आंदोलन अथवा ग्रामीण क्षेत्रों में छापामार आधारों की स्थापना के स्तर तक नहीं पहुंच सका। अतः इसके लिए 'आतंकवाद' शब्द का प्रयोग करना अनुचित नहीं है।

अभिजन 'क्रांति' ने अवश्य राष्ट्रीय संघर्ष की दिशा में महत्वपूर्ण योगदान किया। इसने अंग्रेजों को प्रायः बुरी तरह डराया। पूर्ण स्वराज्य (वह लक्ष्य जिसे कांग्रेस 1930 में जाकर ही औपचारिक रूप से स्वीकार कर सकी थी) के लिए प्राणों की परवाह न करने के दुर्लभ दृष्टांत प्रस्तुत किए गए, और शरण एवं हथियारों की खोज में विश्वव्यापी संपर्क स्थापित करने के प्रयास किए गए। इसके, जैसाकि हम आगे देखेंगे, महत्वपूर्ण वैचारिक परिणाम हुए। एक आरंभिक उदाहरण हेमचंद्र कानूनगो का लिया जा सकता है जो पेरिस से नास्तिक बनकर और मार्क्सवाद में भी थोड़ी रुचि लेकर वापस आए। आंतकवादी शौर्य को पढ़े-लिखे भारतीयों के एक बहुत बड़े वर्ग में और अन्य लोगों के बीच भी अद्‌भुत लोकप्रियता प्राप्त हुई, यहां तक कि खुदीराम के फांसी चढ़ जाने के बीसियों साल बाद भी बंगाल में एक राह चलते भिखारी को उनकी याद में शोकगीत गाते हुए सुना जा सकता था। फिर भी ब्रिटिश प्रशासन को इस क्रांति से कभी कोई गंभीर खतरा उत्पन्न नहीं हुआ। क्रांतिकारियों के प्रति प्रशंसा का भाव प्रायः अन्य लोगों के आत्मबलिदान पर नियोजित संतोष से अधिक कुछ नहीं होता था। आरंभ की अधिकांश गुप्त संस्थाओं की गहन धार्मिकता ने (यद्यपि समय के साथ यह कम होती चली गई थी) मुसलमानों को या तो इससे अलग रखा या उनमें वैमनस्य उत्पन्न किया। जैसाकि हेमचंद्र ने बाद में कहा था, धार्मिकता पर बल दिए जाने के अन्य नकारात्मक पक्ष भी थे। *गीता* के निष्काम कर्म के बहुउद्‌धृत सिद्धांत ने एक विचित्र शौर्य-भाव को जन्म दिया—प्रभावकारी कार्यक्रमों के स्थान पर बलिदान के लिए बलि देना : 'मां किसी योजना, किसी पद्धति की मांग नहीं करती। वह स्वयं हमें योजनाएं और पद्धतियां देगी . . . " (अरविंद, अप्रैल 1908)। और फिर धर्म पीछे लौटने के लिए एक सम्मानजनक सरल मार्ग भी तो था। आखिर इसी मार्ग को पकड़कर अरविंद पांडिचेरी चले गए और जतींद्रनाथ बंद्योपाध्याय रामकृष्ण मिशन में 'स्वामीजी' बन गए।

सबसे बड़ी बात यह है कि अभिजन-केंद्रित आंदोलन ने जनसामान्य को राजनीतिक संघर्ष में लाने के प्रयासों को स्थापित किया। इसके लिए और भी जुझारू कार्यक्रमों के माध्यम से राष्ट्रीय मुद्दों को सामाजिक-आर्थिक मुद्दों से जोड़ने के सचेत प्रयास करने पड़ते। बंगाल के क्रांतिकारी आतंकवाद की सामाजिक सीमाएं स्पष्ट हैं : 1918 की सरकारी सूची के अनुसार मारे जाने अथवा दंड पानेवाले 186 क्रांतिकारियों में 165 तीन उच्च जातियों—ब्राह्मण, कायस्थ और वैद्य—से संबंधित थे।

1905-1908 : अन्य प्रदेशों में उग्रवाद

अब तक हमने केवल बंगाल पर ही ध्यान केंद्रित रखा है। अब समय है अपनी दृष्टि को विस्तृत करने का और यह विचार करने का कि ऐसी ही प्रवृत्तियां अन्य प्रदेशों में किस सीमा तक उभर रही थीं और उग्रवादी किस प्रकार अखिल-भारतीय स्तर पर नरमदलीय नेताओं का सामना कर रहे थे।

कर्जन के कार्यों, विशेष रूप से बंग-भंग ने भारत-भर में शिक्षित लोगों के मन में आक्रोश उत्पन्न किया था, तथापि, स्वाभाविक रूप से, विशिष्ट प्रतिक्रियाओं की सीमा एवं स्वरूप का निर्धारण प्रादेशिक अथवा स्थानीय बातों द्वारा हुआ था। उदाहरण के लिए, बिहार, उड़ीसा और असम में सेवाओं और व्यवसायों में बढ़े-चढ़े होने के कारण शिक्षित बंगालियों की अलोकप्रियता दिनोदिन बढ़ती जा रही थी। शिक्षा के प्रसार के साथ ही 'अभिजन-विरोधी' आंदोलन चले जो बिहार और उड़ीसा के लिए अलग प्रांतों की मांग करते थे। इनकी प्रवृत्ति उस जुझारूपन से दूर ही रहने की रहती थी जो मुख्यतः बंगाल में देखा जाता था (इन प्रांतों में यह जुझारूपन शिक्षित बंगाली आप्रवासियों के माध्यम से ही पहुंचता था), यद्यपि गैर-राजनीतिक स्वदेशी उद्यमों के लिए (उदाहरण के लिए, मधुसूदन दास की उत्कल यूनियन कांफ्रेंस के लिए) प्रायः सहानुभूति प्रकट की जाती थी।

संयुक्त प्रांत में भी उग्रवाद का बहुत अधिक प्रभाव नहीं हुआ। यहां कांग्रेस की राजनीतिक गतिविधि आरंभ में तेजी दिखाकर 1880 के दशक के अंत तक समाप्त हो गई थी। बेयली ने अपने इलाहाबाद संबंधी अध्ययन में दर्शाया है कि मदनमोहन मालवीय अथवा मोतीलाल नेहरू जैसे नेता अब भी यह सोचते थे कि प्रांतीय सरकार से सहयोग करके पर्याप्त स्थानीय लाभ प्राप्त किए जा सकते हैं क्योंकि मैकडानेल के अंतर्गत प्रांतीय सरकार हिंदुओं के प्रति थोड़ा झुकाव दिखाने लगी थी। न्यायालयों में हिंदी को उर्दू के समकक्ष स्थान दिलानेवाला नागरी प्रस्ताव (1900), नागरी प्रचारिणी सभा को सरकारी अनुदान, और बनारस में हिंदू विश्वविद्यालय की स्थापना के प्रति सरकार का पर्याप्त सहायक रवैया—ये सब बातें मालवीय को संतुष्ट करने के लिए पर्याप्त थीं। गैर-राजनीतिक स्वदेशी आंदोलन और विशेष रूप से संयुक्त प्रांत के चीनी उद्योग को संरक्षण प्रदान करने के प्रति भी अंग्रेजों का दृष्टिकोण पर्याप्त सहानुभूतिपूर्ण प्रतीत होता था। 1907 में नैनीताल में सरकार द्वारा प्रायोजित औद्योगिक सम्मेलन में मालवीय और चिंतामणि को आमंत्रित किया गया था। जनवरी 1907 में तिलक द्वारा संयुक्त प्रांत के दौरे ने अवश्य विद्यार्थियों में हलचल उत्पन्न की, किंतु सर्वाधिक प्रभावशाली नेता अलग ही रहे। मालवीय पहले ही हिंदू धर्म और हिंदू पुनरुत्थानवाद की भावनात्मक शक्तियों को अपनी राजनीति से जोड़ चुके थे, जिन्हें अन्यथा उग्रपरिवर्तनवादी प्रयुक्त कर सकते थे, और ऐसा लगता है कि 1917 तक किसी भी बुद्धिजीवी समूह ने किसानों

तक पहुंचने के गंभीर प्रयास नहीं किए। वस्तुतः उग्रवाद बनारस में ही प्रचंड शक्ति बन सकता था जहां मराठी और विशेष रूप से बंगाली बड़ी संख्या में रहते थे। यहां एक क्रांतिकारी समूह बड़ी तेजी से उभरा जिसने मुखदाचरण समाध्याय के माध्यम से कलकत्ता से संपर्क बनाए रखा। (मुखदाचरण दिसंबर 1907 में ब्रह्मबांधव की मृत्यु के पश्चात् *संध्या* के संपादक हो गए थे)। इस समूह के एक महत्वपूर्ण नेता बने—शचींद्रनाथ सान्याल। उग्रवाद की ओर झुकनेवाले सुंदरलाल जैसे संयुक्त प्रांत के विद्यार्थी शीघ्र ही आंतकवाद की ओर झुक गए क्योंकि जन-राजनीति के अवसर बहुत कम थे। इसके अलावा यह प्रदेश (विशेषकर बनारस) अपनी भौगोलिक स्थिति के कारण बंगाल और पंजाब के आतंकवादी समूहों का मिलनस्थल बन गया था और इस रूप में क्रांतिकारी योजनाओं के लिए महत्वपूर्ण हो गया था।

एक अन्य क्षेत्र में भी उग्रवाद असफल रहा था, यानी बंबई प्रेसीडेंसी के गुजरातीभाषी जिलों में। 1907 में फीरोजशाह मेहता कांग्रेस अधिवेशन का स्थान नागपुर से हटाकर नरमदल के गढ़ सूरत लाने में सफल हो गए। तथापि स्थिति की कुछ पेचीदगियां मेहता बंधुओं (कुंवरजी और कल्याणजी) के उदाहरण से स्पष्ट होती हैं। ये दोनों धनी गुजराती किसान थे। इन्होंने सूरत के कांग्रेस अधिवेशन में भाग लिया था और लाल-बाल-पाल की तिकड़ी से अत्यंत प्रभावित हुए थे। इन्होंने पाटीदार युवक मंडल की स्थापना करके संगठनात्मक कार्य आरंभ कर दिया जिसकी चरम परिणति हुई 1920 के बारदोली किसान आंदोलन में। मेहता बंधु ही बारदोली की महान गांधीवादी सफलता के 'सच्चे निर्माता' थे।

पंजाब

पंजाब में अनेक सुस्थापित पारंपरिक व्यापारिक समुदाय थे (जिनमें अधिकांशतः खत्री, अग्रवाल अथवा अरोड़ा जातियां सम्मिलित थीं) और वहां 1890 के दशक से ही बैंकिंग, बीमे एवं शिक्षा के क्षेत्र में स्वदेशी उद्यम जड़ें जमा चुका था। 1895 में जवाबी आबकारी लगाए जाने के पश्चात् वहां विदेशी कपड़े का बहिष्कार करने की योजनाएं भी बनी थीं। स्वावलंबन के ऐसे प्रयासों में 'कॉलेज' गुटवाले आर्यसमाजी अग्रणी थे। साथ ही एक ब्रह्मसमाजी झुकाववाला प्रतिस्पर्धा समूह भी कार्यरत था जिसके प्रमुख थे लाला हरकिशन लाल जो *ट्रिब्यून* अखबार निकालते थे। आर्यसमाजियों और कुछ सीमा तक पंजाबी ब्रह्मसमाजियों के मामले में स्वदेशी आंदोलन प्रायः जुझारू हिंदू चेतना के साथ इस प्रकार मिल जाता था कि उन्हें अलग करना कठिन था। जैसाकि लाला लाजपतराय की आत्मकथा से स्पष्ट पता चलता है, 1880 के दशक में उठनेवाले हिंदी-उर्दू विवाद ने उन्हें 'हिंदू राष्ट्रीयता के विचार से बांध दिया।' उनके पिता पर इस्लाम का बहुत प्रभाव था, किंतु सरकारी स्कूलों की पुस्तकों में मुसलमानों के अत्याचारों की कथाओं ने उनके बचपन के इस्लामी संस्कारों को धूमिल

कर दिया, और देवनागरी वर्णमाला सीखने से पहले ही वे हिंदी के पक्ष में भाषण देने लगे थे। (अपने युग के अन्य हिंदी बुद्धिजीवियों की भांति लालाजी के लिए भी साहित्यिक अभिव्यक्ति का स्वाभाविक माध्यम उर्दू ही थी।) पंजाब के इस समूह के (भिखमंगी और अत्यधिक पश्चिमीकृत अथवा धर्मनिरपेक्ष मानी जानेवाली) कांग्रेस के साथ छिटपुट संबंध ही थे, जैसाकि हम देख चुके हैं।

1904 और 1907 के बीच पंजाब का थोड़े समय के लिए उग्रवाद की ओर झुकाव आंशिक रूप से गुटबंदी के विचारों पर आधारित था, किंतु पूर्णतः कदापि नहीं। लाला लाजपतराय और हंसराज के आर्यसमाजी समूह और लाला हरकिशन लाल के बीच पंजाब नेशनल बैंक एवं भारत इंश्योरेंस के प्रबंध को लेकर बहुत झगड़ा हुआ, और लालाजी ने अक्तूबर 1904 में *ट्रिब्यून* के मुकाबले *पंजाबी* नामक अखबार निकालना आरंभ कर दिया (जिसका आदर्शवाक्य था 'किसी भी मूल्य पर स्वावलंबन')। तथापि 1906 तक पंजाब का उग्रवाद बंगाल की तुलना में पर्याप्त नरम रहा। व्यवहार में इसने बहिष्कार के स्थान पर रचनात्मक कार्य पर ही अधिक बल दिया, और प्रायः नरमदलीय कांग्रेसियों के साथ तथा मुहम्मद शफी और फजले-हुसैन के नेतृत्ववाले एक मुस्लिम समूह के साथ संयुक्त कार्रवाइयों के लिए प्रयास करता रहा।

1907 में कुछ महीनों के लिए पंजाब में स्थिति बिलकुल ही बदल गई जिसका कारण अंग्रेज सरकार की ओर से लगातार भड़कानेवाली कार्रवाइयां थीं। नस्ली ज्यादतियों के बारे में लिखने पर *पंजाबी* पर अभियोग चलाया गया। *सिविल एंड मिलिटरी गजट* में भारतीयों के लिए अत्यंत गालीगलौज भरी बातें लिखी जा रही थीं। इन बातों ने पंजाब के बुद्धिजीवी वर्ग में आक्रोश भर दिया। *पंजाबी* के संपादक पर मुकदमा चलाए जाने के फलस्वरूप प्रदर्शन हुए और लाहौर में फरवरी और पुनः मई 1907 में अंग्रेजों पर इक्का-दुक्का हमले हुए। लैंड एलियनेशन एक्ट को और अधिक सख्त बनाने के प्रस्ताव ने शहरी व्यापारी एवं व्यावसायिक समूहों को नाराज कर दिया। किंतु जिस बात से अंग्रेज सचमुच डर गए थे वह थी—कुछ विशिष्ट क्षेत्रों में सिख, मुसलमान और हिंदू किसानों में समान रूप से असंतोष एवं हिंसा के लक्षण दिखाई देना। स्थिति की गंभीरता इस तथ्य से और बढ़ जाती थी कि भारतीय-ब्रिटिश सेना के एक-तिहाई सिपाही पंजाब से ही आते थे। लायलपुर के आसपास बसी हुई चिनाब केनाल बस्ती में, जिसे ब्रिटिश सिंचाई योजनाओं ने उपजाऊ बना दिया था, बड़े-बड़े भूभाग आप्रवासी कृषकों, भूतपूर्व सैनिकों, और कुछ मामलों में, शहरी निवेशकों को भी दिए गए थे (जिनकी भू-संपत्ति की सीमा कभी-कभी 2,500 एकड़ से भी अधिक होती थी)। इस पूरे क्षेत्र का नियंत्रण गोरे आबादकारी अधिकारियों के हाथ में होता था जो बड़े ही कठोर नौकरशाहाना एवं निरंकुश ढंग से कार्य करते थे। (इनकी आज्ञा का उल्लंघन करनेवाले को भारी जुर्माना भरना पड़ता था।) इस व्यवस्था को और

अधिक कठोर बनाने के लिए अक्तूबर 1906 में चिनाब कालोनीज़ बिल का प्रस्ताव लाया गया। 1903 से इसके विरोध में एक आंदोलन का संगठन होने लगा जिसमें प्रमुख भूमिका सिराजुद्दीन की थी जो *जमींदार* नामक अखबार निकालते थे (पंजाब में जमींदार का मतलब अपनी भूमि का स्वामी किसान होता था, बड़ा भूस्वामी नहीं)। 1907 के आरंभिक दिनों में चिनाब कालोनी के वासी (जिनमें हिंदू, मुसलमान और सिख सम्मिलित थे और जिनमें इस समय अभूतपूर्व सांप्रदायिक सद्भाव देखने को मिलता था) बड़ी उत्सुकता से अधिक व्यापक राजनीतिक नेतृत्व की इच्छा करने लगे थे। इस बीच अपनी मुसीबतें बढ़ाने के लिए अंग्रेज सरकार ने एक और कार्य किया। यह था—नवंबर 1906 में बारी दोआब क्षेत्र (अमृतसर, गुरदासपुर एवं लाहौर जिले जहां मुख्यतः सिख किसान रहते थे) में नहर के पानी की दर में 25 से 50 प्रतिशत तक की वृद्धि और रावलपिंडी में भू-राजस्व में वृद्धि। महामारी द्वारा ढाए गए विनाश ने एवं मूल्यों में आम वृद्धि ने भी व्यापक असंतोष में योगदान किया; साथ ही मजदूर वर्ग में भी बेचैनी बढ़ रही थी। रेवेन्यू क्लर्कों की अनेक हड़तालें हुईं और 1907 के आरंभ में नॉर्थ वेस्टर्न स्टेट रेलवे में होनेवाली हड़ताल को जो सहानुभूति मिली (यह रेलवे लाइन चिनाब कॉलोनी से होकर जाती थी), उसने पंजाब के ले.-गवर्नर डेंज़िल इबेट्सन को खास तौर पर बेचैन किया।

यद्यपि मई 1907 में लाला लाजपतराय को किसानों को भड़काने के जुर्म में देशनिकाला दिया गया था, मगर उनकी आत्मकथा में उनकी वैयक्तिक भूमिका का जो वर्णन मिलता है उससे यह बहुत सीमित लगता है। वे दो बार चिनाब कॉलोनी के वासियों की सभाओं को संबोधित करने गए थे—फरवरी 1907 में और पुनः मार्च में एक बड़े पशु मेले के अवसर पर। किंतु इसमें उन्हें पर्याप्त हिचक हुई थी ("मैं (इसे) टालता रहा था" वे कहते हैं), और वहां जाकर उन्होंने बड़ी ही संयमकारी भूमिका निभाई थी। वस्तुतः कहीं अधिक महत्वपूर्ण तो अजीतसिंह (प्रसंगवश, भगतसिंह के चाचा) की गतिविधियां थीं। उन्होंने लाहौर में अंजुमने-मोहिब्बाने-वतन की स्थापना की और *भारतमाता* नाम से एक अखबार भी निकाला। यह नाम हिंदू और मुसलमान नामों का एक ऐसा मेल था जिसे देखकर इबेट्सन घबरा गए। बंगाल की अनेक समितियों की भांति अजीतसिंह का समूह भी बाद में आतंकवाद की ओर झुक गया, किंतु 1907 तक तो वह पूर्णरूपेण इसी बात में व्यस्त था कि चिनाबवासियों और बारी दोआब क्षेत्र के किसानों को भू-राजस्व और पानी का शुल्क न देने के लिए राजी किया जाए। 30 अपैल 1907 के विवरण में इबेट्सन ने लिखा था कि "सरकारी राजस्व, पानी का शुल्क और अन्य शुल्कों की नाअदायगी का इरादा अत्यंत खतरनाक है", और इसे रोकने के लिए 'कड़ी कार्रवाई' आवश्यक है। खबर मिली थी कि फिरोजपुर में सिपाही राजद्रोहात्मक सभाओं में भाग ले रहे हैं। साथ ही, अजीतसिंह की सभा आयोजित करनेवाले पांच

वकीलों के रावलपिंडी कोर्ट में प्रवेश करने पर सरकार ने रोक लगाने की कोशिश की जिसके परिणामस्वरूप रावलपिंडी में भारी विरोध हुआ। (इसमें मुसलमान एवं सिख तोपचियों एवं रेलवे इंजीनियरिंग मजदूरों की हड़तालों के साथ साहबों के बंगलों पर हमले भी सम्मिलित थे।)

फिर भी जब मई 1907 में सरकार ने दमन आरंभ किया तो पंजाब में उग्रवाद शीघ्र ही समाप्त हो गया। राजनीतिक सभाओं पर प्रतिबंध लगा दिया गया, तथा अजीतसिंह और लाला लाजपतराय को देशनिकाला दे दिया गया। किंतु सरकार ने बुद्धिमत्तापूर्वक कुछ रियायतें देकर इन दमनकारी कदमों का असर कम कर दिया, जैसे चिनाब कालोनीज़ बिल पर वायसरॉय का वीटो, पानी के शुल्क में कमी, और सितंबर 1907 में देशनिकाला की सजा पानेवालों की रिहाई। आर्यसमाजी नेताओं ने अपनी राजभक्ति दिखाने में देरी नहीं की और जुझारू आंदोलन के समाप्त होते ही वे सांप्रदायिक राजनीति में लौट आए। 1908-09 तक अधिकांश जिलों में ठप पड़े कांग्रेस संगठनों का स्थान हिंदू सभाओं ने ले लिया था। इसके ठीक विपरीत अजीतसिंह और उनके कुछ घनिष्ठ सहयोगी (जैसे मुरादाबाद के सूफी अंबाप्रसाद और उर्दू के जुझारू शायर लालचंद 'फलक') पूर्ण रूप से क्रांतिकारी आतंकवादी बन गए। उनके साथ भाई परमानंद और दिल्ली के प्रतिभाशाली छात्र हरदयाल जैसे आर्यसमाजी भी थे।

मद्रास

मद्रास प्रेसीडेंसी में उग्रवादी विचारों ने दो अलग-अलग क्षेत्रों को पर्याप्त प्रभावित किया—आंध्र का मुहाना क्षेत्र और सुदूर दक्षिण में तिरुनेलवेली जिला। वाशब्रुक इसका संबंध पूर्णरूपेण गुटों के आपसी संघर्षों से जोड़ते हैं। इस समय वी. कृष्णस्वामी अय्यर के नेतृत्ववाले 'माइलापुर' गुट को 'इग्मोर' राजनीतिज्ञों एवं कस्बाती 'बाहरवाले' समूहों का गठजोड़ चुनौती दे रहा था। ('इग्मोर' गुट के प्रमुख थे जी. सुब्रमण्य अय्यर जो 1880 के दशक में महत्वपूर्ण रह चुकने के पश्चात् अब पृष्ठभूमि में धकेल दिए गए थे, और 'बाहरवाले' समूहों में राजामुंद्री के टी. प्रकाशम्, मसुलीपट्टम के एम. कृष्ण राव, तिरुनेलवेली जिले में तूतीकोरीन के वी. ओ. चिदंबरम् पिल्लई सम्मिलित थे)। इस समय मद्रास के प्रभावशाली हिंदू अखबार पर 'इग्मोर' समूह का नियंत्रण था, और प्रकाशम् एवं कृष्ण राव ने 1904 से मसुलीपट्टम से उग्र *किस्ट्नापत्रिका* निकालना आरंभ कर दिया था। इसमें संदेह नहीं कि गुटों के झगड़े वास्तविक थे, किंतु निश्चय ही उस विवरण को उचित और पर्याप्त नहीं कहा जा सकता जो दो-चार पंक्तियों में ही उन घटनाओं को निरस्त कर दे जिन्हें 1907 में आंध्र के कुछ शहरों में और मार्च 1908 में तूतीकोरीन एवं तिरुनेलवेली में 'विद्यार्थियों' और मजदूरों की भीड़ का कार्य बताया जा रहा था!

बंगाल के साथ सहानुभूति दर्शाने के लिए 1906 के बाद से ही आंध्र

के मुहाना क्षेत्र के राजामुंद्री, काकीनाडा और मसुलीपट्टम जैसे शहरों में सभाएं आयोजित की जा रही थीं। *वंदेमातरम्* कहे जानेवाले इस आंदोलन को अप्रैल 1907 में बिपिन पाल के दौरे से बड़ा बल मिला। पाल, कृष्ण राव के निमंत्रण पर वहां गए थे। *वंदेमातरम्* के बिल्ले लगाने और बिपिन पाल की सभाओं में सम्मिलित होने पर राजामुंद्री के विद्यार्थियों के विरुद्ध की जानेवाली दमनात्मक कार्रवाइयों के फलस्वरूप उनकी हड़ताल हुई, और उसके पश्चात् आंध्र में राष्ट्रीय विद्यालयों का आंदोलन चल पड़ा। 31 मई 1907 को एक 'साहब' ने *वंदेमातरम्* का नारा लगानेवाले एक लड़के के कान उमेठ दिए। इस पर क्रुद्ध होकर भीड़ ने काकीनाडा यूरोपियन क्लब पर हमला बोल दिया। स्वदेशी आंदोलन तेलुगू भाषा, साहित्य और इतिहास के प्रति एक नई रुचि उत्पन्न करने में सहायक हुआ (1910 में प्रभावशाली *आंध्रलु चरितरमु* अथवा *आंध्र का इतिहास* का प्रकाशन हुआ), और उग्रवाद के पतन के पश्चात् प्रकाशम्, कोंडा वेंकटपैया और पट्टाभि सीतारामैया, अर्थात् सभी जबर्दस्त भावी गांधीवादी नेताओं ने एक अलग तेलुगूभाषी राज्य की मांग करने के लिए आंध्र महासभा का संगठन आरंभ कर दिया।

सरकार की दृष्टि में तात्कालिक चिंता की बात तिरुनेलवेली जिले की वे परिस्थितियां थीं जो तूतीकोरीन बंदरगाह के इर्द-गिर्द बन रही थीं। दिसंबर 1906 की एक सरकारी रिपोर्ट में कहा गया था कि मद्रास में तिरुनेलवेली ही एकमात्र ऐसा जिला था जहां से महत्वपूर्ण अंग्रेज-विरोधी भावनाओं के समाचार मिल रहे थे। जी. सुब्रमण्य अय्यर ने 1906 और 1907 में अनेक बार इस जिले का दौरा किया, तूतीकोरीन के वकील वी. ओ. चिदंबरम् पिल्लई एक प्रमुख उग्रवादी नेता के रूप में उभरे, और अक्तूबर 1906 में एक स्वदेशी स्टीम नेवीगेशन कंपनी की स्थापना की गई जो कोलंबो तक जहाज चलाती थी। इस स्वदेशी उद्यम में 6 लाख रुपए की पूंजी लगी थी जिससे स्पष्ट था कि इसे स्थानीय व्यापारी समूह का समर्थन प्राप्त है, और इसके प्रति इंडिया नेवीगेशन कंपनी के कटु शत्रुताभाव ने तूतीकोरीन में विदेश-विरोधी भावनाओं को भड़काया। जनवरी 1908 से सुब्रमण्य शिवा के आगमन के साथ जुझारूपन की दिशा में अचानक आनेवाले झुकाव को स्पष्ट देखा जा सकता था। शिवा मदुरै के एक निम्नवर्गीय आंदोलनकारी थे जो लगभग प्रतिदिन चिदंबरम पिल्लई के साथ तूतीकोरीन के समुद्र-तट पर सभाओं को संबोधित किया करते थे। वे लोगों को स्वराज का संदेश देते थे, बहिष्कार के ढंग बतलाते थे, और (यदि पुलिस की रिपोर्टों पर विश्वास किया जाए तो) कभी-कभी लोगों को और अधिक हिंसक तरीके अपनाने के लिए उकसाते थे। फरवरी के अंत तक उनके भाषणों में मजदूरों को सीधे संबोधित करने का नया स्वर सुनाई देने लगा था : "यदि कुली अतिरिक्त मजदूरी की मांग करने लगें तो भारत से यूरोपीय मिलों का अस्तित्व ही मिट जाएगा" (शिवा, 26 फरवरी), और 23 फरवरी को (इसी वक्ता ने) यहां तक कहा "कि रूसी क्रांति से लोगों को लाभ

हुआ था," और कि "क्रांतियों से संसार का सदा भला ही हुआ है।" कहा जाता है कि ऐसे भाषणों के प्रत्यक्ष परिणामस्वरूप विदेशी स्वामित्ववाली कोरल कॉटन मिल्स के मजदूरों ने हड़ताल कर दी, और मार्च के पहले सप्ताह में ही मजदूरी में 50 प्रतिशत की वृद्धि प्राप्त कर ली गई। मध्य-मार्च में सभाओं पर प्रतिबंध लगाने एवं शिवा और पिल्लई पर मुकदमा चलाने के सरकारी प्रयत्नों के विरोध में दुकानें बंद हो गईं। नगर निगम के तथा निजी सफाई कर्मचारियों और गाड़ीवानों ने तूतीकोरीन में हड़ताल कर दी। तिरुनेलवेली में नगर निगम के कार्यालयों, कानून की अदालतों एवं पुलिस थानों पर हमले हुए। दोनों शहरों में 11-13 मार्च 1908 को गोलियां चलीं। कलकत्ता के *वंदेमातरम्* ने 13 मार्च की तूतीकोरीन की घटनाओं का स्वागत करते हुए लिखा कि इनसे "शिक्षित वर्ग एवं जनसामान्य के बीच संबंध दृढ़ हो रहा है जो स्वराज की दिशा में पहला बड़ा कदम है . . . । भारतीय श्रमिक की हर विजय राष्ट्र की विजय है।" तथापि, जैसाकि बंगाल में हुआ था, यह 'पहला बड़ा कदम' उग्रवाद की पहुंच से बाहर ही रहा, और शिवा एवं पिल्लई के हट जाने के पश्चात् तिरुनेलवेली के जुझारू व्यक्ति या तो निष्क्रिय पड़ गए या उन्होंने एक छोटा-सा आतंकवादी समूह बना लिया जो जून 1911 में डिस्ट्रिक्ट मजिस्ट्रेट एश की हत्या के लिए उत्तरदायी था। प्रसंगवश, तमिल क्रांतिकारियों के छोटे-से समूह में एक बड़े कवि सुब्रमण्य भारती भी सम्मिलित थे। वे तिरुनेलवेली के ब्राह्मण थे जो जातिवाद के विरोधी थे और उन्होंने उभरते हुए तमिल राष्ट्रवाद में भारी योगदान किया था। 1910 से वे पांडिचेरी में राजनीतिक निष्कासन में रहे, और उन्होंने अपने सहप्रवासी वी. वी. एस. अय्यर से नितांत भिन्न मार्ग अपनाया। अय्यर हिंदू पुनरुत्थानवादी सावरकर के शिष्य हो गए थे। 1921 में अपनी असामयिक मृत्यु के पूर्व भारती ऐसी कविताएं लिखने लगे थे जिनमें 1917 की रूसी क्रांति की जय-जयकार होती थी।

महाराष्ट्र

तिलक की जीवनी के संबंध में पर्याप्त साहित्य मिलता है जिसमें उन्हें प्रसिद्धतम उग्रवादी नेता के रूप में मान्यता दी गई है, किंतु 1905 और 1908 के बीच महाराष्ट्र में उग्रवादी आंदोलन का कोई सचमुच विस्तृत विवरण (कम-से-कम अंग्रेजी में) उपलब्ध नहीं प्रतीत होता। स्वदेशी की मानसिकता के फलस्वरूप स्वाभाविक रूप से जुझारू पत्रकारिता का तेजी से विकास हुआ और 1907 तक *केसरी* की 20,000 प्रतियां बिकने लगी थीं। तिलक एवं उनके सहयोगी (खापर्डे एवं मुंजे) महाराष्ट्र के साथ ही अन्य प्रांतों में भी बड़े उत्साहपूर्वक स्वराज और विस्तृत बहिष्कार या अहिंसात्मक प्रतिरोध का पाठ पढ़ा रहे थे। तिलक के *टेनेट्स ऑफ दि न्यू पार्टी* (कलकत्ता, जनवरी 1907) जैसे व्याख्यान, पाल के मद्रास में दिए गए भाषण और *वंदेमातरम्* में अरविंद के लेख उग्रवाद के गौरव रहेंगे। 1890 के दशक में तिलक द्वारा आरंभ किए गए धार्मिक-राजनीतिक

उत्सव (गणपति, शिवाजी, रामदास उत्सव) पुनः प्रचलित हो रहे थे, विदेशी कपड़ों की होलियां जलाई जातीं (जैसेकि पूना में 8 अक्तूबर 1905 को जलाई गई थी), और बंबई नगर में एक स्वदेशी वस्तु प्रचारिणी सभा की स्थापना की गई ताकि इस नए संदेश को वहां भी पहुंचाया जा सके। (सुस्थापित नेतृत्व की दृष्टि से बंबई अभी तक नरमदलीय राजनीति का गढ़ माना जाता था।) जैसाकि हम पहले ही देख चुके हैं, बंबई के उद्योगपतियों (जिनमें पारसी और गुजराती ही अधिक थे; 1908 में केवल एक मिल-मालिक महाराष्ट्रियन था) का रवैया स्वदेशी आंदोलन के प्रति उत्साहजनक नहीं था। बाद में पुलिस के तिलक संबंधी कागजात से ज्ञात होता है कि जब उग्रवादी नेताओं ने दिनशा वाचा के माध्यम से मिल-मालिकों को सस्ते दामों पर धोतियां उपलब्ध कराने की बात कही तो टका-सा जवाब मिला कि "वे तो केवल बाजार भाव पर ही मिलेंगी।" तथापि, देसी कपड़े के लिए 'स्वदेशी' के उत्साह ने पहले ही बंबई और अहमदाबाद की मिलों को 1905-1906 में भारी लाभ दिलाया (एक तत्कालीन आकलन के अनुसार 1906 में मिल-मालिकों का मुनाफा 3.25 करोड़ रुपए का था जबकि मजदूरी का योग केवल 1.68 करोड़ रुपए ही था), और दूसरे, 1906-07 में उद्योग को बड़ी मंदी से बचाया जब जापानी प्रतिस्पर्धा के कारण चीनी धागे का बाजार तेजी से सिमटने लगा था। अगस्त 1907 में टाटा आयरन एंड स्टील प्रोजेक्ट के रूप में जो पहली बड़ी सफलता मिली (2.5 करोड़ रु. की शेयर पूंजी तीन सप्ताह में, मुख्य रूप से बंबई से ही एकत्रित की गई थी), उसका कुछ संबंध कदाचित् राजनीतिक परिस्थितियों के परिणामस्वरूप उत्पन्न हुए आत्मविश्वास एवं देशभक्ति की भावना से भी था।

1907 के अंत एवं 1908 के आरंभ में महाराष्ट्र और बंबई शहर में जो दो बड़े कदम उठाए गए वे तिलक की गरमदलीय गतिविधियों से जुड़े थे—शराब की दुकानों पर सामूहिक धरना, और बंबई के मराठा-बहुल कामगार वर्ग से संपर्क स्थापित करने का प्रयास। इनमें पहली गतिविधि एक बड़ी गांधीवादी तकनीक का पूर्वाभास थी। इससे दोहरा लाभ था। एक तो इससे सरकार को मिलनेवाले उत्पादन-कर में कमी होती, और दूसरे निम्न जातियां ब्राह्मणवादी आचारों का अनुकरण करके संस्कृतीकरण की ओर आकर्षित भी होतीं। बंबई में कामगारों से संपर्क करना कलकत्ता की तुलना में सरल था, क्योंकि कलकत्ता के अधिकांश कामगार गैर-बंगाली थे जबकि 1911 में बंबई के कामगारों में 49.16 प्रतिशत तिलक के जिले रत्नागिरी के ही थे। बंबई के कामगारों के बीच परोपकार का कुछ कार्य 1880 के दशक में ही आरंभ हो चुका था। किंतु इस दिशा में पहल उस राष्ट्रवादी बुद्धिजीवी वर्ग ने नहीं की जिसमें अधिकांशतः ब्राह्मण थे, अपितु इसके उत्तरदायी एन. एम. लोखंडे जैसे लोग थे जो फुले के सत्यशोधक समाज के ब्राह्मण-विरोधी आंदोलन से जुड़े हुए थे। कदाचित् इससे भी महत्वपूर्ण थी संघर्ष की परंपरा की शुरुआत। बंबई के कामगार कभी-कभी

बंधुहंता सांप्रदायिक संघर्षों में (जैसाकि 1893 में) पड़ जाते थे, लेकिन उन्होंने स्वतःस्फूर्त सशक्त हड़तालें भी कीं—1892-93 और 1901 में मजदूरी में कटौती के विरुद्ध, और पुनः सितंबर-अक्तूबर 1905 में जब बिजली का लाभ उठाकर मिल-मालिक काम के घंटे बढ़ाकर कम-से-कम 15-16 घंटे करना चाहते थे।

राष्ट्रवादियों का प्रायः भारतीय स्वामित्ववाले कारखानों में श्रमिकों की स्थिति से कोई सरोकार नहीं होता था। 1881 में जब पहला फैक्टरी एक्ट आया (जिसे बंबई में मिलनेवाले कम पारिश्रमिक से ईर्ष्या करनेवाले लंकाशायर के उद्योगपितयों ने लागू करवाया था) तो रानाडे के *क्वार्टर्ली जर्नल* और तिलक के *मरहठा,* दोनों ने समान रूप से इसका विरोध किया। तिलक की 1907-08 की गतिविधियों में कभी उतना परिवर्तन नहीं आया जितना कभी-कभी माना जाता है, और दिसम्बर 1907 और जून 1908 में बंबई के चिंचपूगली औद्योगिक क्षेत्र में उन्होंने जो भाषण दिए उनमें वर्ग-संघर्ष का स्वर था ही नहीं। उनका समस्त बल विदेशी वस्तुओं एवं शराब के बहिष्कार पर था। स्वदेशी के पक्ष में कहा गया था कि "इससे मिलों का काम बढ़ेगा और उनमें काम करने वालों को लाभ होगा।" कामगारों की दुरवस्था के लिए विऔद्योगीकरण को दोषी ठहराया गया था जिसके कारण लोगों को अपने गांव छोड़ने पर बाध्य होना पड़ा था। यह भी कहा जाता है कि तिलक ने मिलों के कामगारों, विशेष रूप से कामगारों के दलालों को सलाह दी थी कि वे कामगारों की समितियां बनाएं। वास्तव में, ये दलाल बड़े प्रभावशाली लोग होते थे क्योंकि मुख्यतः इन्हीं के माध्यम से कामगारों को लिया जाता था। सामान्यतः ये भी कामगारों की ही जाति और क्षेत्र के होते थे। ये दलाल स्वयं टुच्चे शोषक होते थे, किंतु मराठी दलालों को पादरी अथवा गोरे मैनेजरों एवं वरिष्ठ फोरमैनों से शिकायतें रहती थीं। पुलिस रिपोर्टों में भी कहा गया था कि "हरेक मिल में ब्राह्मण बाबू होते हैं, जो दलालों पर थोड़ा-बहुत प्रभाव रखते हैं" और कि "ऐसे बाबू समूहों पर उग्रवाद का अत्यधिक प्रभाव था।" वस्तुतः बाद में बम्बई के श्रम संगठन में भी इन दलालों की भूमिका अत्यंत महत्वपूर्ण रही; केवल 1928 में कम्युनिस्ट नेतृत्व में गिरनी कामगार यूनियन ने ही इस प्रथा को तिलांजलि दी।

महाराष्ट्र में उग्रवादी नेतृत्व की स्पष्ट सीमाओं के बावजूद जब जुलाई 1908 में (बंगाल के आतंकवाद पर *केसरी* में कुछ लेख लिखने के लिए) तिलक पर मुकदमा चलाया गया और उन्हें 6 साल के लिए देशनिकाला दिया गया, तब सर्वहारा ने जिस भारी आक्रोश का प्रदर्शन किया, वह हमारे इतिहास की एक बड़ी युगांतरकारी घटना रहेगी। राष्ट्रवादियों के भाषणों एवं परचों और दलालों की कारगुजारियों के अलावा भी कामगारों ने अपने अनुभव से समझा होगा कि अधिकारी और पुलिसवाले उनके स्वाभाविक

शत्रु हैं क्योंकि शुद्ध रूप से आर्थिक हड़तालें जो रहने एवं काम करने की वस्तुतः असहाय परिस्थितियों के कारण होती थीं, बार-बार पुलिस के हस्तक्षेप द्वारा कुचल दी जाती थीं। उदाहरण के लिए, अक्तूबर 1905 में फीनिक्स मिल में होनेवाली हड़ताल को कुचलने के लिए स्वयं पुलिस आयुक्त अपने दल-बल सहित गया था। 13 जुलाई को तिलक का मुकदमा आरंभ होने के साथ ही छिटपुट हड़तालों, पत्थर फेंकने की घटनाओं एवं पुलिस के साथ झड़पों का भी आरंभ हो गया था, और शीघ्र ही सेना भी बुला ली गई। जब 22 जुलाई को तिलक को सजा हुई तब मूलजी जेठा बाजार में कपड़े की दुकानों पर काम करनेवालों ने छः दिनों की हड़ताल (तिलक की कैद के प्रत्येक वर्ष के लिए एक दिन की हड़ताल) का आह्वान किया। यह एक ऐसी प्रतिज्ञा थी जिसको बम्बई के कामगार वर्ग ने अक्षरशः निभाया। 28 जुलाई तक भारी हड़ताल रही जिसने अपने चरम दिनों में 85 में से 76 कपड़ा-मिलों के साथ ही परेल की रेलवे वर्कशाप को भी प्रभावित किया। (यह वर्कशाप पहले भी मई 1907 और जनवरी 1908 में बड़ी आर्थिक हड़तालों की साक्षी रह चुकी थी।) पुलिस और सेना ने बार-बार गोलियां चलाईं, जिससे सरकारी रिपोर्टों के अनुसार 16 लोग मारे गए और 43 घायल हुए।

तिलक के जेल जाने के पश्चात् पंढरपुर (जिला शोलापुर) के तीर्थस्थान में 29 जुलाई को एक बड़ा कस्बाती दंगा हुआ। सरकारी रिपोर्टों में इसके आयोजकों एवं इसमें भाग लेनेवालों, दोनों को ही निम्न जाति के लोग बताया गया है। बंबई की हड़ताल की भांति यह ऐसा तथ्य है जिसका बार-बार दोहराए जानेवाले इस सिद्धांत से मेल नहीं बैठता कि महाराष्ट्र का उग्रवाद चितपावन ब्राह्मणों के षड्यंत्र से अधिक कुछ नहीं था। किंतु अन्य प्रांतों की भांति यहां भी जन-संपर्क और भागीदारी बहुत थोड़े समय के लिए ही रही। तिलक को मंच से हटा दिए जाने के पश्चात् महाराष्ट्र में उग्रवाद ने वैयक्तिक आतंकवाद का मार्ग पकड़ा जिसमें नासिक स्थित अभिनव भारत समूह सबसे महत्वपूर्ण है। इसका उदय 1907 में मित्र मेला से हुआ था जिसकी स्थापना सावरकर बंधुओं ने 1899 में की थी। वी. डी. सावरकर द्वारा लंदन से गुप्त रूप से भेजी गई पिस्तौलों का प्रयोग दिसंबर 1909 में नासिक के जिला मजिस्ट्रेट को मारने के लिए किया गया। एक ऐसा ही नवभारत समूह ग्वालियर में भी बना। यहां सिंधिया की निरंकुशता की छाया में काम करने के अनुभव के फलस्वरूप उन भ्रांत धारणाओं से नाता पूर्णतः टूट गया जिन्हें तब अन्य भारतीय क्रांतिकारी एवं राष्ट्रवादी संजोए हुए थे। नवभारत सोसायटी का लंक्ष्य था गणतंत्र "क्योंकि सब देशी राजा कठपुतलियां मात्र" थे। तथापि महाराष्ट्र में आतंकवाद कभी बंगाल के आंतकवाद जैसा विकट रूप धारण नहीं कर सका। नासिक एवं ग्वालियर के षड्यंत्रों के बाद इसका कोई समाचार नहीं मिलता।

कांग्रेस का विभाजन

1905 से 1907 तक राष्ट्रीय आंदोलन के भीतर जारी विभिन्न प्रवृत्तियों का संघर्ष कांग्रेस के वार्षिक अधिवेशनों में भी उभरता रहा जिसकी चरम परिणति हुई दिसंबर 1907 में सूरत में हुए विभाजन में। तथापि, इसे उग्रवाद का 'सर्वाधिक स्पष्ट रूप' कहना और उग्रवाद को उन "असंतुष्टों का अखिल-भारतीय जमाव कहना . . . जो स्थानीय संगठनों में हुई अपनी पराजयों को शिखर पर विजयों में बदल देना चाहते थे" (अनिल सील पृ. 347), विशेष विश्वसनीय नहीं लगता। स्मरण रहे कि कांग्रेस तब तक औपचारिक राजनीतिक संगठन नहीं बनी थी जिस पर 'कब्जा' करने का प्रयास किया जाता। यह तो एक वार्षिक मंच मात्र थी जिसके प्रस्तावों को शायद आवश्यकता से अधिक महत्वपूर्ण माना जाता रहा है। फिर, निश्चय ही, 1907-08 तक उग्रवादी अपने बंगाल, पंजाब, मद्रास एवं महाराष्ट्र के क्षेत्रीय आधारों में 'पराजित' भी नहीं हुए थे। इस अवधि में कांग्रेस को अधिक ठोस रूप प्रदान करने की दिशा में कुछेक प्रयास किए गए। इनमें सर्वाधिक उल्लेखनीय था कलकत्ता कांग्रेस (1906) का प्रस्ताव जिसमें 'जिला समितियों' के गठन की सिफारिश की गई थी ताकि . . . "राजनीतिक कार्य को दृढ़तापूर्वक निरंतर चलाया जा सके।" 1907 में और 1908 के आरंभ में अनेक प्रांतों में अनेक जिला सम्मेलन आयोजित किए गए, हालांकि इसमें पहल केवल उग्रवादियों की ही नहीं थी। कुछ नरमदलीय नेताओं ने भी स्वयं को नए वातावरण के अनुकूल ढालने की चेष्टा की थी। दिसंबर 1905 से कांग्रेस अधिवेशनों के साथ-साथ औद्योगिक सभाएं भी आयोजित की जाने लगी थीं ताकि सब प्रकार के अहिंसक स्वदेशी आंदोलन को बढ़ावा दिया जा सके। जून 1905 में गोखले ने सर्वेंट्स ऑफ इंडिया सोसायटी की स्थापना की जिसमें पूर्णरूपेण नरमदलीय लक्ष्यों के साथ आत्मबलिदान, नैतिक शुद्धता एवं पूर्णकालिक राष्ट्रीय कार्य पर बल दिया गया था जिसके लिए 65 रु. माहवार से अधिक वेतन नहीं दिया जाता था। लेकिन 1909 तक यह संस्था 20 से अधिक सदस्य नहीं बना सकी। शेष कांग्रेस वैसी ही बनी रही जैसी चली आ रही थी; इसे उग्रवादी प्रस्ताव स्वीकार करने के लिए राजी करवाने का तात्पर्य था अधिक प्रचार और सम्मान में वृद्धि किंतु इससे अधिक कुछ नहीं।

दिसंबर 1905 में बनारस अधिवेशन में भी उग्रवादियों की चुनौती कमजोर ही थी। गोखले के अध्यक्षीय भाषण एवं एक अलग प्रस्ताव में बंग-भंग एवं दमनात्मक कार्रवाइयों की निंदा की गई, किंतु बहिष्कार का एकमात्र उल्लेख स्पष्टतः बेमन से किया गया था : "शायद उनके (बंगालियों के) पास जनता का ध्यान आकृष्ट करने का (यही) एकमात्र संवैधानिक एवं प्रभावकारी उपाय बचा था . . . " (सुरेंद्रनाथ एवं मालवीय द्वारा प्रस्तुत प्रस्ताव 13)। तिलक, लाला लाजपतराय एवं मोतीलाल घोष ने विषय-समिति में 'अत्यन्त

विनम्रता एवं आदर के साथ' प्रिंस ऑफ वेल्स के भावी आगमन का स्वागत करने के प्रस्ताव का विरोध किया, किंतु अंततः समझौता यह हुआ कि वे और उनके अनुयायी खुले अधिवेशन में नहीं गए और यह प्रस्ताव 'सर्वसम्मति' से स्वीकार हो गया।

दिसंबर 1906 तक उग्रवाद ने पर्याप्त प्रगति कर ली थी और किसी सीमा तक अंतरप्रांतीय संपर्क भी स्थापित कर लिए थे (उदारहण के लिए, जून 1906 में तिलक की कलकत्ता यात्रा द्वारा)। अगले, अर्थात् कलकत्ता अधिवेशन में तिलक या लाला लाजपतराय को अध्यक्ष बनाने की बात को (फीरोजशाह, वाचा और गोखले का) प्रभावशाली बंबई गुट दादाभाई नौरोजी जैसे पितृवत् सर्वसम्मानित व्यक्ति को आमंत्रित करके ही टलवा सका। कलकत्ता अधिवेशन में कांग्रेस पर एक प्रकार से उग्रवादी प्रभाव छाया रहा—इसमें बहिष्कार, स्वदेशी, राष्ट्रीय शिक्षा और स्वायत्त शासन पर प्रस्ताव रखे गए, यद्यपि दुविधा का तत्व भी प्रायः बना रहा। नौरोजी ने कांग्रेस के लक्ष्यों को पुनर्परिभाषित किया किंतु जान-बूझकर अस्पष्ट शब्दों में : "स्वायत्त शासन अथवा स्वराज जैसाकि यूनाइटेड किंगडम का अथवा उपनिवेशों में है।" ब्रिटेन की एवं उपनिवेशों अथवा डोमिनियनों की राजनीतिक व्यवस्थाओं के बीच पर्याप्त अंतर बना रहा, कम-से-कम वेस्टमिंस्टर के 1926 के अधिनियम तक। बहिष्कार को अन्य प्रांतों तक बढ़ाने एवं विदेशी वस्तुओं के साथ ही मानद पदों के बहिष्कार को भी इसमें सम्मिलित करवाने के बिपिन पाल के प्रस्ताव का मालवीय और गोखले ने बड़ी तत्परता से प्रतिवाद किया, और 1907 में पूरे वर्ष-भर चारों प्रमुख प्रस्तावों की विभिन्न व्याख्याएं की जाती रहीं।

मेहता ने अगले कांग्रेस अधिवेशन का स्थान नागपुर के स्थान पर सूरत तय करवाने में सफलता प्राप्त कर ली, और चूंकि परंपरा के अनुसार स्थानीय स्वागत समिति ही अध्यक्ष का चुनाव करती थी, इसलिए उन्होंने यह भी सुनिश्चित कर लिया कि रासबिहारी घोष जैसे अत्यंत नरमदलीय व्यक्ति को अध्यक्ष चुना जाए। दोनों पक्ष मुकाबले के लिए तैयार होकर आए थे। पहले ही दिन शोर-शराबे के दृश्य देखने को मिले क्योंकि अफवाह थी कि कलकत्ता के चारों प्रस्तावों को रद्द कर दिया जाएगा। 27 दिसंबर को तिलक के स्थगन प्रस्ताव के असफल होने पर (इसे स्वागत समिति के अध्यक्ष मलवीय द्वारा अस्वीकार कर दिया गया था) मराठी चप्पलें फेंके जाने की विख्यात घटना घटी और नितांत अव्यवस्था की स्थिति में अधिवेशन भंग हो गया। वास्तव में संघर्ष के लिए उत्तरदायी कौन था, यह बात विवादास्पद ही बनी रही (निस्संदेह अनेक उग्रवादी लाठियों से लैस होकर आए थे), किंतु व्यापकतर दृष्टि से देखने पर लगता है कि उत्तेजक कार्रवाई मुख्य रूप से नरमदल की ओर से ही की गई थी। सूरत अधिवेशन के पश्चात् न केवल लाला लाजपतराय (जो इस समय उग्रवादियों में सबसे शांत माने जाते थे), बल्कि तिलक एवं उनके बंगाली मित्रों ने बारंबार प्रयत्न किया कि कांग्रेस फिर से एक हो जाए।

किंतु बंबई का नरमदलीय समूह अडिग रहा और अप्रैल 1908 के इलाहाबाद सम्मेलन ने इस विभाजन को पक्का कर दिया। इसमें ऐसा संविधान बनाया गया जिसमें कांग्रेस के तरीकों को 'शुद्धतः संवैधानिक' एवं 'वर्तमान प्रशासनिक व्यवस्था में निरंतर सुधार लाने तक' ही सीमित रखा गया था। सबसे महत्वपूर्ण बात तो यह है कि प्रतिनिधियों का चुनाव भी सीमित कर दिया गया था—केवल वे ही संगठन प्रतिनिधि भेज सकते थे जो "तीन वर्षों से अधिक अवधि से मान्यता प्राप्त हों।" इस प्रकार उग्रवादियों को अगले कांग्रेस अधिवेशनों में सम्मिलित न होने देने के सभी प्रयास किए गए।

नरमदल द्वारा अचनाक इस प्रकार का कठोर रवैया अपनाने का सबसे बड़ा कारण था सुधारों की आशा क्योंकि इंग्लैंड में सत्ता लिबरलों के हाथ में थी और भारत-सचिव के पद पर लिबरल राजनीतिक चिंतक मार्ले विराजमान थे। अतः अब हमें अपना ध्यान ब्रिटिश नीतियों के विकास पर ही केंद्रित करना चाहिए।

1909-1914 : दमन, समझौता, फूट डालो और राज करो

मार्ले और मिंटो

ब्रिटिश-भारतीय सरकार की नितियों का विवेचन प्रायः इस बहस का मुद्दा बन जाता है कि किसी कदम-विशेष का आरंभ कहां से हुआ—वायसरॉय से अथवा भारत-सचिव से। यह बात मार्ले और मिंटो के संबंध में और अधिक स्पष्ट दिखाई देती है क्योंकि उनके पत्र-व्यवहार के कुछ अंश भूतपूर्व भारत-सचिव और वायसरॉय की पत्नी द्वारा पहले ही प्रकाशित कर दिए गए थे। इस विषय पर प्रचुर मात्रा में साहित्य उपलब्ध है। किंतु यह प्रश्न वास्तव में अपेक्षाकृत गौण है, क्योंकि उदारवादी विद्वान मार्ले और (अब सत्ताच्युत हो चुके टोरी प्रशासन द्वारा नियुक्त और राजनीति से अधिक घोड़ों में रुचि लेनेवाले) वायसरॉय के बीच, जैसाकि हम देखेंगे, मूलभूत बातों पर कदाचित् ही मतभेद रहा हो। वस्तुतः महत्वपूर्ण यह है कि दोनों ने राजनीतिक अशांति से निपटने के लिए ऐसी नीतियों के निर्माण में किस प्रकार योगदान किया जो भारत में ब्रिटिश शासन के शेष काल के लिए न्यूनाधिक मानक बनी रहीं। इन नीतियों के तीन प्रमुख अंग देखे जा सकते हैं—सीधा दमन, 'नरमदल को पक्ष में करने के लिए रियायतें,' और (दूसरे से घनिष्ठ रूप से संबद्ध) 'फूट डालो और राज करो' जिसका सर्वोत्तम उदाहरण है अलग-अलग निर्वाचकमंडल बनाने की चाल।

1906 के पश्चात् सरकार पर्याप्त सोच-विचार और हिचक के बाद ही दमनमूलक कदम उठाती थी, क्योंकि अब इस दमन का लक्ष्य होते शिक्षित भारतीय (जो आदिवासी अथवा किसान विद्रोही, हड़ताली कामगार, अथवा अनुबंधित श्रमिक नहीं थे), जिनके लिए नागरिक स्वतंत्रताएं एवं कानून का

शासन, कुल मिलाकर, एक वास्तविकता थे और उन्हें संतुष्ट रखने का एक महत्वपूर्ण साधन भी। पूर्वी बंगाल और असम के नए प्रांत का ले.-गवर्नर बैमफील्ड फुलर दमन के अनेक तरीके आजमा चुका था, जैसे बारीसाल में गोरखों को तैनात करना, वंदेमातरम् के नारे पर प्रतिबंध लगाना, और राजनीति में भाग लेने पर विद्यालयों को असंबद्ध कराने का प्रयास करना। इस सबसे मिंटो और उनसे कहीं अधिक मार्ले बड़ी असमंजस की स्थिति में पड़ गए और जब अगस्त 1906 में विद्यालयों को असंबद्ध करने के मामले को लेकर फुलर ने त्यागपत्र दिया तो मार्ले ने उसे तत्परता से स्वीकार कर लिया। अधिक व्यवस्थित रूप से दमन का आरंभ हुआ 1907-08 में, पंजाब की और सबसे बढ़कर बंगाल की बम-विस्फोट की घटनाओं के पश्चात्। इसके लिए जो उपाय अपनाए गए थे उनमें प्रमुख हैं विशिष्ट क्षेत्रों में 'राजद्रोहात्मक' सभाओं पर प्रतिबंध (मई और नवंबर 1907), न्यूजपेपर्स एक्ट जिससे प्रेसों को जब्त किया जा सकता था (जून 1908, फरवरी 1910), दिसंबर 1908 का क्रिमिनल लॉ अमेंडमेंट एक्ट जिसके अंतर्गत बंगाल की प्रमुख समितियों पर प्रतिबंध लगाया जा सकता था, और देशनिकाला दिया जा सकता था (जैसे मई 1907 में लाला लाजपतराय और अजीतसिंह को एवं दिसंबर 1908 में बंगाल के 9 नेताओं को)। मार्ले प्रायः उदार भावनाओं का प्रदर्शन किया करते थे और मिंटो को लिखे एक पत्र (7 मई 1908) में उन्होंने लिखा कि उन्हें 'कज्जाक राज में सहभागी' होने की अनुभूति होती है। किंतु या तो वे कुछ कर नहीं सके या उन्होंने कुछ किया नहीं, सिवा इसके कि देशनिकाले की अवधियों को थोड़ा घटवा दिया। 1910 के पश्चात् हार्डिंग के गृहमंत्री रेजीनाल्ड क्रैडक के अंतर्गत कड़ा रुख अपनाया गया जिसकी चरम परिणति हुई 1915 के युद्धकालीन डिफेंस ऑफ इंडिया एक्ट (भारत-रक्षा कानून) में ।

गोखले के साथ पर्याप्त फलप्रद भेंटों की एक शृंखला के पश्चात् मार्ले ने आरंभ में अवश्य मिंटो को इस बात के लिए कोंचा कि अलोकप्रिय बंग-भंग (जिसे भारत-सचिव मार्च 1906 में एक 'तयशुदा बात' घोषित कर चुके थे और जिससे उनके भारतीय प्रशंसकों को बड़ी निराशा हुई थी) को संतुलित करने के लिए कुछ सुधार किए जाएं। "सांचे में ढली नौकरशाही सदा नहीं चलेगी", लेजिस्लेटिव और कदाचित् एक्जीक्यूटिव काउंसिलों में भी अधिक भारतीयों को आने की छूट होनी चाहिए, बजट संबंधी बहसों के लिए अधिक समय दिया जाना चाहिए और उसमें संशोधन पेश करने की अनुमति होनी चाहिए—हालांकि "बहुमत तो निश्चित ही अधिकारियों का ही रहेगा", और भारत में ब्रिटिश राजनीतिक संस्थाओं को लागू करने का तो प्रश्न ही नहीं है, "आपके या मेरे समय में तो निश्चित रूप से नहीं"। (मिंटो को लिखे पत्र, 1 जून और 15 जून 1906)। लेकिन मिंटो और अन्य अधिकारी इस बात पर अड़े थे कि सुधार के प्रस्ताव कलकत्ता से भेजे गए प्रतीत हों, और उन्होंने मार्ले के संसदीय जांच आयोग के प्रस्ताव को दृढ़तापूर्वक अस्वीकार कर

दिया। उन्होंने अपनी सुधार-योजना तैयार करने में पूरा समय लिया और भारत सरकार का सुधार संबंधी प्रस्ताव 1 अक्तूबर 1908 को ही तैयार करके भेजा जा सका। मार्ले और मिंटो में इस बात पर भी मतभेद था कि किस प्रकार नरमदलीय नेताओं को एकत्रित किया जाए। मार्ले गोखले जैसे नरमदलीय कांग्रेसियों से बातचीत करना चाहते थे तो 'नरमदलियों' से मिंटो का तात्पर्य प्रायः कांग्रेस से बाहर के राजभक्तों से था। पहले उन्होंने 'काउंसिल ऑफ प्रिंसेज' जैसी किसी चीज का सुझाव दिया (जो 1920 और 1930 के दशकों में अंग्रेजों के प्रिय कार्य का पूर्वाभास था), और फिर तत्परतापूर्वक उच्चवर्गीय मुसलमानों को आवश्यक जवाबी धड़े के रूप में स्वीकार कर लिया। वस्तुतः मिंटो और उनके राजनीतिक सचिव हारकोर्ट बटलर ने रजवाड़ों के प्रति ब्रिटिश नीति में एक महत्वपूर्ण बदलाव का आरंभ किया और 1909 में भाषण करते हुए उन्होंने 'देसी राज्यों के आंतरिक मामलों में अहस्तक्षेप' के सिद्धांत पर बल दिया ··· और कहा : "प्रशासनिक कार्यकुशलता के महत्व को आवश्यकता से अधिक करके आंकना सहज है।" मिंटो ने राजद्रोह के विरुद्ध संयुक्त कार्रवाई का स्पष्ट उल्लेख करके उसे 'ताज के प्रति राजाओं की निष्ठा और राजभक्ति' का एक और प्रमाण बतलाया। इस प्रकार गदर के पश्चात् सामंती सरदारों से मित्रता की नीति को विस्तारित किया जा रहा था ताकि राष्ट्रवाद के खतरे का सामना किया जा सके, और कार्यकुशलता के लिए हस्तक्षेप करने की कर्जन-नीति का परित्याग किया जा रहा था।

1909 के इंडियन काउंसिल एक्ट ने लेजिस्लेटिव काउंसिल के सदस्यों को बजट पर बहस करने, प्रश्न करने और प्रस्तावों के प्रायोजन की कुछ अधिक शक्तियां अवश्य प्रदान कीं, और पहली बार चुनावों का सिद्धांत औपचारिक रूप से प्रस्तुत किया गया। सीटों के आवंटन एवं मतदाताओं की योग्यताओं संबंधी ब्योरे भारत के कानूनों पर छोड़ दिए गए कि उन्हें 'स्थानीय सरकारों की विशिष्ट सिफारिशों' के आधार पर तय किया जाए। स्पष्ट है कि इसमें नौकरशाही द्वारा सुधारों में काट-छांट की पर्याप्त संभावना छोड़ी गई थी। फिर, इन सुधारों को भी शायद ही उदार कहा जा सकता था। इसके अतिरिक्त "व्यावसायिक वर्गों, जोतधारियों, मुसलमानों, यूरोपीय वाणिज्य एवं भारतीय वाणिज्य के प्रतिनिधित्व" के लिए भी विशेष प्रावधान होना था। इंपीरियल लेजिस्लेटिव काउंसिल में सरकारी बहुमत को बनाए रखा जाना था। (इसके 60 सदस्यों में केवल 27 ही चुनकर आनेवाले थे।) प्रांतीय काउंसिलों में भी गैर-सरकारी बहुमत छलावा मात्र था क्योंकि इसके कुछ सदस्य तो नामांकित होने थे। बंगाल एकमात्र ऐसा प्रांत था जिसमें औपचारिक रूप से निर्वाचित सदस्यों के बहुमत का प्रावधान रखा गया था। वहां चार सदस्य ब्रिटिश व्यापारिक हितों का प्रतिनिधित्व करते। भारत सरकार को यह अधिकार दिया गया था कि वह राजनीतिक रूप से खतरनाक प्रत्याशी को चुनाव में खड़े होने की अनुमति न दे। सबसे बढ़कर यह कि इंपीरियल काउंसिल की

27 चुनी हुई सीटों में से न्यूनतम 8 मुसलमान निर्वाचकमंडलों के लिए सुरक्षित थीं। (1910 के चुनावों में मुसलमान सामान्य सीटों में से भी तीन पर जीते थे।) मतदाता संबंधी नियम भी स्पष्ट रूप से द्वेषजनक थे : उदाहरण के लिए, मुसलमान मतदाताओं की आय संबंधी योग्यता हिंदू मतदाताओं की तुलना में पर्याप्त कम रखी गई थी। ध्यान देने योग्य बात यह है कि यद्यपि अधिकारी और मुसलमान नेता बात तो सदा पूरे-पूरे समुदायों की करते थे, किंतु सरकार अपनी नीति और व्यवहार में मुसलमानों के केवल विशेष अभिजन समूहों को ही तरजीह देती रही। जब 1916 में संयुक्त प्रांत के स्थानीय निकायों में अलग निर्वाचकमंडलों के सिद्धांत को अमल में लाया जा रहा था तो मतदाताओं में सरकारी नौकरों, पेंशन पानेवालों और भूस्वामियों की संख्या व्यावसायिक लोगों, व्यापारियों, अथवा उल्मा जैसे कम विश्वसनीय समूहों के सदस्यों से बहुत ज्यादा थी।

शिमला प्रतिनिधिमंडल और मुस्लिम लीग

इस प्रकार संयुक्त प्रांत एवं अलीगढ़ के मुसलमान अभिजन समूह को अपने प्रयासों में महत्वपूर्ण सफलता मिली। ये लोग 1 अक्तूबर 1906 को मिंटो के पास शिमला प्रतिनिधिमंडल लेकर गए थे जिसमें प्रार्थना की गई थी कि "साम्राज्य की हिफाजत में मुसलमानों के योगदान के महत्व को देखते हुए" उनके लिए अलग निर्वाचकमंडल बनाए जाएं और उनको संख्या के अनुपात से अधिक प्रतिनिधित्व प्रदान किया जाए। इसी समूह ने शीघ्र ही मुस्लिम लीग पर भी अधिकार कर लिया, जिसका आरंभ सलीमुल्ला ने दिसंबर 1906 में ढाका में किया था। मुस्लिम लीग के समर्थक बड़े तिरस्कारपूर्वक राष्ट्रवादियों के (और हिंदू संप्रदायवादियों के भी) इस आरोप का खंडन करते हैं कि यह पूरा आंदोलन ही अंग्रेजों का एक नाटक मात्र था और 'राजाज्ञा से किए जानेवाले खेल' से अधिक कुछ नहीं था। (मुहम्मद अली ने शिमला प्रतिनिधिमंडल को यह बहुउद्धृत नाम 1923 की काकीनाडा कांग्रेस में दिया था।) सैयद अहमद का समूह 1880 के दशक से ही नामांकन द्वारा विशिष्ट मुसलमान प्रतिनिधत्व की मांग कर रहा था, और चुनावों के अपरिहार्य हो जाने पर मुसलमानों के लिए अलग निर्वाचकमंडलों की मांग का उठना लाजिमी था। राजनीतिक रूप से जागरूक मुसलमानों के बीच आंतरिक मतभेदों के चिह्न भी बहुत अर्थपूर्ण थे। सैयद अहमद के राजनीतिक उत्तराधिकारी मोहसिनुल-मुल्क ने 4 अगस्त 1906 को प्रधानाचार्य आर्कबाल्ड को बताया कि अधिक सक्रिय राजनीतिक नीति अपनाना आवश्यक हो गया है क्योंकि "शिक्षित मुसलमान युवकों की सहानुभूति कांग्रेस की ओर प्रतीत होती है।" शायद उनका तात्पर्य हसरत मोहानी या मोहम्मद अली जैसे अलीगढ़ के 'युवा सज्जनों' अथवा *जमींदार* के संपादक लाहौर के जफर अली खान से था। वस्तुतः अलीगढ़ छात्रसंघ ने मई 1906 में एक प्रस्ताव पास किया था जिसमें हिंदू-मुसलमानों

के राजनीतिक सहयोग की हिमायत की गई थी। मोहसिनुल-मुल्क ने इस बात पर बल दिया कि आर्कबाल्ड के आरंभिक मसौदे में से वह वाक्य हटाया जाए जिसमें 'राजनीतिक आंदोलन से दूर रहने' की बात कही गई थी, क्योंकि जिन जुझारू लोगों का प्रतिकार वे करना चाहते थे, वे पहले ही कह रहे थे कि "सर सैयद की और मेरी नीति ने मुसलमानों का कोई भला नहीं किया है।"

तो भी अंग्रेजों का सांप्रदायिक अलगाववाद को प्रोत्साहित करना एक निर्विवाद तथ्य है। 15 अगस्त 1906 को मिंटो ने मार्ले के समक्ष स्वीकार किया था कि नये प्रांत में "फुलर इन दोनों संप्रदायों को एक-दूसरे से लड़ा रहे हैं" और यह कि उनके उत्तराधिकारी ने नई नियुक्तियों में मुसलमानों का पक्ष लेना जारी रखा है। उन्होंने ढाका के नवाब सलीमुल्ला को 14 लाख रुपए का कर्ज दिलवाने के लिए मिंटो पर जोर डाला और कहा कि यह 'बड़ा महत्वपूर्ण राजनीतिक मामला' है। इस बात के प्रचुर प्रमाण मिलते हैं कि प्रधानाचार्य आर्कबॉल्ड के माध्यम से मोहसिनुल-मुल्क एवं अन्य मुसलमान नेता वायसरॉय के निजी सचिव डनलप स्मिथ और लखनऊ के कमिश्नर हारकोर्ट बटलर जैसे अधिकारियों के सीधे संपर्क में रहते थे। (बटलर के निजी कागजात में इतिहासकारों को हाल ही में शिमला ज्ञापन का प्रथम मसविदा मिला है।) मुस्लिम लीग का संगठन करते समय 29 अक्तूबर 1906 को आगा खान ने डनलप स्मिथ को आश्वासन दिया कि उन्होंने मोहसिनुल-मुल्क को ताकीद कर दी है कि वे "निजी तौर पर सरकार की पूरी सहमति लिए बिना कोई भी कदम न उठाएं।" तथापि, प्रत्यक्ष प्रेरणा से अधिक महत्वपूर्ण थी हितों की वस्तुगत समानता, जो आनेवाले दशकों में सरकारी तंत्र एवं हिंदू और मुसलमान, दोनों ही संप्रदायों के उच्चवर्गीय संप्रदायवादियों के बीच बार-बार दिखाई देती है। यह कहना अप्रासंगिक न होगा कि दिसंबर 1906 में भारत धर्म महामंडल की बैठक में दरभंगा के महाराजा ने घोषणा की थी कि "हिंदुओं के लिए निष्ठा अथवा राजभक्ति धर्म का तत्व है।" यह बात किसी प्रकार भी समझ में नहीं आती कि मुस्लिम लीग जैसा नवगठित एवं दुर्बल संगठन (जिसकी सदस्य-संख्या दिसंबर 1907 में केवल 400 थी, जिसका वार्षिक चंदा 25 रु. से कम नहीं था, और जिसकी सदस्यता की न्यूनतम अर्हता 500 रु. की वार्षिक आय थी), जो आरंभिक कांग्रेस की भांति भिखमंगी नीति का अनुसरण कर रहा था, अपनी स्थापना के तीन वर्षों के भीतर ही इतनी सफलता कैसे प्राप्त कर सका। 1909 के आरंभ में अमीर अली की अगुआई में जानेवाले एक प्रतिनिधिमंडल ने अलग-अलग निर्वाचकमंडलों की जगह एक सामान्य निर्वाचकमंडल बनाने की मार्ले की योजना को शीघ्र ही निरस्त करवाने में सफलता प्राप्त कर ली, क्योंकि टोरियों के साथ इसने जो संपर्क स्थापित कर लिए थे उनसे लिबरल प्रशासन चौंक गया जो आंतरिक सुधारों को लेकर कड़ा संघर्ष कर रहा था। 11 नवंबर

1909 को निजी रूप से मिंटो ने मार्ले के सामने स्वीकार किया था कि "मैं नहीं समझता कि मुलसमानों को जितनी सीटें दी जा रही हैं उन पर उनका जरा भी हक़ है", किंतु न तो मार्ले और न ही मिंटो ने इस संबंध में कुछ करना आवश्यक समझा। मुस्लिम लीग की आधारभूत दुर्बलता शीघ्र ही प्रकट हो गई जब इसके बहुत विरोध करने पर भी पूर्वी बंगाल और असम के नए प्रांत को, जिसने निस्संदेह मुसलमान अभिजन की सहायता की थी, दिसंबर 1911 में अचानक समाप्त कर दिया गया।

1909 का इंडियन काउंसिल एक्ट भारत में इंग्लैंड के 'संवैधानिक' प्रयोगों में सबसे कम टिकाऊ सिद्ध हुआ। नौ वर्ष पश्चात् ही 1918 में मोंटेग्यू-चेम्सफोर्ड रिपोर्ट ने इसे पूर्णतः बदलकर रख दिया। नरमदलवालों को एकत्र करने में और राजनीतिक रूप से सक्रिय हिंदुओं और मुसलमानों को एक-दूसरे से अलग रखने में इसकी असफलता शीघ्र ही प्रकट हो गई। मद्रास अधिवेशन (1908) में नरमदलवालों ने 'बड़े और उदार' कहकर सुधारों का स्वागत किया था। किंतु 1909 तक इनका सूक्ष्म अध्ययन करने पर मालवीय जैसे लोग इनकी कटु आलोचना करने लगे थे क्योंकि इनमें मुसलमानों को अत्यधिक रियायतें दी गई थीं। जैसाकि बेयली ने अपने इलाहाबाद के व्यष्टिस्तरीय अध्ययन में दर्शाया है, जुझारू तत्वों का दमन करने के नाम पर नागरिक स्वतंत्रताओं के हनन के एवं अलग-अलग निर्वाचकमंडलों की व्यवस्था को स्थानीय निकायों पर भी प्रयुक्त करने के परिणामस्वरूप जो अशांति उत्पन्न हुई थी, उसने 1915-16 तक नरमदलीय नेताओं को अधिक आक्रामक रुख अपनाने की दिशा में सोचने पर बाध्य कर दिया था। किंतु, उस समय, युद्ध के ठीक पूर्व, जैसाकि जवाहरलाल नेहरू अपनी आत्मकथा में याद करते हुए कहते हैं, कांग्रेस राजनीति 'अत्यंत सुस्त' रही। कांग्रेस के अधिवेशनों में उपस्थिति बहुत कम रह गई थी और अब जबकि नरमदलियों को कोंचने के लिए उग्रवादी नहीं रह गए थे, वे केवल बढ़िया भाषण ही दे सकते थे। गोखले की भाषण-कला सुधारों के बाद इंपीरियल काउंसिल के मंच पर कुछ सीमा तक प्रभावशाली सिद्ध हुई जहां उन्होंने सार्वजनिक प्राथमिक शिक्षा की पैरवी की, दमनमूलक नीतियों की आलोचना की एवं अनुबंधित श्रमिकों एवं दक्षिण अफ्रीका में भारतीयों की दशा की ओर आम जनता का ध्यान आकृष्ट करने का प्रयास किया।

मुसलमान राजनीतिक अभिजन को उस समय बड़ा सदमा पहुंचा जब दिसंबर 1911 में जॉर्ज पंचम ने दिल्ली दरबार में विभाजन को रद्द कर दिया। सम्राट ने स्वयं इस समुचित 'वरदान' का सुझाव दिया था। 1905-06 में जब वे प्रिंस ऑफ वेल्स के रूप में भारत आए थे तो उन्होंने बंगाल आंदोलन का कुछ प्रत्यक्ष अनुभव किया था। आरंभ में तनिक हिचक के बाद वायसरॉय हार्डिंग्ज और भारत-सचिव क्रू को यह विचार पर्याप्त आकर्षक लगा, क्योंकि इसमें अन्य संभावित 'वरदानों' की भांति कोई अतिरिक्त व्यय नहीं करना

पड़ता। गृहमंत्री जेंकिंस ने इस सुझाव का बड़ी गर्मजोशी से समर्थन किया। वे बंगाल में सक्रिय क्रांतिकारी आतंकवाद से काफी परेशान थे और उनका विचार था कि "जब तक हम इस विभाजन के कोढ़ से छुटकारा नहीं पा लेते, हमें शांति नहीं मिलेगी।" 25 अगस्त 1911 के भारत-सरकार के डिस्पैच ने गवर्नर-इन-काउंसिल के अंतर्गत बंगाल के एकीकरण को राजधानी को हटाकर दिल्ली ले जाने से जोड़ा, जिसका प्रयोजन मुसलमानों की भावनाओं को शांत करना था। लेकिन इससे भी अधिक महत्वपूर्ण यह दूरदर्शितापूर्ण विचार था कि वायसरॉय को प्रांतीय दबावों से सुरक्षित रहना चाहिए क्योंकि अंततः प्रांतों में 'स्वायत्त शासन का बृहत्तर रूप में' आना अवश्यंभावी था।

मुसलमान दिल्ली की मुगलिया शान के स्मरण से ही प्रसन्न होनेवाले नहीं थे। वस्तुतः दो-तीन बातें ऐसी थीं जिनके कारण अंग्रेज सरकार और मुसलमानों के बीच अलगाव बढ़ा : 1911-12 में इटली और बाल्कन के युद्धों में इंग्लैंड द्वारा तुर्की को सहायता न देना, अगस्त 1912 में अलीगढ़ में मुस्लिम विश्वविद्यालय बनाने के प्रस्ताव को हार्डिंग्ज द्वारा अस्वीकार किया जाना, और 1913 में कानपुर में एक मस्जिद के साथ लगे चबूतरे को तोड़ने के परिणामस्वरूप होनेवाला दंगा। 1912 में तथाकथित 'यंग पार्टी' ने मुस्लिम लीग पर कब्जा कर लिया और वे इसे अधिक आक्रामक बनाने की दिशा में बढ़े; साथ ही राष्ट्रवादी हिंदुओं के साथ एक प्रकार के समझौते और अखिल-इस्लामवाद के प्रयास भी किए जाने लगे। इसके नेताओं में थे—संयुक्त प्रांत में वजीर हसन, टी. ए. के. शेरवानी और अधिक जुझारू अली बंधु (मुहम्मद और शौकत) और हसरत मोहानी, पंजाब में अनुभवी उग्रवादी जफर अली खान, और बंगाल में फज़लुल-हक (एक उदीयमान युवा वकील जिनके व्यक्तित्व में आनेवाले पचास वर्षों तक नफीस राजनीति और उनके प्रति ग्रामीणों के सच्चे आकर्षण का संयोजन दिखाई देता रहा)। इनमें से शायद ही कोई 'पुरानी पार्टी' के सलीमुल्ला, नवाब अली चौधरी और शम्सुल-हुदा (बंगाल में) या संयुक्त प्रांत के मोहसिनुल-मुल्क की भांति पदवीधारी जमींदार रहा हो (यद्यपि संयुक्त प्रांत में कुछ समय के लिए इन्हें महमूदाबाद के राजा का समर्थन अवश्य प्राप्त हुआ था)। फ्रांसिस रॉबिंसन ने दर्शाया है कि संयुक्त प्रांत में 'यंग पार्टी' प्रायः "उस वर्ग की पार्टी थी जिसे कभी-कभार जमीन के लगान से थोड़ी-बहुत आय हो जाती थी, किंतु जिसे सामान्यतः जीविका के लिए नौकरी अथवा व्यवसाय का सहारा लेना पड़ता था" (पृ. 117)। ध्यान देने योग्य बात यह है कि इनका सामाजिक गठन जुझारू हिंदू राष्ट्रवादियों के सामाजिक गठन से बहुत मिलता-जुलता है। मुहम्मद अली के *कॉमरेड* (कलकत्ता), अबुल कलाम आजाद के *अल-हिलाल* (कलकत्ता) या जफर अली खान के *जमींदार* (लाहौर) जैसी पत्र-पत्रिकाओं के अखिल-इस्लामी और ब्रिटिश-विरोधी स्वर ने शीघ्र ही पुलिस का ध्यान आकृष्ट कर लिया। अब्दुल बारी के लखनऊ स्थित फिरंगीमहल उल्मा संप्रदाय के समर्थन से अली बंधुओं ने मुसलमानों की

पाक जगहों की सुरक्षा के लिए धन जुटाने के उद्देश्य से 1913 में अंजुमने-खुद्दामे-काबा का संगठन किया, और 1912-13 में अंसारी और जफर अली खान के नेतृत्व में एक चिकित्सा-दल बाल्कन युद्ध में तुर्की की सहायता के लिए गया। मुस्लिम लीग के नए सचिव वजीर हसन ने एक प्रस्ताव पारित करवाया जिसमें कहा गया था कि लीग का लक्ष्य संवैधानिक तरीकों से औपनिवेशिक स्वायत्त सरकार है, और इस प्रकार इसे कांग्रेस के अनुरूप बना दिया। इस तरह खिलाफत आंदोलन की और एक ऐसे समय की पृष्ठभूमि बन रही थी जो सामान्यतः हिन्दू-मुसलमानों के बीच राजनीतिक सहयोग का काल होनेवाला था।

क्रांतिकारी आतंकवाद

इस बीच बंगाल में क्रांतिकारी आतंकवाद के क्षीण होने के कोई लक्षण दिखाई नहीं देते थे। दिसंबर 1911 के विभाजन को रद्द करनेवाले राजसी 'वरदान' का भी इस पर कोई प्रभाव नहीं पड़ा था। सुदृढ़ रूप से संगठित ढाका अनुशीलन, जिसकी अब सारे प्रांत में और उसके बाहर भी शाखाएं थीं, धन जुटाने के लिए स्वदेशी डकैतियों तथा अधिकारियों एवं देशद्रोहियों की हत्या करने पर ध्यान केंद्रित कर रहा था। जतींद्रनाथ मुखर्जी के नेतृत्ववाली युगांतर 'पार्टी' कुछ ऐसे समूहों का संघ थी जो उतने चुस्त नहीं थे। इसका ध्येय अपने संसाधनों को सुरक्षित रखकर अंतर्राष्ट्रीय संपर्क बनाना था ताकि उचित समय आने पर एक वास्तविक सैन्य षड्यंत्र का आयोजन किया जा सके। रासबिहारी बोस और शचींद्रनाथ सान्याल ने मिलकर एक दूर-दराज तक फैले गुप्त संगठन की स्थापना की थी जिसके केंद्र पंजाब, दिल्ली और संयुक्त प्रांत में स्थापित हो गए थे। जब 23 दिसंबर 1912 को हार्डिंग्ज नई राजधानी में औपचारिक रूप से प्रवेश कर रहे थे तो इस संगठन ने उन पर बम से जोरदार हमला किया था।

किंतु शरण की खोज, प्रेस कानूनों से मुक्त रहकर क्रांतिकारी साहित्य छापने की संभावना और शस्त्रास्त्रों की खोज में भारतीय क्रांतिकारी देश के बाहर जाने लगे। 1905 में श्यामजी कृष्णवर्मा ने लंदन में भारतीय विद्यार्थियों के लिए एक केंद्र (इंडिया हाउस) खोला, एक पत्रिका (*इंडियन सोशियोलॉजिस्ट*) निकाली, इंडियन होमरूल सोसायटी की स्थापना की, और कुछ समय पश्चात् एक छात्रवृत्ति योजना के अंतर्गत भारत से जुझारू युवाओं को विदेश लाने की व्यवस्था की। स्वयं श्यामजी कृष्णवर्मा की जुझारू वृत्ति कुछ-कुछ सैद्धांतिक रही और बड़ी सीमा तक अहिंसक आंदोलन तक ही सीमित रही (*इंडियन सोशियोलॉजिस्ट* जिसका आरंभिक प्रतिपादक था)। किंतु 1907 के बाद उनके इंडिया हाउस पर नासिक के वी. डी. सावरकर के नेतृत्ववाले एक क्रांतिकारी गुट का अधिकार हो गया। उनके समूह के ही मदनलाल धींगरा ने जुलाई 1909 में इंडिया ऑफिस के नौकरशाह कर्जन-वाइली की हत्या कर दी और

फांसी पर चढ़ते-चढ़ते यह स्मरणीय देशभक्ति की घोषणा करते गए : "मुझ जैसा गरीब बेटा जिसके पास न धन है न कोई योग्यता, मां की मुक्ति की वेदी पर अपना रक्त ही बलिदान कर सकता है · · · । ईश्वर करे मैं उसी मां की कोख से बार-बार जन्म लेकर उसी पवित्र ध्येय के लिए तब तक बार-बार मरता रहूं जब तक कि मेरा ध्येय पूरा न हो जाए और वह मानवता के कल्याण के लिए एवं ईश्वर के कृपा-स्वरूप स्वाधीन न हो जाए।" अब भारतीय क्रांतिकारियों कि लिए लंदन में रहना कठिन हो गया, विशेष रूप से 1910 में सावरकर की सुपुर्दगी के पश्चात् जिन्हें नासिक षड्यंत्र के मामले में आजीवन कालापानी की सजा दी गई। अब यूरोप में भारतीय क्रांतिकारियों के नए केंद्र बने—पेरिस और जिनेवा, जहां से मैडम कामा *वंदेमातरम्* निकालती थीं। वे एक पारसी क्रांतिकारी महिला थीं जिनका ज्यां लांगे जैसे फ्रांसीसी समाजवादियों से घनिष्ठ संपर्क था। बर्लिन भी भारतीय क्रांतिकारियों का एक महत्वपूर्ण केंद्र बना, विशेष रूप से तब जब इंग्लैंड और जर्मनी के आपसी संबंध बिगड़ने लगे। वीरेंद्रनाथ चट्टोपाध्याय ने 1909 के पश्चात् बर्लिन को ही अपनी गतिविधियों का प्रमुख केंद्र बनाया।

ब्रिटेन और यूरोप में भारतीय अलग-थलग पड़े प्रवासी समूहों से अधिक कुछ भी नहीं हो सकते थे। फिर भी, ब्रिटिश कोलंबिया और अमरीका के प्रशांततटीय राज्यों में क्रांतिकारी आंदोलन ने पहली बार एक जनाधार-सा बनाया था। 1914 तक यहां 15,000 भारतीय बस चुके थे जिनमें अधिकांश सिख थे। ये अच्छे-खासे समृद्ध भारतीय व्यापारी और कामगार थे, किंतु इन्हें विभिन्न रूपों में नस्ली भेदभाव का शिकार होना पड़ता था, जिसके संबंध में ब्रिटिश-भारतीय सरकार कुछ भी नहीं कर रही थी। 1913 में सैन फ्रांसिस्को में विख्यात गदर आंदोलन आरंभ हुआ जिसकी स्थापना सोहनसिंह भखना ने की थी और जिसके आरंभिक नेताओं में थे—दिल्ली के सेंट स्टीफेंस कॉलेज के प्रतिभाशाली मगर थोड़े अस्थिर-चित्त, बुद्धिजीवी हरदयाल। इस आंदोलन का नाम *गदर* नामक पत्रिका के नाम पर पड़ा था जिसका प्रकाशन 1 नवंबर 1913 को उर्दू, गुरुमुखी एवं बाद में अनेक अन्य भारतीय भाषाओं में आरंभ हुआ। इसके पहले अंक का आरंभ इस नाटकीय गद्यांश से हुआ : "हमारा नाम क्या है? गदर (क्रांति)। हमारा काम क्या है? एक विद्रोह करना · · । यह विद्रोह कहां होगा? भारत में। यह कब होगा? थोड़े वर्षों में · · · ।" गदर आंदोलन उन दो प्रमुख आंदोलनों में से एक था जिनके द्वारा भारत से बाहर की भारतीय बस्तियों ने भारत के स्वतंत्रता संघर्ष में महत्वपूर्ण योगदान किया। दूसरे आंदोलन अर्थात् सत्याग्रह के अनुभव का विवेचन गांधीजी के उदय के संदर्भ में हम कुछ समय पश्चात् करेंगे।

प्रथम विश्वयुद्ध के कुछ आरंभिक वर्षों में ब्रिटिश शासन के लिए खतरा होने के अतिरिक्त भारतीय क्रांतिकारियों के विदेश-भ्रमण ने आरंभिक संघर्षशील राष्ट्रवाद की तीव्र हिंदू धार्मिकता, आंचलिकता और अपेक्षाकृत

सीमित सामाजिक दृष्टिकोण का अंत किया। अरविंद घोष के आक्रामक हिंदू परचे *भवानी मंदिर* (1905) में 'संसार के आर्यीकरण की आवश्यकता' की बात कही गई थी। वे 'एक जीवंत धार्मिक भावना' से समस्त वर्गों को एक करना चाहते थे; उन्होंने तो यहां तक इच्छा प्रकट की थी कि "जमींदारों और किसानों के बीच सहानुभूति की भावना प्रोत्साहित की जाए और समस्त कटुताओं को दूर किया जाए।" तथापि, लंदन स्थित समूह के परचे *ओह मार्टियर्स* (1907) ने 1857 के हिंदू-मुसलमानों के एकजुट विद्रोह की याद ताजा कर दी कि "कैसे फिरंगियों का राज बिखर गया था और हिंदुओं और मुसलमानों की साझी सहमति से स्वदेशी राज स्थापित हुए थे . . . . !" साम्राज्यवाद-विरोधी संघर्ष की एक अंतर्राष्ट्रीय दृष्टि उभरकर सामने आ रही थी : "धींगरा की पिस्तौल की आवाज को आयरिश कुटीर कृषक ने अपनी एकाकी कुटिया में सुना है, मिस्र के किसान ने खेतों में और जुलू श्रमिक ने अंधेरी खदानों में सुना है . . . ।" (*वंदेमातरम्*, लंदन, 1909)। भारतीय क्रांतिकारियों के संबंध आयरिश जुझारू संगठनों के साथ खासकर घनिष्ठ थे। *इंडियन सोशियोलॉजिस्ट*, *बंदेमातरम्* और चट्टोपाध्याय के *तलवार* (बर्लिन), तारकनाथ दास के *फ्री हिंदुस्तान* (वैंकोवर) एवं *गदर* जैसी पत्र-पत्रिकाओं के साथ ही भारतीय कस्टम अधिकारी न्यूयार्क से प्रकाशित होनेवाले जी. एफ. फ्रीमन के *गैलिक अमेरिकन* को भी बराबर जब्त कर रहे थे। अंतर्राष्ट्रीय समाजवादी आंदोलन से भी संबंध स्थापित किए जा रहे थे। ब्रिटिश मार्क्सवादी संगठन सोशल डेमोक्रेटिक फेडरेशन के हिंडमैन कृष्णवर्मा के इंडिया हाउस में होनेवाली सभाओं को संबोधित करते थे, अगस्त 1907 में मैडम कामा ने दूसरी इंटरनेशनल की स्टुटगार्ट कांग्रेस में स्वतंत्र भारत का झंडा लहराया और हरदयाल ने अराजकतावादी-संघवादी इंडस्ट्रियल वर्कर्स ऑफ दि वर्ल्ड की सैन फ्रांसिस्को शाखा के सचिव का कार्यभार संभाला; वे *माडर्न रिव्यू* (कलकत्ता) के मार्च 1912 के अंक में कार्ल मार्क्स पर लेख लिखनेवाले शायद पहले भारतीय भी थे। यह संयोग की बात नहीं है कि अक्तूबर की रूसी क्रांति के बाद इसी परिवेश से पहले भारतीय कम्युनिस्ट निकलकर सामने आए, जैसे—युगातंर के नेता नरेन भट्टाचार्जी (एम. एन. राय), वीरेंद्रनाथ चट्टोपाध्याय, अवनी मुखर्जी जैसे लोग, और गदर पार्टी के कुछ बुजुर्ग लोग।

युद्ध और भारतीय राजनीति

प्रथम विश्वयुद्ध (1914-18) भारत के राजनीतिक जीवन एवं सामाजिक-आर्थिक परिस्थितियों में वस्तुतः महत्वपूर्ण परिवर्तनों का कारण बना। युद्ध के अधिक गंभीर परिणामों का विवेचन हम अभी बाद के लिए छोड़ रहे हैं। (इनका संबंध युद्ध के तुरंत पश्चात् के वर्षों में अखिल-भारतीय जन राष्ट्रवाद के उदय से था जिसमें इन परिस्थितियों का भारी योगदान रहा

था।) फिलहाल हम अपना ध्यान इसी बात पर केंद्रित करेंगे कि भारत में पहले से सक्रिय राजनीतिक समूहों के बीच इस युद्ध की क्या-क्या प्रतिक्रियाएं हुईं।

क्रांतिकारी गतिविधियां

तत्काल पूर्ण स्वाधीनता पाने के लिए प्रयत्नशील क्रांतिकारियों को युद्ध ईश्वर का वरदान प्रतीत हुआ। सेनाएं भारत से बाहर जा रही थीं (एक समय तो ऐसा आया कि भारत में गोरे सिपाहियों की संख्या केवल 15,000 ही रह गई थी), और ब्रिटेन के जर्मन एवं तुर्क शत्रुओं से सैन्य एवं वित्तीय सहायता मिलने की संभावना बढ़ रही थी (तुर्की मुसलमानों के धार्मिक-सामाजिक नेता अर्थात् खलीफा का स्थान था)। तुर्की के विरुद्ध ब्रिटेन का युद्ध हिंदू राष्ट्रवादियों एवं संघर्षशील अखिल-इस्लामवादियों को एक-दूसरे के निकट ले आया जिससे गदर आंदोलन के बरकतुल्ला और देवबंद के मुल्लाओं में महमूद हसन और उबैदुल्ला सिंधी जैसे मुसलमान क्रांतिकारी नेता उत्पन्न हुए।

अगस्त 1914 में बंगाल में क्रांतिकारियों को एक बड़ी सफलता मिली। कलकत्ता की रोडा फर्म के एक हमदर्द कर्मचारी के माध्यम से उन्हें 50 माउजर पिस्तौलें एवं 46,000 कारतूस प्राप्त हुए। राजनीतिक डकैतियां एवं हत्याएं इस समय अपने शिखर पर थीं—1914-15 में 12 और 7 ऐसी घटनाएं हुईं, और 1915-16 में 23 और 9। बंगाल के अधिकांश क्रांतिकारी समूह जतीन मुखर्जी (जिन्हें प्यार से बाघा जतीन कहा जाता था) के नेतृत्व में संगठित थे। इन लोगों ने रेल-यातायात को अस्त-व्यस्त करने, कलकत्ता के फोर्ट विलियम पर कब्जा करने (वहां स्थित 16वीं राजपूत रायफल्स से संपर्क स्थापित कर लिया गया था) और जर्मनी से हथियार मंगवाने (जिसके लिए नरेन भट्टाचार्य को जावा भेजा जा चुका था) की योजनाएं बनाईं। किंतु ये सब शानदार योजनाएं अच्छे समन्वय की कमी के कारण धरी रह गईं। बाघा जतीन को पुलिस ने उड़ीसा के समुद्रतट पर स्थित बालासोर के निकट स्थानीय ग्रामवासियों की सहायता से पकड़ लिया और वे वहीं (सितंबर 1915 में) वीरगति को प्राप्त हुए। यह इस बात का एक और दृष्टांत है कि बंगाल के क्रांतिकारी अपने समाज से कितने अलग-थलग पड़े हुए थे।

बंगाल की क्रांतिकारी योजनाएं एक दूरस्थ षड्यंत्र का भाग थीं जिसका संगठन रासबिहारी बोस और सचिन सान्याल पंजाब में लौटकर आए हुए गदर पार्टी के सदस्यों के साथ मिलकर कर रहे थे। युद्ध आरंभ हो जाने पर गदर पार्टी के सदस्य हजारों की संख्या में स्वाधीनता संग्राम के लिए स्वदेश लौट आए थे। कोमागाटा मारू की घटना (29 सितंबर 1914) ने भावनाओं को और भी भड़का दिया था। एक जहाज में सिख एवं पंजाबी मुसलमान उत्प्रवासी वैंकोवर से लौट रहे थे क्योंकि कनाडा के आव्रजन अधिकारियों ने उन्हें उतरने नहीं दिया था। लौटते समय कलकत्ता के निकट बजबज में पुलिस के साथ

हुई झड़प में 22 उत्प्रवासी मारे गए। 1914 के पश्चात् स्वदेश लौटनेवाले पंजाबियों में से अनेक को अंग्रेजों ने पकड़ लिया था। (1916 तक कुल 8,000 में से 2,500 नजरबंद कर लिए गए थे और 400 को कैद कर लिया गया था।) 21 फरवरी 1915 को फिरोजपुर, लाहौर एवं रावलपिंडी के फौजियों से प्रारंभ होनेवाले विद्रोह की योजना विश्वासघात के कारण अंतिम क्षण में विफल हो गई। रासबिहारी बोस को भागकर जापान जाना पड़ा, और सचिन सान्याल को बनारस एवं दानापुर में फौजियों को बरगलाने का प्रयास करने के अपराध में आजीवन कारावास दिया गया। यद्यपि अखिल-भारतीय स्तर पर विद्रोह की योजना विफल हो चुकी थी, फिर भी इसके नेताओं, विशेष रूप से गदर पार्टीवालों, ने सेना और किसानों के बीच क्रांतिकारी विचारों को फैलाने की दिशा में अग्रणी कार्य किया। कुछ छिटपुट विद्रोह हुए भी। इनमें सबसे महत्वपूर्ण 15 फरवरी 1915 को सिंगापुर में होनेवाला विद्रोह था। इस विद्रोह में पंजाबी मुसलमानों की पांचवीं लाइट इनफैंट्री बटालियन एवं 36वीं सिख बटालियन का हाथ था। इसके नेता थे जमादार चिश्ती खान, जमादार अब्दुल गनी और सूबेदार दाऊद खान। विद्रोह को दबा दिया गया—37 को मृत्युदंड मिला और 41 को आजीवन कारावास। जनवरी-फरवरी 1915 में पंजाब में होनेवाली राजनीतिक डकैतियों का भी कुछ नया सामाजिक अंतर्तत्व था। पांच बड़े मामलों में से तीन में डकैती के शिकार गांव के साहूकार थे। लुटेरों ने नकदी लेकर भागने से पहले ऋणपत्रों को जला डाला था। बंगाल के भद्रलोक आतंकवादियों की तुलना में गदर के इन किसान और सिपाही वीरों का स्मरण कहीं कम होता है। कम-से-कम बंगाल में तो बंगाली क्रांतिकारियों का नाम हर एक की जुबान पर है। लेकिन गदर के वीर इससे अधिक सम्मान के अधिकारी हैं। इनमें पंजाब की छावनियों में क्रांति का संगठन करनेवाले 19-वर्षीय नौजवान करतारसिंह सराभा जैसे लोग सम्मिलित थे। मरते समय सराभा के मुंह पर ये शब्द थे : "यदि मुझे एक से अधिक जीवन मिले तो मैं उन सबको अपने देश के लिए बलिदान कर दूं।" अब्दुल्ला के अंतिम शब्द भी स्मरणीय हैं। अंबाला में मृत्युदंड पानेवाले विद्रोही सिपाहियों में वही एक मुसलमान था। उसने अपने 'काफ़िर' साथियों के नाम बताने से इनकार कर दिया था : "इन लोगों का साथ होने पर ही मेरे लिए बहिश्त के दरवाजे खुलेंगे।"

युद्ध के दौरान विदेश से भारत के क्रांतिकारियों को सहायता भेजने के प्रयास बर्लिन में केंद्रित थे। वहां 1915 में वीरेंद्रनाथ चट्टोपाध्य, भूपेन दत्त, हरदयाल एवं कुछ अन्य लोगों ने जर्मन विदेश कार्यालय के सहयोग से तथाकथित 'ज़िमरमान योजना' के अंतर्गत इंडियन इंडिपेंडेंस कमेटी की स्थापना की। एक भारतीय-जर्मन-तुर्क मिशन ने भारत-ईरान सीमा पर रहनेवाले कबायलियों में ब्रिटिश-विरोधी भावनाएं भड़काने का प्रयास किया। दिसंबर 1915 में महेंद्र प्रताप, बरकतुल्ला और उबैदुल्ला सिंधी ने काबुल में 'अस्थायी स्वतंत्र भारत

सरकार' की स्थापना की जिसे युवराज अमानुल्ला का थोड़ा समर्थन प्राप्त था, किंतु अमीर हबीबुल्ला का नहीं। संयुक्त राज्य अमरीका उनका तीसरा केंद्र था जहां रामचंद्र जैसे गदर पार्टी के शेष नेताओं को एवं चंद्र चक्रवर्ती के नेतृत्व में बर्लिन कमेटी के न्यूयार्क स्थित एजेंटों को जर्मनी से पर्याप्त धनराशि मिलती थी। किंतु ये लोग आपस में झगड़ते रहते थे। युद्ध में अमरीका के सम्मिलित हो जाने पर 'हिंदू कांस्पिरेंसी केस' (1918) द्वारा ऐसी सभी गतिविधियों को समाप्त कर दिया गया। सुदूर-पूर्व में भी जर्मन दूतावासों के माध्यम से धनराशि भेजी गई, और रासबिहारी बोस और अवनी मुखर्जी ने 1915 के बाद जापान से शस्त्र भेजने के अनेक प्रयास किए। किंतु चोरी-छिपे शस्त्र भेजने के प्रयास बराबर असफल होते रहे। यों भी अब बहुत देर हो चुकी थी। कारण कि सशस्त्र विद्रोह की कोई संभावना रही भी हो तो उसका अवसर 1915 के आरंभ में ही आकर जा चुका था।

अंग्रेजों ने युद्धकालीन खतरे का सामना करने के लिए अत्यंत दमनमूलक कदम उठाए। 1857 के पश्चात् इतने कड़े कदम उठाए गए थे। इनमें सर्वोपरि था—मार्च 1915 का भारत-रक्षा कानून जिसका मुख्य लक्ष्य था गदर आंदोलन को कुचलना। बंगाल और पंजाब में बड़ी संख्या में लोगों को संदेह के आधार पर, बिना मुकदमा चलाए बरसों जेल में रखा गया। विशेष अदालतें अत्यंत कठोर दंड देती थीं। एक अनुमान के अनुसार गदर से संबंधित अभियुक्तों में 46 को प्राणदंड और 64 को आजीवन कारावास दिया गया; अनेक सैनिकों का कोर्टमार्शल हुआ सो अलग। बंगाल के आतंकवादियों और पंजाब के गदर पार्टीवालों के अतिरिक्त जुझारू अखिल-इस्लामवादियों से भी अंग्रेजों को बड़ा भय था और अली बंधु, आजाद एवं हसरत मोहानी को युद्ध के दौरान बरसों, और कुछ को तो युद्ध के बाद भी नजरबंद रखा गया।

लखनऊ में स्थापित एकता

जो भारतीय राजनीतिज्ञ क्रांतिकारी नहीं थे उन्होंने अंग्रेज सरकार के युद्धकालीन प्रयासों का समर्थन किया, यहां तक कि 1918 में तिलक और गांधी ने अंग्रेजों की सहायता के लिए धन और आदमी जुटाने के लिए गांवों का दौरा भी किया। किंतु ऐसा उन्होंने इस आशा से किया था कि इस निष्ठा के बदले सरकार बड़े राजनीतिक सुधार करेगी। 1918 में तिलक का कहना था : "युद्ध के ऋणपत्र खरीदो, पर उन्हें होमरूल के पट्टे समझो।" इस प्रकार युद्ध के दौरान एक प्रकार के साझे मंच का वस्तुगत आधार तैयार हुआ। इसके अंतर्गत नरमदलीय, उग्रवादी, 'यंग पार्टी' के नियंत्रणवाली मुस्लिम लीग, सबका एक कार्यक्रम था—युद्ध में समर्थन देने के बदले संकटग्रस्त ब्रिटिश सरकार पर संवैधानिक किंतु पर्याप्त प्रबल दबाव डालना। 1914 में निष्कासन की अवधि समाप्त होने पर मांडले से लौटने के बाद सदा के व्यावहारिक तिलक ने अपने पुराने कांग्रेसी विरोधियों के प्रति वैर-भाव भुलाने की उत्सुकता दर्शाई।

फीरोजशाह मेहता तो मृत्युपर्यंत (1915) अपनी जिद पर ही अड़े रहे, किंतु कलकत्ता के भूपेंद्रनाथ जैसे अन्य नरमदलीय नेताओं ने इच्छा प्रकट की कि वे किसी भी "ऐसे साधन को स्वीकार करने के लिए प्रस्तुत हैं जो कांग्रेस को वर्तमान दलदल से निकाल सके" (26 नवंबर 1914 को गोखले को लिखा गया पत्र)। एक अन्य महत्वपूर्ण तथ्य जो इस पुनर्मिलन की प्रक्रिया में सहायक हुआ, वह था—थियोसोफिकल नेता एनी बेसेंट का 1914 के बाद अचानक ही राजनीतिक रूप से महत्वपूर्ण हो उठना। जैसाकि बाद की घटनाओं ने दर्शाया, एनी बेसेंट साम्राज्यवाद-विरोधी नहीं थीं, किंतु उन्हें विश्वास हो गया था कि भारतीयों को पर्याप्त मात्रा में स्वायत्त शासन प्रदान करना भारत और ब्रिटेन की मैत्री के लिए आवश्यक है। इस लक्ष्य को प्राप्त करने का एक ही साधन था—प्रभावशाली एवं देशव्यापी आंदोलन एवं संगठन जो ब्रिटिश रैडिकल एवं आयरिश होमरूल आंदोलनों के नमूने पर चलाया जाए।

दिसंबर 1915 में तिलक के गुट को पुनः कांग्रेस में सम्मिलित होने की अनुमति दे दी गई। कांग्रेस और मुस्लिम लीग के एक ही समय बंबई में हुए अधिवेशनों में कुछ समितियों का गठन किया गया जिनका कार्य था—एक ऐसे मंच की योजना तैयार करना जिससे आपसी सलाह-मशवरे द्वारा न्यूनतम संवैधानिक मांगें प्रस्तुत की जा सकें। अक्तूबर 1916 में इंपीरियल काउंसिल के उन्नीस गैर-सरकारी सदस्यों ने मिलकर वायसरॉय को एक प्रार्थनापत्र दिया जिसमें प्रतिनिधि सरकार एवं भारत के लिए डोमिनियन स्टेटस की मांग की गई थी। दिसबंर 1916 में पुनः लखनऊ में एक साझी मांग उठाई गई कि काउंसिलों में निर्वाचित सदस्यों का बहुमत हो। विख्यात लखनऊ समझौते द्वारा हिंदू-मुसलमानों के राजनीतिक मतभेदों का समाधान करने का प्रयास भी किया गया। इस समझौते के द्वारा कांग्रेस ने हिंदू-मुसलमानों के लिए अलग-अलग निर्वाचकमंडलों की बात स्वीकार कर ली, और सीटों के बंटवारे पर भी फैसला हो गया। मुसलमान नेताओं ने मुसलमान-बहुल क्षेत्रों में अनुपात से कम प्रतिनिधित्व (उदाहरण के लिए, बंगाल में केवल 40 प्रतिशत सीटें) एवं बदले में बंबई एवं संयुक्त प्रांत जैसे क्षेत्रों में अनुपात से अधिक प्रतिनिधित्व (जहां उन्हें 30 प्रतिशत सीटें दी जानी थीं) लेना स्वीकार कर लिया। इस समझौते में संयुक्त प्रांत की, वजीर हसन एवं महमूदाबाद के नेतृत्ववाली 'यंग पार्टी' के हितों को ही अधिक ध्यान में रखा गया था, और इस बात से बंगाल के मुसलमान थोड़ा नाराज भी हुए, बावजूद इसके कि फजलुल-हक के गुट ने इसका समर्थन किया था।

होमरूल आंदोलन

फिर भी, कांग्रेस विशुद्ध रूप से विचार-विमर्श का एक मंच ही बनी रही जिसे किसी भी लगातार चलाए जानेवाले आंदोलन के लिए तैयार नहीं किया गया था। लखनऊ कांग्रेस में तिलक ने एक सुगठित वर्किंग कमेटी की स्थापना

का प्रस्ताव किया था ताकि कांग्रेस को एक वास्तविक राजनीतिक दल बनाने की दिशा में पहला कदम उठाया जा सके, किंतु अध्यक्ष ने इसे व्यवस्था के अनुरूप न मानकर अस्वीकार कर दिया। अतः आंदोलन को संगठित करने का कार्य तिलक और एनी बेसेंट की दो होमरूल लीगों ने ही किया। एनी बेसेंट ने सितंबर 1915 में ही ऐसी लीग की योजना घोषित कर दी थी, और अपने मद्रास से प्रकाशित होनेवाले पत्रों *न्यू इंडिया* एवं *कॉमनवील* के माध्यम से उन्होंने इस दिशा में कार्य करना भी आरंभ कर दिया था। इसके बाद ही 1916 के आरंभ में बंबई से *यंग इंडिया* का प्रकाशन भी शुरू हो गया। तिलक ने एनी बेसेंट से पहले ही, अप्रैल 1916 में अपनी होमरूल लीग की स्थापना कर ली। इसका आंशिक कारण यह था कि वे महाराष्ट्र में अपने आधार को बनाए रखना चाहते थे। तिलक की लीग महाराष्ट्र और कर्नाटक तक ही सीमित रही, किंतु अप्रैल 1917 में इसकी सदस्य-संख्या 14,000 और 1918 के आरंभ तक 32,000 हो गई थी। बेसेंट की लीग का स्वरूप अधिक अखिल-भारतीय था, किंतु आरंभ में यह अपनी संस्थापिका के पुराने थियोसोफिकल संपर्कों पर ही अधिक निर्भर रही। इसकी स्थापना सितंबर 1916 में हुई। तिलक और केलकर ने पूना में रहकर पर्याप्त केंद्रीकृत ढंग से अपने संगठन को चलाया, जबकि बेसेंट की लीग के अड्‌यार (मद्रास) स्थित मुख्यालय की अपनी लगभग 200 स्थानीय शाखाओं पर कुछ ज्यादा निगरानी नहीं थी (इनमें से 132 तो मद्रास प्रेसीडेंसी में ही थीं)। बेसेंट की लीग की सदस्य-संख्या 1917 के मध्य में अपने चरमोत्कर्ष पर 27,000 थी।

होमरूल लीगों की गतिविधियों में नगरों में संवाद-गोष्ठियों का आयोजन एवं वाचनालयों की स्थापना प्रमुख थी। साथ ही बड़े स्तर पर परचों की बिक्री की जाती थी, और व्याख्यानों के लिए दौरे भी किए जाते थे। इन गतिविधियों का स्वरूप पुरानी नरमदलीय राजनीति से अधिक भिन्न नहीं था, किंतु इनमें एक नई बात यह थी कि इनकी तीव्रता और विस्तार कहीं अधिक था। तिलक की लीग ने अपनी स्थापना के एक वर्ष के भीतर ही 6 मराठी एवं 2 अंग्रेजी परचों की 47,000 प्रतियां बेची थीं और एनी बेसेंट की लीग सितंबर 1916 तक 26 अंग्रेजी पुस्तिकाओं की 3,00,000 प्रतियां निकाल चुकी थी। जून 1917 में जब एनी बेसेंट एवं उनके दो प्रमुख थियोसोफिस्ट सहयोगियों, अरुंडेल और वाडिया को नजरबंद किया गया तो अहिंसक आंदोलन की बात भी उठी। लीग द्वारा किए जानेवाले अधिकांश प्रचार के केंद्र में होमरूल की अमूर्त-सी अवधारणा ही थी, किंतु तिलक के आज उपलब्ध कुछ भाषणों में रोचक प्रयास देखने को मिलते हैं। इनमें बारंबार उन बातों की ओर संकेत किया गया है जो आगे चलकर गांधीवाद के विषय बननेवाली थीं, जैसे होमरूल के आदर्श को जनता की अधिक सुस्पष्ट एवं ठोस शिकायतों से संबद्ध करने का प्रयास। "वन विभाग के संदर्भ में हम पर जुल्म किए जाते रहे हैं, आबकारी विभाग के चलते शराब का प्रचलन बढ़ा है" (1 मई 1916

को बेलगाम में तिलक का भाषण)। राजस्व के बोझ और नमक कानून की बात भी की जाती थी। तिलक का आंदोलन विशुद्ध रूप से चितपावन ब्राह्मणों का आंदोलन भी नहीं था। होमरूल लीग की पूना की सदस्य-सूची से ज्ञात होता है कि वहां इस आंदोलन में गैर-ब्राह्मण व्यापारियों की पर्याप्त भागीदारी थी और खानदेश जैसे जिलों में मराठा और गूजर सदस्यों की संख्या ब्राह्मणों से कहीं अधिक थी। बी. पी. वाडिया जैसे होमरूल लीगियों ने मद्रास के कामगार वर्ग के बीच कुछ ट्रेड यूनियन गतिविधियां आरंभ करने का प्रयास किया, यद्यपि ये अत्यंत नरम किस्म की गतिविधियां थीं।

होमरूल आंदोलन और विशेष रूप से बेसेंट की लीग का महत्व इस बात में है कि इसका विस्तार नए क्षेत्रों, नए समूहों और एक प्रकार की नई पीढ़ी तक हुआ। इस बात पर एच. एफ. ओवेन ने इस आंदोलन के आज उपलब्ध एकमात्र महत्वपूर्ण विवरण में बल दिया है। महाराष्ट्र को छोड़कर अन्य दो पुराने उग्रवादी आधार-क्षेत्र अपेक्षाकृत शांत थे। युद्धकाल में बंगाल और पंजाब विशेष रूप से ब्रिटिश दमन का शिकार रहे थे जिससे किसी भी प्रकार का खुला जुझारू आंदोलन कठिन हो गया था, यद्यपि बंगाल में भवानीपुर प्रांतीय सम्मेलन (अप्रैल 1917) ने राजनीति के क्षेत्र को एक बड़ा नया नेता प्रदान किया—चित्तरंजन दास। एनी बेसेंट की लीग का मुख्य रूप से समर्थन करने वाले थे—मद्रास शहर एवं मुफस्सिल कस्बों के तमिल ब्राह्मण, संयुक्त प्रांत के व्यावसायिक समूह (कायस्थ, कश्मीरी ब्राह्मण एवं कुछ मुसलमान), सिंध के आमिल हिंदू अल्पसंख्यक, और गुजरात एवं बंबई के युवा गुजराती उद्योगपति, व्यापारी एवं वकील। इन समूहों के बीच थियोसोफी के लोकप्रिय होने का कारण यह था कि इसमें किंचित् समाज-सुधार के साथ ही प्राचीन हिंदू ज्ञान एवं वैभव के सिद्धांत का मेल किया गया था। ऐसे रहस्यपूर्ण दावे भी किए जाते थे कि समस्त आधुनिक पाश्चात्य उपलब्धियों का पूर्वाभास तो हमारे ऋषि बहुत पहले ही कर चुके थे। इसका कारण शायद यह भी था कि ब्रह्मसमाज या आर्यसमाज जैसे अन्य सुधारवादी या पुनरुत्थानवादी आंदोलनों की वहां बहुत पैठ नहीं थी। इन क्षेत्रों में एक प्रकार का राजनीतिक शून्य-सा भी था, क्योंकि बंबई और मद्रास शहरों को छोड़ दें तो ये ऐसे क्षेत्र थे जहां कोई सुस्थापित राजनीतिक परंपरा–उग्रवादी या नरमदलीय किसी भी प्रकार की—नहीं थी। स्वयं बेसेंट ने जल्द ही अपने घनिष्ठ सहयोगियों (वाडिया, अरुंडेल, सी. पी. रामास्वामी अय्यर) के साथ जुझारू राजनीति से नाता तोड़ लिया। (अय्यर तो बाद में त्रावणकोर राज्य के अत्यंत निरंकुश एवं रूढ़िवादी दीवान बन गए।) किंतु युवा पीढ़ी के जिन लोगों को होमरूल आंदोलन ने प्रभावित किया था उनमें अनेक भारतीय राजनीति के भावी नेता थे जो 1920 के पश्चात् महत्वपूर्ण हुए : मद्रास में सत्यमूर्ति, कलकत्ता में जितेंद्रलाल बनर्जी, इलाहाबाद और लखनऊ में जवाहरलाल नेहरू और खलीकुज्जमां, और बंबई एवं गुजरात में रंगों का आयात करनेवाले धनी व्यापारी जमनादास द्वारकादास,

उद्योगपति उमर सोभानी, धनी पिता के पुत्र शंकरदयाल बैंकर और इंदुलाल याज्ञिक जैसे लोग। बंबई में बेसेंट की लीग के 2,600 सदस्य थे और शांताराम की चाल में होनेवाली सभाओं में 10-20 हजार के लगभग लोग आते थे। इस चाल में मुख्यतः सरकारी नौकर और औद्योगिक कामगार रहते थे। गुजरात और संयुक्त प्रांत के अनेक क्षेत्र भी पहली बार सुगबुगा रहे थे जो इस बात का संकेत था कि भविष्य में ये क्षेत्र गांधीवादी राष्ट्रवाद का मेरुदंड बननेवाले थे।

1917 के अंत में एनी बेसेंट ने एकाएक पलटा खाया जब मांटेग्यू ने 'उत्तरदायी सरकार' का वादा किया जिसने रातोरात बेसेंट को लगभग राजभक्त बना दिया। तिलक भी अधिकाधिक रूप से वैलेंटाइन शिरॉल के विरुद्ध एक हतक के मुकदमे में व्यस्त हो गए, और सितंबर 1918 में अपना मुकदमा लड़ने के लिए इंग्लैंड चले गए। इस बीच 1917-18 के दौरान गांधीजी चंपारन, खेड़ा और अहमदाबाद में पहली बार ख्याति प्राप्त कर रहे थे। इसके पूर्व कि हम संवैधानिक सुधारों, गांधीवाद के आरंभ और भारतीय जीवन पर युद्ध के बृहत्तर परिणामों के पारस्परिक संबंधों का विवेचन करें, यह आवश्यक है कि 1905-1917 के बीच के कुछेक घटनाक्रमों की संक्षिप्त चर्चा की जाए। ये घटनाक्रम अखिल-भारतीय राजनीति के स्तर के नीचे के थे और 1919 के पश्चात् भारत के राजनीतिक परिदृश्य में जो रूपांतरण आया उसमें इनका भी पर्याप्त योगदान रहा। ये घटनाक्रम थे : आदिवासी एवं किसान असंतोष, निम्न वर्गों का संप्रदायवाद, जातिगत समितियां और आंचलिक भावनाओं का विकास।

1905-1917 : आधारभूत स्तर के आंदोलन

आदिवासी विद्रोह

जैसाकि उन्नीसवीं सदी में हुआ था, भारत के अनेक भागों में आदिवासी विद्रोह एक स्थायी तत्व बने रहे। उदाहरण के लिए, नेल्लूर और कुडप्पा (आज का दक्षिणी आंध्र) की नल्लमलाई पहाड़ियों में रहनेवाले अत्यंत आदिम भोजन-संग्राहक चेंचु कबीले के लोगों ने देखा कि 1898 के बाद से सरकार वन की उपज पर उनके पारंपरिक अधिकारों को अत्यंत सीमित करती आ रही थी, यद्यपि सरकार ने इस भय से पूर्णरूपेण दमन का रास्ता नहीं पकड़ा कि ऐसा करने से कहीं "नल्लमलाई के जंगल आग से पूरी तरह नष्ट ही न हो जाएं" (थर्सटन और रंगाचारी, *कास्ट्स एंड ट्राइब्स ऑफ सदर्न इंडिया*, खंड 2, पृ. 32-35)। 1913 में एक फॉरेस्ट कमेटी द्वारा वन-संरक्षण एवं राजस्व की दृष्टि से प्रतिबंधों को कड़ा करने का सीधा परिणाम यह हुआ कि असहयोग आंदोलन के दौरान कुडप्पा में 'वन सत्याग्रह' हुआ। गोदावरी पहाड़ियों के पुराने राम्पा प्रदेश में भी अशांति थी जहां 1916 में विद्रोह हुआ जिसने 1922-24 में अल्लूरी सीताराम राजू के नेतृत्व में होनेवाले बड़े विद्रोह की

भूमिका का कार्य किया। इसका विवेचन हम अगले अध्याय में करेंगे। 1910 में अंग्रेज सेनाओं ने बस्तर के राजा के विरुद्ध जगदलपुर में हुए एक विद्रोह को कुचल दिया। यद्यपि इसका आरंभ अंशतः उत्तराधिकार के विवाद को लेकर हुआ था किंतु इसका भी मुख्य कारण वही वन विभाग द्वारा हाल ही में लगाए गए कानून थे जो 'झूम' खेती करने पर एवं वनों की उपज के स्वतंत्र उपयोग पर प्रतिबंध लगाते थे। विद्रोहियों ने संचार-व्यवस्था भंग कर दी, पुलिस थानों और वन विभाग की चौकियों पर आक्रमण किया, स्कूलों में आग लगा दी (ये स्कूल आदिवासियों पर बेगार और अनिवार्य उगाही थोपकर बनाए जा रहे थे); और जगदलपुर शहर को घेरने का भी प्रयत्न किया। उड़ीसा की सामंतवादी रियासत दसपल्ला में अक्तूबर 1914 में खोंड विद्रोह हुआ। यह भी आरंभ हुआ था उत्तराधिकार के विवाद से, किंतु शीघ्र ही इसने अलग ही रूप धारण कर लिया। यह अफवाह फैल गई थी कि युद्ध आरंभ हो गया है और शीघ्र ही 'देश में कोई भी साहब नहीं बचेगा' और खोंडों का 'अपना राज' होगा। अंग्रेजों को भय था कि खोंडों ने आम विद्रोह कर दिया तो पूर्वी घाट की संपूर्ण अभेद्य पर्वत-शृंखला में, कालाहांडी और बस्तर तक विद्रोह की लपटें फैल जाएंगी। अतः वे खोंडों के गांवों को जलाकर नष्ट करने लगे (*होम पुलिस बी,* मार्च 1915, पृ. 153)। मजे की बात तो यह है कि युद्ध की अफवाह ने मुंडों के पड़ोसी छोटा नागपुर क्षेत्र के उरावों के बीच भी वैसा ही विद्रोह भड़का दिया। यहां 1914 में जात्रा भगत ने एक आंदोलन आरंभ किया जिसमें एकेश्वरवाद की और मांस-मदिरा और आदिवासी नृत्यों से दूर रहने की बात कही जाती थी। साथ ही, इसमें झूम खेती की ओर लौट जाने का आह्वान भी था। इस आंदोलन ने शीघ्र ही सहस्राब्दवादी रूप धारण कर लिया क्योंकि अफवाह फैल गई थी कि शीघ्र ही एक मसीहा आनेवाला है। इस मसीहा को कहीं बिरसा, कहीं 'जर्मन' तो कहीं 'कैसर बाबा' कहा गया। शीघ्र आरंभ होनेवाले दमनमूलक कदमों ने इस संघर्ष को कुचल दिया, किंतु ताना भगत का अधिक शांतिपूर्ण आंदोलन बचा रहा। 1920 के दशक से उरावों के इस आंदोलन ने गांधीवादी राष्ट्रवाद के साथ महत्वपूर्ण संपर्क स्थापित किए। पश्चिमी सीमांत पर आदिवासियों को निकृष्ट कार्यों के लिए भरती करने के अंग्रेजों के प्रयास के फलस्वरूप 1917 में मयूरभंज में संथालों ने एवं मणिपुर में थोडोई कुकियों ने विद्रोह कर दिया। दो वर्षों तक छापामार युद्ध चलता रहा। इसमें 'पोथांग' (बिना मजदूरी दिए अधिकारियों का सामान उठाने के लिए बाध्य आदिवासियों) की एवं सरकार द्वारा 'झूम' खेती पर प्रतिबंध लगाए जाने की शिकायतें भी सहायक हुईं। इस बीच एक हजार मील से भी अधिक दूर दक्षिणी राजस्थान में गोविंद गुरु ने समाज-सुधार का एक आंदोलन चलाया जिसने बांसवाड़ा, सुंठ और (मेवाड़ से लगी हुई) डूंगरपुर रियासतों के भीलों में जागृति फैलाई। आरंभ में तो यह मद्य-निषेध एवं शुद्धीकरण तक ही सीमित रहा, किंतु 1913 के अंत तक 'भील-राज' स्थापित

करने की बात कही जाने लगी। मानगढ़ पहाड़ी पर 4,000 भील एकत्रित हुए जिन्हें तितर-बितर करने के लिए अंग्रेजों को पर्याप्त प्रयास करना पड़ा। 12 आदिवासी मारे गए और 900 को बंदी बनाया गया (*होम पुलिस बी*, दिसंबर 1913, टिप्पणी 108-11)।

किसान आंदोलन

मेवाड़ में अनेक महत्वपूर्ण किसान आंदोलन भी हुए। यह एक विचित्र संयोग है कि ये आंदोलन 1905 में आरंभ हुए जब सुदूर बंगाल में आर. सी. दत्त, डी. एल. राय, अवनींद्रनाथ ठाकुर एवं रवींद्रनाथ जैसे देशभक्त बुद्धिजीवी मध्ययुगीन चित्तौड़ के महाराणाओं के शौर्य एवं वीरता का अभिनंदन करते हुए कथा-कहानी, उपन्यास, नाटक और कविताएं रच रहे थे। इन राणाओं के ही आधुनिक वंशज अंग्रेजों के प्रति नितांत दास्य-भाव रखते हुए किसानों पर सामंतवादी शोषण का कहर ढा रहे थे। बिजौलिया में एक परमार राजपूत के अधीन एक बड़ी मेवाड़ी जागीर थी। वहां किसानों पर 86 प्रकार के कर लगाए गए थे। 1905 में और पुनः 1913 में किसानों ने सामूहिक रूप से जागीरदार की खेती करने से इनकार कर दिया और पड़ोसी क्षेत्रों में जाने का प्रयास किया। 1913 में हुए विरोध का नेता सीतारामदास नाम का एक साधु था। 1915 में यहां एक नए तत्व का प्रवेश हुआ जिसका माध्यम था सचिन सान्याल के समूह का एक भूतपूर्व क्रांतिकारी भूपसिंह उर्फ विजयसिंह पथिक। पथिक को यहां देशनिकाले पर भेजा गया था। इस अवधि में पथिक किसान नेता बन गया और उसने माणिकलाल वर्मा नाम के एक अधिकारी को इस बात के लिए राजी कर लिया कि वे दोनों मिलकर उदयपुर के महाराणा के विरुद्ध करों की नाअदायगी के आंदोलन का नेतृत्व करेंगे। युद्ध ऋण में किसानों का योगदान करने से इनकार करना बिजौलिया आंदोलन का एक तत्व था। इसने आगे चलकर गांधीवादी संपर्क स्थापित किए, और यह 1920 के दशक तक चलता रहा। बाद में पथिक और वर्मा दोनों ही राजस्थान के महत्वपूर्ण कांग्रेसी नेता बने।

किसान आंदोलन ने दो क्षेत्रों में सीधे और ठोस रूप से गांधीवाद के उदय में योगदान किया : उत्तर-पश्चिमी बिहार के चंपारन में और गुजरात के खेड़ा में। यह सत्य है कि इन स्थानों में स्थानीय मुद्दों को अखिल-भारतीय राजनीति के स्तर तक ले जाने के लिए गांधीजी का हस्तक्षेप अपरिहार्य था, फिर भी इस बात के पर्याप्त प्रमाण मिलते हैं कि इन दोनों स्थानों पर असंतोष और विरोध की भावना गांधीजी के आगमन से बहुत पहले ही विद्यमान थी और वह भी जिसे जाक पुष्पादास अपने चंपारन के अध्ययन में 'स्वयं ग्रामीण जनसामान्य की ओर से ऊर्ध्वगामी दबाव' कहते हैं। चंपारन में 1860 के दशक से तिनकठिया व्यवस्था का छिटपुट विरोध होता रहा था। इस व्यवस्था के अंतर्गत यूरोपीय प्लांटर (निलहे) रामनगर, बेतिया और मधुबन के जमींदारों

से जमीन का पट्टा ले लेते थे और किसानों को बाध्य करते थे कि वे अपनी जमीन के कुछ भाग में नील की खेती करें। इसके लिए उन्हें मजदूरी भी नहीं दी जाती थी। जब 1900 के लगभग कृत्रिम रंगों की प्रतिस्पर्धा के कारण नील के व्यापार में मंदी आने लगी तो इन प्लांटरों ने यह भार भी किसानों पर डालने का प्रयास किया। नील उगाने की बाध्यता से मुक्ति के बदले उन्होंने शरहबेशी (लगान-वृद्धि) अथवा तावान (एकमुश्त मुआवजा) की मांग की। 1905-08 के बीच मोतीहारी-बेतिया क्षेत्र में इसका बड़ा विरोध हुआ। इसने 400 वर्गमील क्षेत्र को प्रभावित किया जिसमें कुछ हिंसक घटनाएं हुईं (ब्लूमफील्ड नाम के एक फैक्ट्री मैनेजर की हत्या), फौजदारी के 57 मामले चले और 277 सजाएं हुईं। अधिक समृद्ध किसानों ने इस संघर्ष को अगले दशक में भी जारी रखा। वे प्रार्थनापत्र भेजते थे और मुकदमे करते थे। बिहार के कुछेक कांग्रेसी नेताओं एवं पत्रकारों से भी उनका संपर्क था और इसी निरंतर संघर्ष के चलते 1916 की लखनऊ कांग्रेस में राजकुमार शुक्ल का गांधीजी से संपर्क हुआ। शुक्ल खाते-पीते किसान और छोटे-मोटे साहूकार थे। खेड़ा में भी गांधीजी के आने से बहुत पहले ही सामूहिक रूप से राजस्व की नाअदायगी अधिकाधिक सामान्य बात होती जा रही थी। समृद्ध किसानों का एक उभरता हुआ वर्ग, जिसे उन्नीसवीं सदी में तम्बाकू एवं दुग्ध उत्पादन से पर्याप्त लाभ हुआ था और जिसके सदस्य अपने आपको 'कंबी' न कहकर 'पाटीदार' कहने लगे थे, 1898 और 1906 के बीच महामारी और अकाल का शिकार हुआ था और सरकारी लगान में वृद्धि ने उसकी कठिनाइयों को और बढ़ा दिया था। सूरत जिले के बारदोली में, जोकि गांधीवादी गतिविधियों का एक अन्य महत्वपूर्ण केंद्र था, 1908 से ही एक प्रकार का संगठन विकसित होने लगा था : कुंवरजी मेहता ने पाटीदार युवकमंडल की स्थापना की थी। आरंभ में इसका आधार जातिगत था।

संप्रदायवाद

जैसाकि पिछले अध्याय में कहा जा चुका है, निम्न वर्गों का असंतोष प्रायः विभिन्न प्रकार के कम स्पष्ट सांप्रदायिक, जातिगत अथवा आंचलिक चेतना का संकीर्ण रूप धारण कर लेता था। उदाहरण के लिए, मैमनसिंह के जमालपुर सब - डिविजन के कंमरियरचर में 1914 के प्रजा सम्मेलन ने रैयतों की मांगों का एक घोषणापत्र प्रस्तुत किया—लगान में कमी, करों की समाप्ति, ऋण में राहत, जमींदारों को नजर दिए बिना पेड़ लगाने एवं तालाब खोदने का अधिकार; साथ ही हिंदू जमींदारों के दरबारों में मुस्लिम पट्टेदारों के साथ सम्मानजनक व्यवहार की मांग भी की गई थी। इस सम्मेलन का आयोजन चौधरी खोस मुहम्मद सरकार नाम के एक समृद्ध रैयत ने किया था। ध्यान देने योग्य यह है कि इसमें बंटाईदारों की संभावित समस्याओं के संबंध में कुछ भी नहीं कहा गया था। इसमें बंगाल के अनेक राजनीतिक नेताओं ने भाग लिया था,

और ये सब मुसलमान थे—फजलुल-हक, अकरम खान, अबुल कासिम, इत्यादि। यह उस प्रजा आंदोलन की शुरुआत थी जिसने 1920 और 1930 के दशकों में बंगाल की राजनीति में महत्वपूर्ण भूमिका निभाई थी। यह कृषक असंतोष (इसे समृद्ध किसानों अथवा जोतदारों की मांगें कहना अधिक उचित होगा) को प्रतिबिंबित करता था, किंतु अंत में यह मुसलमान अलगाववाद में भी सहायक हुआ। इसका मुख्य कारण था—हिंदू प्रभाववाली बंगाल कांग्रेस की भूलें एवं सीमाएं। ऐसी अभिजन सांप्रदायिकता से भिन्न 'लोक' सांप्रदायिकता, भले वह हिंदू हो या मुसलमान, के मूल के संबंध में अब तक बहुत कम अध्ययन हुआ है। उदाहरण के लिए, कोई इस संबंध में अधिक जानने का इच्छुक हो सकता है कि अक्तूबर 1917 में बिहार में होनेवाले भारी दंगों के सामाजिक आयाम क्या थे। इन दंगों में लगभग 50,000 हिंदुओं तक की भीड़ों ने शाहाबाद में 24, गया में 28 और पटना में 2 गांवों पर आक्रमण किया था। यद्यपि इनका तात्कालिक और ऊपर से दिखाई देनेवाला कारण तो गोरक्षा का मुद्दा था, किंतु यह अफवाह जोर पकड़ गई थी कि अंग्रेजों का शासन समाप्त हो गया है। दंगाई भीड़ नारे लगाती थी : 'अंग्रेज का राज उठ गया' और 'जर्मन की जय'। शाहाबाद के दंगा-प्रभावित क्षेत्र का विस्तार लगभग वही था जो 1857-58 में कुंवरसिंह के आधार-क्षेत्र का था। यह भी कहा गया है कि उच्च जातियों के भूस्वामी जान-बूझकर इन दंगों को भड़का रहे थे ताकि वे अपनी स्थानीय नेतागिरी बनाए रख सकें जिसे उभरते हुए वर्गीय तनावों से खतरा उत्पन्न हो गया था। इन दंगों को भड़काने में सनातन धर्म सभा के गोरक्षा प्रचार एवं आर्यसमाजियों के आंदोलन की निश्चित रूप से महत्वपूर्ण भूमिका रही थी। यह आरंभिक किसान लामबंदी की विस्फोटक प्रकृति का एक अन्य रोचक लक्षण है कि संयुक्त प्रांत के इलाहाबाद क्षेत्र में एक सनातनधर्मी कार्यकर्त्ता इंद्रनारायण द्विवेदी, जो मालवीय के समर्थक थे, 1917 में धार्मिक व्याख्यानों और हिंदी के प्रचार को होमरूल राजनीति एवं किसान सभाओं के आरंभ से जोड़ते रहे थे। सितंबर 1918 में कलकत्ता में हुए दंगों का अध्ययन जे. एच. ब्रूमफील्ड ने कुछ विस्तार से किया है। इन दंगों में बड़ा बाजार के मारवाड़ी व्यापारियों पर उनके गरीब मुसलमान पड़ोसियों ने आक्रमण किया था। इन मुसलमानों को भड़काने में कुछ तो अखिल-इस्लामी आंदोलन के गैर-बंगाली प्रचारकों (हबीब शाह, फजलुर्रहमान, कलामी) और देसावरी उल्मा का हाथ था। इस प्रकार हिंदू पुनरुत्थानवाद एवं अखिल-इस्लामवाद, दोनों ही निम्न वर्गों के असंतोष की अभिव्यक्ति, सांप्रदायिक उन्माद, और साम्राज्यवाद-विरोधी राजनीति के बीच झूल रहे थे।

जातिगत आंदोलन

बीसवीं सदी के आरंभिक दशकों का एक महत्वपूर्ण लक्षण था—जातिगत सभाओं, समितियों एवं आंदोलनों का फैलाव। ऐसे संगठन मुख्यतः मंझोली

(और कभी-कभी निम्न) जातियों के पर्याप्त छोटे शिक्षित समूहों द्वारा संगठित किए जाते थे। व्यवसाय अथवा नौकरियों की होड़ में देर से शामिल होनेवाले इन लोगों को लगता था कि इस क्षेत्र में पहले से स्थापित ब्राह्मणों एवं अन्य उच्च जातियों के विरुद्ध संघर्ष की दृष्टि से एकत्रित होने के लिए जाति एक उपयोगी साधन हो सकती है। सर्वप्रथम ब्राह्मण एवं अन्य उच्च जातियां ही अंग्रेजी शिक्षा से लाभान्वित हुई थीं। कैंब्रिज संप्रदाय के इतिहासकारों का इस गुटवादी पक्ष पर बल देना अनपेक्षित नहीं है, किंतु समाजशास्त्रियों की प्रवृत्ति इन जातिगत आंदोलनों को संस्कृतीकरण की प्रकिया द्वारा कुछेक जातियों की ऊर्ध्वगामी गतिशीलता से जोड़ने की रही है। कभी-कभी वे इनको 'परंपरा' एवं 'आधुनिकता' के बीच एक महत्वपूर्ण कड़ी भी मानते हैं। महाराष्ट्र के गैर-ब्राह्मण आंदोलन से संबंधित एक ताजा अध्ययन में गेल ओम्वेद्त ने एक तीसरा ही दृष्टिकोण अपनाया है। इस दृष्टिकोण के अनुसार ये जातिगत संघर्ष सामाजिक-आर्थिक एवं वर्गीय तनावों की विकृत किंतु महत्वपूर्ण अभिव्यक्ति थे। यह दृष्टिकोण संस्कृतीकरण की धारणा को अत्यंत संकीर्ण मानता है क्योंकि इससे महाराष्ट्र के सत्यशोधक समाज अथवा तमिलनाडु के आत्मसम्मान आंदोलन जैसे जुझारू और लोकप्रिय जाति-विरोधी आंदोलनों की व्याख्या नहीं की जा सकती।

यद्यपि बंगाल जैसे प्रदेशों में जातिगत समितियों का होना विरल बात नहीं थी (1908 में राष्ट्रीय आंदोलन के धीमा पड़ जाने के बाद इन्हें अधिक प्रमुखता मिलने लगी थी), तथापि दक्षिण भारत और महाराषट्र में इन समितियों ने कहीं अधिक सामाजिक और राजनीतिक महत्व प्राप्त कर लिया था। इन क्षेत्रों में ब्राह्मणों का स्पष्ट आधिपत्य था और जातिगत कट्टरता भी कहीं अधिक थी। (उदाहरण के लिए, केरल में न केवल नीची जाति के लोगों का स्पर्श, अपितु उनका दर्शन भी अपवित्र करनेवाला माना जाता था।) दक्षिणी तमिलनाडु में नाडारों को अछूत माना जाता था। उन्नीसवीं सदी के अंत में रामनाड जिले के कस्बों में इस जाति के समृद्ध व्यापारियों का एक समूह उभरा जो शैक्षिक एवं समाज-कल्याण की गतिविधियां चलाने के लिए धन एकत्रित करता था, अपने-आपको क्षत्रिय कहता था और ऊंची जाति के रीति-रिवाजों और आचार-व्यवहार का अनुकरण करता था। 1910 में इस समूह ने नाडार महाजन संगम की स्थापना की। संस्कृतीकरण की बात यहां समीचीन प्रतीत होती है, किंतु यह भी स्मरण रखना चाहिए कि इस ऊर्ध्वगामी गतिशीलता ने तिरुनेलवेली के नीची जाति के गछवाहों को शायद ही प्रभावित किया हो। उन्हें अभी तक उनके पुराने जाति-नाम 'शनार' द्वारा ही संबोधित किया जाता था जबकि रामनोड जिले में रहनेवाले उन्हीं के अधिक सफल भाई-बंधुओं ने 'नाडार' कहलाने का अधिकार प्राप्त कर लिया था। राजनीतिक दृष्टि से कहीं अधिक महत्वपूर्ण था 'जस्टिस' आंदोलन। इसकी स्थापना मद्रास में 1915-16 के आसपास मंझोली जातियों की ओर से सी. एन. मुदलियार, टी. एम. नायर और पी. त्यागराज

चेट्टी ने की थी। (इन मंझोली जातियों में तमिल वल्लाल, मुदलियार और चेट्टियार प्रमुख थे, किंतु तेलुगू रेड्डी, कम्मा और बलीजा नायडू और मलयाली नायर भी सम्मिलित थे।) इनमें अनेक समृद्ध भूस्वामी और व्यापारी थे और उन्हें शिक्षा, सेना एवं राजनीति के क्षेत्रों में ब्राह्मणों का वर्चस्व देखकर ईर्ष्या होती थी। ब्राह्मण मद्रास प्रेसीडेंसी की जनसंख्या का केवल 3.2 प्रतिशत थे, लेकिन 1912 में 55 प्रतिशत डिप्टी कलेक्टर और 72.6 प्रतिशत जिला मुंसिफ ब्राह्मण ही थे। बड़े जमींदार भी ब्राह्मण ही थे, विशेषकर तंजावुर में, और कृषि-कर्म के प्रति उच्च जातियों के निषेध एवं शहरों में व्यवसाय करने के कारण ये ब्राह्मण जमींदार प्रायः अपनी जमींदारी से बाहर ही रहते थे। एनी बेसेंट के ब्राह्मण-प्रधान होमरूल लीग आंदोलन से उत्पन्न होनेवाले भय का लाभ उठाने में मद्रास के अंग्रेज अधिकारी, पत्रकार एवं व्यापारी पीछे नहीं रहे। डी. वेल्बी ने, जो *मद्रास मेल* के संपादक थे और मद्रास शहर के अंग्रेज व्यापारियों के हितों के प्रवक्ता थे, मांटेग्यू द्वारा दिए गए उत्तरदायी शासन के वादे का कड़ा विरोध किया ("और इंग्लैंड की आवाज शेर की वह दहाड़ नहीं रह गई है जिससे वे परिचित थे, अपितु इस बंजारे यहूदी की फुसफुसाहट बनकर रह गई है"—*मद्रास मेल,* 19 सितंबर 1917), और उभरती हुई जस्टिस पार्टी से दोस्ती गांठी। जस्टिस पार्टी ने भी अपनी राजभक्ति दिखाने में कोई कसर नहीं उठा रखी। उसे आशा थी कि इसके पारितोषिक रूप में उसके सदस्यों को अधिक नौकरियां और नई विधायिकाओं में अधिक प्रतिनिधित्व मिलेगा। 20 दिसंबर 1916 के गैर-ब्राह्मण घोषणापत्र में ऐसी किसी भी बात के प्रति विरोध प्रकट किया गया था "जो अंग्रेज शासकों के सत्ताधिकार को किसी भी प्रकार ठेस पहुंचाने का प्रयास करे। . . . केवल अंग्रेज सरकार ही धर्मों और वर्गों के बीच न्याय कर सकती है।" इस मित्रता को इस बात से और बढ़ावा मिला कि जस्टिस पार्टी के नेता एक अत्यंत विशिष्ट समूह से सबंद्ध थे, जिन्हें धन मुख्यतः जमींदारों से ही प्राप्त होता था। किंतु गैर-ब्राह्मणों की शिकायतें भी वास्तविक थीं, जैसाकि सितंबर 1917 में राष्ट्रीयता-समर्थक मद्रास प्रेसीडेंसी एसोसिएशन की स्थापना से स्पष्ट है। इसने भी अलग प्रतिनिधित्व की मांग की। आगे चलकर 1920 के दशक के अंत में तमिलनाडु में ई. वी. रामास्वामी नायकर के नेतृत्व में एक जुझारू एवं लोकप्रिय ब्राह्मण-विरोधी एवं जाति-विरोधी आंदोलन विकसित हुआ।

1918 में मैसूर रियासत के 65 प्रतिशत राजपत्रित पदों पर ब्राह्मण समुदाय के लोगों का अधिकार था। ये मुख्यतः शहरी और कुल जनसंख्या का 3.8 प्रतिशत थे, जबकि वोक्कालिगा और लिंगायत समुदाय मुख्य ग्रामीण समूह थे। 1905-06 में एक लिंगायत एजुकेशन फंड एसोसिएशन एवं एक वोक्कालिगा संघ की स्थापना हुई। 1917 में सी. आर. रेड्डी ने, जो मद्रास के एक गैर-ब्राह्मण राजनीतिज्ञ थे और मैसूर महाराजा कॉलेज में अध्यापक थे, ब्राह्मण-विरोधी मंच पर रियासत के सर्वप्रथम राजनीतिक संगठन, प्रजा-मित्रमंडली

की स्थापना की। लेकिन ये संगठन मात्र शहरी व्यावसायिक गुट बनकर ही रह गए, जो केवल वैयक्तिक संपर्क के बल पर ही दरबार की राजनीति को प्रभावित करने के प्रयास करते थे।

त्रावणकोर रियासत के नंबूदरी ब्राह्मणों का छोटा-सा वर्ग (कुल जनसंख्या का 1 प्रतिशत से भी कम) विशाल कर-मुक्त जेनमी जागीरों पर आश्रित था और शिक्षा एवं नौकरियों की स्पर्धा से प्रायः अलग रहता था। किंतु गैर-मलयाली (मराठी देशस्थ अथवा तमिल मूल के) ब्राह्मणों को रियासत में विशेष सम्मानजनक स्थान प्राप्त था, और 1891 में उनके पास उतने ही प्रशासनिक पद थे जितने कि स्थानीय नायरों के पास, जो एक प्रमुख जाति थे और जिनकी संख्या 28,000 गैर-मलयाली ब्राह्मणों की तुलना में पांच लाख थी। साक्षरता का प्रसार त्रावणकोर की एक मुख्य विशेषता था। इस साक्षरता का कारण था—ईसाइयत के इस पुराने केंद्र में मिशनरियों की इझवा एवं अन्य निम्न जातियों के बीच गहन मिशनरी गतिविधियां। साथ ही दीवान माधवराव (1860-72) ने उच्च जातियों में शिक्षा के प्रसार के प्रयत्न भी किए। 1901 में त्रावणकोर में शहरी साक्षरता 36 प्रतिशत थी, जो कलकत्ता की तुलना में कहीं बहुत अधिक थी। नायरों ने अनुभव किया कि गैर-मलयाली ब्राह्मण उनकी उपेक्षा कर रहे हैं। साथ ही उन्हें सीरियाई ईसाइयों से और इझवाओं की प्रगति से भी खतरा प्रतीत हुआ। (उत्तरी त्रावणकोर में अनेक भूस्वामी और समृद्ध व्यापारी सीरियाई ईसाइयों के समुदाय के थे और आधुनिक पत्रकारिता के क्षेत्र में भी वे अग्रणी थे।) नायरों की अनेक आंतरिक समस्याएं भी थीं : उनकी तरावाड यानी पारंपरिक मातृसत्तात्मक/संयुक्त परिवार की प्रथा के संबंध में अनुभव किया जाने लगा था कि यह आधुनिक समय की आर्थिक परिस्थितियों के लिए अधिकाधिक अनुपयुक्त होती जा रही है। अनेक तरावाडों के पास अधिक भूमि भी नहीं थी और बढ़ती हुई कीमतों के कारण उन्हें बड़ी कठिनाइयों का सामना करना पड़ रहा था। (यहां वैसी ही स्थिति बनती जा रही थी जैसी अन्य कई प्रदेशों में कुलीन वर्गों के बुद्धिजीवियों की हो रही थी)। पाश्चात्य शिक्षा के प्रसार के साथ नायर समाज के अनेक रीति-रिवाज लज्जाजनक प्रतीत होने लगे थे, विशेष रूप से नंबूदरी अतिथियों के सामने नायर स्त्रियों के छाती खोले जाने और उनके साथ अस्थायी संबंध स्थापित करने की प्रथा।

इस सबके परिणामस्वरूप लगभग एक साथ ही अनेक प्रवृत्तियां उभरीं—समाज-सुधार, ब्राह्मण-विरोधी भावनाएं, राष्ट्रवाद और यहां तक कि आमूल परिवर्तनवाद के तत्व भी। इस प्रकार केरल के प्रथम आधुनिक उपन्यास, चंद्र मेनन कृत *इंदुलेखा* (1889) में नंबूदरी ब्राह्मणों के सामाजिक प्रभुत्व एवं तरावाड प्रथा के कारण रूमानी प्रेम पर लगाई जानेवाली बंदिशों पर हमला किया गया है। सी. वी. रामन पिल्लई के ऐतिहासिक उपन्यास *मार्तंड वर्मा* में नायक आनंद पद्मनाभन् के माध्यम से नायरों के खोए हुए सैन्य गौरव का

आह्वान करने का प्रयास किया गया है। 1891 के मलयाली मेमोरियल का संगठन करने में रामन पिल्लई अग्रणी थे, जिन्होंने सरकारी नौकरियों में ब्राह्मणों के प्रभुत्व की आलोचना की थी। यद्यपि इसमें कुछेक ईसाई और इझवा भी थे, तथापि यह मुख्य रूप से नायरों का ही आयोजन था। 1890 के दशक के अंत तक रामन पिल्लई का समूह सरकारी अभिजन में पूरी तरह सम्मिलित हो चुका था। लेकिन 1900 के पश्चात् के. रामकृष्ण पिल्लई और मन्मथ पद्मनाभ पिल्लई के रूप में एक अधिक सशक्त नायर नेतृत्व उभरकर सामने आया। पद्मनाभ पिल्लई ने 1914 में नायर सर्विस सोसायटी की स्थापना की जो आज भी जीवित है। इसमें जातिगत आकांक्षाओं के साथ कुछ आंतरिक समाज-सुधार के प्रयासों को भी स्थान दिया गया था। रामकृष्ण पिल्लई ने 1906 से लेकर 1910 तक *स्वदेशाभिमानी* का संपादन किया। राजदरबार के प्रति इसके आक्रामक रवैए एवं राजनीतिक अधिकारों की मांग के फलस्वरूप रामकृष्ण पिल्लई को त्रावणकोर से निष्कासित कर दिया गया। टी. एम. नायर के जस्टिस आंदोलन से भी रामकृष्ण पिल्लई के कुछ संबंध रहे थे, और 1916 में अपनी असामयिक मृत्यु के दो वर्ष पूर्व वे मलयालम में कार्ल मार्क्स की पहली जीवनी भी प्रकाशित कर चुके थे।

इस प्रकार की बहुमुखी गतिविधियां केवल नायर समुदाय तक ही सीमित नहीं थीं। इझवा लोगों में भी जागृति आ रही थी। ये लोग पारंपरिक रूप से नीची जाति के माने जाते थे और नारियल की खेती करते थे। नारियल उत्पादों के बाजार के विस्तार के साथ इस जाति का एक अपेक्षाकृत समृद्ध वर्ग उभरने लगा था। इझवा जागरण धार्मिक नेता श्रीनारायण गुरु (लगभग 1855-1928) एवं उनके आरूविपुरम् मंदिर के इर्द-गिर्द केंद्रित था। 1902-03 में श्रीनारायण गुरु, प्रथम इझवा स्नातक डा. पल्पू, और महान मलयाली कवि एन. कुमारन आशान ने श्रीनारायण धर्म परिपालन योगम् की स्थापना की। इस संगठन ने क्विलों में (जनवरी 1905 में) एक सफल औद्योगिक प्रदर्शनी का आयोजन किया जिसके पश्चात् नायर-इझवा दंगों की बाढ़-सी आ गई। आगे चलकर 1920 के दशक में श्रीनारायण धर्म परिपालन योगम् ने गांधीवादी राष्ट्रीय आंदोलन से महत्वपूर्ण संबंध स्थापित किया, जबकि उससे अगली इझवा पीढ़ी निश्चित रूप से कम्युनिस्टों की ओर झुकी। आरंभ में जातिगत समितियों के माध्यम से समाज-सुधार का प्रयास शीघ्र ही आमूल परिवर्तनवाद में परिणत हो गया, और यह बात केरल के जीवन में बारंबार दिखाई देनेवाला लक्षण हो गई: ई. एम. एस. नंबूदरीपाद ने भी अपने राजनीतिक जीवन का आरंभ 1920 के दशक में नंबूदरी वेलफेयर एसोसिएशन के कार्यकर्त्ता के रूप में ही किया था।

किंतु जातिगत आंदोलनों में सबसे रोचक था महाराष्ट्र का सत्यशोधक समाज जिसमें गेल ओम्वेद्त के शोध के अनुसार दो प्रवृत्तियां थीं। इनमें से

पहली प्रवृत्ति मद्रास के जस्टिस आंदोलन से बहुत मिलती-जुलती थी और मुख्य रूप से कोल्हापुर के शासक शाहू के संरक्षण पर आश्रित थी। (शाहू के अपने ब्राह्मण दरबारियों से अलग ही मतभेद थे।) इसका लक्ष्य था—कुछ चुने हुए लोगों के लिए अधिक नौकरियां एवं राजनीतिक अनुग्रह प्राप्त करना। किंतु एक अन्य अधिक जनोन्मुख एवं जुझारू प्रवृत्ति भी थी जो 'बहुजन समाज' की ओर से शेटजी भटजी (ब्राह्मण पुरोहितों, किंतु साथ ही सामान्यतः व्यापारियों एवं धनी लोगों) के विरुद्ध प्रचार करती थी। मुकुंदराव पाटिल के नेतृत्व में इस समाज ने महाराष्ट्र दकन एवं विदर्भ-नागपुर के क्षेत्र में अपना एक अनूठा स्थान बना लिया था। मुकुंदराव पाटिल ने 1910 से अपने पुश्तैनी गांव तारावड़ी से सत्यशोधक समाज का मुखपत्र *दीनमित्र* निकालना आरंभ किया था। इस आंदोलन का जनवादी लक्षण इसी बात से स्पष्ट है कि सत्यशोधक समाज का लगभग समस्त साहित्य मराठी में है, अंग्रेजी में नहीं। समाज की 1917 की वार्षिक सभा में 49 शाखाओं से रिपोर्टें प्राप्त हुई थीं जो 14 जिलों में फैली हुई थीं और इनमें से कम-से-कम 30 स्थानीय इकाइयां 2,000 से भी कम जनसंख्यावाले गांवों में स्थित थीं। इस स्तर पर प्रमुख स्वर जातिगत दमन एवं शोषण को अस्वीकार करने का था, वर्तमान व्यवस्था में ही ऊंची हैसियत पाने के लिए संस्कृतीकरण का नहीं। निस्संदेह इस समाज का आधार मुख्यतः समृद्ध किसान वर्ग था, किंतु इस समय ऊंची जातियों के महाजनों एवं भूस्वामियों के विरुद्ध किसान मात्र के साझे हित थे। सत्यशोधक समाज ने ग्रामीण क्षेत्रों में अपना संदेश पहुंचाने के लिए पारंपरिक लोकनाट्य या तमाशे का अपने ही ढंग से प्रयोग किया। (इसी तरीके को 1940 के दशक में कम्युनिस्ट भी इंडियन पीपुल्स थियेटर एसोसिएशन के माध्यम से अपनानेवाले थे।) सतारा में, जहां ऐसी तमाशा टोलियां सर्वाधिक सक्रिय थीं, 1919 में स्थानीय सत्यशोधक नेताओं के नेतृत्व में एक किसान विद्रोह भी उठ खड़ा हुआ।

आंचलिक भावनाएं एवं भाषाएं

इस काल का अंतिम महत्वपूर्ण लक्षण था—भाषाई आधार पर आंचलिक भावनाओं का विकास। ये भावनाएं कभी-कभी उन युवाओं के लिए अधिक नौकरियों की मांग से जुड़ी होती थीं जो अपेक्षाकृत साधनहीन वर्ग से संबद्ध होते थे, किंतु प्रायः ये अधिक गहरी जड़ें पकड़ लेती थीं और विभिन्न प्रादेशिक भाषाओं में सशक्त साहित्यिक एवं सांस्कृतिक प्रवृत्तियों के रूप में अभिव्यक्त होती थीं। 1911 के आसपास मद्रास के आंध्र जिलों में एक अलग प्रदेश की मांग उभरने लगी थी। यहां के लोगों को शिकायत थी कि सेवाओं में तेलुगूभाषियों को समुचित प्रतिनिधित्व नहीं मिल रहा है। इन शिकायतों को गुंटुर के *देशाभिमानी* जैसे समाचारपत्रों एवं *आंध्रुलाचरित्रमू* जैसी रचनाओं ने मुखर किया। 1913 के बाद से वार्षिक आंध्र सभाएं

(जिन्हें बाद में आंध्र महासभा कहा गया) आयोजित की जाने लगी थीं, जिनके प्रस्तावों में अन्य बातों के अतिरिक्त मातृभाषा को शिक्षा का माध्यम बनाने की मांग भी की जाती थी। आंध्र सभा को मुख्य समर्थन प्राप्त हुआ कृष्णा-गोदावरी के मुहाना क्षेत्र से, जहां के समृद्ध शहरी तत्वों का मोटे तौर पर मध्यवर्गीय कृषकों से पर्याप्त घनिष्ठ संपर्क था, जिससे यह क्षेत्र राजनीतिक आंदोलन के लिए मद्रास प्रेसीडेंसी में सबसे उपयुक्त स्थान बन गया था। आंध्र के आंदोलन में कोंडा वेंकटप्पैया एवं पट्टाभि सीतारामैया जैसे राष्ट्रीय नेता भी सक्रिय थे, और अंततः 1918 में कांग्रेस ने अपने संगठन के भीतर अलग से एक 'आंध्र सर्कल' की मांग को स्वीकार कर ही लिया।

भाषा के आधार पर एक अलग राज्य की स्पष्ट मांग केवल आंध्र में ही उभरकर सामने आई थी, किंतु प्रादेशिक भाषाओं के विकास ने देश में सर्वत्र विभिन्न प्रकार की और कभी-कभी परस्पर-विरोधी राजनीतिक प्रवृत्तियों को प्रोत्साहित किया। जैसाकि हम देख चुके हैं, मलयालम समाज-सुधार और देशभक्ति का सशक्त माध्यम बन चुकी थी। इझवा कवि कुमारन आशान ने 1908 में लिखा था : "ओ मां! दासता तो तेरी नियति है। जाति (के गर्व) में अंधे हुए तेरे बेटे आपस में ही लड़कर मर-खप रहे हैं, फिर स्वाधीनता किसलिए ?" 1920 के दशक में वल्लतोल की कविताएं केरल में गांधीवादी विचारों के प्रसार का सशक्त माध्यम बन गई थीं। तमिलनाडु में ब्राह्मण-विरोधी आंदोलन मद्रास, मदुरै एवं अन्य नगरों में तमिल संगमों की स्थापना से घनिष्ठ रूप से जुड़ा था। इससे प्राचीन तमिल ग्रंथों में रुचि जाग्रत हुई और दक्षिण की संस्कृत-पूर्व और अनार्य, 'द्रविड़' विरासत पर बल दिया जाने लगा। *रामायण* को उलटा ही अर्थ प्रदान किया गया और राम के स्थान पर रावण को गौरवमंडित किया जाने लगा। मजे की बात यह है कि महाराष्ट्र में भी सत्यशोधक समाज के प्रचार में कभी-कभी ऐसे गीत गाए जाते थे, जिनमें राम द्वारा अछूत बालक शंबूक की हत्या पर शोक प्रकट किया जाता था। इसने बालि-राज की प्राचीन मराठा किसान परंपरा को भी पुनर्जीवित किया जिसमें सुग्रीव और राम द्वारा बालि का वध किया जाता है। फुले ने 1869 में शिवाजी को 'शूद्र राजा' के रूप में चित्रित करते हुए एक गाथा-काव्य लिखा था। उसके बाद से गैर-ब्राह्मणों ने शिवाजी की एक अलग ही छवि बना ली जो तिलक या रानाडे द्वारा प्रस्तुत छवि से नितांत भिन्न थी। तिलक या रानाडे के शिवाजी मुसलमान-विरोधी नायक थे जो गुरु रामदास की प्रेरणा से गौ और ब्राह्मणों की रक्षा में तत्पर रहते थे। गैर-ब्राह्मणों के ये शिवाजी भक्ति के माध्यम से ऊंच-नीच का भेदभाव नहीं मिटाते थे, बल्कि इसके विपरीत वे ऐसे विद्रोही थे जिन्होंने जाति-व्यवस्था की निरंकुशता के विरुद्ध विद्रोह किया और जिनके समस्त कारनामों पर बाद में ब्राह्मणवादी पेशवाओं

ने गद्दी हथिया कर पानी फेर दिया।

बंगाल ने 1905 में आंचलिक भावनाओं की शक्ति का सर्वप्रथम स्पष्ट प्रमाण दिया था, और 1917 में अपने भवानीपुर के भाषण में सी. आर. दास ने वही तार फिर से झंकृत करने का प्रयास किया : "बंगाली हिंदू, मुसलमान या ईसाई हो सकता है, किंतु वह रहेगा बंगाली ही।" टैगोर अब (विशेषकर 1913 में नोबल पुरस्कार मिलने के पश्चात्) शिक्षित बंगाल के सांस्कृतिक विश्व पर पहले से कहीं अधिक छा गए थे। लेकिन एक और नई बात थी जिसे उन्होंने उठाया जरूर किंतु प्रत्यक्ष रूप से उसका आरंभ नहीं किया था—यह थी साहित्य में देशज रूपों का प्रयोग, जिसे *सबुजपत्र* नामक साहित्यिक समूह ने 1915 में आरंभ किया था। मगर 1908 के बाद से रवींद्रनाथ अकेले पड़ गए थे। उन्होंने राष्ट्रवाद से नाता तोड़ लिया था। क्योंकि उनकी दृष्टि में वह अत्यंत संकीर्ण एवं पुनरुत्थानवादी था। अब वे सार्वभौम मानववाद का उपदेश देने लगे थे जिसे उनके आलोचक (जैसेकि सी. आर. दास) थोड़ा अयथार्थवादी समझते थे।

नौकरियों एवं व्यवसायों में आगे होने के कारण शिक्षित बंगाली अपने पड़ोसियों के बीच काफी-कुछ अलोकप्रिय हो चले थे। बिहार में सच्चिदानंद सिन्हा के नेतृत्व में कायस्थ व्यवसायियों ने एक आंदोलन चलाया जिसमें एक विश्वविद्यालय एवं उच्च न्यायालय सहित एक अलग प्रदेश की मांग की गई थी। 1911 में बिहार और उड़ीसा के नए प्रदेशों के निर्माण के साथ-साथ एवं बाद में भी यह आंदोलन चलता रहा। उत्तर भारत के अधिकांश भाग में साहित्य की प्रमुख भाषा उर्दू ही रही, जिसकी समृद्ध परंपरा का सर्वोत्तम प्रतिनिधित्व इस काल में मुहम्मद इकबाल द्वारा होता है। तथापि, हिंदू पुनरुत्थानवाद के बढ़ते हुए प्रभाव के कारण हिंदी की अपेक्षा उर्दू की स्थिति धीरे-धीरे कमजोर होती जा रही थी। लोकप्रियता की दृष्टि से कुछ सीमा तक इसे एक उपलब्धि कहा जा सकता था (जो साहित्यिक हिंदी के अत्यंत संस्कृतनिष्ठ और बनावटी होने के कारण सीमित थी), किंतु यह सांप्रदायिक एकता के लिए एक आघात था। प्रेमचंद ने भी अपना लेखन-कर्म उर्दू में ही आरंभ किया था, किंतु 1915 के बाद वे हिंदी में लिखने लगे थे क्योंकि उर्दू में प्रकाशक मिलने कठिन हो गए थे। उनके आरंभिक लेखन में ही स्पष्ट राजनीतिक स्वर मिलता है। उनकी लघु-कथाओं के संकलन *सोज़े-वतन* (1908) की भूमिका में बंग-भंग का उल्लेख है और इसे 'लोगों के दिलों में विद्रोह के विचार जगानेवाला' कहा गया है। उनके उपन्यास *जलवए-ईसार* (1912) का नायक विवेकानंद के आदर्श पर गढ़ा गया है।

इस प्रकार भारतीय समाज एवं राजनीति जटिलताओं एवं अंतर्विरोधों से पूर्ण थे। 1919 के पश्चात् से गांधी के नेतृत्व में अखिल-भारतीय राष्ट्रवाद कभी कम तो कभी अधिक सफलता के साथ इन गहराइयों में ही उतरता रहा।

अध्याय 5

1927-1937 : जन-राष्ट्रवाद—उद्‌भव और समस्याएं

युद्ध, सुधार और समाज

मांटफोर्ड सुधार

युद्ध एवं युद्ध के तुरंत पश्चात् का समय ऐसा समय था जब भारतीय जीवन में सचमुच नाटकीय परिवर्तन हुए। इस काल के तीन सर्वस्वीकृत और महत्वपूर्ण तत्व थे—संवैधानिक सुधार (20 अगस्त 1917 को भारत-सचिव मांटेग्यू की घोषणा, जिसकी परिणति 1918 की मांटेग्यू-चेम्सफोर्ड रिपोर्ट और 1919 के गवर्नमेंट ऑफ इंडिया एक्ट में हुई); गुणात्मक रूप से एक नए अखिल-भारतीय जन-राष्ट्रवाद के नेता के रूप में गांधीजी का उदय; और भारत की औपनिवेशिक अर्थव्यवस्था में महत्वपूर्ण बदलाव। तथापि इन नए लक्षणों के ठीक स्वरूप एवं महत्व और उनकी अंतःक्रियाओं के संबंध में पर्याप्त मतभेद पाए जाते हैं।

उदार-साम्राज्यवादी विचारक कभी-कभी मांटफोर्ड सुधारों को लेकर अत्यंत उत्साहित हो उठते हैं। उनकी धारण है कि ये सुधार मूलतः अंग्रेजों की नेकनीयती के प्रत्यक्ष प्रमाण हैं। 20 अगस्त को हाउस ऑफ कॉमंस में मांटेग्यू ने यह घोषणा की कि अब से भारत में ब्रिटिश नीति का संपूर्ण लक्ष्य "स्वशासी संस्थाओं का क्रमशः विकास होगा ताकि ब्रिटिश साम्राज्य के अभिन्न अंग के रूप में भारत में क्रमशः उत्तरदायी सरकार की स्थापना हो सके।" निश्चय ही यह घोषणा उस पुरानी ब्रिटिश नीति से स्पष्टतः अलग थी जो अधिक से अधिक 'प्रतिनिधि' सरकार की बात करती थी (चुने हुए विधायक, यहां तक कि चुना हुआ बहुमत भी किंतु जिनका कार्यकारिणी पर कतई कोई नियंत्रण नहीं हो)। क्रमशः 'उत्तरदायी सरकार'

लाने की समस्याओं का समाधान करने के लिए 1919 में 'द्विशासन' का अनोखा उपाय अपनाया गया, जिसके अंतर्गत प्रांतीय सरकारों के कतिपय प्रकार्य (शिक्षा, स्वास्थ्य, कृषि, स्थानीय निकाय) मंत्रियों को सौंप दिए गए जो विधायिकाओं के प्रति उत्तरदायी थे, जबकि अन्य विषयों को 'आरक्षित' रखा गया था। मार्ले-मिंटो सुधारों की भांति ही इन सुधारों के संबंध में भी थोड़ा विवाद रहा है कि इनमें लंदन अर्थात् भारत-सचिव का योगदान अधिक था या दिल्ली अर्थात् वायसरॉय का। मांटेग्यू को समाचारपत्रों में बड़ी लोकप्रियता मिली, जिसका कारण मुख्यतः उनकी *इंडियन डायरी* (1930) है जिसमें उन्होंने अपने-आपको सुधार के लिए जेहाद करनेवाले के रूप में प्रस्तुत किया है। लेकिन हाल ही में चेम्सफोर्ड को भी पी. जी. रॉब के रूप में एक हिमायती मिल गया है।

सुधार की प्रक्रिया को निकट से देखने पर ज्ञात होता है कि इसमें कोई विशेष नवीनता नहीं थी, न ही यह दूरगामी थी। वित्तीय पक्ष को ध्यान में रखकर किया गया आर्थिक शक्तियों का हस्तांतरण, अर्थात् स्थानीय व्यय को स्थानीय रूप से अर्जित एवं प्रबंधित राजस्व से ही चलाने का उत्तरदायित्व, जैसाकि हम पहले ही देख चुके हैं, मेयो और रिपन पहले भी प्रयुक्त कर चुके थे। इस प्रश्न से संबंधित समस्त बातों पर विचार करने के लिए 1907 में ही एक विकेंद्रीकरण आयोग की स्थापना की गई थी। 25 अगस्त 1911 के डिस्पैच में हार्डिंग्ज ने अप्रत्यक्ष रूप से कहा था कि राजनीतिक रियायतों की अगली खुराक किसी न किसी प्रकार की प्रांतीय स्वायत्तता और स्वशासन के रूप में होनी चाहिए क्योंकि इससे केंद्रीय सत्ता अंग्रेजों के ही हाथों में रहेगी। यद्यपि उस समय भारत-सचिव क्रू ने किसी भी प्रकार के भारतीय स्वशासन के विचार को 'आकाश-कुसुम की भांति अलभ्य' कहकर अस्वीकार कर दिया था, किंतु शीघ्र ही युद्ध के दबावों एवं दुर्बलताओं के कारण इस पर पर्याप्त पुनर्विचार करना पड़ा। चेम्सफोर्ड के प्रशासन ने भारतीय जनमत को अनेक रियायतें प्रदान कीं, जिन्हें बाद में मांटेग्यू ने 'स्नेहक' कहा। युद्ध के लिए धन जुटाने के लिए आयात शुल्कों में वृद्धि आवश्यक हो गई थी। इन्हें मार्च 1917 से साढ़े तीन प्रतिशत से बढ़ाकर साढ़े सात प्रतिशत कर दिया गया जबकि भारतीय कपड़े पर आबकारी में समतुल्य वृद्धि नहीं की गई। कुलियों को अनुबंध व्यवस्था के अंतर्गत बाहर भेजे जाने का भारत में सदा से विरोध होता रहा था। अब जबकि सेना में भरती के लिए जवानों की आवश्यकता थी, सेना भी चाहती थी कि कुलियों के निर्यात पर प्रतिबंध लगाया जाए। अतः 1917 में चेम्सफोर्ड ने तत्परता से इस मांग को स्वीकार कर लिया। वायसरॉय ने अनिच्छुक भारत-सचिव (आस्टिन चैंबरलेन) से भी आग्रह किया कि वे लक्ष्यों के संबंध में आम वक्तव्य जारी करें। 18 मई 1917 के उनके तार में न केवल होमरूल आंदोलन, बल्कि मार्च 1917 में रूस में ज़ार के निरंकुशतंत्र की समाप्ति से भारत पर पड़नेवाले संभावित प्रभाव

का रोचक उल्लेख किया गया है। (होमरूल आंदोलन इन दिनों अपने चरम पर था और इस कारण भी बंबई के गवर्नर विलिंगडन चाहते थे कि इस प्रकार की कोई घोषणा की जाए।) जुलाई 1917 में चैंबरलेन के स्थान पर मांटेग्यू की नियुक्ति ने पहले से आरंभ हो चुकी प्रक्रिया को केवल तीव्र किया। रॉब ने इस बात के लिए चेम्सफोर्ड की दूरदर्शिता एवं उदारता की प्रशंसा की है कि उन्होंने लक्ष्यों के बखान पर बल दिया। हां, कुछ अधिक छिद्रान्वेषी इतिहासकार यह कह सकते हैं कि अंग्रेजों की दृष्टि से ऐसी घोषणा ठीक ही थी क्योंकि इसमें उनका कुछ भी नहीं जाता था; इसमें तो उन्हें केवल एक और अस्पष्ट तथा आम वादा मात्र करना था जिसके लिए तुरंत कुछ किए जाने की आवश्यकता नहीं थी।

विशिष्ट सुधारों के स्तर पर, 24 नवंबर 1916 के भारत सरकार के डिस्पैच में प्रांतों के लिए निर्वाचित बहुमतों की बात कही गई थी, किंतु इसके अंतर्गत किसी भी प्रकार का कार्यकारी उत्तरदायित्व दिए जाने की बात नहीं थी। फिर भी यह अधिकाधिक अनुभव किया जाने लगा था कि मार्ले-मिंटो नीति का ऐसा विस्तार काउंसिलों में एक प्रबल और स्थायी विपक्ष उत्पन्न करेगा, मगर इसमें अंग्रेजों के भारतीय पक्षधरों की संख्या में वृद्धि नहीं होगी। इसमें लंदन की पत्रिका *राउंड टेबल* से संबद्ध एक सशक्त समूह (लायोनल कर्टिस, फिलिप केर, विलियम ड्यूक एवं अन्य) की भूमिका भी महत्वपूर्ण रही। इनका विचार था कि कोई कार्यकारी उत्तरदायित्व दिए बिना निर्वाचित गैर-सरकारी सदस्यों को अधिक अधिकार प्रदान करने के परिणाम भयावह हो सकते हैं। अतः उन्होंने प्रांतों में द्विशासन का विचार प्रस्तुत किया।

1919 के गवर्नमेंट ऑफ इंडिया एक्ट ने केंद्र में दो सदनों की एक प्रणाली स्थापित की (काउंसिल ऑफ स्टेट और लेजिस्लेटिव असेंबली) जिनमें चुने हुए बहुमत तो थे किंतु जिनका मंत्रियों पर कोई नियंत्रण नहीं था। साथ ही वायसरॉय के पास 'वीटो' का अधिकार था एवं 'प्रमाणपत्र' की व्यवस्था थी जिनके द्वारा अस्वीकृत विधेयकों को भी लादा जा सकता था। निर्वाचकमंडलों की संख्या भी प्रांतों में 55 लाख एवं इंपीरियल लेजिस्लेचर के लिए 15 लाख हो गई थी। मूलभूत नया उपाय था—द्विशासन। इसमें प्रांतीय विधायिकाओं के प्रति उत्तरदायी मंत्रियों को केवल वही विभाग सौंपे जाते जिनका राजनीतिक महत्व और वित्तीय अधिकार अधिक नहीं थे। इस प्रकार बड़ी चालाकी से भारतीय राजनीतिज्ञों को संरक्षण की चूहा-दौड़ में डाल दिया गया था जिससे संभवतः उनकी विश्वसनीयता भी कम होती थी। कारण कि शिक्षा, स्वास्थ्य, कृषि और स्थानीय निकायों में सचमुच सुधार करने के लिए जितने धन की आवश्यकता थी उतना ब्रिटिश सरकार इन विभागों को देनेवाली नहीं थी। कानून और व्यवस्था अथवा वित्त जैसे अधिक महत्वपूर्ण विभागों का नियंत्रण अधिकारियों के ही हाथ में रहा। प्रांतों के गवर्नरों को भी वीटो एवं प्रमाणपत्र के अधिकार प्राप्त

थे। राजस्व के संसाधन भी केंद्र और प्रांतों के बीच बंट गए थे। उदाहरण के लिए, भू-राजस्व प्रांतों को मिला तो आयकर भारत सरकार के हाथ में रहा। मांटेग्यू-चेम्सफोर्ड रिपोर्ट में अलग निर्वाचकमंडलों की व्यवस्था की सिद्धांत रूप में आलोचना की गई थी, लेकिन व्यवहार में सांप्रदायिक प्रतिनिधित्व एवं आरक्षणों को न केवल रहने दिया गया था, बल्कि उन्हें पर्याप्त बढ़ा भी दिया गया था। मद्रास में गैर-ब्राह्मणों के लिए आरक्षण की जस्टिस पार्टी की मांग को अंग्रेजों ने जिस सरलता से स्वीकार कर लिया था, वह पर्याप्त संदेहास्पद थी।

1919 के सुधारों के बारे में इस कम रूमानी धारणा के विकास में हाल ही के कैंब्रिज इतिहास-लेखन का पर्याप्त योगदान रहा है। यह लेखन इन सुधारों को अंग्रेजों की दो साम्राज्यवादी आवश्यकताओं से जोड़कर देखता है— वित्तीय हस्तांतरण एवं अधिक भारतीय सहयोग की। कभी-कभी यह लेखन इन सुधारों एवं जन-राजनीति के बीच सीधा कार्य-कारण संबंध स्थापित करने का प्रयास करता है जोकि पर्याप्त विवादास्पद है। इसके अनुसार 1919 के एक्ट से निर्वाचकमंडलों की संख्या में विस्तार हुआ, अतः राजनीतिज्ञों को अधिक जनतांत्रिक शैली अपनाने के लिए बाध्य होना पड़ा। अन्य बातों की तरह यहां भी कैंब्रिज इतिहासकारों की व्याख्या गलत नहीं है, किंतु यह अत्यंत अपूर्ण है। इससे राजनीति एवं राजनीतिज्ञों के विशेष प्रकारों का विश्लेषण भले ही किया जा सकता हो, किंतु युद्धोत्तर काल में प्रचंड जन-जागरण के आधारभूत तथ्य की व्याख्या शायद ही की जा सके। इसमें कोई संदेह नहीं कि मद्रास की जस्टिस पार्टी अथवा (कुछ समय पश्चात्) महाराष्ट्र के 'दलित वर्गों' के आंदोलनों को विशिष्ट आरक्षणों की बात से अथवा उनकी संभावना से बड़ा बल मिला। राष्ट्रवादियों में भी मालवीय के शिष्य इंद्रनारायण द्विवेदी ने फरवरी 1918 में इलाहाबाद होमरूल लीग के धन से संयुक्त प्रांत किसान सभा की स्थापना की। स्पष्ट है कि इसकी स्थापना चुनावों को ध्यान में रखकर ही की गई थी। जून 1920 में मोतीलाल नेहरू का विचार था कि किसानों के बीच जाना जवाहरलाल के लिए चुनाव की दृष्टि से लाभप्रद रहेगा। लेकिन संयुक्त प्रांत में ही हमें इसका विपरीत उदाहरण भी देखने को मिलता है। 1920 में प्रतापगढ़ और रायबरेली में बाबा रामचंद्र के नेतृतव में अत्यंत आधारभूत स्तर पर किसान सभा का संगठन किया गया था जो आरंभ में पर्याप्त स्वायत्त थी। अंततः गांधीजी के नेतृत्व में भारतीय राजनीतिज्ञों के एक महत्वपूर्ण भाग ने चुनावों का बहिष्कार ही किया। 1919-22 में जो प्रचंड साम्राज्यवाद-विरोधी आंदोलन उठ खड़ा हुआ वह इतनी बड़ी संवृत्ति है कि मताधिकार में हुआ मामूली-सा विस्तार उसकी व्याख्या नहीं कर सकता, और वह भी ऐसा विस्तार जो कठिनाई से वयस्क जनसंख्या के एक से तीन प्रतिशत भाग को ही प्रभावित करता था।

युद्ध का प्रभाव

इन सबसे अधिक महत्वपूर्ण थे प्रथम विश्वयुद्ध के आर्थिक एवं सामाजिक परिणाम जिन्होंने भारतीय एवं ब्रिटिश हितों के विभिन्न अंतर्विरोधों को उजागर एवं तीव्र किया। इन अंतर्विरोधों का विवेचन पहले ही एक अध्याय में किया जा चुका है—संपत्ति का दोहन, हस्तकलाओं का ह्रास, राजस्व के दबाव, और देश के पूंजीवादी विकास के मार्ग में बाधाएं। स्पष्टतः युद्ध ने भारतीय जीवन को अनेक रूपों में प्रभावित किया था, जैसे भारी संख्या में सैनिकों की भरती, करों एवं युद्ध-ऋणों का बोझ, और मूल्यों में अत्यधिक वृद्धि। इन सबका सीधा संबंध राष्ट्रीय आंदोलन के दोतरफा विस्तार से जोड़ा जा सकता है। यह दोतरफा विस्तार—एक ओर कृषक वर्ग तो दूसरी ओर व्यापारिक समूहों की दिशा में—युद्ध के तुरंत पश्चात् गांधीजी के नेतृत्व में दिखाई देता है। दोनों ही मामलों में और साथ ही राष्ट्र के रंगमंच पर बड़े जोर-शोर से सामने आनेवाले औद्योगिक मजदूर वर्ग के मामले में एक बात बार-बार स्पष्ट दिखाई दे रही थी कि बढ़ते हुए कष्टों के साथ ही आशा अथवा शक्ति की मनोस्थितियों का एक नया संयोग बन रहा था, जो एक संभावित क्रांतिकारी स्थिति का शास्त्रीय ऐतिहासिक सूत्र है। यह कहना भी आवश्यक है कि युद्ध ने भारतीय समाज के विभिन्न वर्गों को विभिन्न और कहीं-कहीं तो परस्पर-विरोधी रूपों में भी प्रभावित किया। अतः भारतीय समाज के अंदरूनी तनाव भी तीव्र हुए।

युद्ध के दौरान संपत्ति के दोहन ने भारत के मानव एवं भौतिक संसाधनों की भारी लूट का रूप धारण कर लिया था। भारतीय सेना का विस्तार किया गया और अब उसकी संख्या 12 लाख हो गई थी। हजारों भारतीयों को नितांत अपरिचित भूमि में मरने के लिए भेजा जाता था। इनमें से अनेक अभियानों का प्रबंध भी बहुत खराब था (जैसेकि पश्चिमी सीमा पर किए गए कुछ आक्रमण, अथवा मेसोपोटामिया जहां 1916 में हुए एक बड़े कांड के फलस्वरूप आस्टिन चैंबरलेन को त्यागपत्र देना पड़ा था)। सिद्धांत रूप में तो सैनिक भरती स्वैच्छिक थी, किंतु व्यवहार में यह लगभग जोर-जबरदस्ती का रूप धारण कर लेती थी। पंजाब में 1919 के उपद्रवों के पश्चात् कांग्रेस द्वारा की गई जांच-पड़ताल से ज्ञात होता है कि वहां के ले.-गवर्नर माइकेल ओ'डायर के शासनकाल में लंबरदारों के माध्यम से जवानों को फौज में भरती होने के लिए बाध्य किया जाता था। पंजाब में 3,55,000 जवानों की भरती की गई और अगस्त 1918 में ओ'डायर ने गर्वोक्ति की थी कि गुजरांवाला में एक साल के भीतर ही वयस्क पुरुषों में सैनिकों का अनुपात 1:150 से बढ़कर 1:44 हो गया था। इसी गुजरांवाला जिला ने आगे चलकर रौलट एक्ट विरोधी आंदोलन में विशेष रूप से जुझारूपन का प्रदर्शन किया था। सैनिक आवश्यकताओं की पूर्ति करने के लिए अनाज और कच्चे माल की निकासी के संबंध में बंबई के गवर्नर लॉयड ने 10 जनवरी

1919 को मांटेग्यू से निजी तौर पर जो कुछ कहा था वह ध्यान देने योग्य है : "बड़ी मात्रा में बहुमूल्य चारा सेना द्वारा मेसोपोटामिया ले जाया जा रहा है . . . । सौभाग्य से हॉर्निमन प्रेस (बी. जी. हॉर्निमन द्वारा संपादित राष्ट्रवादी अखबार *बाम्बे क्रोनिकल*) को अभी इसकी भनक नहीं मिली है कि चारा मेसोपोटामिया भेजा जा रहा है जबकि दकन भूखों मर रहा है" (ए. डी. डी. गॉर्डन, *बिजनेसमैन एंड पॉलिटिक्स : राइजिंग नेशनलिज्म एंड ए मॉडर्नाइजिंग इकॉनमी इन बाम्बे, 1918-1933*, दिल्ली, 1978, पृ. 33-34)।

रक्षा-व्यय में 300 प्रतिशत वृद्धि का निश्चित रूप से अर्थ था न केवल युद्ध-ऋण (यह भी लगभग अनिवार्य ही था), बल्कि करों में भी तीव्र वृद्धि, और वस्तुतः समस्त वित्तीय संरचना में ही महत्वपूर्ण परिवर्तन। यद्यपि लोगों पर मुख्य बोझ भू-राजस्व का ही था (और जो 1918 में भारत में गांधीजी के दूसरे आंदोलन अर्थात् खेड़ा सत्याग्रह का कारण भी बना), लेकिन अब सामान्यतः भू-कर का संचालन ऐसे नियमों के तहत होता था जो अस्थायी बंदोबस्त के क्षेत्रों में तीस वर्षों में केवल एक बार कर-वृद्धि की अनुमति देते थे। इसके अतिरिक्त, अंग्रेज उस वर्ग को और नाराज नहीं कर सकते थे जिससे उनके अधिकांश फौजी जवान मिलते थे। इस प्रकार पहली बार व्यापार और उद्योग पर करारा वार होनेवाला था। 1913-14 और 1920-21 के बीच कुल सरकारी राजस्व में उत्पादन शुल्क का भाग 8.9 प्रतिशत से बढ़कर 14.8 प्रतिशत हो गया था और 1917 में, जैसाकि हम देख चुके हैं, लंकाशायर के विरोध को अनदेखा करते हुए सूती वस्त्रों के आयात पर साढ़े सात प्रतिशत सीमा शुल्क लगा दिया गया। आयकर के क्षेत्र में यह वृद्धि और भी अधिक महत्वपूर्ण थी। 1911-12 में आयकर से होनेवाली आय कुल राजस्व का 2 प्रतिशत थी जबकि 1919-20 में यह 11.75 प्रतिशत हो गई थी। 1917-18 से पहली बार व्यक्तिगत आय का ब्योरा मांगा जाने लगा जिससे बड़ी संख्या में वे व्यापारी आयकर के घेरे में आ गए जो पारंपरिक ढंग से व्यापार करते थे। उसी वर्ष कंपनियों और अविभाजित हिंदू व्यापारिक घरानों पर एक भारी कर लगाया गया और 1919 में अस्थायी अतिरिक्त लाभांश शुल्क भी।

युद्ध-व्यय एवं यातायात में अवरोध और अस्तव्यस्तता (उदाहरणार्थ, असैनिक आवश्यकताओं के लिए नौवहन की सुविधा में अत्यंत कमी के कारण आयात में आई गिरावट) के कारण मूल्यों में अत्यधिक वृद्धि हुई। एक सरकारी सांख्यिकीय संक्षेप में मूल्यों की निम्नांकित अखिल-भारतीय सूचक संख्याएं दी गई थीं (इसमें 1873 को आधार-वर्ष अर्थात् 100 माना गया है) :

1913	1914	1915	1916	1917	1918	1919	1920	1921	1922	1923
143	147	152	184	196	225	276	281	236	232	215

(ज्यूडिथ ब्राउन, *गांधीज राइज टु पावर 1915-1922*, पृ. 125)।

निरपेक्ष वृद्धि से भी अधिक अर्थपूर्ण था इसका भेदभावपूर्ण चरित्र।

औद्योगिक वस्तुओं का मूल्य युद्धकालीन मांग के कारण बढ़ा था, तथा आयातित वस्तुओं के मूल्य में वृद्धि इस कारण हुई थी कि नौवहन की सुविधा कम हो गई थी और यूरोपीय उद्योग युद्धोपयोगी सामग्री बनाने में लगे हुए थे। किंतु भारतीय कृषि-उत्पादों का (विशेषतः कच्चे पटसन का) निर्यात मूल्य इसी अनुपात में नहीं बढ़ा था क्योंकि विश्वव्यापी आर्थिक संबंध अस्त-व्यस्त हो गए थे। उदाहरण के लिए, 1917 में चंपारन के किसान को कपड़ा, नमक या मिट्टी का तेल खरीदने के लिए कहीं अधिक कीमत देनी पड़ रही थी जबकि उसकी नील या चावल जैसी कृषि-उपज का निर्यात मूल्य उसी अनुपात में नहीं बढ़ा था। इस प्रकार कृषि की तुलना में व्यापार में जो परिवर्तन आया था उसने व्यापार के लिए खेती करनेवाले समृद्ध कृषक वर्ग पर प्रतिकूल प्रभाव डाला। अपेक्षाकृत गरीब किसानों या भूमिहीन श्रमिकों पर, जिन्हें अपना अधिकांश भोजन खरीदना पड़ता था, एक और भेदभाव की परिस्थिति की मार पड़ी, जो दीर्घकाल से चली आ रही एक प्रवृत्ति प्रतीत होती है। यह थी—गरीबों के भोजन में काम आनेवाले मोटे अनाज की कीमतों का बढ़िया अनाज की कीमतों की तुलना में अधिक तेजी से बढ़ना, हालांकि बढ़िया अनाज फिर भी मोटे अनाज से महंगा ही रहा। यह प्रवृत्ति स्पष्टतः व्यापारीकरण से जुड़ी हुई थी जिससे प्रति एकड़ अधिक मूल्य देनेवाली फसल को प्रोत्साहन मिलता था। गांधीजी के आंदोलन के एक अन्य आरंभिक आधार का दृष्टांत लीजिए। अहमदाबाद जिले में 1873 = 100 को आधार मानने पर, गेहूं का मूल्य 1914 और 1918 में 166 और 259 था तथा बाजरे का 220 और 410। संयुक्त प्रांत के मूल्य संबंधी आंकड़े भी ऐसा ही चित्र प्रस्तुत करते हैं : 1861-65 और 1917-21 के बीच गेहूं की कीमत में 250 प्रतिशत की वृद्धि हुई, किंतु जौ कि कीमत में 300 प्रतिशत और अरहर की कीमत में 400 प्रतिशत की वृद्धि हुई थी।

जहां एक ओर युद्ध के कारण आम भारतीय के कष्ट बढ़े थे और उसके जीवन-स्तर में गिरावट आई थी (उदाहरण के लिए, 1913-14 में सूती कपड़े के थानों की खपत 510.2 करोड़ गज थी जो घटकर 1919-20 में 289.9 करोड़ गज रह गई थी), वहीं व्यापारी वर्ग ने युद्ध का लाभ उठाकर भारी मुनाफे कमाए थे। इसके अनेक कारण थे—युद्ध के कारण अनेक वस्तुओं की मांग बढ़ गई थी (जैसे सैन्रिकों की वर्दी के लिए कपड़े की मांग), विदेशों से प्रतिस्पर्धा में कमी आई थी, कच्चे कृषि-उत्पादों (जैसे पटसन या कपास) के मूल्यों एवं तैयार औद्योगिक माल की कीमतों में अत्यधिक अंतर थे, और वास्तविक मजदूरियां या तो जहां की तहां थीं या उनमें और गिरावट आई थी। इस लाभ में से कुछ अंश बढ़े हुए लाभांश के रूप में चला जाता था, लेकिन फिर भी इतना बच जाता था कि उससे युद्ध-पश्चात् काल (1919-20 से 1921-22 तक) में, थोड़ी अवधि के लिए ही सही, अत्यधिक गरमबाजारी आई और इसलिए पर्याप्त औद्योगिक विस्तार संभव हुआ। पूर्वी भारत में फायदा मुख्य रूप से बड़े पटसन कारखानों के अंग्रेज स्वामियों को मिला। युद्ध के दौरान यूरोप में भारतीय

पटसन की मांग घट जाने से इसकी कीमत में गिरावट आ गई, और युद्ध की आवश्यकताओं ने पटसन के तैयार माल (जैसे थैलों और कैनवस) की कीमतों को बढ़ा दिया था। परिणास्वरूप 1916 में पटसन कारखानों में लाई गई पूंजी पर शुद्ध लाभ (ब्याज को छोड़कर) का अनुपात 75 हो गया था। फिर भी, कलकत्ता के उभरते हुए मारवाड़ी व्यापारियों ने भी पटसन के व्यापार से पर्याप्त धन कमा लिया था, और युद्ध के कुछ ही समय बाद जी. डी. बिड़ला और स्वरूपचंद हुकुमचंद ने कलकत्ता के पास पहले भारतीय स्वामित्ववाले पटसन कारखानों का आरंभ किया। किंतु वस्तुतः निर्णायक परिवर्तन बंबई और अहमदाबाद के सूती कपड़ा उद्योग में आया जहां लंकाशायर की प्रतिस्पर्धा के मंद पड़ने से भारतीय पूंजीवाद को वास्तविक अवसर मिला। सरकार की आर्थिक आवश्यकताओं के कारण उसे एक प्रकार से वित्तीय संरक्षण मिला (1917 में 7.5 प्रतिशत आयात शुल्क लगाया गया लेकिन भारतीय कपड़े पर उत्पादन शुल्क 3.5 प्रतिशत पर ही बना रहा), थानों एवं धागों के आयात में भारी कमी आई, भारतीय कपड़ा मिलों के उत्पादन में वृद्धि हुई, हथकरघा का ह्रास हुआ (हाथकरघा उद्योग को आयातित धागे की ऊंची दरों एवं भारतीय कपड़ा मिलों की प्रतिस्पर्धा, दोनों का ही सामना करना पड़ा), और भारतीय बाजारों में जापानी सूती माल का छाना आरंभ हुआ जोकि भावी समस्याओं का सूचक था। इन समस्त प्रवृत्तियों को दर्शाते हुए अमिय बागची ने (*प्राइवेट इनवेस्टमेंट इन इंडिया*, पृ. 226-27, 238 में) निम्नांकित आंकड़े प्रस्तुत किए हैं :

(सभी आंकड़े लाख में)

	ब्रिटेन से सूती थानों का आयात	जापान से सूती थानों का आयात	हाथकरघा द्वारा सूती थानों का उत्पादन	भारतीय मिलों द्वारा सूती थानों का उत्पादन
1913-14	31040	90	10188	11711
1914-15	23780	160	11360	11759
1915-16	20490	390	9432	14961
1916-17	17860	1000	6456	16061
1917-18	14300	950	7412	16156
1918-19	8670	2380	8900	14818
1919-20	9760	760	5060	16300
1920-21	12920	1700	9312	15631
1921-22	9550	900	9380	17160
1922-23	14530	1080	10840	17208

इस प्रकार भारतीय मिलों के उत्पादन ने लंकाशायर से होनेवाले आयात को

कहीं पीछे छोड़ दिया था। यह एक ऐसा निर्णायक परिवर्तन था जिसे फिर रोका नहीं जा सका।

युद्ध से भारतीय औद्योगिक विकास के प्रति अंग्रेज सरकार की नीति में भी कुछ परिवर्तन हुए। इसके दो कारण थे, एक तो वित्तीय आवश्यकता (जिसके कारण आयात - शुल्कों में वृद्धि करनी पड़ी) और दूसरे, इस बात का अहसास कि भारत को न्यूनतम आर्थिक आत्मनिर्भरता प्राप्त करने देना कूटनीतिक दृष्टि से अनिवार्य है। 1916 में टॉमस हॉलैंड के अधीन एक भारतीय औद्योगिक आयोग की स्थापना की गई और मांटफोर्ड रिपोर्ट के साथ 'फिस्कल आटोनोमी कन्वेंशन' भी प्रस्तुत किया गया। इसमें एक संयुक्त संसदीय समिति ने सिफारिश की थी कि जब तक भारत सरकार और नई विधायिका में मतैक्य हो, इंग्लैंड की सरकार भारत के वित्तीय निर्णयों को अस्वीकार नहीं करेगी। ये सब बातें अंग्रेज सरकार की पहलेवाली नीतियों में सुधार दर्शाती हैं। 1910 में मार्ले ने एक टिप्पणी द्वारा, जिसमें स्पष्टतः सरकारी अहस्तक्षेप की नीति की पैरवी की गई थी, अल्फ्रेड चैटरटन के प्रयासों को बंद करवा दिया था। (चैटरटन मद्रास का असाधारण रूप से उद्यमी असैनिक अधिकारी था जिसने राज्य के प्रोत्साहन से अल्यूमिनियम एवं क्रोम टैनिंग उद्योगों को बढ़ावा देने का प्रयास किया था।) फिर भी ब्रिटिश सरकार की नीति में इस बदलाव पर अनावश्यक बल देना अनैतिहासिक होगा। जैसाकि बाद में मैसूर राज्य के उद्योग विभाग के प्रमुख के रूप में चैटरटन के कार्यों से पता चलता है, वह अधिक से अधिक कुछेक हल्के उद्योग ही विकसित करना चाहता था (उदाहरण के लिए, मैसूर में चंदन के तेल एवं साबुन का उद्योग) जिससे निर्भरता के ढांचे में मूलतः कोई परिवर्तन नहीं होता। इसके ठीक विपरीत मैसूर के विलक्षण दीवान विश्वेश्वरैया (1911-18) ने कृष्णराज सागर बांध और भद्रावती आयरन वर्क्स जैसी अत्यंत महत्वाकांक्षी परियोजनाओं के माध्यम से पूर्ण परिवर्तन जैसी बात लाने का भी प्रयास किया और 1918 में उनको त्यागपत्र देने के लिए विवश करने में अंग्रेजों की महत्वपूर्ण भूमिका रही थी। जहां तक बहुप्रशंसित फिस्कल आटोनोमी कन्वेंशन का संबंध है, इसमें वायसरॉय तथा विधायिका के बीच सहमति की शर्त इसके महत्व को बहुत-कुछ कम कर देती थी क्योंकि अंततः वायसरॉय अंग्रेज सरकार का ही तो अधिकारी था।

भारत में पूंजीवाद की बढ़ती शक्ति के साथ-साथ देशव्यापी संपर्क (विशेष रूप से मारवाड़ियों के बीच) भी बढ़ रहे थे और युद्ध-कराधान एवं रुपए और पाउंड के विनिमय की दर की युद्धोत्तर काल की अनिश्चितता के प्रति असंतोष की भावना भी तीव्र होती जा रही थी। सितंबर 1918 में बंबई के उदीयमान राष्ट्रवादी वकील भूलाभाई देसाई ने अनिवार्य आयकर लेखा-जोखा भरने के विरुद्ध एक याचिका दायर की। पारंपरिक पद्धति से व्यापार करनेवाले छोटे व्यापारियों को इससे बड़ी कठिनाई होती थी। विनिमय का अनुपात बुरी तरह हिचकोले खा रहा था—दिसंबर 1919 में यह 2 शिलिंग 4 पेंस तक

चढ़ गया था और 1921 के आरंभ में यह 1 शिलिंग तक गिर गया था। अंततः 1926 में हिल्टन-यंग आयोग ने ही इसे 1 शिलिंग 6 पेंस पर स्थिर किया। अंग्रेज बराबर यही प्रयास करते रहे कि यह अनुपात ऊंचा बना रहे, क्योंकि इससे घरेलू मदों के लिए सरकार को कम-से-कम पाउंड खर्च करने पड़ते और उन अंग्रेजों को भी लाभ होता जो अपनी पेंशन या लाभांश स्वदेश भेजना चाहते थे। साथ ही मूल्यों के कम होने से लंकाशायर से मालों के आयात को भी बढ़ावा मिलता। इसके विपरीत 1920 और 1930 के दशकों में भारतीय व्यापारिक समुदाय बराबर यह मांग करता रहा कि इस अनुपात को घटाकर 1 शिलिंग 4 पेंस कर दिया जाए ताकि आयात अधिक महंगा हो और भारतीय सूती कपड़ों एवं कच्चे कृषि उत्पादों की कीमत घटाकर उनके निर्यात को बढ़ाया जा सके। 1919-21 के अल्पकालीन संदर्भ में विनिमय के अनुपात से लंकाशायर का माल आयात करनेवाले व्यापारी भी अप्रसन्न थे क्योंकि इससे उन्हें ब्रिटिश निर्यात फर्मों के साथ समझौते निभाने में कठिनाई होती थी। यह एक ऐसा मुद्दा था जिस पर दिसंबर 1920 में कांग्रेस ने अपने नागपुर अधिवेशन में एक प्रस्ताव भी पारित किया था।

इस प्रकार राष्ट्रवाद में व्यापारियों की बढ़ती दिलचस्पी और भागीदारी उस समय की मांग थी। जैसाकि हम आगे चलकर देखेंगे, यह बात आरंभ से ही गांधीवादी आंदोलनों का प्रमुख लक्षण रही। साबरमती आश्रम (1915) को अहमदाबाद के मिल-मालिक अंबालाल साराभाई से पर्याप्त आर्थिक सहायता मिलती थी, गांधीजी के मार्च 1919 के सत्याग्रह के लिए शपथ लेनेवाले 680 लोगों में 74 प्रतिशत बंबई के व्यापारी थे, 1921 में तिलक स्वराज कोष के लिए एकत्रित 1 करोड़ रु. की धनराशि में 37.5 लाख रु. बंबई से एकत्र हुआ था, और (स्वदेशी बंगाल के ठीक विपरीत) भारतीय व्यापारियों द्वारा ब्रिटिश माल न मंगाने की सामूहिक प्रतिज्ञाएं बहिष्कार का मुख्य रूप बन गई थीं। फिर भी व्यापारी वर्ग से मिलनेवाला समर्थन सदैव संदिग्ध रहता था और एकरूप नहीं होता था। इस समय केवल इतना ही स्मरण रखना पर्याप्त है कि बड़े उद्योगपतियों की तुलना में छोटे और मंझोले व्यापारियों का राष्ट्रवाद की ओर अधिक झुकाव था (1919-22 में और सविनय अवज्ञा के दौरान भी)।1918 और 1933 की अवधि के बीच बंबई के व्यापार-जगत के बारे में ए. डी. गॉर्डन का ताजा व्यष्टिस्तरीय अध्ययन दर्शाता है कि युद्ध के तुरंत पश्चात् के काल में कपास की कीमतें नियमित करने एवं उन्हें कम करने के लिए मिल-मालिक और निर्यातक किस जटिल ढंग से सरकारी संपर्कों का इस्तेमाल करते थे। 'बाजारिये' अथवा वे पारंपरिक व्यापारी जो कपास को बंबई शहर में लाते थे, इस बात से अप्रसन्न थे और राष्ट्रवाद को समर्थन देकर उन्होंने इस अप्रसन्नता की आंशिक अभिव्यक्ति की। इस समय कपास के निर्यातक और बड़े व्यापारी पुरुषोत्तमदास ठाकुरदास असहयोग आंदोलन-विरोधी समिति (1920-21) का संगठन कर रहे थे।

अधिकांश बड़े उद्योगपतियों की राजनिष्ठा का संबंध इस बात से भी था कि उन्हें श्रमिक असंतोष के विरुद्ध राज्य की सहायता की आवश्यकता पड़ती थी। कामगार वर्ग की संख्या में महत्वपूर्ण वृद्धि हो चुकी थी। संगठित उद्योगों एवं बागानों में जहां 1911 में कामगारों की संख्या 21,05,824 थी, वहीं 1921 में बढ़कर 26,81,125 हो गई थी। यह युद्ध के तुरंत पश्चात् का समय था जब कीमतों में बहुत वृद्धि हो गई थी और मजदूरी की दरें ज्यों की त्यों कम बनी हुई थीं जबकि मालिक अंधाधुंध मुनाफे कमा रहे थे। साथ ही, इन वर्षों में मजदूरों की अपेक्षाकृत कमी हो गई थी (उद्योगों में तेजी से विस्तार हो रहा था जबकि 1919 की महामारी के कारण लोग शहरों में जाने से कतराते थे)। अतः थोड़े समय के लिए श्रमिकों की स्थिति मजबूत हुई थी और वे मालिकों से सौदेबाजी कर सकते थे। इसका जो परिणाम हुआ उसे दिसंबर 1920 में चेम्सफोर्ड ने 'एक प्रकार से हड़ताली बुखार की महामारी' कहा था। सचमुच बड़ी हड़तालों का दौर तो 1919 के अंत में आरंभ हुआ जिसकी चर्चा आगे की जाएगी, किंतु मार्च 1918 में गांधीजी के नेतृत्व में होनेवाली अहमदाबाद की हड़ताल एवं जनवरी 1919 की बंबई की कपड़ा मिलों की बड़ी हड़ताल को हड़तालों के अग्रदूत माना जा सकता है। रवींद्रकुमार ने बंबई की हड़ताल के विस्तृत अध्ययन में इसके अनिवार्यतः स्वतःस्फूर्त स्वरूप पर बल दिया है, यद्यपि इसको संगठित करने में बिचौलियों की भी महत्वपूर्ण भूमिका थी, जैसाकि 1908 में भी हुआ था। सी. एन. वाडिया की सेंचुरी मिल के कामगारों ने 31 दिसंबर को हड़ताल कर दी। वे मजदूरी में 25 प्रतिशत वृद्धि एवं बोनस के रूप में एक माह के वेतन की मांग कर रहे थे। 1914-18 की अवधि में अनाज की कीमतों में 80 से 100 प्रतिशत तक की वृद्धि हुई थी और मजदूरी में केवल 15 प्रतिशत की, जबकि 20 लाख रु. के पूंजी-निवेश पर वाडिया उद्योगों ने 1918 में 22.5 लाख रु. का बड़ा मुनाफा कमाया था। सेंचुरी मिल के कामगार परेल औद्योगिक क्षेत्र के कामगारों को इस बात के लिए राजी करने का प्रयास कर रहे थे कि वे भी 6 जनवरी से हड़ताल में सम्मिलित हो जाएं। शीघ्र ही कपड़ा मिलों का समूचा कामगार वर्ग अर्थात् 1,00,000 से अधिक लोग सड़कों पर निकल आए और सभी 83 मिलें बंद हो गईं। यह हड़ताल व्यापारिक कार्यालयों के बाबुओं, रॉयल इंडियन मेरीन के गोदी मजदूरों, एवं परेल के रेलवे इंजीनियरिंग कामगारों तक फैल गई। इनको नेतृत्व देने के प्रयास थोड़े-से जुझारू वकील एवं होमरूल लीग के नेता (एच. बी. मांडवले, कांजी द्वारकादास, उमर सोभानी) करते रहे जो मजदूरों की सभाओं को संबोधित करते थे। साथ ही, एस. के. बोले की कामगार हितवर्धक सभा ने भी इन्हें नेतृत्व प्रदान करने के प्रयास किए, जो 1909 से ही बिचौलियों के माध्यम से गैर-ब्राह्मण आधार पर मजदूरों को लामबंद करने के प्रयास करती आ रही थी। मजे की बात तो यह है कि श्रमिकों के संगठन संयम बरतने के लिए इन भावी नेताओं द्वारा दी गई सलाहों को अस्वीकार करते

रहे, और पुलिस आयुक्त सी. ए. विंसेंट के मध्यस्थता के प्रयास हड़ताल को (21 जनवरी को) समाप्त कराने में सफल रहे। किंतु ऐसा तभी हो सका जब विंसेंट ने मिल-मालिकों को इस बात के लिए राजी कर लिया कि मजदूरी में 20 प्रतिशत की वृद्धि की जाएगी और विशेष बोनस दिया जाएगा।

युद्ध एवं युद्ध के तुरंत पश्चात् के काल की विशेषता यह थी कि भारतीय ट्रेड यूनियन आंदोलन का आरंभ वस्तुतः इसी समय हुआ। मद्रास लेबर यूनियन पहला मजदूर संगठन थी जिसकी एक बाकायदा सदस्य-सूची थी और जिसमें सदस्यता शुल्क लिया जाता था। इसकी स्थापना अप्रैल 1918 में हुई थी। इसके संस्थापक दो युवक (जी. रामानजुलु नायडू और जी. चेल्वपति चेट्टी) थे जो एनी बेसेंट के *न्यू इंडिया* से संबद्ध थे और इसके अध्यक्ष बेसेंट के सहयोगी बी. पी. वाडिया थे। इसमें टी. वी. कल्याणसुंदर मुदलियार (जो थिरु वी का के नाम से लोकप्रिय थे) की भूमिका भी पर्याप्त महत्वपूर्ण रही थी। मुदलियार मद्रास शहर के जानेमाने कांग्रेसी, गैर-ब्राह्मण राष्ट्रवादी नेता और तमिल साहित्यकार थे। बपतिस्ता जैसे होमरूल लीग के सदस्यों एवं बी. जी. हॉर्निमन के *बाम्बे क्रॉनिकल* ने भी बंबई में ट्रेड यूनियनों को आरंभ करने में योगदान किया। 1920 में तो ट्रेड यूनियनों की बाढ़-सी आ गई और उस वर्ष नवंबर में जब बंबई में अखिल-भारतीय ट्रेड यूनियन कांग्रेस का पहला अधिवेशन हुआ, तब यूनियनों की दर्ज संख्या 125 के आसपास हो चुकी थी। फिर भी, सामान्यतः, जैसाकि जनवरी 1919 में बंबई में हुआ, संघर्ष के लिए दबाव इन यूनियनों की अपेक्षा नीचे से ही अधिक आता था, जबकि यूनियनों की भूमिका प्रायः नियंत्रक की ही रहती थी। आरंभ में बंबई के एन. एम. जोशी या कलकत्ता के के. सी. रायचौधुरी जैसे मध्यवर्गीय ट्रेड यूनियन नेता अधिक से अधिक राष्ट्रवाद से प्रेरित मात्र होते थे, किंतु राजनीति में प्रायः वे राजभक्त ही रहते थे। जैसाकि हम आगे देखेंगे, अहमदाबाद की गांधीवादी टैक्सटाइल लेबर एसोसिएशन (मजूर महाजन) के संदर्भ में यूनियन की नियंत्रक भूमिका सर्वाधिक स्पष्ट थी, किंतु जुलाई 1918 में वाडिया ने भी बिन्नी में हड़ताल का विरोध किया था। उनका कहना था कि सैनकों को वर्दी की आवश्यकता है।

हड़तालें तो जन-असंतोष एवं कष्टों की अभिव्यक्ति का केवल एक रूप थीं। इस असंतोष और कष्ट के अनेक कारण थे, जैसे—बढ़ती हुई कीमतें, कम उपज और 1918-19 के वर्षों में देश के अधिकांश भागों में अभाव की स्थिति, इसी समय इंफ्लुएंजा की महामारी, और कारीगरों की बेरोजगारी। (जैसाकि पृ. 191 पर दर्शाई गई तालिका से स्पष्ट है, 1918-19 के वर्षों में हथकरघों के सूती कपड़े का उत्पादन सबसे कम रहा था।) असंतोष की अभिव्यक्ति का एक अन्य रूप था—भोजन संबंधी दंगे, जिनमें कस्बाई बाजारों एवं शहरों की अनाज की दुकानों को लूट लिया जाता था और ऋणपत्र जब्त कर लिए जाते थे। 1918 के आरंभ में बंबई के मिल-क्षेत्र में अनाज की 115

दुकानें लूटी गईं और रेल कर्मचारियों ने मारवाड़ियों के खाते जब्त कर लिए। मई 1918 में कृष्णा-गोदावरी मुहाना क्षेत्र में भोजन संबंधी दंगे हुए। इसके बाद सितंबर में मद्रास शहर में तीन दिनों तक भयंकर दंगे होते रहे जिनमें रेलवे और कपड़ा मिलों के कामगारों की महत्वपूर्ण भूमिका थी। 1919-20 में बंगाल में हाटों के लूटे जाने की 38 घटनाएं नोआखाली, चटगांव, रंगपुर, दिनाजपुर, खुलना, 24-परगना और जैसोर जिलों में हुईं जहां 859 लोगों को सजाएं दी गईं। ऐसे उद्रेकों का महत्व विभिन्न स्थानों की स्थानीय राजनीतिक परिस्थितियों पर निर्भर करता था। सितंबर 1918 में कलकत्ता के मारवाड़ी-विरोधी दंगों में इन उद्रेकों का हाथ रहा, तो अप्रैल 1919 में देश के अनेक नगरों में रौलट एक्ट-विरोधी अतिविस्तृत विद्रोह में भी इन्होंने महत्वपूर्ण भूमिका निभाई।

लेकिन युद्ध के पश्चात् आनेवाले जनजागरण को केवल विशिष्ट आर्थिक कारकों से ही जोड़कर देखना गलत होगा। इस बात को नजरअंदाज नहीं किया जा सकता कि जो कुछ भारत में हो रहा था, वह बहुत मोटे तौर पर एक विश्वव्यापी लहर का ही भाग था जिसका अंतर्तत्व विकसित देशों में पूंजीवाद-विरोधी और उपनिवेशों या अर्ध-उपनिवेशों में साम्राज्यवाद-विरोधी था। एक बात, जिसका लिखित प्रमाण जुटाना तो लगभग असंभव है किंतु जो कम महत्वपूर्ण नहीं है, यह है कि दूर देशों से स्वदेश लौटकर आनेवाले सैनिक अपने साथ किसी न किसी रूप में यह नई विश्वव्यापी क्रांतिकारी मनोस्थिति लाए ही होंगे। बंगाल के काजी नजरुल इस्लाम समाजवादी झुकाववाले कवि बने तो निश्चित ही सैन्य-सेवा के कारण। मार्च 1921 में (संयुक्त प्रांत के रायबरेली एवं प्रतापगढ़ जिलों की सीमा पर स्थित) कढ़ैया के खेतिहर दंगों से संबंधित पुलिस रिपोर्टों में वहां के स्थानीय नेता बृजपाल सिंह को भूतपूर्व सैनिक बताया गया था और यह भी कहा गया था कि "जनसमूह पर स्पष्टतः उनका बड़ा नियंत्रण रहता था जिसमें सैन्य-अनुशासन की भी कुछ झलक मिलती थी।"

सर्वाधिक दूरगामी प्रभाव हुआ नवंबर 1917 की बोल्शेविक क्रांति का। इसे लेकर अंग्रेजों के मन में अत्यधिक भय था। इस क्रांति ने अंग्रेजों में वही घबराहट उत्पन्न कर दी थी जो कभी फ्रांसीसी क्रांति ने की थी और 1919-20 के पश्चात् तो सरकारी रिपोर्टों में हर कहीं बोल्शेविक विचारों एवं रूसी एजेंटों के होने की बात मिलती है। यहां तक कि गांधीजी और सी. आर. दास जैसे लोगों पर भी संदेह किया जाने लगा था। (5 मई 1918 को गांधी के संबंध में बंबई के गवर्नर विलिंगडन ने राय दी थी : "ईमानदार किंतु बोल्शेविक और इसी कारण बहुत खतरनाक"।) यहां दो उदाहरण लेते हैं। फरवरी 1921 में संयुक्त प्रांत के किसान आंदोलन से संबंधित सी. आई. डी. रिपोर्ट में कहा गया था कि इस आंदोलन के पीछे निहित विचारों में 'बोल्शेविकवाद की गंध स्पष्ट है।' उसी वर्ष दूरस्थ मेवाड़ में होनेवाले किसान आंदोलन का विवरण देते हुए विलकिंसन का

कहना था कि "महाराणा को धमकी दी जा रही है कि उनकी भी वही गति की जाएगी जो ज़ार की हुई थी।" विशिष्ट संबंधों के मामले में अत्यधिक गलत होने पर भी यह साम्राज्यवादी घबराहट निराधार नहीं थी; इसका आधार उन अफवाहों में था जो 1917 की क्रांति के बारे में फैली थीं और भारतीयों के व्यापक समूहों को प्रभावित कर रही थीं। क्रांतिकारी राष्ट्रवादियों को यह समझते देर नहीं लगी कि पराजित जर्मनी के स्थान पर बोल्शेविक रूस उनकी गतिविधियों का केंद्र हो सकता है। जैसाकि हम आगे देखेंगे, महेंद्रप्रताप, एम. एन. राय, अवनी मुखर्जी, वीरेंद्र चट्टोपाध्याय और भूपेन दत्त सर्वप्रथम मास्को जानेवाले लोगों में थे। अंग्रेजों का क्रांतिकारी रूस से डरना और घृणा करना राष्ट्रवादी झुकाववाले शिक्षित भारतीयों के मन में इस क्रांति के प्रति रुचि एवं सहानुभूति जगाने का एक कारण बना। लेनिन एवं त्रात्स्की के नेतृत्व में रूस की आरंभिक विदेश नीति के गहन आदर्शवाद एवं अंतर्राष्ट्रवाद का एक बड़ा प्रभाव हुआ। इसके अंतर्गत बिना अधिग्रहणों एवं हरजानों के तुरंत शांति की स्थापना की मांग की गई, राष्ट्रों के आत्मनिर्णय के अधिकार की घोषणा की गई (जिसे फिनलैंड के मामले में तुरंत प्रयुक्त किया गया), और उन गुप्त संधियों का प्रकाशन किया गया जिनके तहत रूस को (कुस्तुंतुनिया समेत) क्षेत्र संबंधी एवं विशेषाधिकार संबंधी व्यापक लाभ मिलनेवाले थे, और जिन्हें बोल्शेविकों के सत्ता में आने के चंद दिनों के भीतर ही 'फाड़कर टुकड़े-टुकड़े और अस्वीकार कर दिया गया।' रूस के भीतर होनेवाली घटनाओं की ठीक-ठीक जानकारी मिलना तो अत्यंत कठिन था, किंतु अस्पष्ट अफवाहें थीं कि वहां संपूर्ण परिवर्तन आ रहा था और स्वत्वहीनों के अधिकार पा जाने के साथ उनके संसार की व्यवस्था पलट रही थी।

हमें गांधीजी के उदय की विवेचना इसी समग्र पृष्ठभूमि में करनी होगी। गांधीजी जब 1915 में दक्षिण अफ्रीका से स्वदेश लौटे थे तो भारतीय राजनीति में अपेक्षतः अजनबी थे, लेकिन वही गांधीजी 1920 के अंत तक सर्वोच्च नेता का स्थान प्राप्त कर चुके थे।

महात्मा गांधी

गांधी का आकर्षण

गांधीजी की विचारधारा को आधार प्रदान करने में एवं बाद में भारत में उनकी उपलब्धियों में उनके दक्षिण अफ्रीका (1893-1914) के अनुभवों का अनेक रूपों में योगदान रहा। 1906 तक एक उदीयमान वकील एवं राजनीतिज्ञ के रूप में गांधीजी नेटाल में भारतीयों को प्रभावित करनेवाले नस्ली भेदभाव के विरुद्ध प्रार्थना एवं याचना की सामान्य 'नरमदलीय' तकनीकों का हा प्रयोग करते रहे थे (ये भेदभाव थे—मताधिकार से वंचित करना एवं भूस्वामी होने

एवं व्यापार करने पर प्रतिबंध लगाना)। उनका आंदोलन अनिवार्यतः व्यापारियों और वकीलों का ही आंदोलन था। 1907-08, 1908-11 और 1913-14 के तीन अहिंसक आंदोलनों (जिन्हें 1907 में 'सत्याग्रह' का नाम दिया गया) के साथ एक नितांत नई शुरुआत हुई। जिन बातों को लेकर ये आंदोलन आरंभ हुए थे वे थीं—1906 का ट्रांसवाल अध्यादेश जिसके अनुसार भारतीयों के लिए पंजीयन करवाना एवं पास रखना आवश्यक था, 1913 के आव्रजन संबंधी प्रतिबंध, नवागंतुकों के मामले निपटाते समय गैर-ईसाई भारतीयों के विवाह को अमान्य करना, और भूतपूर्व अनुबंधित श्रमिकों पर 3 पाउंड का कर। दक्षिण अफ्रीका की विशिष्ट परिस्थितियों के कारण विभिन्न धर्मों, समुदायों और वर्गों के लोग इन आंदोलनों में एकजुट होकर खड़े हुए : इनमें हिंदू भी थे, मुसलमान भी, पारसी, गुजराती और दक्षिण भारतीय भी, उच्च वर्ग के व्यापारी और वकील भी, तथा न्यू कैसिल के खान-मजदूर भी। अक्तूबर 1913 में गांधीजी ने एक स्मरणीय हड़ताल एवं देशव्यापी मार्च में इन खनिकों का नेतृत्व किया था। इस बात पर विशेष बल दिया जाना चाहिए कि दक्षिण अफ्रीका के इस अनुभव के कारण गांधीजी भारत में अपने राजनीतिक जीवन के आरंभ में ही उन अन्य राजनीतिज्ञों (लालाजी, तिलक या पाल) की अपेक्षा अखिल-भारतीय स्तर पर अधिक मान्य हुए जिनके आधार मूलतः आंचलिक थे। गांधीजी आजीवन जिस हिंदू-मुस्लिम एकता की आवश्यकता और संभावना को मानते रहे, उसका आधार निश्चय ही दक्षिण अफ्रीका के उन आंदोलनों में था जिनमें मुसलमान व्यापारी अत्यधिक सक्रिय रहे थे। दक्षिण अफ्रीका ने गांधीजी को अंतर्राष्ट्रीय ख्याति भी प्रदान की। दक्षिण अफ्रीका में रह रहे जिन भारतीयों के संबंध अभी तक भारत के विभिन्न भागों में स्थित अपने घरों से बने हुए थे, वे समस्त भारत में गांधीजी का नाम फैलाने में सहायक हुए। साबरमती आश्रम के प्रथम 25 वासियों में 13 तमिलनाडु के थे। यह एक ऐसी बात थी जो तब किसी भी अन्य नेता के संबंध में सोची भी नहीं जा सकती थी।

मूल गांधीवादी पद्धति का निरूपण दक्षिण अफ्रीका में 1906 के पश्चात् हुआ। इसके लिए (फीनिक्स सेटलमेंट में और तॉलस्तॉय फार्म पर) अनुशासित कार्यकर्त्ताओं को बड़ी सावधानी से प्रशिक्षण देने की आवश्यकता थी। इसके लिए अहिंसक सत्याग्रह की आवश्यकता थी जिसके अंतर्गत विशिष्ट कानूनों (अनिवार्य पंजीयन, प्रवेशपत्र, व्यापारियों के लिए लायसेंस, इत्यादि) के शांतिपूर्ण उल्लंघन की, सामूहिक गिरफ्तारियां देने की, कभी-कभार हड़ताल करने एवं शानदार मार्च निकालने की योजनाएं थीं। इसमें स्पष्ट रूप से विचित्र तरीके अपनाने के साथ ही संगठनात्मक एवं विशेषकर वित्तीय बातों पर ध्यान दिया जाता था। वार्ताओं और समझौतों के लिए तत्परता के परिणामस्वरूप कभी-कभी आंदोलन को अचानक ही एकतरफा ढंग से वापस भी ले लिया जाता था जिसे लोग पसंद नहीं करते थे। (जैसेकि जनवरी 1908 में स्मट्स के मौखिक

वादे पर पहला सत्याग्रह वापस ले लिया गया था। यह वादा शीघ्र ही तोड़ दिया गया, और इस अप्रत्याशित वापसी से क्षुब्ध होकर एक पठान ने गांधीजी को पीटा भी था।) फिर इसमें ऐसी बातें भी थीं जिन्हें वे लोग जो गांधीजी के शिष्य नहीं थे, गांधीवादी 'सनक' कहते थे (जैसे शकाहारवाद, प्राकृतिक चिकित्सा, यौन-संयम संबंधी प्रयोग आदि)। इसके समग्र प्रभाव का स्पष्टतः दोहरा स्वरूप था : जनसामान्य का उभार, किंतु साथ ही जन-गतिविधि को नेता द्वारा पूर्वनिर्धारित सीमाओं तक और सर्वोपरि अहिंसक पद्धतियों तक ही कड़ाई से सीमित रखना।

अहिंसा और सत्याग्रह गांधीजी के लिए गहन रूप से अनुभूत एवं प्रयुक्त दर्शन था जिसका कुछ श्रेय इमर्सन, थोरो और तॉलस्तॉय को था, किंतु इसमें पर्याप्त मौलिकता भी थी। उनका विचार था कि मानव जीवन का लक्ष्य सत्य की खोज है और चूंकि कोई भी अंतिम सत्य को पा लेने का दावा नहीं कर सकता, अतः किसी व्यक्ति का सत्य की अपनी अनिवार्यतः आंशिक समझ को हिंसा द्वारा दूसरों पर लादना पापपूर्ण है। राजनीतिज्ञ के रूप में और केवल संत के रूप में नहीं, गांधीजी व्यवहार में कभी-कभी इस मामले में समझौता भी कर लेते थे और पूर्ण अहिंसा पर बल नहीं देते थे (जैसाकि 1918 में उन्होंने इस आशा से सैनिक भरती का समर्थन किया कि युद्ध के बाद अंग्रेज सरकार विशेष राजनीतिक रियायतें प्रदान करेगी), और उनका बार-बार इस बात पर बल देना कि अन्याय के समक्ष कायरतापूर्ण समर्पण करने से हिंसा का मार्ग अपनाना कहीं अच्छा है, उनके सिद्धांत की व्याख्या करने में बड़ी नाजुक समस्याएं उत्पन्न कर देता है। किंतु इतिहास की दृष्टि से इस वैयक्तिक दर्शन (जिसे पूर्णतः स्वीकार करनेवाले उनके थोड़े-से शिष्य ही थे) से कहीं अधिक महत्वपूर्ण था वह ढंग जो इसके परिणामस्वरूप उत्पन्न होनेवाली नियंत्रित जन-भागीदारी को भारत के सामाजिक रूप से निर्णायक वर्गों के हितों एवं भावनाओं से वस्तुनिष्ठ ढंग से जोड़ता था। गांधीजी के पूर्ववर्ती भारतीय राजनीतिज्ञ, जैसाकि हम देख चुके हैं, नरमदलीय 'भिखमंगी' नीति और व्यक्तिगत आतंकवाद के बीच ढुलमुलाते रहते थे। इसका कारण मूलतः यह था कि अनियंत्रित जन-आंदोलनों के प्रति वे सामाजिक रूप से भयभीत थे। गांधीवादी पद्धति व्यापारी वर्गों को, साथ ही कृषकों के अपेक्षतः समृद्ध अथवा स्थानीय प्रभुतासंपन्न भागों को भी स्वीकार्य थी। ये वे लोग थे जिन्हें राजनीतिक संघर्ष के उच्छृंखल एवं हिंसक सामाजिक क्रांति में परिवर्तित हो जाने से पर्याप्त हानि उठाने का भय था। कुल मिलाकर, जैसाकि हम देखेंगे, गांधीजी एवं गांधीवादी कांग्रेस ने जिस अनिवार्यतः एकताकारी और 'छतरी' वाली भूमिका को अपनाया था, उसके केंद्र में अहिंसा का ही सिद्धांत था। इस भूमिका के तत्व थे—आंतरिक सामाजिक संघर्षों में मध्यस्थता करना, विदेशी शासन के विरुद्ध संयुक्त राष्ट्रीय आंदोलन में बड़ा योगदान करना, किंतु साथ ही जिसमें कभी-कभी पीछे भी हटना पड़ता था, और जिसके

फलस्वरूप कभी-कभी बड़े भारी धक्के भी लगते थे।

गांधीजी के आकर्षण का एक तीसरा एवं अत्यंत महत्वपूर्ण पक्ष उनके सामाजिक आदर्शों में निहित था जिन्हें उन्होंने बड़े स्पष्ट ढंग से *हिंद स्वराज* (1909) में प्रस्तुत किया था। इस पुस्तिका में उन्होंने जो मूल बात कही वह यह थी कि भारत का वास्तविक शत्रु अंग्रेजी राज नहीं है, अपितु समग्र आधुनिक औद्योगिक सभ्यता है। उन्नीसवीं सदी के मध्य में कार्लायल और रस्किन जैसे अंग्रेज लेखकों ने औद्योगिकवाद की जिस रूमानी आलोचना को विकसित किया था उसे अपनाते हुए और आगे बढ़ाते हुए गांधीजी का कहना था कि केवल राजनीतिक स्वराज पा लेने का तात्पर्य होगा—"अंग्रेजों के बिना अंग्रेजी राज"। (रस्किन की रचना *अनटु हिज लास्ट* गांधीजी की प्रिय पुस्तक रही।) "यह मानना भूल होगी कि भारतीय रॉकफेलर अमरीकी रॉकफेलर से अच्छा होगा। रेलों, वकीलों एवं डाक्टरों ने देश को कंगाल बना दिया है।" रेलों ने महामारी फैलाई है और अनाज के निर्यात को बढ़ावा देकर अकाल उत्पन्न किए हैं। लोभ के वशीभूत होकर वकीलों ने मुकदमों को बढ़ावा दिया है और न्यायालयों में काम करके वे अंग्रेजों का राज कायम रखने में सहायक हुए हैं। पाश्चात्य दवाइयां महंगी होती हैं और स्वास्थ्य के प्राकृतिक उपायों को नष्ट करती हैं। मुख्य भाग में कहा गया है : "भारत का उद्धार तभी हो सकता है जब वह सब-कुछ भुला दिए जाए जो उसने पिछले 50 वर्षों में सीखा है। रेल, तार, अस्पतालों, वकीलों, डाक्टरों जैसी वस्तुओं और लोगों को जाना होगा, और तथाकथित उच्च वर्ग के लोगों को सायास और नियमपूर्वक किसानों का-सा सादा जीवन बिताना होगा।"

इसमें संदेह नहीं कि *हिंद स्वराज* में प्रस्तुत गांधीवादी सामाजिक कल्पनालोक अयथार्थवादी और पोंगापंथी है और भारत या संसार के कष्टों को दूर करने के उपाय के रूप में यह कभी परिष्कृत, शहरी लोगों को आकर्षित नहीं कर सका। 1930 और 1940 के दशकों में ये लोग औद्योगीकरण पर आधारित पूंजीवादी अथवा समाजवादी समाधानों की ओर अधिकाधिक आकर्षित होने लगे थे। किन्तु गांधीजी की परिकल्पना उस प्रतिक्रिया का प्रतिनिधित्व करती है जो 'आधुनिकीकरण' के गहरी बेगानगी उत्पन्न करनेवाले प्रभावों ने, विशेषकर औपनिवेशिक परिस्थितियों में, उत्पन्न की थी। कारखानों से बर्बाद हुए कारीगर, किसान जिनके लिए न्यायालय खतरनाक फंदे थे और शहरी अस्पतालों में जाना प्रायः महंगा मृत्युदंड होता था, साथ ही ग्रामीण एवं कस्बाती बुद्धिजीवी जिन्हें शिक्षा से कोई लाभ नहीं मिला था—इन सबके लिए, कुछ समय के लिए ही सही, उद्योग-विरोधी विचार वस्तुतः आकर्षक थे। स्वदेश लौटने पर गांधीजी ने खादी, ग्रामों में रचनात्मक कार्यों एवं (कुछ समय पश्चात्) हरिजन-कल्याण के माध्यम से अपने संदेश को मूर्तरूप दिया। पुनः, इनमें से कोई भी कार्यक्रम ऐसा नहीं था जो सामाजिक अथवा आर्थिक संबंधों में परिवर्तन लाकर समस्याओं का कोई वास्तविक समाधान कर सकता, किंतु

निष्ठावान एवं समर्पित गांधीवादी रचनात्मक कार्यकर्त्ताओं द्वारा लगन और धैर्य के साथ प्रयुक्त किए जाने पर ये कार्यक्रम ग्रामीण लोगों की स्थिति को कुछ सीमा तक अवश्य सुधार सकते थे। इस प्रकार स्वदेशी आंदोलन के आत्मनिर्भरता एवं स्वावलंबन के संदेश को एक विस्तृत आयाम प्राप्त हुआ। यह कहना आवश्यक है कि किसानों के बीच गांधीजी की लोकप्रियता बढ़ाने में उनकी राजनीतिक शैली भी पर्याप्त सहायक हुई : तीसरी श्रेणी में यात्रा करना, आसान हिंदुस्तानी में बोलना, 1921 के पश्चात् केवल लंगोटी पहनकर रहना, और तुलसीदास के *रामचरितमानस* के बिंब-विधान को प्रयुक्त करना जो उत्तरी भारत के हिंदू जनमानस में गहन रूप से पैठा हुआ था। (जहां तक मुसलमानों का संबंध है, इससे कुछ समस्याएं अवश्य उत्पन्न हुईं, किंतु इसकी चर्चा हम बाद में करेंगे।)

अफवाहों की भूमिका

तथापि गांधीवादी आंदोलनों के प्रचंड विस्तार की व्याख्या केवल इसी आधार पर नहीं की जा सकती कि व्यक्तिगत रूप से गांधीजी क्या सोचते थे, उनके आदर्श क्या थे या वे वस्तुतः क्या करते थे। इस बात की भी आवश्यकता है कि अफवाहों की भूमिका को समझा जाए, वह भी ऐसे समाज में जो मुख्यतः निरक्षर था और तीव्र तनावों एवं दबावों के दौर से गुजर रहा था। ऐसा प्रतीत होता है कि अपने दैन्य और आशा के कारण भारत के विभिन्न वर्गों के लोगों ने अपने मन में गांधीजी की अपनी-अपनी छवियां बसा ली थीं, विशेष रूप से आरंभ में जब अधिकतर लोगों ने दूर से उनकी एक झलक-भर देखी थी या उनकी आवाज-भर सुनी थी, या उनके चमत्कारी पुरुष होने की कहानी मात्र सुनी थी। इसी मनःस्थिति में किसानों को विश्वास हो गया था कि गांधीजी जमींदारी समाप्त कर देंगे, संयुक्त प्रांत के खेत-मजदूर समझते थे कि गांधीजी उन्हें 'जोत दे देंगे' (भारत-सचिव के नाम वायसरॉय रीडिंग का पत्र, 13 अक्तूबर 1921, *रीडिंग कलेक्शन*); और मई 1921 में असम के चाय-बागानों के कुली सामूहिक रूप से बागान छोड़कर निकल पड़े। उनका कहना था कि गांधीजी ने उन्हें ऐसा करने का आदेश दिया है। इलाहाबाद जिले में जनवरी 1921 में होनेवाले किसान आंदोलन से संबंधित गुप्तचर विभाग की रिपोर्ट में इसी बात को अत्यंत स्पष्ट रूप से कहा गया है : "सुदूर गांवों में भी मि. गांधी के नाम का जैसा प्रचलन हो गया है वह आश्चर्यजनक है। इनमें से कोई ठीक से यह नहीं जानता कि वे कौन हैं या क्या हैं, किंतु यह तय है कि जो वे कहते हैं वह सत्य माना जाता है और उनके आदेशों का पालन अनिवार्य है। वे महात्मा हैं, साधु हैं, पंडित हैं, ब्राह्मण हैं, जो इलाहाबाद में रहते हैं ...। उनके नाम की वास्तविक शक्ति शायद लोगों के इस विश्वास में है कि प्रतापगढ़ में बेदखली बंद करानेवाले गांधीजी ही थे ... । आम तौर पर गांधीजी को सरकार-विरोधी नहीं बल्कि केवल जमींदार-विरोधी माना

जाता है . . . । हम गांधीजी और सरकार के पक्ष में हैं" (*होम पोलिटिकल डिपॉजिट*, फरवरी 1921, सं. 13)। प्रबल धार्मिक स्वर लिए हुए गांधी जैसा नेतृत्व शायद उस काल की ऐतिहासिक आवश्यकता थी। जैसाकि हम देखेंगे, 1920 के दशक के आरंभ में इस प्रकार के अनेक स्थानीय या आंचलिक नेताओं का उदय हुआ : बंगाल और बिहार के खान-मजदूरों के बीच स्वामी विश्वानंद एवं स्वामी दर्शनानंद, उत्तरी बिहार में स्वामी विद्यानंद, प्रतापगढ़ में बाबा रामचंद्र, राजस्थान में स्वामी कुमारानंद, महाराष्ट्र में आनंदस्वामी, आंध्र की राम्पा जनजाति में अल्लूरी सीताराम राजू। छवि-निर्माण की इस प्रक्रिया के दोहरे स्वरूप पर ध्यान दिए जाने की आवश्यकता है। जैसाकि इलाहाबाद के गुप्तचर विभाग की रिपोर्ट दर्शाती है, किसान गांधीजी से संबंधित अफवाहों को एक आमूल परिवर्तनवादी, जमींदार-विरोधी मोड़ दे रहे थे। किंतु साथ ही वे स्वयं अपनी उपलब्धियों का श्रेय भी गांधीजी को ही दे रहे थे। कारण कि प्रतापगढ़ में बेदखली पर जो रोक लगी थी वह बाबा रामचंद्र जैसे स्थानीय नेताओं के नेतृत्व में किसानों के संघर्ष का ही परिणाम थी। गांधीजी या कांग्रेस नेतृत्व का इससे कोई प्रत्यक्ष संबंध नहीं था, जैसाकि हम आगे चलकर देखेंगे। यदि, जैसाकि 1922 के पश्चात् बार-बार हुआ, गांधीजी पीछे हट जाने का आदेश देते तो अधिकांश जनसामान्य उसका पालन ही करता। किसानों को अब भी इस बात की आवश्यकता थी कि ऊपर से कोई त्राता आकर उनका प्रतिनिधित्व करे। किसानों की इस अत्यंत महत्वपूर्ण सीमा को हाल के अनेक विद्वान उतना महत्व नहीं देते जितना कि दिया जाना चाहिए। ये लेखक अभिजनवादी इतिहास-लेखन के विरुद्ध प्रतिक्रियास्वरूप ग्रामीण जनसामान्य की स्वतःस्फूर्त क्रांतिकारी शक्ति को कुछ सीमा तक एक रूमानी रंग मात्र प्रदान करते हैं।

समय बीतने के साथ ही स्वर्णयुग का यह स्वप्न धूमिल पड़ता गया। तथ्य तो यह है कि गांधीवादी कांग्रेस के संगठन एवं अनुशासन के प्रसार के कारण इस पर अंकुश ही लगा। इस प्रकार संगठनात्मक शक्ति और जनता के आदिम, प्रायः हिंसक एवं जुझारू उभारों की शक्ति के बीच का विपरीत संबंध ही एक प्रकार से गांधीवादी आंदोलनों का ढर्रा बननेवाला था।

चंपारन, खेड़ा, अहमदाबाद

1915 में गांधीजी दक्षिण अफ्रीका से आंशिक विजय प्राप्त कर स्वदेश लौटे थे। जून 1914 में स्मट्स के इंडियन रिलीफ एक्ट ने 3 पाउंड के कर को समाप्त कर दिया था और भारतीय विवाहों को मान्यता दे दी थी, हालांकि भेदभाव अभी समाप्त नहीं हुआ था और अफ्रीकियों एवं भारतीयों के नस्ली शोषण के विस्तृत प्रश्न को तो अभी उठाया ही नहीं गया था। अगले तीन वर्षों में गांधीजी ने ऐसे व्यक्ति की ख्याति प्राप्त कर ली जो स्थानीय अन्यायों (चंपारन के नील उगानेवालों, अहमदाबाद के कपड़ा मिल-कामगारों और खेड़ा

के किसानों के साथ होनेवाले अन्यायों) के मामलों को अपने हाथ में लेकर इस संबंध में कुछ न कुछ ठोस कार्य कर ही लेते थे। यह राजनीतिक पद्धति ऐसी थी जिसका कांग्रेस (और होमरूल लीग) की सुस्थापित पद्धति से तीव्र विरोध था। कांग्रेस की पारंपरिक पद्धति थी—अस्पष्ट-से अखिल-भारतीय मुद्दों अथवा कार्यक्रमों को लेकर चलना और काम का आरंभ ऊपर से करना। ज्यूडिथ ब्राउन का कथन है कि इन आरंभिक आंदोलनों का महत्व यह है कि इन्हीं के दौरान 'सब-कांट्रैक्टर्स' जैसे चंपारन में राजेंद्रप्रसाद, अनुग्रहनारायण सिन्हा, और गुजरात के दो आंदोलनों में वल्लभभाई पटेल, महादेव देसाई, इंदुलाल याज्ञिक और शंकरलाल बैंकर जैसे कार्यकर्त्ता गांधीजी के साथ हुए जो आगे चलकर उनके आजीवन अनुयायी बने। किंतु स्वयं ज्यूडिथ के एवं अन्य उपलब्ध विवरण अन्य महत्वपूर्ण आयामों को भी दर्शाते हैं : प्रत्येक मामले में नीचे से आनेवाले दबाव विद्यमान रहते थे, कभी-कभी स्वर्णयुग का आकर्षण भी होता था, और नियंत्रक भूमिका के प्रथम संकेत भी इनमें देखे गए थे।

चंपारन में, जैसाकि हम देख चुके हैं, निलहों के विरुद्ध असंतोष और आंदोलन का एक लंबा इतिहास रहा था। जाक पुष्पादास का विस्तृत विश्लेषण दर्शाता है कि किसान आंदोलनों में मध्यस्थता की महत्वपूर्ण भूमिका निभानेवाले कस्बे के वे बुद्धिजीवी नहीं थे जो गांधीवाद में दीक्षित हुए थे। (राजेंद्रप्रसाद, ए. एन. सिन्हा जैसे वकील या कृपलानी जैसे मुजफ्फर कॉलेज के अध्यापक, जिन्हें ज्यूडिथ ब्राउन 'सब-कांट्रैक्टर्स' कहती हैं) बल्कि यह भूमिका समृद्ध और मंझोले किसानों की अपेक्षाकृत निम्न श्रेणी ने (राजकुमार शुक्ल जो गांधीजी को आमंत्रित करने के लिए लखनऊ गए थे, संत राउत और खेंडर राय), स्थानीय महाजनों और व्यापारियों ने, जिन्हें साहूकारी एवं व्यापार के क्षेत्र में निलहों की प्रतिस्पर्धा से शिकायत थी, कुछ ग्रामीण मुख्तारों और स्कूली अध्यापकों (पीर मुहम्मद, हरबंस सहाय) ने निभाई थी। पहली दृष्टि में गांधीजी की इतनी ही भूमिका दिखाई देती है कि उन्होंने जुलाई 1917 में (जब उनके प्रवेश पर लगी स्थानीय पाबंदी को सत्याग्रह की धमकी के कारण उच्च अधिकारियों ने निरस्त कर दिया था) एक खुली जांच बिठाई और चंपारन के नील-उत्पादकों की शिकायतों से सारे देश को अवगत कराया। इसी जांच और प्रचार के फलस्वरूप तिनकठिया प्रथा की समाप्ति हुई। लेकिन इसका जो मनोवैज्ञानिक प्रभाव पड़ा वह ठोस गतिविधियों से कहीं अधिक था। बेतिया के एस. डी. ओ. ने 29 अप्रैल 1917 की अपनी रिपोर्ट में लिखा : गांधी "प्रतिदिन अज्ञानी जनसमुदाय की कल्पना को आसन्न स्वर्णयुग के स्वप्न दिखाकर रूपांतरित कर रहे हैं।" एक रैयत ने गांधीजी की तुलना रामचंद्र से की और जांच समिति के समक्ष कहा कि "अब गांधीजी आ गए हैं तो काश्तकारों को राक्षस निलहों का कोई भय नहीं है।" ऐसी भी अफवाहें फैलीं कि सभी स्थानीय अधिकारियों एवं निलहों को काबू में करने के लिए

वायसरॉय या सम्राट ने गांधीजी को भेजा है, यह भी कि कुछ ही महीनों में अंग्रेज चंपारन छोड़कर चले जाएंगे। ऐसे संघर्ष के संकेत भी मिले जो गांधीवादी सीमाओं को पार करने लगे थे, जैसेकि नील के कारखानों पर आक्रमण एवं आग लगाने की कुछेक घटनाएं। 1917 के अंत तक किसान कभी-कभी तो घटी हुई दरों पर भी 'शरहबेशी' देने से इनकार करने लगे थे जिसे गांधीवादी व्यवस्था के अंतर्गत देना स्वीकार कर लिया गया था। गांधीजी अपने पीछे पंद्रह स्वयंसेवकों को छोड़ गए थे जिन्होंने गांवों में रचनात्मक कार्य करने का प्रयास किया। उन्होंने राजेंद्रप्रसाद से कहा था कि समस्या का एकमात्र हल "रैयतों को शिक्षित करना और उनके एवं निलहों के बीच निरंतर मध्यस्थता की प्रक्रिया" है। किंतु ऐसे उपाय चंपारन में अधिक सफल नहीं हुए। वहां मई 1918 तक ग्राम स्तर के केवल तीन कार्यकर्त्ता रह गए थे।

गुजरात के खेड़ा जिले में गांधीजी के हस्तक्षेप को अधिक स्थायी सफलता मिली। यहां के किसान अपेक्षाकृत समृद्ध कंबी पाटीदार थे (न कि चंपारन की भांति बड़े जमींदार या निलहे या अत्यंत दरिद्र काश्तकार)। खेड़ा के किसान समीप के अहमदाबाद शहर के लिए अनाज, कपास और तंबाकू का उत्पादन करते थे। अनेक पाटीदार व्यापार के सिलसिले में दक्षिण अफ्रीका जा चुके थे, और इन लोगों में प्राथमिक शिक्षा पर्याप्त प्रचलित थी। जैसाकि डेविड हार्डिमन ने खेड़ा जिले से संबंधित अपने ताजा अध्ययन में दर्शाया है, यहां उन्नीसवीं सदी के अंत में विद्यमान 'स्वर्णयुग' के बाद, 1899 से अकालों और महामारियों का दौर चला था जिससे किसानों के लिए मालगुजारी देना बहुत कठिन हो गया। (मालगुजारी में शायद ही कभी कोई कमी की गई हो।) गांवों में रहनेवाले 'छोटे पाटीदारों' पर, जिनका अपनी बिरादरी की विवाह-व्यवस्था में हीन स्थान था, इस स्थिति का सर्वाधिक प्रतिकूल प्रभाव पड़ा, जबकि बड़े पाटीदार दहेज के माध्यम से अतिरिक्त संपत्ति जमा कर लेते थे और उन्हें पड़ोस की बड़ौदा रियासत की सिविल सेवा में नौकरियां भी मिल जाती थीं। गांधीजी के राष्ट्रीय आंदोलन को सार्वधिक स्थायी समर्थन छोटे पाटीदारों से ही मिला था। 1917-18 में फसल बहुत खराब हुई थी और साथ ही मिट्टी के तेल, लोहे के सामान, कपड़े और नमक की कीमतें बढ़ गई थीं, जबकि बरइया नामक निम्न जाति के लोग, जो पाटीदारों के यहां खेत-मजदूरों के रूप में कार्य करते थे, अपनी मजदूरी बढ़वाने में सफल हो गए थे। अप्रैल 1918 में एक पाटीदार ने शिकायत की थी कि "पहले जो मजदूर तीन आने में मिलता था अब उसे छः आने देने पड़ते हैं।" वस्तुतः नवंबर 1917 में मालगुजारी की नाअदायगी (खराब फसल के कारण मालगुजारी की माफी की मांग पर बल देने के लिए) की पहल करनेवाले गांधीजी या अहमदाबाद के राजनीतिज्ञ नहीं थे, अपितु मोहनलाल पंड्या जैसे खेड़ा के कापड़वंज ताल्लुके के स्थानीय ग्रामीण नेता थे। पर्याप्त सोच-विचार के पश्चात्

22 मार्च 1918 को गांधीजी ने इसे अपने हाथ में लिया था। किंतु तब तक बहुत देर हो चुकी थी और गरीब किसानों को डरा-धमकाकर लगान वसूल कर लिया गया था। वैसे भी रबी की फसल अच्छी होने के आसार थे जिसने मालगुजारी की माफी की मांग को कमजोर बना दिया था। इसका परिणाम यह हुआ कि खेड़ा सत्याग्रह, जो भारत में वास्तविक गांधीवादी किसान सत्याग्रह था, एक छिटपुट आंदोलन बनकर रह गया। 559 गांवों में से केवल 70 गांवों पर ही इसका प्रभाव पड़ा और जून में मामूली-सी रियायत लेकर ही आंदोलन को स्थगित कर देना पड़ा। किंतु वर्षों तक नियमित रूप में होनेवाले ग्राम-कार्य के कारण गुजरात में गांधीवाद की ठोस नींव पड़ी, विशेषकर खेड़ा के चरोटर क्षेत्र के समृद्ध तंबाकू एवं दुग्ध के उत्पादनवाले आनंद और बरसाड ताल्लुकों में और सूरत के बारदोली ताल्लुके में (जहां गांधीवादी कार्यकर्त्ताओं ने अपने-आपको कुंवरजी मेहता के पाटीदार युवकमंडल द्वारा पहले से चलाए जा रहे रचनात्मक कार्य से जोड़ लिया था)। गांधीजी की अहिंसा में पाटीदारों के गहन विश्वास का कारण केवल वैष्णव भक्ति की परंपरा ही नहीं थी, अपुति यह तथ्य भी था कि "संपत्तिधारी होने के कारण वे किसी प्रकार की हिंसक क्रांति नहीं चाहते थे।" वास्तव में खेड़ा सत्याग्रह के तुरंत पश्चात् पाटीदारों के घरों में डकैतियों की बाढ़-सी आ गई। इन डकैतियों में बरइयों का हाथ था जिन्होंने संभवतः यह अनुमान कर लिया था कि अंग्रेजी राज की कानून-व्यवस्था ढह रही है। गुजरात के किसानों की अपनी राय थी और वे गांधीजी के अनुयायियों की कठपुतली मात्र नहीं थे, जैसाकि ज्यूडिथ ब्राउन ने दर्शाया है। यह इस बात से सिद्ध है कि 1918 की गर्मियों में फौजी भरती के लिए गांधीजी द्वारा किए गए आह्वान का खेड़ा में कोई विशेष प्रभाव नहीं पड़ा : "जो ग्रामीण पहले मालाएं लेकर उनके स्वागत के लिए आए थे, अब उन्हें भोजन देने के लिए भी तैयार नहीं थे" (हार्डीमन के शोधग्रंथ *पेजेंट एंजीटेशंस इन खेड़ा डिस्ट्रिक्ट, गुजरात, 1917-1934*, ससेक्स थीसिस, 1975, से उद्धृत, पृ. 113, 158, 151)।

चंपारन और खेड़ा के विपरीत जहां आंदोलन गोरे निलहों एवं राजस्व अधिकारियों के विरुद्ध थे, फरवरी-मार्च 1918 में अहमदाबाद में गांधीजी ने गुजरात के मिल-मालिकों और उनके कामगारों के बीच के शुद्ध आंतरिक संघर्ष में मध्यस्थता की थी। कपड़ा-मिलों के बड़े उद्योगपति अंबालाल साराभाई साबरमती आश्रम के लिए धन जुटानवाले आरंभिक लोगों में थे और उनकी बहन अनुसूया बेन गांधीजी की शिष्या बन गई थीं। उन्होंने सत्याग्रह के समय खेड़ा की यात्रा की थी और मिल-मजदूरों के लिए रात्रि-विद्यालय चलाया करती थीं। मिल-मालिक 1917 से दिया जा रहा 'प्लेग बोनस' समाप्त करना चाहते थे, वह भी ऐसे समय में जब कीमतें बढ़ती जा रही थीं। कामगार प्लेग बोनस के बदले मजदूरी में 50 प्रतिशत वृद्धि की मांग कर रहे थे; बाद में गांधीजी की सलाह पर इसे 35 प्रतिशत कर दिया गया था। मिल-मालिक 20 प्रतिशत

से अधिक वृद्धि करने को तैयार न थे। गांधीजी के मध्यस्थता के प्रयासों के बावजूद संघर्ष को टाला नहीं जा सका। मार्च 1918 में गांधीजी के नेतृत्व में अहमदाबाद के मिल-मजदूरों ने हड़ताल कर दी। इसकी विशेषता यह थी कि इसी हड़ताल में (15 मार्च से) गांधीजी ने सर्वप्रथम भूख-हड़ताल के हथियार का प्रयोग किया। सामान्य रूप से इसे कामगारों की शिथिल पड़ती भावना को उत्साहित करने का ऐसा सफल प्रयास कहा गया है, जिसका विकल्प हिंसक धरना ही हो सकता था, जिसका गांधीजी ने कड़ाई से निषेध कर दिया था। ज्यूडिथ ब्राउन द्वारा उद्धृत डिस्ट्रिक्ट मजिस्ट्रेट की रिपोर्ट एक भिन्न मगर रोचक कहानी प्रस्तुत करती है। इसमें कहा गया है कि कामगारों ने "उन पर (गांधीजी पर) आक्षेप किया कि वे मिल-मालिकों के मित्र हैं, उनकी मोटरगाड़ियों में घूमते हैं और उनके साथ दावतें खाते हैं, जबकि बुनकर भूखों मर रहे हैं", और इस 'तानाजनी से दुःखी होकर' गांधीजी ने उपवास आरंभ कर दिया। भूख-हड़ताल का लक्ष्य जो भी रहा हो, यह कामगारों को मजदूरी में 35 प्रतिशत वृद्धि दिलाने में सफल रही। 1920 में स्थापित टैक्सटाइल लेबर एसोसिएशन के माध्यम से अहमदाबाद की कपड़ा मिलों के कामगारों पर गांधीजी का प्रभाव सुदृढ़ हुआ। यह संगठन इस दर्शन पर आधारित था कि विवादों को शांतिपूर्ण मध्यस्थता द्वारा सुलझाया जाए, पूंजी और श्रम एक-दूसरे के पूरक हों, और मालिक श्रमिकों के 'न्यासी' हों। अहमदाबाद के मिल-मालिकों और कामगारों, दोनों के साथ गांधीजी के अत्यंत सौहार्दपूर्ण निजी संबंध होने के कारण यह पद्धति यहां सफल रही। मगर ध्यान देने योग्य बात यह है कि गांधीवादी ढर्रा जो न केवल 'वर्ग-संघर्ष' की तर्ज पर राजनीतिकरण को अपितु हिंसक आर्थिक संघर्षों को भी अस्वीकार करता था, कभी अहमदाबाद के बाहर लोकप्रिय नहीं हो सका। अन्य कई राष्ट्रवादी नेताओं के विपरीत, गांधीजी आरंभ से ही ए. आई. टी. यू. सी. से नितांत अलग रहे—इसमें कम्युनिस्टों के महत्वपूर्ण होने के बहुत पहले से ही। वर्गों के बीच शांति एवं पारस्परिक सामंजस्य का संदेश सर्वहारा की अपेक्षा कृषक वर्ग में अधिक सफल हुआ, क्योंकि ग्रामीण क्षेत्रों में शोषण कभी-कभी 'पितृवत्' स्वरूप भी धारण कर लेता था और भू-राजस्व एवं नमक कर जैसे मुद्दे लोगों को जोड़ने में सहायक होते थे।

1919 के आरंभ तक अखिल-भारतीय राजनीति में गांधीजी का हस्तक्षेप अपेक्षाकृत कम रहा। यह एनी बेसेंट को नजरबंद किए जाने के विरोध एवं अली बंधुओं की रिहाई की बारंबार मांग तक ही सीमित रहा (जिनके माध्यम से वे पहले ही लखनऊ के अब्दुल बारी जैसे मुसलमान धार्मिक नेताओं के साथ संपर्क स्थापित करते आ रहे थे)। उन्होंने सुधार-प्रस्तावों में भी कोई खास दिलचस्पी नहीं ली, जबकि अधिकांश दूसरे राजनीतिज्ञों का ध्यान इन्हीं में लगा हुआ था। लेकिन फरवरी 1919 में रौलट एक्ट के पारित होने के फलस्वरूप जो उत्तेजना फैली, उसके चलते उन्होंने पहली बार एक अखिल-भारतीय

सत्याग्रह आंदोलन आरंभ किया।

रौलट सत्याग्रह

तथाकथित रौलट एक्ट (जिसमें 1918 में जस्टिस रौलट की अध्यक्षता में स्थापित सेडीशन कमेटी की कुछेक सिफारिशें सम्मिलित थीं) को 6 फरवरी और 18 मार्च 1919 के बीच तमाम गैर-सरकारी भारतीय सदस्यों के एकजुट विरोध के बावजूद इंपीरियल लेजिस्लेटिव काउंसिल में शीघ्रता से स्वीकार कर लिया गया। यह कानून विशेष न्यायालयों की और (राजद्रोहात्मक घोषित की गई सामग्री रखने मात्र पर भी) किसी को बिना मुकदमा चलाए दो वर्षों तक बंदी रखने की व्यवस्था के द्वारा युद्ध-काल में नागरिक अधिकारों पर लगाए गए प्रतिबंधों को स्थायी बनाने का एक प्रयास था। यह शायद सरकारी और गैर-सरकारी गोरे जनमत को प्रसन्न करने का भी प्रयास था जो मांटेग्यू द्वारा किए गए उदार वादों एवं द्विशासन की पद्धति से अप्रसन्न था। इसके साथ वायसरॉय ने यह आश्वासन भी दिया था कि आगामी सुधारों से सिविल सेवा एवं अंग्रेजों के व्यापारिक हितों पर प्रतिकूल प्रभाव नहीं पड़ेगा। भारत की दृष्टि से रौलट एक्ट का सीधा प्रभाव तो केवल सक्रिय राजनीतिज्ञों पर ही पड़ता, किंतु पुलिस को अधिक शक्तियां प्रदान करने का कोई भी प्रस्ताव निश्चित रूप से घबराहट फैलाता, क्योंकि पुलिसवाले टुच्चे उत्पीड़कों के रूप में कुख्यात थे।

भारतीय राजनीतिक जनमत के सभी स्तरों पर रौलट एक्ट के प्रति गहरा आक्रोश था, किंतु अखिल-भारतीय स्तर पर इसका सार्वजनिक विरोध करने का एक अनूठा और व्यावहारिक ढंग गांधीजी ने सुझाया। इसमें प्रार्थना-याचना के ढंग को तो छोड़ दिया गया था, किंतु इसका लक्ष्य अनियंत्रित अथवा हिंसक होना नहीं था। आरंभ में योजना पर्याप्त सामान्य थी जिसके अंतर्गत स्वयंसेवक निषिद्ध वस्तुओं की सार्वजनिक रूप से बिक्री करके अपने-आपको गिरफ्तार कराते। बाद में 23 मार्च को गांधीजी ने इसे और बढ़ा दिया। अब इसमें 30 मार्च को अखिल-भारतीय स्तर पर हड़ताल करने का नया और कहीं अधिक जुझारू विचार भी सम्मिलित था। (बाद में हड़ताल की तिथि बदलकर 6 अप्रैल कर दी गई।) फिर भी आरंभ से ही काफी नियंत्रण रखा गया था। हड़ताल जान-बूझकर रविवार को रखी गई थी, और गांधीजी ने स्पष्ट कह दिया था कि जिन कर्मचारियों को रविवार को भी कार्य करना पड़ता है वे अपने 'मालिकों से पूर्व-अनुमति लेकर ही कार्य बंद करें।' गांधीजी ने आर्यसमाजी नेता स्वामी श्रद्धानंद का लगान की नाअदायगी के आह्वान का सुझाव भी अस्वीकार कर दिया ("भाई साहब, आप यह तो मानेंगे कि सत्याग्रह के मामले में मैं विशेषज्ञ हूं!"), और दिनशा वाचा जैसे पुराने नरमदलीय नेता से अपना कार्यक्रम स्वीकार कराने के लिए उन्होंने यह तर्क दिया कि "उदीयमान पीढ़ी याचनाओं इत्यादि से संतुष्ट नहीं होगी · · · । मुझे लगता है कि सत्याग्रह

ही आतंकवाद को रोकने का एकमात्र उपाय है" (वाचा को लिखा गया पत्र, 25 फरवरी 1919)।

अपने सत्याग्रह के आयोजन में गांधीजी ने तीन प्रकार के राजनीतिक संगठनों का उपयोग करने का प्रयास किया— होमरूल लीगों का, कुछ अखिल-इस्लामी समूहों का, एवं सत्याग्रह सभा का जिसका आरंभ स्वयं उन्होंने 24 फरवरी को बंबई में किया था। दोनों होमरूल लीगों के अपेक्षाकृत युवा, जुझारू सदस्यों को नेता की तलाश थी, क्योंकि एनी बेसेंट अचानक ही नरमदलीय हो गई थीं (दिल्ली में 1918 के कांग्रेस अधिवेशन में मोंटफोर्ड सुधारों का समर्थन करने के लिए उनकी भर्त्सना की गई थी), और सितंबर 1918 में तिलक इंग्लैंड चले गए थे। जमनादास द्वारकादास, शंकरलाल बैंकर, उमर सोभानी और बी. जी. हार्नीमन जैसे बंबई शहर के जिन कार्यकर्त्ताओं ने बेसेंट की होमरूल लीग में बड़े उत्साह से भाग लिया था, उन्होंने ही गांधीजी की सत्याग्रह सभा के लिए अधिकांश जन और धन जुटाया था। तिलक के कुछ युवा अनुयायी भी गांधीजी के साथ हो गए थे, यद्यपि एन. सी. केलकर और जी. एस. खापर्डे जैसे उनके प्रमुख सहयोगी अलग ही रहे। तब तक गांधीजी के कुछ मुसलमान नेताओं से बहुत अच्छे संबंध स्थापित हो चुके थे, विशेषकर लखनऊ के फिरंगीमहल उल्मा समूह के अब्दुल बारी के साथ जो अभी भी नज़रबंद अली बंधुओं के धार्मिक गुरु थे। उस्मानी तुर्की की हार हो चुकी थी और भारतीय मुसलमानों के बीच अफवाह थी कि विजेता मित्र-देश शांति के लिए बहुत कड़ी शर्तें तैयार कर रहे हैं और सुलतान-खलीफा के भविष्य को लेकर भारतीय मुसलमानों में गहरी चिंता व्याप्त थी। मुस्लिम लीग के दिल्ली अधिवेशन (दिसंबर 1918) की विशेषता यह थी कि इसमें लीग के नेतृत्व में एक महत्वपूर्ण परिवर्तन आया। 'यंग पार्टी' के नरमदलीय नेताओं (वजीर हसन, राजा महमूदाबाद) को, जो मोंटफोर्ड सुधारों को स्वीकार करना चाहते थे, अधिक जुझारू राजनीतिज्ञों ने उखाड़ फेंका। नये नेतृत्व में अंसारी थे और अब्दुल बारी द्वारा लाए गए उल्मा का बड़ा समूह था। इस अधिवेशन में बारी ने गांधीजी को "हिंदुस्तान का दिलेर नेता बताया ... जो मुसलमानों को भी उतना ही प्यारा है जितना कि हिंदुओं को।" मार्च 1919 के मध्य में गांधीजी के साथ विचार-विरर्श करने के पश्चात् बारी ने गांधीजी के सत्याग्रह का समर्थन करने का फैसला कर लिया। इस आंदोलन के लिए विशेष रूप से गठित सत्याग्रह सभा ने समस्त ध्यान प्रचार-साहित्य छापने एवं सत्याग्रह की शपथ के लिए हस्ताक्षर एकत्रित करने में लगाया। स्वयं गांधीजी भारत के तूफानी दौरे पर निकल पड़े। मार्च और अप्रैल के बीच उन्होंने बंबई, दिल्ली, इलाहाबाद, लखनऊ, और दक्षिण भारत के अनेक नगरों की यात्रा की। इसमें कांग्रेस का कहीं कोई हाथ नहीं था। इसके पास अभी देश के अधिकांश भागों में वास्तविक आंदोलनकारी राजनीति संचालित करने का तंत्र नहीं था; जहां ऐसे किसी तंत्र का अस्तित्व था, जैसे बंगाल एवं महाराष्ट्र में

पुराने उग्रवादी समूहों का तंत्र, वहां गांधीजी का सर्वाधिक विरोध हुआ था।

कहने का तात्पर्य यह है कि अप्रैल 1919 में जो तूफान उठा और जो 1857 के बाद भारत में सबसे बड़ा अंग्रेज-विरोधी आंदोलन था, उसकी संगठनात्मक तैयारी बहुत सीमित, छिटपुट और अत्यंत अपर्याप्त थी। मार्च के मध्य तक सत्याग्रह की शपथ के लिए हस्ताक्षर करनेवालों की कुल संख्या 982 थी—बंबई शहर में 397, गुजरात में 400, सिंध में 101 और बंबई प्रेसीडेंसी के बाहर केवल 84। पंजाब वह प्रांत था जो सबसे अधिक प्रभावित हुआ था, मगर वहां होमरूल लीग का संगठन (युद्धकालीन प्रतिबंधों के कारण) सबसे कमजोर था। न ही गांधीजी को इतना समय मिला कि विस्फोट के पूर्व पंजाब की यात्रा कर पाते।

हंटर आयोग और कांग्रेस की पंजाब जांच-समिति की रिपोर्टों (1920) को तथा रवींद्रकुमार द्वारा संपादित शोधपत्रों के बहुमूल्य संकलन (*एसेज ऑन गांधियन पॉलिटिक्स*) को साथ रखकर देखें तो एक ऐसे स्फूर्त विद्रोह का चित्र सामने आता है जिसकी चिनगारी युद्ध-पश्चात् काल की आर्थिक शिकायतों, गांधीजी से संबंधित जनश्रुतियों (जिनकी शक्ति उनके अस्पष्ट एवं सही न होने में थी) एवं सरकार की भड़कानेवाली एवं पाशविक दमनकारी गतिविधियों (विशेष रूप से पंजाब में) के कारण भड़की थी। यह आंदोलन लगभग पूर्णतः शहरी प्रतीत होता है जिसमें औद्योगिक कामगारों की तुलना में निम्न-मध्यवर्गीय समूहों एवं कारीगरों की भूमिका अधिक महत्वपूर्ण रही। 30 मार्च और 6 अप्रैल को भारत के अधिकांश नगरों में हड़ताल रही, लेकिन इसके परिणामस्वरूप उत्पन्न होनेवाले उपद्रवों का सबसे अधिक प्रभाव अमृतसर, लाहौर, गुजरांवाला, और पंजाब के अनेक छोटे नगरों में, गुजरात के वीरमगाम, अहमदाबाद एवं नाडियाड में, दिल्ली, बंबई और (कुछ कम सीमा तक) कलकत्ता में पड़ा।

पंजाब में लेफ्टीनेंट-गवर्नर ओ'डायर का प्रशासन 1919 के पूर्व ही पूरी तरह अलोकप्रिय हो चुका था। इसके कारण थे—सेना में निर्मम भरती, युद्धकालीन अवैध वसूलियां, 1915 के गदर संबंधी उपद्रवों के पश्चात् कठोर दमन और पढ़े-लिखे समूह की भर्त्सना करनेवाले बेढंगे भाषण (इस बात पर कांग्रेस की जांच-रिपोर्ट में अत्यधिक बल दिया गया था क्योंकि उसका दावा था कि पढ़ा-लिखा समूह "लोगों का स्वाभाविक नेता होता है", पृ. 24)। रवींद्रकुमार के लाहौर संबंधी व्यष्टिस्तरीय अध्ययन में कुछेक विशिष्टि कारणों पर ध्यान केंद्रित किया गया है : 1917-19 के बीच खाद्यान्नों की कीमतों में 100 प्रतिशत की वृद्धि हुई जबकि कारीगरों के पारिश्रमिक में केवल 20-25 प्रतिशत की ही वृद्धि हुई; 1913 में पंजाब के चोटी के स्वदेशी उद्यमी हरकिशन लाल के पीपुल्स बैंक का दीवाला निकलवाने में ओ'डायर का सक्रिय हाथ (जिससे पंजाब के मुख्यतः हिंदू व्यापारी समुदाय की आर्थिक महत्वाकांक्षाओं को बड़ा धक्का लगा); मुकुंदलाल पुरी और गोकुलचंद नारंग जैसे व्यापारिक

संपर्क रखनेवाले आर्यसमाजी बैरिस्टरों द्वारा ब्रिटिश-विरोधी विचारों का प्रचार (जिसमें रामभुज दत्त जैसे पुराने उग्रवादी और सनातन धर्म सभा के संरक्षक रामसरन दास भी सम्मिलित थे); और मुसलमानों में आनेवाली जागृति जिसके प्रेरक थे—पत्रकार जफर अली खान और सबसे बढ़कर कवि इकबाल की पहले की अर्थात् राष्ट्रवादी चरण की कविता जब उन्होंने अपनी विख्यात रचना 'सारे जहां से अच्छा हिंदोस्तां हमारा' लिखी थी और पुजारी को संबोधित करते हुए 'नया शिवाला' में घोषणा की थी :

सच कह दूं ऐ बरहमन गर तू बुरा न माने,
बुत तेरे बुतक़दों के सब हो गए पुराने।

अपनों से बैर रखना तूने बुतों से सीखा,
जंगो-जदल सिखाया वाइज़ को भी ख़ुदा ने।

तंग आके मैंने आख़िर दैरो-हरम को छोड़ा,
वाइज़ का वाज़ छोड़ा, छोड़े तिरे फसाने।

पत्थर की मूरतों में समझा है तू ख़ुदा है,
ख़ाके-वतन का मुझको हर ज़र्रा देवता है।

जिस बात से ओ'डायर एवं अन्य ब्रिटिश अधिकारी अत्यधिक डरे हुए प्रतीत होते थे, वह थी—1919 के आरंभ में हिंदू-मुसलमान-सिखों की अभूतपूर्व एकता, वह भी ऐसे प्रांत में जो इसके पहले और बाद में सांप्रदायिक अलगाव के लिए जाना जाता था। अमृतसर में 30 मार्च और 6 अप्रैल को हुई हड़तालें शांतिपूर्ण किंतु जबरदस्त थीं और 9 अप्रैल को निकले रामनवमी के जुलूस का वर्णन करते हुए हंटर आयोग ने कहा था कि इसमें "मुसलमानों ने बहुत बड़ी संख्या में भाग लिया था ... । हिंदू-मुस्लिम एकता को बढ़ावा देनेवाला एक महत्वपूर्ण प्रदर्शन—विभिन्न समुदायों के लोग खुलेआम हमप्याला हो रहे थे।" अमृतसर के स्थानीय नेताओं किचलू और सत्यपाल को उसी शाम शहर से निकाल दिया गया। दिल्ली एवं पंजाब में गांधीजी के प्रवेश पर प्रतिबंध लगाने के आदेश जारी किए गए। 10 अप्रैल को अमृतसर में हॉल ब्रिज के पास शांतिपूर्ण प्रदर्शनकारियों पर गोली चलाए जाने के प्रत्युत्तर में ब्रिटिश शासन के प्रतीकों अर्थात् डाकखानों, बैंकों, रेलवे स्टेशन और टाउनहाल पर आक्रमण हुए। 11 अप्रैल को मार्शल लॉ लागू कर दिया गया जिसकी बागडोर जनरल डायर के हाथ में थी। 13 अप्रैल को मेला देखने आए ग्रामीणों की शांत भीड़ पर, जिसे यह भी पता नहीं था कि सभाओं पर निषेधाज्ञा लागू है, जलियांवाला बाग के घिरे हुए मैदान में, बिना कोई चेतावनी दिए गोलियां चलाई गईं। सरकारी आकलन के अनुसार 379 लोग मारे गए थे, किंतु गैर-सरकारी अनुमानों के अनुसार यह संख्या कहीं अधिक थी। जैसाकि हंटर

आयोग के सामने डायर ने कहा, उसे केवल इस बात का दुःख था कि उसका गोला-बारूद खत्म हो गया था और संकरी गलियों के कारण बाग में बख्तरबंद गाड़ी नहीं लाई जा सकी थी—क्योंकि अब सवाल केवल भीड़ को तितर-बितर करने का नहीं रह गया था, बल्कि 'नैतिक प्रभाव उत्पन्न करना' आवश्यक था। आनेवाले सप्ताहों में डायर, लेफ्टीनेंट-गवर्नर के भरपूर समर्थन के साथ, 'नैतिक प्रभाव' उत्पन्न करता, जिसके साधन थे—अंधाधुंध गिरफ्तारियां, यातनाएं, विशेष न्यायालय, सार्वजनिक रूप से कोड़े लगाना, वकीलों को सिपाहियों का मामूली काम करने के लिए बाध्य करना, और 'नेटिव लोगों' को सभी साहबों को सलाम करने के लिए बाध्य करना, तथा कूचा कौचियांवाला, जहां एक मेम की बेइज्जती हुई थी, से गुजरनेवाले प्रत्येक भारतीय को रेंगकर जाने के लिए मजबूर करना।

लाहौर में, जहां 6 और 9 अप्रैल को हुई शांतिपूर्ण हड़तालों एवं प्रदर्शनों में अनूठी सांप्रदायिक एकता देखने को मिली थी, जब पंजाब में गांधीजी के प्रवेश-निषेध एवं अमृतसर की घटनाओं की खबर पहुंची तो 10 अप्रैल को जनता एवं पुलिस-बलों के बीच हिंसक संघर्ष हुए। मुसलमान कारीगर और कामगार विशेष रूप से हिंसक हो रहे थे, जबकि रामभुज दत्त जैसे जमे हुए नेता भीड़ को नियंत्रित करने का भरसक प्रयास कर रहे थे। 11 अप्रैल को मुगलपाड़ा रेलवे कार्यशाला में (जहां 1,200 कर्मचारी थे) एवं अनेक कारखानों में हड़ताल हुई, और स्थिति इतनी गंभीर हो गई कि सभी अंग्रेज शहर छोड़कर छावनी में चले गए। बादशाही मस्जिद में हुई एक विशाल सभा में एक जन-समिति बनाने का निर्णय हुआ, जिसने 11 से लेकर 14 अप्रैल तक वस्तुतः शहर को नियंत्रित किया। लेकिन इस समिति में अधिकांशतः मध्यवर्गीय राजनीतिज्ञ थे जिन्हें यह समझ में नहीं आया कि लोगों ने एकाएक जो शक्ति उनके हाथों में सौप दी थी उसका क्या करें। वे तो दबाव की राजनीति के अभ्यस्त थे और क्रांति के लिए निश्चित रूप से तैयार नहीं थे। वे हड़ताल के दौरान कुछ भोजनशालाओं का प्रबंध मात्र कर सके और 13 अप्रैल को टाउनहाल की एक सभा में हड़ताल समाप्त किए जाने का उनका प्रयास केवल जन-आक्रोश के कारण ही असफल रहा। उस समय बहुत थोड़े समय के लिए एक वैकल्पिक, अधिक संघर्षशील नेतृत्व के चिह्न भी दिखे थे : चमनदीन के नेतृत्व में चालीस सदस्यों की 'डंडा फौज' लाठियों और चिड़ियामार बंदूकों से लैस होकर सड़कों पर गश्त लगाने और भड़कानेवाले पोस्टर लगाने लगी थी : "ओ हिंदू, मुसलमान और सिख भाइयो, आओ, डंडा फौज में शामिल होकर अंग्रेज बंदरों के खिलाफ बहादुरी से लड़ो . . .। अंग्रेजों से कोई लेन-देन न रखो, दफ्तर और वर्कशॉप बंद कर दो। लड़ते रहो! यही महात्मा गांधी की आज्ञा है।" 14 अप्रैल को अंग्रेज दल-बल समेत लौट आए, जन-समिति के नेताओं को निष्कासित कर दिया गया और मार्शल लॉ लगाकर जन-आंदोलन को कुचल दिया गया।

पंजाब के पांच जिले रौलट एक्ट संबंधी उपद्रवों से गंभीर रूप से प्रभावित हुए। ये थे : अमृतसर और लाहौर के अतिरिक्त गुजरांवाला, गुजरात और लायलपुर। गुजरात, गुजरांवाला, लाहौर और अमृतसर को दिल्ली से जोड़नेवाली उत्तर-पश्चिमी रेल लाइन में आम हड़ताल की धमकी से अंग्रेज बहुत चिंतित हुए। यद्यपि यह हड़ताल नहीं हुई, फिर भी हंटर आयोग को लगा कि 'शहरों के निम्न वर्गों के साथ' ही 'रेल कर्मचारी' भी 'विशेष रूप से छूत के शिकार' हैं। हंटर आयोग और कांग्रेस की जांच-समिति की रिपोर्टें एक बात पर सहमत थीं कि 'किसानों का विशाल वर्ग' इस सबसे अछूता रहा था। अन्य स्थानों पर सरकारी भवनों एवं संचार व्यवस्था पर छिटपुट हमले हुए (10 से 22 अप्रैल के बीच तार की लाइनों में गड़बड़ी के 54 मामले हुए)। कहीं-कहीं गोरों पर व्यक्तिगत हमले भी हुए जिसका जवाब कहीं अधिक हिंसक, पाशविक एवं निर्मम दमन से दिया गया। दमनकारी कदमों में गुजरांवाला एवं आसपास के गांवों में 14 अप्रैल की हवाई बमबारी भी सम्मिलित थी। मार्शल लॉ न्यायालयों ने 258 मामलों में कोड़े मारे जाने, और नाक रगड़ने और कसूर में पूरी जनसंख्या को पूरे दिन पंजाब की चिलचिलाती धूप में खड़े रहने की 'विचित्र सजाएं' दीं। (1 मई को कसूर में एक ग्यारह वर्ष के लड़के पर सम्राट के विरुद्ध युद्ध छेड़ने का आरोप लगाया गया।) आंदोलनकारियों की हिंसा एवं सरकारी हिंसा के अनुपात में अंतर का अनुमान कांग्रेस की रिपोर्ट में प्रकाशित इस तथ्य से लगाया जा सकता है कि पूरे पंजाब में केवल चार गोरे मारे गए थे जबकि भारतीयों में कम-से-कम 1,200 मरे थे और 3,600 घायल हुए थे।

दिल्ली में, 1912 में राजधानी के स्थानांतरण के पश्चात् राजनीतिक जागरण जैसी बात उत्पन्न हुई। यहां फरवरी 1917 से अंसारी के नेतृत्व में होमरूल लीग की शाखा सक्रिय रही थी, नगर अखिल-इस्लामी गतिविधि का केंद्र बन गया था, हिंदू निम्न-मध्य वर्ग पर स्वामी श्रद्धानंद का अनूठा प्रभाव था, और नवंबर 1918 एवं फरवरी 1919 के बीच के काल में देशी भाषाओं के पांच जुझारू समाचारपत्र निकलने लगे थे। इनके संपादकों (*विजया* के इंद्र, *कांग्रेस* और *इंकबाल* के आसिफ हुसैन हासवी, और *कौम* के संपादक काज़ी अब्बास हुसैन) ने अप्रैल 1919 के आंदोलन में अंसारी या हकीम अजमल खां जैसे जमे हुए नेताओं की तुलना में अधिक महत्वपूर्ण भूमिका निभाई थी। डी. डब्ल्यू. फेरेल के अध्ययन में आर्थिक घटकों के महत्व पर भी ध्यान दिया गया है। इंफ्लुएंजा की महामारी ने नगर में 7,000 लोगों के प्राण ले लिए थे, नमक 1914 की तुलना में चौगुनी कीमत पर बिक रहा था, और मिट्टी का तेल तो मिलता ही नहीं था, (मुख्य रूप से) हिंदू व्यापारी युद्ध-करों से परेशान थे, और (मुख्यतः मुसलमान) कारीगरों का विशाल समुदाय हस्तकलाओं के पतन से बुरी तरह प्रभावित हुआ था। उदाहरण के लिए, 1911 और 1921 के बीच लेस और कशीदाकारी के धंधे में लगे हुए लोगों की संख्या 18,000

से घटकर मात्र 4,000 रह गई थी। दिल्ली शहर में रौलट-विरोधी आंदोलन तीन चरणों में चला। पहला चरण 30 मार्च की हड़ताल तक चला जिसके दौरान दो स्थानों—रेलवे स्टेशन और चांदनी चौक—में गोलियां चलीं। इसके बाद अपेक्षाकृत शांति का चरण रहा जिसमें (4 अप्रैल को) जामा मस्जिद की स्मरणीय सभा हुई जहां हिंदू और मुसलमान, दोनों ही समुदायों के लोगों ने स्वामी श्रद्धानंद के चरण चूमे। गांधीजी के प्रवेश-निषेध की खबर से 10 से लेकर 18 अप्रैल तक लगातार हड़ताल रही, साथ ही बैंकों के बाबुओं ने भी हड़ताल कर दी, और 13 अप्रैल को रेलवे में भी हड़ताल करने का प्रयास किया गया। जैसाकि लाहौर में हुआ था, निम्न वर्गों की संघर्षशीलता से जमे हुए नेता और यहां तक कि जुझारू पत्रकार भी घबरा गए : "मध्य वर्गों और निम्न वर्गों का मिलाप जैसे चुपचाप आरंभ हुआ था वैसे ही चुपचाप समाप्त हो गया" (फेरेल)। 17 अप्रैल को चांदनी चौक में दूसरी बार गोलियां चलीं। फिर शहर में स्थिति शीघ्र ही सामान्य हो गई।

गांधीजी के विरुद्ध उठाए गए कदम के समाचार से 11 अप्रैल को अहमदाबाद में एक व्यापक और सचमुच हिंसक उपद्रव भड़क उठा। 51 सरकारी इमारतों को आग लगा दी गई। उपद्रवकारियों में मुख्यतः कपड़ा मिलों के कामगार सम्मिलित थे। मार्शल लॉ के अंतर्गत की गई कार्रवाई में सरकारी अनुमान के अनुसार 28 लोग मारे गए और 123 घायल हुए। 12 अप्रैल को मिलों के कामगारों ने समीप के कस्बे वीरमगाम में तोड़-फोड़ की। बंबई शहर में 10-11 अप्रैल को दो दिन की स्वतःस्फूर्त हड़ताल रही, किंतु कुल मिलाकर स्थिति शांत ही रही। यहां औद्योगिक कामगारों की अपेक्षा गुजराती व्यापारी और व्यावसायिक समूहों की भूमिका अधिक महत्वपूर्ण रही। प्रदर्शनों का मुख्य केंद्र दक्षिण-मध्य बंबई (सी और डी वार्ड) रहा, सर्वहारा-बहुल परेल नहीं। यहां गांधीजी की उपस्थिति ने निश्चय ही संयमकारी कारक का कार्य किया। नाडियाड और खेड़ा जिलों में भी जन-हिंसा को रोका जा सका क्योंकि "11 अप्रैल को अहमदाबाद से गांधीजी के एक अनुयायी ने आकर लोगों से शांत रहने की प्रार्थना की" (हंटर रिपोर्ट)। बंबई सरकार की प्रतिक्रिया भी पंजाब की तुलना में (जो कि सीमांत प्रांत था और जहां से भारतीय सेना के अधिकांश जवान जुटाए जाते थे) अधिक संयमित रही।

कलकत्ता में 6 और 11 अप्रैल को हड़तालें हुईं, 11 अप्रैल को नाखुदा मस्जिद में हिंदू-मुसलमानों की संयुक्त सभा हुई और 12 अप्रैल को सार्वप्रांतीय हैरिसन रोड-चितपुर-बड़ा बाजार क्षेत्र में जनता और पुलिस-सेना के बीच संघर्ष हुआ, जिसमें अंग्रेजों ने मशीनगन चलाकर नौ लोगों को मार डाला। कलकत्ता के प्रदर्शनों में जो महत्वपूर्ण बात उभरी वह थी उत्तर भारत के हिंदुओं, मारवाड़ियों और मुसलमानों का बढ़-चढ़कर भाग लेना और बंगाली विद्यार्थियों की अपेक्षाकृत कम भागीदारी जो स्वदेशी आंदोलन के ठीक विपरीत थी। मद्रास शहर में विरोध शांतिपूर्ण रहा, किंतु यहां भी समुद्रतट पर बड़ी-बड़ी

श्रमिक सभाएं हुईं जिन्हें संबोधित करनेवालों में थे टी. वी. कल्याणसुंदर मुदलियार (थिरु वी का) तथा कांग्रेसी नेता और 1918 में प्रथम मजदूर संघ (मद्रास लेबर यूनियन) के संगठनकर्त्ता और 1908 में तूतीकोरिन की हड़ताल के आयोजक वयोवृद्ध उग्रवादी नेता सुब्रमण्य शिवा। देश के अन्य भागों में इस आंदोलन का विशेष प्रभाव नहीं पड़ा। उदाहरण के लिए, मध्यप्रांत में संपूर्ण या आंशिक हड़तालों से प्रभावित होनेवाले केवल तीन स्थान थे– छिंदवाड़ा, अकोला और अमरावती।

अंग्रेजों द्वारा अभूतपूर्व स्तर पर किए गए दमन से भारतीय राजनीतिज्ञ कुछ समय के लिए भयभीत-से रहे। उदाहरण के लिए, कलकत्ता में कोई सार्वजनिक विरोध-सभा आयोजित करना असंभव हो गया। (अंततः रवींद्रनाथ ने 30 मई 1919 को अपने विख्यात पत्र द्वारा नाइटहुड का परित्याग करते हुए देश की व्यथा और आक्रोश को अभिव्यक्ति दी।) पंजाब में हुई नृशंसताओं के प्रति 1919 में कांग्रेस की औपचारिक प्रतिक्रिया सदा की भांति एक जांच-समिति बिठाने तक सीमित रही। जहां तक गांधीजी का प्रश्न था, वे स्वयं देशव्यापी हिंसा, विशेष रूप से उनके अपने क्षेत्र अहमदाबाद में हुई हिंसा से बहुत खिन्न थे। उन्होंने (18 अप्रैल को) स्वीकार किया कि यह उनकी 'बहुत बड़ी भूल' थी और शीघ्रता से सत्याग्रह वापस ले लिया। इसके बाद से गांधीजी सदा अत्यंत सावधान रहे कि बिना उचित संगठनात्मक एवं विचारधारात्मक तैयारी के आंदोलन आरंभ न किए जाएं।

दिसंबर 1919 में सुधारों को औपचारिक स्वीकृति दे दी गई। साथ ही, जिन कैदियों पर हिंसा का अभियोग नहीं था उन्हें आम माफी प्रदान कर दी गई। इससे जो आशाएं जाग्रत हुईं और आंदोलनों के संबंध में गांधीजी ने अत्यधिक सावधानी बरतने का जो निश्चय किया, शायद इन दोनों बातों के कारण उसी माह कांग्रेस के अमृतसर अधिवेशन में अपेक्षाकृत आश्चर्यजनक निर्णय लिए गए। इसके पिछले वर्ष कांग्रेस अपने दिल्ली अधिवेशन में मांटफोर्ड सुधारों के प्रति आलोचनात्मक रवैया अपना चुकी थी, जिसके परिणामस्वरूप पुराने नरमदलीय तत्व उससे अलग हो गए थे। इन तत्वों ने सप्रू, जयकर और चिंतामणि के नेतृत्व में अलग से नेशनल लिबरल एसोसिएशन की स्थापना की। लेकिन अमृतसर में गांधीजी ने उस प्रस्ताव को अपना पूरा समर्थन दिया जिसमें मांटेग्यू का धन्यवाद किया गया था और नई काउंसिलों को चलाने में पूर्ण सहयोग देने का वादा किया गया था। सी. आर. दास, तिलक, रामभुज दत्त चौधुरी और हसरत मोहानी के बल देने पर, गांधीजी के विरोध के बावजूद, प्रस्ताव में रौलट एक्ट को निराशाजनक बताते हुए एक समझौता-सूचक धारा जोड़ी गई। लेकिन सितंबर 1920 तक सभी सहसंबंध अस्त-व्यस्त हो गए। गांधीजी काउंसिलों के बहिष्कार एवं असहयोग के लिए जोर देने लगे थे जबकि दास और तिलक के अनुयायी ऐसा नहीं चाहते थे। किंतु तब तक खिलाफत के मुद्दे को लेकर कांग्रेस और राष्ट्रीय राजनीति, दोनों पर ही गांधीजी

को नियंत्रणकारी स्थिति प्राप्त हो चुकी थी।

1919-1920 : नेता और जनता

गांधी, खिलाफत और कांग्रेस

रिचर्ड गॉर्डन, ज्यूडिथ ब्राउन और फ्रांसिस रॉबिंसन के हाल के लेखन में गांधीजी के 'शक्ति प्राप्त करने' अथवा 1919-20 के दौरान राष्ट्रीय नेतृत्व का 'अधिग्रहण' करने की प्रक्रिया को बड़े विस्तार से समझाया गया है। इनमें सदैव इस बात पर बल दिया गया है कि यह सब सर्वोच्च स्तर के अत्यंत कुशल राजनीतिक खेल से अधिक कुछ नहीं था।

1919-20 में जब विजित उस्मानिया साम्राज्य पर संधि की कड़ी शर्तें लादे जाने की अफवाहें तेजी से सत्य होती जा रही थीं, तब खिलाफत तेजी से जोर पकड़ता जा रहा था। इसकी तीन मुख्य मांगें थीं जिन्हें मुहम्मद अली ने पेरिस में राजनयिकों के सामने रखा था। ये थीं—मुसलमानों के पवित्र स्थानों पर तुर्की के सुल्तान-खलीफा का नियंत्रण रहे, खलीफा के अधीन इतना भूभाग रहे कि वह इस्लाम की रक्षा कर सके, और 'जज़ीरतुल-अरब' (अरब, सीरिया, इराक, फिलिस्तीन) पर मुसलमानों की संप्रभुता बनी रहे। जैसीकि उम्मीद थी, इस आंदोलन में भी नरमदलीय और जुझारू दो धाराएं विकसित हुईं। पहली धारा का केंद्र सेंट्रल खिलाफत कमेटी थी जिसका संगठन बंबई के चोटानी जैसे समृद्ध व्यापारियों ने किया था। दूसरी धारा में निम्न-मध्य वर्ग के पत्रकार और उल्मा सम्मिलित थे जिनका विशेषकर संयुक्त प्रांत, बंगाल, सिंध और मलाबार के छोटे कस्बों और गांवों में पर्याप्त प्रभाव था। बंबई के नेता (जिनका आरंभ में तब तक धन पर नियंत्रण बना रहा जब तक कि आंदोलन के विस्तार के साथ सार्वजनिक रूप से चंदा एकत्रित करना संभव नहीं हो गया) आंदोलन को संयत सभाओं, ज्ञापनों और प्रतिनिधिमंडलों को लंदन एवं पेरिस भेजने तक ही सीमित रखना चाहते थे। किंतु 1920 के आरंभ में जब अली बंधु नजरबंदी से रिहा कर दिए गए तो उनके नेतृत्व में जुझारू तत्वों ने देशव्यापी हड़तालें करने पर बल दिया। (ऐसी हड़तालें 17 अक्तूबर 1919 और 19 मार्च 1920 को हुईं।) इसी समूह ने दिल्ली में 22-23 नवंबर 1919 को अखिल-भारतीय खिलाफत कांग्रेस में सर्वप्रथम असहयोग आंदोलन का आह्वान किया।

ज्यूडिथ ब्राउन का कहना है कि आरंभ में दोनों के बीच मध्यस्थ की भूमिका निभा करके गांधीजी ने अपने-आपको दोनों के लिए अत्यंत महत्वपूर्ण बना लिया। खिलाफत नेताओं के लिए वे हिंदू राजनीतिज्ञों से संपर्क की अनिवार्य कड़ी भी थे। खिलाफत नेता हिंदू-मुसलमान एकता के लिए बहुत उत्सुक थे, क्योंकि असहयोग आंदोलन के लिए सेवाओं और कांउसिलों का बहिष्कार करना आवश्यक था जो हिंदुओं के सहयोग के बिना संभव नहीं

था। उनकी उत्सुकता इसी से प्रकट है कि दिसंबर 1919 में मुस्लिम लीग के एक प्रस्ताव में बकरीद पर गोकुशी न करने का आह्वान किया गया। ध्यान देने योग्य यह है कि इसके बदले हिंदू नेता तब या बाद में कभी भी इस बात पर सहमत नहीं हुए कि हिंदुओं के जुलूस मस्जिदों के आगे बाजे बजाते हुए न निकलें, यद्यपि जुलूस में बाजा बजाना हिंदुओं के लिए कृत्य का वैसा अनिवार्य अंग नहीं था जैसाकि मुसलमानों के लिए बकरीद था। मई 1920 तक गांधीजी बंबई समूह के ही पक्षधर बने रहे। उन्होंने नवंबर 1919 की खिलाफत कांग्रेस में हसरत मोहानी के इस प्रस्ताव को अस्वीकार कर दिया कि अंग्रेजी माल का बहिष्कार किया जाए। (बंबई के अधिकांश मुसलमान व्यापारी या तो अंग्रेजी माल का आयात करते थे या उसके खुदरा व्यापारी थे।) इसमें परिवर्तन का बिंदु तब आया जब 14 मई 1920 को तुर्की के साथ संधि की कड़ी शर्तें प्रकाशित की गईं। इसके पश्चात् 28 मई को पंजाब के उपद्रवों से संबंधित हंटर आयोग की बहुमतवाली रिपोर्ट भी प्रकाशित हो गई जिसे गांधीजी ने खिन्नता से 'पन्ने-दर-पन्ने निर्लज्ज सरकारी लीपापोती' कहा था। भारत सरकार पहले ही इनडेमनिटी एक्ट के द्वारा अपने अधिकारियों को संरक्षण प्रदान कर चुकी थी, फिर अब तो ओ'डायर को इल्जाम से बरी भी कर दिया गया था। हाउस ऑफ लार्ड्स ने डायर की निंदा के प्रस्ताव को अस्वीकार कर दिया था। और *मॉर्निंग पोस्ट* ने जलियांवाला बाग के हत्यारे के लिए 26,000 पाउंड की राशि एकत्र की थी।

सेंट्रल खिलाफत कमेटी की इलाहाबाद सभा (1-3 जून 1920) में जुझारू तत्वों की विजय हुई जिन्हें अब गांधीजी का समर्थन प्राप्त था। असहयोग का एक चार चरणोंवाला कार्यक्रम घोषित किया गया (उपाधियों, सिविल सेवाओं, सेना और पुलिस का बहिष्कार और अंततः करों की नाअदायगी)। गांधीजी कांग्रेस पर भी ऐसा ही कार्यक्रम बनाने के लिए जोर डालने लगे जिसमें आंदोलन 'पंजाब के अत्याचार', 'खिलाफत के अत्याचार' और 'स्वराज' के तीन मुद्दों पर केंद्रित होता। 'स्वराज' की व्याख्या जान-बूझकर नहीं की गई। आरंभ में केवल गुजरात और बिहार से ही पूर्ण समर्थन मिला। आरंभ में मोतीलाल नेहरू अपने पुत्र के विपरीत (नवंबर 1920 में होनेवाले) काउंसिल चुनावों का बहिष्कार करने के नाजुक मसले पर पसोपेश में पड़े, और सी. आर. दास एवं तिलक के अनुयायियों ने इसका कड़ा विरोध किया। सितंबर और दिसंबर 1920 के बीच जमे हुए नेताओं का नाटकीय ढंग से गांधीजी के कार्यक्रम का समर्थक बन जाना गॉर्डन और ब्राउन की दृष्टि में भावी चुनावों के लिए राजनीतिक जोड़-तोड़ मात्र था। उदाहरण के लिए, उनका विचार है कि 25 जून को लाला लाजपतराय द्वारा चुनावों का बहिष्कार करने का कारण यह था कि जून के मध्य में पंजाब में चुनाव के जो नियम प्रकाशित किए गए थे उनसे उस प्रांत में शहरी हिंदुओं पर आधारित कांग्रेस के जीतने की विशेष आशा नहीं थी। इसके विपरीत चुनाव के बहिष्कार का सबसे अधिक

विरोध बंगाल और महाराष्ट्र में हुआ जो उग्रवादी गतिविधियों के गढ़ रहे थे और जहां जीतने की आशा अधिक थी। कहा जाता है कि मोतीलाल समझ गए थे कि संयुक्त प्रांत की कांग्रेस संगठनात्मक रूप से चुनावों के लिए तैयार नहीं थी, और कलकत्ता के विशेष कांग्रेस अधिवेशन (4-9 सितंबर 1920) में उनका समर्थन निर्णायक सिद्ध हुआ। इस अधिवेशन में उपाधियों को त्यागने, (विद्यालयों, न्यायालयों और काउंसिलों के) 'तिहरे बहिष्कार', विदेशी सामान के बहिष्कार, तथा राष्ट्रीय विद्यालयों, न्यायालयों और खादी को प्रोत्साहन देने का प्रस्ताव विषय समिति में 132 के मुकाबले 144 मतों से और खुले सत्र में कहीं अधिक मतों (873 के मुक़ाबले 1855) से स्वीकार कर लिया गया। लेकिन सरकारी सेवाओं, पुलिस या सेना से त्यागपत्र देने या करों की नाअदायगी के संबंध में इसमें कुछ भी नहीं कहा गया था। कांग्रेस के नागपुर अधिवेशन (दिसंबर 1920) में सी. आर. दास का नाटकीय विचार-परिवर्तन हुआ। उन्होंने बंगाल से एक विशाल विरोधी प्रतिनिधिमंडल तैयार करने में 36,000 रु. खर्च किए थे, किंतु अंततः उन्होंने जो मुख्य प्रस्ताव रखा उसमें "अहिंसक असहयोग की किसी भी योजना को पूर्ण अथवा आंशिक रूप से स्वीकार" किया गया था। इसमें एक ओर तो सरकार से स्वैच्छिक संबंध तोड़ने का विचार शामिल था और दूसरी ओर करों को देने से इनकार किया जाना था और इसके लिए समय का निर्धारण भारतीय राष्ट्रीय कांग्रेस या ए. आई. सी. सी. को करना था। जो भी हो, काउंसिलों के चुनाव तो हो ही गए। गांधीजी ने (सर्वप्रथम 22 सितंबर को *यंग इंडिया* के एक लेख में) 'एक वर्ष के भीतर स्वराज' दिलाने का जो वादा किया था उसमें कदाचित् यह बात निहित थी कि यदि निर्धारित अवधि के भीतर असहयोग आंदोलन द्वारा स्वराज नहीं मिलता तो पूरे मुद्दे को नए सिरे से उठाया जा सकता था। कम-से-कम उस समय तो पूरी कांग्रेस ही गांधीजी के चरणों में थी। अब इसका संशोधित लक्ष्य था : 'सभी वैध एवं शांतिपूर्ण तरीकों से स्वराज की प्राप्ति' और इसमें भी जान-बूझकर 'स्वराज' की व्याख्या नहीं की गई थी। गांधीजी के बल दिए जाने पर कांग्रेस के संगठन में अति महत्वपूर्ण परिवर्तन किए गए, जो इसे एक वस्तुतः सर्वसाधारण का राजनीतिक दल बनाने की दिशा में प्रथम प्रयास था, जिसमें चार आने की नियमित सदस्यता थी; गांव, ताल्लुका, जिला. या टाउन समितियों की एक सोपान व्यवस्था थी; भाषाई आधार पर प्रदेश कांग्रेस समितियों के पुनर्गठन का प्रस्ताव था; साथ ही जनसंख्या के अनुपात में प्रतिनिधियों की संख्या तय की जानी थी; और एक छोटी 15-सदस्यीय वर्किंग कमेटी का प्रस्ताव था जो वास्तविक कार्यपालक प्रमुख होती।

नीचे से दबाव

संभव है कि कुछेक नेता चुनावी गणित के कारण असहयोग आंदोलन में सम्मिलित हुए हों। फिर भी, खिलाफत और पंजाब के मुद्दों से जगनेवाली

यथार्थ भावना और रोष के तत्व को कम करके नहीं आंकना चाहिए : "जब से मैंने तुम्हारा भेजा हुआ (हंटर रिपोर्ट का) सार पढ़ा है, मेरा खून खौल रहा है। हमें कांग्रेस का विशेष अधिवेशन बुलाकर इन बदमाशों का जीना हराम कर देना चाहिए" (मोतीलाल नेहरू का जवाहरलाल को पत्र, 27 जून 1820)। ज्यूडिथ ब्राउन के लेखन में भी इस बात के पर्याप्त प्रमाण मिलते हैं कि जनसामान्य के मन में एक प्रकार का भूचाल-सा आ गया था जिसके कारण खिलाफत और कांग्रेस, दोनों के ही नेता अधिक जुझारू कदम उठाने को बाध्य हो गए थे। अगस्त 1920 में भागलपुर (बिहार) में आयोजित प्रांतीय कांफ्रेंस में 180 किसान प्रतिनिधियों की उपस्थिति से असहयोग के प्रस्ताव की विजय सुनिश्चित हुई; कलकत्ता अधिवेशन में विषय समिति और खुले सत्र में मतों की संख्या में बहुत बड़ा अंतर रहा, नागपुर अधिवेशन में 14,582 प्रतिनिधियों ने भाग लिया (यह कांग्रेस के इतिहास में प्रतिनिधियों की सर्वोच्च संख्या थी)। कलकत्ता और नागपुर अधिवेशनों में गांधीजी को महत्वपूर्ण समर्थन मारवाड़ी व्यापारियों और दुकानदारों के देशव्यापी समुदाय से, मुसलमान खिलाफत आंदोलनकारियों से, और आंध्र जैसे अपेक्षाकृत पिछड़े हुए क्षेत्रों से मिला। भाषाई आधार पर प्रदेशों का पुनर्गठन किए जाने की आंध्र की मांग को अप्रैल 1920 से गांधीजी ने उठा लिया था और नागपुर में कांग्रेस के संशोधित संविधान में इसे स्थान दिया गया। खिलाफत का जो मुद्दा पहले दूरस्थ और अवास्तविक प्रतीत होता था, स्थानीय स्तरों पर विभिन्न रूपों में व्याख्यायित होने के कारण अब नए आयाम ग्रहण कर रहा था। कहा जाता है कि संयुक्त प्रांत के निम्न वर्गीय मुसलमानों ने खिलाफत को उर्दू शब्द 'खिलाफ' से जोड़ लिया था और इसे शासनाधिकारियों के विरुद्ध आम विद्रोह का प्रतीक बना दिया था। मलाबार में अशांत मोपलों ने इसे शीघ्र ही जमींदार-विरोधी विद्रोह का परचम बना दिया।

मुसलमानों की भावनाओं एवं आकांक्षाओं को जगानेवाला एक अन्य कारण था अफगानिस्तान के नए अमीर अमानुल्ला का ब्रिटिश-विरोधी रुख। अमानुल्ला ने मई-जून 1919 में ब्रिटिश भारत के विरुद्ध थोड़े समय के लिए युद्ध छेड़ दिया था और बोल्शेविक रूस के साथ संपर्क स्थापित किए थे। जून 1920 में कम-से-कम 20,000 मुसलमान मुहाजिरीन सिंध और उत्तर-पश्चिम सीमा प्रांत से चलकर अफगानिस्तान गए। यह खलीफा का अपमान करनेवाली सरकार के शासन से हिजरत करने का ढंग था। अगस्त 1920 में *जमींदार* के संपादक जफर अली को पांच वर्ष के लिए देशनिकाला दे दिया गया क्योंकि एक भाषण में उन्होंने कहा था : "मेहदी (इस्लामी मसीहा) के आने का समय हो गया है।" एक वर्ष के भीतर स्वराज दिलाने के गांधीजी के वादे की अस्पष्टता और अयथार्थता ने स्वर्णयुग के आगमन की आशा जगाई। सबसे बढ़कर यह कि 1919-20 का समय व्यापक श्रमिक असंतोष, संगठन और किसानों के जागरण का समय भी था। कैंब्रिज इतिहासकारों ने इन पक्षों

की पूर्णरूपेण अवहेलना की है।

1919 और 1920 के आरंभ में हड़तालों में जो लहर आई उसके एक लगभग-तत्कालीन विवरण में निम्नलिखित जानकारी दी गई है : 4 नवंबर से 2 दिसंबर 1919, वूलन मिल्स, कानपुर, 17,000 लोग हड़ताल पर; 7 दिसंबर 1919 से 9 जनवरी 1920, रेलवे वर्क्स, जमालपुर, 16,000 लोग हड़ताल पर; 9-18 जनवरी 1920, पटसन कारखाना, कलकत्ता, 35,000 लोग हड़ताल पर; 2 जनवरी से 3 फरवरी, आम हड़ताल, बंबई, 2,00,000 लोग हडाताल पर; 20-31 जनवरी, रंगून के मिल-कामगारों की हड़ताल, 20,000 लोग हड़ताल पर; 31 जनवरी, ब्रिटिश इंडिया नेवीगेशन कंपनी, बंबई, 10,000 लोग हड़ताल पर; 26 जनवरी से 16 फरवरी, शोलापुर के 16,000 मिल-कामगार हड़ताल पर; 24 फरवरी से 29 मार्च, टाटा आयरन एंड स्टील के कामगारों की हड़ताल, 40,000 लोग हड़ताल पर; 9 मार्च, बंबई के मिल-मजदूरों की हड़ताल, 60,000 लोग हड़ताल पर; 20-26 मार्च, मद्रास के मिल-मजदूरों की हड़ताल, 17,000 लोग हड़ताल पर; मई 1920, अहमदाबाद के मिल-मजूदरों की हड़ताल, 25,000 लोग हड़ताल पर (आर. के. दास, *फैक्ट्री लेबर इन इंडिया,* बर्लिन, 1923, पृ. 36-37)। 1920 के उत्तरार्ध में केवल बंगाल में ही 110 हड़तालें हुईं। ऐसा ढर्रा बना कि ट्रेड यूनियनें हड़तालों से पहले बनने के स्थान पर हड़तालों के बाद संगठित होती थीं और प्रायः इनका स्वरूप अल्पकालीन हड़ताल समितियों का होता था। फिर भी उनकी संख्या श्रमिक संगठनों के इतिहास में एक नए युग का सूत्रपात करनेवाली थी—बंगाल सरकार की एक गुप्त रिपोर्ट में कहा गया था कि 1920 में अपेक्षाकृत स्थायी 'लेबर यूनियनों और एसोसिएशनों' की संख्या 40 थी, 1921 में 55, और 1922 में 75, जबकि 1926 में बंबई में सक्रिय 53 यूनियनों में सात ही ऐसी थीं जिनका गठन 1920 के पूर्व हुआ था, लेकिन 1920 और 1923 के बीच कम-से-कम 29 यूनियनों का गठन हुआ था।

यूनियनों का नेतृत्व अनिवार्यतः मुख्य रूप से मध्य वर्ग के हाथ में रहा। इनमें विभिन्न प्रकार की राजनीतिक प्रवृत्तियां देखी जा सकती थीं—बंबई के एन. एम. जोशी जैसे लगभग-राजभक्त नरमदलीय; मद्रास के वाडिया और बंबई के बप्तिस्ता जैसे बेसेंट के अनुयायी; *बाम्बे क्रॉनिकल* समूह के बी. जी. हॉर्निमन के साथ ही तिलक के कुछ युवा अनुयायी; मद्रास कांग्रेस के नेता थिरु वी का; खिलाफत आंदोलनकारी और बंगाल के पुराने उग्रवादी संपर्कोंवाले राष्ट्रवादी (प्रभातकुसुम रायचौधुरी, ब्योमकेश चक्रवर्ती, एस. एन. हलदर, आई. बी. सेन), साथ ही जितेंद्रलाल बनर्जी, हेमंतकुमार सरकार और मृणालकांति बसु जैसे युवा पीढ़ी के जुझारू तत्व जो 1920 के दशक में अत्यंत महत्वपूर्ण बने। इनके अतिरिक्त कुछ राजनीतिक संन्यासी भी थे, जैसे रानीगंज के स्वामी दर्शनानंद और झरिया के खान-श्रमिकों के नेता स्वामी विश्वानंद। प्रमुख रूप से राष्ट्रवादी मध्यवर्गीय नेतृत्व प्रायः श्रमिकों के जुझारूपन पर नियंत्रक का

कार्य करता था, विशेष रूप से भारतीय स्वामित्ववाले उद्यमों में : ब्योमकेश चक्रवर्ती और एस. एन. हलदर द्वारा स्थापित जमशेदपुर लेबर एसोसिएशन फरवरी 1920 की हड़ताल के दौरान टाटा के श्रमिकों को समझौतापूर्ण अपर्याप्त मार्गदर्शन ही दे सकी। 30 अक्तूबर 1920 को बंबई में ए.आई.टी.यू.सी. के उद्घाटन-समारोह में भाषण करते हुए कदाचित् बपतिस्ता ने इन आरंभिक श्रमिक नेताओं की हिमायत की थी। (इस अधिवेशन में बपतिस्ता को अध्यक्ष और दीवान चमनलाल को सचिव बनाया गया था—500 रु. मासिक की तनख्वाह पर जो उस समय के लिए बहुत अधिक थी।) बपतिस्ता ने श्रमिकों की क्लेशदायी मानसिकता की भर्त्सना की, किंतु उनके लिए 'भागीदार का उच्चतर विचार' प्रस्तुत किया . . . । "वे (कामगार और मालिक) भागीदार और सहकर्मी हैं, श्रम खरीदने और बेचनेवाले नहीं।" पहले ही श्रमिक आंदोलन में हाशिये के कुछ लोग मार्क्सवाद की ओर झुकने लगे थे, जैसे बंबई के जुझारू विद्यार्थी एस. ए. डांगे जो बताते हैं कि किस प्रकार 1920-21 के काल में वे तिलक के शिष्य से लेनिन के शिष्य बन गए, और मद्रास के बुजुर्ग वकील सिंगारवेलु चेट्टियार। ध्यान देने योग्य यह है कि यद्यपि ए.आई.टी.यू.सी के पहले अधिवेशन की अध्यक्षता लाला लाजपतराय ने की थी और भारत के प्रमुख राजनीतिज्ञों ने इसमें भाग लिया था (जैसे मोतीलाल नेहरू, वल्लभभाई पटेल, एनी बेसेंट, यहां तक कि जिन्ना भी) मगर गांधीजी इससे अलग ही रहे, यहां तक कि उन्होंने कोई संदेश तक नहीं भेजा। बाद में जब इसका नियंत्रण पूर्णतः नरमदल के हाथ में आ गया तब भी गांधीजी की अहमदाबाद मजूर महाजन सभा ने इससे नाता नहीं जोड़ा। राजनीतिक आम हड़ताल के अत्यंत प्रभावी और अहिंसक, किंतु सामाजिक रूप से दूरगामी परिणामवाले शस्त्र को असहयोग आंदोलन के शस्त्रागार में कभी सम्मिलित नहीं किया गया।

राजनीतिक रूप से पिछड़े राजस्थान में सामंतवाद-विरोधी किसान असंतोष, जैसाकि हम देख चुके हैं, बीसवीं सदी के आरंभ से ही बार-बार फूटता रहा था, मगर 1920 के दशक में वह नई ऊंचाइयां छूने लगा था। विल्किसन की 1921 की राजपूताना एजेंसी रिपोर्ट में मेवाड़ के संबंध में कहा गया था कि वह "अराजकता का अड्डा बनता जा रहा है। राजद्रोही संदेशवाहक लोगों को सिखा रहे हैं कि सब लोग समान होते हैं। भूमि किसानों की है, राज्य या जमींदारों की नहीं। ध्यान देने योग्य यह है कि लोगों को 'कामरेड' शब्द का देशी समानार्थक शब्द प्रयोग करने के लिए प्रोत्साहित किया जा रहा है . . .। आंदोलन मुख्यतः महाराजा-विरोधी है किंतु यह ब्रिटिश-विरोधी हो सकता है और साथ लगे हुए ब्रिटिश क्षेत्र में इसके फैल जाने की आशंका है।" हो सकता है इसमें घबराहट से उपजी अतिशयोक्ति भी हो, किंतु यह सच है कि विजयसिंह पथिक और माणिकलाल वर्मा ने बिजौलिया के पुराने केंद्र के आसपास एक सशक्त कृषक आंदोलन खड़ा कर दिया था और 1922 में जागीरदार को महसूलों एवं बेगार में कमी करने के लिए मजबूर कर दिया

था। इसी बीच उदयपुर के एक मसाला-व्यापारी मोतीलाल तेजावत ने, जिसने आदिवासियों की वेशभूषा अपना ली थी और जो गांधीजी का दूत होने का दावा करता था, मेवाड़ के आदिवासियों को संगठित करना आरंभ कर दिया था। मारवाड़ में जयनारायण व्यास ने मालगुज़ारी की नाअदायगी का आंदोलन छेड़ दिया था। पथिक ने संयुक्त प्रांत के कांग्रेसी नेता गणेशशंकर विद्यार्थी से निकट संपर्क स्थापित कर लिए थे और विद्यार्थीजी ने कानपुर के *प्रताप* के माध्यम से बिजौलिया आंदोलन का कुछ प्रचार भी किया था। 1921 के कांग्रेस अधिवेशन में मेवाड़ सरकार के विरुद्ध निंदा के प्रस्ताव को मालवीय ने यह कहकर स्थगित करवा दिया कि उदयपुर के महाराणा उनके मित्र हैं और वे उन्हें किसानों को रियायतें देने के लिए सहमत कर लेंगे।

स्टीफन हेनिंघम ने अपने एक ताजा लेख में उस सशक्त कृषक आंदोलन का विश्लेषण किया है जो 1919-20 के दौरान विशाल दरभंगा राज की जागीरों में विकसित हो गया था। दरभंगा राज उत्तरी बिहार के दरभंगा, मुजफ्फरपुर, भागलपुर, पूर्णिया और मुंगेर जिलों में फैला हुआ था। बढ़ी कीमतों ने उन सब लोगों (काश्तकारों, बंटाईदारों और मजदूरों) को बुरी तरह प्रभावित किया था जिन्हें खाद्यान्न पूर्णतः या आंशिक रूप से खरीदने पड़ते थे। बढ़ती हुई जनसंख्या के दबाव के कारण भूमि, चरागाह और लकड़ी को लेकर संघर्ष होते रहते थे। इसके साथ ही दरभंगा की रियासत ने चरागाहों का किराया लेना आरंभ कर दिया था और पेड़ों पर नए सिरे से अधिकार जताने लगी थी। रियासत द्वारा नियुक्त अमले या अभिकर्त्ता प्रायः छोटे जमींदार होते थे जिन्हें आर्थिक दबावों ने और अधिक जालिम बना दिया था। अपनी शिकायतों को अभिव्यक्त करने के लिए किसानों ने 1919 के ग्रीष्म से सभाएं करना आरंभ कर दिया था। इसका श्रीगणेश 26-30 जून को उत्तरी दरभंगा जिले के मधुबनी उपसंभाग के नरार गांव से हुआ। इसकी प्रेरणा देनेवाले थे बिशुभरण प्रसाद जो 30 बीघा दखलवाले एक समृद्ध काश्तकार के पुत्र थे। बिशुभरण, जिन्होंने अपना नाम स्वामी विद्यानंद रख लिया था, गांधीजी के चंपारन आंदोलन से प्रेरित हुए थे और अपने-आपको उनका शिष्य बताते थे। इसमें उठाई जानेवाली मांगों का संबंध मुख्यतः अमलों द्वारा बलात् वसूली और अपेक्षाकृत समृद्ध काश्तकारों (जैसेकि मधुबनी के दखली भूमिहार-ब्राह्मण रैयत) के पारंपरिक अधिकारों को पेश आनेवाले खतरों से था, यद्यपि यह भी कहा जाता है कि दक्षिण-पूर्वी दरभंगा के बंटाईदार भी विद्यानंद से प्रेरित होकर नगद लगान की सुविधा की मांग करने लगे थे (जो खाद्यान्नों की बढ़ती हुई कीमतों के कारण उनके लिए सुविधाजनक था)। मूल नरार याचिका में यह भी शिकायत की गई थी कि यादवों और तेलियों जैसी निम्न जातियों से घी और तेल की जबरन वसूली भी की जाती थी। आंदोलन आम तौर पर शांतिपूर्ण एवं संयमित रहा, अलावा इसके कि बलपूर्वक कुछ पेड़ काट दिए गए। 20 जून 1920 को कोठिया में तब एक संघर्ष हुआ जब दरभंगा से पट्टे

पर लिए गए भावरा नील कारखाने के लठैतों ने विद्यानंद की सभा को भंग किया। दरभंगा राज के कुशल एवं संगठित अधिकारी-तंत्र ने अपेक्षाकृत समृद्ध काश्तकारों को कुछ रियायतें देकर (जैसे भू-हस्तांतरण का शुल्क कम करके और लकड़ी संबंधी अधिकारों को माफ करके) स्थिति संभाल ली। 1920 के अंत तक स्वयं विद्यानंद का ध्यान भी चुनावी राजनीति में बंट गया (उत्तरी दरभंगा और उत्तरी भागलपुर क्षेत्रों में जमींदारों के प्रत्याशियों के विरोध में पांच किसान प्रत्याशी विजयी हुए थे), और उस साल के अंत तक आंदोलन समाप्त हो गया। बिहार कांग्रेस के नेताओं का रवैया दरभंगा राज के लिए बड़ा सहायक सिद्ध हुआ। उन्होंने विद्यानंद द्वारा बारंबार समर्थन के लिए की गई प्रार्थना को अस्वीकार कर दिया। अप्रैल 1920 में बिहार प्रांतीय सम्मेलन में राजेंद्रप्रसाद के बल देने पर दरभंगा के किसानों की शिकायतों पर जांच बिठाने के मुद्दे को ताक पर रख दिया गया, और भावरा की घटना के बाद हसन इमाम, मजहरुल-हक और राजेंद्रप्रसाद जैसे कांग्रेसी नेताओं को सरलता से इस बात के लिए तैयार कर लिया गया कि वे विद्यानंद की सभाओं में सम्मिलित न हों। बिहार सरकार की एक गुप्त रिपोर्ट के अनुसार, "तिरहुत संभाग के भारतीय जमींदारों में घबराहट फैल गई थी . . . । जिसे वे जमींदार वर्ग के विरुद्ध सबसे खतरनाक आक्रमण समझते थे, उसके विरुद्ध वे निलहों के साथ मिलकर लड़ने को तैयार थे। जमींदारों का एक प्रतिनिधिमंडल हसन इमाम से मिलने पटना आया था . . . " (*गवर्नमेंट ऑफ इंडिया होम पोलिटिकल डिपॉजिट*, सितंबर 1920, सं. 50 में 7 अगस्त 1920 का पत्र)।

आरंभ के किसान आंदोलनों में सबसे विख्यात वह आंदोलन था जो 1920-21 के काल में संयुक्त प्रांत के अवध के प्रतापगढ़, रायबरेली, सुलतानपुर और फैजाबाद जिलों में विकसित हुआ। इसका विस्तृत अध्ययन हाल ही में माजिद सिद्दीकी और कपिलकुमार ने किया है। ब्रिटिश सरकार ने अवध के ताल्लुकेदारों को प्रसन्न करने में कोई कसर नहीं उठा रखी थी। (1857 में वे बड़े महंगे पड़े थे।) इसके लिए सरकार ने, (1920 के दशक में संयुक्त प्रांत के लेफ्टीनेंट-गवर्नर) हारकोर्ट बटलर के अनुसार, 'सहानुभूति की नीति' अपनाई। व्यवहार में इसका अर्थ था ताल्लुकेदारों को उनके काश्तकारों के मामले में खुली छूट देना। (आगरा प्रांत की तुलना में काश्तकारों के दखली अधिकार नगण्य थे।) इससे लगान नियमित रूप से बढ़ते हुए राजस्व को भी पीछे छोड़ गया। (1921-22 में अवध में प्रति व्यक्ति राजस्व की दर स्थायी बंदोबस्तवाले बंगाल की तुलना में चौगुनी थी।) 1886 के अवध रेंट एक्ट ने काश्तकारों को नहीं के बराबर संरक्षण प्रदान किया था। 'वैधानिक काश्तकारों' की नई श्रेणी के लिए सात वर्ष तक भाड़ा निश्चित किया गया था और वृद्धि की सीमा को सवा छः प्रतिशत तक सीमित रखा गया था। मगर भूस्वामी इस सीमा का उल्लंघन इस प्रकार करते थे कि वे बेदखली की धमकी देकर जबरदस्ती नजराना वसूल कर लेते थे। (यह नजराना प्रत्येक सात वर्ष बाद

काश्तकारी के नवीनीकरण के लिए लिया जानेवाला अधिशुल्क था जो प्रायः लगान से अधिक होता था।)

किसान विभिन्न प्रकार के महसूलों एवं बेगार ('हारी' के बदले किसानों से निःशुल्क हल जुतवाना) से भी दुःखी रहते थे। साथ ही जाति-प्रथा और वर्गीय प्रभुत्व की समरूपता ने जजमानी की प्रथा को भी शोषण का एक प्रभावकारी साधन बना दिया था। निम्न जाति के लोग उच्च जाति के जमींदारों अथवा समृद्ध किसानों को निःशुल्क या बाजार भाव से कम मूल्य पर घी, कपड़ा या खालें देने को बाध्य थे। बढ़ती हुई महंगाई ने इन पारंपरिक वसूलियों को और अधिक दमनकारी बना दिया था। साथ ही ताल्लुकेदारों द्वारा वसूल किए जानेवाले 'लड़ाई के चंदे' ने युद्धकाल में किसानों की मुसीबतों को और बढ़ा दिया था।

जैसाकि हम देख चुके हैं, फरवरी 1918 में मालवीय के शिष्य इंद्रनारायण द्विवेदी ने एक संयुक्त प्रांत किसान सभा की स्थापना की थी। इलाहाबाद होमरूल लीग और कांग्रेस के नेताओं की पहल पर इसकी 450 शाखाएं मुख्यतः आगरा प्रांत में स्थापित की गईं। 1920 के अंत तक इस अपेक्षाकृत सतही आंदोलन में काउंसिल बहिष्कार के मुद्दे को लेकर विभाजन हो गया। द्विवेदी किसानों के मतों को उदारवादी प्रत्याशियों के पक्ष में डलवाने के प्रयास कर रहे थे जबकि उनके साथी गौरीशंकर मिश्र असहयोग आंदोलन में सम्मिलित होकर आधारभूत स्तर के किसान आंदोलन से जुड़ गए थे, जो उस समय रायबरेली-प्रतापगढ़ क्षेत्र में आरंभ हो चुका था। इसे आरंभ करनेवाले थे प्रतापगढ़ के एक असंतुष्ट शिकमी काश्तकार झिंगुरीसिंह और बाबा रामचंद्र नाम के एक संन्यासी जो फिजी में अनुबंधित श्रमिक रह चुकने के बाद उस जिले में आए थे। बाबा रामचंद्र के आंदोलन की विशेषता यह थी कि इसमें किसानों की एकजुटता की अभ्यर्थना के साथ ही *रामायण* का और जातिगत नारों का भी प्रयोग किया जाता। प्रतापगढ़ के रूर गांव को पहली किसान सभा का स्थल चुना गया, स्पष्टतः इस कारण से कि रामचरितमानस में इसका उल्लेख मिलता है। हाल ही में प्राप्त बाबा रामचंद्र के निजी कागजात में एक 'कुर्मी-क्षत्रिय सभा' का उल्लेख भी मिलता है, जिसकी उन्होंने बाद में स्थापना की थी। इस सभा की मांगें और तरीके पर्याप्त सामान्य थे– महसूलों एवं बेगार की समाप्ति (या प्रायः इनमें कमी), बेदखल की गई भूमि पर काश्त करने से इनकार, दमनकारी जमींदारों का सामाजिक बहिष्कार (नाई-धोबी बंद) जिसे पंचायतों के माध्यम से लागू किया जाता था। किंतु इस किसान आंदोलन की वास्तविक शक्ति तो सितंबर 1920 में ज्ञात हुई जब किसानों ने एक शांतिपूर्ण किंतु विशाल प्रदर्शन करके बाबा रामचंद्र को जेल से रिहा करा लिया जिन्हें कुछ दिन पूर्व चोरी के झूठे मामले में फंसाकर गिरफ्तार कर लिया गया था। इस बीच आंदोलनकारियों ने गौरीशंकर मिश्र और जवाहरलाल नेहरू से संपर्क स्थापित कर लिया था। जून 1920 में बाबा रामचंद्र सैकड़ों

किसानों को लेकर इलाहाबाद गए थे और यहीं से आरंभ हुआ था जवाहरलाल नेहरू का 'किसानों के बीच भ्रमण' जिसका आगे चलकर उन्होंने अपनी आत्मकथा में अत्यंत सजीव चित्रण किया। अक्तूबर 1920 में जवाहरलाल नेहरू, गौरीशंकर मिश्र और बाबा रामचंद्र के नेतृत्व में अवध किसान सभा की स्थापना हुई। (इसकी 330 शाखाएं इसी माह के अंत तक प्रतापगढ़, रायबरेली, सुलतानपुर और फैजाबाद में स्थापित कर दी गई थीं।) इसके साथ ही संयुक्त प्रांत के किसान आंदोलन पर गांधीवादी कांग्रेस के प्रभुत्व का आरंभ हो गया। इसका परिणाम, जैसाकि हम आगे चलकर देखेंगे, किसानों के लिए सदैव एकसमान हितकारी नहीं रहा।

1921-22 : असहयोग और खिलाफत

1921-22 के असहयोग आंदोलन को समुचित रूप से समझने के लिए तीन स्तरों पर इसका विश्लेषण अपेक्षित है : उस अखिल-भारतीय आंदोलन का चरण जिसे गांधीवादी कांग्रेसी नेतृत्व निर्धारित करना चाहता था, विशिष्ट सामाजिक समूहों और वर्गों की भूमिका, और इसके आंचलिक एवं स्थानीय स्वरूप जो कदाचित् सबसे रोचक और महत्वपूर्ण हैं।

अखिल-भारतीय आंदोलन

जिसे 'मान्यताप्राप्त' आंदोलन कहा जा सकता है और जो विशिष्ट रूप से अखिल-भारतीय कांग्रेस कमेटी के आह्वान से प्रेरित होता था, उसके चार स्पष्ट चरण देखे जा सकते हैं। जनवरी से मार्च 1921 तक मुख्य बल इस बात पर दिया गया था कि विद्यार्थी सरकारी नियंत्रणवाले विद्यालयों और महाविद्यालयों को और वकील वकालत को छोड़ दें। चरखा कार्यक्रम में भी आरंभ में बुद्धिजीवियों का प्राधान्य रहा। सामान्यतः विद्यार्थी और शहर के पढ़े-लिखे लोगों को स्वेच्छा से चरखा कातने के लिए प्रेरित किया जाता था। चरखा कातना शहरी शिक्षित लोगों और ग्रामीण जनसामान्य के बीच समरूपता का प्रतीक और स्वदेशी का त्वरित मार्ग था। इस आंदोलन का श्रीगणेश बड़ी धूमधाम से हुआ। कलकत्ता और लाहौर में विद्यार्थियों ने भारी हड़तालें कीं, और सी. आर. दास एवं मोतीलाल नेहरू जैसे चोटी के वकीलों ने वकालत छोड़ दी। किंतु इस प्रधानतः बुद्धिजीवी वर्ग के आंदोलन में शीघ्र ही पतन के चिह्न प्रकट होने लगे। अप्रैल में अखिल-भारतीय कांग्रेस कमेटी के विजयवाड़ा अधिवेशन में कहा गया कि देश अभी सविनय अवज्ञा के लिए 'पर्याप्त अनुशासित, संगठित और तैयार नहीं है', और निर्णय लिया गया कि 30 जून तक तिलक स्वराज कोष के लिए एक करोड़ रु. की राशि एकत्रित की जाए, कांग्रेस में एक करोड़ सदस्यों की भरती की जाए और 20 लाख चरखे लगाए जाएं। नीचे से बढ़ते हुए दबाव के कारण बंबई में अखिल भारतीय कांग्रेस कमेटी की 28-30 जुलाई की बैठक में कुछ अधिक संघर्षपूर्ण रुख अपनाया

गया, जिसके अंतर्गत विदेशी कपड़ों के बहिष्कार का (विदेशी कपड़ों की सार्वजनिक होली का भी), और प्रिंस ऑफ वेल्स के भावी आगमन के बहिष्कार का विचार शामिल था, यद्यपि करों की नाअदायगी के माध्यम से पूर्णरूपेण सविनय अवज्ञा आंदोलन के विचार को पुनः स्थगित कर दिया गया। गांधीजी ने स्वयंसेवकों से 'जेल भरने' का आह्वान किया : "हमारी जीत इसी में है कि हम उसी प्रकार हजारों की संख्या में जेल जाएं, जिस प्रकार बकरों को कसाईखाने ले जाया जाता है।" स्वयंसेवी जत्थों के संगठन को अब सर्वोपरि महत्व दिया जाने लगा। वायसरॉय रीडिंग शीघ्र ही इस नए जनोन्मुख आंदोलन के महत्व को समझ गए जिसमें बड़े पैमाने पर स्वयंसेवकों की भरती हो रही थी, और हजारों की संख्या में लोग संघर्षपूर्ण धरने देकर अपने-आपको गिरफ्तार करा रहे थे : "बुद्धिजीवियों का आह्वान करने के स्थान पर गांधीजी द्वारा अज्ञानी जनसामान्य का आह्वान किए जाने से स्थिति बदल गई है, किंतु इससे लाभ यह है कि पढ़े-लिखे और संपत्तिधारी लोग हमारे अधिक निकट आ सकेंगे" (15 अक्तूबर 1921 को भारत-सचिव को भेजा गया तार, *रीडिंग कलेक्शन*)। 17 नवंबर को एक अत्यंत सफल देशव्यापी हड़ताल ने प्रिंस ऑफ वेल्स का स्वागत किया। बंबई में कुछ हिंसक झड़पें हुईं, जिसके कारण गांधीजी ने घोषणा की कि "स्वराज की गंध से ··· मेरे नथुने फटने लगे हैं।" बारदोली के एकमात्र चुनिंदा ताल्लुके में किए जानेवाले सविनय अवज्ञा आंदोलन की योजना को पुनः स्थगित कर दिया गया।

फिर भी, इन सब बाधाओं के बावजूद, चौथे चरण (नवम्बर 1921 से फरवरी 1922 तक) में होनेवाली घटनाओं ने सरकार को लगभग घुटने टेक देने के लिए बाध्य कर दिया। हसरत मोहानी जैसे खिलाफत आंदोलन के नेता अली बंधुओं को नवंबर में जेल भेजे जाने से बड़े क्रोधित हुए (अली बंधुओं ने जुलाई में कराची खिलाफत कांग्रेस में मुसलमानों से सेना छोड़ देने का आह्वान किया था), और पूर्ण स्वाधीनता की (जैसाकि दिसंबर में कांग्रेस के अहमदाबाद अधिवेशन में हुआ था) और अहिंसा की हठधर्मिता को छोड़ देने की मांग करने लगे। बड़े पैमाने पर गिरफ्तारियां करने और सभाओं एवं स्वयंसेवक जत्थों पर प्रतिबंध लगाने की नई सरकारी नीति से उदारवादियों के अलग हो जाने का खतरा उत्पन्न हो गया, जैसाकि हम आगे चलकर देखेंगे, जबकि देश का काफी बड़ा भाग एक विचित्र प्रकार के, असंगठित किंतु प्रबल विद्रोह के कगार पर आ खड़ा हुआ प्रतीत होता था। दिसंबर 1921 में रीडिंग ने मांटेग्यू को अनेक गुप्त तार भेजे जिनमें न केवल कैदियों को रिहा कर देने की, बल्कि एक गोलमेज सम्मेलन बुलाने एवं हाल में लागू सुधार-योजना के शीघ्र संशोधन की सलाह भी दी गई थी (15, 17 और 18 दिसंबर के तार)। यह 1930 के दशक का रोचक पूर्वानुमान था जो साकार नहीं हुआ, क्योंकि गांधीजी इस बिंदु पर कोई समझौता करने को तैयार न थे और न ही ब्रिटिश मंत्रिमंडल इतना आगे बढ़ने को तैयार हुआ। अंत में, गांधीजी ने

निश्चय किया कि फरवरी 1922 के दूसरे सप्ताह में भाषण, प्रेस और सभाएं करने की स्वतंत्रता पर पाबंदी लगाए जाने के मुद्दे को लेकर बारदोली में मालगुजारी की नाअदायगी का आंदोलन आरंभ किया जाए। यह आंदोलन और वस्तुतः संपूर्ण आंदोलन ही, जैसाकि सर्वविदित है, गांधीजी के जोर देने पर वापस ले लिया गया। समाचार मिला था कि 5 फरवरी 1922 को संयुक्त प्रांत के गोरखपुर जिले के चौरीचौरा में एक क्रुद्ध भीड़ ने 22 पुलिसवालों को जिंदा जला डाला था।

सामाजिक गठन

असहयोग आंदोलन के प्रभाव से संबंधित जो आंकड़े उपलब्ध हैं वे विभिन्न सामाजिक समूहों की इस आंदोलन के प्रति विभिन्न प्रतिक्रियाएं दर्शाते हैं। आरंभ में उच्च एवं मध्य वर्गों से आत्मबलिदान की जो अपील की गई थी उसका विशेष प्रभाव नहीं हुआ। 5,186 उपाधियों में से केवल 24 का ही परित्याग किया गया और मार्च 1921 तक वकालत छोड़नेवाले वकीलों की संख्या केवल 180 थी। नवंबर 1920 के चुनावों में मतदान की दर बहुत कम रही (बंबई शहर में 8 प्रतिशत और लाहौर में केवल 5 प्रतिशत), किंतु 637 स्थानों में केवल 6 स्थानों को छोड़कर सब पर प्रत्याशी खड़े हुए। काउंसिल की कार्यवाही में बाधा नहीं डाली जा सकी। शिक्षा के क्षेत्र में बहिष्कार का आह्वान अधिक सफल रहा, विशेष रूप से बंगाल में जहां अप्रैल 1921 तक प्रतिमाह लगभग 20 प्रधानाध्यापक त्यागपत्र दे रहे थे और सरकारी अथवा सरकारी सहायताप्राप्त विद्यालयों के 1,03,107 विद्यार्थियों में से 11,157 विद्यालय छोड़ चुके थे। गुप्तचर विभाग के अधिकारी बामफोर्ड की गोपनीय *हिस्ट्री ऑफ दि नॉन-कोआपरेशन एंड खिलाफत मूवमेंट्स* (1925) के लिए अखिल-भारतीय स्तर पर एकत्रित आंकड़ों से ज्ञात होता है कि महाविद्यालयों पर बहिष्कार का पर्याप्त प्रभाव पड़ा था, किंतु प्राथमिक स्तर पर यह नगण्य सा ही था :

विद्यार्थियों की संख्या

	कला विषयों के महाविद्यालय	माध्यमिक विद्यालय	प्राथमिक विद्यालय
1919-20	52,482	12,81,810	61,33,521
1921-22	45,933	12,39,524	63,10,951

(बामफोर्ड, पृ. 103)

पर्याप्त संख्या में राष्ट्रीय विद्यालयों और महाविद्यालयों की स्थापना की

गई (जैसेकि अलीगढ़ में जामिया मिल्लिया इस्लामिया, जो बाद में दिल्ली ले जाया गया, बनारस में काशी विद्यापीठ, और गुजरात विद्यापीठ), जिनमें से 442 संस्थाएं बिहार और उड़ीसा में, 190 बंगाल में, 189 बंबई में और 137 संयुक्त प्रांत में थीं। इनमें से अनेक अल्पजीवी सिद्ध हुईं, क्योंकि एक वर्ष के भीतर स्वराज नहीं आया और पारंपरिक डिग्रियों और नौकरियों का आकर्षण पुनः प्रबल होने लगा। किंतु इनमें से बहुत-सी जीवित भी रहीं और राष्ट्रवाद की पाठशाला का बहुमूल्य कार्य करती रहीं।

1905-08 की तुलना में तत्कालीन आर्थिक बहिष्कार कहीं अधिक तीव्र और सफल रहा। विदेशी कपड़े का आयात मूल्य 1920-21 के 102 करोड़ से गिरकर 1921-22 में 57 करोड़ रु. रह गया। इन्हीं वर्षों में ब्रिटिश सूती थानों का आयात क्रमशः 12,920 लाख गज और 9,550 लाख गज रहा। धरना अब भी बहिष्कार का महत्वपूर्ण साधन था, किंतु एक नई बात देखने में आ रही थी—व्यापारी सामूहिक रूप से शपथ ले रहे थे कि वे एक निश्चित समय के लिए विदेशी कपड़ों का अनुबंध नहीं करेंगे। व्यापारिक दबाव का एक रोचक स्वरूप तब देखने को मिला जब दिल्ली के व्यापारी ने रोहतक की हुंडी भुनाने से इनकार कर दिया और जिसके फलस्वरूप रोहतक शहर के लोगों ने फरवरी 1920 में हड़ताल कर दी। लंकाशायर से कपड़े का आयात करनेवालों के लिए तो 1921 का राष्ट्रवादी उभार सामयिक वरदान सिद्ध हुआ। रुपए-स्टर्लिंग की विनिमय-दर में गिरावट आ गई थी। यह अनुपात 2 शिलिंग से घटकर 1 शिलिंग 4 पेंस रह गया था और भारतीय व्यापारियों से ब्रिटिश माल के लिए अनुबंधित दरों से कहीं अधिक मूल्य मांगा जा रहा था। चरखे के प्रति संभावित औद्योगिक वैमनस्य को कम करने के प्रयास में गांधीजी ने अपने *यंग इंडिया* में अनेक लेख लिखे। इनमें से एक लेख में कहा गया था कि उनके आंदोलन का लक्ष्य फिलहाल मिलों के माध्यम से धागे और कपड़े के उत्पादन की आपूर्ति करना है (*यंग इंडिया*, 19 जनवरी 1921)। उसी लेख में यह भी कहा गया था कि फिलहाल 'मशीनों के विरुद्ध गांधीजी की कोई योजना नहीं' है।

व्यापारी वर्ग का समर्थन मिलने से कांग्रेस की आर्थिक स्थिति में निश्चय ही सुधार हुआ। 1920 में अखिल भारतीय कांग्रेस कमेटी के कोष में केवल 43,000 रु. ही थे, किंतु 1921-23 की अवधि में यह 130 लाख रु. जुटाने में सफल रही और तिलक स्वराज कोष की निर्धारित 1 करोड़ रु. की राशि में 37.5 लाख रु. की उगाही केवल बंबई शहर से ही हुई थी। शायद असहयोग आंदोलन को व्यापारी वर्ग का समर्थन देखकर ही ब्रिटिश सरकार घबरा गई और उसने अक्तूबर 1921 में भारतीय प्रतिनिधियोंवाले एक वित्तीय आयोग का गठन किया, जिसका कार्य था भारतीय उद्योगों में शुल्क पद्धति को सुरक्षित रखने के प्रश्न पर विचार करना। तथापि बड़े व्यापारियों का एक महत्वपूर्ण गुट अब भी असहयोग आंदोलन के विरुद्ध था और 1920 में एक

असहयोग आंदोलन-विरोधी सभा की स्थापना की गई। इसके संस्थापक थे पुरुषोत्तमदास ठाकुरदास, जमनादास द्वारकादास, कॉवसजी जहांगीर, फीरोज सेठना, और सीतलवाड। राष्ट्रवादी स्वदेशी आंदोलन से कपड़ा उद्योग को निश्चय ही लाभ हुआ था (अक्तूबर 1921 में सूती कपड़ा-मिलों का शेयर मूल्य—1913 में 100 मानते हुए—275 था, जबकि आम शेयर मूल्य का औसत 248 था), श्रमिक असंतोष का भय (जो 1920-21 की अवधि में चोटी पर था) कदाचित् उद्योगपतियों—व्यापारियों के विपरीत—के दृष्टिकोण को उभयवृत्तिक रखने का सबसे महत्वपूर्ण कारण था। 13 जुलाई 1922 को कलकत्ता से निकलनेवाले ब्रिटिश व्यापारियों के मुखपत्र *आर्गन* में इस बात को बड़े अच्छे ढंग से प्रस्तुत किया गया। इसमें कहा गया था कि "राष्ट्रवादी आंदोलन ने मिल-मालिकों के प्रभाव को बढ़ाया है और उनके माल की बिक्री भी बढ़ाई है। खटकने वाली बात एक ही है कि इसमें श्रमिकों के उपद्रवी हो जाने का भय है" (सब्यसाची भट्टाचार्य, 'कॉटन मिल्स एंड स्पिनिंग ह्वील्स, स्वदेशी एंड इंडियन कैपिटलिस्ट क्लास 1920-22', *इकोनोमिक एंड पोलिटिकल वीकली,* 20 नवंबर 1976)।

1921 के दौरान प्रतीत होता था कि श्रमिक सचमुच 'उपद्रव पर उतारू' हो गए हैं। इस अवधि में 376 हड़तालें हुईं, जिनमें 6,00,351 कामगार सम्मिलित हुए और 69,94,426 कार्यदिवसों की हानि हुई। 1920 के मध्य तक युद्धोत्तर बाजार की तेजी मंदी में बदलने लगी थी, विशेषकर कलकत्ता पटसन उद्योग में, जहां के मिल-मालिक चार-दिवसीय सप्ताह करके उत्पादन घटाने का प्रयास कर रहे थे। कामगारों ने भी प्रत्युत्तर में संघर्ष किया और 1921 में बंगाल के पटसन कारखानों में 137 हड़तालें हुईं, जिनमें 1,86,479 कामगार सम्मिलित हुए। स्वामी विश्वानंद और स्वामी दर्शनानंद ने झरिया खदान क्षेत्र के खनिकों को संगठित करने का प्रयास किया। इस कार्य में आरंभ में उन्हें यूरोपीय प्रभुत्व के विरुद्ध संघर्ष कर रहे भारतीय खान-मालिकों से थोड़ी सहायता मिली। दिसंबर 1921 में आल इंडिया ट्रेड यूनियन कांग्रेस के झरिया अधिवेशन की विशेषता यह थी कि इसमें श्रमिकों ने पर्याप्त संख्या में भाग लिया था, और यह ऐसी चीज थी जो 1922 के पश्चात् कुछ वर्षों तक देखने में नहीं आनेवाली थी। कांग्रेस के प्रादेशिक नेता कुछ हड़तालों में सक्रिय रहे थे, खास तौर से बंगाल और मद्रास में। किंतु स्वयं गांधीजी का दृष्टिकोण इस संबंध में स्पष्ट था। "अहिंसक असहयोग आंदोलन की योजना में हड़तालों के लिए कोई स्थान नहीं है" ('स्ट्राइक्स', *यंग इंडिया,* 16 फरवरी 1921)। "हम भारत में कोई राजनीतिक हड़ताल नहीं चाहते . . .। हमें समस्त उच्छृंखल एवं गड़बड़ी फैलानेवाले तत्वों पर नियंत्रण करना चाहिए . . .। हमारा लक्ष्य पूंजी अथवा पूंजीपतियों को नष्ट करना नहीं है, अपितु पूंजी और श्रम के बीच के संबंधों को नियमित करना है। हम पूंजी को अपने पक्ष में प्रयुक्त करना चाहते हैं। सहानुभूतिपूर्ण हड़तालों को बढ़ावा देना भूल होगी"

('दि लेसन आफ असम', *यंग इंडिया*, 15 जून 1921)।

किसानों के लिए, जिन्हें गांधीजी ने सैद्धांतिक रूप से सदैव प्राथमिकता दी, उनका ग्राम पुनर्निर्माण का कार्यक्रम था। इसके लिए चरखा और खादी के माध्यम से आर्थिक पुनरुत्थान के रूप में स्वावलंबन, पंचायतों या मध्यस्थता न्यायालयों, राष्ट्रीय विद्यालयों, और हिंदू-मुसलमान एकता के लिए शराब एवं छुआछूत की बुराइयों के विरुद्ध आंदोलनों की कल्पना की गई थी। बिहार और उड़ीसा में पंचायत व्यवस्था बहुत लोकप्रिय हुई। बंगाल में फरवरी 1921 और अप्रैल 1922 के बीच कुल मिलाकर 866 मध्यस्थता न्यायालय स्थापित किए गए; ये अगस्त 1920 में अपने चरम पर थे जब उनकी संख्या सरकारी न्यायालयों से कहीं अधिक थी' (*हिस्ट्री ऑफ नॉन-कोआपरेशन इन बंगाल—बंगाल गवर्नमेंट पोलिटिकल कांफिडेंशियल, 395/1924*)। शराबबंदी के आंदोलन ने पर्याप्त विराट रूप धारण कर लिया। इसका कारण कदाचित् यह भी था कि इसमें निम्न जातियों को सामाजिक उत्थान करनेवाले संस्कृतीकरण का अवसर दिखाई देता था। फलस्वरूप 1921-22 में पंजाब के आबकारी राजस्व में 33 लाख रु. की कमी आई और मद्रास में आबकारी की गिरावट से बजट में 65 लाख रु. का घाटा रहा। चरखा आंदोलन के प्रभाव के संबंध में कोई निश्चित आंकड़े उपलब्ध नहीं हैं, किंतु 1920 और 1923 के बीच हथकरघों के द्वारा कपड़े के उत्पादन में पर्याप्त तेजी आई (देखिए, इस पुस्तक का पृ. 191)। खिलाफत आंदोलन ने, कुछ समय के लिए ही सही, हिंदू-मुसलमान एकता को एक सशक्त तथ्य बना दिया । छुआछूत के संबंध में अधिक प्रगति दिखाई नहीं पड़ी, किंतु गांधीजी को इस बात का श्रेय जाता है कि इस मुद्दे को पहली बार वे ही राष्ट्रीय राजनीति के मंच पर लाए। गांधीजी के गुजरात में ही अंत्यजों को भरती न करनेवाले विद्यालयों को राष्ट्रीय विद्यालय न माने जाने की बात ने 1920 के अंत में लगभग संकट की स्थिति उत्पन्न कर दी थी (*यंग इंडिया*, 24 नवंबर 1920)। एक वर्ष पश्चात् बारदोली गांव में गांधीजी के आगमन की प्रतीक्षा कर रहे अछूतों को उच्च जातियों के ग्रामीणों ने तब तक दूर खड़ा रखा जब तक कि कल्याणजी मेहता ने आकर उन्हें इसके लिए डांटा नहीं (कृष्णदास, *सेवन मंथ्स विद् महात्मा गांधी*, भाग 2, पृ. 37)।

इस प्रकार, सदैव इस बात पर बल दिया जाता था कि एकताकारी मुद्दे उठाए जाएं और वर्ग-विभाजनों को कम किया जाए अथवा पाटा जाए। अतः जब पर्याप्त सोच-विचार के पश्चात् मालगुजारी की नाअदायगी की योजना बनाई गई तो वह बारदोली जैसे रैयतवारी ताल्लुके के लिए बनाई गई न कि किसी जमींदारीवाले क्षेत्र के लिए, जहां इसका तात्पर्य अपरिहार्य रूप से लगान की नाअदायगी होता। 1921 के आरंभ में संयुक्त प्रांत में होनेवाले खेतिहर दंगों के पश्चात् (देखिए, इस पुस्तक का पृ. 243) फैजाबाद में भाषण करते हुए गांधीजी ने "जमींदारों और काश्तकारों के बीच वैमनस्य उत्पन्न करने के सभी प्रयासों की निंदा की और काश्तकारों को सलाह दी कि वे कष्ट भले

ही उठा लें पर संघर्ष न करें क्योंकि उन्हें एकजुट होकर सबसे शक्तिशाली जमींदार, अर्थात् सरकार के विरुद्ध संघर्ष करना है"(*लीडर*, 13 फरवरी 1921, *कलेक्टेड वर्क्स*, खंड 19, पृ. 352 पर उद्धृत)। एक माह पश्चात् *संयुक्त प्रांत के किसानों को निर्देश* में उन्हें आगाह किया गया था कि किसान नेताओं के गिरफ्तार होने पर भी किसी प्रकार का उपद्रव न किया जाए, और कड़ा आदेश दिया गया था : "बेहतर है कि हम सरकार का कर या जमींदार का भाड़ा न रोकें . . . । स्मरण रहे कि जमींदारों को हमें अपना मित्र बनाना है" (*यंग इंडिया*, 9 मार्च 1921, उपरोक्त में उद्धृत, पृ. 419-20)।

आंचलिक भिन्नताएं

असहयोग आंदोलन के विविध आयामों एवं अंतर्विरोधों को समझने का सर्वोत्तम तरीका है आंचलिक एवं स्थानीय अध्ययनों का अवलोकन करना। इसके लिए ताजा शोधों से तेजी से आधारभूत सामग्री एकत्रित होती जा रही है, यद्यपि अनेक कमियां अभी बनी हुई हैं।

पंजाब में असहयोग आंदोलन का श्रीगणेश लाहौर में विद्यार्थियों द्वारा विद्यालयों के काफी सफल बहिष्कार से हुआ। यह कार्य उन्होंने जनवरी 1921 में लाला लाजपतराय की प्रेरणा से किया था। किंतु पंजाब के नगरों में आंदोलन वैसा तीव्र नहीं रहा जैसाकि अप्रैल 1919 में रहा था; शायद तब अंग्रेजों द्वारा किए गए निर्मम दमन की याद अभी ताजा रही होगी। फिर भी सिख-बहुल मध्य पंजाब का ग्रामीण क्षेत्र गहन रूप से आंदोलित हुआ था। यहां सशक्त अकाली विद्रोह उठा जो आरंभ में पर्याप्त स्वतंत्र धार्मिक सुधारवादी आंदोलन रहा और फिर बाद में थोड़े समय के लिए असहयोग आंदोलन से एकरूप हो गया। अकाली भ्रष्ट महंतों के प्रभुत्व से गुरुद्वारों को छुड़ाकर अपने हाथ में लेना चाहते थे। इन महंतों ने पारस्परिक लाभ के लिए अंग्रेजों से साठगांठ कर रखी थी। अमृतसर के स्वर्ण मंदिर के सरकार द्वारा नियुक्त प्रबंधक अरूरसिंह ने तो जनरल डायर को मानद सिख बनने के लिए स्वर्ण मंदिर में आमंत्रित किया 'क्योंकि निकलसेयान साहब' (1857 में दिल्ली में कत्लेआम करानेवाले निकलसन) 'को भी तो सिख बनाया गया' था। 20 फरवरी 1921 को ननकाना में होनेवाली दुखद घटना के पश्चात् जहां सौ अकालियों को महंत ने मरवा दिया था, तनाव बढ़ गया। सिखों को संदेह था, जो कुछ सीमा तक उचित भी था, कि इसमें लाहौर के संभागीय कमिश्नर की भी साठगांठ थी। नवंबर 1921 में जब ब्रिटिश सरकार ने स्वर्ण मंदिर के खजाने की चाबियां देने से इनकार कर दिया तो सीधा संघर्ष हुआ और सिखों ने सामूहिक गिरफ्तारियां दीं। इस समय असहयोग आंदोलन के भी अपने चरम पर होने के कारण अंग्रेजों को झुकना पड़ा और चाबियां सौंपने के साथ ही कैदियों को भी मध्य-जनवरी तक रिहा कर दिया गया। जनवरी 1922 की सरकारी रिपोर्ट में जिन 15,506 अकाली स्वयंसेवकों का उल्लेख

किया गया है, उनमें से अधिकांश जाट सिख किसान वर्ग के थे, विशेष रूप से जालंधर, होशियारपुर, अमृतसर, शेखूपुरा और लायलपुर जिलों के। जहां औपचारिक अकाली आंदोलन का नेतृत्व शिरोमणि गुरुद्वारा प्रबंधक कमेटी के हाथ में था और यह पूर्णतः अहिंसक तरीके अपनाए हुए था, वहीं मार्च 1921 में जालंधर और होशियारपुर में किशनसिंह और मोटासिंह के नेतृत्व में 'बब्बर अकाली' नामक एक विरोधी समूह उठ खड़ा हुआ जिसने लगान की नाअदायगी का आह्वान किया और अंततः राजभक्तों (एवं कभी-कभी साहूकारों) के विरुद्ध आतंकवादी तरीके अपनाए। अकाली आंदोलन तब तक चलता रहा जब तक कि नवंबर 1925 के 'सिख गुरुद्वाराज एंड श्राइंस एक्ट' के द्वारा गुरुद्वारों का नियंत्रण शिरोमणि गुरुद्वारा प्रबंधक कमेटी के हाथ में नहीं दे दिया गया । 1922 के पश्चात् जो बात धीरे-धीरे समाप्त होती गई वह यह थी—आंदोलन का बृहत्तर राष्ट्रीय आंदोलन से संपर्क और ऐसे प्रदेश में 1921 की आश्चर्यजनक सांप्रदायिक एकता जो अन्यथा अपनी धार्मिक विषमताओं के लिए जाना जाता था। यह एक ऐसी बात थी जिसे एक घबराए हुए वायसरॉय ने "खिलाफत और कांग्रेस कमेटियों एवं विभिन्न सिख संगठनों के बीच घनिष्ठतम संभव संबंध" कहा था, (9 नवंबर 1921 को भारत-सचिव को भेजा गया तार, *रीडिंग कलेक्शन*)।

गहन रूप से सामंतवादी रजवाड़ोंवाला राजस्थान प्रांत सशक्त कृषक आंदोलनों का एक अलग ही नमूना प्रस्तुत करता है जो बहुत बाद में चलनेवाले शहरी राष्ट्रीय आंदोलनों के पूर्वगामी भी थे और जिनमें उनका सीधा योगदान भी था। ऐसा एक शहरी राष्ट्रवादी आंदोलन 1920 में राजस्थान सेवा संघ के सहयोग से अंग्रेजों के अधिकारवाले अजमेर में आरंभ हो रहा था। जैसाकि हम देख चुके हैं, मेवाड़ का बिजौलिया आंदोलन 1922 में आंशिक सफलता प्राप्त कर चुका था, जबकि महसूलों एवं उदयपुर के महाराणा की 'खालिस' भूमि पर बेगार के विरुद्ध मई 1921 का आंदोलन मातृकुंड्या के पारंपरिक वार्षिक मेले के अवसर पर एक सभा के साथ आरंभ हो चुका था। आगे चलकर, अप्रैल 1938 में बिजौलिया आंदोलन के नेता माणिकलाल वर्मा ने राष्ट्रवादी मेवाड़ प्रजामंडल की स्थापना की थी। 1921-22 के दौरान मोतीलाल तेजावत के नेतृत्व में भील आंदोलन ने अधिक संघर्षपूर्ण और स्वर्णयुगवादी आयाम धारण कर लिया। दिसंबर 1921 में अलवर में मेव लोगों ने पड़ोस के गुड़गांव जिले के एक पुलिस थाने पर आक्रमण कर दिया जिसका निवारण करने के लिए ब्रिटिश-भारतीय पुलिस और अलवर राज्य की सेनाओं को संयुक्त प्रयास करना पड़ा।

बंबई प्रेसीडेंसी में, सिंध के मुसलमान व्यापारी और किसान खिलाफत के आह्वान से अत्यंत उत्साहित थे। यहां के हिंदू अल्पसंख्यकों में भी दो महत्वपूर्ण नेता हुए—जयरामदास दौलतराम जो गांधीजी के घनिष्ठ सहयोगी थे, और स्वामी गोविंदानंद जिन्हें मई 1921 में राजद्रोह के अभियोग में पांच

वर्ष की सजा हुई थी। बाद में वे कांग्रेस की रूढ़िवादिता के गरमपंथी आलोचक बन गए थे।

स्वाभाविक है कि विशिष्ट रूप से गांधीवादी आंदोलन गुजरात में सबसे सशक्त था। दिसंबर 1921 में कृष्णदास गांधीजी के साथ बारदोली ताल्लुके के 'निरीक्षण के दौरे' पर गए थे। उनका विवरण उस कृषक-जागृति का बड़ा सजीव चित्रण प्रस्तुत करता है जो व्यापक होने के साथ ही कड़ाई से नियंत्रित एवं अनुशासित थी (*सेवन मंथ्स विद् महात्मा गांधी*, खंड 2, पृ. 27-40)। अहिंसक आंदोलन का अनुशासन पाटीदार भूमिधर कृषिकों के हितों के पूर्णतः अनुकूल था, क्योंकि अधिक मुक्त आंदोलन से निम्न जातियों अथवा जनजातीय कृषि-मजदूरों अथवा ग्राम के सेवकों (जैसेकि खेड़ा के 'बरइयों' अथवा बारदोली के 'कालीपराज' या काले लोगों, जो उच्च जाति के 'गोरे' हिंदुओं अर्थात् 'उजालिजात' से भिन्न थे) को लेकर समस्याएं उत्पन्न हो सकती थीं। यद्यपि खेड़ा के आनंद और बरसाड आंदोलन के महत्वपूर्ण आधार बने रहे, लेकिन गांधीजी ने बारदोली को ही पहले सविनय अवज्ञा आंदोलन के केंद्र रूप में चुना। इसका कारण कदाचित् यह था कि वहां के कालीपराज संदा के अशांत बरइयों की तुलना में अधिक पिछड़े हुए और सीधे थे। वास्तव में 1921 तक बरइयों द्वारा डाका डालने की घटनाएं नई ऊंचाइयां छूने लगी थीं। उस वर्ष 70 डकैतियां पड़ी थीं जिनमें से अनेक बबर देवा के दल ने डाली थीं। बबर देवा निम्न जातियों के बीच एक प्रकार से 'जननायक' बन गया था (हार्डिमन, *पेजेंट एजीटेशंस*, पृ. 201, 206)।

बंबई नगर में स्थिति अधिक जटिल थी। गुजराती व्यापारी, व्यवसायी और क्लर्कों के वर्ग से गांधीजी को उत्साहपूर्ण समर्थन मिला, जबकि महाराष्ट्रीयों के मन में अब तक तिलक बसे हुए थे (1 अगस्त 1920 को उनकी शवयात्रा में 2,00,000 से अधिक लोग सम्मिलित हुए थे) और वे गांधीजी को संदेह की दृष्टि से देखते थे। औद्योगिक श्रमिकों और निम्नवर्गीय मुसलमानों के साथ तो अनुशासन की गंभीर समस्याएं भी जुड़ी हुई थीं। 17 नवंबर 1921 की हड़ताल शीघ्र ही बड़े पैमाने पर होनेवाले दंगों में बदल गई थी। महाराष्ट्रियन मिल-कामगार और अली बंधुओं की गिरफ्तारी से क्रुद्ध मुसलमान अंग्रेजों, ईसाइयों, विलायती रंग में रंगे पारसियों और कभी-कभी तो यूरोपीय ढंग के वस्त्र पहने लोगों पर भी आक्रमण करने लगे। लगभग 20 लोग मारे गए, यद्यपि गांधीजी को इतना संतोष हुआ होगा कि उनके उपवास करने के निर्णय से 23 नवंबर तक दंगे शांत हो गए थे। इस छोटे-से उद्रेक से कहीं अधिक और दीर्घकालीन महत्व की बात थी—1921 के दौरान विद्यार्थियों के एक जुझारू समूह का उदय जिसका नेतृत्व एस. ए. डांगे, आर. एस. निम्बकर, वी. डी. साठ्ये और आर. वी. नाडकर्णी कर रहे थे (जिनमें बाद में एस. वी. देशपांडे और के. एन. जोगलेकर भी सम्मिलत हो गए थे)। ये लोग असहयोग आंदोलन में बड़े सक्रिय रहे थे किंतु गांधीजी के अधिकाधिक आलोचक होते जा रहे

थे और इनकी रुचि मार्क्सवाद में बढ़ती जा रही थी। इसका कारण मार्क्सवादी साहित्य था जिसे आर. बी. लोटवाला नाम का समाजवादी रुझानवाला एक लखपति उपलब्ध करा रहा था। डांगे ने 1921 में *गांधी वर्सेस लेनिन* नाम का परचा निकाला जिसमें गांधी के दर्शन (जिसका स्रोत वे तॉलस्तॉय को मानते थे) की बड़ी सूक्ष्म तुलना लेनिन के दर्शन से की गई थी और एक ऐसे स्वराज की कल्पना की गई थी जिसमें बड़े उद्योगों का राष्ट्रीयकरण होता, संपत्ति पर सीमा लगाई जाती और जमींदारों की भूमि को काश्तकारों में वितरित कर दिया जाता। अहिंसा को एक प्रभावी कार्यनीति मानते हुए इस परचे में करों की नाअदायगी और राजनीतिक हड़ताल के अस्त्र के प्रयोग की आवश्यकता पर बल दिया गया था : "यदि हम जीतेंगे तो केवल सर्वहारा अर्थात् कामगारों और किसानों की ही सहायता से।"

महाराष्ट्र में असहयोग आंदोलन अपेक्षाकृत कमजोर रहा। यहां के जमे हुए तिलकवादी नेता गांधीजी के प्रति उदासीन थे और 1930 के दशक तक किसी कारणवश यहां के गैर-ब्राह्मण यही सोचते रहे कि कांग्रेस चितपावन ब्राह्मणों की संस्था है। फिर भी, अन्य स्थानों की भांति यहां भी गांधीवादी नियंत्रणों की शिथिलता के कारण छिटपुट स्थानीय उपद्रव हुए। 25 अप्रैल 1921 को नासिक जिले के मुस्लिम-बहुल मालेगांव में आंदोलनकारियों की भीड़ ने अपने कुछ नेताओं की गिरफ्तारी से क्रुद्ध होकर तीन पुलिसवालों को जिंदा जला दिया। पूना के निकट मुल्शीपेटा में अपनी जमीन बचाने के लिए किसानों ने सत्याग्रह का तरीका अपनाया। सरकार के समर्थन से टाटा उनकी जमीन को एक पनबिजली परियोजना के लिए लेना चाहते थे। अप्रैल 1921 में पूना कांग्रेस ने उनका मुद्दा अपने हाथ में ले लिया और यह संघर्ष रुक-रुककर वर्षों चलता रहा।

असहयोग और खिलाफत आंदोलनों के सच्चे अखिल-भारतीय स्वरूप का सर्वोत्तम सूचक है इसका दक्षिण भारत में प्रसार। चार भाषाई क्षेत्रोंवाले दक्षिण भारत में केवल कर्नाटक ही इससे अछूता रहा; वहां राजनीतिक चेतना 1930 के दशक में ही आई। अन्यत्र की भांति मद्रास प्रेसीडेंसी में भी आरंभ में उच्च और मध्यवर्गीय व्यावसायिक समूहों से की जानेवाली अपील का केवल सीमित प्रभाव पड़ा। 682 उपाधिधारियों में से केवल 6 ने अपनी उपाधियों का परित्याग किया, 36 तमिल और 103 आंध्राई वकीलों ने अपनी वकालत छोड़ी, और केवल 92 राष्ट्रीय विद्यालय खुले जिनमें 5,000 के लगभग विद्यार्थी थे। मद्रास के शहरी आंदोलन की सबसे बड़ी विशेषता थी—यहां का श्रमिक आंदोलन जिसकी परिणति चार माह लंबी हड़ताल में हुई जो गोरों के स्वामित्ववाली बकिंघम एंड कर्नाटक टैक्सटाइल मिल्स में जुलाई से लेकर अक्तूबर 1921 तक चली। इस हड़ताल को थिरु वी का जैसे असहयोग आंदोलन के स्थानीय नेताओं का पूर्ण समर्थन मिला। सरकार ने (जिसने 1921 के चुनावों के पश्चात् ब्राह्मण-विरोधी जस्टिस पार्टी के नेताओं को मंत्री बनाया

था) अछूत आदि-द्रविड़ों को सवर्ण हिंदू हड़तालकर्त्ताओं के विरुद्ध भड़काकर हड़ताल तोड़ने का प्रयास किया और राष्ट्रीय नेताओं ने लोगों को हड़ताल-राशि बांटने के स्थान पर उनके हाथों में चरखा थमाने का अव्यावहारिक कार्य करके श्रमिक आंदोलन को गांधीवादी रणनीति से जोड़ने का प्रयास किया। राष्ट्रवाद को श्रमिक आंदोलन से मिलाने के इस प्रयोग ने मद्रास के एक बुजुर्ग वकील और स्वयंसेवी संगठनकर्त्ता सिंगारवेलु चेट्टियार को दक्षिण भारत का पहला कम्युनिस्ट होने की राह पर ला खड़ा किया। 5 मई 1921 को गांधीजी के नाम एक खुले पत्र में सिंगारवेलु ने गांधीजी द्वारा किसान आंदोलनों पर लगाई जानेवाली बाधाओं की निंदा की, अहिंसक असहयोग आंदोलन को 'पूंजीवादी तानाशाही' के विरुद्ध प्रयुक्त करने और ऐसे सर्वसंग्रहवादी 'कम्युनिज्म' का सुझाव दिया जिसमें चरखा का भी स्थान होगा जिसके माध्यम से "देश का प्रत्येक परिवार रोजगारदाताओं से स्वतंत्र हो सकेगा . . . । उसी प्रकार मैं चाहता हूं कि हममें से हरेक के पास जमीन का एक टुकड़ा हो . . . ।"

रूढ़िवादी ब्राह्मण-भावनाएं, नाडार, सौराष्ट्र और कोमटी जैसी गैर-ब्राह्मण जातियों की संस्कृतीकरण की महत्वाकांक्षाएं, और लाइसेंस शुल्क बढ़ाकर राजस्व बढ़ाने के सरकारी प्रयास से क्षुब्ध मद्य-व्यापारी—इन सबके कारण तटीय आंध्र प्रदेश और भीतरी तमिलनाडु में शराब की दुकानों पर धरने असहयोग का सफलतम स्वरूप बन गए। मद्रास सरकार गहरी चिंता में पड़ गई क्योंकि 1920 के दशक के आरंभ तक राजस्व का 20 प्रतिशत से भी अधिक भाग आबकारी से मिलता था और यह किसी भी अन्य राज्य की तुलना में कहीं अधिक था। ऐसे आंदोलनों से एक नया, विशिष्ट रूप से गांधीवादी नेतृत्व उभर रहा था जिसका आधार भीतरी तमिलनाडु में था और जिसके अगुआ सलेम के वकील राजगोपालाचारी थे जिन्होंने 1921 में वकालत छोड़ दी थी। इसके विपरीत, सत्यमूर्ति अथवा कस्तूरी रंगा आयंगर जैसे मद्रास शहर के राष्ट्रवादी नेताओं ने महाराष्ट्र के तिलकवादी नेताओं अथवा बंगाल के सी. आर. दास की भांति असहयोग को अनिच्छापूर्वक ही अपनाया था।

लेकिन असहयोग आंदोलन आंध्र के मुहाना क्षेत्र में सबसे सशक्त रहा जहां कोंडा वेंकटपैया, ए. कालेश्वर राव, टी. प्रकाशम् और पट्टाभि सीतारामैया जैसे नेता हुए। यहां इस आंदोलन को व्यापारी वर्ग से भी पर्याप्त समर्थन मिला (उदाहरण के लिए एलौर के मोती परिवार अथवा राजामुंद्री के चैंबर ऑफ कॉमर्स से, जो वस्तुतः स्थानीय असहयोग आंदोलन कमेटी के रूप में कार्य करता था)। इसे तमिलनाडु के 'सूखे' क्षेत्रों के विपरीत एक विशाल कृषक मध्य वर्ग का समर्थन भी मिला। 1921 की आंध्र की विस्तृत राजनीतिक जागृति के साथ ही इसके अंदरूनी तनावों का बड़ा सजीव चित्रण उन्नवा लक्ष्मीनारायण के तेलुगू उपन्यास *मालपल्ली* (1922) में मिलता है। इसका नायक सवर्ण हिंदू जमींदारों और अछूतों के बीच विद्यमान तनावों का समाधान करने के लिए गांधीवादी उपाय अपनाने की बात करता है। किंतु उसका

उतावला भाई एक प्रकार का समाज-हितकारी डाकू बन जाता है और ऐसे गीतों की रचना करता है जिनमें मानव-मात्र की खोई हुई समता और मेहनत करनेवालों की अंतर्राष्ट्रीय एकजुटता की बात कही गई है।

आंध्र आंदोलन की महत्वपूर्ण घटनाओं में एक है गुंटुर जिले के चिराल-पराल नामक छोटे-से कस्बे के लोगों का विरोध। सरकार यहां नगर निगम की स्थापना करना चाहती थी (जिसका अर्थ था स्थानीय करों का एकाएक 4,000 रु. से 30,000 रु. हो जाना)। डुगीराला गोपाल कृष्णय्या के नेतृत्व में इसके 15,000 निवासियों ने कर देना अस्वीकार कर दिया और सामूहिक रूप से 11 महीनों के लिए रामनगर नाम की नई बस्ती में जा बसे। दिसंबर 1921 से फरवरी 1922 तक की अवधि में मुहाना क्षेत्र में मालगुजारी की नाअदायगी का आंदोलन उठा खड़ा हुआ। इसका आरंभ हुआ ग्राम अधिकारियों के सामूहिक त्यागपत्र देने से। उन्हें इस बात की शिकायत थी कि सरकार उनके पर्याप्त महत्वपूर्ण विशेषाधिकारों पर प्रतिबंध लगा रही थी। किंतु इस आंदोलन को इस बात से भी बल मिला कि कम वर्षा के कारण किसानों की दशा बहुत खराब थी। साथ ही लोगों में यह धारणा भी प्रचलित थी (जैसाकि गुंटुर के एक ग्रामीण ने एक अंग्रेज अधिकारी से कहा था) कि "गांधीजी का स्वराज आनेवाला है और कर देने की कोई आवश्यकता नहीं है" (एम. वेंकटरंगय्या, *फ्रीडम स्ट्रगल इन आंध्रप्रदेश*, खंड 3, पृ. 276)। गुंटुर के निकट बपत्ला ताल्लुके के पेडनंदीपाड उपसंभाग और राजामुंद्री के निकट रघुदेवपुरम् फिरके में आंदोलन की तीव्रता सबसे अधिक रही, जिसके परिणामस्वरूप जनवरी 1922 में राजस्व की प्राप्ति 14.73 लाख रु. से घटकर केवल चार लाख रु. रह गई थी। अंततः 10 फरवरी को गांधीजी के बल देने पर आंध्र कांग्रेस के नेताओं ने आंदोलन वापस ले लिया।

आंध्र में ही 1921-22 में पहली बार वन-संबंधी प्रतिबंधों के विरुद्ध जनजातियों एवं गरीब किसानों की शिकायतें राष्ट्रवादी आंदोलन से जुड़ीं। कुडप्पा के रायचोटी ताल्लुके एवं गुंटुर के पलनाट ताल्लुके में 'वन सत्याग्रह' हुए। कैंब्रिज इतिहासकार सी. जे. बेकर इसमें तटीय क्षेत्र के समृद्ध पशुपालकों का निहित स्वार्थ देखते हैं कि ये पशुपालक स्थानीय पशुओं के अतिरिक्त अन्य पशुओं के चराने पर लगाए गए शुल्क की ऊंची दरों के विरुद्ध आंदोलन कर रहे थे। किंतु इस बात के पर्याप्त प्रमाण मिलते हैं कि यह आंदोलन कहीं अधिक आधारभूत और निम्न वर्गों का आंदोलन था। सितंबर 1921 में कुडप्पा में ग्रामवासियों की एक विशाल भीड़ गांधीजी का स्वागत इस आशा से करने के लिए एकत्रित हुई थी कि "वे उनके करों को कम करवा देंगे और जंगलात के कानूनों को समाप्त करवा देंगे।" वेंकटपय्या जैसे कांग्रेसी नेता यह प्रयास करते रहे कि आंदोलन केवल जंगल के अधिकारियों के सामाजिक बहिष्कार तक ही सीमित रहे, किंतु किसान चराई शुल्क दिए बिना ही अपने पशुओं को चरने के लिए जंगल में भेजने लगे। पलनाड में जंगल के निकट

स्थित कुछ ग्रामवासियों ने तो स्वराज की घोषणा कर दी और पुलिस दलों पर हमला करने लगे। पलनाड और रायचोटी में वन-प्रशासन लगभग समाप्त हो गया क्योंकि उसे लोगों की भीड़ का सामना करना पड़ा "जिनके मन में यह बात बैठ गई थी कि गांधी राज या तो आ गया है या आनेवाला है, और जंगल पर उनका अधिकार है और वे वहां जो चाहें कर सकते हैं" (*मद्रास फॉरेस्ट एडमिनिस्ट्रेशन रिपोर्ट*, 1921-22, पृ. 30)। ऐसी इलहामी अफवाहों ने 1921-22 के दौरान बारंबार उत्प्रेरक का कार्य किया। उदाहरण के लिए, मई 1921 में सामान्य अपराधियों द्वारा जेल तोड़कर भागने की घटना इस विश्वास पर आधारित थी कि "अंग्रेजी राज के स्थान पर गांधी राज आनेवाला है" (भारत-सचिव का वायसरॉय को पत्र, 20 जून 1921, *रीडिंग कलेक्शन*)।

त्राता के स्वर्णयुग की धारणा से संबंधित सर्वाधिक हिंसक उपद्रव 1921 में सदा के अशांत मोपला लोगों के बीच हुए। जहां पहले होनेवाले मोपला विद्रोहों का स्वरूप 'आनुष्ठानिक' होता था जिसमें वस्तुतः हिस्सा लेनेवाले मुट्ठीभर लोग होते थे, वहीं अब ब्रिटिश राज के आसन्न पतन की अफवाह ने निरंतर विरोध को एक विशाल जन-विद्रोह में बदल दिया। पहले वर्णित हिंदू जेनमियों द्वारा मुसलमान काश्तकारों और पट्टाधारियों के शोषण के सामाजिक संदर्भ और मुसलमानों की धार्मिक संघर्षशीलता की दीर्घ परंपरा को देखते हुए (देखिए पीछे अध्याय 3) इस उपद्रव का 'सांप्रदायिक' होना अपरिहार्य था, किंतु इसे अत्यधिक बढ़ा-चढ़ाकर प्रस्तुत किया जाता है। अप्रैल 1920 में मंजेरी सम्मेलन के बाद काश्तकारों के अधिकारों के लिए मलाबार में 1916 से विकसित हो रहे आंदोलन को खिलाफत आंदोलन ने अपने हाथ में ले लिया। खिलाफत सभाओं में अपनी शिकायतें करने के लिए प्रोत्साहित किया जाता था। कहा जाता है कि स्थानीय नेता अली मुसलियार ने लोगों से वादा किया था कि आनेवाले मुस्लिम राज में "महंगी मुकदमेबाजियां नहीं होंगी . . . । किसी के पास उसकी जरूरत से ज्यादा नहीं होगा . . . । हमें वर्तमान पुलिस व्यवस्था नहीं चाहिए . . . ।" फरवरी 1921 में के. माधवन नायर, यू. गोपाल मेनन, याकूब हसन और पी. मोइद्दीन कोया जैसे जमे हुए कांग्रेसी और खिलाफती नेताओं के गिरफ्तार हो जाने से ऐसे गरमपंथी नेताओं को मौका मिल गया था और वे लोगों को ऐसे न्यायपूर्ण स्वर्णयुग के उपदेश देने लगे थे। 20 अगस्त 1921 को तिरुरंगडी मस्जिद में अस्त्र-शस्त्र की तलाशी के लिए पुलिस द्वारा मारे गए छापे ने एक बड़े विद्रोह की चिनगारी भड़का दी जिसमें पुलिस थानों, सार्वजनिक कार्यालयों, संचार व्यवस्था, जमींदारों के घरों पर आक्रमण किए गए। दक्षिण मलाबार के इरनाड और वल्लुवनाड ताल्लुकों में कई माह तक पुलिस का नियंत्रण पूर्णतः समाप्त रहा। अनेक स्थानों पर 'खिलाफत गणराज्य' स्थापित किए गए जिनके 'राष्ट्रपति' कुन्हमद हाजी, कालातिंगल मम्मद, अली मुसलियार, सीदी कोया तंगल और इम्बीची कोया तंगल थे। 26 सितंबर को एक ब्रिटिश जी. ओ. सी. ने रिपोर्ट दी कि

"स्थिति अब स्पष्ट युद्ध की है," और गोली-बारूद की मदद मांगी क्योंकि मोपला विद्रोह "छापामार युद्ध की नीति अपनाकर ··· प्रबल होता जा रहा है ···। सशस्त्र लड़ाकों की संख्या शायद 10,000 हो ···" (भारत-सचिव के नाम वायसरॉय का पत्र, 28 सितंबर 1921, *रीडिंग कलेक्शन*)।

हिंदुओं की दृष्टि में मोपला सांप्रदायिक कट्टरपंथी मात्र थे, और यह सत्य है कि इस विद्रोह में (एक आर्यसमाजी स्रोत के अनुसार) 600 हिंदू मारे गए थे और लगभग 2,500 को बलपूर्वक मुसलमान बनाया गया था। ये आंकड़े वस्तुतः कम ही हैं, क्योंकि 'कट्टरपंथियों' ने महीनों तक ऐसे क्षेत्र पर कब्जा कर रखा था जिसमें चार लाख हिंदू रहते थे, और उनमें से अनेक दमनकारी जमींदारों और साहूकारों एवं अंग्रेजों के सहयोगी थे। जबरन मुसलमान बनाए जाने की पहली घटना 10 सितंबर को जाकर घटी। एक ताजा लेख में के. एन. पणिक्कर एक रोचक प्रसंग का उल्लेख करते हैं जिसमें मोपलों का एक दल हिंदू क्षेत्र में 23 मील चलकर केवल इसलिए गया था कि एक अत्यधिक अत्याचारी हिंदू जमींदार के खाते जलाकर नष्ट कर सके। मार्ग में उन्होंने किसी को कोई क्षति नहीं पहुंचाई, यहां तक कि जेनमी के परिवार को भी नहीं। और भी अधिक चौंकानेवाली बात यह है कि पहले-पहल गिरफ्तार किए जानेवाले मोपलों में एक नंबूदरी और चार नायर थे (वायसरॉय को भारत-सचिव का पत्र, 3 नवंबर 1921, जिसमें कोयंबटूर के एक जिला मजिस्ट्रेट का पत्र संलग्न था)। महत्वपूर्ण बात यह है कि यह साम्राज्यवाद के खिलाफ एक सशस्त्र और विशाल विद्रोह था जिसके खूनी दमन के फलस्वरूप 2,337 विद्रोही मारे गए, 1,652 घायल हुए और 45,404 बंदी बनाए गए। जैसाकि 1857 या 1919 में हुआ था, वास्तविक खतरे के सामने अंग्रेजों का उदारतावाद का मुखौटा हट गया। 20 नवंबर को पोडनूर में रेल के एक बंद डिब्बे में 66 मोपलों के शव मिले जिनकी मौत दम घुटने के कारण हुई थी। अंग्रेजी स्कूल में पढ़नेवाला प्रत्येक विद्यार्थी सिराजुद्दौला की 'कालकोठरी' के बारे में जानता है जो पूर्णतः काल्पनिक कहानी नहीं तो अत्यंत बढ़ा-चढ़ाकर अवश्य कही गई है। परंतु कितने आश्चर्य की बात है कि स्वतंत्र भारत में भी बहुत कम लोगों ने पोडनूर की 'कालकोठरी' की निर्विवाद घटना के बारे में सुना है।

सामान्यतः अलग-थलग रहनेवाले असम प्रांत में असहयोग आंदोलन ने ऐसा सशक्त स्वरूप धारण कर लिया था जिसका सानी बाद में राष्ट्रीय आंदोलन के किसी भी चरण में नहीं मिलता। सबसे महत्वपूर्ण घटनाएं सुरमा घाटी के चाय बागानों में घटीं। मई 1921 में चारगोला के कुलियों ने 'गांधी महाराज की जय' के नारे लगाते हुए पारिश्रमिक में भारी वृद्धि की मांग की। तत्पश्चात् लगभग 8,000 श्रमिकों (कुल श्रमिकों के 52 प्रतिशत) ने यह कहते हुए बागान छोड़ दिए कि यह गांधीजी की आज्ञा है। स्पष्टतः ऐसी अफवाहें फैल गई थीं कि गांधी राज आ रहा है जो उन्हें अपने गांवों में जमीन दिलाएगा

जहां से उन्हें बाध्य करके या धोखा देकर लाया गया था। ध्यान देने योग्य यह है कि चारगोला घाटी के बागानों के अधिकांश मजदूर पूर्वी संयुक्त प्रांत के बस्ती और गोरखपुर जिलों से लाए गए थे जहां असहयोग आंदोलन बहुत जोरों पर था। अक्तूबर और पुनः दिसंबर में दरंग व शिवसागर जिलों के चाय बागानों से छिटपुट हड़तालों एवं उपद्रवों के समाचार मिलते रहे। अधिकारी बार-बार शिकायतें कर रहे थे कि असहयोग आंदोलनकारी बागान के श्रमिकों के बीच सक्रिय हैं। असम के अधिकांश कांग्रेसी नेता बागानों में हड़ताल कराने के पक्ष में नहीं थे क्योंकि उनमें से (एन. सी. बारदलोई जैसे) कुछ लोग बागान के मालिक थे। एक कांग्रेसी आंदोलनकारी के संस्मरणों में कहा गया है कि किस प्रकार एक रात को जब कुछ कामगार उसके पास हड़ताल का प्रस्ताव लेकर आए तो उसका 'दिल ही बैठ गया' था (पी. बड़ठाकुर, *स्वाधीनता रणेर संस्पर्शात*, अमलेंदु गुहा के *प्लाट राज टु स्वराज*, पृ. 137-39 में उद्धृत)। किसानों के बीच मालगुजारी की नाअदायगी के आंदोलन के चिह्न भी दिखाई देते थे, और बारदोली में गांधीजी के आंदोलन वापस लेने के पश्चात् भी 'चाय बागान के कुलियों के विशेष लाभ के लिए' शिवसागर में असम राइफल्स को रूट मार्च करने का आदेश दिया गया (भारत-सचिव को वायसरॉय का पत्र, 20 फरवरी 1922)। 1921 की घटनाओं ने असमिया साहित्य पर बड़ी गहरी छाप छोड़ी जो विशेष रूप से 'असम-केसरी' अंबिका गिरी रायचौधुरी की कविताओं में देखी जा सकती है। साथ ही, अनेक लोकगीतों में भी यह स्पष्ट लक्षित होती है जहां वैष्णव संप्रदाय के गीतों में गांधीजी को कृष्ण का स्थानापन्न बना दिया गया है।

असहयोग और खिलाफत आंदोलन के मिलाप ने 1921-22 के युग को बंगाल में राष्ट्रीय आंदोलन के संपूर्ण इतिहास में शक्ति और एकता का सर्वोच्च बिंदु बना दिया। यह सत्य है कि बंगाल के अधिकांश राजनीतिक नेताओं ने गांधीजी को बहुत देर से, केवल तभी स्वीकार किया जब नागपुर अधिवेशन में सी. आर. दास गांधीजी के पक्ष में हुए, जिसके पश्चात् आतंकवादी भी साल-भर तक गांधीवादी उपायों को आजमाने के लिए तैयार हो गए। लेकिन कलकत्ता के परिष्कृत बुद्धिजीवी ने गांधीजी की कुछेक पद्धतियों के प्रति कभी कोई खास उत्साह नहीं दर्शाया। रवींद्रनाथ के लेख 'सत्य की पुकार' (*मॉडर्न रिव्यू*, अक्तूबर 1921) से विख्यात विवाद उठ खड़ा हुआ जिसमें करोड़ों स्वत्वहीनों को जाग्रत करने के लिए गांधीजी की प्रशंसा की गई थी, किंतु साथ ही चरखा आंदोलन की संकीर्णता, सुधार-विरोध और चिंतनहीन अंध-स्वीकृति की कड़ी आलोचना भी की गई थी। 1905 के दिनों की तुलना में बंगाल में असहयोग आंदोलन का साहित्यिक पक्ष बहुत दुर्बल रहा और 1920 एवं 1930 के दशकों में राष्ट्रवादियों को पुराने स्वदेशी गीतों से ही काम चलाना पड़ा। किंतु उस समय की अप्रतिम सांप्रदायिक एकता की तुलना में यह बात इतनी महत्वपूर्ण नहीं रह जाती। यह एकता बंगाल के

लिए महत्वपूर्ण थी क्योंकि वहां हिंदुओं और मुसलमानों का अनुपात कमोबेश बराबर था। साथ ही सी. आर. दास और उनके तीन अनुयायियों (मिदनापुर में वीरेंद्रनाथ, चटगांव में जे. एम. सेनगुप्त और कलकत्ता में सुभाष बोस) द्वारा प्रदान किया जानेवाला प्रभावी राजनीतिक नेतृत्व और, सबसे बढ़कर, शहरी और ग्रामीण जनसामान्य में आधारभूत जागरण भी महत्वपूर्ण तत्व थे।

1921 के आरंभ में विद्यार्थियों के प्रारंभिक विद्रोह के पश्चात् बंगाल में असहयोग आंदोलन दूसरी बार तब अपने उत्कर्ष पर पहुंचा जब 20-21 मई को पूर्वी बंगाल के चांदपुर बंदरगाह पर चाय बागानों से भागते हुए कुलियों पर गोरखों ने आक्रमण किया। 1924 की एक सरकारी रिपोर्ट में इस बात को याद किया गया था कि किस प्रकार "आश्चर्यजनक रूप से कम समय में सारा पूर्वी बंगाल खौल उठा था।" विस्तृत हड़तालें हुई थीं जिनके पश्चात् रेल एवं स्टीमर सेवाओं में जे. एम. सेनगुप्त के नेतृत्व में होनेवाली हड़तालों ने तो कामकाज ही ठप्प कर दिया। स्टीमरों की हड़ताल जुलाई के आरंभिक दिनों तक चली और असम-बंगाल रेलवे की हड़ताल सितंबर तक। इन दोनों हड़तालों को न तो कलकत्ता के मारवाड़ी व्यापारियों ने पसंद किया और न ही गांधीजी ने। जुलाई से अक्तूबर तक अपेक्षाकृत शांति रही जिसका लाभ उठाकर राष्ट्रवादियों ने स्वयंसेवक जत्थे बनाए, मध्यस्थता न्यायालय गठित किए, असंख्य सभाएं कीं। (जून के आरंभ और मध्य-नवंबर के बीच कम-से-कम 4,265 सभाएं हुईं।) असहयोग आंदोलन की तीसरी और सबसे बड़ी लहर प्रिंस ऑफ वेल्स के आगमन के साथ नवंबर में आई जो फरवरी 1922 और इसके बाद तक चलती रही। 17 नवंबर की हड़ताल को कलकत्ता में भारी सफलता मिली जिसमें सड़कों का नियंत्रण स्वयंसेवकों के हाथ में आ गया था और कुछ पुलिसकर्मियों ने त्यागपत्र भी दे दिए थे। दिसंबर 1921 में एक पुलिस अधिकारी ने रिपोर्ट दी थी कि कम-से-कम नौ जिलों में पुलिसकर्मियों में असंतोष फैला हुआ है। दमन का सामना लोगों ने गिरफ्तारियां देकर किया। (उस वर्ष के अंत तक कलकत्ता के 3,000 लोग जेल जा चुके थे।) जेल जानेवाले स्वयंसेवकों में अब पहली बार (सी. आर. दास की पत्नी बसंतीदेवी का अनुसरण करते हुए) उच्च वर्ग की महिलाएं और बड़ी संख्या में मिल-मजदूर (मुख्यतः मुसलमान) भी सम्मिलित थे। मुहम्मद उस्मान जैसे खिलाफती आंदोलनकारी 1921 के आरंभ से ही कलकत्ता के औद्योगिक उपनगरों में सक्रिय रहे थे और एक साथ स्वयंसेवक जत्थों एवं संगठनों को संगठित कर रहे थे। जनवरी 1922 के पहले सप्ताह में कलकत्ता में जो 349 स्वयंसेवक गिरफ्तार हुए थे उनमें 123 मिल-मजदूर थे, पर्याप्त संख्या में 'मांझी और निम्नवर्गीय मुसलमान' थे, मगर केवल 39 विद्यार्थी थे। यह स्वदेशी आंदोलन के दिनों से नितांत भिन्न सामाजिक गठन था। बंबई और मद्रास की भांति ही 1921 का अनुभव और उससे होनेवाला मोहभंग कलकत्ता में आरंभिक कम्युनिस्ट समूहों के निर्माण में सहायक हुए। इनके कर्णधार थे

मुजफ्फर अहमद जिनसे 1921 के अंत में एम. एन. राय की दूत नलिनी गुप्ता ने संपर्क स्थापित किया था।

ग्रामीण क्षेत्रों में असहयोग आंदोलनकारियों ने फरवरी 1921 में पटसन के बहिष्कार का प्रयास किया। किसानों को पटसन के स्थान पर धान और कपास उपजाने के लिए प्रोत्साहित किया गया ताकि ब्रिटिश स्वामित्ववाले पटसन कारखानों पर प्रतिकूल प्रभाव पड़े, खाद्यान्नों की कीमतें घटें और खादी को प्रोत्साहन मिले। किसानों की प्रतिक्रिया उत्साहजनक नहीं थी; आखिरकार पटसन की खेती उनके लिए अधिक लाभदायक थी। राजशाही-नादिया-पबना-मुर्शिदाबाद सीमा पर स्थित गोरों के स्वामित्ववाली मिदनापुर जमींदारी कंपनी के विरुद्ध आंदोलन कहीं अधिक सफल रहा। यहां किसान पहले से ही नील की खेती का विरोध कर रहे थे और अब उन्हें कलकत्ता के विद्यार्थी सोमेश्वप्रसाद चौधुरी का योग्य मार्गदर्शन मिल गया था। बाद में अपनी आत्मकथा में चौधुरी ने लिखा था कि किस प्रकार दास ने उन्हें निजी रूप से प्रोत्साहित किया था किंतु साथ ही यह चेतावनी भी दी थी कि कांग्रेस लगान की नाअदायगी के कदमों का आधिकारिक रूप से समर्थन नहीं करेगी।

ग्रामीण आंदोलनों में मिदनापुर के कोंटाई और तमलुक उपसंभागों का यूनियन बोर्ड-विरोधी आंदोलन सबसे अच्छी तरह संगठित था। इसका नेतृत्व वीरेंद्रनाथ ससमाल ने किया था। नवगठित यूनियन बोर्ड का तात्पर्य था स्थानीय करों में भारी वृद्धि और ससमाल ने नवंबर-दिसंबर 1921 में मिदनापुर के खाते-पीते काश्तकारों, मुख्य रूप से महिष्यों को संगठित करके करों की नाअदायगी का एक अत्यंत प्रभावी आंदोलन खड़ा कर दिया। बाध्य होकर सरकार को यह कानून वापस लेना पड़ा। 1921-22 की सर्दियों में पबना, बोगरा, और विशेष रूप से वीरभूम के रामपुरहाट उपसंभाग में किसानों ने बंदोबस्ती गतिविधियों का विरोध किया। यहां आंदोलन का नेतृत्व जितेंद्रलाल बनर्जी कर रहे थे।

ये आंदोलन मूलतः सापेक्ष रूप से समृद्ध किसानों के थे जिनका नेतृत्व स्थानीय वकील-राजनीतिज्ञों के हाथ में था। फिर भी एक आधारभूत हलचल के चिह्न भी अधिकाधिक दिखाई देने लगे थे। 24 मार्च 1921 को 669 कैदी यह कहते हुए राजशाही जेल तोड़कर निकल भागे कि गांधी राज आ गया है। 1922 की पहली तिमाही में एक सरकारी रिपोर्ट में कहा गया था कि "अराजकता की बड़ी लहर" आई हुई थी, "आंदोलन नेताओं के नियंत्रण से बाहर हो चुका था . . . । हिंसा एवं सारी सत्ता के प्रति तिरस्कार की भावना . . . नेताओं में नहीं, किंतु जनसामान्य में दिखाई देती थी।" यूनियन बोर्ड का कानून वापस लिए जाने (दिसंबर 1921) पर चौकीदारी कर की व्यवस्था की गई। इस कर को अदा करने के बारे में सुसंगठित मिदनापुर जिले के नेताओं द्वारा की गई अपीलें भी प्रायः व्यर्थ ही गईं। काफी सीमा तक लगान रोका गया और झारगाम उपसंभाग के संथालों ने हाटों और

जमींदारों के वनों को लूटा। फरवरी 1922 में संथालों ने जालपाइगुड़ी में पुलिस पर आक्रमण कर दिया। वे गांधी टोपी पहने थे और उनका दावा था कि इसके कारण गोलियां भी उन पर बेअसर रहेंगी। समीप ही उत्तरी बंगाल के जिले रंगपुर में चौकीदारी कर की नाअदायगी 'शीघ्र ही लगान की नाअदायगी में बदल गई' और नीलफमरी के मुसलमान किसानों ने 'स्वराज थाने' की स्थापना करके वहां एक 'गांधी दरोगा' नियुक्त कर दिया। चटगांव में संरक्षित वनों पर धावा बोल दिया गया, खुली लूट मच गई जो "स्वयंसेवकों का काम न होकर सामान्य ग्रामवासियों का काम था जो मनमानी करने पर उतारू थे।" टिपरा के चौदहग्राम उपसंभाग में ग्राम-पुलिस ने नवंबर 1921 से कार्य करना बंद कर दिया। "किसी प्रकार के कर की अदायगी नहीं की जा रही थी, किसी भी प्रकार का कृषि कर न तो सरकार ले रही थी न ही निजी जमींदार . . . । आंदोलन पूर्णरूपेण मुस्लिमों का था किंतु धार्मिक नहीं। लोग केवल अपनी शक्ति मनवाना चाहते थे . . . ." (*गवर्नमेंट ऑफ बंगाल पोलिटिकल कंफिडेंशियल,* 1924 का 395 : *हिस्ट्री ऑफ दि नॉन-कोऑपरेशन एंड खिलाफल मूवमेंट्स इन बंगाल*)। ध्यान देने योग्य बात यह है कि रंगपुर, चटगांव और टिपरा, सब दूरदराज के जिले थे, जहां शायद ही कभी बड़े नेता आते रहे हों। सरकारी रिपोर्टों में बार-बार कहा गया कि स्थानीय स्वयंसेवक या राजनीतिज्ञ जनसामान्य को नियंत्रित करने के प्रयास करते थे, किंतु इसमें उन्हें सफलता नहीं मिलती थी। अभिजन राजनीतिज्ञों द्वारा भड़काए जाने की धारणा यहां नितांत असंगत प्रतीत होती है।

जहां बंगाल में बारंबार गांधीवादी सीमाओं को तोड़ने की प्रवृत्ति दिखाई पड़ती थी, वहीं बिहार गांधीजी की इस प्रशंसा का पात्र बना कि वह एक "ऐसा प्रांत है जहां असहयोग आंदोलन की दिशा में सर्वाधिक ठोस कार्य हो रहा है। इसके नेता अहिंसा की सच्ची भावना को समझते हैं . . ." (*यंग इंडिया,* 2 मार्च 1921)। जून 1922 तक 41 हाईस्कूलों तथा 600 प्राथमिक और माध्यमिक राष्ट्रीय विद्यालयों की स्थापना की गई थी जिनमें 21,500 विद्यार्थी पढ़ते थे। ग्यारह जिलों में 48 भंडारगृह स्थापित किए गए थे जिनके द्वारा रुई और चरखों का वितरण किया जाता था। अगस्त 1922 तक बिहार में 3,00,000 चरखे और 89,000 हथकरघे लगाए जा चुके थे जो प्रतिमाह 95,000 गज खादी का उत्पादन करते थे, यद्यपि कांग्रेस के नेताओं ने स्वीकार किया कि खादी 'विशेष लोकप्रिय' नहीं थी क्योंकि यह महंगी थी और जनसंख्या का केवल एक प्रतिशत भाग ही इसे पहनता था। शराब के बहिष्कार की दिशा में अच्छी प्रगति हुई थी और छोटा नागपुर के आदिवासियों, विशेषकर ताना भगत संप्रदायवालों से कुछ संपर्क स्थापित हुआ था। इस आंदोलन के संबंध में आम राय यह थी कि यह सशक्त किंतु कड़े ढंग से अनुशासित आंदोलन था। किंतु साथ ही ऐसी घटनाएं भी घटीं जो इस धारणा से मेल नहीं खाती थीं। जनवरी 1921 में मुजफ्फरपुर, भागलपुर, मुंगेर और पूर्णिया

में हाट लूटे जाने की 35 घटनाएं हुईं। (गांधीजी के शिष्य होने का दावा करनेवाले कुछ लोग बलपूर्वक उचित कीमतें लागू करवाने का प्रयास भी कर रहे थे।) 25 अप्रैल 1921 को एक खिलाफत स्वयंसेवक की गिरफ्तारी के बाद गिरिडीह पर हमला हुआ जिसके परिणामस्वरूप गोलियां चलीं। कुछ आदिवासी क्षेत्रों में अवैध शराब की भरपूर खिंचाई जारी रही। चंपारन और मुजफ्फरपुर में जमींदारों और निलहों द्वारा आदिवासियों के पारंपरिक चरागाहों को हथिया लेने के कारण इन क्षेत्रों में व्यापक तनाव फैला। जनवरी 1921 में भागलपुर के सोनपरसा गांव के भूमिहारों ने एक यूरोपियन के गोरखा सेवकों पर हमला किया। नवंबर 1921 में चंपारन में मोतीहारी के निकट चराई के अधिकार को लेकर हुए विवाद के फलस्वरूप चौतरवा नील कारखाने को आग लगा दी गई, जबकि मुजफ्फरपुर का सीतामढ़ी उपसंभाग तूफान के केंद्र के रूप में विख्यात हुआ और वहां जनवरी 1922 में करों की नाअदायगी के संभावित आंदोलन को रोकने के लिए दंड देने के आदेश से लैस पुलिस-बल को भेजा गया। किंतु वैसा जमींदार-विरोधी किसान आंदोलन फिर नहीं हुआ जिसने 1920 में दरभंगा रियासत की नाक में दम कर दिया था और जिससे बिहार कांग्रेस के नेताओं ने अपने-आपको अलग कर लिया था। 1921 की ग्रीष्म ऋतु में छोटा नागपुर क्षेत्र के गोरे खान-मालिकों ने आशंका प्रकट की कि श्रमिकों की भरतीवाले क्षेत्रों में असहयोग आंदोलन के प्रचार एवं स्वामी विश्वानंद (जिन्हें झरिया के रामजस अग्रवाल जैसे मारवाड़ी खान-मालिकों का थोड़ा-बहुत समर्थन प्राप्त था) की गतिविधियों के फलस्वरूप खानों से श्रमिकों का वैसा ही सामूहिक पलायन हो सकता है जैसाकि असम में हुआ था। गिरिडीह में "स्वयं खान-मालिकों ने एक ट्रेड यूनियन की स्थापना कर दी थी," कांग्रेसियों के वहां पहुंचने के पूर्व ही (*होम पोलिटिकल*, 43/1921)।

असहयोग आंदोलन के युग में संयुक्त प्रांत कांग्रेस का एक बहुत मजबूत आधार बन गया था। वहां जुलाई 1921 में इसके 3,28,966 सदस्य थे (जिससे अधिक, 3,50,000 सदस्य केवल बिहार में थे), और इसी समय से संयुक्त प्रांत ने राष्ट्रीय राजनीति में अग्रणी स्थान प्राप्त कर लिया था जो आज तक बना हुआ है। 1920-21 का समय अनेक महत्वपूर्ण राष्ट्रीय नेताओं के निरंतर चलनेवाले राजनीतिक जीवन के आरंभ का समय भी था, जैसे जवाहरलाल नेहरू, पुरुषोत्तमदास टंडन, गणेशशंकर विद्यार्थी, गोविंदवल्लभ पंत, लालबहादुर शास्त्री। 1922 के आरंभ तक संयुक्त प्रांत की कांग्रेस ने 9,00,000 स्वयंसेवकों को भरती कर लिया था, और खिलाफत स्वयंसेवी संगठनों में भारी वृद्धि हुई थी। जुलाई 1921 तक इस प्रदेश में 137 राष्ट्रीय शिक्षा संस्थाएं स्थापित हो चुकी थीं जिनमें सबसे प्रमुख काशी विद्यापीठ था। संयुक्त प्रांत के बुद्धिजीवी वर्ग पर गांधीजी का कितना गहरा प्रभाव पड़ा था, यह प्रेमचंद के उपन्यासों में स्पष्ट दिखाई देता है। स्वयं प्रेमचंद ने फरवरी 1921 में गोरखपुर के एक सरकारी विद्यालय में अपने पद से त्यागपत्र दे दिया था

ताकि वे राष्ट्रवादी अखबार *आज* और काशी विद्यापीठ के लिए कार्य कर सकें। उनके उपन्यास *प्रेमाश्रम* (1921) में एक ऐसे जमींदार का चित्रण है जिसका रुझान गांधीवादी है, और *रंगभूमि* (1925) का नायक एक अंधा भिखारी सूरदास है। एक एंग्लो-इंडियन गांव के चरागाह पर अपना सिगरेट कारखाना लगाना चाहता है। सूरदास इसके लिए लंबे समय तक अहिंसक संघर्ष करता है। *रंगभूमि* में दो पात्र (विनयसिंह और सोफिया) ऐसे भी हैं जो बाद में क्रांतिकारी बन जाते हैं।

संयुक्त प्रांत में संगठित असहयोग आंदोलन मुख्य रूप से शहरों और कस्बों तक ही सीमित रहा। फिर भी, अन्यत्र की भांति यहां भी ग्रामीण क्षेत्रों के आधारभूत आंदोलन संभवतः समान महत्व के थे। बिहार कांग्रेस की तुलना में संयुक्त प्रांत की कांग्रेस किसान आंदोलनों के प्रति कुछ अधिक ही सहानुभूतिपूर्ण थी। इसका कारण कदाचित् यह था कि अवध का ताल्लुकेदार कुख्यात राजभक्त था। वैसे यह सत्य है कि अवसर आने पर कांग्रेस ने बारंबार नियंत्रक की ही भूमिका निभाई। बाबा रामचंद्र से संबद्ध दक्षिणी और दक्षिण-पूर्वी अवध में भड़कनेवाले किसान विद्रोहों की चरम परिणति विस्तृत खेतिहर दंगों में हुई जो जनवरी और मार्च 1921 के बीच रायबरेली, प्रतापगढ़, फैजाबाद और सुलतानपुर में फैल गए। इन दंगों के शिकार न केवल ताल्लुकेदारों के घर और खेत हुए, बल्कि बाजार और व्यापारियों की संपत्ति भी प्रभावित हुए। 6 जनवरी को रायबरेली जिले में फुरसतगंज बाजार पर 10,000 लोगों की भीड़ ने आक्रमण कर दिया। इस भीड़ को 'अनाज और कपड़ा महंगा' होने की शिकायत थी। उसकी मांग थी कि "सब दुकानदारों को तुरंत आदेश दिया जाए कि वे चार आने गज कपड़ा और रुपए का आठ सेर अनाज बेचें।" यह कीमतें निर्धारित करने के जन-प्रयास का एक दृष्टांत था जो फ्रांसीसी क्रांति के समय और उसके पूर्व जनता द्वारा 'अधिकतम' सीमा के क्रियान्वयन का स्मरण कराता है। अनेक स्थानों पर पुलिस के साथ हिंसक झड़पों की और जनता की अदालत द्वारा सीधे-सादे न्याय किए जाने की घटनाएं हुईं। किसी शाह नईम अता ने अपने-आपको 'सलोन का बादशाह' घोषित कर दिया, और फैजाबाद में एक नकली 'रामचंद्र' प्रकट हो गया जो लगान अदा न करने और भूमिहीनों को भूमि दिए जाने की बात कहता था। यह सब हुआ गांधीजी के नाम पर।

पहले ही कहा जा चुका है कि ऐसे जन-उपद्रवों की गांधीजी ने भर्त्सना की थी, किंतु रोचक बात यह है कि 1921 में जवाहरलाल का दृष्टिकोण भी इससे भिन्न नहीं था। अपनी आत्मकथा (*आटोबायोग्राफी)* में वे एक स्थान पर लिखते हैं कि किस प्रकार फैजाबाद की एक सभा में उन्होंने हिंसक कार्रवाइयों में भाग लेनेवालों से समर्पण करने को कहा था, क्योंकि वे अच्छी तरह जानते थे कि पुलिस वहां उपस्थित थी और उन लोगों को जेल होती। खिलाफत और कांग्रेस के नेताओं ने बाबा रामचंद्र से आग्रह किया कि वे दंगा-प्रभावित

क्षेत्र से दूर रहें और जब 10 फरवरी को बाबा को गिरफ्तार कर लिया गया तो मोतीलाल नेहरू और गौरीशंकर मिश्र ने शीघ्रता से एक परचा जारी किया जिसमें कहा गया था : "हमें इस बात पर दुखी नहीं होना चाहिए और उनकी रिहाई का प्रयास तक नहीं करना चाहिए।" 1930 के दशक में लिखे गए एक आत्मकथात्मक अंश में बाबा रामचंद्र ने कांग्रेस पर विश्वासघात का आरोप लगाया था। किंतु ऐसा प्रतीत होता है कि 1921 से वे स्वेच्छया अपने राष्ट्रवादी गुरुओं का अनुसरण करने लगे थे।

1921 के ग्रीष्म तक असहयोग आंदोलन बड़ी सीमा तक किसान आंदोलन को निगल चुका था। किसानों की मांगें पीछे धकेल दी गई थीं और संयुक्त प्रांत की घबराई हुई सरकार ने ताल्लुकेदारों को इस बात के लिए राजी कर लिया था कि वे अवध रेंट एक्ट के तहत किसानों को कुछ रियायतें (जैसेकि सात-वर्षीय पट्टे के स्थान पर आजीवन काश्तकारी) दें। 1921 के अंत एवं 1922 के आरंभ में उत्तर-पश्चिमी अवध (हरदोई, बहराइच, बाराबंकी और सुलतानपुर जिलों) में स्थिति पुन नियंत्रण से बाहर होती दिखाई दी जहां कुछ स्थानीय कांग्रेसी नेताओं द्वारा आरंभ किए गए 'एका' आंदोलन को गरमपंथी मदारी पासी ने अपने हाथ में ले लिया था। मुख्य मांग यह थी कि अनाज के स्थान पर बंटाई (लगान) नकदी के रूप में ली जाए। (यह किसानों के पक्ष में था क्योंकि अनाज की कीमतें बढ़ रही थीं।) इस संबंध में अनेक मंत्रों एवं प्रतिज्ञाओं का अनुष्ठान खड़ा किया गया। जून 1922 में जाकर ही पुलिस मदारी पासी को गिरफ्तार करके इस आंदोलन को कुचल सकी।

संयुक्त प्रांत में ब्रिटिश सरकार इस बात से भी घबरा गई थी कि समाज के और भी निचले स्तरों में असंतोष के चिह्न दिखाई दे रहे थे। 1921 के ग्रीष्म में कुमाऊं संभाग में पहाड़ी जनजातियों ने उपद्रव मचा दिया था। उन्होंने हजारों एकड़ संरक्षित वनों को जला डाला था (भारत-सचिव के नाम वायसरॉय का पत्र, 10 जुलाई 1921, *रीडिंग कलेक्शन*)। अक्तूबर 1921 में रीडिंग ने इस बात पर चिंता व्यक्त की कि अवध के ग्रामीण क्षेत्रों में "किसानों के नाम पर होनेवाली सभाओं में भाग लेनेवाले अधिकांश लोग ऐसे हैं जिनकी भूमि छिन चुकी है और जिन्हें विश्वास है कि गांधीजी उन्हें उनकी भूमि वापस दिला देंगे, और निम्न वर्ग के श्रमिक हैं जो सोचते हैं कि गांधीजी उन्हें जोत दिलाएंगे" (वही, 13 अक्तूबर 1921)।

चौरीचौरा

चौरीचौरा की घटना, जो गांधीजी की सहनसीमा को पार कर गई, गोरखपुर के एक गांव में हुई थी। किसान सभा या 'एका' आंदोलन से इसका कोई संबंध नहीं था। इसका आरंभ एक सुसंगठित स्वयंसेवी दस्ते द्वारा अनाज की बढ़ती हुई कीमतों और शराब की बिक्री के विरोध में स्थानीय बाजार में धरना देने से हुआ था। स्वयं गांधीजी ने स्वीकार किया था कि भड़काने के लिए

पर्याप्त कारण विद्यमान थे। स्वयंसेवकों के नेता (भूतपूर्व सैनिक भगवान अहीर) को पुलिस ने पीटा था और थाने के सामने विरोध प्रकट करने आई भीड़ पर गोलियां चलाई थीं। इस घटना से ब्रिटिश सरकार कितना घबरा गई थी, यह इसी से प्रकट है कि सेशन कोर्ट ने चौरीचौरा कांड के 225 अभियुक्तों में से 172 को मृत्युदंड दिया था (अंततः 19 को फांसी दी गई और शेष को देशनिकाला)। यह बड़ी लज्जा की बात है कि 22 पुलिसकर्मियों की जान के बदले 172 जानें लेने के प्रयास का राष्ट्रीय स्तर पर कोई विरोध नहीं किया गया। जो विरोध हुआ वह एम. एन. राय की प्रवासी कम्युनिस्ट पत्रिका *वैनगार्ड* और कम्युनिस्ट इंटरनेशनल की कार्यकारिणी द्वारा किया गया। आज भी चौरीचौरा में पुलिस का स्मारक तो खड़ा है किंतु किसान शहीदों के सम्मान में कोई स्मारक नहीं है।

जवाहरलाल नेहरू ने बाद में लिखा था कि किस प्रकार चौरीचौरा की घटना के बाद गांधीजी द्वारा अचानक और एकपक्षीय रूप से संपूर्ण आंदोलन को ही वापस ले लेने के निर्णय से 'लगभग सभी प्रमुख कांग्रेसी नेता' क्षुब्ध हुए थे, और 'स्वाभाविक रूप से युवा पीढ़ी तो और भी अधिक' क्षुब्ध थी (*ऐन आटोबायोग्राफी*, पृ. 82)। 16 फरवरी 1922 के *यंग इंडिया* में अपनी सफाई में गांधीजी ने दो तर्क प्रस्तुत किए। उन्होंने अहिंसा में अपनी दृढ़ निष्ठा को भावपूर्ण ढंग से दोहराया ("आंदोलन को हिंसक होने से बचाने के लिए मैं हरेक अपमान, हरेक यंत्रणा, पूर्ण बहिष्कार, यहां तक मौत भी सहने के लिए तैयार हूं")। साथ ही उन्होंने निम्नलिखित चौंकानेवाली अभ्यर्थना भी की थी : "मान लीजिए कि बारदोली के अहिंसक अवज्ञा आंदोलन को ईश्वर सफल कर देता और भारत सरकार आंदोलनकारियों के हाथ सत्ता सौंप देती, तो उच्छृंखल तत्वों को कौन नियंत्रित करता?" जैसाकि रजनी पाम दत्त ने दिखाया था (और उनकी आलोचना मानक वामपंथी आलोचना बन गई), आंदोलन की वापसी की पुष्टि करनेवाले कार्यकारिणी कमेटी के 12 फरवरी के प्रस्ताव की सात धाराओं में से दो में इस बात पर जोर दिया गया था कि "जमींदारों का लगान रोकना कांग्रेस के प्रस्तावों के विरुद्ध है" (स. 6) और जमींदारों को आश्वासन दिया गया था कि "कांग्रेसी आंदोलन का इरादा किसी भी प्रकार उनके वैध अधिकारों पर आक्रमण करना नहीं है . . . "(सं. 7) (*इंडिया टुडे*, पृ. 290)। लेकिन चौरीचौरा की घटना से लगान की बात का कोई प्रत्यक्ष संबंध तक नहीं था, और उसकी नाअदायगी अपने-आपमें, अपरिहार्य रूप से, शराब अथवा कपड़े की दुकानों पर धरना देने या राजस्व की नाअदायगी से कहीं अधिक हिंसक तो नहीं थी।

न्यायिक रूप से गांधीजी के पक्ष में कहा जा सकता है कि उन्होंने पहले ही बारंबार चेतावनी दी थी कि वे केवल एक विशिष्ट प्रकार के और नियंत्रित जन-आंदोलन का ही नेतृत्व करने के लिए तैयार हैं, और वर्ग-संघर्ष या सामाजिक क्रांति में उनकी कतई कोई दिलचस्पी नहीं है। गांधीजी द्वारा

आंदोलन वापस लिए जाने पर यह भहराकर गिर पड़ा, यह तथ्य ही इसकी मूलभूत दुर्बलता को दर्शाता है : 1919-22 के भारत में प्रचुर ज्वलनशील सामग्री थी, कदाचित् कभी-कभी कोई वस्तुगत क्रांतिकारी स्थिति भी रही, किंतु वैकल्पिक क्रांतिकारी नेतृत्व जैसी कोई बात नहीं थी। जनसामान्य गांधी राज के धूमिल स्वप्न से अनुप्राणित हुआ था। लोगों ने अपने-अपने ढंग से, विभिन्न, यहां तक कि लगभग क्रांतिकारी रूपों में उसकी व्याख्या की थी, किंतु फिर भी मार्गदर्शन के लिए वे गांधीजी की ओर ही देखते थे। मोतीलाल नेहरू, लाजपतराय, सी. आर. दास जैसे अन्य कांग्रेसी नेता, जो जेल में थे और जिन्हें बारदोली में गांधीजी का पीछे हटना पसंद नहीं था, निश्चय ही किसी भी अर्थ में गांधीजी से अधिक जुझारू या सामाजिक रूप से कम संकोची नहीं थे। यह असहमति कदाचित् पीछे हटने के समय को लेकर थी। अर्थात् मात्र कार्यनीतिक थी। मोतीलाल नेहरू और सी. आर. दास का विचार था (और इसका कुछ औचित्य भी था) कि दिसंबर 1921 में प्रिंस ऑफ वेल्स के आगमन के अवसर पर जब ब्रिटिश सरकार द्वारा प्रस्तुत शांति-प्रस्तावों को स्वीकार कर लेने से कुछ संवैधानिक रियायतें प्राप्त की जा सकती थीं, तब तो गांधीजी ने किसी प्रकार का समझौता करना अस्वीकार कर दिया था, लेकिन अब वे बिना कुछ पाए सविनय अवज्ञा को वापस ले रहे थे।

ब्रिटिश सरकार जो लगभग सभी प्रमुख नेताओं को गिरफ्तार कर चुकी थी, अब तक गांधीजी पर हाथ डालने का साहस नहीं कर सकी थी। उसी सरकार ने हिम्मत करके 10 मार्च 1922 को उन्हें गिरफ्तार करके 6 साल की कैद की सजा दे दी। इस कदम को सरकार की ओर से बदले की कार्रवाई ही कहा जा सकता है। गांधीजी ने जो भय सरकार के मन में उत्पन्न किया था, उसी का बदला इस सजा के रूप में लिया जा रहा था। न्यायालय में एक शानदार भाषण देकर गांधीजी ने उस अवसर को स्मरणीय बना दिया : "अतः मैं यहां आया हूं और अपने-आपको प्रसन्नतापूर्वक उस कठोरतम दंड के लिए प्रस्तुत करता हूं जो कानून की दृष्टि में सायास अपराध किए जाने पर दी जाती है, किंतु जो मेरी दृष्टि में एक नागरिक का सर्वोच्च कर्तव्य है।" फिर भी, सत्य यह है कि गांधीजी को जेल होने पर देश-भर में कहीं भी हल्का-सा विरोध तक नहीं हुआ।

1922-1927 : पतन और विघटन

1922 से 1927 तक के काल में, सरसरी दृष्टि से देखने पर, प्रतिकाष्ठा की अनुभूति व्याप्त दिखाई देती है, और यह इस बात से तीव्र हो जाती है कि 1920 में गांधीजी द्वारा एक वर्ष के भीतर स्वराज लाने के वादे ने आशाओं और आकांक्षाओं को बहुत बढ़ा दिया था। मार्च 1923 तक कांग्रेस की सदस्य संख्या (अखिल भारतीय कांग्रेस कमेटी को अपनी रिपोर्टें भेजनेवाले 20 में 16 प्रदेशों में) 1,06,046 रह गयी थी। यह उस संख्या की एक-तिहाई से भी

कम थी जो दो वर्ष पूर्व अकेले संयुक्त प्रांत ने प्राप्त कर ली थी। यथास्थितिवादी और स्वराजियों में पड़ी दरार के भरने के आसार नहीं थे और इससे राष्ट्रीय आंदोलन के टूटकर बिखर जाने का खतरा उत्पन्न हो गया था। भिखमंगी राजनीति की ओर वापसी की प्रबल प्रवृत्तियां दिखाई दे रही थीं और 1919-22 की हिंदू-मुस्लिम एकता का स्थान अभूतपूर्व स्तर पर होनेवाले सांप्रदायिक दंगे लेते जा रहे थे। इसके बावजूद भीतर ही भीतर संभवतः अन्य शक्तियां भी संगठित होती रही होंगी, क्योंकि नवंबर 1927 में गोरों से भरे साइमन आयोग की घोषणा के बाद राष्ट्रीय पुनरुत्थान की एक ऐसी लहर आई जिसकी चरम परिणति सविनय अवज्ञा आंदोलन में हुई। बीच के इन वर्षों के हमारे विवरण में दोनों पक्षों—पतन के साथ ही एक नई शुरुआत—का निरूपण होना चाहिए।

अपरिवर्तनवादी तथा स्वराजी

जून 1922 में अखिल भारतीय कांग्रेस कमेटी ने भावी कार्यक्रम निश्चित करने के लिए सविनय अवज्ञा जांच समिति की स्थापना की। इसके सदस्यों में जहां अंसारी, राजगोपालाचारी और कस्तूरी रंगा आयंगर गांवों में गांधीवादी रचनात्मक कार्य करने के पक्ष में थे, वहीं मोतीलाल नेहरू, विट्ठलभाई पटेल और हकीम अजमल खां का कहना था कि बदली हुई परिस्थितियों में कांग्रेस को काउंसिल चुनावों में भाग लेना चाहिए। वल्लभभाई पटेल और राजेंद्रप्रसाद जैसे कट्टर गांधीवादी इनमें से पहली धारणा के समर्थक थे तो दूसरी धारणा को प्रबल समर्थन देनेवाले थे कांग्रेस के गया अधिवेशन (दिसंबर 1922) के अध्यक्ष सी. आर. दास, जिन्होंने बड़े जुझारू शब्दों में काउंसिल में प्रवेश की बात कही। उनका तर्क था कि कांग्रेस काउंसिलों में प्रवेश करके उनकी कार्यवाही को पूर्णतः ठप्प करे, उनमें भीतर से तोड़-फोड़ करे, और गतिरोध उत्पन्न करे ताकि बाध्य होकर अंग्रेज सरकार को और सुधार प्रदान करने पड़ें। गया अधिवेशन से दो माह पूर्व देहरादून में संयुक्त प्रांत के प्रादेशिक सम्मेलन में दास ने अपना प्रसिद्ध सूत्र दिया था कि स्वराज 'जनसामान्य' के लिए होना चाहिए, केवल 'भद्रलोक' के लिए नहीं। गया अधिवेशन में काउंसिल-प्रवेश का प्रस्ताव 890 के मुकाबले 1,740 मतों से अस्वीकृत हो गया। किंतु दास और मोतीलाल नेहरू ने मार्च 1923 में आगामी नवंबर में होनेवाले चुनाव लड़ने के लिए स्वराज पार्टी की स्थापना कर डाली। कांग्रेस के विशेष दिल्ली अधिवेशन (सितंबर 1923) और नियमित काकीनाडा अधिवेशन (दिसंबर 1923) में एक समझौता हुआ जिसके अनुसार कांग्रेसी चुनाव में खड़े हो सकते थे। साथ ही रचनात्मक कार्य में आस्था की बात को भी दोहराया गया और इस संबंध में सबसे महत्वपूर्ण कार्य को संगठित करने के लिए अखिल-भारतीय खादी बोर्ड की स्थापना की गई। फरवरी 1924 में गांधीजी की रिहाई से थोड़े समय के लिए ऐसा लगा कि 'अपरिवर्तनवादियों' का पलड़ा भारी हो रहा है। जून 1924 में अखिल भारतीय कांग्रेस कमेटी के अहमदाबाद अधिवेशन

में गांधीजी ने इस बात पर बल दिया कि कांग्रेस की सदस्यता के लिए कताई की न्यूनतम अर्हता निर्धारित की जाए, काउंसिलों में जानेवालों को कांग्रेस के पदों से हटाया जाए, और हाल ही में बंगाल में हुई आतंकवादी घटना की निंदा की जाए। पहले दो प्रस्ताव अस्वीकृत हुए। गोपीनाथ साहा की निंदा के प्रस्ताव का सी. आर. दास और अधिकांश बंगाली प्रतिनिधियों ने कड़ा विरोध किया और यह 70 के मुकाबले केवल 78 मतों से स्वीकृत हुआ। गांधीजी ने स्वीकार किया कि वे 'पराजित एवं अपमानित' हुए हैं (*यंग इंडिया*, 3 जुलाई 1924) और उन्होंने दास और मोतीलाल नेहरू के साथ एक समझौता किया जिसके अंतर्गत स्वराजी 'कांग्रेस संगठन के अभिन्न सदस्य' रहते हुए काउंसिलों में कार्य कर सकते थे। इसके बदले में कांग्रेस की सदस्यता के लिए कताई की योग्यता लागू करने की बात स्वीकार कर ली गई थी। (इसे व्यक्ति या तो स्वयं पूरा करता या अपने किसी सहायक से आवश्यक 2,000 गज सूत कतवाकर दे सकता था।) अगले वर्ष गांधीजी ने कांग्रेस का संपूर्ण संगठनात्मक दायित्व स्वराजियों के हाथ सौंपकर अपने विचारों को क्रियान्वित करने के लिए अलग से एक अखिल-भारतीय चरखा संघ स्थापित करने का निश्चय किया। उनकी इस घोषणा से कि 1926 उनके लिए 'मौन का वर्ष' रहेगा, यह अफवाह भी फैली कि वे राजनीति से संन्यास ले रहे हैं।

नागपुर, बरसाड और वैकम

कांग्रेस की आंतरिक कलह ने बड़े आंदोलन चलाने की उसकी क्षमता को अपरिहार्य रूप से कम कर दिया था। नागपुर के कुछ क्षेत्रों में कांग्रेसी झंडे के प्रयोग पर लगाए गए स्थानीय प्रतिबंध का विरोध करने के लिए 1923 के मध्य में झंडा सत्याग्रह किया गया, किंतु यह विशेष प्रभावी नहीं रहा और एक समझौते द्वारा इसे समाप्त कर देना पड़ा, यद्यपि गुजरात ने सदा की भांति वल्लभभाई पटेल के नेतृत्व में संगठन-शक्ति का परिचय दिया और बड़ी संख्या में स्वयंसेवक भेजे। जवाहरलाल नेहरू जैसे अशांत जुझारू तत्वों की शक्तियां थोड़े समय के लिए अकाली आंदोलन में केंद्रित प्रतीत होती थीं। वहां गुरु का बाग सत्याग्रह (अगस्त 1922-अप्रैल 1923) का आरंभ एक छोटी-सी बात को लेकर हुआ था। अपदस्थ महंत और नवगठित शिरोमणि गुरुद्वारा प्रबंधक कमेटी के बीच विवादास्पद भूमि पर एक पेड़ काटे जाने से यह आंदोलन आरंभ हुआ था। किंतु पुलिस ने हजारों पूर्णतः शांत अकाली स्वयंसेवकों को पीटकर ज्यादतियां कीं तो देश-भर में अकालियों के लिए सहानुभूति की लहर फैल गई। अगले वर्ष अंग्रेजों के दबाव से नाभा के महाराजा रिपुदमन सिंह, जो अकाली आंदोलन के एक प्रमुख संरक्षक भी थे, के गद्दी छोड़ने पर जैतो में एक सत्याग्रह हुआ। थोड़े समय के लिए जवाहरलाल भी इसमें सम्मिलित हुए। पंजाब का नया कार्यकुशल गवर्नर मालकोम हेली 1925 में सिख गुरुद्वाराज एंड

श्राइंस एक्ट द्वारा अकाली विवाद को समाप्त करने में सफल रहा। इस एक्ट के अंतर्गत सिखों के धार्मिक केंद्रों पर शिरोमणि गुरुद्वारा प्रबंधक कमेटी का नियंत्रण स्वीकार कर लिया गया। 1924 में बंगाल में भी एक ऐसे ही, यद्यपि कहीं अधिक स्थानीय, मुद्दे को लेकर एक भ्रष्ट महंत के विरुद्ध तारकेश्वर आंदोलन चला जिसे स्वामी विश्वानंद ने आरंभ किया था और बाद में सी. आर. दास ने उठाया था।

इस काल के दो वस्तुतः महत्वपूर्ण सत्याग्रह 1923-24 में बरसाड (खेड़ा जिला) में एवं 1924-25 में त्रावणकोर राज्य में स्थित वैकम में हुए। वल्लभभाई पटेल के बरसाड सत्याग्रह को हार्डीमन ने ग्रामीण गुजरात में पहला सफल गांधीवादी सत्याग्रह कहा है। सितंबर 1923 में बरसाड के प्रत्येक वयस्क पर 2 रु. 7 आने का कर लगाया गया था। कहा गया कि यह कर इसलिए लगाया जा रहा था कि डकैतियों की लहर को दबाने के लिए पुलिस की व्यवस्था की जा सके। (ये डकैतियां मुख्य रूप से निम्न जाति के बरइया डाल रहे थे और पाटीदार समझते थे कि उन्हें कांग्रेस का समर्थन करने की सजा भुगतनी पड़ रही है।) दिसंबर तक आंदोलन ने ऐसा रूप धारण कर लिया कि सभी 104 प्रभावित गांवों ने नए कर की नाअदायगी का निर्णय कर लिया। अंततः 7 फरवरी 1924 को सरकार ने कर रद्द कर दिया। इस विजय ने गांधीवादी कांग्रेस की प्रतिष्ठा को पुनः स्थापित कर दिया, जो फरवरी 1922 में कांग्रेस के अचानक पीछे हट जाने के कारण कुछ सीमा तक घट गई थी। तथापि गांधीवादी सत्याग्रह को बड़ौदा रजवाड़े में फैलाने का प्रयास असफल रहा। 1924 में (खेड़ा गांव से लगे) बड़ौदा के पेतलाड ताल्लुके में हाल ही में बढ़ाए गए कर के विरुद्ध राजस्व की नाअदायगी का आंदोलन आरंभ ही नहीं किया जा सका, क्योंकि बड़ौदा राज्य के अधिकारी अंग्रेजों की भांति अड़ियल नहीं थे और उन्होंने शीघ्र ही कुछ रियायतें प्रदान कर दीं। वैकम का सत्याग्रह मंदिर-प्रवेश का पहला आंदोलन था। यह आंदोलन निम्नजातीय इझवाओं और अछूतों द्वारा गांधीवादी तरीके से त्रावणकोर के एक मंदिर के निकट की सड़कों के उपयोग के बारे में अपने अधिकारों को मनवाने का प्रयास था। इसका नेतृत्व इझवा कांग्रेसी नेता टी. के. माधवन तथा के. केलप्पन और के. पी. केशव मेनन जैसे नायर कांग्रेसी नेता कर रहे थे। इस आंदोलन को विभिन्न जातियों से मिलनेवाला समर्थन इसी से स्पष्ट है कि इसमें नायरों की जाति-सभा के नेता मन्नथ पद्मनाभ पिल्लई ने भी भाग लिया था। किंतु वहां के महत्वपूर्ण ईसाई समुदाय को इससे अनावश्यक रूप से अलग रखा गया, क्योंकि गांधीजी ने उनसे कहा था कि वे हिंदुओं के मामले से दूर ही रहें। मार्च 1925 में गांधीजी वैकम गए, किंतु 20 महीनों के पश्चात् आंदोलन क्षीण पड़ गया क्योंकि सरकार ने अछूतों के लिए अलग सड़कों का निर्माण करवा दिया था।

रचनात्मक कार्य

स्थानीय मुद्दों को लेकर यदा-कदा होनेवाले सत्याग्रहों के अतिरिक्त गांधीवादी अपरिवर्तनवादियों ने इस दौरान गांवों में रचनात्मक कार्य पर ध्यान केंद्रित किया। इसके अंतर्गत (बंगाल में 1922 और गुजरात में 1927 की तरह) बाढ़ इत्यादि संकटों के काल में प्रभावी राहत कार्य (जो सरकारी प्रयासों की तुलना में कहीं अधिक होते थे), राष्ट्रीय विद्यालयों का संचालन, खादी एवं अन्य ग्रामीण हस्तकलाओं को बढ़ावा देना, शराब-विरोधी प्रचार, और निम्न जातियों एवं अछूतों के बीच समाज-कार्य सम्मिलित थे। ग्रामीण भारत की सामाजिक एवं आर्थिक समस्याओं के समाधान के रूप में यह कार्यक्रम स्पष्टतः असफल रहा। 1905 से होनेवाले अनेक प्रयोगों के अनुभव से स्पष्ट है कि राष्ट्रीय विद्यालय केवल तीव्र राजनीतिक उत्तेजना के काल में ही सफल रहे और सामान्य समय में डिग्रियों और नौकरियों के आकर्षण पर विजय नहीं पा सके। 1927 में गांधीजी ने निजी तौर पर मोतीलाल के सामने स्वीकार किया था कि खादी-कार्यक्रम बहुत कठिन सिद्ध हो रहा है (मोतीलाल का जवाहरलाल नेहरू को पत्र, 11 अगस्त 1927)। खादी अब भी आयातित अथवा भारतीय मिल के कपड़े की तुलना में काफी महंगी थी। अछूतोद्धार जिसे बाद में 'हरिजन-कल्याण' का नाम दिया गया और जिसे 1932 के पश्चात् राजनीतिक कारणों से काफी फैला दिया गया था, भूमिहीन और अर्धदासों जैसे खेत-मजदूरों के मूल आर्थिक मुद्दे से बिल्कुल भी नहीं निपट सका था; इन खेत-मजदूरों में अधिकांश अछूत ही थे। शुद्ध सामाजिक सुधार-कार्यक्रम के रूप में भी 1920 के दशक में इसमें पर्याप्त बाधा पड़ी क्योंकि गांधीजी सिद्धांत रूप में जातिप्रथा की भर्त्सना करने से इनकार करते रहे। 1925 में अपनी त्रावणकोर-यात्रा के दौरान गांधीजी ने इझवा धार्मिक नेता श्रीनारायण गुरु के जुझारू जाति-विरोधी विचारों से अपनी असहमति प्रकट की। तमिलनाडु के ई. वी. आर. नायकर जैसे संघर्षशील गैर ब्राह्मणों को गांधीजी से बड़ी निराशा हुई जब 1927 में मद्रास में उन्होंने अपने व्याख्यानों में वर्णाश्रम-व्यवस्था के आदर्शों का समर्थन किया।

बंगाल पर हितेन सान्याल द्वारा, संयुक्त प्रांत पर ज्ञान पांडे द्वारा, और केरल पर डेविड हार्डीमन द्वारा किए गए ताजा विस्तृत शोधों से अधिकाधिक रूप से प्रमाणित होता है कि कांग्रेस के लिए ग्रामीण समर्थन प्राप्त करने में गांवों में गांधीवादी रचनात्मक कार्य का पर्याप्त राजनीतिक महत्व रहा था। सबसे बढ़कर, यह निम्न जातियों और अछूतों पर कांग्रेस का प्रभुत्व स्थापित करने में सहायक हुआ था। राष्ट्रीय विद्यालय, खद्दर भंडार और (पंजाब और संयुक्त प्रांत में सक्रिय) लाला लाजपतराय का लोकसेवक मंडल जैसी समाज-सेवी संस्थाएं पर्याप्त संख्या में कांग्रेस के पूर्णकालिक कार्यकर्त्ताओं का प्रशिक्षण करती और वित्तीय सहायता देती थीं। अगर राष्ट्रीय शिक्षा मुख्यतः शहरी निम्न

वर्ग और समृद्ध किसान वर्ग के लिए उपयोगी थी (1920 के दशक में संयुक्त प्रांत के राष्ट्रीय विद्यालयों से एक भी अछूत कांग्रेसी कार्यकर्त्ता नहीं निकला), तो वहीं खादी-कार्यक्रम ने अवश्य ग्रामीण निर्धनों को थोड़ी राहत प्रदान की और 'भद्रलोक राजनीतिज्ञों को किसानों जैसे वस्त्र पहनने के लिए बाध्य किया' (हार्डीमन)। बंगाल जैसे प्रदेश में भी, जो 'अगांधीवादी' होने के लिए ख्यात था, सतीश दासगुप्ता के सोडेपुर खादी प्रतिष्ठान एवं सुरेश बनर्जी के कोमिल्ला स्थित खादी आश्रम में पर्याप्त उपयोगी कार्य हो रहा था। हितेश सान्याल ने पिछड़े हुए एवं निर्धनताग्रस्त हुगली के आरामबाग क्षेत्र में 1922 से प्रफुल्ल सेन की गतिविधियों के महत्व पर बल दिया है। आरामबाग निश्चय ही समृद्ध कृषकों के विकासवाला क्षेत्र नहीं था, हालांकि यह अधिकांश गांधीवादी ग्रामीण आधारों जैसा नहीं था। जैसीकि आशा की जा सकती थी, रचनात्मक कार्य को सबसे अधिक सफलता गुजरात में मिली थी, विशेष रूप से खेड़ा और बारदोली में जहां गांधीवादी आश्रमों की एक शृंखला थी और अनेक निष्ठावान ग्रामसेवक कार्यरत थे। यहां रचनात्मक कार्य गांधीवादी प्रभाव को 'छोटे पाटीदारों' के परे भी फैलाने में सफल हुआ था। बारदोली के 'कालीपराज' और खेड़ा के 'बरइयों' के बीच रचनात्मक कार्य का दोहरा प्रभाव हुआ। एक तो उनके जीवन में सचमुच सुधार हुआ था, थोड़ा ही सही, और दूसरे, उच्छृंखल तत्वों के नियंत्रण की प्रक्रिया भी आरंभ हुई थी। उदाहरण के लिए, बरइया ग्रामों में साधु एवं समाज-सुधारक के रूप में रविशंकर महाराज के भ्रमण के फलस्वरूप बरसाड ताल्लुके में डकैतियों की संख्या में पर्याप्त कमी आई थी; जहां 1921 में इस क्षेत्र में 20 डकैतियां हुई थीं वहीं 1927-29 के काल में एक से अधिक डकैती नहीं हुई। सर्वत्र मौजूद रचनात्मक कार्य के केंद्रों ने 1930 में सविनय अवज्ञा आंदोलन की गतिविधियों के लिए आरंभिक आधार प्रदान किया, और खेड़ा के किसानों में राष्ट्रवाद की जो गहरी जड़ें जमी थीं उनका स्पष्ट प्रमाण तब मिला जब बरसाड के 14 गांवों ने डांडी मार्च के दौरान पहल करके मालगुजारी की नाअदायगी का आंदोलन चलाया। उस वर्ष फसल बहुत अच्छी हुई थी, मालगुजारी में कोई वृद्धि भी नहीं हुई थी और 1930 के अंत में कृषि-उत्पादों के मूल्यों में आनेवाली गिरावट अभी दूर थी। भारतीय राष्ट्रवाद के कार्यकलाप को सदैव या पूर्णरूपेण संकीर्ण भौतिक स्वार्थों के आधार पर नहीं समझा जा सकता ।

स्वराजी राजनीति

इन वर्षों में स्वराजियों की चुनाव एवं काउंसिल गतिविधियां बाह्य रूप से कहीं अधिक चकाचौंध भरी थीं, यद्यपि वे अंततः कम स्थायी महत्व की सिद्ध हुईं। 1923 के चुनावों में स्वराजी मध्यप्रांत में बहुमत लेकर विजयी हुए। यहां एन. सी. केलकर जैसे तिलक के मराठा अनुयायी, जो कभी असहयोग आंदोलन के विशेष समर्थक नहीं रहे थे, अब दृढ़तापूर्वक मोतीलाल और सी.

आर. दास के पीछे आ खड़े हुए थे। बंगाल में भी इस दल का प्रदर्शन अच्छा रहा, जहां इसके प्रत्याशी बी. सी. राय ने पुराने दिग्गज नेता सुरेंद्रनाथ बनर्जी को बुरी तरह हराया। बनर्जी 1921 में मंत्री बन गए थे। स्वराज पार्टी के लोग 85 आम हिंदू और मुसलमान सीटों में से 47 सीटें जीतने में सफल रहे; इनमें 21 मुसलमान निर्वाचन-क्षेत्र भी सम्मिलित थे। बंगाल में स्वराज पार्टी की विजय का श्रेय 'देशबंधु' चित्तरंजन दास के अत्यंत एवं कुशल प्रभावी नेतृत्व को जाता है। जून 1925 में असामयिक मृत्यु होने तक चित्तरंजन दास ने कलकत्ता के राजनीतिज्ञों, वीरेंद्रनाथ ससमाल जैसे जन-कार्य का अनुभव रखनेवाले नेताओं, क्रांतिकारी कार्यकर्त्ताओं (1924 तक बंगाल प्रदेश कांग्रेस कमेटी में 28 भूतपूर्व कैदी सम्मिलित हो चुके थे), और सबसे महत्वपूर्ण यह है कि मुसलमान नेताओं के बीच मोटे तौर पर एक समन्वय बनाए रखा था। दास के बंगाल पैक्ट (दिसंबर 1923) में स्वराज मिलने पर मुसलमानों के लिए 55 प्रतिशत प्रशासकीय पदों का, मस्जिदों के सामने बाजे न बजाए जाने का और बकरीद के अवसर पर गोकुशी में हस्तक्षेप न करने का वादा किया गया था और इसने मुसलमान नेताओं का दिल जीत लिया था। भीतर से काउंसिलों की साख गिराने का कार्य धमाके के साथ आरंभ हुआ। मध्यप्रांत एवं बंगाल में द्विशासन व्यवस्था के मंत्रियों को वेतन देना बंद कर दिया गया जिससे बाध्य होकर उन्हें त्यागपत्र देना पड़ा और गवर्नरों को विधेयक पारित करने के लिए बार-बार अपनी प्रमाणपत्र की शक्ति का प्रयोग करने पर बाध्य होना पड़ा। इस प्रकार द्विशासन का 'भांडाफोड़' हुआ कि यह कोई वास्तविक संवैधानिक सुधार नहीं है। फरवरी 1924 में केंद्रीय धारा-सभा में स्वराजियों की पहल पर एक प्रस्ताव स्वीकार किया गया जिसमें एक गोलमेज सम्मेलन बुलाने की मांग की गई थी, जो उत्तरदायी सरकार लाने के उद्देश्य से सुधारों पर विचार-विमर्श कर सके। मोतीलाल नेहरू और विट्ठलभाई पटेल जैसे लोगों ने सांसदों के रूप में अच्छी प्रतिभा का परिचय दिया। एक अन्य परिणाम यह हुआ कि भारतीय व्यापारी समुदायों और स्वराजी राजनीतिज्ञों के बीच अच्छे संबंधों का विकास हुआ। 1924 में स्वराजियों के निरंतर प्रयासों के कारण ही सरकार ने टाटा के इस्पात उद्योग को संरक्षण प्रदान किया था। यह संरक्षण 1921 के वित्तीय आयोग की 'भेदमूलक संरक्षण' की नई नीति के अंतर्गत दिया जाता था। इस बीच कांग्रेस ने देश-भर में स्थानीय निकायों एवं नगर निगमों पर कब्जा कर लिया था। इनमें दास और सुभाष बोस के नेतृत्व में कलकत्ता, जवाहरलाल नेहरू के नेतृत्व में इलाहाबाद और वल्लभभाई पटेल के नेतृत्व में अहमदाबाद अधिक महत्वपूर्ण थे। ये सीमित रूप से कल्याणकारी गतिविधियों के क्षेत्र तो सिद्ध हुए ही, इससे अधिक महत्वपूर्ण यह है कि ये संरक्षण और धन के मूल्यवान स्रोत भी सिद्ध हुए। 1924 के बाद से कलकत्ता के राजनीतिज्ञों ने कलकत्ता नगर निगम की क्षुद्र राजनीति की बारीकियों में जो रुचि दर्शाई, वह निश्चय ही शोभनीय नहीं थी।

किंतु शीघ्र ही काउंसिल-प्रवेश की राजनीति अनेक समस्याओं और आंतरिक विभाजनों को जन्म देने लगी। द्विशासन को झूठा तो सिद्ध कर दिया गया था, किंतु प्रश्न यह था कि अब क्या किया जाए, क्योंकि वायसरॉय या गवर्नर अब भी जिस विधेयक को चाहते, प्रमाणपत्र की प्रक्रिया से स्वीकार करा लेते थे। उदाहरण के लिए, जब अक्तूबर 1924 में सुभाष बोस एवं अन्य 80 लोगों को आतंकवादियों से संबंध रखने के शक में बिना मुकदमा चलाए नजरबंद कर दिया गया तो बंगाल के स्वराजी कुछ भी नहीं कर सके। इन लोगों को एक अध्यादेश के अंतर्गत नजरबंद किया गया था जो युद्धकालीन भारत-रक्षा नियमों के समान था और जिसे अप्रैल 1925 में प्रमाणपत्र की प्रक्रिया द्वारा कानून बना दिया गया था। द्विशासन में चुने हुए मंत्रियों के पास कोई वास्तविक शक्ति नहीं थी, किंतु उनके हाथ में पर्याप्त संरक्षण रहता था, और पद से मिलनेवाले लाभों के निकट होने के कारण शीघ्र ही 'जवाबी' सहयोग' की प्रवृत्तियों को बढ़ावा मिला और कार्यकारी पदों को स्वीकार किया जाने लगा। यहां तक कि सी. आर. दास भी मृत्यु के ठीक पूर्व इस बात पर विचार कर रहे थे। उन्होंने मई 1925 में फरीदपुर सम्मेलन में भाषण करते हुए कैदियों की रिहाई एवं संवैधानिक सुधारों की बातचीत के बदले सहयोग देने की बात कही थी। एस. पी. तांबे ने मध्यप्रांत में भाग्य आजमाया और अक्तूबर 1925 में मंत्री का पद स्वीकार कर लिया। मोतीलाल नेहरू ने उनकी कड़ी आलोचना की, किंतु एन. सी. केलकर, बी. एस. मुंजे, और एम. आर. जयकर जैसे मराठा और बंबई के स्वराजियों ने उनका समर्थन किया। संरक्षण की संभावनाओं ने दल की उभरती हुई नौकरशाही में स्थानीय निकायों एवं सरकारी कार्यालयों में गुटों की प्रतिद्वंद्विताओं को तेज कर दिया। बंगाल में सी. आर. दास की मृत्यु के बाद उत्तराधिकार के लिए कड़ा संघर्ष हुआ, जिसमें जी. एम. सेनगुप्ता ने 1927 में वीरेंद्रनाथ ससमाल को पराजित किया। बाद में जब सुभाष बोस नरजबंदी से छूटे तो उन्होंने ससमाल को चुनौती दी। 1926 के चुनावों से ठीक पहले मोतीलाल के पुराने प्रतिद्वंद्वी मदनमोहन मालवीय ने लाला लाजपतराय और 'जवाबी' सहयोगियों के साथ मिलकर एक स्वतंत्र कांग्रेस पार्टी की स्थापना की, जिसके पास राजनीतिक नरमवाद और स्पष्ट हिंदू संप्रदायवाद का मिलाजुला कार्यक्रम था।

संप्रदायवाद

इन वर्षों में हिंदू और मुस्लिम, दोनों प्रकार के संप्रदायवाद में जैसी वृद्धि हुई वैसी पहले कभी नहीं हुई थी। यह इस काल की सबसे गंभीर, स्थायी और नकारात्मक संवृत्ति थी। सितंबर 1924 में पश्चिमोत्तर सीमा प्रांत में एक हिंसक हिंदू-विरोधी उपद्रव हुआ जिसमें 155 लोग मारे गए। अप्रैल और जुलाई 1926 के बीच कलकत्ता में दंगों की तीन लहरें आईं जिनमें 138 लोग मारे गए। उसी वर्ष ढाका, पटना, रावलपिंडी और दिल्ली में भी उपद्रव हुए। 1923

और 1927 के बीच संयुक्त प्रांत में, जो सर्वाधिक दंगा - प्रभावित प्रांत था, 91 सांप्रदायिक उपद्रव हुए। झगड़ा दो ही मुद्दों को लेकर था—मुसलमानों की मांग थी कि मस्जिद के आगे बाजे न बजाए जाएं और हिंदुओं की मांग थी कि गोकुशी बंद की जाए। सांप्रदायिक संगठनों में वृद्धि हुई और राजनीतिक गठजोड़ों का आधार अधिकाधिक सांप्रदायिक होने लगा।

1919-22 के दिनों में भी जब हिंदू-मुस्लिम भाईचारा चरम सीमा पर था, कांग्रेस और खिलाफत के स्वयंसेवी संगठन प्रायः अलग ही होते थे। उनमें अपने नेताओं के गठबंधन के कारण एकता होती थी, मगर नेताओं के लड़ पड़ने की स्थिति में वे विभाजक भी हो सकते थे। खिलाफत आंदोलन ने राजनीति में बड़े स्तर पर रूढ़िवादी मुल्लों को खींचा था। जमायतुल-उल्मा-ए-हिंद के दिसंबर 1921 के कार्यक्रम में स्वतंत्र भारत की परिकल्पना विभिन्न धार्मिक समुदायों के संघ के रूप में की गई थी। कांग्रेस का प्रचार भी, विशेष रूप से निचले स्तरों पर, सदा धर्मनिरपेक्ष नहीं होता था; आखिरकार रामराज्य की कल्पना में मुसलमानों के लिए क्या अर्थ या आकर्षण हो सकता था। कांग्रेस और खिलाफत के नेताओं का गठबंधन, जो फरवरी 1922 में गांधीजी के एकतरफा ढंग से आंदोलन वापस ले लेने पर कमजोर पड़ गया था, 1925 के आरंभ तक जैसे-तैसे चलता रहा जब तक कि दिसंबर 1923 में कांग्रेस के काकीनाडा अधिवेशन की अध्यक्षता करनेवाले मुहम्मद अली ने बारंबार होनेवाले दंगों के कारण गांधीजी से नाता नहीं तोड़ लिया। वैसे भी जब कमाल अतातुर्क ने 1924 में उस्मानी खलीफा के पद को समाप्त कर दिया तो खिलाफतवालों से उनका मुख्य नारा भी छिन गया था।

जहां तक राजनीतिज्ञों एवं शिक्षित लोगों के बीच विभाजनों का प्रश्न है, 1920 के दशक में संप्रदायवाद की वृद्धि का सबसे महत्वपूर्ण कारण 1919 के बाद की राजनीतिक संरचना में की जानेवाली भागीदारी में निहित था। मांटफोर्ड सुधारों ने मताधिकार को विस्तृत किया था, किंतु अलग निर्वाचकमंडल न केवल बरकरार रखे गए थे, बल्कि उनमें वृद्धि भी की गई थी। अतः इस व्यवस्था के अंतर्गत कार्यरत राजनीतिज्ञों के लिए इस बात का लोभ स्वाभाविक था कि वे गुटपरस्त नारों के माध्यम से अपने लिए समर्थन बढ़ाएं और अपने धर्म, क्षेत्र या जाति से संबद्ध समूहों को लाभ पहुंचाने के प्रयास करें। एक अन्य संबद्ध कारण यह था कि 1920 के दशक में शिक्षा का तो पर्याप्त प्रसार हो चुका था, किंतु उसी अनुपात में नौकरी के अवसरों में वृद्धि नहीं हुई थी। "विद्यालय, दफ्तर और दुकान के क्षोभ एवं कटुता को बढ़ती हुई आकांक्षाओं के पूरा न होने की निराशा ने और तीव्र कर दिया" था (पी. हार्डी, *मुस्लिम ऑफ ब्रिटिश इंडिया*, पृ. 204)। यह समस्या 1880 के दशक से ही आरंभ हो चुकी थी, पर अब बहुत बड़े स्तर पर विद्यमान थी, और विरल संसाधनों को हथिया लेने की होड़ सांप्रदायिक वैमनस्य को पुष्ट कर रही थी। समाज के निचले स्तरों पर, जैसाकि पहले होता था, आर्थिक और सामाजिक तनाव

प्रायः विकृत सांप्रदायिक रूप धारण कर लेते थे, विशेष रूप से अब जब इसके लिए अनुकूल विचारधारा भी विद्यमान थी। उदाहरण के लिए, मार्च 1931 में कानपुर में होनेवाले भारी दंगों की पृष्ठभूमि तैयार करने में 1920 के दशक में हथकरघा उद्योग की मंदी का भी कुछ हाथ रहा था। हथकरघा उद्योग मुख्य रूप से मुसलमानों के हाथ में था। दूसरी ओर, हिंदू उद्योगपति और व्यापारी आगे बढ़ रहे थे। नवंबर 1926 की बंगाल सरकार की रिपोर्ट में मैमनसिंह के ग्रामीण क्षेत्र में सांप्रदायिक तनाव का संबंध 'इस जिले के हिंदू जमींदारों और मुसलमान ताल्लुकेदारों या जोतदारों की प्रतिस्पर्धा' से बताया गया था जो 'बंगाल टेनेंसी एक्ट अमेंडमेंट बिल में मुसलमान मतदाताओं की गहरी रुचि को प्रतिबिंबित करता है' (*गवर्नमेंट ऑफ बंगाल पोलिटिकल कांफिडेंशियल 516 (1-14) ऑफ 1926*)। बंगाल के समस्त स्वराजी नेतृत्व, यहां तक कि 'वामपंथी' सुभाष बोस ने भी टेनेंसी अमेंडमेंट पर बहस में जमींदारों का पक्ष लिया। यह बहस 1923 से लेकर 1928 तक रुक-रुककर चलती रही और इसने भी मुसलमानों के अलगाव में प्रत्यक्ष और भारी योगदान किया।

तेजी से बढ़ते हुए सांप्रदायिक संगठनों एवं विचारधाराओं ने अभिजन-संप्रदायवाद और जन-संप्रदायवाद के बीच एक कड़ी प्रदान की। इसमें मुसलमानों का योगदान सर्वविदित है— 1923 से तबलीग (प्रचार) और तंजीम (संगठन) का प्रसार, 1924 का कोहट उपद्रव, खिलाफत संगठनों के तितर-बितर हो जाने पर मुस्लिम लीग का पुनः सक्रिय हो जाना, 1926 में स्वामी श्रद्धानंद की हत्या। 1924 में अपने (1918 के बाद कांग्रेस से अलग पहली बार आयोजित) लाहौर अधिवेशन में, जिसकी अध्यक्षता जिन्ना ने की थी, मुस्लिम लीग ने ऐसे संघ की मांग की जिसमें मुस्लिम-बहुल क्षेत्रों को 'हिंदुओं के प्रभुत्व' से बचाने के लिए पूर्ण प्रांतीय स्वायत्तता प्राप्त हो। यह मांग अलग निर्वाचकमंडलों के अतिरिक्त थी। 1940 में पाकिस्तान की मांग के उठने से पहले तक यही मुस्लिम लीग का मूलभूत नारा रहा। यहां यह कहना आवश्यक है कि इसमें बहुत कुछ हिंदू संप्रदायवाद की प्रतिक्रियास्वरूप था जो इन वर्षों में तेजी से फैला था। तबलीग और तंजीम बहुत हद तक आर्यसमाजियों के शुद्धि एवं संगठन के जवाब थे। आर्यसमाजियों ने मोपलों द्वारा बलपूर्वक हिंदुओं को मुसलमान बनाने के बाद शुद्धि आंदोलन चलाया था और श्रद्धानंद द्वारा 1923 के बाद इसे पश्चिमी संयुक्त प्रांत में भी आरंभ किया गया। इसका उद्देश्य उन मलकान राजपूतों, गूजरों और बनियों को पुनः हिंदू बनाना था जिन्हें मुसलमान बनाया गया था। असहयोग आंदोलन के दिनों में हिंदू महासभा, जिसकी स्थापना 1915 में पं. मदनमोहन मालवीय एवं कुछ पंजाबी नेताओं ने हरिद्वार में कुंभ मेले में की थी, लगभग निष्क्रिय हो चुकी थी। मगर 1922-23 में बड़े पैमाने पर उसका पुनरुत्थान हुआ। उसके अगस्त 1923 के बनारस अधिवेशन में शुद्धि का कार्यक्रम भी सम्मिलित था और हिंदू आत्मरक्षा जत्थों के निर्माण का आह्वान किया गया था। यह अधिवेशन

आर्यसमाजी सुधारवादियों एवं सनातन धर्म सभा के रूढ़िवादियों के गठजोड़ से बने एक साझे हिंदू सांप्रदायिक मोर्चे का प्रतिनिधित्व करता था और सदा की भांति इसके अध्यक्ष मालवीय थे। हिंदी को हिंदुओं से जोड़ने की बात काफी हद तक महासभावालों का प्रचार थी और इस कारण इसका विशेष आकर्षण भी मुख्यतः उत्तरी भारत तक ही सीमित रहा (1923 के अधिवेशन में 86.8 प्रतिशत प्रतिनिधि संयुक्त प्रांत, दिल्ली, पंजाब और बिहार से आए थे, जबकि बंगाल, बंबई और मद्रास से कुल मिलाकर 6.6 प्रतिशत ही आए थे)। किंतु जो बात आगे चलकर बहुत महत्वपूर्ण सिद्ध होनेवाली थी, वह 1925 में नागपुर में तिलक के एक पुराने सहयोगी मुंजे के अनुयायी के. बी. हेडगेवार द्वारा राष्ट्रीय स्वयंसेवक संघ की स्थापना थी।

सिद्धांत रूप में धर्मनिरपेक्ष होते हुए भी अपरिवर्तनवादी और स्वराजी हिंदू संप्रदायवाद का सामना करने में समान रूप से असफल रहे, और वे अपने-आपको स्पष्ट रूप से इसकी संस्थाओं और विचारधाराओं से अलग नहीं कर पाए। सितंबर 1924 में दिल्ली में मुहम्मद अली के घर रहते हुए गांधीजी ने कोहट के दंगों के बाद 21 दिन का उपवास किया। नेताओं की एकता सभा हुई और बहुत थोड़े समय के लिए तनाव में कमी आई। गांधीजी ने एक बात और कही, और ऐसी कही जिसकी आज भी बड़ी प्रासंगिकता है, कि गाय की जान बचाने के लिए मनुष्यों की जान लेना बर्बर अपराध है (*यंग इंडिया*, 29 मई 1924)। फिर भी पुरुषोत्तमदास टंडन जैसे अपरिवर्तनवादियों ने मालवीय से संबंध बनाए रखा और गांधीजी ने भी उनसे संबंध-विच्छेद नहीं किया। बनारस जैसे स्थानों पर तो हिंदू महासभा और स्वराज पार्टी एक ही संगठन थे। 1925 के बाद से मालवीय ने मोतीलाल नेहरू के विरुद्ध अपनी कटु प्रतिद्वंद्विता में हिंदू संप्रदायवाद का बहुत प्रभावी उपयोग किया। उन्होंने लाला लाजपतराय के साथ मिलकर एक स्वतंत्र कांग्रेस पार्टी की स्थापना की जो हिंदू महासभा का ही मोरचा था। चुनावों के सिलसिले में प्रायः हिंदू सांप्रदायिकता को प्रोत्साहित किया जाता था। उदाहरण के लिए, इलाहाबाद में 1925-26 में मस्जिद के सामने गाने-बजाने की बात को लेकर मुसलमानों की ओर से समझौता करने के अनेक प्रत्यनों को ठुकरा दिया गया। (इसमें मई 1926 की यह प्रार्थना भी शामिल थी कि केवल शाम की नमाज के वक्त पांच या दस मिनट तक मस्जिदों के सामने गाना-बजाना न हो।) बंगाल में 1926 में दास के हिंदू-मुस्लिम पैक्ट को रद्द किया गया और ससमाल, जिन्होंने इसे बचाने का प्रयास किया था, स्वयं अगले वर्ष मिदनापुर के एक चुनाव में उन कांग्रेसियों से पराजित हो गए जिन्होंने हिंदू धर्म के खतरे में होने का नारा दिया था। 1926 के चुनावों के पहले मोतीलाल भी कभी-कभी सांप्रदायिक अपीलों पर उतर आते थे। हताशा में उन्होंने हिंदू महासभा के कुछ लोगों को अपनी ओर मिलाने के असफल प्रयास भी किए ताकि इस प्रचार को झुठला सकें कि वे मुसलमानों के पक्षधर हैं और गो-मांस खाते हैं।

1926 के चुनावों में स्वराजी मद्रास के अतिरिक्त सभी स्थानों पर हिंदू महासभा और 'जवाबी सहयोग' के पक्षधरों के संयुक्त मोरचे के आगे पराजित हुए। सांप्रदायिक गठजोड़ की तीव्रता इसी से प्रकट है कि बंगाल में स्वराजियों को 47 में से 35 हिंदू सीटें मिलीं किंतु 39 मुस्लिम सीटों में केवल एक। इससे कहीं अधिक महत्वपूर्ण यह तथ्य था कि 1920 के दशक की दिल तोड़नेवाली यादों ने स्वतंत्रता संग्राम के अगले दौर (1930-34) में मुसलमानों को अलग-थलग रखा। असली जीत तो ब्रिटिश साम्राज्यवाद की हुई थी। इस बात को हमेशा स्मरण नहीं रखा जाता कि भारत में ब्रिटिश राज को सहारा देने में हिंदू संप्रदायवादी नेतृत्व का भी उतना ही हाथ रहा है जितना कि मुस्लिम लीग का। 1921 में असहयोग आंदोलन का कड़ा विरोध करनेवाले और 'हिंद-हिंदी-हिंदू' के प्रचारक मालवीय से लेकर श्यामाप्रसाद मुखर्जी तक—जिन्होंने बाद में जनसंघ की स्थापना की और जो अगस्त 1942 में बंगाल में मंत्री थे—तमाम हिंदू संप्रदायवादी ऐसे समय में अंग्रेजी शासन को सहारा दे रहे थे जब अंग्रेज 'भारत छोड़ो' आंदोलन को रक्त में डुबो रहे थे।

1922-27 : नई शक्तियों का उदय

गहन निराशा में डूबे हुए मोतीलाल नेहरू ने 30 मार्च 1927 को अपने पुत्र को लिखा : "संक्षेप में, भारत में इससे खराब स्थिति पहले कभी नहीं रही थी। 1922-23 में असहयोग आंदोलन की जो प्रतिक्रिया हुई थी वह धीरे-धीरे किंतु निश्चित रूप से सार्वजनिक गतिविधियों की बुनियाद को खोखली कर रही है . . . । जनसामान्य को जो एकमात्र शिक्षा मिल रही है वह सांप्रदायिक घृणा की शिक्षा है।" सरकार की कृपा पाने के लिए कांग्रेसी एक-दूसरे से होड़ लगा रहे थे। फिर भी, 1927 के अंत में राष्ट्रीय आंदोलन में नई गति आई। यही समय है कि हम इस नाटकीय परिवर्तन के पीछे निहित कारणों का विवेचन करें।

राजनीतिक एवं आर्थिक तनाव

अंग्रेजों के राजनीतिक एवं आर्थिक प्रभुत्व और भारत की अधिकांश जनता के बीच जो वस्तुगत अंतर्विरोध थे उनके कारण समझौते और सहयोग का बहुत दिनों तक चलना असंभव था। सभी प्रकार के राजनीतिज्ञ इस बात से अधिकाधिक निराश होते जा रहे थे कि 1920 के दशक में युद्ध-पश्चात् काल के साम्राज्यवाद-विरोधी उभार के ठंडे पड़ने से भारत में अंग्रेज सरकार की नीति कठोर होती जा रही थी। अगस्त 1922 में लॉयड जॉर्ज ने अपने कुख्यात 'स्टील फ्रेम' भाषण में घोषणा की कि "एक संस्था . . . से हम कभी इसके प्रकार्य और विशेषाधिकार नहीं छीनेंगे, और यह संस्था है भारत की ब्रिटिश सिविल सर्विस।" इसके निहितार्थों को स्पष्ट किया 1924 के रॉयल

कमीशन एवं 1926 की सैंडहर्स्ट कमेटी ने, जिनमें आई. सी. एस. का 50 प्रतिशत भारतीयकरण 15 वर्ष पश्चात् करने और पुलिस एवं सेना का 25 वर्ष पश्चात् करने की बात कही गई थी। (इस हिसाब से तो सेना का 50 प्रतिशत भारतीयकरण 1952 में जाकर ही होता !) 1920 का दशक वह समय था जब श्वेत आबादीवाले डोमिनियन देश वस्तुतः पूर्ण स्वाधीनता प्राप्त कर रहे थे। यह ऐसी प्रक्रिया थी जिसकी चरम परिणति 1931 के स्टेच्यूट ऑफ वेस्टमिनिस्टर में हुई। होम मेंबर मालकोम हेली जैसे सरकारी प्रवक्ता ने फरवरी 1924 में शीघ्रता से काम लेकर यह स्पष्ट कर दिया कि "(1919 के) गवर्नमेंट ऑफ इंडिया एक्ट का उद्देश्य पूर्ण डोमिनियन स्टेटस प्रदान करना नहीं, बल्कि उत्तरदायी सरकार प्रदान करना है।" टोरी भारत-सिचव बर्केनहेड के लिए तो 1925 में लिटन या कर्जन के जमाने के मुकाबले कहीं कुछ भी नहीं बदला था। 7 जुलाई 1925 को उसने हाउस ऑफ लार्ड्स में गर्जना की : "(स्वराजियों की मांग के अनुसार सुधारों में तेजी लाने का) द्वार धमकियों से नहीं खुलेगा," और एक इकाई के रूप में भारत की बात करना हास्यास्पद ही था : "ऐसा कोई राष्ट्र कभी नहीं रहा . . . । यदि हम कल भारत छोड़ दें तो हिंदू और मुसलमान तत्काल लड़ मरेंगे।"

कदाचित् और भी अधिक अर्थपूर्ण यह तथ्य था कि रियायतों की छोटी-सी अवधि (1921 के वित्त आयोग और 1924 के इस्पात संरक्षण) के बाद 1920 के दशक के मध्य से आर्थिक विषमताएं निश्चित रूप से तीव्र होने लगी थीं। भेदमूलक संरक्षण की नीति का अर्थ व्यवहार में भारी देरी था। कारण कि टैरिफ बोर्ड भारतीय उद्योगों की प्रार्थनाओं पर विचार करता रहता था, और उसके पश्चात् सरकार कभी-कभी आयात शुल्क बढ़ाने की सिफारिशों को लागू भी नहीं करती थी, जैसेकि 1927 के टैक्सटाइल टैरिफ बोर्ड के मामले में हुआ था। पूर्वी भारत में बिड़ला उद्योग-समूह जमे हुए ब्रिटिश पटसन मिल-मालिकों के मुकाबले में प्रगति करने का प्रयास कर रहा था और बंबई में वालचंद हीराचंद और लालजी नारायणजी के सिंधिया स्टीम नेवीगेशन उद्यम को लार्ड इंचकेप के नेतृत्व में ब्रिटिश जहाजरानी से जुड़े हितों के कड़े और मक्कारी भरे विरोध का सामना करना पड़ रहा था। पूंजीपतियों की सबसे बड़ी शिकायत रुपए की 1 शिलिंग 6 पेंस विनिमय-दर को लेकर थी जिसे 1926 में हिल्टन-यंग आयोग ने निर्धारित किया था। 1921 में लगभग राजभक्त रहे पुरुषोत्तमदास ठाकुरदास ने सर्वसम्मत भारतीय विरोध को प्रकट करने में पहल की : रुपए का बढ़ा हुआ मूल्य आयात को सस्ता करेगा और इस प्रकार भारतीय कपड़ा उद्योग की कीमत पर विदेशी आयात को प्रोत्साहन मिलेगा। कच्चे माल के निर्यात की कीमतें बढ़ेंगी जिससे कदाचित् भारतीय कृषि-उत्पादों के निर्यात में कमी आए (और ठाकुरदास के स्वयं अपने व्यापारिक हित बड़ी सीमा तक कपास के निर्यात से जुड़े हुए थे), जिसके परिणामस्वरूप अपस्फीतिकारी कदम

उठाने पड़ सकते हैं जो पूंजी-निवेश की संभावना को कम करेंगे। 1 शिलिंग 6 पेंस का अनुपात स्पष्ट रूप से उन ब्रिटिश अधिकारियों और व्यापारियों के हित में भी था जो अपनी पेंशनें या मुनाफे स्वदेश भेजते थे। इन बातों का अधिक विरोध इस कारण भी हो रहा था कि इन वर्षों के दौरान भारत में पूंजीवाद सशक्त हो चला था और देशव्यापी स्तर पर संगठित होने लगा था। 7 दिसंबर 1923 को बिड़ला ने ठाकुरदास को लिखा : "मैं पिछले कुछ वर्षों से एसोसिएटेड चैंबर्स (1920 में स्थापति ब्रिटिश पूंजीपतियों का अखिल-भारतीय संगठन) की गतिविधियों को बहुत ध्यानपूर्वक देखता रहा हूं, और मेरा विचार है कि उनका यह सशक्त संगठन, यदि भारतीयों की ऐसी ही संस्था बनाने के लिए तुरंत कदम न उठाए गए तो, भारतीय हितों के लिए अत्यंत हानिकारक सिद्ध होगा" *(ठाकुरदास पेपर्स, फा. नं. 42 [3])*। 1927 में बिड़ला और ठाकुरदास ने मिलकर फेडेरेशन ऑफ इंडियन चैंबर्स ऑफ कॉमर्स एंड इंडस्ट्रीज़ (फिक्की) की स्थापना की। सरकारी अनुग्रह पर अत्यधिक आश्रित होने के कारण टाटा तो इसमें सम्मिलित ने हो सके और बंबई के अधिकांश मिल-मालिक भी इससे बाहर ही रहे, फिर भी थोड़े ही वर्षों के भीतर फिक्की भारतीय पूंजीपतियों के वर्गीय हितों की एक महत्वपूर्ण प्रवक्ता बन गई।

1920 के दशक में जनसामान्य के जीवन की परिस्थितियों में कोई सुधार नहीं हुआ, बल्कि कुछ गिरावट ही आई। जहां 1921 की जनगणना के पश्चात् भारत की जनसंख्या में तीव्र वृद्धि हुई, वहीं कृषि-उत्पादन पंजाब और मद्रास को छोड़कर सारे देश में जहां का तहां रहा। 1938-39 की कीमतों के आधार पर 1920-21 से 1924-25 तक की अवधि में सभी फसलों की औसत उपज 26.5 रु. थी, और 1925-26 से 1929-30 तक की अवधि में यह घटकर 25.7 रु. रह गई थी (अमिय बागची, पृ. 95)। 1920 का दशक वह समय भी था जब बंबई और मद्रास के अधिकांश हिस्सों में तीस-वर्षीय रैयतवारी बंदोबस्त के अनुसार मालगुजारी में संशोधन भी किया जाना था। मजदूरी में कटौती, कपड़ा एवं पटसन मिलों और रेलवे कार्यशालाओं में अभिनवीकरण के माध्यम से कामगार वर्ग को भी मालिकान के सामूहिक हमलों का सामना करना पड़ रहा था। भारतीय कपड़ा उद्योग को फिर से लंकाशायर और जापान की प्रतिस्पर्धा का सामना करना पड़ रहा था (1921-22 में थानों का आयात 10,900 लाख गज था, मगर वह 1927-28 में बढ़कर 19,730 लाख गज हो गया था—बागची, पृ. 238)। पटसन का निर्यात 1930 के दशक की भारी मंदी के पहले से ही जहां का तहां थमा हुआ था। भारतीय और ब्रिटिश पूंजीपतियों ने समान रूप से इस बोझ को कामगारों के ऊपर डालने का प्रयास किया, और 1926 में एक सरकारी कमेटी ने रेलवे कार्यशालाओं से 75,000 लोगों की भारी छंटनी की योजना बनाई थी।

आदिवासी एवं किसान आंदोलन

असहयोग आंदोलन से अनजाने ही अनेक क्षेत्रों में निम्न वर्गों का जो स्वतःस्फूर्त विद्रोह उठ खड़ा हुआ था, वह बारदोली आंदोलन वापस ले लेने के साथ ही शांत नहीं हुआ। उदाहरण के लिए, बाराबंकी का 'एका' आंदोलन मार्च 1922 तक भी संयुक्त प्रांत के अधिकारियों के लिए परेशानी खड़ी कर रहा था, और बंगाल के टिपरा एवं चटगांव जिलों में जुलाई तक शांति-व्यवस्था पूर्णतः स्थापित नहीं की जा सकी थी। किंतु जनसंघर्ष के जारी रहने का सबसे महत्वपूर्ण प्रमाण मिला गोदावरी के उत्तर में स्थित राम्पा क्षेत्र से, जहां अगस्त 1922 और मई 1924 के बीच अल्लूरी सीताराम राजू ने वस्तुतः छापामार युद्ध छेड़ रखा था। सीताराम राजू सचमुच एक विलक्षण व्यक्ति थे जो आंध्र में तो लोकनायक बन गए, किंतु अन्यत्र लगभग अज्ञात ही रहे। जिन बातों को लेकर आंदोलन छेड़ा गया था और जो अगस्त 1924 की एक सरकारी रिपोर्ट में स्पष्ट रूप से दर्ज हैं, मूलतः वही पुराने मुद्दे थे— साहूकारों द्वारा शोषण, झूम खेती, और जमाने से चले आ रहे चराई संबंधी अधिकारों पर रोक लगानेवाले वन विभाग के कानून। आंदोलन का तात्कालिक कारण गुडेम का बास्टियन नामक अलोकप्रिय तहसीलदार था। उसने आदिवासियों से बिना मजदूरी दिए जंगल में सड़क-निमार्ण का कार्य करवाने का प्रयास किया। किंतु इस बार आंदोलन का नेता कोई स्थानीय सरदार न होकर एक परदेसी था जो 1915 में कहीं से आकर आदिवासियों के बीच बस गया था। वह ज्योतिष जानने एवं रोगों को दूर करने की शक्ति रखने का दावा करता था। असहयोग आंदोलन से प्रेरित होकर उसने ग्राम पंचायतों की स्थापना की और शराब के विरुद्ध आंदोलन चलाया। इस आंदोलन में बड़े आकर्षक ढंग से उन तत्वों का मेल हुआ था जिन्हें हॉब्सबाम ने 'आदिम विद्रोह' और आधुनिक राष्ट्रवाद के तत्व कहा है। तथाकथित रूप से, राजू का दावा था कि गोलियों का उन पर कोई प्रभाव नहीं होता; विद्रोहियों की एक घोषणा में यह भी कहा गया था कि भगवान कल्कि का अवतार होनेवाला है। फिर भी, विद्रोह के दौरान स्थानीय अधिकारियों के साथ मुलाकातों में राजू 'गांधीजी की बड़ी प्रशंसा' करते थे, यद्यपि उनका विचार था कि 'हिंसा आवश्यक है' और उन्हें इस बात का दुःख था कि वह यूरोपियनों को इस कारण नहीं मार सकते कि 'या तो भारतीय उनके साथ रहते हैं या वे भारतीयों से घिरे रहते हैं जिन्हें वे मारना नहीं चाहते।' 24 सितंबर 1922 को डमरापल्ली पर मारे गए छापे के दौरान वास्तव में विद्रोहियों ने भारतीयों के एक अग्रिम दल को निकल जाने दिया और फिर दो अंग्रेज अधिकारियों को गोली मार दी। अंग्रेजों ने भी, अनिच्छा से ही सही, राजू की छापामार रणनीति की प्रशंसा की थी जिन्होंने पुलिस थानों पर सफल धावे बोलकर अपने साथियों को सशस्त्र किया था। उनके विद्रोही दल में लगभग सौ व्यक्ति थे जो पानी की मछलियों की तरह रहते

थे; उन्हें "लगभग 2500 वर्गमील के क्षेत्र में स्थानीय पहाड़ी लोगों की सहानुभूति प्राप्त थी।" इस विद्रोह को दबाने में मद्रास सरकार को 15 लाख रुपए खर्च करने पड़े और मलाबार स्पेशल पुलिस एवं असम राइफल्स की सहायता लेनी पड़ी। 6 मई 1924 को राजू को गिरफ्तार कर लिया गया, और जल्दी ही रिपोर्ट की गई कि उन्हें 'भागने का प्रयास करते हुए' गोली मार दी गई। यह एक अप्रिय मगर परिचित बहाना मात्र है। अंततः सितंबर 1924 में विद्रोह को खत्म कर दिया गया।

1920 के पूरे दशक में राजस्थान सामंत-विरोधी किसान आंदोलनों का केंद्र बना रहा। मई 1922 में मेवाड़ पुलिस ने मोतीलाल तेजावत द्वारा प्रेरित भील आंदोलन को दबाने के लिए पूरे दो गांवों को जलाकर राख कर दिया था। 1927 से बिजौलिया फिर अगली पांत में आ गया था। वहां के किसान विजयसिंह पथिक, माणिकलाल वर्मा, और हरिभाऊ उपाध्याय के नेतृत्व में नए महसूलों एवं बेगार के विरुद्ध सत्याग्रह के तरीके अपना रहे थे। अलवर रियासत में स्थित नीमूचना में मई 1925 में भू-राजस्व में 50 प्रतिशत वृद्धि का विरोध कर रहे किसानों का वस्तुतः नरसंहार किया गया—राज्य की पुलिस ने 156 किसानों को मार डाला और 600 को घायल कर दिया। फिर भी, कांग्रेस ने रजवाड़ों में होनेवाले किसी भी आंदोलन से औपचारिक रूप से जुड़ने से इनकार कर दिया (यह नीति 1938 में हरिपुरा में ही त्यागी गई), यद्यपि राष्ट्रीय विचारोंवाली शहरी मध्यवर्गीय प्रजा परिषदें उभरने लगी थीं। (इनमें पहली परिषद बड़ौदा में 1917 में बनी, फिर 1921 में काठियावाड़ क्षेत्र में, और इन दोनों स्थानों का गुजरात के निकट होना महत्वपूर्ण था।) स्टेट्स सब्जेक्ट्स कांफ्रेंस (जिसे बाद में 'पीपुल्स' कांफ्रेंस कहा गया) की 1923 के बाद से वार्षिक बैठकें होने लगी थीं, किंतु इसकी गतिविधियां अभी मामूली ही होती थीं। मेवाड़ जैसे रजवाड़ों में किसानों का जुझारूपन निश्चय ही शहरी राष्ट्रवाद से पहले आया।

किसानों की मांग को उठाने में कांग्रेस स्पष्ट रूप से बार-बार असफल रही थी जिससे उनका मोहभंग हुआ और 1920 के मध्य-दशक में उन्होंने नई विचारधाराओं की खोज आरंभ कर दी थी। 1922 में स्वामी विद्यानंद ने जमींदारी समाप्त करने की मांग उठाई और बाबा रामचंद्र ने नवंबर 1925 में लेनिन को 'किसानों का प्यारा नेता' बतलाते हुए कहा कि 'रूस के अतिरिक्त, किसान अब भी सर्वत्र दास हैं' (*प्रताप*, 23 नवंबर 1925; माजिद सिद्दीकी की *एग्रेरियन अनरेस्ट इन नॉर्थ इंडिया*, पृ. 195 पर उद्धृत)। कांग्रेसी चाहे स्वराजी हों यां अपरिवर्तनवादी, उनके जमींदारों अथवा मंझोले जोतधारियों के साथ दृढ़ संबंध होते थे, और इस कारण वे किसानों की मांगों के प्रति प्रायः उदासीन रहते थे। किसानों की मांगें लगानों में कमी की होती थीं, अथवा बिहार, बंगाल और संयुक्त प्रांत में बंटाईदार फसल का अधिक न्यायपूर्ण बंटावारा चाहते थे। यह स्थिति बंगाल में सर्वाधिक स्पष्ट थी और अंत में वहीं अत्यधिक

विनाशकारी भी सिद्ध हुई। वहां 1920 के दशक में बंटाईदारी (बरगा) की प्रथा तेजी से फैल रही थी। यहां स्वराजियों ने बरगादारों को काश्तकारों का दर्जा दिए जाने का कड़ा विरोध किया, और उन्होंने मैमनसिंह, ढाका, पबना, खुलना और नादिया जैसे जिलों में जारी नामशूद्र एवं मुसलमान बरगादारों के अनेक आंदोलनों के प्रति कोई सहानुभूति नहीं दिखाई। संयुक्त प्रांत की कांग्रेस ने अवश्य थोड़ा किसान-समर्थक रुख दिखाया और 1924 में एक संयुक्त प्रांत किसान संघ का आरंभ किया ताकि सरकार पर इस बात के लिए जोर डाला जा सके कि आगरा प्रांत के लिए जिस टेनेंसी अमेंडमेंट बिल पर चर्चा हो रही थी, उसकी जमींदार-समर्थक धाराओं में वह थोड़ी तबदीली करे। फिर भी, यह स्पष्ट कर दिया गया था कि 'संघ की नीति यह रही है कि जमींदारों के विरुद्ध एक भी शब्द कहकर उन्हें नाराज न किया जाए, अपितु सरकार की ही आलोचना की जाए जिसके हाथों में जमींदार अनजाने में खेल रहे हैं' (ए. आई. सी. सी., *फा. नं. 23/1924*)।

किसानों की एक शिकायत के संबंध में कांग्रेस का आम तौर पर स्पष्ट रवैया होता था और वह शिकायत थी रैयतवारी क्षेत्रों में मालगुजारी की वृद्धि। इस वृद्धि का विरोध कुछ सफलता के साथ 1923-24 में तंजौर में हुआ था, जहां समृद्ध मिरासदार रहते थे। तटीय आंध्र प्रदेश में एन. जी. रंगा ने 1923 में किसानों के ऊपरी वर्ग के बीच कार्य आरंभ किया और उसी वर्ष गुंटुर में पहली रैयत एसोसिएशन की स्थापना की। 1927 में कृष्णा-गोदावरी मुहाना क्षेत्र में अंग्रेज सरकार द्वारा राजस्व में पौने उन्नीस प्रतिशत की वृद्धि करने के प्रयत्न के परिणामस्वरूप तटीय आंध्र प्रदेश में एक सशक्त किसान आंदोलन उठ खड़ा हुआ। इस आंदोलन को पूर्वी गोदावरी क्षेत्र में वेन्नेती सत्यनारायण एवं पश्चिमी गोदावरी क्षेत्र में दंडु नारायणराजू जैसे स्थानीय कांग्रेसी नेताओं के साथ ही टी. प्रकाशम् और कोंडा वेंकटपय्या जैसे प्रसिद्ध राष्ट्रीय नेताओं ने भी चलाया था। 1928 के बाद से वल्लभभाई पटेल के नेतृत्व में बारदोली ही ऐसे समस्त आंदोलनों की मुख्य प्रेरणा रहा।

जातिगत आंदोलन

जैसाकि पीछे के कालों में भी हुआ था, भारतीय समाज के विभिन्न अंतर्विरोध प्रायः जातिगत संगठनों एवं आंदोलनों के माध्यम से प्रकट होते रहे जो विभाजक भी हो सकते थे और मूलतः रूढ़िवादी भी, किंतु कभी-कभी उनमें पर्याप्त जुझारूपन की संभावनाएं भी होती थीं। मद्रास की गैर-ब्राह्मण जस्टिस पार्टी खुलेआम राजभक्त थी और उसने अंग्रेजों की दृष्टि से उस प्रांत में द्विशासन को सफल बनाया। अधिकारियों और चुने हुए मंत्रियों के बीच सौहार्दपूर्ण सहयोग का अन्य एकमात्र उदाहरण पंजाब में मिलता है जहां फैजी हुसैन की यूनियनिस्ट पार्टी मुख्यतः शहरी राष्ट्रवाद के खिलाफ एक सशक्त 'एग्रीकल्चरिस्ट' (अर्थात् जमींदारों और समृद्ध किसानों की) लॉबी बनाने में सफल रही थी

जिसमें जाट और मुसलमान भी सम्मिलित थे। महाराष्ट्र में भास्करराव जाधव की गैर-ब्राह्मण पार्टी ने भी ऐसी भूमिका निभाने का प्रयास किया। यह पार्टी कांग्रेस की कट्टर शत्रु थी और इसका आरोप था कि कांग्रेस ब्राह्मणों की महत्वाकांक्षाओं को ढंकने का मुखौटा है। यह एक ऐसा आरोप था जिसे पुष्ट करने में तिलकवादी विचारधारा के कुछेक पक्ष सहायक हुए।

फिर भी, जहां व्यवहार में जस्टिस पार्टी और जाधव जैसे गैर-ब्राह्मण नेता की रुचि मुख्यतया अभिजन-इतर लोगों के लिए नौकरियों में संरक्षण एवं उच्च वर्गों के अनुकरण से अपने संस्कृतीकरण तक ही सीमित रही, वहीं 1920 के दशक में अन्य, कहीं अधिक जुझारू और सच्चे अर्थ में जन-आंदोलन भी उभर रहे थे।

मई 1925 में बिहार सरकार की एक रिपोर्ट में कहा गया था कि पटना, मुंगेर, दरभंगा और मुजफ्फरपुर के ग्वाले अथवा यादव "अपनी जाति के सामाजिक दर्जे के उत्थान के लिए आंदोलन कर रहे हैं, और उसी आधार पर यज्ञोपवीत पहनकर अब वे उन निकृष्ट अथवा अन्य सेवा-कार्यों से इनकार करना चाहते हैं जो वे मालिकों के लिए करते आए हैं।" यहां यह कहा जा सकता है कि स्वामी सहजानंद सरस्वती ने भी, जो बिहार ही नहीं समस्त भारत के प्रमुख किसान नेता हुए, पटना जिले में बिहटा स्थित एक आश्रम से भूमिहार ब्राह्मण सभा के संस्थापक के रूप में अपना कार्य आरंभ किया था।

महाराष्ट्र के सत्यशोधक समाज के कुछ तत्वों की जुझारू संभावनाओं की चर्चा पहले की जा चुकी है। 1919-21 में सत्यशोधक समाज के ग्रामीण आंदोलनकारियों ने सतारा जिले में जमींदार और महाजन विरोधी आंदोलन चलाया था जिससे तीस गांव प्रभावित हुए थे और कुछ हिंसक झड़पें भी हुई थीं। 1920 के मध्य-दशक से केशवराव जेढे और दिनकरराव जवालकर पूना से एक नए प्रकार के गैर-ब्राह्मण आंदोलन का नेतृत्व करने लगे थे, जो उतना ही ब्रिटिश-विरोधी था जितनी कि तिलक की ब्राह्मण-आधिपत्यवाली कांग्रेस थी। अगले दशक तक महाराष्ट्र कांग्रेस ने इस प्रवृत्ति के साथ दृढ़ संबंध स्थापित कर लिए और अंततः इसे आत्मसात् कर लिया तथा 1942 तक सतारा बंबई में राष्ट्रवाद का सबसे दृढ़ दुर्ग बन गया।

मराठा जोतधारी कृषक वर्ग तो कांग्रेस में आत्मसात् हो गया था, किंतु अछूत महारों ने 1920 के दशक से अपनी बिरादरी के पहले स्नातक डॉ. अंबेडकर के नेतृत्व में एक स्वतंत्र आंदोलन विकसित कर लिया था। उनकी मांगों में अलग प्रतिनिधित्व, तालाबों का उपयोग करने एवं मंदिर में प्रवेश करने का अधिकार और 'महार वतन' (महारों द्वारा गांवों के मुखियों के घर पारंपरिक रूप से किया जानेवाला सेवा-कार्य) की समाप्ति सम्मिलित थी। 1927 में प्रथम महार राजनीतिक सम्मेलन होने तक अंबेडकर के कुछ अनुयायी *मनुस्मृति* को जलाकर प्रतीक रूप में हिंदू धर्म से अपना संबंध-विच्छेद दर्शाने लगे थे।

महाराष्ट्र की तुलना में मद्रास का कांग्रेसी नेतृत्व कम लचकीला सिद्ध हुआ। यहां 'पेरियार' ई. वी. रामास्वामी नायकर ने, जो असहयोग आंदोलन में सक्रिय रहे थे, 1920 के दशक के मध्य में कांग्रेस से नाता तोड़कर जस्टिस पार्टी के अभिजनवाद का एक लोकप्रिय और जुझारू विकल्प विकसित किया। उनकी पत्रिका *कुडि आरसू* (1924) में धाराप्रवाह तमिल का प्रयोग होता था। अगले वर्ष उन्होंने 'आत्मसम्मान आंदोलन' चलाया जो ब्राह्मण पुरोहितों के बिना विवाह करवाने से आरंभ करके मंदिरों में बलात् प्रवेश और *मनुस्मृति* को जलाने तक और कभी-कभी स्पष्ट नास्तिकता तक भी पहुंचा।

केरल में भी इझवा नेता श्रीनारायण गुरु वैकम के मामूली सत्याग्रह से ही संतुष्ट नहीं हुए। वे चाहते थे कि सत्याग्रही बाधाओं को लांघें और निषिद्ध सड़कों पर ही न चलें, बल्कि सभी मंदिरों में प्रवेश करें। 1927 में एस. एन. डी. पी. योगम् के सचिव टी. के. माधवन के गांधीवादी नेतृत्व की के. अयप्पन और सी. केशवन जैसे जुझारू इझवा नेता कड़ी आलोचना करने लगे थे। ये लोग मंदिर-प्रवेश को छोटा मुद्दा मानते थे और खुलेआम नास्तिक हो गए थे।

रोचक बात यह है कि इन सभी क्षेत्रों में संघर्षशील निम्न जातियों के आंदोलनों ने वामपंथी प्रवृत्तियों के उदय में योगदान किया। सहजानंद कांग्रेस समाजवादियों में सम्मिलित हुए और बाद में कम्युनिस्टों के साथ हो गए। 1919-21 में सतारा के सत्यशोधक आंदोलन में भाग लेनेवाले नाना पाटिल ने 1942 में वहां समांतर सरकार चलाई और बाद में महाराष्ट्र के विख्यात कम्युनिस्ट किसान नेता हुए। सिंगारवेलु और पी. जीवनानंद जैसे पहले तमिल कम्युनिस्ट 1930 के दशक के आरंभ में कुछ समय के लिए 'पेरियार' के सहयोगी रहे, और अयप्पन और केशवन ने केरल में अनेक इझवाओं को कम्युनिस्ट पार्टी की राह दिखाई, यद्यपि वे स्वयं कभी इसके सदस्य नहीं बने।

श्रमिक

श्रमिक आंदोलन के इतिहास में 1922 से लेकर 1927 तक की अवधि में, प्रथम दृष्टि में, निश्चित गिरावट दिखाई देती है। शाही श्रम आयोग की गणना के अनुसार 1921 में 376 हड़तालें हुई थीं, लेकिन 1924-27 के दौरान यह दर 130 हड़तालें प्रतिवर्ष की रह गई थी। यद्यपि ए. आई. टी. यू. सी. की सदस्य-संख्या में वृद्धि हुई थी और जनवरी 1925 में 83 यूनियनें इससे संबद्ध थीं, मगर इसका नेतृत्व नरमदलीय ही रहा जिसका राजनीतिक स्वरूप या तो उदारवादी रहा या कांग्रेसी, और इसके सम्मेलनों में 1921 के झरिया सम्मेलन जैसा जोश और आम भागीदारी दिखाई नहीं देती थी। किंतु इन वर्षों में जहां हड़तालों की संख्या कम होती थी, वहीं वे अधिक लंबी और मालिकों की भारी आक्रामकता के चलते अधिक कटुतापूर्ण भी होने लगी थीं। 1921 में 70 लाख कार्यदिवसों की हानि हुई थी, और 1924 के पश्चात् इस संख्या में

हर साल वृद्धि होती गई। 1927 में निश्चित रूप से नए श्रमिक उभार का आरंभ हुआ, जब 202 लाख कार्यदिवसों का नुकसान हुआ और कुछ ऐसे केंद्र उभरे जिनका नेतृत्व कहीं अधिक जुझारू था और अधिकाधिक कम्युनिस्ट होता जा रहा था। 1926 में पहली बार ट्रेड यूनियनों को कुछ कानूनी संरक्षण एक ऐसे अधिनियम द्वारा मिला जो अन्यथा श्रमिक हितों के अत्यंत विपरीत था—इसमें अपंजीकृत यूनियनों द्वारा चंदा एकत्रित करना वस्तुतः अवैध था, यूनियनों की कार्यकारिणियों में 50 से अधिक 'बाह्य' तत्वों की उपस्थिति पर रोक थी, और यूनियन के पैसे को नागरिक या राजनीतिक ध्येयों के लिए व्यय करने पर प्रतिबंध था। (यह ब्रिटिश प्रथा के ठीक विपरीत था, जहां ट्रेड यूनियनें ही लेबर पार्टी को मुख्यतः वित्तीय सहायता प्रदान करती थीं।)

असहयोग आंदोलन के अंतिम दिनों में दर्शनानंद और विश्वानंद ने ईस्ट इंडियन रेलवे में एक सशक्त हड़ताल का नेतृत्व किया था जो 1922 में फरवरी से अप्रैल तक चली थी। यह बात महत्वपूर्ण है कि किसी भी कांग्रेसी नेता को यह नहीं सूझी कि सरकार पर दबाव डालने के लिए इस आंदोलन की संभावनाओं का प्रयोग किया जाए। एस. एन. हलदर जैसे बंगाल कांग्रेस के नेताओं द्वारा 1920 की हड़ताल के दौरान स्थापित जमशेदपुर लेबर एसोसिएशन ने प्रेरणा देने के बजाय नियंत्रक का ही कार्य किया। हाल ही के एक विस्तृत अध्ययन में दर्शाया गया है कि टाटा उद्योग में सितंबर 1922 में होनेवाली हड़ताल लगभग पूरी तरह कामगार वर्ग के स्वतःस्फूर्त दबाव के कारण हुई थी, लेकिन यूनियन ने अपनी मान्यता प्राप्त करने के लिए इस अवसर का लाभ उठाया और श्रमिकों की मांगों की विशेष चिंता नहीं की। कांग्रेस के साथ अच्छा संपर्क होने के कारण ही जमशेदपुर लेबर एसोसिएशन टाटा को एक कंशीलिएशन बोर्ड की स्थापना के लिए बाध्य कर सकी। इस बोर्ड के प्रमुख थे सी. आर. दास और सी. एफ. एंड्रयूज। यह बोर्ड 1924 में इस्पात-संरक्षण पर होनेवाली बहस के दौरान स्थापित किया गया था जिसके लिए स्वराजियों का समर्थन आवश्यक था। इस यूनियन को अंततः 1925 में मान्यता मिल गई, जब सी. एफ. एंड्रयूज इसके अध्यक्ष बने और गांधीजी जमशेदपुर आए। प्रबंधकों ने उनका शानदार स्वागत किया जिसके बदले में गांधीजी ने भी इस बात पर बल दिया कि पूंजी और श्रम के बीच सामंजस्य होना चाहिए। प्रबंधकों ने यूनियन का चंदा सीधे मजदूरी में से काट लेने की भी पेशकश की। कोई आश्चर्य नहीं कि 1928 तक कामगार सी. एफ. एंड्रयूज के नेतृत्ववाली जमशेदपुर लेबर एसोसिएशन को कंपनी की यूनियन कहने लगे थे। अहमदाबाद में अप्रैल 1923 में मजदूरी में 20 प्रतिशत कटौती को लेकर होनेवाली भारी हड़ताल के दौरान 64 में से 56 मिलें बंद हो गई थीं। ध्यान देने योग्य है कि इस समय गांधीजी जेल में थे, वरना 1925 में उन्होंने अहमदाबाद के कामगारों को यह भी समझाया था कि व्यापार में मंदी के समय वे अपने मालिकों को सांसत में न डालें : "स्वामिभक्त सेवक तो बिना

वेतन के भी अपने स्वामियों की सेवा करते हैं।"

फिर भी, इस बात के संकेत बार-बार मिल रहे थे कि श्रमिक आंदोलन स्वयं पर लादी जानेवाली बाधाओं के खिलाफ चलने का प्रयास कर रहा था। सदा की भांति मद्रास शहर इसका प्रमुख केंद्र रहा, जहां 1922-23 में बकिंघम कर्नाटक मिल्स में चार हड़तालें और हुईं और 1923 में मद्रास के समुद्र तट पर ही सिंगारवेलु द्वारा आयोजित सभा में पहला मई दिवस मनाया गया। 1925 में नार्थ वेस्टर्न रेलवे में अप्रैल से जून तक चलनेवाली भारी हड़ताल को, जो यूनियन के एक नेता को नौकरी से निकाल दिए जाने से भड़की थी, लाहौर में निकाले गए एक जुलूस ने अविस्मरणीय बना दिया जिसमें कामगार अपने ही खून से लाल किए झंडे लेकर चल रहे थे। किंतु सबसे बड़ी हड़तालें बंबई की कपड़ा-मिलों में जनवरी-मार्च 1924 और फिर सितंबर-दिसंबर 1925 में हुई थीं। 1924 में 15,000 कामगारों ने इस बात के विरुद्ध हड़ताल की थी कि पिछले चार सालों से दिया जानेवाला बोनस बंद किया जा रहा था। सरकार ने एक जांच आयोग बिठाया जिसने अंततः बोनस को मुनाफे से जोड़कर और उसे विलंबित पारिश्रमिक न मानकर अंततः श्रमिकों के विरुद्ध ही निर्णय दिया। इसके बाद बपतिस्ता और एन. एम. जोशी ने मजदूरों को हड़ताल वापस ले लेने की सलाह दी, किंतु मजदूर पुलिस के दमन और गोलियों के सामने भी दो माह तक अपनी मांग पर डटे रहे। इस दौरान राष्ट्रीय आंदोलन से भी उन्हें कोई सहायता नहीं मिली। अंत में भुखमरी ने उन्हें विवश कर दिया। अगले वर्ष कपड़ा उद्योग में तथाकथित संकट के नाम पर मजदूरी में 11.5 प्रतिशत कटौती के परिणामस्वरूप सितंबर में दूसरी बड़ी हड़ताल हुई। बंबई के मिल-मालिकों का कहना था कि इस कटौती को तभी वापस लिया जा सकता है जब सरकार साढ़े तीन प्रतिशत के उस उत्पादन शुल्क को समाप्त कर दे, जिसे 1894 में लंकाशायर की सहायता के लिए लगाया गया था और जिसके विरुद्ध राष्ट्रीय नेताओं और पूंजीपतियों, दोनों को ही शिकायत थी। हड़ताल टूटने के कोई आसार ने देखकर अंत में 1 दिसंबर 1925 को सरकार ने उत्पादन शुल्क रद्द कर दिया जिसके पश्चात् मिल-मालिकों ने भी कटौती रद्द कर दी। इस प्रकार बंबई के सर्वहारा ने देश के लिए उस मांग को हासिल किया जिसके लिए राष्ट्रवादी 30 वर्षों से संघर्ष करते आ रहे थे— सितंबर 1925 में भी इस शुल्क को समाप्त करने के संबंध में स्वराजियों ने असेंबली में प्रस्ताव रखा था जिस पर वायसरॉय ने वीटो कर दिया था। लेकिन सर्वहारा की इस उपलब्धि को शायद ही कभी याद किया जाता हो। 1928 की बड़ी हड़ताल के पहले भी बंबई की कपड़ा मिलों के श्रमिक अपनी संघर्षशीलता एवं संगठन के चलते कलकत्ता में गोरों के स्वामित्ववाली पटसन मिलों की तुलना में अपनी मजदूरी काफी अधिक बढ़वाने में सफल रहे थे; जहां 1919 में बंबई और कलकत्ता में औसत मासिक मजदूरियां क्रमशः 24.75 रु. और 16.40 रु. थीं, वहीं 1927 में वे 34.56 रु.

और 19.60 रु. हो गई थीं (बागची, पृ. 126)। जहां बाम्बे टैक्सटाइल लेबर यूनियन (जिसका पंजीकरण 1926 में हुआ था और जो नए कानून के अंतर्गत पंजीकृत होनेवाली पहली यूनियन थी) एन. एम. जोशी जैसे उदार मानवतावादी के नेतृत्व में कार्य कर रही थी, वहीं बंबई की मिलों में गिरनी कामगार महामंडल के रूप में 1923 से दो जुझारू भूतपूर्व श्रमिकों (ए. ए. अल्वे और जी. आर. कास्ले) के नेतृत्व में एक आधारभूत आंदोलन अपनी जड़ें जमाने लगा था। 1928 में कम्युनिस्टों ने इसी प्रवृत्ति को आगे बढ़ाकर प्रसिद्ध गिरनी कामगार (लाल बावटा) यूनियन की स्थापना की थी।

कम्युनिस्टों का उदय

ब्रिटिश अधिकारियों एवं बाद के कुछ विद्वानों ने बार-बार यह आक्षेप किया है कि समस्त कम्युनिस्ट आंदोलन मास्को से संचालित विदेशी षड्यंत्र मात्र था। मगर हम देख चुके हैं कि भारतीय कम्युनिज्म की जड़ें राष्ट्रीय आंदोलन के भीतर से ही फूटी थीं। वे क्रांतिकारी जिनका मोहभंग हो चुका था, असहयोग आंदोलनकारी, खिलाफत आंदोलनकारी, श्रमिक और किसान आंदोलनों के सदस्य राजनीतिक एवं सामाजिक उद्धार के नए मार्ग खोज रहे थे। इसके संस्थापक थे विख्यात युगांतर क्रांतिकारी नरेन भट्टाचार्य (उर्फ मानवेंद्रनाथ राय) जो 1919 में मेक्सिको में बोल्शेविक मिखाइल बोरोदीन के संपर्क में आए। वहां उन्होंने कम्युनिस्ट पार्टी बनाने में सहायता की और 1920 के ग्रीष्म में कम्युनिस्ट इंटरनेशनल के दूसरे अधिवेशन में सम्मिलित होने के लिए मास्को चले गए। यहां लेनिन के साथ उनका प्रसिद्ध और महत्वपूर्ण विवाद हुआ जो औपनिवेशिक देशों में कम्युनिस्टों की रणनीति को लेकर था। लेनिन का विचार था कि उपनिवेशों और अर्ध-उपनिवेशों में बुजुर्वा नेतृत्ववाले आंदोलनों को मोटे तौर पर समर्थन दिया जाए। लेकिन राय में नए मुल्ला का-सा जोश और कट्टरता थी और उनका कहना था कि भारत में जनसामान्य का पहले ही गांधीजी जैसे बुजुर्वा राष्ट्रवादियों से मोहभंग हो चुका है और वह "बुजुर्वा-राष्ट्रीय आंदोलन से स्वतंत्र रहकर ही क्रांति की ओर अग्रसर है।" 'राष्ट्रीय बुजुर्वा वर्ग' और आम तौर पर राष्ट्रवाद की मुख्यधारा से संबंधित दृष्टिकोण—स्वतंत्रता मिलने तक, और उसके बाद भी, कम्युनिस्ट आंदोलन के अंदरूनी विवादों का मुख्य मुद्दा बना रहा।

अक्तूबर 1920 में एम. एन. राय, अवनी मुखर्जी (कम्युनिस्ट बननेवाले एक भूतपूर्व क्रांतिकारी जिनका बाद में राय से बड़ा झगड़ा हुआ था) तथा मुहम्मद अली और मुहम्मद शफीक जैसे कुछ मुहाजिरों (1920 में हिजरत में शरीक होकर अफगानिस्तान के रास्ते सोवियत सीमा में प्रविष्ट होनेवाले खिलाफत आंदोलनकारियों) ने मिलकर ताशकंद में कम्युनिस्ट पार्टी ऑफ इंडिया और एक राजनीतिक-सैनिक स्कूल की स्थापना की । जब 1921 के आरंभ में अफगानिस्तान के रास्ते भारत-प्रवेश की आशा धूमिल पड़ गई तो कुछ नए-नए

कम्युनिस्ट बने भारतीय मास्को की कम्युनिस्ट यूनिवर्सिटी ऑफ द टॉयलर्स ऑफ दि ईस्ट में भरती हो गए। स्वयं राय भी 1922 में अपना मुख्यालय बर्लिन ले गए जहां से *वैन्गार्ड ऑफ इंडियन इंडिपेंडेंस* नाम से एक पाक्षिक और (अवनी मुखर्जी के सहयोग से) *इंडिया इन ट्रांजिशन* प्रकाशित करने लगे, जो भारतीय अर्थव्यवस्था और समाज के मार्क्सवादी विश्लेषण का प्रथम प्रयास था। इस बीच अन्य आप्रवासी भारतीय क्रांतिकारी समूह भी मार्क्सवाद की ओर उन्मुख हो रहे थे। इनमें प्रमुख था पुराना बर्लिन समूह जिसके मुखिया वीरेंद्रनाथ चट्टोपाध्याय, भूपेंद्रनाथ दत्त और बरकतुल्लाह थे। इनके रूसी समर्थन प्राप्त करने के प्रयासों को 1921 में राय के गुटवादी मंतव्य ने विफल कर दिया था, किंतु उन्होंने अगले ही वर्ष बर्लिन में इंडिया इंडिपेंडेंस पार्टी की स्थापना कर ली थी। 1920 के मध्य-दशक तक गदर आंदोलन के महत्वपूर्ण जलावतन सदस्य भी रतनसिंह, संतोखसिंह और तेजासिंह के नेतृत्व में कम्युनिस्ट हो चुके थे।

1922 के अंत तक नलिनी गुप्ता (एक अन्य भूतपूर्व आतंकवादी) और शौकत उस्मानी (जो मुजाहिर रह चुके थे) के माध्यम से राय भारत में बन रहे कम्युनिस्ट समूहों से गुप्त संपर्क स्थापित करने में सफल हो चुके थे जिसमें प्रायः बाधा पड़ती रहती थी। ये समूह असहयोग और खिलाफत आंदोलनों के अनुभव के बाद बंबई (एस. ए. डांगे), कलकत्ता (मुजफ्फर अहमद), मद्रास (सिंगारवेलु) और लाहौर (गुलाम हुसैन) में उभर रहे थे। अवनी मुखर्जी ने भी प्रतिद्वंद्वी चट्टोपाध्याय समूह की ओर से ऐसे ही, किंतु कम सफल, प्रयास किए। कलकत्ता की *आत्मशक्ति* और *धूमकेतु* तथा गुंटूर की *नवयुग* जैसी वामपंथी राष्ट्रवादी पत्रिकाएं लेनिन और रूस की प्रशंसा में लेख और कभी-कभी *वैन्गार्ड* के उद्धरणों की व्याख्या छापने लगी थीं। अगस्त 1922 में डांगे बंबई से *सोशलिस्ट* नाम का साप्ताहिक निकालने लगे थे, जो निश्चय ही भारत में प्रकाशित होनेवाली पहली कम्युनिस्ट पत्रिका थी। 2 नवंबर 1922 को राय ने डांगे को एक 'दोहरे संगठन' की रूपरेखा दी जिसमें से एक 'वैध होता और दूसरा अवैध'—एक गुप्त कम्युनिस्ट नाभिक जो व्यापकतर मजदूर-किसान पार्टी के अंदर कार्य करे। वस्तुतः 16 सितंबर को *सोशलिस्ट* में पहले ही ऐसा सुझाव ('सोशलिस्ट लेबर पार्टी ऑफ इंडियन नेशनल कांग्रेस' के गठन का प्रस्ताव) दिया जा चुका था। सिंगारवेलु ने मई 1923 में लेबर किसान पार्टी के गठन की घोषणा की। कांग्रेस के गया अधिवेशन (दिसंबर 1922) में सिंगारवेलु ने थोड़ी-सी सनसनी उत्पन्न कर दी। उन्होंने खुले रूप से 'विश्व के कम्युनिस्टों की महान परंपरा' का हवाला दिया और स्पष्ट कहा कि बारदोली में पीछे हटना 'भारी भूल' थी, और बल देकर कहा कि असहयोग आंदोलन के साथ 'राष्ट्रीय हड़तालें' करने की भी आवश्यकता है। ध्यान देने योग्य यह है कि 1928 के छठे कोमिंटर्न सम्मेलन में 'वामपंथी' रुझान अपनाए जाने तक भारतीय कम्युनिस्ट समूह कुल मिलाकर मुख्य राष्ट्रवादी धारा के भीतर रहकर

ही कार्य करने की चेष्टा करते रहे, यद्यपि अनेक बार साम्राज्यवाद से समझौता करने के लिए उन्होंने कांग्रेसी नेतृत्व की कड़ी आलोचना भी की। राय नियमित रूप से कांग्रेस के वार्षिक अधिवेशनों के प्रतिनिधियों में बांटने के लिए कम्युनिस्ट कार्यक्रम संबंधी वक्तव्य तैयार करते थे। *वैन्गार्ड* के आरंभिक अंकों (मई-जून) में गांधीजी का विश्लेषण आलोचनात्मक तो रहता था किंतु वैसा कदापि नहीं जैसा 1928 के बाद से होने लगा था जिसमें उन्हें बुजुर्वा वर्ग का 'ताबीज' मात्र कहा जाने लगा था। इनमें अपने देश के 'कष्ट में पड़े हुए देशवासियों के लिए' गांधीजी के 'गहरे प्रेम' को स्वीकार किया गया था और कहा गया था कि उनकी अनेक रणनीति संबंधी भूलों के बावजूद यह प्रेम 'उदात्त' था। इनमें उनकी "आंतरिक शक्ति की बड़ी प्रशंसा की गई थी, ऐसी शक्ति जिसे न तो युद्धपोत जीत सकते हैं, न ही मशीनगनें पराजित कर सकती हैं . . . " (जी. अधिकारी, *डाक्यूमेंट्स ऑफ हिस्ट्री ऑफ सी. पी. आई.*, खंड 1, 458, 438)।

भारत में थोड़े-से कम्युनिस्ट समूहों के उदय से ब्रिटिश सरकार में जो हड़कंप मच गया था (1920 के दशक में होम पोलिटिकल फाइलों में 'बोल्शेविक खतरे' का आंतक छाया रहता था), वह ऐसी गतिविधियों के वास्तविक और तात्कालिक महत्व की तुलना में कहीं अधिक था। इसकी केवल एक ही व्याख्या हो सकती है कि 1917 की बोल्शेविक क्रांति ने समस्त संसार के शासक वर्गों में भय की लहर व्याप्त कर दी थी और वह उन्हें फ्रांसीसी क्रांति की याद दिलाती थी। भारत में पुनः प्रवेश करने का प्रयास करनेवाले मुहाजिरों पर पेशावर षड्यंत्र के पांच अभियोगों की शृंखला के तहत 1922 और 1927 के बीच मुकदमे चलाए गए, और मई 1924 में मुजफ्फर अहमद, एस. ए. डांगे, शौकत उस्मानी और नलिनी गुप्ता को 'कानपुर बोल्शेविक कांस्पिरेसी केस' में जेल भेज दिया गया। किंतु इन दमनमूलक कदमों से उत्पन्न बाधा अस्थायी सिद्ध हुई। दिसंबर 1925 में कानपुर में एक खुला भारतीय कम्युनिस्ट सम्मेलन हुआ जिसके संयोजक सत्यभक्त थे जो बहुत सीमा तक मौसमी पक्षी सिद्ध हुए। इसकी स्वागत समित के अध्यक्ष हसरत मोहानी थे और सम्मेलन के अध्यक्ष सिंगारवेलु थे। यद्यपि इस सम्मेलन का आयोजन विभिन्न प्रकार के समूहों ने किया था जो वैधता बनाए रखने के लिए कोमिंटर्न से अपनी स्वाधीनता पर बल दे रहे थे, मगर इसमें स्थापित मूल संगठन पर शीघ्र ही बंबई के एस. वी. घाटे जैसे अधिक दृढ़निश्चयी कम्युनिस्टों ने अधिकार कर लिया। 1959 में संयुक्त सी. पी. आई. ने भी 1925 के सम्मेलन में पार्टी के औपचारिक गठन की बात स्वीकार की थी। व्यावहारिक रूप से अधिक महत्व की बात यह है कि 1925 और 1927 के बीच स्थापित अनेक संगठनों ने मजदूर-किसान पार्टी के रूप में कानूनी मुखौटे के 1922-23 वाले विचार को साकार किया। 1925-26 में बंगाल में लेबर स्वराज पार्टी का गठन किया गया, जिसका नाम शीघ्र ही बदलकर किसान-मजदूर पार्टी रख दिया गया।

इसकी स्थापना करनेवालों में थे मुजफ्फर अहमद, इनके मित्र और विख्यात कवि नज़रुल इस्लाम, कुतुबुद्दीन अहमद और जुझारू स्वराजी हेमंतकुमार सरकार, जो सी. आर. दास के सचिव रह चुके थे। 1927 में इसमें गोपेन चक्रवर्ती और धरणी गोस्वामी के नेतृत्व में भूतपूर्व अनुशीलन समिति के कुछ समूह भी सम्मिलित हो गए। दो बंगला पत्रिकाएं भी प्रकाशित की गईं—*लांगल* और *गणवाणी*। पंजाब में भी 1926 में *किरती* पत्रिका के इर्द-गिर्द ऐसा ही समूह गठित हुआ। *किरती* के संपादक गदर पार्टी के पुराने नेता संतोखसिंह थे। जुझारू बब्बर अकाली आंदोलन के कुछ बचे हुए लोगों को भी इसमें सम्मिलित कर लिया गया और सोहनसिंह जोश के नेतृत्व में यह समूह किरती 'किसान पार्टी' बन गया। बंबई में भी जनवरी 1927 में एक मजदूर-किसान पार्टी की स्थापना की गई जिसके संस्थापक एस. एस. मिराजकर, के. एन. जोगलेकर और एस. वी. घाटे थे। यह पार्टी *क्रांति* नाम से एक मराठी पत्रिका निकालतीं थी। सबसे महत्वपूर्ण बात यह है कि कम्युनिस्ट अब आखिरकार कामगार वर्ग के साथ वास्तविक संबंध स्थापित करने लगे थे। वी. वी. गिरि और एंड्रयूज के अत्यंत नरमदलीय नेतृत्व के प्रति विरोध प्रकट करने के लिए फरवरी और सितंबर 1927 में खड़गपुर रेलवे वर्कशॉप के कर्मचारियों ने जो हड़तालें कीं उनमें कम्युनिस्ट बहुत सक्रिय रहे थे। जब एंड्रयूज ने कम्युनिस्टों के इस समझदारी भरे सुझाव का विरोध किया कि हड़ताल को खड़गपुर से बाहर लिलुआ वर्कशॉप तक फैलाया जाना चाहिए तो डांगे ने यह कहकर उनकी आलोचना की कि वे "यूनियन आंदोलन के ह्यूम बनना चाहते हैं ताकि इसका रुख मोड़ सकें और इसे गलत रास्ते पर ले जाएं। ऐसा नहीं होगा और श्रमिक अपने भाग्य के स्वामी स्वयं होंगे।" 1926 के बाद से बंबई की कपड़ा-मिलों के कामगारों के बीच भी कम्युनिस्टों का प्रभाव पर्याप्त बढ़ा, किंतु ग्रामीण क्षेत्रों में वह कहीं भी प्रविष्ट नहीं हो पाया था। शापुरजी सकलतवाला इंग्लैंड की पार्लियामेंट में कम्युनिस्ट सदस्य के रूप में प्रवेश कर चुके थे। 1927 में उनकी भारत-यात्रा ने कम्युनिज्म में आम रुचि जाग्रत की। कांग्रेस आधिपत्यवाले नगर निगमों ने उनका नागरिक अभिनंदन किया, यहां तक कि गांधीजी ने उनसे सौहार्दपूर्ण विचार-विमर्श किया। गांधीजी ने 'कामरेड सकलतवाला की स्पष्ट ईमानदारी की प्रशंसा की', और कम्युनिस्टों द्वारा किसान वर्ग की अवहेलना किए जाने की आलोचना की जिसमें कुछ हद तक सच्चाई थी, किंतु अंत में कहा कि "यद्यपि अभी हम विपरीत दिशाओं में अग्रसर प्रतीत होते हैं, मगर मुझे आशा है कि हम एक दिन अवश्य मिलेंगे।" आरंभिक कम्युनिस्टों के संबंध में यह कहना पड़ेगा कि 1920 के दशक में कार्यकर्त्ताओं की कमी के कारण ही गांवों में उनकी पैठ नहीं हो सकी थी। यह बात अलग है कि चीनी क्रांति के पूर्व शहरी सर्वहारा के बीच ही कार्य करने को प्राथमिकता दी जाती रही थी। कम्युनिस्ट कार्यक्रम संबंधी दस्तावेज दर्शाते हैं कि इसमें आरंभ से ही जमींदारी की समाप्ति एवं भूमि के पुनर्वितरण की मांग की जाती

रही थी; इन दोनों मुद्दों को कांग्रेस ने पर्याप्त सोच-विचार के बाद 1930 के मध्य-दशक में जाकर ही उठाया था।

क्रांतिकारी आतंकवाद

1922 के पश्चात् कांग्रेसी नेतृत्व के प्रति मोहभंग की जो मनःस्थिति बनी उसके परिणामस्वरूप बंगाल, संयुक्त प्रांत और पंजाब में शिक्षित युवक पुनः क्रांतिकारी आतंकवादी तरीकों की ओर आकृष्ट होने लगे। 1922 के बाद से तो *आत्मशक्ति*, *सारथि* और *बिजली* जैसी बंगला पत्रिकाओं में, जिनके संपादक प्रायः भूतपूर्व कैदी होते थे, ऐसे अनेक लेख और संस्मरण छापे जाते थे जिनमें पुराने क्रांतिकारियों के बलिदानों का गौरवगान किया जाता था। सचिन सान्याल के *बंदी जीवन* का, जो हिंदी और गुरुमुखी में भी छपा था, युवा पीढ़ी पर बहुत भारी प्रभाव पड़ा। बंगाल के सर्वाधिक लोकप्रिय उपन्यासकार शरतचंद्र चट्टोपाध्याय ने 1926 में *पथेर दाबी* प्रकाशित किया जिसमें शहरी मध्यवर्ग की 'क्रांति' की स्तुति की गई थी। सरकार द्वारा शरतचंद्र के उपन्यास पर प्रतिबंध लगाए जाने से उनकी लोकप्रियता और बढ़ गई। 1923-24 में बंगाल में आतंकवाद का जोर थोड़े समय के लिए फिर बढ़ा जिसकी चरम परिणति जनवरी 1924 में गोपीनाथ साहा द्वारा डे नाम के एक अंग्रेज की हत्या में हुई। (वास्तविक लक्ष्य कलकत्ता का कुख्यात पुलिस कमिश्नर टेगर्ट था।) इसके बाद अक्तूबर 1924 के बंगाल ऑर्डिनेंस के तहत बड़े स्तर पर गिरफ्तारियां हुईं जिससे बंगाल में आतंकवादी गतिविधियों पर तब तक के लिए कारगर रोक लग गई जब तक कि 1927-28 में सभी नजरबंद धीरे-धीरे रिहा नहीं हो गए। (लेकिन विचारों का प्रसार फिर भी जारी रहा।) इस बीच सचिन सान्याल और जोगेश चटर्जी ने, जो संयुक्त प्रांत में रहनेवाले बंगाली थे, हिंदुस्तान रिपब्लिकन एसोसिएशन की स्थापना की और डकैतियों के जरिए से धन एकत्रित करने लगे। अगस्त 1925 में काकोरी की रेल डकैती के बाद एसोसिएशन के अधिकांश सदस्य गिरफ्तार कर लिए गए। किंतु जो गिरफ्तार होने से बच गए थे उन्होंने नए सदस्य बनाए (इनमें भारतीय कम्युनिस्ट पार्टी के भावी महासचिव अजय घोष भी थे), प्रतिभाशाली युवा विद्यार्थी भगतसिंह के नेतृत्व में उभरनेवाले पंजाब समूह के साथ संबंध स्थापित किए और सितंबर 1928 में विख्यात हिंदुस्तान सोशलिस्ट रिपब्लिकन आर्मी की स्थापना की।

स्पष्ट है कि 1920 के मध्य-दशक में होनेवाली आतंकवादी गतिविधियों की तुलना उस सबसे नहीं की जा सकती जो कुछ युद्ध के दौरान हुआ था या जो आंदोलन के अत्यंत तीव्र चरण में 1930 और 1934 के बीच होनेवाला था। महत्व की बात है विकास की वह प्रक्रिया और पुनर्विचार जो कुछ क्रांतिकारी समूहों के भीतर हो रहा था। बंगाल में अतीत में जीनेवाले पुराने 'दादा' अभी तक युगांतर और अनुशीलन के झगड़ों में फंसे हुए थे। ये लोग कर्मी संघ के माध्यम से कांग्रेस की गुटबंदी की राजनीति में अधिकाधिक

उलझते चले गए और नए युवा उत्साही सदस्यों की दृष्टि में विश्वसनीयता खोते गए। ये युवक चटगांव में सूर्य सेन के नेतृत्व में 'रिवोल्ट ग्रुप' के अंतर्गत संगठित हो रहे थे और तत्काल नाटकीय गतिविधि आरंभ करने को उत्सुक थे। कुछेक लोगों के कम्युनिस्ट हो जाने एवं नए और पुराने को समन्वित करने के कतिपय प्रयासों के अतिरिक्त, जिसे 'टेरो-कम्युनिज्म' कहा गया, स्थापित आतंकवादी परंपरा का बोझ इतना था कि हिंदू धार्मिकता, वैयक्तिक आतंकवाद और कुछ लोगों द्वारा वीरोचित आत्म-बलिदान की परंपरा जैसे गंभीर मामलों पर पुनर्विचार नहीं किया जा सकता था। तथापि 1905-08 के जमाने के दो पुराने नेताओं हेमचंद्र कानूनगो और भूपेंद्रनाथ दत्त ने 1920 के दशक में महत्वपूर्ण संस्मरण लिखे जिनमें पुरानी परंपरा के अनेक पक्षों की कटु आलोचना की गई थी। 1925 के एक परचे में, जिसे कदाचित् सचिन सान्याल ने हिंदुस्तान रिपब्लिकन एसोसिएशन के लिए लिखा था, और भी चौंकानेवाली बातें थीं। इसमें वैयक्तिक आतंकवाद का इस आधार पर पक्ष लिया गया था कि 'नये तारे के जन्म के लिए उथल-पुथल आवश्यक है', लेकिन इसका अंतिम लक्ष्य था, 'उन सभी व्यवस्थाओं की समाप्ति जो मानव द्वारा मानव के शोषण को संभव बनाती है,' और इसमें 'श्रमिक एवं किसान संगठनों' को आरंभ करने की आवश्यकता का भी उल्लेख था। ऐसे ही पुनर्विचार के कारण भगतसिंह ने भी शीघ्र ही पूर्ण नास्तिकता एवं स्पष्ट समाजवादी लक्ष्यों को स्वीकार किया था।

सुभाष और जवाहरलाल

कम्युनिस्ट एवं आतंकवादी प्रवृत्तियों के अतिरिक्त, 1920 के दशक के मध्य एवं अंतिम भाग में उभरती हुई नई पीढ़ी में सामान्यतः जो अशांति व्याप्त थी, उसने विभिन्न विद्यार्थी एवं युवा संगठनों को जन्म दिया। ये संगठन स्वराजियों और अपरिवर्तनवादियों, दोनों की ही आलोचना करते थे। ये 'पूर्ण स्वराज्य' के नारे के रूप में अधिक सुसंगत साम्राज्यवाद-विरोधी दृष्टिकोण की मांग कर रहे थे। इनमें अंतर्राष्ट्रीय प्रवृत्तियों की एक अस्पष्ट-सी, किंतु फिर भी महत्वपूर्ण चेतना थी और वे राष्ट्रवाद को सामाजिक न्याय से जोड़े जाने की आवश्यकता अनुभव करते थे। 1927 के बाद जेल से रिहा होने के पश्चात् सुभाष बोस ने ऐसी ही तलाश को एक अभिव्यक्ति दी, यद्यपि बंगाल के शहरी युवकों के बीच सुभाष की बढ़ती हुई लोकप्रियता का कारण काफी हद तक यह भी था कि वे आंचलिक भावनाओं को उभारते थे। भारतीय युवकों के बीच एक अन्य उदीयमान नक्षत्र जवाहरलाल नेहरू थे जिनके लिए 1926-27 में यूरोप की यात्रा निर्णायक महत्ववाली सिद्ध हुई। सांप्रदायिक दंगों के अनुभव ने पहले ही उनके मन में इस धारणा को दृढ़ कर दिया था कि 'यदि भारत में धर्म पर अंकुश नहीं लगाया गया तो यह इस देश और इसके लोगों को मार' डालेगा। एस. गोपाल का दृढ़ विचार है कि जवाहरलाल के 'मानसिक

विकास में निर्णायक क्षण' उस समय आया जब उन्होंने ब्रुसेल्स की उस कांग्रेस में सक्रिय भाग लिया जो फरवरी 1927 में औपनिवेशिक दमन और साम्राज्यवाद के विरुद्ध हुई थी। इस कांग्रेस ने जवाहरलाल को समाजवादी और तीसरी दुनिया की राष्ट्रवादी शक्तियों के बीच साम्राज्यवाद-विरोधी एकजुटता की दृष्टि दी। इस दृष्टि के अनुरूप उन्होंने सदैव कार्य तो नहीं किया, किंतु इसे वे कभी पूरी तरह छोड़ भी नहीं पाए। जवाहरलाल को साम्राज्यवाद-विरोधी और राष्ट्रीय स्वाधीनता समर्थक लीग का मानद अध्यक्ष नियुक्त किया गया जिसका आरंभ ब्रुसेल्स में हुआ था। नवंबर 1927 में उन्हें और उनके पिता को सोवियत संघ आमंत्रित किया गया। इस यात्रा के संबंध में *दि हिंदू* में उन्होंने जो लेख लिखे (जो *सोवियत रूस* नाम से 1928 में प्रकाशित हुए) वे स्पष्ट रूप से दर्शाते हैं कि जवाहरलाल पर उस देश का कितना गहरा प्रभाव पड़ा था : "हंसिये और हथौड़े का देश, जहां मजदूर और किसान शक्तिशाली के सिंहासनों पर बैठते हैं।" उनकी इस पुस्तक के मुखपृष्ठ पर वर्ड्सवर्थ की वे पंक्तियां उद्धृत थीं जो कवि ने फ्रांसीसी क्रांति पर लिखी थीं : "अति आनंद था उस अरुणिम प्रभात में जीना। किंतु युवा होना तो स्वर्गिक ही था।"

नवंबर 1927 में केवल गोरे सदस्योंवाले साइमन आयोग की घोषणा के साथ ही पुनर्निर्माण की शक्तियां एकजुट होने लगी थीं और उन्होंने साम्राज्यवाद-विरोधी संघर्ष की एक नई और जबर्दस्त लहर को जन्म दिया।

अध्याय 6

1937-1945 : राष्ट्रवाद की प्रगति और आर्थिक मंदी

विहगावलोकन

राजनीति की विपरीत धाराएं

नवंबर 1927 में साइमन आयोग की नियुक्ति एवं जुलाई 1937 में प्रांतों में लोकप्रिय मंत्रिमंडलों के गठन के बीच का साढ़े नौ वर्षों का समय ऐसी राजनीतिक गतिविधियों से भरा हुआ था जो जटिल होने के साथ ही प्रायः परस्पर-विरोधी भी होती थीं। जान-बूझकर और अपमानजक ढंग से केवल गोरे सदस्योंवाले एक आयोग की स्थापना द्वारा राष्ट्रीय आंदोलन की अवहेलना की गई। इस आयोग का उद्देश्य संवैधानिक परिवर्तनों की अगली किस्त पर विचार-विमर्श करना था। मगर राष्ट्रीय आंदोलन ने भी पहले सविनय अवज्ञा आंदोलन के माध्यम से संघर्ष किया और मार्च 1931 के गांधी-इरविन समझौते तक लगभग समानता की स्थिति प्राप्त कर ली। इसके पश्चात् विलिंगडन और रैमजे मैकडोनल्ड की राष्ट्रीय सरकार के काल में अंग्रेज सरकार ने जवाबी हमला किया, जिसने 1933-34 तक देखने में तो कांग्रेस को कुचलकर रख दिया, लेकिन मार्च 1937 के चुनावों में कांग्रेस की भारी विजय ने इस भ्रम को तोड़ दिया। इन चुनावों ने पहली बार, आंशिक रूप से ही सही, प्रांतीय स्तर पर सरकारी तंत्र पर राष्ट्रीय आंदोलन का नियंत्रण स्थापित कर दिया।

स्पष्ट उतार-चढ़ावों के बावजूद भारतीय राष्ट्रवाद ने जो आम प्रगति की थी, वह पर्याप्त महत्वपूर्ण थी। किंतु प्रगति की यह प्रक्रिया अंतर्विरोधों से भरी हुई थी। ज्ञान पांडे के संयुक्त प्रांत संबंधी एक ताजा अध्ययन (*दि एसेंडेंसी ऑफ दि कांग्रेस इन यू. पी., 1926-34*) में इन अंतर्विरोधों को दर्शाया गया है। यह ढर्रा 1919-22 में पहले भी अस्पष्ट रूप से देखा जा सकता

था, किंतु 1930 के दशक तक तो स्पष्ट दिखाई देने लगा था : कांग्रेस संगठन की प्रगति एवं मजबूती का तात्पर्य यह भी था कि अधिक आधारभूत और जुझारूपन की संभावना से भरे निम्नवर्गीय विद्रोहों पर अंकुश लगना और उनका कांग्रेस में ही आत्मसात् हो जाना। जैसाकि इस पुस्तक के आरंभ में ही कहा जा चुका है, राज से लड़ने की प्रक्रिया में कांग्रेस स्वयं राज बनती जा रही थी और 1947 में होनेवाले महान किंतु अधूरे परिवर्तन का पूर्वाभास दे रही थी। यह केवल पार्टी संगठन द्वारा निचले वर्गों के स्वतःस्फूर्त आंदोलनों का गला घोंट देने का ही प्रश्न नहीं था, बल्कि यह तो एक प्रकार से राष्ट्रीय आंदोलन पर धीरे-धीरे बुर्जुवा और प्रमुख किसान समूहों का वर्चस्व स्थापित होना था। जैसाकि हम देखेंगे, यह वर्चस्व पूर्ण या असीमित नहीं रहा। कांग्रेस ने बार-बार उन आशाओं और आकांक्षाओं को जगाया जिन्हें वह पूरा नहीं कर सकती थी। इसी कारण 1930 के दशक के मध्य से ट्रेड यूनियनों, किसान सभाओं, जुझारू छात्र संगठनों, कांग्रेसी समाजवादियों और कम्युनिस्टों के माध्यम से एक वामपंथी चुनौती उभरी। स्वयं कांग्रेस के भीतर दक्षिणपंथी और वामपंथी धड़ों के संघर्ष देश के राजनीतिक जीवन का एक अधिकाधिक महत्वपूर्ण अंग बनते गए। गांधीवादी सीमाओं के प्रति जुझारू मध्यवर्गीय युवकों के मोहभंग ने भी इस काल के अंत में वामपंथ की वृद्धि में महत्वपूर्ण योगदान किया (इस मोहभंग की आरंभिक अभिव्यक्ति 1928-34 के बीच बंगाल और पंजाब की आतंकवादी गतिविधियों में देखी जा सकती थी), क्योंकि क्रांतिकारी वैयक्तिक हिंसा का मार्ग त्यागकर जनसंघर्ष एवं मार्क्सवाद को अपना रहे थे।

जैसाकि पहले भी हुआ था, राजनीतिक जागरण प्रायः गुटवादी स्वरूप ग्रहण कर लेता था और अब अंग्रेज सरकार, जो अधिकाधिक रूप से अकेली पड़ती जा रही थी, इनका प्रयोग पहले से कहीं अधिक करने का प्रयास कर रही थी। इस प्रकार भारतीय एकता का संकट उत्पन्न हुआ जिसे आर. जे. मूर ने (*क्राइसिस ऑफ इंडियन यूनिटी* नामक पुस्तक में) चरणों में सत्ता 'हस्तांतरण' की अंग्रेज-नीति से ठीक ही जोड़ा है। 1857 के पश्चात् रजवाड़ों का इस्तेमाल राष्ट्रवाद के विरुद्ध किया जाने लगा था जिसका तार्किक परिणाम 1930 के दशक की 'फेडरेशन' की चाल में प्रकट हुआ। केंद्र में उत्तरदायी सरकार देने का प्रस्ताव (जिससे विभिन्न आरक्षणों एवं रक्षक उपायों की शर्तें जुड़ी थीं) केंद्रीय धारा-सभा में रजवाड़ों की एक सशक्त नामांकित टुकड़ी से दृढ़तापूर्वक जुड़ा हुआ था। पहले की भांति मुसलमानों में हिंदू-आधिपत्य के भय को उभारने के सभी प्रयास किए गए, और अंबेडकर के आंदोलन के माध्यम से अभिव्यक्त होनेवाले 'अछूतों' के जायज क्षोभ को राष्ट्रवादियों की स्वाधीनता-प्राप्ति की दिशा में शीघ्र अग्रसर होनेवाली मांगों के विरुद्ध प्रयुक्त किया गया। औपनिवेशिक चाल का एक पहलू छोटा नागपुर जैसे क्षेत्रों में आदिवासी अलगाववाद को बढ़ावा देना था। 1935 के कानून ने प्रांतीय गवर्नरों को यह शक्ति दे दी कि वे 'पिछड़े हुए' आदिवासी क्षेत्रों के प्रशासन में लोकप्रिय

मंत्रियों से पूछे बिना 'विवेकानुसार निर्णय' ले सकें।

राष्ट्रीय आंदोलन ने 'फूट डालो और राज करो' के इन तरीकों को विफल करने का प्रयास किया जिसमें कभी कम सफलता मिली तो कभी अधिक। राज्यों में रजवाड़ों के स्वेच्छाचारी शासन के विरुद्ध जन-आंदोलन तेजी पकड़ते जा रहे थे, यद्यपि कांग्रेसी नेतृत्व (और विशेष रूप से गांधीजी) लंबे समय तक इन्हें खुला समर्थन देने में हिचकते रहे। अधिकांश रजवाड़ों में राजनीतिक अधिकारों के लगभग पूर्ण अभाव को एवं प्रचलित सामंतवादी दमन को देखें तो इन आंदोलनों में सामाजिक रूप से पर्याप्त जुझारू संभावनाएं थीं। यद्यपि अंबेडकर के आंदोलन को कांग्रेस में आत्मसात् नहीं किया जा सका, लेकिन 1932 के बाद से गांधीजी अपना अधिकांश समय हरिजनों के बीच कार्य करने में लगाने लगे थे, और 1930 के दशक में कांग्रेस महाराष्ट्र, मैसूर और (कुछ कम सीमा तक) तमिलनाडु जैसे क्षेत्रों में गैर-ब्राह्मण मध्यम जातियों के आंदोलनों से अपने लक्ष्य का समर्थन कराने में सफल रही थी। कल्याणकारी गतिविधियों के माध्यम से आदिवासियों का समर्थन प्राप्त करने के प्रयास किए गए और वन सत्याग्रह 'सविनय अवज्ञा आंदोलन' का एक महत्वपूर्ण हिस्सा बन गया। जहां तक मुसलमानों का संबंध है, पश्चदृष्टि से पता चलता है कि उनके निर्णायक अलगाव का कारण 1928-29 के दौरान नेहरू रिपोर्ट की विवेचना में खोजा जा सकता है। इसमें संदेह नहीं कि पश्चिमोत्तर सीमा प्रांत को छोड़ दें तो यह समुदाय अधिकांशतः सविनय अवज्ञा से उदासीन ही रहा। किंतु संभावनाएं वस्तुतः काफी बाद तक बनी रहीं, क्योंकि 1937 के चुनावों में 482 मुस्लिम सीटों में से जिन्ना की लीग केवल 109 सीटें ही जीत सकी थी। जैसाकि हम आगे देखेंगे, स्वयं जिन्ना भी कट्टर संप्रदायवादी तभी बने जब मुंजे, जयकर और मालवीय जैसे आक्रामक हिंदू नेताओं ने उन्हें बार-बार दुत्कारा। निर्णायक मुस्लिम बहुमतवाले पंजाब और बंगाल में लीग 1937 का चुनाव कांग्रेस से नहीं हारी थी, बल्कि मुस्लिम-प्रधान प्रादेशिक दलों (कृषक प्रजा पार्टी और यूनियनिस्ट पार्टी) से हारी थी। ये दल जमींदारों, शहरी व्यापारियों एवं साहूकारों के विरुद्ध किसानों के मददगार होने का दावा करते थे। इन दोनों प्रदेशों में कांग्रेस जुझारू कृषि-कार्यक्रम विकसित करने में असफल रही थी, जो आगे चलकर देश की एकता के लिए घातक सिद्ध हुआ।

हाल के वर्षों में 'कैंब्रिज संप्रदाय' ने 1930 के दशक की संविधान-निर्माण की प्रक्रियाओं में पुनः रुचि जगाने का प्रयास किया है। यह विषय बृहत्तर राजनीतिक एवं सामाजिक आंदोलनों पर अनुसंधान की प्रगति के कारण चलन में नहीं रह गया था। उन्होंने ब्रिटिश नीतियों एवं राष्ट्रीय आंदोलन के उतार-चढ़ावों के बीच सीधा कार्य-कारण संबंध जोड़ा है। अपनी ताजा पुस्तक में ज्यूडिथ ब्राउन का कहना है कि "गांधीजी की अखिल-भारतीय भूमिका को कुछ सीमा तक अंग्रेजों ने ही संभव बनाया" (*गांधीजी एंड सिविल*

डिसओबेडिएंस, 1977, पृ. 12)। इसमें विलिंगडन की यह मान्यता प्रतिध्वनित होती है कि "सरकार द्वारा गांधीजी के साथ होनेवाले व्यवहार के अनुरूप उनका प्रभाव घटता-बढ़ता रहा है" (वायसरॉय का पत्र भारत-सचिव के नाम, 25 जून 1932, *टेंपलवुड [होर] कलेक्शन)*। साइमन आयोग द्वारा संवैधानिक परिवर्तनों को तात्कालिक राष्ट्रीय मुद्दा बना दिए जाने के बाद कांग्रेस फिर से जी उठी। गांधीजी के साथ बराबरी से बात करके इरविन ने उन्हें सचमुच एक नया कद प्रदान किया, अंग्रेजों द्वारा अंबेडकर के इस्तेमाल ने गांधीजी को हरिजनों पर ध्यान केंद्रित करने के लिए प्रेरित किया, और विलिंगडन ने कांग्रेस के साथ किसी भी तरह की बातचीत करना अस्वीकार किया तो 1932-33 में राष्ट्रीय आंदोलन का पतन हुआ। फिर भी, 1919-22 के उभार और मांटफोर्ड-सुधारों के तथाकथित संबंध पर ध्यानपूर्वक विचार करने से यह संपूर्ण धारणा ही संदेहास्पद प्रतीत होती है, क्योंकि ब्रिटिश नीतियां प्रायः राष्ट्रवादी दबावों के कारण बदल जाती थीं, बजाय इसके कि स्थिति इसके विपरीत हो। अगर केवल गोरे सदस्योंवाला साइमन आयोग राष्ट्रीय आंदोलन के ज्वार-भाटे के काल में बिठाया गया था और अनेक अर्थों में मांटेग्यू के उदारवाद से पीछे हटने के बराबर था, तो वहीं 1928 के बाद से राष्ट्रीय आंदोलन के पुनः सक्रिय हो जाने से इरविन को बाध्य होकर 31 अक्तूबर 1929 का 'प्रस्ताव' लाना पड़ा और रैमजे मैकडोनल्ड को जनवरी 1931 में केंद्र में एक प्रकार की उत्तरदायी सरकार देने का वादा करना पड़ा। सविनय अवज्ञा आंदोलन में भाग लेनेवाले लाखों लोगों को न तो इस बात की कोई समझ थी, न ही इसमें उनकी कोई रुचि थी कि गोलमेज सम्मेलनों में किन संवैधानिक बारीकियों पर बहस हो रही है। फिर भी, सबसे बढ़कर, यह उन्हीं का दबाव और शौर्यपूर्ण आत्म-बलिदान था जिसने इरविन को गांधीजी के साथ समझौता करने के लिए विवश कर दिया था और 1932-33 में कांग्रेस की पराजय को 1937 के चुनावों में मिली भारी विजय में बदल दिया था। इतिहास का निर्माण केवल अभिजन राजनीतिज्ञों ने ही नहीं किया, चाहे वे ब्रिटिश रहे हों या भारतीय।

मंदी और भारत

1930 के दशक के जन-आंदोलन निर्णायक परिवर्तनों से घनिष्ठ रूप से जुड़े हुए थे। 1929 के अंत में आनेवाली विश्वव्यापी मंदी ने भारत को मुख्यतः दो रूपों में प्रभावित किया था : एक तो कीमतों में, विशेष रूप से कृषि-उत्पादों की कीमतों में, तीव्र गिरावट लाकर, और दूसरे, संपूर्ण निर्यात पर आधारित औपनिवेशिक अर्थव्यवस्था में गंभीर संकट उत्पन्न करके। अखिल-भारतीय सामान्य मूल्य सूचकांक (1873 = 100), जो 1929 में 203 था, 1930 में गिरकर 171 हो गया, और फिर 1931 में 127, 1932 में 126, 1933 में 121 और 1934 में 119 रह गया। इसके बाद इसमें थोड़ी वृद्धि हुई और

यह 1937 में 136 हो गया। वस्तुतः कृषि-उत्पादों की कीमतें तो 1926 से ही गिरनी आरंभ हो गई थीं, किंतु 1930 के बाद आनेवाली गिरावट भारत के लिए घातक सिद्ध हुई। कपास का अखिल-भारतीय मूल्य (1873 = 100), जो 1929 में 133 था, 1931 में गिरकर मात्र 70 रह गया। बंगाल में सर्दियों का चावल (1929 = 100) 1932 में 45.9 तक गिर गया और 1934 तक पटसन 43.5 ही रह गया। संयुक्त प्रांत में थोक मूल्य (1901-05 = 100) 1929 में 218 से गिरकर 1930 में 162, 1931 में 112, 1934 में 103 रह गए (सी. जे. बेकर, *पॉलिटिक्स ऑफ साउथ इंडिया 1920-37*, पृ. 174; बी. बी. चौधुरी, 'दि प्रोसेस ऑफ डिपेजेंटाइजेशन इन बंगाल एंड बिहार 1885-1947', *इंडियन हिस्टॉरिकल रिव्यू* , जुलाई 1975, पृ. 117; ज्ञान पांडे, पृ. 160)। मंदी ने राजस्व, लगान और ब्याज के भुगतान के बोझ को अत्यंत बढ़ा दिया था, और इसका सबसे बुरा प्रभाव पड़ा था उन 'मध्यवर्गीय' किसानों पर जो अपेक्षाकृत समृद्ध थे और जिनके पास बेचने के लिए अतिरिक्त उपज थी। (यह 1918 के पश्चात् होनेवाली मुद्रास्फीति से भिन्न था, जब निर्धन वर्ग सर्वाधिक प्रभावित हुए थे।) 1930 के दशक में सैनिक लामबंदी की जो जानकारी उपलब्ध है, वह इस आर्थिक स्थिति में बिल्कुल ठीक बैठती है। कांग्रेस (और कुछ समय पश्चात् एवं कुछ स्थानों पर वामपंथी झुकाववाली किसान सभाएं) भूमिधर किसानों और छोटी जोतवाले काश्तकारों (न कि बंटाईदारों और कृषि-मजदूरों) को लामबंद करने लगी थी। जिन मुद्दों को लेकर इन्हें संगठित किया जा रहा था वे थे—राजस्व, सिंचाई शुल्क, और लगान एवं कर्ज के बोझ में कमी, बेदखल की गई जमीन की वापसी, या उस समय का सबसे जुझारू नारा—जमींदारी-उन्मूलन। यह आंदोलन असहयोग के क्षेत्रों की अपेक्षा ग्रामीण क्षेत्रों में कहीं अधिक फैला और इसने कहीं अधिक स्थिर संगठनों की स्थापना की, किंतु इसमें मुख्यतः 1919-22 के समय की स्वर्णयुगवाली स्फूर्त और आदिम भावना का अभाव था। ऐसी स्पष्टतः कृषक मांगों को भी अपना समर्थन देने में कांग्रेस को संकोच होता था, क्योंकि उसके संबंध जमींदारों से भी थे। जैसाकि हार्डीमन ने दर्शाया है, धनी किसानों में रूढ़वादिता की प्रवृत्ति बढ़ती जा रही थी, विशेष रूप से गुजरात जैसे क्षेत्रों में, जिसके फलस्वरूप बारदोली के नायक वल्लभभाई पटेल अंततः दक्षिणपंथी कांग्रेस के सबसे बड़े नेता के रूप में उभरे।

मंदी से भारत में अंग्रेजों के औपनिवेशिक शोषण के समग्र ढर्रे में गुणात्मक परिवर्तन आया। प्रथम विश्वयुद्ध ने इस शोषण को थोड़ा कमजोर तो अवश्य किया था, किंतु 1929 तक इसका स्वरूप वही रहा था। 1920 के दशक के अंत तक ब्रिटिश निर्यात का 11 प्रतिशत भारत लेता था (जिसमें लंकाशायर के कपड़ों का कम-से-कम 28 प्रतिशत भी सम्मिलित था)। कच्चे खेतिहर मालोंवाले गैर-ब्रिटिश देशों में उसका निर्यात-बेशी ब्रिटेन के भुगतान-संतुलन के लिए अत्यंत महत्वपूर्ण बना रहा, जबकि भारत अब भी

निस्सारक एवं निर्यात पर आधारित उद्योगों (खनन, पटसन, चाय) में ब्रिटिश पूंजी-निवेश के लिए अत्यंत महत्वपूर्ण क्षेत्र था। मंदी के कारण भारतीय निर्यात का मूल्य 1929-30 के 311 करोड़ रु. से गिरकर 1932-33 में 132 करोड़ रु. रह गया (इसी अवधि में आयात भी 241 करोड़ रु. से घटकर 133 करोड़ रु. रह गया था) और घरेलू मदों की पूर्ति करने का एक ही उपाय था—भारतीयों द्वारा संकटकालीन बिक्री से सोने का भारी निर्यात करना (क्लॉड मार्कोविट्ज, *इंडियन बिजनेस एंड नेशनलिस्ट पॉलिटिक्स*, पृ. 19-20)। लंकाशायर के व्यापार में ऐसा संकट उत्पन्न हो गया था जिसकी दिशा नहीं मोड़ी जा सकती थी : 1929-30 में इंग्लैंड से कपड़े के थानों का आयात 12,480 लाख गज था, मगर यही 1931-32 में गिरकर 3,760 लाख गज ही रह गया और स्थिति में कुछ सुधार के बाद 1939-40 में 1,450 लाख गज ही रह गया था (अमिय बागची, पृ. 238)।

1932 के पश्चात् राष्ट्रीय सरकार के अंतर्गत जो राजनीतिक प्रत्याक्रमण किए गए उनमें से अधिकांश के पीछे अंग्रेजों का, और विशेष रूप से लंकाशायर का, स्थिति को संभालने का उद्देश्य ही निहित था। लंकाशायर की व्यापरिक स्थिति को नहीं बचाया जा सका और वित्तीय कठिनाइयों के कारण भारत सरकार को (कपास, कागज और चीनी पर) अधिक संरक्षणमूलक कर लगाने पड़े जो भारतीय उद्योगों की वृद्धि में पर्याप्त लाभकारी सिद्ध हुए। इसे ही कुछ लोग इस बात का प्रमाण मानते हैं कि 1947 के बहुत पहले ही भारत ने आर्थिक स्वाधीनता प्राप्त कर ली थी। "इंग्लैंड ने भले ही चुनी हुई भारतीय विधायिकाओं को नियंत्रण नहीं सौंपा, लेकिन (1935 के कानून के वित्तीय प्रावधानों के तहत) भारत सरकार को सत्ता तो सौंप ही दी" (बी. आर. टॉमलिंसन, *इंडियन नेशनल कांग्रेस एंड दि राज 1929-1942*, पृ. 30)। किंतु वास्तव में स्थिति काफी जटिल थी। जैसाकि हम आगे देखेंगे, संरक्षणमूलक चुंगी-करों के संदर्भ में साम्राज्यिक वरीयता बार-बार ब्रिटेन के पक्ष में ही होती थी और प्रत्येक स्थिति में, ब्रिटिश पूंजीवादी उपनिवेशवाद की समग्र संरचना में लंकाशायर सिकुड़ते हुए हितों का ही प्रतिनिधित्व करता था। 1935-36 तक अपारंपरिक वस्तुओं, जैसे विद्युत उपकरणों, दूर-संचार और बेतार के उपकरणों और चीनी उत्पादन के काम आनेवाली मशीनों के ब्रिटेन द्वारा भारत को किए जानेवाले निर्यात का मूल्य कपड़ों के निर्यात के लगभग बराबर हो गया था। चुंगी-संरक्षण की आड़ में विदेशी कंपनियों द्वारा भारत में सहायक उत्पादक इकाइयों की स्थापना (1933 में लीवर ब्रदर्स और मेटल बॉक्स, 1936-37 में डनलप और इंडियन केमिकल्स की स्थापना) के साथ और विदेशी नियंत्रणवाले 'इंडिया लिमिटेड' समूहों के साथ परतंत्र भारत में ये एक विशेष प्रकार के औद्योगीकरण में नये प्रकार के उपनिवेशवादी हित का प्रतिनिधित्व करते थे। भारतीय व्यापारिक समूहों के साथ सहयोग के माध्यम से अप्रत्यक्ष आर्थिक नियंत्रण की चालें वस्तुतः उसी काल में होनेवाले संवैधानिक सुधारों के साथ-साथ चली

गईं। अगर वाणिज्य-संबंधी आधिपत्य समाप्त हो रहा था, तो साथ ही वित्तीय नियंत्रण को बनाए रखने के कड़े प्रयास भी किए जा रहे थे और उनमें पर्याप्त सफलता भी मिल रही थी। रुपया स्टर्लिंग से 1 शिलिंग 6 पेंस की कृत्रिम रूप से ऊंची दर पर बंधा रहा, रिजर्व बैंक को विधायिका के प्रभाव से अलग रखा गया और 1935 के कानून ने वायसरॉय को अनेकानेक वित्तीय 'आरक्षणों' एवं 'रक्षक उपायों' से लैस कर दिया था। जैसाकि वासुदेव चटर्जी ने हाल के एक प्रबंध में दर्शाया है, भारत से इंग्लैंड को अप्रत्यक्ष रूप से भेजा जानेवाला रुपया (घरेलू मदें, निजी पूंजी-निवेश पर लाभांश, बीमे और बैंकों का रुपया, माल-भाड़ा, रायल्टियां जिन्हें राष्ट्रवादियों ने थोड़े लट्ठमार शब्दों में 'संपत्ति का दोहन' कहा) 1922 में इंग्लैंड की कुल अप्रत्यक्ष आय का 16.31 प्रतिशत था, 1931 में 14.77 प्रतिशत और 1936 में भी 15.75 प्रतिशत था (*लंकाशायर कॉटन ट्रेड एंड ब्रिटिश पॉलिसी इन इंडिया*, पृ. 27)।

भारतीय बुर्जुवा वर्ग की दृष्टि से मंदी ने यद्यपि अनेक कठिनाइयां उत्पन्न की थीं लेकिन औपनिवेशिक अर्थव्यवस्था के पुराने संबंधों में शिथिलता आने से कम-से-कम एक भारी प्रगति का अवसर उत्पन्न हुआ। भारतीय कपड़ा-मिलों में जहां 1929-30 में थानों का उत्पादन 23,565 लाख गज था, वहीं वह 1932-33 में 29,827 लाख गज और 1938-39 में 39,053 लाख गज हो गया था जो लंकाशायर से होनेवाले आयात से कहीं अधिक था, यद्यपि जापान से—विशेष रूप से बंबई के कपड़ा उद्योग को—अभी पर्याप्त खतरा बना हुआ था। 1930 के दशक में चीनी, सीमेंट और कागज उद्योगों में तेजी से बढ़ोतरी हुई और टाटा इस्पात इतना शक्तिशाली हो गया कि 1934 के पश्चात् उसे संरक्षण की आवश्यकता नहीं रही। भारत में पूंजीवाद की प्रगति केवल बंबई और अहमदाबाद के क्षेत्र तक सीमित नहीं रही क्योंकि 1930 के दशक में कलकत्ता, संयुक्त प्रांत, दक्षिण भारत और साथ ही बड़ौदा, मैसूर, भोपाल इत्यादि रजवाड़ों में भी इस दिशा में पर्याप्त प्रगति हुई। (उदाहरण के लिए, मद्रास प्रांत में 1932 में सूती कपड़ा-मिलों की संख्या जहां 26 थी वहीं 1937 में बढ़कर वह 47 हो गई थी।) लंकाशायर के संकट एवं सरकारी चुंगी-कर से मिलनेवाले संरक्षण के अतिरिक्त भारतीय उद्योग को इस बात से भी लाभ हुआ कि कृषि-उत्पादों के मूल्य औद्योगिक उत्पादों के मूल्यों की तुलना में अधिक तेजी से गिरे थे; साथ ही व्यापार एवं ग्रामीण मालों में मंदी के फलस्वरूप पूंजी-निवेश संभवतः व्यापार, साहूकारी एवं कृषि के क्षेत्रों से हटकर उद्योग के क्षेत्र में होने लगा था।

भारतीय पूंजीपति समूहों की इस बढ़ती हुई शक्ति के राजनीतिक परिणाम निस्संदेह स्पष्ट दिखाई नहीं देते थे क्योंकि, जैसाकि हम अभी देखेंगे, दृष्टिकोणों में पर्याप्त आंचलिक भिन्नताएं थीं और तात्कालिक एवं दीर्घकालिक हितों में बार-बार टकराव होता था। फिलहाल तो हम अपना ध्यान इस वक्तव्य तक सीमित रखें कि 1930 के दशक में राष्ट्रीय राजनीति पर बुर्जुवा समूहों

का प्रभाव बहुत बढ़ा, और कभी-कभी तो सविनय अवज्ञा आंदोलन, संवैधानिक बहसों और मंत्रिमंडलों के गठन इत्यादि सभी क्षेत्रों में निर्णायक सिद्ध हुआ। ब्रिटिश अधिकारियों (जैसे इरविन, होर, या बंबई के गवर्नर साइक्स) के निजी पत्रों में भारतीय व्यापारिक दृष्टिकोणों के प्रति अत्यधिक चिंता मिलती है, और अनेक प्रमुख व्यापारियों (भारतीयों में पुरुषोत्तमदास ठाकुरदास, एच. पी. मोदी, वालचंद हीराचंद, एवं फीरोज सेठना, और अंग्रेजों में एडवर्ड बेंथल) के हाल में उपलब्ध निजी दस्तावेज इस निष्कर्ष की पुष्टि करनेवाले अत्यंत महत्वपूर्ण स्रोत सिद्ध हुए हैं।

पूंजीवाद की वृद्धि—और वह भी कमजोर पड़ते किंतु अभी भी पर्याप्त दृढ़ औपनिवेशिक आधिपत्य और विश्वव्यापी मंदी की परिस्थितियों में होनेवाली वृद्धि— का तात्पर्य अपरिहार्य रूप से कामगार वर्ग के लिए बोझ का बढ़ना था। काम की परिस्थितियां पहले ही अत्यंत खराब थीं, और वे बारंबार (1928-29 में और फिर 1934 के बाद) चलाई जानेवाली 'अभिनवीकरण' की मुहिमों, पारिश्रमिक में कटौती और बैठकी के कारण और भी बदतर हो गई थीं। इसके परिणामस्वरूप होनेवाला श्रमिक असंतोष 1928-29 में चरम सीमा पर पहुंच गया। (1928-29 में 203 हड़तालें और तालाबंदियां हुईं, जिससे 5,06,851 कामगार प्रभावित हुए और 3,16,47,404 कार्यदिवसों की हानि हुई।) दमन (1929-33 का मेरठ मुकदमा) के कारण इसमें थोड़ी कमी आई, विभाजन हुए और 1930 के दशक के मध्य से पुनः तेजी आई (1937 में 379 हड़तालें और तालाबंदियां हुईं, जिससे 6,47,801 मजदूर प्रभावित हुए—आर. पी. दत्त, *इंडिया टुडे*, पृ. 337)। जैसाकि 1919-22 के काल के संबंध में पहले भी कहा जा चुका है, श्रमिक संघर्ष और आम राष्ट्रीय आंदोलन के चरमबिंदुओं का कभी संयोग नहीं हुआ। यह एक ऐसा अलगाव था जो कदाचित् हमारे देश के आधुनिक इतिहास के लिए अत्यंत महत्वपूर्ण है।

जहां ब्रिटेन एवं पूंजीवादी विश्व-अर्थव्यवस्था के साथ कमजोर पड़ते संबंध देशी उद्योग की वृद्धि में सहायक हुए, वहीं कृषि के क्षेत्र में जारी गहरी मंदी ने इस वृद्धि को प्रभावहीन कर दिया। शिव सुब्रमणियम की गणना से 1930 के दशक में प्रति व्यक्ति राष्ट्रीय आय में गिरावट का पता चलता है और 1920 के दशक से होनेवाले महत्वपूर्ण जनसंख्यात्मक परिवर्तनों ने समस्याओं को और बढ़ा दिया। 1901 और 1921 के बीच जनसंख्या में दो करोड़ से भी अधिक की वृद्धि हुई थी; यह 28.4 करोड़ से बढ़कर 30.6 करोड़ हो गई थी। 1931 और 1941 में जनसंख्या क्रमशः 33.8 करोड़ और 38.9 करोड़ थी, अर्थात् लगभग समान समय में 8 करोड़ की वृद्धि हुई। आर्थिक गतिरोध और जनसामान्य की दरिद्रता भारत में उपनिवेशवाद के अंतिम चरण की विशेषताएं बनी रहीं। स्थिर मूल्यों (1938-39) के आधार पर प्रति व्यक्ति राष्ट्रीय आय 1916-17 में 60.4 रु. और 1946-47 में केवल 60.7 रु. आंकी गई है।

1928-29 : साइमन का बहिष्कार और श्रमिक उभार

साइमन आयोग और नेहरू रिपोर्ट

पूरी तरह गोरों पर आधारित साइमन आयोग की घोषणा (8 नवंबर 1927) का भारतीय राजनीति पर दोहरा और कुछ परस्पर-विरोधी प्रभाव पड़ा। इस जान-बूझकर किए गए अपमान से सभी आहत हुए (और बर्केनहेड के इस ताने ने जले पर नमक का कार्य किया कि भारतीय किसी भी व्यावहारिक राजनीतिक योजना पर एकमत होने में अक्षम हैं)। सप्रू जैसे उदारवादी राजनीतिज्ञ और जिन्ना के नेतृत्व में मुसलमान नेताओं ने कांग्रेस के साथ मिलकर डोमिनियन स्टेटस का संविधान बनाने का प्रयास किया, किंतु सांप्रदायिक मतभेदों ने 1928 के अंत तक ऐसे उदारवादी समूहों के संयुक्त मार्चे को तोड़ दिया। मगर उसी समय साइमन आयोग के बहिष्कार का आंदोलन जुझारू शक्तियों की तीव्र वृद्धि में सहायक हुआ। ये शक्तियां ने केवल पूर्ण स्वाधीनता की, बल्कि समाजवादी दिशा में अनेक सामाजिक-आर्थिक परिवर्तनों की भी मांग कर रही थीं।

1927 के अंत तक भारतीय एकता के अच्छे अवसर दिखाई देने लगे थे, क्योंकि (मद्रास की जस्टिस पार्टी और पंजाब के यूनियनिस्टों को छोड़कर) लगभग सभी प्रतिष्ठित राजनीतिक समूहों ने साइमन आयोग का बहिष्कार करने का निश्चय कर लिया था और संविधान की रूपरेखा बनाने के लिए एक सर्वदलीय सम्मेलन बुलाने की तैयारी कर रहे थे। मार्च 1927 में दिल्ली में एक सम्मेलन में जिन्ना ने पहले ही मुस्लिम नेताओं को समझौते का सूत्र स्वीकार करने के लिए सहमत कर लिया था। इसके अनुसार अगर संयुक्त निर्वाचकमंडलों के साथ-साथ मुसलमानों के लिए आरक्षित सीटों का आश्वासन दिया जाता और केंद्रीय धारा-सभा में मुसलमानों के लिए एक-तिहाई प्रतिनिधित्व तथा पंजाब और बंगाल एवं तीन नए मुस्लिम-बहुल प्रांतों (सिंध, बलूचिस्तान और पश्चिमोत्तर सीमा प्रांत) में मुसलमानों को जनसंख्या के अनुपात में प्रतिनिधित्व देने का वादा किया जाता तो मुसलमान पृथक निर्वाचकमंडलों का विचार त्याग देते जो 1906 से ही उनका कार्यक्रम रहा था। इस प्रस्ताव को दिसंबर 1927 में मुस्लिम लीग के अधिवेशन में दोहराया गया (जिसमें साइमन आयोग का बहिष्कार करने का भी आह्वान किया गया था), यद्यपि मुहम्मद शफी के नेतृत्व में लीग के एक विद्रोही गुट का अधिवेशन लाहौर में हुआ था जिसमें अलग निर्वाचकमंडलों का विचार छोड़ने की बात अस्वीकार की गई थी और आयोग के साथ सहयोग करने का निश्चय किया गया था।

यद्यपि अखिल भारतीय कांग्रेस कमेटी ने मई 1927 में तथा कांग्रेस के दिसबंर 1927 में हुए मद्रास अधिवेशन में जिन्ना के प्रस्ताव को स्वीकार कर लिया था, मगर पंजाब और महाराष्ट्र से सांप्रदायिक दबाव पड़ने पर कांग्रेस

को शीघ्र ही अपनी बात से पीछे हटना पड़ा जो घातक सिद्ध हुआ। फरवरी 1928 में दिल्ली में और मई में बंबई में सर्वदलीय सम्मेलन हुआ, और उसने अगस्त में लखनऊ में तथाकथित नेहरू रिपोर्ट (जिसका प्रारूप मुख्यतः मोतीलाल नेहरू और तेजबहादुर सप्रू ने तैयार किया था) को अंतिम रूप दिया। किंतु सांप्रदायिक प्रतिनिधित्व को लेकर इस सम्मेलन में समझौता-वार्ताओं और झड़पों का लंबा सिलसिला चला। एन. सी. केलकर के नेतृत्व में हिंदू महासभा के जबलपुर अधिवेशन (अप्रैल 1928) में आक्रामक प्रस्ताव स्वीकार किए गए, जिनमें गैरहिंदुओं से धर्म-परिवर्तन कराने का आह्वान किया गया था। हिंदू संप्रदायवादियों ने आम तौर पर नए मुस्लिम-बहुल प्रांतों और पंजाब एवं बंगाल में बहुसंख्यकों के लिए सीटें आरक्षित किए जाने का विरोध किया। (दोनों ही प्रांतों में ऐसे आरक्षण का अर्थ विधायिका पर मुसलमानों का नियंत्रण होता।) उन्होंने एक पूर्णरूपेण एकात्मक संरचना की भी मांग की। इसने ऐसा ढर्रा चलाया जो 1930-31 के गोलमेज सम्मेलनों में फिर से दिखाई देनेवाला था। नेहरू रिपोर्ट ने महासभा को अनेक रियायतें प्रदान कीं। इसमें प्रत्येक स्थान पर संयुक्त निर्वाचकमंडलों का प्रस्ताव था, आरक्षित सीटें या तो केवल केंद्र में होनी थीं या केवल उन प्रांतों में जहां मुसलमान अल्पसंख्यक थे (न कि पंजाब और बंगाल में)। सिंध को बंबई से अलग करके एक अलग प्रांत बनाया जाना था, किंतु तभी जब भारत को डोमिनियन स्टेटस प्राप्त हो जाता, और इस शर्त पर भी कि वहां के हिंदू अल्पसंख्यकों को अधि-प्रतिनिधित्व दिया जाता। राजनीतिक संरचना मोटे तौर पर एकात्मक रहती जिससे केंद्र के पास अवशिष्ट शक्तियां भी रहतीं। जिन जिन्ना ने संयुक्त निर्वाचकमंडलों के मुद्दे को लेकर पंजाबी मुसलमानों के शफी-फज्ले-हुसैन गुट से नाता तोड़ लिया था, उन्होंने ही कांग्रेसियों पर उचित आरोप लगाया कि वे 1927 के अपने वादों से मुकर गए हैं। उन्होंने दिसंबर 1928 में कलकत्ता में अंतिम सर्वदलीय सम्मेलन में एकता का हताशापूर्ण प्रयास किया। उन्होंने सिंध को तुरंत अलग करने, अवशिष्ट शक्तियां प्रांतों को देने, केंद्रीय धारा-सभा में एक-तिहाई सीटें मुसलमानों को देने, और वयस्क मताधिकार की व्यवस्था होने तक पंजाब और बंगाल में सीटें आरक्षित करने की प्रार्थना की। अंत में, अपना भाषण समाप्त करते हुए उन्होंने एकता के लिए भावावेशपूर्ण अपील करते हुए कहा : "हम सब इस धरती के बेटे हैं। हमें साथ रहना है ... । मेरी बात मानिए, भारत तब तक आगे नहीं बढ़ सकता जब तक कि हिंदू और मुसलमान एक नहीं हो जाते ..." (उमा कौर, *मुस्लिम्स एंड इंडियन नेशनलिज्म*, दिल्ली, 1977, पृ. 45)। महासभा के नेता एम. आर. जयकर ने समझौते की ऐसी सभी प्रार्थनाओं की अवहेलना की। परिणाम यह हुआ कि जिन्ना फिर से शफी गुट से जा मिले और मार्च 1929 में उन्होंने अपने प्रसिद्ध 'चौदह सूत्र' प्रस्तुत किए। इनमें नए प्रांतों के गठन, केंद्र में एक-तिहाई सीटों और पूर्ण प्रांतीय स्वायत्तता के साथ संघात्मक ढांचे की मांगें दोहराई गई थीं और अलग

निर्वाचकमंडलों के नारे को फिर से उठाया गया था कि इसकी व्यवस्था तब तक जारी रहनी चाहिए जब तक कि हिंदू अन्य बातों को भी स्वीकार न कर लें।

बाद में जब सर्वदलीय सम्मेलन ने जयकर के दृष्टिकोण को स्वीकार कर लिया तो उसे जिन्ना ने 'रास्तों का अलग हो जाना' कहा था। शायद इसमें पर्याप्त अतिशयोक्ति है : 1927 के प्रस्ताव पर राजनीतिज्ञों की सहमति सांप्रदायिक टकराव की सामाजिक, आर्थिक एवं विचारधारात्मक जड़ों को गहराई से प्रभावित नहीं करती, और अगर मुस्लिम पांच प्रांतों में बहुमत के बदले अलग निर्वाचकमंडलों की मांग छोड़ देते तो आवश्यक नहीं था कि उनकी राजनीतिक पहचान की भावना समाप्त या कमजोर हो जाती। किंतु दो वर्ष पश्चात् सविनय अवज्ञा आंदोलन से अधिकांश मुसलमान नेताओं के अलग रहने और उनमें वैर-भाव उत्पन्न करने में 1928 में होनेवाले अलगाव का निश्चित रूप से योगदान था। और यह पहली और अंतिम बार नहीं था जब हिंदू संप्रदायवाद ने संकट की घड़ी में साम्राज्यवाद-विरोधी राष्ट्रीय आंदोलन को कमजोर किया था।

सांप्रदायिक प्रतिनिधित्व की समस्या को हल करने के असफल प्रयास के अतिरिक्त नेहरू रिपोर्ट इस कारण भी स्मरणीय है कि यह देश के लिए संवैधानिक ढांचे का प्रारूप तैयार करने का भारतीयों का पहला बड़ा प्रयास था, जिसमें केंद्र और प्रांतों के विषयों की संपूर्ण सूची के साथ मौलिक अधिकारों का भी उल्लेख था। सर्वदलीय सम्मेलन जैसे नरमदलीय प्रयास के लिए यह स्वाभाविक ही था कि इस रिपोर्ट में केंद्र और प्रांतों, दोनों में उत्तरदायी सरकारों की मांग करते हुए भी पूर्ण स्वाधीनता की मांग नहीं की गई थी जिससे कांग्रेस के युवा जुझारू सदस्यों को बड़ा क्षोभ हुआ था। ऐसे युवा सदस्यों की संख्या बढ़ रही थी और उनमें मोतीलाल के पुत्र तेजी से प्रमुखता प्राप्त करते जा रहे थे। मगर इसमें बिना लिंग-भेद के स्त्रियों और पुरुषों, दोनों के लिए सार्वत्रिक वयस्क मताधिकार की बात अवश्य उठाई गई थी। यह ऐसी बात थी जो 1947 तक अंग्रेजों द्वारा भारत के बनाए गए किसी भी संविधान में नहीं स्वीकार की गई थी। यह बात प्रायः दोहराए जानेवाले इस तर्क पर एक अर्थपूर्ण टिप्पणी है कि भारतीय राष्ट्रीय नेता तो अभिजनवादी थे, जबकि अंग्रेज शासक जनसामान्य के हितों की रक्षा करने के प्रयास कर रहे थे।

संविधान-निर्माण के सिलसिले में यह प्रश्न उठना अपरिहार्य था कि रजवाड़ों का भविष्य क्या होगा। यह एक ऐसा मुद्दा था जिससे कांग्रेस अब तक बचती आ रही थी। मिंटो के समय से ब्रिटिश सरकार राष्ट्रवाद के विरुद्ध एक रक्षा-पंक्ति के रूप में भारतीय नरेशों से अपने गठजोड़ को मजबूत करती आ रही थी। मांटफोर्ड-सुधारों ने एक सलाहकार संगठन के रूप में चैंबर ऑफ प्रिंसेज़ (फरवरी 1921) की स्थापना की थी जो बीकानेर और पटियाला जैसी

मध्यम श्रेणी की रियासतों के लिए मंच का कार्य करता था। बड़ी रियासतें (हैदराबाद, मैसूर, त्रावणकोर या बड़ौदा) इससे अलग ही रहीं, क्योंकि वे नई दिल्ली से स्वतंत्र बातचीत करने को अधिक सम्मानपूर्ण मानती थीं। 1922 के आरंभिक दिनों में जब असहयोग आंदोलन अपनी चरम सीमा पर था तब चैंबर ऑफ प्रिंसेज़ के घबराए हुए सदस्यों ने प्रार्थना की थी कि उनके सर्वोच्चता के दावों में कमी कर दी जाए। उनको डर था कि यदि अखिल-भारतीय स्तर पर लोकतंत्र की स्थापना हो गई तो, जैसाकि बीकानेर-नरेश ने रीडिंग से स्पष्ट कहा था, उनकी भी वही नियति होगी जो 'आयरलैंड में राजभक्तों' की हुई थी। 1920 के दशक के मध्य तक अंग्रेज महसूस करने लगे थे कि देशी राजाओं से मित्रता बढ़ाने की आवश्यकता कम है क्योंकि कांग्रेस की चुनौती बढ़ गई थी। 1926 में रीडिंग ने निजाम को घुड़ककर उसकी इस मांग को अस्वीकार कर दिया कि बरार को हैदराबाद को पुनः लौटाने का प्रश्न हल करने के लिए एक स्वतंत्र न्यायाधिकरण की स्थापना की जाए। रीडिंग का कहना था कि सर्वोच्चता केवल विशिष्ट संधियों पर ही आश्रित नहीं थी, बल्कि उनसे स्वतंत्र थी, और अंग्रेजों को आंतरिक मामलों में भी हस्तक्षेप करने का अधिकार था, क्योंकि सारे देश की सुरक्षा का दायित्व अंततः उन्हीं पर था। 1927-28 में राष्ट्रवाद के पुनः प्रबल होने के साथ ही अंग्रेजों की देशी राजाओं से मित्रता करने की आवश्यकता एवं सर्वोच्चता पर प्रतिबंध लगाने की रजवाड़ों की मांगें एक बार फिर उभरकर सामने आईं। यद्यपि नेहरू रिपोर्ट में रजवाड़ों में तत्काल आंतरिक परिवर्तन लाने की सिफारिश नहीं की गई थी, फिर भी इसमें यह कल्पना अवश्य की गई थी कि सर्वोच्चता भविष्य के मूलतः एकात्मक और लोकतंत्रात्मक केंद्र को हस्तांतरित कर दी जाएगी। ऑल इंडिया स्टेट्स पीपुल्स कांफ्रेंस (बंबई, दिसंबर 1927) का आयोजन कांग्रेस से सहानुभूति रखनेवाले राजनीतिज्ञों ने किया था, और इसने इस बात की मांग की कि उत्तरदायी सरकार का नियम रजवाड़ों पर भी लागू किया जाए। इरविन ने रीडिंग की नीति में इतना ही परिवर्तन किया कि उसी माह सर्वोच्चता के प्रश्न पर विचार करने के लिए (संयुक्त प्रांत में अपनी ताल्लुकेदार-समर्थक नीति के लिए विख्यात हो चुके हारकोर्ट बटलर के अधीन) एक समिति की स्थापना कर दी। बटलर रिपोर्ट (मार्च 1929) में पुनः इस बात पर बल दिया गया था कि 'सर्वोच्चता सर्वोच्च ही रहनी चाहिए', किंतु यह भी स्पष्ट रूप से कहा गया था कि सर्वोच्चता सम्राट से डोमिनियन स्टेटसवाले किसी भावी स्वायत्तशासी केंद्र को अपने-आप हस्तांतरणीय नहीं है। सर्वोच्चता का प्रयोग वायसरॉय प्रत्यक्ष रूप से करेगा, काउंसिल में बैठा गवर्नर-जनरल नहीं। यह इस बात का स्पष्ट प्रयास था कि यदि केंद्र में कांग्रेस के वर्चस्ववाली सरकार बने तो देशी नरेशों के साथ संबंधों पर प्रभाव न पड़े। यह देश की एकता के लिए अपशकुन था।

नेहरू रिपोर्ट बनानेवालों की मूल रूढ़िवादिता इससे प्रकट है कि उन्होंने

अगस्त 1928 में मालवीय द्वारा प्रस्तुत यह संशोधन स्वीकार कर लिया कि 'निजी संपत्ति के अधिकार' सुरक्षित रहेंगे। कलकत्ता के सर्वदलीय सम्मेलन में इसका कड़ा विरोध किया गया। रोचक बात यह है कि विरोध करनेवालों में बाबू रामचंद्र (यू. पी. किसान सभा के सदस्य) और बंगाल के दो प्रतिनिधि, नरेश सेनगुप्ता और जे. एल. बनर्जी भी सम्मिलत थे। बंगाल के प्रतिनिधियों ने घोषणा की कि "बंगाल के नए राज्य के प्रथम कर्तव्यों में एक यह भी होगा कि वह स्थायी बंदोबस्त को समाप्त करे।" मालवीय ने अपनी बात सरलता से मनवा ली (*इंडियन एनुअल रजिस्टर*, 1928)। लेकिन साइमन आयोग पर भारतीयों की प्रतिक्रिया संवैधानिक बहसों तक सीमित नहीं रही। 'साइमन वापस जाओ' के नारे लगाते हुए प्रदर्शनकारियों, काले झंडों और हड़तालों ने प्रत्येक उस शहर को हिला दिया जहां आयोग दौरे पर गया। 1928 में ब्रिटिश वस्तुओं के बहिष्कार के आंदोलन की फिर से शुरुआत हुई। साइमन-विरोधी आंदोलन में जो घटनाएं शामिल थीं, वे हैं—3 फरवरी की देशव्यापी हड़ताल, 19 फरवरी को साइमन के कलकत्ता पहुंचने पर होनेवाला भारी प्रदर्शन, 1 मार्च को कलकत्ता के सभी 32 वार्डों में एक साथ ब्रिटिश वस्तुओं के बहिष्कार का आह्वान करनेवाली सभाएं, 30 अक्तूबर को लाहौर में पुलिस के साथ गंभीर झड़प (जिसमें लाला लाजपतराय गंभीर रूप से घायल हुए और उसी के फलस्वरूप 17 नवंबर को उनकी मृत्यु हो गई), 28-30 नवंबर को लखनऊ में अत्यंत प्रभावी विरोध-प्रदर्शन, जिसमें ताल्लुकेदारों द्वारा कैसरबाग में साइमन आयोग के लिए आयोजित स्वागत-समारोह में खलीकुज्जमां ने ऐसी पतंगें और गुब्बारे उड़ाए जिन पर 'साइमन वापस जाओ' लिखा था और जिसके दौरान जवाहरलाल नेहरू और गोविंदवल्लभ पंत को पुलिस ने पीटा।

युवा आंदोलन

ऐसे शहरी प्रदर्शनों में मध्यवर्गीय छात्र और युवक ही प्रमुख रूप से भाग लेते थे। 1928-29 के वर्ष छात्र एवं युवा सभाओं एवं समितियों की गतिविधियों से भरे हुए थे, जो पूर्ण स्वाधीनता और सामाजिक-आर्थिक क्षेत्रों में आमूल परिवर्तन की मांग करते थे। शिक्षितों की बेरोजगारी का युवा असंतोष की इस लहर से संबंध हो सकता है। द्विशासन के अंतर्गत शिक्षा को चुने हुए मंत्रियों के हाथ में सौंप देने से छात्रों की संख्या में पर्याप्त वृद्धि हुई थी (साइमन रिपोर्ट के अनुसार जहां यह संख्या 1922 में कुल जनसंख्या का 5.04 प्रतिशत थी, वहीं 1927 में बढ़कर 6.91 प्रतिशत हो गई थी), जबकि रोजगार के अवसर जहां के तहां थे। 1929 में फिक्की और बिड़ला के वर्चस्ववाले इंडियन चैंबर्स ऑफ कॉमर्स, दोनों ने ही इस स्थिति पर चिंता व्यक्त की थी। कांग्रेस ने हिंदुस्तानी सेवा दल के माध्यम से युवकों को संगठित करने का प्रयास किया था। इसका आरंभ 1920 के दशक के मध्य में एन. जी. हर्डीकर

ने कर्नाटक में किया था, और 1928-29 के दौरान जवाहरलाल नेहरू और सुभाषचंद्र बोस देश के अनेक भागों में युवकों की सभाओं को संबोधित करते रहे थे। उदाहरण के लिए, दिसंबर 1928 में कलकत्ता में जवाहरलाल नेहरू ने एक समाजवादी युवक कांग्रेस की अध्यक्षता की जिसमें 'कम्युनिस्ट समाज की आवश्यक प्रस्तावना' के रूप में स्वतंत्रता का आह्वान किया गया था। एक अन्य युवक कांग्रेस में सुभाष बोस ने कुछ अस्पष्ट और अविवेकपूर्ण ढंग से 'जर्मनी, इटली, रूस, चीन' के युवक आंदोलनों का अभिनंदन किया। लेकिन कांग्रेस के वामपंथी धड़े के इन दो उदीयमान नक्षत्रों के पारस्परिक संबंध पहले ही व्यक्तिगत प्रतिस्पर्धा एवं ईर्ष्या की प्रबल भावना के कारण बिगड़ चुके थे।

एक वर्ष पूर्व मद्रास में जवाहरलाल ने एक रिपब्लिकन कांग्रेस की अध्यक्षता की थी जिसमें पूर्ण स्वाधीनता की मांग की गई थी और साम्राज्यवाद-विरोधी लीग के साथ घनिष्ठ संबंध जोड़ने का आह्वान किया गया था। इसमें अल्लुरी सीताराम राजू और साको एवं वांजेती (अमरीका के इतालवी श्रमिक शहीदों) का अभिनंदन करते हुए प्रस्ताव स्वीकार किए गए थे। मद्रास कांग्रेस (दिसंबर 1927) में ही, जिसमें गांधीजी ने भाग नहीं लिया था, नेहरू एक आकस्मिक प्रस्ताव स्वीकार करवाने में सफल हो गए थे जिसमें पूर्ण स्वाधीनता की हिमायत की गई थी। लेकिन प्रतिनिधियों ने इसकी उन सहायक धाराओं को अस्वीकार कर दिया था, जिनका अर्थ अंग्रेजों का तुरंत ही पूर्ण रूप से भारत छोड़ना निकलता था। स्वराज को अपरिभाषित रखने की कांग्रेसी नीति ज्यों की त्यों बनी रही और निजी तौर पर गांधीजी ने जवाहरलाल को चेतावनी दी कि उनकी रफ्तार आवश्यकता से अधिक है। इस पर जवाहरलाल खुलकर या पूरी तरह संबंध-विच्छेद करने से कतरा गए, और यह एक ऐसा ढर्रा बन गया जो भविष्य में भी बार-बार दोहराया गया : "क्या मैं राजनीति में आपका ही बालक नहीं हूं ? हां, थोड़ा कामचोर, भटका हुआ जरूर हूं" (गांधीजी को जवाहरलाल का पत्र, 23 जनवरी 1928, एस. गोपाल, पृ. 112)। जब नेहरू रिपोर्ट में डोमिनियन स्टेटस का लक्ष्य स्वीकार किया गया तो जवाहरलाल और सुभाष ने पूर्ण स्वाधीनता के लक्ष्यों को स्वीकार करवाने के लिए कांग्रेस के भीतर ही एक दबाव-समूह के रूप में इंडिपेंडेंस फॉर इंडिया लीग की स्थापना की। इस लीग की संयुक्त प्रांत शाखा ने अप्रैल 1929 में 'समाजवादी जनतांत्रिक राज्य' की बात कही 'जिसमें प्रत्येक व्यक्ति को विकास के पूरे अवसर होंगे' . . . (जिसमें) 'उत्पादन के साधनों एवं वितरण पर राज्य का नियंत्रण होगा।' लेकिन, एक अन्य बारंबार दोहराई जानेवाली तर्ज पर, कांग्रेस के वामपंथी पक्ष का सैद्धांतिक जुझारूपन कोई ठोस कार्य करने या संगठन बनाने में असफल रहा। जुलाई 1929 में जवाहरलाल ने गांधीजी के समक्ष स्वीकार किया कि इंडिपेंडेंस फॉर इंडिया लीग एक 'निराशाजनक असफलता' सिद्ध हुई है . . . 'मुझमें समूहों और दलों का गठन

करने की राजनीतिज्ञों जैसी सूझबूझ और अंतप्रेरणा नहीं' (*सेलेक्टेड वर्क्स*, खंड 4, पृ. 156)।

हिंसप्रस

ऐसे मुख्यतः जबानी जमा-खर्चवाले जुझारूपन से असंतुष्ट होकर शिक्षित युवकों के कुछ वर्ग पुनः क्रांतिकारी आतंकवाद की ओर उन्मुख हुए। बंगाल में 'अनुशीलन' और 'युगांतर' के बुजुर्ग 'दादाओं' ने धैर्यपूर्वक तैयारी करने एवं तत्काल कोई कदम न उठाने की सलाह दी और स्वयं कांग्रेस के गुटबंदी के झगड़ों में व्यस्त हो गए। 1928 में सुभाष बोस के जेल से रिहा होने के बाद शीघ्र ही युगांतर और अनुशीलन में कटु संघर्ष आरंभ हो गया। युगांतर सुभाष का और अनुशीलन सेनगुप्ता का समर्थन करने लगे। अपने बुजुर्गों की सलाह की परवाह न करते हुए युवा 'विद्रोह समूह' उत्पन्न हुए, जिनमें एक को दिसंबर 1929 के मछुआबाजार बम-कांड में कुचल दिया गया। किंतु इनमें सबसे विकट समूह सूर्य सेन के नेतृत्व में चटगांव में एक सचमुच नाटकीय कार्य की कारगर तैयारी करता रहा। बंगाल में क्रांतिकारी आतंकवाद की सुस्थापित परंपरा ने, कुल मिलाकर विस्तृत, सामाजिक लक्ष्यों अथवा पद्धतियों पर पुनर्विचार नहीं होने दिया। मछुआबाजार से प्रकाशित होनेवाली *यूथ्स ऑफ बंगाल* नाम की लघु-पत्रिका अब भी 'मुट्ठी-भर लोगों के शौर्यपूर्ण आत्म-बलिदान' पर बल दे रही थी : " ··· यह गर्व का विषय होगा यदि तुम आरंभ में रक्त-पिपासु अंग्रेजों की निरंकुशता के विरुद्ध अकेले खड़े होओ।" इसमें किसी सामाजिक-आर्थिक कार्यक्रम का उल्लेख तक नहीं था।

सितंबर 1928 में दिल्ली के फीरोजशाह कोटला के खंडहरों की रूमानी पृष्ठभूमि में आयोजित एक सभा में भगतसिंह और उनके पंजाब समूह, संयुक्त प्रांत से सचिन सान्याल के भाई यतींद्रनाथ और अजय घोष, और बिहार के फणींद्रनाथ घोष ने मिलकर हिंदुस्तान समाजवादी प्रजातंत्र संघ (हिंसप्रस) की स्थापना की। इसकी विशेषता यह थी कि इसके कम-से-कम कुछ नेता नए विचारों के प्रति अत्यंत खुला दृष्टिकोण रखते थे। मार्क्सवादी समाजवाद के प्रति अधिकाधिक प्रतिबद्धता भगतसिंह में विशेष रूप से दिखाई देती थी। और उतनी ही महत्वपूर्ण थी उनकी संघर्षशील नास्तिकता, जो पूर्ववर्ती आतंकवादियों की कट्टर हिंदू धार्मिकता से ठीक उलटी थी। हिंसप्रस ने आगे कई कार्य किए— लालाजी पर हुए आक्रमण का बदला लेने के लिए दिसंबर 1928 में लाहौर में सांडर्स की हत्या, भगतसिंह और बटुकेश्वर दत्त द्वारा केंद्रीय धारा-सभा में बमों का फेंका जाना, दिसंबर 1929 में दिल्ली के निकट इरविन की रेलगाड़ी को उड़ा देने का प्रयास, और 1930 में पंजाब और संयुक्त प्रांत में आतंकवादी कार्रवाइयों की एक पूरी शृंखला (उस वर्ष केवल पंजाब में ही ऐसी 26 घटनाएं दर्ज की गईं)। ये गतिविधियां अपने-आपमें पारंपरिक आतंकवादी गतिविधियां प्रतीत हो सकती हैं। लेकिन हिंसप्रस और इससे

प्रभावित खुले संगठन अर्थात् नौजवान भारत सभा का परिप्रेक्ष्य कहीं अधिक व्यापक था। जैसाकि अपने मुकदमे में भगतसिंह ने स्पष्ट किया था, क्रांति उनके लिए 'बम और पिस्तौल का संप्रदाय' नहीं थी, बल्कि समाज का पूर्ण परिवर्तन थी जिसकी अंतिम परिणति विदेशी और भारतीय, दोनों ही प्रकार के पूंजीवाद को समाप्त करके सर्वहारा की तानाशाही की स्थापना में होगी। "क्रांति मानवजाति का अत्याज्य अधिकार है। स्वाधीनता सबका जन्मसिद्ध अधिकार है। श्रमिक ही समाज का सच्चा पालनहार है ... । इस क्रांति की वेदी पर हम अपनी जवानी को नैवेद्य बनाकर लाए हैं, क्योंकि ऐसे महान लक्ष्य के लिए कोई भी बलिदान अधिक नहीं है। हम संतुष्ट हैं। हम क्रांति के आगमन की प्रतीक्षा कर रहे हैं। इंकलाब जिंदाबाद !" धारा-सभा में फेंके गए बम मात्र सांकेतिक थे। पर्याप्त महत्व की बात यह है कि उस समय धारा-सभा में श्रमिक-विरोधी ट्रेडर्स डिस्प्यूट्स बिल विचाराधीन था। सांडर्स की हत्या के जुर्म में फांसी की प्रतीक्षा करते हुए इस 23 साल के नौजवान ने मार्क्सवाद का विधिवत् अध्ययन आरंभ कर दिया था। उसने एक गहन मार्मिक लेख लिखा जिसका शीर्षक है :'मैं नास्तिक क्यों हूं'; इसमें धर्म मात्र को मानव गरिमा और बुद्धिवादी तर्क के आधारों पर अस्वीकार किया गया है। इसी भगतसिंह के एक घनिष्ठ सहयोगी अजय घोष एक दिन भारतीय कम्युनिस्ट पार्टी के महासचिव बने।

हिंसप्रस के वीरों और शहीदों ने अत्यंत लोकप्रियता प्राप्त की। जब सितंबर 1929 में राजनीतिक कैदियों की हैसियत में सुधार के लिए की गई भूख-हड़ताल के चौंसठवें दिन जेल में जतीन दास की मृत्यु हो गई तो कलकत्ता में उनकी अर्थी के पीछे दो मील लंबा जुलूस चल रहा था। बाद में जवाहरलाल ने अपनी आत्मकथा (*आटोबॉयोग्राफी*) में लिखा था कि किस प्रकार पंजाब और उत्तरी भारत में भगतसिंह 'अचानक ही आश्चर्यजनक रूप से लोकप्रिय' हो गए। गुप्तचर ब्यूरो के गुप्त विवरण *टेररिज्म इन इंडिया (1927-1936)* में तो यहां तक कहा गया था कि "कुछ समय के लिए तो उन्होंने, उस समय के अग्रणी राजनीतिक व्यक्तित्व के रूप में, मि. गांधी को भी मात दे दी थी।"

श्रमिक उभार और कम्युनिस्ट

भगतसिंह का मार्क्सवाद को अंगीकार करना उस बात के संदर्भ में देखा जाना चाहिए जो कुछ अर्थों में 1928-29 का सबसे प्रमुख लक्षण थी—एक व्यापक श्रमिक आंदोलन (विशेषकर रेलवे, सूती कपड़ा-मिलों और पटसन कारखानों में) और साथ ही ट्रेड यूनियनों में कम्युनिस्टों की अच्छी-खासी पैठ।

बंगाल में खड़गपुर की 1927 की हड़तालों के पश्चात् लिलुआ रेल कार्यशाला में एक लंबा और कड़ा संघर्ष (जनवरी-जुलाई 1928) चला, जिसके नेता गोपेन चक्रवर्ती और धरणी गोस्वामी (दोनों कम्युनिस्ट), किरण मित्र और

शिवनाथ बनर्जी थे। इस दौरान हुई विशिष्ट घटनाएं—बामुनगाछी में 28 मार्च को) पुलिस द्वारा गोलीबारी और कलकत्ता के औद्योगिक उपनगरों में कामगारों के अनेक भव्य जुलूस हैं। कम्युनिस्ट नेतृत्ववाली मजदूर-किसान पार्टी के कार्यकर्त्ताओं ने 1928 में कलकत्ता नगर निगम के सफाई कर्मचारियों की हड़ताल में और चेंगैल एवं बावरिया की जूट-मिलों में होने वाली हड़तालों में प्रमुख भूमिका निभाई थी। इसके साथ प्रभावती दासगुप्ता जैसी स्वतंत्र श्रमिक नेता और बंकिम मुखर्जी एवं राधारमण मित्र जैसे कम्युनिस्टों से सहानुभूति रखनेवाले कांग्रेसी नेता भी शामिल थे। श्रमिकों को राष्ट्रवादी समर्थन बंगाल में जितनी सरलता से मिला, उतना अन्यत्र नहीं। इसका कारण यह था कि अधिकांश बड़े उद्योगों के स्वामी या तो अंग्रेज थे या कम-से-कम गैर-बंगाली थे। लेकिन बंगाल के बड़े कांग्रेसी नेताओं का सहयोग और समर्थन अब भी कभी-कभार और थोड़ा-सा ही मिलता था। बावरिया के हड़ताली कामगारों के लिए धनराशि जुटाने की प्रार्थना जवाहरलाल के द्वारा ही सुभाष बोस तक पहुंचाई जा सकी (सुभाष को नेहरू का पत्र, 24 जनवरी 1929, *सेलेक्टेड वर्क्स*, खंड 4)।

दिसंबर 1928 में कलकत्ता के कामगार वर्ग ने राजनीति में अपनी भागीदारी और राजनीतिक प्रौढ़ता का बड़ा शानदार प्रदर्शन किया। मजदूर-किसान पार्टी के नेतृत्व में हजारों की संख्या में कामगार कांग्रेस अधिवेशन के स्थान तक जुलूस बनाकर गए। उन्होंने दो घंटे तक पंडाल पर अधिकार जमाए रखा और पूर्ण स्वराज की मांग करनेवाले प्रस्ताव स्वीकार किए। कांग्रेसी आयोजकों को यह बात कतई पसंद नहीं आई और कहा जाता है कि स्वयंसेवकों के 'जी ओ सी' सुभाष बोस तो पुलिस को बुलाना चाहते थे, किंतु अंत में टकराव किसी तरह टाल दिया गया।

सुभाष बोस ने जमशेदपुर के श्रमिक आंदोलन में अधिक रुचि दिखाई। यहां के श्रमिक सी. एफ. एंड्रयूज के नरमदलीय नेतृत्ववाली जमशेदपुर लेबर एसोसिएशन से असंतुष्ट थे और 1928 में उन्होंने अनेक आंशिक हड़तालें की थीं। टाटा से नाराज एक स्थानीय अवसरवादी वकील माणिक होमी और सुभाष बोस, दोनों ही इस स्थिति से लाभ उठाना चाहते थे। इसके परिणामस्वरूप उत्पन्न होनेवाली गुटबंद प्रतिद्वंद्विता ने आंदोलन को ही विफल कर दिया। भारतीय स्वामित्ववाले उद्योगों में होनेवाले श्रमिक आंदोलनों में राष्ट्रवादियों की भागीदारी कितनी सीमित थी, यह बात पुरुषोत्तमदास ठाकुरदास को घनश्यामदास बिड़ला द्वारा लिखे गए रोचक पत्र (16 जुलाई 1929) से स्पष्ट है। इस पत्र में बिड़ला के साथ हुई सुभाष बोस की बातचीत उद्‌धृत है। बिड़ला का कहना था कि "मि. बोस के साथ दुर्व्यवहार हुआ है", किंतु "मैं यह विश्वास दिला सकता हूं कि आवश्यकता पड़ने पर टाटा आयरन एंड स्टील वर्क्स की सहायता के लिए मि. बोस पर भरोसा किया जा सकता है, बशर्ते उनके साथ उचित ढंग से पेश आया जाए।

लोगों के साथ व्यवहार करने के लिए उनके मनोविज्ञान को तो जानना ही पड़ता है" (*ठाकुरदास पेपर्स*, फा. नं. 42)।

जुलाई 1928 में साउथ इंडियन रेलवे में एक छोटी किंतु उग्र हड़ताल हुई जिसे सरकार ने जोरदार दमन के द्वारा समाप्त कर दिया। इसके नेता सिंगारवेलु और मुकुंदलाल सरकार को जेल की सजाएं हुईं और एक मजदूर आंदोलनकारी पेरुमल को आजीवन कारावास का दंड देकर अंडमान भेज दिया गया। किंतु सबसे प्रसिद्ध हड़ताल थी, बंबई के कपड़ा मिल-मजदूरों की जो अप्रैल से अक्तूबर 1928 तक चली। 1920 के दशक के अंतिम वर्षों में बड़े कपड़ा-उद्योगपतियों का यही प्रयत्न रहा कि सरकार द्वारा लंकाशायर एवं जापान के विरुद्ध चुंगी को संरक्षण देना अस्वीकार कर देने से उद्योग पर जो भार पड़ा था, उसे मजदूरों के सिर डाल दें। 1928 की हड़ताल अभिनवीकरण के अभियान के विरुद्ध भी थी, क्योंकि इससे पारिश्रमिक में कटौती होती थी। कम्युनिस्टों के नेतृत्ववाली प्रसिद्ध गिरनी कामगार यूनियन हड़ताल के दौरान एन. एम. जोशी की नरमदलीय टैक्सटाइल लेबर यूनियन का एक जुझारू विकल्प बन चुकी थी। इसका आधार निम्नतम स्तर पर एक प्रकार का 'कामगारों के नियंत्रण' का आंदोलन था और इसके नेता ए. ए. अल्वे और जी. आर. कासले 1926-27 के बाद जोगलेकर, मिराजकर और डांगे जैसे कम्युनिस्टों के संपर्क में आ चुके थे। गिरनी कामगार यूनियन की सबसे बड़ी शक्ति थी इसकी चुनी हुई गिरनी (मिल) समितियां। अप्रैल 1929 में ऐसी 42 समितियां कार्य कर रही थीं। 1928 में इस यूनियन द्वारा संचालित हड़ताल भारी, सम्पूर्ण और शांतिपूर्ण रही थी। 16 अगस्त को बंबई के गर्वनर ने एक गुप्त पत्र में भारत-सचिव को लिखा था : "यह देखकर मुझे आश्चर्य होता है कि लोग किस प्रकार डरे हुए हैं . . . । मैं इस बात से काफी परेशान रहा हूं कि मिल-मालिकों ने अनेक बार अपनी मिलों के एकाध विभाग खोले और पर्याप्त पुलिस-संरक्षण भी प्रदान किया गया किंतु एक भी कामगार काम पर नहीं आया।" हड़ताल तभी समाप्त हुई जब आधिकारिक जांच समिति की रिपोर्ट आने तक के समय के लिए मिल-मालिकों ने 1927 की मजदूरी बहाल कर दी। अपने सफलतम काल में गिरनी कामगार यूनियन में 60,000 सदस्य थे जबकि एन. एम. जोशी के नेतृत्ववाली प्रतिद्वंद्वी यूनियन में केवल 9,800 सदस्य थे; यहां तक कि सुस्थापित गांधीवादी अहमदाबाद टैक्सटाइल लेबर एसोसिएशन में भी केवल 27,000 सदस्य थे। 1928 के अंत तक बंबई में कम्युनिस्ट प्रभाव तेजी से फैलने लगा था, विशेष रूप से जी. आई. पी. रेलवे कामगारों और तेल डिपो के कर्मचारियों के बीच।

ऐसी स्थिति में पूंजीपतियों और सरकार, दोनों की ओर से प्रत्याक्रमण होना अवश्यंभावी था। बंबई में जान-बूझकर पठानों को हड़ताल तोड़ने के कार्य पर लगाया गया, जिसके परिणामस्वरूप फरवरी 1929 में एक बड़ा सांप्रदायिक दंगा हुआ। गैर-ब्राह्मण मंत्री भास्करराव जादव ने कपड़ा-मजदूरों

के बीच ब्राह्मण-विरोधी भावनाएं भड़काने का प्रयास किया— इन मजदूरों में अधिकांश निम्न जातियों के थे (जबकि अधिकांश कम्युनिस्ट नेता ब्राह्मण थे)—और वह कासले को भी अपनी ओर मिलाने में सफल हो गया था। यह भी अफवाह थी कि इस प्रचार कार्य में लगनेवाली धनराशि का एक अंश होमी मोदी ने दिया था जो बाम्बे मिल ओनर्स एसोसिएशन का कर्त्ताधर्ता था। 1928-29 की अवधि में बंगाल के गवर्नर जैक्सन और बंबई के गवर्नरों विल्सन और साइक्स के बीच हुए पत्र-व्यवहार से ज्ञात होता है कि सरकार में घबराहट थी और वे भारतीय पूंजीपतियों को भारतीय कामगारों के विरुद्ध स्पष्ट समर्थन देने को तैयार थे, जबकि चुंगी-संरक्षण या रुपए-स्टर्लिंग के अनुपात के मुद्दों पर सरकार की ओर से ऐसा समर्थन मिलता नहीं दिखाई पड़ता था। 22 अगस्त 1928 को विल्सन ने इरविन को सूचित किया कि वह "उनमें (मिल-मालिकों में) से लगभग हरेक से व्यक्तिगत रूप से मिल रहा (है) और उन्हें इस बात से आगाह कर रहा (है) कि उनके झुक जाने से क्या खतरा उत्पन्न हो सकता है।" सरकार ने एक जन-सुरक्षा विधेयक के लिए जोर डाला ताकि उसे ऐसी शक्ति मिल सके कि वह फिलिप स्प्राट और बेन ब्रैडले को आनन-फानन देश से निकाल सके। ये दोनों व्यक्ति ब्रिटिश कम्युनिस्ट थे और बंगाल और बंबई के कामगारों को संगठित करने के प्रयास कर रहे थे। अप्रैल 1929 के ट्रेड्स डिस्प्यूट्स बिल ने न्यायाधिकरणों की एक व्यवस्था थोपी और उन सभी हड़तालों पर प्रतिबंध लगाने का प्रयास किया जो "किसी व्यावसायिक विवाद में प्रगति के अलावा किसी अन्य उद्देश्य से अथवा सरकार को बाध्य करने और/या समाज को मुसीबत में डालने के इरादे से की जाती हों।" औपचारिक रूप से तो कांग्रेस ने इसका विरोध किया किंतु *इंडियन क्वार्टर्ली रजिस्टर* ने इस बात का उल्लेख किया है कि जन-सुरक्षा विधेयक पर हुई बहस के दौरान "कांग्रेसी सदस्य असामान्य रूप से बड़ी संख्या में अनुपस्थित थे।" मगर सरकार का मुख्य कार्य 20 मार्च को 31 श्रमिक नेताओं की गिरफ्तारी था। (इनमें सब तो नहीं किंतु अधिकांश कम्युनिस्ट थे।) गिरफ्तार नेताओं में बंबई के डांगे, मिराजकर, घाटे, जोगलेकर, अधिकारी, निंबकर, अल्वे और कासले, कलकत्ता के मुजफ्फर अहमद, किशोरीलाल घोष, धरणी गोस्वामी, गोपेन चक्रवर्ती, राधारमण मित्र, गोपाल बसाक और शिवनाथ बनर्जी, पंजाब के सोहनसिंह जोश, तथा संयुक्त प्रांत के पी. सी. जोशी और विश्वनाथ मुखर्जी के साथ ही ब्रैडले, स्प्राट और हचिंसन नामक तीन अंग्रेज भी सम्मिलित थे। षड्यंत्र के मुकदमे का नाटक मेरठ में खेला गया, क्योंकि, जैसाकि होम मेंबर एच. सी. हेग ने 20 फरवरी 1929 की एक गुप्त टिप्पणी में स्वीकार किया है, अंग्रेज "यह मामला ... ज्यूरी को सौंपने का खतरा नहीं उठा सकते थे।" अंत में इस मुकदमे का उलटा ही प्रभाव हुआ क्योंकि अपने पक्ष के समर्थन में बहस करने के बहाने कम्युनिस्टों को अपने आदर्शों का प्रचार करने का अच्छा मौका मिला। किंतु यह मुकदमा चार साल तक चलता

रहा और 1933 में अभियुक्तों को जेल की भारी-भारी सजाएं हुईं (जो अपील और अंतर्राष्ट्रीय आंदोलन के कारण काफी घटा दी गई थीं)। इस प्रकार चौथे दशक के आरंभिक वर्षों के दौरान अनुभवी श्रमिक नेताओं को जेल में ही रखा गया। मेरठ के मुकदमे की समूचे राष्ट्रीय आंदोलन ने भार्त्सना की। प्रसंगवश, इसमें अखिल भारतीय कांग्रेस कमेटी के कम-से-कम आठ सदस्य भी फंसे हुए थे।

मेरठ का मुकदमा श्रमिक संघर्षशीलता को तत्काल नहीं दबा सका। जब फॉसेट कमेटी की रिपोर्ट प्रतिकूल सिद्ध हुई और वाडिया बड़े स्तर पर कामगारों को बर्खास्त करने लगे, तो गिरनी कामगार ने (अप्रैल-अगस्त 1929 में) एक दूसरी आम हड़ताल आयोजित की। अब इस यूनियन के नेता थे देशपांडे और बी. टी. रणदिवे। मिल समितियां पहले से कहीं अधिक संघर्षशील हो गई थीं, और एक सरकारी जांच में उस 'अव्यवस्था' की भर्त्सना की गई थी जो "युवा, अनुभवहीन और निरक्षर कारकुनों द्वारा विभिन्न रूपों में अपना सत्ताधिकार जताने के कारण" उत्पन्न हुई थी। किंतु शायद इस हड़ताल को आवश्यकता से अधिक खींचा गया और इसकी पराजय ने गिरनी कामगार यूनियन को बहुत कमजोर कर दिया। पटसन कारखानों में पहली हड़ताल जुलाई-अगस्त 1929 में हुई। इसका संचालन बंगाल जूट वर्कर्स यूनियन ने किया था, जिस पर अधिकांशतः कम्युनिस्टों का नियंत्रण था। इस हड़ताल ने मालिकों द्वारा काम के घंटों को 56 से बढ़ाकर 60 घंटे प्रति सप्ताह करने के प्रयास को विफल कर दिया। दिसंबर 1929 के नागपुर अधिवेशन में ए. आई. टी. यू. सी. पर कम्युनिस्टों का पहले से कहीं अधिक प्रभाव नजर आया, क्योंकि इससे एन. एम. जोशी का उदारवादी समूह अलग हो गया और उसने आल इंडिया ट्रेड यूनियन फेडरेशन की स्थापना की, जबकि नेहरू वहीं रहे और उन्होंने बचे-खुचे अधिवेशन की अध्यक्षता की। अखिल भारतीय कांग्रेस कमेटी ने 1929 में बाकर अली मिर्जा की देखरेख में एक श्रमिक अनुसंधान विभाग की स्थापना की। इस बात के संकेत मिल रहे थे कि कलकत्ता में सुभाष बोस और बंबई में भूलाभाई देसाई जैसे क्रांगेसी नेता ट्रेड यूनियनों के जमे हुए कम्युनिस्ट नेताओं की अनुपस्थिति का लाभ उठाकर श्रमिकों पर अपना प्रभाव जमाना चाहते थे। उदाहरण के लिए, जमशेदपुर के निकट गोलमुरी टिन प्लेट में होनेवाली हड़ताल में कांग्रेसी बड़ी रुचि दिखा रहे थे। गोलमुरी एक विदेशी स्वामित्ववाला प्रतिष्ठान था और, संयोग से, स्वराजियों की संरक्षण की मांग से इसे लाभ हुआ था। बोस ने बजबज में उनकी सहानुभूति में एक हड़ताल का आयोजन किया और राजेंद्रप्रसाद भी गोलमुरी आए। अंग्रेज अधिकारियों को संभावित कांग्रेस-श्रमिक गठजोड़ से पर्याप्त चिंता हुई, किंतु उन्हें आशा थी कि इस दिशा में "कांग्रेस को उन कम्युनिस्ट नेताओं के सक्रिय विरोध का सामना करना पड़ेगा, जिनका अब तक श्रमिकों पर अधिकतम प्रभाव रहा है" (गुप्तचर विभाग के प्रधान पेट्री की 9 अक्तूबर 1929 की टिप्पणी)।

फरवरी-मार्च 1930 में कम्युनिस्टों के नेतृत्व में जी. आई. पी. रेलवे में एक बड़ी किंतु असफल हड़ताल हुई। कलकत्ता में सविनय अवज्ञा आंदोलन के ठीक पहले (अप्रैल 1930 में) एक युवक कम्युनिस्ट अब्दुल मोमिन ने गाड़ीवालों की एक अत्यंत सफल हड़ताल का नेतृत्व किया। यह हड़ताल तीसरे पहर सामान ढोने पर लगाए गए प्रतिबंध के विरुद्ध की गई थी। मोमिन की कारगर योजना के अनुसार सड़कों पर रोक खड़ी करने के लिए गाड़ियों का ही इस्तेमाल किया गया जिससे शहर का यातायात बिल्कुल ठप्प हो गया। पुलिस के साथ होनेवाली हिंसक झड़पों में राष्ट्रवादी गाड़ीवालों के साथ हो गए और पुलिस कमिश्नर टेगर्ट ने घबराकर सरकार पर शीघ्र ही किसी समझौते पर पहुंचने के लिए जोर डाला। किंतु 1930 तक इस बात के पर्याप्त संकेत मिलने लगे थे कि कुल मिलाकर श्रमिक आंदोलन में तेजी से उतार आ रहा है। कम्युनिस्ट कमजोर पड़ गए थे। इसका कारण केवल दमन नहीं था (यद्यपि दमन भी पर्याप्त महत्वपूर्ण था क्योंकि कम्युनिस्ट अब भी संख्या में कम थे), बल्कि कम्युनिस्टों की रणनीति में एक बड़ा परिवर्तन भी था। 1928 के अंत तक कम्युनिस्ट कांग्रेस के प्रति एकता और संघर्ष की नीति अपनाए हुए थे। वे कांग्रेस की सीमाओं की आलोचना भी करते थे और उसके साथ एक साम्राज्यवाद-विरोधी संयुक्त मोर्चे के निर्माण के प्रयास भी करते थे। बंगाल मजदूर-किसान पार्टी की कार्यकारिणी समिति ने अपनी 1927-28 की रिपोर्ट में तर्क दिया था कि केवल सुपरिभाषित और विशिष्ट मुद्दों पर ही कांग्रेस का विरोध किया जाना चाहिए, अन्यथा "हमारे विरोधियों को यह कहने का मौका मिलेगा कि हम कांग्रेस-विरोधी या राष्ट्र-विरोधी हैं, और यह कि हम केवल श्रमिकों के संकीर्ण दावों का ही प्रतिनिधित्व करते हैं।" किंतु दिसंबर 1928 में कोमिंटर्न की छठी कांग्रेस ने अति-वामपंथी रुख अपनाया, और भारतीय कम्युनिस्ट बड़े संकीर्ण ढंग से राष्ट्रवादी मुख्याधारा से अलग-थलग रहने लगे। वे स्तालिन की इस विचित्र नीति का अनुसरण करने लगे कि "मध्यमार्गी शक्तियों पर ही अपना आक्रमण केंद्रित करो"। इसलिए वे नेहरू जैसे अपेक्षाकृत वामपंथी रुझानवाले कांग्रेसी तत्वों पर ही आक्रमण करने लगे। (नेहरू को 1930 में साम्राज्यवाद-विरोधी लीग से भी निकाल दिया गया था।) श्रमिकों में कांग्रेस की रुचि सदैव ढुलमुल और सीमित रही थी और अब जबकि सविनय अवज्ञा आंदोलन के दौरान गांधीवादी नेतृत्व फिर से पैर जमा चुका था, उसका आम हड़ताल जैसे हथियार का प्रयोग करने का कोई इरादा नहीं था, जिसे वह अत्यंत विभाजक और खतरनाक मानता था। सबसे बढ़कर यह कि आर्थिक परिस्थिति श्रमिक आंदोलन के प्रतिकूल होती जा रही थी। मंदी के कारण बेरोजगारी में वृद्धि हुई थी और कीमतें घटी थीं, जिससे कामगारों की मालिकों के साथ सौदेबाजी की क्षमता कमजोर पड़ गई थी। साथ ही कामगारों के असंतोष

में भी थोड़ी कमी आई थी।

किसान आंदोलन और बारदोली

यद्यपि सिद्धांत रूप में मजदूर-किसान पार्टियां सदैव बहुत जुझारू सामंतवाद-विरोधी कृषि-कार्यक्रमों की हिमायत करती थीं, लेकिन उनकी पैठ ग्रामीण अंचलों में अधिक नहीं थी क्योंकि उनके गिनती के कार्यकर्त्ता ट्रेड यूनियन गतिविधियों में ही पूरी तरह फंसे रहते थे। बंगाल की इकाई ने अवश्य पूर्वी बंगाल के मुस्लिम-बहुल किशोरगंज क्षेत्र में थोड़ा प्रभाव फैला लिया था। भगतसिंह के हिंसप्रस में 'सर्वहारा की तानाशाही' की बात तो की जाती थी किंतु किसानों के मुद्दे पर उसकी दृष्टि अस्पष्ट ही रही। फिर भी देश के अनेक भागों में असंतोष गहरा रहा था। कारण कि कृषि-उत्पादों के मूल्यों में धीरे-धीरे गिरावट आती जा रही थी, जबकि रैयतवारी क्षेत्रों में राजस्व के पुनर्मूल्यांकन का समय आ गया था।

किसानों की मांगों के प्रति कांग्रेस के दृष्टिकोण में भारी विविधता दिखाई देती थी। इसकी एक अति बंगाल में थी जहां स्वराजियों के सभी हिस्से (जुझारू सुभाष से लेकर सेनगुप्ता तक) बंगाल टेनेंसी एक्ट अमेंडमेंट बिल (अगस्त-सितंबर 1928) पर बहस के दौरान काश्तकारों और बंटाईदारों के हितों की रक्षा करने में असफल रहे। जितेंद्रलाल बनर्जी ने अवश्य जमींदारों के विरुद्ध रैयतों के कुछेक अतिरिक्त अधिकारों का समर्थन किया, किंतु उन्होंने भी बरगादारों (बंटाईदारों) को काश्तकारी के अधिकार देकर जोतदारों के प्रभुत्व को कम करने संबंधी संशोधन का विरोध किया। अगस्त 1926 में पबना में हिंदू जोतदारों और मुसलमान बरगादारों के बीच 'सांप्रदायिक दंगों' के रूप में झड़पें हो चुकी थीं जिन्हें कलकत्ता के एक हिंदू अखबार ने 'वर्ग-संघर्ष' की संज्ञा दे डाली थी। 1928 में काउंसिल के मुसलमान सदस्यों ने किसानों के प्रति सहानुभूति का दृष्टिकोण अपनाया था (जो कभी-कभी कोरी लफ्फाजी का रूप धारण कर लेता था), यद्यपि अनेक मुसलमान जमींदारों ने भी बरगादारों संबंधी धारा का विरोध किया था। टेनेंसी बिल के मुद्दे को लेकर एक नई 'प्रजा पार्टी' की स्थापना हुई। (इसकी स्थापना अकरम खान, अब्दुर्रहीम, और फजलुल-हक ने जुलाई 1929 में की।) आरंभ में इसमें कुछ सामाजिक रूप से जुझारू हिंदू (जितेंद्रलाल बनर्जी, नरेश सेनगुप्ता, अतुल गुप्ता) भी थे, किंतु अन्यथा यह अधिकांशतः मुस्लिम नेतृत्ववाली पार्टी थी जिसे सामाजिक समर्थन मुसलमान जोतदारों से मिलता था।

कुछ-कुछ ऐसा ही ढर्रा पंजाब में भी बन रहा था, जहां किसानों को शहरी हिंदू साहूकारों से बचाने के फज्ले-हुसैन के प्रयासों का विरोध कांग्रेस और हिंदू महासभा मिलकर कर रही थीं। यूनियनिस्टों में यद्यपि मुख्य रूप से मुसलमान ही थे (उदाहरण के लिए, 1926 के चुनावों में इस पार्टी के 36 चुने गए सदस्यों में 33 मुसलमान थे), फिर भी इस पार्टी को फज्ले-हुसैन और

छोटूराम के गठजोड़ और शहरी कार्यक्रम के मुकाबले कृषि-कार्यक्रमों की हिमायत के कारण पर्याप्त समय तक हरियाणा के जाटों का समर्थन मिलता रहा। प्रजा पार्टी और यूनियनिस्ट पार्टी, दोनों के 'किसान-समर्थक' दृष्टिकोण की सीमाएं थीं, क्योंकि व्यवहार में दोनों का ही झुकाव आम काश्तकारों, बंटाईदारों या खेत-मजदूरों की अपेक्षा समृद्धतर किसानों की ओर अधिक था। इन दोनों प्रांतों में कांग्रेस मूल्यवान संभावित समर्थन खोती जा रही थी, जिसका मिला-जुला कारण था—हिंदू संप्रदायवाद और थोड़ा-सा भी सुधारवादी कृषि-कार्यक्रम विकसित करने की असफलता। पूर्वी पंजाब में जहां सिख किसानों की प्रधानता थी, 1920 के दशक के अंत में अकाली पटियाला के महाराजा भूपिंदरसिंह से संघर्ष में व्यस्त थे। लोगों को संदेह था कि 1923 में नाभा के शासक रिपुदमनसिंह को गद्दी छोड़ने के लिए बाध्य करने में भूपिंदरसिंह का हाथ था। अकाली आंदोलनकारी सेवासिंह ठीकरीवाला को पटियाला में नजरबंद रखे रहना मुख्य मुद्दा था। इस संघर्ष में गुटबंदी का, यहां तक कि रजवाड़ों का, तत्व भी स्पष्ट है, फिर भी इसमें अधिक विस्तृत आयाम जुड़ गए और इसने पूर्वी पंजाब के रजवाड़ों में नागरिक एवं राजनीतिक अधिकारों तथा कृषि-सुधारों के लिए किए जानेवाले कृषक-आधारित आंदोलन का रूप धारण कर लिया। अकाली नेता खड़कसिंह की पटियाला-यात्रा के दौरान जुलाई 1928 में मंसा में पंजाब रियासती प्रजामंडल की स्थापना हुई। मंडल की मांगें थीं कि 1926 में पटियाला-नरेश ने भू-राजस्व में 10 प्रतिशत की जो वृद्धि लादी थी उसे निरस्त किया जाए, और महाराजा के आरक्षित शिकारगाह को समाप्त किया जाए (क्योंकि वहां जंगली पशु किसानों के लिए समस्या उत्पन्न करते थे)। अगस्त 1929 में ठीकरीवाला की रिहाई के पश्चात् कुछ अकाली भूपिंदरसिंह के संकेतों के जवाब देने लगे तो रियासती प्रजामंडल के अधिक जुझारू आंदोलनकारी मार्क्सवाद की ओर चल पड़े। मार्क्सवाद की तरफ जानेवालों में प्रमुख थे जागीरसिंह जोगा और मास्टर हरीसिंह, जो आगे चलकर पंजाब के कम्युनिस्ट किसान नेता हुए।

स्थायी बंदोबस्तवाले बिहार में भी कांग्रेस पर जमींदारों का पर्याप्त प्रभाव था, किंतु यहां सांप्रदायिक और वर्गीय भेदों की एकरूपता नहीं पाई जाती थी और जाति के बंधन (जैसाकि भूमिहार ब्राह्मणों में होता था) कभी-कभी मंझले और छोटे जमींदारों को कृषक वर्ग के ऊपरी स्तर से जोड़ भी देते थे। 1947 के पूर्व ब्रिटिश भारत में होनेवाले सबसे बड़े किसान आंदोलन का स्रोत स्वामी सहजानंद सरस्वती की गतिविधियों में था। गाजीपुर (पूर्वी संयुक्त प्रांत) के एक छोटे जमींदार परिवार में जन्मे सहजानंद 1907 में संन्यासी हो गए थे। असहयोग आंदोलन के दिनों में वे कांग्रेस की राजनीति में सक्रिय रहे और उन्होंने 1927 में पटना के निकट बिहटा में एक आश्रम खोला। इसका आरंभिक उद्देश्य भूमिहारों की सामाजिक प्रगति को बढ़ावा देना था। फिर वे किसानों के बीच संगठनात्मक कार्य करने लगे। नवंबर 1929 में

उन्होंने अत्यंत मामूली स्तर पर बिहार प्रादेशिक किसान सभा की स्थापना की (काउंसिल में कांग्रेस के नेता श्रीकृष्ण सिनहा इसके प्रथम सचिव थे)। किंतु सहजानंद और उनके द्वारा अनुप्राणित आंदोलन इस मामूली शुरुआत से कहीं आगे बढ़ गए।

रैयतवारी क्षेत्रों में किसान आंदोलनों के प्रति कांग्रेस का समर्थन अधिक मुक्त रहा, क्योंकि यहां सरकार द्वारा मालगुजारी में की गई वृद्धियों ने एकताकारी और सामाजिक रूप से सुरक्षित एक मुद्दा प्रदान कर दिया था। तटीय आंध्र में मद्रास सरकार द्वारा 1927 में मालगुजारी के पौने उन्नीस प्रतिशत बढ़ाए जाने पर 1928-29 के दौरान एक सशक्त आंदोलन उठ खड़ा हुआ। इस क्षेत्र में धनी और मध्यम किसानों का बड़ा तबका रहता था। पश्चिमी गोदावरी में टी. प्रकाशम् और दंडु नारायण राजू, पूर्वी गोदावरी में कोंडा वेंकटपय्या और वेन्नाति सत्यनारायण और गुंटुर में (उपन्यास *मालपल्ली* के प्रख्यात लेखक) उन्नावा सत्यनारायण ने सविनय अवज्ञा आंदोलन के आरंभ से पहले तक कांग्रेस के लिए एक दृढ़ किसान आधार बना दिया था। वहां पहले ही मालगुजारी की नाअदायगी का एक जोरदार आंदोलन छेड़ने पर पर्याप्त जोर दिया जा रहा था। कई अन्य प्रांतों में बिखरे हुए क्षेत्रों में भी गांधीवादी अपरिवर्तनवादियों ने अलक्षित रूप से, किंतु गांवों में लगातार रचनात्मक कार्य करके, ग्रामीण आधार तैयार किए थे। उदाहरण के लिए, बंगाल में हुगली जिले के आरामबाग में प्रफुल्ल सेन के नेतृत्व में एवं पूर्वी संयुक्त प्रांत के गोरखपुर जिले में बाबा राघवदास के नेतृत्व में होनेवाला कार्य। ये दोनों सज्जन अपने-अपने क्षेत्रों के 'गांधी' कहे जाते थे।

ग्रामीण संगठन और आंदोलन के विशिष्ट गांधीवादी तरीकों को पहले-पहल वास्तविक शक्ति 1928 में (गुजरात के सूरत जिले में) बारदोली की अनोखी सफलता के साथ मिली। 137 गांवोंवाले और 87,000 जनसंख्यावाले इस ताल्लुके में 1922 से मानवतावादी और रचनात्मक कार्य अत्यंत सफलतापूर्वक चलाए जा रहे थे। कुंवरजी और कल्याणजी मेहता जैसे स्थानीय नेताओं के नेतृत्व में यहां के जोतधारी किसानों की प्रमुख जाति कंबी-पाटीदार 1908 से ही संगठित होने लगी थी। इनके संगठन में पाटीदार युवकमंडल, *पटेल बंधु* नाम की पत्रिका और सूरत में विद्यार्थियों के लिए एक छात्रावास चलानेवाले पाटीदार आश्रम का बड़ा हाथ था। पाटीदारों के खेत दुबला आदिवासी जोतते थे जो पारंपरिक रूप से ऋण-दास थे और जिनको 'कालीपराज' (काले लोग) कहा जाता था। ये बारदोली की जनसंख्या का 50 प्रतिशत थे। कालीपराज लोग अत्यंत पिछड़े हुए थे और गांधीजी के सचिव महादेव देसाई ने अपनी *स्टोरी ऑफ बारदोली* (1929) में अत्यंत 'अहिंसक और निश्छल' और 'कानून माननेवाले' कहकर उनकी बड़ी प्रशंसा की है। जैसाकि जेन ब्रेमन ने दक्षिण गुजरात के अनाविल ब्राह्मणों और दुबलों के पारस्परिक संबंधों के बारे में अपने अध्ययन में दर्शाया है, ऋण-दासता "पराधीन श्रम का एक रूप थी जिसे

संरक्षण के संबंध जटिल और कम असह्य बना देते थे" (*पेट्रोनेज एंड एक्सप्लायटेशन*, कैलिफोर्निया, 1974, पृ. 67)। कालीपराज बंधुआ मजदूरों को पाटीदार पेट भरने को न्यूनतम भोजन और तन ढंकने के लिए कपड़ा देते थे, और शोषण की वास्तविकताएं कुछ सीमा तक पारंपरिक पारस्परिकता के पर्दे में छिप जाती थीं। 1920 के दशक के आरंभ से ही गांधीवादी रचनात्मक कार्यकर्त्ता कालीपराज लोगों के बीच भी सक्रिय रहे थे, जिन्हें उन्होंने नया नाम 'रनीपराज' (वनवासी) दिया था।

जब 1927 में कपास की गिरती हुई कीमतों के बावजूद बंबई के गवर्नर ने बारदोली में मालगुजारी में 22 प्रतिशत की वृद्धि की घोषणा कर दी, तो मेहता बंधुओं ने वल्लभभाई पटेल को मालगुजारी की नाअदायगी का आंदोलन संगठित करने के लिए राजी कर लिया। यह आंदोलन जितना शांतिपूर्ण था, उतना ही दृढ़निश्चयी भी सिद्ध हुआ। बड़े स्तर पर जमीन और जानवरों की कुर्की भी किसानों को झुका न सकी और कालीपराज लोगों ने भी कुल मिलाकर सरकारी अधिकारियों द्वारा दिए गए इस प्रलोभन को ठुकरा दिया कि उन्हें आसान शर्तों पर जमीन दी जाएगी। पटेल एवं अन्य स्थानीय नेताओं ने जाति-समितियों, सामाजिक बहिष्कार की विधियों, धार्मिक आह्वानों एवं भजनों का बड़ा ही कुशल प्रयोग किया। आदिवासियों से कहा जाता था कि उनके देवता सिलिया सिमलिया बूढ़े हो गए हैं और इसलिए अब उन्होंने गांधीजी को अपने भक्तों की देखभाल करने का काम सौंप दिया है–क्या महात्मा गांधी भी उन्हीं की भांति लंगोटी नहीं पहनते और भैंस के महंगे दूध की जगह बकरी का दूध नहीं पीते ? (घनश्याम शाह, 'ट्रेडीशनल सोसायटी एंड पोलिटिकल मोबिलाइजेशन', *कांट्रीब्यूशंस टु इंडियन सोशियोलोजी*, 1974)। दैनिक *सत्याग्रह पत्रिका* (जिसकी सूरत से 10,000 प्रतियां छपती थीं) में छपनेवाले भाषणों और लेखों में बार-बार यही कहा जाता था कि किसान और ग्रामीण श्रमिक ही तो "असल में दौलत उत्पन्न करते हैं . . . ये ही तो राज्य के दो महत्वपूर्ण स्तंभ हैं।" इसके साथ ही ग्रामीण वर्गों की एकता एवं पारंपरिक पारस्परिकता की भावना पर भी बारंबार बल दिया जाता था : "साहूकार तो काश्तकारों के बीच दूध में पानी की तरह मिले हुए हैं। उन्हें अलग करना संभव नहीं है" (महादेव देसाई की रचना में उद्धृत पटेल का भाषण, पृ. 169)।

बारदोली शीघ्र ही एक राष्ट्रीय मुद्दा बन गया। अहमदाबाद के कामगारों ने एक-एक आना चंदा करके 1,300 रु. एकत्रित किए, जबकि बंबई की कांउसिल में इंडियन मर्चेंट्स चैंबर के प्रतिनिधि लालजी नारानजी ने जुलाई में बंबई के व्यापारियों द्वारा मध्यस्थता के प्रयास असफल हो जाने पर अपने पद से त्यागपत्र दे दिया। बारदोली आंदोलन नेतृत्व एवं विचारधारा की दृष्टि से उसी समय बंबई में कम्युनिस्ट नेतृत्व में होनेवाली गिरनी कामगार हड़ताल से नितांत भिन्न था। फिर भी, गवर्नर विल्सन और भारत-सचिव बर्केनहेड का

गुप्त पत्र-व्यवहार दर्शाता है कि अंग्रेजों को इन दोनों आंदोलनों के मिल जाने का भय था। सशस्त्र पुलिस, यहां तक कि सेना की टुकड़ियों को भी बारदोली भेजने की योजना अगस्त के पहले सप्ताह में अचानक बदल दी गई और न्यायिक जांच एवं जब्त की गई जमीन लौटा दिए जाने के आधार पर समझौता हो गया। "मेरे पुलिस अधिकारियों की दी हुई सूचना के अनुसार उनका दृढ़ विश्वास है कि यदि सरकार बारदोली में कोई कदम उठाती है तो कम्युनिस्ट बारदोली की स्थिति का लाभ उठाकर बी. बी., सी. आई. और जी. आई. पी. (रेल लाइनों) में हड़ताल करवा देंगे और उनका विचार है कि वे लोगों को निकाल लाते" (बर्केनहेड के नाम विल्सन का पत्र, 7 अगस्त 1928, *बर्केनहेड कलेक्शन*)। मैक्सवेल-ब्रूमफील्ड जांच समिति ने स्वीकार किया कि बारदोली के (और निहितार्थ रूप से प्रांत में अन्य स्थानों के भी) पुनर्मूल्यांकन में खामियां थीं, और वृद्धि को 1,87,492 रु. से घटाकर 48,648 रु. कर दिया गया। पुनर्मूल्यांकन के विरोध में पटेल समस्त गुजरात और महाराष्ट्र में मालगुजारी की नाअदायगी के आंदोलन की योजना बना रहे थे और बाम्बे प्रेसीडेंसी लैंड लीग का संगठन करने लगे थे। हालात को देखते हुए बंबई के गवर्नर ने 16 जुलाई 1929 को मालगुजारी के पुनर्मूल्यांकन के काम को तब तक के लिए निरस्त कर दिया जब तक कि संवैधानिक सुधारों का तत्कालीन सिलसिला पूरा नहीं हो जाता। खेड़ा में राजस्व की 1890 के दशकवाली दरें ही बनी रहीं, और वस्तुतः 1940 के दशक तक उनमें कोई मूलभूत परिवर्तन नहीं किया गया। गुजरात के किसानों को गांधीवादी राष्ट्रवाद से निश्चय ही ठोस लाभ प्राप्त हुए।

व्यापारियों के दृष्टिकोण

यदि शहरी शिक्षित युवकों, कामगारों एवं किसानों में बढ़ती हुई संघर्षशीलता 1928-29 के काल की विशेषता रही थी तो इसी काल में भारतीय व्यापारिक समूह भी कुछ ब्रिटिश नीतियों को लेकर अधिकाधिक असंतुष्ट होते जा रहे थे। 1 शिलिंग 6 पेंस की विनिमय-दर से व्यापारी वर्ग को पहले ही शिकायत थी। फिर जून 1927 में सरकार ने कॉटन टैरिफ बोर्ड के उन सुझावों को अस्वीकार कर दिया, जिनमें जापान और लंकाशायर की प्रतिस्पर्धा को देखते हुए आयात-शुल्क को 11 प्रतिशत से बढ़ाकर 15 प्रतिशत कर देने की सिफारिश की गई थी। जनवरी 1928 में बाम्बे इंडियन मर्चेंट्स चैंबर ने साइमन आयोग का बहिष्कार करने के आह्वान का समर्थन किया, जबकि इसी चैंबर के नेता पुरुषोत्तमदास ठाकुरदास और लालजी नारानजी ने आठ वर्ष पूर्व असहयोग आंदोलन का सक्रिय विरोध किया था। वालचंद हीराचंद और लालजी नारानजी की सिंधिया स्टीम नेवीगेशन ब्रिटिश जहाजरानी के हितों के विरुद्ध एक अत्यंत कठिन प्रतियोगिता में लगी हुई थी। इन हितों के प्रमुख लार्ड इंचकेप थे। सरकार ने इंडियन मर्केंटाइल मेरीन कमेटी की उन सिफारिशों को लागू करने

से इनकार कर दिया, जिनके अनुसार तटीय नौवहन देशी कंपनियों के लिए आरक्षित रखा जाना था। इस विषय पर हाजी के विधेयक (मार्च 1928) को सरकार और अंग्रेजों के कड़े विरोध का सामना करना पड़ा। ठाकुरदास को लिखे गए घनश्यामदास बिड़ला के पत्रों और (बिड़ला कंपनी के प्रमुख) एडवर्ड बेंथल के निजी कागजात से ज्ञात होता है कि कलकत्ता के मारवाड़ी व्यापारी समूह और पटसन के क्षेत्र में जमे हुए ब्रिटिश हितों के बीच संघर्ष बढ़ता ही जा रहा था। "हम कलकत्ता में प्रत्येक दिशा में भारतीय व्यापार को संगठित कर रहे हैं, और समस्त नवगठित समितियां इंडियन चैंबर ऑफ कॉमर्स से संबद्ध हो रही हैं · · · । यूरोपियनों को इस सबसे बड़ी ईर्ष्या हो रही है · · · । कुछ मामलों में इंपीरियल बैंक ठीक से पेश नहीं आ रहा है" (ठाकुरदास के नाम बिड़ला का पत्र, 2 मई 1928)। भारतीय पूंजीपतियों की अन्य बड़ी शिकायत यह थी कि इंपीरियल एवं विनिमय बैंकों के माध्यम से अंग्रेज अपना वित्तीय नियंत्रण बनाए हुए थे। इंडियन बैंकिंग इनक्वायरी कमेटी की रिपोर्ट (1929-30) में अपनी असहमित की टिप्पणी दर्ज कराते हुए ठाकुरदास ने विनिमय बैंकों के एकाधिकार पर तीव्र प्रहार किया।

फिर भी, भारतीय व्यापारियों के दृष्टिकोण दुविधाग्रस्त और नानाविध ही बने रहे। श्रमिकों की संघर्षशीलता ने विशेष रूप से बंबई के मिल-मालिकों को सरकारी समर्थन का मोहताज बना दिया था। मार्च 1929 में बाम्बे मिल ओनर्स एसोसिएशन के सामने उसके अध्यक्ष होमी मोदी द्वारा प्रस्तुत वार्षिक रिपोर्ट में विनिमय के अनुपात और चुंगी-संरक्षण के अभाव की चर्चा की गई थी। किंतु इसका मुख्य विषय निश्चित रूप से 'अभूतपूर्व आम हड़ताल' ही था। उन्होंने 'स्वाभाविक रूप' से ट्रेड्स डिस्प्यूट्स बिल का समर्थन किया और वे चाहते थे कि धरनों पर भी पूर्ण प्रतिबंध लगाया जाए : "शांतिपूर्ण धरने जैसी वास्तव में कोई चीज नहीं होती।" (राष्ट्रवादी राजनीति के लिए इसके बड़े रोचक निहितार्थ हो सकते थे।) लंकाशायर की तुलना में बंबई के कपड़ा उद्योग को सस्ते जापानी माल से अधिक खतरा हो रहा था। (लंकाशायर के बढ़िया कपड़े की प्रतिद्वंद्विता अहमदाबाद से अधिक थी।) इस प्रकार ब्रिटिश-समर्थक गठजोड़ बनने का कुछ आर्थिक औचित्य भी था। टाटा का सर्वाधिक सफल और उद्यमी भारतीय औद्योगिक पूंजीपति समूह भी कुल मिलाकर सबसे अधिक राजभक्त था, क्योंकि इस्पात जैसे उद्योग को भारी पैमाने पर सरकारी ठेकों एवं संरक्षण के भरोसे रहना पड़ता था। वैसे भी टाटा उद्योग को 1924 में चुंगी-संरक्षण प्राप्त हो चुका था। 1929 में गिरनी कामगार यूनियन द्वारा दिखाए गए 'लाल हौवे' के संदर्भ में दोराबजी टाटा, कोवासजी जहांगीर और इब्राहीम रहमतुल्ला ने एक विशिष्ट रूप से पूंजीवादी संगठन बनाने का प्रयास किया जो कांग्रेस से नितांत भिन्न होता और खुलेआम यूरोपीय मालिकों से गठजोड़ करता ताकि "तोड़-फोड़ करनेवाले लाल नेताओं का सामना किया जा सके" (टाटा समूह के एन. एन. मजुमदार का ठाकुरदास

के नाम पत्र, 22 मई 1929)। एच. पी. मोदी, नेस वाडिया, लालजी नारानजी और (अनेक पूंजीपतियों से संबंध रखनेवाले उदारवादी वकील) एम. आर. जयकर ने बंबई से एक मराठी अखबार निकालने के लिए धन देने पर भी गंभीर विचार किया था, ताकि "पूंजी और श्रम के बीच आपसी समझ-बूझ का बेहतर वातावरण उत्पन्न" किया जा सके (लालजी नारानजी का जयकर के नाम पत्र, 18 अक्तूबर 1929, *जयकर पेपर्स)*। यही बात बंबई के गवर्नर के दिमाग में 6 महीने पूर्व आ चुकी थी। "सद्भाव रखनेवाले पूंजीपतियों को एक अच्छा भारतीय 'डेली मिरर' निकालने के लिए प्रोत्साहित कीजिए" (साइक्स का इरविन के नाम पत्र, 22 मई 1929, *साइक्स कलेक्शन)*।

बिड़ला ने एक अन्य उपाय अपनाया जो अधिक 'राष्ट्रवादी' और निस्संदेह अधिक सूक्ष्म और दूरदर्शितापूर्ण था। अगस्त 1928 में बिड़ला के चैंबर ऑफ कॉमर्स ने कलकत्ता मारवाड़ी एसोसिएशन (जो स्पष्टतः 'कपड़े के थानों एवं धागों के व्यापार में अत्यधिक रुचि रखती थी') के इस प्रस्ताव की अवहेलना की कि लंकाशायर से आयात में आई गिरावट को रोकने के लिए कुछ किया जाना चाहिए, क्योंकि इससे मारवाड़ी व्यापारी समुदाय के उस हिस्से पर प्रतिकूल प्रभाव पड़ रहा था जो शुद्धतः यूरोपीयों का विक्रय-अभिकर्त्ता था। पूंजीपतियों की अलग से एक पार्टी बनाने के टाटा के विचार के विपरीत बिड़ता 1929 में मालवीय (जिनका 1926 के चुनाव में बिड़ला ने समर्थन किया था) और मोतीलाल के बीच मध्यस्थता करके स्वराजियों के हाथ मजबूत करने का प्रयास कर रहे थे। बिड़ला और ठाकुरदास, दोनों ने ही टाटा के प्रस्ताव का कड़ा विरोध किया : "मेरे मन में जरा भी संदेह नहीं है कि शुद्धतः पूंजीपतियों की संस्था द्वारा कम्युनिज्म का सामना प्रभावपूर्ण ढंग से नहीं किया जा सकता। हम पूंजीपति केवल इतना कर सकते हैं कि ··· उन लोगों के साथ सहयोग करें जो संवैधानिक तरीकों से इस सरकार के स्थान पर राष्ट्रीय सरकार बनाना चाहते हैं" (ठाकुरदास के नाम बिड़ला का पत्र, 30 जुलाई 1929)। फिर भी पूंजीपतियों के आपसी मतभेदों को बढ़ा-चढ़ाकर अथवा अति सरल करके नहीं देखना चाहिए। मई 1929 में बिड़ला से निजी तौर पर बातचीत करने के बाद बेंथल ने आशा प्रकट की कि "बाजार में उनकी (बिड़ला की) साख बन जाने के बाद ··· हम उम्मीद कर सकते हैं कि भविष्य में वे कम आक्रामक रवैया अपनाएंगे" (*बेंथल की डायरी*, 15 मई 1929 की प्रविष्टि)। टाटा का प्रस्ताव अस्वीकार करते हुए एन. एन. मजुमदार के नाम ठाकुरदास द्वारा लिखे गए पत्र (7 जून 1929) को ध्यान से पढ़ें तो महत्वपूर्ण जानकारी प्राप्त होती है। ठाकुरदास ने "यूरोपीयों को यह स्पष्ट बताए बिना कि हम भारतीय पहले हैं और व्यापारी एवं उद्योगपति बाद में, उनके साथ मैत्री करने के स्थान पर राष्ट्रवादियों से संपर्क बनाए रखने की आवश्यकता" पर बल दिया था। किंतु अगले ही वाक्य में कहा गया है : "मुझे पूरा विश्वास है कि कुछ समय पश्चात् और आज की अपेक्षा अधिक निश्चित आधारों पर

हाथ मिलाना बेहतर होगा।"

डोमिनियन स्टेटस से पूर्ण स्वराज्य की ओर

1928-29 के वर्षों में गांधीजी पूरे समय एक और अखिल-भारतीय जनसंघर्ष के बढ़ते हुए दबाव पर रोक का कार्य करते रहे। स्पष्टतः इस बार यह संघर्ष पूर्ण स्वाधीनता के लिए होनेवाला था। उनकी अनुपस्थिति में मद्रास अधिवेशन (1927) में जवाहरलाल ने स्वाधीनता का जो आकस्मिक प्रस्ताव प्रस्तुत किया था, उसका गांधीजी ने कड़ा विरोध किया। वे अगले वर्ष कलकत्ता अधिवेशन में समझौते का एक सूत्र सवीकार करवाने में सफल रहे जिसमें नेहरू रिपोर्ट के डोमिनियन स्टेटस के लक्ष्य को इस शर्त पर स्वीकार किया गया था कि ब्रिटिश सरकार 1929 के अंत तक यह दर्जा प्रदान कर दे, अन्यथा कांग्रेस सविनय अवज्ञा आंदोलन करने एवं पूर्ण स्वराज्य की मांग करने के लिए स्वतंत्र होगी। बोस ने पूर्ण स्वाधीनता के लक्ष्य की तत्काल पुनरोक्ति का संशोधन प्रस्तुत किया। जवाहरलाल नेहरू, तमिलनाडु के सत्यमूर्ति, बंगाल के अनेक प्रतिनिधियों एवं बंबई के कम्युनिस्टों (निंबकर और जोगलेकर) ने इसका समर्थन किया, किंतु यह संशोधन 973 के मुकाबले 1,350 मतों से पराजित हो गया। 1929 के दौरान गांधीजी ने कांग्रेस की गतिविधियों को रचनात्मक ग्रामीण कार्य, शराबबंदी और ब्रिटिश वस्तुओं के बहिष्कार के साथ ही बारदोली के तरीके से 'विशिष्ट शिकायतों' को दूर करवाने के प्रयत्नों तक ही सीमित रखने का प्रयास किया था। उन्होंने विदेशी कपड़ों की सार्वजनिक होलियां जलाने का आयोजन किया (जिसके लिए उन्हें कलकत्ता में गिरफ्तार किया गया और उन पर सांकेतिक जुर्माना किया गया), और खादी के लिए चंदा जमा करते हुए देश का दौरा किया, किंतु किसी कठोर संघर्ष के लिए पड़नेवाले दवाव को वे लगातार अस्वीकार करते रहे।

1928-29 के दौरन गांधीजी का संयम दर्शाने का समय बुर्जुवा वर्ग की झिझक और दुविधा का समय भी था। किंतु गांधीजी के संयम का मूल कारण शायद यह था कि इस अवधि में जो क्षेत्र और सामाजिक समूह (बंगाल, पंजाब और बंबई के नगरीय शिक्षित युवक एवं कलकत्ता के कामगार) सर्वाधिक प्रमुख रहे थे उन पर गांधीजी का प्रभाव और नियंत्रण अत्यंत कम था। जुलाई 1929 में उन्होंने स्पष्ट घोषणा की, "जो लोग मेरी शर्तों पर सविनय अवज्ञा आंदोलन में कूदना चाहते हैं उनका नेतृत्व करना मैं भली-भांति जानता हूं। मुझे दूर तक ऐसे संकेत नहीं दिखाई देते।" उनकी (उचित) झिझक का एक अन्य कारण कांग्रेस संगठन की स्थिति थी : मई 1929 में कांग्रेस की सदस्यता 56,000 ही रह गई थी। जवाहरलाल द्वारा आरंभ किए गए जोशीले अभियान के फलस्वरूप 6 महीने बाद यह संख्या बढ़कर 5 लाख हो तो गई, किंतु अधिकांश प्रांतों ने सदस्यों के लिए निर्धारित कोटों और धनराशियों के बारे में अपनी जिम्मेदारियों को पूरा नहीं किया था। विभाजक और विद्रोही शक्तियों

पर अपना प्रभुत्व स्थापित करने में गांधीजी की कुशलता का उदाहरण उसी महीने देखने को मिला जब अधिकांश प्रांतीय कांग्रेस कमेटियों के विरोध और स्वयं जवाहरलाल की पर्याप्त अनिच्छा के बावजूद उन्होंने जवाहरलाल को ही आगामी कांग्रेस अधिवेशन का सभापति बनाए जाने पर बल दिया। (10 प्रांतीय कमेटियां गांधीजी को, 5 वल्लभभाई को और केवल 3 जवाहरलाल को सभापति बनाए जाने के पक्ष में थीं।) गांधीजी का कहना था कि "निस्संदेह जवाहरलाल अतिवादी हैं और वे अपने आसपास से कहीं आगे की बात सोचते हैं। किंतु उनमें इतनी विनम्रता और व्यावहारिकता है कि वे अपनी गति को विघटन की सीमा तक नहीं बढ़ाएंगे। ... भाप तभी प्रचंड शक्ति बनती है जब वह कैद हो जाए ... । इसी प्रकार देश के युवकों को भी स्वेच्छा से अपनी अक्षय शक्ति को कैद हो जाने देना होगा ताकि उसे नियंत्रित करके बाकायदा नपी-तुली एवं आवश्यक मात्रा में छोड़ा जा सके" (*यंग इंडिया,* सितंबर 1929)।

जवाहरलाल का चुनाव स्वयं इस बात का संकेत था कि स्थिति टकराव की ओर अग्रसर थी, विशेष रूप से तब जबकि कलकत्ता अधिवेशन की एक वर्ष की समय-सीमा समाप्त होनेवाली थी। 31 अक्तूबर 1929 के 'इरविन प्रस्ताव' ने थोड़े समय के लिए कठिनाई उत्पन्न कर दी। इस प्रस्ताव में वायसरॉय ने घोषणा की थी कि डोमिनियम स्टेटस तो भारत की संवैधानिक प्रगति का 'स्वाभाविक मुद्दा' है, और वादा किया कि साइमन रिपोर्ट के प्रकाशित हो जाने पर एक गोलमेज सम्मेलन बुलाया जाएगा। निजी तौर पर, वायसरॉय साइमन आयोग के प्रबल विरोध को देखते हुए दिसंबर 1928 से ही ऐसी चाल चले जाने की मांग कर रहा था। नई लेबर सरकार (जून 1929) ने उसके प्रस्ताव का समर्थन किया, किंतु अधिकांश टोरियों और लिबरलों को यह बात कतई पसंद नहीं आई, जैसाकि उन्होंने प्रस्ताव के बाद हाउस ऑफ कॉमन्स में हुई बहस में स्पष्ट किया। इस बहस से समस्त योजना की विश्वसनीयता ही कम हो गई। 2 नवंबर को गांधीजी, मोतीलाल और मालवीय ने लिबरलों के साथ इस प्रस्ताव को स्वीकार कर लिया किंतु चार शर्तों के साथ : गोलमेज सम्मेलन में डोमिनियन स्टेटस के ब्यौरों पर बहस हो, न कि मूल सिद्धांतों पर जिन्हें ब्रिटिश सरकार तुरंत स्वीकार कर लेती; कांफ्रेंस में कांग्रेस के प्रतिनिधि बहुसंख्य हों, और एक आम माफी तथा सामान्यतः मेल-मिलाप की नीति घोषित की जाए। बोस ने इस 'दिल्ली समझौते' पर हस्ताक्षर करने से इनकार कर दिया। जवाहरलाल ने हस्ताक्षर तो कर दिए किंतु शीघ्र ही उन्हें संशय होने लगा और वे त्यागपत्र देने की इच्छा प्रकट करने लगे। जो भी हो, 23 दिसंबर को गांधी-इरविन भेंट में संधि-वार्ता टूट गई क्योंकि वायसरॉय ने कांग्रेस की शर्तें मानने से साफ इनकार कर दिया था।

कांग्रेस के लाहौर अधिवेशन (दिसंबर 1929) में जवाहरलाल ने अपना

पहला प्रेरक अध्यक्षीय भाषण दिया। उन्होंने बड़ी दिलेरी से स्वतंत्रता आंदोलन के एक नए अंतर्राष्ट्रीय एवं सामाजिक रूप से जुझारू परिप्रेक्ष्य की रूपरेखा प्रस्तुत की। यह परिप्रेक्ष्य अब तक केवल थोड़े-से वामपंथी समूहों तक सीमित था। "मैं स्पष्ट रूप से स्वीकार करता हूं कि मैं एक समाजवादी और गणतंत्रवादी हूं, और राजाओं, नरेशों में या उस व्यवस्था में मेरी कोई आस्था नहीं है जो आधुनिक औद्योगिक सम्राट उत्पन्न करती है ··· ।" उन्होंने जमींदार-किसान-संघर्ष और पूंजी-श्रम-संघर्ष के समाधान के लिए गांधीजी के प्रिय 'ट्रस्टीशिप' सिद्धांत की आलोचना की : "अनेक अंग्रेज सचमुच अपने-आपको भारत का ट्रस्टी समझते हैं, और फिर भी उन्होंने हमारे देश की क्या स्थिति कर डाली है!" फिर भी, कार्यवाही के विवरण से ज्ञात होता है कि अधिवेशन पर गांधीजी की ही पकड़ बनी हुई थी। बोस का यह वैकल्पिक प्रस्ताव कि 'करों की अदायगी तुरंत रोक दी जाए', 'जहां और जब भी संभव हो आम हड़तालें की जाएं' और 'समांतर सरकार' बनाई जाए, अस्वीकृत हो गया। गांधीजी ने एक ऐसा प्रस्ताव रखने पर जोर दिया जिसमें इरविन की ट्रेन पर बम फेंके जाने की घटना की निंदा की गई थी (जिसे 794 के मुकाबले 942 के मामूली बहुमत से ही पारित किया जा सका), और उन्होंने मुख्य प्रस्ताव को इस तर्क द्वारा स्वीकार करवा लिया कि प्रतिनिधि या तो प्रस्ताव को उसकी 'समग्रता में' स्वीकार करें या अस्वीकार। (इस प्रस्ताव में इरविन का मैत्रीपूर्ण उल्लेख सम्मिलित था और इरविन की पेशकश पर कांग्रेस वर्किंग कमेटी के आरंभिक दृष्टिकोण को उचित ठहराया गया था, और भविष्य में बातचीत की संभावना न रहने देने को अस्वीकार किया गया था।) सबसे बढ़कर यह कि यद्यपि बोस और जवाहरलाल, दोनों ने ही ऐसे सविनय अवज्ञा आंदोलन की कल्पना की थी जिसकी चरम परिणति आम हड़तालों में होती, मगर तय यह हुआ कि आगे उठाए जानेवाले कदमों के कार्यक्रम की योजना अखिल भारतीय कांग्रेस कमेटी बनाएगी। इसका अर्थ यह था कि यह कार्यक्रम गांधीजी ही बनाएंगे। इन सब सीमाओं के होते हुए भी यह मानना पड़ेगा कि संसार के सबसे बड़े उपनिवेश में साम्राज्यवाद-विरोधी आंदोलन अब गुणात्मक रूप से एक नए चरण में प्रवेश कर रहा था। आखिरकार नए वर्ष की पूर्व-वेला में कांग्रेस ने 'पूर्ण स्वराज्य' का नारा अपना ही लिया और न केवल 'वंदेमातरम्' बल्कि 'इंकलाब जिंदाबाद' के नारों के बीच राष्ट्रीय तिरंगा लहराया गया।

1930-31 : सविनय अवज्ञा आंदोलन

नमक सत्याग्रह की ओर

लाहौर कांग्रेस के बाद दो महीने तक चुप्पी छाई रही। सरकार और देश, दोनों ही इस बात की प्रतीक्षा कर रहे थे कि पूर्ण स्वराज्य के अहिंसक संघर्ष के लिए गांधीजी क्या तरीके निश्चित करते हैं। 26 जनवरी को सारे देश में

असंख्य सभाओं में स्वाधीनता की शपथ ली गई, "भारत को राजनीतिक, आर्थिक और सांस्कृतिक एवं आध्यात्मिक रूप से नष्ट करने" के लिए अंग्रेजों की भर्त्सना की गई, और कहा गया कि ऐसे शासन को और अधिक सहते जाना ईश्वर और मानव के प्रति अपराध है। 'सविनय अवज्ञा' जिसमें 'करों की नाअदायगी' भी शामिल थी, का आह्वान किया गया। कांग्रेसी विधायकों से कहा गया कि वे 6 जनवरी को त्यागपत्र दे दें। इस निर्देश का सामान्य रूप से पालन हुआ, किंतु पूर्णतः नहीं। अवज्ञा करनेवालों में एन. सी. केलकर, सत्यमूर्ति और अंसारी जैसे कांग्रेस के मुसलमान नेता थे। (नेहरू रिपोर्ट संबंधी वार्ता के भंग हो जाने के बाद से अंसारी बिना किसी सांप्रदायिक समझौते के राष्ट्रीय आंदोलन का दूसरा दौर आरंभ करने के पक्ष में नहीं थे।) बाकी यह कि फरवरी 1930 में बंबई एवं नागपुर में आधारित और कम्युनिस्ट नेतृत्व के अंतर्गत की गई जी. आई. पी. रेलवे की सशक्त हड़ताल को असफल हो जाने दिया गया। 31 जनवरी को गांधीजी ने इरविन को जो ग्यारह-सूत्री चेतावनी दी, वह पूर्ण स्वराज्य के प्रस्ताव से कोसों दूर थी, क्योंकि उसमें राजनीतिक संरचना को बदलने की, यहां तक कि डोमिनियन स्टेटस तक की मांग नहीं की गई थी। नमक को आंदोलन का मुख्य मुद्दा बनाया जाना भी पहले थोड़ा विचित्र लगा था। बाद में नेहरू ने लिखा कि किस प्रकार पहले-पहल इस प्रस्ताव से वे भौंचक्के रह गए थे (*ऐन आटोबॉयोग्राफी*, पृ. 210)। 20 फरवरी 1930 को इरविन ने बड़े आत्मविश्वास के साथ भारत-सचिव वेजवुड-बेन को लिखा था : "फिलहाल तो नमक सत्याग्रह की भावी योजना ने मेरी रातों की नींद नहीं उड़ाई है।"

आगे के घटनाक्रम ने संशयवादियों को गलत और गांधीजी को, आंशिक ही सही, सही साबित किया। ग्यारह-सूत्री मांगपत्र एक प्रकार से पीछे हटना था, किंतु इसने राष्ट्रीय मांगों को मूर्त रूप दिया और उन्हें विशिष्ट शिकायतों से जोड़ा। इरविन को लिखे गए पत्र में आम रुचि के मुद्दों (सेना के व्यय एवं सिविल सेवा के वेतनों में 50 प्रतिशत की कटौती, पूर्ण शराबबंदी, राजनीतिक बंदियों की रिहाई, आपराधिक गुप्तचर विभाग में सुधार और हथियार कानून में सुधार करके बंदूकों इत्यादि के लायसेंस की स्वीकृति को जन-नियंत्रण के अंतर्गत लाना) के साथ-साथ तीन विशिष्ट बुर्जुवा मांगें भी रखी गई थीं (रुपए-स्टर्लिंग के विनिमय-अनुपात को घटाकर 1 शिलिंग 4 पेंस करना, कपड़ा उद्योग को संरक्षण प्रदान करना और तटीय नौवहन को भारतीयों के लिए आरक्षित करना)। साथ ही, मूल रूप से किसानों से संबंधित दो मुद्दे भी थे—भू-राजस्व में 50 प्रतिशत की कटौती और नमक-कर की एवं नमक पर सरकारी एकाधिकार की समाप्ति। रोचक और महत्वपूर्ण बात यह है कि 1930 में मर्केंटाइल मेरीन कांफ्रेंस ब्रिटिश नौवहन हितों और वालचंद हीराचंद एवं लालजी नारानजी के स्टीम नेवीगेशन के बीच जारी विवाद को हल करने में असफल रही थी, और मार्च 1930 की बाम्बे मिल ओनर्स एसोसिएशन की

वार्षिक रिपोर्ट में कहा गया था कि ब्रिटिश एवं जापानी प्रतिस्पर्धा के विरुद्ध संरक्षण "उद्योग के लिए जीवन-मरण का प्रश्न बन चुका है।" मार्च 1930 में सरकार ने ब्रिटेन से आयात होनेवाले थानों पर लगनेवाले आयात-शुल्क को 15 प्रतिशत और गैर-ब्रिटिश आयात पर 20 प्रतिशत तक बढ़ाकर बंबई के बड़े कपड़ा उद्योगपतियों को अलग कर देने का प्रयास किया। इसमें उसे कुछ सफलता भी मिली। किंतु बंबई से बाहर के अधिकांश व्यापारियों ने इस स्पष्ट साम्राज्यिक वरीयता के प्रति आक्रोश प्रकट किया। धारा-सभा में इस बिल के विरोध में होनेवाले बहिर्गमन में बिड़ला भी यह कहते हुए सम्मिलित हो गए कि 'बंबई तो हिम्मत ही खो बैठी है', और उन्होंने मिल-मालिकों को चेतावनी दी कि यदि साम्राज्यिक वरीयता के द्वारा जापान को प्रतिस्पर्धा से निकाला गया है तो "भविष्य में किसी संरक्षण की अपेक्षा करना पत्थर की दीवार से सिर टकराना होगा" (जी. डी. बिड़ला, *द पाथ ऑफ प्रॉस्पेरिटी*, पृ. 193)। 14 फरवरी 1930 को फिक्की के वार्षिक अधिवेशन में 1 शिलिंग 6 पेंस के विनिमय-अनुपात के विरोध में ठाकुरदास का प्रस्ताव सर्वसम्मति से पारित हुआ। उसी अधिवेशन में सभापति की हैसियत से घनश्यामदास बिड़ला ने भारतीय अर्थव्यवस्था पर ब्रिटिश पूंजी की दमघोंटू जकड़ की कड़ी आलोचना की और सरकार की वित्तीय नीतियों की भी यह कहकर आलोचना की कि ये 'भेदभावमूलक संरक्षण' कम और 'भेदभावमूलक स्वतंत्र व्यापार' अधिक हैं। 5 मार्च को बिड़ला के निकट सहयोगी डी. पी. खेतान ने कलकत्ता इंडियन चैंबर ऑफ कॉमर्स की विशेष बैठक में घोषणा की : "... आखिरकार यह कठोर तथ्य हमारी समझ में आने लगा है कि जब तक भारत स्वायत्त शासन प्राप्त नहीं कर लेता, उसकी आर्थिक स्थिति में सुधार नहीं हो सकता।"

जहां तक किसानों के मुद्दे का सवाल है, स्पष्ट था कि गांधीजी एक जमींदार-विरोधी लगान-नाअदायगी आंदोलन के बारे में जवाहरलाल के उस उग्र सुझाव का अनुमोदन करने के पक्ष में न थे जिसे उन्होंने 5 फरवरी को रायबरेली की एक किसान रैली में व्यक्त किया था। जवाहरलाल का कथन था कि "मेरे विचार में जमींदार समुदाय एकदम बेकार है।" 26 फरवरी को संयुक्त प्रांत कांग्रेस कमेटी की बैठक में जवाहरलाल ने एक प्रस्ताव रखा था जिसमें जमीन में बिचौलियों की समाप्ति का आह्वान किया गया था। मगर इस प्रस्ताव को भी जल्द ही भुला दिया गया। फिर भी, जनवरी और फरवरी 1930 में गांधीजी ने जो भाषण दिए या लेख लिखे, उनमें किसानों के कष्टों पर बार-बार जोर दिया गया था और नमक के मुद्दे ने स्वराज्य के आदर्श को ग्रामीण निर्धनजन की एक ठोस और व्यापक शिकायत से देखते-देखते जोड़ दिया। (यह एक ऐसा मुद्दा था जिसके, लगान की नाअदायगी के नारे की तरह, सामाजिक रूप से विभाजनकारी निहितार्थ भी न थे।) इसने किसानों को इसका अवसर दिया कि वे अपनी सहायता स्वयं करते हुए कुछ अतिरिक्त आय कर सकें जो होती तो मामूली मगर मनोवैज्ञानिक दृष्टि से महत्वपूर्ण

होती। साथ ही, खादी की तरह इस मुद्दे ने भी उनके नगरीय समर्थकों को इसका मौका दिया कि वे प्रतीक रूप में जनता के व्यापक कष्टों से स्वयं को एकाकार कर सकें। फरवरी 1931 में इरविन ने गांधीजी के सामने स्वीकार किया था कि "आपने तो नमक के मुद्दे को लेकर एक अच्छी रणनीति तैयार की है।"

गुजरात के अंदरूनी हिस्सों से होते हुए साबरमती से समुद्र तक गांधीजी के दांडी मार्च (12 मार्च-6 अप्रैल) को देश-भर में और विदेशों में भी बेहद शोहरत मिली। इसमें आश्रम के 71 सदस्य भी शामिल थे जो भारत के सभी भागों से आए थे। गांधीजी ने 11 मार्च को घोषणा की कि जब वे दांडी में नमक कानून तोड़ें, तो उसके बाद बड़े पैमाने पर नमक का गैर-कानूनी निर्माण और नीलामी आरंभ कर दिए जाएं। इसमें विदेशी कपड़े और शराब का बहिष्कार भी सम्मिलित किया जा सकता था। इसमें भाग लेने की भी सबको छूट थी, किंतु अहिंसा और सत्य की शपथ लेने के बाद, और गिरफ्तार हो जाने पर स्थानीय नेताओं की बात माननी आवश्यक थी। आरंभ से ही नीचे के दबावों की उपस्थिति को अनुभव किया जा सकता था, क्योंकि अपनी यात्रा के दौरान गांधीजी जिस-जिस राह से गुजरे, वहां के ग्राम अधिकारी अपने पदों से त्यागपत्र देने लगे। 19 मार्च को (खेड़ा जिले के बरसाड ताल्लुके में स्थित) रास के पाटीदारों नें मांग की कि उन्हें तुरंत ही मालगुजारी की नाअदायगी का आंदोलन आरंभ करने की आज्ञा दी जाए। इस प्रार्थना को गांधीजी ने पर्याप्त अनिच्छा से ही स्वीकार किया। मई के मध्य में गांधीजी की गिरफ्तारी के बाद वर्किंग कमेटी ने 'रैयतवारी व्यवस्थावाले प्रांतों में' मालगुजारी की नाअदायगी, जमींदारीवाले क्षेत्रों में चौकीदारी-कर की नाअदायगी (अर्थपूर्ण यह है कि लगान की नाअदायगी नही), और मध्यप्रांत में वन विभाग के कानूनों का उल्लंघन करने की आज्ञा दे दी।

चटगांव, पेशावर, शोलापुर

अप्रैल के अंत तक ब्रिटिश सरकार की प्रतिक्रिया पर्याप्त सामान्य रही, यद्यपि 6 मार्च को पटेल और 14 अप्रैल को जवाहरलाल गिरफ्तार हो चुके थे और कराची, कलकत्ता एवं मद्रास में पुलिस और भीड़ के बीच हिंसक झड़पें हो चुकी थीं। लेकिन चटगांव, पेशावर और शोलापुर में होनेवाली तीन घटनाओं ने स्थिति में नाटकीय परिवर्तन ला दिया। ये तीन बड़े उपद्रव किसी भी तरह गांधीवादी सविनय अवज्ञा की श्रेणी में नहीं आते थे। 18 अप्रैल को सूर्य सेन के नेतृत्व में चटगांव के क्रांतिकारियों ने आतंकवाद के इतिहास का सबसे भव्य विप्लव किया। उन्होंने स्थानीय शस्त्रागार पर अधिकार करके इंडियन रिपब्लिकन आर्मी के नाम पर स्वाधीनता की घोषणा कर दी और 22 अप्रैल को जलालाबाद की पहाड़ी पर एक शौर्यपूर्ण लड़ाई लड़ी जिसमें 12 क्रांतिकारी मारे गए। यद्यपि इस कार्रवाई का गांधीजी के तरीकों से दूर का भी नाता

नहीं था, फिर भी शस्त्रागार पर अधिकार करते समय क्रांतिकारियों का नारा था : 'गांधीजी का राज आ गया है !' चटगांव की घटना तो मानो बंगाल में आतंकवाद की तेज लहर का श्रीगणेश थी जहां केवल 1930 में 56 घटनाएं दर्ज की गईं (जबकि 1919-29 के पूरे दशक में केवल 47 वारदातें ही दर्ज हुई थीं)। इनमें 8 दिसंबर को कलकत्ता में राइटर्स बिल्डिंग में स्थित सरकारी मुख्यालय पर बोला जानेवाला शानदार धावा भी शामिल था। पंजाब में हिंसप्रस भी अत्यंत सक्रिय हो उठा था। वहां से 1930 में 26 वारदातें दर्ज की गईं।

अंग्रेजों की दृष्टि से, और भी अधिक घबराहट की बात थी पेशावर में जन-आंदोलन। पेशावर पश्चिमोत्तर सीमाप्रांत की राजधानी था जो सदा से एक नाजुक सीमा-क्षेत्र रहा था। पेशावर के निकट उस्मानजाई के समृद्ध ग्राम-प्रधान के बेटे अब्दुल गफ्फार खान ने अपने पठान बंधुओं के बीच 1912 से ही शिक्षा एवं सामाजिक सुधार संबंधी कार्य आरंभ कर दिया था। उन्होंने क्रमशः देवबंद के मुस्लिम राष्ट्रवादी समूह, खिलाफत आंदोलन और अमीर अमानुल्ला से प्रेरणा ग्रहण की। (अमानुल्ला एक अफगान बादशाह थे जिनका तख्ता उनकी प्रगतिशील और सोवियत-समर्थक नीतियों के कारण 1928 में पलट दिया गया था।) 1920 के दशक के मध्य में 'बादशाह खान' के नाम से मशहूर होनेवाले गफ्फार खान ने मई 1928 में पश्तो भाषा का पहला राजनीतिक मासिक पत्र *पख्तून* निकाला। अगले वर्ष उन्होंने खुदाई खिदमतगार नाम से एक स्वयंसेवक दल का गठन किया जो लाल कुरते पहनता था, क्योंकि गांवों के दौरों के दौरान ये कम गंदे होते थे। 1929 तक गफ्फार खान गांधीजी के एक श्रद्धालु शिष्य बन चुके थे। अहिंसा के आदर्श के कारण पठानों के पारंपरिक खूनी झगड़ों में कमी आई और दूसरी जगहों पर भी आंतरिक सामाजिक तनावों का बढ़ना कुछ रुक गया। (कारण यह था कि छोटे और मंझोले जमींदार, काश्तकार, गरीब किसान और खेत-मजदूर, सभी खुदाई खिदमतगारों में शामिल थे।) गफ्फार खान लाहौर कांग्रेस में पठानों का एक बड़ा दस्ता साथ लेकर शामिल हुए थे। उसके बाद खुदाई खिदमतगारों की संख्या तेजी से बढ़ी और छः महीनों में ही यह 500 से बढ़कर 50,000 हो गई। 5 मई 1930 की एक सरकारी विज्ञप्ति में यह भी कहा गया था कि पेशावर के आसपास के गांवों में नौजवान भारत सभा की एक स्थानीय शाखा कुछ कम्युनिस्ट गतिविधियां चला रही है। 23 अप्रैल को बादशाह खान और कुछ अन्य नेताओं की गिरफ्तारी के फलस्वरूप पेशावर में भारी जन-उभार आया। भीड़ किस्सा-कहानी बाजार में तीन घंटों तक बख्तरबंद गाड़ियों एवं तेज गोलीबारी के आगे डटी रही। सरकारी सूचना के अनुसार इस घटना में 30 लोग मारे गए थे, किंतु गैर-सरकारी आकलन के अनुसार दो-ढाई सौ से कम लोग नहीं मरे थे। गढ़वाल रायफल्स की एक टुकड़ी के हिंदू सिपाहियों ने मुसलमान भीड़ पर गोली चलाने से इनकार कर दिया। बाद में कोर्ट मार्शल

का सामना करते हुए इन सिपाहियों ने साफ कहा : "हम अपने निहत्थे भाइयों पर गोलियां नहीं चलाएंगे, क्योंकि भारत की सेना बाहरी शत्रु से लड़ने के लिए है। तुम चाहो तो हमें गोली से उड़ा दो।" अंग्रेज सरकार 10 दिन बाद जाकर 4 मई को ही पेशावर में कानून-व्यवस्था बहाल कर पाई, और पश्चिमोत्तर सीमाप्रांत में आतंक और मार्शल लॉ का राज स्थापित हो गया। इरविन ने वेजवुड-बेन को सूचित किया कि पश्चिमोत्तर सीमाप्रांत का गवर्नर 'मानसिक अवसाद की स्थिति' में है, और 92 प्रतिशत मुसलमानोंवाले प्रदेश में अचानक इतना भारी ब्रिटिश-विरोधी आंदोलन खड़ा हो जाने से सरकार की सभी बनी-बनाई धारणाओं और गणनाओं के गड़बड़ा जाने का खतरा उत्पन्न हो गया। यद्यपि गफ्फार खान का अपना आंदोलन पेशावर, कोहट, बन्नू, डेरा इस्माइल और हजारा के बसे-बसाए जिलों तक ही सीमित था, मगर 1930 के उत्तरार्ध में कबायलियों के हमले हुए थे जिन्हें विफल करने के लिए डटकर हवाई बमबारी की गई। ध्यान देने योग्य यह है कि इस बार कबायलियों ने गांवों को नहीं लूटा और बड़ी हृदयग्राही सरलता से मांग की कि बादशाह खान, 'मलंग बाबा' (नंगे फकीर यानी गांधीजी) और 'इंकलाब' को रिहा कर दिया जाए। (उन्होंने इंकलाब जिंदाबाद का नारा सुन रखा था और समझते थे कि इंकलाब भी कोई बड़ा नेता है जिसे अंग्रेजों ने कैद कर रखा है!)

महाराष्ट्र के औद्योगिक नगर शोलापुर में गांधीजी के गिरफ्तार होने की खबर पाकर कपड़ा-मिलों के मजदूरों ने 7 मई को हड़ताल कर दी। भीड़ ने, जिसमें ज्यादातर मिल-मजदूर थे, शराब की दुकानें जला डालीं और पुलिस चौकियों, न्यायालयों, नगर निगम के भवन और रेलवे स्टेशन पर हमला किया। 16 मई के बाद मार्शल लॉ लगाकर ही स्थिति को नियंत्रित किया जा सका। हालांकि शराब की सभी दुकानों में लोग घुस गए थे, मगर लोगों के नशा करने की एक भी घटना सामने नहीं आई। अधिकारी इस बात से बड़े क्षुब्ध हुए कि 10 मई को बकरीद बिना किसी सांप्रदायिक वारदात के गुजर गई, बावजूद इसके कि दो दिन पहले ही तीन मुसलमान सिपाही जिंदा जला दिए गए थे। ऐसा लगता है कि कुछ दिनों तक के लिए समांतर सरकार जैसी कोई चीज भी स्थापित हो गई थी : "कांग्रेस के स्वयंसेवक यातायात का संचालन कर रहे थे और मुझे बताया गया है कि डिस्ट्रिक्ट मजिस्ट्रेट से लेकर नीचे तक के अधिकारियों की नियुक्तियां की गई हैं।" यह रिपोर्ट 13 मई को शोलापुर के डिस्ट्रिक्ट मजिस्ट्रेट ने दी थी (*होम पोलिटिकल 512/1930*)। ध्यान देने योग्य बात यह है कि शोलापुर के उपद्रव में प्रमुख रूप से भाग लेनेवाला कामगार वर्ग सविनय अवज्ञा आंदोलन के आरंभिक दिनों में कुछ अन्य केंद्रों में भी पर्याप्त सक्रिय रहा था। इसकी मिसालें हैं–कराची के गोदी मजदूरों, मद्रास में चूलाई मिल के हड़ताली कामगारों और कलकत्ता के देसावरी यातायात कर्मचारियों और बजबज की मिलों के कामगारों की पुलिस के साथ तब की झड़पें जब अप्रैल के मध्य में जवाहरलाल और 4 मई को गांधीजी

को गिरफ्तार कर लिया गया था। यह सब हुआ इसके बावजूद कि ग्यारह-सूत्री मांगपत्र में और कांग्रेस की आम नीति में कामगार वर्ग की विशिष्ट शिकायतों की पूर्ण अवहेलना की गई थी, और अपनी नई अति-वामपंथी नीति के कारण कम्युनिस्ट भी सविनय अवज्ञा आंदोलन से प्रायः अलग ही रहे थे।

सविनय अवज्ञा आंदोलन के चरण

चौरीचौरा के बाद जो कुछ हुआ था उसके बिलकुल विपरीत, चटगांव, पेशावर और शोलापुर में होनेवाली हिंसक घटनाओं के बावजूद गांधीजी ने आंदोलन वापस लेने की बात नहीं की। वस्तुतः 27 फरवरी 1930 को *यंग इंडिया* के एक लेख में उन्होंने आश्वासन दिया कि अब वे 'रास्ता जान गए हैं जो बारदोली की भांति पीछे हटने का रास्ता नहीं', बल्कि अहिंसक मुख्य धारा को लेकर आगे बढ़ते जाने का रास्ता था। भले ही छिटपुट हिंसक घटनाएं होती रहीं, उन्हें व्यावहारिक रूप से कमोबेश अपरिहार्य स्वीकार कर लिया गया था : "इस बार जो सविनय अवज्ञा आंदोलन आरंभ हुआ है उसे रोका नहीं जा सकता और रोका नहीं जाना चाहिए . . . ।" इसमें और अन्य मामलों में 1921-22 की अपेक्षा 1930 में एक निश्चित जुझारूपन दिखाई देता है। अब घोषित लक्ष्य था—पूर्ण स्वाधीनता, न कि केवल दो विशिष्ट 'भूलों' का परिमार्जन और साथ में अस्पष्ट-सा स्वराज। इसके तरीकों में आरंभ से ही विदेशी शासन के साथ केवल असहयोग की जगह कानून का सायास उल्लंघन भी शामिल रहा था। परिणामस्वरूप जेल जानेवालों की संख्या भी 1921-22 की तुलना में कम-से-कम तीन गुनी अधिक थी। बाद में जवाहरलाल द्वारा किए गए आकलन के अनुसार यह संख्या 92,124 *(ए. आई. सी. सी., जी.आई./1931)* रही होगी, जिसमें सबसे बड़े जत्थे बंगाल (15,000), बिहार (14,251), संयुक्तप्रांत (12,651), पंजाब (12,000), पश्चिमोत्तर सीमा प्रांत (5,000), बंबई नगर (4,700), दिल्ली (4,500), गुजरात (3,549), तमिलनाडु (2,991), आंध्र (2,878) और मध्यप्रांत हिंदुस्तानी (2,255) के रहे थे। इस बात पर बल देने की आवश्यकता है कि आंदोलन में भाग लेना 1921 की तुलना में कहीं बड़े खतरे का काम हो गया था क्योंकि डरी हुई सरकार ने मई के बाद से पूर्णतः शांतिपूर्ण सत्याग्रहियों पर भी नृशंस अत्याचार करने आरंभ कर दिए थे। मई 1930 में बंबई के समुद्रतट पर विदेशी पत्रकार वेब मिलर ने अपनी आंखों के सामने पुलिस को "प्रतिरोध कर रहे लोगों को बाकायदा मार-मारकर भुरता बनाते हुए" देखा, और ठाकुरदास ने "पुलिस द्वारा स्त्रियों एवं दस-दस, बारह-बारह साल के बच्चों को पीटे जाने" की कड़ी शिकायत की। प्राण और शरीर के अतिरिक्त गरीब की थोड़ी-बहुत संपत्ति भी दांव पर लग जाती थी क्योंकि मालगुजारी या चौकीदारी-कर की नाअदायगी के जवाब में घर के बर्तन-भांडे, साज-सामान, यहां तक कि जमीन भी जब्त कर ली जाती थी। इस आंदोलन में स्त्रियों एवं किशोरों का सम्मिलित होना

इसकी एक अन्य विशेषता थी : 15 नवंबर 1930 को जो 29,054 गिरफ्तारियां हुई थीं उनमें 2,050 सत्रह वर्ष से भी कम की आयु के किशोर थे और 359 स्त्रियां थीं। असहयोग आंदोलन भारतीय स्त्रियों की मुक्ति की दिशा में एक महत्वपूर्ण कदम था—इस बात को संयुक्त प्रांत की पुलिस के एक अधिकारी ने पुरुषवादी अहंकार से भरी एक टिप्पणी में स्वीकार किया है : "भारतीय नारी घरेलू और राष्ट्रीय स्वाधीनता के लिए एक साथ लड़ रही है, और एक नारी की भांति उसकी मांगें और तरीके नितांत अनुचित और अतार्किक हैं, किंतु नारी के रूप में पुरुष पर उसका अत्यधिक प्रभाव है . . . । अनेक राजभक्त अधिकारियों को, जिनमें पुलिस अधिकारी भी सम्मिलित हैं, जितने ताने और गालियां अपनी महिला रिश्तेदारों से मिलती हैं, उतनी कहीं और से नहीं" (संयुक्त प्रांत के पुलिस इंस्पेक्टर जनरल डॉड की 3 सितंबर 1930 की टिप्पणी, *होम पोलिटिकल 249/1930*)।

फिर भी, यह मानना कि असहयोग आंदोलन की तुलना में अवज्ञा आंदोलन प्रत्येक क्षेत्र में आगे रहा था, अतिसरलीकरण होगा। 1919-22 के समय की हृदयग्राही हिंदू-मुस्लिम एकता 1930 में अतीत की वस्तु बन चुकी थी, क्योंकि इन दो आंदोलनों के बीच न केवल भंग हुई नेहरू रिपोर्ट थी, बल्कि सांप्रदायिक संगठनों एवं भ्रातृघाती संघर्षों से भरा हुआ एक पूरा दशक था। पश्चिमोत्तर सीमाप्रांत एवं दिल्ली जैसी इक्का-दुक्का जगहों को छोड़कर पूरे अवज्ञा आंदोलन के दौरान मुसलमानों की भागीदारी बहुत कम रही थी। दिल्ली में, जैसाकि सितंबर 1930 की सरकारी पाक्षिक रिपोर्ट में स्वीकार किया गया था, कांग्रेस निम्नवर्गीय मुसलमानों के बड़े हिस्से को अपनी ओर करने में पर्याप्त सफल रही थी (*होम पोलिटिकल 18/10/1930*)। उदाहरण के लिए, संयुक्त प्रांत में, जहां 1921-22 में कांग्रेस-खिलाफत गठजोड़ बहुत मजबूत रहा था, 1930 और 1933 के बीच इलाहाबाद से गिरफ्तार 679 अवज्ञा आंदोलनकारियों में केवल 9 मुसलमान थे (ज्ञान पांडे, पृ. 112)। असहयोग आंदोलन के विपरीत, सविनय अवज्ञा के साथ किसी बड़े श्रमिक आंदोलन का आरंभ नहीं हुआ। जून 1930 की एक अन्यथा घबराहटपूर्ण सरकारी रिपोर्ट में कहा गया था, "बंबई शहर की स्थिति के संबंध में सर्वाधिक संतोष का विषय यह है कि अब तक मिलों के कामगार अप्रभावित हैं . . . कार्यकर्त्ता पिछले वर्ष की हड़ताल के परिणाम भूले नहीं हैं" (*होम पोलिटिकल 257/5/1930*)। एक और अंतर भी स्पष्ट दिखाई देता था—विरोध के शुद्धतः बुद्धिजीवी रूपों (जैसे वकीलों का अपनी वकालत छोड़ना और राष्ट्रीय स्कूल एवं कालेज स्थापित करने के लिए विद्यार्थियों का सरकारी स्कूल-कालेजों का बहिष्कार करना) में कमी आई थी। लाहौर अधिवेशन में गांधीजी ने स्कूल-कालेजों के बहिष्कार के प्रस्ताव को अव्यावहारिक कहकर अस्वीकार कर दिया था : "मैं नहीं समझता कि आज ऐसा बहिष्कार करने का माहौल है।" जुलाई 1930 की बिहार कांग्रेस की रिपोर्ट में स्वीकार किया गया था कि "वकीलों और

विद्यार्थीयों की ओर से प्रतिक्रिया लगभग शून्य रही है" (*ए. आई. सी. सी. फा. नं. जी/80/1930*), और बंबई कांग्रेस के साइक्लोस्टाइल्ड परचों में 'हमारे निष्प्राण विद्यार्थियों' की बारंबार भर्त्सना मिलती है।

फिर भी, श्रमिकों एवं शहरी बुद्धिजीवियों की इस कमी को व्यापारी वर्गों एवं किसानों के बड़े वर्गों के भारी समर्थन ने पूरा कर दिया। सविनय अवज्ञा आंदोलन का सामाजिक इतिहास लिखनेवाले को मुख्यतः इन दो मूल सामाजिक वर्गों की भागीदारी के संदर्भ में ही लिखना होगा जिसमें देश-काल के अनुसार भिन्नताएं पाई जाती थीं। संगठनात्मक रूप से भी अब कांग्रेस देश के अधिकांश भागों में 1921-22 की तुलना में, जब इसने जनसामान्य का दल होने की दिशा में पहला कदम ही रखा था, कहीं अधिक दृढ़ हो गई थी। इसका, जैसाकि पहले कहा जा चुका है, थोड़ा अंतर्विरोधी प्रभाव हुआ। संगठनात्मक अनुशासन और शक्ति ने चुने हुए, विशिष्ट मुद्दों पर होनेवाले आंदोलनों को कहीं अधिक प्रभावी बनाया, किंतु कभी-कभी जनसामान्य के स्फूर्त उत्साह एवं जुझारूपन पर रोक लगाने का कार्य भी किया। पुनः, इस बात पर ध्यान दिया जाना चाहिए कि इसमें देश और काल की भिन्नताएं अत्यंत महत्वपूर्ण थीं। मध्यप्रांत, महाराष्ट्र, कर्नाटक या मध्य भारत के आदिवासी क्षेत्रों में असहयोग आंदोलन अधिक नहीं पैठ सका था और उनके लिए गांधीवादी विचारों में अब भी नवीनता की महक और अस्पष्टता थी। इन क्षेत्रों में एक स्फूर्त और स्वर्णयुग का-सा उत्साह देखा जा सकता था, जो गुजरात, संयुक्त प्रांत, बिहार या तटीय आंध्र जैसे गांधीवाद के सुस्थापित गढ़ों में अब देखने को नहीं मिलता था। फिर भी, गिरफ्तारियां देने की मूल गांधीवादी रणनीति का परिणाम यह हुआ कि जमे हुए नेता और कार्यकर्त्ता शीघ्र ही रंगमंच से हटा दिए गए, जिसके परिणामस्वरूप प्रायः नीचे से छिटपुट किंतु जुझारू आंदोलनों को उभरने का अवसर मिला। यह एक प्रकार की कम कुंठित 'दूसरी लहर' थी, जो 1930 के पश्चात् कृषि-मूल्यों में बढ़ती हुई गिरावट के संदर्भ में ग्रामीण क्षेत्रों में खास जोर पकड़ रही थी।

वस्तुतः सितंबर-अक्तूबर 1930 मोटे तौर पर सविनय अवज्ञा आंदोलन के दो बड़े चरणों के बीच एक विभाजक रेखा माना जा सकता है। पहले चरण में गांधीवादी नेताओं द्वारा चुने गए मुद्दों (नमक, मालगुजारी की नाअदायगी, शराब की दुकानों पर धरना और चौकीदारी-कर न देना) को लेकर शहरों में बुर्जुवा तत्वों और गांवों में किसानों की नियंत्रित लामबंदी अपनी चरम सीमा पर पहुंची थी। इरविन ने वेजवुड-बेन को 24 अप्रैल 1930 को लिखा था : "साइक्स (बंबई का गवर्नर) का कहना है कि बंबई के व्यापारिक समुदाय ने गांधी को ऐसा समर्थन दिया है जो उसने 1921-22 के असहयोग आंदोलन के अंतिम चरणों तक देना स्वीकार नहीं किया था।" ब्रिटिश गुप्तचर विभाग के अनुमान के अनुसार घनश्यामदास बिड़ला ने आंदोलन के लिए एक लाख से लेकर पांच लाख रुपयों तक का चंदा दिया था, और ठाकुरदास के दस्तावेजों

में सुरक्षित उनके पत्रों से ज्ञात होता है कि वे सक्रिय रूप से विदेशी कपड़े के थानों का आयात करनेवाले कलकत्ता के मारवाड़ियों को इस बात पर राजी करने का प्रयास कर रहे थे कि वे इस आयात के स्थान पर बंबई और अहमदाबाद की कपड़ा-मिलों से व्यापार-संबंध स्थापित करें। जमनालाल बजाज इस अर्थ में अनोखे पूंजीपति थे कि वे पूर्णकालिक कांग्रेसी आंदोलनकारी थे (वे अनेक वर्षों तक अखिल भारतीय कांग्रेस कमेटी के कोषाध्यक्ष रहे और 1930 में जेल भी गए), और वालचंद हीराचंद ने 28 अप्रैल 1930 को फिक्की को लिखे पत्र में व्यापारी बिरादरी से अनुरोध किया था कि वे "निष्पक्ष रहने की नीति" त्याग दें : "यदि भारत सरकार भारतीय व्यापारियों के दृष्टिकोण से पूर्णतः सहमत नहीं होती तो हमें उन लोगों के साथ मिलकर अपना भाग्य आजमाना होगा जो स्वराज के लिए सरकार के विरुद्ध संघर्ष कर रहे हैं" *(वालचंद हीराचंद पेपर्स, फा. न. 8 [i])*। मई 1930 में फिक्की ने तय किया कि वह तब तक गोलमेज सम्मेलन का बहिष्कार करेगी जब तक कि गांधीजी इससे दूर रहते हैं और जब तक कि वायसरॉय डोमिनियम स्टेटस के संबंध में कोई निश्चित वादा नहीं करता। 1921 में राजभक्त रहे लालजी नारानजी और ठाकुरदास अब फिक्की के इस विरोध-पत्र पर हस्ताक्षर करनेवालों में थे और यद्यपि ठाकुरदास ने सरकारी अधिकारियों से सदैव संपर्क बनाए रखा, मगर उन्होंने भी 12 मई 1930 को इरविन से मांग की कि "वित्त, मुद्रा, वित्तीय नीति और रेलों पर पूर्ण भारतीय नियंत्रण हो" *(ठाकुरदास पेपर्स, फा. न. 99/1930)*। यह सत्य है कि बंबई के मिल-मालिकों के साथ कांग्रेस के संबंधों में परेशानियां आती रहीं, जिनका कारण कपड़े की अत्यधिक कीमत, मिल के कपड़े को खादी कहकर बेचना, विदेशी धागों का प्रयोग और कुछ मिल-अभिकर्त्ताओं द्वारा आयातित थानों का व्यापार था। अगस्त 1930 में बंबई की चौबीस मिलों को गैर-स्वदेशी करार दिया गया। यद्यपि अहमदाबाद के अंबालाल साराभाई और कस्तूरभाई लालभाई जैसे मिल-मालिकों ने ऐसी समस्याओं को दूर करने में मोतीलाल के साथ सहयोग किया, फिर भी कुल मिलाकर (1921 की भांति) उद्योगपतियों की तुलना में व्यापारी और दुकानदार ही राष्ट्रीय आंदोलन के अधिक उत्साही समर्थक थे। बंबई, अमृतसर, दिल्ली और कलकत्ता (जहां मारवाड़ी आयातकों ने 30 अप्रैल को शपथ ली) में व्यापारियों द्वारा विदेशी माल का ठेका न लेने की शपथ लेना आम बात हो गई थी। स्वयंसेवकों (प्रायः महिलाओं) द्वारा शानदार धरने देने की अपेक्षा बहिष्कार का यह रूप कहीं अधिक प्रभावी था। इसमें संदेह नहीं कि विश्वव्यापी मंदी के दौर में गिरती हुई कीमतों से भविष्य के आयात-आदेशों को निरस्त करना लाभप्रद होने के साथ ही देशभक्तिपूर्ण भी हो गया था, किंतु बंबई से आई एक के बाद एक, दो सरकारी रिपोर्टें इस बात का प्रमाण हैं कि इसके पीछे दीर्घकालिक एवं विचारधारात्मक आधार भी थे। "लंबे समय से बंबई के व्यापारी भारत सरकार द्वारा अपनाई गई वित्तीय एवं आर्थिक नीतियों

से असंतुष्ट रहे हैं · · ·। उनका विचार है कि यदि इससे उन्हें आर्थिक एवं वित्तीय स्वायत्तता मिलती हो, जिसकी उन्हें इतनी उत्कट अभिलाषा है, तो उनके लिए इस समय त्याग करना उचित रहेगा" (एच. जी. हेग, 13 जून 1930, *होम पोलिटिकल, फा. न. 447/5/1930)*। "एक अत्यंत महत्वपूर्ण बात यह है कि अनेक साधारण, संजीदा और समझदार व्यापारी आंदोलन जारी रखने के लिए बिल्कुल तैयार हैं, भले ही इसमें उनकी बर्बादी निश्चित है" (पेट्री, 20 अगस्त 1930, *होम पोलिटिकल, फा. न. 504/1930)*।

इसका समग्र प्रभाव यह हुआ कि ब्रिटिश कपड़े के आयात में पर्याप्त कमी आई। 1929 में जो आयात 260 लाख पाउंड का था, वही 1930 में घटकर 137 लाख पाउंड का रह गया था। मात्रा की दृष्टि से देखें तो 1929-30 में जहां 12,480 लाख गज कपड़े का आयात हुआ था, वहीं 1930-31 में यह घटकर 5,230 लाख गज रह गया था। यह सत्य है कि मंदी के कारण विश्व के पैमाने पर ही व्यापार में कमी आ रही थी, किंतु मार्च 1931 में बाम्बे मिल ओनर्स एसोसिएशन में मोदी का अध्यक्षीय भाषण भी पर्याप्त अर्थपूर्ण था : "इसमें संदेह नहीं कि संकट की घड़ी में · · · स्वदेशी आंदोलन ने (भारतीय) उद्योग की सहायता की", और अब "भविष्य को आशापूर्ण माना जा सकता है।" ब्रिटेन से होनेवाले अन्य आयातों पर भी प्रभाव पड़ा और मई से लेकर अगस्त 1930 तक ब्रिटिश ट्रेड कमिश्नर के कार्यालय में इंपीरियल टोबैको, डनलप और अन्य 'श्वेत' फर्मों की घबराहटपूर्ण रिपोर्टों और शिकायतों की बाढ़-सी आई रही।

स्वाभाविक था कि ग्रामीण क्षेत्रों में गांधीवादी सविनय अवज्ञा के आरंभिक 'आधिकारिक' रूप के प्रस्थान-बिंदु और मजबूत आधार वे स्थान थे जहां स्थानीय आश्रमों के माध्यम से पहले कुछ गांधीवादी कार्य हो चुका था। इनमें प्रमुख थे—गुजरात में बारदोली और बंगाल में बांकुड़ा और आरामबाग, और बिहार के भागलपुर जिले में बिहपुर। नमक का मुद्दा आरंभिक उत्प्रेरक रहा, किंतु बरसात का मौसम आरंभ हो जाने पर नमक का अवैध निर्माण कठिन हो गया। वैसे भी नमक आंदोलन केवल बंबई प्रेसीडेंसी के तटीय क्षेत्रों, उड़ीसा के बालासोर या बंगाल के मिदनापुर जैसे क्षेत्रों में ही चलाया जा सकता था। शराब की दुकानों पर और एक्साइज लाइसेंस की नीलामी के समय धरना देना गांवों और छोटे कस्बों, दोनों ही में आंदोलन का महत्वपूर्ण रूप हो गया। साथ ही, अनेक स्थानों पर (उदारहण के लिए, बिहार के उत्तरी एवं मध्य जिलों और मिदनापुर में) किसानों ने शारीरिक उत्पीड़न एवं संपत्ति की जब्ती के बावजूद चौकीदारी-कर देने से दृढ़तापूर्वक इनकार कर दिया। ग्राम अधिकारियों ने बड़े पैमाने पर अपने पदों से त्यागपत्र देकर ग्रामीण प्रशासन को ठप्प कर देने का प्रयास किया : 21 जून तक खेड़ा जिले के 655 मुखियों में 224 इस्तीफा दे चुके थे। खेड़ा के आनंद, बरसाड और नाडियाड ताल्लुके और सूरत का बारदोली ताल्लुका मालगुजारी की नाअदायगी

के आंदोलन के अत्यंत सफल केंद्र बन गए, और हिजरत आंदोलन (जो अक्तूबर में अपने शिखर पर था और जिसमें 15,000 किसान शामिल थे) के अंतर्गत पाटीदारों ने पड़ौसी बड़ौदा राज्य में शरण ली। गांधी-इरविन समझौते पर हस्ताक्षर होने तक बारदोली में राजस्व के 3,97,000 में से केवल 20,000 रु. ही वसूल हो पाए थे। मध्यप्रांत, महाराष्ट्र और कर्नाटक में कांग्रेसी नेताओं ने बड़े नियंत्रित ढंग से वन-कानूनों को लेकर किसानों और आदिवासियों की शिकायतों के विस्फोटक संभावना से भरे मुद्दे का उपयोग करने का प्रयास किया। 'वन-सत्याग्रहियों' को प्रशिक्षण देने के लिए शिविर स्थापित किए गए, (जैसेकि अहमदनगर जिले के संगमनेर में), सावधानीपूर्वक सत्याग्रह-केंद्रों का चुनाव किया गया (जुलाई और सितंबर के बीच बरार में ऐसे केंद्र खोले गए), और प्रयास किया गया कि आंदोलन वन विभाग की नीलामियों के बहिष्कार, चराई और लकड़ी संबंधी नियमों के शांतिपूर्ण सामूहिक उल्लंघन और वनों से अवैध रूप से प्राप्त उपज की सार्वजनिक बिक्री तक सीमित रहे। कर्नाटक सत्याग्रह मंडल ने काटे जानेवाले पेड़ों की किस्में भी निर्धारित करने का प्रयास किया।

सविनय अवज्ञा आंदोलन के पहले चरण की शक्ति जुलाई-अगस्त 1930 में सप्रू एवं जयकर के मध्यस्थता प्रयासों से यरवदा जेल में हुई असफल बातचीत के दौरान राष्ट्रीय नेताओं द्वारा अपनाए गए दो-टूक दृष्टिकोण से स्पष्ट है। सप्रू के माध्यम से नेहरू को भेजी गई आरंभिक टिप्पणी (23 जुलाई) में गांधीजी थोड़ा डांवांडोल रहे थे। इसमें उन्होंने अस्थायी 'रक्षक-उपायों' पर बातचीत की संभावना को स्वीकार किया था, किंतु साथ ही उन्होंने यह भी स्पष्ट कर दिया था कि "जवाहरलाल का निर्णय ही अंतिम होगा ... किसी भी कड़े रुख को अपनाए जाने की स्थिति में मैं लाहौर प्रस्ताव का शब्दशः अनुमोदन करने में भी पीछे नहीं रहूंगा।"15 अगस्त को यरवदा जेल से भेजे गए पत्र में गांधीजी ने और नेहरू पिता-पुत्रों ने स्पष्ट रूप से अलगाव के अधिकार की और प्रतिरक्षा तथा वित्त पर पूर्ण नियंत्रणवाली 'एक संपूर्ण राष्ट्रीय सरकार' की मांग की जिसमें ब्रिटिश वित्तीय दावों का निपटारा करने के लिए एक स्वतंत्र न्यायाधिकरण भी हो। आश्चर्य नहीं कि इस बिंदु पर आकर बातचीत टूट गई। आंदोलन की शक्ति इससे भी प्रकट है कि सितंबर 1930 में धारा-सभा के चुनावों का काफी हद तक सफल बहिष्कार हुआ। बंबई के शहरी हिंदू चुनाव-क्षेत्रों में केवल 8 प्रतिशत मतदान हुआ, और अखिल-भारतीय भागीदारी का औसत 1926 के 48.07 प्रतिशत से घटकर 26.1 प्रतिशत ही रह गया।

केवल 6 महीने बाद, फरवरी-मार्च 1930 में दिल्ली में इरविन से बातचीत करते समय गांधीजी ने इससे एकदम भिन्न और कहीं अधिक नरम रुख अपना लिया। इसका कारण बहुत सीमा तक यह हो सकता है कि आंदोलन ही अब अपनी दिशा बदल रहा था।

सितंबर 1930 के बाद की सरकारी रिपोर्टों में बारंबार इस बात पर बल दिया गया है कि शहरी व्यापारियों के उत्साह और समर्थन में कमी आती जा रही थी। बनारस में व्यापारी विदेशी कपड़े पर लगाई गई कांग्रेसियों की सील को तोड़ रहे थे, फाजिल्का में अमृतसर के व्यापारी गुप्त रूप से विदेशी कपड़ा बेच रहे थे, और बंबई में भी व्यापारी, 'जिनके पास पिछले वर्ष के माल का पर्याप्त भंडार' जमा था, 'कांग्रेस के आदेश के विरुद्ध विद्रोह के लक्षण' प्रकट करने लगे थे *(होम पोलिटिकल 18/10/1930)*। अगर व्यापारियों की ही नीयत में फर्क आने लगा था तो उद्योगपतियों में तो पहले भी आंदोलन के प्रति उत्साह नहीं था, क्योंकि स्वदेशी से होनेवाले लाभ, जैसाकि मोदी ने मार्च 1931 में कहा, "बार-बार की उन हड़तालों से निरर्थक हो जाते थे जो व्यापार और उद्योग को अस्त-व्यस्त कर देती थीं" और पर्याप्त अनिश्चितता की स्थिति उत्पन्न कर देती थीं। यद्यपि बिड़ला ने (6 सितंबर को ठाकुरदास को लिखे पत्र में) गांधीजी के यरवदावाले निर्णय का समर्थन किया था, लेकिन कुछ दिन पश्चात् ही लाला श्रीराम ने फिक्की से अनुरोध किया कि गोलमेज सम्मेलन का बहिष्कार करने के मई में लिए गए निर्णय पर वह पुनर्विचार करे, और ठाकुरदास ने लालजी नारानजी के माध्यम से मोतीलाल को आगाह किया कि 'व्यापारी समुदाय की सहनशक्ति सीमा पार करनेवाली है' *(ठाकुरदास पेपर्स, फा. न. 104/1930)*। इसी बात को ठाकुरदास ने अधिक स्पष्ट रूप से एक पत्र में कहा जो उन्होंने बिड़ला के निकट सहयोगी देवीप्रसाद खेतान को 8 अक्तूबर को लिखा था : "इस यात्रा से मैं इस निष्कर्ष पर पहूंचा हूं कि दिल्ली, अमृतसर और कानपुर इत्यादि में कपड़े के थानों के आयातकर्त्ता और व्यापारी धरने और इससे होनेवाले नुकसान से तंग आ चुके हैं ... । बंबई के अतिरिक्त शेष सारा भारत भली प्रकार नियंत्रण में है और शीघ्र ही समर्पण कर देगा ... मुझे भय है कि कांग्रेस को धक्का लगेगा और इसके साथ सारे देश को भारी नुकसान उठाना पड़ेगा" (वही, *फा. न. 99/1930)*।

समझौते की मांग कर रहे व्यापारिक समूहों की ओर से खतरे के संकेत और उनके प्रति राष्ट्रीय नेताओं की प्रतिक्रिया, दोनों ही कदाचित् ग्रामीण क्षेत्रों में होनेवाली घटनाओं से भी जुड़े थे। गांवों में आंदोलन के अधिक शुद्ध गांधीवादी रूप अपेक्षाकृत समृद्ध किसानों पर आधारित थे और कुर्की की निर्मम ब्रिटिश नीति ने उनकी शक्ति को क्षीण करना आरंभ कर दिया था। साथ ही एक *'दूसरी लहर'* के भी चिह्न दिखाई दे रहे थे जो लगान की नाअदायगी या आदिवासी विद्रोह का अनियंत्रित और खतरनाक रूप धारण कर रही थी। नवंबर 1930 में बंबई की पाक्षिक रिपोर्ट में खेड़ा के पाटीदारों की दयनीय दशा का वर्णन था जो बड़ौदा की सीमा में डेरा डाले हुए थे : "उनके रुख में हेकड़ी के कोई चिह्न नहीं हैं, हिंसा के तो और भी कम। वे निराश हो गए प्रतीत होते हैं।" तथापि लगभग उसी के आसपास, 20 अक्तूबर को चणकपुर (नासिक जिला) के कोली आदिवासी "यह सुनकर कि ब्रिटिश

राज की जगह गांधी राज आ गया है · · · भालों, तलवारों एवं अन्य हथियारों से लैस होकर · · · कांग्रेसी नारे लगाने लगे · · · । उन्होंने तितर-बितर होने से इनकार कर दिया (और) पुलिस की गोलियों के जवाब में पत्थर फेंकने लगे" *(होम पोलिटिकल 18/11-18/12/1930)*। पश्चिमी घाट के कोलियों और मध्यप्रांत के गोंडों के बीच वन-सत्याग्रह गांधीवादी सीमाएं कभी का पार कर गया था। वे बारंबार पुलिस चौकियों पर आक्रमण करते और बड़े स्तर पर पेड़ों की कटाई करने लगे थे। अन्य स्थानों पर भी छिटपुट घटनाओं में देश-भर के किसान अपने नेताओं की गिरफ्तारी और अपनी संपत्ति की जब्ती का विरोध कर रहे थे। वे शंख बजाकर पड़ोसी गांववासियों को जमा करते और पुलिस दलों को घेरकर उन पर आक्रमण करते। कीमतों के गिरने के साथ ही लगान की नाअदायगी के लिए जोर बढ़ता गया और अंततः अक्तूबर 1930 में संयुक्त प्रांत की कांग्रेस को अनिच्छापूर्वक इसकी अनुमति देनी ही पड़ी।

आंचलिक अध्ययन

अब तक हम एक अखिल भारतीय-आंदोलन के रूप में सविनय अवज्ञा की विवेचना कर रहे थे। जैसाकि असहयोग आंदोलन के संदर्भ में हमने किया था, सविनय अवज्ञा के भी आंचलिक रूपों का संक्षिप्त अध्ययन आवश्यक है, ताकि उन अंतर्विरोधी बातों एवं आंतरिक तनावों को समझा जा सके जिनके परिणामस्वरूप गांधी-इरविन समझौता हुआ।

1930 में पूरे वर्ष-भर बंबई महानगर सविनय अवज्ञा आंदोलन का मुख्य गढ़ बना रहा। 13 जून को होम मेंबर एच. जी. हेग ने अत्यंत घबराहट में रिपोर्ट दी कि "गांधी टोपियों से सड़कें भरी पड़ी हैं, वर्दीधारी स्वयंसेवक धरने के लिए पुलिस जैसी नियमितता एवं अनुशासन से तैनात रहते हैं, और भारी जुलूस (जिनमें से 23 मई वाला कम-से-कम एक जुलूस 28 भारतीय व्यापारिक संगठनों द्वारा आयोजित था) यातायात पुलिस के आम प्रकार्यों की अवहेलना कर रहे हैं।" यह सत्य है कि मुसलमान अधिकांशतः इससे अलग रहे और 1929 की हड़ताल की विफलता, आर्थिक मंदी के कारण गिरती हुई कीमतों एवं बेरोजगारी के कारण भय, और कम्युनिस्टों की अति-वामपंथी नीतियों के कारण अधिकांश कामगार भी इससे दूर ही रहे। किंतु बंबई के गर्वनर ने स्वीकार किया कि बंबई शहर के आंदोलन से यह मानकर नहीं निपटा जा सकता कि "हम एक सीमित राजनीतिक गुट से निपट रहे हैं", क्योंकि सविनय अवज्ञा आंदोलन को बंबई की "जनसंख्या के बहुत बड़े गुजराती भाग का लगभग पूरा समर्थन प्राप्त था जिनमें से अधिकांश या तो व्यापारी थे या बाबू · · · " (इरविन को साइक्स के पत्र, 5 और 20 जून, *इरविन पेपर्स)* । बंबई शहर में पारंपरिक गांधीवादी नेतृत्व के प्रतिनिधि थे जमनालाल बजाज और पटेल के शिष्य एस. के. पाटिल, किंतु कांग्रेसी युवकों में एक जुझारू

दृष्टिकोण भी विकसित हो रहा था जिसके अगुआ के. एफ. नरीमन और यूसुफ मेहर अली थे जो कुछ ही वर्षों बाद प्रमुख समाजवादी नेता बने। 1930 के अंतिम चतुर्थांश तक कांग्रेसी स्वयंसेवक मिलों और गोदी के मजदूरों का समर्थन जुटाने के गंभीर प्रयास कर रहे थे। उनके बीच बंबई सत्याग्रह कमेटी के साइक्लोस्टाइल्ड परचे बांटे जा रहे थे, जिनमें ठाकुरदास जैसे व्यापारी नेता पर कड़ा प्रहार होता था।

गांधीवाद-नियंत्रित जन-आंदोलन की भूमि, सदा की भांति, गुजरात ही रहा या कहना चाहिए कि खेड़ा के आनंद, बरसाड और नाडियाड ताल्लुके, भड़ौंच में जंबूसर और सूरत में बारदोली रहे। 1930-31 के दौरान इन सब स्थानों पर राजनीतिक कारणों से राजस्व की वसूली पर्याप्त बाकी रही। फिर भी 1931 के आरंभ में बड़े पैमाने पर जमीन की जब्ती के चलते खेड़ा के पाटीदार 'अहिंसा से हिंसा की ओर जाने की स्थिति' में थे। कभी-कभी ढोल बजाकर पड़ोसी गांवों से सहायता मंगाकर किसान अपने नेताओं की गिरफ्तारी रोक भी देते थे (जैसाकि 30 अगस्त को खेड़ा के ओड में हुआ था) और कम-से-कम एक घटना ऐसी हुई थी जिसमें एक ग्राम-अधिकारी के त्यागपत्र न देने पर निम्न जाति के धरालों ने उसकी हत्या कर डाली थी *(होम पोलिटिकल 14/20/1930)*।

16 अप्रैल को नमक सत्याग्रहियों के मुकदमे को लेकर कराची में पुलिस और जनता के बीच होनेवाली आरंभिक झड़पों और स्वामी गोविंदानंद जैसे एक-आध जुझारू नेताओं की उपस्थिति के बावजूद सविनय अवज्ञा आंदोलन सिंध में कमजोर रहा, क्योंकि वहां की मुस्लिम आबादी (जो गांवों में लगभग 90 प्रतिशत थी) इससे अलग ही रही। अगस्त 1930 में सुक्कुर में सांप्रदायिक दंगा भी हुआ। सविनय अवज्ञा के असहयोग आंदोलन जैसा न होने का महाराष्ट्र में उलटा प्रभाव हुआ, क्योंकि आखिरकार यहां कांग्रेस को अपने चितपावन ब्राह्मणों की संस्था होने की प्रसिद्धि से छुटकारा मिल गया था। (समाजवादी झुकाववाले) एन. वी. गाडगिल के नेतृत्व में कांग्रेसियों की एक नई पीढ़ी 1929 में मंदिर-प्रवेश आंदोलन का समर्थन करके पूना के केशवराव जेढे जैसे जुझारू सत्यशोधक समाजियों से कुछ मैत्रीपूर्ण संबंध बनाने में सफल रही। और यह सब तब हुआ जबकि केलकर और मुंजे जैसे पुराने तिलकवादी राष्ट्रीय मुख्य धारा से कटकर हिंदू महासभा के नेता बनने की दिशा में अग्रसर थे। फिर भी कांग्रेस अछूत महारों के उभरते हुए राजनीतिक आंदोलन को अपने पक्ष में लाने में असफल रही। महारों के नेता भीमराव अंबेडकर 1930 के गोलमेज सम्मेलन में सम्मिलित हुए और वहां उन्होंने अलग निर्वाचकमंडल बनाए जाने की मांग प्रस्तुत की।

ऐसा ही ढर्रा मध्यप्रांत में भी देखा जा सकता था जहां के गवर्नर ने 23 जुलाई को रिपोर्ट दी कि असहयोग आंदोलन "बंबई के बरार और मराठा देश में प्रवेश कर रहा है। इसके प्रति जनता का रवैया अर्ध-धार्मिक है, और

पर्याप्त सीमा तक व्यक्तिगत क्षति की चिंता नहीं की जाती" *(साइक्स पेपर्स)*। महाराष्ट्र, मध्यप्रांत और साथ ही कर्नाटक (एक अन्य प्रांत जो असहयोग आंदोलन से लगभग अछूता रहा था) में वन-सत्याग्रह तेजी से सविनय अवज्ञा का सबसे विस्तृत और संघर्षशील रूप बन गए थे। अखिल भारतीय कांग्रेस कमेटी की फाइलों के अनुसार अनेक स्थानों पर वन विभाग के कानूनों का शांतिपूर्ण किंतु सचमुच भारी उल्लंघन हुआ—अहमदनगर के संगमनेर में 1,00,000 ग्रामीणों ने कानून तोड़ा (22 जुलाई), नासिक के बेलगाम में 70,000 ग्रामीणों ने कानून तोड़ा (5 अगस्त), और 28 अगस्त को सतारा जिले में 32 स्थानों पर वन-कानून तोड़े गए *(जी/148/1930)*। मध्यप्रांत में अनेक क्षेत्र (जिनमें चांदा, अमरावती, बैतूल, रायपुर, भंडारा और सिवनी जिले सम्मिलित थे) और उत्तरी कनारा के सिरसी और सिद्धपुर ताल्लुके प्रचंड गतिविधियों के केंद्र रहे। प्रत्येक स्थान पर वन-आंदोलन के नियंत्रण से बाहर जाने की प्रवृत्ति दिखाई देती थी क्योंकि आदिवासियों के बीच से ही नेता निकल आते थे, जैसेकि बैतूल में गोंडों के बीच गंजन कोरकू निकल आया था। इन सभी क्षेत्रों में वन-रक्षकों एवं पुलिस दलों पर हिंसक आक्रमण अत्यंत आम बात हो गए थे। बाद में 'कांग्रेस हिंसा' की एक सरकारी सूची में जुलाई और अक्तूबर के बीच मध्यप्रांत में ऐसी 10 और मई-अक्तूबर 1930 के बीच बंबई प्रेसीडेंसी में ऐसी 20 घटनाएं दर्ज हैं *(होम पोलिटिकल 14/14* और *14/19/1931*)। 1931 के आरंभ तक, कर्नाटक के कुछ जिलों में मालगुजारी की नाअदायगी का आंदोलन आरंभ हो चुका था और दिसंबर 1930 की पाक्षिक रिपोर्ट में उल्लेख है कि महाराष्ट्र के कुछ भागों में "खोटों के काश्तकारों को लगान न देने के लिए राजी करके खोटों को मालगुजारी की नाअदायगी के लिए बाध्य किया जा रहा है।" जन-आंदोलन के पड़ौसी रियासतों में प्रविष्ट हो जाने के लक्षण भी दिखाई देते थे। कनारा आंदोलन में मैसूर के स्वयंसेवकों ने भी भाग लिया था और अक्तूबर-दिसंबर में मध्य भारत के बुंदेलखंड की रियासत छतरपुर में करों की नाअदायगी का एक सशक्त आंदोलन जोर पकड़ रहा था। मजे की बात यह थी कि इसका अगुआ एक 'कुख्यात डाकू मंगलसिंह' था जिसकी मांग थी कि मालगुजारी में कमी की जाए, और जो "स्वयं के लिए एक राज्य स्थापित करने का सपना देखता" था। 30 दिसंबर को 20,000 लोगों की भीड़ ने, जिसमें लगभग एक हजार बंदूकधारी थे, छतरपुर की ओर कूच कर दिया। उसे ब्रिटिश भारत की सैन्य टुकड़ी के समय पर पहुंच जाने पर ही तितर-बितर किया जा सका, अन्यथा वे "छतरपुर पर चढ़ बैठते और महाराजा को अपनी मांगें मानने के लिए बाध्य कर देते" *(होम पोलिटिकल 18/11-18/13/1930)*।

तमिलनाडु में सविनय अवज्ञा आंदोलन के आरंभ हो जाने से गांधीवादी अपरिवर्तनवादी नेता सी. राजगोपालाचारी (जिन्होंने 1925 में सलेम जिले के तिरुचेनगोड आश्रम में अपना मुख्यालय बना रखा था) को अवसर मिला कि

वे मार्च 1930 में शहरी आधारवाले अपने स्वराजी प्रतिस्पर्धियों, सत्यमूर्ति और श्रीनिवास आयंगर को प्रांतीय कांग्रेस के नेतृत्व से बाहर खदेड़ सकें। अपने गुरु का सोत्साह अनुकरण करते हुए राजाजी ने अप्रैल 1930 में नमक-कानून तोड़ने के लिए तंजावुर के समुद्रतट पर त्रिचनापल्ली से लेकर वेदरन्नियम् तक की यात्रा आयोजित की। इसके बाद बड़े स्तर पर विदेशी कपड़े की दुकानों पर धरनों का सिलसिला आरंभ हुआ, और 1921 की भांति, तमिलनाडु के आंतरिक जिलों कोयंबटूर, मदुरै और विरुदनगर (जहां नाडार जाति-सभा की राजभक्त जस्टिस पार्टी से नाता तोड़कर कामराज ने अपना राजनीतिक जीवन आरंभ किया था), आदि में शराब-विरोधी आंदोलन ने पर्याप्त जोर पकड़ लिया। राजाजी ने भरसक प्रयास किया कि सविनय अवज्ञा आंदोलन पूर्णतः अहिंसक और नियंत्रित रहे, और इसी कारण अपनी समुद्र तक की यात्रा के दौरान उन्होंने जान-बूझकर उन क्षेत्रों से किनारा कर लिया जहां निम्न जाति के गरीब किसान-मजदूर कल्लार रहते थे। किंतु अन्य स्थानों की भांति तमिलनाडु में भी सविनय अवज्ञा "जनता के हिंसक उपद्रवों और पुलिस के हिंसक दमन पर ही फला-फूला" (आर्नल्ड, *कांग्रेस एंड दि राज*, पृ. 265)। इनका आरंभ हुआ मद्रास के समुद्रतट पर बड़े स्तर पर होनेवाली झड़पों (27 अप्रैल) से, जिन्हें भड़काने में नमक सत्याग्रहियों के विरुद्ध पुलिस कार्रवाई और चूलाई मिल की हड़ताल तोड़ने के सरकारी प्रयासों, दोनों का ही पर्याप्त योगदान था। जुलाई में उत्तरी अर्काट में गुडीयट्टम के बेरोजगार जुलाहों ने शराब की दुकानों एवं पुलिस चौकियों पर आक्रमण कर दिया। गिरती हुई कीमतों से परेशान किसानों ने अगस्त में मदुरै के बोदीनयकनूर में दंगा किया। मदुरै शहर में मंदी और असंतोष के बीच के संबंध को स्पष्ट देखा जा सकता था। यहां आंदोलन को सौराष्ट्र बिरादरी के व्यापारियों और जुलाहों का समर्थन मिला। इन सब बातों की व्याख्या नगर निगम पर कब्जा करने के प्रयत्नों के संदर्भ में करने का बेकर का प्रयास (*पॉलिटिक्स ऑफ साउथ इंडिया*, पृ. 179) विशेष रूप से एकांगी प्रतीत होता है।

मलाबार में नमक सत्याग्रह का आयोजन करनेवाले थे केलप्पन। केलप्पन एक नायर कांग्रेसी नेता थे और 1920 के मध्य-दशक में वैकम के मंदिर-सत्याग्रह के सिलसिले में उनका संपर्क निम्न जाति के इझवा लोगों से हुआ था। बाद में केरल में क़म्युनिस्ट आंदोलन के जन्मदाता बननेवाले पी. कृष्ण पिल्लई का राजनीतिक जीवन 11 नवंबर 1930 को कालीकट के समुद्रतट पर पुलिस की लाठियों के सामने राष्ट्रीय ध्वज की शौर्यपूर्वक रक्षा करते हुए आरंभ हुआ।

संगठन की दृष्टि से मद्रास प्रेसीडेंसी में कांग्रेस का सबसे दृढ़ आधार तटीय आंध्र में था जहां अपरिवर्तनवादियों और स्वराजियों के बीच दरार उतनी गहरी नहीं थी जितनी कि तमिलनाडु में। यहां, जैसाकि हम देख चुके हैं, मालगुजारी की वृद्धि के विरुद्ध 1927 से आंदोलन हो रहा था। पूर्वी और पश्चिमी गोदावरी, कृष्णा और गुंटुर में नमक सत्याग्रह आयोजित किए गए।

व्यापारियों ने प्रसन्नतापूर्वक कांग्रेस के कोष में चंदा दिया और कम्मा और राजू नामक वर्चस्वप्राप्त जातियों के काश्तकारों ने सरकार के दमनकारी कदमों को चुनौती दी। इनमें पश्चिमी गोदावरी क्षेत्र की 1,420 एकड़ धरती का सिंचाई-शुल्क रोक देना भी शामिल था (स्टोडर्ट, *कांग्रेस एंड दि राज,* पृ. 121)। फिर भी, प्रभावी संगठन के बावजूद (या इसी के कारण) 1921-22 जैसे स्फूर्त उत्साह का तटीय आंध्र में अभाव ही रहा। सरकार को मालगुजारी की नाअदायगी का आंदोलन आरंभ होने का भय था, मगर यह नेल्लूर के एक गांव को छोड़कर निराधार ही सिद्ध हुआ। आगे चलकर आंध्र में वर्गीय मुद्दों को लेकर एक अत्यंत सशक्त किसान आंदोलन विकसित होनेवाला था, किंतु यहां अर्थपूर्ण यह है कि यह 1931 में और फिर 1934 के बाद भी हुआ जब सविनय अवज्ञा आंदोलन को या तो स्थगित कर दिया गया या वह समाप्त हो गया। आदिवासी क्षेत्र में 22 जनवरी 1931 को विशाखापट्टम एजेंसी में कल्याणसिंगपुर में एक पुलिस दल पर आक्रमण की अकेली घटना हुई। किंतु कांग्रेस ने यहां वन-सत्याग्रह आरंभ करने का कोई प्रयास नहीं किया जबकि यह क्षेत्र 1921 में इसका आरंभिक आधार रह चुका था। 1930 में सविनय अवज्ञा के दौरान आंध्र में कुल 2,878 लोगों को सजाएं हुईं और तमिलनाडु में कुल 2,991 लोगों को। ये दोनों संख्याएं मिलकर 90,000 से अधिक की अखिल-भारतीय संख्या के 6 प्रतिशत से भी कम थीं।

उड़ीसा में, जहां गोपबंधु चौधुरी के नेतृत्व में 1920 के दशक से ही सशक्त गांधीवादी नेतृत्व रहा था, बालासोर, कटक और पुरी जिलों के तटीय क्षेत्रों में नमक सत्याग्रह अत्यंत सफल आंदोलन सिद्ध हुआ। अप्रैल 1930 में कहा गया कि विशेष रूप से बालासोर में "स्थानीय लोगों का खासा बड़ा वर्ग स्पष्ट रूप से सहानुभूति रखता है जिसका कुछ कारण निस्संदेह उड़ीसा के नमक निर्माण के पुराने उद्योग पर प्रतिबंध लगाना" है (*होम पोलिटिकल, 252/1/1930*)।

आंध्र की भांति असम में भी सविनय अवज्ञा आंदोलन 1921-22 जैसी चरम ऊंचाई पर नहीं पहुंच सका, जिसके पीछे विभाजक मुद्दों की एक शृंखला पूरी हो चुकी थी : असमियों और बंगालियों, हिंदुओं और मुसलमानों के बीच बढ़ता संघर्ष, और घनी आबादीवाले पूर्वी बंगाल से मुसलमान किसानों के असम में आने के कारण बढ़ते हुए तनाव। कांग्रेस के सुस्थापित नेताओं में तरुणराम फूकन सविनय अवज्ञा के विरुद्ध थे और एन. सी. बारदोलोई इसके प्रति उदासीन थे। मई में राजनीति में भाग लेने पर प्रतिबंध लगानेवाले कनिंघम-सर्कुलर के विरोध में विद्यार्थियों ने पर्याप्त सफल हड़ताल की; सरकारी विद्यालयों के 15,186 विद्यार्थियों में से 3,117 ने विद्यालय छोड़ दिए। सिलहट आंदोलन का मुख्य केंद्र बन गया और 1930-31 के दौरान होनेवाली 2,373 गिरफ्तारियों में 892 व्यक्ति इसी एक जिले के थे। आरक्षित वनों में पर्याप्त मात्रा में चोरी होती थी जिसके कारण जनवरी 1931 में उत्तरी कामरूप में

असम राइफल्स को रूट मार्च करना पड़ा। दिसंबर में रिपोर्ट मिली कि श्रीमती चंद्रप्रभा उस क्षेत्र के सैकियानी आदिम कछारी आदिवासियों को वन-कानून तोड़ने के लिए प्रोत्साहित कर रही थीं। किंतु असम कांग्रेस ने औपचारिक रूप से वन-सत्याग्रह हाथ में लेने से इनकार कर दिया । इस बार बागान के श्रमिकों के साथ किसी भी प्रकार का संपर्क नहीं था। आंध्र की ही भांति यहां भी रैयत सभाएं लगभग 1931 से ही महत्वपूर्ण हुईं।

बंगाल कांग्रेस खास तौर पर गुटबंदियों में फंसी हुई थी। सुभाष बोस और जे. एम. सेनगुप्ता ने सविनय अवज्ञा आंदोलन चलाने के लिए प्रतिस्पर्धी संगठन स्थापित कर लिए और 1930 के आंदोलन के चरम पर भी वे अपनी काफी शक्ति कलकत्ता नगर निगम के लिए चुनाव प्रचार में नष्ट कर रहे थे। गुटों के आपसी झगड़े, कलकत्ता के अधिकांश भद्रलोक का ग्रामीण जनसामान्य से निश्चित अलगाव, और 1937 के चुनावों में कांग्रेस की अपेक्षाकृत असफलता, ये सब इस बात के प्रमाण माने जाते हैं कि बंगाल में कांग्रेस 'पतनोन्मुख' थी (गैलहर, *लोकैलिटी, प्राविंस एंड नेशन*)। फिर भी, एक सरकारी आकलन के अनुसार, 1930-31 के दौरान सबसे अधिक गिरफ्तारियां (15,000) बंगाल से ही हुई थीं, और साथ ही हिंसा की सबसे अधिक घटनाएं भी (136; इनमें आतंकवादी गतिविधियां सम्मिलित नहीं हैं) *(होम पोलिटिकल 14/20/1931)* । गुजरात, आंध्र, संयुक्त प्रांत या बिहार की तुलना में कांग्रेस संगठन की अपेक्षाकृत कमजोरी के कारण यहां अधिक वैविध्यपूर्ण और हिंसक, यद्यपि अधिक विभाजित आंदोलन भी हुआ। मिदनापुर, आरामबाग और अन्य ग्रामीण क्षेत्रों में नमक और चौकीदारी-कर के मुद्दों को लेकर सशक्त आंदोलन विकसित हुए, और यहां गांधीवादी रचनात्मक कार्य करनेवाले वे कार्यकर्त्ता भी जो प्रायः आरंभिक प्रेरणा भी प्रदान करते थे, कलकत्ता के नेताओं के नगरीय भद्रलोक-प्रेम के उतने ही आलोचक थे जितना कि बाद का कोई इतिहासकार हो सकता है। जिन क्षेत्रों में पहले से स्थापित गांधीवादी केंद्र नहीं थे, वहां (उदाहरण के लिए पूर्णतः अहिंसक रहे पड़ौसी आरामबाग के विपरीत मिदनापुर के घाटाल उप-संभाग में) और अन्य स्थानों पर भी, अग्रणी नेताओं के गिरफ्तार हो जाने पर किसानों के झुंड प्रायः पुलिस के साथ हिंसक मुठभेड़ों का रूप धारण कर लेते थे। अप्रैल 1930 में चटगांव शस्त्रागार पर किए गए धावे के बाद मध्यवर्गीय आतंकवाद भी अपने सर्वाधिक सक्रिय चरण में प्रवेश कर चुका था। फिर भी, 1921 के समय से इस आंदोलन की भिन्नता स्पष्ट दिखाई देती है—उस समय सी. आर. दास ने जो नेतृत्व प्रदान किया था उसका अब अभाव था। औद्योगिक श्रमिक अपेक्षाकृत निष्क्रिय रहे। झारग्राम, रंगपुर, चटगांव और टिपरा के बाह्य क्षेत्रों में तब दीख पड़नेवाले आदिवासियों और गरीब किसानों के स्फूर्त विद्रोह का अभाव था। और सबसे बढ़कर यह कि मुसलमान आम तौर पर उदासीन रहे। आरंभ में जो थोड़ी मुस्लिम भागीदारी थी भी, उसे मई में ढाका शहर और जुलाई 1930 में किशोरगंज के गांवों में होनेवाले

दंगों ने समाप्त कर दिया। हाल के शोध दर्शाते हैं कि दोनों स्थानों पर संप्रदायवाद सामाजिक तनावों की ही विकृत अभिव्यक्ति था। यदि राष्ट्रीय नेतृत्व अधिक जुझारू रहा होता तो इन्हीं तनावों को साम्राज्यवाद-विरोधी आंदोलन की दिशा में मोड़ सकता था। इन दंगों में हिंदू साहूकारों के घर, दुकानें और गोदाम हिंसा के मुख्य शिकार रहे, और दंगाइयों की रुचि गोकुशी या मस्जिद के आगे बाजे बजाए जाने के मुद्दों से अधिक ऋणपत्रों को छीन लेने में थी। किशोरगंज में एक मुसलमान ताल्लुकेदार के घर पर हुए आक्रमण से उपद्रव आरंभ हुआ था, और मजदूर-किसान पार्टी की एक शाखा द्वारा वर्गीय आधार पर आरंभ किया गया आंदोलन कम्युनिस्टों के गिरफ्तार हो जाने के बाद संप्रदायवादी मुल्लों के हाथ में आ गया। इस प्रकार स्वदेशी के दिनों में स्थापित ढर्रे की ही पुनरावृत्ति हो रही थी : बंगाल में राष्ट्रवादियों की मूल कमजोरी यह रही थी कि वे स्पष्ट रूप से कोई भी जमींदार या साहूकार विरोधी कार्यक्रम देने में असफल रहे थे, और वह भी तब जबकि गिरती हुई कीमतों के कारण ग्रामीण क्षेत्रों में तनाव बढ़ रहा था। ग्रामीण गांधीवादियों में शहरी भद्रलोक की ओर कोई झुकाव तो नहीं था, किंतु 1930-31 में वे भी लगान की नाअदायगी का आह्वान करने से कतरा गए और जोतदार एवं बंटाईदार के संबंध भी सिद्धांत या व्यवहार में कांग्रेस की सीमा के बाहर ही रहे।

कुछ-कुछ ऐसा ही ढर्रा पंजाब में भी देखने को मिलता था जहां कांग्रेस के मुख्यतः शहरी हिंदू व्यापारियों की पार्टी होने की ख्याति ने मुसलमान और सिख किसानों को साथ लाना कठिन कर दिया, विशेष रूप से अब जबकि उन्हें खिलाफत या गुरुद्वारा-प्रबंध के शुद्धीकरण जैसे एकता के सूत्र में बांधनेवाले धार्मिक मुद्दे नहीं थे। यूनियनिस्ट गुट पक्का राजभक्त था जबकि अकाली डांवांडोल—तारासिंह कांग्रेस का समर्थन कर रहे थे तो खड़कसिंह अलग ही रहे। पंजाब को लेकर अंग्रेजों में अब भी काफी घबराहट थी क्योंकि इसका संबंध सेना से था। यह ऐसे सीमा प्रांत के निकट था जहां खुदाई खिदमतगार एक गंभीर समस्या खड़ी किए हुए थे। फिर यहां नौजवान भारत सभा तथा किरती-किसान पार्टी जैसे छोटे समूह भी अस्तित्व में थे जो आतंकवाद और मार्क्सवाद की सीमा-रेखा पर सक्रिय थे। आरंभ में व्यापारी वर्ग के समर्थन ने बहिष्कार को अत्यंत सफल बनाया था और अमृतसर के मुख्य व्यापार केंद्र में विदेशी कपड़े की बिक्री 25 लाख रुपए से घटकर जुलाई में केवल दो लाख रुपए ही रह गई थी, किंतु सितंबर की एक पाक्षिक रिपोर्ट में 'कपड़ा व्यापारियों की बढ़ती हुई बेचैनी' का उल्लेख था जिनमें से कई 'दीवालिया होने की कगार पर खड़े थे' *(होम पोलिटिकल 18/10/1930)*। इसके ठीक विपरीत यह महत्वपूर्ण तथ्य है कि 7 अक्तूबर को भगतसिंह को मृत्युदंड की सजा सुनाई गई तो शहरी युवाओं के जुझारूपन में तेजी आई, जबकि 18 अक्तूबर को पंजाब का गवर्नर कृषि-उत्पादों की गिरती हुई कीमतों पर चिंता

व्यक्त कर रहा था : "खुराफाती लोग पहले ही जमींदारों और किसानों के साथ गड़बड़ी फैलाने में लगे हैं और भू-करों की नाअदायगी के लिए लोगों को भड़का रहे हैं" *(इरविन कलेक्शन)* । यद्यपि अक्तूबर में स्थापित, अकाली नेतृत्ववाली पंजाब जमींदार सभा ने पर्याप्त नरमवादी रहकर अंग्रेज सरकार को सुखद आश्चर्य में डाल दिया, वहीं रियासती प्रजामंडल ने एक साथ ही सविनय अवज्ञा को समर्थन भी दिया और फुलकियान रियासतों में पटियाला के महाराजा के विरुद्ध सिख किसानों में प्रचार-कार्य भी किया। कदाचित् इससे अधिक रोचक हैं वे अनेक विद्रोह जो, न्यूनाधिक रूप से, स्वतःस्फूर्त थे : अप्रैल में हिसार जिले में किसानों ने लगान देने से इनकार कर दिया और बलपूर्वक जमींदारों की फसलें छीन लीं; कांगड़ा में सितंबर में वन विभाग के चराई-सबंधी नियमों का उल्लंघन किया गया; और दिसंबर में रोहतक में सामाजिक डकैतियों का विस्तृत सिलसिला चला जिनमें जाट 'अन्य निम्न जातियों की सहायता' से साहूकारों और अनाज के व्यापारियों पर आक्रमण करते थे, उनकी संपत्ति लूटते और उनके बहीखाते जला देते थे। "· · · इसमें संदेह नहीं कि ग्रामीण जाटों की सहानुभूति इन डिक टर्पिनों के साथ है। इसमें दोनों पक्ष हिंदू न रहे होते तो इसके बारे में अखबारों से बहुत-कुछ ज्ञात होता" (इरविन को गवर्नर मांटमोरेंसी का पत्र, 7 दिसंबर 1930)।

बिहार में सविनय अवज्ञा आंदोलन की शक्तियों और सीमाओं का स्पष्ट निरूपण प्रदेश कांग्रेस कमेटी की 21 जुलाई 1930 की रिपोर्ट में मिलता है। वकीलों और विद्यार्थियों की ओर से लगभग कोई प्रतिक्रिया नहीं हुई। आंदोलन 'लगभग पूर्णरूपेण गांवों में और ग्रामीण लोगों' के हाथ में था, और नवनियुक्त प्रादेशिक 'डिक्टेटर' दीपनारायणसिंह को 'एक बड़े जमींदार एवं पुराने राष्ट्रवादी' की हैसियत से वर्किंग कमेटी की सदस्यता दिए जाने की सिफारिश की गई थी *(ए. आई. सी. सी., जी/80/1930)* । अधिकांश बड़े जमींदार राष्ट्रभक्त ही रहे, किंतु छोटे जमींदारों (जिनकी संख्या बिहार में विशेष रूप से अधिक थी) और समृद्ध किसानों के बीच कांग्रेस ने गांधीवादी रचनात्मक कार्य के माध्यम से एक सशक्त और सुगठित आधार बना लिया था। संगठन की शक्ति इस बात से ज्ञात होती है कि उसी रिपोर्ट में प्रदेश कांग्रेस कमेटी ने दावा किया था कि "हमने अपनी डाक-सेवा स्थापित कर ली है।" संभव है कि संगठनात्मक शक्ति ने आरंभ में स्फूर्त विद्रोहों को दबाया हो, क्योंकि गवर्नर स्टीवेंसन ने जुलाई में रिपोर्ट दी कि असहयोग आंदोलन के दिनों की तुलना में स्थिति काफी अच्छी है, और यह कि "बंबई और मध्यप्रांत में दिखाई देनेवाला अर्ध-धार्मिक उन्माद यहां नहीं है" (*साइक्स पेपर्स* में सम्मिलित गवर्नरों की शिमला कांग्रेस की रिपोर्ट)। किंतु अधिकारियों को अपनी राय शीघ्र ही बदलनी पड़ी, क्योंकि प्रभावहीन नमक-सत्याग्रह (जिसके लिए भौतिक परिस्थितियां स्पष्टतः अनुपयुक्त थीं) से हटकर चौकीदारी-कर की नाअदायगी के एक अत्यंत सशक्त आंदोलन पर ध्यान दिया जाने लगा था। नवंबर तक लगभग 11,000

गिरफ्तारियां की जा चुकी थीं, जिले के जिले चौकीदारी-कर अदा करने से इनकार कर रहे थे, विदेशी कपड़े और शराब की बिक्री में नाटकीय रूप से गिरावट आ गई थी, और मुंगेर के बरही जैसे क्षेत्रों में प्रशासन वस्तुतः समाप्त हो गया था (जी. मैकडोनल्ड, *कांग्रेस एंड दि राज*)। छोटे जमींदारों के साथ मजबूत संबंधों में बंधे प्रादेशिक नेतृत्व ने बढ़ती हुई कीमतों के कारण किसानों की बढ़ती हुई कठिनाइयों के बावजूद लगान की नाअदायगी का आंदोलन चलाने से इनकार कर दिया था। ध्यान देने योग्य बात यह है कि 1929 में स्वामी सहजानंद के नेतृत्व में बिहार में किसान सभा का जो स्वतंत्र आंदोलन उठा था, वह अगले वर्ष बहुवर्गीय राष्ट्रीय एकता के वातावरण में खो गया था। 1933-34 में सविनय अवज्ञा आंदोलन के विफल हो जाने पर ही इसका पुनर्जागरण उसी ढर्रे पर हुआ जिसे हम असम और आंध्र के संदर्भ में देख चुके हैं। 1930 के अंत और 1931 के आरंभ तक बिहार में भी पुलिस दलों पर हमलों की शृंखला के साथ ही गांधीवादी अहिंसक संयम की सीमाएं टूटने लगी थीं। दिसंबर में सारन के एक गांव में चौकीदारी-कर विरोधी प्रदर्शन के दौरान प्रदर्शनकारियों ने 27 राउंड तक बंदूकों के छर्रों का सामना किया। अगले महीने स्वतंत्रता दिवस को बेगूसराय (मुंगेर) में एक भीड़ ने एक उपसंभागीय अधिकारी को खदेड़कर खड्ड में गिरा दिया; यहां 146 राउंड गोलियां चलाने के बाद ही भीड़ को तितर-बितर किया जा सका। छोटा नागपुर का आदिवासी क्षेत्र भी अशांत था। वहां बोंगा मांझी और सोमरा मांझी हजारीबाग में एक आंदोलन का नेतृत्व कर रहे थे, जिसमें 'संस्कृतीकरण' की तर्ज पर सामाजिक-धार्मिक सुधारों पर बल भी दिया जा रहा था और कांग्रेस से सहानुभूति भी व्यक्त की जा रही थी। (यहां अनुयायियों से मद्य और मांस का त्याग करने और केवल खादी का प्रयोग करने के लिए कहा जाता था।) एक अन्य क्षेत्र में संथाल गांधीजी के नाम पर बड़े पैमाने पर अवैध शराब बना रहे थे। किंतु निम्न वर्गों की संघर्षशीलता के इन दृष्टांतों के साथ ही, अंग्रेजों की संपत्ति जब्त कर लेने की निर्मम नीति के चलते, छोटे जमींदारों और समृद्ध काश्तकारों के उत्साह में कमी आने लगी। इसलिए जब मार्च 1931 में समझौता हुआ तो बिहार कांग्रेस ने उसका स्वागत किया और चैन की सांस ली (मैकडोनल्ड, *कांग्रेस एंड दि राज*)।

सविनय अवज्ञा आंदोलन के दोनों चरणों का ढर्रा शायद संयुक्त प्रांत में सबसे स्पष्ट था और इसे जवाहरलाल ने बड़े सुंदर ढंग से एक टिप्पणी में व्यक्त किया था जो उनके मध्य-अक्तूबर 1930 में थोड़े समय के लिए जेल से बाहर होनेवाले अनुभव पर आधारित थी : 'शहर और मध्य वर्ग हड़तालों और जुलूसों से थोड़ा ऊब गए थे', किंतु 'किसान वर्ग' अब भी 'नए रक्त का संचार' कर सकता था, जिसके पास इसके 'विशाल भंडार मौजूद थे' (*ऐन ऑटोबायोग्राफी*, पृष्ठ 232)। बुद्धिजीवी वर्ग की भागीदारी आरंभ से ही 1921 की तुलना में कम रही थी, बहुत कम शिक्षकों और वकीलों ने त्यागपत्र दिए

थे, और शहरी व्यापारियों का उत्साह थोड़े ही समय टिक पाया था। फिर भी, गांवों में लगान की नाअदायगी के लिए दबाव बढ़ रहा था, और जिसे सितंबर की एक पाक्षिक रिपोर्ट में 'हिंसा एवं सत्ता को चुनौती देने की प्रवृत्ति' कहा गया था, वह भी 1930 से गिरती हुई कीमतों के साथ बढ़ती जा रही थी। 21 जिलों का दौरा करने के बाद संयुक्त प्रांत की पुलिस के इंस्पेक्टर-जनरल ने 3 सितंबर को रिपोर्ट दी कि कानपुर ही एक ऐसा बड़ा शहरी केंद्र था जो चिंता का कारण हो सकता था, किंतु गांवों, विशेष रूप से बुलंदशहर और मेरठ के जाट-बहुल इलाकों में स्थिति खतरनाक होती जा रही थी। असहयोग आंदोलन और सविनय अवज्ञा आंदोलन में एक अन्य भिन्नता थी—बड़े स्तर पर मुसलमानों का सविनय अवज्ञा में भाग न लेना। यह भी शहरों में आंदोलन के कमजोर रहने का कारण था। (संयुक्त प्रांत के शहरों में मुसलमान 37 प्रतिशत थे, यद्यपि वे पूरे प्रदेश की जनसंख्या का 14.5 प्रतिशत ही थे।) ऐसा भी प्रतीत होता है कि कांग्रेस ने भी ग्रामीण क्षेत्रों में सक्रिय सविनय अवज्ञा के केंद्र चुनते समय मुस्लिम-बहुल इलाकों को जान-बूझकर छोड़ दिया था। फरवरी 1931 में एक मुसलमान के कपड़े की दुकान पर धरना देने के परिणामस्वरूप बनारस में गंभीर दंगा हो गया। मार्च में कांग्रेस द्वारा भगतसिंह के सम्मान में हड़ताल का आह्वान किए जाने के बाद कानपुर में बड़े पैमाने पर सांप्रदायिक गड़बड़ी उत्पन्न हुई जिसमें 290 लोग मारे गए। इस दौरान पुलिस चुप्पी साधे रही और इस प्रकार अप्रत्यक्ष रूप से दोनों पक्षों की लामबंदी को बढ़ावा देती रही। पुलिस का यही ढर्रा पिछले वर्ष ढाका में भी देखा गया था।

लेकिन असहयोग आंदोलन से यह भिन्नता दुहरी थी क्योंकि संयुक्त प्रांत के कई क्षेत्रों में सविनय अवज्ञा आंदोलन ग्रामीणों का आंदोलन अधिक बन गया था, और कांग्रेस संगठन निश्चित रूप से अधिक विस्तृत सुगठित एवं अनुशासित हो गया था (ज्ञान पांडे, *एसेंडेंसी ऑफ दि कांग्रेस इन यू. पी.*, पृ. 40, 154)। अंग्रेज सरकार 1920-21 के अवध के किसान-विद्रोह को अभी भूली नहीं थी। बिहार के विपरीत संयुक्त प्रांत के प्रादेशिक नेताओं ने अक्तूबर में करों की नाअदायगी का आह्वान कर दिया था। उन्होंने जमींदारों से मालगुजारी एवं काश्तकारों से लगान की अदायगी रोक देने को भी कहा। इसके पीछे जवाहरलाल के जुझारूपन का भी कुछ हाथ हो सकता था, क्योंकि संयुक्त प्रांत के जमींदार भी प्रत्यक्ष रूप से राजभक्त रहे थे (जमींदारों ने लखनऊ में फरवरी 1930 में एक सभा की थी जिसमें स्वतंत्रता के प्रस्ताव की निंदा की गई थी), जबकि 10 वर्ष पूर्व के अंशतः सफल संघर्ष की स्मृति और अनर्थकारी एवं अभूतपूर्व रूप से गिरती कीमतों के कारण किसानों को नियंत्रित करना कठिन हो गया था। किंतु संयुक्त प्रांत में कांग्रेस के संगठन और उसकी संघर्षशीलता के बीच दुविधापूर्ण संबंध बना ही रहा, जैसाकि ज्ञान पांडे ने स्थानीय भिन्नताओं के एक अध्ययन में दर्शाया है। कांग्रेस का सर्वोत्तम

अनुशासन श्रीकृष्ण पालीवाल के नेतृत्व में आगरा में देखा गया। यह ऐसा क्षेत्र था जहां बड़े जमींदार कम थे, छोटे जमींदारों एवं धनी काश्तकारों की संख्या अधिक थी, और अधिकांश काश्तकारों के पास दखली अधिकार थे। यहां के बड़ौदा और भिलावटी जैसे गांवों में बारदोली के उदाहरण का सफलतापूर्वक अनुकरण हुआ : करों की नाअदायगी, पुलिस कार्रवाई के जवाब में सामूहिक रूप से गांवों का त्याग, जमींदार-विरोधी आंदोलन एवं हिंसा से परहेज। रायबरेली में बड़े ताल्लुकेदार अधिक थे, केवल 1.5 प्रतिशत जमीन ही दखली काश्तकारों के पास थी और 1920-21 के किसान आंदोलन की स्मृति अभी ताजा थी; नीचे से जुझारू तत्वों के दबाव अधिक तीव्र थे, और एक स्थानीय नेता कालकाप्रसाद जून से ही काश्तकारों को लगान की नाअदायगी के लिए प्रोत्साहित कर रहे थे—उनका वादा था कि स्वराज होने पर लगान कम हो जाएगा। किंतु 1931 के दौरान गांधी-इरविन समझौते के बाद जब इस जिले पर कांग्रेस संगठन की पकड़ मजबूत हो गई तो कालकाप्रसाद जैसे नेताओं को भी काबू में कर लिया गया। अत्यंत हिंसक उपद्रव, जिसमें कुछेक दमनकारी जमींदारों की हत्या भी सम्मिलित थी, मार्च 1931 के पश्चात् ही हुए, न कि आंदोलन के दौरान, और सामान्यतः ऐसे क्षेत्रों में हुए जो कांग्रेस संगठन और उसके आंदोलन से सापेक्षतः अछूते रहे थे। इसका एक उदाहरण इलाहाबाद की दोआब तहसीलों के क्षेत्र हैं जिनसे कांग्रेस किनारा करती आ रही थी क्योंकि यहां मुसलमान जमींदारों का सामना हिंदू काश्तकारों से था और इस कारण सांप्रदायिक दंगों के भड़क उठने का डर था। बाराबंकी में खादी या चरखे का प्रचार तो अधिक नहीं था, किंतु 1931 के मध्य से ही कुछ औपचारिक-जैसे 'कांग्रेसी' कार्यकर्त्ता लोगों को सिखा रहे थे कि धरती तो ईश्वर की देन है और यह केवल जमींदारों की नहीं हो सकती (ज्ञान पांडे, अध्याय 6-7)। अक्तूबर 1930 में करों की नाअदायगी के नारे का अनुमोदन किए जाने के बाद कांग्रेस ने संयुक्त प्रांत में इस आंदोलन को अवश्य सफल बनाया था, किंतु अखिल-भारतीय राजनीति के कारण मार्च 1931 में इसे वापस लेना पड़ा और जब तक समझौता जारी रहा, किसानों से संयम बरतने को कहा जाता रहा। जैसाकि हम देखेंगे, किसानों की दृष्टि से कदाचित् यह एक मनोवैज्ञानिक क्षण था, जिसे फिर लौटाकर नहीं लाया जा सका। मेरठ के एक बंदोबस्ती अधिकारी ने 1934 में कहा : "आखिरकार जब कांग्रेसियों ने 1931 की शरत् में निश्चित रूप से 'लगान की नाअदायगी' का आंदोलन शुरू किया तो पाया कि अवसर उनके हाथ से निकल चुका है" (वही, पृ. 193)।

इस प्रकार, उपलब्ध आंचलिक आंकड़ों से ज्ञात होता है कि स्थानीय भिन्नताओं के बावजूद 1930 की शरत् के बाद हर जगह ह्रास और जुझारूपन का मोटे तौर पर समान ढर्रा दिखाई देता है—बुर्जुवा समूहों अथवा कृषकों के ऊपरी समूहों से जुड़े हुए संघर्ष के रूपों का क्षीण होना (उदाहरण के लिए,

शहरी बहिष्कार और मालगुजारी की नाअदायगी), साथ ही संघर्ष के छिटपुट किंतु दूर-दूर तक विस्तृत, कम नियंत्रणशील रूपों के प्रति झुकाव की प्रवृत्तियां (लगान की नाअदायगी, आदिवासी उपद्रव, जन-हिंसा)। ऐसी स्थिति में गांधीवादी नेताओं और व्यापारिक समूहों के नेताओं, दोनों के ही लिए यह स्वाभाविक था कि वे किसी प्रकार के समझौते की दिशा में कदम उठाते। कारण कि गांधीवादी नेतृत्व नियंत्रित जन-आंदोलन में विश्वास करता था जबकि व्यापारिक समूहों की मानसिकता नाप-तौलकर कदम उठाने की थी और उन्हें किसानों के जुझारूपन से भी भय था। (उनमें कइयों के हित भूमि से भी जुड़े हुए थे—1930-40 की *इंडियन ईयरबुक* में घनश्यामदास बिड़ला तक को 'मिल मालिक, व्यापारी और जमींदार' कहा गया था।) इस बीच लंदन में हो रहे गोलमेज सम्मेलन (नवंबर 1930 से जनवरी 1931) से जुड़ी गतिविधियों से समझौते का वातावरण बनता प्रतीत होता था।

गोलमेज सम्मेलन

जब हजारों भारतवासी जेल जा रहे थे या लाठी और गोली खा रहे थे और अपनी संपत्ति से वंचित हो रहे थे, तब थोड़े-से लोग, जिनमें अधिकांश जनता के प्रतिनिधि नहीं थे, बहुदलीय ब्रिटिश शिष्टमंडल के साथ संवैधानिक वार्ताएं करने के लिए लंदन गए हुए थे। कांग्रेस ने इसमें भाग नहीं लिया था, न ही होमी मोदी को छोड़कर व्यापारियों के नेताओं ने। किंतु मुसलमान नेता वहां बड़ी संख्या में उपस्थित थे (मुहम्मद अली, मुहम्मद शफी, आगा खान, फजलुल-हक, जिन्ना, जबकि वायसरॉय की कार्यकारिणी के सदस्य के रूप में फज्ले-हुसैन परोक्ष प्रभाव के एक महत्वपूर्ण स्रोत थे)। साथ ही हिंदू महासभा के नेता (मुंजे और जयकर), नरमदलीय नेता (सप्रू, चिंतामणि, श्रीनिवास शास्त्री) भी थे और रजवाड़ों से एक बड़ा जत्था भी मौजूद था। भारत में मई 1930 के जन-आंदोलन ने साइमन आयोग की उस रिपोर्ट को लागू करना असंभव बना दिया था जिसमें प्रांतों में द्विशासन के स्थान पर उत्तरदायी सरकार देने का वादा इस शर्त पर किया गया था कि गवर्नरों के पास कुछ आपातकालीन शक्तियां अवश्य होंगी, किंतु केंद्र में किसी प्रकार के परिवर्तन की बात नहीं कही गई थी। 19 जून को इरविन ने वेजवुड-बेन के समक्ष निजी तौर पर स्वीकार किया था कि यह रिपोर्ट 'यहां विस्फोट उत्पन्न करेगी' क्योंकि इसमें कहीं भी डोमिनियन स्टेटस का उल्लेख नहीं है। स्पष्ट था कि केंद्र में किसी प्रकार के परिवर्तन का वादा करना आवश्यक हो गया था। ऐसी स्थिति में रजवाड़ों सहित भारत का संघ बनाने का विचार ब्रिटिश सरकार के लिए वरदान बनकर आया। एक ऐसी संघीय विधायिका, जिसके बहुत-से सदस्य राजाओं द्वारा मनोनीत हों, एक सुरक्षित निकाय सिद्ध हो सकती थी और इसलिए, जैसाकि प्रधानमंत्री रैमजे मैकडोनल्ड ने 19 जनवरी को सम्मेलन के अंत में घोषणा की : "सम्राट की सरकार विधायिका के प्रति कार्यपालिका के उत्तरदायी

होने के सिद्धांत को मानने के लिए तैयार हो जाएगी।"औपचारिक रूप से यह विचार राजाओं की तरफ से आया था, विशेषतया हैदराबाद एवं मैसूर के दीवानों (क्रमशः अकबर हैदरी और मिर्जा इस्माइल) की तरफ से। किंतु हैदरी को तो आरंभ में ही ब्रिटिश रेजीडेंट ले.-क. टेरेंस एच. कीज ने फुसला लिया था। इस सुझाव को मेलकोम हेली जैसे अंग्रेज अधिकारियों, और रीडिंग, होर, जेटलैंड जैसे ब्रिटिश राजनीतिज्ञों और वेजवुड-बेन जैसे लेबर-समर्थक भारत-सचिव ने उत्सुकतापूर्वक ग्रहण किया। भारतीय राजा तो चाहते थे कि केंद्र में कमजोर सरकार रहे जिसमें उनकी उपस्थिति उसे लोकतांत्रिक बनाए रखने में सहायक होगी, विशेष रूप से ऐसे समय में जब जन-आंदोलन के दबाव के कारण कम-से-कम डोमिनियन स्टेटस मिलने का खतरा दिखाई दे रहा था जिसमें केंद्र में कांग्रेसी वर्चस्ववाली सरकार तो आ ही जाती। यहां रजवाड़ों और हिंदू बहुमतवाली सरकार के भय से आक्रांत मुसलमान राजनीतिज्ञों के हितों में एक वस्तुगत समानता दिखाई देती है। इसके अतिरिक्त अंग्रेजों ने केंद्र में उत्तरदायी सरकार के वादे के साथ-साथ 'आरक्षणों और रक्षक उपायों' की शृंखला भी खड़ी कर दी थी। ये आरक्षण एवं रक्षक उपाय प्रतिरक्षा, विदेशी मामलों और वित्तीय एवं आर्थिक नियंत्रण जैसे अति महत्वपूर्ण क्षेत्रों में लागू होने थे, जैसाकि मैकडोनल्ड ने अपने 19 जनवरी के भाषण में स्पष्ट कर दिया था। इस योजना के ब्यौरे को संपादित करने में लगभग पांच वर्ष का समय लगनेवाला था, क्योंकि शीघ्र ही स्पष्ट हो गया कि संघ तो गिरगिट की तरह रंग बदलनेवाला है, और अगर जनवरी 1931 में इसे स्वीकार किया गया था तो इसके पीछे अनेक विचार कार्यरत थे। राजाओं का विचार था कि इससे सर्वोच्चता के दावे में कमी आएगी, मुसलमानों को केंद्र में कमजोर सरकार होने की बात पसंद आई थी, सप्रू जैसे नेता उदारवादी केंद्र में उत्तरदायी सरकार होने की बात से आकृष्ट हुए थे, और ब्रिटिश राजनीतिज्ञों ने सोचा था कि इसके माध्यम से वे "उत्तरदायी सरकार के मुखौटे के पीछे वास्तव में ब्रिटिश नियंत्रण बनाए रख सकेंगे" (आर. जे. मूर, *क्राइसिस ऑफ इंडियन यूनिटी*, पृ. 155)।

अंग्रेजों के पक्ष में जानेवाली एक अन्य बात यह थी कि सम्मेलन की अल्पसंख्यक समिति किसी समझौते पर पहुंचने में असफल रही थी। इस असफलता का उत्तरदायित्व बड़ी सीमा तक हिंदू महासभा के नेताओं (मुंजे और जयकर) और सिख प्रतिनिधियों पर है। जिन्ना, शफी और आगा खान उदारवादियों के सप्रू गुट के साथ समझौते की स्थिति तक लगभग पहुंच गए थे। इसका आधार 1927 की बातचीत थी जिसके अनुसार संयुक्त निर्वाचक मंडल होते और मुसलमानों के लिए आरक्षित सीटें होतीं। किंतु 1928-29 की भांति यहां भी समझौते का सिलसिला उस समय टूट गया जब हिंदू महासभा ने पंजाब और बंगाल में मुसलमानों के आरक्षण का विरोध किया। सिखों द्वारा पंजाब में 30 प्रतिशत प्रतिनिधित्व की मांग ने समस्या को और जटिल बना दिया। (सिख पंजाब में कुल जनसंख्या का 11 प्रतिशत थे लेकिन

उन्हें पहले ही 19 प्रतिशत प्रतिनिधित्व प्राप्त था।) महासभावालों का कहना था कि पंजाब और बंगाल के मुसलमानों को आरक्षण की आवश्यकता नहीं है क्योंकि वे वहां बहुमत में हैं। किंतु मुहम्मद अली का कहना था कि इन दोनों प्रातों में मुसलमानों का जो मामूली बहुमत है, वह पंजाब में हिंदू बनियों एवं बंगाल में हिंदू जमींदारों की सामाजिक शक्ति के आगे और सार्वत्रिक वयस्क मताधिकार के अभाव में प्रभावहीन हो जाता है। किंतु जयकर और मुंजे टस से मस नहीं हुए और, अभिजन के स्तर पर ही सही, एकता का एक और अवसर हाथ से जाता रहा।

गांधी-इरविन समझौता

उदारवादी प्रतिनिधियों ने गोलमेज सम्मेलन को भारत के लिए एक महत्वपूर्ण उपलब्धि बताया जो उनके लिए अस्वाभाविक भी नहीं था, और लंदन से लौटकर उन्होंने कांग्रेसी नेताओं (जिन्हें 26 जनवरी को जेल से रिहा कर दिया गया) से समझौता कर लेने की प्रार्थना की। किंतु सप्रू और जयकर तो 1930 में पूरे वर्ष-भर समझौता कर लेने की बात करते रहे थे और उनकी अपीलों को यरवदा में दृढ़तापूर्वक अस्वीकार कर दिया गया था। गांधीजी की आरंभिक प्रतिक्रिया अब भी नकारात्मक ही थी : "मैं नहीं मानता कि मैकडोनल्ड के वस्तव्य में हमारे लिए कुछ भी है।" उन्होंने यह बात 31 जनवरी को कही और उसके पश्चात् सार्वजनिक वक्तव्यों और निजी पत्राचार में भी वे किसी समझौते की संभावना के प्रति गंभीर निराशा प्रकट करते रहे। 11 फरवरी तक उनकी यही मनःस्थिति रही। किंतु 14 फरवरी को इसमें अचानक ही परिवर्तन हुआ जब उन्होंने वायसरॉय से साक्षात्कार हेतु तिथि निश्चित करने के लिए पत्र लिखा। यह परिवर्तन इरविन के साथ उनकी बातचीत में स्पष्ट दिखाई देता है। गांधीजी ने इरविन की तीन 'शर्तों . . . संघ; भारतीय दायित्व; आरक्षण और रक्षक उपायों' को शीघ्र ही स्वीकार कर लिया (17 फरवरी के साक्षात्कार के बारे में इरविन का विवरण)। 5 मार्च को दिल्ली में होनेवाले समझौते की धारा 2 ने समस्त भावी बातचीत का क्षेत्र गोलमेज सम्मेलन के पहले सत्र में रेखांकित योजना तक ही पूरी तरह सीमित कर दिया। इसमें कहा गया था कि "आरक्षण और रक्षक उपायों" के अंतर्गत "उदाहरण के लिए, प्रतिरक्षा, विदेशी मामले, अल्पसंख्यकों की स्थिति, भारत की वित्तीय साख, और दायित्वों की पूर्ति जैसे मामले होंगे।" असहयोग आंदोलन के कैदियों को छोड़ने की बात तो कही गई थी, किंतु प्रतीत होता है कि भगतसिंह को बचाने के लिए प्रयत्न नहीं किए गए। नमक और गैर-राजनीतिक स्वदेशी के संबंध में जो नाममात्र की रियायतें दी गई थीं वे तब प्रभावहीन हो गईं जब थोड़ी लंबी बातचीत के बाद गांधीजी ने पुलिस की ज्यादतियों की जांच कराने एवं किसी तीसरे को बेच दी गई जब्त जमीनों की वापसी

की मांग वापस ले ली। (इसकी बहुत ही प्रतिकूल प्रतिक्रिया हुई, विशेष रूप से गुजरात में।) यरवदा में अपनाए जानेवाले रवैये और 1930 के पूरे वर्ष में कांग्रेस द्वारा 'आखिर तक लड़ाई' लड़ने के बारे में दिए गए वक्तव्य में तथा इस स्थिति में कितनी विषमता थी! यह कोई आश्चर्य की बात नहीं कि जवाहरलाल जैसे जुझारू तत्व इससे अत्यंत निराश हुएं और उन्होंने *ऐन ऑटोबॉयोग्राफी* में लिखा : "इस तरह होता है दुनिया का अंत। धमाके से नहीं, बल्कि रिरियाहट के साथ" (पृ. 259)।

गांधीजी के रवैये में परिवर्तन की इस ऐतिहासिक पहेली को केवल उदारवादी नेताओं के दबाव के संदर्भ में ही नहीं समझा जा सकता। (इन नेताओं को वैयक्तिक रूप में सम्मान तो प्राप्त था किंतु देश में उनका समर्थन नहीं के बराबर था।) न ही इस तर्क को गंभीरता से लिया जा सकता है कि गांधीजी इरविन के व्यवहार पर मुग्ध हो गए थे या यह कि केंद्र में उत्तरदायी सरकार देने का गोलमेज सम्मेलन का अस्पष्ट-सा वादा अचानक ही उन्हें आकर्षक लगने लगा था। इस वादे की सीमा एक ऐसे संघ के प्रस्ताव में थी जिसमें रजवाड़ों का महत्वपूर्ण दखल होता। इसका तो विवरण भी अभी तय किया जाना बाकी था। इसमें आरक्षणों और रक्षक उपायों की एक पूरी शृंखला भी थी और इसमें सांप्रदायिक समस्या भी अभी उलझी हुई थी। इस बात के कुछ प्रमाण उपलब्ध हैं कि व्यापारिक समूहों के दबाव की भूमिका अत्यंत महत्वपूर्ण रही थी। मंत्रिमंडल के थोड़े विरोध और लंकाशायर की ओर से कड़े विरोध के बावजूद सूती कपड़े के थानों के आयात पर फरवरी के आरंभ में 5 प्रतिशत अधिभार लगा दिया गया था, जबकि इस बार फिलहाल साम्राज्यिक वरीयता की अवहेलना करते हुए सरकार ने गैर-ब्रिटिश आयातों पर कोई अतिरिक्त कर नहीं लगाया था, जिसका आधार स्पष्टतः राजनीतिक था। 7 फरवरी को बंबई के गवर्नर ने वायसरॉय को रिपोर्ट दी कि "गांधी के अनेक अनुयायी, विशेष रूप से व्यापारिक समुदाय के, यदि गांधी समझदारी का रुख नहीं अपनाते तो उनसे नाता तोड़ने की बात सोच रहे हैं।" 11 फरवरी को इरविन ने वेजवुड-बेन को सूचित किया कि "संभव है पुरुषोत्तमदास इलाहाबाद जाकर गांधी से मिलें, और उन पर व्यापारिक दबाव डालने का प्रयास करें।" बातचीत के दौरान ठाकुरदास दिल्ली में ही थे और उन्होंने 4 मार्च को गुजरात में जमीनों की जब्ती के मामले को सुलझाने में सहायता की थी। 11 फरवरी को बिड़ला के घनिष्ठ सहयोगी देवीप्रसाद खेतान ने इंडियन चैंबर्स ऑफ कॉमर्स के सभापति की हैसियत से भाषण करते हुए कहा : "गांधीजी और कांग्रेस को यह बताने में कोई बुराई नहीं है कि एक सम्मानजनक समझौते की संभावनाओं का पता लगाने का समय आ गया है . . .। हम सभी को शांति चाहिए।" तिथियों का यह संयोग अर्थपूर्ण और ध्यान देने योग्य है।

मार्च-दिसंबर 1931 : आशंकापूर्ण विराम-संधि

अस्पष्टताएं

मार्च 1931 और जनवरी 1932 के बीच, जबकि अंग्रेजों के जवाबी हमले की कार्रवाइयों ने कांग्रेस को दूसरा सविनय अवज्ञा आंदोलन आरंभ करने के लिए बाध्य कर दिया, जो घटनाएं घटीं उनका दायित्व बहुत कुछ गांधी-इरविन समझौते के अत्यंत संदिग्ध परिणामों पर है।

कराची कांग्रेस के ठीक पूर्व 23 मार्च को भगतसिंह, राजगुरु और सुखदेव को फांसी दे दिए जाने से जुझारू तत्व आक्रोश और निराशा से और भड़क उठे और नौजवान भारत सभा ने कराची रेलवे स्टेशन पर गांधीजी के विरुद्ध एक प्रदर्शन आयोजित किया। फिर भी कराची अधिवेशन का महत्व यही है कि इसमें गांधीजी के वामपंथी आलोचकों की दुर्बलताएं प्रकट हुईं। अक्तूबर से जनवरी तक की कारावास की अवधि में जवाहरलाल ने एक कृषि-कार्यक्रम तैयार किया जो पर्याप्त उग्रपरिवर्तनवादी था। साथ ही उन्होंने यह भी सुझाव दिया कि संविधान सभा कि मांग को मुख्य राजनीतिक नारा बनाया जाए। यह बात 1930 के मध्य-दशक में वामपंथी राष्ट्रवादी रणनीति का मूलमंत्र रही (नैनी जेल में लिखी गई टिप्पणियां, दिसंबर 1930, *सेलेक्टेड वर्क्स*, खंड 4, पृ. 437-51)। दिल्ली-समझौते के बाद जवाहरलाल कई रात सो नहीं सके, किंतु बाद में उन्होंने गांधीजी के आगे हथियार डाल दिए और कराची अधिवेशन में समझौते का समर्थन करनेवाले मुख्य प्रस्ताव को रखने के लिए सहमत हो गए। मोतीलाल की मृत्यु (6 फरवरी) ने कदाचित् उन्हें मनोवैज्ञानिक रूप से गांधीजी पर अधिक आश्रित बना दिया था, और जहां तक किसानों को समझने का प्रश्न था, गांधीजी की तुलना में वे अपनी सीमाएं अच्छी तरह पहचानते थे। यह अर्थपूर्ण है कि पांच वर्ष पश्चात् प्रकाशित होनेवाली *ऑटोबायोग्राफी* में दिल्ली-समझौते की विवेचना करने के तुरंत बाद 'भारत के कृषक जनसामान्य' के प्रतिनिधि के रूप में गांधीजी की प्रशंसा की गई थी। कराची अधिवेशन में दिल्ली-समझौते के अन्य आलोचकों के भाषणों में भी असहायता एवं निष्क्रियता की ध्वनि सुनाई देती थी। यूसुफ मेहर अली ने, जो शीघ्र ही एक प्रमुख समाजवादी नेता बने, स्पष्ट रूप से 'समझौते की राजनीति' एवं 'हृदय-परिवर्तन' की भर्त्सना की, और 'बिड़ला, पुरुषोत्तमदास ठाकुरदास', वालचंद हीराचंद, हुसैनभाई लालजी जैसे उद्योगपतियों की कड़ी आलोचना की कि वे "अन्य लोगों के कष्टों एवं बलिदानों से लाभ उठाना चाहते हैं।" किंतु उनकी समापन-टिप्पणी विचित्र रूप से विनम्र थी : गांधीजी को फिर से संघर्ष का आह्वान करना पड़ेगा क्योंकि गोलमेज सम्मेलन का असफल होना निश्चित है, और तब जुझारू तत्वों को मौका मिलेगा। "हम धैर्यपूर्वक संघर्ष की पुकार की प्रतीक्षा कर रहे हैं। इंकलाब जिंदाबाद!"

कराची अधिवेशन में मौलिक अधिकारों एवं आर्थिक नीति से संबंधित

एक प्रस्ताव पारित किया गया जिसके संबंध में प्रायः कहा जाता है कि यह वामपंथियों को प्रसन्न करने के दिशा में एक बड़ी रियायत थी। यह सत्य है कि कुछ अधिकारियों को इसमें एम. एन. राय का हाथ होने का संदेह था, और कुछ माह पश्चात् अंबालाल साराभाई ने फिक्की के सदस्यों के बीच परचे बांटे जिनमें इस प्रस्ताव के कुछ अंशों की आलोचना करते हुए कहा कहा गया था कि इससे 'रूसी नमूनेवाली सरकार के आने का खतरा' है *(वालचंद हीराचंद पेपर्स, फा. नं. 8 [ii])*। किंतु वास्तव में 20-सूत्री कराची प्रस्ताव में 'समाजवाद' का तत्व बहुत कम था। इसमें आम लोकतांत्रिक मांगों (नागरिक स्वतंत्रता, कानूनी समानता, सार्वत्रिक वयस्क मताधिकार, निःशुल्क प्राथमिक शिक्षा, और राज्य की धर्मनिरपेक्षता की नीति) के साथ गांधीजी के 1930 वाले ग्यारह सूत्रों का समावेश था, साथ ही श्रमिकों के लिए भी थोड़े-से सामान्य (उचित पारिश्रमिक, बंधुआ मजदूरी की समाप्ति एवं ट्रेड यूनियन अधिकार, इत्यादि) वादे थे। एक धारा में अस्पष्ट शब्दों में महत्वपूर्ण उद्योगों एवं खनिज संसाधनों पर राज्य के नियंत्रण की और कृषि-परिवर्तनों के एक अत्यंत सामान्य कार्यक्रम की बात कही गई थी। मालगुजारी और लगान में केवल 'पर्याप्त कमी' किए जाने का आश्वासन दिया गया था, ग्रामीण ऋण के ज्वलंत प्रश्न का उल्लेख तक नहीं था और जमींदारी प्रथा समाप्त करने और भूमि के पुनर्वितरण का कोई इरादा प्रकट नहीं किया गया था।

इस प्रकार सदा की भांति, कराची अधिवेशन में भी गांधीजी की ही चली जो फरवरी 1922 की भांति न केवल नेता की, बल्कि संपूर्ण आंदोलन की कुछेक मूलभूत दुर्बलताओं की परिचायक थी। सविनय अवज्ञा आंदोलन में पर्याप्त जुझारू संभावनाओं का प्रदर्शन हुआ था, किंतु वस्तुतः कोई वैकल्पिक नेतृत्व उभरकर सामने नहीं आया था। इसके अभाव में ग्रामीण संघर्षशीलता या तो पूर्णरूपेण स्वतःस्फूर्त, छिटपुट और असमन्वित रही या सीमित दृष्टिकोणवाले ग्रामीण गांधीवादियों के नेतृत्व में रही। 1928-29 में श्रमिकों के संगठन एवं संघर्षशीलता में भारी कमी आई थी और मेरठवाली गिरफ्तारियों से पहले ही क्षीण पड़ चुके कम्युनिस्ट वामपंथी संकीर्णता के चरण से गुजर रहे थे जिसके दौरान उन्होंने वामपंथी रुखवाले राष्ट्रीय नेताओं को अपनी आलोचना का निशाना बनाया था। अप्रैल 1930 में नेहरू को साम्राज्यवाद-विरोधी लीग से निकाल दिया गया था, और बोस से इतना झगड़ा हुआ था कि जुलाई 1931 में ए. आई. टी. यू. सी. के कलकत्ता अधिवेशन में दूसरे विभाजन की नौबत आ गई थी। कम्युनिस्ट सविनय अवज्ञा आंदोलन से अलग ही रहे और अपनी अधिकांश शक्ति आपसी झगड़ों में गंवाते रहे।

किंतु न्यूनाधिक निश्चित समाजवादी रुझानवाले सचेत उग्रपरिवर्तनवादियों के अपेक्षाकृत सीमित दायरे के बाहर के अन्य लोग भी समझौते से निराश ही हुए। हार्डीमन के अनुसार खेड़ा के पाटीदारों ने समझौते को विश्वासघात समझा क्योंकि मालगुजारी कम नहीं की गई थी, और ज़ब्त की गई अधिकांश

भूमि भी नहीं लौटाई गई थी। यह 1928 में बारदोली की विजय से बहुत भिन्न था। "पाटीदारों का मनोबल पुलिस की लाठियों से कहीं अधिक समझौते ने तोड़ा था" (हार्डीमन, *पेजेंट ऐजीटेशन इन खेड़ा*, पृ. 289)। तटीय आंध्र और संयुक्त प्रांत के संबंध में ब्रेन स्टोडार्ट और ज्ञान पांडे भी ऐसे ही निष्कर्ष पर पहुंचे हैं। इन दोनों ही क्षेत्रों में 1931 का वर्ष कदाचित् वह मनोवैज्ञानिक क्षण था जब किसान मंदी की पहली मार के चलते मालगुजारी और लगान की नाअदायगी के जोरदार आंदोलनों के लिए पूर्णरूपेण तैयार थे, किंतु नौ महीनों की अत्यंत महत्वपूर्ण अवधि तक, संधि का पालन करने के प्रयास में, कांग्रेस ने किसानों को रोके रखा। "सरकार की दमनमूलक नीतियों की अपेक्षा गांधी-इरविन समझौते के प्रतिपादन ने ही आंध्र के तटीय जिलों में कांग्रेस की पकड़ को कमजोर किया" (स्टोडार्ट, *कांग्रेस एंड दि राज*, पृ. 121-22)।

लेकिन साथ ही, गांधी-इरविन समझौते को केवल नकारात्मक दृष्टि से देखना भी एक अपेक्षतया जटिल वास्तविकता का अतिसरलीकरण होगा। गांधीजी ने जो भी रियायतें की हों और राष्ट्र को होनेवाली उपलब्धि चाहे जितनी भी नगण्य रही हो, वायसरॉय को इस बात के लिए बाध्य होना पड़ा कि वह राष्ट्रीय नेता से नम्रता और समानता के एक नितांत नए आधार पर मिले। यह एक ऐसा तथ्य है जिसका गहन मनोवैज्ञानिक महत्व है और जिसके प्रति अधिकांश अंग्रेज अधिकारी आरंभ से ही गहरी अप्रसन्नता प्रकट करते रहे थे। आम कांग्रेसी कार्यकर्त्ता जब जेल से छूटकर अपने गांव या शहर गए तो उनका तेवर विजेता का-सा था और उनकी मनःस्थिति ऐसी थी जो 1922 की लगभग मोहभंग एवं नैराश्य की स्थिति से एकदम भिन्न थी। जहां बारदोली में पीछे हट जाने के बाद कांग्रेस संगठन का लगभग पतन हो गया था, वहीं 1931 के बाद अनेक क्षेत्रों में पार्टी की मशीनरी में पर्याप्त विस्तार हुआ। उदाहरण के लिए, मई 1931 तक संयुक्त प्रांत के अकेले रायबरेली जिले में ही कांग्रेस के 32 कार्यालय, 8,040 सदस्य, 13,081 स्वयंसेवक हो गए थे, और 1,019 गांवों में कांग्रेस का झंडा लहरा रहा था (ज्ञान पांडे, पृ. 41)। अधिक महत्वपूर्ण बात तो यह है कि आर्थिक दबावों, आम कांग्रेसी कार्यकर्त्ता के ऊंचे मनोबल, जुझारू कार्यक्रमों को आरंभ करने में कांग्रेस की आधिकारिक अनिच्छा, और कदाचित् नेतृत्व के प्रति किसी सीमा तक मोहभंग, इन सबके कारण नीचे से विभिन्न दबाव उत्पन्न हुए जिससे समझौता अधिकाधिक खटाई में पड़ता गया और जवाबी हमले के लिए सरकार की गुप्त चालों को बढ़ावा मिला।

नीचे से दबाव

बंगाल में, जहां का शिक्षित युवक पहले ही गांधीवादी अहिंसा के प्रति मोहभंग की स्थिति में था (और दिल्ली-समझौते ने इसमें वृद्धि ही की थी), 1931 में आतंकवाद ने पहले के सभी रिकार्ड तोड़ दिए। इस वर्ष कुल 92 वारदातें

हुईं जिनमें 9 हत्याएं सम्मिलित थीं। (मारे जानेवालों में दो डिस्ट्रिक्ट मजिस्ट्रेट थे : मिदनापुर के पेड्डी को अप्रैल में और टिपरा के स्टीवेंस को दिसंबर में मारा गया था।) स्टीवेंस को मारनेवाली शांति और सुनीति चौधुरी, दो स्कूली छात्राएं थीं जो क्रांतिकारी आंदोलन में स्त्रियों की भागीदारी के एक नए स्तर का परिचायक था। आतंकवाद अब शहरों तक ही सीमित नहीं रहा था—कम-से-कम चटगांव में जहां मई में 52 गांवों को गड़बड़ीवाले क्षेत्र घोषित कर दिया गया था। ब्रिटिश सरकार सचमुच बहुत भयभीत हो गई और उसने दमन के अत्यंत कठोर ढंग अपनाए। चटगांव शहर में 16 और 25 के बीच की उम्र के समस्त हिंदू भद्रलोक युवकों पर रात्रि का कर्फ्यू लगा दिया गया और 16 सितंबर को हिजली जेल में कैदियों को गोली मार दी गई। यद्यपि रवींद्रनाथ काफी अरसे से राष्ट्रीय राजनीति से अलग ही रहे थे और आतंकवाद के प्रति उनका विद्वेष जाना-माना था, लेकिन इस घटना के पश्चात् उन्होंने कलकत्ता में एक विरोध-सभा को संबोधित किया। 29 अक्तूबर को एक अध्यादेश जारी किया गया जिसके अनुसार आतंकवाद से सहानुभूति रखनेवालों की अंधाधुंध गिरफ्तारी की जा सकती थी। इस बीच देश के दूसरे छोर पर स्थित पश्चिमोत्तर सीमाप्रांत में खुदाई खिदमतगार आंदोलन में तेजी से वृद्धि हुई थी और इसे अगस्त 1931 में औपचारिक रूप से कांग्रेस का हिस्सा बना दिया गया था। इससे सरकारी अधिकारियों को शिकायत का मौका मिला कि कांग्रेस मार्च के समझौते का उल्लंघन कर रही है।

इस प्रकार अंग्रेज सरकार और समझौते की नीति अपनाने को उत्सुक कांग्रेसी नेतृत्व, दोनों को ही बढ़ते हुए ग्रामीण असंतोष से सबसे गंभीर खतरा था। कीमतों की गिरावट ने नया कीर्तिमान स्थापित कर लिया था—संयुक्त प्रांत में थोक मूल्यों का सूचकांक, 1901-05 को 100 मानने पर, 1929 के 218 से गिरकर 1930 में 162, और 1931 में 112 ही रह गया था (पांडे, पृ. 160), और इसी अनुपात में मालगुजारी, लगान एवं ऋणों का बोझ असह्य हो गया था। खेड़ा और बारदोली में जब्त की गई भूमि के खरीदारों एवं नवनियुक्त ग्राम अधिकारियों का सामाजिक बहिष्कार हो रहा था और मई से मालगुजारी की वसूली में फिर से कमी आ गई थी। चूंकि गुजरात का ग्रामीण आधार अत्यंत महत्वपूर्ण था, अतः मार्च से लेकर 29 अगस्त को दूसरे गोलमेज सम्मेलन में भाग लेने के लिए जाने के समय तक गांधीजी ने अपना अधिकांश समय इन दो जिलों में ही व्यतीत किया। उन्होंने धमकी दी कि यदि गुजरात में स्थिति को सुधारने के उपाय नहीं किए गए तो वे इंग्लैंड की अपनी यात्रा स्थगित कर देंगे। अंततः 25-27 अगस्त को शिमला में विलिंगडन और होम मेंबर इमर्सन से उनकी बातचीत के फलस्वरूप, एक खास मामले के रूप में, बारदोली कांग्रेस की शिकायतों पर एक सरकारी जांच बिठाई जानी निश्चित हुई।

संयुक्त प्रांत में ग्रामीण स्थिति कम सुसाध्य एवं अधिक विस्फोटक

सिद्ध हुई। यहां कांग्रेस ने जमींदारों एवं काश्तकारों के बीच मध्यस्थ का कार्य करने का प्रयास किया। काश्तकारों से कहा गया कि वे स्थानीय कांग्रेस के कार्यालयों में लगान घटाए जाने संबंधी प्रार्थनापत्र दें। स्वाभाविक था कि इस बात ने नौकरशाही को अप्रसन्न किया और इसे 'सरकार के समांतर संस्थाएं स्थापित करने का प्रयास' माना गया। 24 मई को गांधीजी ने संयुक्त प्रांत के किसानों के लिए एक घोषणापत्र जारी किया जिसमें कहा गया था कि दखली अधिकारों से रहित काश्तकार रुपए में कम-से-कम आठ आने और दखली अधिकारोंवाले किसान बारह आने लगान अदा करके समझौता कर लें। यह बात स्पष्टतः ग्रामीण संघर्षशीलता के विरुद्ध थी : "अगर आप समझते हैं कि जमींदारों या ताल्लुकेदारों को लगान देने की कोई आवश्यकता ही नहीं है, तो मैं पहले ही चेता दूं कि तब आप मेरी सलाह मत मानिए।" किंतु शीघ्र ही अधिकारी शिकायत करने लगे कि किसान गांधीजी के न्यूनतम को अधिकतम मान रहे हैं, और अक्सर तो कुछ भी लगान अदा नहीं करते। कांग्रेस के नाम पर अनेक स्थानीय नेता और आंदोलनकारी अभर आए थे किंतु इनका संदेश कहीं अधिक जुझारू था। उन नेताओं में रायबरेली के कालकाप्रसाद और अंजनीकुमार प्रमुख थे जिन्होंने लगान अदा न करनेवाले काश्तकारों की बेदखली के विरोध में शिवगढ़ के राजा के घर धरना दिया। मजे की बात तो यह है कि राजा शिवगढ़ ने एक खादी विद्यालय खोला था जिसमें स्थानीय कांग्रेसी नेता शीतला सहाय की पत्नी अध्यापिका थीं; इन शीतला सहाय की जवाहरलाल से काफी घनिष्ठता थी *(होम पोलिटिकल 33/24/1931)*। इन सरकारी आरोपों के बावजूद कि कांग्रेस भड़काने का कार्य कर रही है, इसके पर्याप्त प्रमाण हैं कि जवाहरलाल सहित कांग्रेस के नेताओं ने कुल मिलाकर नियंत्रक शक्ति का ही कार्य किया। कालकाप्रसाद को प्रदेश कांग्रेस से निष्कासित कर दिया गया और जून में जवाहरलाल की रायबरेली-यात्रा के पश्चात् वहां स्थिति काफी शांत हो गई। आगरा में कांग्रेस की मशीनरी पर्याप्त सशक्त थी और इसके ग्राम सेवा संघ को एक कांग्रेसी जमींदार सेठ अचलसिंह धन देते थे। यहां एक दंगे को छोड़कर स्थिति अत्यंत शांत रही। रायबरेली के अलावा कृषक जुझारूपन के मुख्य केंद्र थे बाराबंकी एवं इलाहाबाद की मंझनपुर तहसील। (बाराबंकी में कांग्रेस का संगठन बहुत ही मामूली था।) मंझनपुर तहसील में मुसलमान जमींदारों की उपस्थिति के कारण 1930 में कांग्रेसी इन स्थानों से दूर ही रहे थे। दिसंबर 1931 में गोलमेज सम्मेलन की बातचीत के स्पष्ट रूप से टूट जाने पर, अंततः संयुक्त प्रांत की कांग्रेस ने कुछ जिलों में लगान की नाअदायगी की अनुमति दे दी, किंतु तब तक गवर्नर मेलकोम हेली ने दमन और समझौते की मिली-जुली नीति अपनाकर किसानों के जुझारूपन की धार को काफी कुंद कर दिया था (108 लाख रुपए का राजस्व और 412 लाख रुपए का लगान खारिज कर दिया था)। फिर भी, संयुक्त प्रांत के किसानों की कुछ उपलब्धि तो रही ही। उन्होंने जो छूट प्राप्त की थी वह अपर्याप्त

होने पर भी अन्य प्रदेशों में और कठिन परिस्थितियों में पहले दी जानेवाली सभी छूटों से कहीं अधिक थी। कांग्रेस को, आंशिक रूप से ही सही, यह मानने के लिए बाध्य होना पड़ा कि राष्ट्रीय आंदोलन के भविष्य के लिए कृषि-विषयक समस्याओं और संबंधों का महत्व है। 1936 तक अन्य सभी प्रांतों से पहले संयुक्त प्रांत की कांग्रेस, कम-से-कम सिद्धांत रूप में, जमींदारी-उन्मूलन की हिमायत करने लगी थी।

संधि के महीनों में अन्य क्षेत्रों में भी आंदोलन हुए, यद्यपि इन्हें इतना प्रचार नहीं मिला जितना संयुक्त प्रांत की घटनाओं को मिला था। कुछ रजवाड़ों में निरंकुशता-विरोधी एवं सामंतवाद-विरोधी आंदोलन उभर रहे थे—उदाहरण के लिए कश्मीर में। जुलाई 1931 में यहां की अधिकांशतः मुसलमान प्रजा और हिंदू राजघराने के बीच संघर्ष कभी-कभी सांप्रदायिक रूप धारण कर लेता था किंतु साथ ही यहां नेशनल कांफ्रेंस के एक सशक्त आंदोलन की आधारशिला भी रखी जा रही थी। आंदोलन का आरंभ मुसलमान स्नातकों के एक समूह ने किया, जिनमें शेख अब्दुल्ला भी सम्मिलित थे। इसकी चरम परिणति 13 जुलाई को श्रीनगर जेल पर जनता के आक्रमण में हुई जिसमें पुलिस की गोलियों से 21 लोग मारे गए थे। इसका तात्कालिक परिणाम तो सांप्रदायिक उपद्रव रहा, किंतु सितंबर 1931 में उठाए गए दमनमूलक कदमों के फलस्वरूप आक्रमण का रुख हिंदुओं की अपेक्षा पुलिस की ओर अधिक हो गया। स्थिति इतनी बिगड़ गई कि महाराजा को ब्रिटिश सैन्य-सहायता मंगानी पड़ी। जम्मू के मीरपुर, कोटली और राजौरी ताल्लुकों में साहूकार-विरोधी दंगे हुए। अंत में राज्य की ओर से 12 नवंबर को शिकायतों की जांच के लिए एक आयोग गठित किया गया जिसमें कुछ गैर-सरकारी सदस्य भी थे। त्रिचनापल्ली के निकट पुडुकोट्टा नामक एक छोटी रियासत में कुछ दिनों के लिए ऐसी स्थिति रही जिसे *इंडियन एनुअल रजिस्टर* में 'भीड़-राज' कहा गया। नए करों का विरोध करती हुई भीड़ ने पुलिस और सेना को दबोच लिया, न्यायालयों के दस्तावेज जला डाले, कैदियों को जेल से भगा दिया और शासन को इस बात के लिए बाध्य कर दिया कि वह फिलहाल नए करों को रद्द कर दे। बिहार में तो कांग्रेसी नेता एक कट्टर जमींदार-समर्थक रवैया अपनाए रहे, किंतु गया में जदुनंदन शर्मा के नेतृत्व में किसान सभा का एक सशक्त आंदोलन उभर रहा था। आगे चलकर जदुनंदन सहजानंद के एक घनिष्ठ सहयोगी हुए। सितंबर 1931 में उत्कल प्रदेश कांग्रेस कमेटी ने उड़ीसा-भर में 'कृषक संघों' की स्थापना करने का निश्चय किया, और सरकारी अधिकारियों को शिकायत थी कि कांग्रेस का ग्राम-कार्य पुरी जैसे जिलों में जमींदार-काश्तकार संबंधों को और बिगाड़ रहा था। तटीय आंध्र में 1931 के अंत तक मालगुजारी की नाअदायगी के आंदोलन के लिए दबाव बढ़ने लगा था। कृष्णा जिले के दुग्गीराला बलरामकृष्णय्या वहां के स्थानीय नेता थे जिनके तेलुगु गाथाकाव्य *गांधी-गीता* ने कृषक और राष्ट्रीय, दोनों ही आंदोलनों को लोकप्रिय बनाया

था। जमींदारी क्षेत्रों में रहनेवाले आंध्र के किसानों को भी पहली बार संगठित किया जा रहा था, विशेष रूप से नेल्लूर की विशाल वेंकटगिरी जागीर में, जिसका क्षेत्रफल 2,117 वर्गमील था। 1931 में यहां चराई-शुल्क के विरोध में वन-सत्याग्रह आरंभ हुआ। इस चराई-शुल्क के माध्यम से जमींदार किसानों के मवेशी चराने एवं लकड़ी बटोरने के पारंपरिक अधिकारों में कटौती कर रहा था। सत्याग्रह का आंदोलन चलानेवाले एन. वी. रामा नायडू और एन. जी. रंगा थे। सितंबर 1931 में कृष्णा और गुंटुर जिलों में महाजन-विरोधी दंगों की बाढ़-सी आई जिसमें लगभग 4,000 लोगों की भीड़ सम्मिलित थी। केरल में, जहां जाति-भेद विशेष रूप से बीभत्स थे, कांग्रेसी नेता केलप्पन के नेतृत्व में नवंबर 1931 में गुरुवायूर मंदिर में होनेवाले सत्याग्रह का बड़ा जुझारू प्रभाव हुआ। स्वयंसेवकों के जत्थे मलाबार से और कोचीन एवं त्रावणकोर रियासतों के बड़े भागों से भी पैदल चलकर इस सत्याग्रह में भाग लेने पहुंचे और सविनय अवज्ञा आंदोलन के आरंभ हो जाने पर भी यह सत्याग्रह तब तक चलता रहा जब कि सितंबर 1932 में गांधीजी ने इसे समाप्त करने का आदेश नहीं दिया। गुरुवायूर के आंदोलनकारियों में ए. के. गोपालन नाम के एक स्कूली अध्यापक भी थे। शीघ्र ही वे केरल के सबसे लोकप्रिय कम्युनिस्ट कृषक-नेता बने।

सरकारी दृष्टिकोण

संधि के महीनों में बढ़ते हुए जन-दबावों ने अंग्रेज सरकारी अफसरों के मन में ऐसी योजना बनाने की प्रवृत्ति दृढ़ कर दी जिसमें कुछ होने से पहले ही बड़े पैमाने पर जवाबी हमला करने का विचार था। डि. ए. लो ने एक महत्वपूर्ण लेख में दर्शाया है कि ब्रिटिश दृष्टिकोण में परिवर्तन का जो श्रेय इरविन के उत्तराधिकारी विलिंगडन को दिया जाता है, उसकी जड़ें वस्तुतः पहले सविनय अवज्ञा आंदोलन के समय अंग्रेज अधिकारियों के चिंतन में वर्तमान थीं और फरवरी-मार्च 1931 में वायसरॉय द्वारा गांधीजी के साथ समानता के स्तर पर व्यवहार करने के विरुद्ध नौकरशाही की प्रतिक्रिया में भी थीं। लो के अनुसार मूल विचार 'सिविल मॉर्शन लॉ' का था:1919 में अमृतसर की भांति सीधे सेना को बुलाने के स्थान पर असैनिक अधिकारियों को ही लगभग सारी सैन्य शक्तियां प्रदान कर दी जाएं (डी. ए. लो, *कांग्रेस एंड दि राज*, अ. 5)। होम मेंबर इमर्सन ने मई 1931 में इस बात पर बल दिया था कि फिलहाल दिल्ली-समझौते को जारी रखने के साथ यह "निश्चय भी रहे कि जहां कहीं समझौता टूटे, एकदम प्रहार किया जाए और प्रहार कड़ा हो।" इसके लिए 'एमर्जेंसी पावर्स ऑर्डिनेंस' का मसौदा जनवरी 1932 में होनेवाले प्रहार के बहुत पहले ही तैयार कर लिया गया था।

उस समय ब्रिटिश राजनीति का दक्षिणपंथी रुख अपना लेना भी भारत में सरकार के कड़ा रवैया अपनाने में सहायक हुआ। ब्रिटेन में सितंबर 1931

में गद्दार लेबर नेता रैमजे मेकडोनल्ड के नेतृत्व में टोरी-प्रधान राष्ट्रीय सरकार सत्ता मे आ गई थी। साथ ही, विश्व में आर्थिक संकट गहराने के साथ लंकाशायर के हित और ब्रिटिश व्यापारिक हित भी जवाबी हमले के लिए तैयार हो रहे थे। जब आर्थिक संकट के चलते आबकारी, आयकर और रेलवे से मिलनेवाले राजस्व में कमी हुई, तो गंभीर कठिनाइयां उत्पन्न हो गईं। इस स्थिति में भारत सरकार ने राजनीतिक रूप से विस्फोटक जवाबी आबकारी लगाए बिना अथवा साम्राज्यिक वरीयता लागू किए बिना ही कॉटन ड्यूटी को 20 प्रतिशत से बढ़ाकर 25 प्रतिशत करने का निश्चय किया। लेकिन तब नए टोरी भारत-सचिव सैमुएल होर ने सितंबर 1931 में वित्तीय स्वायत्तता कन्वेंशन को रद्द कर देने की धमकी दी। इससे एक ऐसा ढर्रा बना जिसे 1930 के दशक में बार-बार दोहराया गया। इसके अतंर्गत लंकाशायर के विरोध के बावजूद गृह विभाग के अधिकारी अंततः नए करों को स्वीकार करने के लिए सहमत हो गए, किंतु उन्होंने इस बात पर बल दिया कि रुपए को 1 शिलिंग 6 पेंस की दर पर ही स्टर्लिंग से बांधे रखा जाए, जबकि 21 सितंबर 1931 को ब्रिटेन ने स्वर्ण-अधिमान को त्याग दिया था। इस प्रकार स्वतंत्र छोड़ देने पर रुपए का पर्याप्त अवमूल्यन हो जाता जिससे घरेलू मदों और लाभांशों पर विपरीत असर पड़ता। इस तरह महानगरों के वित्तीय मामलों को सर्वोच्च महत्व प्रदान किया गया, भले ही इसमें लंकाशायर के कुछ गुटों के हितों की बलि चढ़ानी पड़ी। गोलमेज सम्मेलन के दूसरे दौर (सितंबर-दिसंबर 1931) में अधिकारियों एवं ब्रिटिश प्रतिनिधियों ने इस बात पर बल दिया कि वित्त के क्षेत्र में बड़े स्तर पर आरक्षित शक्तियां वायसरॉय के पास ही रहें। बिड़ला की गणना के अनुसार प्रस्तावित संघीय संरचना में तथाकथित 'उत्तरदायी' भारतीय वित्तमंत्री के पास 130 करोड़ रु. के राजस्व में से केवल 15 करोड़ रु. का ही नियंत्रण रहता (सप्रू के नाम बिड़ला का पत्र, 31 अक्तूबर 1931, जी. डी. बिड़ला, *इन दि शैडो ऑफ दि महात्मा*, पृ. 46)। बेंथल जैसे ब्रिटिश व्यापारी प्रतिनिधियों ने भी जोर देकर मांग की कि व्यापार-संबंधी रक्षक उपाय किए जाएं जिससे भारत में ब्रिटिश पूंजी के निवेशक को राष्ट्रवादी सरकारों की 'भेदभावपूर्ण' नीतियों से बचाया जा सके। राजनीतिक स्तर पर भी 'साइमनवाद' की ओर लौटने के संकेत दिखाई देते थे—2 अक्तूबर 1931 को होर ने विलिंगडन को सलाह दी कि "पहला कदम तो यही उठाया जाए कि भारतीयों को फिर वापस प्रादेशिक स्वायत्तता की ओर अधिकाधिक ठेला जाए" (आर. जे. मूर, पृ. 232)।

ऐसी स्थिति में गोलमेज सम्मेलन में गांधीजी का सम्मिलित होना व्यर्थ ही गया। अल्पसंख्यकों के मुद्दे को लेकर अधिवेशन में शीघ्र ही गतिरोध उत्पन्न हो गया। अलग निर्वाचकमंडलों की मांग अब न केवल मुसलमान, बल्कि दलित जातियां, भारतीय ईसाई, एंग्लो-इंडियन और यूरोपियन भी करने लगे थे और 13 नवंबर को ये सब समूह संयुक्त कार्रवाई के

लिए 'अल्पसंख्यक समझौते' के रूप में एकजुट हो गए। विशेष रूप में बेंथल ने यह वादा करके मुसलमान प्रतिनिधियों का समर्थन प्राप्त कर लिया कि "हम बंगाल में उनकी आर्थिक दशा की बात नहीं भूलेंगे, और . . . जितना बन पड़ेगा यूरोपीय फर्मों में उनके लिए स्थान बनाएंगे . . .' (बेंथल की टिप्पणी, उमा कौर द्वारा उद्धृत, पृ. 77)। इस मिली-जुली चाल के विरुद्ध गांधीजी ने कड़ा संघर्ष किया। वे सारी संवैधानिक प्रगति को सांप्रदायिक समस्या के समाधान पर आधारित करना चाहते थे। उनका तर्क था कि वह समाधान "स्वराजी संविधान का सिरमौर होगा, न कि इसकी नींव।" 5 अक्तूबर को गांधीजी तो मुसलमानों की सभी मांगें मानने को तैयार हो गए बशर्ते वे कांग्रेस की स्वराज की मांग का समर्थन करते। किंतु मुसलमान प्रतिनिधियों ने इस प्रस्ताव को स्पष्ट रूप से अस्वीकार कर दिया। महासभा के प्रतिनिधि, और सिख भी गांधीजी की इस उदारता के पक्ष में नहीं थे। वे ऐसी बात के लिए तैयार नहीं थे जिससे मुसलमानों को पंजाब में बहुमत मिल सकता। संघ के प्रश्न पर भी अब रजवाड़ों का दृष्टिकोण बदल गया था और वे अब इसके लिए उतने उत्सुक नहीं थे जितने कि 1930 में थे, क्योंकि कांग्रेस के आंदोलन वापस ले लेने से उन्हें केंद्र में तत्काल बदलाव का भय नहीं रह गया था। अंग्रेज तो केंद्र में बदलाव की बात को एकदम समाप्त कर देना चाहते थे, किंतु अन्यथा फुसलावे में आ जानेवाले सप्रू, जिन्ना और अंबेडकर के विरोध के कारण ऐसा नहीं किया जा सका। 1 दिसम्बर को मैकडोनल्ड ने अपनी 19 जनवरी की स्थिति पर दोबारा जोर देते हुए सत्र को समाप्त कर दिया। उसने दो नए मुसलमान बहुमतवाले प्रांतों (पश्चिमोत्तर सीमाप्रांत और सिंध) की घोषणा की, (म्रताधिकार, वित्त और रजवाड़ों के बारे में) तीन विशेषज्ञ समितियों के साथ एक भारतीय सलाहकार समिति की स्थापना की, और राष्ट्रवादी दृष्टि से अपमानजनक एवं खतरनाक यह संभावना प्रस्तुत की कि यदि भारतीयों में सहमति नहीं होती तो ब्रिटिश सरकार सांप्रदायिक मामले में एकतरफा फैसला दे देगी।

समस्त दौड़-धूप व्यर्थ ही रही, जिसका निश्चित कारण यह था कि दिल्ली-वार्ता के समय गांधीजी ने अपने दल के लिए बहुमत के प्रतिनिधित्व की वह मांग छोड़ दी थी जिसके फलस्वरूप दिसंबर 1929 में इरविन की पेशकश को अस्वीकार कर दिया गया था। इसके स्थान पर कांग्रेस ने गोलमेज सम्मेलन में अनेक संकीर्ण हितों से समता स्वीकार कर ली थी जिनमें से अनेक अत्यंत मामूली और अप्रातिनिधिक थे। 28 दिसंबर को गांधीजी भारत लौट आए। उनके साथ छल हुआ था और भारत आकर उन्होंने देखा कि नेहरू और गफ्फार खान जेल में हैं और बंगाल, संयुक्त प्रांत और पश्चिमोत्तर सीमाप्रांत में बड़े स्तर पर दमन की कार्रवाई चालू है। गांधीजी ने विलिंगडन से मुलाकात की प्रार्थना की, जिसे उसने रुखाई से ठुकरा दिया। अब वर्किंग

कमेटी के पास इसके सिवा और कोई चारा नहीं रह गया था कि वह पुनः सविनय अवज्ञा आंदोलन आरंभ करे। 4 जनवरी 1932 को अंग्रेज सरकार की जवाबी हमले की बहुत पहले से तैयार योजना क्रियान्वित कर दी गई। आपात्कालीन शक्तियां; गैर-कानूनी सभा-समितियों, गैर-कानूनी भड़कानेवाली कार्रवाइयों और उपद्रव एवं बहिष्कार संबंधी अध्यादेश पर अध्यादेश निकाले जाने लगे, सभी स्तरों पर कांग्रेस-संगठन पर प्रतिबंध लगा दिया गया, कांग्रेस के नेताओं, कार्यकर्त्ताओं और सहानुभूति रखनेवालों को गिरफ्तार किया जाने लगा और उनकी संपत्ति जब्त की जाने लगी। होर की घोषणा थी : "इस बार फैसला होकर रहेगा।" केवल बंगाल में पहले ही दिन 272 संगठनों पर प्रतिबंध लगा दिया गया।

1932-34 : दूसरा सविनय अवज्ञा आंदोलन

दमन और प्रतिरोध

कपट और अभूतपूर्व दमन का सामना करते हुए भी कांग्रेस के नेतृत्व में राष्ट्रीय आंदोलन डेढ़ वर्ष तक साहसपूर्वक संघर्ष करता रहा और अंत में पराजित हो गया। जनवरी 1932 से मार्च 1933 तक के पंद्रह महीनों में लगभग 1,20,200 गिरफ्तारियां हुईं, किंतु साथ ही यह भी कहा जाना चाहिए कि 1930-31 में होनेवाली 90,000 गिरफ्तारियों की तुलना में इसे शक्ति का द्योतक नहीं माना जा सकता। इस बार अधिक गिरफ्तारियां होने का कारण यह था कि दमन कहीं अधिक तीव्र और व्यवस्थित था। उस समय की गतिविधियों में अर्थपूर्ण तेजी से गिरावट आई थी। अप्रैल 1933 तक की 74,671 सजाओं के एक सरकारी आकलन के अनुसार 14,803 जनवरी 1932 में, 17,818 फरवरी में, 6,909 मार्च में और 5,254 अप्रैल में दी गई थीं। उसके पश्चात् यह संख्या 4,000 प्रतिमाह से अधिक नहीं रही और 4 अप्रैल 1932 को विलिंगडन की रिपोर्ट थी कि 'स्थिति पर्याप्त नियंत्रण में है।' फिर उसी साल 6 नवंबर को उसने रिपोर्ट दी कि "सविनय अवज्ञा आंदोलन मृतप्राय स्थिति में है" *(टेंपलवुड कलेक्शन)*। प्रांतों में कुल जनसंख्या की तुलना में सजाओं का प्रतिशत ऊंचा रहा था—बंबई प्रेसीडेंसी (14,101; 0.064 प्रतिशत), बिहार और उड़ीसा (14,903; 0.040 प्रतिशत), संयुक्त प्रांत (14,659, 0.030 प्रतिशत), बंगाल (12,791; 0.026 प्रतिशत), और मध्यप्रांत (4,014; 0.026 प्रतिशत)। इसकी तुलना में यह प्रतिशत पंजाब में केवल 0.008 और मद्रास में 0.007 ही रहा था। यद्यपि इसमें मुसलमनों की भागीदारी सामान्यतः कम रही थी, मगर पश्चिमोत्तर सीमाप्रांत में अभियोगों का प्रतिशत देश में सबसे अधिक (6,053; 0.25 प्रतिशत) रहा था। स्त्रियों की संख्या 3,630 थी और कांग्रेस किस सीमा तक सममुच जन-आंदोलन का रूप धारण कर चुकी थी, यह इसी से स्पष्ट है कि 1932 की एक आरंभिक गणना के अनुसार, मद्रास में गिरिफ्तार होनेवाले

904 लोगों में 759 और संयुक्त प्रांत में गिरफ्तार होनेवाले 2004 में 1550 निरक्षर लोग थे। संयुक्त प्रांत की इस संख्या में 1,397 को काश्तकार अथवा श्रमिक बताया गया था (*होम पोलिटिकल, फा. न. 3/11/1933;* ज्यूडिथ ब्राउन की पुस्तक *गांधी एंड सिविल डिसओबेडियंस* में उद्धृत, पृ. 284-86)।

1932-33 के सविनय अवज्ञा आंदोलन में विभिन्न प्रकार की गतिविधियां सम्मिलित थीं। इसका आंशिक कारण यह था कि बहुत-सी बातों को गैर-कानूनी घोषित कर दिया गया था और नागरिक स्वतंत्रता का लगभग पूर्णरूपेण दमन कर दिया गया था। 14 जनवरी को आरंभ किए गए जवाबी हमले की योजना बनाते समय विलिंगडन ने स्वीकार किया था कि उसे लगता है कि वह "भारत का मुसोलिनी बनता जा रहा है" (होर के नाम 20 दिसंबर 1931 का पत्र)। अब विरोध के तरीके थे—कपड़े और शराब की दुकानों पर धरना देना, बाजारों को बंद कराना और अंग्रेजों के प्रति निष्ठा रखनेवाले व्यापारिक प्रतिष्ठानों का बहिष्कार करना, कांग्रेस के झंडे को प्रतीकात्मक रूप से लहराना, सार्वजनिक रूप से कांग्रेस के अवैध अधिवेशन करना (जैसाकि अप्रैल 1932 में चांदनी चौक के घंटाघर के पास, और अगले वर्ष कलकत्ता मैदान में किया गया था), नमक सत्याग्रह करना, चौकीदारी-कर अदा न करना, लगान और मालगुजारी की अदायगी न करना, वन विभाग के कानून तोड़ना, और किसी सीमा तक कांग्रेस की गतिविधियों को अवैध रूप से चलाना (जिनमें अगस्त 1932 में बंबई के निकट गुप्त रेडियो ट्रांसमीटर का उपयोग भी सम्मिलित था) और बमों का प्रयोग करना। इनमें से अंतिम दो गतिविधियों की बाद में गांधीजी ने कड़ी निंदा की।

4 अप्रैल 1932 को विलिंगडन ने अपने पत्र में बंबई शहर और बंगाल को 'दो काले धब्बों' की संज्ञा दी। बंबई शहर 'गांधीवाद का गढ़' बना रहा, जहां "भारत में किसी भी अन्य स्थान की अपेक्षा कांग्रेस की पकड़ अधिक गहरी है" (साइक्स का होर के नाम पत्र, 6 मार्च 1932, *साइक्स कलेक्शन, यूरोपीय पांडुलिपि, फोलियो 150*)। गुजराती समुदाय की, विशेष रूप से छोटे व्यापारियों की भारी भागीदारी केंद्रीय मूलजी जेठे कपास बाजार को अक्तूबर 1932 तक बुरी तरह प्रभावित किए रही। अत्यंत प्रभावकारी ब्लैक-लिस्टिंग के कारण गोरी फर्में बर्बादी के कगार पर आ खड़ी हुईं। तब सरकार ने उनकी सहयता करने के लिए एक कानून पारित कराया जिसके अनुसार कपास के व्यापार का नियमन सरकार करती। किंतु मिलों के मजदूर 1930 की भांति अलग ही रहे और मुसलमान तो कभी-कभी वैमनस्य भी दर्शाते थे—वस्तुतः मई और जुलाई 1932 के बीच बंबई शहर में सांप्रदायिक दंगों की एक बड़ी शृंखला भी चली। बंबई और अन्यत्र भी ग्रामीण क्षेत्रों में प्रतिक्रिया कुल मिलाकर 1930 की तुलना में कम ही रही, क्योंकि 1931 की विराम-संधि के दौरान कांग्रेस ने स्वयं अपना मार्ग अवरुद्ध कर लिया था और लगान और मालगुजारी की नाअदायगी के लिए पूर्णरूपेण तैयार किसानों के मनोवैज्ञानिक

क्षण को गंवा दिया था। इस बार खेड़ा और बारदोली के सामने भी यह अड़चन थी कि अंग्रेजों ने बड़ौदा राज्य को अपनी सीमा बंद कर देने के लिए मना लिया था और फरवरी 1932 तक खेड़ा के केवल 15 गांव ही मालगुजारी रोके हुए थे। फिर भी खेड़ा के एक गांव रास के पाटीदारों ने 1933 में भी मालगुजारी देना अस्वीकार कर दिया था, यद्यपि तब तक उनकी 2,000 एकड़ जमीन जब्त की जा चुकी थी। उनमें से कुछेक को नंगा करके पुलिस द्वारा सार्वजनिक रूप से कोड़े लगाए गए थे और बिजली के झटके भी दिए गए थे। कर्नाटक के कुछ भागों में करों की नाअदायगी का एक सशक्त आंदोलन विकसित हुआ, विशेषकर उत्तरी कनारा के अंकोला और सिद्धपुर ताल्लुकों में, जहां 200 से अधिक गांवों ने मालगुजारी रोके रखी। अखिल भारतीय कांग्रेस कमेटी की रिपोर्टों में मध्य और दक्षिण भारत के अनेक स्थानों पर वन-सत्याग्रह की छिटपुट घटनाओं का उल्लेख है। उदाहरण के लिए, 1 मई 1932 को अंकोला के ताल्लुका मुख्यालय में 4,000 ग्रामवासी ताजा काटा गया ईंधन नीलामी के लिए लेकर आए। उसी माह मध्य प्रांत में बैतूल में मन्नू गोंड और चैतू कोइकू जैसे आदिवासी नेताओं के नेतृत्व में वन-सत्याग्रह किया गया। केरल की प्रदेश कमेटी ने भी अगस्त और अक्तूबर 1932 में मलाबार के कासरगोड ताल्लुके में वन-सत्याग्रह होने की रपट दी *(आखिल भारतीय कांग्रेस कमेटी, फा. न. 1/1932)*।

1930 की तुलना में इस बार तमिलनाडु और आंध्र में सविनय अवज्ञा आंदोलन कमजोर रहा, यद्यपि यहां शहरों में धरनों के कुछ सक्रिय केंद्र थे (जैसेकि तमिलनाडु के मद्रास शहर, मदुरै और विरुदनगर में), और 1933 में थोड़े समय के लिए अंग्रेज सरकार तब घबरा गई थी जब तटीय आंध्र में मालगुजारी की नाअदायगी के आंदोलनों के पुनः उभरने के लक्षण दिखाई दे रहे थे। बिहार में फरवरी 1932 में 7,000 तक की भीड़ों ने मुंगेर और मुजफ्फरपुर जिलों में पुलिस थानों पर हमले किए और आबकारी राजस्व में 1933 तक गिरावट आती रही। संयुक्त प्रांत में एक गुप्त ए. आई. सी. सी. बुलेटिन के अनुसार मार्च 1932 में यद्यपि अनेक जिलों में लगान की नाअदायगी का आंदोलन हो रहा था (*आर. ई. हाकिंस पेपर्स*, कैंब्रिज एशियन सेंटर), लेकिन सविनय अवज्ञा अब अधिकाधिक एक शहरी गतिविधि बनता जा रहा था। उदाहरण के लिए, आगरा जिले में अब शांति थी; केवल एक गांव बड़ौदा में लगान की नाअदायगी का आंदोलन जारी था। रायबरेली में जुलाई 1932 तक, समय से दो माह पूर्व ही, 80 प्रतिशत मालगुजारी वसूल कर ली गई थी (ज्ञान पांडे, पृ. 177, 187)।

मार्च 1932 की ए. आई. सी. सी. बुलेटिन में बंगाल के तटीय क्षेत्रों में नमक सत्याग्रह, अनेक जिलों में चौकीदारी-कर की नाअदायगी और यूनियन बोर्ड के बहिष्कार, और हुगली के आरामबाग उपसंभाग एवं टिपरा, सिलहट और जलपाइगुड़ी से लगान की नाअदायगी के समाचार दिए गए। लेकिन

मंदी की स्थिति में भी कृषक-संघर्षशीलता को समर्थन देने में कांग्रेसी नेतृत्व की असफलता के कारण मुसलमान किसानों का आंदोलनं अधिकाधिक अलगाववादी मार्ग पर चला। इन वर्षों में प्रजा आंदोलन ने भी जोर पकड़ा और दिसंबर 1932 में मौलाना भसानी ने सिराजगंज में एक बड़े प्रजा सम्मेलन का आयोजन किया, जिसमें जमींदारी-उन्मूलन और ऋण कम करने की मांग की गई थी। मौलाना अपने पूरे राजनीतिक जीवन के दौरान सच्चे कृषक लोकवाद (पापुलिज्म) और सांप्रदायिक अपीलों को साथ लेकर चलते रहे। फिर भी आतंकवाद के कारण बंगाल अंग्रेज सरकार के लिए हौआ ही बना रहा। यद्यपि नया गवर्नर एंडरसन आयरिश गृहयुद्ध के जमाने से ही दमन का विशेषज्ञ रहा था, मगर आतंकवादी वारदातों की संख्या 1932 में सबसे अधिक (104) रही, जो 1933 में घटकर 33 और 1934 में 17 रह गई। मिदनापुर में दो और गोरे जिला मजिस्ट्रेटों की हत्या कर दी गई, विश्वविद्यालय के दीक्षांत समारोह में एक छात्रा ने गवर्नर जैकसन पर आक्रमण किया, और सूर्य सेन को फरवरी 1933 में जाकर ही गिरफ्तार किया जा सका। बक्सा, हिजली और देवली के यातना-शिविरों में 3,000 से अधिक लोगों को रखा गया और चटगांव के कैदियों को अंडमान भेज दिया गया।

संयोग से दूसरे सविनय अवज्ञा आंदोलन के समय दो रजवाड़ों में भी महत्वपूर्ण आंदोलन हुए। कश्मीर में अप्रैल 1932 में ग्रीवांसेज इंक्वायरी कमीशन द्वारा प्रदान की गई रियायतें—मुस्लिम शिक्षा को प्रोत्साहन, सरकारी कब्जेवाली मुसलमान धार्मिक इमारतों की वापसी, चराई शुल्क में आंशिक छूट, और सरकारी कार्य के लिए पारिश्रमिक दिया जाना—भी बढ़ते हुए आंदोलन को न रोक सकीं। अक्तूबर 1932 में मुस्लिम कांफ्रेंस की स्थापना की गई। यद्यपि इसे नेशनल कांफ्रेंस का नाम 6 वर्ष बाद ही दिया गया, किंतु इसके नेता शेख अब्दुल्ला ने तभी से जम्मू के निरंकुशतंत्र-विरोधी हिंदुओं से निकट संबंध स्थापित करना आरंभ कर दिया था, जिनके नेता पी. एन. बजाज थे। 1933 के आरंभ में राजस्थान के अलवर राज्य में महाराजा जयसिंह सवाई द्वारा राजस्व में वृद्धि, बेगार, चराई शुल्क और शिकार के लिए वनों के आरक्षण के विरुद्ध सशक्त आंदोलन उठ रहा था। मेव लोगों ने, जो आत्मनिर्भर अर्ध-आदिवासी कृषक समुदाय थे और काफी हद तक औपचारिक रूप से इस्लाम के अनुयायी थे, बड़े स्तर पर छापामार युद्ध आरंभ कर दिया था। 12 फरवरी 1933 को विलिंगडन ने अलवर की स्थिति के संबंध में कहा कि "यह जितनी खराब हो सकती है हो रही है", और *इंडियन एनुअल रजिस्टर* ने 80-90 हजार मेव लोगों द्वारा ऐसी गतिविधि में भाग लेने की रिपोर्ट दी जिसे उसने, जैसीकि आशा थी, 'सांप्रदायिक गड़बड़ी' कहा, जो गलत था। जहां पंजाब के मुसलमान नेता मुहम्मद यासीन खान ने महाराजा-विरोधी आंदोलन को सांप्रदायिक (साथ ही अंग्रेज-समर्थक) रंग देने का प्रयास किया, वहीं एक वैकल्पिक और सचेत रूप से जुझारू प्रवृत्ति भी उभर रही थी, जिसका

संबंध सैयद मुतालबी फरीदाबादी से और दिलचस्प बात यह है कि के. एम. अशरफ से भी था जो शीघ्र ही भारत के पहले मार्क्सवादी इतिहासकारों में एक बनकर उभरे। अंततः ब्रिटिश सरकार ने अलोकप्रिय महाराजा को यूरोप भेजकर अलवर का प्रशासन कुछ समय के लिए अपने हाथ में लेने का निश्चय किया (एच. क्रूगर द्वारा संपादित *के. एम. अशरफ*, दिल्ली, 1969 में चौधरी अब्दुल हई का लेख)।

1932 के उत्तरार्ध तक सविनय अवज्ञा आंदोलन की पराजय स्पष्ट नजर आने लगी थी। यह सत्य है कि गुजरात, संयुक्त प्रांत और आंध्र में किसानों की भागीदारी में कमी आई थी, मगर उसका कारण कांग्रेस में किसानों की निष्ठा में कमी आना नहीं, बल्कि कहीं अधिक बड़ी ताकत के सामने बाध्य होकर समर्पण करना था। 1930-34 के दौरान कांग्रेस ने त्याग और बलिदान के लिए जो गौरव प्राप्त किया था वह 1934 के पश्चात् कांग्रेस के चुनाव जीतने में बड़ा सहायक सिद्ध हुआ। फिर भी हार्डीमन की इस बात में दम है कि "मतदान आंदोलन नहीं था . . . । शुद्ध गांधीवादी सत्याग्रह के दिन लद गए थे।" संपत्तिधारी किसान कांग्रेस को मत तो देते रहे, किंतु अब जब 1931 में गांधीजी उनकी भूमि वापस दिलवाने में असफल रहे थे, वे अपनी भूमि का बलिदान करने को तैयार नहीं थे। कुछ क्षेत्रों में तो, और सबसे अधिक गुजरात में, वे मंदी के बाद युद्धकालीन गरमबाजारी से समृद्ध भी हो गए थे (खेड़ा में तंबाकू की कीमत 500 प्रतिशत बढ़ गई थी), और इसी अनुपात में उनकी संघर्षशीलता भी घटी थी। 1947 के पूर्व ग्रामीण पूंजीवाद देश के छिटपुट क्षेत्रों में ही पनपा था और अधिकांश भागों में अब भी कृषक जुझारूपन की संभावनाएं बरकरार थीं, विशेष रूप से जमींदारीवाले क्षेत्रों में। लेकिन यह जुझारूपन ऐसा था जो 1930 के दशक के मध्य से कांग्रेस के बाहर अभिव्यक्ति खोजने लगा था—वामपंथी झुकाववाली किसान सभाओं एवं कभी-कभी सांप्रदायिक संगठनों के माध्यम से भी।

वाणिज्यिक पुनर्व्यवस्था

जहां किसानों की प्रतिक्रिया अधिकाधिक रूप से अंतर्विरोधी होती जा रही थी, वहीं सविनय अवज्ञा के प्रति शहरी बुर्जुवा वर्ग के रवैए में भी पर्याप्त अस्पष्टता दिखाई देने लगी थी। 1932 में वर्ष-भर गुजराती व्यापारियों के समर्थन से बंबई का आंदोलन सुदृढ़ हुआ था। इस शहर के इंडियन मर्चेंट्स चैंबर पर, ठाकुरदास के विरोध के बावजूद, एक राष्ट्रवादी समूह ने कब्जा कर लिया था, और जब सविनय अवज्ञा आंदोलन पुनः आरंभ किया गया तो फिक्की ने तय किया कि फिलहाल वह संवैधानिक बहसों से अलग ही रहेगी। किंतु जी. डी. बिड़ला ने, जिन्होंने 1931 के गोलमेज सम्मेलन के दौरान निजी बातचीत में पर्याप्त अनुकूल रवैया अपनाकर बेंथल को सुखद आश्चर्य में डाल दिया था, 14 मार्च 1932 को होर को आश्वासन दिया कि सहयोग के द्वार पूरी तरह

बंद नहीं हुए हैं, और यह कि गोलमेज सम्मेलन का बहिष्कार करने का निर्णय फिक्की ने अपने सदस्य संगठनों के जोर देने पर अनिच्छापूर्वक ही लिया था (*इन दि शैडो ऑफ दि महात्मा*, पृ. 54-55)। जन-आंदोलन के कमजोर पड़ने के साथ राजनीतिक 'यथार्थवाद' और कुछ संकीर्ण आर्थिक गणनाओं ने कुछ व्यापारिक समूहों को सहयोग के मार्ग पर धकेल दिया। 1932 के ग्रीष्म में ओटावा इंपीरियल इकोनॉमिक कांफ्रेंस में भारत अनेक ब्रिटिश वस्तुओं पर कम आयात शुल्क लगाए जाने पर सहमत हो गया, जिसके बदले इंग्लैंड द्वारा भारत के कुछ कच्चे मालों के निर्यात को वरीयता देने की बात स्वीकार की गई। इनमें से कुछ चीजों जैसे चाय, खालों और चमड़ों में वैसे भी विशेष प्रतिस्पर्धा नहीं थी। यद्यपि राष्ट्रवादियों ने और सार्वजनिक रूप से बिड़ला ने भी इसका कड़ा विरोध किया, फिर भी लेजिस्लेटिव असेंबली में इस समझौते को सरलतापूर्वक अनुमोदन मिल गया। 1932-33 में बंबई के कपड़ा-उद्योगपतियों को स्पष्ट रूप से कमजोर पड़ गए लंकाशायर की तुलना में जापानी मोटे कपड़े के थानों की प्रतिस्पर्धा की चिंता अधिक थी, और इसी कारण अक्तूबर 1933 का कुख्यात लीस-मोदी समझौता हुआ था जिसके अंतर्गत बंबई के उद्योगपति लंकाशायर के इस वादे के बदले कि वह अधिक मात्रा में भारतीय कपास खरीदेगा, ब्रिटिश कपड़े के आयात को वरीयता देने के लिए सहमत हो गए थे। भारत में आयात शुल्क की ऊंची दरों के ज़वाब में जापान ने भारतीय कपास की खरीद में कटौती कर दी थी, और इसलिए जापान के विरुद्ध आयात शुल्क का अवरोध बनाए रखने के लिए आवश्यक था कि भारतीय कपास के नए ग्राहक तालाश किए जाते। लंकाशायर के लिए कम आयात शुल्क स्वीकार करके किए गए 'विश्वासघात' से राष्ट्रवादी अत्यंत क्षुब्ध हुए, साथ ही अहमदाबाद के कपड़ा-उद्योगपति भी, जो लंकाशायर की प्रतिस्पर्धा में बढ़िया कपड़ा बनाते थे, यह नहीं चाहते थे कि उनके काम की लंबे रेशेवाली कपास इंग्लैंड भेज दी जाए। किंतु बंबई के मिल-मालिकों और टाटा (जिन्होंने कुछ ही समय बाद बेल्जियम की प्रतिस्पर्धा के विरुद्ध ब्रिटिश इस्पात-हितों से ऐसा ही समझौता किया था) का सम्मिलित मोरचा कहीं अधिक मजबूत साबित हुआ। राजनीतिक रूप से भी जून 1932 तक ठाकुरदास 'थोड़ी आपसी समझदारी' की अपील करने लगे थे और 1932-34 के दौरान बिड़ला बारंबार गांधीजी और सरकार के बीच मध्यस्थता का प्रयास करते रहे।

फिर भी कुछ सशक्त राजनीतिक एवं आर्थिक बाध्यताएं ऐसी थीं जिनके कारण भारतीय व्यापारिक समूह पूरी तरह नहीं बिके या अंग्रेजों के साथ बिना शर्त सहयोग नहीं कर सके। अंग्रेजों का 1 शिलिंग 6 पेंस की विनिमय-दर पर अड़े रहना व्यापारियों की शिकायत का स्थायी कारण था क्योंकि इससे आयात को बढ़ावा मिलता था और इसके लिए मुद्रा-संकुचनकारी वित्तीय एवं मौद्रिक नीतियों की आवश्यकता थी। पूंजीवादी विश्व में अन्यत्र मंदी का सामना करने के लिए सरकारें सार्वजनिक व्यय में वृद्धि कर रही थीं, किंतु

भारत में तथाकथित 'दृढ़ वित्त' की हठधर्मिता बनी रही, और रेलवे एवं सिंचाई परियोजनाओं में होनेवाले निवेश में भारी कटौतियां की गईं (बागची, पृ. 18, 46-47)। स्टर्लिंग के स्वर्णमान छोड़ देने के पश्चात् रुपए के स्वर्ण-मूल्य में गिरावट आने के कारण 1931 से सोने का बड़े पैमाने पर निर्यात किया जाने लगा। इसने घरेलू मदों एवं ऋण के भुगतान के मामले में सरकार की सहायता ऐसे समय में की जब वस्तुओं के निर्यात में खतरनाक गिरावट आ रही थी। इस बात से भारतीय व्यापारी एवं जनमत में बड़ा रोष था जो इसके लिए मंदी से प्रभावित किसानों द्वारा हताशा में की जानेवाली बिक्री को उत्तरदायी ठहराते थे। कांग्रेसी स्वयंसेवकों ने बंबई में सोने का निर्यात करनेवाली दुकानों पर धरना देने का प्रयास किया, यद्यपि जुझारू राष्ट्रवादियों को संदेह था कि ठाकुरदास और बिड़ला जैसे लोग इस 'अवैध व्यापार से लाखों' बना रहे हैं (बंबई कांग्रेस का अवैध बुलेटिन, 17 अक्तूबर 1932, *ठाकुरदास पेपर्स, फा. नं. 101*)। लालजी नारानजी ने, जिन्होंने 1921 में खुलेआम असहयोग आंदोलन का विरोध किया था, 27 जनवरी 1932 को उदारवादी नेता जयकर को आगाह किया था कि "अपने व्यापारिक ढंग के सोच के कारण गांधीजी की नीति में मेरी अधिक आस्था है" क्योंकि "सरकार की उदासीनता ने हम पूंजीपतियों को कांग्रेस जैसे समाजवादी संगठनों के साथ कार्य करने के लिए बाध्य कर दिया है ···।" यह बात नारानजी ने शुद्धतः अस्थायी एवं सीमित आधार पर कही थी। यदि अंग्रेज सरकार सोने का निर्यात बंद कर दे, भारतीय कपड़ा उद्योग को संरक्षण प्रदान करे, मुद्रा, आबकारी और वित्तीय नीतियों में सुधार करे, और बैंकिंग, बीमा और जहाजरानी पर अपने लगभग पूर्ण एकाधिकार में ढील दे दे तो उनका विश्वास था कि कांग्रेस शीघ्र ही सविनय अवज्ञा आंदोलन वापस ले लेगी जिसका "उसे शौक नहीं है ··· यदि हमें जो चाहिए वह दे दिया जाए तो विशेष रूप से महात्माजी इसे अवश्य वापस ले लेंगे" *(एम. आर. जयकर पेपर्स, फा. नं. 456)*।

सबसे बढ़कर यह कि पूर्ण सहयोग इस कारण भी संभव नहीं हुआ कि 1932-34 की अवधि में ब्रिटिश व्यापारिक हितों का जवाबी हमला पूरे जोरों पर चलता रहा। विशेष रूप से लंकाशायर ने अपने-आपको चर्चिल के नेतृत्ववाले अतिवादी टोरी विपक्ष से संबद्ध कर लिया था जो साइमन-सुधारों की सीमा-रेखा से बाहर किसी भी संवैधानिक रियायत का विरोध करते थे। केंद्र में अनिश्चित काल तक के लिए कोई भी परिवर्तन न करने की मांग की गई या इसके विकल्पस्वरूप कड़े व्यापारिक एवं वित्तीय रक्षा-उपायों की मांग की गई, जो वस्तुतः 1919 के फिस्कल ऑटोनोमी कन्वेंशन को रद्द कर देते। दिसंबर 1932 में टैरिफ बोर्ड ने ब्रिटेन को वरीयता दिए बिना कपास पर आयात-कर की ऊंची दरों की सिफारिश की थी। लंकाशायर के दबाव के कारण इसे लागू नहीं किया गया, और 1934 के दौरान इस बात के प्रयास हुए कि लीस-मोदी रियायतों को औपचारिक रूप प्रदान किया जाए। जनवरी

1935 के इंडो-ब्रिटिश सप्लीमेंटरी एग्रीमेंट ने कपास संबंधी करों को भी अपने अधिकार-क्षेत्र में ले लिया जिसे पहले ओटावा समझौते में छोड़ दिया गया था, और वित्तीय स्थिति ठीक होते ही 25 प्रतिशत आयात शुल्क में कमी करने की बात कही गई (बासुदेव चटर्जी, अध्याय 6)। 14 नवंबर 1934 को बिड़ला ने नाटकीय ढंग से ठाकुरदास को चेतावनी दी : "मेरे विचार से लंकाशायर के मुंह आदमी का खून लग गया है और अब वह मोदी-लीस समझौते से ही संतुष्ट नहीं होगा" *(ठाकुरदास पेपर्स, फा. नं. 126)*।

सहयोग के प्रति परस्पर-विरोधी दबावों एवं संघर्ष का अंतिम परिणाम हुआ व्यापारिक दृष्टिकोणों का पुनर्संयोजन। यह कांग्रेस की नीति में ऐसे परिवर्तन के पक्ष में था जो जन-आंदोलन से दूर असेंबली और अंततः मंत्रिमंडलों में भागीदारी की दिशा में होता। इस पुनर्संयोजन के कारण भारतीय पूंजीपति काफी सीमा तक उस गहरी खाई को पाट सके, जो 1930 के दशक के आरंभ में उनके अपने ही भीतर लगभग पूर्ण राजभक्तों एवं राष्ट्रवादियों के बीच पर्याप्त स्पष्ट दिखाई देने लगी थी। अत्यधिक दमन के कारण सविनय अवज्ञा आंदोलन में जो स्पष्ट गिरावट आने लगी थी और इसके चलते कांग्रेस नेतृत्व में जो कुछ घट रहा था, उससे भी यह वाणिज्यिक पुनर्संयोजन पूरा-पूरा मेल खाता था।

हरिजन-आंदोलन

1932 के उत्तरार्ध तक, जेल में रहते हुए गांधीजी कदाचित् इस बात पर विचार कर रहे थे कि असफल हो चुके संघर्ष से पीछे हटने का सम्मानजनक तरीका क्या हो सकता है; इस बार ऐसा करना इसलिए अधिक कठिन हो गया था कि अंग्रेज सरकार गांधीजी से किसी भी प्रकार की राजनीतिक बातचीत न करने के लिए कृतसंकल्प थी। जैसाकि 1922 के बाद हुआ था, उनकी पहली प्रतिक्रिया गांवों में रचनात्मक कार्य की ओर उन्मुख होने की थी। अगस्त 1932 में मैकडोनल्ड ने सांप्रदायिक मामले में जो निर्णय दिया था, उसमें हरिजनों के लिए अलग से निर्वाचकमंडल बनाने की बात भी थी। इससे गांधीजी को यह बात सूझी कि वे अपना ध्यान मुख्य रूप से 'हरिजन'-कल्याण पर ही केंद्रित करें। 20 सितंबर को गांधीजी ने हरिजनों के लिए अलग निर्वाचकमंडल के मुद्दे के विरुद्ध 'आमरण अनशन' आरंभ कर दिया, और अंत में सवर्ण हिंदू एवं हरिजन नेताओं के बीच एक समझौता (पूना समझौता) कराने में सफल रहे। इस समझौते के अनुसार मैकडोनल्ड के प्रस्ताव में परिवर्तन किए गए। हिंदुओं के लिए संयुक्त निर्वाचकमंडल बने रहे जिनमें अछूतों के लिए आरक्षित सीटें रखी गईं और मैकडोनल्ड के प्रस्ताव की तुलना में उन्हें अधिक प्रतिनिधित्व भी दिया गया। यही व्यवस्था थी जो मूलतः 1947 के बाद भी बनी रही। अब हरिजनों का उत्थान ही गांधीजी का मुख्य सरोकार हो गया। एक अखिल-भारतीय छुआछूत-विरोधी लीग की स्थापना की गई

(सितंबर 1932) और गांधीजी के रिहा होने के पूर्व ही साप्ताहिक *हरिजन* (जनवरी 1933) का प्रकाशन आरंभ किया गया। नवंबर 1933 और अगस्त 1934 के बीच उन्होंने 12,500 मील की 'हरिजन यात्रा' की, और 15 जनवरी 1934 को बिहार में जो भयंकर भूकंप आया उसे 'सवर्ण हिंदुओं के पापों का दैवी दंड' कहा—यह एक ऐसी सुधार-विरोधी पुरातनपंथी बात थी जिससे रवींद्रनाथ को गहरा सदमा लगा। धीरे-धीरे सविनय अवज्ञा को पृष्ठभूमि में जाने दिया गया। मई 1933 में इसे अस्थायी रूप से स्थगित किया गया, 23 अगस्त 1933 को जेल से अपनी अंतिम रिहाई पर गांधीजी ने व्यक्तिगत रूप से इससे अलग रहने का निश्चय किया और अप्रैल 1934 में सविनय अवज्ञा आंदोलन औपचारिक रूप से वापस ले लिया गया।

गांधीजी के अन्य अनेक कार्यक्रमों की भांति उनके हरिजन आंदोलन के कार्यक्रम में भी लक्ष्यों और महत्व को लेकर अनेक अस्पष्टताएं देखने में आती हैं। जवाहरलाल जैसे जुझारू लोगों का विचार था कि यह कार्यक्रम साम्राज्यवाद-विरोधी संघर्ष के मुख्य कार्य से एक हानिकारक भटकाव है; यह धारणा इस बात से भी पुष्ट होती थी कि ब्रिटिश सरकार जेल में गांधीजी को हरिजन-कार्यक्रम सहर्ष चलाने देती थी। साथ ही, कांग्रेस के भीतर रूढ़िवादी हिंदुओं को यह नई बात अधिकाधिक खल रही थी। उदाहरण के लिए, मालवीय, जो 1920 के दशक के मध्य में गांधीजी के अत्यंत निकट रहे थे, अब उनसे दूर जाने लगे थे। हिंदू संप्रदायवादियों में इस बात से भी क्षोभ बढ़ा कि गांधीजी ने मैकडोनल्ड-निर्णय की अन्य बातों से कोई सरोकार रखना अस्वीकार कर दिया था जिसके अनुसार पंजाब में मुसलमानों को 49 प्रतिशत और बंगाल में 48.6 प्रतिशत प्रतिनिधित्व दिया गया था (अर्थात् यूरोपियन सदस्यों के साथ मिलकर इन प्रांतों में उनका बहुमत हो जाता था)। बंगाल के रूढ़िवादी हिंदुओं को इस बात पर आपत्ति थी कि पूना समझौते ने सदा के लिए सवर्णों को अल्पसंख्यकों की हैसियत प्रदान कर दी थी। किंतु जून 1934 में कांग्रेस वर्किंग कमेटी ने एक समझौतापूर्ण 'न स्वीकार न इनकार' का उपाय अपनाया जिसके फलस्वरूप मालवीय ने एक अलग कांग्रेस नेशनलिस्ट पार्टी बनाई। अप्रैल और जुलाई 1934 में बक्सर, जसीडीह और अजमेर में सनातनियों ने गांधीजी की हरिजन सभाओं को भंग किया, और पूना में 25 जून को उनकी कार पर बम से हमला भी किया गया। अंग्रेज सरकार भी आधुनिकीकरण का प्रभाव डालने का दावा तो करती थी, किंतु वह भी रूढ़िवादी जनमत को विरोधी बनाना नहीं चाहती थी। अतः अगस्त 1934 में सरकारी सदस्यों ने लेजिस्लेटिव असेंबली में टेंपल एंट्री बिल को पराजित करने में सहायता की।

दूरगामी परिणामों की दृष्टि से देखें तो गांधीवादियों द्वारा किए जानेवाले हरिजन-कल्याण कार्यों ने ग्रामीण समाज के निम्नतम और सबसे शोषित वर्गों तक राष्ट्रवाद का संदेश पहुंचाने का कार्य किया, और इसमें

संदेह नहीं कि देश के अधिकांश भागों में हरिजन कांग्रेस के प्रति पारंपरिक निष्ठा की भावना से बंध गए जो स्वतंत्रता के पश्चात् भी कांग्रेस दल के लिए अत्यंत सहायक सिद्ध होनेवाली थी। गांधीजी के अन्य जन-आंदोलनों की भांति इस आंदोलन में भी विस्तार के साथ नियंत्रण भी था, क्योंकि गांधीजी ने जान-बूझकर हरिजन आंदोलन को सामाजिक सुधार (हरिजनों के लिए सार्वजनिक कुओं, सड़कों, और विशेष रूप से मंदिरों को खुलवाना, साथ में मानवतावादी कार्य) तक सीमित रखा था, और किसी भी प्रकार की आर्थिक मांगों से अलग रखा था (यद्यपि अनेक हरिजन खेतिहर मजदूर थे), साथ ही उन्होंने समग्र रूप में जाति-व्यवस्था की भर्त्सना करने से इनकार कर दिया। उन्होंने रोटी-बेटी के व्यवहार में सावधानी बरतने की सलाह दी और मूल वर्णाश्रम धर्म की हिमायत की, जिसका परिणाम यह हुआ कि अंबेडकर ने साप्ताहिक *हरिजन* के लिए यह कहते हुए संदेश देने से इनकार कर दिया कि "जाति-व्यवस्था को नष्ट किए बिना अछूतों का उद्धार संभव नहीं है" (तेंदुलकर, खंड 3, पृ. 236-38)। जैसाकि किसान आंदोलनों के मामले में हुआ था, गांधीवादी हरिजन कार्य भी, आंशिक रूप से, नीचे से अधिक संभावनापूर्ण दबावों पर वर्चस्व स्थापित करने का प्रयास था। तमिलनाडु में ई. वी. रामास्वामी नायकर का 'आत्मसम्मान' आंदोलन चौथे दशक के आरंभ में तेजी से बढ़ा; इसने ब्राह्मण-विरोधी लोकवादी शैली विकसित कर ली जो राजभक्त और अभिजनवादी जस्टिस पार्टी से बिल्कुल भिन्न थी। 1932 में सोवियत संघ की यात्रा से लौटकर नायकर ने कोयंबटूर में 'स्तालिन हाल' का निर्माण करवाया और बुजुर्ग कम्युनिस्ट नेता सिंगारवेलु चेट्टियार के नास्तिकतावादी एवं समाजवादी लेखन के लिए अपनी पत्रिका *कुडी आरासू* के द्वार खोल दिए। 'समाजवाद' से नायकर का प्रेम तो अस्थायी सिद्ध हुआ किंतु 'आत्मसम्मान' आंदोलन के पी. जीवनंदन जैसे कुछ कार्यकर्त्ता आगे चलकर कम्युनिस्ट नेता बने। केरल में भी गांधीजी को धर्म-विरोधी मनःस्थिति का सामना करना पड़ा, क्योंकि यहां का इझवा जाति-संगठन एस. एन. डी. पी.-योगम् 1930 में गांधीवादी टी. के. माधवन की मृत्यु के पश्चात् सी. केशवन और के. अयप्पन के हाथों में चला गया था। ये जुझारू तत्व मंदिर-प्रवेश को अधिक महत्व नहीं देते थे और संघर्षशील नास्तिक हो गए थे। ये स्वयं तो कभी मार्क्सवादी नहीं हुए किंतु इन्होंने अनेक व्यक्तियों को कम्युनिस्टों का रास्ता अपनाने के लिए प्रेरित किया। फिर भी, आम तौर पर, भारतीय वामपंथ जाति और वर्ग के जटिल संबंधों की ओर पर्याप्त ध्यान देने में असफल रहा। जब 2 अगस्त 1934 को गांधीजी ने नरेंद्रदेव को इस बात के लिए लताड़ा कि उन्होंने कांग्रेस सोशलिस्ट पार्टी के कार्यक्रम के मसौदे में छुआछूत का उल्लेख नहीं किया था, तो सचमुच उनकी बात में दम था (तेंदुलकर, खंड 3, पृ. 344)।

काउंसिल राजनीति की वापसी

बिड़ला हरिजन-आंदोलन को वित्तीय सहायता दे रहे थे, छुआछूत-विरोधी लीग की अध्यक्षता करने के लिए भी सहमत हो गए थे, किंतु व्यापारिक समूहों की रुचि सामान्यतः इस बात में अधिक थी कि (अब जबकि सविनय अवज्ञा आंदोलन असफल हो चुका था) कांग्रेस पुनः विधायिकाओं में प्रवेश करे ताकि वह एक प्रभावकारी दबाव-समूह के रूप में उनके लिए जोड़-तोड़ कर सके। प्रांतों में पूर्ण रूप से उत्तरदायी सरकार की संभावना से विधायिकाओं का आकर्षण और बढ़ गया था जिसे कांग्रेस के नेता भी गहराई से महसूस कर रहे थे। अक्तूबर 1933 में सत्यमूर्ति ने स्वराज पार्टी को पुनर्जीवित करके उसके माध्यम से चुनावी राजनीति की ओर वापसी का विचार प्रस्तुत किया जिसे अप्रैल 1934 में भूलाभाई देसाई, अंसारी और बी. सी. राय ने तत्परता से अपना लिया। सांप्रदायिक निर्णय के मुद्दे को लेकर हिंदू संप्रदायवादी मालवीय-अने गुट के अलग हो जाने से थोड़ी समस्या अवश्य उत्पन्न हुई, किंतु पारंपरिक राजनीति की ओर लौटने का मार्ग स्पष्ट था। ध्यान देने योग्य बात यह है कि अप्रैल 1934 में गांधीजी ने बिड़ला को एक पत्र में लिखा था कि "कांग्रेस के भीतर सदैव एक ऐसा दल रहेगा जो काउंसिल-प्रेवश के विचार से बंधा होगा। कांग्रेस का संचालन उसी समूह के हाथ में होना चाहिए" (*इन दि शैडो ऑफ दि महात्मा*, पृ. 138)। 1934 में तमिलनाडु में काउंसिल-प्रवेश का समर्थन करनेवालों में 1920 के दशक के अपरिवर्तनवादी राजगोपालाचारी थे तो जमे हुए स्वराजी नेता सत्यमूर्ति भी थे। 1930 के दशक के मध्य की विशेषता यह थी कि इस दौरान धीरे-धीरे रूढ़िवादी गांधीवादी रचनात्मक कार्यकर्त्ता और काउंसिल-प्रवेश (और शीघ्र ही मंत्रिमंडल बनाने) के पक्षधर लोग, दोनों ही वामपंथ की बढ़ती हुई चुनौती के विरुद्ध एक साझे मोरचे के लिए एकजुट हो रहे थे। इस बात के भी पर्याप्त प्रमाण हैं कि कांग्रेस के भीतर इस सुस्पष्ट दक्षिणपंथ के निर्माण की प्रक्रिया में व्यापारिक समूहों की सलाहों और दबावों का भी पर्याप्त हाथ रहा था। 12 अप्रैल 1934 को बिड़ला ने ठाकुरदास को सलाह दी : "मैं चाहता हूं कि आप भूलाभाई (देसाई) से संपर्क रखें। यदि स्वराज पार्टी को सफल होना है तो उन्हें नए चुनाव लड़नें के लिए धन की आवश्यकता पड़ेगी और मेरी सलाह है कि बंबई वह धन तब तक न दे जब तक वह इस बात के प्रति संतुष्ट न हो जाए कि सही लोगों को भेजा जा रहा है।" 3 अगस्त 1934 को बिड़ला ने पुनः लिखा : "वल्लभभाई, राजाजी और राजेंद्र बाबू सभी कम्युनिज्म और समाजवाद के विरुद्ध संघर्ष कर रहे हैं। अतः यह आवश्यक है कि हममें से कुछ जो स्वस्थ पूंजीवाद के प्रतिनिधि हैं, यथासंभव गांधीजी की सहायता करें और एक साझे लक्ष्य को लेकर कार्य करें" *(ठाकुरदास*

पेपर्स, फा. नं. 126.42[vi])।

वामपंथी विकल्प

जिस वामपंथी विकल्प के उदय ने बिड़ला जैसे लोगों को घबराहट में डाल दिया था, उसका मूल सविनय अवज्ञा आंदोलन में ही निहित था, क्योंकि इसने निश्चित रूप से ऐसी आकांक्षाओं को जगा दिया था जिन्हें यह पूरा नहीं कर सका। विश्व में घटनेवाली घटनाओं की भी इसमें महत्वपूर्ण भूमिका रही। जब संसार में पूंजीवाद अति-उत्पादन के विद्रूप से ग्रस्त था, जिसके कारण नाजीवाद के रूप में मानवीय एवं लोकतांत्रिक मूल्यों के हनन की विभीषिका उत्पन्न हो रही थी, तब सोवियत संघ अपनी पंचवर्षीय योजनाओं के साथ सफलतापूर्वक आगे बढ़ता प्रतीत हो रहा था जिसे मार्क्सवाद के दो पुराने समलोचकों ने एक 'नई सभ्यता का नाम' दिया था । तब तक स्तालिनवादी दमन और नाजी-सोवियत संधि ने इसकी छवि को धूमिल नहीं किया था।

जब गांधीजी ने मई 1933 में पहली बार सविनय अवज्ञा आंदोलन को स्थगित किया था, तब सुभाष बोस और विट्ठलभाई पटेल ने उनके नेतृत्व को अस्वीकार करते हुए यूरोप से एक वक्तव्य जारी किया था। विचारधारात्मक विकल्प के रूप में अधिक अर्थपूर्ण था जेल में जवाहरलाल में आनेवाला बौद्धिक जुझारूपन। अपनी बेटी को लिखे गए पत्रों में, जो बाद में *ग्लिंप्सेज ऑफ वर्ल्ड हिस्ट्री* के नाम से प्रकाशित हुए (1934), और 1934-35 के दौरान जेल में लिखी उनकी *ऑटोबायोग्राफी* में मार्क्सवादी-समाजवादी विचारों में नेहरू की उत्कट रुचि और उनसे आंशिक प्रतिबद्धता दिखाई देती है। जुलाई 1933 और फरवरी 1934 के बीच थोड़े समय के लिए जब नेहरू जेल के बाहर रहे तब *व्हिदर इंडिया?* शीर्षक से प्रकाशित अपने पत्रों एवं लेखों में उन्होंने गांधीजी से अपने सैद्धांतिक मतभेदों को स्पष्ट रूप से प्रस्तुत किया। उन्होंने 'राष्ट्रीय लक्ष्यों को जुझारू सामाजिक एवं आर्थिक कार्यक्रमों के साथ जोड़ने की आवश्यकता' पर बारंबार बल दिया और 'हिंदू संप्रदायवाद की कड़ी आलोचना' की । (हिंदू महासभा ने अक्तूबर 1933 में अपने अजमेर अधिवेशन में आत्मरक्षा के लिए हिंदुओं का आह्वान करने के साथ ही हर उस आंदोलन की निंदा की थी "जो एक वर्ग के रूप में पूंजीपतियों और जमींदारों के उन्मूलन की हिमायत करता हो।") फिर भी सदा की भांति इस बार भी नेहरू गांधीजी से संबंध पूर्णतः नहीं तोड़ पाए, और उन्हें इस बात का कोई कारण भी दिखाई नहीं दिया कि "क्यों वे कांग्रेस से निकलकर सामाजिक प्रतिक्रियावादियों के लिए मैदान छोड़ जाएं।" उस समय एक समाजवादी दल के गठन के प्रयासों का उन्होंने समर्थन नहीं किया। गांधीजी नेहरू के रवैये से विशेष चिंतित नहीं थे : "उनके कम्युनिस्ट विचारों से किसी को डरने की आवश्यकता नहीं है" (*बाम्बे क्रॉनिकल* में साक्षात्कार, 18 सितंबर 1933)। किंतु अनेक अंग्रेज अधिकारी नेहरू को 'कम्युनिज्म का पुरोधा'

समझने लगे थे और उन्हें ऐसे समय पुनः जेल भेज दिया गया जब लगभग अन्य सभी नेताओं को जेल से रिहा किया जा रहा था।

1933 में नासिक जेल की बैठकों में एक स्पष्ट उत्साही समाजवादी समूह की स्थापना का विचार रखा गया जो कांग्रेस के भीतर ही रहकर संगठन को वामपंथ की ओर प्रेरित करता। इन बैठकों में भाग लेनेवालों में थे जयप्रकाश नारायण, अच्युत पटवर्धन, यूसुफ मेहर अली, अशोक मेहता और मीनू मसानी। संयुक्त प्रांत के कांग्रेसी नेता संपूर्णानंद ने अप्रैल 1934 में 'भारत के लिए एक कामचलाऊ कार्यक्रम' की रूपरेखा तैयार की, और अगले माह नरेंद्रदेव के सभापतित्व में पटना की एक सभा में कांग्रेस सोशलिस्ट पार्टी (सी. एस. पी.) की विधिवत् स्थापना हो गई। आरंभ से ही इसमें अस्पष्टताएं थीं क्योंकि यह कांग्रेस के भीतर ही रहना चाहती थी, किंतु उसके नेतृत्व की कड़ी आलोचक थी और गैर-कांग्रेसी वामपंथी समूहों के साथ सहयोग करने के लिए तैयार थी। इसके संस्थापकों की विचारधारा में अस्पष्ट और भ्रमित जुझारू राष्ट्रवाद से लेकर उस मार्क्सवादी 'वैज्ञानिक समाजवाद' की पर्याप्त स्पष्ट हिमायत तक सम्मिलित थी जिसे पटना में नरेंद्रदेव ने मात्र 'सामाजिक सुधारवाद' से स्पष्ट रूप से भिन्न बतलाया था। दक्षिणपंथी रुझानवाले कांग्रेसियों को यह नई प्रवृत्ति असह्य प्रतीत हुई और सीतारामय्या तो इतने अप्रसन्न थे कि 21 सितंबर 1934 को पटेल को लिखे गए एक पत्र में उन्होंने इसके संस्थापकों को 'तलछट' की संज्ञा दे डाली। जून 1934 में वर्किंग कमेटी ने 'निजी संपत्ति की जब्ती और वर्ग-संघर्ष की आवश्यकता के संबंध में अनर्गल प्रलाप' को अहिंसा के विरुद्ध कहकर उसकी निंदा की। नेहरू को इससे सहानुभूति थी, किंतु वे कभी औपचारिक रूप से सी. एस. पी. में सम्मिलित नहीं हुए। ध्यान देने योग्य बात यह है कि नरेंद्रदेव के नाम अपने पूर्व-उल्लिखित पत्र (2 अगस्त 1934) में गांधीजी ने यह विचार व्यक्त किया कि जवाहरलाल, "जिन्होंने हमें समाजवाद का मंत्र दिया है, जेल के बाहर भी होते तो ··· धीरे-धीरे ही उधर का रुख करते।" पत्र में आगे यह भविष्यवाणी की गई थी कि "मेरे एवं अन्य बुजुर्गों के अवकाश ग्रहण कर लेने पर कांग्रेस का कांटों का ताज स्वाभाविक रूप से नेहरू ही धारण करेंगे।" इस बात को शीघ्र ही वल्लभभाई पटेल के सामने भी गांधीजी ने दोहराया (तेंदुलकर, खंड 3, पृ. 386)।

संयुक्त प्रांत जैसे प्रांतों में सी. एस. पी. की त्वरित प्रगति (जहां प्रदेश कांग्रेस कार्यकारिणी के 11 में से 7 सदस्यों को सरकार द्वारा समाजवादी कहा गया था) कुछ सीमा तक भ्रामक ही थी। इसे मिलनेवाला अधिकांश समर्थन शुद्ध रूप से अवसरवादी था और ऐसे समूहों की ओर से मिल रहा था, जिनका विभिन्न स्तरों पर कांग्रेसी नेतृत्व से कोई न कोई गुटबंदीवाला झगड़ा था। सी. एस. पी. के अधिकांश संस्थापकों का भावी राजनीतिक जीवन भी अत्यंत उतार-चढ़ाव से भरा रहा जिसे किसी भी तरह सुसंगत रूप से वामपंथी

नहीं कहा जा सकता । फिर भी, सी. एस. पी. के प्रचार के कारण कांग्रेसी कार्यकर्त्ता इस बात के लिए बाध्य हुए कि जुझारू कृषि-सुधार के मुद्दों, औद्योगिक मजदूरों की समस्याओं, रजवाड़ों के भविष्य और जन-जागृति एवं संघर्ष के गैर-गांधीवादी तरीकों के प्रश्नों पर विचार करें। अगस्त 1934 में नरेंद्रदेव द्वारा व्यक्त 'मजदूरों और किसानों की आम हड़ताल' का विचार भी ऐसा था जो गांधीजी को 'मादक' और 'अत्यंत खतरनाक' प्रतीत हुआ था।

सी. एस. पी. के कार्यकर्त्ता विशेष रूप से बिहार और आंध्र में किसान सभा के उभरते हुए आंदोलन से घनिष्ठ संबंध स्थापित करने में सफल रहे थे। 1933-34 में आंध्र के तटीय जिलों में अनेक किसान यात्राओं का आयोजन किया गया, 1933 में एल्लूर जमींदारी रैयत कांफ्रेंस ने जमींदारी प्रथा के उन्मूलन की मांग की, और सी. एस. पी. नेता एन. जी. रंगा ने किसान कार्यकर्त्ताओं को प्रशिक्षण देने के लिए नीदुब्रोलु में एक इंडियन पेजेंट इंस्टीट्यूट की स्थापना की। बिहार में कांग्रेसी नेतृत्व के एक भाग ने आरंभ में, 1933 में, सहजानंद को किसान सभा को पुनर्जीवित करने के लिए प्रोत्साहित किया। असहयोग आंदोलन के दिनों में किसान सभा को बेकार हो जाने दिया गया था। अब इसे पुनर्जीवित करने की आवश्यकता इसलिए हुई थी कि जमींदार-प्रधान यूनाइटेड पार्टी चुनावी दृष्टि से किसानों को अपनी ओर करने के लिए छोटे-मोटे मुद्दों, जैसे पेड़ लगाने कुएं खोदने के अधिकार और सलामी लेकर जोत हस्तांतरित करने जैसी रियायतें दे रही थी। लगान की माफी, जमींदारों द्वारा 'जराअत' (निजी जोत) बढ़ाने के प्रयासों और 'बकाश्त' जमीन (जिस पर मंदी के दिनों में पारंपरिक काश्तकारों को हटाकर थोड़े दिनों के लिए अन्य लोगों को पट्टा दे दिया जाता था) के अधिक महत्वपूर्ण मुद्दों पर यूनाइटेड पार्टी चुप ही रही। सहजानंद शीघ्र ही मध्य और उत्तरी बिहार में इन मुद्दों को लेकर बड़ी संख्या में किसानों को अपने साथ लाने में सफल रहे और 1935 तक उनकी किसान सभा की सदस्य-संख्या 80,000 हो गई थी। आरंभ में सहजानंद जमींदारी-उन्मूलन या स्पष्ट रूप से वर्ग-संघर्ष का आह्वान करने के विरोध में थे, किंतु सी. एस. पी. द्वारा लगातार दबाव डालने और विनती किए जाने पर अंततः उन्होंने और पूरी बिहार प्रदेश किसान सभा ने नवंबर 1935 में हाजीपुर में आयोजित अपने तीसरे अधिवेशन में इस जुझारू कार्यक्रम को स्वीकार कर लिया। यहां यह कहा जाना आवश्यक है कि चौथे दशक के मध्य और अंत तक सी. एस. पी. वस्तुगत रूप से एक ऐसे सेतु के रूप में कार्य करती रही जिससे होकर जुझारू राष्ट्रवादी कम्युनिस्ट पार्टी के पूर्ण मार्क्सवादी मार्ग पर जाते रहे। बाद में एन. जी. रंगा ने दुखी होकर शिकायत की कि सी. पी. आई. ने नीदुब्रोलु में प्रशिक्षित उनके 2,000 कृषक युवाओं में से एक-तिहाई को और मूल आंध्र सी. एस. पी. के सदस्यों में से कम-से-कम 90 प्रतिशत को अपने खेमे में ले लिया था (*रिवॉल्यूशनरी पेजेंट्स*, पृ. 75-76)। कम्युनिस्टों ने सी. एस. पी. को एक वैध 'मोरचे' के रूप में भी इस्तेमाल किया, क्योंकि

1934 से लेकर 1942 तक सी. पी. आई. गैर-कानूनी रही थी।

अंत में, 1933 और 1934 के वर्ष श्रमिक आंदोलन के पुनर्जीवित होने के वर्ष रहे, जो तीसरे दशक के अंत की भांति, कम्युनिस्ट गतिविधियों से घनिष्ठ रूप से जुड़ा रहा। 1920 के पश्चात् हड़तालों की संख्या 1932 में न्यूनतम रही थी, मगर अगले वर्ष से वह फिर बढ़ने लगी थी :

वर्ष	हड़तालों की संख्या	भाग लेनेवाले मजदूरों की संख्या	बेकार गए श्रम-दिवस
1932	118	1,28,099	19,22,437
1933	146	1,64,938	21,68,961
1934	159	2,20,808	47,75,599

(सी. रेवरी, *इंडियन ट्रेड यूनियन मूवमेंट* [1972], पृ. 183-85)

छंटनी, नवीनीकरण एवं पारिश्रमिक में कटौती के माध्यम से अंग्रेज और भारतीय मिल-मालिकों ने समान रूप से मंदी का भार कामगारों पर डालने का प्रयास किया। उदाहरण के लिए, बंबई की कपड़ा-मिलों में जुलाई 1926 की तुलना में दिसंबर 1933 में दैनिक पारिश्रमिक में 16.94 प्रतिशत की कमी आई थी। गिरती हुई कीमतों के कारण उत्पन्न होनेवाले प्रतितुल्य प्रभाव के बावजूद 1934 में वास्तविक पारिश्रमिक में गिरावट आने लगी थी (रेवरी, पृ. 176; बागची, पृ. 122)। मेरठ की गिरफ्तारियां और 1929 एवं 1931 में बार-बार होनेवाले विभाजनों ने ट्रेड यूनियन आंदोलन को अत्यंत क्षीण कर दिया था। इन विभाजनों के फलस्वरूप ए. आई. टी. यू. सी. के मुकाबले नरमदलीय नेशनल ट्रेड यूनियन फेडरेशन और कम्युनिस्ट रेड ट्रेड यूनियन कांग्रेस उठ खड़ी हुई थीं। यद्यपि जेल जानेवाले नेताओं का स्थान शीघ्र ही युवा कम्युनिस्टों ने ले लिया था जिनके नेता बंबई में बी. टी. रणदिवे एवं एस. वी. देशपांडे और कलकत्ता में अब्दुल हलीम, सोमनाथ लाहिणी और रणेन सेन थे, फिर भी चौथे दशक के आरंभ में 'अति-वामपंथिता' ने अनेक परस्पर-विरोधी समूहों को जन्म दिया और राष्ट्रवाद की मुख्य धारा से अलगाव उत्पन्न किया। कोमिंटर्न के बागी सदस्यों के प्रयासों ने स्थिति को और जटिल बना दिया। इनमें प्रमुख थे एम. एन. राय और सोमेंद्रनाथ टैगोर जिन्होंने अपने अलग समूह बनाए। वी. बी. कार्णिक, मणिबेन कारा और रजनी मुखर्जी जैसे नेताओं के माध्यम से राय के अनुयायियों ने शीघ्र ही ट्रेड यूनियन गतिविधियों में पर्याप्त सफलता प्राप्त कर ली। कलकत्ता में नीहारेंदु दत्त मजुमदार ने एक 'लेबर पार्टी' की स्थापना की। मजुमदार बैरिस्टर थे जो आगे चलकर एक प्रभावी ट्रेड यूनियन नेता हुए।

फिर भी, 1934 के बाद नवजागरित श्रमिक संघर्षशीलता एवं कम्युनिस्ट

और ट्रेड यूनियन घटकों के बीच पुनर्मिलन के स्पष्ट संकेत मिलने लगे थे। कम्युनिस्टों और राष्ट्रवादियों ने 1934 में कपड़ा-मिलों में एक आम हड़ताल आयोजित करने का प्रयास किया और शोलापुर (फरवरी-मई) तथा नागपुर (मई-जुलाई) में बड़ी हड़तालें हुईं। सबसे महत्वपूर्ण बात यह है कि बंबई में अप्रैल से आम हड़ताल शुरू हुई। इस नई श्रमिक और कम्युनिस्ट संघर्षशीलता ने सरकारी हलकों में कैसी घबराहट उत्पन्न की थी, यह इसी से स्पष्ट है कि 1934 में इस विषय पर सरकारी पत्रों की बाढ़-सी आ गई। राजद्रोहमूलक सभा-समितियों के विरुद्ध 1908 के पुराने अधिनियम के तहत 23 जुलाई को सी. पी. आई. को बाकायदा गैर-कानूनी घोषित कर दिया गया। किंतु इस बार दमन कम्युनिस्ट आंदोलन को 1929 की भांति गंभीर रूप से कमजोर नहीं बना सका। उलटे, 1930 के मध्य-दशक में 'संयुक्त मोरचे' की नई रणनीति द्वारा एकता और प्रगति की उपलब्धि हुई। सी. एस. पी. और कांग्रेस के भीतर कार्य करके कम्युनिस्ट वामपंथी रुझानवाले राष्ट्रवादियों के साथ अधिकाधिक संपर्क कर रहे थे। दल की कार्यपद्धति में यह औपचारिक परिवर्तन स्पष्ट रूप से संयुक्त मोरचे के परिप्रेक्ष्य से जुड़ा था, जिसे 1935 की सातवीं कोमिंटर्न कांग्रेस में दिमित्रोव की रिपोर्ट में फासीवाद के खतरे के संदर्भ में प्रस्तुत किया गया था। किंतु इस बात पर बल दिए जाने की आवश्यकता है कि इसके पीछे कुछ आंतरिक दबाव भी कार्यरत थे, क्योंकि सविनय अवज्ञा आंदोलन के परिणामस्वरूप मोहभंग के शिकार गांधीवादियों और क्रांतिकारी आतंकवादियों की एक नई पीढ़ी कम्युनिस्ट आंदोलन में सम्मिलित हुई थी, और राष्ट्रवादी मुख्य धारा में इस पीढ़ी की प्रतिष्ठा थी और व्यापक संपर्क थे। यह प्रतिष्ठा और संपर्क 1920 के दशक में कलकत्ता और बंबई के संप्रदायों के नसीब में नहीं थे। उदाहरण के लिए, केरल में पी. कृष्ण पिल्लई, ई. एम. एस. नंबूदरीपाद और ए. के. गोपालन जैसे नेता चौथे दशक के मध्य तक एक साथ ही दमन से ध्वस्त कांग्रेस संगठन का निर्माण कर रहे थे, सी. एस. पी. की स्थानीय शाखा का गठन कर रहे थे और केरल में कम्युनिस्ट पार्टी की आधारशिला भी रख रहे थे, और इस प्रक्रिया में कुछ-कुछ संकीर्ण त्रिवेंद्रम कम्युनिस्ट लीग को भी इसमें समाहित कर रहे थे जो इस क्षेत्र में पहली घोषित मार्क्सवादी संस्था थी। बंगाल के जिलों में भी कम्युनिज्म का वास्तविक प्रसार तभी हुआ जब चौथे दशक के दौरान कैदी शिविरों एवं अंडमान में तीव्र वैचारिक बहसों एवं शौर्यपूर्ण आत्म-परीक्षण के बाद आतंकवादी बड़े पैमाने पर मार्क्सवाद में दीक्षित हुए। बंगाल को भवानी सेन और हरेकृष्ण कोनार जैसे कम्युनिस्ट नेता आतंकवाद ने ही प्रदान किए और अंत में कम्युनिस्ट पार्टी प्रांत के सर्वाधिक प्रतिष्ठित आतंकवादी समूह के अधिकांश सदस्यों अर्थात् चटगांव शस्त्रागार कांड के बहादुरों को अपना सदस्य बनाने में सफल रही।

इस प्रकार, राष्ट्रीय आंदोलन के भीतर वामपंथ और दक्षिणपंथ के बीच एक बड़े मुकाबले के लिए अखाड़ा तैयार हो गया था—विशेष रूप से 1935

के बाद से, जब अंग्रेज सरकार द्वारा लादी गई एक नई संवैधानिक संरचना ने नए अवसरों और फंदों के रूप में एक नई कसौटी प्रदान कर दी थी।

1935-37 : संविधान और कांग्रेस

1935 का कानून

अगस्त 1935 में गवर्नमेंट आफॅ इंडिया एक्ट के साथ अंततः वह लंबी और यंत्रणादायक प्रक्रिया समाप्त हुई जो आठ वर्ष पूर्व साइमन आयोग की नियुक्ति के साथ आरंभ हुई थी। 1932 के बाद इस 'संविधान' के निर्माण में यथार्थ भारतीय भागीदारी नगण्य रह गई थी। नवंबर-दिसंबर 1932 में गोलमेज सम्मेलन का मुख्यतः औपचारिक, महत्वहीन और तीसरा एवं अंतिम सत्र हुआ जिसमें केवल 46 प्रतिनिधि उपस्थित थे। (इसके विपरीत 1931 के अधिवेशन में 112 प्रतिनिधि थे।) इसके बाद ब्रिटिश सरकार ने एक श्वेतपत्र जारी किया (मार्च 1933) और संसद की एक संयुक्त प्रवर समिति की स्थापना की जिसमें भारतीयों की 'सलाह' लेने मात्र का प्रावधान था। अधिनियम का अंतिम रूप केवल ब्रिटिश संसद में ही गहन वाद-विवाद के पश्चात् सामने आया। स्वाभाविक रूप से इस प्रक्रिया में 1930-31 के दौरान सविनय अवज्ञा के दबाव के कारण जो सीमित रियायतें दी गई थीं, उन्हें भी घटा दिया गया था और परिणामस्वरूप जो अधिनियम सामने आया उसकी वस्तुतः भारतीय जनमत के सभी भागों ने (उदारवादियों, जिन्ना और कांग्रेसियों ने भी) आलोचना की। उनका कहना था कि इनमें 1919 के प्रस्ताव से अधिक कुछ नहीं है। उदाहरण के लिए, चर्चिल के नेतृत्व में लंकाशायर द्वारा समर्थित दक्षिणपंथी टोरियों के दबाव ने संघीय स्तर पर प्रत्यक्ष चुनावों के स्थान पर अप्रत्यक्ष चुनाव का प्रावधान रखवा दिया था, और सरकारी 'विवेकाधीन शक्तियों', 'आरक्षणों', और 'रक्षक उपायों' के तंत्र में विस्तार करके उसे और भी कस दिया था।

महत्वपूर्ण एवं प्रगतिशील कदम केवल प्रांतों में उठाए गए थे जिनके लिए द्विशासन के स्थान पर, सैद्धांतिक रूप से सभी विभागों में, उत्तरदायी सरकार का प्रावधान रखा गया था और मतदाताओं की संख्या भी 65 लाख से बढ़ाकर 3 करोड़ कर दी गई थी। किंतु प्रांतीय गवर्नरों के पास 'विवेकाधीन शक्तियां' रहने दी गई थीं जो विधायिकाओं के अधिवेशन बुलाने, अधिनियमों पर स्वीकृति देने और कुछ विशिष्ट (अधिकांशतः आदिवासी) क्षेत्रों के प्रशासन से संबंधित थीं और इन मामलों में मंत्रियों को सलाह देने का अधिकार नहीं था। गवर्नरों को अपना 'व्यक्तिगत विवेक प्रयुक्त' करने का अधिकार दिया गय था जिसमें मंत्री सलाह तो दे सकते थे "किंतु अल्पसंख्यकों के अधिकारों, असैनिक अधिकारियों के विशेषाधिकारों और ब्रिटिश व्यापारिक हितों के विरुद्ध भेदभाव की रोकथाम संबंधी मामलों में उनके दृष्टिकोण को अस्वीकार किया

जा सकता था।" इसके अतिरिक्त गवर्नर अधिनियम-1935 की कुख्यात 93वीं धारा के अंतर्गत प्रांत का प्रशासन अनिश्चित काल के लिए अपने हाथ में ले सकता था। प्रस्तावित संघीय संरचना में, जो तभी लागू की जा सकती थी जब 50 प्रतिशत रजवाड़े इसके लिए अपनी औपचारिक सहमति देते, अब भी पर्याप्त शक्तिशाली केंद्र में एक प्रकार के द्वैध शासन की बात थी। निर्वाचित मंत्रियों को 'हस्तांतरित' किए जानेवाले विषय प्रांतों में लगाए जानेवाले कई प्रकार के 'रक्षक उपायों' द्वारा सीमित कर दिए गए थे, और विदेश विभाग और प्रतिरक्षा पूर्णरूपेण वायसरॉय के नियंत्रण में ही रहनेवाले थे। नए केंद्रीय रिजर्व बैंक को सावधानीपूर्वक असेंबली के नियंत्रण से बाहर रखा गया था और ऋणों के भुगतान एवं आई. सी. एस. के वेतन आरक्षित विषय थे। मुद्रा और विनिमय पर कानून बनाने के लिए वायसरॉय की पूर्व-अनुमति लेनी आवश्यक थी। यह सत्य है कि इस अधिनियम ने अंतिम वित्तीय नियंत्रण लंदन से दिल्ली को स्थानांतरित कर दिया था और इसी बात पर टॉमलिंसन जैसे कुछ आधुनिक इतिहासकार अत्यधिक बल देते हैं। फिर भी, इसमें संदेह की गुंज़ाइश तो है ही कि भारत-सचिव से लेकर वायसरॉय के हाथ में नियंत्रण दे देने का वास्तविक महत्व क्या है; आखिरकार वायसरॉय भी तो ब्रिटिश सरकार द्वारा ही नियुक्त होता था। केंद्र की दो सदनोंवाली विधायिका में 30 से 40 प्रतिशत सीटें (काउंसिल ऑफ स्टेट की 276 में से 104 सीटें और फेडरल असेंबली की 375 में से 125 सीटें) रजवाड़ों के मनोनीत सदस्यों को दी जानी थीं, जबकि अधिनियम में पूना समझौते के अनुसार संशोधित मैकडोनल्ड प्रस्ताव को सम्मिलित करके केंद्र और प्रांतों, दोनों ही स्थानों पर मुसलमानों एवं अन्य ब्रिटिश निर्वाचकमंडलों को पर्याप्त प्रतिनिधित्व दिया जाना था। इस अधिनियम का एक अन्य अत्यंत खतरनाक प्रावधान था सम्राट और भारतीय रियासतों के संबंधों का 'क्राउन रिप्रेजेंटेटिव' को हस्तांतरण; यह प्रतिनिधि तो व्यवहार में स्वयं वायसरॉय ही होता किंतु वह उत्तरदायी मंत्रियों से नहीं, बल्कि शुद्ध रूप से सरकारी राजनीतिक विभाग, स्थानीय रेजीडेंटों और राजनीतिक अभिकर्त्ताओं से कार्य करता। 1935 के अधिनियम का संघ संबंधी हिस्सा तो बहरहाल पूरी तरह असफल रहा क्योंकि सविनय अवज्ञा के असफल हो जाने पर रजवाड़ों को विश्वास हो गया था कि केंद्र में कांग्रेस की सरकार बनने की संभावना कम हो गई थी। और यह भी कि उनके संघ से संबद्ध हो जाने के बदले भी अंग्रेज सर्वोच्चता का दावा घटाने को सहमत नहीं होंगे, और इसलिए वे संघ के संबध में अब कोई उत्साह नहीं दिखा रहे थे। मुसलमान राजनीतिक नेताओं को भी लगा कि संघीय संरचना अब भी पर्याप्त रूप से एकात्मक है जिससे हिंदू बहुमत के प्रभुत्व का खतरा बना रहेगा, जबकि कांग्रेस के सभी भागों ने झूठमूठ का दिखावा कहकर संघीय संरचना की भर्त्सना की। स्पष्ट था कि अंग्रेजों को इस गतिरोध से कोई विशेष परेशानी नहीं थी क्योंकि इससे 1919 की ही व्यवस्था को अनिश्चित काल के लिए

चलाया जा सकता था। अंत में, यह भी कहा जाना चाहिए कि नवंबर 1929 के अत्यधिक प्रचारित इरविन प्रस्ताव के 6 साल बाद 1935 का अधिनियम डोमीनियन स्टेटस के संबंध में पूर्णतः मौन रहा। लिनलिथगो ने, जो संयुक्त संसदीय समिति के अध्यक्ष और 1936 से वायसरॉय रहे थे, कदाचित् इस अधिनियम का सर्वोत्तम (स्वाभाविक रूप से, निजी) आकलन किया है। उनका कहना था कि अधिनियम को ऐसा इसलिए बनाया गया कि "उनकी दृष्टि में भारत में ब्रिटिश प्रभाव को बनाए रखने का वही सर्वोत्तम उपाय था। मैं समझता हूं कि ... हमारी नीति में ... कहीं भी यह बात नहीं कि भारतीयों को नियंत्रण सौंपने की गति को अनावश्यक रूप से उस गति की तुलना में बढ़ाया जाए, जिसे हम, दीर्घकालीन दृष्टि से, भारत को साम्राज्य से जोड़े रखने के लिए सर्वोत्तम समझते हैं" (जेटलैंड को लिनलिथगो का 21 दिसंबर 1939 का पत्र, *कांग्रेस एंड दि राज* में आर. जे. मूर के लेख में पृ. 379 पर उद्धृत)।

1935 और विशेष रूप से 1936 के वर्षों में भारतीय राजनीति का एक ऐसा ढर्रा उभरकर सामने आया जो स्वतंत्रता के पूर्व और पश्चात् भी बार-बार दोहराया जानेवाला था । प्रकट रूप से समस्त लक्षण वामपंथ की ओर एक अर्थपूर्ण रुझान का संकेत देते थे : (सी. पी. आई. पर 1934 के निषेध के बावजूद) बढ़ती हुई समाजवादी और कम्युनिस्ट गतिविधियाँ, अनेक श्रमिक एवं किसान संघर्ष, अनेक वामपंथी नेतृत्ववाले जन-संगठनों की स्थापना, कांग्रेस के लखनऊ एवं फैजपुर अधिवेशनों (अप्रैल और दिसंबर 1936) में सभापति के रूप में नेहरू के भाषण, जिनमें वामपंथ की लगभग समस्त जुझारू आकांक्षाएं एवं कार्यक्रम मूर्तिमान प्रतीत होते थे। फिर भी, अंत में कांग्रेस के भीतर दक्षिणपंथ ही कुशलतापूर्वक प्रभावी रूप से इस तूफान को नियंत्रित करके इसका उपयोग कर सका और 1937 के ग्रीष्म तक कांग्रेस मंत्रिमंडलों का निर्माण उस संविधान के एक महत्वपूर्ण भाग को प्रयुक्त करने के लिए किया जा रहा था, जिसकी बरसों से हर कोई भर्त्सना करता आ रहा था।

मजदूर और किसान आंदोलन

श्रम के मोरचे पर ट्रेड यूनियन संघर्षों के लिए कुछ अनुकूल परिस्थिति बनी थी क्योंकि 1934 से मंदी में आंशिक कमी आई थी। रोजगार के आंकड़ों में वृद्धि हो रही थी। (1935 में पटसन कारखानों में 14,247 नए कामगार भरती किए गए थे और अगले वर्ष 1931 में लागू कार्य के कम समय को समाप्त करके सप्ताह में 52 घंटों का कार्य-समय बहाल कर दिया गया था। किंतु असंतोष पहले से कहीं तीव्र हो गया था क्योंकि गोरे और भारतीय, दोनों ही पूंजीपति पिछले वर्षों में मजदूरी में की गई कटौती को बहाल रखना चाहते थे। इसके परिणामस्वरूप महत्वपूर्ण हड़तालें हुईं जिनमें कलकत्ता की केशोराम कॉटन मिल्स और अहमदाबाद की कपड़ा-मिलों में होनेवाली 1935

की हड़तालें तथा दिसंबर 1936-फरवरी 1937 में बंगाल-नागपुर रेलवे की हड़ताल तथा 1936 के दौरान कलकत्ता के पटसन कारखानों और कानपुर की कपड़ा-मिलों में होनेवाले अनेक श्रमिक विवाद सम्मिलित थे। इनकी परिणति अगले वर्ष इन दोनों केंद्रों में होनेवाली भारी आम हड़तालों में हुई। इस बीच 1929 और 1931 में होनेवाले विभाजनों को सफलतापूर्वक पाट लिया गया था। अप्रैल 1935 में कम्युनिस्टों की रेड ट्रेड यूनियन कांग्रेस पुनः ए. आई टी. यू. सी. में सम्मिलित हो गई थी जिस पर अब एम. एन. राय के अनुयायियों और कुछ समाजवादियों का नियंत्रण था। कुछ महीने पश्चात् एक संयुक्त श्रमिक मोरचे की स्थापना की गई ताकि नरमदलीय नेशनल ट्रेड यूनियन फेडरेशन के साथ मिलकर कार्य करने की संभावनाओं का पता लगाया जा सके। 1936 तक कम्युनिस्ट अपने नए महासचिव पी. सी. जोशी के नेतृत्व में संयुक्त मोरचे की रणनीति के प्रबल पक्षधर हो गए थे। इस कार्य-नीति का विकास 1935 के ग्रीष्म में दिमित्रोव ने कोमिंटर्न की सातवीं कांग्रेस में किया था और भारत के लिए इसके निहितार्थों को आर. पी. दत्त और बेन ब्रैडले ने ब्रिटिश कम्युनिस्ट पत्रिका *लेबर मंथली* में मार्च 1936 में स्पष्ट किया था। इससे यह आवश्यक हो गया कि कांग्रेस के भीतर ऐसा कार्य किया जाए जिसका लक्ष्य उसे 'साम्राज्यवाद-विरोधी जन-मोरचा' बनाना हो—ट्रेड यूनियनों एवं किसान संगठनों को सामूहिक रूप से कांग्रेस से संबद्ध किया जाए, चुनाव जुझारू कार्यक्रमों के आधार पर लड़े जाएं, किंतु पद ग्रहण करने से सख्ती से इनकार किया जाए, और मुख्य सकारात्मक नारा एक ऐसी संविधान सभा का हो जिसे सार्वत्रिक वयस्क मताधिकार द्वारा चुना गया हो। वास्तव में नेहरू ऐसी मांग करने की राय 1930 में ही दे चुके थे, और दत्त एवं ब्रैडले इस लेख को लिखने के कुछ समय पूर्व ही लाउसान में उनसे मिल चुके थे। एक महीने बाद लखनऊ अधिवेशन में (नेहरू द्वारा) सभापति पद से दिए जानेवाले भाषण में सामूहिक संबद्धता और संविधान सभा संबंधी दो ठोस मांगों को दोहराया गया।

वामपंथी झुकाववाले राष्ट्रवादियों, समाजवादियों और कम्युनिस्टों के बीच एकता की यह नई भावना कांग्रेस के लखनऊ और फैजपुर अधिवेशनों के दौरान अखिल भारतीय किसान सभा के गठन में भी अभिव्यक्त हुई। इसकी शुरुआत सर्वप्रथम आंध्र से हुई। यहां 1933-34 से प्रॉविंशियल रैयत्स एसोसिएसन और जमींदारों के काश्तकारों के लिए अलग से एक जमीन रैयत एसोसिएशन के नेता रहे थे एन. जी. रंगा जो 1935 से यह प्रयास कर रहे थे कि किसान आंदोलन मद्रास प्रेसीडेंसी के तीन अन्य भाषाई क्षेत्रों में भी फैले; साथ ही वे खेतिहर मजदूरों को भी इस आंदोलन में सम्मिलित करने का प्रयास कर रहे थे। अप्रैल 1935 में साउथ इंडियन फेडरेशन ऑफ पेजेंट्स एंड एग्रीकल्चरल लेबर की स्थापना की गई जिसके महासचिव एन. जी. रंगा और संयुक्त सचिव ई. एम. एस. नंबूदरीपाद थे। इसने अक्तूबर 1935 के

अपने अधिवेशन में तत्काल एक अखिल भारतीय किसान संगठन बनाए जाने का सुझाव दिया। जनवरी 1936 में समाजवादियों ने अपने मेरठ अधिवेशन में इस विचार को स्वीकार कर लिया। बिहार (जो किसान आंदोलन का एक अन्य आरंभिक केंद्र था) आरंभ में इसके प्रति अधिक उत्साहित नहीं था, क्योंकि भय था कि यह एकता मात्र औपचारिक होगी, लेकिन अंत में सहजानंद अखिल भारतीय किसान सभा के लखनऊ में होनेवाले पहले अधिवेशन का सभापतित्व करने के लिए सहमत हो गए। इसके एक अन्य अग्रणी नेता इंदुलाल याज्ञिक थे जो गुजरात के जमे हुए गांधीवादी थे, किंतु अब मोहभंग की प्रक्रिया से गुजर चुके थे और *किसान बुलेटिन* के संपादक बन गए थे। जैसाकि कदाचित् अपरिहार्य था, किसान सभा ने अपना ध्यान मुख्य रूप से उन किसानों की शिकायतों पर केंद्रित किया जिनके पास थोड़ी (और कुछ मामलों में पर्याप्त) जमीन थी। ये शिकायतें जमींदार, व्यापारी, साहूकार और सरकार के विरुद्ध थीं। अगस्त 1930 के किसान घोषणापत्र में मांग की गई थी कि जमींदारी का उन्मूलन किया जाए, वर्तमान भू-राजस्व के स्थान पर 500 रु. से अधिक की कृषि-आय पर आरोही आयकर लगाया जाए, और ऋणों को निरस्त किया जाए। इसमें न्यूनतम मांगों का एक घोषणापत्र भी सम्मिलित था : राजस्व और लगान में 50 प्रतिशत की कटौती, सभी काश्तकारों को पूरे दखली अधिकार, बेगार की समाप्ति, ऋणों एवं ब्याज की दर में कमी और पारंपरिक वन-अधिकारों की बहाली। किसानों के बीच मौजूद वर्ग-भेद और जोतधारी किसानों एवं भूमिहीन खेतिहर मजदूरों के बीच मौजूद तनाव किसान सभा (और संपूर्ण वामपंथ) के लिए सिद्धांत और व्यवहार, दोनों ही रूपों में सदा क्लेशदायक बने रहे। किंतु किसान घोषणापत्र में यह सुझाव था कि ऊसर पड़ी सरकारी और जमींदारी भूमि पांच एकड़ से कम जमीनवाले किसानों और भूमिहीनों में बांट दी जाए जिनके सहकारी संस्थाओं में संगठित होने की आशा की गई थी। फिर भी, जोत पर कोई आम सीमा लगाने की मांग नहीं की गई थी। *किसान बुलेटिन* के एक आरंभिक अंक में सहजानंद ने खेतिहर मजदूरियों के मामले में जांच की मांग की थी और आशा की थी कि "किसानों के साथ बातचीत करके और जमींदारों एवं बागान-मालिकों के विरुद्ध खेतिहर मजदूरों की संगठित हड़ताल में सहायता करके" स्थिति में सुधार किया जा सकता है। यह भेद रोचक भले ही लगे, अस्वाभाविक नहीं था।

किसान सभाओं की आरंभिक गतिविधियां थीं—शानदार किसान यात्राओं का आयोजन, अखिल भारतीय किसान दिवस मनाना (1 सितंबर 1936 को; जब आंध्र के केवल गुंटुर जिले से ही सौ ग्रामीण सभाओं की रिपोर्ट मिली थी), और अनेक स्थानीय संघर्ष करना। उदाहरण के लिए, बिहार की किसान सभा ने नवंबर 1936 में मुंगेर जिले के बढ़ैया ताल में जमींदारों द्वारा कब्जाई गई किसानों की भूमि को बकाश्त में परिवर्तित किए जाने के प्रयासों के विरुद्ध एक बड़ा आंदोलन छेड़ दिया था। अखिल-भारतीय सम्मेलनों ने नए प्रांतीय

संगठनों के गठन को बड़ा प्रोत्साहन दिया। उदाहरण के लिए, लखनऊ अधिवेशन से लौटे हुए बंगाल के प्रतिनिधियों ने पहल करके पहले से सक्रिय और इधर-उधर बिखरे हुए स्थानीय कार्यकर्त्ताओं से संपर्क करके मार्च 1937 में बांकुड़ा जिले में एक सम्मेलन का आयोजन किया और बंगाल प्रांतीय किसान सभा का गठन कर लिया।

सामंतवाद के सबसे मजबूत और दमनकारी गढ़ रजवाड़ों में थे और, जैसाकि हम देख चुके हैं, इनमें पहले ही अनेक स्वतःस्फूर्त किसान उपद्रव हो चुके थे। ताजा घटनाएं थीं—जयपुर के सीकर ठिकाना (जागीर) में मंदी की स्थिति में भू-राजस्व बढ़ाए जाने के विरुद्ध आंदोलन और पंजाब में लोहारू में ऊंटों पर लगाए गए कर के विरोध में होनेवाले आंदोलन के परिणामस्वरूप 1935 में हुई गोलीबारी। फिर भी, आल इंडिया स्टेट पीपुल्स कांफ्रेंस अभी तक एक अत्यंत नरमदलीय एवं अभिजनवादी संस्था ही थी जिसका कार्य प्रार्थनापत्र लिखने एवं परचे जारी करने तक सीमित था, जबकि कांग्रेस अब तक रजवाड़ों में हस्तक्षेप न करने की नीति से सख्ती से चिपकी हुई थी। यहां तक कि 1934 में गांधीजी ने इस संबंध में कांग्रेस में 'असहाय' होने की बात दोहराई थी और आशा व्यक्त की थी राजाओं को अपनी प्रजा के अच्छे 'न्यासी' होने के लिए मनाया जा सकता है। भूलाभाई देसाई ने तो, जो कांग्रेस असेंबली पार्टी के कट्टर दक्षिणपंथी नेता थे, 1935 में अपनी मैसूर-यात्रा के दौरान यह आश्वासन भी दिया था कि भविष्य में किसी भी संघ के साथ संबंध निर्धारित करने का संपूर्ण अधिकार राजाओं को ही होगा। 1936 में इस स्थिति में परिवर्तन का आरंभ स्पष्ट दिखाई देता है। स्टेट पीपुल्स कांफ्रेंस के पांचवें अधिवेशन में नेहरू के भाषण में केवल प्रार्थनाएं करने के स्थान पर जन-संपर्क की आवश्यकता पर बल दिया गया और इस अधिवेशन में पहली बार कृषक मांगों के एक कार्यक्रम की रूपरेखा बनाई गई : भू-राजस्व में एक-तिहाई की कटौती, ऋणों में कमी, और "कश्मीर, अलवर, सीकर (जयपुर) और लोहारू की त्रासदियों के संदर्भ में किसानों की शिकायतों की जांच।" अगले वर्ष कांग्रेस मंत्रिमंडलों के निर्माण के साथ भारतीय रजवाड़ों के बड़े भागों में एक वास्तविक आंदोलन आरंभ हो गया।

साहित्य में वामपंथ

1936 में आल इंडिया स्टूडेंट्स फेडरेशन और प्रोग्रेसिव रइटर्स एसोसिएशन की स्थापना इस बात का द्योतक थी कि देश के शिक्षित युवा वर्ग एवं बुद्धिजीवियों के बीच वामपंथी प्रभाव बढ़ रहा था। असहयोग आंदोलन के विपरीत, सविनय अवज्ञा ने साहित्य-जगत पर कोई गहरी छाप नहीं छोड़ी थी। साहित्यिक क्षेत्र में गांधीवादी कठोरताओं से लोगों का अधिकाधिक मोहभंग हो रहा था और वे अधिक जुझारू तरीकों की खोज में थे। प्रेमचंद का अंतिम और महानतम उपन्यास *गोदान* (1936) किसानों के दुखों की नंगी और

जीती-जागती तसवीर है, जिसमें *रंगभूमि* के गांधीवादी आदर्श और आशावाद का नितांत अभाव है। साथ ही मृत्यु से कुछ ही समय पूर्व लिखे गए उनके निबंध *महाजनी सभ्यता* में मुनाफा कमाने की पूंजीवादी प्रवृत्ति की कड़ी आलोचना के साथ ही सोवियत प्रयोग की प्रशंसा मिलती है। 1932 में गोर्की के उपन्यास *मदर* के अनुवाद के बाद आंध्र में पसीना बहानेवालों के जीवन पर आधारित यथार्थवादी उपन्यासों का चलन हो गया। बोलचाल की भाषा में कविता करनेवाले पहले तेलुगु कवि श्री श्री ने भगतसिंह के बलिदान से प्रेरित होकर अपनी प्रसिद्ध कविता *मारे प्रपंच* लिखी थी ("दूसरी दुनिया, दूसरी दुनिया, दूसरी दुनिया पुकार रही है"), जिसके अंत में लाल झंडे का आह्वान किया गया था। बंबई के श्रमिक आंदोलन ने मोडखोल्कर और मामा वरेरकर की (कपड़ा-मिलों की) हड़ताल संबंधी मराठी कहानियों को प्रभावित किया। बंगाल में शहरी बुद्धिजीवी वर्ग कभी भी गांधीजी के प्रति अधिक आकृष्ट नहीं हुआ था। रवींद्रनाथ सविनय अवज्ञा से अलग ही रहे और आतंकवाद के विरुद्ध तो उनमें वैरभाव ही था (जैसाकि उनके उपन्यास *चार अध्याय*, 1934, से प्रकट है), लेकिन उनके *लेटर्स फ्राम रशा* (1930) में गर्मजोशी से भरी किंतु समालोचनात्मक प्रशंसा मिलती है। एक अन्य उदाहरण कलकत्ता की बौद्धिक-सांस्कृतिक, साहित्यिक मासिक पत्रिका *परिचय* (1931 में स्थापित) का हो सकता है जिसमें तत्कालीन गांधीवादी, यहां तक कि किसान आंदोलनों के प्रति उदासीनता के साथ अंतर्राष्ट्रीय घटनाओं, फासीवाद के विरुद्ध विश्वव्यापी संघर्ष एवं मार्क्सवादी सिद्धांत और व्यवहार में पर्याप्त रुचि दिखाई पड़ती है।

वामपंथी रुझानवाले लेखकों का एक अखिल-भारतीय मंच बनाने की पहल उर्दूभाषी बुद्धिजीवियों के एक समूह ने की, जिसके नेता सज्जाद जहीर थे। वे अभी लंदन में अपनी पढ़ाई ही कर रहे थे जब 1935 में उन्होंने एक घोषणापत्र की रूपरेखा तैयार की। इस घोषणापत्र में 'कलाओं को जनता के निकट संपर्क में लाने' की आवश्यकता पर बल दिया गया था जिसके लिए 'भूख और गरीबों, सामाजिक पिछड़ेपन और राजनीतिक दासता की समस्याओं' पर ध्यान केंद्रित करने की आवश्यकता थी। अप्रैल 1936 में लखनऊ में प्रगतिशील लेखक संघ के पहले अधिवेशन की अध्यक्षता प्रेमचंद ने की और 1938 में रवींद्रनाथ ने एक गर्मजोशी-भरे और असामान्य रूप से आत्मसमीक्षात्मक संदेश में इस बात पर दुख प्रकट किया कि वे स्वयं अपेक्षाकृत जन-सामान्य से अलग-थलग रहे हैं। एक अखिल-भारतीय आंदोलन के रूप में यह संगठन उर्दू जगत में सबसे सशक्त रहा, जिसका आंशिक कारण निस्संदेह इसका अंतर्प्रांतीय (यद्यपि बहुत सीमा तक शहरी और अभिजनवादी) फैलाव था। इसके प्रमुख सदस्यों में हसरत मोहानी (जुझारू राजनीतिज्ञ जो ग़ज़लों के एक प्रसिद्ध शायर भी थे), जोश मलीहाबादी, फिराक गोरखपुरी और कृश्न चंदर जैसे दिग्गज थे। एसोसिएशन के वामपंथी संयोजकों के संयुक्त मोर्चावाले

दृष्टिकोण में कभी-कभी अवसरवादिता भी आ जाती थी और बड़े नामों की खोज भी होती थी, लेकिन वहीं सच्चे जन-संपर्क के रोचक प्रयास भी देखने को मिलते थे, जैसेकि 1938 की गर्मियों में दिल्ली के निकट फरीदाबाद में किसान कवियों की अत्यंत सफल गोष्ठी अथवा बंबई के कामगारों के बीच कैफी आजमी के 'क्रांतिकारी मुशायरे'। ये बातें कम्युनिस्टों के उस महत् प्रयास का पूर्वाभास थीं जो 1940 के दशक में इंडियन पीपुल्स थिएटर एसोसिएशन के माध्यम से लोक-संस्कृति को पुनर्जीवित करने के लिए किया गया था।

लखनऊ और फैजपुर

यूरोप से लौटने के बाद शीघ्र ही नेहरू (जैसाकि 1929 में हुआ था, गांधीजी के आग्रह पर) कांग्रेस के अध्यक्ष बने और लखनऊ एवं फैजपुर अधिवेशनों (अप्रैल-दिसंबर 1936) में उनके भाषण इन वर्षों में राष्ट्रीय आंदोलन पर वामपंथ के प्रभाव की पराकाष्ठा का संकेत देते प्रतीत होते थे। कांग्रेस पर अपने समाजवादी विचारों को थोपने का कोई इरादा न रखने का दावा करते हुए लखनऊ अधिवेशन में नेहरू ने स्पष्ट कहा कि वे 'समाजवाद' शब्द का प्रयोग किसी 'अस्पष्ट मानवतावादी अर्थ में नहीं, बल्कि वैज्ञानिक एवं आर्थिक अर्थ में' कर रहे हैं, कि यह 'संसार और भारत की समस्याओं के समाधान की एकमात्र कुंजी' है। सोवियत संघ के दोषों के बावजूद उन्होंने एक 'नई सभ्यता' के रूप में उसका अभिनंदन किया और घोषणा की कि "हम जो भारत की स्वाधीनता के लिए प्रयास कर रहे हैं ... अपरिहार्य रूप से ... संसार की उन प्रगतिशील शक्तियों का पक्ष लेते हैं जो फासीवाद और साम्राज्यवाद के विरुद्ध खड़ी हैं।"

इन दोनों अधिवेशनों में नेहरू के आग्रह पर ऐसे प्रस्ताव पारित किए गए जिनमें इतालवी और जापानी आक्रमणों की निंदा की गई थी और अबीसीनिया, चीन एवं गणवादी स्पेन के साथ एकजुटता की भावना व्यक्त की गई थी। यह सब एक नए अंतर्राष्ट्रीय परिप्रेक्ष्य का सूचक था जो हमारे स्वाधीनता आंदोलन को नेहरू की सबसे महत्वपूर्ण देन थी। देश के आंतरिक मामलों में उन्होंने एक जुझारू कार्यक्रम के आधार पर चुनाव लड़ने की, पदों को अस्वीकार करने की और सार्वत्रिक वयस्क मताधिकार पर आधारित संविधान सभा के केंद्रीय नारे को अपनाने की हिमायत की। लखनऊ अधिवेशन में उन्होंने आगाह किया कि यह सब केवल "अर्ध-क्रांतिकारी स्थिति में ही संभव है।" उन्होंने आशा प्रकट की कि कांग्रेस को एक वास्तविक साम्राज्यवाद-विरोधी 'संयुक्त जन-मोरचा' बनाया जा सकेगा और इस दिशा में पहला कदम उठाने के लिए उन्होंने सलाह दी कि ट्रेड यूनियनों एवं किसान सभाओं को 'सामूहिक सदस्यता' दी जाए। नेहरू ने कांग्रेस संगठन के उस रवैये की भी 'तानाशाही' कहकर स्पष्ट निंदा की जिस पर गांधीजी ने बंबई अधिवेशन (अक्तूबर 1934) में बल दिया था : प्रतिनिधियों की संख्या में कमी, पदाधिकारियों के लिए

चरखे की योग्यता का अनिवार्य होना, और उनके द्वारा नामांकित कांग्रेस अध्यक्ष एवं वर्किंग कमेटी का कड़ा नियंत्रण होना। लखनऊ अधिवेशन के बाद नेहरू की वर्किंग कमेटी में तीन समाजवादी (जयप्रकाश नारायण, नरेंद्रदेव और अच्युत पटवर्धन) सम्मिलित किए गए। कांग्रेस के चुनाव घोषणापत्र (अगस्त 1936) की सामाजिक-आर्थिक धाराएं और फैजपुर अधिवेशन में स्वीकृत अस्थायी कृषि कार्यक्रम में मुख्य रूप से कराची प्रस्ताव को ही दोहराया गया था। इसमें अखिल भारतीय किसान सभा के किसान घोषणापत्र की न्यूनतम मांगों को सम्मिलित करने की दिशा में भी कुछ प्रगति हुई थी : राजस्व एवं लगान में कमी, कृषि पर आयकर, काश्तकारी का स्थायी किया जाना, ऋणों का कम किया जाना, जबरी मजदूरी की समाप्ति, वन-अधिकारों एवं कृषक यूनियनों को मान्यता। 1937 के चुनावों में नेहरू कांग्रेस के सबसे चुस्त और सफल प्रचारक के रूप में उभरे और इस प्रकार आरंभ हुई उनकी अपनी पार्टी के लिए मत बटोरने की आदत जो लगभग तीन दशकों तक चलती रही।

दक्षिणपंथियों की खेमाबंदी और वाणिज्यिक दबाव

फिर भी, ध्यान से देखने पर ज्ञात होता है कि 1935-37 की अवधि में वामपंथ की यह प्रगति कुछ सीमा तक भ्रामक एवं शाब्दिक थी। कम-से-कम जहां तक अति महत्वपूर्ण निर्णय लेने की बात थी, यह सत्य है कि कांग्रेस के बाहर रहनेवाले उदारवादी अथवा संप्रदायवादी दक्षिणपंथी समूह, जिनके पास असफल किंतु शौर्यपूर्ण राष्ट्रीय संघर्ष की प्रतिष्ठा की कमी थी, दिनोदिन अपनी प्रतिष्ठा खोते जा रहे थे। उदाहरण के लिए, कम्युनल अवार्ड के मुद्दे द्वारा उत्पन्न भ्रम के बावजूद मालवीय और अने की कांग्रेस नेशनलिस्ट पार्टी का प्रदर्शन 1934 के चुनावों में निराशाजनक रहा—वे संयुक्त प्रांत की आठों असेंबली सीटें कांग्रेस से हार गए, जबकि (लाजपतराय और मालवीय के नेतृत्व में) ऐसे ही एक अन्य टूटे हुए समूह ने 1926 में स्वराजियों को मिलीं 2 की तुलना में 6 सीटों पर विजय प्राप्त की थी। 1937 से पहले एक अखिल भारतीय मुस्लिम पार्लियामेंटरी बोर्ड के माध्यम से मुस्लिम लीग को पुनर्जीवित करने के जिन्ना के हताशापूर्ण प्रयास भी अधिक सफल नहीं हुए। पंजाब और बंगाल में कृषक आधारवाली दो बड़ी प्रांतीय पार्टियों (यूनियनिस्ट और कृषक प्रजा पार्टी) को भी वे अपने प्रभाव में लाने में असफल रहे और 1937 के प्रांतीय असेंबली चुनावों में मुस्लिम लीग मुसलमानों के लिए आरक्षित 482 सीटों में से केवल 109 पर ही जीत सकी।

किंतु वस्तुतः महत्वपूर्ण घटनाक्रम था कांग्रेस के भीतर दक्षिणपंथियों की स्थिति का मजबूत होना। इसका आधार पारंपरिक असेंबली राजनीति के पक्षधरों एवं गांधीवादी रचनात्मक कार्यकर्त्ताओं का पुनर्मिलन था और, जैसाकि हम देख चुके हैं, 1934 के पश्चात् से इसे व्यापारियों का समर्थन एवं संरक्षण भी प्राप्त हुआ। इस पूरी अवधि में चतुराईपूर्ण चालों एवं दबावों और रियायतों

(अधिकतर मौखिक) के मिले-जुले प्रभाव के कारण दक्षिणपंथ राष्ट्रीय आंदोलन पर अपना वर्चस्व बनाए रहा था। जुझारू अध्यक्षीय भाषणों, कार्यक्रम संबंधी घोषणाओं और चुनावी भाषणों के रूप में वामपंथ की ओर जो आंशिक झुकाव दिखाई देता था वह वस्तुतः सविनय अवज्ञा आंदोलन के परिणामस्वरूप होनेवाली जन-जागृति एवं मतदाताओं में पांच गुनी वृद्धि के संदर्भ में अपरिहार्य था।

ठाकुरदास के दस्तावेजों में इस बात की आंख खोल देनेवाली जानकारी मिलती है कि भारतीय व्यापारियों ने किस प्रकार कांग्रेस में पनपनेवाले उस वामपंथी रुझान की समस्या का सामना किया, जिसके सर्वोपरि प्रतीक नेहरू थे। अगस्त 1935 में एच. पी. मोदी का यह प्रस्ताव कि यदि कांग्रेस 'अतिवादी समाजवादी तत्वों के साथ प्रेमलीला' समाप्त नहीं करती तो उन्हें पूंजीपतियों के समर्थनवाली एक नरमदलीय पार्टी की स्थापना की कोशिश करनी चाहिए, ठाकुरदास या बिड़ला जैसे दूरदर्शी व्यापारी बंधुओं को प्रभावित नहीं कर सका। उनका विचार था कि भूलाभाई और वल्लभभाई पटेल जैसे कांग्रेसी नेताओं को विवेकपूर्वक अपनी ओर बनाए रखना कहीं बेहतर रणनीति है। नेहरू के लखनऊवाले भाषण ने आरंभ में बंबई के 21 प्रमुख व्यापारियों (जिनमें कांग्रेस-विरोधी एच. पी. मोदी के साथ ही वालचंद हीराचंद एवं ए. ओ. श्राफ जैसे राष्ट्रवादी भी थे) को अवश्य भयभीत कर दिया था कि उन्होंने मई 1936 में एक क्रोधपूर्ण घोषणापत्र जारी किया जिसमें समाजवाद को संपत्ति मात्र, धर्म और व्यक्तिगत स्वतंत्रता के लिए खतरा बताकर उसकी निंदा की गई थी। लेकिन बिड़ला ने वालचंद और ठाकुरदास को व्यवहारकुशलता के नितांत अभाव के लिए कड़ी डांट पिलाई : "संपत्तिशाली व्यक्ति के लिए यह कहना अत्यंत फूहड़ प्रतीत होता है कि वह संपत्ति-हरण का विरोधी है ···। यह तो उनके कहने की बात है जो 'संपत्ति का त्याग कर चुके हैं', और यदि हम केवल उनके हाथ मजबूत कर सकें तो हर किसी की सहायता कर सकेंगे" (बिड़ला का पत्र वालचंद हीराचंद को, मई 1936, *ठाकुरदास पेपर्स, फा. नं. 177*)। बिड़ला वस्तुतः लखनऊ की बात को लेकर असाधारण रूप से प्रसन्न थे : "महात्माजी ने वादा पूरा किया ··· उन्होंने इस बात का ध्यान रखा कि कोई नई प्रतिबद्धताएं स्वीकार न की जाएं। जवाहरलालजी का भाषण तो एक प्रकार से रद्दी की टोकरी में ही गया ··· जवाहरलालजी तो असली अंग्रेज लोकतंत्रवादी की तरह लगते हैं ··· अपनी विचारधारा को अभिव्यक्त करने पर आमादा, किंतु वे जानते हैं कि इस पर अमल होना असंभव है, इसलिए इस पर जोर भी नहीं देते ···। प्रगति ठीक दिशा में हो रही है" (ठाकुरदास के नाम बिड़ला का पत्र, 20 अप्रैल 1936)। पूंजीपतियों के बीच मतभेद केवल कार्यनीति को लेकर था क्योंकि ठाकुरदास ने 23 अप्रैल को अपने प्रत्युत्तर में लिखा : "मुझे ज. की सदाशयता पर कभी संदेह नहीं रहा, मेरी धारणा केवल यह है कि ज. को सदा ठीक पटरी पर रखने के लिए पर्याप्त

देखभाल की आवश्यकता होगी।"

कांग्रेसी नेतृत्व में भूलाभाई और बी. सी. राय जैसे तत्व सदा रहे—ऐसे लोग जो जन-संघर्ष के गांधीवादी रूपों के प्रति भी विशेष उत्साहित नहीं थे और नगर निगम अथवा असेंबली की राजनीतिक जोड़-तोड़ में अधिक सुखी अनुभव करते थे। चौथे दशक के मध्य में नई बात यह हुई कि उनकी शक्ति में बहुत बढ़ोतरी हुई। इसका कारण वल्लभभाई पटेल, राजेंद्रप्रसाद, राजगोपालाचारी जैसे लोगों (तीसरे दशक के अपरिवर्तनवादियों) के दृष्टिकोण में एक महत्वपूर्ण परिवर्तन का आना था। ग्रामीण रचनात्मक कार्यकर्त्ताओं एवं जन-नेताओं के रूप में इनको पर्याप्त प्रतिष्ठा प्राप्त थी। कुछ मामलों में इसकी एक आंशिक व्याख्या यह भी हो सकती है कि यह युवा उत्साह को स्थानापन्न करनेवाले प्रौढ़ों की अवसरवादिता थी। अधिक महत्व की बात यह थी कि रचनात्मक कार्य एवं शांतिपूर्ण सत्याग्रह की दोहरी रणनीति असफल होती प्रतीत हो रही थी। 1932 के बाद स्पष्ट हो गया था कि दृढ़ संकल्प और निर्मम सरकार के आगे सविनय अवज्ञा अधिक नहीं चल सकती और 1934-35 में गांधीजी द्वारा आरंभ की गई अखिल भारतीय ग्रामोद्योग एसोसिएशन वस्तुतः बेकार सिद्ध हुई : 1935 में बिहार के एक अधिकारी ने इसे 'बिल्कुल टांय-टांय फिस्स' बताया। कदाचित् ही स्वयं गांधीजी दीर्घावधि के ग्रमीण कार्य एवं सुधार के लिए तैयार थे। 1934 के अंत तक उन्होंने कांग्रेस से विधिवत् अवकाश ग्रहण कर लिया था और 20 अगस्त 1936 को उनके सचिव महादेव देसाई ने बिड़ला को रिपोर्ट दी : "बापू अधिकाधिक रूप से अपने ग्रामीण कार्य में लीन होते जा रहे हैं। . . . सच तो यह है कि वे अपने चित्त को कांग्रेस और अन्य बाहरी गतिविधियों से हटाकर पूर्ण रूप से गांवों और ग्रामीण समस्याओं में लगा रहे है" (*इन दि शैडो ऑफ दि महात्मा*, पृ. 204)। किंतु गांधीजी के अत्यंत निकट सहयोगियों में भी ऐसे लोग बहुत कम थे जिनमें इतना धैर्य और आदर्शवादिता होती, और गांधीजी सहित सबको वामपंथ द्वारा प्रस्तुत नई चुनौती से बड़ा खतरा अनुभव हो रहा था, क्योंकि वह पहली बार एक देशव्यापी और वैकल्पिक जन-रणनीति प्रस्तुत कर रहा था जिसे अब तक मुख्य रूप से वर्गीय कारणों से अस्वीकार्य माना जाता रहा था।

लखनऊ अधिवेशन के बाद के महीनों में घटनेवाली घटनाओं में बिड़ला की दूरदर्शिता स्पष्ट दिखाई देती है। जवाहरलाल और वर्किंग कमेटी में (14 में से) उनके तीन समाजवादी सहयोगी सदस्य दिनोदिन दक्षिणपंथ के बंदी बनते गए। उनको प्रभावी शक्ति तो प्राप्त नहीं थी, किंतु उनका पद इस बात की अनुमति भी नहीं देता था कि वे खुलकर कांग्रेस की कार्यविधि की आलोचना कर सकें। नेहरू के समाजवादी भाषणों को बहाना बनाकर वर्किंग कमेटी के 7 सदस्यों ने त्यागपत्र देने की धमकी दी। इनके अगुआ राजेंद्रप्रसाद, राजगोपालाचारी और कृपलानी थे जिन्होंने अपने विरोधपत्र का मसौदा गांधीजी के वर्धा मुख्यालय में बैठकर बनाया था। उस समय तो गांधीजी ने सुलह

करवा दी, किंतु स्पष्ट था कि सदा की भांति इस बार भी नेहरू ही झुके थे। गांधीजी ने उन्हें 'असहिष्णुता' के लिए कड़ी डांट पिलाई और साफ-साफ कहा कि "अभी तुम सत्ता में नहीं हो। तुम्हें पद देकर इस बात का प्रयास किया गया था कि तुम्हें सत्ता जल्दी मिले, अन्यथा इसमें और अधिक देरी होती" (8 और 15 जुलाई के पत्र; नेहरू, *बंच ऑफ ओल्ड लेटर्स*, पृ. 198, 204)। लखनऊ में ही जन-संपर्क समिति की स्थापना करके श्रमिक एवं किसान संगठनों की सामूहिक सदस्यता की योजना को इतना बदल दिया गया कि उसे पहचानना कठिन था। जन-संपर्क समिति में जयप्रकाश की उपस्थिति को राजेंद्रप्रसाद और जयरामदास दौलतराम की उपस्थिति ने लगभग व्यर्थ कर दिया था; कोई आश्चर्य नहीं कि फैजपुर अधिवेशन तक यह कमेटी अपनी रिपोर्ट पूरी नहीं कर सकी थी। प्रदेश कांग्रेस कमेटियां बार-बार विलंबकारी उपाय अपनाकर कृषि कार्यक्रमों को स्थगित करवाती रहीं। फैजपुर अधिवेशन के मसौदे में अखिल भारतीय किसान सभा के घोषणापत्र की धार को ही कुंद कर दिया गया (जैसेकि ऋण में 50 प्रतिशत कटौती एवं ब्याज पर 6 प्रतिशत की हदबंदी की जगह 'लगान, राजस्व एवं ऋणों में पर्याप्त कमी'), और जमींदारी-उन्मूलन एवं बेकार पड़ी सरकारी एवं जमींदारी जमीनों के पुनर्वितरण की मांगों को बिल्कुल ही हटा दिया गया था। पटेल जब एन. जी. रंगा पर इस बात के लिए बरस पड़े कि वे आंध्र में चुनाव के लिए कांग्रेस प्रत्याशियों से किसानों की मांग का समर्थन करने की शपथ को किसान सभा का समर्थन प्राप्त करने की शर्त बना रहे थे, तो नेहरू रंगा का साथ एकदम नहीं दे सके और उन्होंने यह कहकर हाथ झाड़ लिया कि यह सब तो 'एक गलतफहमी' थी। उन्होंने रंगा को सलाह दी कि 'विवादों को समाप्त करें' और रंगा ने भी कांग्रेस प्रत्याशियों को किसान शपथ से मुक्त कर दिया (*इंडियन एनुअल रजिस्टर*, जुलाई-दिसंबर 1936, पृ. 286)। पद ग्रहण करने के अत्यंत महत्वपूर्ण मामले में भी दक्षिणपंथियों ने लखनऊ और फैजपुर में मुद्दे को बार-बार टालकर अपनी ही चलाई कि एक बार चुनाव जीत लेने पर मंत्रिमंडल बनाने के लिए दबाव पड़ेंगे और कांग्रेस सभापति एवं पूरे वामपंथ की लच्छेदार बातों के बावजूद उनका मुकाबला करना संभव न होगा। यहां भी बिड़ला की भविष्यवाणी सत्य सिद्ध हुई : "आगामी चुनाव को 'वल्लभभाई का समूह' नियंत्रित करेगा और यदि लार्ड लिनलिथगो स्थिति का ठीक संचालन करें तो कांग्रेसियों के सत्ता में आने की पूरी संभावना है" (ठाकुरदास को बिड़ला का पत्र, 20 अप्रैल 1936)।

अध्याय 7

राजनीतिक आंदोलन और युद्ध 1937-1945

1937-1939 : कांग्रेसी मंत्रिमंडल

चुनाव और मंत्रिमंडलों का गठन

1937 के चुनावों में कांग्रेस का प्रदर्शन बहुत अच्छा रहा। उसे कुल 1585 असेंबली सीटों में 711 पर विजय प्राप्त हुई, ग्यारह में से पांच प्रांतों (मद्रास, बिहार, उड़ीसा, मध्यप्रांत और संयुक्त प्रांत) में पूर्ण बहुमत मिला और बंबई में लगभग पूर्ण बहुमत (175 में से 86) मिला। सरकारी समर्थन के बावजूद संयुक्त प्रांत में छतारी के नवाब की नेशनल एग्रीकल्चरिस्ट पार्टी और मद्रास में जस्टिस पार्टी को मुंह की खानी पड़ी। मुस्लिम चुनाव क्षेत्रों में कांग्रेस के बहुत मामूली प्रदर्शन (482 आरक्षित सीटों में कांग्रेस 58 पर लड़ी और 26 पर विजयी रही थी) के बावजूद इस बात से संतोष मिल जाता था कि मुस्लिम लीग भी मुसलमानों की एकमात्र प्रतिनिधि होने का अपना दावा सिद्ध करने में असफल रही थी। पश्चिमोत्तर सीमाप्रांत में लीग एक भी सीट नहीं पा सकी थी और वह पंजाब के 84 आरक्षित चुनाव क्षेत्रों में से केवल 2 और सिंध के 33 में से केवल तीन स्थान पर ही जीत सकी थी। अनुसूचित जातियों की अधिकांश सीटें भी कांग्रेस ने जीत ली थीं, सिवा बंबई के जहां अंबेडकर की इंडिपेंडेंट लेबर पार्टी ने हरिजनों के लिए आरक्षित 15 सीटों में से 13 जीती थीं।

करोड़ों भारतीयों के लिए, विशेषकर हिंदू बहुमतवाले सामान्य चुनाव क्षेत्रों में, 'गांधीजी और पीले बक्से के लिए मत देने' का तात्पर्य देशभक्तिपूर्ण आत्मबलिदान की कद्र करने के साथ ही कुछ सामाजिक-आर्थिक परिवर्तन की आशा करना भी था। आखिरकार कांग्रेस का चुनाव घोषणापत्र और फैजपुर

कृषि कार्यक्रम पार्टी के पहलेवाले वक्तव्यों की तुलना में निश्चय ही प्रगतिशील थे, भले ही वे वामपंथी आकांक्षाओं को पूरा नहीं करते थे। साथ ही, अधिक विस्तृत मताधिकार (किंतु सार्वभौम नहीं) पर आधारित चुनावों के लिए अधिक धन और स्थानीय रूप से प्रभावशाली समूहों (शहरों के व्यापारियों और देहातों में जमींदारों एवं प्रमुख किसान समूहों) का समर्थन प्राप्त करने की भी आवश्यकता थी। बिड़ला ने पटेल के नेतृत्ववाले कांग्रेस सेंट्रल पार्लियामेंटरी बोर्ड को पांच लाख रु. का दान दिया और बिहार प्रदेश कांग्रेस कमेटी द्वारा एकत्रित 37,000 रु. में 27,000 रु. आर. के. डालमिया ने दिए थे। चूंकि इतनी धनराशि स्पष्ट रूप से अपर्याप्त थी (प्रत्येक सीट पर कम-से-कम 2,000 रु. का चुनाव-व्यय आया था), अतः अधिकांश प्रत्याशियों से आशा की जाती थी कि वे अपना चुनावी खर्च आप उठाएं, जिसका व्यवहारतः अर्थ था धनवानों को स्पष्ट रूप से वरीयता देना। उदाहरण के लिए, बिहार में किसान सभा के अनेक आंदोलनकारियों को जमींदारों के दबाव के कारण टिकट नहीं मिल सका, और कांग्रेसी नेता ए. एन. सिन्हा ने स्वीकार किया कि उनकी पार्टी के अधिकांश प्रत्याशी जमींदार वर्ग के थे (टॉमलिंसन, *इंडियन नेशनल कांग्रेस एंड दि राज*, पृ. 82-85)। इस प्रकार, इस दौरान समग्र स्थिति यह थी कि कांग्रेस पर एक ही साथ परस्पर-विरोधी दबाव पड़ रहे थे— दक्षिणपंथ की ओर से भी और वामपंथ की ओर से भी।

चुनावों में कांग्रेस की सफलता ने उसकी स्थिति मजबूत कर दी थी और शीघ्र ही कांग्रेस द्वारा मंत्रिमंडल गठित करने के लिए दबाव पड़ने लगा। मार्च 1937 में अखिल भारतीय कांग्रेस कमेटी के अधिवेशन में राजेंद्रप्रसाद और पटेल ने 'सशर्त पद ग्रहण करने' के संबंध में एक प्रस्ताव रखा। शर्त यह थी कि प्रांत में कांग्रेस असेंबली पार्टी का नेता "संतुष्ट हो और सार्वजनिक रूप से वक्तव्य दे सके कि गवर्नर अपनी विशेष शक्तियों का उपयोग नहीं करेगा।" जयप्रकाश के नेतृत्व में वामपंथ का यह संशोधन कि पद ग्रहण करने की बात पूर्णतः अस्वीकार की जाए, 78 के मुकाबले 135 मतों से पराजित हो गया, और वायसरॉय लॉर्ड लिनलिथगो के निजी सचिव को लिखे गए एक पत्र में बिड़ला ने कांग्रेस के दक्षिणपंथ की महान विजय कहकर इस निर्णय का स्वागत किया (*इन दि शैडो ऑफ दि महात्मा*, पृ. 214)। यद्यपि लिनलिथगो ने सार्वजनिक रूप से यह आश्वासन देना स्वीकार नहीं किया कि गवर्नर अपनी विशेष शक्तियों का प्रयोग नहीं करेंगे, लेकिन जुलाई 1937 तक गांधीजी ने अपना निश्चय कर लिया और महादेव देसाई ने 16 जुलाई को बिड़ला को सूचित किया कि "जवाहरलाल को इसका श्रेय दिया जाना चाहिए कि उन्हें मनाना कठिन सिद्ध नहीं हुआ।" वर्किंग कमेटी एक सप्ताह पूर्व ही पद ग्रहण करने की अनुमति इस आधार पर दे चुकी थी कि यद्यपि ब्रिटिश सरकार की ओर से संतोषजनक आश्वासन नहीं मिला है, फिर भी जैसी स्थिति है उसमें "यह विश्वास किया जा सकता है कि गवर्नरों के लिए अपनी विशिष्ट

शक्तियों का प्रयोग करना सरल नहीं होगा।" संयुक्त प्रांत, बिहार, उड़ीसा, मध्यप्रांत, बंबई और मद्रास में कांग्रेसी मंत्रिमंडलों ने पद-भार संभाला और कुछ महीनों पश्चात् पश्चिमोत्तर सीमा प्रांत में भी। सितंबर 1938 में असम में भी कांग्रेस मंत्रिमंडल बन गया, जिसके लिए गंदी संसदीय चालों और दल-बदल का सहारा लिया गया। मजे की बात यह है कि इनमें कांग्रेस के वामपंथी अध्यक्ष बोस की भूमिका महत्वपूर्ण रही थी।

इस प्रकार, देश के अधिकांश भाग में कल तक जो लोग सताए जाते थे, अब मंत्री बन चुके थे और नई असेंबलियों का शुभारंभ 'वंदेमातरम्' गान के साथ हुआ, तथा जिस राष्ट्रीय झंडे के लिए लाखों ने लाठी-गोली खाई थी, वह अब सार्वजनिक भवनों पर गर्व के साथ लहरा रहा था। आरंभ में कांग्रेस मंत्रिमंडलों ने साम्राज्यवाद-विरोधी आंदोलन के सभी घटकों को बहुत प्रेरित किया। जहां 1936 में कांग्रेस की सदस्यता 5 लाख थी, वहीं 1937 में यह 31 लाख और 1938 में 45 लाख हो गई। वामपंथी रुझनवाले छात्र, श्रमिक और किसान आंदोलनों एवं संगठनों की बड़ी प्रगति हुई और लोकप्रिय मंत्रिमंडलों के गठन से अनेक रजवाड़ों में भी शीघ्र ही सामंतशाही-विरोधी एवं निरंकुशता-विरोधी भारी आंदोलन खड़े होने लगे। लेकिन भारतीयों के पदभार ग्रहण करने के नकारात्मक एवं परस्पर-विरोधी पक्षों के प्रकट होने में भी देर नहीं लगी। कांग्रेस के अपरिहार्य विरोधाभास स्पष्ट थे। यह एक ऐसी पार्टी थी जो पूर्ण स्वराज्य के लिए प्रतिबद्ध थी और 1935 के संविधान की कड़ी आलोचना करती थी, मगर अब उसी के अंतर्गत कार्य कर रही थी, जिसकी शक्तियां सरकारी आरक्षणों एवं रक्षक उपायों के साथ ही सीमित संसाधनों के कारण भी सीमित थीं, और जिसे ऐसी सिविल सेवा और पुलिस के माध्यम से अपने निर्णय लागू करने पड़ते थे जिनके साथ उसके संबंध दीर्घकाल तक अत्यंत वैमनस्यपूर्ण रहे थे। यद्यपि गांधीजी के आग्रह पर मंत्रियों के वेतन पर 500 रु. प्रतिमाह की सीमा लगा दी गई थी, फिर भी अचानक सत्ता और संरक्षण हाथ में आ जाने से जुड़ी आम बुराइयां, जैसे अवसरवादिता एवं गुटबंदीजन्य झगड़े, उत्पन्न होने लगी थीं। 1938 में बिहार में पार्टी की स्थिति पर अखिल भारतीय कांग्रेस कमेटी के एक निरीक्षक की रिपोर्ट में स्वीकार किया गया था कि कांग्रेस ने कुछ जिलों में स्थानीय निकायों के चुनाव में भाग लेने से अधिक कुछ किया नहीं है (टॉमलिंसन द्वारा उद्धृत, वही, पृ. 87)। जुलाई 1938 में मध्यप्रांत में रविशंकर शुक्ल ने डी. पी. मिश्र के समर्थन से एन. बी. खरे को प्रधान-पद से हटा दिया था। यद्यपि इसे हिंदीभाषी रायपुर और जबलपुर तथा मराठीभाषी जिलों के बीच का एक आंचलिक झगड़ा बताने का प्रयास किया गया, लेकिन इसके पीछे गुटबंदीवाली बातें कदाचित् अधिक महत्वपूर्ण रही थीं। मराठीभाषी जिलों के नेता खरे थे। (एक वर्ष पूर्व ही मिश्र ने शुक्ल के विरुद्ध खरे का समर्थन किया था।) किंतु सबसे गंभीर समस्या विभिन्न समुदायों और वर्गों के हितों के बीच संतुलन

स्थापित करने की थी और अपने राष्ट्रीय एवं बहुवर्गीय आदर्शों के बावजूद कांग्रेस के लिए यह असंभव था कि वह हिंदुओं और मुसलमानों, जमींदारों और काश्तकारों या उद्योगपतियों और मजदूरों को एक साथ खुश रख सके। 1937 और 1939 के बीच कांग्रेस मंत्रिमंडलों एवं पार्टी हाईकमान, दोनों में ही दक्षिण की ओर निरंतर और अधिकाधिक झुकाव स्पष्ट दिखाई देता था, यद्यपि कभी-कभार इसे 'वामपंथी' वाग्जाल से ढंकने का प्रयास किया जाता था।

कांग्रेस और नौकरशाही

नौकरशाही के साथ कांग्रेस सरकारों का कोई बड़ा संघर्ष नहीं हुआ, जो आश्चर्यजनक था। किंतु इसका रहस्य कदाचित् कांग्रेस का दक्षिणपंथ की ओर झुकाव रहा था। यह तब तक चला जब तक कि सितंबर 1939 में युद्ध आरंभ हो जाने से एक नितांत नई परिस्थिति उत्पन्न नहीं हो गई। फरवरी 1938 में भी तब संकट उत्पन्न हो गया जब संयुक्त प्रांत और बिहार में क्रमशः गोविंदवल्लभ पंत और श्रीकृष्ण सिन्हा के मंत्रिमंडलों ने त्यागपत्र दे दिए, क्योंकि गवर्नरों ने सभी राजनीतिक कैदियों को तुरंत रिहा करना अस्वीकार कर दिया था। जुलाई 1937 में अंडमान जेल में भूख हड़ताल होने के बाद कैदियों की रिहाई एक बड़ा राष्ट्रीय मुद्दा बन गई थी। कांग्रेस बंगाल के गैर-कांग्रेसी मंत्रिमंडल की इस बात के लिए कड़ी आलोचना करती रही थी कि वह बड़ी संख्या में उस प्रांत के राजनीतिक कैदियों की रिहाई के संबंध में कोई प्रयास नहीं कर रहा था। हरिपुरा कांग्रेस अधिवेशन की पूर्ववेला में वामपंथ को चुप कराने के लिए किसी न किसी प्रकार से सद्भावना दर्शाना भी आवश्यक हो गया था। अधिवेशन समाप्त होने के कुछ दिन बाद ही त्यागपत्र वापस ले लिए गए जबकि गवर्नर तत्काल और सार्वजनिक रिहाई के स्थान पर व्यक्तिगत रिहाई के सिद्धांत पर ही अटल थे।

कांग्रेस मंत्रिमंडलों ने आते ही 1932 से चली आ रही आपात्कालीन शक्तियों को निरस्त कर दिया। फिर भी, अक्तूबर 1937 तक मद्रास में राजगोपालाचारी राजद्रोहमूलक भाषणों के लिए मुकदमे चला रहे थे, और कांग्रेस मंत्रिमंडलवाले सभी प्रांतों में सांप्रदायिक दंगों एवं वामपंथी नेतृत्ववाले श्रमिक एवं किसान आंदोलनों के विरुद्ध समान रूप से अधिकाधिक दमनकारी उपायों का प्रयोग किया जा रहा था। सितंबर 1938 में अखिल भारतीय कांग्रेस कमेटी ने उन उपायों को वस्तुतः खुला समर्थन दिया जो "कांग्रेस सरकार द्वारा जन-धन की रक्षा के लिए प्रयुक्त किए जाएं" और "कांग्रेसियों सहित उन सब लोगों की निंदा की जो ... नागरिक स्वाधीनता के नाम पर हत्या, आगजनी, लूटपाट और हिंसक तरीकों से वर्ग-संघर्ष की हिमायत करते हैं ...।" जहां तक कानून और व्यवस्था बनाए रखने का प्रश्न था, साम्राज्यवादी इतिहासकार कूपलैंड को कांग्रेस मंत्रिमंडलों के अंतिम वर्ष के शासन और

अन्य सरकारी या 1937 से पहले की नौकरशाही के शासन के बीच 'कोई विशेष अंतर' दिखाई नहीं दिया। वे तो कांग्रेस को शाबाशी देने के लिए भी तैयार थे : "· · · कहा जा सकता है कि कानून और व्यवस्था के क्षेत्र में कांग्रेसी सरकारें परीक्षा में खरी उतरी हैं" (आर. कूपलैंड, *दि कांस्टीट्यूशनल प्रॉब्लम इन इंडिया*, भाग 2, पृ. 135)।

सांप्रदायिक समस्या

किंतु प्रशंसा के साथ ही कूपलैंड कांग्रेस हाईकमान के 'सर्वाधिकारवाद' की कड़ी आलोचना भी करते हैं। उनका कहना था कि इस चीज ने "संघीय सिद्धांत को पूर्णरूपेण खोखला कर दिया था और कांग्रेसी मंत्रिमंडलों द्वारा उठाए जानेवाले अनेक हिंदूसमर्थक कदमों ने निश्चित रूप से मुसलमानों से अलगाव उत्पन्न किया था" (वही, पृ. 99)। वस्तुतः मुस्लिम लीग की भी यही आम शिकायत थी जो जिन्ना ने लीग के पटना अधिवेशन (दिसंबर 1938) में 'कांग्रेसी फासीवाद' की भर्त्सना करते हुए की थी। लीग के प्रवक्ताओं के अतिरिक्त अन्य लोगों ने भी 1937 और 1939 के बीच कांग्रेस की कुछेक धारणाओं और नीतियों को मुस्लिम अलगाव की प्रक्रिया के लिए आधारभूत महत्ववाला ठहराया है : उदाहरण के लिए, आज़ाद (*इंडिया विन्स फ्रीडम*, 1959) तथा विभाजन के दिनों पर लिखनेवाले पेंडरेल मून और एच. वी. हॉडसन जैसे ब्रिटिश लेखक।

चूंकि लीग के 1937 के पश्चात् होनेवाले महान पुनरुत्थान का केंद्र संयुक्त प्रांत ही था, इसलिए उस प्रांत में कांग्रेस का मिली-जुली सरकार के गठन का प्रस्ताव अस्वीकार करना प्रायः खास तौर पर निर्णायक माना जाता है। चुनाव के दौरान कांग्रेस और लीग के संबंध पर्याप्त मैत्रीपूर्ण रहे थे, क्योंकि दोनों ही छतारी की नेशनल एग्रीकल्चरिस्ट पार्टी के विरुद्ध लड़ रही थीं। अखिल-भारतीय स्तर पर भी लीग के चुनाव घोषणापत्र में 1935 के कानून के प्रति वैसा ही आलोचनात्मक रवैया अपनाया गया था जैसाकि कांग्रेस का था, और लखनऊ समझौते (1916) के आधार पर सहयोग की आशा की गई थी। किंतु चुनावों में पूर्ण बहुमत प्राप्त हो जाने पर कांग्रेस ने संयुक्त प्रांत में मिली-जुली सरकार बनाने के बारे में खलीकुज्जमां के प्रस्ताव को अस्वीकार कर दिया। (खलीकुज्जमां लीगी नेता थे जो 1934 तक कांग्रेस पार्लियामेंटरी बोर्ड के सदस्य रहे थे।) नेहरू और आज़ाद के साथ होनेवाली बातचीत आंशिक रूप से मंत्रियों के चुनाव को लेकर भी टूटी थी, किंतु इसका बड़ा कारण यह था कि जुलाई 1937 में कांग्रेस ने इस पर जोर दिया कि मुस्लिम लीग असेंबली पार्टी का उसमें पूर्णरूपेण विलय कर दिया जाए। 1937 के मध्य में ऐसा आग्रह अस्वाभाविक और कदाचित् अनुचित भी नहीं था। जैसाकि खलीकुज्जमां स्पष्टतः स्वीकार करते हैं, संयुक्त प्रांत में लीग बहुत सीमा तक जमींदारी और सैन्य एवं नागरिक सेवाओं से बंधी हुई थी (*पाथवेज़*

टु *पाकिस्तान*, पृ. 173)। इसके अखिल भारतीय चुनाव घोषणापत्र में किसी भी ऐसे 'आंदोलन की निंदा' की गई थी जिसका लक्ष्य 'निजी संपत्ति का हरण करना हो,' और खलीकुज्जमां ने अक्तूबर 1937 में लीग के लखनऊ अधिवेशन में मुसलमान किसानों की दशा में सुधार की हिमायत करते हुए भी भूमि-सुधारों की बात को अवैध ठहराया था। अतः नेहरू, नरेंद्रदेव या के. एम. अशरफ जैसे कांग्रेसी वामपंथियों को भय था कि विलय के अतिरिक्त किसी अन्य शर्त पर लीग के साथ मिली-जुली सरकार बनाने से किसी भी प्रकार के आमूल सामाजिक-आर्थिक सुधार असंभव हो जाएंगे। इसकी तुलना में उन्होंने यही अच्छा समझा कि 'जन-संपर्क आंदोलन' चलाकर मुसलमानों को अपने पक्ष में किया जाए। इसका उत्तरदायित्व अशरफ को सौंपा गया। वैसे भी संयुक्त प्रांत में कांग्रेस को बड़ा बहुमत प्राप्त था (228 में से 134), और उसे देवबंद के उल्मा समूह का समर्थन भी प्राप्त था, जिसका जमाअतुल-उल्मा-ए-हिंद पर प्रभुत्व था। उत्तर भारत में अहरार पार्टी भी कांग्रेस का समर्थन कर रही थी। भूतपूर्व खिलाफत आंदोलनकारियों ने कुछ वर्ष पूर्व ही पंजाब में इस पार्टी की स्थापना की थी। मई 1937 में होनेवाली एक अहरार सभा में 'पुराने जमाने का राजनीतिज्ञ' कहकर जिन्ना की निंदा की गई : "· · · जो संविधानवाद के अंधभक्त हैं," और लीग के संबंध में कहा गया था कि यह "थोड़े-से नाइटों, खानबहादुरों और नवाबों की टोली है।"

लखनऊ अधिवेशन के बाद से लीग ने एक लोकप्रिय छवि बनाने का संकल्पपूर्ण और अंततः सफल प्रयास किया। इसने अल्पसंख्यकों के लिए प्रभावी रक्षक उपायों के साथ पूर्ण स्वाधीनता को अपना सिद्धांत स्वीकार किया, 'वर्गीय कटुता एवं सांप्रदायिक तनाव पैदा करने के लिए' कांग्रेस की निंदा की, कुछ ही महीनों के भीतर संयुक्त प्रांत में 1,00,000 नए सदस्य भरती किए, और पंजाब एवं बंगाल के मुख्यमंत्रियों (यूनियनिस्ट सिकंदर हयात खान और कृषक प्रजा पार्टी के नेता फजलुल-हक) का समर्थन प्राप्त करने में सफल रही (जो अभी मुख्य रूप से औपचारिक ही था)। "भारतीय राजनीति के सभी विद्यार्थी जानते हैं कि संयुक्त प्रांत से ही लीग का पुनर्गठन आरंभ हुआ था" (खलीकुज्जमां, पृ. 13)। फिर भी, यह कहा जा सकता है कि मिली-जुली सरकार का प्रस्ताव अस्वीकार करना इतना महत्वपूर्ण सिद्ध नहीं हुआ जितना कि संयुक्त प्रांत में, और अन्यत्र भी, सामाजिक रूप से जुझारू कार्यक्रमों को बनाने एवं लागू करने में कांग्रेस की असफलता। मुसलमानों के साथ जन-संपर्क स्थापित करने की बात बहुत सीमा तक कागज पर ही रही। धर्मनिरपेक्षता एवं जुझारूपन संबंधी बड़ी-बड़ी बातों से अंततः मुसलमान जनसामान्य तो कांग्रेस के पक्ष नहीं हुआ; हां, मुसलमानों में मौजूद निहित स्वार्थी तत्व अवश्य चौकन्ने हो गए।

बंगाल में भी मंत्रिमंडल का गठन कुछ ऐसी ही, यद्यपि कम औचित्यपूर्ण, बातों से संबद्ध रहा। अब्दुल मंसूर अहमद, शम्शुद्दीन अहमद और नौशेर अली

जैसे अपेक्षाकृत जुझारू तत्वों के दबाव में आकर फजलुल-हक की कृषक प्रजा पार्टी ने अप्रैल 1936 में एक चुनाव कार्यक्रम स्वीकार किया था जिसमें बिना मुआवजा दिए जमींदारी समाप्त किए जाने, लगान में तत्काल कमी करने और अनिवार्य प्राथमिक शिक्षा की बात कही गई थी। जिन्ना के साथ चुनावपूर्व बातचीत जमींदारी-उन्मूलन के मुद्दे को लेकर टूट गई और चुनाव में कृषक प्रजा पार्टी लीग की कड़ी प्रतिद्वंद्वी सिद्ध हुई। फजलुल-हक ने ख़्वाजा नज़ीमुद्दीन के विरुद्ध पटुआखाली की महत्वपूर्ण सीट जीत ली। लेकिन कांग्रेस ने बंगाल में शायद ही कभी कृषि-सुधार कार्यक्रम की बात कही हो जिसका आंशिक कारण शायद यह था कि संयुक्त प्रांत के विपरीत यहां अधिकतर जमींदार हिंदू थे, जबकि अवध के ताल्लुकेदारों में अधिकांशतः मुसलमान थे। कांग्रेस के साथ भी कृषक प्रजा पार्टी की बातचीत राजनीतिक कैदियों को तुरंत रिहा करने के मुद्दे को लेकर टूट गई, जबकि अब्दुल मंसूर अहमद का कहना था कि मंत्रिमंडल के कार्यक्रम में काश्तकारी संबंधी सुधारों को वरीयता दी जानी चाहिए, क्योंकि कैदियों की रिहाई के प्रश्न पर बहुत संभव है कि गवर्नर वीटो कर दे और परिणामस्वरूप सरकार को ही त्यागपत्र देना पड़े। इस प्रकार कांग्रेस ने फजलुल-हक को कमोबेश लीग के साथ मेल करने के लिए बाध्य कर दिया।

प्रांतों में कांग्रेसी शासन के पूरे 27 महीनों की अवधि में लीग उसके विरुद्ध प्रचंड प्रचार-अभियान चलाती रही जिसका उत्कर्ष पीरपुर रिपोर्ट (1938 का अंतिम भाग), बिहार पर शरीफ रिपोर्ट (मार्च 1939), और फजलुल-हक की *मुस्लिम सफरिंग्स अंडर कांग्रेस रूल* (दिसंबर 1939) में देखने को मिलता है। लगाए गए आरोपों में सांप्रदायिक दंगे रोकने में कांग्रेस की असफलता, बकरीद पर गोकुशी पर स्थानीय निषेध, सार्वजनिक अवसरों पर मूर्तिपूजामूलक पदों सहित वंदेमातरम् का गायन, और उर्दू की कीमत पर हिंदी और देवनागरी लिपि में हिंदुस्तानी को प्रोत्साहन दिए जाने के आरोप सम्मिलित थे। इन सबको अत्यंत बढ़ा-चढ़ाकर पेश किया जाता था और ध्यान देने योग्य यह है कि इन आरोपों की मुख्य न्यायाधीश मॉरिस ग्वायर द्वारा जांच किए जाने के कांग्रेसी प्रस्ताव को लीग ने ठुकरा दिया। मार्च 1940 के 'पाकिस्तान प्रस्ताव' के पहले लीग के नेता असंतुष्ट राजनीतिज्ञ ही थे जिनका कोई स्पष्ट राजनीतिक कार्यक्रम नहीं था। कारण कि मुसलमानों के लिए अलग निर्वाचकमंडलों, प्रांतीय स्वायत्तता, पश्चिमोत्तर सीमाप्रांत और सिंध के लिए पूर्ण प्रांत का दर्जा और पंजाब एवं बंगाल में मुसलमानों के वर्चस्व जैसी सभी मांगें अंग्रेजों और कांग्रेसियों, दोनों ने ही कमोबेश स्वीकार कर ली थीं। इसलिए मई 1938 में बोस के साथ बातचीत में जिन्ना ने लीग को मुसलमानों की एकमात्र प्रतिनिधि माने जाने पर बल दिया, जो 1940 के मध्य से पहले एक पूर्णतः अनुचित दावा था, क्योंकि संयुक्त प्रांत, मद्रास और बंबई के मुसलमान अल्पसंख्यकों के बीच सशक्त होने पर भी लीग बंगाल में पर्याप्त कमजोर थी, पश्चिमोत्तर

सीमाप्रांत और पंजाब में नगण्य थी और सिंध तक में सरकार बनाने में असफल रही थी (वहां मार्च 1938 में अल्लाहबख्श के नेतृत्व में कांग्रेसी मंत्रिमंडल गठित किया गया था)। खलीकुज्जमां स्पष्ट रूप से स्वीकार करते हैं कि उस समय कांग्रेस द्वारा जिन्ना का प्रस्ताव अस्वीकार कर दिया जाना उनके लिए सौभाग्य की ही बात थी, क्योंकि यदि "कांग्रेस उस समय लीग की स्थिति को स्वीकार कर लेती तो मैं नहीं जानता कि हम क्या सकारात्मक मांगें पेश कर सकते थे" (खलीकुज्जमां, पृ. 192)।

विशिष्ट आरोपों की बात करें तो कांग्रेस हाईकमान पर 'सर्वाधिकारवाद' का आरोप लगाना बड़ा विचित्र प्रतीत होता है क्योंकि किसी भी अखिल-भारतीय पार्टी को अपनी स्थिति सुदृढ़ करने का प्रयास करने के लिए दोष नहीं दिया जा सकता; स्वयं जिन्ना 1937-47 के दशक में प्रांतीय मुस्लिम नेताओं पर अपना नियंत्रण स्थापित करने में पर्याप्त शक्ति खर्च करते रहे। कांग्रेसी शासनवाले प्रांतों में सांप्रदायिक दंगे काफी होते थे, किंतु अन्य प्रांतों की तुलना में ये बहुत अधिक नहीं थे—अक्तूबर 1937 और सितंबर 1939 के बीच 8 कांग्रेसी प्रांतों में 60 दंगे हुए जबकि इसी अवधि में गैर-कांग्रेसी सरकारोंवाले तीन प्रांतों में 25 दंगे हुए थे (कूपलैंड, पृ. 131)। अक्तूबर 1937 में कांग्रेस वर्किंग कमेटी ने वंदेमातरम् गीत के 'कतिपय अंशों के प्रति मुसलमान मित्रों द्वारा उठाई गई आपत्तियों की प्रामाणिकता को देखते हुए' अंतिम पदों को हटा देने का निर्णय लिया था। वर्धा की 'बेसिक शिक्षा' योजना को लीग ने अत्यधिक हिंदूवादी कहकर अस्वीकार किया तो हिंदू महासभा ने इसलिए किया कि इसके पाठ्यक्रम में उर्दू को सम्मिलित किया गया था। प्रतिष्ठित मुसलमान बुद्धिजीवी जाकिर हुसैन वर्धा योजना में और बंबई के स्कूलों के लिए उर्दू पाठ्य-पुस्तकें तैयार करने में अग्रणी रहे थे, जिसकी लीग ने इस्लाम-विरोधी कहकर निंदा की।

फिर भी, 18 अक्तूबर 1939 को नेहरू ने राजेंद्रप्रसाद के सामने स्वीकार किया : "इसमें कोई संदेह नहीं कि हम संप्रदायवाद की वृद्धि और आम मुसलमान के मन में मौजूद कांग्रेस-विरोधी भावना को नियंत्रित नहीं कर पाए" (उमा कौर, पृ. 123)। कांग्रेसी शासनवाले मुस्लिम-बहुल पश्चिमोत्तर सीमा प्रांत में खान साहब की सरकार मुसलमानों का समर्थन खोने लगी थी, क्योंकि हिंदू और सिख व्यापारियों और साहूकारों के विरोध के कारण यह सरकार ग्रामीण ऋणों को कम करने में असमर्थ रही थी (ए. के. गुप्ता, *एन. डब्ल्यू. एफ. पी. लेजिस्लेचर एंड फ्रीडम स्ट्रगल, 1932-47*, पृ. 93)। उत्तर और माध्य भारत के अधिकांश भागों में कांग्रेस के नेतृत्ववाले ग्रामीण लोकवाद को प्रायः हिंदुत्व और हिंदी के प्रयोग से जोड़ा जाता था, क्योंकि इन क्षेत्रों में मुसलमान अधिक शहराती और साक्षर थे और उर्दू उच्चवर्गीय संस्कृति की भाषा रही थी। चौथे दशक के अंत तक चोटी के कांग्रेसी नेता अब धर्मनिरपेक्षता पर पहले से कहीं अधिक बल दे रहे थे, किंतु उनके ये विचार कांग्रेस में ही सर्वमान्य नहीं थे

और उन पर ईमानदारी से अमल भी नहीं होता था, यहां तक कि सभी कांग्रेसी मंत्री भी धर्मनिरपेक्षता में विश्वास नहीं करते थे। उदाहरण के लिए, 1937 में आज़ाद ने शिकायत की कि मध्यप्रांत के कांग्रेसी लीग में तो शामिल नहीं हुए, जबकि हिंदू महासभा में उन्हें काफी सक्रिय देखा जाता है। दिसंबर 1938 में जाकर ही कांग्रेस वर्किंग कमेटी ने महासभा की सदस्यता को कांग्रेस में बने रहने के लिए अयोग्यता घोषित किया। इन वर्षों में हिंदू महासभा शक्तिशाली होती जा रही थी और इसके नए अध्यक्ष, भूतपूर्व महाराष्ट्रीय क्रांतिकारी वी. डी. सावरकर ने नागपुर अधिवेशन (दिसंबर 1938) में घोषणा की : "हम हिंदू अपने-आपमें एक राष्ट्र हैं . . . हिंदू राष्ट्रवादियों को हिंदू संप्रदायवादी कहे जाने पर लज्जित होने की कोई आवश्यकता नहीं है।" सबसे खतरनाक था अर्धसैनिक सांप्रदायिक संगठनों का विकसित होना—इनायतुल्ला खान मशरिकी का खाकसार जिसकी स्थापना 1931 में पंजाब में हुई, और के. बी. हेडगेवार का राष्ट्रीय स्वयंसेवक संघ। आरंभ में महासभा के पुराने तिलकवादी नेता वी. एस. मुंजे से समर्थन पाकर संघ 1930 के दशक में अपने नागपुरी आधार से आगे बढ़कर संयुक्त प्रांत, पंजाब और देश के अन्य भागों में फैल गया। 1940 में गोलवलकर के नेतृत्व संभालने तक इसमें 1,00,000 प्रशिक्षित एवं अत्यंत अनुशासित कार्यकर्त्ता सम्मिलित थे जो संप्रदायवाद की समझौताविहीन विचारधारा के लिए कृतसंकल्प थे।

बाद में विभाजन के दिनों में होनेवाले अनुभव से प्राप्त पश्चदृष्टि कदाचित् चौथे दशक के समकालीनों के लिए सांप्रदायिक मुद्दों के महत्व को बढ़ा-चढ़ाकर प्रस्तुत करती है। निश्चय ही, तब तक अधिकांश कांग्रेसी लीग को बहुत गंभीर चुनौती नहीं मानते थे। उनका संपूर्ण ध्यान इस बात में लगा हुआ था कि कांग्रेसी मंत्रिमंडलों के अस्तित्व का विभिन्न और कभी-कभी तो परस्पर-विरोधी रूपों में भी प्रयोग किया जाए, जैसे निजी लाभ के लिए, निष्ठापूर्वक अपनाए गए गांधीवादी आदर्शों को साकार करने के लिए, भारतीय उद्योगपतियों के नेताओं के सहयोग से राष्ट्रीय आर्थिक प्रगति की योजनाएं बनाने के लिए, और दलित एवं पिछड़े लोगों की स्थिति को सुधारने के प्रयासों के लिए।

गांधीवादी सुधार

अक्तूबर 1937 में वर्धा में आयोजित एक शिक्षा सम्मेलन में देशी भाषा के माध्यम से और उत्पादक श्रम से संबद्ध 'बेसिक शिक्षा' के प्रस्ताव की पुष्टि की गई। कांग्रेसी शासनवाले प्रांतों में इस प्रकार की शिक्षा प्रदान करने के लिए थोड़ी-सी सरकारी सहायता से विद्यालय स्थापित किए गए। इस पद्धति में सादगी, मानसिक एवं शारीरिक श्रम के बीच के भेद को कम करने और अपने उत्पादों के माध्यम से विद्यालयों के आत्मनिर्भर होने के रोचक आदर्शों का समावेश तो था, किंतु बेसिक शिक्षा कभी पारंपरिक स्कूलों और कालेजों

का वास्तविक विकल्प नहीं बन सकी और कुटीर उद्योगों को शिक्षा से जोड़ने की बात अनेक लोगों को अव्यावहारिक एवं गांधीवादी सनक प्रतीत हुई। गांधीजी ने मद्य-निषेध पर भी बल दिया था, यद्यपि चुनाव घोषणापत्र में इसका उल्लेख नहीं किया गया था। भारी वित्तीय घाटे के बावजूद हाईकमान कांग्रेसी मंत्रिमंडलों को पूर्ण मद्य-निषेध की दिशा में शीघ्र कदम उठाने के लिए प्रेरित करता रहा, विशेष रूप से बंबई और मद्रास में। मद्रास में हरिजनों के मंदिर-प्रवेश के संबंध में कानून भी बनाया गया, किंतु ऐसा प्रतीत होता है कि इसके अतिरिक्त हरिजन-कल्याण की दिशा में, जो गांधीजी की एक अन्य बड़ी चिंता थी, कुछ अधिक काम नहीं किया गया। 1930 के दशक के अंत तक अंबेडकर कांग्रेस के लगभग उतने ही कटु आलोचक हो गए थे जितना कि लीग थी, यहां तक कि जब अक्तूबर 1939 में कांग्रेस मंत्रिमंडलों ने त्यागपत्र दिया तो वे भी इसे 'मुक्ति-दिवस' के रूप में मनाने के लिए जिन्ना के साथ सम्मिलित हो गए।

अधिकाधिक कांग्रेसियों को गांधीजी के अनेक विचार, विशेष रूप से बड़े उद्योग के प्रति उनका सैद्धांतिक वैमनस्य, अधिकाधिक अव्यावहारिक और अप्रासंगिक लगने लगे थे। प्रांतों में कांग्रेसी शासन के दौरान एक महत्वपूर्ण बात की नींव पड़ी जिसे क्लाड मार्कोवित्ज ने भारतीय व्यवसायी समुदाय और कांग्रेस के बीच 'स्थायी मैत्री' कहा है।

पूंजीपति और कांग्रेस

यह प्रक्रिया आंचलिक एवं काल संबंधी अंतर्विरोधों या विविधताओं से मुक्त नहीं थी। जहां कांग्रेसी मंत्रिमंडलों के गठन का समाचार सुनकर बिड़ला ने कहा कि 'उनकी खुशी का ठिकाना नहीं है,' वहीं (कलकत्ता के बजाय) कांग्रेसी शासनवाले प्रांतों में आधारित उद्योगपति आरंभ में इस बात से थोड़ा घबराए हुए थे कि लोकप्रिय सरकारों पर ट्रेड यूनियनों का दबाव अधिक रहेगा। अक्तूबर 1937 में कांग्रेस की एक लेबर कमेटी ने कल्याणकारी विधि-निर्माण का एक महत्वाकांक्षी कार्यक्रम बनाया भी था, और संयुक्त प्रांत मंत्रिमंडल ने उस मजदूर सभा को मान्यता दिए जाने पर जोर दिया जिसने कानपुर की कपड़ा-मिलों में 1937 और 1938 के बीच भारी हड़तालों की एक शृंखला का नेतृत्व किया था। जे. पी. श्रीवास्तव ने, जो संयुक्त प्रांत के एक बड़े उद्योगपति थे और फिर वायसरॉय की एक्जीक्यूटिव काउंसिल में सम्मिलित हो गए थे, बाद में वेवेल को बताया कि "1937 में संयुक्त प्रांत में कांग्रेस के सत्ता ग्रहण करने पर प्रमुख उद्योगपतियों ने, मेरे विचार से जो सभी हिंदू थे, मिलकर जिन्ना और मुस्लिम लीग एवं महासभा को भी अतिसांप्रदायिक दलों के रूप में कांग्रेस का विरोध करने के लिए धन प्रदान करने का निश्चय किया था। उन्हें भय था कि कांग्रेस से उनके वित्तीय मुनाफों को खतरा उत्पन्न हो सकता है। यह सचमुच आंख खोल देनेवाली स्वीकारोक्ति थी" (वेवेल,

दि वासरॉय्स जर्नल, 30 नवंबर 1944 की प्रविष्टि, पृ. 402)। धन संघर्ष का एक अन्य संभावित स्रोत था। फरवरी 1939 में बंबई की सरकार ने शहरी संपत्ति-कर एवं कपड़े पर बिक्री-कर लगा दिया ताकि मद्य-निषेध की गांधीवादी सनक से होनेवाले घाटे को पूरा किया जा सके। नई दिल्ली ने भी भारतीय पूंजीपतियों को प्रसन्न करने के लिए कुछ सद्‌भावना दिखाई जब उसने ओटावा और 1935 के पूरक इंडो-ब्रिटिश ट्रेड एग्रीमेंट को असेंबली में एक प्रस्ताव लाकर रद्द कर दिया और बिड़ला, ठाकुरदास और कस्तूरभाई लालभाई को अपने 'गैर-सरकारी सलाहकारों' के रूप में आमंत्रित किया। इनकी सलाह की आवश्यकता ब्रिटेन के साथ एक नए व्यापार-समझौते के लिए कष्टसाध्य बातचीत में पड़ी जो अगस्त 1936 से लेकर मार्च 1939 तक चली। इस बातचीत की समस्या थी एक ऐसा सौदा तय करना जिसके माध्यम से अधिक भारतीय वस्तुएं इंग्लैंड को निर्यात की जा सकें, जिसके बदले में लंकाशायर के माल पर भारत में कम आयात-शुल्क लगाया जाए। भारतीय वस्तुओं के निर्यात में बढ़ोतरी करने में भारत सरकार का अपना भी हित था, क्योंकि इससे रकम बाहर भेजना आसान हो जाता। बंबई के कपड़ा उद्योग की भी अब देशी कपड़ा बाजार पर मजबूत पकड़ हो गई थी। वह आयात शुल्क में कुछ रियायत किए जाने के प्रति नितांत अनिच्छुक नहीं था (वासुदेव चटर्जी, अध्याय 7)।

ऐसी समस्याओं के बावजूद 1938 के मध्य से भारतीय पूंजीपतियों एवं कांग्रेसी नेतृत्व के निर्णायक घटकों के बीच बेहतर समझदारी के लक्षण स्पष्ट दिखाई देने लगे थे। कांग्रेसी मंत्रिमंडलों की स्वदेशी रुझानवाले भंडारों से खरीद करने की नीति से व्यापारियों को लाभ हो रहा था और पूंजीपतियों के साथ कांग्रेस के संबंध घनिष्ठ हो रहे थे, विशेष रूप से बंबई में। उदारहण के लिए, ठाकुरदास के दस्तोवेजों से ज्ञात होता है कि पटेल ने किलिक निक्सन से बाम्बे स्टीम नेवीगेशन कंपनी लेने में वालचंद हीराचंद की प्रत्यक्ष सहायता की थी (मार्कोवित्ज, पृ. 222)। सूती कपड़े पर आयात शुल्क को बनाए रखना कांग्रेस के लिए प्रतिष्ठा का प्रश्न था और सितंबर 1938 में कांग्रेस के दबाव में आकर गैर-सरकारी सलाहाकार अलग हो गए। 1933 के विपरीत भारतीय पूंजीपतियों का कोई भी महत्वपूर्ण घटक अब उस पार्टी को नाराज करने की स्थिति में नहीं था जो ग्यारह में से आठ प्रांतों में सरकार चला रही थी। मार्च 1939 में सरकार ने स्वयं इंडो-ब्रिटिश ट्रेड एग्रीमेंट को पूरा कर लिया, जिसके अनुसार कपास के आयात शुल्क में उसी अनुपात में गिरावट आती थी जिस अनुपात में इंग्लैंड भारतीय कपास को उठाता और भारत में कपड़े का आयात होता। सभी व्यापारी विधायकों ने कांग्रेस के साथ इस संधि के विरुद्ध मत दिया, जिसे लागू करने के लिए वायसरॉय को प्रमाणपत्र की प्रक्रिया का सहारा लेना पड़ा।

अधिक मूलभूत आर्थिक घटनाक्रम के फलस्वरूप व्यापारियों एवं कांग्रेस, दोनों के ही दृष्टिकोणों में महत्वपूर्ण बदलाव आया जो संबंधों के घनिष्ठ होने

में सहायक हुआ। भारतीय चुंगी की सुरक्षा के परे विशाल ब्रिटिश (और अब कभी-कभी अमरीकी) फर्मों की सहायक कंपनियों की स्थापना एक बड़ा खतरा था। उदाहरण के लिए, 1937 तक लीवर ब्रदर्स ने साबुन के एक बड़े उत्पादक के रूप में गोदरेज का स्थान ले लिया था, इंपीरियल टोबैको ने अपनी वजीर सुलतान नामक सहायक कंपनी आरंभ कर दी थी, और जिस चीज को 1938 में *हरिजन* की एक लेख-शृंखला में 'इंडिया लिमिटेड का खतरा' कहा गया था, उससे केमिकल्स, इंजीनियरिंग और रबर विशेष रूप से प्रभावित हुए थे। अप्रैल 1939 में फिक्की ने इस मुद्दे को उठाया और बंबई के कांग्रेसी नेता एन. वी. गाडगिल ने उसी महीने इस संबंध में असेंबली में एक प्रस्ताव रखा।

इस बीच 1937 से उद्योग में दूसरी मंदी आने लगी थी। चीनी का अत्यधिक उत्पादन हुआ था। संयुक्त प्रांत और बिहार की सरकारों ने उत्पादकों को औद्योगिक सिंडिकेट बनाने के लिए बाध्य करके इसका बड़े प्रभावी ढंग से सामना किया। सीमेंट के क्षेत्र में संकट आया और कपड़ा उद्योग में ठहराव आ गया। उपभोक्ता वस्तुओं के आयात को स्थानापन्न करनेवाले उद्योगों के माध्यम से होनेवाली वृद्धि की संभावना अब चुकने लगी थी, क्योंकि इसके लिए देशी ग्रामीण बाजार का विस्तार किए जाने की आवश्यकता थी। इसके लिए आमूल भूमि-सुधार जैसे संरचनात्मक परिवर्तन आवश्यक थे जिन्हें भारतीय बुर्जुवा वर्ग के साथ-साथ कांग्रेस भी सामाजिक रूप से अस्वीकार्य मानती थी। मंझोले और बड़े उद्योग विकसित करने के लिए आरंभ में भारी पूंजी-निवेश, तकनीकी जानकारी और शुरू-शुरू में कम लाभांश स्वीकार करने के लिए रजामंदी आवश्यक थी। अतः दो ही तर्कसंगत विकल्प रह जाते थे—या तो 'इंडिया लिमिटेड' जैसे पूंजी-निवेश को प्रोत्साहित किया जाए (और विदेशी पूंजी को कम लाभांश देनेवाले उद्योगों में निवेश करने में वस्तुतः रुचि भी नहीं थी), या फिर राज्य की पहल, पूंजी-निवेश और योजना के माध्यम से आधारभूत उद्योगों को प्रोत्साहित करने का प्रयास किया जाए। जहां तक औद्योगिक विकास एवं सरकारी निवेश का प्रश्न था, फाइनेंस मेंबर ग्रिग जैसे अंग्रेज अधिकारी अहस्तक्षेप की कठोर नीति के लिए कुख्यात थे, लेकिन वहीं मैसूर के भूतपूर्व दीवान एम. विश्वेश्वरैया ने 1934 में ही सरकार द्वारा योजनाएं बनाए जाने की बात कही थी। जैसाकि बाद की घटनाओं ने बार-बार दर्शाया, कम विकसित देशों में बुर्जुवा वर्ग के अधिक दूरदर्शी घटक औद्योगिक क्षेत्र में कुछ सीमा तक सरकारी नियंत्रण (योजना-कार्य और बुनियादी उद्योगों में सार्वजनिक निवेश) को स्वीकार करने के लिए पर्याप्त तत्पर रहते थे, ताकि उनकी अपनी वृद्धि के लिए एक अनुकूल आधारभूत ढांचा खड़ा हो सके। यहां तक कि वे 'समाजवादी' वाग्जाल का स्वागत करने को भी तैयार थे, बशर्ते समाजवाद का अर्थ क्रांतिकारी ढंग से प्रत्येक उद्योग का राष्ट्रीयकरण न होता। अतः अक्तूबर 1938 में नेहरू के अधीन एक राष्ट्रीय योजना समिति की स्थापना के बारे में सुभाष बोस द्वारा की जानेवाली पहल को भारतीय

उद्योगपतियों ने अत्यंत तत्परता से स्वीकार किया। बिड़ला, लाला श्रीराम और विश्वेश्वरैया को कांग्रेसी उद्योग-मंत्रियों के उस सम्मेलन में आमंत्रित किया गया जिसमें राष्ट्रीय योजना समिति की स्थापना हुई, और उद्योगपतियों के प्रतिनिधि इस समिति की 29 सहायक समितियों के महत्वपूर्ण सदस्य बने। नेहरू ने माना कि "बड़ी सीमा तक वर्तमान संरचना को और कुछ नहीं तो एक आधार के रूप में स्वीकार किए जाने की आवश्यकता है" (के. टी. शाह के नाम 13 मई 1939 का पत्र, मार्कोवित्ज, पृ. 236)। अतः 'समाजवादी नियोजित संरचना' जैसे वक्यांश अथवा अत्यंत महत्वपूर्ण उद्योगों पर राज्य के स्वामित्व या नियंत्रण के दूरगामी लक्ष्य से भारतीय पूंजीपति अधिक चिंतित नहीं थे; वे तो कांग्रेसी मंत्रिमंडलों के पर्याप्त गैर-समाजवादी कार्य से कांग्रेस पार्टी का आकलन करते थे। इस प्रकार 1938-39 के दौरान एक नए और अत्यंत महत्वपूर्ण पुनर्संयोजन के लक्षण दिखाई देने लगे थे। भारतीय पूंजीपतियों ने पटेल और राजाजी जैसे कांग्रेस के दक्षिणपंथी तत्वों के साथ घनिष्ठ संबंध कायम रखते हुए कांग्रेस के वामपंथ से भी संबंध स्थापित करना आरंभ कर दिया था। आखिरकार आधुनिक औद्योगिक भारत के बारे में नेहरू के स्वप्न का, गांधीवादी ग्रामीण सरलता और हस्तकौशलों संबंधी आह्वान की तुलना में, बुर्जुवा आकांक्षाओं से अधिक मेल बैठता था और इस बात के पहले ही पर्याप्त प्रमाण मिल चुके थे कि नेहरू की बड़ी-बड़ी समाजवादी बातों को बड़ी अच्छी तरह काबू किया जा सकता है।

कांग्रेस और मजदूर

बुर्जुवा वर्ग के साथ इस प्रकार मेल बैठने का स्वाभाविक परिणाम था—श्रमिकों के प्रति दृष्टिकोण में बदलाव। लोकप्रिय सरकारों के गठन से आरंभ में श्रमिक संगठनों एवं संघर्षशीलता को बढ़ावा मिला था। 1937 की तुलना में 1938 में ट्रेड यूनियनों की सदस्य संख्या में 50 प्रतिशत की वृद्धि हुई थी, और ए. आई. टी. यू. सी. और नरमदलीय एन. एफ. टी. यू. के साथ आने से श्रमिक एकता भी बढ़ी थी—अप्रैल 1938 में इन दोनों संगठनों ने नागपुर में एक संयुक्त अधिवेशन किया था। इन वर्षों में होनेवाले बड़े औद्योगिक विवाद थे—बंगाल के पटसन कारखानों में होनेवाली बड़ी आम हड़ताल (मार्च-मई 1937); कानपुर कॉटन मिल्स में काम रोको हड़तालों की शृंखला; अमृतसर, अहमदाबाद और विशेष रूप से मद्रास की कपड़ा-मिलों में होनेवाली हड़तालें (मद्रास में 1938 में हड़ताल से प्रभावित होनेवाले श्रमिकों की संख्या बंबई से अधिक हो गई थी); 1938 में मार्टिन बर्न्स के कुल्टी एवं हीरापुर लोहा और इस्पात कारखानों में हड़ताल; और असम के डिग्बोई आयल वर्क्स में 6 महीने चलनेवाला कड़ा संघर्ष (अप्रैल-अक्तूबर 1938)। कामगार वर्ग को एकजुट करने के कुछ कांग्रेसी प्रयासों (जैसेकि अक्तूबर 1937 में कलकत्ता में नेहरू और सुभाष बोस द्वारा श्रमिकों को एक होने, संगठित होने और कांग्रेस

के साथ मिलकर कार्य करने का आह्वान या 1938 में पटेल, राजेंद्रप्रसाद एवं कृपलानी जैसे नेताओं द्वारा हिंदुस्तान मजदूर सभा की स्थापना) के बावजूद अधिकांश ट्रेड यूनियन आंदोलन या तो उदारवादियों या वामपंथियों (अधिकतर कम्युनिस्टों) के नेतृत्व में रहा। नवंबर 1937 में अहमदाबाद की कपड़ा-मिलों की हड़ताल से ज्ञात होता है कि गांधीवाद के इस पुराने गढ़ में भी कुछ सीमा तक कम्युनिस्टों की पैठ हो चुकी थी।

वर्किंग कमेटी ने बंगाल के पटसन कारखानों के कामगारों के साथ अपनी एकजुटता व्यक्त की (अप्रैल 1937), और बंगाल में फजलुल-हक एवं पंजाब में सिकंदर हयात खान द्वारा उठाए गए दमनमूलक कदमों की निंदा की। किंतु आरंभ में कांग्रेस सरकारों द्वारा अपनाया गया श्रमिक-समर्थक दृष्टिकोण शीघ्र ही पूंजीपतियों के भारी दबाव का शिकार हो गया। बिड़ला ने कांग्रेसी शासनवाले प्रांतों में फैली अनुशासनहीनता की शिकायत की (महादेव देसाई के नाम 4 सितंबर 1937 का पत्र, *इन दि शैडो ऑफ दि महात्मा*, पृ. 227)। इस बात की भी धमकी दी जा रही थी कि कांग्रेसी शासनवाले संयुक्त प्रांत और बंबई से पूंजी हटाकर रजवाड़ों में लगा दी जाएगी, जहां श्रम संबंधी कानून नहीं के बराबर थे। पूंजीपतियों को प्रसन्न करने एवं कम्युनिस्टों के दृढ़तम आधार में श्रमिक असंतोष को नियंत्रित करने की कांग्रेस की इच्छा बाम्बे ट्रेड्स डिस्प्यूट्स एक्ट (नवंबर 1938) की अत्यंत कड़ी धाराओं में प्रतिबिंबित होती है, जिसे गवर्नर लुमले ने 'प्रशंसनीय' कहा था। प्रवर समिति में विचार-विमर्श किए बिना, मात्र दो महीनों में पारित इस कानून के अनुसार अनिवार्य मध्यस्थता, गैर-कानूनी हड़तालों के लिए 6 महीने की जेल (किंतु तालाबंदी के लिए कोई दंड का विधान नहीं किया गया था), और ट्रेड यूनियनों के लिए पंजीकरण के नए नियमों की व्यवस्था थी जिससे उन ट्रेड यूनियनों के लिए बड़ी कठिनाई उत्पन्न हो गई जिन्हें प्रबंधकों से मान्यता नहीं मिली थी। अहमदाबाद के गांधीवादी श्रमिक नेताओं (गुलजारीलाल नंदा और खंडूभाई देसाई) के अतिरिक्त (मुस्लिम लीग समेत) अधिकांश गैर-कानूनी दलों ने और समस्त ट्रेड यूनियन आंदोलन ने इस कानून का विरोध किया। 6 नवंबर को बंबई में होनेवाली विरोध सभा में 80,000 लोगों ने भाग लिया जिसे डांगे, इंदुलाल याज्ञिक और अंबेडकर ने संबोधित किया था। अगले दिन पूरे प्रांत में आंशिक रूप से सफल आम हड़ताल हुई। 1939 के दौरान डिग्बोई की ब्रिटिश स्वामित्ववाली असम ऑयल कंपनी में होनोवाली हड़ताल के समय कांग्रेस ने 'श्रमिकों' के प्रति सहानुभूति प्रकट की, मगर वह व्यर्थ ही रही क्योंकि एन. सी. बारदोलोई की सरकार एक आई. सी. एस. अधिकारी द्वारा किए गए श्रमिक-समर्थक निर्णय को लागू करने में असमर्थ रही, और अक्तूबर में कांग्रेस सरकार ने इस हड़ताल को कुचलने के लिए हाल में पारित भारत रक्षा कानून का खुलकर प्रयोग होने दिया। ध्यान देने योग्य यह है कि पंजीकरण संबंधी धाराओं की थोड़ी आलोचना को छोड़ दें तो नेहरू को बाम्बे

एक्ट "कुल मिलाकर · · · अच्छा ही लगा" (मार्कोवित्ज, पृ. 210)। कांग्रेस के वामपंथी अध्यक्ष सुभाष बोस ने निजी तौर पर पटेल से इस संबंध में विरोध प्रकट किया, किंतु इसे मुद्दा बनाकर सार्वजनिक रूप से संबंध-विच्छेद करने से उन्होंने इनकार कर दिया (नेहरू को बोस का पत्र, 29 मार्च 1939, *ए बंच ऑफ ओल्ड लेटर्स*, पृ. 34)।

कांग्रेस और कम्युनिस्ट

कांग्रेस मूलतः एक किसान पार्टी होने का दावा करती थी, जो अनुचित भी नहीं था, और इस कारण यह कृषि-सुधार का कुछ कार्यक्रम अपनाने के लिए प्रतिबद्ध थी। कांग्रेसी शासनवाले अधिकांश प्रांतों में ब्याज की दरें निश्चित करके कर्ज के बोझ को कम करने का प्रयास किया गया, अवध के कानूनी काश्तकारों को पुश्तैनी दखली रैयतों का दर्जा दिया गया, लगान में बढ़ोतरी पर प्रतिबंध लगाया गया और संयुक्त प्रांत में इसमें कुछ कमी भी की गई। बिहार में बकाश्त जमीनें उन दखली रैयतों को 'आंशिक रूप से बहाल कर दी गईं' जिनसे उन्हें मंदी के जमाने में बेदखल कर दिया गया था। बंबई में रैयतवारी जोतधारियों के खोटी शिकमी काश्तकारों को कुछ अधिकार प्रदान किए गए। वन-सत्याग्रह कुछ सीमा तक सफल हुए; बंबई में चराई शुल्क को समाप्त कर दिया गया था और मद्रास में इसमें कमी की गई थी। तथापि कांग्रेस सरकार द्वारा बनाए गए कृषि कानूनों की मुख्य विशेषता, कूपलैंड के अनुसार, यह थी कि "इसमें जमींदारों के साथ असह्य दुर्व्यवहार नहीं किया गया था · · · कांग्रेस की नीति को लगभग रूढ़िवादी कहा जा सकता था" (पृ. 140, 138)। जिन दो प्रस्तावों को उन्होंने सचमुच मूलगामी बताया, उनमें एक तो मद्रास में प्रकाशम् कमेटी की सिफारिशें थीं जिनमें रैयतों को स्वामित्व प्रदान करने एवं जमींदारीवाले क्षेत्रों में लगान को कम करके 1802 के स्तर तक लाने के सुझाव दिए गए थे जिन्हें फौरन ताक पर रख दिया गया था। दूसरा उड़ीसा का एक कानून था जिसमें जमींदारों के लगानों को साथ लगे रैयतवारी क्षेत्रों के राजस्व से केवल साढ़े बारह प्रतिशत अधिक रखा गया था; इसे गवर्नर ने वीटो कर दिया और इसे कांग्रेस ने ऐसा मुद्दा नहीं समझा जिसके लिए त्यागपत्र दिया जाता। कांग्रेस सरकारों द्वारा बनाए गए कानून फैजपुर अधिवेशन के मामूली प्रस्तावों को भी पूरा नहीं कर पाए और संयुक्त प्रांत एवं बिहार की कांग्रेस कमेटियों के 1936 और 1937 के जमींदारी-उन्मूलन संबंधी प्रस्तावों को पार्टी के सत्ता में आते ही भुला दिया गया। सितंबर 1937 में जमींदारों की ओर से 'सविनय अवज्ञा आंदोलन' छेड़ देने की धमकी से घबराकर बिहार की कांग्रेस सरकार ने टेनेंसी बिल को पर्याप्त हल्का कर दिया। फिर तीन माह पश्चात् आज़ाद और राजेंद्रप्रसाद ने पटना में जमींदारों के साथ एक गुप्त समझौता किया। बाद में जोतधारियों की एक सभा में एक प्रतिनिधि ने इसे 'अत्यंत विचारपूर्ण' कहकर बिहार सरकार की प्रशंसा की : "बिहार में

जमींदारों ने कुछ रियायतें प्राप्त की हैं जिन्हें कोई भी अन्य सरकार प्रदान न करती" (डब्ल्यू. हाउज़र, *दि बिहार प्रॉविंशियल किसान सभा,* अप्रकाशित प्रबंध, शिकागो, 1961, पृ. 121, 129)। वस्तुतः यह ढर्रा गैर-कांग्रेसी सरकारोंवाले प्रांतों से भिन्न नहीं था। फजलुल-हक सरकार ने लगान और ब्याज की दरों में बढ़ोतरी को सीमित किया किंतु जमींदारी-उन्मूलन के प्रश्न को फ्लाउड कमीशन को सौंप दिया जिसकी मुआवजा देकर सरकारी अधिग्रहण की सिफारिश (1940) स्वतंत्रता-प्राप्ति के बाद ही लागू की गई। पंजाब में 1900 के लैंड एलियनेशन बिल को और कठोर बनाने के यूनियनिस्ट कदमों की महासभा नेताओं ने 'ब्लैक बिल' कहकर निंदा की। स्थानीय कांग्रेसी नेताओं ने भी इस भर्त्सना में तब तक साथ दिया, जब तक कि हाईकमान ने हस्तक्षेप नहीं किया।

1937-39 में किए गए सीमित कृषि-सुधारों के पीछे भारी किसान आंदोलन का दबाव था। 1938 में किसान सभा की सदस्य-संख्या बढ़कर 5 लाख हो गई थी। केवल बिहार में ही इसके 2,50,000 सदस्य थे, इसके बाद पंजाब (73,000) संयुक्त प्रांत (60,000), आंध्र (53,000) और बंगाल (34,000) आते थे। शानदार किसान जुलूसों का निकलना आम बात हो गई थी और बिहार के किसान तो कांग्रेसी मंत्रिमंडल के पहले ही अधिवेशन में कवायद करते हुए सीधे असेंबली भवन में जा घुसे और कुछ समय तक वहां की सीटों पर जमे रहे। इससे घनश्यामदास बिड़ला सकते में आ गए और उन्होंने शिकायत की : "लगता है कि जनसामान्य ने स्वतंत्रता का अर्थ अनुशासनहीनता समझ लिया है" (*इन दि शैडो ऑफ दि महात्मा,* पृ. 228)। अनेक स्थानीय संघर्ष भी हुए। उदाहरण के लिए, निम्नलिखित आंदोलनों का उल्लेख किया जा सकता है : बंगाल के बर्दवान जिले में नहरी पानी के शुल्क की दरों के विरुद्ध आंदोलन (1937); 1937-38 में उत्तरी मैमनसिंह (पूर्वी बंगाल) के हजोंग आदिवासियों द्वारा मोनीसिंह के नेतृत्व में गारो पहाड़ियों में चलाया गया आंदोलन, जो अंततः फसल के रूप में लिए जानेवाले लगान (तंका) को फसल के आधे भाग से घटाकर एक-चौथाई करवाने में सफल रहा था; मुंगेर (बिहार) में बढ़ैया ताल आंदोलन जो बकाश्त भूमि बहाल किए जाने की मांग कर रहा था और जो 1936 से लेकर 1939 तक कार्यानंद शर्मा के नेतृत्व में चला जो आगे चलकर कम्युनिस्ट नेता बने; आंध्र के कृष्णा जिले के कालीपट्टनम् और मुनागला में जमींदार-विरोधी आंदोलन (1938-39), यहां भी कम्युनिस्ट अग्रणी रहे थे; लायलपुर (पंजाब) और सुकुर (सिंध) में जल-कर विरोधी-आंदोलन और अमृतसर एवं लाहौर में राजस्व-वृद्धि के विरुद्ध आंदोलन जो 1938-39 के दौरान हुए; और उड़ीसा के तटीय जिलों में एक सशक्त किसान आंदोलन। बिहार में 1930 की शरद् से लेकर 1939 के मध्य तक मालगुजारी की वसूली एकाएक गिर गई और प्रायः जमींदारों को फसल की रक्षा करने के लिए सशस्त्र पुलिस टुकड़ियों की आवश्यकता होती थी। यहाँ के गांव सहजानंद के संघर्षशील नारों से गूंजते रहते थे—लगा लेगे कैसे

(लगान कैसे लोगे?), डंडा हमारा जिंदाबाद! अखिल भारतीय किसान सभा के भीतर कम्युनिस्ट और समाजवादी अधिकाधिक महत्वपूर्ण होते जा रहे थे; अक्तूबर 1937 में किसान सभा द्वारा लाल झंडे को ध्वज के रूप में अपनाना इसका प्रमाण है। कांग्रेसी मंत्रिमंडलों की कार्यविधि से मोहभंग का अनुभव करके एवं कांग्रेस सोशलिस्ट पार्टी के साथ संपर्क के फलस्वरूप स्वयं सहजानंद तेजी से वामपंथ की ओर अग्रसर हो रहे थे। वे अभी भी संन्यासी के ही वेष में रहते थे। कहा जाता है कि उन्होंने 1937 में घोषणा की थी कि "धार्मिक पोशाकें दीर्घकाल से देश का शोषण करती रही हैं; अब वे किसानों के लाभ के लिए इन पोशाकों का इस्तेमाल करेंगे" (हाउजर, पृ. 86)। अखिल भारतीय किसान सभा ने मुस्लिम पूर्वी बंगाल के केंद्र में कोमिल्ला में एक अत्यंत सफल अधिवेशन (मई 1938) किया, जिसका लीग और कुछ कांग्रेसियों, दोनों ने ही कड़ा विरोध किया था। इस अधिवेशन में गांधीवादी 'वर्ग-सहयोग' की भर्त्सना की गई थी, 'कृषि क्रांति' को अंतिम लक्ष्य घोषित किया गया था और एक आवेशपूर्ण भाषण में जमींदारों के आक्रमणों के विरुद्ध आत्मरक्षा के लिए सहजानंद द्वारा डंडे के प्रयोग की हिमायत की गई थी।

कभी-कभी भूमिहीन श्रमिकों के साथ एकजुटता का आह्वान करने के बावजूद (जैसाकि अप्रैल 1939 के गया अधिवेशन में किया गया था) किसान सभा अनिवार्यतः छोटे जोतधारियों अथवा काश्तकारों के रूप में ऐसे किसानों की ही सभा थी जिनके पास थोड़ी जमीन थी। इसके नेतृत्व और इसकी बिहार इकाई के पदों में भी भूमिहारों की ही प्रधानता थी, हरिजनों या आदिवासी खेतिहर मजदूरों की नहीं। बंगाल प्रदेश किसान सभा द्वारा फ्लाउड कमीशन को दिए गए ज्ञापन में भी जमींदारी-उन्मूलन की मांग पर ही बल दिया गया था और इसमें बरगादारों (बंटाईदारों) की मांगों को नहीं उठाया गया था। आंध्र में किसान सभा का (और कम्युनिज्म का भी) आरंभिक आधार कृष्णा-गोदावरी मुहाने के पर्याप्त समृद्ध कम्मा किसानों के बीच रहा था, जबकि पंजाब में किसान आंदोलन लगभग पूर्णतः राजस्व-वृद्धि एवं सिंचाई शुल्क के मुद्दों पर ही केंद्रित थे।

किसान सभा की संघर्षशीलता के प्रति कांग्रेसी मंत्रिमंडलों और नेताओं का दृष्टिकोण अधिकाधिक विद्वेषपूर्ण होता गया। चंपारन, सारन और मुंगेर में जिला कमेटियों ने 1937 के अंतिम दिनों में सहजानंद की सभाओं में कांग्रेसियों के भाग लेने पर प्रतिबंध लगा दिया। कांग्रेसी शासनवाले बिहार, संयुक्त प्रांत, उड़ीसा और मद्रास में पुलिस दलों और धारा 144 का खुलकर प्रयोग किया गया और सहजानंद द्वारा डंडे के प्रयोग की हिमायत पर यह कहकर काफी बावेला खड़ा किया गया कि यह अहिंसा के सिद्धांत के विरुद्ध है। सितंबर 1938 में अखिल भारतीय कांग्रेस कमेटी द्वारा 'वर्ग-संघर्ष' की भर्त्सना विशेष रूप से किसान सभा के आंदोलन के संदर्भ में ही की गई थी। यह सब तब हुआ जब पहले नेहरू और फिर बोस कांग्रेस पार्टी के औपचारिक अध्यक्ष

थे। कूपलैंड के अनुसार, पड़ोसी बिहार की तुलना में संयुक्त प्रांत में खेतिहर तनाव कम थे जिसका आंशिक कारण 'लगान के भुगतान के मामले में पंडित नेहरू द्वारा' मंत्रिमंडल को 'मूल्यवान समर्थन' दिया जाना था (पृ. 127)। उदाहरण के लिए, 23 अप्रैल 1938 को नेहरू ने इलाहाबाद के किसानों को सलाह दी कि वे कांग्रेस सरकार के कार्य को सुचारु रूप से चलने दें और उसमें बाधा न डालें। कांग्रेस अध्यक्ष सुभाष बोस ने सितंबर 1938 के उस प्रस्ताव को लेकर कोई मुद्दा नहीं खड़ा किया जिसे भूलाभाई देसाई ने रखा था और जिसका गांधीजी ने जोरदार समर्थन किया था। वे अगले वर्ष जाकर ही गांधीजी से अलग हुए, किंतु केवल कांग्रेस अध्यक्ष चुने जाने के प्रश्न पर।

रजवाड़ों की जनता के आंदोलन

1937 और 1939 के बीच राष्ट्रीय आंदोलन की सबसे महत्वपूर्ण प्रगति रजवाड़ों में हुई। ये रियासतें निरंकुशता और सामंतवादी शोषण के गढ़ थीं और अंग्रेजों की फेडरेशन संबंधी योजनाओं से उनकी असलियत अधिकाधिक जाहिर हुई कि भारत को विभाजित एवं पराधीन रखने के साम्राज्यवादी प्रयास की मुख्य समर्थक यही थीं। राष्ट्रीय आंदोलन के अन्य कई चरणों की भांति वास्तविक पहल यहां भी चोटी के नेताओं अथवा संयोजकों की अपेक्षा निचले स्तर से ही हुई थी। अपने सचिव बलवंतराय मेहता के नेतृत्व में आल इंडिया स्टेट्स पीपुल्स कांफ्रेंस कुछ अधिक सक्रिय हुई थी, किंतु यह अनिवार्यतः मध्यवर्गीय राजनीतिज्ञों की कभी-कभार होनेवाली सभाओं और मुख्यतः नागरिक अधिकारों एवं उत्तरदायी सरकार के प्रश्नों तक ही सीमित रहती थी; इसमें किसानों या आदिवासियों के विशिष्ट मुद्दे कदाचित् ही उठाए गए हों। न ही इसने अभी तक बड़े पैमाने पर रजवाड़ों के एकीकरण की मांग उठाई थी; केवल इतना सुझाव अवश्य दिया था (जैसाकि 1939 में अपने लुधियाना अधिवेशन में, जिसकी अध्यक्षता नेहरू ने की थी) कि अत्यंत छोटी, अपना अस्तित्व कायम रखने में अक्षम रियासतों को पड़ोसी राज्यों में मिलाया जा सकता है। कांग्रेस के दक्षिणपंथ ने अपनी ओर से इस बात का भारी प्रयास किया कि पार्टी अहस्तक्षेप की पुरानी नीति से ही चिपकी रहे। पहले तो गांधीजी ने भी इस बात पर अस्वाभाविक रूप से कठोर रुख अपनाया और अक्तूबर 1937 के अखिल भारतीय कांग्रेस कमेटी के उस प्रस्ताव पर खुलेआम अप्रसन्नता प्रकट की जिसमें 'भारतीय रजवाड़ों एवं ब्रिटिश भारत के सभी लोगों' से अपील की गई थी कि वे मैसूर में हो रहे जन-आंदोलन को अपना 'पूरा समर्थन एवं प्रोत्साहन दें'। कांग्रेस के हरिपुरा अधिवेशन (फरवरी 1938) के एक समझौता-प्रस्ताव में पहली बार घोषित किया गया कि पूर्ण स्वराज के अंतर्गत रजवाड़े और ब्रिटिश भारत, दोनों ही आते हैं, किंतु इस बात पर बल दिया गया कि 'फिलहाल' कांग्रेस रजवाड़ों में हो रहे जन-आंदोलन को केवल 'नैतिक समर्थन और सहानुभूति' ही दे सकती है, और यह कि इनको कांग्रेस के नाम

पर नहीं चलाया जाना चाहिए। कुछ महीनों के पश्चात् गांधीजी ने संकेत दिया कि यदि देशी नरेश कुछ सीमा तक नागरिक अधिकार प्रदान करें, स्वतंत्र न्यायालयों की स्थापना करें और अपने प्रिवीपर्सों में कटौती करें तो वे संतुष्ट हो जाएंगे। एकीकरण की बात तो दूर, उत्तरदायी सरकार तक की मांग नहीं की गई थी। (आर. एल. हांडा, *हिस्ट्री ऑफ फ्रीडम स्ट्रगल इन प्रिंसली स्टेट्स,* नई दिल्ली 1968, पृ. 116-117)।

1939 के आरंभ में, वस्तुतः समस्त देशी रियासतों में तेजी से फैलते जन-आंदोलनों के संदर्भ में, गांधीजी ने पहली बार एक रजवाड़े में नियंत्रित जन-आंदोलन की अपनी विशिष्ट तकनीकों को प्रयुक्त करने का निर्णय किया। उन्होंने अपने निकट सहयोगी और बड़े व्यापारी जमनालाल बजाज को जयपुर में एक सत्याग्रह करने की अनुमति दी और स्वयं वल्लभभाई के साथ राजकोट में चल रहे आंदोलन में व्यक्तिगत रूप से हस्तक्षेप किया। यह आंदोलन स्थानीय प्रजा परिषद ने यू. एन. ढेबर के नेतृत्व में आरंभ कर रखा था। राजकोट के अत्यंत अलोकप्रिय दीवान वीरावाला ने अनेक एकाधिकार लगा रखे थे जो स्थानीय व्यापारियों को पसंद नहीं थे। उसने पहले स्थापित, चुनी हुई सलाहकार परिषद को भी बुलाना बंद कर दिया था। राज्य का लगभग आधा राजस्व शासक के प्रिवीपर्स के रूप में निकल जाता था। गांधीजी द्वारा राजकोट का चुनाव करना अत्यंत अर्थपूर्ण था। यह एक छोटा-सा रजवाड़ा था जो दृढ़ गांधीवादी आधारवाले गुजरात से घिरा था। चूंकि इसकी लगभग आधी जनसंख्या राजधानी में रहती थी, अतः यह डर भी न था कि ग्रामीण जुझारूपन अहिंसक सत्याग्रह को ग्रस लेगा। फरवरी 1939 में कस्तूरबा गांधी और मणिबेन पटेल ने गिरफ्तारियां दीं और स्वयं गांधीजी ने राजकोट जाकर 3 मार्च को अनशन आरंभ कर दिया। यह सब ठीक त्रिपुरी कांग्रेस की पूर्ववेला में किया गया, जिसमें सुभाष बोस के पुनः चुने जाने से गांधीजी के नेतृत्व के लिए गंभीर चुनौती उत्पन्न हो गई थी। तथापि राजकोट में गांधीजी का हस्तक्षेप उनकी असफलता ही सिद्ध हुआ क्योंकि ब्रिटिश राजनीतिक विभाग ने वीरावाला को उन रियायतों को वापस ले लेने के लिए भड़काया जो उसने एक समय दी थीं; साथ ही उसने चतुराईपूर्वक मुसलमानों और अछूतों को भी उकसाया कि वे प्रस्तावित समिति में अपने लिए अधिक सीटों की मांग करें। मई 1939 में गांधीजी यह कहकर राजकोट आंदोलन से अलग हो गए कि स्वयं उनका अनशन करना बल-प्रयोग होने के कारण पर्याप्त अहिंसक नहीं था।

इस बीच भारत की कई अन्य रियासतों में कहीं अधिक प्रभावशाली एवं महत्वपूर्ण आंदोलन विकसित हो चुके थे। इनमें मैसूर, उड़ीसा के रजवाड़ों, हैदराबाद और त्रावणकोर (साथ ही राजपूताना के कुछ भागों एवं पंजाब की पटियाला, कपूरथला और सिरमौर की रियासतों) में चलनेवाले आंदोलन प्रमुख थे।

मैसूर में गांधीवादी नियंत्रण पर्याप्त कठोर बने रहे। वहां के. टी. भाष्यम् की स्टेट कांग्रेस, जो आरंभ में शहरी व्यवसायी ब्राह्मण समूहों पर आधारित थी, अक्तूबर 1937 में ग्रामीण गैर-ब्राह्मण जमींदारों की पीपुल्स फेडरेशन में मिल गई जिसके नेता के. सी. रेड्डी और एच. सी. दासप्पा थे। कांग्रेस को वैधता दिलाने एवं उत्तरदायी सरकार की मांग को लेकर अक्तूबर 1937 में आरंभ होनेवाले आंदोलन के प्रथम चरण की परिणति 11 अप्रैल 1938 को कोलार जिले के विदुरस्वात गाँव में एक रक्तपात में हुई जिसमें 10,000 लोगों की भीड़ पर गोली चलाए जाने से 30 लोगों की जानें गई थीं। अगले महीने पटेल ने दीवान मिर्जा इस्माइल के साथ समझौता किया जिसके अनुसार कांग्रेस को कानूनी मान्यता मिल गई। किंतु महत्वपूर्ण संवैधानिक सुधारों के लागू न किए जाने पर सितंबर 1939 में सविनय अवज्ञा का दूसरा दौर आरंभ हुआ। नियंत्रित जन-आंदोलन के प्रभावी कांग्रेसी नेतृत्व ने कर्नाटक में कांग्रेस की स्थिति को सुदृढ़ किया जो दक्षिण भारत में अपेक्षाकृत असामान्य बात थी, जैसाकि 1947 के बाद वहां की राजनीतिक गतिविधियों से स्पष्ट है।

उड़ीसा की अंदरूनी और कहीं अधिक पिछड़ी रियासतों में बेगार, वनों की उपज पर कर, त्योहारों के अवसर पर 'भेंटों' की जबरन वसूली या काश्तकारी अधिकार के मुद्दे राजनीतिक सुधारों की मांगों से अधिक नहीं तो कम-से-कम उतने ही महत्वपूर्ण अवश्य थे। दिसंबर 1938 में सी. एस. पी. के नेता नवकृष्ण चौधुरी ने धेनकनाल में एक सत्याग्रह का नेतृत्व किया। नीलगिरि, नयागढ़, तलचर और रनपुर में सशक्त आंदोलन उठ खड़े हुए और अनेक हिंसक घटनाएं हुईं जिनमें देशी नरेशों की सशस्त्र शक्ति का सामना आदिवासियों ने तीर-कमान से किया। हजारों लोगों ने तलचर से निकलकर कांग्रेस द्वारा शासित उड़ीसा के अंगुल और कोशल में डेरा डाल दिया और 5 जनवरी 1939 को लोगों ने राजपुर में शाही महल के सामने भीड़ पर गोली चलानेवाले ब्रिटिश एजेंट मेजर बार्जेलगेट को पत्थर मार-मार कर मार डाला। गांधीजी ने अपनी ओर से पूरा प्रयास किया कि तलचर और धेनकनाल में थोड़े-बहुत राजनीतिक सुधारों के बदले उड़िया आंदोलन समाप्त हो जाए। यह मुद्दा (गोपबंधु चौधुरी के नेतृत्व में) उड़ीसा के गांधीवादियों और समाजवादियों एवं कम्युनिस्टों के बीच विवाद का विषय बना। समाजवादी और कम्युनिस्ट उड़ीसा में किसान सभा का नेतृत्व कर रहे थे।

सबसे बड़ी रियासत हैदराबाद में 90 प्रतिशत नौकरियां मुसलमान अभिजन के छोटे-से वर्ग के हाथ में थीं और एक ऐसे प्रांत में उर्दू को सरकारी कामकाज की एकमात्र भाषा एवं शिक्षा का माध्यम बनाकर रखा गया था जिसमें 50 प्रतिशत जनता तेलुगुभाषी, 25 प्रतिशत मराठीभाषी और 11 प्रतिशत कन्नड़भाषी थी। आधारभूत नागरिक एवं राजनीतिक अधिकारों का भी पूर्ण अभाव था और तेलंगाना क्षेत्र में वेट्टी (बेगार) एवं वस्तुओं के रूप में भेंटों की जबरन वसूली की प्रथा आम थी। जन-जागरण ने आरंभ में भाषा पर

आधारित मध्यवर्गीय सांस्कृतिक समितियों का रूप लिया। तेलंगाना में आंध्र महासभा और मराठवाड़ा में महाराष्ट्र परिषद बनी जो मामूली राजनीतिक सुधारों के लिए प्रार्थनापत्र देती रहती थीं। कांग्रेस की अहस्तक्षेप की नीति ने हिंदू सांप्रदायिक शक्तियों—आर्यसमाज और हिंदू महासभा—को निजाम और इत्तहादुल-मुसलमीन की निरंकुशता के विरुद्ध आंदोलन करने का अवसर प्रदान किया, जबकि वही महासभा 'उत्तरदायी सरकार के सत्याभासी नारे' के अंतर्गत हिंदू नरेशों के राज्य में कांग्रेस के हस्तक्षेप की भर्त्सना कर रही थी (नागपुर अधिवेशन, दिसंबर 1938)। आर्यसमाजी नेता पं. नरेंद्रजी ने हैदराबाद शहर और मराठवाड़ा क्षेत्र (मध्यप्रांत के मराठीभाषी जिलों से लगा हुआ, हिंदू संप्रदायवादियों का गढ़) में अक्तूबर 1938 में एक हिंदू सत्याग्रह आरंभ किया जिसमें हिंदुओं के लिए अधिक नौकरियों की मांग की गई थी। लगभग उसी समय धर्मनिरपेक्ष आधार पर स्टेट कांग्रेस की स्थापना की गई जिसके संस्थापक मराठवाड़ा के स्वामी रामानंद तीर्थ और गोविंददास श्राफ, तेलंगाना के रविनारायण रेड्डी और हैदराबाद के सिराजुल हसन तिरमिजी जैसे कुछ मुसलमान थे। स्टेट कांग्रेस ने 24 अक्तूबर 1938 से एक समांतर एवं अधिक प्रभावशाली आंदोलन किया जिसमें वैधता प्रदान करने एवं उत्तरदायी सरकार की मांग की गई थी; साथ ही उस्मानिया विश्वविद्यालय के छात्रों के बीच एक सशक्त 'वंदेमातरम्' आंदोलन उठ खड़ा हुआ जब निजाम ने देशभक्तिपूर्ण इस गीत के गाए जाने पर प्रतिबंध लगा दिया तो विरोध में इन छात्रों ने विश्वविद्यालय छोड़ दिया। दिसंबर 1938 में गांधीजी के आग्रह पर कांग्रेस ने आंदोलन वापस ले लिया; कहा गया कि इसे इस कारण भी वापस लिया जा रहा है कि कहीं लोग इसे संप्रदायवादी आंदोलन से न जोड़ दें। बाद में रामानंद तीर्थ ने स्वीकार किया था कि "इस निर्णय का औचित्य हमारी समझ में नहीं आया" (*मेमायर्स ऑफ हैदराबाद फ्रीडम स्ट्रगल*, बंबई, 1967, पृ. 107)। शीघ्र ही 'नेतृत्व प्रदान करने वाले आंध्र कार्यकर्त्ताओं में जो श्रेष्ठ' थे वे रविनारायण रेड्डी के नेतृत्व में कम्युनिस्टों से मिल गए। 1939 में सी. पी. आई. की निजाम स्टेट कमेटी की गुप्त रूप से स्थापना हुई जिसका मार्गदर्शन आरंभ में तटीय आंध्र का पहले से सशक्त आंदोलन कर रहा था। आंध्र महासभा के व्यापक मोरचे का उपयोग करके कम्युनिस्ट तेजी से तेलंगाना के ग्रामीण क्षेत्रों में पैठ गए और कुछ ही वर्षों में उन्होंने ऐसा आधार बना लिया जो 1946 से लेकर 1951 तक भारत में किसानों के सबसे बड़े छापामार युद्ध को प्रश्रय देता रहा।

त्रावणकोर और कोचीन में, मलाबार के साथ लगे मलयाली जिलों की भांति, राष्ट्रीय आंदोलन में मुख्यतः वामपंथी नेतृत्व और मार्गदर्शन चला। ए. के. गोपालन ने अपनी आत्मकथा में दर्शाया है कि किस प्रकार चौथे दशक के मध्य एवं अंत में कृष्ण पिल्लई, ई. एम. एस. नंबूदरीपाद एवं स्वयं उन जैसे आंदोलनकारियों ने कांग्रेस सोशलिस्ट पार्टी की स्थापना की, पहली बार कांग्रेस को वास्तविक जन-संगठन में परिवर्तित किया और साथ-साथ कम्युनिज्म

की ओर भी बढ़ते रहे (*इन दि कॉज़ ऑफ दि पीपुल्स,* मद्रास, 1973)। नंबूदरीपाद अंततः केरल प्रदेश कांग्रेस कमेटी के सचिव बने और लगभग पूरे पांचवें दशक तक यह कमेटी वामपंथी नियंत्रण में रही। अगस्त 1938 में त्रावणकोर स्टेट कांग्रेस ने दीवान सी. पी. रामास्वामी अय्यर की निरंकुशता के विरुद्ध आंदोलन छेड़ दिया। अमानवीय दमन (दो महीनों में गोली चलाये जाने की बारह घटनाओं) के बावजूद बड़ी संख्या में विद्यार्थी सत्याग्रह में सम्मिलित हुए और केरल के अनेक भागों से जत्थे त्रावणकोर पहुंचने लगे जिनमें एक का नेतृत्व ए. के. गोपालन ने किया था। इससे प्रादेशिक भाषाई एकता के विकास को बड़ा बल मिला।इसमें कामगार वर्ग की भूमिका पर्याप्त प्रभावशाली रही। कृष्ण पिल्लई के नेतृत्व में अक्तूबर 1938 में अलेप्पी में नारियल के रेशे का काम करनेवालों ने हड़ताल कर दी। वे न केवल पारिश्रमिक बढ़ाए जाने की, बल्कि राजनीतिक कैदियों की रिहाई और सार्वत्रिक वयस्क मताधिकार पर आधारित उत्तरदायी सरकार की भी मांग कर रहे थे। बाध्य होकर दीवान को कांग्रेसी सत्याग्रह के विरुद्ध दमनमूलक कार्रवाई रोकनी पड़ी, ताकि अलेप्पी के संघर्षशील कामगारों को अलग-थलग किया जा सके। अन्यत्र की भांति यहां भी गांधीजी और कांग्रेस हाईकमान की भूमिका प्रतीक रूप में थोड़ी-सी रियायत प्राप्त हो जाने पर सत्याग्रह वापस ले लेने की सलाह देने तक ही सीमित रही।

कांग्रेस में वामपंथ

श्रमिक एवं किसान संगठन और रजवाड़ों में होनेवाले आंदोलन ऐसे मुद्दे थे जिन्हें लेकर कांग्रेस के भीतर मौटे तौर पर एक वामपंथी विकल्प बना, जो कांग्रेसी मंत्रिमंडलों के लिए और हाईकमान के अधिकांश सदस्यों के बढ़ते हुए रूढ़िवादी रवैये के लिए चुनौती के रूप में उभरा। इस काल में वामपंथ के अंतर्गत आते थे समाजवादी, एम. एन. राय के अनुयायी (राय अभी ट्रेड यूनियनों में पर्याप्त महत्वपूर्ण थे), और गैर-कानूनी सी. पी. आई. जो कांग्रेस सोशलिस्ट पार्टी की आड़ में कार्य करती थी जिसने इसको अनेक अत्यंत प्रभावशाली जन-नेता दिए (केरल में कृष्ण पिल्लई, नंबूदरीपाद और गोपालन, तमिलनाडु में जीवानंदन, आंध्र में सुंदरैया और पंजाब में सोहनसिंह जोश)। इन लोगों को इस अवधि के दो कांग्रेसाध्यक्षों (नेहरू और बोस) का समर्थन प्राप्त था जो अनिश्चित और बड़ी सीमा तक मौखिक होने पर भी मूल्यवान माना जाता था। कुछ भीतरी तनाव भी थे; विशेष रूप से जयप्रकाश नारायण, मीनू मसानी और एन. जी. रंगा आकारहीन कांग्रेस सोशलिस्ट पार्टी में निष्ठावान एवं अनुशासित कम्युनिस्ट कार्यकर्त्ताओं की तेजी से होनेवाली घुसपैठ के प्रति अधिकाधिक सशंकित होते जा रहे थे। यह आशंका निर्मूल भी नहीं थी क्योंकि 1939-40 में सी. पी. आई. इस पार्टी की समूची केरल इकाई और तमिलनाडु एवं आंध्र के इसके अधिकांश सदस्यों को अपने साथ ले गई।

फिर भी, 1939 और कुछ अर्थों में 1942 तक मोटे तौर पर कुछ एकता बनाए रखी गई। वामपंथ के सभी घटक इस बात पर सहमत थे कि कांग्रेस के भीतर बने रहने का औचित्य है। कुछ अपरिहार्य समझौतों को छोड़ दें तो इससे उन्हें पर्याप्त लाभ भी होता हुआ प्रतीत हुआ। ट्रेड यूनियनों एवं किसान सभाओं में उनकी स्पष्ट प्रधानता स्थापित हुई; यह भी अर्थपूर्ण था कि बंगाल जैसे क्षेत्रों में छात्र वामपंथ के ही किसी न किसी प्रकार की ओर आकृष्ट होते थे। (यहां आतंकवाद समाप्त हो चुका था और गांधीवाद की अपील नगण्य थी)। कम्युनिस्ट नेतृत्ववाले आल इंडिया स्टूडेंट्स फेडरेशन की बंगाल इकाई कलकत्ता से कस्बाई कालेजों और स्कूलों तक फैल गई थी। इस प्रसार का माध्यम 1937-38 का बंदी-रिहाई आंदोलन था। इसके बाद निर्वाचित छात्रसंघों के आंदोलन एवं प्रौढ़ साक्षरता के आंदोलन भी इसके कारण बने। इन्हीं से जुड़े हुए थे साम्राज्यवाद-विरोधी प्रचार और स्पेन एवं चीन के साथ एकजुटता दर्शानेवाले प्रदर्शन। छात्रों की संघर्षशीलता का अब एक ऐसा ढर्रा बन रहा था, जो आगे कम-से-कम एक पीढ़ी तक चलनेवाला था (जी. चट्टोपाध्याय, *स्वाधीनता संग्रामे बांग्लार छात्र-समाज,* कलकत्ता, 1980)।

पूरे वामपंथ ने कांग्रेसी नेतृत्व को इस बात के लिए तैयार करने का प्रयास किया कि वह किसान सभाओं एवं ट्रेड यूनियनों के प्रति अधिक सहानुभूतिपूर्ण रवैया अपनाए और रजवाड़ों के जन-आंदोलनों को खुला समर्थन दे, लेकिन इसमें उन्हें विशेष सफलता नहीं मिली। कांग्रेस फेडरेशन स्थापित करने की ब्रिटिश योजनाओं का समय-समय पर विरोध करती रहती थी, क्योंकि इस फेडरेशन के अंतर्गत वायसरॉय के पास आरक्षित शक्तियां होतीं और ऐसी केंद्रीय विधायिका होती जिसमें राजाओं के नामजद सदस्य होते। किंतु इस मुद्दे को लेकर जन-आंदोलन छेड़ने की वामपंथी मांग को कांग्रेस ने अस्वीकार कर दिया और फिलहाल प्रांतों में मंत्रिमंडल बनाकर ही संतुष्ट हो रही।

निजी पत्रों में नेहरू कांग्रेसी मंत्रिमंडलों की रूढ़िवादी कार्यप्रणाली पर बार-बार गहरा संदेह प्रकट करते रहे, यहां तक कि उन्हें 'प्रतिक्रांतिकारी' और (थोड़े-बहुत अंतर के साथ) 'पहलीवाली सरकारों की ही लकीर पीटनेवाले' तक कहा (जी. बी. पंत को नेहरू का पत्र, 25 नवंबर 1937, *ए बंच ऑफ ओल्ड लेटर्स,* पृ. 263)। किंतु कार्य कोरे शब्दों (और विशेष रूप से निजी संदेहों) से अधिक महत्वपूर्ण होते हैं और यहां, जैसाकि हम अनेक बार देख चुके हैं, नेहरू और बोस, दोनों ही दक्षिणपंथ की ओर कांग्रेस के झुकाव को रोकने में असफल रहे।

इसके ठीक विपरीत अंतर्राष्ट्रीय मामलों में कांग्रेस का ढर्रा स्पष्ट रूप से वामपंथ ने ही तय किया जिसका श्रेय मुख्य रूप से जवाहरलाल नेहरू के सुसंगत समर्थन एवं नेतृत्व को जाता है। जिन वामपंथी कार्यों को जवाहरलाल अपने देश में प्रभावकारी ढंग से संपन्न होते देखना चाहते थे, उनका बदल

वे अधिकाधिक अंतर्राष्ट्रीय सद्भावना में ढूंढ़ते थे : "मैंने अपने-आपको अगल-थलग महसूस किया है। यह भी एक कारण था कि · · · मैंने यूरोप जाने का निश्चय किया" (गांधीजी को पत्र, 28 अप्रैल 1938, *ए बंच ऑफ ओल्ड लेटर्स*, पृ. 284)। युद्ध के घिरते बादलों के संदर्भ में राष्ट्रवादी और वामपंथी इस बात पर एकमत थे कि इस बार उस ब्रिटिश विदेशनीति को बिना शर्त समर्थन नहीं दिया जाएगा जिसका मुख्य लक्षण चौथे दशक के अंत में चैंबरलेन द्वारा अबीसीनिया, स्पेन, चेकोस्लोवाकिया और चीन में फासीवादी आक्रामकों का तुष्टीकरण था। 1938 में पंजाब में समाजवादी और कम्युनिस्ट पहले ही 'ना एक पाई, ना एक भाई' का नारा देने लगे थे। वैसे सैनिक भरती पर इसका अधिक प्रभाव नहीं पड़ा क्योंकि पंजाब के किसानों की तुलनात्मक समृद्धि का कारण, बड़ी सीमा तक, सेना से मिलनेवाले वेतन एवं पेंशन थे। ब्रिटेन स्पष्ट रूप से आक्रामकों की पीठ थपथपा रहा था और जर्मनी को सोवियत संघ के विरुद्ध उकसा रहा था। ऐसी स्थिति में ब्रिटिश-विरोधी राष्ट्रवाद और फासीवाद-विरोधी अंतर्राष्ट्रवाद में अभी तक कोई अंतर्विरोध नहीं था। समूची कांग्रेस ने बार-बार फासीवादी आक्रमण की भर्त्सना की। 1938 में मैड्रिड की रक्षा कर रहे इंटरनेशनल ब्रिगेड से एकजुटता प्रकट करने के लिए नेहरू स्पेन गए और कांग्रेस ने चु-ते की अपील पर एक चिकित्सा दल चीन भेजा जिसके एक सदस्य डॉ. कोटनिस, कम्युनिस्टों की आठवां मार्ग सेना के छापामारों के साथ काम करते हुए, भारत-चीन मैत्री और साम्राज्यवाद-विरोधी एकजुटता के लिए शहीद हो गए। रवींद्रनाथ ने भी बार-बार गणतंत्रवादी स्पेन का समर्थन करने का आह्वान किया और चीन पर जापानी आक्रमण की भर्त्सना की। फासीवाद और विश्वयुद्ध की घुमड़ती हुई काली छायाओं ने उनकी इस काल की कविताओं को नया स्वर दिया जो कथ्य और सादगी भरी शैली, दोनों दृष्टियों से कवि की पारंपरिक शैली से पर्याप्त भिन्न थीं; यह बात लगभग 80 वर्ष के होने जा रहे कलाकार के लिए अनोखी थी।

त्रिपुरी-संकट

अंतर्राष्ट्रीय मुद्दों पर एकमत होना अलग बात थी और इसके लिए एकजुटता-भरी सद्भावना प्रकट करना ही पर्याप्त था, मगर यह अधिक तात्कालिक और महत्वपूर्ण घरेलू समस्याओं के बारे में जुझारूपन का विकल्प नहीं हो सकता था। इस संदर्भ में 1939 के आरंभ में कांग्रेस के त्रिपुरी अधिवेशन की पूर्ववेला में संकट की-सी स्थिति उत्पन्न हो गई, क्योंकि सुभाष बोस ने अध्यक्ष पद के लिए पुनः खड़े होने का निर्णय किया था। यद्यपि आरंभ में यह प्रस्ताव कांग्रेस सोशलिस्ट पार्टी के आठ (और संयोगवश सभी कम्युनिस्टों से संबंधित) नेताओं की ओर से आया था और यद्यपि बोस ने अपनी उम्मीदवारी को ब्रिटिश सरकार को दी गई समयबद्ध चेतावनी के रूप में स्वराज की 'राष्ट्रीय मांग' के जुझारू आह्वान से जोड़ने का प्रयास किया था, फिर भी लगता है

कि यह मुद्दा बड़ी सीमा तक वैयक्तिक भी था। हरिपुरा कांग्रेस के बाद बोस ने जिस वर्किंग कमेटी की नियुक्ति की थी उसमें जवाहरलाल के अतिरिक्त (1936 में जवाहरलाल द्वारा किए गए नामांकनों के विपरीत) एक भी वामपंथी नहीं था और उन्होंने श्रमिक एवं किसान संघर्षशीलता के प्रति कांग्रेसी मंत्रिमंडलों एवं हाईकमान के अधिकाधिक वैमनस्यपूर्ण रवैये को रोकने के लिए कुछ भी नहीं किया। पूरा वामपंथ अब चुनाव में सीतारामय्या के विरुद्ध सुभाष के साथ था; मौलाना आज़ाद द्वारा अपना नाम वापस ले लेने पर गांधीजी ने सीतारामय्या को ही अपना प्रत्याशी घोषित किया था। 29 जनवरी 1939 को सुभाष 1377 के मुकाबले 1580 मतों से चुने गए; उन्हें बंगाल और पंजाब में भारी बहुमत मिला था और केरल, कर्नाटक, तमिलनाडु, संयुक्त प्रांत और असम में पर्याप्त बढ़त मिली थी। महाराष्ट्र और महाकोशल (हिंदीभाषी मध्यप्रांत) में मुकाबला काफी कड़ा रहा था। केवल गुजरात, बिहार, उड़ीसा और आंध्र ने ही कमोबेश जमकर सीतारामय्या के पक्ष में मत दिया था।

अत्यंत श्रेष्ठतर रणनीति एवं वामपंथ की एकता के अभाव के कारण गांधीजी और कांग्रेस के दक्षिणपंथ ने स्पष्ट रूप से निर्णायक पराजय को विजय में बदल दिया। गांधीजी ने तत्काल इस मुद्दे को अपनी निजी प्रतिष्ठा का प्रश्न बना लिया; उन्होंने घोषणा की कि सीतारामय्या की हार 'उनकी हार से अधिक मेरी हार है' (31 जनवरी)। 22 फरवरी को वर्किंग कमेटी के 15 में से 13 सदस्यों ने यह कहते हुए त्यागपत्र दे दिया कि सुभाष ने सार्वजनिक रूप से उनकी आलोचना की है। इनमें नेहरू भी सम्मिलित थे, जिन्होंने अपने चिर-परिचित ढुलमुलपन के पश्चात् और एक अन्य बहाने से त्यागपत्र दिया। त्रिपुरी अधिवेशन (8-12 मार्च) के समय सुभाष बीमारी के कारण अस्थायी रूप से लगभग अक्षम हो गए थे, और गांधीजी उसी समय राजकोट से अपना अनशन समाप्त करके लौटे थे जिसके फसस्वरूप फिलहाल थोड़ी-सी रियायतें मिल गई थीं। दक्षिणपंथ ने गोविंदवल्लभ पंत के प्रसिद्ध प्रस्ताव के माध्यम से अपना आक्रमण किया जिसमें पुरानी वर्किंग कमेटी में विश्वास व्यक्त किया गया था, पिछले 20 वर्षों से अपनाई जानेवाली गांधीवादी नीतियों में आस्था की बात को दोहराया गया था और सुभाषचंद्र बोस से कहा गया था कि वे 'गांधीजी की इच्छानुसार' अपनी नई कार्यकारिणी का चयन करें। यह प्रस्ताव विषय समिति में 133 के मुकाबले 218 मतों से और खुले सत्र में हाथ उठाकर भारी बहुमत से पारित हुआ। नेहरू द्वारा प्रस्ताव का समर्थन अप्रत्याशित नहीं था, क्योंकि गांधीजी के प्रति उनकी निजी आस्था के अतिरिक्त सुभाष के साथ उनके निजी संबंध भी बहुत अच्छे नहीं रहे थे। किंतु समाजवादी, राय के अनुयायी और (बंकिम मुखर्जी जैसे कुछ बंगाली सदस्यों को छोड़कर) कम्युनिस्ट भी पूर्ण विभाजन से बचने के लिए पंत के प्रस्ताव का विरोध नहीं कर सके। यहां तक कि जयप्रकाश ने राष्ट्रीय मांगों का एक अत्यंत क्षीण प्रस्ताव भी रखा और नेहरू ने उनका समर्थन किया जिसमें बोस की समयबद्ध

चेतावनी के विचार को त्यागकर एक मजबूत कांग्रेस के माध्यम से केवल संविधान सभा प्राप्त करने के लिए संघर्ष की तैयारी की बात कही गई थी।

वामपंथियों के लिए यह चयन कठिन रहा था, क्योंकि बोस का इतिहास ऐसा प्रेरणाप्रद नहीं रहा था कि इसके भरोसे पूर्ण अलगाव का खतरा उठाया जा सकता। कहा जा सकता है कि वामपंथ की आधारभूत भूल यही थी कि वह त्रिपुरी कांग्रेस के पहले और बाद भी कांग्रेस मंत्रिमंडलों की अधिकाधिक मजदूर-विरोधी एवं किसान-विरोधी नीतियों को कारगर ढंग से रोकने में असफल रहा था। यह सब संयुक्त मोर्चे की ऐसी धारणा का परिणाम था जिसका अर्थ व्यवहार में कभी-कभी यह हो जाता था कि किसी भी कीमत पर कांग्रेस के चोटी के नेताओं से एकता बनाकर रखी जाए। उदाहरण के लिए, सी. पी. आई. के महासचिव पी. सी. जोशी ने पार्टी के मुखपत्र *नेशनल फ्रंट* में अप्रैल 1939 में लिखा था कि 'आज का सबसे बड़ा वर्ग-संघर्ष राष्ट्रीय संघर्ष' है जिसका प्रमुख हथियार कांग्रेस है और इसलिए कांग्रेस-किसान एकता को बनाए रखना आवश्यक है।

बोस 3 फरवरी को ही घोषणा कर चुके थे कि यदि वे "देश के महानतम व्यक्ति का विश्वास प्राप्त नहीं कर सकते" तो उनकी चुनावी जीत निरर्थक है और वे त्रिपुरी अधिवेशन के तीन माह बाद तक प्रयास करते रहे कि एक सर्वसम्मत वर्किंग कमेटी का गठन हो सके। सुभाष के पक्ष की मूलभूत कमजोरी, विशेषतया वामपंथ के बिखराव के संदर्भ में, तब प्रकट हुई जब वे 29 अप्रैल को अखिल भारतीय कांग्रेस कमेटी की कलकत्ता बैठक में गांधीजी की यह चुनौती स्वीकार नहीं कर सके कि "आप अपनी कमेटी का चयन करने के लिए स्वतंत्र हैं।" आखिर उन्होंने त्यागपत्र देना ही उचित समझा और उनके स्थान पर कट्टर गांधीवादी और दक्षिणपंथी राजेंद्रप्रसाद को लाया गया। 3 मई को बोस ने फारवर्ड ब्लॉक की स्थापना की घोषणा की। आरंभ में उनका विचार कांग्रेस के भीतर रहकर कार्य करने और विभिन्न वामपंथी समूहों को एक करने का था जिसके लिए फारवर्ड ब्लॉक ने जून 1939 में वामपंथी एकजुटता समिति की स्थापना की। इसे कम्युनिस्टों का समर्थन मिला किंतु राय के अनुयायियों एवं जयप्रकाश नारायण जैसे समाजवादी नेताओं ने कांग्रेस की एकता को वरीयता दी और फ़ारवर्ड ब्लॉक स्थापित किए जाने की आलोचना की। फारवर्ड ब्लॉक अंततः पहले से ही विभाजित वामपंथ का एक और टूटा हुआ गुट बनकर रह गया। अब सुभाष बोस बंगाल में पहले से कहीं अधिक लोकप्रिय हो गए, एक ऐसे प्रादेशिक नायक के रूप में जिसके साथ अन्याय हुआ हो। अन्य स्थानों में भी उनके व्यक्तिगत प्रभाव क्षेत्र थे, विशेष रूप से बिहार, पंजाब, बंबई और तमिलनाडु में। किंतु कांग्रेस हाईकमान इस बात पर तुल गया था कि कांग्रेस के भीतर सुभाष बोस की शक्ति को समाप्त कर दे। इन्हीं दिनों पटेल ने अखिल भारतीय कांग्रेस कमेटी में प्रस्ताव रखा कि प्रदेश कांग्रेस कमेटियों की पहले से अनुमति लिए बिना कांग्रेस का

कोई भी सदस्य सविनय अवज्ञा में भाग नहीं ले सकता। 9 जुलाई को सुभाष ने इसके विरुद्ध एक अखिल भारतीय विरोध दिवस मनाने का आह्वान किया तो उनके विरुद्ध तुरंत अनुशासनात्मक कार्रवाई की गई। 11 अगस्त को अखिल भारतीय कांग्रेस कमेटी ने सुभाष बोस को बंगाल प्रदेश कांग्रेस कमेटी के अध्यक्ष पद से हटा दिया और उन्हें तीन वर्ष तक कांग्रेस में किसी भी पद के लिए अयोग्य घोषित कर दिया गया। बाद में बंगाल कांग्रेस को चलाने के लिए एक तदर्थ समिति का गठन किया गया जिसमें आज़ाद और पी. सी. घोष जैसे गांधीवादी तो थे ही, कलकत्ता के पांच बड़े धनकुबेरों में से दो (बी. सी. राय और कृष्णशंकर राय) सदस्य भी सम्मिलित थे जो कभी सुभाष बोस के प्रमुख वित्तीय सहायक रहे थे।

बोस को पूरी तरह कांग्रेस से बाहर कर देने के बाद वामपंथ से नाता तोड़ लेना कांग्रेस हाईकमान के लिए बुद्धिमत्ता न होती। 1939 के अंत तक कांग्रेसी मंत्रिमंडलों का सत्ता में बने रहना अंदरूनी तनावों एवं पार्टी की छवि की दृष्टि से थोड़ा-बहुत नुकसानदेह साबित होने लगा था। मंत्रिमंडलों को अधिकाधिक रूप से मजदूरों, किसानों और पार्टी के भीतर सभी वामपंथी तत्वों से अलगाव का सामना करना पड़ रहा था; साथ ही वे जमींदारों और व्यापारी समूहों को भी वस्तुतः प्रसन्न नहीं कर पा रहे थे। (व्यापारीगण बाम्बे अर्बन प्रॉपर्टी टैक्स जैसी बातों से अप्रसन्न थे जो कड़ी वित्तीय बाधाओं से ग्रस्त प्रांतीय स्वायत्तता के चलते अपरिहार्य थी।) जुलाई 1939 में पटेल ने संकेत दिया था कि अगर आयकर का पहले से अधिक भाग प्रांतों को नहीं मिला तो मंत्रिमंडलों को त्यागपत्र देना पड़ सकता है। सितंबर में युद्ध छिड़ जाने से इस बात का खतरा भी हो गया था कि कांग्रेसी सरकारों को युद्ध-विरोधी कांग्रेसी प्रदर्शनकारियों के विरुद्ध ही नई आपात्कालीन शक्तियों का प्रयोग करना पड़ेगा। इस प्रकार 29-30 अक्तूबर 1939 को कांग्रेस मंत्रिमंडलों द्वारा दिए गए त्यागपत्र तर्कसंगत और अपरिहार्य थे, भले ही इसका तात्कालिक कारण लिनलिथगो का विवेकहीन दुराग्रह रहा हो।

1939-1942 : युद्ध और भारतीय राजनीति : पहला चरण

नौकरशाही का जवाबी हमला

3 सितंबर 1939 को वायसरॉय ने प्रांतीय मंत्रिमंडलों या किसी भारतीय नेता की सलाह लिए बिना एकतरफा तौर पर भारत को जर्मनी के विरुद्ध ब्रिटेन के युद्ध में झोंक दिया। फासीवादी आक्रमण के विरुद्ध भारत का वैमनस्य स्वयं ब्रिटेन की तुलना में कहीं अधिक स्पष्ट रहा था। फिर भी लिनलिथगो ने न्यूनतम शर्तों पर पूर्ण सहयोग के अनेक प्रस्तावों को ठुकरा दिया। ये शर्तें थीं : स्वतंत्र भारत के राजनीतिक गठन को निर्धारित करने के लिए युद्ध के पश्चात् एक संविधान सभा का वादा, और केंद्र में सचमुच की उत्तरदायी

सरकार जैसी किसी चीज का तुरंत गठन। कांग्रेस का तर्क था, और इसमें पर्याप्त औचित्य था, कि ये शर्तें भारतीय जनमत को उस युद्ध के पक्ष में प्रेरित करने के लिए आवश्यक हैं जो 1939 में (और दिसंबर 1941 में जापानी आक्रमण होने तक) सुदूर प्रतीत होता था। वैसे भी मित्रदेशों का यह प्रचार अत्यंत खोखला प्रतीत होता था कि यह निरंकुशता एवं आक्रमण के विरुद्ध जनतंत्र एवं राष्ट्रों के आत्मनिर्णय के सिद्धांत का संघर्ष है। लिनलिथगो के 17 अक्तूबर 1939 के वक्तव्य में अनिश्चित एवं सुदूर भविष्य में मिलनेवाले डोमिनियन स्टेटस संबंधी पुरानी पेशकशों को ही दोहराया गया था, 1935 के कानून में संशोधन करने के लिए 'अनेक समुदायों के प्रतिनिधियों' से (न कि किसी जनतांत्रिक ढंग से चुनी हुई संविधान सभा से) विचार-विमर्श करने का वादा किया गया था, और वर्तमान के लिए तो भारतीय राजनीतिज्ञों एवं रजवाड़ों के प्रतिनिधियों के एक शुद्धतः सलाहकार समूह के गठन की बात कही गई थी, जिसे किसी भी प्रकार की कार्यकारी शक्तियां प्राप्त नहीं होतीं। निजी रूप से वायसरॉय बार-बार यही मंतव्य प्रकट करता रहा कि "फिलहाल चुप बैठो" और "कांग्रेस के पीछे मत भागो" (भारत-सचिव जेटलैंड को लिनलिथगो के 3 और 13 फरवरी 1940 के पत्र)।

लिनलिथगो का रवैया कोई सनक नहीं था, बल्कि उस आम ब्रिटिश नीति का ही एक अंग था जो युद्ध का लाभ उठाकर श्वेत-प्रधान केंद्रीय सरकार और नौकरशाही को वह महत्व वापस दिलाना चाहती थी जो 1937 या उसके पूर्व कांग्रेस ने उससे छीन लिया था। युद्ध की घोषणा होने से पहले ही ब्रिटिश पार्लियामेंट में 1935 के कानून में संशोधन जल्दबाजी में पारित कर दिया गया था जो नई दिल्ली (केंद्रीय सरकार) को प्रांतीय मामलों में आपात्कालीन अधिकार प्रदान करता था। युद्ध की घोषणा के दिन ही नागरिक स्वाधीनताओं को सीमित करनेवाला भारत रक्षा अध्यादेश लागू कर दिया गया और मई 1940 में सरकार ने एक क्रांतिकारी आंदोलन का अत्यंत गोपनीय प्रारूप तैयार कर लिया था ताकि मौका मिलते ही पहले वार करके कांग्रेस को पंगु बनाया जा सके। 1931 की भांति इस बार भी ब्रिटिश नौकरशाही का एक भाग टकराव के लिए कांग्रेस को भड़काने के लिए अधीर हो रहा था, जबकि इस समय सरकार व्यापक शक्तियों से लैस थी और (1942 के आरंभिक महीनों के बाद से) आवश्यकता पड़ने पर भारत में तैनात ब्रिटिश एवं मित्रदेशों की सेनाओं को बुलाया जा सकता था। उन्हें यह भी आशा थी कि भारत के स्वाधीनता-संग्राम को जापान एवं जर्मनी का समर्थक बताकर उसे दबा दिया जाएगा जिसके लिए उन्हें सारे संसार के उदारवादियों, यहां तक कि (जून 1941 में रूस पर नाजी आक्रमण के बाद) वामपंथियों की भी सहानुभूति प्राप्त होगी।

ब्रिटिश भारत की प्रतिक्रियावादी नीतियों को विंस्टन चर्चिल से सशक्त समर्थन एवं प्रोत्साहन मिला। चर्चिल मई 1940 में ब्रिटेन की मिली-जुली राष्ट्रीय सरकार का प्रमुख बना था, जब जर्मनों के ब्लिट्ज़क्रीग (विद्युत गति से आक्रमण) ने पश्चिमी मोरचे को तोड़ दिया था, डनकिर्क में अंग्रेजों को समुद्र में धकेल दिया था और चंद हफ्तों में ही फ्रांस पर अधिकार कर लिया था। भारत-सचिव एमरी ने एक बार मंत्रिमंडल की बैठक में वेवेल के कान में कहा था कि भारत की समस्याओं के बारे में चर्चिल उतना ही जानता है जितना कि जॉर्ज तृतीय अमरीकी उपनिवेशों के बारे में जानता था (वेवेल, *वायसरॉय्स जर्नल,* पृ. 21)। नवंबर 1942 में चर्चिल ने घोषणा की : "मैं सम्राट का प्रधानमंत्री इसलिए नहीं बना हूं कि ब्रिटिश साम्राज्य के अवसान की अध्यक्षता करूं।" चर्चिल के प्राधनमंत्री होने से मंत्रिमंडल में एटली एवं क्रिप्स जैसे लेबर नेताओं की उपस्थिति निरर्थक हो गई। इन दोनों नेताओं ने जून 1939 में फिलकिंस में क्रिप्स के देहातवाले घर में नेहरू और कृष्ण मेनन को वचन दिया था कि अगली लेबर सरकार सार्वत्रिक वयस्क मताधिकार पर आधारित संविधान सभा को इस शर्त पर पूर्णरूपेण सत्ता हस्तांतरित कर देगी कि एक भारत-ब्रिटिश संधि के अंतर्गत परिवर्तन के दौरान भारत में ब्रिटिश दायित्वों और हितों की रक्षा की जाएगी (पी. एस. गुप्ता, *इंपीरियलिज्म एंड ब्रिटिश लेबर,* पृ. 257-59)। अगस्त 1940 में जब एक अलग-थलग द्वीप में ब्रिटेन घमासान हवाई युद्ध कर रहा था, तब भारतीय समर्थन प्राप्त करने के लिए एमरी और यहां तक कि लिनलिथगो भी कुछ रियायतें देने के लिए मान गए थे, किंतु उनके प्रस्तावों में चर्चिल ने बुरी तरह काट-छांट कर दी। परिणामस्वरूप लिनलिथगो का 'अगस्त प्रस्ताव' (8 अगस्त 1940) उसके 17 अक्तूबर 1939 के वक्तव्य से अधिक कुछ नहीं था : अनिश्चित भविष्य में डोमिनियन स्टेटस, युद्ध-पश्चात् संविधान बनाने के लिए एक निकाय का गठन (जिसके लिए स्पष्ट रूप से अंततः ब्रिटिश पार्लियामेंट की अनुमति आवश्यक होती; इसमें सार्वत्रिक वयस्क मताधिकार द्वारा चुने जाने की कोई बात नहीं की गई थी), वायसरॉय की कार्यकारिणी में तत्काल विस्तार जिससे कुछ और भारतीयों को सम्मिलित किया जा सके, और एक युद्ध-सलाहकार परिषद। जुलाई 1941 में वायसरॉय की कार्यकारिणी में विस्तार करके पहली बार इसमें भारतीय बहुमत रखा गया (इसमें बारह में से आठ भारतीय थे किंतु प्रतिरक्षा, वित्त और गृह विभाग गोरों के ही अधीन रहे) और एक राष्ट्रीय प्रतिरक्षा परिषद की स्थापना की गई जिसका कार्य केवल सलाह देना था। शेष बातों में तब तक कोई पहल नहीं की गई जब तक कि दक्षिण-पूर्वी एशिया के संकट ने ब्रिटिश सरकार को मार्च-अप्रैल 1942 में नाटकीय क्रिप्स मिशन भेजने पर बाध्य नहीं किया। लेकिन इसे भी, जैसाकि हम देखेंगे, चर्चिल और लिनलिथगो ने मिलकर असफल कर दिया था।

युद्धकालीन साम्राज्यवादी रणनीति का एक महत्वपूर्ण अंग था लीग के दावों को बढ़ावा देना। 17 अक्तूबर 1939 के वक्तव्य में 'अनेक समुदायों' के प्रतिनिधियों से सलाह-मशविरा करने की आवश्यकता का उल्लेख था और अगस्त प्रस्ताव में तो स्पष्ट कर दिया गया था कि अंग्रेज "किसी भी ऐसी सरकार को दायित्व नहीं सौंपेंगे जिसके अधिकार को भारतीय राष्ट्रीय जीवन के बड़े और सशक्त तत्व अस्वीकार करते रहें।" यह वस्तुतः जिन्ना की उन मुख्य मांगों को स्वीकार करना था जो वे युद्ध आरंभ होने के समय से ही कर रहे थे : लीग न केवल भारतीय मुसलमानों की एकमात्र प्रवक्ता है, बल्कि किन्हीं भी भावी संवैधानिक परिवर्तनों में लीग को एक प्रकार के वीटो की शक्ति प्राप्त होनी चाहिए।

मार्च 1940 में मुस्लिम लीग के लाहौर अधिवेशन में अपनाए जानेवाले पाकिस्तान के नारे को अंतिम रूप प्रदान करने में अंग्रेजों का प्रोत्साहन भी अवश्य रहा था। कभी-कभी पाकिस्तान की मांग का मूल इकबाल के उस भाषण में खोजा जाता है जो उन्होंने 1930 में लीग का सभापतित्व करते समय दिया था और जिसमें एक 'पश्चिमोत्तर भारतीय मुस्लिम राज्य' की आवश्यकता का उल्लेख था। किंतु इस भाषण के संदर्भ से स्पष्ट है कि इस महान उर्दू कवि और देशभक्त का स्वप्न देश को विभाजित करने का नहीं था, बल्कि पश्चिमोत्तर भारत के मुस्लिम-बहुल क्षेत्रों का पुनर्गठन करके उसे एक ढीले-ढाले भारतीय संघ में एक स्वायत्त इकाई बनाना था। कैंब्रिज में चौधरी रहमत अली के पंजाबी मुसलमान विद्यार्थियों के गुट को इस विचार का प्रणेता होने का श्रेय दिया जा सकता है। 1933 और 1935 में लिखे गए दो परचों में रहमत अली ने एक नई अस्मिता के लिए एक अलग राष्ट्रीय दर्जे की मांग की थी जिसे उसने 'पाकिस्तान' नाम दिया था। (इसके अंतर्गत पंजाब, अफगान प्रांत, कश्मीर, सिंध और बलूचिस्तान आते थे।) उस समय इस बात को किसी ने गंभीरता से नहीं लिया, मुस्लिम लीग और गोलमेज सम्मेलन के प्रतिनिधियों ने तो बिल्कुल भी नहीं। उन्होंने भी इस विचार को एक लड़के की सनक कहकर टाल दिया। किंतु 1937 के पश्चात् से, जैसाकि हम देख चुके हैं, लीग को किसी प्रकार के सकारात्मक मंच की बड़ी आवश्यकता थी और 1935 के कानून की संघीय धाराओं के लागू होने की संभावना कम होती जा रही थी; वैसे भी मुसलमान नेताओं की दृष्टि में इससे केंद्र में अस्वीकार्य रूप से मजबूत और हिंदू-प्रधान सरकार ही बनती। परिणामस्वरूप 1938-39 के बीच अनेक वैकल्पिक प्रस्ताव सामने आए और मार्च 1939 में लीग ने विभिन्न योजनाओं की जांच करने के लिए एक उपसमिति की स्थापना की। जहां जफरुल हसन और हुसैन कादरी की अलीगढ़ योजना में चार स्वतंत्र राज्य—पाकिस्तान, बंगाल, हैदराबाद और हिंदुस्तान—बनाने की बात की गई

थी, वहीं अधिकांश अन्य योजनाएं पूर्ण विभाजन की धारणा तक नहीं पहुंचीं और वे एक ढीले-ढाले भारतीय संघ के भीतर ही स्पष्ट और स्वायत्त गुटों का निर्माण चाहती थीं। उदारहण के लिए, पंजाब में यूनियनिस्ट मुख्यमंत्री सिकंदर हयात खान ने एक प्रकार की तीन स्तरोंवाली संरचना का सुझाव दिया, जिसमें स्वायत्त प्रांत सात क्षेत्रों में विभाजित होते; उनकी अपनी विधायिकाएं होतीं और वे मिलकर एक ऐसे ढीले-ढाले संघ का निर्माण करते जिसमें केंद्र के पास केवल प्रतिरक्षा, विदेश विभाग, कस्टम और मुद्रा के मामले रहते। यह 1946 की कैबिनेट मिशन योजना का पूर्वाभास था। अचानक इस प्रकार के विकल्पों की खोज के पीछे अंग्रेजों का पर्याप्त प्रोत्साहन और प्रेरणा थी। खलीकुज्जमां के अनुसार भारत-सचिव जेटलैंड ने 20 मार्च 1939 को रहमत अली की योजना की पुनर्परिभाषा पर सहानुभूतिपूर्वक विचार किया। इसमें दो मुसलमान संघों की बात सुझाई गई थी—एक पश्चिमोत्तर में और दूसरा पूर्व में, जिसमें बंगाल और असम आते थे (*पाथेव टु पाकिस्तान*, पृ. 205-7)। हाल ही में खोले गए लिनलिथगो और जेटलैंड के दस्तावेजों से ज्ञात होता है कि इसमें अंग्रेजों की भूमिका और भी अधिक थी। उदाहरण के लिए, 6 फरवरी 1940 को, लाहौर प्रस्ताव के 6 सप्ताह पूर्व, वायसरॉय ने जिन्ना से कहा था कि "ऐसी पार्टी को ब्रिटिश सहानुभूति की आशा नहीं करनी चाहिए, जिसकी नीति नितांत नकारात्मक हो।" "यदि वे और उनके मित्र यह निश्चित करना चाहते हैं कि मुसलमानों का मामला इंग्लैंड में असफल न हो तो यह सचमुच आवश्यक है कि वे निकट भविष्य में अपनी योजना बना लें" (उमा कौर द्वारा उद्‌धृत, पृ. 149)।

23 मार्च 1940 के प्रसिद्ध प्रस्ताव का प्रारूप सिकंदर हयात खान ने बनाया था और उसे (पर्याप्त संशोधनों के पश्चात्) फजलुल-हक ने प्रस्तुत किया था। खलीकुज्जमां ने उसका समर्थन किया था। इसमें मांग की गई थी कि "भौगोलिक रूप से जुड़ी हुई इकाइयों को क्षेत्रों में विभाजित किया जाए जो ऐसे हों, और जिनका आवश्यकतानुसार ऐसा क्षेत्रीय पुनर्गठन किया जा सके, कि संख्यात्मक दृष्टि से मुस्लम-बहुल क्षेत्रों, जैसेकि भारत के उत्तर-पश्चिमी और पूर्वी क्षेत्रों का समूह बनाकर उन्हें 'स्वतंत्र राज्य' बनाया जा सके जिनकी घटक इकाइयां 'स्वायत्त एवं सार्वभौम' हों।" प्रस्ताव की अत्यंत अनगढ़ शब्दावली में अस्पष्टता, द्वैधता और दोहरे अर्थ के लिए पर्याप्त स्थान, शायद सायास रूप से, था। न ही पाकिस्तान और न ही विभाजन का स्पष्ट उल्लेख किया गया था, और पांचवें दशक के आरंभ में कुछ मुसलमान राजनीतिज्ञों ने तो यह भी कहा कि हिंदू प्रेस और राजनीतिज्ञों ने प्रस्ताव का गलत अर्थ प्रस्तुत करके पाकिस्तान का हौआ खड़ा किया है ताकि मुसलमानों की वैध किंतु अधिक सामान्य मांगों के पूरा होने में रोड़ा अटकाया जा सके। 'क्षेत्रीय पुनर्गठनों' की व्याख्या नहीं की गई थी और 'स्वतंत्र-राज्यों' (उद्धरण चिह्नों के भीतर) में विभाजन की ध्वनि तो थी, किंतु यह भी कहा जा सकता था कि

इसका तात्पर्य एक ढीले-ढाले संघ के भीतर पूर्ण स्वायत्तता से अधिक कुछ नहीं है। बहुवचन का प्रयोग और इकाइयों की सार्वभौमिकता पर दिया जानेवाला बल विभाजन के बाद अत्यंत महत्वपूर्ण सिद्ध हुए क्योंकि इन्हीं ने पंजाबी प्रभुत्ववाले एकात्मक पाकिस्तान की धारणा के विरुद्ध अवामी लीग के आंदोलन को सैद्धांतिक आधार प्रदान किया, जो फजलुल-हक के नेतृत्व में आरंभ हुआ और जिसके परिणामस्वरूप बांग्लादेश बना।

11 मार्च 1941 को सिकंदर हयात खान द्वारा पंजाब असेंबली में दिए गए बहुउद्धृत भाषण में कहा गया था कि वे ऐसे पाकिस्तान का विरोध करते हैं जिसका तात्पर्य "यहां मुस्लिम राज और कहीं और हिंदू राज हो . . .। यदि पाकिस्तान का अर्थ पंजाब में खालिस मुस्लिम राज हो तो उससे मेरा कोई सरोकार नहीं" (वी. पी. मेनन, *ट्रांसफर ऑफ पावर इन इंडिया*, पृ. 463)। सिकंदर हयात खान यूनियनिस्ट पार्टी के उस गुट के नेता थे जिसमें कुछ सिख और छोटूराम जैसे हिंदू जाट भी थे। उन्होंने ढीले-ढाले संघ की अपनी अपील को दोहराया और दावा किया कि लाहौर में उनके मूल प्रस्ताव में 'केंद्र और विभिन्न इकाइयों की गतिविधियों के बीच तालमेल' का उल्लेख किया गया था। वस्तुतः आरंभ में मुसलमान नेताओं ने पाकिस्तान की बात को गंभीरता से या अक्षरशः नहीं लिया। यहां तक कि जिन्ना के लिए भी आरंभ में यह सौदेबाजी के आधार से अधिक कुछ नहीं था जिसके द्वारा वे कांग्रेस को संभवतः मिलनेवाली ब्रिटिश संवैधानिक रियायतों में रोड़ा अटका सकते थे और मुसलमानों के लिए कुछ अतिरिक्त लाभ प्राप्त कर सकते थे। फिर भी, सिकंदर हयात खान के भाषण में स्वीकार किया गया था कि यद्यपि "पढ़े-लिखे मुसलमानों में अधिकांश . . . इनमें से (विभाजन की) किसी भी योजना में विश्वास नहीं करते", फिर भी इसकी अस्पष्टता और अनिश्चितता अधिकाधिक रूप से पाकिस्तान को "मुस्लिम जनसामान्य को बहकाने का उपयोगी नारा" बनाती जा रही थीं (वही, पृ. 453)। यूनियनिस्टों द्वारा पंजाब की सांप्रदायिक एकता का आह्वान राजनीतिक एवं सामाजिक यथास्थितिवाद की आम हिमायत एवं अंग्रेजों के साथ खुले गठजोड़ से जुड़ा हुआ था : सिकंदर के उत्तराधिकारी खिज्र हयात खान एक ऐसे भारतीय राजनीतिज्ञ थे जिनकी वेवेल ने मुक्तकंठ से प्रशंसा की थी। परिणामस्वरूप पंजाब और बंगाल में कुछ वर्षों के लिए पाकिस्तान के नारे के इर्द-गिर्द एक ऐसा लोकवादी, लफ्फाजी भरा संप्रदायवाद विकसित हुआ जिसमें एक स्वतंत्र मुस्लिम राज्य को हरेक मर्ज की दवा बताया जा रहा था। किंतु यह स्थिति अभी कुछ वर्ष दूर थी। फिलहाल तो पाकिस्तान की धारणा अंग्रेजों के लिए इसलिए उपयोगी थी कि इसके माध्यम से वे भारत में संवैधानिक गतिरोध बनाए रख सकते थे, किंतु जिन्ना को एक सीमा तक प्रोत्साहन देते हुए भी उनकी सभी मांगों को स्वीकार करने का उनका कोई इरादा नहीं था। धारा 93 के अंतर्गत प्रांतों में गैर-सरकारी मुस्लिम सलाहकारों को रखने के बारे में लीग का दावा–विस्तृत

एक्जीक्यूटिव काउंसिल में अधिक सीटें दिया जाना और यदि कांग्रेस भविष्य में काउंसिल में आने का निर्णय करे तो उसके साथ समानता की मांग—इन सबको अस्वीकार कर दिया गया। फलस्वरूप जिन्ना ने अतंतः अगस्त प्रस्ताव को अस्वीकार कर दिया और अगले वर्ष सिकंदर हयात खान और फजलुल-हक को नई राष्ट्रीय प्रतिरक्षा परिषद की सदस्यता अस्वीकार करने के लिए बाध्य किया गया।

कांग्रेस के भीतर की प्रवृत्तियां

1941-42 के शिशिर तक कांग्रेस के भीतर होनेवाले गठजोड़ों में मोटे तौर पर वही ढर्रा अपनाया गया जो चौथे दशक के अंत में बना था। गांधीजी और दक्षिणपंथी प्रभुत्ववाला हाईकमान संयम की सलाह देते रहे और बार-बार यही प्रयास करते रहे कि अंग्रेजों से किसी प्रकार का समझौता हो जाए। बाद में उन्होंने अत्यंत अनिच्छापूर्वक आंदोलन चलाने की अनुमति दी, जिसकी सबसे बड़ी विशेषता इसका दबा-सा स्वर और सीमित स्वरूप थी जबकि पूरा वामपंथ युद्ध-विरोधी और सरकार-विरोधी जुझारू कदम उठाना चाहता था। कांग्रेसी मंत्रिमंडलों के त्यागपत्र देते ही गांधीजी ने शीघ्र ही बताया कि यद्यपि "कांग्रेसियों को किसी बड़े कदम के उठाए जाने की आशा है", किंतु तुरंत ही सविनय अवज्ञा आंदोलन आरंभ करने जैसी कोई बात नहीं है। कभी-कभी स्वयं गांधीजी को शंका होती थी कि क्या उनका अहिंसा का सिद्धांत युद्ध का सीधे समर्थन करने की अनुमति देता है। (उन्होंने पोलैंड, फ्रांस और ब्रिटेन को भी यह विचित्र सलाह दी कि वे अहिंसात्मक विरोध का सहारा लें!) किंतु वर्किंग कमेटी बार-बार स्पष्ट रूप से कहती रही कि वह युद्ध में अंग्रेजों का पूर्ण समर्थन करने को तैयार है बशर्ते वे उसकी दो मूल मांगों पर कुछ रियायतें देने को तैयार हों। ये मांगें थीं—युद्ध-पश्चात् स्वतंत्रता देने का वादा और केंद्र में तुरंत 'राष्ट्रीय सरकार' की स्थापना।

फिर भी, अंग्रेजों के अड़ियलपन के कारण एवं वामपंथ की ओर से कोई कदम उठाए जाने के दबाव के कारण बाध्य होकर कांग्रेस को अधिक संघर्षशील नीति अपनानी ही पड़ी। रामगढ़ कांग्रेस (मार्च 1940) में 'कांग्रेस संगठन के इस योग्य होते ही' सवियन अवज्ञा आंदोलन छेड़ देने की बात कही गई। किंतु इसका समय और स्वरूप क्या होगा, इसे पूर्णरूपेण गांधीजी पर छोड़ दिया गया। अगस्त प्रस्ताव से निराश होकर अंततः गांधीजी ने आंदोलन की अनुमति तो दे दी किंतु यह आंदोलन विचित्र रूप से सीमित और जान-बूझकर प्रभावहीन रखा गया था। भाषण की स्वतंत्रता या और अधिक स्पष्ट रूप से कहें तो सार्वजनिक रूप से युद्ध-विरोधी बातें कहने के अधिकार को एकमात्र मुद्दा बनाया गया था। कांग्रेसी नेता व्यक्तिगत रूप से (पहले वे जिन्हें स्वयं गांधीजी ने चुना था, शुरू में 17 अक्तूबर को विनोबा भावे और फिर 31 अक्तूबर को जवाहरलाल, और उसके बाद बड़े पैमाने पर)

युद्ध-विरोधी भाषण देकर गिरफ्तारियां देने लगे। जून 1941 में आंदोलन के शिखर पर लगभग 20,000 लोग जेल जा चुके थे। किंतु 1941 की शरद् तक यह आंदोलन बिखरने लगा था और अधिकांश कैदियों को रिहा कर दिया गया था। गांधीवादी राष्ट्रीय आंदोलनों में यही सबसे कमजोर और प्रभावहीन आंदोलन था और यह उस आंदोलन से ठीक उलटा था जो एक वर्ष पश्चात् अगस्त 1942 में होनेवाला था। इस आंदोलन का लक्ष्य अंग्रेजों को किसी विशेष कठिनाई में डालना नहीं था, बल्कि कांग्रेस की उपस्थिति महसूस कराना और उस युद्ध के प्रति वैमनस्य प्रकट करना था जो भारतीयों की सहमति के बिना लड़ा जा रहा था। किंतु साथ ही यह आंदोलन इतना उग्र भी नहीं था कि लिनलिथगो को कड़े दमनमूलक कदम उठाने का अवसर मिलता। अंग्रेज अपनी युद्धकालीन शक्तियों को प्रयुक्त करने के लिए अत्यंत उत्सुक थे—यह बात इससे साबित होती है कि आरंभ में नेहरू को चार वर्ष की कड़ी सजा दी गई थी। जनवरी 1941 में बिड़ला के साथ बातचीत करते हुए गांधीजी ने इच्छा प्रकट की कि वे अपने आंदोलन द्वारा उत्पन्न परेशानी को कम करना चाहते हैं। (उदाहरण के लिए, क्रिसमस को, रविवार को या सुबह नौ बजे से पहले कोई सत्याग्रह नहीं रखा गया था।) साथ ही उन्होंने 'अपने युवाओं की मानसिकता' पर भी चिंता व्यक्त की, . . . "दुर्भाग्य से हमरे युवा कम्युनिज्म की ओर आकर्षित होते हैं" *(ठाकुरदास पेपर्स,* फा. नं. 177)। जैसाकि अक्सर पहले भी हुआ था, गांधीवादी रणनीति के दांव-पेंचों के पीछे अधिक संघर्षशील संभावित दबावों की अवहेलना करने की इच्छा भी कार्यरत रही थी।

एम. एन. राय का गुट युद्ध को फासीवाद-विरोधी मानता था और इस कारण उसे बिना शर्त समर्थन देना चाहता था। इस अपवाद को छोड़कर संपूर्ण वामपंथ 1941 के अंत तक युद्ध-विरोधी संघर्ष के लिए प्रयास करता रहा। सुभाष बोस चाहते थे कि भारत अंग्रेजों की मुसीबत से लाभ उठाए और उन्होंने रामगढ़ कांग्रेस के समांतर एक समझौता-विरोधी कांग्रेस की अध्यक्षता भी की जिसमें नरम गांधीवादी नीति की कड़ी आलोचना की गई थी। समाजवादियों की मानसिकता अधिकाधिक संघर्षशील होती जा रही थी। उदारहण के लिए, 1941 में जेल में रहते हुए जयप्रकाश नारायण सशस्त्र संघर्ष चलाने का विचार कर रहे थे। यद्यपि समाजवादियों और कम्युनिस्टों के संबंध पहले ही बिगड़ चुके थे, क्योंकि सी. पी. आई. ने कांग्रेस सोशलिस्ट पार्टी के सर्वोत्तम नेताओं एवं इकाइयों को हथिया लिया था, फिर भी जहां तक युद्ध-संबंधी दृष्टिकोण का प्रश्न था, 1941 के अंत तक दोनों में कोई बड़ा राजनीतिक मतभेद नहीं था। अगस्त 1939 में नाजी-सोवियत संधि के पश्चात् कोमिंटर्न की नीति में एकदम बदलाव आया जिसने यूरोप में कम्युनिस्टों को बड़ी उलझन में डाल दिया था, किंतु भारत में उनके कामरेडों के लिए यही बातें वरदान सिद्ध हुई थीं जिससे वे एक साथ ही सोवियत नीतियों को अंतर्राष्ट्रीय समर्थन

भी दे सकते थे और ब्रिटेन के युद्ध के प्रति राष्ट्रवादी वैमनस्य भी प्रकट कर सकते थे। यह एक ऐसी स्थिति थी जो 22 जून 1941 को रूस पर हिटलर के आक्रमण के बाद एकदम पलट गई।

फिर भी, वामपंथ तीव्र ब्रिटिश दमन के सम्मुख कोई महत्वपूर्ण आंदोलन जारी नहीं रख सका। जुलाई 1940 में सुभाष बोस ने कलकत्ता में हॉल्वेल स्मारक को हटाने की मांग करते हुए एक सफल सत्याग्रह का नेतृत्व किया था। (हॉल्वेल स्मारक तथाकथित कालकोठरी के शिकार हुए अंग्रेजों की स्मृति में बनाया गया था।) इस आंदोलन में मुसलमान विद्यार्थियों ने भी बड़ी संख्या में भाग लिया था क्योंकि यह बंगाल के अंतिम स्वतंत्र मुस्लिम शासक सिराजुद्दौला के सम्मान से जुड़ा था। किंतु हिंदू-मुस्लिम एकता के अतिरिक्त इस सबका महत्व अत्यंत सीमित था। नजरबंद बोस जनवरी 1941 में निकल भागे और अफगानिस्तान से रूस होते हुए जर्मनी पहुंचने में उन्होंने गुप्त कम्युनिस्ट तंत्र की सहायता ली। वे अपनी देशभक्ति के अंतिम और सर्वाधिक नाटकीय चरण में प्रवेश कर चुके थे। किंतु ब्रिटेन के शत्रुओं से सहायता लेने का निर्णय एक अर्थ में आंतरिक शक्तियों की दुर्बलता स्वीकार करना था और यह उन्हीं तरीकों की ओर लौटना था जो प्रथम विश्वयुद्ध के दौरान आतंकवादी क्रांतिकारियों ने अपनाए थे। समाजवादी प्रभुत्ववाली कर्नाटक प्रदेश कांग्रेस कमेटी से संबद्ध मैसूर स्टेट कांग्रेस ने सितंबर 1939 से एक सशक्त, तीन माह लंबा सत्याग्रह आरंभ किया जिसे किसानों का महत्वपूर्ण समर्थन मिला : गिरफ्तार होनेवाले 2,801 लोगों में 641 कृषक थे जबकि वकील केवल 23 ही थे (जेम्स मेनर, *पोलिटिकल चेंज इन ऐन इंडियन स्टेट*, दिल्ली, 1977, पृ. 124)। एक अन्य वामपंथी नियंत्रणवाली कांग्रेस अर्थात् केरल कांग्रेस ने 15 सितंबर 1940 को एक सफल दमन-विरोधी दिवस आयोजित किया जब तेल्लिचेरी, मत्तानूर और मोरझा में पुलिस ने गोली चलाई। मार्च 1941 में उत्तरी मलाबार में किसानों और जमींदारों के संघर्ष में चार किसान किशोरों को मौत की सजा दी गई; ये ही वे 'कय्यूर के शहीद' थे जिनको देशव्यापी ख्याति मिली। उत्तरी बिहार के पूर्णिया में और दिनाजपुर (उत्तरी बंगाल) के ठाकुरगांव उपसंभाग में कम्युनिस्टों के नेतृत्ववाले किसान आंदोलनों ने नई संघर्षशीलता अपनाई और पहली बार मंझोले किसानों से लेकर आदिवासियों एवं अर्ध-आदिवासी बंटाईदारों (संथालों और राजवंशियों) तक फैल गए। किंतु स्पष्ट है कि ऐसे छिटपुट एवं स्थानीय संघर्ष ब्रिटिश शासन के लिए देशव्यापी चुनौती नहीं हो सकते थे।

आर्थिक परिणाम

1939 और 1941 के बीच राष्ट्रीय आंदोलन की दुर्बलता के कदाचित् कुछ आर्थिक कारण भी थे। जनता के अनेक भागों के लिए यह दूरस्थ युद्ध हानिकारक होने के स्थान पर कुल मिलाकर लाभदायक ही सिद्ध हो रहा था।

कृषि उत्पादों के मूल्यों में अभी अत्यधिक वृद्धि तो नहीं हुई थी, फिर भी मंदी के लंबे दशक के बाद अधिकांश किसानों को राहत मिली थी। जैसाकि पहले विश्वयुद्ध के समय हुआ था, युद्धकालीन मांग के कारण भारतीय औद्योगिक विकास को बड़ा बल मिला क्योंकि आयात बंद हो गए थे और बाध्य होकर स्वेदशी वस्तुओं पर ही निर्भर रहना पड़ रहा था, यद्यपि अपनी ओर से अंग्रेजों ने भारतीय प्रयासों को (उदाहरण के लिए, वालचंद हीराचंद और मैसूर के दीवान मिर्ज़ा इस्माइल के प्रयासों को) हतोत्साहित करने का पूरा प्रयास किया। ये प्रयास भारतीय उद्योगपति स्वचालित वाहनों, जहाजों और हवाई जहाजों का उत्पादन आरंभ करने की दिशा में कर रहे थे। 1939 और 1942 के बीच कारखानों में रोजगार 31 प्रतिशत बढ़ गया जबकि 1922 से 1939 के बीच यह 13,61,000 से बढ़कर 17,51,000 ही हो पाया था (वाडिया और मर्चेंट, *ऑवर इकोनॉमिक प्रॉब्लम,* छठा संस्करण, 1959, पृ. 335)। श्रमिक असंतोष को, जो युद्ध-प्रयासों के लिए गंभीर खतरा हो सकता था, बड़े शहरों में महंगाई भत्ते में पर्याप्त बढ़ोतरी करके और कम मूल्य पर आवश्यक वस्तुएं उपलब्ध करवाकर नियंत्रण में रखा गया था। भारतीय व्यापारियों और दुकानदारों के लिए युद्ध का तात्पर्य था शीघ्र लाभ कमा लेने का मौका, विशेष रूप से जब तक वह दूर था और इससे बमबारी द्वारा संपत्ति के नष्ट होने या जगह छोड़कर जाने का खतरा नहीं पैदा होता था। खलीकुज्जमां एक रोचक बात बताते हैं कि बड़े व्यापारी और 'हमारे मुस्लिम ताल्लुकेदार और जमींदार', दोनों ही मुस्लिम लीग पर अंग्रेजों से अधिकाधिक सहयोग करने के लिए जोर डाल रहे थे। ये जमींदार और ताल्लुकेदार "लकड़ी, कोयला और अन्य छोटी-मोटी वस्तुओं की आपूर्ति के ठेके प्राप्त करने में रुचि रखते थे। जीवन में एक बार मिले इस मौके को वे गंवाना नहीं चाहते थे" (*पाथवे टु पाकिस्तान*, पृ. 243)। यह अनुमान करना अनुचित न होगा कि कांग्रेस पर भी ऐसे ही दबाव पड़ते रहे हों।

युद्ध का नया चरण

1941 के उत्तरार्द्ध में होनेवाली दो अंतर्राष्ट्रीय घटनाओं ने भारत की स्थिति को एकदम बदल दिया : रूस पर हिटलर का आक्रमण और दिसंबर 1941 से दक्षिण-पूर्वी एशिया में जापान का नाटकीय अभियान जिसने चार महीनों के भीतर ही अंग्रेजों को मलाया, सिंगापुर और बर्मा से खदेड़ दिया और जिससे भारत में भी ब्रिटिश साम्राज्य के अचानक समाप्त हो जाने का खतरा उत्पन्न हो गया।

रूस पर जर्मनी के आक्रमण ने भारतीय कम्युनिस्टों को बड़ी दुःखद उलझन में डाल दिया। भारत में अंग्रेजों की नीतियां पहले की ही भांति दमनमूलक एवं प्रतिक्रियावादी बनी रहीं, मगर ब्रिटेन अब विश्व के एकमात्र समाजवादी देश का मित्र था जो अपने अस्तित्व के लिए प्राणपण से जूझ रहा

था। 6 महीनों की हिचकिचाहट और आंतरिक बहस के बाद जनवरी 1942 में सी. पी. आई. विश्व कम्युनिस्ट आंदोलन के साथ उठ खड़ी हुई और उसने फासीवाद-विरोधी 'जनयुद्ध' को पूर्ण समर्थन देने का आह्वान किया; साथ ही उसने कांग्रेस की स्वतंत्रता के वादे एवं तत्काल एक राष्ट्रीय सरकार के गठन संबंधी मांगों को दोहराया। (ये मांगें अब महत्वपूर्ण किंतु युद्ध का समर्थन करने के लिए अनिवार्य शर्तें नहीं मानी जा रही थीं।) रूस के साथ सहानुभूति और चिंता केवल कम्युनिस्टों तक ही सीमित नहीं थी। अगस्त 1941 में मृत्यु-शैया पर पड़े रवींद्रनाथ ने रूस का समाचार जानना चाहा था और विश्वास प्रकट किया था कि केवल रूसी ही 'दानवों' को रोकने में समर्थ होंगे। अपनी गहन अंतर्राष्ट्रीय एवं फासीवाद-विरोधी प्रतिबद्धता एवं युद्ध में जूझ रहे रूस और चीन के प्रति प्रशंसा-भाव के कारण नेहरू ने क्रिप्स मिशन के दौरान इस बात का पूरा प्रयास किया कि किसी प्रकार का समझौता हो जाए ताकि युद्ध में भारत का समर्थन मिल सके। उन्होंने सार्वजनिक रूप से जापानी आक्रामकों के विरुद्ध छापामार प्रतिरोध अपनाए जाने की आवश्यकता की भी बात की और आंरभ में वे 'भारत छोड़ो' आंदोलन के प्रति अत्यंत सशंक थे। तथापि भारतीय देशभक्तों में अधिकांश से, चाहे कांग्रेसी दक्षिणपंथी हों, गांधीवादी हों, समाजवादी हों या बोस के अनुयायी, ऐसे सार्वभौम दृष्टिकोण की आशा नहीं की जा सकती थी। उनमें से अधिकांश तो यह सोच रहे थे कि इस समय ब्रिटेन हार रहा है और भरपूर चोट करके स्वतंत्र हो जाने का यही समय है।

क्रिप्स मिशन

युद्ध भारत के निकट आ रहा था (15 फरवरी 1942 को सिंगापुर का पतन हुआ, 8 मार्च को रंगून का और 23 मार्च को अंडमान द्वीपसमूह का)। अंततः अंग्रेजों को इस बात का एहसास हुआ कि सद्‌भावनापूर्ण कदम उठाकर भारतीय जनमत को अपने पक्ष में करना आवश्यक हो गया है। दिसंबर 1941 में चर्चिल के साथ बातचीत में रूजवेल्ट ने भारत में राजनीतिक सुधारों का प्रश्न उठाया, 2 फरवरी को सप्रू एवं जयकर जैसे उदारवादी नेताओं ने तत्काल डोमिनियन स्टेटस दिए जाने एवं वायसरॉय की कार्यकारिणी को विस्तृत करके राष्ट्रीय सरकार बनाए जाने की अपील की और फरवरी में च्यांग काई-शेक ने अपनी भारत-यात्रा के दौरान 'स्वाधीनता के लिए भारत की आकांक्षाओं' के प्रति सहानुभूति प्रकट की। इस सबसे ब्रिटेन के अपेक्षतया भारत की हिमायत करनेवाले समूहों, युद्धकालीन मंत्रिमंडल के क्रिप्स और एटली जैसे उदारवादी सदस्यों और 1931 में गांधीजी की यात्रा के दौरान अगाथा हैरीसन के नेतृत्व में स्थापित क्वैकर-प्रधान इंडिया कंसिलिएशन ग्रुप के लिए मार्ग प्रशस्त हुआ जिससे 1938 में नेहरू के मैत्रीपूर्ण संबंध बन गए थे। क्रिप्स दिसंबर 1939 में निजी रूप से भारत की यात्रा पर आए थे और संयुक्त प्रांत के उदीयमान

लीगी नेता लियाकत अली खान से बातचीत करके इस नतीजे पर पहुंचे कि जून 1938 के फिलकिंस सूत्र में कुछेक संशोधन अपेक्षित हैं। "एक ढीले-ढाले-से संघ की तसवीर उभरती है ··· जिसमें प्रांतों को, यदि वे चाहें तो, संघ छोड़ने का अधिकार है।" यही 'प्रांतों के वरण' के विचार का मूल था जो दो वर्ष पश्चात् क्रिप्स की योजना का आधार बननेवाला था (आर. जे. मूर, *चर्चिल, क्रिप्स एंड इंडिया, 1939-45*, ऑक्सफोर्ड, 1979, पृ. 12)।

1942 में मार्च के प्रथम सप्ताह में क्रिप्स ने युद्धकालीन मंत्रिमंडल को इस बात के लिए सहमत कर लिया कि एक ऐसा प्रारूप घोषित कर दिया जाए जिसमें अलहदगी के अधिकार की, प्रांतीय विधायिकाओं द्वारा चुनी हुई 'संविधान-निर्मात्री सभा' की, और प्रांतों को इसमें सम्मिलित न होने के अधिकार की और रजवाड़ों को अपने प्रतिनिधि भेजने के अधिकार सहित भारत को डोमिनियन स्टेटस दिए जाने की बात हो। अनुच्छेद ('इ') में "भारतीय जनता के प्रमुख भागों के नेताओं को अपने देश के महत्वपूर्ण मुद्दों पर विचार-विमर्श में तत्काल और प्रभावी रूप से भाग लेने के लिए" आमंत्रित किया गया था, किंतु साथ ही इस बात पर भी बल दिया गया था कि युद्ध के समय "भारत की सुरक्षा का नियंत्रण एवं निर्देशन" अंग्रेजों के हाथ में रहना आवश्यक है। यह घोषणा तत्काल प्रकाशित नहीं की गई, किंतु 23 मार्च को इसके आधार पर भारतीय नेताओं से समझौते की बातचीत करने क्रिप्स भारत आए। लिनलिथगो ने त्यागपत्र देने की धमकी दी, किंतु चर्चिल ने उन्हें समझाया कि "दुर्भाग्यपूर्ण अफवाहों, प्रचार और अमरीका के सामान्य दृष्टिकोण को देखते हुए शुद्ध रूप से नकारात्मक रवैया अपनाना असंभव होगा और क्रिप्स मिशन इस बात का प्रमाण होगा कि हमारी नीयत साफ है ···। यदि भारतीय दल इसे अस्वीकार कर देते हैं ··· तो दुनिया के सामने हमारी ईमानदारी सिद्ध हो जाएगी ···" (लिनलिथगो को चर्चिल का पत्र, 10 मार्च 1942, एन. मैंसर्ग (सं.), *ट्रांसफर ऑफ पॉवर,* खंड 1, लंदन, 1970, पृ. 394-95)।

क्रिप्स मिशन आरंभ से ही अनेक अस्पष्टताओं और गलतफहमियों से ग्रस्त रहा और अंत में उन्हीं के कारण असफल भी रहा। चर्चिल ने लिनलिथगो को आश्वासन दिया था कि "वे (क्रिप्स) तो प्रारूप की घोषणा से बंधे हैं जो कि हमारी अंतिम सीमा है।" किंतु ऐसा प्रतीत होता है कि क्रिप्स नेहरू और आज़ाद के साथ बातचीत करते समय उस सीमा से कहीं आगे बढ़ गए जिसके पीछे स्वयं उनकी समझौते की इच्छा तो थी ही, साथ में आरंभ में कांग्रेस की प्रतिक्रिया भी नकारात्मक नहीं रही थी। स्वाभाविक था कि कांग्रेस का रवैया उन धाराओं के प्रति अत्यंत आलोचनात्मक था जिनमें शासकों द्वारा रजवाड़ों के प्रतिनिधियों के नामांकन की और प्रांतों के ऐच्छिक रूप से सम्मिलित होने की बात कही गई थी। (एमरी ने 2 मार्च को निजी तौर पर स्वीकार किया कि यह 'पाकिस्तान की संभावना की पहली सार्वजनिक स्वीकृति' थी, वही,

पृ. 282-83 ।) क्रिप्स मिशन जब तक भारत में रहा, गांधीजी पृष्ठभूमि में ही रहे। किंतु कांग्रेस की ओर से बातचीत करनेवाले नेहरू और आज़ाद ने पूरे समय बातचीत को अनुच्छेद ('इ') के तत्काल परिवर्तन संबंधी प्रावधानों पर ही केंद्रित रखा। लगता है क्रिप्स ने उन्हें यह बताया था कि नई कार्यकारिणी कैबिनेट प्रणालीवाली सरकार के बराबर होगी—औपचारिक रूप से नहीं (क्योंकि 1935 के कानून को युद्ध-काल में बदला नहीं जा सकता था) किंतु परंपराओं द्वारा व्यवहार में, ठीक उसी प्रकार जिस प्रकार गवर्नरों की विशेष शक्तियों के कारण 1937-39 के दौरान प्रांतों में कांग्रेसी मंत्रिमंडलों के प्रभावी रूप से शासन करने में वस्तुतः कोई बाधा नहीं पड़ी थी। 4 अप्रैल को क्रिप्स ने चर्चिल को भेजे गए तार में उस 'नई व्यवस्था' का उल्लेख किया "जिसके द्वारा कार्यकारिणी परिषद एक कैबिनेट के बराबर होगी . . . " (वही, पृ. 636)।

परिणामस्वरूप बातचीत प्रतिरक्षा के नियंत्रण पर ही केंद्रित रही। यहां भी 9 अप्रैल को एक समझौता पहुंच के भीतर प्रतीत हुआ जिसका श्रेय कर्नल जॉनसन के मध्यस्थता संबंधी प्रयासों को जाता है। कर्नल जॉनसन रूजवेल्ट के निजी प्रतिनिधि थे जो सैन्य समस्याओं पर विचार-विमर्श करने के लिए नई दिल्ली आए हुए थे। एक समझौते का सूत्र बनाया गया जिसके अनुसार कोई भारतीय प्रतिरक्षा विभाग का प्रभारी होता और ब्रिटिश सेनापति मैदानी कार्रवाइयों पर नियंत्रण रखता तथा युद्ध-विभाग का प्रमुख होता जिसके प्रकार्य सुनिश्चित होते। किंतु तब तक लिनलिथगो और सेनापति वेवेल यह सोचकर चिंतित हो उठे थे कि क्रिप्स कांग्रेस को कुछ अधिक ही शक्तियां प्रदान कर रहे हैं, और उन्होंने अंतिम क्षण चर्चिल के साथ मिलकर समझौते में बाधा डाल दी। 9 अप्रैल को युद्धकालीन मंत्रिमंडल ने क्रिप्स के नाम एक तार भेजा जिसमें लिनलिथगो और वेवेल से ठीक प्रकार परामर्श न लेने के लिए तथा जॉनसन को अधिक ढील देने के लिए उनकी खिंचाई की गई थी। आगे इसमें 'राष्ट्रीय सरकार का हवाला देने' की भी निंदा की गई थी और इस बात पर जोर दिया गया था कि "सारे मामले को पुनः मंत्रिमंडल योजना पर लाया जाए जिसकी हिमायत करने के लिए आप गए थे" (वही, पृ.707-8)। उस शाम कांग्रेस के प्रतिनिधियों ने क्रिप्स को एक नितांत भिन्न राग अलापते पाया और बातचीत अचानक ही टूट गई।

नेहरू ने अपनी ओर से इस बात का भरसक प्रयास किया कि समझौता हो जाए। इसका मुख्य कारण यह था कि वे भारतीय जनमत को सच्चे ढंग से फासीवाद-विरोधी युद्ध के पक्ष में करना चाहते थे, जबकि वर्किंग कमेटी के अधिकांश सदस्य और स्वयं गांधीजी इस संबंध में उदासीन रहे थे। अब नेहरू अत्यंत असमंजसपूर्ण स्थिति में पड़ गए थे। उधर क्रिप्स भी अपना राजनीतिक जीवन बचाने के लिए बातचीत असफल होने का सारा दोष अत्यंत अनुचित ढंग से कांग्रेस पर डाल रहे थे। इस संबंध में कांग्रेस का क्या पक्ष था, यह 13 अप्रैल को नेहरू द्वारा कृष्ण मेनन को भेजे गए संक्षिप्त तार में

दिखाई देता है : "आरंभिक चरणों में क्रिप्स का एक राष्ट्रीय मंत्रिमंडल और वायसरॉय का सम्राट की भांति उसका संवैधानिक प्रमुख होने की बात कहना, बशर्ते कि प्रतिरक्षा आरक्षित विषय हो। अतः बातचीत प्रतिरक्षा पर ही केंद्रित ... अंत में क्रिप्स का कथन ... कि संयुक्त उत्तरदायित्ववाला राष्ट्रीय मंत्रिमंडल संभव नहीं, न ही वायसरॉय की शक्तियों और वीटो द्वारा हस्तक्षेप के प्रयोग के संबंध में कोई आश्वासन देना। यह तसवीर क्रिप्स की मूल बात से नितांत भिन्न। इसे राष्ट्रीय सरकार कहना अथवा लोगों में जोश जगाना दोनों ही असंभव ... " (आर. जे. मूर, पृ. 129-30)। जहां तक अंग्रेजों का संबंध है, इस मामले में धोखाधड़ी हुई थी और दोहरी चाल चली गई थी; हां, इस बात में अवश्य मतभेद हो सकता है कि स्वयं क्रिप्स इसमें जान-बूझकर सम्मिलित हुए थे या अनजाने । चर्चिल के लिए तो निस्संदेह "कुछ किया जाना उतना जरूरी नहीं था जितना यह कि कुछ किए जाने का प्रयास होता दिखे" (टॉमलिंसन, *दि इंडियन नेशनल कांग्रेस एंड दि राज*, पृ. 156), और उन्होंने 11 अप्रैल को क्रिप्स को यह सिद्ध करने के लिए बधाई दी कि ... "समझौता करने की अंग्रेजों की कितनी इच्छा थी ...। इसका प्रभाव ब्रिटेन और संयुक्त राज्य अमरीका में पूर्णतः लाभकारी रहा है" (मैंसर्ग, खण्ड 1, पृ. 739)।

इस प्रकार क्रिप्स मिशन की असफलता का दायित्व तो पूर्ण रूप से अंग्रेजों पर ही जाता है, किंतु साथ ही यह भी सत्य है कि अधिकांश कांग्रेसी नेताओं और कार्यकर्त्ताओं में आरंभ से ही इसके प्रति उत्साह संभवतः नहीं था। वस्तुतः स्थिति अब तेजी से 1942 के भारत छोड़ो आंदोलन के पूर्ण संघर्ष की ओर बढ़ रही थी।

1942-1945 : भारत-छोड़ो आंदोलन, अकाल, और युद्ध का अंतिम चरण

विद्रोह के स्रोत

1942 के ग्रीष्म में गांधीजी एक विचित्र एवं अनोखी संघर्षशील मनःस्थिति में थे। वे बारंबार अंग्रेजों से कह रहे थे कि वे भारत को ईश्वर या अराजकता के भरोसे छोड़ दें—"इस सुव्यवस्थित अनुशासनपूर्ण अराजकता को जाना ही होगा, और यदि इसके परिणामस्वरूप पूर्ण अव्यवस्था की स्थिति उत्पन्न होती है तो मैं यह खतरा उठाने के लिए तैयार हूं" (गांधीजी के 16 मई के प्रेस साक्षात्कार की रिपोर्ट देते हुए लिनलिथगो का एमरी को पत्र, मैंसर्ग, खंड 2, पृ. 96)। यदि अंग्रेज चले जाते हैं तो 'जापानी अवश्य अपनी योजनाओं पर पुनर्विचार करेंगे' (*हरिजन* में 3 मई का लेख) और जो कुछ भी हो, यह भारतीयों पर ही छोड़ दिया जाना चाहिए कि वे इस समस्या का सामना कैसे करते हैं। यद्यपि अहिंसा की आवश्यकता पर सदा ही बल दिया जाता रहा

और 8 अगस्त 1942 को अखिल भारतीय कांग्रेस कमेटी के अधिवेशन में पारित प्रसिद्ध 'भारत छोड़ो' प्रस्ताव में 'अहिंसक रूप से जितना संभव हो उतने बड़े स्तर पर जन-संघर्ष' का आह्वान किया गया था जो 'अपरिहार्य रूप से' गांधीजी के नेतृत्व में होता, किंतु इसमें यह भी कहा गया था कि यदि कांग्रेस के सभी नेता गिरफ्तार हो जाएं तो "स्वाधीनता की इच्छा एवं प्रयास करनेवाला प्रत्येक भारतीय स्वयं अपना मार्गदर्शक बने ···। प्रत्येक भारतीय अपने-आपको स्वाधीन समझे ··· केवल जेल जाने से ही काम नहीं चलेगा।" उसी दिन अपने भावपूर्ण 'करो या मरो' का आह्वान करनेवाले भाषण में गांधीजी ने यह घोषणा की, ··· "यदि आम हड़ताल करना आवश्यक हो तो मैं उससे पीछे नहीं हटूंगा"—यह गांधीजी का एक अन्य वक्तव्य था जो उनके स्वभाव के अनुकूल नहीं था और यह उन्होंने 6 अगस्त को एक साक्षात्कार में दिया था। यह भी ध्यान में रखना चाहिए कि गांधीजी पहली बार राजनीतिक हड़तालों का समर्थन करने के लिए तैयार हुए थे और वह भी ऐसे समय जब कम्युनिस्टों का उनसे अलग रहना निश्चित था। इस प्रकार 1928-29 या 1930-40 के दौरान वामपंथी नेतृत्ववाली श्रमिक संघर्षशीलता के समय की तुलना में गांधीजी के रवैये में बड़ा भारी परिवर्तन आया था। 14 जुलाई को वर्किंग कमेटी की वर्धा बैठक के प्रस्ताव में भी सामाजिक संघर्षशीलता का असामान्य स्वर था : "राजा, जागीरदार, जमींदार और संपत्तिवान एवं धनवान वर्ग अपनी धन-संपत्ति खेतों, कारखानों एवं अन्य स्थानों में कार्य करनेवाले श्रमिकों से ही पाते हैं, जिन्हें अंततः शक्ति और सत्ता मिलनी चाहिए" (मैंसर्ग, खंड 2, पृ. 388)।

इस नए दृष्टिकोण ने कांग्रेस के भीतर की सभी पुरानी कतारबंदियों को अस्त-व्यस्त कर दिया। क्रिप्स मिशन के असफल हो जाने के बाद 27 अप्रैल से 1 मई तक चलनेवाले वर्किंग कमेटी के अत्यंत महत्वपूर्ण अधिवेशन में गांधीजी के कड़े रवैये का समर्थन करनेवालों में पटेल, राजेंद्रप्रसाद और कृपलानी जैसे दक्षिणपंथी थे तो समाजवादी (अच्युत पटवर्धन और नरेंद्रदेव) भी थे, जबकि नेहरू ने स्वयं को परम नरमदलीय राजगोपालाचारी और भूलाभाई देसाई के साथ खड़ा पाया। राजाजी 1942 के आरंभ से ही मुस्लिम लीग के साथ थोड़ा समझौता किए जाने की आवश्यकता पर बल दे रहे थे। इसके लिए स्वाधीनता-प्राप्ति के पश्चात् जनमत-संग्रह के आधार पर मुस्लिम-बहुल क्षेत्रों के अलहदगी के अधिकार को मान्यता देने की बात कही गई थी। एक अन्य विचित्र गठजोड़ के अंतर्गत कम्युनिस्टों ने भी कुछ ऐसा ही रवैया अपनाया जब उन्होंने बंबई में अखिल भारतीय कांग्रेस कमेटी में मुस्लिम लीग के साथ इस आधार पर संयुक्त मोर्चा बनाए जाने की हिमायत की कि जनसंख्या के किसी भी 'कमोबेश समांग हिस्से को अलहदगी का अधिकार' हो (8 अगस्त के प्रस्ताव में डॉ. के. एम. अशरफ और एस. जी. सरदेसाई के संशोधन)। अंत में नेहरू अपने संशय दबा गए और, जैसाकि पहले भी बहुधा

किया था, उन्होंने 'भारत छोड़ो' प्रस्ताव प्रस्तुत कर दिया, जिसका विरोध करनेवाले केवल कम्युनिस्ट सदस्य थे। (भूलाभाई और राजाजी जुलाई में ही त्यागपत्र दे चुके थे।)

'भारत छोड़ो' आंदोलन के दौरान और उसके पश्चात् भी टोटेनहैम के *कांग्रेस रिस्पांसिबिलिटी फार दि डिस्टर्बेंसेज* जैसे ब्रिटिश दस्तावेजों (फरवरी 1943) में बार-बार कहा गया कि इन उपद्रवों के पीछे धुरी शक्तियों के प्रति गुप्त सहानुभूति निहित थी। इस भारी जन-आंदोलन के निर्मम दमन के लिए फासीवाद-विरोधी विश्व-जनमत को अपने पक्ष में करने का सर्वोत्तम उपाय यह था कि इसे सायास राजद्रोहमूलक षड्यंत्र घोषित कर दिया जाए। कांग्रेस को बदनाम करने की इस मुहिम में इस बात को जान-बूझकर भुला दिया गया था कि पूरे चौथे दशक में कांग्रेस बराबर फासीवाद-विरोधी रवैया अपनाती रही थी (जबकि अंग्रेज स्पेन, ऑस्ट्रिया और चेकोस्लोवाकिया को फासिस्टों के हाथ बेच रहे थे) और 1 मई, 14 जुलाई और 8 अगस्त को क्रमशः इलाहाबाद, वर्धा और बंबई के प्रस्तावों में रूस और चीन के प्रति बारंबार सहानुभूति प्रकट की गई थी और मित्रदेशों के प्रति समर्थन व्यक्त किया गया था। यहां तक कि अपने 'करो या मरो' भाषण में भी गांधीजी ने कहा था कि "मैं रूस या चीन की हार का कारण नहीं बनना चाहता।" उन्होंने मई में एक निजी बातचीत (जिसकी रिपोर्ट किसी कम्युनिस्ट ने पी. सी. जोशी को एक पत्र में दी थी, मगर यह पत्र पुलिस ने बीच में ही पकड़ लिया था) में भी उन लोगों से अपनी स्पष्ट असहमति प्रकट की थी जिनका विचार था कि जापानी 'मुक्तिदाता' हो सकते थे। "वस्तुतः मैं समझता हूं कि हमें सुभाष बोस का प्रतिरोध करना पड़ेगा" (1-बी टिप्पणी, 26 मई, मैंसर्ग, खंड 2, पृ. 127-32)। फिर भी एक वास्तविक अंतर था जो अगस्त 1942 के बाद कम्युनिस्टों के लिए एक खाई का रूप धारण कर चुका था। यह अंतर था अल्पमत (जिसमें नेहरू भी सम्मिलित थे) और अधिकांश देशभक्तों के बीच। इन अल्पमतवालों का विचार था कि रूस की पराजय और हिटलर एवं तोजो की विजय के बाद यह विश्व रहने लायक नहीं रह जाएगा, जबकि अंग्रेजों की हठधर्मिता और अंधेर से तंग आ चुके अधिकांश देशभक्तों का विचार था कि मित्रदेशों की पराजय से भारत का राष्ट्रीय हित होता हो तो अवसर का लाभ उठाया जाना चाहिए। अप्रैल में कांग्रेस वर्किंग कमेटी के इलाहाबाद अधिवेशन में गांधीजी द्वारा प्रस्तुत प्रस्ताव के मूल प्रारूप में ये वाक्य थे : "यदि भारत स्वतंत्र हो जाए तो उसका पहला कदम जापान से समझौते की बातचीत करना होगा . . . भारत की जापान से कोई शत्रुता नहीं है।" अधिवेशन के दौरान जवाहरलाल का यह कहना बहुत सटीक था कि "गांधीजी समझते हैं कि जापान और जर्मनी जीतेंगे। और यही बात अनजाने रूप से उनके सोच को प्रभावित कर रही है" (*कांग्रेस रिस्पांसिबिलिटी फॉर दि डिस्टर्बेंसेज,* परिशिष्ट 1)। स्मरण रहे कि 1942 के मध्य में स्तालिनग्राद में पासा पलट

जाने से पहले मित्रदेशों की पराजय का पूरा-पूरा खतरा था।

9 अगस्त की सुबह नेताओं के गिरफ्तार हो जाने के पश्चात् जो व्यापक और स्वतःस्फूर्त जन-आंदोलन उमड़ा, उसकी कांग्रेसी नेताओं की गणित के सहारे आंशिक व्याख्या ही की जा सकती है। यहां यह कहना आवश्यक है कि 'भारत छोड़ो' प्रस्ताव भी भावी आंदोलन की विस्तृत गतिविधियों के संबंध में पर्याप्त अस्पष्ट था। इसमें आगे बातचीत का रास्ता बंद नहीं किया गया था, बल्कि इस सारे मामले को कलाबाजी या सौदेबाजी का व्यवहार कहा जा सकता है। इसके बाद होनेवाले विस्फोट का कारण भी यह था कि अंग्रेजों ने बड़े पैमाने पर दमन की नीति अपना ली थी। भारी प्रयास करके भी अंग्रेज यह सिद्ध करने में असफल रहे कि 9 अगस्त से पूर्व कांग्रेस ने सचमुच हिंसक विद्रोह करने की योजना बनाई थी। उदाहरण के लिए, आंध्र की प्रदेश कांग्रेस कमेटी के 29 जुलाई 1942 के जिस बगश्ती खत को टोटेनहैम-रिपोर्ट में उद्‌धृत किया गया था उसमें कांग्रेसियों को केवल "तैयार रहने, एकदम संगठित होने, चौकस रहने, किंतु किसी भी स्थिति में तब तक कार्रवाई न करने के लिए कहा गया था जब तक कि महात्माजी तय नहीं कर लेते।" इस गश्ती खत में छः चरणोंवाले जिस कार्यक्रम की रूपरेखा दी गई थी उसमें मुख्य रूप से नमक-सत्याग्रह, न्यायालयों, स्कूलों और सरकारी नौकरियों का बहिष्कार, विदेशी कपड़े एवं शराब की दुकानों पर धरने और 'लगभग अंतिम चरण में' लगानों की नाअदायगी (लेकिन केवल तभी 'जब जमींदार आंदोलन में सम्मिलित न हों') जैसे पारंपरिक गांधीवादी कार्यक्रम ही थे। इसमें 'श्रमिक-हड़तालें' आयोजित करने की बात भी कही गई थी और 'केवल जंजीर खींचकर रेलगाड़ी रोकने', बिना टिकट यात्रा करने और टेलीफोन एवं टेलीग्राफ के तार काटने जैसी बातों पर 'प्रतिबंध तो नहीं था किंतु उन्हें प्रोत्साहित भी नहीं करने' का उल्लेख था। 9 अगस्त के बाद भारत के अनेक भागों में संचार-साधनों एवं सत्ता के सभी प्रतीकों पर जो भारी और हिंसक जन-आक्रमण हुए, उनकी तुलना में यह थोड़ा अतिवादी प्रतीत होनेवाला दस्तावेज कुछ भी नहीं था।

अतः स्पष्ट है कि भड़कानेवाली कार्रवाई अंग्रेजों की ही ओर से हुई थी। जैसाकि हम देख चुके हैं, युद्ध आरंभ होने के समय से ही नौकरशाही 1932 के ढर्रे पर कांग्रेस का व्यापक दमन करने के लिए उतावली हो रही थी। उसने समझौते के सभी प्रयासों को विफल कर दिया था और स्पष्ट रूप से संघर्ष चाहती थी। अंग्रेजों को इसका परिणाम भुगतना पड़ा और इतना, जिसकी उन्होंने कल्पना भी नहीं की थी। अपेक्षाकृत सरलता से कुचले जा सकनेवाले 1932 जैसे असहयोग आंदोलन के स्थान पर 9 अगस्त से एक ऐसा आंदोलन विकसित हुआ जिसे 31 अगस्त को लिनलिथगो ने निजी रूप से "1857 के बाद का सबसे गंभीर विद्रोह" कहा "जिसकी गंभीरता एवं विस्तार को हम अब तक सैन्य सुरक्षा की दृष्टि से दुनिया से छिपाए हुए हैं" (चर्चिल को भेजा गया तार, मैंसर्ग, खंड 2, पृ. 853)। आवश्यकता उन गहन

कारणों को समझने की है जो अगस्त 1942 में लोगों की इस नई मनोवृत्ति के पीछे निहित थे जिसे निश्चय ही गांधीजी ने कम्युनिस्टों की अपेक्षा बेहतर समझा था जो जन-युद्ध की बात करते थे जोकि सैद्धांतिक रूप से अनुचित भी नहीं था।

दक्षिण-पूर्वी एशिया में एक पूर्वी ताकत की विजय और अंग्रेजों की करारी हार ने न केवल गोरों की प्रतिष्ठा को धूल चटा दी, बल्कि एक बार फिर भारत के शासकों की घोर नस्लपरस्ती को बेनकाब कर दिया। मलाया, सिंगापुर और बर्मा से अपने कायरतापूर्ण पलायन के दौरान यूरोपीयों ने यातायात के सभी साधनों को अपने अधिकार में कर लिया था और वहां के भारतीय प्रवासियों को उन्हीं के हाल पर छोड़ दिया था जिन्हें अत्यंत कठिन परिस्थितियों में जंगल और पहाड़ लांघकर पैदल ही आना पड़ा। इसके परिणामस्वरूप गोरों के विरुद्ध रोष उत्पन्न हुआ और यह आशा भी कि अंग्रेजों का राज समाप्त होनेवाला है। अगस्त 1942 में जनसामान्य की आम मनःस्थिति ऐसी ही थी।

यह कदाचित् संयोग मात्र नहीं था कि पूर्वी और पश्चिमी संयुक्त प्रांत और उत्तरी बिहार, जहां 'अगस्त का विद्रोह' चरम सीमा पर रहा था, पारंपरिक रूप से दक्षिण-पूर्वी एशिया एवं विश्व के अन्य भागों में भेजे जानेवाले प्रवासी श्रमिकों का एक प्रमुख स्रोत भी थे। उदाहरण के लिए, आजमगढ़ जिले में प्रतिवर्ष 30 लाख रुपया विदेशों से मनीआर्डर द्वारा आता था (एच. आर. निबलेट, *कांग्रेस रिवेलियन इन आजमगढ़*, इलाहाबाद, 1957, पृ. 2)। विदेशों में अंग्रेजों द्वारा अपने हाल पर छोड़ दिए गए और भटकते हुए स्वदेश लौटनेवाले भारतीयों और रेलगाड़ी भर-भरकर बर्मा के मोर्चे से घायल होकर लौटनेवाले सिपाहियों को देखकर आम जनता में उस युद्ध के प्रति रोष और शत्रुता की भावना बढ़ी जो उसके लिए विदेशी और अर्थहीन था और जो उसके लिए केवल दुःख और कष्ट ही लाया था। साथ ही विदेशी शासन के समाप्त होने की एक अंतर्भासी आशा भी थी। भारत में स्थित अंग्रेज, अमरीकी और आस्ट्रेलियाई सैनिकों का व्यवहार भी 'जन-युद्ध' में लड़ रहे आदर्श धर्म-योद्धाओं का-सा नहीं था। नस्ल-भेद पर आधारित दुर्व्यवहार, विशेषकर बलात्कार की घटनाएं बढ़ रही थीं, और कांग्रेस बार-बार विदेशी सैनिकों द्वारा स्त्रियों के शील-भंग के विरुद्ध आवाज उठा रही थी। इस बीच मूल्यों में भी अत्यधिक वृद्धि होती जा रही थी (उदाहरण के लिए, पूर्वी संयुक्त प्रांत में अप्रैल और अगस्त 1942 के बीच खाद्यान्नों में 60 प्वाइंट की वृद्धि हुई थी) और विशेष रूप से चावल और नमक की कमी हो गई थी (बर्मा से चावल का आयात रुक गया था)। अंग्रेज स्वदेश में कठोर समतामूलक खाद्य-वितरण की अत्यंत सक्षम युद्धकालीन अर्थव्यवस्था चला रहे थे, परंतु अपने उपनिवेशों में फैली हुई कालाबाजारी और भोज्य-सामग्री की अंधाधुंध मुनाफाखोरी को रोकने के लिए कोई विशेष प्रयास नहीं कर रहे थे जिसका सीधा परिणाम 1943 में बंगाल का भयंकर अकाल था। खाद्यान्नों की कीमतों के बढ़ने के

साथ ही उनकी कमी और देश में मित्रदेशों की सेनाओं के विशाल जमाव को देखते हुए आम जनता की यह आशंका निर्मूल नहीं थी कि देश के खाद्यान्न भंडार को सेना चट कर जा रही थी। नौकरशाहों द्वारा युद्ध के कुप्रबंध की पराकाष्ठा बंगाल संबंधी आदेश में देखने को मिली जिसमें सभी देशी नावों को जब्त करके नष्ट करने की हिदायत दी गई थी। 1942 के मध्य में अंग्रेजों को इस बात का विश्वास नहीं था कि यदि जापानी आक्रमण कर दें तो क्या वे असम और बंगाल को बचा पाएंगे, और वे पीछे हटते हुए छोटा नागपुर पठार की सुरक्षा-पंक्ति की आड़ में जाने की तैयारी कर रहे थे। रूस में सर्वक्षार की रणनीति को प्रभावी ढंग से प्रयुक्त किया जा रहा था। वहां सच्चे देशभक्तिपूर्ण युद्ध को लड़ने में रूसी लोगों ने नीपर बांध तक को उड़ा दिया था जो उनकी पंचवर्षीय योजना का गौरव था। लेकिन नौकरशाही की आज्ञप्ति से एक परतंत्र देश में ऐसे ही तरीकों का प्रयोग भारी भूल और भड़कानेवाली कार्रवाई थी। बंगाल के अनेक हिस्सों में तो वर्षा के दौरान घरों के बीच भी संपर्क करने के लिए नावों की आवश्यकता पड़ती थी; "पूर्वी बंगाल में लोगों से उनकी नावें छीन लेना शरीर के महत्वपूर्ण अंगों को काट देना जैसा था" (*हरिजन* में गांधीजी का 3 मई 1942 का लेख)।

हम देख चुके हैं कि भारतीयों में कुछ लोग ऐसे भी थे जिन्हें युद्ध के प्रथम चरण में लाभ हुआ था; विशेष रूप से उद्योगपतियों, दुकानदारों और व्यापारियों को आम तौर पर युद्ध के ठेकों से लाभ हुआ था। ये लाभ युद्ध की पूरी अवधि में होते ही रहे—अधिकतर ठेकेदार और कालाबाजारिये अखिरकार थे तो भारतीय ही–किंतु 1942 में एक छोटी-सी अवधि ऐसी आई जिसमें भारतीय व्यापारिक समुदाय के लिए अन्य बातें भी महत्वपूर्ण हो गईं। 25 मई 1942 को मध्यप्रांत के गवर्नर ने लिनलिथगो को लिखा कि दो वर्ष पूर्व भारतीय व्यापारी युद्ध के पक्ष में थे किंतु "मलाया और बर्मा में होनेवाले घाटे ने बनियों और मारवाड़ियों को अंदर तक हिला दिया है ... ऐसा युद्ध जिससे कोई मुनाफा न हो, वह भी अतिरिक्त लाभ-कर की दशा में, और जिसके साथ सिंगापुर और रंगून की कुर्बानियों का अनुभव भी जुड़ा हो, उन्हें कत्तई पसंद नहीं ...। यह बात खूब स्पष्ट है कि कांग्रेस वर्किंग कमेटी के भीतर विद्यमान पूंजीवादी तत्व अपने-आपको और अपनी संपत्ति को संभावित जापानी आक्रमण से बचाने के लिए कुछ भी करेंगे" (मैंसर्ग, खंड 2, पृ. 117-19)। इस विषय पर अभी तक कोई शोध नहीं हुआ है, किंतु यह असंभव नहीं कि कुछ समय के लिए भारतीय व्यापारियों का एक वर्ग एक ऐसे आंदोलन (हिंसक ही सही) को प्रच्छन्न समर्थन देने को तैयार हुआ हो जो शीघ्र ही अंग्रेजों को निकाल बाहर करे और इसके बाद वे आंदोलन से अलग हो जाएं; अन्यथा विकल्प यह था कि वे अपना घर-बार छोड़ दें या सब कुछ जलाकर राख कर दिए जाने से, बमबारी से या सचमुच के युद्ध के कारण संपत्ति की हानि उठाएं। निश्चय ही जमशेदपुर और अहमदाबाद

के उद्योगपतियों को अगस्त-सितंबर 1942 के दौरान इन दोनों औद्योगिक केंद्रों को पंगु कर देनेवाली हड़तालों को निर्विकार भाव से झेलना पड़ा। लेकिन जब आंदोलन असफल हो गया और असम की सीमा पर जापानियों के आक्रमण रुक गए तो गणित भी बदल गया और भारतीय व्यापारी पुनः सट्टे की अपनी सामान्य गतिविधियों के द्वारा अंग्रेजों के युद्ध-प्रयासों का 'समर्थन' करके मुनाफा कमाने में व्यस्त हो गए।

अहसयोग आंलोदन या सविनय अवज्ञा आंदोलन की तुलना में 'अगस्त विद्रोह' पर विस्तृत अध्ययन अभी कम उपलब्ध है। फिर भी हम तथ्यों के वैसे ही संयोजन का प्रयास कर सकते हैं, जिसके लिए अखिल भारतीय प्रतिमान और सामाजिक गठन के विश्लेषण और उसके बाद आंचलिक अध्ययन आवश्यक होंगे।

अखिल-भारतीय प्रतिमान

9 अगस्त की सुबह कांग्रेसी नेताओं की गिरफ्तारी ने जन-आक्रोश की एक अभूतपूर्व और देशव्यापी लहर उत्पन्न कर दी। जैसाकि पहले के आंदोलनों में भी हुआ था, जमे हुए नेताओं के गिरफ्तार हो जाने से नेतृत्व अधिक युवा एवं संघर्षशील लोगों के हाथ में आ गया और इससे नीचे के दबावों को उभरने का अधिक अवसर मिला। एमरी ने कांग्रेस पर संचार-माध्यमों पर आक्रमण करने और तोड़फोड़ की योजना का जो आरोप लगाया था, वह अब सचमुच ही हो रहा था और भरपूर हो रहा था, क्योंकि अनेक (उदाहरण के लिए, महादेव देसाई के गिरफ्तार होने के बाद *हरिजन* के दो अत्यंत गर्मागर्म अंक निकालनेवाले के. जी. मशरूवाला जैसे) लोगों का विश्वास था कि सचमुच वर्किंग कमेटी की यही योजना थी। बाद में, अनेक भूमिगत गुटों ने वर्किंग कमेटी के नाम से अनेक 'निर्देश' जारी किए जिसके अधिकांश सदस्य उस समय जेल में बंद थे।

भारत छोड़ो आंदोलन को स्थूल रूप से तीन चरणों में बांटा जा सकता है। इनमें से पहला, जो भारी और हिंसक था और जिसे शीघ्र ही कुचल दिया गया था, मुख्यतः शहरी था और इसमें हड़तालें एवं अधिकांश शहरों में सेना और पुलिस के साथ झड़पें सम्मिलित थीं। पहले की भांति इस बार भी 9 से 14 अगस्त तक तूफान का केंद्र बंबई ही रहा था। कलकत्ता में 10 से 17 अगस्त तक हड़तालें रहीं, दिल्ली में हिंसक झड़पें हुईं और अनेक लोग मारे गए, और पटना में तो 11 अगस्त को सचिवालय के सामने होनेवाले विख्यात संघर्ष के बाद दो दिनों तक शहर में कोई कानून-व्यवस्था रही ही नहीं। दिल्ली में हिंसा 'मुख्य रूप से हड़ताली मिल-मजदूरों के कारण' हुई थी (एमरी को लिनलिथगो का पत्र, 12 अगस्त), और अगले दिन वायसरॉय ने 'लखनऊ, कानपुर, बंबई, नागपुर और अहमदाबाद' में हड़ताल होने की रिपोर्ट दी (मैंसर्ग, खंड 2, पृ. 669, 682-83)। टाटा का इस्पात कारखाना 20 अगस्त से 13

दिनों के लिए बंद हो गया था; हड़ताली मजदूरों का एक नारा था कि "राष्ट्रीय सरकार की स्थापना होने पर ही वे काम पर लौटेंगे" (एमरी को लिनलिथगो का पत्र, 21 अगस्त, वही, पृ. 777)। अहमदाबाद की कपड़ा-मिलों में साढ़े तीन महीनों तक हड़ताल चलती रही जिसे बाद में एक राष्ट्रवादी इतिहासकार ने 'भारत का स्तालिनग्राद' की संज्ञा दी (गोविंद सहाय, *'42 रिबेलियन*, दिल्ली, 1947, पृ. 128)। विद्यार्थियों द्वारा आरंभ किए गए आंदोलन के इस प्रथम चरण में शहरी मध्यवर्ग अत्यंत प्रमुख रहा था।

लेकिन अगस्त के लगभग मध्य से आंदोलन का केंद्र ग्रामीण क्षेत्र हो गया। जुझारू विद्यार्थी बनारस, पटना और कटक जैसे केंद्रों से गांवों में फैल गए। उन्होंने बड़े स्तर पर संचार-साधनों को नष्ट किया और गोरों की सत्ता के विरुद्ध वस्तुतः किसान-विद्रोह का नेतृत्व करने लगे जो कई अर्थों में 1857 का स्मरण कराता था। उत्तरी और पश्चिमी बिहार और पूर्वी संयुक्त प्रांत, बंगाल में मिदनापुर, महाराष्ट्र, कर्नाटक और उड़ीसा के कुछ हिस्से आंदोलन के इस दूसरे चरण के प्रमुख केंद्र रहे थे जिसमें अनेक स्थानों पर 'राष्ट्रीय सरकारों' की स्थापना की गई जो प्रायः दीर्घजीवी सिद्ध नहीं हुईं।

अमानवीय दमन से कमजोर पड़ा हुआ आंदोलन सितंबर के आसपास अपने सबसे लंबे किंतु साथ ही सबसे कम उग्र चरण में प्रविष्ट हुआ। (भारत सरकार ने 12 सितंबर को भारत-सचिव को सूचित किया कि सेना की 57 टुकड़ियां आंदोलन का दमन करने में प्रयुक्त की गई थीं, मैंसर्ग, खंड 2, पृ. 952-53)। इसकी प्रमुख विशेषता थी शिक्षित युवा वर्ग का आतंकवादी गतिविधियों में भाग लेना, विशेष रूप से संचार-साधन एवं पुलिस और सेना के केंद्र इनकी कार्रवाइयों के शिकार होते थे जो कभी-कभी छापामार युद्ध का रूप धारण कर लेती थीं (जैसाकि उत्तरी बिहार और नेपाल की सीमा पर जयप्रकाश नारायण के नेतृत्व में हुआ था)। किसानों के अंशकालिक जत्थे दिन में खेती करते थे और रात को तोड़-फोड़ की कार्रवाई में भाग लेते थे (तथाकथित 'कर्नाटक पद्धति'), और कुछ हिस्सों में गुप्त रूप से समांतर 'राष्ट्रीय' सरकारें भी चलाई जा रही थीं। (इनमें उल्लेखनीय हैं मिदनापुर का तमलुक, महाराष्ट्र का सतारा और उड़ीसा का तलचर।) ये गतिविधियां अत्यंत प्रभावपूर्ण और किसी भी मानदंड से अत्यंत शौर्यपूर्ण होते हुए भी अब ब्रिटिश शासन या मित्रदेशों की सैन्य योजनाओं के लिए विशेष खतरा नहीं रह गई थीं। उदाहरण के लिए, अलग-थलग पड़े मिदनापुर जिले में कार्य करनेवाली मामूली 'राष्ट्रीय सरकारों' का कलकत्ता पर कोई गंभीर प्रभाव नहीं पड़ा था, न ही वे अराकान और असम मोरचों के संचार-साधनों को अस्तव्यस्त कर सकीं। यह भी एक कारण था कि 'तमलुक की जातीय सरकार' सितंबर 1944 तक चलती रही।

सरकारी आंकड़ों से इस आंदोलन की गंभीरता और साथ ही इसे कुचलने के लिए उठाए गए दमनमूलक कदमों का भी कुछ अनुमान होता

है। 1943 के अंत तक 91,836 लोगों को गिरफ्तार किया गया था जिनमें सबसे अधिक संख्या बंबई प्रेसीडेंसी (24,416), संयुक्त प्रांत (16,796), और बिहार (16,202) में थी। 208 पुलिस चौकियां, 332 रेलवे स्टेशन और 945 डाकघर या तो नष्ट या गंभीर रूप से क्षतिग्रस्त कर दिए गए थे, और 664 बम-विस्फोट हुए थे। जनता द्वारा पुलिस थानों पर धावा बोलने की घटनाओं में बिहार सबसे आगे था (208 में से 72), किंतु बंबई के 447 बम-कांडों की तुलना में यहां केवल 8 घटनाएं ही हुई थीं जो इस बात का स्पष्ट संकेत है कि बिहार में जनता की भागीदारी अधिक थी जबकि बंबई में आतंकवादी गतिविधि अधिक संगठित थी। 1,060 लोग पुलिस या सेना की गोली से मरे थे (ये आंकड़े निश्चय ही अत्यंत घटाकर दिखाए गए थे); आंदोलन का सामना करने में 63 पुलिस-कर्मी मारे गए और 216 आंदोलनकारियों से मिल गए जिनमें 205 बिहार में मिले थे (*होम पोलिटिकल, 3/52/1943*, वाई. वी. माथुर की *क्विट इंडिया मूवमेंट,* दिल्ली, 1979, पृ. 190-92 में उद्धृत)। जहां तक पुलिस की ज्यादतियों का संबंध है, कांग्रेसी सूत्रों ने बलात्कार के 74 मामलों की सूची बनाई जिनमें 46 वारदातें 9 जनवरी 1943 को एक ही गांव में हुई थीं (सतीश सामंत और अन्य, *ऑगस्ट रिवोल्यूशन एंड टू इयर्स नेशनल गवर्नमेंट इन मिदनापुर,* कलकत्ता, 1946, पृ. 40)। आजमगढ़ (पूर्वी संयुक्त प्रांत) के जिलाधीश आर. एच. निबलेट ने, जिसे कमजोर प्रशासक होने के कारण हटा दिया गया था, अपनी रोचक डायरी में 'नितांत अनावश्यक ... श्वेत आतंक' की घटनाएं दर्ज की हैं जिनमें ब्रिटिश प्रशासक मीलों तक गांवों को जलाकर खाक करने के लिए 'आगलगाऊ पुलिस' को खुली छूट दे देते थे। निबलेट 'सरकारी उन्माद के दौरों' की बात करता है जिनमें 'प्रतिशोध की भावना ही कानून' होती थी और सामूहिक जुर्माना एक प्रकार की 'सरकारी लूट' होता था। उसने याद करते हुए कहा है कि किस प्रकार वह व्यर्थ ही अपने कर्मचारियों को आगाह करने का प्रयास करता था कि "वे न तो शिकार पर जा रहे हैं, न ही बर्बादी करने के लिए भेजे जा रहे हैं।" (आर. एच. निबलेट, पृ. 26, 40, 44, 49)। सार्वजनिक रूप से कोड़े लगाना तो आम बात थी, साथ ही गुदा में डंडा डालने जैसी यंत्रणा के परिष्कृत तरीके भी इस्तेमाल किए जाते थे। इस दमन की तुलना केवल 1857 से की जा सकती थी; अंतर यह था कि अब अंग्रेजों के हाथ में आधुनिक सैन्यविज्ञान के सभी साधन थे, जबकि जनता लगभग पूर्ण रूप से निहत्थी थी। 15 अगस्त को ही लिनलिथगो ने पटना के आसपास संचार-साधनों को-अस्तव्यस्त कर रही भीड़ पर आसमान से मशीनगनों द्वारा गोलियां बरसाने का आदेश दिया था। बिहार में भागलपुर और मुंगेर, बंगाल में तमलुक और नादिया एवं उड़ीसा में तलचर में भी आंदोलन को दबाने के लिए वायुयानों का प्रयोग किया गया।

सामाजिक गठन

इस आंदोलन के सामाजिक पक्ष की बानगी ली जाए तो, जैसाकि हम पहले ही देख चुके हैं, इसमें आरंभ में श्रमिकों की छोटी और सीमित भूमिका रही थी। लिनलिथगो की 14 अगस्त की रिपोर्ट में ही कहा गया था कि 'श्रमिक तत्व अलग हो रहा है'। और गोविंद सहाय को याद पड़ता है कि "बंबई शहर में आम तौर से श्रमिकों की और विशेष रूप से कपड़ा-मजदूरों की बहुत मामूली भूमिका रही थी . . . ." (मैंसर्ग, खंड 2, पृ. 691; गोविंद सहाय, पृ. 89)। कलकत्ता का औद्योगिक क्षेत्र भी अधिकांशतः शांत ही रहा, और इन दोनों स्थानों में कम्युनिस्टों द्वारा आंदोलन के विरोध ने कदाचित् कामगारों पर नियंत्रक का काम किया। जमशेदपुर और अहमदाबाद के अतिरिक्त श्रमिकों की भागीदारी कई महीनों तक अहमदनगर और पूना जैसे छोटे केंद्रों में सीमित रही, जहां कम्युनिस्टों की गतिविधियां बहुत कम थीं और गांधीवादी प्रभाव के कारण "पूंजी और श्रम के बीच सौहार्दपूर्ण संबंध थे"; यहां "मिल-मालिक अपने कामगारों की गैरहाजिरी पर नाराज नहीं होते थे" (गोविंद सहाय, पृ. 110)। बंगलौर में, जहां कांग्रेसी नेता के. टी. भाष्यम् कई वर्षों से ट्रेड यूनियन के क्षेत्र में सक्रिय रहे थे, छोटी-छोटी हड़तालें हुईं जिनमें 30,000 कामगारों ने भाग लिया (जेम्स मेनर, पृ. 136-46)। इस आंदोलन में व्यापारियों की भागीदारी के संबंध में कोई विस्तृत अध्ययन नहीं हुआ है, किंतु सहाय के अनुसार बंबई में यह भागीदारी पर्याप्त थी (पृ. 88)। रोचक तो यह है कि दिसंबर 1942 में एक अवैध समाजवादी परचे, *दि फ्रीडम स्ट्रगल फ्रंट* में चेतावनी दी गई थी कि "वर्गीय मुद्दों के अतिक्रमण के प्रति कुमारी-सुलभ भय" के कारण "अमीर मिल-मालिकों एवं बैंकरों से वित्तीय सहायता मांगने और उसे प्राप्त करने के मार्ग में व्यवधान नहीं पड़ना चाहिए।" ऐसी कहानियां भी प्रचलित थीं कि 1942 की गुप्त राष्ट्रवादी गतिविधियों को उच्च वर्ग और यहां तक की उच्च सरकारी अधिकारियों का भी प्रच्छन्न समर्थन प्राप्त था। ऐसे समर्थन के कारण ही आंदोलनकारी (जिनमें से अधिकांश को आतंकवादियों या सी. पी. आई. के सदस्यों जैसा भूमिगत जीवन का अनुभव बिल्कुल भी नहीं था) पर्याप्त प्रभावकारी अवैध ढांचा स्थापित करने में सफल रहे थे जिसमें तीन महीनों के लिए बंबई में उषा मेहता की देखरेख में एक गुप्त रेडियो स्टेशन चलाया जाना भी सम्मिलित था।

असहयोग आंदोलन के दिनों से भिन्न 1942 के आंदोलन में मध्यवर्गीय विद्यार्थियों ने बढ़-चढ़कर हिस्सा लिया था, चाहे वह शहरी झड़पों में तोड़-फोड़ की कार्रवाई के संगठनकर्त्ताओं के रूप में रहा हो या कृषक-विद्रोह को प्रेरित करनेवालों के रूप में। किंतु जिस बात ने आंदोलन को इतना प्रचंड बनाया वह थी कुछ क्षेत्रों में किसानों का भारी विद्रोह जिसके कारण सरकारी अधिकारियों ने बिहार के एक संपूर्ण क्षेत्र (सारन) को ही 'कुख्यात रूप से अपराधी जिला'

घोषित कर दिया। यह भी कहा गया कि विद्यार्थियों की "बिहार के गांवों के जरायम-पेशा लोगों के साथ मिलीभगत है" (बिहार के गवर्नर स्टेवर्ट का लिनलिथगो के नाम 22 अगस्त 1942 का पत्र; मैंसर्ग, खंड 2, पृ. 790)। फिर भी, पूर्वी संयुक्त प्रांत और पश्चिमी बिहार की 'भीड़' के एकमात्र उपलब्ध सांख्यिकीय विश्लेषण के प्रयास में (*कांग्रेस एंड दि राज* में मैक्स हारकोर्ट द्वारा) दर्शाया गया है कि 1942 का आंदोलन 'जरायम-पेशा' लोगों अथवा किसी आधार से वंचित उपद्रवी तत्वों का आंदोलन न होकर (पहलेवाले राष्ट्रीय विद्रोहों की भांति) मूलतः छोटे किसानों का विद्रोह था। गिरफ्तार किए गए लोगों में उच्च एवं मध्य जातियों के लोग ही अधिक थे (अध्ययनाधीन 1,214 लोगों में 17 प्रतिशत ब्राह्मण, 27.5 प्रतिशत राजपूत और भूमिहार थे, जबकि अछूत केवल 7.4 प्रतिशत और आदिवासी 4.2 प्रतिशत थे), 242 के एक अन्य अध्ययनाधीन समूह में 36.5 प्रतिशत किसान, 0.8 प्रतिशत जमींदार और 3.5 प्रतिशत खेतिहर मजदूर थे। दुर्भाग्य से ये प्रतिदर्श (सैंपल्स) छोटे हैं, श्रेणियां अस्पष्ट हैं और सुपरिभाषित नहीं हैं, और सारा आलेख ही संदेहास्पद प्रतीत होता है क्योंकि इसमें कुछेक हैरान करनेवाली गलतियां हैं (जैसेकि निबलेट के विवरण को आजमगढ़ के स्थान पर बलिया का बताना)। स्पष्ट है कि यहां शोध के लिए एक विशाल क्षेत्र सामने है।

जहां 1942 का आंदोलन ब्रिटिश-विरोधी जुझारूपन की दृष्टि से कांग्रेस के नेतृत्ववाले सभी पिछले आंदोलन को पीछे छोड़ गया था, वहीं 1857 की भांति ब्रिटिश-विरोधी भावनाओं ने कदाचित् आंतरिक वर्गीय तनावों और सामाजिक जुझारूपन को भी कम कर दिया था। *फ्रीडम स्ट्रगल फ्रंट* ने कतिपय क्षमा-याचना के स्वर में कहा था कि "वर्ग-संघर्ष को तो आना है, किंतु अभी नहीं, तब तक नहीं जब तक कि विदेशी शोषण से छुटकारा नहीं मिल जाता," और अखिल भारतीय कांग्रेस कमेटी या 'गांधी बाबा' के नाम से जारी किए गए निर्देशों में बार-बार कहा जाता था कि लगान की नाअदायगी केवल उन्हीं जमींदारों तक सीमित रखी जाए जो राजभक्त हों (*कांग्रेस रिस्पांसिबिलिटी फॉर दि डिस्टर्बेंसेज,* परिशिष्ट 5, 6, 7, 8 और 13)। "आंदोलन की सबसे बड़ी विशेषता यह थी कि निजी संपत्ति पर आक्रमण नहीं किया गया था" (गोविंद सहाय, पृ. 96) और राजस्व की नाअदायगी भी उतनी सर्वव्यापी नहीं थी जितनी कि 1930-34 में रही थी। आजमगढ़ के संबंध में निबलेट का कहना है कि "आश्चर्य की बात है कि राजस्व की वसूली में कोई कठिनाई नहीं आई" और "पटवारियों से दस्तावेजों के छीने और जलाए जाने की केवल दो या तीन घटनाएं ही हुईं।" जिले में "निजी संपति पर आक्रमण की केवल एक घटना हुई", वह भी एक गोरे जमींदार की जागीर पर जो वहां नहीं था, जबकि अन्यत्र तो "बीज भंडारों तक को नहीं लूटा गया था" (निबलेट, पृ. 29-31, 17)। निबलेट के सजीव वर्णन से स्पष्ट है कि थानों को घेरने के पीछे भीड़ का यह विश्वास कार्य कर रहा था कि "अब स्वराज आ गया है" (वही,

पृ. 13)। जब ब्रिटिश दमन के परिणामस्वरूप यह विश्वास टूट गया तो उनकी तात्कालिक आवश्यकताओं से संबंधित कार्यक्रम के अभाव में किसानों का विद्रोह शीघ्र ही तिरोहित हो गया। केवल सुधरे हुए तकनीकी तरीकों (*टु आल फाइटर्स फॉर फ्रीडम* में जयप्रकाश नारायण द्वारा या नासिक में पुलिस द्वारा पकड़े गए परचे *ए बी सी ऑफ डिस्लोकेशन)* से एक बाकायदा क्रांतिकारी छापामार सेना संगठित करने के आह्वान के माध्यम से भी आंदोलन को पुनर्जीवित करने के भूमिगत नेताओं के प्रयास अंततः स्थिति को बदल नहीं सके। रोचक बात यह है कि, जैसाकि हम आगे देखेंगे, 'राष्ट्रीय सरकारें' तमलुक, तलचर और सतारा जैसे क्षेत्रों में अधिकतम दीर्घजीवी सिद्ध हुई थीं, जहां स्थानीय परिस्थितियों ने उग्रवादियों को अधिक ठोस और जुझारू समाजिक-आर्थिक नीतियां अपनाने के लिए बाध्य कर दिया था।

आंचलिक विषमताएं

1942 के संबंध में आंचलिक अध्ययन लगभग नहीं के बराबर हुए हैं, किन्तु आंदोलन की प्रकृति एवं सीमा संबंधी विषमताओं के संबंध में कुछ सामान्य बातों की विवेचना करने का प्रयास किया जा सकता है। पंजाब और कांग्रेसी पश्चिमोत्तर सीमाप्रांत भी असामान्य रूप से शांत रहे थे। यहां पुलिस द्वारा गोली चलाए जाने की केवल दो घटनाएं हुई थीं। दोनों प्रदेशों में प्रत्येक में 2,500 के लगभग गिरफ्तारियां हुई थीं। पंजाब में राजनीति पहले ही हिंदू, मुसलमान या सिख सांप्रदायिक सांचे में ढल चुकी थी, जबकि युद्धकालीन नौकरियों और अनाज की बढ़ती हुई कीमतों ने उस किसान वर्ग का मुंह बंद कर रखा था जिसमें एक कुलक जैसा उच्च स्तर विकसित हो गया था। पश्चिमोत्तर सीमाप्रांत में कांग्रेस की कमजोर स्थिति मुसलमानों के घटते समर्थन को दर्शाती थी। लगभग सभी स्थानों पर मुसलमान 1942 के आंदोलन से अलग-थलग रहे थे, यद्यपि वे आंदोलन के प्रति वैर-भाव रखने या ब्रिटिश-समर्थक होने की अपेक्षा तटस्थ ही रहे थे; आंदोलन के दौरान कोई बड़ी सांप्रदायिक वारदात नहीं हुई थी। मद्रास प्रेसीडेंसी में भी कुछ क्षेत्रों को छोड़कर आंदोलन अपेक्षतया कमजोर रहा था; ये क्षेत्र थे गुंटुर और तटीय आंध्र में पश्चिमी गोदावरी का क्षेत्र एवं कोयंबटूर और तमिलनाडु में रामनाड। तमिलनाडु में राजाजी का विरोध संभवतः महत्वपूर्ण रहा था और केरल में कम्युनिस्टों के वैर-भाव के कारण आंदोलन मामूली ही रहा। भूमिगत कांग्रेसी एवं समाजवादी नेताओं की अपीलों के बावजूद (जैसाकि *अखिल भारतीय कांग्रेस कमेटी का ट्वेल्व-प्वाइंट प्रोग्राम—कांग्रेस रिस्पांसिबिलिटी फॉर दि डिस्टर्बेंसेज,* परिशिष्ट 5 में दर्शाया गया है), रजवाड़ों में आंदोलन वैसा तीव्र नहीं हुआ जैसाकि 1938-39 में रहा था। बड़ी रियासतों में केवल मैसूर ही गंभीर रूप से प्रभावित हुआ था; यहां आंदोलन के वैसे ही तीन चरण रहे थे जैसे हम अखिल-भारतीय स्तर पर देख चुके हैं : शहरों में प्रदर्शन और बंगलौर में हड़ताल, ग्रामीण

आंदोलन (विशेष रूप से हासन और शिमोगा जिलों में), और गुप्त विद्यार्थी गुटों द्वारा तोड़-फोड़ की कार्रवाई।

आंदोलन के चार प्रमुख केंद्र—बिहार-पूर्वी संयुक्त प्रांत, मिदनापुर, उड़ीसा और महाराष्ट्र-कर्नाटक—एक नितांत भिन्न चित्र प्रस्तुत करते हैं। यहां सचमुच प्रचंड जन-आंदोलन हुआ था। तीव्रता और विस्तार, दोनों ही दृष्टियों से बिहार अग्रणी था; यह वह प्रांत था जो 1930 के दशक में किसान सभा का प्रमुख आधार रहा था और जहां किसान सभा के अधिकांश कार्यकर्त्ता कम्युनिस्टों एवं सहजानंद के नए युद्ध-समर्थक रवैये के बावजूद समाजवादियों के पक्ष में हो गए थे। कुछ समय के लिए गया से वायुयान के अतिरिक्त बिहार के सभी जिलों से पटना का संपर्क टूट गया था, लगभग 80 प्रतिशत थानों पर आंदोलनकारियों का कब्जा हो गया था और उत्तरी एवं मध्य बिहार के दस जिलों में थानों को अस्थायी रूप से खाली कराना पड़ा था। इस आंदोलन में आदिवासियों की पर्याप्त भागीदारी रही थी क्योंकि एक कांग्रेसी सूत्र के अनुसार मारे जानेवालों में सबसे अधिक लोग हजारीबाग जिले के ही थे (1,761 में से 533, जिसके बाद सारन में 517 और भागलपुर में 447 लोग मारे गए थे; गोविंद सहाय, पृ. 135)। विद्रोह की लहर भोजपुरीभाषी पश्चिमी बिहार से शीघ्र ही संयुक्त प्रांत के बनारस संभाग में फैल गई जो आर्थिक एवं सामाजिक रूप से बिहार के ही समान था। बलिया में 10 पुलिस थानों पर कब्जा कर लिया गया। यहां (स्थानीय कांग्रेसी नेता चित्तू पांडे के नेतृत्व में) और पड़ोसी गाजीपुर, दोनों ही स्थानों पर थोड़े समय के लिए राष्ट्रीय सरकारों की स्थापना की गई। 15-17 अगस्त को आजमगढ़ के मधुबन पुलिस थाने पर कब्जा किए जाने का निबलेट ने बड़ा सजीव वर्णन किया है : "लाठी और भालों से लैस लगभग 5,000 लोगों की भीड़ थाने की तरफ बढ़ी आ रही थी; कुछ लोगों के हाथों में हल के फाल, हथौड़े, आरियां और फावड़े भी थे · · · दूर से लाठी और भाले ऐसे दिखाई देते थे मानो सरपत का जंगल चल रहा हो। वस्तुतः समस्त ग्रामीण जनता ही एक साथ आ जुटी थी, यद्यपि दो जमींदारों ने गुप्त रूप से घिरी हुई सैनिक छावनी को रसद पहुंचाई थी" (निबलेट, पृ. 13-18)। पूर्वी संयुक्त प्रांत और बिहार के गंभीर रूप से प्रभावित 16 जिलों में कानून-व्यवस्था स्थापित करने और संचार-साधनों को सामान्य करने में कई सप्ताह लगे और सेना एवं पुलिस की भारी सहायता लेनी पड़ी। मगर उसके बाद भी 1944 तक छापामार गतिविधियां चलती रहीं, जिनमें अनेक स्थानीय समांतर सरकारें शामिल थीं जो नेपाल सीमा पर स्थित जयप्रकाश नारायण एवं राममनोहर लोहिया की अस्थायी सरकार से ढीले-ढाले ढंग से जुड़ी हुई थीं।

विद्रोही 'राष्ट्रीय सरकार' का सर्वोत्तम विवरण मिदनापुर के तमलुक उपसंभाग में मिलता है। इसके इतिहासकार सतीश सामंत जैसे स्थानीय कांग्रेसी नेता हैं जो तमलुक जातीय सरकार के पहले 'सर्वाधिनायक' थे। तमलुक और

पड़ोसी कोंटाई उपसंभाग पुराने गांधीवादी गढ़ थे जहां बराबर रचनात्मक कार्य की परंपरा रही थी। बिहार और पूर्वी संयुक्त प्रांत की तुलना में यहां 1942 का आंदोलन कम आदिम और हिंसक, किंतु कदाचित् अधिक संगठित और जमा हुआ था और विशेष परिस्थितियों (अंग्रेजों के 'निषेध' का प्रतिरोध करने की, या सर्वक्षार की, नावों और साइकिलों को नष्ट करने की नीति का प्रतिरोध करने की आवश्यकता और 16 अक्तूबर 1942 के भयंकर तूफान के बाद राहत कार्य की आवश्यकता और उसके बाद अगले वर्ष अकाल) के कारण यहां अधिक जुझारू आर्थिक नीतियों को अपनाना आवश्यक हो गया था। 1942 के मध्य से ही कांग्रेस 'निषेध' की नीति और प्रदेश के बाहर अनाज भेजे जाने के विरुद्ध आंदोलन कर रही थी। तमलुक उपसंभाग में पहली झड़प 8 सितंबर को हुई जब गांववालों ने पहल करके दानीपुर के एक मिल-मालिक द्वारा चावल बाहर भेजे जाने के प्रयास को अवरुद्ध किया और फिर राष्ट्रवादी स्वयंसेवकों की सहायता मांगी। 29 सितंबर को बड़े सुनियोजित ढंग से संचार-साधनों और पुलिस थानों पर एक साथ हमले हुए। हमले के स्थल तमलुक, महिषादल, सूताहाट और नंदीग्राम (साथ ही कोंटाई का भगवानपुर भी) थे जहां भीड़ की भीड़ थानों की ओर कूच करती दिखाई देती थी। सूताहाट थाने पर आंदोलनकारियों ने वस्तुतः कब्जा कर लिया, किंतु अन्य स्थानों पर रक्तपात हुआ—एक ही दिन 44 लोग मारे गए। इनमें तमलुक की 73-वर्षीया किसान विधवा मातंगिनी हाजरा भी थी जिसने गोली लग जाने के बाद भी राष्ट्रीय झंडे को ऊंचा रखा। दो सप्ताह बाद तमलुक उपसंभाग में तूफान ने 50 प्रतिशत खेती और लगभग 70,000 पशुओं को नष्ट कर दिया; लगभग 4,000 लोग मारे गए। उचित सरकारी राहत के अभाव में (जो कदाचित् सायास था) कांग्रेसी कार्यकर्त्ताओं को बड़े स्तर पर स्वयं-सहायता के कदम उठाने पड़े और यह 17 दिसंबर 1942 को स्थापित भूमिगत ताम्रलिप्त जातीय सरकार का प्रमुख कार्य हो गया। बाद में इस सरकार की शाखाएँ सूताहाट, नंदीग्राम और महिषादल में भी स्थापित की गईं। सितंबर 1944 तक चली इस जातीय सरकार के पास एक सशस्त्र 'विद्युतवाहिनी' थी, इसनें मध्यस्थता के न्यायालयों की शृंखला स्थापित की जिसका दावा था कि उनमें 1681 मामलों का निपटारा किया गया, विद्यालयों को अनुदान प्रदान किए गए, राहत कार्य में 79,000 रु. व्यय किए गए और सबसे रोचक बात यह कि "संपन्न लोगों के फालतू धान को ... गांव के जरूरतमंद लोगों के बीच वितरित करने" का प्रयास किया गया। "जातीय सरकार ने अमीर जमाखोरों और मुनाफाखोरों को शोषण बंद करने के नोटिस जारी किए और उन्हें पर्याप्त धनराशि एवं धान जमा करने पर बाध्य किया जिसे दुखी लोगों के बीच बांटा गया" (सतीश सामंत और अन्य, *ऑगस्ट रिवोल्यूशन एंड टू इयर्स नेशनल गवर्नमेंट इन मिदनापुर*, कलकत्ता, 1946, पृ. 32, 39)।

मिदनापुर से लगे हुए उड़ीसा के बालासोर जिले में कांग्रेस ने नमक

के भंडारों को लूटने और संचार-साधनों को अस्तव्यस्त करने के कार्यक्रम संगठित किए और खाद्यान्न के भंडारों पर नियंत्रण रखने के लिए गांवों में स्वराज पंजायतों का गठन किया। 28 सितंबर को एराम-बासुदेवपुर पुलिस थाने पर सामूहिक हमले में 35 लोग मारे गए और गुरपाल क्षेत्र में कुछ समय के लिए एक राष्ट्रीय सरकार कार्यरत रही। एराम-बासुदेवपुर गोलीकांड की जांच-रिपोर्ट में कहा गया था कि ऐसी अफवाह फैली थी कि "एक सप्ताह के भीतर स्वराज मिल जाएगा ... और स्वराजी सरकार के तहत कोई कर नहीं देना पड़ेगा और अमीरों का धान गरीबों को दे दिया जाएगा।" तूफान का एक अन्य केंद्र था कटक, यद्यपि यहां एक स्थानीय 'रक्तवाहिनी' द्वारा संगठित आतंकवादी गतिविधियां जन-आंदोलन से अधिक महत्वपूर्ण हो गई थीं। भारी आदिवासी जनसंख्यावाले कोरापुट में भारी विद्रोह हुआ जिसमें जयपुर की जमींदारी के विरुद्ध लगान की नाअदायगी के आंदोलन, आरक्षित वनों का अतिक्रमण और थानों पर आक्रमण सम्मिलित थे। आंदोलन के नेता थे लक्ष्मण नायक नाम के एक निरक्षर ग्रामवासी, जिनको 16 नवंबर को एक फॉरेस्ट गार्ड की हत्या के तथाकथित अपराध में फांसी दे दी गई (एच. महताब एवं अन्य, *हिस्ट्री ऑफ फ्रीडम मूवमेंट इन उड़ीसा*, खंड 4, कटक, 1957-59, पृ. 88-94, 68)। तलचर के रजवाड़े में छापामार गतिविधियां मई 1943 तक चलती रहीं, जिनके दौरान चासी-मौलिया (किसान-मजदूर) राज ने 400 वर्गमील के क्षेत्र पर नियंत्रण रखा और 7 सितंबर 1942 को तलचर शहर पर आक्रमण किया गया, जिसे वायुयानों की सहायता से ही विफल किया जा सका। तलचर में सितंबर 1938 में पहले भी बेगार (बेठी) और निरंकुश वन-कानूनों के विरुद्ध भारी विद्रोह हो चुका था। इस समय यहां जन-आंदोलन भड़कने का तात्कालिक कारण यह अफवाह थी कि राज्य प्रजामंडल के अध्यक्ष पवित्रमोहन प्रधान की हत्या कर दी गई है (गोविंद सहाय, पृ. 420-22; *ऑल इंडिया स्टेट्स पीपुल्स कांफ्रेंस पेपर्स*, फाइल सं. 164)।

आरंभिक शहरी उभार को दबा दिए जाने के बाद बंबई प्रेसीडेंसी में आंदोलन ने दो स्पष्ट रूप धारण कर लिए : थोड़े-से क्षेत्रों में किसानों का छापामार युद्ध और विस्तृत आतंकवादी गतिविधि और तोड़-फोड़ की कार्रवाई, जिसे चलानेवाले मुख्य रूप से शिक्षित कार्यकर्त्ता थे यद्यपि उन्हें स्पष्ट रूप से बहुत व्यापक जन-समर्थन प्राप्त था। कृषक-विद्रोह के प्रमुख केंद्र महाराष्ट्र में खानदेश और सतारा तथा गुजरात में भड़ौच ताल्लुके का जंबूसर थे। सतारा और जंबूसर के आंदोलनों में कुछ सामाजिक रूप से मूलगामी संभावनाएं निहित थीं। यह बात कांग्रेसी इतिहासकार गोविंद सहाय की अटपटी टिप्पणियों से स्पष्ट है : सतारा में नाना पाटिल द्वारा आरंभ किए गए विद्रोह का 'अपराधी तत्वों' ने फायदा उठाया एवं सतारा और जंबूसर, दोनों ही स्थानों में अनेक 'डकैतियां' हुईं जिनमें एक स्थानीय 'डाकू' मेग्जी तीन माह तक एक प्रकार

का स्वतंत्र क्षेत्र स्थापित करने में आंदोलनकारियों को सहायता देता रहा था (सहाय, पृ. 118, 133)। भागीदारों से साक्षात्कार के आधार पर गैल ओम्वेद्त द्वारा सतारा की 'प्रति-सरकार' के ताजा विस्तृत अध्ययन से अनेक बातें सामने आई हैं। सतारा का आंदोलन किसानों पर आधारित गैर-ब्राह्मण 'बाह्यजन समाज' परंपरा से घनिष्ठ रूप से जुड़ा हुआ था। यह परंपरा इस अंचल में बड़ी सशक्त रही थी। समांतर सरकार थोड़ी देर से, 1943 के मध्य से, विकसित हुई और 1945-46 तक किसी न किसी प्रकार अपना अस्तित्व बनाए रही। जनता की अदालतें चलाना (न्यायदान मंडल) और छापामार युद्ध के अतिरिक्त गांधीवादी दिशा में रचनात्मक कार्य चलाना इसकी गतिविधियों में सम्मिलित था। जैसाकि 1942 में अन्य स्थानों पर भी हुआ था, राष्ट्रवादी जुझारूपन ने कदाचित् समाजिक जुझारूपन की धार को थोड़ा कुंद कर दिया था। कारण कि कुछ मामलों में गिरवी पड़ी जमीनें गरीब किसानों को अवश्य लौटाई गई थीं और स्त्रियों के साथ बलात्कार एवं उनका शोषण करनेवाले गांव के 'बड़े लोगों' को कड़ी सजाएं अवश्य दी गई थीं, किंतु आंदोलनकारियों का कहना है कि "हमने संपत्ति-संबंधों में हस्तक्षेप नहीं किया था।" यह बात भी रोचक है कि 'प्रति-सरकार' ने स्थानीय डाकुओं के विरुद्ध प्रभावी कदम उठाए थे जो कदाचित् संपत्तिधारी, किंतु अब भी सताए जानेवाले किसान वर्ग की आवश्यकताओं को प्रतिबिंबित करती है—ये निम्नवर्गीय सामाजिक डाकू सतारा के पहाड़ी क्षेत्रों में सुस्थापित थे। स्मरणीय है कि फ्रांसीसी क्रांति में भी 1789 में कृषक-आंदोलन एक साथ ही तथाकथित 'अभिजन षड्यंत्र' एवं 'लुटेरों' के विरुद्ध प्रेरित था (जी. लेफेब्व्रे, *दि ग्रेट फियर ऑफ 1789*)। प्रेसीडेंसी में अन्य स्थानों पर समाजवादियों ने प्रभावी भूमिगत आतंकवादी गतिविधियां संचालित कीं, जिनका नियंत्रण बंबई शहर की अरुणा आसफ अली जैसे नेताओं के हाथ में था। कर्नाटक में होनेवाली तोड़-फोड़ की गतिविधियों में तार की लाइनों पर 1,600 आक्रमण तथा 26 रेलवे स्टेशनों और 32 डाकघरों पर छापे सम्मिलित थे। किंतु "इस बार करों की नाअदायगी का कोई आंदोलन नहीं चला" (गोविंद सहाय, पृ. 96)। खेड़ा और बारदोली में भी मालगुजारी की नाअदायगी की बात नहीं हुई, यहां कुछ उच्च पाटीदार परिवारों के युवकों ने कुछ सीमा तक आतंकवादी गतिविधियां की थीं। हार्डीमन का कहना है कि "छोटे पाटीदारों का उत्साह पुनः समृद्धि मिल जाने से ठंडा पड़ गया था" : पूर्वी अफ्रीका में रहनेवाले गुजराती प्रवासियों द्वारा भेजे जानेवाले धन, तंबाकू की खेती में बढ़ोतरी, युद्ध के कारण कृषि-मूल्यों की गर्मबाजारी के साथ यह तथ्य भी था कि 1928 के बाद से मालगुजारी में कोई वृद्धि नहीं हुई थी (*कांग्रेस एंड दि राज*, पृ. 70)। सामान्यतः यह कामचलाऊ परिकल्पना प्रस्तुत की जा सकती है कि जिन क्षेत्रों में कृषि में थोड़ी प्रगति हुई थी और समृद्ध किसानों का एक बड़ा उच्च वर्ग उभरा था, वहां 1942 के आंदोलन से दूर रहने की प्रवृत्ति दिखाई देती थी, जैसे पंजाब, पश्चिमी संयुक्त प्रांत, गुजरात

और तमिलनाडु के तंजावुर मुहाना क्षेत्र में। इसके विपरीत, कृषक-विद्रोह के प्रमुख केंद्र वे थे जहां ब्लिन के आंकड़ों के अनुसार प्रति व्यक्ति कृषि-उत्पादन जहां का तहां था या इसमें गिरावट आई थी। 'प्रभुत्वशाली किसान', जिनके संबंध में हाल के इतिहास-लेखन में इतना कुछ कहा जा रहा है (देखिए *कांग्रेस एंड दि राज* में लो की प्रस्तावना), अंत में शायद कांग्रेस के राष्ट्रवाद से सबसे अधिक लाभान्वित हुए थे, किंतु, जैसाकि व्यापारिक समूहों के कुछ ऐसे ही मामले में हुआ था, आंदोलन में भागीदारी करनेवाले वे लोग थे जो सामाजिक एवं आर्थिक रूप से निचले स्तर पर थे।

विद्रोह के बाद

1942 के अंत तक अंग्रेज निश्चित रूप से भारतीय राष्ट्रवाद के विरुद्ध अपने तात्कालिक संपूर्ण टकराव में सफल रहे थे और युद्ध के शेष ढाई वर्ष देश के भीतर बिना किसी गंभीर राजनीतिक चुनौती के गुजर गए। तथापि यह 'विजय' अस्पष्ट थी और इसकी गंभीर सीमाएं थीं। यह तभी संभव हुआ जब युद्धकालीन परिस्थितियों के कारण निर्मम बल-प्रयोग किया जा सका था। अंग्रेज पुनः ऐसे संघर्ष का खतरा उठाने के लिए तैयार नहीं थे और 1945 में उनकी ओर से समझौते का प्रयास नई लेबर सरकार का उपहार नहीं था—यह बात वेवेल के रवैये से स्पष्ट लक्षित होती है। वेवेल जो अत्यधिक उदार सेनापति किसी भी तरह नहीं था, अक्तूबर 1943 में वायसरॉय बना था। 24 अक्तूबर 1944 को चर्चिल को लिखे एक पत्र में वेवेल ने स्पष्ट किया था कि संभावित विश्व-जनमत एवं आम ब्रिटिश दृष्टिकोण या सेना के दृष्टिकोण को देखते हुए (अच्छा होता अगर वह यह भी जोड़ देता कि ब्रिटेन के आर्थिक रूप से चुक जाने के कारण भी), युद्ध के पश्चात् अंग्रेजों के लिए भारत पर बलपूर्वक अधिकार जमाए रखना संभव नहीं होगा। "हमें पहले भी ऐसे ही विद्रोहियों से संधि-वार्ता करनी पड़ी थी जैसेकि द वलेरा और जगलुल के साथ। वस्तुतः युद्ध समाप्त होने के पूर्व ही संधि-वार्ता आरंभ करना बुद्धिमानी होगी—इसके पहले कि युद्ध की समाप्ति पर बंदियों की रिहाई हो और सैनिकों की सेवा-समाप्ति तथा बेरोजगारी के कारण अशांति फैले और आंदोलन के लिए उपयुक्त भूमि तैयार हो। यह तभी हो सकता है जब हम उनकी (कांग्रेस की) ऊर्जा को पहले ही किसी अन्य लाभप्रद दिशा में मोड़ दें, अर्थात् उन्हें भारत की प्रशासनिक एवं संवैधानिक समस्याओं के समाधान ढूंढ़ने में लगा दें" (वेवेल, *दि वायसरॉय जर्नल*, ऑक्सफोर्ड, 1973, पृ. 97-98)। चर्चिल के अड़ियलपन के कारण इस प्रक्रिया में कुछ देर अवश्य हुई, किंतु 1945 के बाद अंग्रेज कांग्रेसी नेताओं को ठीक इसी के लिए सहमत करने में सफल रहे।

यह बात विरोधाभासी भले ही लगे, किंतु कांग्रेसी नेताओं के अनुसार जेल और पराजय से कुछ लाभ अवश्य हुए। जेल में होने के कारण वे

युद्ध में जापान के समर्थन या विरोध के मसले पर स्पष्ट रवैया अपनाने की उलझन से बच गए, अन्यथा 1944 के कुछ माह उनके लिए बड़े उलझन भरे होते। तब सुभाष बोस की आजाद हिंद फौज ऐसे समय असम की सीमाओं पर तैनात थी जब विश्व-स्तर पर मित्रदेशों की सेनाओं की विजय स्पष्ट दिखाई दे रही थी। जैसाकि डी. डी. कोसंबी ने 1946 के समकालीन इतिहासलेखन के एक प्रतिभापूर्ण लेख में दर्शाया है, कहीं अधिक महत्वपूर्ण बात यह थी कि "जेल और यंत्रणा-शिविरों की चमक-दमक कांग्रेसी मंत्रिमंडलों की बेहद मामूली कारगुजारी से ध्यान हटाने में सहायक हुई और इस प्रकार कांग्रेस संगठन जनसामान्य के बीच पुनः लोकप्रियता प्राप्त कर सका" ('दि बूर्जुवाजी कम्स ऑफ एज इन इंडिया', कोसंबी कृत *एक्जैस्परेटिंग एस्सेज* में पुनर्मुद्रित, पूना, तिथि अज्ञात, पृ. 17)। कांग्रेस के दक्षिणपंथी नेता जो चौथे दशक के अंत में अंग्रेजों के साथ सहयोग की बात करते रहे थे और मंत्रियों के रूप में जिन्होंने अधिकाधिक रूढ़िवादी नीतियों का पालन किया था, अब देशभक्तिपूर्ण आत्म-बलिदान के गौरव से मंडित हो रहे थे, साथ ही वे समाजवादी भी जिन्होंने 1942 का अधिकांश संघर्ष किया था। इसके विपरीत, कम्युनिस्ट जो दोनों के ही आलोचक रहे थे, राष्ट्रवादी जनमत के बहुत बड़े भाग की दृष्टि में अंग्रेजों के सहयोगी और देशद्रोही करार दिए गए थे।

यदि 'भारत छोड़ो' आंदोलन के परिणामस्वरूप अंग्रेज यह अनुभव करने लगे थे कि सत्ता का समझौते के बाद हस्तांतरण कर दिया जाए तो यह बात भी स्पष्ट थी कि 1942 के विद्रोह और इसके परिणाम ने उन शक्तियों को ही सुदृढ़ किया था जो कांग्रेस के दक्षिणपंथ को नई प्रतिष्ठा प्रदान कर समझौता करने के पक्ष में थीं। वामपंथी विकल्प को उस संघर्ष ने वस्तुतः दो प्रकार से क्षीण किया था—जो शौर्यपूर्ण और स्वाभाविक होते हुए कदाचित् असामयिक था और असफलता जिसकी नियति थी क्योंकि 1942 में अंग्रेजों के हाथ में भारी सैन्य-संसाधन थे। अमानुषिक दमन ने वर्षों से किए जा रहे गांधीवादी रचनात्मक कार्य अथवा किसान-आधारों को नष्ट किया होगा। ध्यान देने योग्य यह है कि 1945-46 के साम्राज्यवाद-विरोधी उभार में बिहार, पूर्वी संयुक्त प्रांत तथा महाराष्ट्र, कर्नाटक और उड़ीसा के ग्रामीण क्षेत्रों की मामूली या नगण्य भूमिका रही थी, और मिदनापुर तथा हुगली के अधिकांश ग्रामीण गांधीवादियों को बंगाल कांग्रेस की युद्धोत्तर और स्वाधीनोत्तर राजनीति में एक किनारे धकेल दिया गया था। दूसरे यह कि वामपंथ अब जितना विभाजित था, उतना पहले कभी नहीं था। 1942 की दिल तोड़नेवाली यादों तथा 'विश्वासघात' एवं 'देशद्रोही गतिविधियों' के आरोपों और प्रत्यारोपों ने एक ओर समाजवादियों एवं सुभाष के अनुयायियों और दूसरी ओर कम्युनिस्टों के बीच एक दीवार खड़ी कर दी, जो आज एक पीढ़ी बाद भी पूर्णतः नहीं टूटी है।

युद्ध और भारतीय अर्थव्यवस्था : अकाल और बेपनाह मुनाफे

कुल मिलाकर युद्ध के आर्थिक प्रभाव ने जनशक्ति को क्षीण ही किया था, भले ही इसने तीव्र असंतोष को और 1945-47 की अवधि में कभी-कभार ऐसे छिटपुट उपद्रवों को भी जन्म दिया जो लगभग क्रांतिकारी थे। यद्यपि भारत (1944 में कोहिमा-इम्फाल सीमा के क्षेत्र को और कभी-कभार होनेवाले हवाई हमलों को छोड़कर) वास्तविक सैन्य विध्वंस से बच गया था, मगर आम जनता के कष्ट कुछ कम नहीं थे। युद्ध ने तीव्र मुद्रास्फीति को जन्म दिया था (1939 में 230 करोड़ रु. के नोट चलन में थे, वहीं 1945 में ये बढ़कर 1210 करोड़ रु. के हो गए थे), चारों तरफ भ्रष्टाचार फैला हुआ था, वस्तुओं की कमी थी और कालाबाजारी आम थी, और अंत में 1943 में एक विनाशकारी अकाल था। खाद्य-संकट का मूल कारण बर्मा और दक्षिण-पूर्वी एशिया से चावल के आयात का बंद होना था जबकि इसी समय एक बढ़ी हुई सेना को भोज्य सामग्री उपलब्ध कराना भी आवश्यक था। किंतु इस संकट को बढ़ाने में घोर कुप्रबंध एवं मुनाफाखोरी का बहुत बड़ा हाथ था। खाद्यान्नों पर राशन की व्यवस्था बहुत देर से लागू की गई और वह भी केवल कुछ बड़े शहरों तक ही सीमित थी। यहां तक कि वेवेल ने भी निजी रूप से भारत की खाद्य समस्या के प्रति इंग्लैंड के उदासीनतापूर्ण रवैये की शिकायत की थी; उसने "जब यूरोप में भुखमरी के दौरान भूखों मरती जनता को भोजन उपलब्ध कराने की बात हो तो अत्यंत भिन्न रवैये"की बात भी कही (1945 के आरंभ में हॉलैंड को भेजी जानेवाली प्रचुर भोजन सामग्री का संदर्भ, *वाइसराय जर्नल,* 9 अप्रैल 1945 की प्रविष्टि, पृ. 123)। 1943 के भयंकर ग्रीष्म एवं शरद में लाखों लोग भटकते हुए कलकत्ता की गलियों में भूखों मरने आए; अब वे चावल भी नहीं मांगते थे, मांगते थे केवल चावल का मांड। करीब 15 से 30 लाख लोग बंगाल में ऐसे अकाल में मर गए जो मूलतः मानव-निर्मित था। भुखमरी और कुपोषण के कारण मलेरिया, हैजा और चेचक की महामारियां फैलीं। 1943 के बाद वर्षों तक बंगाल में मृत्यु-दर सामान्य से अधिक रही। अंग्रेजों का सीधा शासन 1770 में एक अकाल से ही आरंभ हुआ था और अब उसके अंतिम दिनों में भी उतनी ही बड़ी विपदा सामने खड़ी थी। सर्वाधिक प्रभावित क्षेत्र थे दक्षिण-पश्चिमी बंगाल के तमलुक-कोंटाई-डायमंड हार्बर क्षेत्र और ढाका, फरीदपुर, टिपरा एवं नोआखाली के जिले। 1943 में 6,00,000 काश्तकारों के अपनी जोत खो देने और एक ही साल में पशुधन में 20 प्रतिशत की कमी आ जाने के कारण छोटे काश्तकारों पर आधारित बंगाल की अर्थव्यवस्था छिन्न-भिन्न हो गई। स्वाभाविक रूप से खेतिहर मजूदरों पर इसका सबसे बुरा प्रभाव पड़ा था। 1944 में फरीदपुर के पांच गांवों के सर्वेक्षण से ज्ञात होता है कि खेत-मजदूरों में 40.3 प्रतिशत 'खत्म हो गए' जबकि कुल मृत्यु-दर 15.2 प्रतिशत ही थी (ए. के. सेन, 'फेमीन

मॉर्टेलिटी : स्टडी ऑफ बंगाल फेमीन ऑफ 1943', हॉब्सबाम एवं अन्य, *पेजेंट्स इन हिस्ट्री* में. संकलित)।

किंतु अकाल और युद्ध कुछ लोगों के लिए भारी मुनाफे भी ले आए और 1914-18 की भांति भारतीय बुर्जुवा वर्ग ने प्रगति की दिशा में इस काल में भी एक बड़ा कदम उठाया। भारत-ब्रिटिश संबंधों में महत्वपूर्ण बदलाव आया। 1944-45 तक अमरीका ने भारत द्वारा किए जानेवाले आयात के सबसे बड़े स्रोत के रूप में ब्रिटेन का स्थान ले लिया था। भारत से होनेवाली युद्ध-सामग्री की आपूर्ति का भुगतान करने के लिए अंग्रेज भारत के स्टर्लिंग ऋणपत्र खरीदते रहे और इसलिए भारत के स्टर्लिंग ऋण समाप्त हो गए। 1945 तक भारत के पास 100 करोड़ पाउंड से अधिक का स्टर्लिंग जमा हो गया था। यद्यपि वे तात्कालिक रूप से युद्ध के दौरान विशाल भारतीय संसाधनों के हस्तांतरण के बदले दिए गए वचन-पत्रों से अधिक कुछ भी नहीं थे, मगर इनके फलस्वरूप स्वाधीनता के बाद भारत के विदेशी मुद्रा-भंडार को बड़ा बल मिला। इस प्रकार अंततः 'संपत्ति के दोहन' का एक पारंपरिक घटक अर्थात् ऋणों का भुगतान समाप्त हो गया। दूसरी बात यह कि युद्धकालीन मांग के कारण और आयात के अभाव में भारत के कपड़ा, लोहा और इस्पात, सीमेंट एवं कागज उद्योगों को स्वाभाविक रूप से बढ़ावा मिला। साथ ही इंजीनियरिंग एवं रसायनों के क्षेत्र में भी भारतीय उद्योगों के लिए द्वार थोड़े खुले, यद्यपि अब भी अंग्रेज जहाजरानी, स्वचालित वाहनों एवं हवाई जहाजों के स्वदेशी उत्पादन में बाधा डालने के ही प्रयास कर रहे थे। फिर भी औद्योगिक प्रगति पर्याप्त धीमी रही। यदि 1937 को आधार-वर्ष माना जाए तो 1945 में कुल उत्पादन में केवल 120 तक ही वृद्धि हुई (यद्यपि इस्पात में 142.9, रसायनों में 134.1 और सीमेंट में 196.5 तक वृद्धि हुई थी; वाडिया एवं मर्चेंट, पृ. 360)।

वस्तुतः अत्यधिक वृद्धियां उत्पादन में न होकर लाभांशों में हुईं, विशेष रूप से खाद्यान्नों में मुनाफाखोरी के जरिये सट्टे में होनेवाले लाभ द्वारा, शेयर बाजार की गतिविधियों एवं आम तौर से कालाबाजारी द्वारा। भारतीय बुर्जुवा वर्ग एक विशेष प्रकार का बुर्जुवा वर्ग था जिसकी मुख्य विशेषता थी 'लूट-खसोट की लिप्सा' और उत्पादन को बढ़ाने की दिशा में पहल करने अथवा क्षमता दर्शाने के स्थान पर सट्टेबाजी के प्रति अत्यधिक लगाव (कोसंबी, पृ. 14)। देश में प्रौद्योगिक पिछड़ेपन के कारण उन्हें विदेशी सहयोगियों का मुंह जोहना पड़ा क्योंकि अब बदली हुई आर्थिक एवं राजनीतिक परिस्थितियों से इस बात की आशा हुई थी कि समझौते की बातचीत में इसे विशेष सुविधा होगी और बातचीत की शर्तें अब कम विषम होंगी। 1945 के ग्रीष्म में बिड़ला और टाटा के नेतृत्व में एक भारतीय प्रतिनिधिमंडल ब्रिटेन और अमरीका गया और इसी वर्ष बिड़ला एवं नफील्ड के बीच (हिंदुस्तान मोटर्स की स्थापना के लिए) और टाटा एवं इंपीरियल केमिकल्स के बीच समझौते हुए। साथ ही, भारतीय

बुर्जुवा नेता इस बात के लिए भी तैयार थे, बल्कि मांग भी करते थे कि भारी उद्योगों, ऊर्जा, सिंचाई इत्यादि क्षेत्रों में, जिनमें आरंभ में बहुत कम लाभ होने की आशा थी, सरकारी पूंजी-निवेश किया जाए। एक ही साथ वे विशिष्ट प्रकार के सरकारी हस्तक्षेप के संबंध में सौदेबाजी भी करते थे और सरकारी उपेक्षा या अत्यधिक नियंत्रण की शिकायत भी करते थे। जनवरी 1944 में भारत के अग्रणी उद्योगपतियों (जिनमें जे. आर. डी. टाटा, जी. डी. बिड़ला, पी. ठाकुरदास, श्रीराम, और कस्तूरभाई लालभाई सम्मिलित थे) ने 'बंबई योजना' की रूपरेखा बनाई जिसमें 15 वर्षों के भीतर, बुनियादी उद्योगों के तीव्र विकास के माध्यम से प्रति व्यक्ति राष्ट्रीय आय को दोगुना करने की परिकल्पना की गई। 'बंबई योजना', जो लक्ष्यों के एक वक्तव्य से अधिक कुछ नहीं थी एवं राजकीय नियंत्रण के वितरण एवं सीमा से संबंधित प्रश्न पर अस्पष्ट थी, प्रगति के हित में 'उद्यम की स्वाधीनता' का 'अस्थायी ह्रास' स्वीकार करने के लिए तैयार थी, यहां तक कि इसमें आश्चर्यजनक रूप से 'रूसी प्रयोग' के अनेक सौहार्दपूर्ण उल्लेख मिलते हैं। यहां हम पुनः कोसंबी के समकालीन विश्लेषण को उद्धृत करते हैं : बुर्जुवा वर्ग को 'नेहरू के नेतृत्व की आवश्यकता' थी, ठीक उसी प्रकार जिस प्रकार पहले के जन-संघर्षों के समय इस वर्ग में इतनी बुद्धिमानी थी कि "महात्मा के दर्शन में जो कुछ भी इसके लिए लाभप्रद था उसका दोहन कर सके और सभी खतरनाक प्रस्थापनाओं को नकारात्मक दार्शनिक बातें घोषित कर सके" (वही, पृ. 18)।

एक ऐसे वर्ग के रूप में जिसे जनसामान्य के अभूतपूर्व दुखों के बीच पहले भी इतना सब कुछ मिला था, स्वाभाविक था कि बुर्जुवा वर्ग अब कोई और जन-संघर्ष नहीं चाहता था जिसके अनियंत्रित रूप से मूलगामी परिणाम होते। अतः 1945 के पश्चात् इस वर्ग ने बातचीत द्वारा समझौते के पक्ष में ही अपने भारी प्रभाव का उपयोग किया। लेकिन 1945-47 की दुखद घटनाओं ने सिद्ध कर दिया कि भारत के संदर्भ में बातचीत द्वारा 'सत्ता के हस्तांतरण' की कीमत थी विभाजक शक्तियों को प्रोत्साहन, जिसकी चरम परिणति देश के विभाजन में हुई। 'रक्तहीन' स्वाधीनता-प्राप्ति के साथ-साथ एक अकल्पनीय सांप्रदायिक नरसंहार भी हुआ।

लीग की प्रगति

युद्ध के अंतिम वर्षों की सबसे महत्वपूर्ण राजनीतिक घटना थी मुस्लिम लीग की तीव्र प्रगति जिसने कांग्रेस के दमन का पूरा लाभ उठाया था। 1943 तक असम (अगस्त 1942), सिंध (अक्तूबर 1942), बंगाल (मार्च 1943), और पश्चिमोत्तर सीमाप्रांत (मई 1943) में लीग के मंत्रिमंडलों का गठन हो चुका था। लीग का केंद्रीय नेतृत्व प्रादेशिक इकाइयों पर कड़ा नियंत्रण स्थापित कर रहा था और एक स्वयंसेवक कोर (नेशनल गार्ड्स) की स्थापना कर रहा था। स्वयं जिन्ना मुसलमानों के एकमात्र प्रवक्ता होने के दावे को सिद्ध करने और

गांधी के नेतृत्ववाली 'हिंदू' कांग्रेस से बराबरी के अधिकार की मांग करने की दिशा में अग्रसर थे। इस प्रगति को प्रोत्साहन देने में अंग्रेजों की भूमिका पर्याप्त स्पष्ट है। असम में सादुल्ला एवं पश्चिमोत्तर सीमाप्रांत में औरंगजेब खान के मंत्रिमंडलों का गठन केवल इसी कारण संभव हुआ कि अधिकांश कांग्रेसी विधायक जेल में थे। सिंध में कांग्रेस-समर्थक मुसलमान मुख्यमंत्री अल्लाह बख्श को गवर्नर ने इसलिए बर्खास्त कर दिया था कि उन्होंने राजकीय सम्मान त्याग दिए थे, और बंगाल में यूरोपीय विधायकों ने निजामुद्दीन मंत्रिमंडल को सहारा दिया था। दो सबसे बड़े मुस्लिम-बहुल प्रांत (पंजाब और बंगाल) अब भी जिन्ना के लिए पर्याप्त कठिनाई का कारण बने हुए थे। किंतु मार्च 1943 में लीग का केंद्रीय नेतृत्व इस्पहानियों की आर्थिक सहायता से फजलुल-हक को अपदस्थ करने में सफल हो गया। इस्पहानी कलकत्ता में स्थित एक मुस्लिम व्यापारिक घराने के लोग थे जिनके अखिल भारतीय संपर्क थे। (फजलुल अधिकाधिक रूप से जिन्ना के आलोचक होते जा रहे थे और दिसंबर 1941 में उन्होंने अप्रत्याशित रूप से हिंदू महासभा के नेता श्यामाप्रसाद मुखर्जी के साथ गठजोड़ स्थापित कर लिया था।) बंगाल के मुसलमान राजनीतिज्ञों को अखिल भारतीय लीग का पिछलग्गू बनाने की प्रक्रिया उससे अधिक भिन्न नहीं थी, जिसका दर्शन पहले कांग्रेस में हो चुका था और जिसके अंतर्गत बिड़ला जैसे घनिष्ठ मारवाड़ी संपर्कवाले हाईकमान ने बोस को कांग्रेस से निकाला था। दिसंबर 1942 में सिकंदर हयात खान की मृत्यु ने पंजाब में जिन्ना का प्रवेश सरल बना दिया, यद्यपि सिकंदर के दुर्बल उत्तराधिकारी खिज्र हयात खान 1945 में भी मुस्लिम-जाट यूनियनिस्ट एकता को तोड़ने संबंधी लीगी दबावों का प्रतिरोध कर रहे थे।

फिर भी, लीग की प्रगति के पीछे केवल असेंबली-षड्यंत्रों एवं सरकारी संरक्षण का ही हाथ नहीं था। अनेक कारणों से भारतीय मुसलमानों के बीच पाकिस्तान का नारा जोर पकड़ता जा रहा था। बंगाल और पंजाब के मुसलमान किसानों से कहा जा रहा था कि पाकिस्तान में हिंदू जमींदारों और बनियों द्वारा किए जानेवाले शोषण का अंत हो जाएगा। बंगाल मुस्लिम लीग के अत्यंत सक्रिय सचिव अबुल हाशिम ने नवंबर 1943 से लीग को एक जुझारू छवि देने का भरसक प्रयास किया और 1944 में जारी एक घोषणापत्र में उन्होंने वादा किया कि लगान से लाभान्वित होनेवाले तत्वों को समाप्त कर दिया जाएगा। कदाचित् अधिक महत्वपूर्ण तथ्य यह था कि पाकिस्तान-समर्थक तत्व यह वादा करते थे कि इससे "भारत का एक भाग हिंदू व्यापारियों और व्यावसायिक वर्गों की प्रतिस्पर्धा से मुक्त हो जाएगा जिसमें छोटे मुसलमान व्यापारी फल-फूल सकेंगे और उदीयमान मुसलमान बुद्धिजीवियों को नौकरियां मिल सकेंगी" (अमिय बागची, पृ. 432-33)। ऐसी संभावना ने संयुक्त प्रांत और बंबई प्रांत के मुसलमान व्यावसायिक समूहों एवं राजनीतिज्ञों को विशेष रूप से आकर्षित किया।

इन दोनों प्रदेशों में मुसलमान बहुत छोटे अल्पसंख्यक समूह थे। पंजाब और बंगाल में यह विचार इतना आकर्षक नहीं था जहां 'पाकिस्तान' प्रांतीय एकता के सुस्थापित संबंधों को बड़ी आसानी से छिन्न-भिन्न कर सकता था (जो कि अंततः उसने किया) और जिसका मतलब अमृतसर एवं कलकत्ता जैसे महत्वपूर्ण क्षेत्रों से हाथ धोना होता। यह कहना आवश्यक है कि मुस्लिम अलगाववाद के पीछे अब केवल पुरातनपंथी मुसलमान ताल्लुकेदारों और जमींदारों का ही आर्थिक बल नहीं था, जैसाकि ढाका के नवाब सलीमुल्ला के या अलीगढ़ आंदोलन के दिनों में था। इस्पहानी और आदमजी व्यापारिक घरानों ने लीग के प्रेस (कलकत्ता का सांध्यपत्र *स्टार ऑफ इंडिया* और दिल्ली का दैनिक *डॉन*, जो 1942 में आरंभ हुआ था) के लिए धन प्रदान किया था। अप्रैल 1945 में जिन्ना के आशीर्वाद से फेडरेशन ऑफ मुस्लिम चैंबर्स ऑफ कॉमर्स एंड इंडस्ट्री का आरंभ किया गया और युद्ध के बाद शीघ्र ही मुस्लिम बैंक एवं एक एयरलाइन कंपनी आरंभ करने की भी योजना बनी। भारतीय बुर्जुवा वर्ग कभी सांप्रदायिक तनावों से मुक्त नहीं रहा था। (उदाहरण के लिए, अधिकांश हिंदू व्यापारी अत्यंत रूढ़िवादी थे; वे कट्टर पुनरुत्थानवादी और गोरक्षा-समर्थक थे और हिंदू महासभा से उनके घनिष्ठ संबंध थे।) इसमें संदेह नहीं कि मुसलमानों में वस्तुतः बड़े पूंजीपति कम ही थे। पश्चिमी पंजाब में 1947 के पूर्व शायद ही कोई बड़े उद्योग रहे हों, किंतु उस क्षेत्र की समृद्ध कृषि से संबंधित अनेक छोटे उद्यमी उभर रहे थे। ऐसे लोगों के लिए विभाजन सचमुच एक बड़ा आर्थिक वरदान था, जिसने उन्हें भारत के सुस्थापित घरानों की प्रतिस्पर्धा से संरक्षण प्रदान किया।

आजाद हिंद फौज

जैसाकि युद्ध के तुरंत पश्चात् भारी, मगर अंततः असफल, साम्राज्यवाद-विरोधी लहर दर्शाती है, जन-शक्तियों की समाप्ति और समझौते एवं विभाजन की प्रवृत्तियां 1942 के बाद के भारत का समग्र चित्र प्रस्तुत नहीं करतीं। ब्रिटेन के विरुद्ध कड़ा संघर्ष जारी रखने की प्रेरणा मुख्यतः विदेश में सुभाष बोस के साहसिक अभियानों से मिली थी। बोस ने 1941 में बर्लिन में इंडियन लीजन की स्थापना की थी, किंतु जब जर्मनों ने इसे रूस के विरुद्ध प्रयुक्त करने का प्रयास किया तब कठिनाई उत्पन्न हो गई और बोस ने दक्षिण-पूर्वी एशिया जाने का निश्चय किया। जुलाई 1943 में वे पनडुब्बी द्वारा जर्मनी से जापानी नियंत्रणवाले सिंगापुर पहुंचे। वहां से उन्होंने 'दिल्ली चलो' का विख्यात नारा दिया और 21 अक्तूबर 1943 को आजाद हिंद सरकार और भारतीय राष्ट्रीय सेना (आजाद हिंद फौज) की स्थापना की घोषणा की। पुरानी क्रांतिकारी-आतंकवादी परंपरा से संबंध के प्रतीक रूप में आजाद हिंद सरकार में रासबिहारी बोस को एक सम्मानित स्थान प्रदान किया गया। (रासबिहारी

1915 से जापान में आत्म-निर्वासन भोग रहे थे।) गांधीजी से अपने समस्त मतभेदों के बावजूद अपना अभियान आरंभ करने से पहले सुभाष राष्ट्रपिता का आशीर्वाद मांगना नहीं भूले। भारतीय युद्धबंदियोंवाले जापानी शिविर आजाद हिंद फौज की भरती के लिए अच्छे आधार सिद्ध हुए और 60,000 युद्धबंदियों में से 20,000 इसमें भरती हो गए। दक्षिण-पूर्वी एशिया में बसे हुए व्यापारिक समुदायों ने आर्थिक सहायता और स्वयंसेवक प्रदान किए। आजाद हिंद फौज स्पष्ट रूप से असांप्रदायिक थी; इसमें मुसलमान अधिकारी और जवान पर्याप्त महत्वपूर्ण थे। इसमें एक नई बात यह थी कि स्त्रियों की भी एक टुकड़ी बनाई गई थी, जिसका नाम झांसी की रानी के नाम पर रखा गया था। मार्च और जून 1944 के बीच आजाद हिंद फौज भारतीय भूमि पर सक्रिय रही। एक अभियान में वह जापानी टुकड़ियों के साथ इंफाल को घेरे रही, मगर वह नितांत असफल रहा। अगले वर्ष जापानियों के हार जाने पर आजाद हिंद फौज के सैनिक पुनः बंदी बना लिए गए और सुभाष बोस रहस्यपूर्ण ढंग से गायब हो गए। कहा जाता है कि वे एक विमान दुर्घटना में मारे गए। किंतु कुछ लोगों का विश्वास है कि यह दुर्घटना एक नाटक मात्र थी।

सुभाषचंद्र बोस के राजनीतिक जीवन के अंतिम चरण के महत्व का आकलन करने के लिए आवश्यक है कि तात्कालिक उपलब्धि और अंतिम प्रभाव (मुख्यतः मनोवैज्ञानिक) के बीच भेद किया जाए। केवल सैन्य दृष्टि से तो आजाद हिंद फौज का महत्व बहुत अधिक नहीं रहा और यदि वह अधिक प्रभावी रही होती तो भी उसका आगमन बहुत देर से हुआ था, क्योंकि 1944 तक धुरी शक्तियां सर्वत्र पीछे हटने लगी थीं। भारत का भूमिगत फारवर्ड ब्लॉक इंफाल-कोहिमा पर हुए आक्रमण को समर्थन दे सकता था, किंतु उसे पहले ही कुचला जा चुका था (फारवर्ड ब्लॉक के बारे में भारत-सचिव का ज्ञापन, 30 अगस्त 1945, मैंसर्ग, खंड 6, पृ. 183-88)। फिर भी, बहुत अप्रभावी ढंग से ही सही, देश की स्वाधीनता के लिए लड़ रही एक वास्तविक सेना ने देशभक्तों के मानस पर जो प्रभाव डाला, उसके महत्व को कम करके नहीं आंकना चाहिए—वह भी ऐसी जिसका नेतृत्व एक बंगाली ने किया था, जबकि ये बंगाली ही अंग्रेजों की पारंपरिक धारणा के अनुसार भारतीय 'जातियों' में सबसे कम 'लड़ाकू' थे। नवंबर 1945 में अंग्रेजों द्वारा आजाद हिंद फौज के सैनिकों पर मुकदमा चलाए जाने के प्रयास के फलस्वरूप तत्काल सारे देश में भारी प्रदर्शन आरंभ हो गए। इससे भी अधिक अर्थपूर्ण यह था कि आजाद हिंद फौज के अनुभव और 1945-46 की शीत ऋतु में ब्रिटिश-भारतीय सेना में फैलनेवाली असंतोष की लहर के बीच कदाचित् कुछ संबंध था। इस असंतोष की चरम परिणति फरवरी 1946 में बंबई में नौसेना की बड़ी हड़ताल में हुई। बहुत संभव है कि अंग्रेजों के शीघ्र ही भारत छोड़ देने के निर्णय के पीछे यही अकेला सबसे बड़ा निर्णायक कारण रहा हो।

कम्युनिस्ट और जन-युद्ध

युद्धोत्तरकालीन साम्राज्यवाद-विरोधी लहर के पीछे निहित एक बड़ा कारण था कम्युनिस्टों की संगठनात्मक प्रगति। यह बात विरोधाभासी लग सकती है क्योंकि 1942-45 के दौरान कम्युनिस्ट सुभाष बोस और उनके अनुयायियों के कट्टर विरोधी रहे थे। 'जन-युद्ध' की धारणा अपनाने के कारण कम्युनिस्ट बुरी तरह अलग-थलग पड़ गए थे और उनकी साख जाती रही थी; फिर अगस्त-सितंबर 1942 में 'पाकिस्तान और राष्ट्रीय एकता' पर अधिकारी की विचित्र प्रस्थापना अपनाकर उन्होंने अपनी मुसीबतें और बढ़ा ली थीं। इस प्रस्थापना के आरंभ में इस बात पर बल दिया गया था कि भारत एक बहुभाषी और इसी कारण बहुराष्ट्रीय देश है (और इसलिए यहां भी सोवियत संघ की भांति अलहदगी के अधिकार की आवश्यकता है, ताकि एक सच्चा प्रजातांत्रिक एवं स्वैच्छिक संघ संभव हो सके)। यह बात अपने-आपमें अनुचित भी नहीं थी। किंतु फिर अचानक ही यह प्रस्थापना विचित्र धारणा पर पहुंची कि "सिंधी, बलूची, पंजाबी (मुसलमान), पठान राष्ट्रीयताएं" हैं और यह नतीजा निकाला गया कि अब मुस्लिम लीग के नेता "साम्राज्यवाद के विरुद्ध वैसी ही भूमिका निभा रहे हैं जैसाकि स्वयं भारतीय राष्ट्रीय कांग्रेस के नेता निभाते हैं। . . . " (जी. अधिकारी, 'नेशनल यूनिटी नाउ !' *पीपुल्स एज*, 8 अगस्त 1942)। फलतः कम्युनिस्ट कुछ वर्षों तक लीग के भीतर (अबुल हाशिम जैसे) 'प्रगतिशील' तत्वों की खोज करते रहे, बारंबार गांधी और जिन्ना के बीच समझौते की बात करते रहे और कांग्रेस के साथ संबंध बिगड़ जाने की दशा में दूसरी बड़ी राष्ट्रीय शक्ति से निकटता स्थापित करने के (संभवतः अवसरवादी) प्रयास में पाकिस्तान की मांग को लगभग स्वीकार करने की खतरनाक स्थिति तक आ पहुंचे। किंतु साथ ही यह भी कहा जाना चाहिए, जोकि प्रायः कहा नहीं जाता, कि अन्य व्यक्ति और समूह भी ऐसे थे जो 1942 में उतने ही 'देश-विरोधी' प्रतीत होते थे जितने कि कम्युनिस्ट। दक्षिण भारत के अग्रणी गांधीवादी और कांग्रेस के दक्षिणपंथी नेता राजगोपालाचारी ने भारत छोड़ो आंदोलन का विरोध किया था और पाकिस्तान की मांग पर बातचीत करने पर बल दिया था। गोलवलकर का राष्ट्रीय स्वयंसेवक संघ अगस्त-विद्रोह से बिलकुल अलग रहा था और 4 सितंबर 1942 को सावरकर ने स्थानीय निकायों, विधायिकाओं एवं सरकारी सेवाओं में कार्यरत महासभा-सदस्यों का आह्वान किया कि वे अपने स्थान पर डटे रहें और अपना रोजमर्रा का काम करते रहें; फिर मिदनापुर के अमानुषिक दमन के समय श्यामाप्रसाद मुखर्जी तो बंगाल में मंत्री ही थे। हाल में प्रकाशित सरकारी दस्तावेजों से स्पष्ट ज्ञात होता है कि अनेक सरकारी अधिकारी कम्युनिस्टों के अचानक समर्थन को संदेह की दृष्टि से देखते थे, विशेष रूप से उनकी जापान-विरोधी छापामार प्रशिक्षण दिए जाने की प्रार्थना को : "ऊपर से देखने पर वे फासीवाद-विरोधी

और युद्ध-समर्थक प्रतीत होते हैं; किंतु भीतर से वे साम्राज्यवाद-विरोधी हैं, और उनकी शस्त्रों की मांग का इन दोनों में से किसी विचारधारा से संबंध हो सकता है . . . " (लिनलिथगो को बिहार के गवर्नर स्टेवर्ट का पत्र, 6 मई 1942, मैंसर्ग, खंड 2, पृ. 46)। इसके विपरीत एम. एन. राय को उनकी इंडियन फेडरेशन ऑफ लेबर के लिए सरकारी आर्थिक सहायता मिली (यह फेडरेशन अब पूर्ण कम्युनिस्ट नियंत्रणवाले ए. आई. टी. यू. सी. से टूटकर बनी थी), यद्यपि राय को वायसरॉय की कार्यकारिणी में जगह नहीं मिली जिसकी उन्होंने वेवेल से मांग की थी (*वायसरॉय्स जर्नल*, 14 फरवरी 1944, पृ. 55)।

असंदिग्ध भूलों (यहां तक कि सुभाष को जयचंद कहने जैसी हास्यास्पद भूल तक) और पर्याप्त अलोकप्रियता के बावजूद, 1942 के पश्चात् का काल भारतीय कम्युनिस्ट आंदोलन के इतिहास में नितांत नकारात्मक अनुभव का काल नहीं रहा। (जुलाई 1942 में) वैधता मिल जाने से कम्युनिस्टों को स्पष्ट रूप से संगठनात्मक लाभ हुए क्योंकि 1920 के दशक के आरंभ में कम्युनिस्टों के पहले गुटों की स्थापना के समय से ही अंग्रेज सरकार उन्हें तंग करती आ रही थी और उनकी पार्टी 1934 से अवैध थी। पार्टी की सदस्य-संख्या जो 1942 में केवल 4,000 थी, मई 1943 में 15,000, और 1946 के मध्य तक 53,000 और फरवरी 1948 में पार्टी के दूसरे अधिवेशन तक 1,00,000 से ऊपर हो गई थी। ए. आई. टी. यू. सी. ने भी अपनी शक्ति दोगुनी कर ली थी—1942 और 1944 के बीच इसकी सदस्य-संख्या ढाई लाख से बढ़कर पांच लाख हो गई थी (आर. पी. दत्त, *इंडिया टुडे*, पृ. 353)। अलगाव ने कम्युनिस्ट कार्यकर्त्ताओं में एक प्रकार की संघर्षशीलता, आत्मत्याग और आदर्शवादिता की भावना उत्पन्न कर दी थी और बंगाल इकाई ने तो 1942 के पश्चात् अकाल के दौरान अत्यंत कुशलता एवं लगन के साथ राहत-कार्य करके फिर से अपनी साख बना ली थी। फासीवाद-विरोधी जन-युद्ध का नारा जनसामान्य (विशेषकर किसानों) के लिए चाहे जितना अबोधगम्य रहा हो, किंतु विश्व के घटनाक्रम से परिचित बुद्धिजीवियों को इसने वास्तव में प्रभावित किया। यही वह समय था जब कलकत्ता के मध्यवर्गीय सांस्कृतिक जीवन पर मार्क्सवाद ने जादू कर दिया । पार्टी के महासचिव पी. सी. जोशी लोक-संस्कृति के माध्यमों का और सांस्कृतिक रूपों का इस दिशा में कल्पनाशील प्रयोग करने में अग्रणी थे और 1944-45 में इंडियन पीपुल्स थियेटर एसोसिएशन (इप्टा) की स्थापना एक महत्वपूर्ण उपलब्धि थी । इसका एक केंद्रीय दस्ता भी था जो देश-भर में घूम-घूमकर अकाल-पीड़ित बंगाल के लिए धन जुटाता था। इप्टा और अन्य सांस्कृतिक मोर्चे सचमुच प्रतिभाशाली कलाकारों को आकर्षित करने में सफल रहे : बलराज साहनी, ख्वाजा अहमद अब्बास, कैफी आजमी, सलिल चौधुरी, शंभु मित्रा, देवव्रत विश्वास, सुचित्रा मुखर्जी, सुकांत भट्टाचार्य, इत्यादि। बंगाल में ज्योतिरींद्र मैत्र के *नवजीवनेर गान* और बिजन भट्टाचार्य के नाटक *नवान्न* ने एक नई और महत्वपूर्ण सांस्कृतिक परिपाटी का

आरंभ किया। उपन्यासकार माणिक वंद्योपाध्याय या कवि विष्णु डे, समर सेन और सुभाष मुखर्जी जैसे महत्वपूर्ण साहित्यकार कम्युनिस्ट पार्टी के निकट आए और उनमें से कुछ तो सचमुच दल में सम्मिलित हो गए।

ग्रामीण क्षेत्रों में, यानी उन क्षेत्रों में भी किसान सभा और बंटाईदरों या खेतिहर मजदूरों के संगठन प्रगति करते रहे जहां 1942 का कटु अनुभव इतना स्पष्ट लक्षित नहीं होता था। ये क्षेत्र थे केरल, तटीय आंध्र और तेलंगाना; उत्तरी बिहार, साथ ही पंजाब, महाराष्ट्र और तमिलनाडु के कुछ हिस्से। युद्ध की समाप्ति तक कुछ औचित्य के साथ कहा जा सकता था कि कम्युनिस्ट पार्टी देश की तीसरी सबसे बड़ी पार्टी है, यद्यपि कांग्रेस और लीग की तुलना में यह अब भी अत्यंत कमजोर थी।

अध्याय 8

1945-1947 : स्वतंत्रता और देश का विभाजन

भारत में ब्रिटिश शासन के अंतिम दो वर्षों के दौरान घटित घटनाओं के ताने-बाने से दो मूल सूत्र निकलते हैं : ब्रिटिश, कांग्रेसी एवं लीगी नेताओं के बीच अत्यंत धीमी गति से चलनेवाली बातचीत, जिसके साथ सांप्रदायिक हिंसा बढ़ती ही गई और जिसकी चरम परिणति हुई उस स्वाधीनता में जिसके साथ दुखद विभाजन भी जुड़ा हुआ था; और छिटपुट, स्थानीय किंतु प्रायः अत्यंत संघर्षपूर्ण एवं एकजुट सार्वजनिक गतिविधियां—आजाद हिंद फौज के बंदियों की रिहाई का आंदोलन और 1945-1946 में नौसैनिक विद्रोह, उसी अवधि में अनेक हड़तालें, और 1946-47 में बंगाल् का तेभागा विद्रोह, त्रावणकोर में पुन्नप्रा-वायलार और हैदराबाद में तेलंगाना के किसानों का सशस्त्र विद्रोह। इनमें से पहले विषय पर दस्तावेजों के कुछ संकलनों के साथ-साथ प्रचुर ऐतिहासिक सामग्री भी उपलब्ध है : वी. पी. मेनन, कैंपवेल, जॉनसन, एच. वी. हडसन, पेंडरेल मून की पुस्तकें, वेवेल का *जर्नल*, मैंसर्ग की अनेक खंडोंवाली रचना, गांधी के अंतिम वर्षों पर प्यारेलाल का विस्तृत अध्ययन, 1945 के बाद सरदार पटेल का पत्र-व्यवहार। ये केवल प्रमुख रचनाएं हैं। इसके ठीक विपरीत, जन-आंदोलनों के संबंध में इनमें भाग लेनेवालों के कुछ उपयोगी विवरण तो मिलते हैं, किंतु इस पर अब तक कोई व्यवस्थित ऐतिहासिक शोध नहीं हुआ है। लेकिन आधुनिक भारत के पूरे इतिहास की तरह ब्रिटिश और भारतीय नेताओं के निर्णयों और कार्यों को वस्तुतः तब तक नहीं समझा जा सकता जब तक कि नीचे से पड़नेवाले दबावों के प्रतिपक्ष को ध्यान में न रखा जाए। सबसे महत्वपूर्ण यह है कि जन-आंदोलनों ने भारत में ब्रिटिश राज का चलते रहना असंभव कर दिया था। जन-आंदोलनों में होनेवाली ज्यादतियों के भय ने कांग्रेसी नेताओं को बातचीत और समझौते की नीति पर ही चिपके रहने और अंततः

स्वतंत्रता की अनिवार्य कीमत के रूप में विभाजन तक को भी स्वीकार करने के लिए बाध्य कर दिया। इन साम्राज्यवाद-विरोधी जन-आंदोलनों की सीमाओं के कारण ही अगस्त 1947 में विभाजित भारत का समझौता संभव हुआ।

1945-46 : 'ज्वालामुखी के कगार पर'

संधि-वार्ताओं से पहले

युद्धोत्तर संधि-वार्ताओं की भूमिका युद्ध के अंतिम महीनों में ही बन गई थी। अंग्रेज यदा-कदा यह प्रयास करते रहते थे कि कांग्रेस और लीग केंद्रीय सरकार के तत्कालीन गठन में भाग लें। साथ ही, पाकिस्तान के मुद्दे को लेकर गांधीजी और जिन्ना के बीच कुछ असफल वार्ताएं भी हुई थीं। वैसे तो सितंबर 1943 में, पद-ग्रहण करने के पूर्व ही, और अधिक निश्चित रूप से 5 मई 1944 को स्वास्थ्य के आधार पर गांधीजी को जेल से रिहा कर दिए जाने के बाद, वेवेल ने इस बात की आवश्यकता पर बल दिया कि केंद्र में कांग्रेस और लीग के सहयोग पर आधारित 'अस्थायी सरकार' बनाई जाए, ताकि युद्ध-प्रयासों में भारतीयों का अधिक सहयोग मिल सके और अधिक महत्वपूर्ण यह है कि भारतीयों की शक्ति को आंदोलनों से हटाकर अधिक लाभप्रद दिशा में मोड़ा जा सके (देखिए, चर्चिल को वेवेल का 24 अक्तूबर 1944 का पहले भी उद्धृत पत्र)। गांधीजी और वेवेल के पत्राचार से जुलाई-अगस्त 1944 में शीघ्र ही स्पष्ट हो गया कि वायसरॉय का प्रस्ताव कांग्रेस की न्यूनतम मांगों को भी पूरा नहीं करता था। कांग्रेस की मांग थी कि एक 'सचमुच राष्ट्रीय सरकार' की स्थापना की जाए जो असेंबली के प्रति उत्तरदायी हो, जिसमें केवल युद्ध-संबंधी गतिविधियां अस्थायी रूप से अंग्रेजों के अधीन हों और युद्ध के पश्चात् स्वाधीनता प्रदान करने का तुरंत और स्पष्ट वादा किया जाए। वैसे भी क्रिप्स के 1942 के प्रस्तावों की भांति वेवेल के प्रस्ताव को भी चर्चिल निश्चय ही किसी न किसी अवस्था में, यदि उसे इसके भारत के पक्ष में जाने की थोड़ी भी आशंका होती, तो असफल करने का प्रयास करता। 5 जुलाई 1944 को चर्चिल ने "चिड़चिड़ाहट से भरा एक तार भेजा जिसमें पूछा गया था कि गांधी अब तक मरा क्यों नहीं।" चर्चिल भारतीय मुद्दों के प्रति बारंबार ऐसा रवैया दर्शाता रहा जिसे एमरी ने निजी बातचीत में 'हिटलर जैसा रवैया' कहा था। मार्च 1945 में वेवेल से कहा गया कि जब तक संभव हो इस मामले को वह यूं ही लटकाए रखे। "वह चाहता है कि भारत पाकिस्तान, हिंदुस्तान और प्रिंसिस्तान इत्यादि में बंट जाए . . .' (*वायसरॉय्स जर्नल*, पृ. 78, 89, 120)।

जुलाई 1944 में हिंदू महासभा के कड़े विरोध के बावजूद गांधीजी ने 'राजगोपालाचारी सूत्र' के आधार पर जिन्ना से बातचीत करने का प्रस्ताव

किया। यह सूत्र पिछले अप्रैल में प्रस्तुत किया गया था : युद्ध के पश्चात् एक आयोग बिठाया जाए जो मुसलमानों के पूर्ण बहुमतवाले भारत के पूर्वोत्तर और पश्चिमोत्तर भागों में जुड़े हुए क्षेत्रों का सीमांकन करे, ऐसे क्षेत्रों के सब निवासी इस संबंध में अपना मत दें कि क्या वे अलग पाकिस्तान चाहते हैं, अलग हो जाने की स्थिति में कुछ सेवाओं जैसेकि प्रतिरक्षा और संचार-साधनों को साझा रखने पर सहमति हो और इस योजना को पूरी तरह तभी लागू किया जाए जब अंग्रेज पूर्णरूपेण सत्ता हस्तांतरित कर दें। (लीग ने कांग्रेस की स्वाधीनता की मांग का समर्थन किया था और संक्रमण की अवधि में कांग्रेस के साथ मिलकर अंतरिम सरकार बनाने के लिए वह तैयार थी।) किंतु 30 जुलाई को जिन्ना ने 6 प्रांतों (पंजाब, सिंध, बलूचिस्तान, पश्चिमोत्तर सीमाप्रांत, बंगाल और असम) को अलग करके पाकिस्तान बनाने की अपनी मांग दुहराई, जिसमें थोड़ा-बहुत फेर-बदल किया जा सकता था, और राजाजी के सूत्र की यह कहकर आलोचना की कि इसमें तो 'केवल छाया और छिलके, कटा हुआ, विकलांग और सड़ा-गला पाकिस्तान' दिया जा रहा है। उनका यह भी कहना था कि विभाजन को स्वतंत्रता मिलने तक रोका नहीं जा सकता। उन्होंने साझी सेवाओं को अनावश्यक बताया और उनका विचार था कि जनमत-संग्रह के लिए हिंदुओं और मुसलमानों, दोनों के मत लिए जाने से तो मुसलमानों के एक अलग राष्ट्र होने के मूल विचार पर ही प्रहार होता है जिसमें उनका आत्मनिर्णय का अधिकार निहित है। परिणामतः सितंबर 1944 में गांधी-जिन्ना वार्ता टूट गई, किंतु इससे लीग और कांग्रेस की असेंबली पार्टियों के बीच बढ़ते हुए सहयोग पर प्रभाव नहीं पड़ा; साथ ही जनवरी 1945 में जोरों से यह अफवाह भी फैली (जिसका बाद में जिन्ना ने खंडन किया) कि असेंबली में दोनों के नेताओं (भूलाभाई देसाई और लियाकत अली खान) में एक समझौता हो गया है जिसके अनुसार कांग्रेस और लीग युद्धकालीन व्यवस्था के रूप में तत्कालीन संविधान के अंतर्गत केंद्र और प्रांतों में मिली-जुली सरकारों का गठन करेंगी। स्मरणीय है कि 1945 के आरंभ में लीग की स्थिति कमजोर पड़ गई थी। कांग्रेसी विधायकों के जेल से रिहा होने के साथ ही पश्चिमोत्तर सीमाप्रांत में लीग की सरकार गिर गई थी और डॉ. खान साहब के नेतृत्व में वहां कांग्रेस की सरकार बन गई थी। 1944 के मध्य में पंजाब में खिज्र हयात खान की यूनियनिस्ट पार्टीवालों ने खुलेआम जिन्ना से संबंध तोड़ लिया था। मार्च 1945 में बंगाल में निजामुद्दीन सरकार गिर गई थी और वहां गवर्नर शासन लागू हो गया था। सिंध और असम में भी लीग ने कांग्रेस के समर्थन से जैसे-तैसे सरकारें संभाल रखी थीं। अब तक (वस्तुतः अगस्त 1946 तक) इस बात के आसार अधिक नहीं थे कि लीग अपनी पाकिस्तान की मांग के लिए जन-समर्थन जुटा सकेगी। जन-आंदोलन लीग का कभी सशक्त पक्ष नहीं

रहा था, और प्रायः दोहराया जानेवाला नारा 'लड़ के लेंगे पाकिस्तान' बहुत हद तक अब भी एक जबानी नारा ही प्रतीत होता था।

शिमला सम्मेलन

जब इंग्लैंड में चुनावों के लिए केवल एक माह शेष रह गया तब अंततः जून 1945 में चर्चिल ने वेवेल को भारतीय नेताओं के साथ संधि-वार्ता करने की अनुमति दे दी। वेवेल ने कांग्रेस कमेटी के सभी मेंबरों को रिहा करने के आदेश दिए और एक नई एक्जीक्यूटिव काउंसिल की स्थापना का प्रस्ताव किया, जिसमें स्वयं वायसरॉय और कमांडर-इन-चीफ के अतिरिक्त सभी भारतीय होते। "सवर्ण हिंदुओं और मुसलमानों को बराबर के प्रतिनिधित्व का अधिकार होगा, एक्जीक्यूटिव वर्तमान (तत्कालीन) संविधान के अंतर्गत कार्य करेगी (अर्थात् यह केंद्रीय असेंबली के प्रति उत्तरदायी नहीं होगी), किंतु युद्ध जीत लेने के पश्चात् नए संविधान पर विचार-विमर्श के द्वार खुले रहेंगे। स्वाभाविक रूप से शिमला सम्मेलन (25 जून-14 जुलाई 1945) में कांग्रेस ने इस बात पर आपत्ति की कि उसे केवल 'सवर्ण हिंदुओं के दल' का दर्जा दिया जा रहा है और उसने सभी समुदायों के लोगों को अपने सदस्य नामजद करने के अधिकार पर जोर दिया। किंतु जिन्ना की मांगों के कारण वार्ता टूट गई। उनकी मांग थी कि सभी मुसलमान सदस्यों को चुनने का एकमात्र अधिकार लीग को ही हो और उसे एक प्रकार का सांप्रदायिक 'वीटो' भी प्राप्त हो जिसमें अगर मुसलमान किसी निर्णय का विरोध कर रहे हों तो उसको पारित कराने के लिए दो-तिहाई बहुमत की आवश्यकता हो। तत्कालीन राजनीतिक स्थिति को देखते हुए पहली मांग तो अत्यंत विचित्र थी, क्योंकि कांग्रेस के अतिरिक्त भी (इसके शिमला प्रतिनिधिमंडल के नेता, प्रसंगवश, मौलाना आज़ाद थे) अंग्रेज यूनियनिस्ट पार्टी का समर्थन खोना नहीं चाहते थे क्योंकि अब भी पंजाब सरकार उसी के नियंत्रण में थी। इसके अतिरिक्त वे राजभक्त रहे थे और लीग की अपेक्षा बहुत कम परेशानी खड़ी करते थे। फिर भी, लीग की इन दो मांगों के कारण सम्मेलन को भंग करके वेवेल ने वस्तुतः जिन्ना को 'वीटो' का वह अधिकार दे ही दिया जिसकी वे मांग कर रहे थे, क्योंकि लीग की धमकी को अनदेखा करके या आवश्यक हो तो लीग के बिना भी एक्जीक्यूटिव के गठन का कार्य नहीं किया गया।

जुलाई 1945 में इंग्लैंड में लेबर पार्टी की भारी विजय से वे राजनीतिज्ञ सत्ता में आ गए जो 1938 में नेहरू के साथ हुई फिलकिंस वार्ताओं से और साथ ही 1942 के क्रिप्स प्रस्ताव से संबद्ध रहे थे। आरंभ में वेवेल ने थोड़ी घबराहट व्यक्त की। बहुमत 'बहुत बड़ा' था; लेबर सरकार के सदस्य "जितना शीघ्र संभव हो अपने भारतीय मित्रों को भारत सौंप देने का प्रयास करेंगे," और वायसरॉय के लिए यह आवश्यक हो सकता है कि उसे 'एक्सीलेरेटर' की भूमिका त्यागकर "आहिस्ता-आहिस्ता किंतु दृढ़तापूर्वक . . . ब्रेक का काम

करना पड़े"। (*वायसरॉय्स जर्नल*, पृ. 159, 167-71)। किंतु शीघ्र ही उन्हें यह अहसास हो गया कि व्यक्तिगत दृष्टिकोणों में थोड़ा ही अंतर है। अनेक लेबर नेता—उदाहरण के लिए, विदेश सचिव बेविन 'वस्तुतः साम्राज्यवादी' थे जो "दूसरे हरेक की भांति · · · भारत छोड़ने का विचार नापसंद करते हैं किंतु दूसरे हरेक की भांति · · · उनके पास भी सुझाने के लिए कोई विकल्प नहीं है" (24 दिसंबर 1946 की प्रविष्टि, वही, पृ. 399)। जो बात तेजी से बदल रही थी वह थी विश्व और भारत, दोनों की ही वस्तुगत स्थिति। नाजी जर्मनी का ध्वंस हो चुका था और अगस्त 1945 में हिरोशिमा की घटना के बाद जापान ने भी समर्पण कर दिया था। पूर्वी यूरोप में सर्वत्र कम्युनिस्ट नेतृत्व या कम्युनिस्टों की भागीदारीवाली, सामाजिक रूप से आमूल परिवर्तनवादी सत्ताएं उभर रही थीं और इटली और फ्रांस में भी ऐसा ही होने के लक्षण दिखाई दे रहे थे। चीन में क्रांति आगे बढ़ रही थी और दक्षिण-पूर्वी एशिया में प्रबल साम्राज्यवाद-विरोधी लहर चल रही थी—वियतनाम और इंडोनेशिया फ्रांसीसी एवं डच उपनिवेशवादी शासन को पुनः स्थापित किए जाने के प्रयासों का प्रतिरोध कर रहे थे। ब्रिटेन की सेना और जनता, दोनों युद्ध से थक चुकी थीं और उसकी अर्थव्यवस्था अस्तव्यस्त हो चुकी थी। ऐसी स्थिति में ब्रिटेन का पीछे हटना निश्चित था। लेबर पार्टी की विजय ने इस प्रक्रिया को केवल थोड़ा तीव्र ही किया।

वेवेल की आशंकाओं के बावजूद, एटली सरकार ने आरंभ में जो कदम उठाने के लिए कहा उन्हें किसी भी प्रकार मूलगामी नहीं कहा जा सकता। 21 अगस्त 1945 को आगामी शीत ऋतु के लिए जिन नए चुनावों की घोषणा की गई थी, उन्हें तो युद्ध के बाद वैसे भी होना था क्योंकि केंद्र के लिए पिछली बार चुनाव 1934 में और प्रांतों के लिए 1937 में कराए गए थे। जैसाकि संयुक्त प्रांत के गवर्नर हैलट ने 14 अगस्त को वेवेल को बताया, चुनावों का कराया जाना 'आंदोलनकारियों को संवैधानिक गतिविधियों का अवसर' उपलब्ध कराने की दिशा में पहला कदम था (मैंसर्ग, खंड 6, पृ. 68)। इंग्लैंड में बातचीत करने के बाद 19 सितंबर को वेवेल ने केवल 'शीघ्र ही पूर्ण स्वशासन के लक्ष्य की प्राप्ति' के वादे को ही दुहराया। (अब भी 'स्वाधीनता' शब्द के प्रयोग से बचा जा रहा था।) चुनावों के बाद विधायकों एवं भारतीय रजवाड़ों के साथ 'संविधान-निर्मात्री सभा' के गठन पर बातचीत करने का वादा किया गया था (यह फिलकिंस की उस बात से पीछे हटना था जिसमें सार्वजनिक मताधिकार पर आधारित संविधान सभा की बात स्वीकार की गई थी), और यह कि एक एक्जीक्यूटिव काउंसिल स्थापित करने की दिशा में नए सिरे से प्रयास किए जाएंगे, जिसे "भारत के सभी प्रमुख दलों का समर्थन प्राप्त होगा" (*वायसरॉय्स जर्नल*, पृ. 170-71)।

आजाद हिंद फौज के मुकदमे

ब्रिटिश नीति में निर्णायक परिवर्तन 1945-1946 की शरद् और शीत में जन-दबाव के कारण आया। इस समय को पेंडरेल मून ने वेवेल का जर्नल संपादित करते हुए बड़े ही सटीक ढंग से 'ज्वालामुखी का कगार' कहा है। पहले अंग्रेजों ने बड़ी ही मूर्खतापूर्वक आजाद हिंद फौज के 20,000 कैदियों पर सार्वजनिक मुकदमे चलाने का निर्णय किया (साथ ही कम-से-कम 7,000 को नौकरी से निकालने एवं बिना मुकदमा चलाए हिरासत में रखने की कार्रवाई भी की गई; मैंसर्ग, खंड 6, पृ. 49-51)। अंग्रेजों ने एक भूल यह की कि पहला मुकदमा नवंबर 1945 में लालकिले में किया जिसमें एक हिंदू, एक मुसलमान और एक सिख (पी. के. सहगल, शाहनवाज, गुरबख्श सिंह ढिल्लों) को एक साथ कठघरे में खड़ा किया। बचाव पक्ष की ओर से भूलाभाई देसाई, तेजबहादुर सप्रू और नेहरू वकील थे (नेहरू ने 25 साल बाद बैरिस्टर का अपना लबादा पहना था), और देशव्यापी विरोध में मुस्लिम लीग भी सम्मिलित हो गई थी। 20 नवंबर को गुप्तचर विभाग की एक टिप्पणी में स्वीकार किया गया था कि "शायद ही कोई ऐसा मामला रहा हो जिसमें भारतीय जनता ने इतनी अधिक रुचि या कहना चाहिए कि सहानुभूति दिखाई हो ··· यह विशेष प्रकार की सहानुभूति सांप्रदायिक सीमाओं को पार कर गई थी।" उसी दिन लालकिले में कैदियों से भेंट करनेवाले पत्रकार (वी. शिवाराव) ने रिपोर्ट दी कि "उनमें हिंदू या मुसलमान होने की भावना जरा भी नहीं है। ··· लालकिले में मुकदमा चलाए जाने की प्रतीक्षा करनेवालों में अधिकांश मुसलमान हैं। इनमें से कुछ इस बात पर क्षुब्ध हैं कि जिन्ना साहब अब तक पाकिस्तान संबंधी विवाद को जीवित रखे हुए हैं" (वही, पृ. 514, 564)। अंग्रेज इस बात से बहुत घबरा गए कि आजाद हिंद फौज की भावना भारतीय सेना में भी फैलती जा रही थी। जनवरी में पंजाब के गवर्नर ने रिपोर्ट दी कि आजाद हिंद फौज के रिहा किए गए कैदियों के लिए लाहौर में होनेवाले स्वागत-समारोह में भारतीय सिपाही वर्दी पहनकर सम्मिलित हुए थे (वही, पृ. 807)।

एक अन्य मुद्दा यह भी था कि वियतनाम और इंडोनेशिया में फ्रांसीसी और डच उपनिवेशवादी शासन को बहाल करने के लिए भारतीय सेना का उपयोग किया जा रहा था। कम-के-कम शहरी जनता और साथ ही सेना के कुछ हिस्सों की भावनाओं पर इसका जो प्रभाव पड़ा वह इस बात से स्पष्ट है कि युद्ध के कारण उत्पन्न साम्राज्यवाद-विरोधी चेतना में प्रचंड बढ़ोतरी हुई थी। वेवेल भारतीय सेना का इस प्रकार प्रयोग किए जाने से घबरा रहे थे, किंतु अक्तूबर 1945 में मित्रदेशों की सेना के महासेनापति माउंटबेटन ने वेवेल की बात को निरस्त कर दिया (वही, पृ. 305-06, 360)। इस बीच युद्ध से उत्पन्न बेरोजगारी और बढ़ती हुई कीमतों की आम समस्याओं को खाद्यान्न के भारी संकट ने और बढ़ा दिया। बंगाल और बंबई में फसल आंशिक रूप

से खराब हो गई थी, मद्रास में तूफान आ गया था और अतिरिक्त उपजवाले प्रांत पंजाब में वसूली ठीक से नहीं हुई थी। 29 जनवरी 1946 को वेवेल के आकलन के अनुसार 30 लाख टन की कमी थी और अमरीका से खाद्यान्न का आयात अनिश्चित था। राशन में की जानेवाली भारी कटौती के फलस्वरूप इसका कैलरी मान प्रति व्यक्ति 1,200 रह गया था (1943 में युद्ध के समय लंदन को 2,800 कैलरी प्रति व्यक्ति मिलती थी; वही, पृ. 868-69, 1006)।

1945 की शरद् में अधिकारियों को भय था कि कहीं कांग्रेस फिर से विद्रोह न कर दे। 1942 की पुनरावृत्ति इस बार बहुत खतरनाक हो सकती थी जिसमें संचार-साधनों पर आक्रमण के साथ ही विस्तृत किसान-विद्रोह, मजदूर आंदोलन, सेना का असंतोष और फौजी अनुभव रखनेवाले आजाद हिंद फौज के सैनिक भी सम्मिलित हो सकते थे। (उदाहरण के लिए, देखिए मध्यप्रांत के गवर्नर ट्वाइनहैम का 10 नवंबर 1945 का वेवेल के नाम पत्र, और सेनापति ऑचिनलेक द्वारा आंतरिक स्थिति का आकलन, 1 दिसंबर 1945; वही, पृ. 468, 577-83)। वेवेल ने कांग्रेसी नेताओं द्वारा (सर्वोपरि नेहरू, किंतु पटेल तथा मध्यप्रांत, बिहार, संयुक्त प्रांत एवं अन्य स्थानों पर प्रांतीय नेताओं द्वारा भी) उग्र भाषण दिए जाने की कड़ी शिकायत की। इन भाषणों में 1942 के नायकों और शहीदों को गौरवान्वित किया जाता था तथा सरकारी ज्यादतियों के लिए कड़े दंड दिए जाने और आजाद हिंद फौज के कैदियों की तुरंत रिहाई की मांग की जाती थी। तथापि अंग्रेज शीघ्र ही यह समझ गए कि तलवारबाजी के ये पैंतरे मूलतः चुनावी प्रचार का हिस्सा हैं, जिसके साथ जनसामान्य की मनःस्थिति को ध्यान में रखने की आवश्यकता भी शामिल है। आखिरकार 1942 का उल्लेख कांग्रेस के लिए चुनावी तुरुप का पत्ता था! जहां तक आजाद हिंद फौज का संबंध था, कहा जाता है कि अक्तूबर में आसफ अली ने एक निजी वार्तालाप में कहा था कि यदि उनकी पार्टी "आजाद हिंद फौज का मसला नहीं उठाती तो देश में उसका आधार कम हो जाएगा", किंतु यदि कांग्रेस सत्ता में आती है तो निश्चित है कि वह सेना से आजाद हिंद फौज के सिपाहियों को निकाल देगी, बल्कि संभव है उनमें से "कुछ पर मुकदमा भी चलाए" (वही, पृ. 387)। दूसरा संकेत था कम्युनिस्टों के विरुद्ध चलाया जानेवाला जबर्दस्त अभियान जिसमें नेहरू की बड़ी सक्रिय भूमिका रही थी। इसकी चरम परिणति हुई 5 अक्तूबर को कांग्रेस से सी. पी. आई. के सदस्यों के त्यागपत्र एवं दिसंबर में अखिल भारतीय कांग्रेस कमेटी से कम्युनिस्ट सदस्यों के निष्कासन में। कम्युनिस्टों पर आक्रमण की घटनाएं हुईं और नेहरू के भाषण से उत्तेजित एक कांग्रेसी भीड़ ने बंबई में पार्टी के मुख्यालय पर आक्रमण किया। इसमें सी. पी. आई. की युद्धकालीन भूमिका के प्रति आक्रोश के अतिरिक्त भी कुछ था, यह इस बात से स्पष्ट है कि हिंदू महासभा के विरुद्ध ऐसा कोई सुनियोजित अभियान नहीं चलाया गया था जिसके कुछ नेता अगस्त 1942 में सरकार में रहे थे। राजगोपालाचारी भी, जिनका रवैया

1942 में भारत छोड़ो आंदोलन और पाकिस्तान के मुद्दों पर कम्युनिस्टों जैसा ही रहा था, कांग्रेस के चोटी के नेता बने रहे।

जिन शक्तियों ने कांग्रेस की संघर्षशीलता को नियंत्रित किया था, वे पुनः सक्रिय हो रही थीं। 3 नवंबर को सिंध के गवर्नर, 17 नवंबर को फाइनेंस मेंबर रौलैंड्स और 30 नवंबर को भारत-सचिव पेथिक-लारेंस ने अलग-अलग इस बात का उल्लेख किया कि "कांग्रेस के उग्र भाषणों ने जी. डी. बिड़ला को घबराहट में डाल दिया है" (*वायसरॉय्स जर्नल*, पृ. 185; मैंसर्ग, खंड 6, पृ. 438, 572) और कांग्रेस हाईकमान के साथ बिड़ला के विशेष विचार-विमर्श में "बापू का स्थान बड़ी हद तक पटेल ने ले लिया था" (*इन दि शैडो ऑफ दि महात्मा*, पृ. 328)। "हाल ही में ऐसे संकेत मिले हैं जिनसे ज्ञात होता है कि कांग्रेसी नेता यह स्पष्ट करके राजनीतिक तनाव कम करना चाहते हैं कि चुनाव हो जाने तक कोई जन-आंदोलन नहीं होना चाहिए"— वेवेल ने यह बात पेथिक-लारेंस से 5 दिसंबर को कही थी। आगे उसने यह भी कहा था कि "कांग्रेस का समर्थन करनेवाला सशक्त पूंजीवादी तत्व ... अपनी संपत्ति की सुरक्षा को लेकर चिंतित है।" अगले दिन स्वयं बिड़ला ने लंदन के एक अधिकारी को आश्वासन दिया : "नेहरू सहित कोई भी राजनीतिक नेता ऐसा नहीं है जो संकट या हिंसा चाहता हो ...। जनसामान्य की बेचैनी और वर्तमान वातावरण ही इन उग्र भाषणों के लिए उत्तरदायी हैं। नेताओं को भी प्रायः नेतृत्व लेना पड़ता है। किंतु मेरा विचार है कि भविष्य में उच्छृंखल भाषा कम-से-कम सुनने को मिलेगी" (मैंसर्ग, खंड 6,पृ. 602-3, 615)।

इस स्थिति में 'कम-से-कम एक अस्थायी शांति' उत्पन्न करनेवाला परिवर्तन-बिंदु (जॉर्ज षष्ठ को वेवेल का पत्र, 31 दिसंबर, वही, पृ. 713) तब आया अब 21-23 नवंबर 1945 को कलकत्ता में आजाद हिंद फौज के मुद्दे को लेकर जन-विद्रोह हुआ। इसने उस शहर में समय-समय पर उथल-पुथल का ऐसा ढर्रा बना दिया जो लगभग एक दशक तक चलता रहा और जो फ्रांसीसी क्रांति के विख्यात 'जर्नीज़' या 'दिनों' का स्मरण कराता है। आजाद हिंद फौज के कैदियों की रिहाई की मांग करनेवाले विद्यार्थियों का फारवर्ड ब्लॉक द्वारा आयोजित एक जुलूस रात-भर धरमतल्ला मार्ग पर बैठा रहा, क्योंकि उसे डलहौजी चौक में प्रवेश करने की अनुमति नहीं दी गई थी। कम्युनिस्ट स्टूडेंट्स फेडरेशन के कार्यकर्त्ता भी उनसे आ मिले जिन्हें अब तक उनका कट्टर शत्रु समझा जाता था, साथ ही इस्लामिया कालेज के विद्यार्थी भी जो लीग का हरा झंडा लिए हुए थे। इसके ठीक विपरीत, शरत बोस ने, जिन्हें सुभाष का भाई मानकर पूजा जाता था, विद्यार्थियों के इस जुलूस को संबोधित करने से इनकार कर दिया और बाद में कम्युनिस्टों पर हिंसा भड़काने का आरोप लगाया। विद्यार्थियों ने सहज ही कांग्रेस, लीग और कम्युनिस्टों के लाल झंडों को एक साथ बांध दिया जो साम्राज्यवाद-विरोधी एकता का प्रतीक था। पुलिस के पहली बार गोली चलाने से दो विद्यार्थी (एक हिंदू और एक

मुसलमान) मारे गए, जिसके पश्चात् 22 और 23 नवंबर को सारे शहर में उपद्रव हो गया। सिख टैक्सी ड्राइवरों और कम्युनिस्टों के नेतृत्व में ट्राम चालकों ने भी हड़ताल कर दी। साथ ही अनेक कारखानों में भी हड़तालें हुईं (कलकत्ता नगर निगम के कर्मचारी पहले ही आर्थिक मांगों को लेकर हड़ताल पर थे), कारों और लॉरियों को आग लगा दी गई, भीड़ ने रेलगाड़ियां रोक दीं और सड़क पर बाधाएं खड़ी कीं। बाद में पुलिस की छानबीन में एक नई बात का उल्लेख किया गया कि गोली चलाए जाने पर भी "भीड़ डटी रहती थी या अधिक से अधिक थोड़ा पीछे हट जाती थी और फिर से हमला करती थी" (वेवेल को गवर्नर कैसी का 2 जनवरी 1946 का पत्र, पृ. 725)। 14 बार गोली चलाई गई जिसमें 33 लोग मारे गए और लगभग 200 नागरिक घायल हुए; इसके बाद ही कानून और व्यवस्था बहाल की जा सकी थी। पुलिस और सेना के 150 वाहन नष्ट हुए थे और 70 अंग्रेज एवं 37 अमरीकी सैनिक घायल हुए थे। इसकी बड़ी दिलचस्प प्रतिक्रियाएं हुईं। 24 नवंबर को पटेल ने बंबई की एक चुनाव-सभा में पुलिस के साथ 'मामूली झगड़ों' में व्यर्थ ही शक्ति गंवाए जाने की आलोचना की (*इंडियन एनुअल रजिस्टर*), गांधीजी ने बंगाल के गवर्नर के साथ पर्याप्त मैत्रीपूर्ण बातचीत आरंभ की और 7-11 दिसंबर को कलकत्ता में हुई अखिल भारतीय कांग्रेस कमेटी की बैठक में अहिंसा में निष्ठा की बात बड़ी दृढ़ता से दोहराई गई जो इसकी सितंबर बैठक के विपरीत था, जिसमें अनेक सदस्यों ने 1942 के संघर्ष का गौरव-गान किया था जिसे किसी भी प्रकार अहिंसक नहीं कहा जा सकता। अंग्रेजों ने भी अनुभव किया कि कुछ रियायतें देना आवश्यक है। 1 दिसंबर को घोषणा की गई कि ('सम्राट के विरुद्ध युद्ध छेड़ने' के आम आरोप के स्थान पर जैसाकि पहले किया गया था) आजाद हिंद फौज के केवल उन्हीं सदस्यों पर मुकदमा चलाया जाएगा जिन पर साथी कैदियों की हत्या करने या उनके साथ दुर्व्यवहार करने के आरोप हैं, और जनवरी में पहले बैच को दिया गया कैद का दंड रद्द कर दिया गया। फरवरी 1946 तक हिंदचीन और इंडोनेशिया, दोनों ही स्थानों से भारतीय सैनिक वापस बुलाए जाने लगे थे। 28 नवंबर को ब्रिटिश मंत्रिमंडल की भारत संबंधी उपसमिति ने एक संसदीय प्रतिनिधिमंडल गठित करने का निर्णय किया। 22 जनवरी 1946 को एक अधिक महत्वपूर्ण निर्णय यह लिया गया कि भारतीय नेताओं से बातचीत करने के लिए एक कैबिनेट मिशन भेजा जाए। इस बीच वेवेल ने एक 'ब्रेक-डाउन प्लान' बनाना आरंभ कर दिया था। मई 1946 में कैबिनेट मिशन के सामने प्रस्तुत इस योजना में प्रस्ताव किया गया था कि 'दमन' और 'पलायन' के बीच का 'मध्यम मार्ग' अपनाया जाए जिसके अनुसार ब्रिटिश सेना और अधिकारियों को पश्चिमोत्तर और पूर्वोत्तर भारत के मुस्लिम-बहुल क्षेत्रों में भेज दिया जाए और शेष भारत कांग्रेस को सौंप दिया जाए। कैबिनेट मिशन के प्रस्ताव इससे कहीं आगे थे। फिर भी यह 'योजना' इस बात का

रोचक प्रमाण है कि अंग्रेज यह समझ गए थे कि अब कांग्रेस के किसी भी विद्रोह को दबाना असंभव होगा; साथ ही ऊंचे सरकारी हल्कों की यह इच्छा थी कि पाकिस्तान को भारत का उत्तरी आयरलैंड बना दिया जाए।

अंततः भारतीय नेताओं को संधि-वार्ताओं के सुरक्षित क्षेत्र तक लाने में सफल होने से पूर्व अंग्रेजों को एक अन्य बड़े संकट का सामना करना पड़ा। 11 और 13 फरवरी के बीच आजाद हिंद फौज के अब्दुल रशीद को सात वर्ष के कठोर कारावास का दंड दिए जाने पर कलकत्ता में पुनः विरोध की प्रचंड लहर दौड़ गई। लीग के विद्यार्थी - मोर्चे ने हड़ताल का आह्वान किया, स्टूडेंट्स फेडरेशन उनके साथ हो गई और, जैसाकि नवंबर में हुआ था, सड़कों पर विद्यार्थियों एवं कामगारों, हिंदुओं और मुसलमानों के बीच कमाल की एकता स्थापित हो गई। 12 फरवरी को कम्युनिस्टों के नेतृत्व में होनेवाली आम हड़ताल ने कलकत्ता के औद्योगिक जीवन को ठप्प कर दिया। उसी दिन विलिंगडन चौक पर एकत्र भारी भीड़ को लीगी नेता सुहरावर्दी, गांधीवादी सतीश दासगुप्त और कम्युनिस्ट सोमनाथ लाहिड़ी ने संबोधित किया। सड़कों पर दो दिन की झड़पों के बाद ही पुलिस और सेना कानून एवं व्यवस्था बहाल कर सकी। सरकारी अनुमान के अनुसार इन झड़पों में 84 लोग मारे गए और 300 घायल हुए (गौतम चट्टोपाध्याय, 'दि ऑलमोस्ट रिवोल्यूशन', *एस्सेज इन ऑनर ऑफ एस. सी. सरकार*, नई दिल्ली, 1976)। इस बीच रेलवे और डाकखाने के कर्मचारियों के अखिल भारतीय संगठन, जिनके साथ शीघ्र ही सरकारी कर्मचारी भी आ मिले थे, बढ़ती हुई कीमतों एवं जनवरी से राशन में कटौती किए जाने के विरुद्ध हड़ताल करने की धमकी दे रहे थे। महत्वपूर्ण क्षेत्रों में ऐसे प्रभावी देशव्यापी श्रमिक संगठनों के विकसित होने से भारतीय ट्रेड यूनियन आंदोलन को नई ताकत मिली, जबकि 1920 और 1930 के दशकों में हड़तालें प्रधानतः औद्योगिक केंद्रों, मुख्यतः बंबई और कलकत्ता की कपड़ा-मिलों तक ही सीमित रही थीं। कांग्रेस और लीग, दोनों ने ही राशन में कटौती को स्वीकार कर लिया था (3 मार्च को आज़ाद ने 'दूरदर्शितापूर्ण' कहकर इसका स्वागत भी किया था और घोषणा की थी कि आज हड़तालों का कोई काम नहीं है क्योंकि अंग्रेज अब 'केवल देखरेख का ही कार्य कर रहे' थे (मैंसर्ग, खंड 6, पृ. 1117)। किंतु इससे जन-आंदोलन को रोका नहीं जा सका। उदाहरण के लिए, फरवरी के मध्य में इलाहाबाद में 80,000 लोगों ने प्रदर्शन किया और राशन केंद्रों पर आक्रमण किए (उपरोक्त, पृ. 1006)।

शाही नौसेना में विद्रोह

लेकिन अंग्रेजों के लिए सबसे बड़ा खतरा था 18 से 23 फरवरी 1946 तक बंबई में होनेवाला नौसेना-विद्रोह। भले ही इसे आज भुला दिया गया हो, किंतु यह हमारे स्वाधीनता संग्राम की सचमुच शौर्यपूर्ण घटनाओं में एक है।

शाही नौसेना के युद्धकालीन विस्तार के फलस्वरूप देश के सभी भागों के जवान इसमें भरती किए गए और पुरानी सैन्य परंपरा दुर्बल पड़ी, जिसके अंतर्गत कुछ राजनीतिक रूप से अविकसित 'लड़ाकू जातियों' से ही सैनिकों की भरती की जाती थी। साम्राज्य के इस अंतिम दुर्ग में नस्ली भेदभाव में कोई कमी नहीं आई थी, जबकि विदेशों में सेवा करने के फलस्वरूप नौसैनिकों का विश्व के घटनाचक्र से संपर्क हुआ था और आजाद हिंद फौज के मुकदमों एवं भारत में युद्धोत्तर जन-आंदोलन का प्रभाव बढ़ता जा रहा था। 18 फरवरी से सिगनल्स प्रशिक्षण प्रतिष्ठान 'तलवार' में नाविकों ने खराब खाने एवं नस्ली अपमानों के विरुद्ध भूख-हड़ताल कर दी। अगले दिन हड़ताल कैसल और फोर्ट बैरकों और बंबई बंदरगाह के 22 जहाजों में फैल गई। विद्रोही बेड़े के मस्तूलों पर तिरंगे, चांद और हंसिया-हथौड़े के निशानवाले झंडे एक साथ लहराए। नाविकों ने एक नौसेना केंद्रीय हड़ताल समिति का चुनाव किया जिसके प्रमुख एम. एस. खान थे। उनकी मांगों में बेहतर खाने तथा गोरे और भारतीय नाविकों के लिए समान वेतन इत्यादि की मांगों के साथ ही आजाद हिंद फौज के एवं अन्य राजनीतिक कैदियों की रिहाई और इंडोनेशिया से सैनिकों के वापस बुलाए जाने की मांगें भी सम्मिलित थीं। लेकिन ये लोग शांतिपूर्ण हड़ताल और पूर्ण विद्रोह के बीच पसोपेश में पड़े रहे, जो घातक सिद्ध हुआ। 20 फरवरी को उन्होंने अपने-अपने जहाजों में लौट जाने के आदेश का पालन किया, जहां सेना के गार्डों ने उन्हें घेर लिया। अगले दिन कैसल बैरकों में नाविकों के घेरा तोड़ने का प्रयास करने पर लड़ाई आरंभ हो गई जिसके लिए गोला-बारूद जहाज से मिल रहा था। एडमिरल गॉडफ्रे ने विमान भेजकर नौसेना को नष्ट कर देने की धमकी दी। उसी दिन तीसरे पहर भाईचारे के हृदयग्राही दृश्य देखने को मिले। लोगों की भीड़ गेटवे ऑफ इंडिया पर नाविकों के लिए खाना लेकर आई थी और दुकानदार भी उनसे कह रहे थे कि वे जो चाहें, उनकी दुकानों से ले लें। यह घटनाक्रम अनायास ही उस कृष्ण सागर बेड़े के विद्रोह का स्मरण कराता है जो 1905 में पहली रूसी क्रांति के समय हुआ था : वह विद्रोह भी अखाद्य भोजन को लेकर आरंभ हुआ था और विद्रोहियों से भाईचारा दर्शानेवाली भीड़ बाद में गोलियों से भून दी गई थी। यही वह घटना थी जो बाद में आइजेंस्टाइन की श्रेष्ठ फिल्म *बैटलशिप पोतेम्किन* के 'ओदेस्सा स्टेप्स' वाले दृश्य में अमर हो गई। 22 फरवरी तक हड़ताल देश-भर के नौसैनिक केंद्रों के साथ ही समुद्र में खड़े कुछ जहाजों में भी फैल गई। हड़ताल की चरम अवस्था में 78 जहाज, 20 तटीय प्रतिष्ठान और 20,000 नाविक इसमें सम्मिलित थे। उस सुबह कराची में एक बड़ी लड़ाई के पश्चात् ही *हिंदुस्तान* से समर्पण कराया जा सका और हिंदू और मुसलमान विद्यार्थियों एवं कामगारों ने पुलिस और सेना के साथ हिंसक झड़पों में भाग लेकर विद्रोह के प्रति अपना हार्दिक समर्थन प्रदर्शित किया।

22 फरवरी तक बंबई और अन्य स्थानों पर भी इन नाटकीय घटनाओं के प्रति भारत के राजनीतिक समूहों के दो अत्यंत विषम दृष्टिकोण स्पष्ट दिखाई देने लगे थे। बंबई की सी. पी. आई. ने आम हड़ताल का आह्वान किया जिसका अरुणा आसफ अली और अच्युत पटवर्धन जैसे कांग्रेस समाजवादियों ने समर्थन किया। इसके विपरीत सरदार पटेल ने लोगों को सलाह दी कि वे "सामान्य रूप से अपना कार्य करते रहें" और कांग्रेस और लीग की प्रांतीय इकाइयों के नेता एस. के. पाटिल और चुंदरीगर ने तो कानून और व्यवस्था स्थापित करने में सहायता के लिए स्वयंसेवक प्रदान करने का भी प्रस्ताव किया। कांग्रेस और लीग के विरोध के बावजूद 22 फरवरी को 3,00,000 लोगों ने बंबई में अपने औजारों को हाथ नहीं लगाया, लगभग सभी मिलें बंद हो गईं और सड़कों पर हिंसक झड़पें हुईं जिनमें भीड़ "सड़क पर बाधाएं खड़ी करके निकटस्थ इमारतों से उन पर नजर रखती थी।" यह स्थिति दो दिनों तक बनी रही, विशेष रूप से परेल और डेलीज्ले रोड के सर्वहारा-प्रधान क्षेत्रों में। बंबई शहर में कानून और व्यवस्था बहाल करने के लिए दो सैनिक टुकड़ियों को लगाना पड़ा। सरकारी आकलन के अनुसार 228 नागरिक मारे गए थे और 1,046 घायल हुए थे। इसके अतिरिक्त 3 पुलिसवाले मारे गए थे और 91 जख्मी हुए थे (*दि आर. आई. एन. स्ट्राइक*, दंडित नाविकों के एक गुट द्वारा प्रकाशित, दिल्ली, 1954, पृ. 93; मैंसर्ग, खंड 6, पृ. 1082-83)।

पटेल ने इस बार जिन्ना की सहायता से 23 फरवरी को नाविकों को समर्पण के लिए तैयार कर लिया। उन्हें आश्वासन दिया गया कि राष्ट्रीय दल उन्हें अन्याय का शिकार नहीं होने देंगे। लेकिन इस वादे को शीघ्र ही चुपचाप भुला दिया गया क्योंकि, जैसाकि पटेल ने आंध्र कांग्रेस के नेता विश्वनाथन को 1 मार्च 1946 को लिखा था, "सेना के अनुशासन को छोड़ा नहीं जा सकता था ··· स्वतंत्र भारत में भी हमें सेना की आवश्यकता होगी" (*सरदार्स लेटर्स*, खंड 4, अहमदाबाद, 1977, पृ. 165)। नेहरू ने बंबई आने का अरुणा आसफ अली का निमंत्रण स्वीकार कर लिया, किंतु शीघ्र ही वे इस बात के कायल हो गए कि "हिंसा के उच्छृंखल उद्रेक को रोकने की आवश्यकता है", यद्यपि उन्होंने बाद में सेना और जनता के बीच की 'लोहे की दीवार' तोड़ने के लिए नौसेना की हड़ताल की प्रशंसा की (मैंसर्ग, खंड 6, पृ. 1081, 1117-18)। गांधीजी का रवैया पटेल की ही भांति स्पष्ट रूप से वैमनस्यपूर्ण था। 22 फरवरी को उन्होंने 'बुरा और भारत के लिए अशोभनीय' दृष्टांत कायम करने के लिए नाविकों की निंदा की और कहा कि यदि उन्हें कोई शिकायत है तो वे चुपचाप अपनी नौकरी छोड़ दें। उन्होंने एक बहुत ही रोचक वक्तव्य यह दिया कि "हिंसात्मक कार्रवाई के लिए हिंदुओं और मुसलमानों का एक होना अपवित्र बात है ···।" अरुणा आसफ अली ने भी बिना किसी लिहाज के उत्तर दिया कि "नाविकों से नौकरी छोड़ने के लिए कहने की बात कांग्रेसियों के मुंह से शोभा नहीं देती क्योंकि वे स्वयं

विधायिकाओं में जा रहे हैं।" अरुणा आसफ अली ने यह दुखद मगर सच्ची भविष्यवाणी भी की कि "हिंदुओं और मुसलमानों को संवैधानिक मोर्चे की तुलना में सड़क की बाधाओं के स्थल पर एक करना कहीं सरल है" (*सरदार्स लेटर्स*, पृ. 162-63)। गांधीजी के 22 फरवरी के कथन को 30 मई 1946 की वेवेल की निजी टिप्पणी के समकक्ष रखने का लोभ संवरण करना कठिन है : "हमें हर कीमत पर हिंदुओं और मुसलमानों से एक साथ उलझने से बचना चाहिए" (*वायसरॉय्स जर्नल*, पृ. 485)।

आजाद हिंद फौज के जवानों के ठीक विपरीत शाही नौसेना के इन नाविकों को कभी राष्ट्रीय नायकों जैसा सम्मान नहीं मिला, यद्यपि उनके कारनामे में कुछ अर्थों में आजाद हिंद फौज के फौजियों से कहीं अधिक खतरा था—जापानियों के युद्धबंदी शिविर की कठिनाई भरी जिंदगी जीने से आजाद हिंद फौज में भरती होना कहीं बेहतर था। नौसेना केंद्रीय हड़ताल समिति का यह अंतिम संदेश स्मरणीय है : "हमारी हड़ताल हमारे राष्ट्र के जीवन की एक ऐतिहासिक घटना रही है। पहली बार सेना के जवानों और आम आदमी का खून सड़कों पर एक साथ एक लक्ष्य के लिए बहा। हम फौजी इसे कभी नहीं भूलेंगे। हम यह भी जानते हैं कि हमारे भाई-बहन भी इसे नहीं भूलेंगे। हमारी महान जनता जिंदाबाद! जयहिंद!" (*दि आर. आई. एन. स्ट्राइक*, पृ. 75)।

1946 (मार्च-अगस्त) : कैबिनेट मिशन

चुनाव

1945-46 की शीत ऋतु में कांग्रेसी नेताओं ने दृढ़तापूर्वक जन-संघर्ष की बात को अस्वीकार करके अपनी समस्त शक्तियां चुनाव लड़ने पर केंद्रित कर दीं। 1937 की भांति इस बार लोकप्रिय वक्ता नेहरू ही रहे, किंतु प्रत्याशियों के चयन पर वस्तुतः पटेल का ही नियंत्रण था। नेहरू को कभी-कभी चिंता होती थी कि "जिन लोगों ने हमें पहले धोखा दिया है" उन्हीं को नामांकित किया जा रहा है, किंतु इस संबंध में उन्होंने किया कुछ नहीं। "स्थानीय पचड़ों में पड़ने के लिए न तो मेरे पास समय है न ही इच्छा" (पटेल को नेहरू का 31 अक्तूबर 1945 का पत्र, दुर्गादास [सं.], *सरदार पटेल्स करेस्पांडेंस*, खंड 2, पृ. 66)। आम (अर्थात् गैर-मुस्लिम) चुनाव-क्षेत्रों में कांग्रेस को भारी विजय मिली। केंद्रीय असेंबली में उसे 102 में से 57 सीटों पर विजय मिली (जबकि 1937 में 36 सीटों पर ही विजय मिली थी) और गैर-मुस्लिम मतों में से 91.3 प्रतिशत वोट भी कांग्रेस को ही मिले। प्रांतों में बंगाल, सिंध और पंजाब को छोड़कर सर्वत्र इसे बहुमत मिला। हिंदू महासभा बुरी तरह पराजित हुई और कम्युनिस्टों का प्रदर्शन भी अच्छा नहीं रहा; वे थोड़ी-सी प्रांतीय सीटें ही पा सके (बंगाल में 3; जिसमें श्रमिकों के निर्वाचन-क्षेत्र से विजयी ज्योति बसु की एक सीट भी सम्मिलित थी, तथा बंबई और मद्रास में 2-2)। किंतु यह बात

अर्थपूर्ण थी कि अनेक प्रांतों में कम्युनिस्ट कांग्रेस के मुख्य प्रतिद्वंद्वियों के रूप में उभरकर सामने आए थे। पटेल ने आंध्र कांग्रेस के एक नेता को इस बात के लिए बधाई दी थी कि "अत्यंत कड़े मुकाबले के बाद" कांग्रेस ने "कम्युनिस्टों को सर्वत्र हरा दिया है" (ए. कालेश्वर राव को पटेल का 27 मार्च 1946 का पत्र, वही, पृ. 243), और मद्रास के गवर्नर ने रिपोर्ट दी कि कांग्रेस के दक्षिणपंथी 'निराश होकर' अगली बार कम्युनिस्टों के बहुमत की 'भविष्यवाणी' कर रहे हैं (वेवेल को नाइट का 5 अप्रैल 1946 का पत्र; मैंसर्ग, खंड 7, पृ. 152)।

मुस्लिम सीटों पर लीग की विजय भी इतनी ही शानदार रही थी। केंद्र में आरक्षित सभी 30 मुस्लिम सीटें 86.6 प्रतिशत मतों के साथ और प्रांतों की 509 मुस्लिम सीटों में 442 लीग को ही मिली थीं। 1937 के विपरीत अब लीग ने स्पष्ट रूप से अपने-आपको मुसलमानों की प्रमुख पार्टी के रूप में स्थापित कर लिया था। किंतु पर्याप्त प्रगति (175 में 2 के स्थान पर 79) के बाद भी लीग को पंजाब में स्पष्ट बहुमत नहीं मिल सका, और खिज्र हयात खान कांग्रेस और अकालियों से सौदेबाजी करके एक और वर्ष के लिए सत्ता में बने रहने में सफल हो गए। कांग्रेस ने उन दो अन्य प्रांतों में भी अच्छा बहुमत प्राप्त कर लिया था जिन्हें पाकिस्तान के लिए मांगा जा रहा था; ये थे पश्चिमोत्तर सीमाप्रांत और असम। बंगाल एवं सिंध में जिन दो लीगी सरकारों की स्थापना की गई, वे सरकार और यूरोपीयों के समर्थन की मोहताज रहीं।

लेकिन इन चुनावों की सबसे महत्वपूर्ण बात यह थी कि सांप्रदायिक मतदान का बोलबाला रहा जो उस छिटपुट किंतु पर्याप्त महत्वपूर्ण ब्रिटिश-विरोधी एकता से बिल्कुल मेल नहीं खाता था जिसे इन महीनों में कलकत्ता, बंबई और यहां तक कि कराची की सड़कों पर प्रायः स्थापित किया गया था। अलग-अलग चुनाव-क्षेत्रों के अतिरिक्त संभव है कि अत्यंत सीमित मताधिकार (प्रांतों में जनसंख्या का 10 प्रतिशत और केंद्रीय असेंबली के लिए 1 प्रतिशत से भी कम) भी इस विषमता का कारण रहा। उदाहरण के लिए, पश्चिमोत्तर सीमाप्रांत के गवर्नर ने फरवरी 1946 में वेवेल को रिपोर्ट दी कि मुसलमान अधिकारी और 'बड़े खान' या जमींदार तो पूर्णतः लीग के पक्ष में हैं, फिर भी कांग्रेस को 'कम खाते-पीते' मुसलमानों का समर्थन मिल रहा है क्योंकि वह आर्थिक सुधारों के वादे करती है; ये वे वादे थे जो न तो 1937 के बाद पूरे किए गए न ही 1946-47 के बाद (मैंसर्ग, खंड 6, पृ. 1085)। इस संदर्भ में कांग्रेस का उस नारे को, जो 1930 के दशक में उसका मुख्य नारा रहा था, अर्थात् सार्वत्रिक वयस्क मताधिकार पर आधारित एक संविधान सभा के निर्माण की मांग को चुपचाप त्याग देना घटनाचक्र को समझने के लिए महत्वपूर्ण है। भारत के सभी राजनीतिक समूहों में केवल कम्युनिस्ट ही ऐसे थे जिन्होंने 1945-46 में इस मांग पर बल दिया था। उदाहरण के लिए, पी. सी. जोशी के चुनावी परचे *फॉर दि फाइनल बिड फॉर पॉवर* (1945) में मुख्य राजनीतिक नारा था 'सार्वभौम जातीय संविधान सभाएं,' जिनका चुनाव सार्वत्रिक वयस्क

मताधिकार द्वारा भाषाई क्षेत्रों के आधार पर होता और जो फिर अखिल भारतीय संविधान सभा का चुनाव करतीं जिसमें प्रत्येक क्षेत्र या 'जातीयता' को अलहदगी का अधिकार होता। अंग्रेजों की नेकनीयती के संबंध में कांग्रेस और लीग के 'उदारवादी भ्रमों' की कड़ी आलोचना करते हुए अंत में इस परचे में अंग्रेज शासकों के विरुद्ध अंतिम युद्ध में "अपनी साझी लज्जा के विरुद्ध और साझे गौरव के लिए, कांग्रेस-लीग-कम्युनिस्टों का संयुक्त मोरचा" बनाने का भावपूर्ण आह्वान किया गया था। 17 अप्रैल 1946 को कैबिनेट मिशन के साथ भेंट में भी पी. सी. जोशी ने सार्वत्रिक वयस्क मताधिकार की वही मांग दोहराई (मैंसर्ग, खंड 7, पृ. 291-93)। इसके ठीक विपरीत कांग्रेसी नेताओं ने तत्कालीन प्रांतीय विधायिकाओं द्वारा सीमित मताधिकार के आधार पर ही संविधान सभा के चुनाव का विचार चुपचाप स्वीकार कर लिया था। इसके पीछे केवल अमूर्त लोकतांत्रिक सिद्धांत की बात ही निहित नहीं थी। लीग अधिकांश मुसलमानों का प्रतिनिधि होने का दावा करती थी, किंतु उसके इस दावे की वास्तविक परीक्षा न तो पूर्णतः लोकतांत्रिक चुनावों द्वारा हुई थी (जैसीकि कांग्रेस के दावे की हुई थी) और न ही सरकारी दमन के समक्ष लगातार जन-आंदोलनों द्वारा। (सांप्रदायिक दंगों की बात अलग है, जिनमें अक्सर सरकार का हाथ रहता था।) फिर भी उसने अपनी पाकिस्तान की मांग मनवा ली थी। 1947 के बाद कांग्रेस 30 वर्षों तक अखिल भारतीय चुनावों में जीतती रही, जबकि सार्वत्रिक वयस्क मताधिकार पर आधारित पहले ही चुनाव (1954) में लीग पूर्वी पाकिस्तान में बुरी तरह हार गई थी और पश्चिमी पाकिस्तान में भी राजनीतिक स्थिरता प्रदान करने में असफल रही थी।

कैबिनेट मिशन

24 मार्च से जून 1946 तक, ब्रिटिश मंत्रिमंडल के तीन सदस्य— भारत-सचिव पेथिक-लारेंस; क्रिप्स और एलेक्जेंडर—वेवेल के साथ मिलकर भारतीय नेताओं से बातचीत करते रहे। यह बातचीत जो बहुत लंबी होती थी और प्रायः अत्यंत धीमी गति से आगे बढ़ती थी, दो मुद्दों को लेकर की जा रही थी—अंतरिम सरकार पर और एक ऐसा संविधान तैयार करने के सिद्धांतों एवं प्रक्रियाओं पर जिससे भारत को स्वाधीनता मिलती। 15 मार्च को एटली ने हाउस ऑफ कॉमंस में एक वक्तव्य देकर, जिसमें शीघ्र पूर्ण स्वाधीनता देने का वादा किया गया था, कांग्रेस की आशाओं को पर्याप्त बढ़ा दिया था। उन्होंने घोषणा की कि "यद्यपि अल्पसंख्यकों का हित हमारे ध्यान में है . . . फिर भी हम बहुमत की प्रगति पर अल्पमत को वीटो के प्रयोग की अनुमति नहीं दे सकते" (वी. पी. मेनन, *ट्रांसफर ऑफ पॉवर इन इंडिया*, पृ. 237)। वेवेल को संदेह था कि कैबिनेट मिशन कांग्रेस के साथ कुछ अधिक ही मैत्री दिखा रहा है। उदाहरण के लिए, एक बार उन्हें यह देखकर बड़ा धक्का लगा कि क्रिप्स स्वयं जाकर गांधीजी के लिए पानी का गिलास लाए; *वायसरॉय्स जर्नल* में मिशन पर

कांग्रेसियों की जेब में जाने का आरोप तक लगाया गया था (*वायसरॉय्स जर्नल*, पृ. 236, 324-25)। फिर भी, यदि कभी-कभी मिशन का रुझान किंचित् कांग्रेस की ओर होता प्रतीत होता था तो इसका कारण यह नहीं था कि लेबर सरकार राष्ट्रवादियों के प्रति सहानुभूति रखती थी या क्रिप्स के नेहरू के साथ पुराने संबंध थे, बल्कि स्वयं वेवेल के 29 मार्च के वक्तव्य के अनुसार, "जन-आंदोलन या क्रांति से बचने की आवश्यकता है जिसे आरंभ करना कांग्रेस के हाथ में है, और जिसे हमें विश्वास नहीं है कि हम नियंत्रित कर सकेंगे" (वही, पृ. 232)। यहां इस निष्कर्ष से बचा नहीं जा सकता कि शीघ्र और आसानी से सत्ता पाने की उत्सुकता और हर कीमत पर सामाजिक व्यवस्था बनाए रखने की इच्छा के कारण कांग्रेस ने एक बार फिर अपने हथियार कुंठित कर लिए थे। अप्रैल में अनेक स्थानों पर (मलाबार, अंडमान द्वीप-समूह, ढाका, बिहार और दिल्ली में) पुलिस की हड़तालें हुईं, ग्रीष्म-भर अखिल-भारतीय स्तर पर रेलों को रोकने की धमकियां मिलती रहीं, जुलाई में डाकखाने की हड़ताल हुई और 29 जुलाई को, अर्थात् 16 अगस्त को कलकत्ता में होनेवाले नरसंहार के तीन सप्ताह से भी कम समय पहले, डाक-कर्मचारियों की सहानुभूति में कम्युनिस्टों के नेतृत्व में कलकत्ता में एक पूर्णतः शांतिपूर्ण और आश्चर्यजनक रूप से एकताबद्ध बंद का आयोजन किया गया। 5 अप्रैल को होम मेंबर ने चेतावनी दी कि उसे "कांग्रेसी विद्रोह के दबा दिए जाने" में संदेह है, विशेष रूप से इसलिए कि "आम हड़ताल के आह्वान का विस्तृत रूप से पालन होगा . . . श्रमिक कम्युनिस्ट और कांग्रेसी नेताओं के प्रति अधिकांशतः सद्भावना रखते हैं" (मैंसर्ग, खंड 7, पृ. 151)। वस्तुतः 1946 में हड़तालों की लहर पहले के सभी मानदंडों को पार कर गई थी; इस वर्ष 1,629 बार काम रोका गया जिससे 19,41,948 मजदूर प्रभावित हुए और 1,27,17,762 श्रम-दिवसों की क्षति हुई। इस दिशा में कांग्रेस हाईकमान का दृष्टिकोण वर्किंग कमेटी के अगस्त प्रस्ताव में भली प्रकार लक्षित होता है, जिसमें कामगारों में बढ़ती हुई अनुशासनहीनता और कर्तव्यपालन में उनकी लापरवाही की भर्त्सना की गई थी (श्रमिकों पर जे. बी. कृपलानी की टिप्पणी, *ए. आई. सी. सी., जी 26/1946*)। फिर भी कांग्रेसी नेता संधि-वार्ताओं एवं मंत्रिमंडलों के गठन में लगे रहे। वेवेल ने तब चैन की सांस ली जब "नेहरू समझ गए कि रेलवे कर्मचारियों की मांगें कितनी अनुचित हैं और उनके आगे झुकने में कितना खतरा है।" शरत बोस जब अंतरिम सरकार में मंत्री बने तो सितंबर में वायसरॉय यह जानकर प्रसन्न हुए कि दिल्ली के बिजली-कर्मचारियों द्वारा हड़ताल करने के लक्षण दिखाई देते ही शरत ने सेना और अंग्रेज तकनीशियनों को बुलाए जाने की बात कही थी (*वायसरॉय्स जर्नल*, पृ. 279, 352)। अंत में कैबिनेट मिशन योजना और अंतरिम सरकार की चालें सांप्रदायिक विनाश और विभाजन के सोपान बनकर रह गईं।

सदा की भांति इस बार भी जब जिन्ना की पाकिस्तान की मांग पर

वार्ता अटक गई तो 16 मई को कैबिनेट मिशन ने एक योजना प्रस्तुत की जिससे थोड़ी देर के लिए लगा कि गतिरोध टूट जाएगा। इससे जिन्ना के सामने दो ही विकल्प बचे—या तो वे 'सड़ा-गला' पाकिस्तान स्वीकार कर लें या एक ढीला-ढाला, तीन स्तरोंवाला संघीय ढांचा स्वीकार करें जिसमें मुसलमानों को एक ही राष्ट्र के भीतर पश्चिमोत्तर और पूर्वोत्तर प्रांतों में शासन का अवसर मिलेगा। मिशन का कहना था कि संप्रभुतासंपन्न पाकिस्तान का बनाया जाना संभव नहीं है, क्योंकि इसमें गैर-मुस्लिमों की भी बहुत बड़ी संख्या रहेगी (उदाहरण के लिए, असम और बंगाल में 48.3 प्रतिशत)। सांप्रदायिक आत्मनिर्णय के जिस सिद्धांत की बात लीग कर रही थी उसके अंतर्गत पश्चिमी बंगाल के हिंदू-बहुल क्षेत्रों (जिसमें कलकत्ता भी सम्मिलित था, जहां मुसलमान केवल 23.6 प्रतिशत थे) और पंजाब में सिख-हिंदू-प्रधान अंबाला और जलंधर संभागों को अलग करना पड़ेगा। बंगाल और पंजाब का विभाजन सुस्थापित आंचलिक संबंधों के विरुद्ध होगा, अनेक आर्थिक, प्रशासनिक एवं सैन्य समस्याएं उत्पन्न करेगा, और फिर भी लीग उससे संतुष्ट नहीं होगी। जो विकल्प सुझाया गया था उसमें एक कमजोर केंद्र की धारणा थी जो केवल विदेश विभाग, प्रतिरक्षा और संचार-साधनों पर नियंत्रण रखेगा और जिसमें संविधान सभा का चुनाव करते समय प्रांतीय असेंबलियां तीन मंडलों में बांट दी जाएंगी : हिंदू-बहुल प्रांतों के लिए मंडल 'अ' होगा तथा उत्तर-पश्चिमी और उत्तर-पूर्वी मुस्लिम-बहुल प्रांतों (असम सहित) के लिए मंडल 'ब' और 'स'। इन मंडलों को अपनी स्वयं की मध्यम स्तर की कार्यकारिणियां एवं विधायिकाएं बनाने का अधिकार होगा।

बाद में मौलाना आज़ाद ने दोनों प्रमुख दलों द्वारा इस दीर्घावधि योजना की (लीग द्वारा 6 जून और कांग्रेस द्वारा 24 जून को) स्वीकृति को एक 'गौरवपूर्ण घटना' बताया (*इंडिया विंस फ्रीडम*, पृ. 151)। इस समझौते का अल्पजीवी होना तो निश्चित था क्योंकि यह योजना की परस्पर-विरोधी व्याख्याओं पर आधारित था। लीग चाहती थी कि समूहीकरण को अनिवार्य बनाया जाए जिससे मंडल 'ब' और 'स' ठोस इकाइयां बन जाएं और भविष्य में अलग होकर पाकिस्तान बनाया जा सके। इसके अतिरिक्त जिन्ना यह भी सोचते थे कि कांग्रेस इस योजना को अस्वीकार कर देगी और ऐसी स्थिति में अंग्रेज लीग को ही अंतरिम सरकार बनाने के लिए कहेंगे। यही आशा वेवेल को भी थी। परंतु जब कांग्रेस ने ये दीर्घावधि प्रस्ताव स्वीकार कर लिए तो उन्हें बड़ी निराशा हुई (*वायसरॉय्स जर्नल*, 25 जून, पृ. 305)। कांग्रेस का कहना था कि अनिवार्य समूहीकरण अन्यथा बार-बार उछाली जानेवाली प्रांतीय स्वायत्तता के विचार के ही विरुद्ध है। कांग्रेस मिशन के इस स्पष्टीकरण (25 मई) से भी संतुष्ट नहीं थी कि समूहीकरण आरंभ में तो अनिवार्य रहेगा, किंतु बाद में संविधान बन जाने और उसके अनुसार नए चुनाव हो जाने के बाद प्रांतों को उससे अलग हो जाने का अधिकार होगा। कांग्रेस को इस बात पर

भी आपत्ति थी कि संविधान सभा के लिए रजवाड़ों से कोई चुने हुए सदस्य नहीं थे। कांग्रेस के नए अध्यक्ष नेहरू ने 10 जुलाई को एक संवाददाता सम्मेलन में घोषणा की कि उनका दल केवल संविधान सभा के चुनावों में भाग लेने के लिए प्रतिबद्ध है। "इसकी बड़ी संभावना है कि ··· कोई समूहीकरण हो ही नहीं", क्योंकि पश्चिमोत्तर सीमाप्रांत और असम मंडल 'ब' और 'स' में सम्मिलित किए जाने पर आपत्ति कर सकते हैं। इसके प्रत्युत्तर में लीग ने 29-30 जुलाई को दीर्घावधि योजना पर अपनी स्वीकृति वापस ले ली और 16 अगस्त को 'मुस्लिम राष्ट्र' का आह्वान किया कि वे पाकिस्तान हासिल करने के लिए 'सीधी कार्रवाई' का मार्ग अपनाएं (मैंसर्ग, खंड 8, पृ. 25-26, 139)।

इस बीच केंद्र में थोड़ी अवधि के लिए मिली-जुली सरकार स्थापित करने के वेवेल के प्रयास भी असफल हो गए। जिन्ना चाहते थे कि इसमें पांच कांग्रेसी हिंदू, पांच लीगी मुसलमान, एक सिख और एक अनुसूचित जाति के सदस्य हों। कांग्रेस ने इस 'समता' को शिमला सम्मेलन से भी एक कदम पीछे कहकर अस्वीकार कर दिया और मुसलमानों और हरिजनों को भी अपने सदस्य नामजद करने का अधिकार मांगा। उसने 1942 की भांति मांग की कि नई सरकार सचमुच की कैबिनेट हो, न कि वायसरॉय की पुरानी कार्यकारिणी का विस्तार। परिणामस्वरूप वेवेल को 4 जुलाई को केवल अधिकारियों की कामचलाऊ सरकार बनानी पड़ी। किंतु कुछ ही सप्ताहों में वायसरॉय फिर आग्रह करने लगे कि कांग्रेस को किसी न किसी प्रकार अंतरिम सरकार में सम्मिलित किया जाए, भले ही लीग इससे बाहर क्यों न रहे। यह शिमला सम्मेलन में अपनाए गए उनके रवैये के अलावा एक माह पूर्व की उनकी वरीयता से भी अत्यंत भिन्न था। इसका स्पष्टीकरण पुनः यही है कि उन्हें जन-आंदोलन का भय था : जुलाई में अखिल-भारतीय स्तर पर रेलवे में हड़ताल किए जाने की धमकी मिली थी और डाक कर्मचारियों ने तो सचमुच हड़ताल कर दी थी। "यदि कांग्रेसी उत्तरदायित्व ले लें तो उससे उन्हें महसूस होगा कि उच्छृंखल तत्वों पर कड़ा नियंत्रण रखना आवश्यक है, वे कम्युनिस्टों को दबाएंगे और स्वयं अपने वामपंथ पर नियंत्रण रखेंगे। साथ ही मैं उन्हें प्रशासन के कार्य में इतना व्यस्त रखना चाहता हूं कि उन्हें राजनीति के लिए समय ही न मिले" (भारत-सचिव को वेवेल का पत्र, 31 जुलाई 1946; मैंसर्ग, खंड 8, पृ. 154)। 9 अगस्त को गुप्तचर विभाग के निदेशक ने भी यही बात कही : "··· श्रमिकों की स्थिति अधिकाधिक खतरनाक होती जा रही है ··· जब तक केंद्र में उत्तरदायी भारतीय सरकार नहीं बिठाई जाती, कुछ किया नहीं जा सकता ··· मेरा विश्वास है कि यदि एक उत्तरदायी सरकार स्थापित की जा सके तो वह श्रमिकों से अधिक निर्णायक ढंग से निपट सकेगी जोकि वर्तमान स्थिति में संभव नहीं है" *(होम पोलिटिकल (1) 12/7/1946)*। एक बार फिर कांग्रेस अंग्रेजों के झांसे में आ गई। 5 अगस्त तक वेवेल को

सूचना मिली थी कि पटेल को निश्चय हो गया है कि कांग्रेस को सरकार में सम्मिलित हो जाना चाहिए, ताकि देश में गड़बड़ी फैलने से रोकी जा सके। "वे तो यहां तक तैयार थे कि यदि अखिल भारतीय कांग्रेस कमेटी उनकी बात नहीं मानती तो वे इस्तीफे की धमकी देंगे" (*वायसरॉय्स जर्नल*, पृ. 329)। वायसरॉय ने कांग्रेस को अनिवार्य समूहीकरण स्वीकार करने के लिए धमकाने का प्रयास किया था। नेहरू और गांधीजी के साथ 27 अगस्त को एक भेंट में उन्होंने संविधान सभा को न बुलाने की धमकी दी थी, किंतु जब गांधीजी ने वेवेल के धमकी भरे लहजे के विरुद्ध कड़ी प्रतिक्रिया प्रकट की ("हम सब तो सीधे-सादे लोग हैं, यद्यपि हो सकता है हममें सभी सिपाही न हों और हममें से कुछ कानून जानते हों", वेवेल को गांधीजी का पत्र, 28 अगस्त; मैंसर्ग, खंड 8, पृ. 322); तो भारत-सचिव ने एक 'घबराहट भरे तार' में जोर देकर कहा कि वार्ता को टूटने न दिया जाए (*वायसरॉय्स जर्नल*, पृ. 343)। 2 सितंबर को नेहरू के नेतृत्व में कांग्रेस की प्रधानतावाली अंतरिम सरकार को शपथ दिलाई गई। नेहरू ने साफ कह दिया था कि उनकी पार्टी अब भी अनिवार्य समूहीकरण के विरुद्ध है, यद्यपि उन्होंने इस मामले को संघीय न्यायालय के हवाले करने की बात अवश्य कही; संघीय न्यायालय की संकल्पना कैबिनेट मिशन योजना में थी।

1946-47 : सांप्रदायिक विनाशलीला और किसान विद्रोह

कलकत्ता, नोआखाली, बिहार, पंजाब

लेकिन 16 अगस्त 1946 से अभूतपूर्व स्तर पर होनेवाले सांप्रदायिक दंगों ने भारतीय परिदृश्य को पूरी तरह बदल दिया था। दंगों का आरंभ 16-19 अगस्त को कलकत्ता से हुआ जो 1 सितंबर को बंबई को प्रभावित करते हुए पूर्वी बंगाल के नोआखाली (10 अक्तूबर), बिहार (25 अक्तूबर), संयुक्त प्रांत के गढ़मुक्तेश्वर (नवंबर) तक फैल गए और मार्च 1947 से इन्होंने सारे पंजाब को अपनी लपेट में ले लिया। जहां भड़की हुई सांप्रदायिक भावनाएं सर्वत्र इन दंगों की सामान्य बातें थीं, वहीं विभिन्न स्थानों पर इन दंगों के स्वरूप, विस्तार या तात्कालिक उत्तरदायित्व के सवाल पर महत्वपूर्ण अंतर देखने को मिलता था। कलकत्ता में लीग की सरकार थी और उसने सीधी कार्रवाई के दिन छुट्टी घोषित कर दी थी। "वहां मैदान में होनेवाली सभा में मुख्यमंत्री सुहरावर्दी के यह आश्वासन देने के बाद कि पुलिस और सेना हस्तक्षेप नहीं करेंगी, मुसलमानों ने हमले शुरू कर दिए। सुहरावर्दी ने लाल बाजार के नियंत्रण-कक्ष में पर्याप्त समय बिताया, जिसमें प्रायः उनके समर्थक उनके साथ रहे थे और उन्होंने उन दुखों के प्रति क्षोभकारी व्यग्रता दिखाई जो उनके संप्रदाय के लोगों ने भोगे थे" (वेवेल को गवर्नर बरोज का पत्र, 22 अगस्त; मैंसर्ग, खंड 8, पृ. 297-300)। हिंदू और विशेष रूप से सिख दादाओं ने

प्रत्याक्रमण किया जो शीघ्र ही "कलकत्ता के अपराध-जगत की दो प्रतिस्पर्धी सेनाओं के बीच सामूहिक कत्ल में परिणत हो गया।" 19 अगस्त तक कम-से-कम 4,000 लोग मारे गए थे और 10,000 घायल हुए थे। सड़कों पर सड़ती हुई लाशों को हटाने की विकट समस्या उत्पन्न हो गई थी (वही, पृ. 302)। पहले होनेवाले सांप्रदायिक दंगों में मंदिरों और मस्जिदों को अपवित्र किया जाता था तथा बलात्कार या विरोधी संप्रदाय के संपन्न लोगों की संपत्ति पर आक्रमण की घटनाएं होती थीं, किंतु इस बार कलकत्ता के दंगों में हत्या ही मुख्य लक्ष्य थी। इसमें मरनेवाले हिंदुओं की अपेक्षा मुसलमान अधिक थे। इसे न केवल वेवेल (वही, पृ. 274), बल्कि पटेल ने भी स्वीकार किया था ("कलकत्ता में हिंदुओं का पलड़ा भारी रहा। किंतु यह कोई हर्ष का विषय नहीं है", क्रिप्स को पत्र, 19 अक्तूबर; वही, पृ. 750)। इसमें अंग्रेजों की जिम्मेदारी भी समान रूप से स्पष्ट है : नवंबर 1945 या फरवरी 1946 के विपरीत अबकी बार सेना 24 घंटे बाद ही सक्रिय हुई, यद्यपि 17 अगस्त को सुबह शहर के दौरे के समय गवर्नर को प्रथम विश्वयुद्ध के समय होनेवाले अनुभव की याद दिला दी गई थी। 26 मार्च और 1 अप्रैल 1947 के बीच कलकत्ता में दंगों की दूसरी लहर आई, जिसके बाद उपद्रव और छुरेबाजी की बड़ी घटनाएं हुईं जो स्वाधीनता की पूर्व-संध्या तक चलती रहीं। शहर के पूरे के पूरे क्षेत्र महीनों तक किसी न किसी संप्रदाय के लिए निषिद्ध रहे।

बंबई शहर में शुरू से ही बड़े स्तर पर दंगे होने के बजाय छिटपुट छुरेबाजी की घटनाओं का एक ढर्रा बन गया था, किंतु ये भी इतनी अधिक थीं कि सितंबर 1946 तक 162 हिंदू और 158 मुसलमान मारे गए थे (मैंसर्ग, खंड 8, पृ. 532, 648)। पूर्वी बंगाल के नोआखाली और टिपरा जिलों में सामाजिक विद्रूपता स्पष्ट थी। यहां कृषक असंतोष की परंपरा रही थी—अधिकांश किसान मुसलमान थे जबकि जमींदारों, व्यावसायिक समूहों में हिंदुओं की प्रधानता थी। उत्तर-पश्चिमी नोआखाली और उससे लगे टिपरा के दक्षिणी-पश्चिमी कोने में, कलकत्ता के दंगों के विपरीत, हत्याओं की तुलना में संपत्ति पर आक्रमण और बलात्कार की घटनाएं अधिक हुईं। 300 के लगभग मौतें हुईं किंतु करोड़ों रुपयों की संपत्ति नष्ट हो गई। आरंभ में हिंदुओं द्वारा की जानेवाली शिकायतों में जमींदारों, वकीलों एवं अन्य गण्यमान्य लोगों पर आक्रमण की ही बात अधिक कही गई थी। बरोज ने रिपोर्ट दी कि "दक्षिण-पूर्वी बंगाल में उपद्रव के विरुद्ध आम मुस्लिम विद्रोह नहीं है, बल्कि शरारती तत्वों की गतिविधि है (स्पष्ट है कि इसे आयोजित किया गया है) जिन्होंने वर्तमान स्थिति का फायदा उठाया है।" यहां हताहतों की संख्या अपेक्षतया 'कम' रही किंतु "संपत्ति की क्षति कदाचित् भारी सिद्ध हो।" लीगी प्रशासन ने यहां फिर एक बार स्पष्ट पक्षपात किया : गिरफ्तार किए गए 1,074 शरारती लोगों में से केवल 50 ही अप्रैल 1947 तक जेल में थे (मैंसर्ग, खंड 8, पृ. 725, 745, 753; एन. के. बोस, *माई डेज विद गांधी,* पृ. 33. 48, 302)।

25 अक्तूबर को 'नोआखाली दिवस' मनाए जाने के सिलसिले में बिहार में जो दंगे हुए उनमें एक दूसरा ही ढर्रा देखने को मिलता है, जिसे समझना इतना सरल नहीं है : मुसलमानों के विरुद्ध हिंदू किसानों का सामूहिक विद्रोह जिसके फलस्वरूप होनेवाला नरसंहार नोआखाली से कहीं अधिक भंयकर था। इसमें कम-से-कम 7,000 लोग मारे गए थे। क्षुब्ध और बदहवास नेहरू ने रिपोर्ट दी कि जो बिहार कांग्रेस का (और किसान सभा का भी) गढ़ रहा था वहां "लोगों पर पागलपन सवार है।" उन्हें संदेह था कि इसके पीछे जमींदारों का हाथ है, क्योंकि वे कृषि-समस्याओं से अपने काश्तकारों का ध्यान बंटाना चाहते हैं। उन्होंने यह भी कहा कि कांग्रेसी प्रशासन एवं दल के अनेक सदस्यों ने भी हिंदू संप्रदायवाद के सामने घुटने टेक दिए हैं। "जो वास्तविक स्थिति मैं अब देख रहा हूं वह उतनी ही या उससे भी अधिक बुरी है जैसीकि उन्होंने (लीगी नेताओं ने) बताई है" (पटेल को नेहरू का 5 नवबंर 1946 का पत्र, दुर्गादास, खंड 3, पृ. 165)। बिहार के बाद गढ़मुक्तेश्वर की बारी थी, जहां हिंदू तीर्थयात्रियों ने एक हजार मुसलमानों की हत्या कर दी। ऐसे नरसंहारों की खबरों से पश्चिमोत्तर सीमाप्रांत में कांग्रेस की स्थिति कमजोर पड़ने लगी, जो अब तक अभेद्य थी। अक्तूबर 1946 में जब नेहरू उस प्रांत के दौरे पर गए तो उन्हें वैमनस्यपूर्ण आदिवासी प्रदर्शनों का सामना करना पड़ा और जनवरी 1947 में हजारा में दंगे हुए जिसके बाद मरदान के एक अत्यंत महत्वपूर्ण उपचुनाव में कांग्रेस को हार का मुंह देखना पड़ा।

इस बीच मुसलमान, हिंदू और सिख समान रूप से उस घटना के लिए तैयार हो रहे थे जो सबसे बड़ी विनाशलीला सिद्ध हुई— यानी पंजाब में होनेवाली विनाशलीला। जनवरी 1945 में हरियाणा के हिंदू जाट नेता छोटूराम की मृत्यु हो जाने से पंजाब में यूनियनिस्ट गुट कमजोर पड़ गया था। बलदेव सिंह ने चतुराईपूर्वक कांग्रेस और सिख समर्थन जुटाकर पंजाब में खिज्र हयात खान की सरकार बनवा दी थी, यद्यपि चुनाव में यूनियनिस्टों को केवल 10 सीटें ही मिली थीं और लीग ने 79 सीटें हासिल की थीं। इससे मुस्लिम संप्रदायवादी एवं पाकिस्तान-समर्थक दृष्टिकोण रखनेवाले मुसलमान नाराज ही हुए। जनवरी 1947 से लीग ने सविनय अवज्ञा आंदोलन चलाया जिसके फलस्वरूप 3 मार्च को खिज्र हयात खान की सरकार गिर गई। अगले दिन लाहौर में असेंबली चैंबर के सामने सिखों ने एक भड़कानेवाला प्रदर्शन किया, जिसमें तारासिंह ने तलवार भांजते हुए 'राज करेगा खालसा' का नारा लगाया था। इसके बाद लहौर, अमृतसर, मुल्तान, अटक और रावलपिंडी तथा इनमें अंतिम के तीन जिलों के ग्रामीण क्षेत्रों में बड़े पैमाने पर दंगे हुए। इन मुस्लिम-बहुल क्षेत्रों में हिंसा का मुख्य लक्ष्य सिख और हिंदू व्यापारी और साहूकार थे। अगस्त 1947 तक 5,000 लोग मारे गए थे। किंतु यह नरसंहार भी उस सर्वनाशी युद्ध के सामने कुछ नहीं था जो स्वतंत्रता के बाद सीमा के दोनों ओर आरंभ हुआ, जिसके दौरान कभी-कभी पूरी की पूरी रेलगाड़ी लाशों

से भरी आती थी। पेंडरेल मून का अनुमान है कि लगभग 1,80,000 लोग मारे गए थे जिसमें 60,000 पश्चिम के और 1,20,000 पूर्व के थे। मार्च 1948 तक 60 लाख मुसलमान और 45 लाख हिंदू एवं सिख शरणार्थी बन चुके थे। जनसंख्या का लगभग पूर्ण और बलात् स्थानांतरण हो गया, जिसमें लोग 47 लाख एकड़ भूमि पूर्वी पंजाब में और 67 लाख एकड़ भूमि पश्चिम में पीछे छोड़ आए। कुल मिलाकर "मुसलमानों को जान का नुकसान अधिक हुआ था और हिंदुओं और सिखों को माल का।" दक्षिण-पश्चिम पंजाब के बहावलपुर में, जहां 1947 में मून कार्य कर रहे थे, "मुसलमानों (मुख्यतः किसानों) की रुचि मार-काट में इतनी नहीं थी जितनी हिंदुओं की लड़कियों और संपत्ति का चुपचाप भोग करने में।" मध्य और पूर्वी पंजाब में, जहां दोनों समुदाय बराबरी पर थे, खत्म करने की नीति अधिक महत्वपूर्ण थी। विशेष रूप से सिख मुसलमानों को खत्म करने या उन्हें खदेड़ बाहर करने के लिए कृत-संकल्प थे, ताकि पश्चिम से आनेवाले 20 लाख सिखों के लिए जमीन मुहैया कराई जा सके। (पेंडरेल मून, *डिवाइड एंड क्विट,* अध्याय 16)।

अंग्रेजों ने, जो जून 1946 तक कांग्रेस के संभावित आंदोलन से निबटने के लिए सेना की पांच डिवीजनें भारत में लाने की योजना बना रहे थे (मैंसर्ग, खंड 8, पृ. 13-15), इस भयानक मानव-त्रासदी के दौरान ऐसा कोई प्रयास नहीं किया। ब्रिटिश स्रोतों से ही लिए गए दो उदाहरण यह दर्शाने के लिए पर्याप्त हैं कि इसमें यदि सरकार की मिलीभगत नहीं भी थी तो भी उसकी निष्क्रियता अवश्य थी। बिहार के मुसलमानों की इस प्रार्थना पर कि दंगों को रोकने के लिए हवाई बमबारी की जाए, 9 नवंबर 1946 को वेवेल ने टिप्पणी की : "आसमान से मशीनगनें चलाना ऐसा उपाय नहीं है जिसे कोई स्वेच्छापूर्वक अपनाएगा, यद्यपि मुसलमानों का कहना है कि 1942 में तो हम ऐसा करने से नहीं झिझके थे जो सचमुच लज्जास्पद है" (*वायसरॉय्स जर्नल,* पृ. 374)। मार्च 1947 में अमृतसर के दो मुख्य बाजार नष्ट कर दिए गए और "पुलिस ने एक भी गोली नहीं चलाई।" पेंडरेल मून का यह कहना बड़ा ही सटीक है कि यह उसी शहर में हुआ, जहां जलियांवाला बाग का नरसंहार हुआ था (मून, पृ. 78, 80-81)।

नेहरू की अंतरिम सरकार इस बढ़ते हुए सांप्रदायिक नरसंहार को असहाय होकर देखती रही। नाम से सरकार होते हुए भी वस्तुतः यह वायसरॉय की पुरानी एक्जीक्यूटिव काउंसिल से अधिक कुछ नहीं थी और वेवेल ने 19 मार्च 1947 को मंत्रिमंडल की अंतिम बैठक में आजाद हिंद फौज के कैदियों को रिहा किए जाने के प्रश्न पर मंत्रियों के प्रस्ताव को अस्वीकार कर दिया था। सामूहिक या किसी भी प्रकार से कार्य करना तब असंभव हो गया जब वेवेल ने 26 अक्तूबर को जिन्ना को सरकार में सम्मिलित होने के लिए मना लिया—इस आधार पर कि एक कांग्रेसी मुसलमान लिए जाने के बदले अनुसूचित जाति का एक लीगी सदस्य (जोगेन मंडल) लिया जाए। बिना सीधी

कार्रवाई की योजना त्यागे तथा कैबिनेट मिशन की दीर्घावधि योजना को अस्वीकार करने एवं अनिवार्य समूहीकरण पर बल देने के बावजूद लीग को सरकार में सम्मिलित होने दिया गया। अनिवार्य समूहीकरण में एक पूरे गुट द्वारा बहुमत से निर्णय लिए जाते, जिसके परिणामस्वरूप असम और पश्चिमोत्तर सीमाप्रांत में पाकिस्तान की मांग का विरोध करनेवाले लोग अत्यंत अल्पमत में आ जाते। लीग ने संविधान सभा में बैठने से भी इनकार कर दिया जिसकी बैठक 9 सितंबर से आरंभ होनेवाली थी। इसके फलस्वरूप उस समय संविधान सभा को एक सामान्य 'लक्ष्य संबंधी प्रस्ताव' पारित करने (जनवरी 1947) तक ही सीमित रहना पड़ा। इस प्रस्ताव को नेहरू ने तैयार किया था और इसमें एक 'स्वतंत्र संप्रभुतासंपन्न गणतंत्र' के आदर्श को प्रस्तुत किया गया था जिसमें स्वायत्त इकाइयों, अल्पसंख्यकों के लिए समुचित रक्षक उपायों और सामाजिक, राजनीतिक एवं आर्थिक प्रजातंत्र के मूलभूत लक्ष्यों की बात कही गई थी। लीग की बाधा डालो नीति (कम-से-कम कांग्रेस ऐसा ही समझती थी) के अंतर्गत नेहरू की 'चाय पार्टी कैबिनेटों' (वायसरॉय से मिलने से पहले नीतियों का तालमेल बिठाने के लिए आयोजित अनौपचारिक सत्रों) का बहिष्कार करना और सस्ती लोकप्रियता के लिए बजट पेश किया जाना सम्मिलित था। यह बजट वित्तमंत्री लियाकत अली खान ने फरवरी 1947 में पेश किया था जिसमें बड़े उद्योगपतियों पर भारी कर लगाया गया था (अधिकांश बड़े उद्योगपति हिंदू थे)। वेवेल की दृष्टि में यह बड़ी 'चतुराई भरी चाल' थी क्योंकि "इससे कांग्रेस और उसके बिड़ला जैसे धनी उद्योगपतियों के बीच दरार पड़ती थी और कांग्रेसी इसकी धाराओं का विरोध भी नहीं कर सकते थे" (*वायसरॉय्स जर्नल*, 28 फरवरी 1947, पृ. 424)।

कलकत्ता, नोआखाली, बिहार और पंजाब में जो कुछ हुआ था, उसे देखकर कांग्रेस कार्यकर्त्ताओं और नेताओं में से बहुतों के धर्मनिरपेक्ष आदर्श काफूर होने लगे थे। जहां नेहरू लगातार बिहार और अन्य स्थानों के हिंदू संप्रदायवाद की भर्त्सना करते थे और मौलाना आज़ाद ने इस बात के लिए वेवेल को दोषी ठहराया कि उन्होंने कलकत्ता में सुहरावर्दी द्वारा छोड़े गए गुंडों का दमन करने के लिए फौज नहीं भेजी (वेवेल के साथ साक्षात्कार, 19 अगस्त 1946, मैंसर्ग, खंड 8, पृ. 261), वहीं नेहरू द्वारा बिहार की भर्त्सना से हिंदुओं में जो वैमनस्यपूर्ण प्रतिक्रियाएं हुईं उनके प्रति पटेल को सहानुभूति थी। "यदि हमने बिहार के लोगों एवं वहां की सरकार को लीगी नेताओं के हिंसक एवं अशोभनीय आक्रमणों का शिकार होने दिया तो यह हमारी भूल होगी" (पटेल का राजेंद्रप्रसाद को 11 नवंबर 1946 का पत्र, दुर्गादास, खंड 3, पृ. 171)।

सांप्रदायिक दंगों के अलावा कांग्रेस और लीग की मिली-जुली सरकार की अव्यावहारिकता ने भी अनेक लोगों को वह बात सोचने के लिए विवश कर दिया जो अब तक अकल्पनीय थी—अर्थात् विभाजन के बारे में; और ऐसा सोचनेवालों में शीघ्र ही नेहरू और पटेल भी सम्मिलित हो गए।

विभाजन द्वारा समाधान की मांग अब सबसे अधिक पंजाब और बंगाल के हिंदू और सिख संप्रदायवादी कर रहे थे, जिन्हें इस बात का भय था कि अनिवार्य समूहीकरण के कारण मुस्लिम-प्रधान भाग बाद में अपने-आपको पाकिस्तान बना लेंगे। उदाहरण के लिए, हिंदू महासभा ने पश्चिमी बंगाल में एक अलग हिंदू प्रांत बनाए जाने की संभावना का पता लगाने के लिए एक समिति की स्थापना की (वी. पी. मेनन, पृ. 48)। 10 मार्च 1947 को नेहरू ने निजी बातचीत में वेवेल से कहा कि "सबसे अच्छी तो कैबिनेट मिशन योजना ही थी यदि वह लागू की जा सकती, लेकिन अब एकमात्र वास्तविक विकल्प पंजाब और बंगाल का विभाजन ही है" (*वायसरॉय्स जर्नल*, पृ. 426-27)। एक महीने पश्चात् कांग्रेस-अध्यक्ष कृपलानी ने माउंटबेटन को सूचित किया : "लड़ाई करने से अच्छा हम यही समझते हैं कि हम उन्हें पाकिस्तान ले लेने दें, शर्त यह है कि आप पंजाब और बंगाल का न्यायपूर्ण बंटवारा होने दें" (एच. वी. हॉडसन, *दि ग्रेट डिवाइड*, लंदन, 1969, पृ. 236)।

महात्मा गांधी का श्रेष्ठतम काल

फिर भी एक आदमी ऐसा था जिसे भारत के अधिकांश भाग पर शीघ्रातिशीघ्र कांग्रेस की सत्ता जमा सकने के लिए विभाजन की कीमत पर की जा रही उच्चस्तरीय सौदेबाजी अकल्पनीय रूप से असह्य और अस्वीकार्य प्रतीत होती थी। 1945 से आरंभ होकर अत्यंत धीमी गति से प्रगति करनेवाली बातचीत के दौरान गांधीजी अधिकाधिक पृष्ठभूमि में पड़ने लगे थे, सिवा इसके कि कभी-कभार वे अपने निजी दूत सुधीर घोष के माध्यम से कुछ असफल प्रयास करते थे। उनका एक सुझाव, जिसे वे पहले कैबिनेट मिशन और बाद में माउंटबेटन के सामने रख चुके थे, और जो कांग्रेसियों को निरा पागलपन लगा; यह था कि जिन्ना को भारत के प्रधानमंत्री का पद प्रस्तावित किया जाए और अंग्रेज कुछ समय के लिए यहीं रहकर बहुसंख्यकों के हितों की रक्षा का ध्यान रखें। कांग्रेसी नेतृत्व से अधिकाधिक कटते हुए 77 साल के इस बूढ़े ने अदम्य साहस के साथ पहले नोआखाली के गांवों, फिर बिहार और फिर कलकत्ता और दिल्ली के दंगाग्रस्त इलाकों में अपना सब कुछ यह सिद्ध करने के लिए दांव पर लगा दिया कि अहिंसा और हृदय-परिवर्तन के जिन सिद्धांतों को उसने जीवन-भर माना है, वे झूठे नहीं हैं। अपने मुट्ठी-भर सहयोगियों के साथ वे नोआखाली के वैमनस्यपूर्ण मुस्लिम-बहुल गांवों में रहे और बिहार के हिंदुओं के ठीक रास्ते पर न आने पर उन्होंने आमरण अनशन की धमकी (6 नवंबर 1946) दी। जनवरी 1947 से नोआखाली के देहातों के रास्तों पर नंगे पांव फेरी देते रहे; एक बार तो क्रुद्ध मुसलमानों ने उनके मार्ग में कूड़ा फेंक दिया जिसे उन्होंने अपने हाथों से हटाया। प्रत्येक सुबह वे रवींद्रनाथ के गीत 'एकला चलो रे' को गाते हुए प्रभातफेरी पर जाया करते थे; यह गीत अब उनका प्रिय भजन हो गया था। गांधीजी के विलक्षण चारित्रिक गुण और

सच्ची महानता उतनी उजागर पहले कभी नहीं हुई थी जितनी उनके जीवन के अंतिम कुछ महीनों में हुई। जिस राजनीतिक सत्ता को वे आसानी से प्राप्त कर सकते थे, उसके सभी पारंपरिक रूपों के प्रति उन्होंने पूर्ण तिरस्कार का भाव तब अपनाया जब भारत स्वतंत्र होने जा रहा था, और संप्रदायवाद का भावपूर्ण विरोध किया। उन्होंने विभाजन के एक माह बाद, जबकि पंजाब में दंगे तबाही मचा रहे थे, एक लीगी नेता से कहा था : "मैं अपने प्राण देकर भी इसका सामना करना चाहता हूं। मैं मुसलमानों को भारत की सड़कों पर रेंगने नहीं दूंगा। वे आत्मसम्मान के साथ चलेंगे" (खलीकुज्जमां, *पाथवे टु पाकिस्तान*, पृ. 404)। कलकत्ता के एक निवासी को, जिसे गांधीजी का भक्त कदापि नहीं कहा जा सकता, अब तक याद है कि प्रार्थना-सभाओं में गांधीजी हिंदुओं और मुसलमानों के अलग-अलग देशों के निवासी होने की बात की किस प्रकार तिरस्कारपूर्ण मृदु मुस्कान से अवहेलना करते थे।

कभी-कभी तो गांधीजी की उपस्थिति सचमुच चमत्कार करती हुई प्रतीत होती थी। 15 अगस्त की पूर्वसंध्या पर ऐसा ही हुआ था जब उन्होंने सुहरावर्दी को बेलियाघाट के दंगाग्रस्त क्षेत्र में अपने साथ रहने के लिए राजी कर लिया था, और पुनः तब जब 31 अगस्त को शहर में होनेवाला सांप्रदायिक संघर्ष 1 से 4 सितंबर 1947 तक के उनके आमरण अनशन से अचानक थम गया था। इसके शीघ्र बाद ही दिल्ली में पंजाब का बदला लेने के लिए दंगे आरंभ हो गए। हिंदुओं ने मुसलमानों का नरसंहार किया, लेकिन जनवरी 1948 में गांधीजी के उपवास का यहां भी अस्थायी प्रभाव अवश्य हुआ। उनका यह अंतिम उपवास अंशतः पटेल के बढ़ते हुए सांप्रदायिक दृष्टिकोण के विरुद्ध भी था। (गृहमंत्री जनसंख्या के पूर्ण स्थानांतरण की बात सोचने लगे थे और पहले के उस समझौते को मानने से इनकार कर रहे थे, जिसके अनुसार विभाजन-पूर्व सरकार की संपत्ति में से भारत 55 करोड़ रुपए पाकिस्तान को देने के लिए वचनबद्ध था।) कहा जाता है कि अपने उपवास के दौरान गांधीजी ने पटेल से कहा था : "तुम वह सरदार नहीं हो जिसे मैं कभी जानता था।" जिस आदमी के खिलाफ मुसलमानों की एक पूरी पीढ़ी को सबसे खतरनाक हिंदू नेता बताकर नफरत करना सिखाया गया था, उसे ही 27 जनवरी 1948 को मुसलमानों ने दिल्ली में एक धर्मस्थल के मंच से भाषण देने के लिए आमंत्रित किया। तीन दिन बाद महात्मा गांधी मर गए—नाथूराम गोडसे नाम के एक कट्टरपंथी हिंदू ने उन्हें मार डाला। यह पूना के ब्राह्मणों के एक गुट द्वरा रचे गए षड्यंत्र का चरमोत्कर्ष था, जिसकी मूल प्रेरणा उन्हें वी. डी. सावरकर से मिली थी; इस षड्यंत्र के बारे में भरपूर चेतावनी मिलने के बावजूद दिल्ली और बंबई की पुलिस ने इसे रोकने के लिए कुछ नहीं किया था।

यह अत्यंत हृदयग्राही एवं शौर्यपूर्ण गांधीवादी मार्ग 1946-47 में स्थानीय एवं अल्पकालीन प्रभाव उत्पन्न करनेवाले अलग-थलग और निजी प्रयास से

अधिक कुछ भी नहीं रह गया था। क्या हो सकता था—इसका अनुमान करना व्यर्थ और खतरनाक है, किंतु इतना तो कहा जा सकता है कि एकमात्र वास्तविक विकल्प साम्राज्यवाद एवं इसके भारतीय मित्रों के विरुद्ध संयुक्त और जुझारू जन-संघर्ष का ही मार्ग था; यह ऐसी बात थी जिससे, जैसाकि हमने बार-बार देखा, अंग्रेज सचमुच डरते थे। दंगों द्वारा स्पष्ट रूप से बाधित होने के बावजूद यह संभावना 1946-47 की शीत ऋतु तक भी पूर्णतः समाप्त नहीं हुई थी। अगस्त के दंगों के पांच महीने बाद, 21 जनवरी 1947 को कलकत्ता के विद्यार्थी फिर से सड़कों पर निकल आए थे और 'वियतनाम से दूर रहो' वाले प्रदर्शन में फ्रांसीसी विमानों द्वारा दमदम हवाई अड्डे का उपयोग किए जाने का विरोध कर रहे थे। इसी दिन कम्युनिस्ट नेतृत्व में हुई अत्यंत संगठित, और अंत में विजयी, 85 दिन की ट्राम-हड़ताल में लगता था कि समस्त सांप्रदायिक भेदभाव भुला दिए गए हैं। इसके शीघ्र बाद ही बंदरगाह के कर्मचारियों और हावड़ा के इंजीनियरिंग कामगारों ने भी हड़तालें कीं। वस्तुतः जनवरी और फरवरी में तो हड़तालों की नई लहर-सी आ गई थी। कानपुर की कपड़ा-मिलों में 1,00,000 लोग हड़ताल पर थे, कोयला रोक देने की धमकी दी गई थी, और कोयंबटूर, कराची एवं अन्य स्थानों पर भी "मुख्यतः कम्युनिस्ट आंदोलन" के कारण हड़तालें हुईं (वेवेल द्वारा श्रममंत्री जगजीवनराम का हवाला, 14 जनवरी 1947, *वायसरॉय्स जर्नल*, पृ. 410)। 18 जनवरी को बिड़ला ने गांधीजी के सचिव प्यारेलाल से शिकायत की—"हर जगह हड़तालें हो रही हैं ... हर कोई अधिक पारिश्रमिक और कम काम करना चाहता है" (जी. डी. बिड़ला, *बापू*, खंड 1, पृ. 434)। तथापि ये हड़तालें शुद्ध रूप से आर्थिक मांगों पर आधारित थीं; कमी थी तो पर्याप्त प्रभावी एवं दृढ़ संकल्पवाले राजनीतिक नेतृत्व की।

1946-47 में एक नई बात यह हुई कि अनेक ग्रामीण क्षेत्रों में विद्रोह हुए—मुख्य रूप से बंगाल, केरल के कुछ हिस्सों और हैदराबाद राज्य के तेलगांना में। सर्वत्र कम्युनिस्ट नेतृत्ववाली किसान सभा अधिक संघर्षशील गतिविधियों की ओर अग्रसर थी और मालगुजारी तथा लगान देनेवाले जोतधारी किसानों के स्तर से नीचे के बंटाईदारों, भूमिहीन मजदूरों एवं आदिवासियों तक पहुंच रही थी।

1945 के बाद से शामराव और गोदावरी पारुलेकर जैसे कम्युनिस्ट कार्यकर्त्ता बंबई के निकट ठाणे जिले के अंबरगांव और दहानू ताल्लुके के शोषित एवं पिछड़े हुए वरली आदिवासियों के बीच रहने लगे थे। इन्होंने जंगलात के ठेकेदारों, व्यापारी-साहूकारों और बाहरी जमींदारों के विरुद्ध ऋण-दासता, वेठ या वेठी (बेगार) तथा फसल, पेड़ और घास काटने के लिए कम मजदूरी दिए जाने के विरुद्ध सफल आंदोलनों की एक शृंखला आयोजित की।

तेभागा आंदोलन

सितंबर 1946 में बंगाल की प्रांतीय किसान सभा ने तेभागा संबंधी फ्लाउड कमीशन की सिफारिश को लागू करवाने के लिए जन-संघर्ष का आह्वान किया। सिफारिश यह थी कि जोतदारों से लगान पर ली गई जमीन पर काम करनेवाले बंटाईदारों (बरगादारों, भागचासी या अधियरों) को फसल का आधा या उससे भी कम हिस्सा मिलने के स्थान पर दो-तिहाई हिस्सा दिया जाए। कम्युनिस्ट कार्यकर्त्ता, जिनमें अनेक जुझारू शहरी विद्यार्थी भी थे, गांवों में गए और उन्होंने बंटाईदारों को संगठित किया। बंटाईदार अब तक ग्रामीण जनसंख्या का एक बड़ा हिस्सा बन चुके थे, क्योंकि मंदी और अकाल के कारण गरीब किसान अपनी जमीनें खो बैठे थे और बंटाईदारों के स्तर पर आ गए थे; कहीं-कहीं तो गांवों में इनकी संख्या 60 प्रतिशत तक थी और ये ही क्षेत्र तेभागा आंदोलन के गढ़ बन गए थे। नवंबर में फसल की कटाई के समय आंदोलन ने अचानक जोर पकड़ लिया जिसका मुख्य नारा था 'निज खमारे धान तोलो', अर्थात् बंटाईदार पहले की भांति जोतदार के घर धान ले जाने के स्थान पर अपने खलिहानों में ले जाने लगे ताकि तेभागा को लागू किया जा सके। इस तूफान का केंद्र बना उत्तरी बंगाल और विशेष रूप से दिनाजपुर का ठाकुरगंज उपसंभाग और इसके साथ लगे हुए जलपाइगुड़ी, रंगपुर और मालदा के क्षेत्र। मैमनसिंह (किशोरगंज), मिदनापुर (महिषादल, सूताहाट और नंदीग्राम) और 24-परगना (काकद्वीप) में भी तेभागा आंदोलन विकसित हो रहा था, और उत्तरी मैमनसिंह के हजोंग, जो 1937-38 में टंका (उपज के रूप में लगान) कम करवाने में सफल रहे थे, अब मांग कर रहे थे कि इस लगान की अदायगी नकद करने दी जाए, ताकि अन्न के बढ़े हुए मूल्य से उन्हें लाभ मिल सके। उत्तरी बंगाल में तेभागा का आधार मुख्य रूप से राजवंशियों के बीच था जो आदिवासी मूल के निम्न जाति के लोग थे और अधिकांशतः अधियर और गरीब काश्तकार थे, किंतु इनमें कुछ बड़े जोतदार भी थे जिनमें वर्ग-संगठन के कारण पहले ही क्षत्रियत्व की मांग करते हुए चला संस्कृतीकरण का आंदोलन कमजोर पड़ चुका था। (कम्युनिस्ट रूपनारायण राय 1946 में कांग्रेस और क्षत्रिय समिति, दोनों के ही प्रत्याशियों को हराकर दिनाजपुर की सीट जीत चुके थे।) कलकत्ता और नोआखाली के बावजूद तेभागावाले क्षेत्रों में मुसलमानों ने भी हिस्सा लिया जिसके फलस्वरूप हाजी मुहम्मद दानेश और नियामत अली जैसे नेता उत्पन्न हुए, यहां तक कि कुछ मौलवी भी आगे आए जो जोतदारों के शोषण के विरुद्ध कुरान की आयतें उद्धृत करते थे। किंतु दक्षिण-पूर्वी बंगाल इससे अछूता ही रहा जिसमें किसान सभा का पुराना गढ़ टिपरा भी सम्मिलित था। जोतदारों एवं पुलिस की बढ़ती हुई हिंसा का सामना स्वयंसेवक लाठियों से करने लगे थे : "पिछली कई शताब्दियों से मूक . . . उनको (बरगादारों को) अपने साथियों के साथ बंदूक की भांति लाठी कंधे पर

रखे और जुलूस के आगे लाल झंडा लगाकर खेत में चलते हुए देखना प्रेरणादायक है" (*स्टेट्समैन*, 19 मार्च 1947; सुनील सेन के *एग्रेरियन स्ट्रगल इन बंगाल 1946-47*, में उद्धृत, पृ. 38)।

किंतु लाठियां बंदूकें नहीं होतीं और जब लीगी सरकार ने अपने बहकाने के लिए प्रस्तुत बरगादार विधेयक (जो 1950 से पहले कानून नहीं बन सका और तब भी शायद ही कभी लागू हुआ हो) की भरपाई फरवरी 1947 से दमन-चक्र चलाकर कर दी तो आंदोलन के सामने ऐसा संकट पैदा हुआ जो घातक सिद्ध हुआ। बालुरघाट में पुलिस के साथ झड़पों में 20 संथाल मारे गए; सुनील सेन कुल 49 किसान शहीदों की सूची देते हैं। कुछ जुझारू किसान हथियारों की मांग कर रहे थे, किंतु कम्युनिस्टों के पास उन्हें देने के लिए हथियार नहीं थे। वैसे भी उन्होंने सशस्त्र संघर्ष की बात नहीं सोची थी। सामाजिक रूप से भी इसकी सीमाएं दिखाई देने लगी थीं। आदिवासी तत्व अधिक उग्र संघर्ष के लिए दबाव डाल रहे थे (जिनमें जलपाइगुड़ी के दुआर्स क्षेत्र के चायबागानों के कुली भी थे), किंतु मंझोले और गरीब किसानों का समर्थन कम होने लगा था और उत्तरी बंगाल के शहरी व्यावसायिक समूह जो राष्ट्रीय आंदोलन का मुख्य आधार थे, अत्यंत विरोधी हो गए थे (इनमें से अनेक के पास जमीनें थीं जिन्हें बरगादार जोतते थे)। कम्युनिस्टों ने 28 मार्च को एक आम हड़ताल करने की योजना बनाई थी, किंतु इसी बीच हिंदू महासभा ने बंगाल-विभाजन को लेकर आंदोलन आरंभ कर दिया था जो जोर पकड़ने लगा था और कलकत्ता में 27 मार्च से नए सिरे से होनेवाले दंगों ने शहरी क्षेत्र से मिलनेवाली सहानुभूति की संभावना को समाप्त कर दिया।

पुन्नप्रा-वायलार

उत्तरी-पश्चिमी त्रावणकोर के शेरतलाई-अलेप्पी-अंबालपुझा क्षेत्र में 1946 से कम्युनिस्टों ने नारियल के रेशों का काम करनेवाले कामगारों, मछुआरों, गछवाहों और खेतिहर मजदूरों (जिन्हें पास के कुट्टनाड क्षेत्र के बड़े जेनमियों या जमींदारों से काम मिलता था) के बीच अत्यंत सशक्त आधार बना लिया था। अधिकांश अन्य क्षेत्रों की तुलना में यहां कस्बों के उद्योगों एवं कृषि-आधारित काम-धंधों में घनिष्ठ संबंध होने के कारण मजदूर-किसान एकता अधिक वास्तविक थी और ट्रेड यूनियनें इतनी सशक्त हो गई थीं कि नारियल-जटा के कारखानों में भरती को नियंत्रित कर सकती थीं। उन्होंने अनौपचारिक किंतु अत्यंत लोकप्रिय मध्यस्थता-न्यायालय भी स्थापित किए थे, यहां तक कि (जुलाई 1946 में हुई एक हड़ताल के बाद) अपनी ही राशन की दुकानें चलाने का अधिकार प्राप्त कर लिया था। इस बीच एक विस्फोटक राजनीतिक स्थिति बन गई। एक ओर तो अन्न की अत्यंत कमी थी और दूसरी ओर जनवरी 1946 में दीवान सी. पी. रामास्वामी अय्यर ने एक 'अमरीकी नमूने' के संविधान की घोषणा कर दी थी, जिसके अनुसार विधायिकाएं सार्वत्रिक वयस्क मताधिकार द्वारा

चुनी जातीं, किंतु कार्यकारिणी पर एक दीवान का नियंत्रण होता जिसे महाराजा नियुक्त करते। स्पष्ट था कि महत्वाकांक्षी दीवान अंग्रेजों के चले जाने के बाद स्वयं अपने नियंत्रण में एक स्वतंत्र त्रावणकोर की योजना बना रहा था; वस्तुतः जून 1947 में उसने ऐसा ही अभिप्राय प्रकट भी किया था। इस मामले में प्रदेश कांग्रेस ढील देती रही, बल्कि पत्तम थानु पिल्लई जैसे नेता तो रामास्वामी अय्यर के साथ समझौता करने के विरुद्ध भी नहीं थे, लेकिन वहीं कम्युनिस्टों ने 'अमेरिकन मॉडल अरब्यन कातालील'(अमरीकी नमूने को अरब सागर में फेंक दो) के नारे के साथ भारी आंदोलन खड़ा कर दिया। सितंबर 1946 से रियासत की सरकार ने कम्युनिस्टों एवं अलेप्पी क्षेत्र की ट्रेड यूनियनों के विरुद्ध संपूर्ण शक्ति के साथ अभियान छेड़ दिया, जगह-जगह पुलिस के शिविर लगाए गए, सामूहिक गिरफ्तारियां की गईं और जेलों में अमानुषिक यंत्रणाएं दी गईं। सुनियोजित राजद्रोह की दृष्टि से नहीं, बल्कि आत्मरक्षा की दृष्टि से उन स्थानों पर शिविर लगाए गए जहां सताए हुए कामगार शरण लेते थे; ऐसे स्वयंसेवक उनकी रक्षा करते थे जिन्हें थोड़ा सैन्य-प्रशिक्षण दिया गया था। 22 अक्तूबर को अलेप्पी-शेरतलाई क्षेत्र में एक राजनीतिक आम हड़ताल आरंभ हुई। दो दिन पश्चात् अलेप्पी से चार मील दक्षिण में पुन्नप्रा के पुलिस-शिविर पर अंशतः सफल हमला हुआ जिसमें स्वयंसेवक लकड़ी के भालों से लैस होकर अंधाधुंध गोलीबारी के बीच भी रेंगकर आगे बढ़ते रहे, ताकि पुलिस के साथ दो-दो हाथ कर सकें। यहां उन्होंने नौ बंदूकें छीन लीं, किंतु लगता है कि उनका कोई उपयोग नहीं किया जा सका। 25 अक्तूबर से मार्शल लॉ लागू कर दिया गया और 27 को (शेरतलाई के निकट) वायलार में स्वयंसेवकों के मुख्यालय पर सेना ने धावा बोल दिया, जिसमें वस्तुतः रक्त-स्नान हुआ। पारंपरिक अनुमान के अनुसार पुन्नप्रा-वायलार के इस संक्षिप्त किंतु अत्यंत खूनी विद्रोह में 800 लोग मारे गए। इस नरसंहार का एक परिणाम तो यह हुआ कि पूर्णरूपेण बदनाम दीवान एवं कांग्रेस के बीच किसी प्रकार का संबंध स्थापित नहीं हो सका, यद्यपि अगले वर्ष कांग्रेस ने इस बात का ख्याल रखा कि भारत में त्रावणकोर का विलय करने के लिए मुक्त जन-आंदोलन के स्थान पर दबाव की नीति का प्रयोग किया जाए। यह नीति सफल रही क्योंकि रामास्वामी अय्यर भी समझ गया था कि यदि वह चुपचाप समर्पण नहीं करता तो उसे हिंसक क्रांति का सामना करना पड़ेगा। इस अर्थ में पुन्नप्रा-वायलार आंदोलन ही वस्तुतः भारत में त्रावणकोर के विलय का कारण बना और इसने भारत के विखंडन का मार्ग अवरुद्ध कर दिया। अत्यंत कष्ट एवं तात्कालिक पराजय के बावजूद पुन्नप्रा और वायलार कम्युनिस्टों के लिए शौर्यपूर्ण शहादत के गौरव बन गए; उनके लिए इसका प्रतीकात्मक महत्व इसी बात से स्पष्ट है कि 1957 से ही केरल के कम्युनिस्ट मंत्री-पद ग्रहण करने से पहले इन दो गांवों की यात्रा अवश्य करते हैं (के. सी. जॉर्ज. *इम्मॉरटल पुन्नप्रा-वायलार*, नई दिल्ली, 1975; *कांग्रेस एंड दि राज* में रॉबिन जेफ्री का लेख)।

तेलंगाना

जहां तेभागा और पुन्नप्रा-वायलार सशस्त्र संघर्ष के कगार पर पहुंचकर भी उसे लांघने में असफल रहे थे, वहीं जुलाई 1946 और अक्तूबर 1951 के बीच तेलंगाना अब तक के आधुनिक भारतीय इतिहास के सबसे बड़े कृषक-छापामार युद्ध का साक्षी रहा। अपने चरम पर इसने 3,000 गांवों को प्रभावित किया जिनकी आबादी 30 लाख थी और जो 16,000 वर्गमील के क्षेत्र में फैले हुए थे। आसफजाही निजामों के अंतर्गत हैदराबाद की विशेषताएं थीं—छोटे-से उर्दूभाषी अभिजन समूह द्वारा मुख्यतः हिंदू और तेलुगु, मराठी एवं कन्नड़-भाषी समूहों पर धार्मिक-भाषाई प्रभुत्व, राजनीतिक एवं नागरिक स्वतंत्रताओं का पूर्ण अभाव, और सामंतवादी शोषण का घोरतम रूप, विशेष रूप से तेलंगाना क्षेत्र में जहां मुसलमान और ऊंची जाति के हिंदू देशमुख (जो मालगुजारी वसूलनेवाले थे मगर जमींदार बन बैठे थे) और जागीरदार निम्न जातियों और आदिवासी किसानों और ऋण-दासों से बेगार (वेट्टी) कराते थे और वस्तुओं के रूप में भुगतान लिया करते थे। डोरों ('मालिकों'—जमींदार के लिए प्रयुक्त आम शब्द) द्वारा जमीनें हथियाए जाने के कारण मंदी के समय से ही किसानों की हालत और बिगड़ गई थी। तेभागा के विपरीत और त्रावणकोर की तुलना में कहीं बड़ी सीमा तक, कम्युनिस्टों के नेतृत्व में किसान विद्रोह सितंबर 1948 में भारतीय सेनाओं के प्रवेश करने तक, राष्ट्रीय मुक्ति संग्राम के बृहत्तर पहलू के रूप में, निजाम और उसके रजाकारों से लोहा लेता रहा। इस विद्रोह को सीमित करनेवाली एक बात यह थी कि शहरी मुसलमान इससे या तो उदासीन थे या इसके दुश्मन थे और उनमें मजदूर वर्ग का भी काफी बड़ा हिस्सा सम्मिलित था। आंदोलनकारियों के पक्ष में एक बात निश्चित रूप से जाती थी कि ब्रिटिश भारत की तुलना में यहां शस्त्र कानून को लागू करने में पर्याप्त ढील बरती जाती रही थी : "बड़ी संख्या में देशी बंदूकें (मुंहभरनी बंदूकें) उपलब्ध थीं और उनका प्रयोग आम था।" सितंबर 1948 तक पड़ोस में स्थित मद्रास के आंध्र जिलों में शस्त्र खरीदने के लिए खुलेआम धन एकत्रित किया जा सकता था, क्योंकि कांग्रेस सहित सभी चाहते थे कि रजाकारों का प्रतिरोध किया जाए और स्वतंत्र मुस्लिम वर्चस्ववाला राज्य स्थापित करने के निजाम के प्रयास को रोका जाए। सुंदरैया को स्मरण है कि केवल विजयवाड़ा से ही तीन दिनों के भीतर 20,000 रु. एकत्र हुए थे (पी. सुंदरैया, *तेलंगाना पीपुल्स स्ट्रगल एंड इट्स लेसंस*, कलकत्ता, 1972, पृ. 2, 7-9, 40)।

युद्ध के दौरान कम्युनिस्टों ने आंध्र महासभा के माध्यम से और युद्धकालीन वसूली, राशन की दुर्व्यवस्था, अत्यधिक लगान और वेट्टी (बेगार) जैसे मुद्दों पर अनेक स्थानीय संघर्षों का नेतृत्व करके तेलंगाना में अत्यंत सशक्त आधार बना लिया था। विद्रोह की शुरुआत 4 जुलाई 1946 से मानी जाती है जब विशुनूर के देशमुख (तेलंगाना के सबसे बड़े अत्याचारी जमींदारों

में से एक, जिसके पास 40,000 एकड़ जमीन थी) द्वारा भेजे गए गुंडों ने डोड्डी कुमारैया नाम के एक ग्रामीण आंदोलनकारी को मार डाला, जो एक गरीब धोबन की थोड़ी-सी जमीन को बचाने का प्रयास कर रहा था। यह घटना नालगोंडा के जनगांव ताल्लुके में हुई थी। विरोध आरंभ में नालगोंडा के जनगांव, सूर्यपेट और हुजूरनगर ताल्लुकों में केंद्रित रहा, किंतु शीघ्र ही यह आंदोलन पड़ोस के वारंगल एवं खम्मम जिलों में फैल गया। ग्राम-संगमों में संगठित किसानों ने आरंभ में लाठियों, गुलेलों और मिर्च के चूरे का प्रयोग किया। अमानुषिक दमन का सामना होने पर 1947 के आरंभ से नियमित सशस्त्र छापामार दस्ते बनाए जाने लगे। इनमें प्रत्येक दस्ते में 100 से 120 तक लड़ाके होते थे और अपने चरम काल में इसमें 10,000 ग्राम-रक्षा स्वयंसेवक और नियमित दस्तों के 2,000 सदस्य थे। अगस्त 1947 और सितंबर 1948 के बीच संघर्ष ने तीव्रतम और सबसे सशक्त रूप धारण कर लिया था; जिसमें कम्युनिस्टों ने राज्य कांग्रेस के नेताओं के निजाम-विरोधी नारों का बड़ा ही कुशलतापूर्वक प्रयोग किया और उन्हें और अधिक उग्र बनाया। (कम्युनिस्ट छापामारों के विपरीत कांग्रेसी नेता अधिकांशतः भारतीय भूमि से ही कार्रवाई करते थे।) उदाहरण के लिए, राजस्व अधिकारियों के त्यागपत्र देने के आह्वान को राजस्व एवं लगान के दस्तावेजों को नष्ट करने का आंदोलन बना दिया गया। सितंबर 1948 में पुलिस कार्रवाई की पूर्ववेला में कम्युनिस्टों के शत्रुओं ने भी उन्हें तेलंगाना के अधिकांश ग्रामीण क्षेत्र के 'चीकाती दोरालु' (रात के राजा) मान लिया था। छापामारों के नियंत्रणवाले गांवों में वेट्टी और बंधुआ मजदूरी का नामोनिशान मिट गया, खेतिहर मजदूरों की मजदूरी बढ़ गई, (अन्यथा सहानूभुति रखनेवाले धनी किसानों के विरोध के बावजूद) अन्यायपूर्वक छीनी गई जमीनें पहले के काश्तकारों को लौटा दी गईं, और परती पड़ी भूमि के साथ ही 100 एकड़ सूखी एवं 10 एकड़ सिंचित जमीन की सीमा के ऊपर जो भी जमीन अतिरिक्त थी, उसके पुनर्वितरण के लिए कदम उठाए गए। (यह सीमा पर्याप्त ऊंची रखी गई थी, ताकि समृद्ध किसान आंदोलन से कट न जाएं, किंतु उस सीमा से कहीं कम थी जो बाद में कांग्रेस सरकार ने लगाई थी।) सुंदरैया ने, जो इस सशस्त्र संघर्ष में सक्रिय रहे थे, मुक्त क्षेत्रों का अत्यंत सजीव और हृदयग्राही चित्र प्रस्तुत किया है : सिंचाई-व्यवस्था सुधारने एवं हैजे से लड़ने के लिए कदम उठाए गए, अनेक कृषि संबंधी एवं परिवारिक विवादों का सौहार्दपूर्ण निर्णय किया गया, स्त्रियों की दशा में भी कुछ सुधार हुआ, अछूत प्रथा और अंधविश्वासों में भी कमी आई और क्रांतिकारी मूल्यों का प्रचार करने के लिए लोकगीतों और लोकनाट्यों का प्रयोग किया गया।

सितंबर 1948 के बाद स्थिति तेजी से बदली और इसमें संदेह नहीं कि बड़ी सीमा तक पुलिस-कार्रवाई कम्युनिस्टों की प्रगति को रोकने के लिए ही की गई थी, क्योंकि अन्यथा केंद्रीय सरकार और विशेष रूप से पटेल

निजाम के साथ सौदा करने के लिए पर्याप्त इच्छुक प्रतीत होते थे। राज्य कांग्रेस के नेता स्वामी रामानंद तीर्थ ने टिप्पणी की थी : "मुझे आश्चर्य था कि भारत सरकार निजाम के प्रति इतनी नरमी क्यों दिखा रही थी" (*मेमायर्स ऑफ हैदराबाद फ्रीडम स्ट्रगल*, पृ. 190)। रजाकारों के पराजित हो जाने से बड़ी संख्या में अस्त्र-शस्त्र छापामारों के हाथ लगे थे, किंतु अब उनका मुकाबला भारत की कहीं अधिक सुसज्जित और अनुशासित नियमित सेना से था। इसके अतिरिक्त यह भी सत्य है कि नए स्वतंत्र हुए भारत की सरकार को उखाड़ फेंकने के आह्वान का वैसा असर नहीं हो सकता था, जैसाकि पहले निजाम के विरुद्ध संघर्ष के आह्वान का हुआ था। जैसाकि कम्युनिस्टों ने बाद में सोचा भी था, अधिक बुद्धिमानी तो इसमें होती कि 1948 के बाद सशस्त्र संघर्ष को केवल कृषि-सुधारों के सीमित लक्ष्यों तक ही सीमित रखा जाता ताकि किसी दशा में बातचीत के द्वारा समझौते की संभावना बनी रहती। रविनारायण रेड्डी जैसे लोगों का तो यहां तक कहना था कि भारतीय सेनाओं के प्रवेश के बाद छापामार संघर्ष जारी रखना ही भूल थी। (सुंदरैया, पृ. 121-22, 135; रविनारायण रेड्डी, *हिरोइक तेलंगाना–रेमिनिसेंसेज एंड एक्सपेरिएंस*, नई दिल्ली, 1973, पृ. 60)। शीघ्र ही कम्युनिस्टों को समृद्ध किसानों का समर्थन मिलना बंद हो गया और फुर्तीली एवं प्रायः निर्मम सैनिक कार्रवाई ने उन्हें नालगोंडा, वारंगल और खम्मम के जमे हुए आधारों से दक्षिण में कृष्णा के पार नल्लमलाई के पहाड़ों में और उत्तर में गोदावरी क्षेत्र में खदेड़ दिया। यहां उन्होंने चेचू एवं कोया आदिवासियों के बीच नए आधार स्थापित किए जिनको उन्होंने वन-विभाग के कर्मचारियों एवं व्यापारी-साहूकारों के अत्याचारों से बचाया। किंतु 1950-51 तक छापामार कार्रवाई कभी-कभार होनेवाले व्यक्तिगत हमलों और हत्याओं तक सीमित होकर रह गई थी, तीव्र आंतरिक राजनीतिक मतभेद उत्पन्न हो गए थे और जान बचाए रखना ही सबसे महत्वपूर्ण समस्या बन गई थी। यह तथ्य रोचक है कि तेलंगाना के छापामारों का अंतिम मोर्चा भी गोदावरी का वन्य प्रदेश था, जहां एक पीढ़ी पहले अल्लूरी सीताराम राजू ने संघर्ष किया था।

पराजित हो जाने के बाद भी कुछ वर्षों तक कम्युनिस्टों को भारी समर्थन मिलता रहा और 1952 के चुनावों में विधानसभा के लिए नालगोंडा और वारंगल की प्रत्येक सीट पर उन्हें विजय मिली; रविनारायण रेड्डी नेहरू से भी अधिक बहुमत से विजयी होकर लोकसभा में आए। तेलंगाना-संघर्ष की सकारात्मक उपलब्धियां, प्रत्यक्ष हों या अप्रत्यक्ष, नगण्य नहीं थीं। भारत की सबसे बड़ी रियासत के निरंकुश सामंतवादी शासन के पतन में किसी भी अन्य कारण की तुलना में किसान छापामारों की भूमिका अधिक महत्वपूर्ण थी और इसी ने नवंबर 1947 में पटेल और वी. पी. मेनन द्वारा किए गए अहस्तक्षेप संबंधी समझौते को विफल किया। हैदराबाद रियासत के समाप्त हो जाने के कुछ वर्ष पश्चात् भाषाई आधार पर आंध्र प्रदेश के निर्माण का मार्ग भी प्रशस्त

हुआ; इस प्रकार इसने इस क्षेत्र में राष्ट्रीय आंदोलन के एक अन्य पुराने लक्ष्य को भी पूरा किया। किसानों को भी कुछ स्थायी लाभ मिले: वेट्टी को बहाल नहीं किया जा सका, पुनर्वितरित की गई सारी भूमि नहीं लौटानी पड़ी, कांग्रेस सरकार को 1949 में जागीरदारी समाप्त करनी पड़ी (यद्यपि भारी मुआवजे के साथ), और सिद्धांत रूप में ही सही, सीमा लगानी पड़ी। यह भी अर्थपूर्ण है कि विनोबा भावे ने भी अपना भूदान-आंदोलन नालगोंडा से ही आरंभ किया। यह सत्य है कि आंशिक लाभों के कारण छठे दशक के मध्य से आंध्र के समृद्ध किसानों की प्रवृत्ति राजनीतिक रूप से रूढ़िवादी होने लगी थी, किंतु इस समस्या का सामना तो अनेक क्रांतिकारी कृषक आंदोलनों को करना पड़ा है।

1947 : स्वतंत्रता और देश का विभाजन

सामाजिक रूप से उग्र परिवर्तनवादी आंदोलन, जिनका चरम तेलंगाना में देखने को मिला, कभी भी आपस में मिलकर प्रभावी देशव्यापी राजनीतिक विकल्प के रूप में संगठित नहीं हो सके। फिर भी, जिस भय को उन्होंने जन्म दिया था, वह उस अंतिम समझौते को कराने में सहायक हुआ जिसके द्वारा देश का विभाजन एवं सांप्रदायिक संहार की कीमत पर सत्ता का 'शांतिपूर्ण' हस्तांतरण हो सका। वी. पी. मेनन एक वरिष्ठ सरकारी अधिकारी थे। उन्होंने 1947-48 में पटेल के विश्वासपात्र के रूप में अत्यंत महत्वपूर्ण भूमिका निभाई थी और वेवेल एवं बाद में माउंटबेटन के विश्वासपात्र सलाहकार रहे थे। उन्होंने 1947 के आरंभ में हड़तालों की लहर के समय वायसरॉय को रिपोर्ट दी थी कि "कांग्रेसी नेताओं की लोकप्रियता कम होती जा रही है ··· कांग्रेस में गंभीर आंतरिक समस्याएं उत्पन्न हो गई हैं और वामपक्ष का भारी भय उत्पन्न हो गया है, और यह कि श्रमिक अशांति का बेहद खतरा है।" एक सप्ताह बाद वेवेल के *जर्नल* में पटेल के साथ 'कम्युनिस्टों के खतरे के संबंध में' एक बातचीत दर्ज की गई : "मुझे लगा कि वे पार्टी को अवैध घोषित करना चाहेंगे।" उनकी इस इच्छा को गृहमंत्री स्वतंत्रता मिलने के कुछ महीनों पश्चात् मार्च 1948 में ही पूरा करनेवाले थे (*वायसरॉय्स जर्नल*, 9 और 15 जनवरी की प्रविष्टियां, पृ. 408, 411)। फरवरी 1947 में ब्रिटिश सरकार तब नाटकीय सद्भावना दिखाने में भी पीछे नहीं रही, जब लीग ने संविधान सभा में सम्मिलित होने और मंत्रिमंडल की कार्यवाही में सहयोग करने से इनकार कर दिया, जिसके फलस्वरूप एक बड़ा राजनीतिक संकट उत्पन्न हो गया क्योंकि कांग्रेस भी लीगी मंत्रियों के इस्तीफे की मांग कर रही थी और धमकी दे रही थी कि यदि उसकी मांगें पूरी नहीं हुईं तो वह भी अंतरिम सरकार से अपने सदस्यों को वापस बुला लेगी। 20 फरवरी 1947 को हाउस आफॅ कॉमन्स में एटली के उस प्रसिद्ध भाषण का यही तात्कालिक संदर्भ था, जिसमें उसने जून 1948 को सत्ता-हस्तांतरण की अंतिम तिथि घोषित किया था। इस घोषणा

के अनुसार यदि भारतीय राजनीतिज्ञ इस तिथि तक किसी संविधान पर सहमत नहीं होते तब भी अंग्रेज सत्ता सौंप देंगे "चाहे यह हस्तांतरण ब्रिटिश भारत की सरकार के स्थान पर स्थापित किसी केंद्रीय सरकार को पूर्णतः हो, या कुछ क्षेत्रों में वर्तमान प्रांतीय सरकारों को, या किसी ऐसे अन्य तरीके से जो सबसे समुचित और भारतीय लोगों के सर्वोत्तम हित में हो।" रजवाड़ों पर ब्रिटिश सरकार की सत्ता और उनके प्रति उसके कर्तव्य भी सत्ता-हस्तांतरण के साथ ही समाप्त हो जाएंगे; इनको ब्रिटिश भारत में आगे आनेवाली किसी भी सरकार को हस्तांतरित नहीं किया जाएगा। इसमें विभाजन का और संभव हो तो अनेक राज्यों में भारत के विखंडन का भी स्पष्ट संकेत था। किंतु एक निश्चित तिथि तक, वह भी पर्याप्त शीघ्र, सत्ता के पूर्ण हस्तांतरण का प्रलोभन इतना आकर्षक था कि उसे अस्वीकार करना कठिन था, विशेष रूप से इसलिए भी कि इसके अतिरिक्त कांग्रेस के पास एकमात्र विकल्प यही रह जाता था कि एक अन्य जन-आंदोलन आरंभ करे, जो सांप्रदायिक दंगों को देखते हुए अत्यंत कठिन और बढ़ते हुए वामपंथी खतरे को देखते हुए सामाजिक रूप से अत्यंत खतरनाक भी हो सकता था। ब्रिटिश प्रधानमंत्री के भाषण में वेवेल के स्थान पर मांउटबेटन की नियुक्ति की घोषणा भी की गई थी।

माउंटबेटन की योजना

माउंटबेटन के नाम के साथ एक गौरवगाथा-सी जुड़ गई है जोकि सबसे अधिक स्पष्ट होती है कॉलिंस और लापियर की रचना *फ्रीडम ऐट मिडनाइट* (1976) में, जो अखबारी किस्म का अत्यंत लोकप्रिय लेखन है। किंतु अंग्रेजों और भारतीयों के बीच भी माउंटबेटन की छवि एक ऐसे महान राजनयिक और छबीले राजकुमार की बन गई है जिसने सैनिकों जैसे दो-टूकपन, अपने आकर्षक व्यक्तित्व और चतुराई से भारतीय प्रायद्वीप की समस्याओं को पलक झपकते हल कर दिया था। यह छवि निश्चय ही अतिशयोक्तिपूर्ण है। यदि माउंटबेटन अपने पूर्ववर्ती वायसरॉयों की तुलना में निश्चयपूर्वक और शीघ्र निर्णय ले सके तो इसका कारण यह था कि ब्रिटिश सरकार ने उन्हे मौके पर निर्णय लेने के लिए अनौपचारिक रूप से कहीं अधिक शक्तियां प्रदान कर रखी थीं। एक बात यह भी थी कि अंग्रेज जितना शीघ्र हो सके, भारत छोड़ने का दृढ़ निश्चय कर चुके थे, क्योंकि ऐसा न करने पर उनके सामने वही विकल्प रह जाता था जिसके संबंध में क्रिप्स ने हाउस ऑफ कॉमन्स में एटली के वक्तव्य पर हुई बहस के दौरान प्रकाश डाला था। यह विकल्प था भारत में भारी दमन-चक्र चलाना और भारत में अनेक वर्षों तक ब्रिटिश फौजों को तैनात रखने के लिए तैयार रहना जिसकी कि "निश्चय ही इस देश (ब्रिटेन) के लोग अनुमति नहीं देंगे, क्योंकि हमारे पास पहले ही जनशक्ति की कमी है, जैसाकि हम सब जानते हैं।" और, "यह बात राष्ट्रीय और अंतर्राष्ट्रीय, दोनों ही दृष्टियों से राजनीतिक रूप से अव्यावहारिक भी होगी और भारत की सभी पार्टियों

के मन में हमारे प्रति अत्यधिक शत्रुता की भावना उत्पन्न कर देगी" (वी. पी. मेनन कृत *ट्रांसफर ऑफ पॉवर इन इंडिया* में पृ. 346 पर उद्धृत)। सितंबर 1946 में वेवेल ने अपने ब्रेक-डाउन प्लान के अंतिम प्रारूप में पहले ही 31 मार्च 1948 तक अंग्रेजों के पूर्णरूपेण भारत छोड़ देने का सुझाव दिया था (*वायसरॉय्स जर्नल*, पृ. 344)। माउंटबेटन के कार्यभार संभालने से पहले ही विभाजन-सहित-स्वतंत्रता की बात व्यापक रूप से स्वीकार की जाने लगी थी। एक बड़ी और नई बात—कि डोमिनियन स्टेटस के आधार पर तुरंत सत्ता का हस्तांतरण हो जिससे नई राजनीतिक संरचनाओं पर आधारित नई संविधान सभा पर सहमति होने तक प्रतीक्षा नहीं करनी पड़े—का सुझाव माउंटबेटन की ओर से नहीं, बल्कि वी. पी. मेनन की ओर से आया था जो उन्होंने जनवरी 1947 में भारत-सचिव को दिया था। महत्वपूर्ण यह है कि पटेल निजी तौर पर इस विचार से सहमत थे, भले ही औपचारिक रूप से इसका तात्पर्य 1929 के लाहौर प्रस्ताव से पीछे हटना था। पटेल के सहमत होने का कारण यह था कि डोमिनियन स्टेटस से शीघ्र और शांतिपूर्ण सत्ता-हस्तांतरण सुनिश्चित होगा, ब्रिटेन में भारत के प्रभावशाली मित्र बनेंगे और नौकरशाही एवं सेना में कुछ निरंतरता बनी रहने की संभावना होगी (मेनन, पृ. 363-64)। माउंटबेटन उस गर्दनतोड़ गति के लिए पर्याप्त उत्तरदायी थे जिससे हस्तांतरण की समस्त प्रक्रिया पूरी हुई, किंतु इससे विभाजन के ब्यौरे को व्यवस्थित करने में अनेक विसंगतियां रह गईं और यह पंजाब में नरसंहार को रोकने में बिल्कुल असफल रही। कुल मिलाकर पेंडरेल मून के इस कथन से सहमत हुआ जा सकता है कि "भारत से जिस ढंग से हम बाहर निकले, उसके महान श्रेय का" माउंटबेटन का "दावा कुछ खोखला प्रतीत होता है" (*डिवाइड एंड क्विट*, पृ. 283)।

24 मार्च और 6 मई के बीच भारतीय नेताओं के साथ 133 साक्षात्कारों की तीव्र शृंखला के बाद माउंटबेटन ने तय किया कि कैबिनेट मिशन की रूपरेखा अव्यावहारिक हो चुकी है। तब उन्होंने एक वैकल्पिक योजना बनाई जिसे 'प्लान बाल्कन' का गुप्त नाम उचित ही दिया गया। इसमें विभिन्न प्रांतों को (या यदि हस्तातंरण से पूर्व संघ बन जाएं तो संघों को) सत्ता का हस्तांतरण करने की बात थी जिसमें पंजाब और बंगाल की विधायिकाओं को यह अधिकार होता कि वे चाहें तो अपने प्रांतों का विभाजन कर लें; इस प्रकार बननेवाली विभिन्न इकाइयां और रजवाड़े सर्वोच्चता समाप्त होने से स्वतंत्र हो जाएंगे और उनको यह स्वतंत्रता होगी कि वे चाहें तो भारत या पाकिस्तान में मिलें या स्वतंत्र रहें। लेकिन यह योजना तब शीघ्र ही त्याग दी गई जब 10 मई को शिमला में माउंटबेटन ने व्यक्तिगत रूप से नेहरू को इसकी सूचना दी और नहेरू ने इस पर अत्यंत तीखी प्रतिक्रिया प्रकट की। इसके स्थान पर वी. पी. मेनन-पटेल की वह योजना उठाई गई जिसमें डोमिनियन स्टेटस के आधार पर भारत और पाकिस्तान की दो केंद्रीय सरकारों को सत्ता हस्तांतरित किए

जाने का सुझाव था। 2 जून को इस योजना को कांग्रेसी, लीगी और सिख नेताओं ने स्वीकार कर लिया और अगले दिन इसकी घोषणा कर दी गई। यही योजना इंडिया इंडिपेंडेंस एक्ट का आधार बनी जिसकी पुष्टि 18 जुलाई को ब्रिटिश संसद और सम्राट ने कर दी और 15 अगस्त को लागू हो गई। स्वयं माउंटबेटन और उनके प्रशंसक इस निर्णय की तारीफ करते नहीं थकते थे कि उन्होंने 'मात्र अनुमान' के आधार पर ही नेहरू को अपनी पहली योजना पहले ही निजी तौर पर दिखा दी थी। ऐतिहासिक रूप से अधिक अर्थपूर्ण यह है कि नेहरू का विरोध इतना वजन रखता था कि माउंटबेटन ने अपनी वह योजना भी त्याग दी जिस पर ब्रिटिश अधिकारियों ने हफ्तों काम किया था; इससे पुनः एक बार कांग्रेस की वह निहित शक्ति प्रकट होती है जिसका उपयोग करने में इसके नेता बार-बार असफल रहे क्योंकि वे शांतिपूर्वक शीघ्र ही सत्ता पा लेना चाहते थे। यह कहना आवश्यक है कि जहां नेहरू ने विखंडन के इस प्रस्ताव में भारत को छोटे-छोटे राज्यों में बांटकर उसे उत्तरी आयरलैंड जैसी समस्या बनाने की साम्राज्यवादी चाल को पहचान लिया था, वहीं स्वीकार किए गए विकल्प ने कुछ दिलचस्प गैर-संप्रदायवादी आंचलिक संभावनाओं को अवरुद्ध भी किया। बंगाल में अनेक लीगी नेता दूरस्थ पंजाब द्वारा शासित होने की बात से प्रसन्न नहीं थे और वहां सुहरावर्दी और अबुल हाशिम ने संयुक्त, स्वतंत्र बंगाल की योजना प्रस्तुत की थी जिस पर शरत बोस जैसे थोड़े-से कांग्रेसी नेता विचार करने के लिए तैयार थे (बावजूद इसके कि यह राज्य मुस्लिम-बहुल होता, जिसका हिंदू संप्रदायवादी तत्वों ने कड़ा विरोध किया)। पश्चिमोत्तर सीमाप्रांत में एक स्वतंत्र पठान राज्य की मांग उठाई जा रही थी। यहां अब्दुल गफ्फार खान के नेतृत्व में स्थानीय कांग्रेस का विचार था कि इस प्रांत को लीग द्वारा पाकिस्तान में मिलाने के प्रयास को विफल करने का यही एकमात्र उपाय था, क्योंकि हिंदू-बहुल क्षेत्रों में मुसलमान-विरोधी दंगों ने भारतीय राष्ट्रवाद के साथ एकाकार होने की पुरानी भावना को क्षीण कर दिया था। 3 जून की योजना ने इन सभी संभावनाओं पर रोक लगा दी क्योंकि अब प्रांतीय विधायिकाएं भारत और पाकिस्तान, इन दो में से किसी एक को चुनने के लिए बाध्य हो गई थीं। इस बात से इनकार करना कठिन है कि 1947 में कांग्रेसी नेतृत्व ने पठानों को बुरी तरह धोखा दिया था, जो 1920 के दशक से ही राष्ट्रीय आंदोलन को बराबर समर्थन देते आ रहे थे। हालांकि पश्चिमोत्तर सीमाप्रांत की तत्कालीन असेंबली में कांग्रेस का बहुमत था और उसने संविधान सभा में शामिल होने के पक्ष में मत दिया था, मगर फिर भी भारत और पाकिस्तान में किसी एक को चुनने के सवाल पर उस प्रांत पर एक जनमत-संग्रह थोप दिया गया। कांग्रेस हाईकमान ने इसका विरोध किया, किंतु इस पर अड़ी नहीं रही (जैसाकि नेहरू ने 'प्लान बाल्कन' पर सफलतापूर्वक किया था); न उसने सार्वत्रिक वयस्क मताधिकार द्वारा निर्णय किए जाने पर बल दिया, न ही इस बात पर कि मतदाता चाहें

तो उन्हें स्वतंत्र पख्तूनिस्तान चुनने की स्वतंत्रता हो। अंततः पश्चिमोत्तर सीमाप्रांत की कांग्रेस ने विरोध में जनमत-संग्रह का बहिष्कार किया—और यह प्रांत कुल 50.99 प्रतिशत मतों से (अर्थात् प्रांत की कुल जनसंख्या के 9.52 प्रतिशत मत द्वारा) पाकिस्तान में मिल गया। बाद में सीमांत गांधी ने कहा और उचित ही कहा कि उन्हें और उनके आंदोलन को कांग्रेस-नेतृत्व ने "भेड़ियों के आगे फेंक दिया" था।

रजवाड़ों का विलय

सर्वोच्चता की आसन्न समाप्ति ने रजवाड़ों के भविष्य के प्रश्न को अत्यंत महत्वपूर्ण बना दिया था। कुछ अधिक महत्वाकांक्षी शासक या उनके दीवान (जैसेकि हैदराबाद, भोपाल या त्रावणकोर में) ऐसी स्वतंत्रता का स्वप्न देख रहे थे जिसमें वे पहले की ही भांति स्वेच्छाचारी बने रहें। उनकी ऐसी आशाओं को भारत सरकार के राजनीतिक विभाग से, जिसका प्रमुख कोनराड कॉरफील्ड था, पर्याप्त प्रोत्साहन भी मिलता रहा, जब तक कि माउंटबेटन ने एक अधिक यथार्थवादी नीति लागू नहीं कर दी। इस बीच 1946-47 में रजवाड़ों में जन-आंदलनों की एक नई लहर उठी जिसमें हर जगह राजनीतिक अधिकारों की, तथा संविधान सभा में निर्वाचित प्रतिनिधित्व की मांग की जा रही थी। जैसाकि कुछ जगहों पर (जैसे त्रावणकोर या हैदराबाद में) देखा गया, सामाजिक रूप से मूलगामी सभावनाएं भी नजर आ रही थीं। कांग्रेस ने कैबिनेट मिशन योजना की इस बात के लिए आलोचना की कि इसमें रजवाड़ों से चुने हुए प्रतिनिधि भेजे जाने का प्रावधान नहीं किया गया था। नेहरू ने अखिल भारतीय स्टेट्स पीपुल्स कांफ्रेंस के उदयपुर एवं ग्वालियर अधिवेशनों की अध्यक्षता की (दिसंबर 1945 और अप्रैल 1947), और उन्होंने ग्वालियर में घोषणा की कि जो रजवाड़े संविधान सभा में सम्मिलित होने से इनकार करते हैं उन्हें शत्रुतापूर्ण माना जाएगा। मौखिक धमकियों एवं भाषणों के अतिरिक्त कांग्रेस के नेतृत्व ने इस स्थिति से निपटने के लिए जो उपाय अपनाए, आगे चलकर वे कांग्रेस पार्टी की सामान्य कार्य-विधि बन गए : जन-आंदोलनों को साधन बनाकर राजाओं से रियायतें प्राप्त करना, साथ ही उन पर नियंत्रण भी लगाना (या एक बार राजा के झुक जाने पर इन जन-आंदोलनों को दबाने के लिए बल-प्रयोग भी करना, जैसाकि हैदराबाद में किया गया)। इस संदर्भ में कांग्रेस-नेतृत्व के स्थान पर पटेल और मेनन का नाम लेना अधिक उपयुक्त होगा। पटेल ने राजनीतिक विभाग के स्थान पर रियासतों का नया विभाग संभाल लिया था और वी. पी. मेनन उनके सचिव थे। यह ढर्रा 1946 में कश्मीर में पहले ही देखा जा चुका था। जब 20 मई को शेख अब्दुल्ला को मुस्लिम-बहुल राज्य के अत्यंत अलोकप्रिय एवं निरंकुश हिंदू शासक के विरुद्ध 'नेशनल कांफ्रेंस' के 'कश्मीर छोड़ो' आंदोलन का नेतृत्व करने के लिए गिरफ्तार किया गया तो आरंभ में नेहरू अब्दुल्ला का समर्थन करने के लिए कश्मीर

दौड़े गए और 20 जून को उन्हें थोड़े समय के लिए कश्मीर में प्रवेश-निषेध का उल्लंघन करने के लिए गिरफ्तार भी किया गया। लेकिन पटेल ने वेवेल को आश्वासन दिया कि नेहरू उनकी सलाह के विरुद्ध कश्मीर गए थे (पटेल के साथ वेवेल का साक्षात्कार, 27 जून 1946, मैंसर्ग, खंड 7, पृ. 1068-69), और शीघ्र ही उन्होंने कश्मीर के प्रधानमंत्री काक के साथ संधिवार्ता आरंभ कर दी, जिसका अंतिम परिणाम यह हुआ कि अक्तूबर 1947 में पाकिस्तान से कबायलियों द्वारा कश्मीर पर आक्रमण करने के बाद महाराजा भारत में सम्मिलित होने के लिए सहमत हो गए। जब भोपाल के नवाब ने पटेल और मेनन के रजवाड़ों संबंधी विभाग के प्रमुख नियुक्त होने की बात सुनी तो कहा कि "इससे तो रजवाड़ों के प्रति समस्त दृष्टिकोण ही बदल जाता है।" 5 मई 1947 को पटेल ने नरेशों को आश्वासन दिया : "कांग्रेस रजवाड़ों की दुश्मन नहीं है, बल्कि वह तो चाहती है कि रजवाड़े और उनकी प्रजा उसके अंतर्गत समृद्धि, संतोष और सुख पाएं" (वी. पी. मेनन, *दि स्टोरी ऑफ दि इंटीग्रेशन ऑफ इंडियन स्टेट्स*, पृ. 96)।

भारत में रियासतों का विलय दो चरणों में हुआ और दोनों ही चरणों में प्रलोभन और जनता के दबाव का चतुराईपूर्ण समावेश किया गया। 15 अगस्त 1947 तक कश्मीर, जूनागढ़ और हैदराबाद के अतिरिक्त सभी रियासतें भारत के साथ (या बहावलपुर जैसे कुछ मामलों में पाकिस्तान के साथ) विलय के दस्तावेज पर हस्ताक्षर करने के लिए सहमत हो गई थीं जिसमें प्रतिरक्षा, विदेशी मामलों एवं संचार के क्षेत्रों में केंद्रीय सत्ता को स्वीकार किया गया था। इसके लिए देशी राजा पर्याप्त सरलता से मान गए थे क्योंकि अब तक उन्होंने जो कुछ 'समर्पित' किया था वह उनके पास कभी था ही नहीं (उपरोक्त तीनों प्रकार्य सम्राट की सर्वोच्चता के अंतर्गत आते थे), और अभी तक आंतरिक राजनीतिक गठन में कोई परिवर्तन नहीं किया गया था। राज्यों का पड़ोसी प्रांतों, जैसे कि काठियावाड़ संघ, विंध्य और मध्यप्रदेश, राजस्थान, हिमाचल प्रदेश में 'विलय करने या नई इकाइयां बनाने' की प्रक्रिया कहीं अधिक कठिन थी; साथ ही उन रियासतों में आंतरिक संवैधानिक परिवर्तन करने की प्रक्रिया भी कठिन थी जिन्हें कुछ वर्षों तक अपनी पुरानी सीमाएं बनाए रखनी थीं (जैसे हैदराबाद, मैसूर, त्रावणकोर, कोचीन)। मगर यह सब भी एक वर्ष से कुछ ही अधिक की आश्चर्यजनक रूप से अल्प अवधि में पूरा कर लिया गया। इसके लिए दिया जानेवाला मुख्य प्रलोभन था उदारतापूर्ण प्रिवीपर्स; कुछ नरेशों को गवर्नर या राजप्रमुख भी बनाया गया। भारत का तीव्र एकीकरण निश्चय ही सरदार पटेल की सबसे बड़ी उपलब्धि थी, यद्यपि यह भी याद रखना चाहिए कि जनता के दबावों की भी इसमें महत्वपूर्ण भूमिका रही थी। दिसंबर 1947 में हठी राजाओं द्वारा गठित पूर्वी राज्यों का संघ नीलगिरि, धेनकनाल और तलचर-जैसी उड़िया रियासतों के सशक्त प्रजामंडल आंदोलनों

के आगे भहराकर गिर पड़ा। काठियावाड़ में जूनागढ़ के मुसलमान शासक को, जो पाकिस्तान में सम्मिलित होने का प्रयास कर रहा था, जन-आंदोलन और पुलिस-कार्रवाई के मिले-जुले प्रयासों से रास्ते पर लाया गया। कांग्रेस ने, जो 1930 के दशक से मैसूर में विशेष रूप से सशक्त रही थी, सितंबर 1947 में अपने बल-बूते पर काफी-कुछ उन्मुक्त 'मैसूर चलो' आंदोलन चलाया जिसके फलस्वरूप 12 अक्तूबर को जनतंत्र की दिशा में पर्याप्त राजनीतिक परिवर्तन करने पड़े। वी. पी. मेनन ने त्रावणकोर के दीवान सी. पी. रामास्वामी अय्यर को सलाह दी कि वह 'अमरीकी नमूने' के माध्यम से अपनी निजी सत्ता बनाए रखने का स्वप्न त्याग दे। उसे 'कम्युनिस्ट खतरे' का डर दिखाया गया था (वही, पृ. 111)। तेलंगाना के सशस्त्र विद्रोह ने निजाम को बहुत कमजोर कर दिया था और सैन्य-हस्तक्षेप का एक महत्वपूर्ण कारण भी प्रदान किया था। "· · · हमारा सबसे पहला कार्य होना चाहिए—रजाकारों को घेरना · · · अगला कदम, महत्व की वरीयता के क्रम से नहीं, बल्कि इसलिए कि सभी कार्य एक साथ नहीं किए जा सकते, कम्युनिस्टों को नियंत्रित करना और उनका उन्मूलन करना होगा" (सैन्य गवर्नर जे. एन. चौधुरी के साथ वी. पी. मेनन की बातचीत, वही, पृ. 362)।

भारत में ब्रिटिश शासन के अंतिम दो-ढाई महीनों में माउंटबेटन-योजना के ब्यौरों को लागू करने का कार्य आश्चर्यजनक तेजी से हुआ क्योंकि बंगाल के हिंदुओं, पंजाब के हिंदुओं और सिखों के राजनीतिक नेता अब विभाजन के लिए लीग से भी अधिक उत्साही और हिमायती हो गए थे— "अभूतपूर्व मतैक्य के साथ सब उस मार्ग पर चल पड़े थे जो सीधा नरसंहार की ओर ले जाता था" (पेंडरेल मून, पृ. 70)। जैसी कि आशा की जाती थी, बंगाल और पंजाब की विधायिकाओं के अल्पसंख्यक सदस्यों ने, जिन्हें अलग से बैठक करने का अधिकार दिया गया था, विभाजन के पक्ष में मत दिया : सिंध की विधायिका ने पाकिस्तान को चुना और लीग असम के मुस्लिम-बहुल जिले सिलहट के जनमत-संग्रह में (पुनः वर्तमान, सीमित मताधिकार पर) विजयी रही। सीमा-रेखाएं खींचने का कार्य अत्यंत त्वरित गति से किया गया, जिसे दो आयोगों ने किया और दोनों का ही प्रमुख एक अंग्रेज वकील (रैडक्लिफ) था जो भारतीय परिस्थितियों या भूगोल के संबंध में नहीं के बराबर जानता था। सांप्रदायिक बातों के साथ कुछ आर्थिक एवं रणनीतिक बातों के समन्वय के प्रयत्न ने अनेक विसंगतियों को जन्म दिया : मुसलमान पंजाब में गुरदासपुर और बंगाल में नादिया और मुर्शिदाबाद (साथ ही कलकत्ता) के हाथ से निकल जाने पर रुष्ट थे; हिंदू और सिख इस बात से अप्रसन्न थे कि लाहौर, नहरी बस्तियां, खुलना और चटगांव के पहाड़ी इलाके अब उनके नहीं रहे थे। किंतु विरोध बेमन से ही किया गया क्योंकि कांग्रेसी और लीगी नेता सत्ता पाने की दौड़ में

किसी भी चीज को मार्ग में बाधक नहीं बनने दे रहे थे। माउंटबेटन ने सौजन्य दिखाते हुए कांग्रेस की इस प्रार्थना को स्वीकार कर लिया कि वे नए भारतीय संघ के गवर्नर-जनरल के रूप में कार्य करें; मगर वे पाकिस्तान में भी इसी पद पर नहीं बैठ सके, क्योंकि इसे जिन्ना स्वयं अपने लिए चाहते थे।

पंद्रह अगस्त

अंततः भारतीय प्रायद्वीप को स्वतंत्रता मिल ही गई और स्वतंत्रता-सेनानियों के सुनहरे सपनों की तुलना में अनेक लोगों को यह तुच्छ ही प्रतीत हुई होगी। कारण कि अनेक वर्षों तक भारत में मुसलमानों और पाकिस्तान में हिंदुओं के लिए विभाजन-सहित-स्वतंत्रता का अर्थ रहा—अचानक भड़क उठनेवाली हिंसा और रोजगार तथा आर्थिक अवसरों की तंगी या अपनी पीढ़ियों पुरानी जड़ों से उखड़कर शरणार्थियों के रेले में सम्मिलित हो जाने के बीच चयन करना। यह बहुआयामी मानव-त्रासदी बलराज साहनी की अंतिम फिल्म *गरम हवा* में बड़े ही हृदयस्पर्शी ढंग से चित्रित हुई है। एक अन्य स्तर पर, जो पूर्णतः असंबद्ध नहीं है, वे आर्थिक एवं सामाजिक विषमताएं अभी भी बनी रहीं, जिन्होंने साम्राज्यवाद-विरोधी जन-आंदोलन को ठोस आधार प्रदान किया था क्योंकि शहरों और गांवों में विशेषाधिकार-संपन्न समूह राजनीतिक स्वतंत्रता की प्राप्ति का संबंध उग्र सामाजिक परिवर्तनों से तोड़ने में सफल रहे थे। अंग्रेज तो चले गए थे किंतु पीछे छोड़ गए थे अपनी नौकरशाही और पुलिस जिनमें स्वतंत्रता के बाद भी विशेष अंतर नहीं आया था और जो उतने ही (कभी-कभी तो और भी अधिक) दमनकारी हो सकते थे। अपने जीवन के अंतिम महीनों में महात्मा गांधी के अकेलेपन और व्यथा का कारण केवल सांप्रदायिक दंगे ही नहीं थे। अपनी हत्या से कुछ ही पहले उन्होंने चेतावनी दी थी कि देश को अपने "7,00,00 लाख गांवों के लिए सामाजिक, नैतिक और आर्थिक आजादी पाना अभी बाकी है", "कि कांग्रेस ने 'राटन बरो' बना लिए हैं जो भ्रष्टाचार की ओर जाते हैं; ये वे संस्थाएं हैं जो नाममात्र के लिए ही लोकप्रिय और जनतांत्रिक हैं।" इस कारण उन्होंने सलाह दी थी कि राजनीतिक दल के रूप में कांग्रेस को भंग कर दिया जाना चाहिए और उसके स्थान पर एक लोकसेवक संघ की स्थापना की जानी चाहिए जिसमें सच्चे अर्थों में समर्पित, आत्मबलिदानी, रचनात्मक ग्राम-कार्य करनेवाले लोग हों (एन. के. बोस, *माई डेज़ विद गांधी*, कलकत्ता, 1953, पृ. 305, 307)। अनेक प्रतिबद्ध वामपंथियों की दृष्टि में ऐसी स्वाधीनता मखौल से अधिक कुछ नहीं थी— (शाही नौसेना के) "युद्धपोत बंदरगाह में अचल खड़े हैं, विश्वासघात ने उन्हें निरस्त्र कर दिया है; नोआखाली, बिहार और गढ़मुक्तेश्वर में हिंदू और मुसलमान मृत्यु के बाद ही एक होते हैं" और "जवानी का जोश बुढ़ापे की वासना बन गया है।" देशभक्तों के सत्तालोलुप राजनीतिज्ञों में रूपांतरित होने

पर चोट करती हुई यह तीखी टिप्पणी (समर सेन की अंतिम दो कविताओं के उद्‌गार) पूर्णतः अनुचित भी नहीं है।

फिर भी करोड़ों लोग जो समस्त भारतीय प्रायद्वीप में खुशियां मना रहे थे, अर्धरात्रि को भारत की 'नियति के साथ भेंट' पर नेहरू का भाषण सुनकर रोमांचित हो रहे थे और जिन्होंने उस समय बालक रहे व्यक्ति के लिए भी 15 अगस्त को एक अविस्मरणीय अनुभव बना दिया था, वे पूर्णरूपेण भ्रांति के शिकार नहीं थे। 1948-51 में कम्युनिस्टों ने अपनी कीमत पर ही जाना कि 'यह आजादी झूठी है' के नारे में दम नहीं था। भारत की स्वाधीनता उपनिवेशवाद के विघटन की ऐसी प्रक्रिया का आरंभ थी जिसे, कम-से-कम जहां तक राजनीतिक स्वाधीनता का प्रश्न है, रोकना कठिन सिद्ध हुआ। ब्रिटेन और अमरीका की कठपुतली होने के स्थान पर भारत ने नेहरू के नेतृत्व में धीरे-धीरे एक स्वतंत्र विदेश नीति विकसित की जो उस समय के लिए गुटनिरपेक्षता की नई धारणा पर और समाजवादी देशों एवं उभरती हुई तीसरी दुनिया के साथ मैत्री पर आधारित थी। 26 जनवरी 1950 को मोटे तौर पर एक लोकतांत्रिक संविधान की घोषणा की गई जो अनेक सीमाओं के बावजूद अंत तक सार्वत्रिक वयस्क मताधिकार के मुद्दे की अवहेलना करनेवाली ब्रिटिश-भारतीय संस्थाओं की तुलना में अधिक प्रगतिशील था। राजाओं और जमींदारों को धीरे-धीरे बेदखल किया गया, भूमि की सीमा निश्चित की गई (यद्यपि यह कदाचित् ही लागू होती हो), भाषाई आधार पर राज्यों के पुनर्गठन के पुराने आदर्श को 1956 में प्राप्त कर लिया गया, सार्वजनिक क्षेत्र के नियोजित विकास द्वारा मूलभूत उद्योगों का निर्माण किया गया और आधी सदी तक खाद्यान्न-उत्पादन में जो ठहराव बना हुआ था उसकी तुलना में उत्पादन में पर्याप्त बढ़ोतरी हुई। यह सब अगस्त 1947 के कारण, अपने-आप ही नहीं हो गया क्योंकि इसमें से अधिकांश को तीखे जन-संघर्षों के द्वारा ही प्राप्त किया जा सका था; फिर भी इसके लिए राजनीतिक स्वतंत्रता एक अनिवार्य शर्त रही है। फिर भी अंतर्विरोध हैं और वे पहले की तुलना में कहीं अधिक स्पष्ट दिखाई देते हैं। इनका कारण मोटे तौर पर पूंजीवादी विकास के मार्ग का चुनाव है। इस मार्ग को निश्चित करने में हमारे स्वतंत्रता आंदोलन के मुख्य ढर्रे की भूमिका रही है, जिस पर बुर्जुवा वर्ग अपनी प्रभुता स्थापित करने एवं बनाए रखने में सफल रहा था।

इस प्रकार, भारतीय इतिहास के जिन छः दशकों का हमने सर्वेक्षण किया है उनकी सार्थकता और प्रासंगिकता तभी है जब उन्हें संघर्ष के माध्यम से परिवर्तन की एक जटिल प्रक्रिया के रूप में देखा जाए—एक ऐसी प्रक्रिया के रूप में जो अभी पूरी नहीं हुई है। कदाचित् इतिहास और उसके अंतर्विरोधों पर एक ब्रिटिश समाजवादी लेखक के विचार इस रचना के समुचित उपसंहार का कार्य कर सकते हैं :

"... विचारणीय है कि कैसे लोग लड़ते और हारते हैं, और जब उनकी हार के बावजूद वह मिल जाता है जिसके लिए वे लड़े थे तो पाते हैं कि यह तो वह नहीं है जिसके लिए वे लड़े थे, और फिर उसके लिए दूसरे लोग दूसरे नाम से लड़ते हैं" (विलियम मॉरिस, *ए ड्रीम ऑफ जॉन बाल*, 1887)।

विस्तृत अध्ययन के लिए

अध्याय 1

वायसरॉयों और भारत-सचिवों के अधिकांश **निजी** कागजात माइक्रोफिल्मों के रूप में एन. ए. आई. और एन. एम. एम. एल. के पास हैं। किंतु गवर्नरों और निम्न श्रेणी के सरकारी कर्मचारियों के कागजात के लिए शोधकर्त्ता को अब भी आई. ओ. एल. (लंदन) या कैंब्रिज साउथ एशियन स्टडी सेंटर का सहारा लेना पड़ता है। एन. ए. आई. के पास भारत सरकार की फाइलों का जो संग्रह है वह कुछ अर्थों में आई. ओ. एल. से श्रेष्ठ है; इस संबंध में लो, इल्टिस और वेनराइट की रचना *गवर्नमेंट आर्काइव्ज इन साउथ एशिया* (कैंब्रिज, 1969) एक महत्वपूर्ण मार्गदर्शक ग्रंथ है। एन. एम. एम. एल. ने 20वीं सदी के भारतीय इतिहास से संबंधित एक महत्वपूर्ण संग्रह बनाया है जिसमें भारतीय राजनीतिज्ञों और व्यापारियों के निजी कागजात, अखिल भारतीय कांग्रेस कमेटी की फाइलें, रजवाड़ों के लोगों के आंदोलन और किसान एवं मजदूर संगठनों के कागजात, राजनीतिक गतिविधियों की अभिलिखित वार्ताएं और अप्रकाशित शोध-प्रबंधों की माइक्रोफिल्में सम्मिलित हैं। समकालीन परचे विभिन्न पुस्तकालयों में बिखरे पड़े हैं और निषिद्ध प्रकाशनों को एन. ए. आई., आई. ओ. एल. और ब्रिटिश म्यूजियम में पढ़ा जा सकता है। समाचारपत्रों का परिरक्षण संतोषजनक नहीं है, फिर भी नेशनल लायब्रेरी (कलकत्ता), एन. एम. एम. एल., आई. ओ. एल. और ब्रिटिश म्यूजियम में इनके बहुमूल्य संकलन उपलब्ध हैं।

समकालीन, मुख्यतः सरकारी, दस्तोवेजों के अंश सी. एच. फिलिप्स द्वारा संपादित *इवॉल्यूशन ऑफ इंडिया एंड पाकिस्तान 1858-1947* (लंदन, 1962) में देखे जा सकते हैं। बी. एल. ग्रोवर द्वारा संपादित *ए डाक्यूमेंटरी स्टडी ऑफ ब्रिटिश पॉलिसी टुवर्ड्स इंडियन नेशनलिज्म* (दिल्ली, 1967) भी देखिए, जिसमें से मैंने डफरिन और री के उद्धरण लिए हैं। संवैधानिक दस्तावेज ए. सी. बनर्जी द्वारा संपादित *इंडियन कांस्टीट्यूशनल डाक्यूमेंट्स 1757-1947* के 4 खंडों (कलकत्ता, 1961) में और ग्वायर और अप्पादुराई द्वारा संपादित *स्पीचेज़ एंड डाक्यूमेंट्स ऑन दि इंडियन कांस्टीट्यूशन* के 2 खंडों (लंदन, 1957) में

सरलतापूर्वक देखे जा सकते हैं। अधिक अध्ययन के इच्छुक विद्यार्थी को भारत में ब्रिटिश शासन के अंतिम वर्षों से संबंधित अच्छी सामग्री एन. मैंसर्ग द्वारा संपादित *ट्रांसफर ऑफ पॉवर 1942-47* में प्रकाशित सरकारी कागजात में मिलेगी। (1970 के बाद से अब तक इसके 9 खंड लंदन से छप चुके हैं।) भारतीय इतिहास अनुसंधान परिषद ने अभिलेखों की दो बहुग्रंथीय शृंखलाएं प्रकाशित करने की योजना (*टुवर्ड्स फ्रीडम* परियोजना) बनाई है, जिनमें अधिकांश सामग्री गैर-सरकारी स्रोतों से ली गई है और ये राष्ट्रीय आंदोलन और भारत में अंग्रेजी शासन के अंतिम दशक से संबंधित हैं, किंतु इनकी अभी तैयारी चल रही है।

हाल में शोध के क्षेत्र में जो बाढ़-सी आई है उससे पी. स्पियर की *ऑक्सफोर्ड हिस्ट्री ऑफ इंडिया* (नई दिल्ली, 1974), पी. सीतारामैया की *हिस्ट्री ऑफ दि इंडियन नेशनल कांग्रेस*, 2 खंड (बंबई, 1946-47) या आर. सी. मजुमदार द्वारा संपादित *ब्रिटिश पैरामाउंट्सी एंड इंडियन रेनेसां* (बंबई, 1974), और *स्ट्रगल फॉर इंडियन फ्रीडम* (बम्बई, 1969) जैसी पाठ्य-पुस्तकें और सर्वेक्षण बड़ी सीमा तक पुराने पड़ चुके हैं। यही बात राष्ट्रीय आंदोलन के दो सामान्य इतिहास-ग्रंथों के संबंध में भी कही जा सकती है जो दो विपरीत दृष्टिकोणों से लिखे गए हैं। ये हैं—ताराचंद्र का *हिस्ट्री ऑफ दि फ्रीडम मूवमेंट इन इंडिया*, 4 खंड (दिल्ली, 1961-72) और आर. सी. मजुमदार का *हिस्ट्री ऑफ फ्रीडम मूवमेंट*, 3 खंड (कलकत्ता, 1962-63)। बिपनचंद्र की *मॉडर्न इंडिया* (नई दिल्ली, 1971) यद्यपि विद्यालयों के लिए लिखी गई है, फिर भी यह एक बहुमूल्य परिचय-ग्रंथ है। आर. पी. दत्त की *इंडिया टुडे* (बंबई, 1947; संशोधित संस्करण, कलकत्ता, 1970) और डी. आर. गाडगिल की *इंडस्ट्रीयल इवॉल्यूशन ऑफ इंडिया इन रीसेंट टाइम्स* (बंबई, 1944) आर्थिक विकास के सामान्य सर्वेक्षणों के रूप में आज भी उपयोगी हैं। एम. एन. श्रीनिवास की *सोशल चेंज इन मॉडर्न इंडिया* (कैलिफोर्निया, 1966) प्रासंगिक समाजशास्त्रीय धारणाओं का अच्छा परिचय देती है।

एस. गोपाल की रचना *ब्रिटिश पॉलिसी इन इंडिया 1858-1905* (कैंब्रिज, 1965) में निजी दस्तावेजों के आधार पर सरकारी दृष्टिकोणों का सर्वेक्षण किया गया है, और हचिंसन की *इल्यूज़न ऑफ परमानेंस* (प्रिंसटन, 1967) में अनेक विचारोत्तेजक बातें मिलती हैं। अलग-अलग वायसरॉयों पर किए जानेवाले अनेक अध्ययनों में रोनाल्डशे की *लाइफ ऑफ लॉर्ड कर्जन*, खंड 2 (लंदन, 1928); एम. एन. दास की *इंडिया अंडर मिंटो एंड मॉर्ले* (लंदन, 1964); एस. गोपाल की *वायसरॉयल्टी ऑफ लॉर्ड इरविन* (ऑक्सफोर्ड, 1957); और पी. रॉब द्वारा हाल ही में चेम्सफोर्ड के अध्ययन *दि गवर्नमेंट ऑफ इंडिया एंड रिफॉर्म पॉलिसीज़ टुवर्ड्स पॉलिटिक्स एंड दि कांस्टीट्यूशन 1916-21* (लंदन, 1976) उल्लेखनीय हैं। संवैधानिक गतिविधियों से संबंधित आर. कूपलैंड की पुरानी रचना *कांस्टीट्यूशनल प्रॉब्लम इन इंडिया* (लंदन, 1944) अपने सीमित

क्षेत्र में आज भी उपयोगी है।

गांधी के *कलेक्टेड वर्क्स* (नई दिल्ली, 1958 के बाद से) का सरकारी संस्करण अब 70 खंडों में उपलब्ध है और जवाहरलाल नेहरू के *सिलेक्टेड वर्क्स* (नई दिल्ली, 1972 के बाद से) के अब तक 13 खंड प्रकाशित हो चुके हैं। अनेक भारतीय नेताओं ने अपनी आत्मकथाएं लिखी हैं, जैसे सुरेंद्रनाथ बनर्जी की *ए नेशन इन मेकिंग* (कलकत्ता, 1925, 1963), बिपिनचंद्र पाल की *मेमरीज़ ऑफ माई लाइफ एंड टाइम्स* (दूसरा संस्करण, कलकत्ता, 1973); लाजपतराय की *ऑटोबॉयोग्राफिकल राइटिंग्स* (वी. सी. जोशी द्वारा संपादित, दिल्ली, 1965); महात्मा गांधी की *स्टोरी ऑफ माई एक्सपेरिमेंट्स विद ट्रुथ* (पहला अंग्रेजी संस्करण, अहमदाबाद, 1927), जे. नेहरू की *ऐन ऑटोबॉयोग्राफी* (लंदन, 1936), सुभाष बोस की *दि इंडियन स्ट्रगल* (कलकत्ता, 1935, 1964), मौलाना आज़ाद की *इंडिया विंस फ्रीडम* (बंबई, 1959), और राजेंद्रप्रसाद की *ऐन ऑटोबॉयोग्राफी* (बंबई, 1957)। जीवनी संबंधी विशाल साहित्य में एस. वोलपर्ट की *तिलक एंड गोखले* (कैलिफोर्निया, 1962), बी. आर. नंदा की *गोखले, दि इंडियन मॉडरेट्स एंड दि ब्रिटिश राज* (दिल्ली, 1977), तेदुंलकर द्वारा आठ खंडों में गांधीजी की जीवनी *दि महात्मा* (दिल्ली, 1960-63), गांधीजी के प्रथम एवं अंतिम चरणों से संबंधित प्यारेलाल की रचनाएं (अहमदाबाद, 1956-58), एम. ब्रेशर की *नेहरू : ए पोलिटिकल बॉयोग्राफी* (लंदन, 1959) और एस. गोपाल की *जवाहरलाल नेहरू*, खंड 1 (लंदन, 1976) सम्मिलित हैं।

जॉन स्ट्रेची की रचना *इंडिया* (लंदन, 1888), वी. शिरोल की *इंडियन अनरेस्ट* (लंदन, 1910) और वर्नी लोवेट की *ए हिस्ट्री ऑफ दि इंडियन नेशनलिस्ट मूवमेंट* (लंदन, 1920, 1968) इस अर्थ में रोचक हैं कि ये निर्लज्ज साम्राज्यवादी इतिहास-लेखन के उदाहरण हैं। 1947 के पश्चात् अनेक राज्य सरकारों ने अपने-अपने क्षेत्रों में होनेवाले स्वतंत्रता-आंदोलन का सरकारी इतिहास लिखवाया है। इनमें कभी-कभी उपयोगी स्रोत-सामग्री मिल जाती है—विशेष रूप से बंबई सरकार द्वारा तैयार कराए गए ग्रंथ *सोर्स-मैटीरियल्स फॉर ए हिस्ट्री ऑफ दि फ्रीडम मूवमेंट इन इंडिया*, खंड 1 और 2 (बंबई, 1959) और एम. वेंकटरंगैया की *फ्रीडम स्ट्रगल इन आंध्र प्रदेश*, 3 खंड (हैदराबाद, 1965) में। आधुनिक भारतीय इतिहास पर पहली पीढ़ी के मार्क्सवादी लेखन के प्रतिनिधि, आर. पी. दत्त के अतिरिक्त, हैं—एम. एन. राय, *इंडिया इन ट्रांजिशन* (1922, नया संस्करण, बंबई, 1971), ए आर. देसाई, *सोशल बैकग्राउंड ऑफ इंडियन नेशनलिज्म* (बंबई, 1959) और बालाबुशेविच एवं द्याकोव द्वारा संपादित *ए कंटेंपोरेरी हिस्ट्री ऑफ इंडिया* (नई दिल्ली, 1964)। सोवियत इतिहासकारों ने भी तिलक पर एक ग्रंथ प्रकाशित किया है। यह है रीजनर और गोल्डबर्ग द्वारा संपादित *तिलक एंड दि स्ट्रगल फॉर इंडियन फ्रीडम* (नई दिल्ली, 1966)। उन्होंने आधुनिक आर्थिक इतिहास पर अनेक पुस्तकें भी प्रकाशित की हैं

जैसे बी. पावलोव, *इंडियन कैपिटलिस्ट क्लास* (नई दिल्ली, 1964) और ए. लेवकोव्स्की, *कैपिटलिज्म इन इंडिया* (नई दिल्ली, 1966)।

आंचलिक अभिजन समूह के संदर्भ में राष्ट्रवाद की व्याख्याओं के लिए देखिए—अनिल सील, *दि इमरजेंस ऑफ इंडियन नेशनलिज्म : कंपटीशन एंड कोलैबोरेशन इन दि लेटर नाइनटींथ सेंचुरी* (कैंब्रिज, 1968), जे. एच. ब्रूमफील्ड, *एलीट कांफ्लिक्ट इन ए प्लूरल सोसायटी—ट्वेंटिएथ सेंचुरी बंगाल* (बर्कले, 1968) और ज्यूडिथ ब्राउन, *गांधीज़ राइज टु पॉवर—इंडियन पॉलिटिक्स 1915-1922* (कैंब्रिज, 1972)। ब्राउन की दूसरी रचना *गांधी एंड सिविल डिसओबेडिएंस : दि महात्मा इन इंडियन पॉलिटिक्स 1928-34* (कैंब्रिज, 1977) में अनगढ़ ढंग से प्रयास किया गया है कि 'कैंब्रिज संप्रदाय' के पहले एवं बाद के संशोधित दृष्टिकोणों का सामंजस्य किया जाए। इस संशोधित दृष्टिकोण की घोषणा, जिसमें स्थानीयता एवं गुटों पर बल दिया गया है, गैलहर, जॉनसन और सील द्वारा संपादित *लोकैलिटी, प्राविंस एंड नेशन* (कैंब्रिज, 1973) में की गई थी और इसे गॉर्डन जॉनसन, *प्रॉविंशियल पॉलिटिक्स एंड इंडियन नेशनलिज्म : बाम्बे एंड दि इंडियन नेशनल कांग्रेस 1880-1915* (कैंब्रिज, 1973); एफ. रॉबिंसन, *सेपरेटिज्म एमंग मुस्लिम्स : दि पॉलिटिक्स ऑफ दि यूनाइटेड प्रॉविंसेज मुस्लिम्स, 1860-1923* (कैंब्रिज, 1974); सी. जे. बेकर और डी. ए. वॉशब्रुक, *साउथ इंडिया 1880-1940* (दिल्ली, 1975); सी. ए. बेयली, *लोकल रूट्स ऑफ इंडियन पॉलिटिक्स—इलाहाबाद 1880-1920* (ऑक्सफोर्ड, 1975); डी. ए. वॉशब्रुक, *दि इमरजेंस ऑफ प्रॉविंशियल पॉलिटिक्स : मद्रास प्रेसीडेंसी 1870-1920* (कैंब्रिज, 1976) और सी. जे. बेकर, *दि पॉलिटिक्स ऑफ साउथ इंडिया 1920-1927* (कैंब्रिज, 1976) में विकसित किया गया है। *मॉडर्न एशियन स्टडीज़* के गैलहर स्मृति अंक *पॉवर, प्रॉफिट एंड पॉलिटिक्स : ऐस्सेज ऑन इंपीरियलिज्म, नेशनलिज्म, एंड चेंज इन ट्वेंटिएथ सेंचुरी इंडिया* (सं. बेकर, जॉनसन, सील) में दृष्टिकोण का एक और परिवर्तन दिखाई देता है। इसमें गुटों के संदर्भ में राजनीतिक विश्लेषण के प्रयास को बहुत सीमा तक आर्थिक इतिहास के पक्ष में त्याग दिया गया है। लेकिन सील के दो लेख इसका अपवाद हैं।

डी. ए. लो ने निबंधों के दो महत्वपूर्ण संकलनों का संपादन किया है—*साउंडिंग्स इन मॉडर्न साउथ एशियन हिस्ट्री* (कैलिफोर्निया, 1968) और *कांग्रेस एंड दि राज : फेसेट्स ऑफ इंडियन स्ट्रगल 1917-47* (लंदन, 1977)। कैनबरा-आधारित विद्वत्ता का एक अन्य महत्वपूर्ण ग्रंथ है रवींद्र कुमार द्वारा संपादित *एस्सेज ऑन गांधियन पॉलिटिक्स : दि रौलेट सत्याग्रह ऑफ 1919* (ऑक्सफोर्ड, 1971)। अब तक काफी-कुछ उपेक्षित विषयों के अध्ययन का प्रयास रॉबिन जेफ्री (सं.), *पीपुल, प्रिंसेज एंड पैरामाउंट पॉवर: सोसायटी एंड पॉलिटिक्स इन दि इंडियन प्रिंसली स्टेट्स* (दिल्ली, 1978), जेम्स मेनर, *पॉलिटिकल चेंज इन ऐन इंडियन स्टेट : मैसूर 1917-55* (दिल्ली,

1977) और बॉयरन हेटनी, *पॉलिटिकल इकोनॉमी ऑफ इनडायरेक्ट रूल : मैसूर 1881-1947* (लंदन, 1977) में किया गया है। साम्राज्यवादी नीति-निर्धारण से संबंधित ताजा अध्ययनों के अंतर्गत आर. जे. मूर की कृति *क्राइसिस ऑफ इंडियन यूनिटी 1917-40* (ऑक्सफोर्ड, 1974), और पी. एस. गुप्ता की कृति *इंपीरियलिज्म एंड ब्रिटिश लेबर* (लंदन, 1975) आती हैं। अमरीकी विद्वानों की रचनाओं में जे. आर. मैकलेन की उत्कृष्ट रचना *इंडियन नेशनलिज्म एंड दि अर्ली कांग्रेस* (प्रिंसटन, 1977) का विशेष उल्लेख किया जाना चाहिए। बिहार प्रदेश किसान सभा पर हाउज़र का शोध-प्रबंध अभी भी अप्रकाशित है किंतु यह नेहरू म्यूजियम में माइक्रोफिल्म के रूप में उपलब्ध है। पीटर हार्डी की पुस्तक *दि मुस्लिम्स ऑफ ब्रिटिश इंडिया* (कैंब्रिज, 1972) भारतीय मुसलमानों की समस्याओं का अच्छा परिचय प्रदान करती है; साथ ही देखिए जियाउल-हसन फारुकी की *दि देवबंद स्कूल एंड दि डिमांड फॉर पाकिस्तान* (एशिया, 1963) और अज़ीज़ अहमद की *इस्लामिक मॉडर्निज्म इन इंडिया एंड पाकिस्तान 1857-1964* (लंदन, 1967)। रफीउद्दीन अहमद कृत *दि बंगाल मुस्लिम्स 1871-1906 : ए क्वेस्ट फॉर आइडेंटिटी* (दिल्ली, 1981) जो ग्रामीण इस्लाम के अधोस्तरीय इतिहास का अध्ययन है, और प्रथम विश्वयुद्ध के बाद के काल संबंधी दो अध्ययन, मुशीरुल हसन, *नेशनलिज्म एंड कम्युनल पॉलिटिक्स इन इंडिया, 1926-1928* (दिल्ली, 1979) और डी. पेज, *प्रिल्यूड टु पार्टीशन : ऑल इंडिया मुस्लिम पॉलिटिक्स, 1921-32* (दिल्ली, 1981) अभी हाल में प्रकाशित रचनाएं हैं।

बिपनचंद्र के *राइज़ एंड ग्रोथ ऑफ इकोनॉमिक नेशनलिज्म इन इंडिया: इकोनॉमिक पॉलिसीज़ ऑफ इंडियन नेशनल लीडरशिप 1881-1915* (नई दिल्ली, 1966) और *नेशनलिज्म एंड कोलोनियलिज्म इन मॉडर्न इंडिया* (नई दिल्ली, 1979) में ताजा मार्क्सवादी इतिहास-लेखन का ऐसा सूत्र मिलता है जो राष्ट्रवादी नेताओं के प्रति अत्यंत सहानुभूतिपूर्ण है। मोटे तौर पर मार्क्सवादी ढांचे के भीतर किए जानेवाले आंचलिक अध्ययन के अंतर्गत आते हैं सुमित सरकार कृत *स्वदेशी मूवमेंट इन बंगाल 1903-08* (नई दिल्ली, 1973), अमलेंदु गुहा कृत *प्लांटर राज टु स्वराज : फ्रीडम स्ट्रगल एंड इलेक्टोरल पॉलिटिक्स इन असम 1826-1947* (नई दिल्ली, 1977), माजिद सिद्दीकी कृत *एग्रेरियन अनेरस्ट इन नॉर्थ इंडिया– यूनाइटेड प्रॉविंसेज 1918-22* (नई दिल्ली, 1938), और ज्ञानेंद्र पांडे कृत *दि एसेंडेंसी ऑफ दि कांग्रेस इन उत्तर प्रदेश 1926-34– ए स्टडी इन इम्परफेक्ट मोबिलाइजेशन* (दिल्ली, 1978)। मैंने डेविड हार्डीमन के महत्वपूर्ण शोध-प्रबंध *पेजेन्ट एजीटेशंस इन खेड़ा डिस्ट्रिक्ट, गुजरात, 1917-34* का उपयोग किया है जो नेहरू म्यूजियम में टंकित प्रति के रूप में उपलब्ध है। परंतु प्रस्तुत प्रस्तुक के प्रेस में जाने के बाद हार्डीमन ने इसका संशोधित संस्करण *पेजेन्ट नेशनलिस्ट्स ऑफ गुजरात : खेड़ा डिस्ट्रिक्ट, 1917-1934* (दिल्ली, 1981) शीर्षक से प्रकाशित करा दिया है। स्टीफेन

हेनिंघम का ग्रंथ *प्रोटेस्ट एंड कंट्रोल इन नॉर्थ बिहार, इंडिया, 1917-42* (आस्ट्रेलियन नेशनल यूनिवर्सिटी, 1978) एन. एम. एम. एल. में माइक्रोफिल्म के रूप में उपलब्ध है और अब *पेजेन्ट मूवमेंटस इन कोलोनियल इंडिया : नॉर्थ बिहार 1917-1942* (कैनबरा, 1982) के नाम से प्रकाशित भी हो चुका है। दक्षिण-पश्चिम बंगाल के ग्रामीण गांधीवादियों पर हितेश सान्याल की अभी अपूर्ण रचना बंगला में लिखित अनेक आलेखों के रूप में ही उपलब्ध है (*अन्य अर्थ*, 1974-75 और *चतुरंग*, 1976-77)। 'नीचे से इतिहास' को देखने की जो नई प्रवृत्ति उभर रही है उसमें एक बड़ा योगदान रणजीत गुहा द्वारा संपादित *सबाल्टर्न स्टडीज़ I: राइटिंग्स ऑन साउथ एशियन हिस्ट्री एंड सोसायटी* (दिल्ली, 1982) है जिसके प्रकाशित होने तक वर्तमान ग्रंथ छपने जा चुका था।

सी. एच. हाइम्सथ की *इंडियन नेशनलिज्म एंड हिंदू सोशल रिफॉर्म* (प्रिंसटन, 1964) अपने अपेक्षाकृत सीमित विषय का अच्छा सारांश प्रस्तुत करती है। एक ताजा महत्वपूर्ण अध्ययन है केनिथ जोंस कृत *आर्य धर्म : हिंदू कांशसनेस इन नाइनटींथ सेंचुरी पंजाब* (कैलिफोर्निया,1976)। ब्रिटिश शिक्षा-नीति एवं इसके प्रभाव पर देखिए अपर्णा बसु की *दि ग्रोथ ऑफ एजुकेशन एंड पॉलिटिक्स डवलपमेंट इन इंडिया 1898-1920* (दिल्ली, 1974)। जातिगत आंदोलनों पर उपलब्ध और बढ़ते हुए विशाल साहित्य में उल्लेखनीय हैं रूडोल्फ एवं रूडोल्फ कृत *दि मॉडर्निटी ऑफ ट्रेडीशन* (शिकागो, 1967), आर. एल. हार्डग्रेव की *दि नाडार्स ऑफ तमिलनाडु* (कैलिफोर्निया, 1969), रॉबिन जेफ्री की *डिक्लाइन ऑफ नायर प्रीडोमिनेंस–सोसायटी एंड पॉलिटिक्स इन त्रावणकोर 1847-1908* (दिल्ली, 1976); ई. एफ. इर्शचिक की *पॉलिटिक्स एंड सोशल कांफ्लिक्ट इन साउथ इंडिया : दि नॉन-ब्राह्मण मूवमेंट्स एंड तमिल सेपरेटिज्म 1916-29* (कैलिफोर्निया, 1959); रजनी कोठारी द्वारा संपादित *कास्ट इन इंडियन पॉलिटिक्स* (बंबई, 1970), और गेल ओम्वेद्त कृत *कल्चरल रिवोल्ट इन ए कोलोनियल सोसायटी : दि नॉन-ब्राह्मण मूवमेंट्स इन वेस्टर्न इंडिया 1873-1930* (बंबई, 1976)। एरिक स्टोक्स की *पेजेंट्स एंड दि राज* (कैंब्रिज, 1978) और ए. आर. देसाई द्वारा संपादित *पेजेंट स्ट्रगल्स इन इंडिया* (दिल्ली, 1979) कृषक-अध्ययनों के तेजी से विकसित होते क्षेत्र के लिए अच्छी परिचयात्मक पुस्तकें हो सकती हैं।

आर. सी. दत्त की *इकोनॉमिक हिस्ट्री ऑफ इंडिया इन दि विक्टोरियन एज* (लंदन, 1904; पुनर्मुद्रित, दिल्ली, 1960) आज भी पर्याप्त उपयोगी है और डी. एच. बुखानन की *दि डवलपमेंट ऑफ कैपिटलिस्टिक एंटरप्राइज इन इंडिया* (न्यूयॉर्क, 1934) अपने क्षेत्र में अग्रणी रचना है। कृषि-संबंधी इतिहास के लिए डेनियल एवं एलिस थार्नर की *लैंड एंड लेबर इन इंडिया* (बंबई, 1962) एक विचारोत्तेजक परिचय प्रदान करती है। डी. रोथरमुंड की *गवर्नमेंट, लैंडलॉर्ड एंड पेजेंट इन इंडिया– एग्रेरियन रिलेशंस अंडर ब्रिटिश रूल 1865-1935*

(वीजबाडेन, 1978) में सरकारी नीति का अच्छा सारांश दिया गया है। उच्चस्तरीय विद्यार्थियों के लिए डी. नारायण की *दि इम्पैक्ट ऑफ प्राइस मूवमेंट्स इन एरियाज़ अंडर सिलेक्टेड क्रॉप्स इन इंडिया 1900-1939* (कैंब्रिज, 1963) और जी. ब्लिन की *एग्रीकल्चरल ट्रेंड्स इन इंडिया 1891-1947 : आउटपुट, एवेलेबिलिटी एंड प्रोडक्टीविटी* (फिलेडेल्फिया, 1964) में अच्छी सांख्यिकीय सामग्री मिल सकती है। अमिय के. बागची कृत *प्राइवेट इनवेस्टमेंट इन इंडिया 1900-1939* (कैंब्रिज, 1972) अपने क्षेत्र में अग्रणी रचना है और बीसवीं सदी में भारतीय आर्थिक इतिहास के लिए अनिवार्य पाठ्यपुस्तक है।

इस पुस्तक के अध्ययन-काल से संबंधित अत्यंत महत्वपूर्ण पत्र-पत्रिकाएं हैं : *इंडियन इकोनॉमिक एंड सोशल हिस्ट्री रिव्यू, इंडियन हिस्टॉरिकल रिव्यू, इकोनॉमिक एंड पोलिटिकल वीकली, जर्नल ऑफ एशियन हिस्ट्री* और *मॉडर्न एशियन स्टडीज़*।

अध्याय 2

19वीं सदी के अंतिम भाग में ब्रिटिश भारत के प्रशासनिक गठन एवं नीतियों के विकास का कालक्रमानुसार अध्ययन एस. गोपाल कृत *ब्रिटिश पॉलिसी इन इंडिया 1850-1905* (कैंब्रिज, 1965) में किया जा सकता है। हीरालाल सिंह की *प्रॉब्लम्स एंड पॉलिसीज़ ऑफ दि ब्रिटिश इन इंडिया 1885-1898* (बंबई, 1963) सेवाओं के भारतीयकरण, काउंसिल सुधार, सेना और कांग्रेस संबंधी नीतियों का अच्छा सर्वेक्षण प्रस्तुत करती है। अनिल सील की *इमरजेंस ऑफ इंडियन नेशनलिज्म* के चौथे अध्याय में लिटन, रिपन और डफरिन के बीच तुलना करने का रोचक प्रयास किया गया है। आर. जे. मूर कृत *लिबरलिज्म एंड इंडियन पॉलिटिक्स 1872-1922* (लंदन, 1966) में ब्रिटिश और भारतीय नीतियों के कुछ अंतर्संबंधों की रूपरेखा दी गई है। बी. एल. ग्रोवर की *ए डाक्यूमेंटरी स्टडी ऑफ ब्रिटिश पॉलिसी टुवर्ड्स इंडियन नेशनलिज्म* (दिल्ली, 1965) भी अवलोकनीय है। एस. भट्टाचार्य की *फिनांशियल फाउंडेशंस ऑफ दि ब्रिटिश राज* (शिमला, 1971) में भारतीय वित्त का सर्वोत्तम विश्लेषण मिलता है। प्रशासनिक दबावों एवं भारतीय राजनीति के कुछ रूपों का संबंध सी. ए. बेयली की *लोकल रूट्स ऑफ इंडियन पॉलिटिक्स* के चौथे और पांचवें अध्यायों में एवं वाशब्रुक की *इमरजेंस ऑफ पॉलिसीज़* के दूसरे अध्याय में देखा जा सकता है। स्थानीय शासन में सांप्रदायिक अलगाव की शुरुआत से संबंधित रोचक तथ्य *जर्नल ऑफ एशियन स्टडीज़* (मई 1968) में एन. जेराल्ड बैरियर के लेख 'दि पंजाब गवर्नमेंट एंड कम्यूनल पॉलिसीज़, 1870-1908' में मिलते हैं। नस्लवाद के आर्थिक पक्षों का अध्ययन करने के लिए अमिय बागची की *प्राइवेट इनवेस्टमेंट इन इंडिया 1909-1939* एक अनिवार्य पाठ्यपुस्तक है। भारतीय राजनीतिक प्रतिक्रियाओं से संबंधित बहुमूल्य जानकारी

दिनशा वाचा और दादाभाई नौरोजी के विशाल पत्राचार में मिलती है। आर. पी. पटवर्धन द्वारा संपादित *दादाभाई नौरोजी करेस्पांडेंस,* खंड 2 (कलकता, 1977) में इसका आंशिक रूप से प्रकाशन हो चुका है।

2

ब्रिटिश-भारतीय आर्थिक नीतियों पर मानक राष्ट्रीय आलोचना दादाभाई नौरोजी की *पावर्टी एंड अन-ब्रिटिश रूल इन इंडिया* (लंदन, 1901), आर. सी. दत्त कृत *इकोनॉमिक हिस्ट्री ऑफ इंडिया,* 2 खंड (लंदन, 1901, 1903), और वी. डिग्बी कृत *'प्रॉस्पेरस' ब्रिटिश इंडिया* (लंदन 1901) में मिलती है। इस धारणा के आरंभिक आलोचकों में हैं—एल. सी. ए. नोलेस, *इकोनॉमिक डवलपमेंट ऑफ ब्रिटिश ओवरसीज एंपायर* (लंदन, 1928), और वी. एंस्टे, *इकोनॉमिक डवलपमेंट ऑफ इंडिया* (तीसरा संस्करण, लंदन, 1949)। बिपनचंद्र की *राइज़ एंड ग्रोथ ऑफ इकोनॉमिक नेशनलिज्म इन इंडिया* राष्ट्रवादी आर्थिक विचारों का एक अत्यंत विस्तृत एवं सहानुभूतिपूर्ण सर्वेक्षण है। संपत्ति के दोहन एवं इससे संबंधित विषयों की विवेचना के लिए बी. एन. गांगुली की *दादाभाई नौरोजी एंड दि ड्रेन थ्योरी* (बंबई, 1965), जे. मैकलेन की *दि ड्रेन ऑफ वेल्थ एंड इंडियन नेशनलिज्म ऐट दि टर्न ऑफ दि सेंचुरी* देखें। इससे मैंने टी. रायचौधुरी (सं.), *कांट्रीब्यूशंस टु इंडियन इकोनॉमिक हिस्ट्री,* खंड 2 (दिल्ली, 1963) के पृ. 25 पर दिए गए आंकड़े लिए हैं। संशोधनवादी धारणा के लिए के. एन. चौधरी की *इंडियाज़ इंटरनेशनल इकोनॉमी इन दि नाइनटींथ सेंचुरी : ऐन हिस्टॉरिकल सर्वे* (1968) भी द्रष्टव्य है। विऔद्योगीकरण की बहस को मॉरिस, रायचौधुरी, चंद्रा, मात्सुई ने 'इंडियन इकोनॉमी इन दि नाइनटींथ सेंचुरी: सिम्पोजियम' में पुनः उठाया है जो *इंडियन इकोनॉमिक एंड सोशल हिस्ट्री रिव्यू* (1968) से पुनर्मुद्रित है। इस दिशा में अधिक ठोस योगदान हैं—डेनियल व एलिस थार्नर का लेख 'डीइंडस्ट्रीयलाइजेशन इन इंडिया 1881-1931' (*लैंड एंड लेबर इन इंडिया* में), और ए. के. बागची का लेख 'डीइंडस्ट्रीयलाइजेशन इन गैंजेटिक बिहार 1809-1901' जो बी. डे एवं अन्य द्वारा संपादित *एस्सेज़ इन ऑनर ऑफ एस. सी. सरकार* (नई दिल्ली, 1976) में संकलित है। भारत-ब्रिटिश आर्थिक संबंधों पर अद्यतन सर्वेक्षण के लिए देखिए, गफ और शर्मा द्वारा संपादित *इंपीरियलिज्म एंड रिवॉल्यूशन इन साउथ एशिया* (न्यूयॉर्क, 1973) में ए. के. बागची का लेख 'फॉरेन कैपिटल एंड इकोनॉमिक डवलपमेंट ऑफ इंडिया,' जबकि एस. बी. सौल की *स्टडीज़ इन ओवरसीज़ ट्रेड 1870-1914* (लीवरपूल, 1960) अंग्रेजों के भुगतान-संतुलन की समस्या हल करने में भारत की भूमिका पर महत्वपूर्ण आधार-सामग्री प्रदान करती है।

कृषि-संबंधी इतिहास पर उपलब्ध भारी और बढ़ती हुई सामग्री को देखते हुए यहां अत्यंत चुनी हुई कृतियां ही गिनाई जा सकती हैं। विशेष रूप से बंगाल के लिए देखें—एन. के. सिन्हा (सं.), *हिस्ट्री ऑफ बंगाल 1757-1905*

(कलकत्ता, 1967), में बी. बी. चौधुरी के अनेक लेख, विशेष रूप से 'एग्रेरियन इकोनॉमी एंड एग्रेरियन रिलेशंस इन बंगाल', *आई. ई. एस. एच. आर.* (1970) में 'ग्रोथ ऑफ कमर्शियल एग्रीकल्चर', 'लैंड मार्केट इन ईस्टर्न इंडिया' (*आई. ई. एस. एच. आर.*, 1975), 'प्रॉसेस ऑफ डीइंडस्ट्रीयलाइजेशन इन बंगाल एंड बिहार' (*आई. एच. आर.* 1975), तथा बी. डे द्वारा संपादित *पर्सपेक्टिव्स इन सोशल साइंसेज,* खंड 2 (कलकत्ता, 1982) में अशोक सेन और पार्थ चटर्जी के लेख। दक्षिण भारत के लिए देखिए—शारदा राजू, *इकोनॉमिक कंडीशंस इन मद्रास प्रेसीडेंसी 1900-1950* (मद्रास, 1941) जिससे मैंने कोयंबटूर के किसानों की टिप्पणी ली है; फ्राइकेनबुर्ग (सं.), *लैंड कंट्रोल एंड सोशल स्ट्रक्चर इन इंडियन हिस्ट्री* (लंदन, 1969) में एन. मुखर्जी का लेख; धर्मकुमार, *लैंड एंड कास्ट इन साउथ इंडिया : एग्रीकल्चरल लेबर इन मद्रास प्रेसीडेंसी ड्यूरिंग दि नाइनटींथ सेंचुरी* (कैंब्रिज, 1965); और डी. ए. वॉशब्रुक, *इमरजेंस ऑफ प्रॉविंशियल पॉलिटिक्स,* अध्याय 3। संयुक्त प्रांत के लिए देखिए—बरनार्ड कोह्न का बनारस पर बहुमूल्य अध्ययन, *स्ट्रक्चरल चेंज इन इंडियन रूरल सोसायटी* जो फ्राइकेनबुर्ग के उपरोक्त ग्रंथ में संकलित है; एरिक स्टोक्स कृत *पेजेंट्स एंड दि राज;* एलिजाबेथ व्हिटकोंब कृत *एग्रेरियन कंडीशंस इन नॉर्दर्न इंडिया,* खंड 1 : *यूनाइटेड प्रॉविंसेज अंडर ब्रिटिश रूल 1860-1900* (नई दिल्ली, 1971), और टी. आर. मेटकाफ कृत *लैंडलॉर्ड्स एंड दि ब्रिटिश राज: नॉर्दर्न इंडिया इन दि नाइनटींथ सेंचुरी* (दिल्ली, 1979)। बंबई प्रेसीडेंसी के लिए देखिए—डी. ए. लो की *साउंडिंग्स इन मॉडर्न साउथ एशियन हिस्ट्री* में रवींद्र कुमार का लेख 'राइज़ ऑफ रिच पेजेंट्स इन वेस्टर्न इंडिया'। वाणिज्यीकरण से संबंधित विशेष केस-अध्ययनों के अंतर्गत आते हैं *एस्सेज़ इन ऑनर ऑफ एस. सी. सरकार* में एस. मुखर्जी का लेख 'इंपीरियलिज्म इन एक्शन थ्रू ए मर्केंटाइलिस्ट फंक्शन', और *जर्नल ऑफ पेजेंट स्टडीज़* (अप्रैल 1981) में शाहिद अमीन का लेख 'पेजेंट्स एंड कैपिटलिस्ट्स इन नॉर्दर्न इंडिया : किसान्स इन दि केन कमोडिटी सर्किट इन गोरखपुर इन दि नाइन्टीन- थर्टीज़'। ब्लिन की खोजों का अच्छा संक्षेप डेनियल एवं एलिस थॉर्नर कृत *लैंड एंड लेबर इन इंडिया* के अध्याय 7 में मिलता है। ब्लिन द्वारा प्रयुक्त कृषि-संबंधी सांख्यिकी में संभावित कमियों का विश्लेषण मिलता है डेवी एवं हॉपकिंस द्वारा संपादित *दि इंपीरियल इम्पैक्ट* (लंदन, 1978) में संकलित क्लाइव डेवी के लेख 'पटवारी एंड चौकीदार : सब-ऑर्डीनेट ऑफिशियल्स एंड दि रिलाएबिलिटी ऑफ इंडियाज़ एग्रीकल्चरल स्टेटिस्टिक्स' में। जान ब्रेमन कृत *पैट्रोनेज़ एंड एक्सप्लायटेशन : चेंजिंग एग्रेरियन रिलेशंस इन साउथ गुजरात, इंडिया* (कैलिफोर्निया, 1974) में खेतिहर मजदूरों की समस्या का अच्छा विश्लेषण मिलता है। ऊंचे स्तर के विद्यार्थियों को 'उत्पादन की पद्धति संबंधी बहस' के लिए मुख्यतः *ई. पी. डब्ल्यू.* के आलेखों को देखना चाहिए जो आधुनिक भारतीय कृषि-संबंधों को सामंतवादी, पूंजीवादी या स्पष्ट

'उपनिवेशवादी' पद्धति के रूप में विवेचित करते हैं। मिलिबैंड और सेविल के *दि सोशलिस्ट रजिस्टर* (लंदन, 1975) में हम्जा अलवी के लेख 'इंडिया एंड दि कोलोनियल मोड ऑफ प्रोडक्शन' में संदर्भ सहित इस बहस के आरंभिक चरणों का संक्षेप दिया गया है। उत्सा पटनायक का लेख 'क्लास डिफरेंसिएशन विदिन दि पेजेंट्री : ऐन एप्रोच टु एनेलिसिस ऑफ इंडियन एग्रीकल्चर' (*ई. पी. डब्ल्यू.*, 25 सितंबर 1976) और जैरस बानाजी का लेख 'कैपिटलिस्ट डोमिनेशन एंड दि स्माल पेज़ेंट्री : दकन डिस्ट्रिक्ट्स इन दि लेट नाइनटींथ सेंचुरी' (*ई. पी. डब्ल्यू.* का विशेष अंक, अगस्त 1977) भी देखिए।

इसके साथ ही घनिष्ठ रूप से जुड़ी कृषक-विभेदीकरण एवं इसके राजनीतिक निहितार्थों की समस्या के लिए *सोशलिस्ट रजिस्टर* (लंदन, 1965) में हम्जा अलवी का लेख 'पेजेंट एंड रिवोल्यूशन' और *जर्नल ऑफ पेजेंट स्टडीज़* (अप्रैल, 1980) में एन. चार्ल्सवर्थ का लेख 'दि मिडिल पेजेंट थीसिस एंड दि रूट्स ऑफ रूरल एजीटेशन इन इंडिया, 1914-47' देखिए। बेकर, जॉनसन और सील द्वारा संपादित *पॉवर, प्रॉफिट एंड पॉलिटिक्स* में डी. ए. वाशबुक के ताजा आलेख 'लॉ, स्टेट एंड सोसायटी इन कोलोनियल इंडिया' में अनेक रोचक सैद्धांतिक मुद्दों को उठाया गया है।

सरकार की आर्थिक नीतियों पर एस. भट्टाचार्य का 'लैसे फेयर इन इंडिया' (*आई. ई. एस. एच. आर.*, 1965) और ए. के. बागची का *प्राइवेट इनवेस्टमेंट*, अध्याय 2 देखिए। भारत में ब्रिटिश पूंजी-निवेश के लिए देखिए वी. पी. सिंह द्वारा संपादित *इकोनॉमिक हिस्ट्री ऑफ इंडिया 1857-1956* (बंबई, 1965) में अरुण बोस का लेख 'फॉरेन कैपिटल'; एम. किड्रॉन कृत *फॉरेन इनवेस्टमेंट्स इन इंडिया* (लंदन, 1965), और बागची कृत *प्राइवेट इनवेस्टमेंट*, अध्याय 6। भारतीय पूंजीवाद की विभेदक संवृद्धि और उपनिवेशवादी प्रभाव में इसकी जड़ों का सर्वोत्तम विश्लेषण भी बागची के यहां ही मिलता है। वैकल्पिक दृष्टिकोण के लिए *एम. ए. एस.* (1974) में बागची के *प्राइवेट इनवेस्टमेंट* पर एम. ओ. मॉरिस की समीक्षा देखिए। व्यापारिक समुदायों के विशिष्ट अध्ययन के लिए देखिए—अमलेंदु गुहा का पारसियों पर लेख (*ई. पी. डब्ल्यू.*, 29.8.1970 और 28.11.1970); के. गिलियन कृत *अहमदाबाद : ए स्टडी इन इंडियाज़ अर्बन हिस्ट्री* (कैलिफोर्निया, 1968), टी. ए. टिंबर्ग कृत *दि मारवाड़ीज* (दिल्ली, 1978) और साथ ही इसी विषय पर *आई. ई. एस. एच. आर.* (1971, 1973) में उनके लेख; एन. के. सिन्हा की *इकोनॉमिक हिस्ट्री ऑफ बंगाल*, खंड 3 (कलकत्ता, 1970); सी. पी. सिमोंस कृत *इनडिजिनस इंटरप्राइज इन दि इंडियन कोल माइनिंग इंडस्ट्री सी. 1835-1939; आई. ई. एस. एच. आर.* (1976) और साथ ही सोवियत विद्वानों की दो पुस्तकें—वी. पावलोव कृत *इंडियन कैपिटलिस्ट क्लास* (नई दिल्ली, 1964) और ए. लेवकोव्स्की कृत *कैपिटलिज्म इन इंडिया* (नई दिल्ली, 1966)। श्रमिकों का आर्थिक इतिहास अभी अपने शैशव काल में ही है, फिर भी इस संबंध में एम. डी. मॉरिस कृत

इमरजेंस ऑफ ऐन इंडस्ट्रीयल लेबर फोर्स इन इंडिया (कैलिफोर्निया, 1965) और ललिता चक्रवर्ती कृत 'इमरजेंस ऑफ एन इण्डस्ट्रीयल लेबर फोर्स इन ए ड्युअल इकोनॉमी–ब्रिटिश इंडिया 1880-1920' (*आई. ई. एस. एच. आर.,* 1978) देखे जा सकते हैं। जनसंख्या पर के. डेविस कृत *पापुलेशन ऑफ इंडिया एंड पाकिस्तान* (प्रिंसटन 1951) आज भी प्रामाणिक है। डेनियल एवं एलिस थार्नर कृत *लैंड एंड लेबर* का अध्याय 7 राष्ट्रीय आय के आरंभिक आकलनों का विवेचनात्मक सर्वेक्षण है; इस संबंध में अब तक उपलब्ध सबसे व्यवस्थित अध्ययन एस. शिवसुब्रमण्यम् कृत *नेशनल इनकम ऑफ इंडिया 1900-01 टु 1946-47* (अनुलेखित, दिल्ली विश्वविद्यालय, 1965) है।

अध्याय 3

कैथलीन गफ ने 'इंडियन पेज़ेंट अपराइजिंग्स' (*ई. पी. डब्ल्यू.* का विशेष अंक, अगस्त, 1974) में भारत के ग्रामीण विद्रोहों के प्रकारों की विवेचना करने का प्रयास किया है। ए. आर. देसाई द्वारा संपादित *पेज़ेंट स्ट्रगल्स इन इंडिया* (बंबई, 1979) में इसका पुनर्मुद्रण हुआ है जो असंतुलित होते हुए भी उपयोगी संकलन है। आदिवासी आंदोलनों के लिए देखिए—*प्रोसीडिंग्स ऑफ इंडियन हिस्ट्री कांग्रेस* (1977) में के. एस. सिंह का 'कोलोनियल ट्रांसफॉर्मेशन ऑफ दि ट्राइबल सोसायटी इन मिडिल इंडिया', स्टीफेन फक्स कृत *रिबेलियस प्रोफेट्स : ए स्टडी ऑफ मेसायनिक मूवमेंट्स इन इंडियन रिलिजंस* (बंबई, 1965), और के. एस. सिंह कृत *डस्ट स्टॉर्म एंड हैंगिंग मिस्ट : ए स्टडी ऑफ बिरसा मुंडा एंड हिज मूवमेंट इन छोटा नागपुर, 1874-1911* (कलकत्ता, 1966)। डेविड ऑर्नल्ड ने हाल ही में ग्रामीण और शहरी विरोधों के स्वरूपों पर तीन आलेख लिखे हैं : 'डैकॉयटी एंड रूरल क्राइम इन मद्रास 1816-1940' (*जर्नल ऑफ पेज़ेंट स्टडीज़,* जनवरी 1979), 'लूटिंग, ग्रेन रॉयट्स एंड गवर्नमेंट पॉलिसी इन साउथ इंडिया, 1918' (*पास्ट एंड प्रेज़ेंट,* अगस्त 1979) और 'इंडस्ट्रीयल वॉयलेंस इन कोलोनियल इंडिया' (*कंपेरेटिव स्टडीज़ इन सोसायटी एंड हिस्ट्री,* अप्रैल 1980)। ऑर्नल्ड का *सबाल्टर्न स्टडीज़ I* में सम्मिलित लेख 'रिबेलियस हिलमैन : दि गुडेम-रंगा राइजिंग्स 1839-1924' तब प्रकाशित हुआ जब यह पुस्तक छपने के लिए जा चुकी थी। आदिम विद्रोह के दो प्रकारों के रूप में सामाजिक डकैती और त्राण के स्वर्णयुग में आशा के विश्लेषण के लिए देखिए—ई. हॉब्सबाम के प्रामाणिक ग्रंथ *प्रिमिटिव रेबेल्स* (मैनचेस्टर, 1959) और *बैंडिट्स* (लंदन, 1972), साथ ही पी. वर्सले कृत *दि ट्रम्पेट शैल साउंड* (लंदन, 1970)।

फड़के की आत्मकथा को बंबई सरकार के *सोर्स-मैटीरियल्स फॉर ए हिस्ट्री ऑफ फ्रीडम मूवमेंट इन इंडिया,* खंड 1, 1818-85 में पढ़ा जा सकता है। मोपलों से संबंधित जानकारी के लिए मैंने डब्ल्यू. लोगन कृत *मैनुअल*

ऑफ मलाबार डिस्ट्रिक्ट (मद्रास, 1960) का, डी. एन. धनगर के लेख 'एग्रेरियन कांफ्लिक्ट, रिलिजन एंड पॉलिटिक्स : दि मोपला रेबेलियंस इन मलाबार इन दि नाइनटींथ एंड अर्ली ट्वेंटिएथ सेंचुरी' (*पास्ट एंड प्रेज़ेंट*, फरवरी 1977) का और प्रस्तुत पुस्तक में कोनराड वुड के लेख का, जो अब तक प्राप्य सर्वोत्तम विश्लेषण है, उपयोग किया है। स्टीफेन एफ. डेल कृत *इस्लामिक सोसायटी ऑन दि साउथ एशियन फ्रंटियर : दि मप्पिलाज़ ऑफ मलाबार, 1498-1922* (ऑक्सफोर्ड, 1980) के अध्याय 5-7 भी देखिए। इसमें मोपला विद्रोह की जड़ों को पुर्तगालियों के विरुद्ध 16वीं सदी में होनेवाले संघर्ष से जोड़ा गया है और कृषि संबंधी पहलुओं के स्थान पर विचारधारात्मक पहलुओं पर बल दिया गया है। आई. केटनाख के लेख 'एग्रेरियन टिस्टर्बेंसेज़ इन नाइनटींथ सेंचुरी इंडिया' (*आई. ई. एस. एच. आर.*, 1966) और एन. चार्ल्सवर्थ के लेख 'मिथ ऑफ दि दकन रॉयट्स ऑफ 1875' (*एम. ए. एस.*, 1972) में दकन के दंगों का दो विभिन्न दृष्टिकोणों से अध्ययन किया गया है। पबना और बंगाल के अन्य आंदोलनों के लिए देखिए—के. के. सेनगुप्ता कृत *पबना डिस्टर्बेंसेज़ एंड दि पॉलिटिक्स ऑफ रेंट 1873-85* (नई दिल्ली, 1974) और एन. के. सिन्हा द्वारा संपादित *हिस्ट्री ऑफ बंगाल 1757-1905* (कलकत्ता, 1967) में बी. बी. चौधुरी का लेख 'एग्रेरियन इकोनॉमी एंड एग्रेरियन रिलेशंस इन बंगाल 1859-1885'। असम के राइजमाल का विवेचन ए. गुहा कृत *प्लांटर राज टु स्वराज* (नई दिल्ली, 1977) में किया गया है। 1890 के दशक में दकन में लगान की नाअदायगी के आंदोलनों का अध्ययन आर. आई. कैशमैन कृत *दि मिथ ऑफ दि लोकमान्य : तिलक एंड मास पॉलिटिक्स इन महाराष्ट्र* (कैलिफोर्निया, 1975) में और जे. आर. मैकलेन कृत *इंडियन नेशनलिज्म एंड दि अर्ली कांग्रेस*, अध्याय 8 (प्रिंसटन, 1977) में किया गया है।

जाति और ग्राम संगठन पर उपलब्ध विशाल सामाजशास्त्रीय साहित्य के परिचय के लिए देखिए—एम. एन. श्रीनिवास कृत *सोशल चेंज इन मॉडर्न इंडिया* (कैलिफोर्निया, 1966), मैकिम मैरियट द्वारा संपादित *विलेज इंडिया : स्टडीज़ इन दि लिटिल कम्युनिटी* (शिकागो, 1955) जिसमें जौनपुर पर बी. कोह्न के और रामपुर पर श्रीनिवास के लेख सम्मिलित हैं; डी. जी. मैडलबाम कृत *सोसायटी इन इंडिया*, 2 खंड (कैलिफोर्निया, 1970), एल. ड्यूम कृत *होमो हायरार्किकस* (लंदन, 1972), टी. ओ. बाइडलमान कृत *ए कंपेरेटिव एनेलेसिस ऑफ दि जजमानी सिस्टम* (न्यूयार्क, 1959), एच. सान्याल कृत 'सोशल मोबिलिटी इन बंगाल : इट्स सोर्सेज एंड कंस्ट्रेंट्स' (*आई. एच. आर.*, जुलाई 1975), एफ. जी. बैले द्वारा उड़ीसा के गांवों के दो अध्ययन, *कास्ट एंड इकोनॉमिक फ्रंटियर* (मैनचेस्टर, 1957) और *ट्राइब, कास्ट एंड नेशन* (बंबई, 1960), आंद्रे बेते कृत *कास्ट, क्लास एंड पॉवर* (बर्कले, 1965) और एम. एन. श्रीनिवास कृत *दि रिमेंम्बर्ड विलेज* (दिल्ली, 1976)। विशिष्ट आधुनिक जातिगत आंदोलनों के लिए देखिए—रूडोल्फ और रूडोल्फ कृत *मॉडर्निटी ऑफ ट्रेडीशन*

(शिकागो, 1967), आर. एल. हार्डग्रेव कृत *दि नाडार्स ऑफ तमिलनाडु* (कैलिफोर्निया, 1969), ई. एफ. इर्शचिक कृत *पॉलिटिक्स एंड सोशल कांफ्लिक्ट इन साउथ इंडिया : दि नॉन-ब्राह्मण मूवमेंट्स एंड तमिल सेपरेटिज्म 1916-29* (कैलिफोर्निया, 1969), रजनी कोठारी द्वारा संपादित *कास्ट इन इंडियन पॉलिटिक्स* (नई दिल्ली, 1970) में एल्यानोर जेलियट का लेख 'लर्निंग दि यूज ऑफ पोलिटिकल मीन्स : दि महार्स ऑफ महाराष्ट्र' और गेल ओम्वेद्त कृत *कल्चरल रिवोल्ट इन कोलोनियल सोसायटी : दि नॉन-ब्राह्मण मूवमेंट इन वेस्टर्न इंडिया 1873-1930* (बंबई, 1976)।

आरंभिक श्रमिक चेतना की वैकल्पिक व्याख्याएं दीपेश चक्रवर्ती के 'कम्युनल रायट्स एंड लेबर : बंगाल जूट मिलहैंड्स इन दि 1880ज', सेंटर फॉर स्टडीज़ इन सोशल साइंसेज़ (कलकत्ता, ओकेज़नल पेपर सं. 11, 1976), और रणजीत दासगुप्त के 'मैटीरियल कंडीशंस एंड विहैवियोरल ऐस्पेक्ट्स ऑफ कलकत्ता वर्किंग क्लास 1875-99' (वही, सं. 22, 1979) में प्रस्तुत की गई हैं। दीपेश चक्रवर्ती का 'शशिपद बनर्जी : ए स्टडी इन दि नेचर ऑफ दि फर्स्ट कांटैक्ट ऑफ दि बंगाली भद्रलोक विद दि वर्किंग क्लासेज़ ऑफ बंगाल' (वही सं. 4, 1975) भी देखिए। ऐसे विषयों पर पृष्ठभूमि संबंधी सूचना के लिए ई. पी. थाम्पसन कृत *मेंकिग ऑफ दि इंगलिश वर्किंग क्लास* (लंदन, 1963), जे. फोस्टर कृत *क्लास स्ट्रगल एंड दि इंडस्ट्रियल रिवॉल्यूशन* (लंदन, 1974), और जी. रूड कृत *दि क्राउड इन हिस्ट्री* (न्यूयॉर्क, 1964) अनिवार्य हैं। भारतीय व्यापारिक समूहों की रूढ़िवादिता पर देखिए—टी. ए. टिंबर्ग कृत *दि मारवाड़ीज़* और एच. स्पॉडेक का लेख 'ट्रेडीशनल कल्चर एंड इंट्रेप्रिन्योरशिप : ए केस स्टडी ऑफ अहमदाबाद' (*ई. पी. डब्ल्यू.* में प्रबंध-कर्म की समीक्षा, फरवरी 1969)।

2

नए बुद्धिजीवी वर्ग के आकार एवं मूल के लिए देखिए—बी. मैकली कृत *इंगलिश एजुकेशन एंड दि ओरिजिन ऑफ इंडियन नेशनलिज्म* (न्यूयार्क, 1940), ए. सील कृत *इमरजेंस*, अध्याय 1-3, और जे. मैकलेन कृत *अर्ली कांग्रेस* की प्रस्तावना और अध्याय 2, 6, 7। इसी विषय पर आंचलिक ब्यौरा आर. सुंदरलिंगम् कृत *पॉलिटिक्स एंड नेशनलिस्ट अवेकेनिंग इन साउथ इंडिया, 1852-91* (एरिजोना, 1974), डी. वाशबुक *कृत प्रॉविंशियल पॉलिटिक्स*, गॉर्डन जॉनसन कृत *मद्रास प्रेसीडेंसी*, आर. कैशमैन कृत *मिथ ऑफ दि लोकमान्य*, सी. डॉबिन कृत *अर्बन लीडरशिप इन वेस्टर्न इंडिया : पॉलिटिक्स एंड कम्युनिटीज़ इन बाम्बे सिटी 1840-85* (लंदन, 1972), जे. मैसीलॉस कृत *टुवर्ड्स नेशनलिज्मः पब्लिक इंस्टीट्यूशंस एंड अर्बन पॉलिटिक्स इन नाइटींथ सेंचुरी* (बंबई, 1974), *दादाभाई नौरोजी करेस्पांडेंस* और सी. बेयली कृत *लोकल रूट्स*।

उन्नीसवीं सदी के अंत में होनेवाले हिंदू सुधारों एवं पुनरुत्थानवाद के लिए देखिए—सी. हाइम्सथ कृत *हिंदू सोशल रिफॉर्म*, बी. बी. मजुमदार कृत *हिस्ट्री ऑफ इंडियन सोशल एंड पोलिटिकल आइडियाज़—फ्रॉम राममोहन टु दयानंद* (कलकत्ता, 1967), बिपिन पाल कृत *मेमरीज़*, अशोक सेन कृत *ईश्वरचंद्र विद्यासागर एंड हिज इल्यूसिव माइलस्टोंस* (कलकत्ता, 1977), जी. फोर्ब्स कृत *पॉजिटिविज्म इन बंगाल* (कलकत्ता, 1975), सी. डॉबिन कृत *अर्बन लीडरशिप*, जे. मेसीलोस कृत *टुवर्ड्स नेशनलिज्म*, बी. बी. मजुमदार कृत *मिलिटेंट नेशनलिज्म इन इंडिया एंड इट्स सोशियो-रिलिजस बैकग्राउंड 1897-1917* (कलकत्ता, 1966) जिससे मैंने विवेकानंद के उद्धरण लिए हैं, टी. वी. परवते कृत *एम. जी. रानाडे—ए बायोग्राफी* (बंबई, 1963), केनिथ जोंस कृत *आर्य धर्म* और लाजपतराय की वी. सी. जोशी द्वारा संपादित *आटोबायोग्राफिकल राइटिंग्स* (दिल्ली, 1965)। भारतीय इस्लाम के भीतर की प्रवृत्तियों पर डब्ल्यू. डब्ल्यू. हंटर की *इंडियन मुसलमान्स (कलकत्ता,* 1871) प्रभावपूर्ण किंतु भ्रामक रही है; साथ में देखिए—ए. सील, *इमरजेंस*, अध्याय 7; पी. हार्डी, *मुस्लिम्स;* एफ. जी. आर. रॉबिंसन, *सेपरेशन;* शाह मुहम्मद (सं.), *राइटिंग्स एंड स्पीचेज़ ऑफ सर सैयद अहमद खान* (बंबई, 1972); अज़ीज़ अहमद, *इस्लामिक मॉडर्निज्म;* जेड. एच. फारुकी, *देवबंद स्कूल;* निक्की केडी, *सैयद जमालुद्दीन अल-अफगानी* (कलकत्ता, 1973)। वर्तमान पुस्तक के प्रेस में जाने के बाद बंगाली मुस्लिमों में प्रचलित धारणाओं पर रफीउद्दीन अहमद ने अपना बहुमूल्य अध्ययन *दि बंगाल मुस्लिम्स 1871-1906 : ए क्वेस्ट फॉर आइडेंटिटी* (दिल्ली, 1981) प्रकाशित किया है जो स्थानीय भाषा में लिखे गए प्रबंधों पर आधारित है। गोरक्षा के लिए होनेवाले दंगों का आज तक उपलब्ध सर्वोत्तम विवरण जे. मैकलेन कृत *अर्ली कांग्रेस*, अध्याय 9, 10; और ज्ञान पांडे कृत 'रैलीइंग राउंड दि काऊ : सेक्टेरियन स्ट्राइफ इन दि भोजपुर रीज़न, सी. 1881-1971' (सेंटर फॉर स्टडीज़, कलकत्ता, ओकेज़लन पेपर सं. 39, 1981) में उपलब्ध है।

वरुण डे का लेख 'ब्रजेंद्रनाथ डे एंड जॉन बीम्स : स्टडी इन दि रिएक्शंस ऑफ पैट्रियॉटिज्म एंड पैटरनलिज्म इन दि आई. सी. एस.' (*बंगाल, पास्ट एंड प्रेज़ेंट*, 1962) जातिवादि और सिविल सेवाओं के भीतर राष्ट्रवादी भावनाओं का विशेष अध्ययन है। आरंभिक मध्यवर्गीय राष्ट्रीय भावना को विभिन्न क्षेत्रीय भाषाओं के साहित्य के माध्यम से ही समझा जा सकता है; विशेष रूप से देखिए—*बंकिम रचनावली*, 2 खंड (कलकत्ता, 1965, 1970); *मिस्सेलेनियस राइटिंग्स ऑफ एम. जी. रानाडे* (बंबई, 1915); एम. एल. आप्टे, 'लोकहितवादी एंड वी. के चिपलुणकर : स्पोक्समैन ऑफ चेंज इन नाइनटींथ सेंचुरी महाराष्ट्र' (*एम. ए. एस.*, 1973); इर्शचिक, *तमिल सेपरेटिज्म*, अध्याय 8; मदन गोपाल, *भारतेंदु हरिश्चंद्र* (नई दिल्ली, 1971); सुधीरचंद्र, 'कम्यूनल कांशसनेस इन लेट नाइनटींथ सेंचुरी हिंदी लिटरेटर' (मुशीरुल हसन द्वारा संपादित *कम्यूनल एंड*

पान-इस्लामिक ट्रेंड्स इन कोलोनियल इंडिया, दिल्ली, 1981 में संकलित); और उर्दू-हिंदी विवाद के लिए रॉबिंसन कृत *सेपरेटिज्म,* अध्याय 1-4, और पॉल आर. ब्रास कृत *लैंग्वेज़, रिलिजन एंड पॉलिटिक्स इन नार्थ इंडिया* (कैंब्रिज, 1979)। राष्ट्रवादी आर्थिक सिद्धांत के लिए अध्याय 2 के विस्तृत अध्ययन की सूची में संदर्भ दिए गए हैं।

कांग्रेस-पूर्व राजनीतिक समितियों का एवं कांग्रेस के गठन का सर्वाधिक विस्तृत विश्लेषण एस. आर. मल्होत्रा कृत *दि इमरजेंम ऑफ दि इंडियन नेशनल कांग्रेस* (दिल्ली, 1971) में मिलता है जो अनिल सील की सुप्रसिद्ध पुस्तक से अधिक व्यापक है। बी. बी. मजुदार *कृत इंडियन पोलिटिकल एसोसिएशंस एंड रिफॉर्म ऑफ लेजिस्लेचर्स 1818-1917* (कलकत्ता, 1965) और जे. सी. बागल कृत *हिस्ट्री आफ दि इंडियन एसोसिएशन* (कलकत्ता, 1953) भी द्रष्टव्य हैं। नरमदलीय कांग्रेस का सर्वोत्तम विवरण जे. आर. मैकलन कृत *अर्ली कांग्रेस* में है। एनी बेसेंट की *हाउ इंडिया फॉट फॉर फ्रीडम* (अड्यार, 1915) में कांग्रेस के अधिवेशनों एवं प्रस्तावों का अच्छा संक्षेप मिलता है; इनकी कार्यवाहियां ए. एम. जैदी कृत *इनसाइक्लोपीडिया ऑफ दि इंडियन नेशनल कांग्रेस,* 10 खंड (नई दिल्ली, 1976-80), में प्रकाशित हुई हैं। सी. ए. बेयली कृत *लोकल रूट्स,* डी. ए. वाशब्रुक कृत *मद्रास प्रेसीडेंसी,* गॉर्डन जॉनसन कृत *प्रॉविंशियल पॉलिटिक्स, दादाभाई नौरोजी करेस्पांडेंस,* वोलपर्ट कृत *तिलक,* कैशमैन कृत *मिथ ऑफ लोकमान्य,* बी. आर नंदा कृत *गोखले* (दिल्ली, 1977), बंबई सरकार द्वारा प्रकाशित *सोर्स-मैटीरियल्स ऑफ हिस्ट्री ऑफ फ्रीडम मूवमेंट इन इंडिया,* खंड 2 (बंबई, 1958) और सुरेंद्रनाथ बनर्जी व बिपिन पाल की आत्मकथाएं भी देखिए। उग्रवाद के उदय के लिए देखिए—एच. और यू. मुखर्जी कृत *श्री अरबिंदोज पोलिटिकल थॉट* (कलकत्ता, 1958), *इंदुप्रकाश* में 'न्यू लैंप्स फॉर ओल्ड' शृंखला का पुनर्मुद्रण, बी. बी. मजुमदार कृत *मिलिटेंट नेशनलिज्म इन इंडिया* और *कांग्रेस एंड कांग्रेसमेन इन दि प्रि-गांधियन इरा* (कलकत्ता, 1967), ए. त्रिपाठी कृत *दि एक्सट्रीमिस्ट चैलेंज* (कलकत्ता, 1967), और एस. सरकार कृत *दि स्वदेशी मूवमेंट इन बंगाल 1903-1908* (नई दिल्ली, 1973)।

अध्याय 4

कर्जन की राजनीत के लिए देखिए—ए. लोवट फ्रेज़र कृत *इंडिया अंडर कर्जन एंड आफ्टर* (लंदन, 1911), रोनाल्डशे कृत *लाइफ ऑफ लॉर्ड कर्जन,* खंड 2 (लंदन, 1928), जे. मैकलेन कृत *अर्ली कांग्रेस,* खंड 1, और एस. गोपाल कृत *ब्रिटिश पॉलिसी इन इंडिया 1858-1905*। बंग-भंग की पृष्ठभूमि का विवेचन एस. सरकार कृत *स्वदेशी मूवमेंट* के पहले अध्याय में किया गया है।

बंगाल के स्वदेशी आंदोलन की विवेचना मुख्यतः मेरी पुस्तक *स्वदेशी मूवमेंट इन बंगाल* का संक्षेप है; इसमें कुछ सामग्री उन पुस्तिकाओं से भी ली गई है जिन्हें मैंने बाद में इंडिया ऑफिस लायब्रेरी, लंदन में देखा। ए. त्रिपाठी कृत *एक्स्ट्रीमिस्ट चैलेंज*, जे. एच. ब्रूमफील्ड कृत *एलीट कांफ्लिक्ट इन ए प्ल्यूरल सोसायटी : ट्वेंटिएथ सेचुरी बंगाल* (बर्कले, 1968), रजत राय कृत *सोशल कांफ्लिक्ट एंड पोलिटिकल अनरेस्ट इन बंगाल 1875-1917* (कैंब्रिज वि. वि. का अप्रकाशित शोध-प्रबंध), एच. और यू. मुखर्जी कृत *ओरिजिन ऑफ दि नेशनल एजुकेशन मूवमेंट* (कलकत्ता, 1957), आर. पी. क्रोनिन कृत *ब्रिटिश पॉलिसी एंड एडमिनिस्ट्रेशन इन बंगाल : पार्टीशन एंड दि न्यू प्रॉविंस ऑफ ईस्टर्न बंगाल एंड असम 1905-12* (कलकत्ता, 1977), और रफीउद्दीन अहमद कृत *दि बंगाल मुस्लिम्स 1871-1906– ए क्वेस्ट फॉर आइडेंटिटी* भी देखिए। स्वदेशी विचारधारात्मक प्रवृत्तियों के अध्ययन लिए अनिवार्य कृतयां हैं—*स्वदेशी एंड स्वराज* (कलकत्ता, 1954) में पुनर्मुद्रित बिपिनचंद्र पाल के लेख; अरविंद घोष कृत *डॉक्ट्रिन ऑफ पैसिव रेसिस्टेंस* (पांडिचेरी, 1948), एच. और यू. मुखर्जी द्वारा संपादित *श्री अरबिंदो एंड दि न्यू थॉट इन इंडियन पॉलिटिक्स* (कलकत्ता, 1964) जिसमें *वंदेमातरम्* और *रवींद्र रचनावली* से उद्धरण भी दिए गए हैं, विशेषतः खंड 3, 4, 6, 8, 10 और 12 (कलकत्ता, विभिन्न तिथियां)। क्रांतिकारी आतंकवाद पर देखिए—जे. सी. केर कृत *पॉलिटिकल ट्रबुल इन इंडिया 1907-1917* (कलकत्ता, 1917)। क्रांतिकारियों की पारंपरिक धारणा एन. गुहा कृत *बांग्ले विप्लववाद* (कलकत्ता, 1923, 1954) में प्रस्तुत की गई है और हेमचंद्र कानूनगो की *बांग्ले विप्लव प्रचेष्टा* (कलकत्ता, 1928) में इसकी रोचक और लीक से हटकर की गई समालोचना मिलती है। भूपेन दत्त कृत *भारतेर द्वितीय स्वाधीनता संग्राम* (कलकत्ता, 1926, 1949) भी द्रष्टव्य है।

3

बेयली कृत *लोकल रूट्स* और रॉबिसन कृत *सेपरेटिज्म* में 1905 के बाद संयुक्त प्रांत की राजनीति पर उपयोगी आधार-सामग्री मिलती है। गुजरात के लिए देखिए—रजनी कोठारी द्वारा संपादित *कास्ट इन इंडियन पॉलिटिक्स* में ए. भट्ट का लेख 'कास्ट एंड पोलिटिकल मोबिलाइजेशन इन ए गुजरात डिस्ट्रिक्ट'। पंजाब के उग्रवाद पर अब तक उपलब्ध सर्वोत्तम विवरण हैं—एन. जी. बैरियर कृत 'दि पंजाब डिस्टर्बेंसेज़ ऑफ 1907 : दि रिस्पांस ऑफ दि ब्रिटिश गवर्नमेंट इन इंडिया टु एग्रेरियन अनरेस्ट' (*एम. ए. एस.*, 1907), और 'दि आर्यसमाज एंड कांग्रेस पॉलिटिक्स इन पंजाब, 1894-1908' (*जर्नल ऑफ एशियन स्टडीज़*, 1967)। लाजपतराय कृत *आटोबायोग्राफिकल राइटिंग्स* रोचक है और अवश्य पढ़ी जानी चाहिए। मद्रास पर वाशबुक

कृत *मद्रास प्रेसीडेंसी,* अध्याय 4, के अतिरिक्त अन्य सामग्री बहुत कम उपलब्ध है; यह कृति भी राजनीतिक आंदोलनों के विषय में अपर्याप्त है। मैंने के. वी. नारायण राव कृत *दि इमरजेंस ऑफ मॉडर्न आंध्र प्रदेश* (बंबई, 1973) और पी. आर. राव कृत *हिस्ट्री आफ मॉडर्न आंध्र प्रदेश* (नई दिल्ली, 1978) का भी उपयोग किया है। तिलक और महाराष्ट्र के संबंध में देखिए—वोलपर्ट; कैशमैन; गॉर्डन जॉनसन; डी. वी. अठाल्ये, *लाइफ ऑफ लोकमान्य तिलक* (पूना, 1921); जी. पी. प्रधान एवं ए. के. भागवत कृत *लोकमान्य तिलक* (बंबई, 1959); और रीज़नर एवं गोल्डबर्ग द्वारा संपादित *तिलक एंड दि स्ट्रगल फॉर इंडियन फ्रीडम* (नई दिल्ली, 1966)। *सोर्स-मैटीरियल फॉर हिस्ट्री ऑफ दि फ्रीडम मूवमेंट्स,* खंड 2 में तिलक की गतिविधियों एवं बंबई की हड़ताल से संबंधित महत्वपूर्ण आधार-सामग्री मिलती है। तूतीकोरीन और बंबई की हड़तालों के लिए मैंने अभिलेखागारों की सामग्री का भी उपयोग किया है, विशेष रूप से *होम पोलिटिकल,* ए, जून 1908, सं. 95 और *होम पोलिटिकल,* ए, दिसंबर 1908, सं. 149-169। कांग्रेस के वार्षिक अधिवेशनों की राजनीति एवं सूरत-विभाजन के लिए देखिए—वोलपर्ट; त्रिपाठी; और डी. आर्गोव कृत *मॉडरेट्स एंड एक्सट्रीमिस्ट्स इन दि इंडियन नेशनल मूवमेंट* (बंबई, 1967)।

4

मार्ले और मिंटो के पत्राचार के आरंभ से ही उपलब्ध हो जाने के कारण इस संबंध में पर्याप्त पोथा जमा हो गया है। इसमें से ब्रिटिश नीति के अध्ययन के लिए प्रासंगिक हैं : विस्काउंट मार्ले, *रिकलेक्शन्स* (लंदन, 1917); लेडी मेरी मिंटो, *इंडिया, मिंटो एंड मार्ले 1905-10* (लंदन, 1934); एम. एन. दास, *इंडिया अंडर मार्ले एंड मिंटो : पॉलिटिक्स बिहाइंड रिवॉल्यूशन, रिप्रेशन एंड रिफॉर्म्स* (लंदन, 1964); एस. आर. वास्ती, *लॉर्ड मिंटो एंड दि इंडियन नेशनल मूवमेंट* (ऑक्सफोर्ड, 1964); और एस. ए. वोलपर्ट, *मार्ले एंड इंडिया 1906-10* (कैलिफोर्निया, 1967)। देशी राज्यों के प्रति नीति के परिवर्तन का विश्लेषण आर. जेफ्री द्वारा संपादित *पीपुल, प्रिंसेज एंड पैरामाउंट पावर* में सम्मिलित डी. ए. लो के लेख 'लैसे फेयर एंड ट्रेडिशनल रूलरशिप इन प्रिंसली इंडिया' में मिलता है। मुस्लिम लीग के आरंभिक इतिहास के लिए देखिए—दास, वास्ती, त्रिपाठी की कृतियां और विशेष रूप से रॉबिंसन, अध्याय 4, 5, और एम. रहमान, *फ्रॉम कंसल्टेशन टु कंफ्रंटेशन : ए स्टडी ऑफ दि मुस्लिम लीग इन ब्रिटिश इंडियन पॉलिटिक्स 1906-12* (लंदन, 1978)।

इस काल के क्रांतिकारी आतंकवाद के लिए इंदुलाल याज्ञिक कृत *श्यामजी कृष्णवर्मा : लाइफ एंड टाइम्स ऑफ ऐन इंडियन रिवॉल्यूशनरी* (बंबई, 1950), जे. सी. केर कृत *पोलिटिकल ट्रबुल,* ए. सी. बोस कृत *इंडियन*

रिवॉल्यूशनरीज़ एब्रॉड 1905-22 इन दि बैकग्राउंड ऑफ इंटरनेशल डवलपमेंट्स (पटना, 1971), ई. सी. ब्राउन कृत *हरदयाल : हिंदू रिवॉल्यूशनरी एंड रेशनलिस्ट* (दिल्ली, 1975), रणधीरसिंह कृत *दि गदर हिरोज़* (बंबई, 1945) और सोहनसिंह जोश कृत *हिंदुस्तान गदर पार्टी : ए शार्ट हिस्ट्री* (नई दिल्ली, 1977) देखिए।

5

क्रांतिकारियों की युद्धकालीन गतिविधियों के लिए देखिए—*दि सेडियन कमेटी रिपोर्ट*, जे. सी. केर, ए. सी. बोस रणधीरसिंह और सोहनसिंह जोश की कृतियां; साथ में उमा मुखर्जी कृत *टू ग्रेट इंडियन रिवॉल्यूशनरीज़* (कलकत्ता, 1966) और भूपेन दत्त की *अप्रकाशितो राजनैतिक इतिहास* (कलकत्ता, 1953) भी। लीग और कांग्रेस की राजनीति के परिणामस्वरूप होनेवाले लखनऊ समझौते के संबंध में रॉबिंसन और बेयली उपयोगी जानकारी प्रदान करते हैं। होमरूल लीगों का सर्वोत्तम विवरण डी. ए. लो द्वारा संपादित *साउंडिंग्स इन साउथ एशियन हिस्ट्री* में एच. एफ. ओवेन का लेख 'टुवर्ड्स नेशनवाइड एजीटेशन एंड ऑर्गेनाइजेशन—दि होमरूल लीग्स, 1915-1918' में मिलता है। इसी काल पर एच. एफ. ओवेन का भारी-भरकम शोध-प्रबंध *लीडरशिप ऑफ दि इंडियन नेशनल मूवमेंट 1914-20* एन. एम. एम. एल. में माइक्रोफिल्म के रूप में उपलब्ध है। युद्ध के दौरान तिलक की गतिविधियों संबंधी जानकारी के लिए कैशमैन, *मिथ ऑफ लोकमान्य* और *बी. जी. तिलक : हिज राइटिंग्स एंड स्पीचेज़* (मद्रास : तिथि अज्ञात) देखिए।

6

आदिवासी आंदोलनों के लिए देखिए—ई. क्लेमेंट स्मिथ का लेख 'दि बस्तर रेबेलियन, 1910', (*मैन इन इंडिया*, विद्रोह अंक, दिसंबर 1945); स्टीफन फक्स कृत *रेबेलियस प्रॉफेट्स* (ताना भगत के लिए); और गौतम भद्र का लेख 'दि कूकी (?) अपराइजिंग (1917-19) : इट्स काजेज़ एंड नेचर' (*मैन इन इंडिया*, मार्च 1975)। खोंड और भील आंदोलनों के विवरण मेरे ही अभिलेखागारी शोध पर आधारित हैं। बिजौलिया पर देखिए—राम पांडे कृत *एग्रेरियन मूवमेंट्स इन राजस्थान* (दिल्ली, तिथि अज्ञात), जो संतोषजनक तो नहीं है किंतु अब तक प्रकाशित एकमात्र विवरण है। चंपारन और इसकी पृष्ठभूमि पर अनेक ताजा विवरण उपलब्ध हैं—जे. पुष्पादास, 'लोकल लीडर्स एंड दि इंटेलिजेंशिया इन दि चंपारन सत्याग्रह (1917) : ए स्टडी इन पेज़ेंट मोबिलाइजेशन' (*कांट्रीब्यूशन टु इंडियन सोशियोलाजी*, सं. 8, 1978); एस. हेनिंघम, 'सोशल सेटिंग ऑफ दि चंपारन सत्याग्रह : दि चैलेंज टु ऐन एलियन एलीट' (*आई. ई. एस. एच. आर.*, 1976); जी. मिश्रा, *एग्रेरियन प्रॉब्लम ऑफ परमानेंट सेटलमेंट : ए केस स्टडी ऑफ चंपारन* (नई दिल्ली, 1974) और

एस. के. मित्तल, *पेज़ेंट अपराइज़िंग्स एंड महात्मा गांधी इन नॉर्थ बिहार* (मेरठ, 1978)। खेड़ा के लिए डी. हार्डीमन, *पेज़ेंट नेशनलिस्ट्स ऑफ गुजरात*, अध्याय 5, और बारदोली के लिए आर. कोठारी द्वारा संपादित *कास्ट इन इंडियन पॉलिटिक्स* में अनिल भट्ट का लेख देखिए।

जतींद्रनाथ डे ने अपने अप्रकाशित शोध-प्रबंध में पूर्वी बंगाल के प्रजा आंदोलन पर कार्य किया है; यह कृति है *हिस्ट्री ऑफ दि कृषक प्रजा पार्टी इन बंगाल, 1928-47* (दिल्ली वि. वि., 1978)। शाहाबाद के दंगों का अध्ययन पीटर रॉब के लेख 'ऑफिशियल्स एंड नॉन-ऑफिशियल्स ऐज लीडर्स इन पॉपुलर एजीटेशंस : शाहाबाद 1917' में और अन्य 'षड्यन्त्रों' का भी अध्ययन बी. एन. पांडे द्वारा संपादित *लीडरशिप इन साउथ एशिया* (नई दिल्ली, 1977) में और हाल ही में आर. गुहा द्वारा संपादित *सबाल्टर्न स्टडीज़ I* में ज्ञान पांडे के लेख 'सेक्टेरियन स्ट्राइफ' में किया गया है। 1918 के कलकत्ता के दंगों के लिए देखिए—जे. एच. ब्रूमफ़ील्ड का लेख 'दि फॉरगॉटन मेज़ॉरिटी : दि बंगाल मुस्लिम्स सितंबर 1918' जो डी. एच. लो द्वारा संपादित *साउंडिंग्स इन मॉडर्न साउथ एशियन हिस्ट्री* में संकलित है। जातिगत आंदोलनों पर रूडोल्फ एवं रूडोल्फ, हार्डग्रेव, इर्शचिक और ओम्वेदृत का उल्लेख तीसरे अध्याय के लिए विस्तृत अध्ययन की सूची में किया जा चुका है; इनके अलावा देखिए—जेम्स मेनर, *पोलिटिकल चेंज इन ऐन इंडियन स्टेट : मैसूर 1917-55* (दिल्ली, 1977), रॉबिन जेफ्री, *दि डिक्लाइन ऑफ नायर डोमिनेंस : सोसायटी एंड पॉलिटिक्स इन त्रावणकोर, 1847-1908* (नई दिल्ली, 1976); डी. ए. वाशब्रुक, 'डवलपमेंट ऑफ कास्ट ऑर्गेनाइजेशन इन साउथ इंडिया 1880-1925' जो सी. जे. बेकर और डी. ए. वाशब्रुक द्वारा संपादित *साउथ इंडिया : पोलिटिकल इंस्टीट्यूशंस एंड पोलिटिकल चेंज* में संकलित है; और डी. ए. आर्नल्ड, आर. जेफ्री, जे. मेनर, 'कास्ट एशोसिएशन इन साउथ इंडिया—ए कंपरेटिव एनेलिसिस' (*आई. ई. एस. एच. आर.*, 1976)। आंध्र आंदोलन के लिए पी. आर. राव तथा के. वी. नारायण राव की कृतियां, तथा चित्तरंजन दास के भवानीपुर-भाषण के लिए राजन और वी. के. सेन, *देशबंधु चित्तरंजन दास : ब्रीफ सर्वे ऑफ लाइफ एंड वर्क* (कलकत्ता, 1928) देखिए। प्रेमचंद संबंधी जानकारी के लिए मैंने मदन गोपाल कृत *मुंशी प्रेमचंद : ए लिटरेरी बायोग्राफी* (बंबई, 1944) का उपयोग किया है।

अध्याय 5

1919 के पश्चात् कलकत्ता से प्रतिवर्ष प्रकाशित होनेवाले *इंडियन एनुअल रजिस्टर* में उच्च-अध्ययनरत विद्यार्थियों एवं शोधकर्त्ताओं के लिए राजनीतिक गतिविधियों की अच्छी जानकारी मिलती है।

1

मांटफोर्ड सुधारों एवं उनकी पृष्ठभूमि के लिए देखिए—आर. कूपलैंड, *कांस्टीट्यूशनल प्रॉब्लम्स इन इंडिया*, अध्याय 5-6; एस. आर. महरोत्रा, 'दि पॉलिटिक्स बिहाइंड दि मांटेग्यू डिक्लेरेशन ऑफ 1917' जो सी. एच. फिलिप्स द्वारा संपादित *पॉलिटिक्स एंड सोसायटी इन इंडिया* (लंदन, 1963) में संकलित है; और पी. जी. रॉब, *दि गवर्नमेंट ऑफ इंडिया एंड रिफॉर्म : पॉलिसीज़ टुवर्ड्स पॉलिटिक्स एंड कांस्टीट्यूशन 1916-21* (लंदन, 1976)। संवैधानिक परिवर्तनों एवं राष्ट्रवाद के संबंध के बारे में 'कैंब्रिज संप्रदाय' के संशोधित दृष्टिकोण का बयान गैलहर, जॉनसन और सील द्वारा संपादित *लोकेलिटी, प्रॉविंस एंड नेशन* (कैंब्रिज, 1973) में अनिल सील के लेख 'इंपीरियलिज्म एंड नेशनलिज्म इन इंडिया' में मिलता है, और इसे वाशब्रुक कृत *मद्रास प्रेसीडेंसी*, बेकर कृत *पॉलिटिक्स* और बेयली कृत *लोकल रूट्स* में विकसित किया गया है।

प्रथम विश्वयुद्ध के आर्थिक प्रभाव के लिए देखिए— बालाबुशेविच और द्याकोव कृत *कंटेंपोरेरी हिस्ट्री*, अध्याय 1; ए. के. बगची कृत *प्राइवेट इनवेस्टमेंट;* एस. जी. पानंदीकर कृत *सम एस्पेक्ट्स ऑफ दि इकोनॉमिक कांसेक्वेंसेंज़ ऑफ दि वार फॉर इंडिया* (बंबई, 1921)। क्षेत्रवार ब्यौरे के लिए ए. डी. डी. गॉर्डन, *बिजनेस एंड पॉलिटिक्स : राइजिंग नेशनलिज्म एंड ए मॉडर्नाइजिंग इकॉनोमी इन बाम्बे 1918-1933* (दिल्ली, 1938), अध्याय 1-2; ज्यूडिथ ब्राउन, *गांधीज़ राइज़ टु पावर : इंडियन पॉलिटिक्स 1915-22*, अध्याय 3; डी. हार्डीमन, *पेज़ेंट एजीटेशंस*, अध्याय 6; एम. एच. सिद्दीकी, *एग्रेरियन अनरेस्ट इन नॉर्थ इंडिया : यूनाइटेड प्रॉविंसेज़ 1918-1922* (नई दिल्ली, 1978), अध्याय 2; और सी. जे. बेकर, *दि पॉलिटिक्स ऑफ साउथ इंडिया*, अध्याय 1 देखिए। श्रमिक जागरण के लिए देखिए—आर. कुमार, 'बॉम्बे टैक्सटाइल स्ट्राइक, 1919', *(आई. ई. एस. एच. आर.*, 1977) और के. मुरुगेसन एवं सी. एस. सुब्रुमण्यम्, *सिंगारवेलु : फर्स्ट कम्युनिस्ट इन साउथ इंडिया* (नई दिल्ली, 1975)। खाद्यान्न से संबंधित दंगों के लिए देखिए–रजत राय, *सोशल कांफ्लिक्ट;* और डी. ऑर्नल्ड, 'लूटिंग, ग्रेन रॉयट्स एंड गवर्नमेंट पॉलिसी इन साउथ इंडिया 1918' (*पास्ट एंड प्रेज़ेंट*, अगस्त 1979)।

2

गांधीजी के आरंभिक राजनीतिक जीवन के लिए देखिए—एम. के. गांधी, *स्टोरी ऑफ माइ एक्सपेरिमेंट्स विद ट्रुथ* (अहमदाबाद, 1927, 1940); डी. जी. तेंदुलकर, *महात्मा*, खंड 1, 1869, 1920 (बंबई, 1960); ज्यूडिथ ब्राउन, *गांधीज़ राइज़ टु पावर, कलेक्टेड वर्क्स*, खंड 10 में गांधीजी का 'हिंद स्वराज'; और गांधीवादी दर्शन की संक्षिप्त व्याख्या के लिए जे. बोंड्यूरंट कृत *कांक्वेस्ट ऑफ वायलेंस* (बंबई, 1959) देखिए। आरंभिक गांधीवादी आंदोलनों और

चंपारन के लिए भी देखिए—जे. पुष्पादास, *लोकल लीडर्स;* जे. मिश्रा, *एग्रेरियन प्रॉब्लम्स;* एस. हैनिंघम, *सोशल सेटिंग;* और बी. बी. मिश्रा द्वारा संपादित *सिलेक्ट डॉक्यूमेंट्स ऑन गांधीज़ मूवमेंट इन चंपारन 1917-18* (पटना, 1973)। खेड़ा के लिए हार्डिमन, *पेज़ेंट एजीटेशंस,* अध्याय 4 और *पेज़ेंट नेशनलिस्ट्स,* अध्याय 5, और अहमदाबाद के लिए एरिक एरिक्सन, *गांधीज़ ट्रुथ,* भाग 3 (लंदन, 1970) देखिए। कृषक-आंदोलनों में अफवाहों की भूमिका का श्रेष्ठ अध्ययन जी. लेफेब्व्रे कृत *दि ग्रेट फियर ऑफ 1789* (लंदन, 1973) में मिलता है।

3

रौलट-विरोधी आंदोलन के मूल स्रोत, *दि हंटर कमीशन रिपोर्ट* (मार्च 1920) और *कांग्रेस पंजाब इनक्वायरी कमेटी रिपोर्ट* (फरवरी 1920) अब *पंजाब डिस्टर्बेंसेज़ 1919-20* के पहले और दूसरे खंडों (दिल्ली, 1976) में सरलता से उपलब्ध हैं। बी. एन. दत्त द्वारा संपादित *न्यू लाइट ऑन दि पंजाब डिस्टर्बेंसेज़;* गुप्तचर शाखा का कभी गोपनीय रहा सर्वेक्षण; पी. सी. बैम्फोर्ड कृत *हिस्ट्रीज़ ऑफ दि नॉन-कोऑपरेशन एंड खिलाफत मूवमेंट्स* (दिल्ली, 1925; पुनर्मुद्रित, दिल्ली 1974), ज्यूडिथ ब्राउन, *गांधीज़ राइज़ टु पावर,* अध्याय 5; और सर्वोपरि, आर. कुमार द्वारा संपादित *एस्सेज़ ऑन गांधियन पॉलिटिक्स; दि रौलट सत्याग्रह ऑफ 1919* (ऑक्सफोर्ड, 1971) में संकलित महत्वपूर्ण व्यष्टिस्तरीय अध्ययन—विशेष रूप से संगठनात्मक तैयारियों पर एच. एफ. ओवेन, लाहौर पर आर. कुमार, दिल्ली पर डब्ल्यू. फेरेल, गुजरात पर के. एल. गिलियन, बंबई शहर पर जे. मैसेलोस, और मध्यप्रांत एवं बरार पर डी. ई. यू. बेकर के लेख देखिए।

4

1919 के मध्य से नागपुर कांग्रेस तक होनेवाली राजनीतिक गतिविधियों के लिए देखिए—डी. जी. तेंदुलकर, *महात्मा,* खंड 1 और 2; बैम्फोर्ड, *हिस्ट्रीज़;* ज्यूडिथ ब्राउन, *गांधीज़ राइज़ टु पावर,* अध्याय 6-8; रिचर्ड गॉर्डन, 'नान-कोऑपरेशन एंड काउंसिल एंट्री' (*लोकेलिटी, प्रॉविंस एंड नेशन* में संकलित); एफ. रॉबिंसन, *सेपरेटिज्म,* अध्याय 7-9; मुशीरुल हसन, *नेशनलिज्म एंड कम्यूनल पॉलिटिक्स इन इंडिया* (दिल्ली, 1979), अध्याय 4-5; और ए. सी. नेइमीज़र, *दि खिलाफत मूवमेंट इन इंडिया* (हेग, 1972)। श्रमिक आंदोलनों पर देखिए—आर. के. दास, *फैक्टरी लेबर इन इंडिया* (बर्लिन, 1923); सुकोमल सेन, *वर्किंग क्लास ऑफ इंडिया : हिस्ट्री ऑफ इमर्जेंस एंड मूवमेंट* (कलकत्ता, 1977); जी. अधिकारी द्वारा संपादित *डाक्यूमेंट्स ऑफ दि हिस्ट्री ऑफ दि कम्युनिस्ट पार्टी ऑफ इंडिया,* खंड 1, 1917-22 (दिल्ली, 1971); सी. सहानोविस, *रूस विप्लव ओ प्रवासी भारतीय विप्लवी* (कलकत्ता, 1973); मुरुगेसन और सुब्रमण्यम्, *सिंगारवेलु; लिस्ट ऑफ लेबर यूनियन्स एंड एसोसिएशंस इन बंगाल 1920,*

1921 एंड 1922 (गवर्नमेंट ऑफ बंगाल); और विनय बहल, 'टाटा आयरन एंड स्टील कंपनी के श्रमिक आंदोलन, 1920-28' (*अन्य अर्थ*, 1975)। दुर्भाग्य से हमारे देश में श्रमिक आंदोलन का इतिहास अभी अपनी शैशवावस्था में ही है। किसान आंदोलन के लिए देखिए—राम पांडे, *राजस्थान;* स्टीफेन हैनिंघम, 'एग्रेरियन रिलेशंस इन नॉर्थ बिहार : पेज़ेंट प्रोटेस्ट एंड दि दरभंगा राज, 1919-20' (*आई. ई. एस. एच. आर.*, 1979); एम. एच. सिद्दीकी, *एग्रेरियन अनरेस्ट*, अध्याय 3-4; गुहा द्वारा संपादित *स्टडीज़ I* में ज्ञान पांडे का 'पेज़ेंट रिवोल्ट एंड नेशनलिज्म : दि पेज़ेंट मूवमेंट इन अवध, 1919-1922'; और कपिल कुमार, *पेज़ेंट मूवमेंट्स इन अवध 1918-22* (अप्रकाशित शोध-प्रबंध, मेरठ वि. वि., 1980)।

5

असहयोग एवं खिलाफत आंदोलन के अखिल भारतीय अध्ययनों के लिए देखिए—बैम्फोर्ड, *हिस्ट्रीज;* तेंदुलकर, *महात्मा*, खंड 2; ज्यूडिथ ब्राउन, *गांधीज़ राइज़ टु पावर*, अध्याय 9; कृष्णदास, *सेवन मंथ्स विद महात्मा गांधी* (कलकत्ता, 1928); जवाहरलाल नेहरू, *ऐन ऑटोबॉयोग्राफी;* गोपालकृष्ण, 'डवलपमेंट ऑफ दि इंडियन नेशनल कांग्रेस ऐज ए मास ऑर्गेनाज़ेशन' (*जर्नल ऑफ एशियन स्टडीज़*, मई 1966); *इंडियन एनुअल रजिस्टर 1921-22*; और साथ ही स्वयं गांधीजी का लेखन जो अधिकांशतः *यंग इंडिया* से है और *कलेक्टेड वर्क्स* में पुनर्मुद्रित है। ए. डी. डी. गॉर्डन कृत *बिजनेसमेन एंड पॉलिटिक्स*, अध्याय 5 और सब्यसाची भट्टाचार्य कृत *कॉटन मिल्स एंड स्पिनिंग व्हील्स—स्वदेशी इन दि नॉन-कोऑपरेशन एरा (ई. पी. डब्ल्यू.*, नवंबर 1976) व्यापारिक समूहों की भूमिका पर महत्वपूर्ण जानकारी प्रदान करती हैं। आंचलिक आधार-सामग्री के लिए जिन द्वितीयक स्रोतों का मैंने उपयोग किया है वे हैं—पंजाब के लिए मोहिंदर सिंह, *अकाली मूवमेंट* (दिल्ली, 1978); राजस्थान के लिए राम पांडे, *राजस्थान*, और रजत राय, 'मेवाड़ : दि ब्रेक-डाउन ऑफ दि प्रिंसली ऑर्डर' (आर. जेफ्री, *पीपुल, प्रिंसेज़ एंड पैरामाउंट पावर* में संकलित); गुजरात के लिए डी. हार्डिमन, 'पेज़ेंट नेशनलिस्ट्स,' अध्याय 7 और उनका 'क्राइसिस ऑफ दि लेसर पाटीदार्स : पेज़ेंट एजीटेशंन इन खेड़ा डिस्ट्रिक्ट, 1917-24' (डी. ए. लो द्वारा संपादित *कांग्रेस एंड दि राज* में संकलित); बंबई के लिए डी. ए. लो की इसी पुस्तक में आर. कुमार का लेख 'फ्रॉम स्वराज टु पूर्ण स्वराज : नेशनलिस्ट पॉलिटिक्स इन दि सिटी ऑफ बाम्बे, 1920-32'; तमिलनाडु और आंध्र प्रदेश के लिए बेकर और वॉशब्रुक द्वारा संपादित *साउथ इंडिया* में सी. जे. बेकर का लेख 'नॉन-कोऑपरेशन इन साउथ इंडिया'; डी. ऑर्नल्ड, *कांग्रेस इन तमिलनाडु : नेशनलिस्ट पॉलिटिकस इन साउथ इंडिया 1919-37* (दिल्ली, 1977), और एम. वेंकटरंगैया, *फ्रीडम स्ट्रगल इन आंध्रप्रदेश* , खंड 3 (हैदराबाद, 1965); मोपलों के लिए धनगर और केनराड वुड के पहले उद्धृत लेख और साथ

ही आर. एल. हार्डग्रेव का 'दि मपिल्ला रेबेलियन 1921' (*एम. ए. एस.,* 1977), ए. आर. देसाई द्वारा संपादित *पेज़ेंट स्ट्रगल्स* में के. एन. पणिक्कर का 'पेज़ेंट रिवोल्ट्स इन मलाबार इन नाइनटींथ एंड ट्वेंटिएथ सेंचुरीज़' और स्टीफन एफ. डेल, *इस्लामिक सोसाइटी ऑन दि साउथ एशियन फ्रंटियर,* अध्याय 7; असम के लिए ए. गुहा, *प्लांटर राज टु स्वराज;* बंगाल के लिए रजत रॉय का अप्रकाशित शोध-प्रबंध तथा उनका लेख 'मासेज़ इन पॉलिटिक्स—नॉन-कोऑपरेशन इन बंगाल 1920-22' (*आई. ई. एस. एच. आर.,*1974); ब्रूमफील्ड, *एलीट कांफ्लिक्ट;* एल. ए. गार्डन, *बंगाल : दि नेशनलिस्ट मूवमेंट 1876-1940* (दिल्ली, 1974) और हितेश सान्याल के पहले उद्धृत लेख; बिहार के लिए के. के. दत्ता, *हिस्ट्री ऑफ फ्रीडम मूवमेंट इन बिहार,* खंड 1 (पटना, 1957); अध्याय 8 और स्टीफन हैनिंघम का अप्रकाशित शोध-प्रबंध 'प्रोटेस्ट एंड कंट्रोल इन नॉर्थ बिहार, इंडिया, 1907-42' (ऑस्ट्रेलियन नेशनल यूनिवर्सिटी, 1978—एन. एम. एम. एल. में माइक्रोफिल्म के रूप में उपलब्ध), अध्याय 2; संयुक्त प्रांत के लिए एम. एच. सिद्दीकी, *एग्रेरियन अनरेस्ट;* कपिलकुमार, *पेजेंट मूवमेंट्स;* एस. के. मित्तल एवं कपिलकुमार का लेख 'बाबा रामचन्द्र एंड पेज़ेंट अपसर्ज इन अवध 1920-21' (*सोशल साइंटिस्ट,* जून 1978) और ज्ञान पांडे, *एसेंडेंसी*। इसका कुछ भाग मेरे अपने शोध पर भी आधारित है, जिसके लिए मैंने भारत सरकार के *होम पॉलिटिकल* और बंगाल सरकार की *पॉलिटिकल कांफिडेंशियल* फाइलों के साथ ही *रीडिंग कलेक्शन (एम. एस. एस. यूर. ई. 238-आई. ओ. एल.)* का उपयोग किया है।

6

1922-27 के बीच होनेवाली प्रमुख राजनीतिक गतिविधियों की जानकारी *तेंदुलकर कृत महात्मा* के दूसरे खंड और प्रासंगिक वर्षों के *इंडियन एनुअल रजिस्टर* से ली जा सकती है। गांधीवादी सत्याग्रहों एवं रचनात्मक कामों के लिए देखिए—डी. हार्डीमन के शोध-प्रबंध के अध्याय 7-8; डी. हार्डीमन, *बड़ौदा : दि स्ट्रक्चर ऑफ ए 'प्रोग्रेसिव स्टेट'* और आर. जैफ्री द्वारा संपादित *पीपुल, प्रिंसेस एंड पैरामउंट पावर* में उन्हीं का लेख 'त्रावणकोर : स्टेट्स, क्लास एंड दि ग्रोथ ऑफ रैडिकल पॉलिटिक्स 1860-1940'; हितेश सान्याल के लेख और ज्ञान पांडे कृत *एसेंडेंसी* का अ. 3। रजत राय का अप्रकाशित शोध-प्रबंध और विमलनंद समाल द्वारा बांग्ला में अपने पिता के संस्मरण (*स्वाधीनतेर फांकी,* कलकत्ता, 1967) बंगाल की स्वराजी राजनीति के लिए उपयोगी हैं। संयुक्त प्रांत के लिए ज्ञान पांडे की रचना और अपेक्षाकृत पिछड़े प्रदेश के लिए डी. यू. ई. बेकर कृत *चेंजिंग पॉलिटकल लीडरशिप इन ऐन इंडियन प्रॉविंस : दि सेंट्रल प्रॉविंसेस एंड बरार 1919-39* (दिल्ली, 1980) भी देखिए। संप्रदायवाद में वृद्धि के लिए ज्ञान पांडे कृत *एसेंडेंसी,* अ. 5; मुशीरुल हसन, *कम्युनल पॉलिटिक्स,* अ. 6-7; रिचर्ड गार्डन का लेख 'हिंदू महासभा एंड दि

इंडियन नेशनल कांग्रेस, 1915-1926' *(एम. ए. एस., 1975)* तथा के. मैकफरसन कृत *दि मुस्लिम माइक्रोकास्म : कलकत्ता 1918-35* (वीजबाडेन, 1974) देखिए।

7

साम्राज्यिक नीतियों के विरुद्ध आर्थिक एवं राजनीतिक क्षोभ की तीव्रता के संबंध में देखिए—आर. जे. मूर, *क्राइसिस ऑफ इंडियन यूनिटी 1917-40* (ऑक्सफोर्ड, 1914); एफ. मोरिस, *सर पुरुषोत्तमदास ठाकुरदास* (बंबई, 1957); और बासुदेव चटर्जी, *लंकाशायर काटन ट्रेड एंड ब्रिटिश पॉलिसी इन इंडिया 1919-39* (अप्रकाशित शोध-प्रबंध, कैंब्रिज, 1978)। वेंकटरंगैया कृत *आंध्रप्रदेश* में मद्रास सरकार के अभिलेखागार से महत्वपूर्ण उद्धरण मिलते हैं। सीताराम राजू के विद्रोह को प्रस्तुत करने के लिए मैंने कतिपय *होम पोलिटिकल* फाइलों का भी प्रयोग किया है। राजस्थान के कृषकों के लिए मैंने राम पांडे और रजत राय के मेवाड़ संबंधी लेखों का भी प्रयोग किया है। कृषि संबंधी मुद्दों पर बंगाल के स्वराजी दृष्टिकोण पर देखिए—पार्थ चटर्जी, 'एग्रेरियन रिलेशंस एंड पॉलिटिक्स इन बंगाल : सम कंसीडरेशंस ऑन दि मेकिंग ऑफ टेनेंसी एक्ट अमेंडमेंट 1928,' ओकेजनल पेपर सं. 30, सेंटर फॉर स्टडीज़ इन सोशल साइंसेज़ (कलकत्ता, 1980)। डी. ए. लो द्वारा संपादित *कांग्रेस एंड दि राज* में संकलित वी. स्टोडर्ट का लेख 'दि स्ट्रक्चर ऑफ कांग्रेस पॉलिटिक्स इन कोस्टल आंध्रा 1925-37' आंध्र प्रदेश के संबंध में महत्वपूर्ण जानकारी प्रदान करता है। जातिगत आंदोलनों पर इर्शचिक कृत *नॉन-ब्राह्मण मूवमेंट* और ओम्वेद्त कृत *कल्चरल रिवोल्ट* के अतिरिक्त हेतुकर झा का लेख 'दि लोअर कास्ट पेज़ेंट्स एंड अपर कास्ट जमींदार्स इन बिहार, 1921-25' (*आई. ई. एस. एच. आर.,* 1977); डी. कीर कृत *डा. अंबेडकर : लाइफ एंड मिशन* (बंबई, 1954) भी देखें। बी. एन. पांडे द्वारा संपादित *लीडरशिप इन साउथ एशिया* (दिल्ली, 1977) में एल्यानोर जेलट का लेख 'दि लीडरशिप ऑफ बाबा साहेब अंबेडकर' और सी. जे. बेकर का लेख 'लीडिंग अपटु पेरियार : दि अर्ली कैरियर ऑफ ई. वी. रामास्वामी नायकर'; आर. जेफ्री कृत *त्रावणकोर,* और मुरुगेसन एवं सुब्रमण्यम् कृत *सिंगारवेलु* भी देखिए। श्रमिकों संबंधी जानकारी के लिए देखिए—सुकोमल सेन कृत *वर्किंग क्लास;* विनय बहल कृत *श्रमिक आंदोलन;* बासुदेव चटर्जी का शोध-प्रबंध; बेकर, जानसन और सील (सं.), *पावर, प्रॉफिट एंड पॉलिटिक्स* में आर. चंदावरकर का लेख 'वर्कर्स पोलिटिक्स एंड दि मिल डिस्ट्रिक्ट्स इन बांबे बिटवीन दि वार्स' देखें। आर. न्यूमन कृत *वर्कर्स एंड यूनियंस इन बांबे 1918-29* (कैनबरा, 1981) इस पुस्तक के प्रेस में जाने के पश्चात् उपलब्ध हुई। कम्युनिस्टों पर देखिए—जी. अधिकारी, *डाक्यूमेंट्स,* खंड एक-तीन; सी. केय, *कम्युनिज्म इन इंडिया 1919-24* (पुनर्मुद्रित, संपादक एस. रॉय, कलकत्ता, 1971); और डी. पेट्री, *कम्युनिज्म इन इंडिया 1924-27* (पुनर्मुद्रित संस्करण, संपादक एम. साहा, कलकत्ता, 1972)। आंतकवादियों के लिए *टेररिज्म*

इन इंडिया 1917-36 (पुनर्मुद्रित, दिल्ली, 1974) देखिए। जवाहरलाल नेहरू के चिंतन में परिवर्तन के लिए एस. गोपाल, *जवाहरलाल नेहरू*, खंड 1 देखें।

अध्याय 6

आर्थिक विकासक्रम की जानकारी के लिए देखिए—बिपनचंद्र कृत *नेशनलिज्म एंड कोलोनियलिज्म इन मॉडर्न इंडिया* (दिल्ली, 1979) में उनका लेख 'कोलोनियलिज्म एंड मॉडर्नाइज़ेशन'; सी. जे. बेकर, *पॉलिटिक्स*, अ. 3 के साथ ही *पावर, प्रॉफिट एंड पॉलिटिक्स* में उनका लेख 'कोलोनियल रूल एंड दि इंटरनल इकॉनमी इन ट्वेंटिएथ सेंचुरी मद्रास'; अमिय बागची, *प्राइवेट इनवेस्टमेंट* और रजत राय कृत *इंडस्ट्रियलाइजेशन इन इंडिया : ग्रोथ एंड कांफ्लिक्ट इन दि प्राइवेट कारपोरेट सेक्टर 1914-47* (दिल्ली, 1979)। इस अवधि में भारत और ब्रिटेन के आर्थिक संबंधों पर सर्वोत्तम अध्ययन बासुदेव चटर्जी कृत *लंकाशायर कॉटन ट्रेड*, और भारतीय व्यापारिक दृष्टिकोणों पर क्लाड मार्कोविट्ज कृत *इंडियन बिजनेस एंड नेशनलिस्ट पॉलिटिक्स फ्रॉम 1931 टु 1939* हैं। ये दोनों ही गंथ्र शीघ्र-प्रकाश्य हैं। बासुदेव चटर्जी ने हाल ही में *पावर, प्रॉफिट एंड पॉलिटिक्स* में संकलित लेख 'बिजनेस एंड पॉलिटिक्स इन दि नाइंटीन-थर्टीज : लंकाशायर एंड मेकिंग ऑफ दि इंडो-ब्रिटिश ट्रेड एग्रीमेंट्स, 1939' में अपनी आधार-सामाग्री का कुछ अंश प्रकाशित किया है। मैं बासुदेव चटर्जी और क्लाड मार्कोविट्ज का अत्यंत आभारी हूं कि उन्होंने अपनी कुछ शोध-सामग्री को मुझे छठे और सातवें अध्याय में प्रयोग करने की अनुमति दी। एक वैकल्पिक मत के अनुसार भारत ने तीसरे दशक से ही आर्थिक स्वाधीनता प्राप्त कर ली थी। यह मत आई. ए. ड्रुमंड कृत *ब्रिटिश इकोनॉमिक पॉलिसी एंड इंपायर 1919-39* (लंदन, 1972) में; डेवी एवं हॉपकिंस (सं.), *इंपीरियल इंपैक्ट : स्टडीज़ इन दि इकोनॉमिक हिस्ट्री ऑफ अफ्रीका एंड इंडिया* में सी. डेवी के लेख 'एंड ऑफ इंपीरियलिज्म ऑफ फ्री ट्रेड : एक्लिप्स ऑफ लंकाशायर लॉबी एंड कंसेशन फिस्कल ऑटोनोमी टु इंडिया' में और बी. आर. टॉमलिंसन कृत *पोलिटिकल इकॉनमी ऑफ दि राज 1914-47* (लंदन, 1979) में देखा जा सकता है।

2

1928-29 के सामान्य विवरण के लिए एस. गोपाल, *जवाहरलाल नेहरू* (खंड 1); डी. जी. तेंदुलकर, *महात्मा* (खंड 2); ज्यूडिथ ब्राऊन, *गांधी एंड सिविल डिसओबेडिएंस*, अ. 1-2 देखिए। इस विवरण और अध्याय 6 और 7 के बादवाले भागों के लिए *इंडियन एनुअल रजिस्टर* अत्यंत उपयोगी सिद्ध हुआ है। आर. जे. मूर कृत *क्राइसिस ऑफ इंडियन यूनिटी* में ब्रिटिश नीति का कुशल सर्वेक्षण किया गया है। नेहरू रिपोर्ट पर होनेवाली वार्ताओं के लिए

उमा कौर कृत *मुस्लिम्स एंड इंडियन नेशनलिज्म* (दिल्ली, 1977); सी. खलीकुज्जमां कृत *पाथवे* और पी. हार्डी कृत *मुस्लिम्स ऑफ ब्रिटिश इंडिया* भी देखिए। रजवाड़ों के लिए आर. एल. हांडा कृत *हिस्ट्री ऑफ फ्रीडम मूवमेंट इन प्रिंसली स्टेट्स* (नई दिल्ली, 1968) और आर. जे. मूर कृत *क्राइसिस ऑफ इंडियन यूनिटी* देखिए। युवा आंदोलनों के लिए एस. गोपाल कृत *नेहरू;* जवाहरलाल नेहरू कृत *ऐन आटोबॉयोग्राफी* और उनके *सेलेक्टेड वर्क्स* का खंड 4 और सुभाष बोस कृत *दि इंडियन स्ट्रगल* (कलकत्ता, 1935, 1964) देखिए। क्रांतिकारी आतंकवाद के पुनः उभरने और इसकी नई प्रवृत्तियों के लिए *टेररिज्म इन इंडिया 1917-36,* (गवर्नमेंट ऑफ इंडिया, 1917-36, पुनर्मुद्रित, 1974) देखिए। बिपनचंद्र कृत *नेशनलिज्म एंड कोलोनियलिज्म* में उनका लेख 'आयडियोलॉजिकल डवलपमेंट ऑफ रिवॉल्यूशनरी टेररिस्ट्स इन नॉर्दर्न इंडिया इन दि नाइंटीन-ट्वेंटीज़' और भगतसिंह कृत *व्हाई आई ऐम ऐन एथीस्ट* (पुनर्मुद्रित, दिल्ली, 1979) भी देखें। श्रमिकों और कम्युनिस्टों पर पैट्री कृत *कम्युनिज्म;* विलियम्सन कृत *इंडिया एंड कम्युनिज्म 1928-35* (हेलेट कलेक्शन, आई. ओ. एल. में); सुकोमल सेन कृत *वर्किंग क्लास;* मुरुगेसन और सुब्रमण्यम् कृत *सिंगारवेलु;* गौतम चट्टोपाध्याय, *कम्युनिज्म एंड बंगाल्स फ्रीडम मूवमेंट्स, खंड 1, 1917-29* (नई दिल्ली, 1970); सरकार, *नेशनल मूवमेंट एंड पॉपुलर प्रोटेस्ट इन बंगाल, 1928-34* (अप्रकाशित शोध-प्रबंध, दिल्ली वि. वि., 1981); सुबोध रॉय (सं.), *कम्युनिज्म इन इंडिया : अनपब्लिश्ड डॉक्यूमेंट्स 1925-34* (कलकत्ता, 1972) देखें। साथ में देखें विनय बहल कृत *श्रमिक आंदोलन* और जी. ओम्वेदृत कृत *कल्चरल रिवोल्ट,* अ. 13 (जिसमें आर. न्यूमैन कृत *लेबर ऑर्गेनाइजेशन इन बांबे कॉटन मिल्स 1919-29* के निष्कर्षों का सार-संक्षेप प्रस्तुत किया गया है; यह ससेक्स का एक अप्रकाशित शोध-प्रबंध है लेकिन इसे मैं देख नहीं पाया हूं)। कृषि संबंधी मुद्दों एवं किसान आंदोलन पर मेरा विवरण पार्थ चटर्जी कृत *एग्रेरियन रिलेशंस;* टी. सरकार कृत *पॉपुलर प्रोटेस्ट;* अजीम हुसैन कृत *फज्ले हुसैन* (लंदन, 1946); रमेश वालिया कृत *प्रजामंडल मूवमेंट इन ईस्ट पंजाब स्टेट्स* (पटियाला, 1972); डब्ल्यू. हाउज़र कृत *बिहार प्रॉविंशियल किसान सभा, 1929-42* (अप्रकाशित शोध-प्रबंध, शिकागो, 1961, एन. एम. एम. एल. माइक्रोफिल्म); लो द्वारा संपादित *कांग्रेस एंड दि राज* में बी. स्टोडर्ट के लेख; महादेव देसाई कृत *स्टोरी ऑफ बारदोली* (अहमदाबाद, 1929) और *कंट्रीब्यूशंस टु इंडियन सोसियोलाजी* (सं. 8, 1974) में घनश्याम शाह के लेख 'ट्रेडिशनल सोसायटी एंड पॉलिटिकल मोबिलाइजेशन : दि एक्सपीरिएंस ऑफ बारदोली सत्याग्रह 1920-28' पर आधारित है।

साइमन आयोग के बहिष्कार से संबंधित भाग और श्रमिक विद्रोह का विवरण बड़ी हद तक मेरे अपने ही शोध पर आधारित है। इसके लिए मैंने भारतीय राष्ट्रीय कांग्रेस, इंडियन चैंबर ऑफ कामर्स और बांबे मिल-ओनर्स एसोसिएशन की वार्षिक रिपोर्टों, होम पोलिटिकल एवं अखिल भारतीय कांग्रेस

कमेटी की फाइलों और आई. ओ. एल. में इरविन, बर्केनहेड और साइक्स के निजी दस्तावेजों, कैंब्रिज में बेंथल के दस्तावेजों तथा एन. एम. एम. एल. एवं एन. ए. आई. में उपलब्ध ठाकुरदास और जयकर के दस्तावेजों का प्रयोग किया है।

3

अखिल-भारतीय स्तर पर पहले सविनय अवज्ञा आंदोलन के अध्ययन में ये ग्रंथ सम्मलित हैं—तेंदुलकर कृत *दि महात्मा,* खंड 3; एस. गोपाल कृत *जवाहरलाल नेहरू,* अ. 9; ज्यूडिथ ब्राउन कृत *गांधी एंड सिविल डिसओबेडिएंस;* और एस. सरकार का लेख 'लॉजिक ऑफ इंडियन नेशनलिज्म एंड दि गांधी-इरविन पैक्ट, 1930-31', (*इंडियन हिस्टोरिकल रिव्यू,* जुलाई, 1976)। गांधी के *कलेक्टेड वर्क्स,* खंड 34-35, और नेहरू के *सेलेक्टेड वर्क्स,* खंड 4 में अत्यंत महत्वपूर्ण सामग्री मिलती है। व्यापारिक दृष्टिकोणों के लिए एस. ए. कोचनिक कृत *बिजनेस एंड पॉलिटिक्स इन इंडिया* (कैलिफोर्निया, 1974) और जी. डी. बिड़ला कृत *दि पाथ टु प्रास्पेरिटी* (इलाहाबाद, 1950) और *इन दि शैडो ऑफ दि महात्मा* (बंबई, 1953) भी देखिए। क्रांतिकारी आतंकवाद की लहर के लिए *टेररिज्म इन इंडिया* तथा ब्रिटिश नीतियों के लिए के. एन. पणिक्कर द्वारा संपादित *नेशनल एंड लेफ्ट मूवमेंट्स इन इंडिया* (दिल्ली, 1980) में एस. सरकार का लेख 'प्रिमिटिव एंड मॉडर्न नेशनलिज्म : नोट ऑन फॉरेस्ट सत्याग्रह इन दि नॉन-कोऑपरेशन एंड सिविल डिसओबेडिएंस मूवमेंट्स' तथा आर. जे. मूर कृत *क्राइसिस ऑफ इंडियन यूनिटी* देखिए।

डी. ए. लो द्वारा संपादित कांग्रेस एंड दि राज प्रांतीय सर्वेक्षणों का अत्यंत महत्वपूर्ण संग्रह है। विशेष रूप से देखिए गुजरात पर डी. हार्डीमन, बंबई शहर पर आर. कुमार, तटीय आंध्र पर बी. स्टोडर्ट, संयुक्त प्रांत पर ज्ञान पांडे, मध्यप्रांत पर डी. ई. यू. बेकर, तमिलनाडु पर डी. अर्नाल्ड और बिहार पर जी. मैकडोनल्ड के लेख; ये सभी अंशतः या कभी-कभी मुख्यतः सविनय अवज्ञा आंदोलन पर ही केंद्रित हैं। ज्ञान पांडे कृत *एसेंडेंसी* अब तक किसी एक प्रदेश में सविनय अवज्ञा आंदोलन का एकमात्र उपलब्ध विस्तृत अध्ययन है। ये भी द्रष्टव्य हैं—ए. डी. डी. गार्डन कृत *बिजनेसमेन एंड पालिटिक्स;* डी. हार्डीमन कृत *पेजेंट नेशनलिस्ट्स,* अ. 9; जी. ओम्वेद्त कृत *कल्चरल रिवोल्ट;* जी. एस. हलप्पा कृत *हिस्ट्री ऑफ फ्रीडम मूवमेंट्स इन कर्नाटका* (बंगलौर, 1964), वेंकटरंगैया कृत *आंध्रप्रदेश;* सी. जे. बेकर कृत *पॉलिटिक्स;* टी. वी. कृष्णन् कृत *केरलाज़ फर्स्ट कम्युनिस्ट : लाइफ ऑफ 'सखा' कृष्ण पिल्लई* (नई दिल्ली); डी. अर्नाल्ड कृत *कांग्रेस इन तमिलनाडु;* डी. बेकर का आलेख 'फारेस्ट सत्याग्रह इन दि सेंट्रल प्रॉविंसेस' (एन. एम. एम. एल. सेमिनार, दिसंबर 1980)। ए. गुहा कृत *प्लांटर राज टु स्वराज;* गैलहर का लेख 'कांग्रेस इन डिक्लाइन : बंगाल 1930-39' (*लोकेलिटी, प्रॉविंस एंड नेशन* में संकलित); टी. सरकार का

लेख 'दि फर्स्ट फेज़ ऑफ सिविल डिसओबेडिएंस इन बंगाल 1930-31' (*इंडियन हिस्टॉरिकल रिव्यू*, जुलाई 1977) और एम. हसन द्वारा संपादित *कम्युनल एंड पैनइस्लामिक ट्रेंड्स इन कोलोनियल इंडिया* (दिल्ली, 1981) में 'कम्युनल रॉयट्स इन बंगाल 1930-31', साथ ही पहले उद्धृत उनका अप्रकाशित शोध-प्रबंध; आर. वालिया कृत *पियारा मंडल;* डब्ल्यू. हाउजर कृत *किसान सभा;* के. के. दत्ता कृत *हिस्ट्री ऑफ दि फ्रीडम मूवमेंट इन बिहार*, खंड II (पटना, 1957); एस. हैनिंघम कृत *प्रोटेस्ट एंड कंट्रोल इन नार्थ बिहार*, अ. 3; ए. के. गुप्ता कृत *नार्थ-वेस्ट फ्रांटियर प्रॉविंस लेजिस्लेचर एंड दि फ्रीडम स्ट्रगल* (नई दिल्ली, 1976) और डी. जी. तेंदुलकर कृत *अब्दुल गफ्फार खान* (बंबई, 1967)। इस भाग के लिए जिन स्रोतों का उपयोग किया गया है वे हैं—होम पोलिटिकल और अखिल भारतीय कांग्रेस कमेटी की फाइलें, इंडियन चैंबर ऑफ कामर्स और बांबे मिल-ओनर्स एसोसिएशन की वार्षिक रिपोर्टें और इरविन, साइक्स, आर. ई. हाकिंस, बेंथल, ठाकुरदास एवं वालचंद हीराचंद के निजी दस्तावेज।

4

संधि के महीनों के सामान्य विवरण के लिए देखिए—एस. गोपाल कृत *नेहरू*, अ. 1; जे. नेहरू कृत *ऐन ऑटोबायोग्राफी;* ज्यूडिथ ब्राउन, *सिविल डिसओबेडिएंस* और तेंदुलकर, खंड 3। डी. हार्डीमन के पूर्व उद्धृत शोध-प्रबंध में क्षेत्रीय ब्यौरे देखे जा सकते हैं। साथ में ज्ञान पांडे कृत *एसेंडेंसी;* बी. स्टोडर्ट कृत *कांग्रेस एंड दि राज;* पी. एन. बजाज कृत *हिस्ट्री ऑफ दि स्ट्रगल फॉर फ्रीडम इन कश्मीर* (नई दिल्ली, 1954); डब्ल्यू. हाउजर कृत *किसान सभा;* टी. कृष्णन् कृत *केरलाज़ फर्स्ट कम्युनिस्ट;* ए. के. गोपालन कृत *इन दि कॉज ऑफ दि पीपुल* (मद्रास, 1976); टी. रामकृष्णन् का लेख 'किसान मूवमेंट इन आंध्र 1918-38' (*प्रोसीडिंग्स ऑफ सेमिनार ऑन सोशलिज्म इन इंडिया*, एन. एम. एल., अनुलेखित, 1970) भी देखें। सरकारी नीतियों के लिए देखिए—आर. जे. मूर कृत *क्राइसिस ऑफ इंडियन यूनिटी;* डी. ए. लो द्वारा संपादित *कांग्रेस एंड दि राज* में लो का लेख 'सिविल मार्शल लॉ : दि गवर्नमेंट ऑफ इंडिया एंड दि सिविल डिसओबेडिएंस मूवमेंट्स, 1930-34' और पी. एस. गुप्ता कृत *इंपीरियलिज्म एंड ब्रिटिश लेबर*, अ. 7, 8। पहले भाग में उद्धृत मूल स्रोतों के साथ *रिपोर्ट आफ दि कराची कांग्रेस* और *इंडियन एनुअल रजिस्टर* का भी प्रयोग किया गया है।

5

प्रथम सविनय अवज्ञा आंदोलन के अनेक संदर्भ 1932-33 के लिए भी उपयोगी हैं, विशेष रूप से *कांग्रेस एंड दि राज*, जे. ब्राउन, जी. पांडे, टी. सरकार, जी. एस. हलप्पा, सी. जे. बेकर और डी. अर्नाल्ड। साथ में जी. एच. खान कृत *फ्रीडम मूवमेंट इन कश्मीर 1931-40* (नई दिल्ली, 1980) और एच. क्रूगर (सं.),

के. एम. अशरफ (दिल्ली, 1969) भी देखिए। मैंने अखिल भारतीय कांग्रेस कमेटी और होम पोलिटिकल फाइलों और टेंपलवुड (होर), साइक्स, हॉकिंस और ठाकुरदास के निजी दस्तावेजों का भी पर्याप्त उपयोग किया है। व्यापारिक पुनर्संयोजनों के लिए सर्वोत्तम विवरण बासुदेव चटर्जी और क्लाड मार्कोविट्ज के हैं और मैंने कोचनिक कृत *बिजनेस,* जी. डी. बिड़ला कृत *इन दि शैडो ऑफ दि महात्मा* और जयकर और ठाकुरदास के दस्तावोजों का भी उपयोग किया है। गांधीजी के हरिजन-अभियान पर अभी अधिक शोध नहीं हुआ है किंतु तेंदुलकर, खंड 3; डी. कीर कृत *अंबेडकर;* मुरुगेसन और सुब्रमण्यम् कृत *सिंगारवेलु,* सी. जे. बेकर कृत *लीडिंग अप टु पेरियार* और बी. एन. पांडे (सं), *लीडरशिप इन साउथ एशिया* में एल्यानोर जेलट का लेख 'दि लीडरशिप ऑफ बाबा साहेब अंबेडकर', और आर. जेफ्री कृत *पीपुल, प्रिंसेज एंड पैरामाउंट पावर* देखे जा सकते हैं। परस्पर-विरोधी वामपंथी और दक्षिणपंथी राजनीतिक प्रवृत्तियों के लिए देखिए—एस. गोपाल; नेहरू कृत *ऑटोबायोग्राफी* और *सेलेक्टेड वर्क्स;* तेंदुलकर, खंड 3; बी. आर. टॉमलिंसन कृत *इंडियन नेशनल कांग्रेस एंड दि राज 1929-42;* हाउज़र कृत *किसान सभा;* एन. जी. रंगा कृत *रिवॉल्यूशनरी पेजेंट्स,* (दिल्ली, 1949); सी. रेवरी कृत *इंडियन ट्रेड यूनियन मूवमेंट* (दिल्ली, 1972); ई. एम. एस. नंबूदरीपाद कृत *हाउ आई बिकेम ए कम्युनिस्ट* (त्रिवेंद्रम, 1976); ए. के. गोपालन कृत *इन दि काज ऑफ दि पीपुल* और सुबोध राय द्वारा संपादित *कम्युनिज्म इन इंडिया*। कांग्रेस सोशलिस्ट पार्टी पर अब तब का सबसे विस्तृत अध्ययन टी. ए. रश कृत *दि रोल ऑफ दि कांग्रेस सोशलिस्ट पार्टी इन दि इंडियन नेशनल कांग्रेस* (अप्रकाशित शोध-प्रबंध, एन. एम. एम. एल., माइक्रोफिल्म) है। डी. एस. लाउशे कृत *बंगाल टेररिज्म एंड दि मार्क्सिस्ट लेफ्ट* में एक महत्वपूर्ण विषय की निराशाजनक विवेचना मिलती है।

1935 के कानून के लिए देखिए—कूपलैंड कृत *कांस्टीट्यूशनल प्रॉब्लम्स;* ग्वायर और अप्पादोराई, *स्पीचेज़ एंड डाक्यूमेंट्स;* आर. जे. मूर कृत *क्राइसिस ऑफ इंडियन यूनिटी,* और बी. आर. टॉमलिंसन कृत *इंडियन नेशनल कांग्रेस एंड दि राज 1929-42* (लंदन, 1976)। ए. गोपाल ने प्रमुख राजनीतिक गतिविधियों का अच्छा सार-संक्षेप दिया है और जवाहरलाल नेहरू के *ए बंच ऑफ ओल्ड लेटर्स* (बंबई, 1958) में चौथे दशक के कतिपय महत्वपूर्ण पत्राचार सम्मिलित हैं। अचरज की बात यह है कि *इंडियन एनुअल रजिस्टर* में किसान आंदोलन पर भी महत्वपूर्ण जानकारी मिलती है। डब्ल्यू. हाउज़र कृत *किसान सभा* और *कांग्रेस सोशलिस्ट* के अंक (एन. एम. एम. एल. में उपलब्ध) भी देखिए। रजवाड़ों के लिए आर. एल. हांडा, आर. वालिया और *इंडियन एनुअल रजिस्टर* देखिए। साहित्य में वामपंथी प्रवृत्तियों के लिए देखिए—डी. अंजनायुलु का लेख 'इंपैक्ट आफ सोशल आइडियोलाजी ऑन तेलुगु लिटरेचर बिट्वीन द वार्स'; का ना सुब्रमण्यम् का लेख 'सोशलिज्म इन तमिल लेटर्स, 1919-39':

पी. पाध्ये का लेख 'इंपैक्ट ऑफ सोशलिज्म ऑन मराठी लिटरेटर' और एस. एस. चौहान का लेख 'इंपैक्ट ऑफ सोशलिस्ट आइडियोलाजी ऑन हिंदी लिटरेचर 1918-39' (ये सभी *सोशलिज्म इन इंडिया*, एन. एम. एम. एल. में अनुलेखित रूप में उपलब्ध हैं); मदन गोपाल कृत *मुंशी प्रेमचंद : ए लिटरेरी बायोग्राफी* (बंबई, 1964); सुधीरचंद्र का लेख 'दि आइडियल एंड दि रियल इन प्रेमचंद (एन. एम. एम. एल. सेमिनार पेपर, 1980) और राल्फ रसल का लेख 'लीडरशिप इन दि ऑल इंडिया प्रोग्रेसिव राइटर्स मूवमेंट' (बी. एन. पांडे द्वारा संपादित *लीडरशिप इन साउथ एशिया*, नई दिल्ली, 1977 में संकलित)। कांग्रेस के अंदरूनी गठजोड़ों और व्यापारिक दृष्टिकोणों के लिए देखिए—बिपनचंद्र कृत *नेशनलिज्म एंड कोलोनियलिज्म* में उनका लेख 'जवाहरलाल नेहरू एंड दि कैपिटलिस्ट क्लास 1936', और क्लाड मार्कोविट्ज कृत *इंडियन बिजनेस*। ठाकुरदास के कागजात भारतीय व्यापार के संबंध में विशेष रूप से उपयोगी जानकारी देते हैं।

अध्याय 7

कांग्रेसी मंत्रिमंडलों पर विस्तृत अध्ययन कम उपलब्ध हैं, जो आश्चर्यजनक है। सामान्य विवरणों के लिए देखिए—कूपलैंड, *कांस्टीट्यूशनल प्रॉब्लम्स;* बी. आर. टॉमलिंसन, *इंडियन नेशनल कांग्रेस एंड दि राज 1921-42* और *इंडियन एनुअल रजिस्टर*। साथ ही, एस. गोपाल कृत नेहरू और जे. नेहरू कृत *ए बंच ऑफ ओल्ड लेटर्स* भी देखें। लो द्वारा संपादित *कांग्रेस एंड दि राज* में बिहार पर मैकडोनल्ड का लेख; ए. गुहा कृत *प्लांटर राज;* ए. के. गुप्ता कृत *नार्थ-वेस्ट फ्रांटियर प्रॉविंस* और सी. ई. यू. बेकर कृत *चेंजिंग पॉलिटिकल लीडरशिप इन ऐन इंडियन प्रॉविंस : दि सेंट्रल प्रॉविंसेस एंड बरार 1919-39* (नई दिल्ली, 1980) में कतिपय आवश्यक प्रांतीय ब्यौरे मिलते हैं। सांप्रदायिक संबंधों पर देखिए—उमा कौर कृत *मुस्लिम्स;* सी. खलीकुज्जमां कृत *पाथवे;* सी. बेक्स्टर कृत *दि जनसंघ* (पेनसिल्वेनिया, 1969); रजत राय कृत *अर्बन रूट्स ऑफ इंडियन नेशनलिज्म : प्रेशर ग्रुप्स एंड कांफ्लिक्ट ऑफ इंटेरेस्ट्स इन कैलकटा सिटी पॉलिटिक्स 1875-1939* (दिल्ली, 1979); एम. ए. एच. इस्पहानी कृत *कायदे-आज़म जिन्ना ऐज़ आई न्यू हिम* (कराची 1966); अब्दुल मंसूर अहमद कृत *आमार देखा राजनीतिर पंचाश बच्छर* (ढाका, 1970); और शील सेन कृत *मुस्लिम पॉलिटिक्स इन बंगाल 1937-47* (नई दिल्ली, 1976)। व्यापारिक दृष्टिकोणों एवं कांग्रेस के साथ संबंधों का सर्वोत्तम विवरण सी. मार्कोविट्ज कृत *इंडियन बिजनेस* और *पावर, प्रॉफिट एंड पॉलिटिक्स* में उनका लेख 'इंडियन बिजनेस एंड दि कांग्रेस प्रविंशियल गवर्नमेंट्स 1937-39' हैं; बी. चटर्जी कृत *बिजनेस एंड पॉलिटिक्स* भी देखिए। एक अन्य दृष्टिकोण के लिए रजत राय कृत *इंडस्ट्रियलाइजेशन इन इंडिया* और के. एन. पणिक्कर द्वारा

संपादित *नेशनल एंड लेफ्ट मूवमेंट्स इन इंडिया* (नई दिल्ली, 1980) में ए. मुकर्जी का लेख 'इंडियन कैपिटलिस्ट क्लास एंड कांग्रेस ऑन प्लैनिंग एंड पब्लिक सेक्टर 1930-47' देखें। किसान आंदोलन के लिए *इंडियन एनुअल रजिस्टर* अत्यंत उपयोगी है। बिहार के लिए डब्ल्यू. हाउज़र और एस. हैनिंघम को और आंध्र के लिए टी. रामकृष्ण को भी देखिए। रजवाड़ों के आंदोलनों पर उपलब्ध प्रचुर साहित्य के लिए प्रमुख संदर्भ ये हैं—आर. एल. हांडा कृत *प्रिंसली स्टेट्स;* आर. वालिया कृत *प्रजामंडल;* टी. वी. कृष्णन् द्वारा पी. कृष्ण पिल्लई की जीवनी; ए. के. गोपालन कृत *इन दि काज़ ऑफ दि पीपुल;* स्वामी रामानंद तीर्थ कृत *मेमायर्स ऑफ हैदराबाद फ्रीडम स्ट्रगल* (बंबई, 1967); रविनारायण रेड्डी कृत *हेरोइक तेलंगाना : रेमिनिसेंसेज एंड एक्सपेरिएंसेज* (नई दिल्ली, 1973); जेम्स मेनर कृत *पोलिटिकल चेंज इन ऐन इंडियन स्टेट : मैसूर 1917-55* (दिल्ली, 1977); एच. मेहताब एवं अन्य कृत *हिस्ट्री ऑफ फ्रीडम मूवमेंट इन उड़ीसा,* खंड 4 (कटक, 1959); लो द्वारा संपादित *कांग्रेस एंड दि राज* में त्रावणकोर पर आर. जेफ्री का लेख और जेफ्री द्वारा ही संपादित *पीपुल, प्रिंसेज एंड पावर* में जे. आर. वुड का लेख 'इंडियन नेशनलिज्म इन दि प्रिंसली कांटेक्स्ट : दि राजकोट सत्याग्रह ऑफ 1938-39'। त्रिपुरी में हुए विभाजन के लिए देखिए—एस. गोपाल कृत *नेहरू* और नेहरू का *ए बंच ऑफ ओल्ड लेटर्स*।

2

1939-42 के दौरान ब्रिटिश नीति पर देखिए—कूपलैंड, *कांस्टिट्यूशनल प्रॉब्लम्स;* बी. सी. टॉमलिंसन कृत *इंडियन नेशनल कांग्रेस;* सी. एच. फिलिप्स और एम. डी. वेनराइट द्वारा संपादित *दि पार्टीशन ऑफ इंडिया : पॉलिटिक्स एंड पर्सपेक्टिव्स* (लंदन, 1970) में आर. जे. मूर. का लेख 'ब्रिटिश पॉलिसी एंड दि इंडियन प्रॉब्लम्स'; आर. जे. मूर कृत *चर्चिल, क्रिप्स एंड इंडिया 1939-45* (ऑक्सफोर्ड, 1979); और एन. मैंसर्ग द्वारा संपादित *ट्रांसफर ऑफ पावर,* खंड I। पाकिस्तान की मांग से संबंधित घटनाक्रम का अध्ययन इन कृतियों में किया जा सकता है : उमा कौर, *मुस्लिम्स;* सी. खलीकुज्जमां, *पाथवे;* वी. पी. मेनन, *ट्रांसफर ऑफ पावर इन इंडिया* (1950); और फिलिप और वेनराइट द्वारा संपादित *पार्टीशन* में जेड. एच. जैदी का लेख 'एस्पेक्ट्स ऑफ दि डवलपमेंट ऑफ मुस्लिम लीग पॉलिसी, 1937-47'। राष्ट्रवादी और वामपंथी राजनीति के लिए देखिए—एम. गोपाल कृत *नेहरू;* बी. आर. टॉमलिंसन कृत *इंडियन नेशनल कांग्रेस;* जे. मेनर कृत *मैसूर;* ए. के. गोपालन कृत *इन दि काज़ ऑफ दि पीपुल;* टी. वी. कृष्णन् कृत *कृष्ण पिल्लई;* जी. चट्टोपाध्याय कृत *स्वाधीनता संग्रामे बांग्लार छात्र समाज* (कलकत्ता, 1980); और सुनील सेन कृत *एग्रेरियन स्ट्रगल इन बंगाल, 1946-47* (नई दिल्ली, 1972)। आर्थिक विकासक्रम के लिए वाडिया और मर्चेंट कृत *आवर इकोनॉमिक प्राब्लम* (छठा

संस्करण, बंबई, 1959) देखिए।

3

भारत छोड़ो आंदोलन पर अब तक विस्तृत कार्य अपेक्षतः कम ही हुआ है। इस संबंध में महत्वपूर्ण रचनाएं हैं—अंबाप्रसाद कृत *इंडियन रिवोल्ट ऑफ 1942* (दिल्ली, 1958); एल. हचिन्स कृत *स्पांटेनियस रिवॉल्यूशन* (दिल्ली, 1971); वाई. बी. माथुर कृत *क्विट इंडिया मूवमेंट* (दिल्ली, 1979); और गोविंद सहाय कृत *42 रिबेलियन* (दिल्ली, 1947) जो कुछ अर्थों में अधिक उपयोगी, किंतु स्पष्टतः एकतरफा है। कुछ विशेष प्रकार के सरकारी दस्तावेज (जिनमें जब्त किए गए अवैध साहित्य के उद्धरण सम्मिलित हैं) सरलता से उपलब्ध हैं। देखिए—मैंसर्ग के खंड 2 और 3; *इंडियन एनुअल रजिस्टर,* जुलाई-दिसंबर 1942 (इसमें टोटेनहैम कृत *कांग्रेस रिस्पांसिबिलिटी फॉर दि डिस्टरबेंसेज* भी सम्मिलित है); और पी. एन. चोपड़ा (सं.), *क्विट इंडिया मूवमेंट : ब्रिटिश सेक्रेट रिपोर्ट्स* (फरीदाबाद, 1976)। क्षेत्रीय आधार-सामाग्री के लिए देखिए—लो द्वारा संपादित *कांग्रेस एंड दि राज* में मैक्स हारकोर्ट का लेख 'किसान पापुलिज्म एंड रिवॉल्यूशन इन रूरल इंडिया : दि 1942 डिस्टरबेंसेज इन बिहार एंड ईस्ट यू. पी.'; आर. एच. निबलेट कृत रोचक ग्रंथ *कांग्रेस रेबेलियन इन आजमगढ़, आगस्ट-सिप्टंबर 1942* (इलाहाबाद, 1957); एस. हैनिंघम कृत *पेजेंट मूवमेंट्स,* अ. 7; एच. मेहताब कृत *हिस्ट्री ऑफ फ्रीडम मूवमेंट इन उड़ीसा,* खंड 4; सतीश सामंत एवं अन्य कृत *ऑगस्ट रिवॉल्यूशन एंड टू-इयर्स नेशनल गवर्नमेंट इन मिदनापुर* (कलकत्ता, 1946); और हाल ही में प्रकाशित गेल ओम्वेद्त का उत्तम आलेख 'दि सतारा पैरेलल गवर्नमेंट, 1942-47' (एन. एम. एम. एल. सेमिनार, दिसंबर 1980)।

युद्ध के अंतिम वर्षों में होनेवाली गतिविधियों के लिए देखिए—मैंसर्ग के खंड 3 और 4; वेवेल का *दि वाइसराय्स जर्नल* (ऑक्सफोर्ड, 1973); वी. पी. मेनन कृत *ट्रांसफर ऑफ पॉवर;* वाडिया और मर्चेंट कृत *आवर इकोनामिक प्राब्लम;* हाब्सबाम एवं अन्य कृत *पेजेंट इन हिस्ट्री* (दिल्ली, 1980) में ए. के. सेन का लेख 'फेमीन मॉरटेलिटी : ए. स्टडी ऑफ दि बंगाल फेमीन ऑफ 1943'; डी. डी. कोसंबी का लेख 'दि बुर्जवाजी कम्स ऑफ एज इन इंडिया' (*सांइस एंड सोसायटी,* 1946; *इक्जैस्परेटिंग एस्सेज* में पुनर्मुद्रित, पूना, तिथि अज्ञात); रजत राय कृत *इंडस्ट्रियलाइजेशन इन इंडिया;* एम. किड्रान कृत *फॉरैन इनवेस्टमेंट इन इंडिया* (लंदन, 1965); ए. मुखर्जी कृत *इंडियन कैपिटलिस्ट क्लास;* एम. ए. एच. इस्पहानी कृत *जिन्ना,* एच. टोय कृत *दि स्प्रिंगिंग टाइगर* (लंदन, 1959); जी. अधिकारी कृत *पाकिस्तान एंड नेशनल यूनिटी* (बंबई, 1942); और ए. जॉनसन कृत *एनअदर्स हारवेस्ट* (बंबई, 1946)।

अध्याय 8

1945-47 पर अनेक सहायक ग्रंथ उपलब्ध हैं जिनमें सर्वोच्च स्तर पर होनेवाले समझौते पर अत्यधिक बल दिया गया है। इनमें मुख्य हैं—वी. पी. मेनन कृत *ट्रांसफर ऑफ पावर* जो संभवतः सबसे सुविधाजनक सार-संक्षेप है; वी. पी. मेनन कृत *स्टोरी ऑफ इंटिग्रेशन ऑफ इंडियन स्टेट्स* (बंबई, 1956); ए. कैंपबेल जॉनसन कृत *मिशन विद माउंटबेटन* (लंदन, 1951); एच. वी. हॉडसन कृत *दि ग्रेट डिवाइड* (लंदन, 1969); पेंडेरल मून कृत *डिवाइड एंड क्विट* (लंदन, 1961); पंजाब के दंगों पर मौलाना आजाद का हृदयग्राही विवरण *इंडिया विंस फ्रीडम* (बंबई, 1959); प्यारेलाल कृत *माहात्मा : दि लास्ट फेज* (2 खंड, अहमदाबाद, 1956-58); एम. ब्रेशर कृत *नेहरू* और एस. गोपाल कृत *नेहरू;* सी. खलीकुज्जमां कृत *पाथवे;* सुधीर घोष कृत *गांधीजीज़ एमीसरी* (लंदन, 1967); एन. के. बोस कृत *माई डेज़ विद गांधी* (कलकत्ता, 1953); साथ ही कोलिंस एवं लेपियर का बहुचर्चित *फ्रीडम ऐट मिडनाइट* (दिल्ली, 1976)। इसके तीव्र वैषम्य में लोकप्रिय आंदोलनों पर अब तक विद्वानों का विशेष ध्यान नहीं गया है। इसमें भाग लेनेवालों के जो विवरण उपलब्ध हैं उनमें महत्वपूर्ण हैं—*दि आर. आई. एन. स्ट्राइक* (पीड़ित नाविकों के एक समूह द्वारा, नई दिल्ली, 1954; पुनर्मुद्रित, नई दिल्ली, 1981); सुनील सेन कृत *एग्रेरियन स्ट्रगल इन बंगाल 1946-47* (नई दिल्ली, 1972); पी. सुंदरैया कृत *तेलंगाना पीपुल्स स्ट्रगल एंड इट्स लेसंस* (कलकत्ता, 1972); रविनारायण रेड्डी कृत *हेरोइक तेलंगाना—रेमिनिसेंसेज एंड एक्सपेरिएंसेज* (नई दिल्ली, 1973); ए. आर. देसाई द्वारा संपादित *पेजेंट स्ट्रगल्स इन इंडिया* (बंबई, 1979) में एस. वी. पारुलेकर का लेख 'लिबरेशन मूवमेंट एमंग वर्लीज' और के. सी. जार्ज कृत *इम्मॉरटल पुन्नप्रा-वायलर* (नई दिल्ली, 1975)। साथ में देखिए—*एस्सेज इन ऑनर ऑफ एस. सी. सरकार* (नई दिल्ली, 1976) में जी. चट्टोपाध्याय का लेख 'दि आलमोस्ट रिवॉल्यूशन', डी. एच. धनगर का लेख 'सोशल ओरिजिंस ऑफ पेजेंट इनसरेक्शन इन तेलंगाना' (*कंट्रीब्यूशन टु इंडियन सोशियोलाजी*, 1974, ए. आर. देसाई के *पेजेंट स्ट्रगल्स* में पुनर्मुद्रित); और डी. ए. लो द्वारा संपादित *कांग्रेस एंड दि राज* में आर. जेफ्री का लेख 'दि सैंक्टीफाइड लेबल—कांग्रेस इन त्रावणकोर पॉलिटिक्स, 1938-39'। पी. सी. जोशी कृत *फॉर दि फाइनल बिड फॉर पावर* (बंबई, 1945) इन वर्षों में कम्युनिस्ट रणनीति को समझने के लिए उपयोगी है।

पुस्तक से स्पष्ट होगा कि मेरा विवरण प्रकाशित प्राथमिक स्रोतों पर बहुत अधिक आधारित है। इनमें प्रमुख हैं—*ट्रांसफर ऑफ पावर* के खंड 6 से 8 तक; साथ में वेवेल का *दि वायसराय्स जर्नल* (सं. मून, ऑक्सफोर्ड, 1973); दुर्गादास के *सरदार पटेल्स कारेस्पांडेंस*, 1945-50 का बहुखंडीय संस्करण (अहमदाबाद, 1971); मणिबेन पटेल और जी. एम. नांदुरकर का

सरदार्स लेटर्स—मोस्टली अननोन, खंड 4 (अहमदाबाद, 1977); और जी. डी. बिड़ला कृत *बापू : ए यूनीक एसोसिएशन—कारेस्पांडेंस, 1940-47* (बंबई, 1977)। मैंने होम पोलिटिकल (आंतरिक) और अखिल भारतीय कांग्रेस कमेटी की फाइलों का भी उपयोग किया है। मेरा लेख 'पापुलर मूवमेंट्स, नेशनल लीडरशिप एंड दि कमिंग ऑफ फ्रीडम विद पार्टीशन 1945-47' (एन. एम. एम. एल. सेमिनार, दिसंबर, 1980; पुनर्मुद्रित, *ई. पी. डब्ल्यू*, वार्षिकांक, 1982) भी देखिए।